Egger/Samer/Bertl

•

Der Jahresabschluss nach dem Unternehmensgesetzbuch

Der Jahresabschluss nach dem Unternehmensgesetzbuch

Band 1

Der Einzelabschluss

Erstellung und Analyse

12., überarbeitete und erweiterte Auflage

em. o. Univ.-Prof. Dkfm. Dr. Dr.hc. Anton Egger
Beeideter Wirtschaftsprüfer
und Steuerberater

Prof. Dkfm. Dr. Helmut Samer
Beeideter Wirtschaftsprüfer
und Steuerberater

o. Univ.-Prof. Mag. Dr. Romuald Bertl
Beeideter Wirtschaftsprüfer
und Steuerberater

Linde

Bibliografische Information Der Deutschen Bibliothek

Die Deutsche Bibliothek verzeichnet diese Publikation in der Deutschen Nationalbibliografie; detaillierte bibliografische Daten sind im Internet über http://dnb.ddb.de abrufbar.

ISBN: 978-3-7073-1402-1

1210 Wien, Scheydgasse 24, Tel.: 01 / 24 630
www.lindeverlag.at

Druck: Hans Jentzsch & Co. GmbH, 1210 Wien, Scheydgasse 31

Inhaltsverzeichnis

Vorwort XXVII

1. Österreichische und internationale Grundlagen des Jahresabschlusses 1

1.1 Der Jahresabschluss nach der Rechnungslegungsreform in Österreich 1

1.11 Die Entwicklung der unternehmensrechtlichen Rechnungslegungsvorschriften 1

1.12 Entwicklungen in der EU und Auswirkungen auf die österreichischen Rechnungslegungsvorschriften 2

1.121 Die Fair-Value-Richtlinie des Europäischen Parlamentes und des Rates 3

1.122 Verordnung des Europäischen Parlaments und des Rates zur Anwendung von internationalen Rechnungslegungsstandards (Verordnung Nr 1606/2002 = IAS-Verordnung) 3

1.123 Modernisierungsrichtlinie 4

1.124 Umsetzung der „Abschlussprüfungsrichtlinie" und der „Änderungsrichtlinie 5

1.2 Der Aufbau der unternehmensrechtlichen Rechnungslegungsvorschriften 6

1.3 Internationale Regelungen der Erstellung und Präsentation des Jahresabschlusses, die auf Grundsätze der österreichischen Rechnungslegung Einfluss nehmen bzw nehmen können 7

1.31 Internationale Regelungen und ihr Einfluss auf die österreichische Rechnungslegung 8

1.311 US-GAAP (Generally Accepted Accounting Principles) 9

1.312 Der Financial Accounting Standards Boards und die International Financial Reporting Standards 9

1.4 Österreichische Organisationen, die auf die österreichische Rechnungslegung Einfluss nehmen 9

1.41 Das Österreichische Rechnungslegungskomitee 9

1.42 Die Fachsenate der Kammer der Wirtchaftstreuhänder 10

1.43 Das Institut Österreichischer Wirtschaftsprüfer 11

1.44 Die Zusammenarbeit der Fachsenate der Kammer, der Fachausschüsse des IWP und des AFRAC 11

1.5 Zukünftige Entwicklung der Rechnungslegung 11

1.6 **Die Funktionen des Jahresabschlusses** ... 15
1.61 Ziel der Erhaltungsfunktion des Jahresabschlusses ... 15
1.62 Die Informationsfunktion des Jahresabschlusses ... 16

2. **Die allgemeinen Rechnungslegungsvorschriften** ... 18
2.1 **Rechnungslegungspflicht** ... 18
2.11 Bis 31.12.2006 geltende Rechtslage ... 18
2.12 Handelsrechtsänderungsgesetz 2005, geltend ab 1.1.2007 ... 18
2.13 Übergangsvorschriften gemäß Handelsrechtsänderungsgesetz 2005 ... 19
2.14 Rechnungslegungsvorschriften für Genossenschaften und Vereine ... 20
2.141 Rechnungslegungsbestimmungen für Genossenschaften ... 20
2.142 Rechnungslegungspflicht für Vereine ... 21
2.15 Steuerrechtliche Rechnungslegungspflicht gemäß Bundesabgabenordnung und Einkommensteuergesetz in der Fassung des Strukturanpassungsgesetzes 2006 (StruktAnpG 2006) ... 22
2.151 Bundesabgabenordnung ... 22
2.152 Die Maßgeblichkeit der Unternehmensbilanz für die Steuerbilanz (§ 5 EStG) oder die Bilanzierung nach § 4 Abs 1 ... 23

2.2 **Die Grundsätze ordnungsmäßiger Buchführung und Bilanzierung** ... 24
2.21 Die gesetzlichen Ordnungsmäßigkeitsvorschriften gemäß §§ 190, 193 und 212 ... 24
2.22 Die Ordnungsmäßigkeitsvorschriften der Bundesabgabenordnung ... 25
2.23 Verpflichtung zur Aufstellung des Inventars, der Eröffnungsbilanz und des Jahresabschlusses ... 26
2.24 Überleitung von der Buchhaltung in den Jahresabschluss ... 26
2.25 Inventurverfahren ... 27
2.26 Die Grundsätze ordnungsmäßiger Buchführung und die Generalnorm als Grundlagen für die Erstellung des Jahresabschlusses (§§ 195 und 222) ... 29
2.261 Die Grundsätze ordnungsmäßiger Bilanzierung (GoB) ... 30
2.261.1 Grundsatz der Bilanzverknüpfung ... 31
2.261.2 Grundsatz der Bilanzvorsicht ... 33
2.261.3 Grundsatz der Bilanzwahrheit ... 33
2.261.4 Grundsatz der Bilanzklarheit ... 34

2.262 Vermittlung eines möglichst getreuen Bildes der Vermögens-, Finanz- und Ertragslage (Generalnorm).... 34

2.3 Die allgemeinen Vorschriften zur Bilanz und zur Gewinn- und Verlustrechnung (§§ 196 – 200) 35

2.31 Der Grundsatz der Vollständigkeit 35

2.32 Vom Grundsatz der Vollständigkeit abweichende Bestimmungen 36

2.321 Aktivierungsverbote 36

2.321.1 Aufwendungen für die Gründung des Unternehmens und die Beschaffung des Eigenkapitals 36

2.321.2 Nicht entgeltlich erworbene immaterielle Vermögensgegenstände des Anlagevermögens 37

2.322 Aktivierungswahlrechte 38

2.33 Rückstellungen und Vollständigkeitsgrundsatz 39

2.34 Haftungsverhältnisse 40

2.35 Das Verrechnungsverbot 41

2.36 Die Anwendung des § 196 auf die Gewinn- und Verlustrechnung 41

2.4 Die Gliederungsvorschriften für den Jahresabschluss 42

2.41 Gliederung der Bilanz 42

2.411 Struktur der Aktivseite 43

2.412 Struktur der Passivseite 44

2.42 Die Gliederung der Gewinn- und Verlustrechnung 54

2.5 Die Bewertungsvorschriften 56

2.51 Allgemeine Grundsätze der Bewertung 56

2.511 Der Grundsatz der Bewertungsstetigkeit 57

2.511.1 Zielsetzung des Grundsatzes der Bewertungsstetigkeit.... 57

2.511.2 Der Begriff der Bewertungsmethode 57

2.511.3 Anwendungsbereich des Grundsatzes der Bewertungsstetigkeit 58

2.511.4 Reichweite der Beibehaltungspflicht 59

2.511.5 Zulässige Abweichungen vom Grundsatz der Bewertungsstetigkeit 59

2.512 Der Grundsatz der Unternehmensfortführung (going concern) 60

2.512.1 Der Zeithorizont 61

2.512.2 Tatsächliche oder rechtliche Gründe, die der Annahme der Unternehmensfortführung entgegenstehen 61

2.512.3 Konsequenzen für die Bewertung bei Abgehen von der Annahme der Unternehmensfortführung 62

2.513	Die Grundsätze der stichtagsbezogenen Bewertung und der Einzelbewertung	63
2.513.1	Der Grundsatz der Stichtagsbewertung	63
2.513.2	Der Grundsatz der Einzelbewertung	64
2.514	Der Grundsatz der Vorsicht	66
2.514.1	Das Realisationsprinzip	66
2.514.2	Berücksichtigung von erkennbaren Risiken und drohenden Verlusten, die in dem Geschäftsjahr oder einem früheren Geschäftsjahr entstanden sind	70
2.514.3	Der Grundsatz der Wertaufhellung	71
2.514.4	Grundsatz der Berücksichtigung von Wertminderungen unabhängig vom Bilanzergebnis	71
2.515	Grundsatz der Aufwands-/Ertragsverrechnung ohne Beeinflussung durch den Zeitpunkt des Zahlungsanfalls	71
2.516	Übereinstimmung der Eröffnungsbilanz mit der Schlussbilanz des vorhergehenden Geschäftsjahres	72
2.52	Besondere Bewertungsvorschriften	72
2.521	Anschaffungskosten	72
2.521.1	Anschaffungskosten im Sinne des Unternehmensrechtes	72
2.521.2	Anschaffungskosten im Sinne des Steuerrechtes	73
2.522	Herstellungskosten	74
2.522.1	Begriff der Herstellkosten in der Kostenrechnung	74
2.522.2	Herstellkosten und Herstellungskosten	76
2.522.3	Die Herstellungskosten in der Unternehmensbilanz	77
2.522.31	Fakultative Bestandteile der Herstellungskosten	79
2.522.32	Berücksichtigung einer offensichtlichen Unterbeschäftigung	80
2.522.4	Die steuerrechtlichen Herstellungskosten	82
2.523	Die Bewertung von Einlagen und Zuwendungen	82
2.524	Bewertung des Anlagevermögens	83
2.524.1	Die Bewertung des immateriellen Anlagevermögens	83
2.524.11	Allgemeines	83
2.524.12	Geschäfts-(Firmen-)wert	83
2.524.13	Der negative Firmenwert	85
2.524.2	Bewertung des Sachanlagevermögens	86
2.524.21	Planmäßige Abschreibungen	86
2.524.22	Außerplanmäßige Abschreibungen	93
2.524.23	Zuschreibungen	93

2.524.3 Bewertung des Finanzanlagevermögens 95
2.524.31 Die Bewertung von Beteiligungen 96
2.524.32 Bewertung von Wertpapieren (Wertrechten) des Anlagevermögens und Ausleihungen 97
2.254.33 Bewertung von Rückdeckungsversicherungen 97
2.525 Bewertung des Umlaufvermögens................................. 98
2.525.1 Bewertung des Sachumlaufvermögens.......................... 99
2.525.11 Roh-, Hilfs- und Betriebsstoffe.................................... 99
2.525.12 Unfertige und fertige Erzeugnisse 99
2.525.13 Noch nicht abrechenbare Leistungen 101
2.525.14 Langfristige Aufträge.. 101
2.525.15 Waren 102
2.525.16 Ermittlung des mengen- und wertmäßigen Einsatzes des Sachumlaufvermögens 102
2.525.2 Bewertung des Finanzumlaufvermögens....................... 112
2.525.3 Die Fair-Value-Richtlinie und ihre Anwendung in Österreich.. 115
2.526 Bewertung der Passiva... 115
2.526.1 Bewertung der Verbindlichkeiten 116
2.526.2 Bewertung der Rentenverpflichtungen.......................... 119
2.526.3 Bewertung der Rückstellungen..................................... 120
2.526.31 Rückstellungen im Unternehmensrecht......................... 120
2.526.32 Unterschiedliche Behandlung der Rückstellungen im Unternehmens- und Steuerrecht 120
2.526.321 Allgemeines 120
2.526.322 Rückstellungen im Einkommensteuerrecht................... 121
2.526.322.1 Gesetzliche Regelung 121
2.526.322.2 Rückstellungen gemäß den Einkommensteuerrichtlinien 2000 122
2.53 Die Bilanzierung von Sicherungsgeschäften (Hedging) .. 127
2.531 Micro Hedges 128
2.532 Portfolio Hedges... 129
2.533 Macro Hedges... 129
2.534 Hedge Accounting 129
2.534.1 Bewertungseinheit (kompensatorische Bewertung) 130
2.54 Die unternehmensrechtlichen Bewertungsvorschriften im Vergleich zum Steuerrecht.. 133
2.541 Maßgeblichkeit der Unternehmensbilanz für die Steuerbilanz 133
2.542 Vergleich verschiedener Einzelbestimmungen 134

3. **Ergänzende Vorschriften für Kapitalgesellschaften – Allgemeine Bestimmungen** 140
3.1 **Geltungsbereich** 140
3.2 **Bestandteile der Rechnungslegung der Kapitalgesellschaften** 140
3.3 **Die Generalnorm** 142
3.31 Vermittlung eines möglichst getreuen Bildes der Vermögens-, Finanz- und Ertragslage 142
3.32 Verhältnis von Generalnorm und Einzelvorschriften 143
3.4 **Begriff der großen, mittleren und kleinen Kapitalgesellschaft (Größenklassen) und dessen Auswirkungen** 145
3.41 Die Größenklassen (§ 221 UGB) 145
3.42 Auswirkungen auf den Jahresabschluss, den Lagebericht, die Prüfungspflicht und die Offenlegung 146
3.421 Auswirkungen auf Jahresabschluss und Lagebericht 146
3.422 Auswirkungen auf die Prüfungspflicht 146
3.423 Auswirkungen auf die Offenlegung 147
3.43 Zeitliche Geltung der Vorschriften 147
3.5 **Die Fristen zur Aufstellung, Feststellung und Veröffentlichung des Jahresabschlusses** 147
3.6 **Sondervorschriften für börenotierte Unternehmen – Umsetzung der „Transparenzrichtlinie“** 149
3.61 Jahresfinanzbericht – § 82 Abs 4 BörseG 149
3.62 Zwischenbilanz – § 87 BörseG 150
3.621 Halbjahresfinanzbericht 150
3.622 Zwischenmitteilungen – § 87 Abs 6 BörseG 151
4. **Ergänzende Vorschriften für Kapitalgesellschaften – Die Gliederung der Bilanz** 153
4.1 **Bilanzgliederung nach UGB** 153
4.11 Allgemeine Grundsätze für die Gliederung 153
4.12 Grundsätze der Gliederungsvorschriften für die Bilanz 156
4.121 Darstellung in Kontenform (§ 224 Abs 2 und 3) 156
4.122 Darstellung in Staffelform 157
4.123 Current and Non-current Items 159
4.124 Darstellung der Liquidität 160
4.125 Darstellung in Anspruch genommener steuerlicher Begünstigungen 161
4.126 Darstellung der Konzernverhältnisse 161
4.127 Nettoausweis des Vermögens 161
4.2 **Die einzelnen Posten der Aktivseite der Bilanz** 162
4.21 Aufwendungen für das Ingangsetzen und Erweitern eines Betriebes 162

4.22	Anlagevermögen	165
4.221	Die vertikale Gliederung des Anlagevermögens	165
4.221.1	Immaterielle Vermögensgegenstände	166
4.221.11	Untergliederung gemäß § 224 Abs 2 A I UGB	166
4.221.12	Allgemeines	166
4.221.13	Konzessionen, gewerbliche Schutzrechte und ähnliche Rechte und Vorteile sowie daraus abgeleitete Lizenzen	166
4.221.14	Geschäfts-(Firmen-)wert	167
4.221.15	Problem der Zuordnung selbsterstellter Software zum Anlage- oder Umlaufvermögen	168
4.221.2	Sachanlagen	169
4.221.21	Untergliederung gem § 224 Abs 2 A II	169
4.221.22	Grundstücke, grundstücksgleiche Rechte und Bauten einschließlich der Bauten auf fremdem Grund	170
4.221.23	Technische Anlagen und Maschinen	171
4.221.24	Andere Anlagen, Betriebs- und Geschäftsausstattung	172
4.221.25	Geleistete Anzahlungen und Anlagen in Bau	172
4.221.26	Die Bedeutung des § 223 Abs 4 UGB für den Ausweis des Anlagevermögens	173
4.221.3	Die Bilanzierung von Leasingverhältnissen	173
4.221.31	Die Situation im EU-Bereich	173
4.221.32	Die Situation in Österreich	174
4.221.33	Bilanzierung bei Zurechnung des Leasinggegenstandes zum Leasinggeber	177
4.221.34	Bilanzierung bei Zurechnung des Leasinggegenstandes zum Leasingnehmer	178
4.221.4	Finanzanlagen	180
4.221.41	Untergliederung gemäß § 224 Abs 2 A III	180
4.221.42	Anteile an verbundenen Unternehmen	180
4.221.43	Ausleihungen an verbundene Unternehmen	183
4.221.44	Beteiligungen	184
4.221.45	Ausleihungen an Unternehmen, mit denen ein Beteiligungsverhältnis besteht	185
4.221.46	Wertpapiere (Wertrechte) des Anlagevermögens	185
4.221.47	Sonstige Ausleihungen	186
4.221.48	Eigene Anteile, Anteile an herrschenden oder mit Mehrheit beteiligten Unternehmen	186
4.221.49	Das Finanzanlagevermögen betreffende Erläuterungsvorschriften im Anhang	188
4.221.5	Der Umgründungsmehrwert gemäß § 202 Abs 2	191
4.221.51	Einlagenbewertung gemäß § 202 Abs 1	191
4.221.52	Die Buchwertfortführung gemäß § 202 Abs 2	192
4.221.53	Latente Steuerbelastung auf Aufwertungsbeträge	196

4.222 Die horizontale Gliederung des Anlagevermögens („Anlagengitter/Anlagenspiegel“) 196
4.222.1 Geringwertige Vermögensgegenstände des Anlagevermögens (§ 226 Abs 3) 203
4.222.2 Geschäfts-(Firmen-)wert 205
4.222.3 Umgründungsmehrwert 205
4.222.4 Gegenstände des Anlagevermögens bei Umgründungen 205
4.222.5 Die Praxis der Darstellung des Anlagenspiegels 205
4.223 Die Bewertungsreserve aufgrund von steuerlichen Sonderabschreibungen 208
4.224 Die Behandlung von (nicht rückzahlbaren) Zuwendungen aus öffentlichen Mitteln zur Anschaffung oder Herstellung von Wirtschaftsgütern des Anlagevermögens (§ 3 Z 6 EStG 1988 in Verbindung mit § 6 Z 10 EStG 1988) 211
4.225 Behandlung von Zuschüssen mit bedingter Rückzahlungsverpflichtung 215
4.226 Ausweis des Anlagevermögens bei anderen Rechtsformen 215
4.23 Vorräte 216
4.231 Untergliederung gemäß § 224 Abs 2 B I 216
4.232 Roh-, Hilfs- und Betriebsstoffe 216
4.233 Unfertige Erzeugnisse 217
4.234 Fertige Erzeugnisse und Waren 218
4.235 Noch nicht abrechenbare Leistungen 218
4.236 Geleistete Anzahlungen 219
4.237 Die Möglichkeit der Verrechnung von Vorräten mit Anzahlungen für Bestellungen 220
4.238 Angaben zu den Vorräten im Anhang 222
4.24 Forderungen und sonstige Vermögensgegenstände 223
4.241 Untergliederung gemäß § 224 Abs 2 B II 223
4.242 Erläuterungen – gemeinsame Vorschriften 223
4.243 Forderungen aus Lieferungen und Leistungen 224
4.244 Forderungen gegenüber verbundenen Unternehmen 225
4.245 Forderungen gegenüber Unternehmen, mit denen ein Beteiligungsverhältnis besteht 226
4.246 Bilanzierung von Forderungen und Verbindlichkeiten im Zusammenhang mit der Gruppenbesteuerung 227
4.247 Gemeinsame Vorschriften für Forderungen gegenüber verbundenen Unternehmen und gegenüber Unternehmen, mit denen ein Beteiligungsverhältnis besteht – Vermerk der Mitzugehörigkeit gem § 225 Abs 2 und § 223 Abs 5 228

4.248	Sonstige Forderungen und Vermögensgegenstände	229
4.248.1	CO_2-Emissionszertifikate	230
4.248.2	Forderungen und Verbindlichkeiten gegenüber den Gesellschaftern einer GmbH	234
4.25	Wertpapiere und Anteile	234
4.251	Untergliederung	234
4.252	Anteile an verbundenen Unternehmen	234
4.253	Sonstige Wertpapiere und Anteile	235
4.254	Eigene Anteile und Anteile an herrschenden oder mit Mehrheit beteiligten Unternehmen	235
4.254.1	Eigene Anteile	235
4.254.2	Anteile an herrschenden oder mit Mehrheit beteiligten Unternehmen	239
4.254.3	Eigene Anteile zur Erfüllung von Verpflichtungen aus anteilsbasierten Vergütungen	240
4.254.4	Anhangangaben zu den eigenen Aktien	241
4.254.5	Rücklage für eigene Anteile	241
4.26	Liquide Mittel	242
4.27	Rechnungsabgrenzungsposten	242
4.271	Ausgaben vor dem Abschlussstichtag	243
4.272	Aufwand für eine bestimmte Zeit nach dem Abschlussstichtag	243
4.273	Die aktiven Rechnungsabgrenzungsposten im Einzelnen	243
4.273.1	Vorauszahlungen im Rahmen bestehender periodenübergreifender Leistungsbeziehungen	244
4.273.2	Sonstige Vorauszahlungen, kommende Perioden betreffend	244
4.274	Rechnungsabgrenzungsposten auf Grund besonderer gesetzlicher Vorschriften	244
4.274.1	Disagio gem § 198 Abs 7 UGB	244
4.274.2	Unterschiedsbetrag gem Art X Abs 4 der Übergangsbestimmungen zum RLG	245
4.274.3	Unterschiedsbetrag gem Abschn XII Pensionskassengesetz	245
4.28	Aktivische und passivische latente Steuern	246
4.281	Gesetzliche Vorschriften	246
4.282	Zweck und Berechnung der Steuerabgrenzung	247
4.282.1	Zweck der Steuerabgrenzung	247
4.282.2	Berechnung der Steuerabgrenzung	247
4.282.3	Permanente und zeitliche Differenzen zwischen unternehmensrechtlichem und steuerrechtlichem Ergebnis	250
4.282.31	Beispiele für zeitliche Differenzen zwischen unternehmensrechtlichem und steuerlichem Ergebnis	250

4.282.4 Die Bilanzierung latenter Steueransprüche und Schulden im Zusammenhang mit der Gruppenbesteuerung 252
4.282.5 Behandlung der steuerlichen Belastung bei Bewertungsmaßnahmen anlässlich von Umgründungen (Neubewertung nach § 202 Abs 1 bzw Entstehung eines Umgründungsmehrwertes und Firmenwertes nach § 202 Abs 2) 254
4.282.6 Sonstiges 255
4.3 Die einzelnen Posten der Passivseite der Bilanz 256
4.31 Eigenkapital der Kapitalgesellschaft 256
4.311 Untergliederung 256
4.312 Allgemeines 256
4.313 Nennkapital (Grund-, Stammkapital) und ausstehende Einlagen 257
4.313.1 Nennkapital 257
4.313.2 Ausstehende Einlagen 258
4.313.3 Nennkapitalausweis bei Erwerb eigener Aktien 259
4.313.4 Ordentliche Kapitalerhöhung 259
4.313.5 Bedingte Kapitalerhöhung 260
4.313.6 Genehmigtes Kapital 262
4.313.7 Kapitalerhöhung aus Gesellschaftsmitteln (Kapitalberichtigungsgesetz vom 19. Mai 1967, BGBl 171, idF BGBl 1990/475 und 1991/10) 262
4.313.8 Ordentliche Kapitalherabsetzung 263
4.313.9 Vereinfachte Kapitalherabsetzung 263
4.313.10 Veränderung des Nennkapitals bei der GmbH 263
4.313.101 Erhöhung des Stammkapitals 263
4.313.102 Herabsetzung des Stammkapitals 264
4.314 Kapitalrücklagen 264
4.314.1 Begriff 264
4.314.2 Gebundene Kapitalrücklagen 265
4.314.3 Nicht gebundene Kapitalrücklagen 269
4.314.4 Die Ausschüttungssperre gem § 235 Z 3 270
4.314.5 Optionsrücklage 271
4.315 Gewinnrücklagen 272
4.315.1 Gesetzliche Rücklage 272
4.315.2 Andere Gewinnrücklagen (satzungsmäßige Rücklagen und freie Rücklagen) 273
4.316 Rücklage für eigene Anteile, Anteile an herrschenden oder mit Mehrheit beteiligten Unternehmen 273
4.317 Bilanzgewinn (Bilanzverlust) 277
4.318 Sonstiges 278
4.318.1 Negatives Eigenkapital 278
4.318.2 Behandlung von Nachschüssen bei der GmbH 279

4.318.3	Die Darstellung des Eigenkapitals bei der GmbH und Co KG (als häufigster Fall des § 221 Abs 5)	280
4.318.4	Die Behandlung von Genussrechtskapital	281
4.32	Unversteuerte Rücklagen	284
4.321	Untergliederung gemäß § 224 Abs 3 B	284
4.322	Erläuterungen – allgemein	285
4.323	Bewertungsreserve aufgrund von Sonderabschreibungen von Vermögensgegenständen des Anlagevermögens, die aufgrund steuerlicher Vorschriften vorgenommen worden sind	285
4.324	Sonstige unversteuerte Rücklagen	287
4.33	Rückstellungen	288
4.331	Untergliederung gemäß § 224 Abs 3 C	288
4.332	Betriebswirtschaftliche Grundlagen für die Bildung von Rückstellungen	289
4.333	Rückstellungen für ungewisse Verbindlichkeiten und für drohende Verluste aus schwebenden Geschäften (§ 198 Abs 8 Z 1)	290
4.334	Aufwandsrückstellungen (§ 198 Abs 8 Z 2)	292
4.335	Bildung und Auflösung (Verwendung) der Rückstellungen	294
4.336	Die Rückstellungen im Einzelnen	296
4.336.1	Rückstellungen für Abfertigungen	296
4.336.2	Rückstellungen für Pensionen	307
4.336.3	Steuerrückstellungen	310
4.336.4	Sonstige Rückstellungen	310
4.336.41	Rückstellungen für ungewisse Verbindlichkeiten	311
4.336.411	Rückstellungen für Verpflichtungen gegenüber Arbeitnehmern	311
4.336.412	Andere Rückstellungen für ungewisse Verbindlichkeiten	312
4.336.42	Rückstellungen für drohende Verluste aus schwebenden Geschäften	321
4.336.421	Begriff und Abgrenzung schwebender Geschäfte	321
4.336.422	Risiken aus schwebenden Geschäften	322
4.336.423	Arten der schwebenden Geschäfte und die Bewertung der daraus resultierenden Verluste	325
4.336.43	Aufwandsrückstellungen	326
4.34	Verbindlichkeiten	328
4.341	Untergliederung gem § 224 Abs 3 D	328
4.342	Erläuterungen allgemein	328
4.342.1	Fälligkeitsangaben, Angabe von Besicherungen, Verbindlichkeitenspiegel	328
4.342.2	Vermerk der Mitzugehörigkeit	331

4.342.3 Erweiterung der Gliederung ... 332
4.343 Die einzelnen Posten der Verbindlichkeiten ... 332
4.343.1 Anleihen, davon konvertibel ... 332
4.343.2 Verbindlichkeiten gegenüber Kreditinstituten ... 335
4.343.3 Erhaltene Anzahlungen auf Bestellungen [soweit nicht gegen Vorräte verrechnet] ... 335
4.343.4 Verbindlichkeiten aus Lieferungen und Leistungen ... 337
4.343.5 Verbindlichkeiten aus der Annahme gezogener Wechsel und der Ausstellung eigener Wechsel ... 338
4.343.6 Verbindlichkeiten gegenüber verbundenen Unternehmen ... 339
4.343.7 Verbindlichkeiten gegenüber Unternehmen, mit denen ein Beteiligungsverhältnis besteht ... 339
4.343.8 Sonstige Verbindlichkeiten, davon aus Steuern, davon im Rahmen der sozialen Sicherheit ... 339
4.344 Sonderposten ... 340
4.344.1 Einlagen stiller Gesellschafter ... 340
4.344.11 Vorschriften des UGB über die stille Gesellschaft ... 340
4.344.12 Der Ausweis der Einlagen stiller Gesellschafter in der Bilanz ... 341
4.344.2 Verbindlichkeiten gegenüber Gesellschaftern ... 343
4.344.21 Eigenkapitalersatzgesetz ... 344
4.344.3 Genussrechtskapital mit Fremdkapitalcharakter ... 345
4.344.4 Nachrangige Verbindlichkeiten ... 345
4.35 Rechnungsabgrenzungsposten ... 346
4.351 Einnahmen vor dem Abschlussstichtag ... 346
4.352 Ertrag für eine bestimmte Zeit nach dem Abschlussstichtag ... 347
4.353 Rechnungsabgrenzung und Zuschüsse ... 347
4.36 Haftungsverhältnisse ... 348
4.361 Gesetzliche Vorschriften ... 348
4.362 Erläuterungen – allgemein ... 348
4.363 Verbindlichkeiten aus der Begebung und Übertragung von Wechseln ... 349
4.364 Bürgschaften ... 349
4.365 Garantien und sonstige vertragliche Haftungsverhältnisse. 349
4.37 Der „Gesamtbetrag der sonstigen finanziellen Verpflichtungen" gemäß § 237 Z 8 ... 351
4.371 Gesetzeswortlaut ... 351
4.372 Begriff der „sonstigen finanziellen Verpflichtungen" ... 352
4.373 Arten von „sonstigen finanziellen Verpflichtungen" ... 352
4.374 Bewertungsfragen ... 354
5. Ergänzende Vorschriften für Kapitalgesellschaften Gliederung der Gewinn- und Verlustrechnung ... 356

5.1	**Gliederung der Gewinn- und Verlustrechnung nach § 231 Abs 2 (Gesamtkostenverfahren)**	356
5.2	**Gliederung der Gewinn- und Verlustrechnung nach § 231 Abs 3 (Umsatzkostenverfahren)**	357
5.3	**Struktur der Gewinn- und Verlustrechnung**	358
5.31	Gesamtkostenverfahren	358
5.32	Umsatzkostenverfahren	359
5.33	Darstellung des Abschlusses nach dem Gesamtkosten- bzw Umsatzkostenverfahren	361
5.4	**Die Gewinn- und Verlustrechnung nach dem Gesamtkostenverfahren**	362
5.41	Die Ertragsposten 1 – 4	362
5.42	Die Aufwandsposten 5 – 8	366
5.43	Die Ertrags- und Aufwandsposten 10 – 15	375
5.44	Ergebnis der gewöhnlichen Geschäftstätigkeit (Z 17)	379
5.45	Außerordentliches Ergebnis (Z 18 – 20)	379
5.46	Steuern vom Einkommen und vom Ertrag (Z 21)	381
5.461	Allgemeines	381
5.462	Die Angaben im Anhang	383
5.47	Jahresüberschuss/Jahresfehlbetrag (Z 22)	386
5.471	Verminderung bzw Erhöhung des buchmäßigen Reinvermögens durch Abspaltung	387
5.48	Bildung und Auflösung von Rücklagen (Z 23 – 27)	388
5.481	Unversteuerte Rücklagen (Z 23 und 26)	388
5.482	Gewinnrücklagen (Z 25 und 27)	390
5.482.1	Allgemeines	390
5.482.2	Gesetzliche Rücklage	391
5.482.3	Andere (freie) Rücklagen und satzungsmäßige Rücklagen	392
5.49	Vertragliche Gewinnüberrechnung gem § 232 Abs 3	393
5.5	**Die Gewinn- und Verlustrechnung nach dem Umsatzkostenverfahren**	393
5.51	Die Posten 1 – 8 („Betriebserfolg")	393
5.52	Die Posten 9 – 28	400
5.6	**Musterbeispiel zur Gewinn- und Verlustrechnung nach dem Gesamtkostenverfahren gemäß § 231 Abs 2**	401
5.61	Angabe	401
5.62	Gewinn- und Verlustrechnung gemäß § 231 Abs 2 laut Angabe 5.61	404
5.7	**Musterbeispiel einer Gewinn- und Verlustrechnung alternativ nach den Bestimmungen des § 231 Abs 2 und 3**	407

6. Ergänzende Vorschriften für Kapitalgesellschaften – Anhang und Lagebericht ... 410

6.1 Der Anhang – Allgemeines ... 410

6.11 Funktion des Anhanges ... 410
6.12 Die Vorschriften über den Anhang – Checklist ... 410
6.13 Der Aufbau des Anhanges ... 416

6.2 Erläuterung der Bilanzierungs- und Bewertungsmethoden ... 417

6.21 Bilanzierungsmethoden ... 417
6.22 Bewertungsmethoden ... 417
6.23 Abweichungen von Bilanzierungs- und Bewertungsmethoden ... 419

6.3 Erläuterungen zur Bilanz und zur Gewinn- und Verlustrechnung ... 419

6.31 Die Generalklausel ... 419
6.32 Erläuterungen, die sowohl die Bilanz als auch die Gewinn- und Verlustrechnung betreffen ... 420
6.33 Erläuterungen zur Bilanz ... 421
6.331 Allgemeine Vorschriften ... 421
6.332 Aktivseite der Bilanz ... 422
6.332.1 Anlagevermögen ... 422
6.332.2 Vorräte ... 423
6.332.3 Forderungen und sonstige Vermögensgegenstände ... 423
6.332.4 Wertpapiere und ähnliche Rechte ... 423
6.332.5 Aktive Rechnungsabgrenzung ... 424
6.333 Passivseite der Bilanz ... 424
6.333.1 Eigenkapital ... 424
6.333.2 Unversteuerte Rücklagen ... 424
6.333.3 Rückstellungen ... 424
6.333.4 Verbindlichkeiten ... 424
6.334 Haftungsverhältnisse, sonstige Verpflichtungen ... 425
6.335 Angaben über derivative Finanzinstrumente und über dem beizulegenden Zeitwert ausgewiesene Finanzinstrumente des Finanzanlagevermögens ... 426
6.335.1 Begriff der Finanzinstrumente im Allgemeinen ... 426
6.335.2 Angaben über derivative Finanzinstrumente ... 428
6.335.3 Angaben zu den über ihrem beizulegenden Zeitwert ausgewiesenen Finanzinstrumenten des Finanzanlagevermögens ... 429
6.34 Erläuterungen zur Gewinn- und Verlustrechnung ... 430

6.4 Sonstige Angaben im Anhang ... 431

6.41 Nicht rechtsformspezifische Angaben ... 431
6.42 Pflichtangaben bei Aktiengesellschaften ... 434

6.43	Neue Anhangangaben aufgrund der „Abschlussprüfungsrichtlinie“ und der „Änderungsrichtlinie“	434
6.431	Abschlussprüfungsrichtlinie (URÄG 2008, Z 14)	434
6.4.32	Änderungsrichtlinie 2006	435
6.5	**Der Anhang der kleinen GmbH (bzw GmbH & Co Personengesellschaft im Sinne des § 221 Abs 5)**	440
6.51	Die gesetzliche Regelung (§ 242 Abs 2)	440
6.52	Die Adressaten des Anhanges der kleinen GmbH	441
6.53	Strafvorschriften für GmbHs	441
6.6	**Der Lagebericht nach UGB**	441
6.61	Erweiterung des Lageberichtes infolge der Umsetzung der Fair-Value-Richtlinie und der Modernisierungsrichtlinie	441
6.62	Zusätzliche Bestimmungen für den Lagebericht, die sich aus der Umsetzung der Änderungsrichtlinie und der Transparenzrichtlinie ergeben (URÄG 2008)	444
6.63	Allgemeines zum Lagebericht	444
6.631	Stellung des Lageberichtes in der Rechnungslegung	444
6.632	Fachliche Stellungnahmen und Ausarbeitungen zum Lagebericht	447
6.633	Grundsätze der Lageberichterstattung	448
6.633.1	Vollständigkeit	448
6.633.2	Richtigkeit (Wahrheit)	449
6.633.3	Klarheit und Übersichtlichkeit	450
6.633.4	Berichtsgrundsätze nach § 243 (2)	450
6.64	Gliederung des Lageberichtes	451
6.65	Darstellung des Geschäftsverlaufes einschließlich des Geschäftsergebnisses und der Lage des Unternehmens (Wirtschaftsbericht) (Abs 1)	456
6.651	Darstellung des Geschäftsverlaufes	456
6.652	Darstellung der Ertrags-, Finanz- und Vermögenslage des Unternehmens	457
6.652.1	Der Begriff der finanziellen Leistungsindikatoren	457
6.652.2	Ertragslage	459
6.652.3	Finanzlage	461
6.652.4	Vermögenslage	462
6.652.5	Empfehlungen für im Lagebericht anzugebende finanzielle Leistungsindikatoren	464
6.652.6	Anmerkungen	465
6.66	Die Beschreibung der wesentlichen Risiken und Ungewissheiten, denen das Unternehmen ausgesetzt ist (Risikoberichterstattung gem § 243 Abs 1)	465
6.67	Die besonderen Berichtspflichten gemäß § 243 Abs 3	470

6.671	Vorgänge von besonderer Bedeutung, die nach dem Schluss des Geschäftsjahres eingetreten sind („Nachtragsbericht" – Abs 3 Z 1)	471
6.672	Die voraussichtliche Entwicklung des Unternehmens („Prognosebericht" – Abs 3 Z 2)	472
6.673	Bereich Forschung und Entwicklung (Abs 3 Z 3)	475
6.674	Bestehende Zweigniederlassungen der Gesellschaft (Abs 3 Z 4)	476
6.675	Die Verwendung von Finanzinstrumenten (Abs 3 Z 5)	477
6.68	Sondervorschriften für große Kapitalgesellschaften (§ 243 Abs 5 – nicht finanzielle Leistungsindikatoren)	480
6.681	Angabe in Zusammenhang mit Umweltaspekten	482
6.682	Informationen über „Arbeitnehmerbelange"	483
6.683	In der Fachliteratur angeführte sonstige nichtfinanzielle Leistungsindikatoren	483
6.69	Sonstiges	484
6.691	§ 243a UGB gem Übernahmerechtsänderungsgesetz 2006	484
6.691.1	§ 243 Abs 1	484
6.691.2	§ 243a Abs 2 – Beschreibung des internen Kontroll- und des Risikomanagementsystems	485
6.691.21	Regelungen zum internen Kontrollsystem und zum Risikomanagement	485
6.691.22	Behandlung des IKS in Standards/Fachgutachten	488
6.691.23	Inhalt der Beschreibung des internen Kontroll- und Risikomanagements im Lagebericht	490
6.692	Corporate-Governance-Bericht	491
7.	**Prüfungs- und Offenlegungsbestimmungen für Kapitalgesellschaften**	495
7.1	**Prüfung**	495
7.11	Prüfungspflicht (§ 268)	497
7.12	Bestellung – Abberufung – Auswahl – Verantwortlichkeit der Abschlussprüfer	499
7.121	Bestellung und Abberufung des Abschlussprüfers (§ 270 UGB)	499
7.122	Befangenheit und Ausgeschlossenheit (§§ 271 und 271 a–c)	501
7.122.1	Allgemeines	501
7.122.2	Ausschlussgründe in besonderen Fällen – § 271a	502
7.122.3	Befangenheit und Ausgeschlossenheit im Netzwerk – § 271b	503

7.122.4 Befristetes Tätigkeitsverbot – § 271c 504
7.123 Verantwortlichkeit des Abschlussprüfers (§ 275) 504
7.124 Vorlagepflicht, Auskunftsrecht, Teilnahme an Beratungen über den Jahresabschluss 505
7.13 Gegenstand und Umfang der Prüfung 506
7.131 Fachgutachten der Kammer der Wirtschaftstreuhänder und Richtlinien des Instituts österreichischer Wirtschaftsprüfer 507
7.132 EU-Abschlussprüfungsrichtlinie 510
7.14 Qualitätssicherung durch ein externes Qualitätsüberwachungssystem 511
7.15 Prüfungsbericht 512
7.16 Der Bestätigungsvermerk (§ 274) 514
7.17 Meinungsverschiedenheiten zwischen Gesellschaft und Abschlussprüfer (§ 276) 517
7.18 International Standards on Auditing – Internationale Prüfungsstandards – ISAs 517
7.181 IFAC – IAASB – PIOB 517
7.182 Der risikoorientierte Prüfungsansatz 518
7.183 Die Audit Risk Standards 519
7.183.1 ISA 200 – Ziel und allgemeine Grundsätze der Abschlussprüfung 519
7.183.2 ISA 315 – Verständnis des Unternehmens und seines Umfeldes und Einschätzung des Risikos wesentlicher Fehler 522
7.183.3 ISA 330 – Die Maßnahmen des Abschlussprüfers als Reaktion auf die Risikoeinschätzung (the auditors procedures in response to assessed risks) 527
7.183.4 ISA 500 R – Prüfungsnachweise (audit evidence) 532
7.184 Überblick über sonstige Standards 538
7.184.1 Standards zur Berichterstattung/Erteilung des Bestätigungsvermerkes 538
7.184.2 Standards, die sich mit besonderen Risikobereichen beschäftigen 538
7.184.3 Standards zu Einzelfragen zur Einholung von Prüfungsnachweisen 539
7.184.4 Standards zum Verhältnis zwischen Prüfer und Unternehmen 539
7.184.5 Standards zur Organisation des Prüfungsbetriebes und zur Abwicklung der Prüfung 539
7.185 Verzeichnis der ISAs und IAPSs laut IFAC-Handbook of International Auditing, Assurance and Ethics Pronouncements 2008 540

7.2 Vorschriften über Offenlegung und Veröffentlichung 542
7.21 Große Aktiengesellschaft 542
7.22 Große GmbH 544
7.23 Kleine und mittelgroße Aktiengesellschaft, mittelgroße Gesellschaft mit beschränkter Haftung 544
7.24 Kleine Gesellschaft mit beschränkter Haftung 546
7.25 Offenlegung der Zweigniederlassungen ausländischer Kapitalgesellschaften 547
7.3 Maßnahmen zur Durchsetzung unternehmensrechtlicher Vorschriften 547
7.31 Prüfungspflicht und Zwangsstrafen 547
7.32 Zwangsstrafenregelungen des Aktiengesetzes und des GmbH-Gesetzes im Zusammenhang mit Rechnungslegungsvorschriften 549
7.33 Strafvorschriften 550
8. Übergangsbestimmungen und Umstellungsmaßnahmen 551
8.1 Übergangsvorschriften des EU-GesRÄG, soweit sie die Rechnungslegungsvorschriften betreffen 551
8.11 Verrechnung der latenten Steuerbeträge gemäß § 198 Abs 9 und 10 (Abs 3 Z 1) 551
8.12 Gewinnausschüttungsverbot für Erträge aus der Auflösung von Rücklagen, die aus Unterschiedsbeträgen gem § 202 Abs 2 Z 1 entstanden sind (Abs 3 Z 2) 551
8.13 Aktivierte Geldbeschaffungskosten (Abs 6) 552
8.2 Übergangsvorschriften des RLG 1990 552
8.21 Rückstellungen für laufende Pensionen und Anwartschaften auf Pensionen 552
8.211 Unternehmensrechtliche Übergangsvorschriften (Artikel X Abs 2 – 4) 552
8.212 Steuerrechtliche Übergangsvorschriften 554
8.3 Kontenrahmen 556
9. Die Informationswirkung des Jahresabschlusses nach dem UGB 558
9.1 Die wesentliche Informationswirkung der Rechnungslegungsvorschriften des UGB 558
9.11 Die herausragende Bedeutung der Generalnorm 558
9.12 Einzelvorschriften, die im Besonderen zur Informationswirkung beitragen 558
9.13 Weiterhin bestehende Informationsdefizite 562

9.2 Die Jahresabschlussanalyse und Kennzahlenrechnung als Instrument der Informationsverarbeitung und -auswertung ... 564
9.21 Allgemeines ... 564
9.22 Grenzen der externen Jahresabschlussanalyse ... 564
9.3 Stufen der Jahresabschlussanalyse auf Basis des veröffentlichten Jahresabschlusses ... 565
9.31 Bereinigung der Abschlussdaten ... 566
9.311 Zu beachtende Probleme im Zuge der Bereinigung der Bilanz und der G&V-Rechnung ... 566
9.312 Aufstellung der bereinigten Bilanz und Gewinn- und Verlustrechnung ... 573
9.312.1 Ermittlung des bereinigten Vermögens ... 574
9.312.2 Behandlung des Finanzierungsleasing ... 578
9.312.3 Ermittlung des bereinigten Kapitals ... 580
9.312.31 Ermittlung des bereinigten Fremdkapitals ... 580
9.312.32 Ermittlung des verzinslichen Fremdkapitals ... 584
9.312.33 Ermittlung des bereinigten Eigenkapitals ... 586
9.312.4 Zusammenfassende Darstellung der bereinigten Bilanz der Energieversorgungs AG ... 588
9.312.5 Aufstellung der bereinigten Gewinn- und Verlustrechnung ... 592
9.312.6 Notwendigkeit der Bereinigung der Bilanz und der Gewinn- und Erfolgsrechnung ... 595
9.32 Aufbereitung ... 595
9.4 Gliederung der Kennzahlen im Rahmen der Jahresabschlussanalyse ... 596
9.5 Kennzahlen der finanzwirtschaftlichen Analyse ... 596
9.51 Investitionsanalyse ... 596
9.511 Analyse der Vermögensstruktur ... 596
9.512 Kennzahlen aus dem Sachanlagenbereich ... 599
9.512.1 Allgemeines ... 599
9.512.2 Kennzahlen des abnutzbaren Sachanlagevermögens ... 599
9.513 Vermögensumschlagszahlen ... 605
9.513.1 Umschlagshäufigkeit des Vermögens ... 606
9.513.2 Umschlagshäufigkeit der Vorräte ... 607
9.513.3 Umschlagshäufigkeit der Debitoren ... 610
9.513.4 Umschlagshäufigkeit der Kreditoren ... 612
9.52 Finanzierungsanalyse ... 613
9.521 Ermittlung der Kapitalstruktur ... 613
9.522 Die wichtigsten Kennzahlen der Finanzierungsanalyse ... 613
9.522.1 Fremdkapitalquote, Eigenkapitalquote ... 613

9.522.2 Verschuldungsgrad, Gearing ... 615
9.522.3 Optimaler Verschuldungsgrad ... 616
9.522.4 Selbstfinanzierungsgrad (Innenfinanzierungsgrad) ... 618
9.523 Kreditstruktur ... 618
9.53 Liquiditätsanalyse ... 619
9.531 Bestandsgrößen als Grundlage der Liquiditätsanalyse ... 619
9.531.1 Kennzahlen der langfristigen Finanzierung ... 620
9.531.2 Kennzahlen der kurzfristigen Finanzierung ... 622
9.532 Stromgrößen als Grundlage der Liquiditätsanalyse ... 624
9.532.1 Cashflow ... 624
9.532.2 Geldflussrechnung (Kapitalflussrechnung) ... 628
9.532.21 Zweck und Inhalt der Geldflussrechnung ... 628
9.532.22 Abgrenzung des Finanzmittelfonds ... 630
9.532.23 Die Gliederung der Geldflussrechnung ... 631
9.532.231 Gliederung der Geldflussrechnung nach Mittelherkunft und Mittelverwendung ... 632
9.532.232 Gliederung nach Aktivitätsbereichen ... 636
9.54 Vermutung des Reorganisationsbedarfes gem §§ 23 und 24 URG ... 657

9.6 Aus der Erfolgsrechnung abgeleitete Kennzahlen (erfolgswirtschaftliche Kennzahlen) ... 660
9.61 Aufbau der Gewinn- und Verlustrechnung ... 660
9.611 Ergebnisquellen und Erfolgsspaltung ... 660
9.612 Gegenüberstellung von Gesamtkostenverfahren und Umsatzkostenverfahren ... 662
9.612.1 Gesamtkostenverfahren ... 662
9.612.2 Umsatzkostenverfahren ... 662
9.612.3 Möglichkeit für den externen Bilanzanalytiker, von einem Verfahren in das andere überzuleiten ... 663
9.613 Kennzahlen der Erfolgsspaltung ... 664
9.613.1 Betriebserfolg gemäß § 231 Abs 2 Z 9 ... 664
9.613.2 Finanzerfolg gem § 231 Abs 2 Z 16 ... 665
9.613.3 Ermittlung des EBIT ... 667
9.613.31 EBITA ... 667
9.613.32 EBITDA ... 668
9.613.4 EBT ... 669
9.613.5 Außerordentliches Ergebnis ... 669
9.613.6 Ergebnis nach Steuern (EBILAT, NOPLAT) ... 669
9.62 Kennzahlen der Aufwands- und Ertragsstruktur ... 670
9.63 Kennzahlen im Zusammenhang mit der Leistungsverwertung ... 672
9.631 Deckungsbeitrag ... 672
9.632 Bruttoergebnis vom Umsatz ... 672

9.64 Rentabilität ... 674
9.641 Rentabilitätsgrößen aus dem veröffentlichten Jahresabschluss ... 677
9.641.1 Umsatzrentabilität ... 677
9.641.2 Vermögens(Kapital)rentabilität ... 678
9.641.21 Gesamtkapitalrentabilität ... 678
9.641.22 Eigenkapitalrentabilität ... 681
9.641.23 Return on Net Assets (RONA) ... 681
9.641.24 Return on Capital Employed (ROCE) ... 683
9.642 Leverageeffekt ... 683
9.643 Kurs-Gewinnverhältnis (KGV) ... 685
9.644 Dividendenrendite ... 686
9.65 Wertschöpfungsanalyse ... 687

9.7 Der ROI als Spitzenkennzahl eines Kennzahlensystems ... 689
9.71 Das ROI-Kennzahlensystem als Planungsinstrument ... 690
9.72 Das ROI-Kennzahlensystem als Teil der externen Bilanzanalyse bei Anwendung des Gesamtkostenverfahrens ... 691
9.73 Das ROI-Kennzahlensystem als Teil der externen Bilanzanalyse bei Anwendung des Umsatzkostenverfahrens ... 692

9.8 Indikatoren nahender finanzieller Schwierigkeiten ... 695
9.81 Faktoren, deren Entwicklung das Nahen finanzieller Schwierigkeiten anzeigt ... 695
9.82 Kennzahlen, deren Entwicklung die Veränderung der Vermögens-, Finanz- und Ertragslage eines Unternehmens zeigt ... 696
9.821 Empirische Untersuchung Beavers hinsichtlich der Voraussage der Zahlungsunfähigkeit ... 696
9.822 Feststellung negativer Unternehmensentwicklung mit Hilfe linearer multivariater Diskriminanzanalysen ... 698
9.822.1 Allgemeines ... 698
9.822.2 Empirische Untersuchung Altmans ... 699
9.822.3 Weitere Untersuchungen zur Ermittlung von Frühwarnindikatoren nahender Schwierigkeiten mit Hilfe der multivariaten Diskriminanzanalyse ... 701

Anlage 1 Einzelabschluss der Energieversorgungs AG zum 31. Dezember 2007 ... 703

Anlage 2 Derzeit gültige Fachgutachten und Stellungnahmen AFRAC, KWT, IWP ... 719

Anlage 3 Verordnung über die Verwendung von Formblättern für die offenzulegende Bilanz und den offenzulegenden Anhang von kleinen Gesellschaften mit beschränkter Haftung (3. Formblatt-V) 724

Literaturhinweise 729

Abkürzungsverzeichnis 731

Stichwortverzeichnis 732

Vorwort zur 12. Auflage

In der vorliegenden 12. Auflage dieses Werkes werden vor allem die in der vorigen Auflage noch nicht erfassten Änderungen in der österreichischen Rechnungslegung, die das Unternehmensrechtsänderungsgesetz mit sich brachte, intensiv bearbeitet. Darüber hinaus werden die Stellungnahmen und Fachgutachten der drei Institutionen AFRAC, Kammer der Wirtschaftstreuhänder und IWP, welche das österreichische Rechnungslegungssystem nachhaltig beeinflussen, noch intensiver als bisher im Buch verarbeitet. Um dem Leser zusätzlich einen besseren Überblick über die Arbeit dieser Organisationen zu bieten, werden die derzeit gültigen Fachgutachten und Stellungnahmen in der Anlage 2 dieses Buches lückenlos angeführt.

Neben der Behandlung von Problemen der Bewertung und des Ansatzes verschiedener Bilanzposten werden den durch das URÄG 2008 erweiterten Anhangbestimmungen, dem Lagebericht und dem Corporate-Governance-Bericht besonderes Augenmerk gewidmet. Die nunmehr in österreichisches Recht umgesetzte Abschlussprüfungsrichtlinie, die auch die Person des Wirtschaftsprüfers sehr stark berührt, wird eingehend besprochen.

Darüber hinaus wurden wie bei jeder Auflage alle Abschnitte aktualisiert, womit dem Leser wieder ein auf dem neusten Stand befindliches Werk zur Verfügung steht.

Anton Egger Romuald Bertl Helmut Samer

Vorwort zur 11. Auflage

Über Entschließung des österreichischen Nationalrates wurde vom Bundesministerium für Justiz der Verein Österreichisches Rechnungslegungskomitee eingerichtet, dessen ordentliche Mitglieder der Bund, verschiedene Bundesbehörden und eine Reihe von Kammern und sonstige Interessenvertretungen sind. Operatives Organ dieses Trägervereines ist der **„Beirat für Rechnungslegung und Abschlussprüfung“** bzw. **„Austrian Financial Reporting and Auditing Committee“**, kurz **AFRAC**, dessen Aufgabe nicht nur in der Fortentwicklung der nationalen und internationalen Rechnungslegung, sondern auch in der Beratung der zuständigen Bundesministerien bei Gesetzesvorhaben auf den Gebieten der Rechnungslegung und Abschlussprüfung ist.

Eine Reihe von Stellungnahmen der AFRAC, wie beispielsweise zur Lageberichterstattung oder zur Bilanzierung von CO_2-Emissionszertifikaten und zu weiteren Richtlinien der EU, die im Unternehmensrechtsänderungsgesetz 2008, das derzeit begutachtet wird, ihren Niederschlag finden werden, machten es notwendig, bereits ein Jahr nach Erscheinen der 10. Auflage eine Neuauflage vorzubereiten.

Im Rahmen der Arbeiten zur Neuauflage wurden nicht nur die oben angeführten Veränderungen berücksichtigt, sondern auch alle Abschnitte des Buches, soweit notwendig, aktualisiert. Großes Augenmerk wurde auf die Jahresabschlussanalyse, die nunmehr auch im Lagebericht an Bedeutung gewonnen hat, gelegt.

Wir freuen uns, damit unseren Lesern wieder ein auf dem neuesten Stand befindliches Werk vorlegen zu können.

Anton Egger Romuald Bertl Helmut Samer

Vorwort zur 10. Auflage

Mit dem Handelsrechtsänderungsgesetz 2005 wurde das österreichische Handelsgesetzbuch mit Wirkung vom 1. Jänner 2007 in Unternehmensgesetzbuch umbenannt. Abgesehen von der gegenüber der bisherigen Rechtslage geänderten Terminologie (UGB statt HGB; Unternehmensrecht statt Handelsrecht; Unternehmensbilanz statt Handelsbilanz; Unternehmer statt Kaufmann) wurden eine Reihe materieller Änderungen des UGB durchgeführt, die vor allem Personengesellschaften und die Rechnungslegungspflicht betreffen. Seit der letzten Auflage im Jahre 2005 fanden darüber hinaus tiefgreifende Veränderungen im Berichtswesen (Anhang und Lagebericht) sowie in den Bestimmungen über die Prüfung des Jahresabschlussess von Kapitalgesellschaften statt.

Im Rahmen der auf Grund der oben genannten Veränderungen notwendig gewordenen 10. Auflage wurden alle Abschnitte des Buches, soweit notwendig, aktualisiert. Unseren Lesern liegt damit ein auf dem neuesten Stand befindliches Werk vor.

Anton Egger Romuald Bertl Helmut Samer

Vorwort zur 5. Auflage

Mit dem EU-Gesellschaftsrechtsänderungsgesetz 1996 wurden neben einer Reihe gesellschaftsrechtlicher Vorschriften (GmbH-Gesetz, Aktiengesetz, Umwandlungs- und Spaltungsgesetz ua) die österreichischen Rechnungslegungsvorschriften, soweit dies noch nicht geschehen war, den entsprechenden EU-Richtlinien angepaßt. Bei dieser Gelegenheit wurden unklare Gesetzesbestimmungen überarbeitet und verbessert.

Die sich daraus ergebende Notwendigkeit der Überarbeitung der 4. Auflage wurde von den Autoren benutzt, die seit 1992 außer Kraft getretenen Vorschriften des Aktiengesetzes 1965, die bisher als vergleichende Bestimmungen im Buch enthalten waren, zu eliminieren. In den bisherigen Auflagen vorgenommene Gesetzesinterpretationen wurden auf ihre Haltbarkeit geprüft und, wenn erforderlich, geändert.

Den „International Accounting Standards" (IAS) des International Accounting Standards Committee (IASC) wurde im Rahmen der vorliegenden Auflage große Aufmerksamkeit gewidmet, da die Autoren der Meinung sind, daß es die internationale Verknüpfung der österreichischen Wirtschaft erforderlich macht, das eigene nationale Rechnungswesen überall dort, wo es das Gesetz zuläßt, den internationalen Standards anzupassen.

Am Anfang des Buches befinden sich neben dem vergleichenden Gesetzeswortlaut der §§ 189 – 243 HGB die noch aktuellen Übergangsvorschriften der Artikel X und XI des Rechnungslegungsgesetzes 1990 und des Artikel XVII des EUGesellschaftsrechtsänderungsgesetzes 1996.

Für das Stichwortverzeichnis zeichnet Dr. Anton Egger jun. verantwortlich.

Anton Egger | Helmut Samer

Vorwort zur 1. Auflage

Am 31. Juli 1990 ist das Rechnungslegungsgesetz, das eine völlige Neugestaltung des Bilanzrechtes mit sich bringt, in Kraft getreten. Die Jahresabschlüsse aller Vollkaufleute müssen spätestens in jenem Geschäftsjahr nach den Bestimmungen des Rechnungslegungsgesetzes erstellt werden, welches nach dem 31. Dezember 1991 beginnt.

Das Rechnungslegungsgesetz bringt umfangreiche Änderungen auf dem Gebiet der Bilanzbewertung, der Gliederung der Bilanz und der Gewinn- und Verlustrechnung sowie der Anlagenverrechnung mit sich, die zum Teil erhebliche Umstellungen im Aufbau und der Organisation des Rechnungswesens verlangen.

Dieses Buch soll nicht nur dem Bilanzierenden ein Hilfsmittel zur Hand geben, die Umstellung auf die neuen Rechnungslegungsvorschriften besser bewältigen zu können, sondem auch den rechts- und steuerberatenden sowie den prüfenden Berufen als Nachschlagewerk zur Beantwortung vieler Zweifelsfragen im Zusammenhang mit der Durchführung des Gesetzes dienen.

Das erklärte Ziel des Gesetzgebers, die Informationswirkung des Jahresabschlusses nach innen und außen zu verbessern, hat die Autoren bewogen, darüber hinaus ausführlich auf die Jahresabschlußanalyse und die daraus erzielbaren Erkenntnisse einzugehen.

Die Konzernrechnungslegung, die in Österreich mit dem Rechnungslegungsgesetz erstmals gesetzlich geregelt wurde, wird in einem Folgeband behandelt.

Anton Egger | Helmut Samer

1. Österreichische und internationale Grundlagen des Jahresabschlusses

1.1 Der Jahresabschluss nach der Rechnungslegungsreform in Österreich

1.11 Die Entwicklung der unternehmensrechtlichen Rechnungslegungsvorschriften

25. Juli 1978:	4. EG-Richtlinie (Bilanz-Richtlinie)
13. Juni 1983:	7. EG-Richtlinie (Konzern-Richtlinie)
10. April 1984:	8. EG-Richtlinie (Bilanzprüfer-Richtlinie)
28. Juni 1990:	**Rechnungslegungsgesetz (RLG)**
23. Mai 1996:	**EU-Gesellschaftsrechtsänderungsgesetz (EU-GesRÄG)**
27. Oktober 2005	**Handelsrechtsänderungsgesetz 2005 (Unternehmensgesetzbuch)**

Wesentliche Ergänzungen bzw. Änderungen der 4., 7 u 8. EG-Richtlinie, die in der Folge Eingang in das HGB (UGB) fanden.

27. September 2001:	Fair-Value-Richtlinie – die Umsetzung erfolgte mit dem **Fair-Value-Bewertungsgesetz** vom 16. Dezember 2003
18. Juni 2003:	Modernisierungsrichtlinie – Umsetzung mit dem **Rechnungslegungsänderungsgesetz 2004** vom 30. Dezember 2004
17. Mai 2006:	Abschlussprüfungsrichtlinie – die Umsetzung(mit Ausnahme der berufsrechtlichen Vorschriften) erfolgte mit dem **Unternehmensrechts-Änderungsgesetz 2008** (URÄG 2008) vom 25. April 2008
14. Juni 2006:	Änderungsrichtlinie – die Umsetzung erfolgte mit dem **URÄG 2008** vom 25. April 2008

Weitere Anpassungen des UGB erfolgten durch das Übernahmerechtsänderungsgesetz (9. Juni 2006) und das Publizitätsrichtliniegesetz (26. Juni 2006).

In Umsetzung der Transparenzrichtlinie 2004/109/EG vom 15.Dezember 2004 wurden Anpassungen des Börsegesetzes durchgeführt.

Am 25. Juli 1978 wurde vom Rat der Europäischen Gemeinschaften die **Bilanz-Richtlinie** (4. EG-Richtlinie) mit dem Zweck der Koordinierung der einzelstaatlichen Vorschriften über die Gliederung und den Inhalt des Jahresabschlusses und des Lageberichtes sowie über die Bewertungsmethoden und die Offenlegung dieser Unterlagen insbesondere bei Aktiengesellschaften und Gesellschaften mit beschränkter Haftung erlassen.

Am 13. Juni 1983 wurde die **Konzern-Richtlinie** mit dem Zweck der Koordinierung der nationalen Vorschriften über den konsolidierten Abschluss von Unternehmenszusammenschlüssen (Konzernen) erlassen.

Am 10. April 1984 wurde die **Bilanzprüfer-Richtlinie** mit dem Zweck der Harmonisierung der Anforderungen in Bezug auf die Befähigung der zur Durchführung der Pflichtprüfung der Rechnungslegung von zu prüfenden Unternehmen befugten Personen erlassen, wobei gleichzeitig sichergestellt werden sollte, dass diese Personen unabhängig sind und einen guten Leumund besitzen.

Seit März 2004 wurde über einen Vorschlag der Kommission zur Neufassung der **Abschlussprüfungsrichtlinie** verhandelt. Die endgültige Verabschiedung erfolgte im Mai 2006. In Österreich wurden Elemente der Abschlussprüfungsrichtlinie schon im Gesellschaftsrechtsänderungsgesetz 2005 berücksichtigt. Die weitgehend vollständige Umsetzung erfolgte mit Ausnahme der berufsrechtlichen Vorschriften mit dem URÄG 2008.

Wegen der Nähe zur EG und der engen wirtschaftlichen Beziehungen zur Bundesrepublik Deutschland entschloss sich die österreichische Bundesregierung zunächst, eine den EG-Richtlinien weitgehend konforme und an das deutsche Bilanzrichtliniengesetz angelehnte **Rechnungslegungsreform** in die Wege zu leiten und nach Anhörung aller Interessenvertretungen dem Nationalrat zur Beschlussfassung zu übermitteln.

Durch den Beitritt zum EWR und in der Folge zur EU war es notwendig geworden, alle Vorschriften des UGB, soweit sie der 4. und 7. Richtlinie noch nicht voll entsprachen, durch richtlinienkonforme Bestimmungen zu ersetzen. Dies geschah mit Art I EU-Gesellschaftsrechtsänderungsgesetz und den zugehörigen Übergangsvorschriften in Artikel XVII.

Mit dem am 26. März 1999 veröffentlichten **Konzernabschlussgesetz** wurde § 245a in das UGB eingefügt, der es österreichischen Unternehmen ermöglicht, einen Konzernabschluss nach international anerkannten Rechnungslegungsgrundsätzen aufzustellen (geändert durch das ReLÄG 2004).

1.12 Entwicklungen in der EU und Auswirkungen auf die österreichischen Rechnungslegungsvorschriften

Zur **Weiterentwicklung der Bilanz-Richtlinie** ist in Artikel 52 der vierten Richtlinie folgendes Verfahren vorgesehen:

1. Bei der Kommission wird ein **Kontaktausschuss** eingesetzt, der zur Aufgabe hat,

a) unbeschadet der Bestimmungen der Artikel 169 und 170 des Vertrages eine gleichmäßige Anwendung dieser Richtlinie durch eine regelmäßige Abstimmung, insbesondere in konkreten Anwendungsfragen, zu erleichtern;
b) die **Kommission**, falls dies erforderlich sein sollte, bezüglich Ergänzungen und Änderungen dieser Richtlinie zu beraten.

2. Der **Kontaktausschuss** setzt sich aus Vertretern der Mitgliedsstaaten sowie Vertretern der Kommission zusammen. Der Vorsitz ist von einem Vertreter der Kommission wahrzunehmen.

Die Aufgaben des Kontaktausschusses (Contact Committee) werden nunmehr durch den **Regelungsausschuss für Rechnungslegung** (Accounting Regulatory Committee – ARC) ausgeübt.

1.121 Die Fair-Value-Richtlinie des Europäischen Parlamentes und des Rates

Hiebei handelt es sich um die Richtlinie zur Änderung der 4./7. und der Bankbilanzrichtlinie (veröffentlicht am 27. Sept 2001) im Hinblick auf die im Jahresabschluss bzw im konsolidierten Abschluss von Gesellschaften bestimmter Rechtsformen und von Banken und anderen Finanzinstituten zulässigen Wertansätze.

Mit der **Fair-Value-Richtlinie** sollten die europäischen Rechnungslegungsgrundsätze an die im IAS 39 geregelte Fair-Value-Bewertung bestimmter **Finanzinstrumente** angepasst werden. Da in der Richtlinie vorgesehen ist, dass die Mitgliedstaaten die Anwendung der Fair-Value-Bewertung auf die Konzernabschlüsse beschränken können, und Österreich von diesem Wahlrecht Gebrauch gemacht hat, sind die geänderten Bewertungsvorschriften **nicht auf Einzelabschlüsse anzuwenden**. Allerdings sind in den Einzelabschlüssen sowohl im **Anhang** (§ 237 a) als auch im **Lagebericht** (§ 243 Abs 2 Z 5) zusätzliche Angaben zu machen. Bezüglich der im Anhang und im Lagebericht anzuwendenden Vorschriften siehe Kapitel 6.

1.122 Verordnung des Europäischen Parlaments und des Rates zur Anwendung von internationalen Rechnungslegungsstandards (Verordnung Nr 1606/2002 = IAS-Verordnung)

Die **IAS-Verordnung** bestimmt, dass spätestens ab dem Geschäftsjahr, das am oder nach dem 1. Jänner 2005 beginnt, die Konzernabschlüsse von Unternehmen, deren Wertpapiere zum Handel auf einem regulierten Markt im Sinne von Art 1 (13) der Richtlinie 93/22/EEC zugelassen sind, nach den International Accounting Standards bzw International Financial Reporting Standards aufzustellen sind, die nach dem in der Verordnung festgelegten Verfahren in der Europäischen Union zugelassen wurden (Art 4 der Verordnung). Für Unternehmen, die bisher andere international anerkannte Rechnungslegungsgrundsätze (zB US-GAAP) für die Aufstellung des Konzernabschlusses verwendeten, wird die Frist bis 2007 verlängert.

Dies gilt gem. Art. 9a) der IAS-VO auch für Gesellschaften, von denen lediglich Schuldtitel zum Handel an einem geregelten Markt eines Mitgliedstaates zugelassen sind.

Da es sich hier um eine Verordnung und nicht um eine Richtlinie handelt, sind diese Bestimmungen von den Mitgliedsstaaten direkt anzuwenden.

Art 5 der Verordnung sieht vor, dass die Mitgliedstaaten entweder gestatten oder anordnen können, dass auch die Einzelabschlüsse börsennotierter Unternehmen und die Einzelabschlüsse und konsolidierten Abschlüsse nicht börsennotierter Unternehmen nach den von der EU zugelassenen International Accounting Standards aufgestellt werden können.

Österreich hat von diesem Wahlrecht im Hinblick auf Einzelabschlüsse keinen Gebrauch gemacht. Damit ergeben sich aus der Anpassung des UGB an die IAS-Verordnung keine Auswirkungen auf die Bestimmungen für den Einzelabschluss.

Nähere Ausführungen zur IAS-Verordnung finden sich im Band 2.

1.123 Modernisierungsrichtlinie

Die **Modernisierungsrichtlinie** wurde am 12. Juni 2003 beschlossen und war bis zum 1. Jänner 2005 umzusetzen. Sie enthält eine Reihe von Wahlrechten, um zu ermöglichen, dass die Mitgliedsstaaten **Vorschriften** einführen, **die im Einklang mit IAS/IFRS stehen**:

- **Wahlrechte (nicht umgesetzt)**
  - die Einführung weiterer Bestandteile für den Jahresabschluss (zB die Geldflussrechnung und eine Darstellung der Entwicklung des Eigenkapitals)
  - stärkere Berücksichtigung des Grundsatzes „substance over form“
  - die Anwendung der Gliederungsbestimmungen der IAS/IFRS für die Bilanz und die Gewinn- und Verlustrechnung
  - Anpassung der Rückstellungsbestimmungen an IAS
- **Neuregelung des allgemeinen Teils des Lageberichtes**
- **Regelung des Inhaltes des Bestätigungsvermerkes**
- **Verschiedene Änderungen der 7. Richtlinie in Bezug auf den Konzernabschluss** (Nähere Ausführungen dazu finden sich im Band 2.)

Umsetzung der Modernisierungsrichtlinie

Die **Modernisierungsrichtlinie** wurde in Österreich mit dem Rechnungslegungsänderungsgesetz (ReLÄG) 2004 – Dezember 2004 umgesetzt.

Das ReLÄG hat neben der Umsetzung der Modernisierungsrichtlinie auch die Umsetzung der **Schwellenwertrichtlinie** (Anpassung der Größenklassen [§ 221], Anpassung der Schwellenwerte für die Verpflichtung zur Erstellung eines Konzernabschlusses [§ 246]) und die Anpassung an die IAS-Verordnung zum Inhalt. Der Inhalt der Modernisierungsrichtlinie wird in den jeweiligen Kapiteln dieses Buches behandelt.

Das Gesetz gilt für alle Jahresabschlüsse, die nach dem 31.12.2004 beginnen.

1.124 Umsetzung der „Abschlussprüfungsrichtlinie" und der „Änderungsrichtlinie"

Nach den EU-rechtlichen Vorschriften war die „Abschlussprüfungsrichtlinie" (17. Mai 2006, 2006/43 EG) bis 29. Juni 2008 und die „Änderungsrichtlinie" (14. Juni 2006, 2006/46 EG) bis 5. September 2008 umzusetzen; soweit es die unternehmensrechtlichen (einschl der gesellschaftsrechtlichen) Teile der „Abschlussprüfungsrichtlinie" und der „Änderungsrichtlinie" betrifft, erfolgte die Umsetzung mit dem URÄG 2008.

Die **Inkrafttretens-Vorschriften** für die Änderungen des UGB sind in § 906 Abs 18 geregelt; bezüglich der genauen Vorschriften wird auf den Gesetzestext verwiesen. Im Einzelnen aufgezählte Paragraphen des Gesetzes treten nach dem Entwurf am 1. Juni 2008 in Kraft. Eine Reihe anderer Vorschriften ist auf Geschäftsjahre anzuwenden, die nach dem 31. Dezember 2008 beginnen. Einige Vorschriften, die sich mit der Prüfung des Jahresabschlusses und des Konzernabschlusses beschäftigen, sind auf die Bestellung zur Prüfung und auf die Prüfung von Geschäftsjahren anzuwenden, die nach dem 31. Dezember 2008 beginnen.

Gesonderte Regelungen gelten in Zusammenhang mit externen Qualitätsprüfungen.

Die zu erwartenden Änderungen sind in die entsprechenden Kapitel dieses Buches eingearbeitet.

Über den voraussichtlichen Termin der Umsetzung der **berufsrechtlichen Bestandteile** der Abschlussprüfungsrichtlinie ist derzeit noch nichts bekannt.

Die wesentlichen Änderungen durch die **„Änderungsrichtlinie"** betreffen folgende Bestimmungen:

- zusätzliche **Erhöhung der Größenmerkmale** außerhalb des bisher in der Richtlinie vorgesehenen Fünfjahreszyklus
- **Erweiterungen der Anhangvorschriften** und zwar:
- – Art und Zweck der Geschäfte der Gesellschaft, die nicht in der Bilanz enthalten sind und ihre finanziellen Auswirkungen auf die Gesellschaft (erweiterte Angabepflichten zu **„außerbilanziellen Geschäften"**)

– Beschreibung der **Geschäfte** der Gesellschaft **mit nahestehenden Unternehmen und Personen**, wobei sich der Kreis der nahestehenden Unternehmen und Personen nach den Vorschriften der gem Verordnung Nr 1606/2002 (IAS-VO) übernommenen internationalen Rechnungslegungsstandards richtet. (IAS 24)

- **Erweiterungen der Vorschriften bezüglich des Lageberichtes**

– **§ 243a** wird um einen **Absatz 2** erweitert, der eine Beschreibung der wichtigsten Merkmale des internen Kontroll- und Risikomanagementsystems im Hinblick auf den Rechnungslegungsprozess vorsieht.

  Diese Vorschrift gilt für Gesellschaften, deren Aktien oder andere von ihr ausgegebene Wertpapiere zum Handel auf einem geregelten Markt im Sinne des § 1 Abs 2 Börsegesetz zugelassen sind.

– **§ 243b Verpflichtung zur Aufstellung eines Corporate-Governance-Berichts**

  Eine Aktiengesellschaft, deren Aktien zum Handel auf einem geregelten Markt im Sinne des § 1 Abs 2 Börsegesetz zugelassen sind oder die ausschließlich andere Wertpapiere als Aktien auf einem solchen Markt emittiert und deren Aktien mit Wissen der Gesellschaft über ein multilaterales Handelssystem im Sinne des § 1 Z 9 WAG 2007 gehandelt werden, hat einen **Corporate-Governance-Bericht** aufzustellen.

- Ein weiterer Abschnitt der „**Änderungsrichtlinie**“ beschäftigt sich mit der „Pflicht und Haftung hinsichtlich der Aufstellung und der Veröffentlichung der Jahresabschlüsse und des Lageberichtes“ der Mitglieder der Verwaltungs-, Leitungs- und Aufsichtsorgane der Gesellschaft. – Diese Vorschriften entsprechen im Wesentlichen den bereits in Österreich bestehenden Regelungen.

Alle diese Vorschriften gelten sowohl für Einzelabschlüsse als auch für Konzernabschlüsse.

Einen Überblick über die Änderungen des UGB infolge der Umsetzung der **Abschlussprüfungsrichtlinie** enthält Abschnitt 7.1.: Vorbemerkung.

1.2 Der Aufbau der unternehmensrechtlichen Rechnungslegungsvorschriften

Die unternehmensrechtlichen Rechnungslegungsvorschriften finden sich im dritten Buch des UGB (§§ 189 – 283).

Erster Abschnitt – Allgemeine Vorschriften

Erster Titel:	Buchführung, Inventar	§§ 189 – 192
Zweiter Titel:	Eröffnungsbilanz, Jahresabschluß	§§ 193 – 200
Dritter Titel:	Bewertungsvorschriften	§§ 201 – 211
Vierter Titel:	Aufbewahrung und Vorlage von Unterlagen	§§ 212 – 216

§§ 217 – 220 nicht belegt

Zweiter Abschnitt – Ergänzende Vorschriften für Kapitalgesellschaften (AG und GmbH)

Erster Titel:	Größenklassen	§ 221
Zweiter Titel:	Allgemeine Vorschriften über den Jahresabschluß und den Lagebericht	§§ 222 – 223
Dritter Titel:	Bilanz	§§ 224 – 230
	Gliederung	§ 224
	Vorschriften zu einzelnen Posten der Bilanz	§§ 225 – 230
Vierter Titel:	Gewinn- und Verlustrechnung	§§ 231 – 235
	Gliederung	§ 231
	Vorschriften zu einzelnen Posten der Gewinn- und Verlustrechnung	§§ 232 – 235
Fünfter Titel:	Anhang und Lagebericht	§§ 236 – 243
	Anhang	§§ 236 – 242
	Lagebericht	§ 243

Dritter Abschnitt – Konzernabschluß und Konzernlagebericht §§ 244 – 267

Vierter Abschnitt – Vorschriften über die Prüfung, Offenlegung, Veröffentlichung und Zwangsstrafen

Erster Titel:	Abschlußprüfung	§§ 268 – 276
Zweiter Titel:	Offenlegung, Veröffentlichung und Vervielfältigung, Prüfung durch das Firmenbuchgericht	§§ 277 – 281
Dritter Titel:	Prüfungspflicht und Zwangsstrafen	§§ 282 – 283

1.3 Internationale Regelungen der Erstellung und Präsentation des Jahresabschlusses, die auf Grundsätze der österreichischen Rechnungslegung Einfluss nehmen bzw nehmen können

Ein Überblick über die wesentlichen internationalen Institutionen und Standards findet sich in Band 2.

1.31 Internationale Regelungen und ihr Einfluss auf die österreichische Rechnungslegung

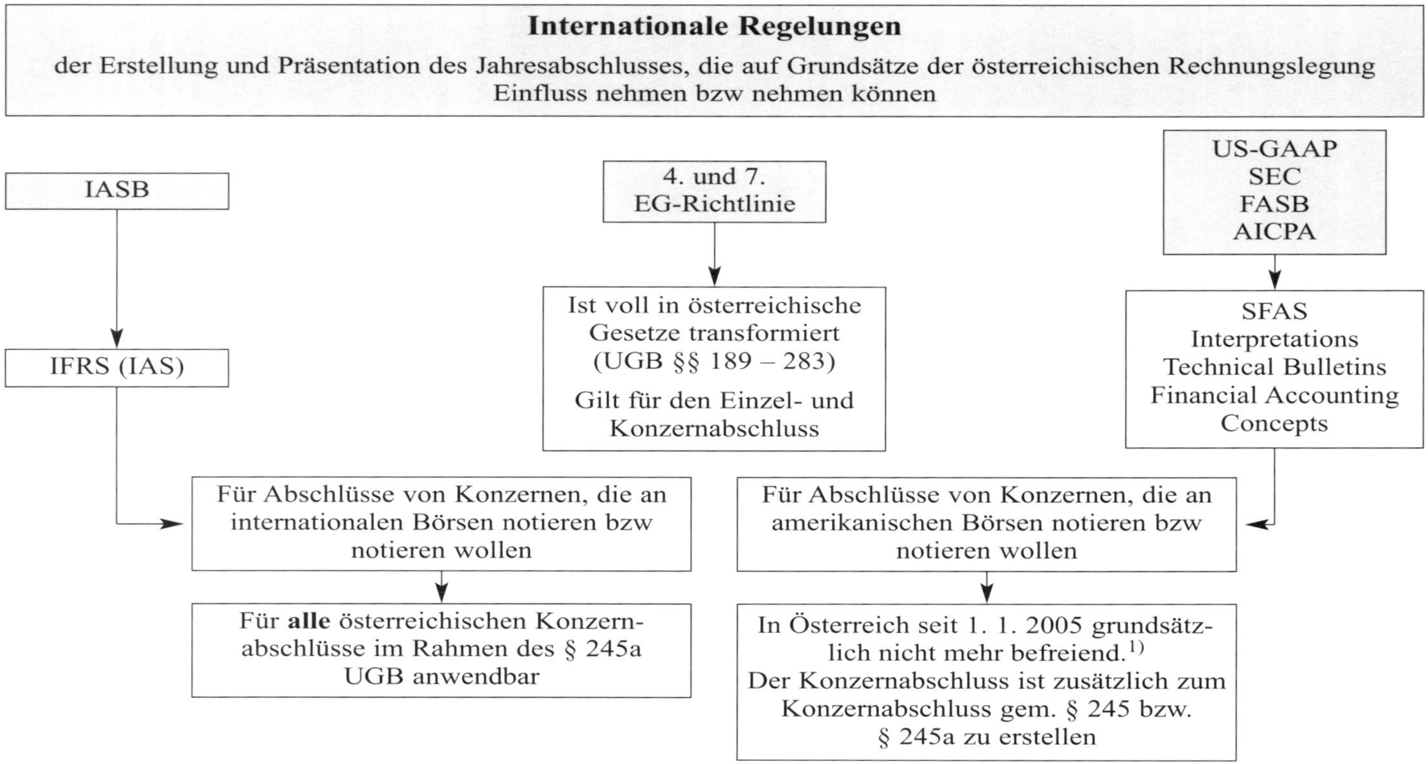

1) Für Unternehmen, die an der Börse eines Nichtmitgliedstaates notieren und die US-GAAP seit einem Geschäftsjahr anwenden, das vor dem 11.9.2002 begonnen hat, gilt die Befreiung bis zu jenem Geschäftsjahr, das vor dem 1.1.2007 beginnt.

1.311 US-GAAP (Generally Accepted Accounting Principles)

Die US-GAAP in ihrer heutigen Form als verbindliche Rechnungslegungsregeln haben ihren Ursprung im Börsenkrach 1929, der im Jahre 1934 zur Gründung der **Securities Exchange Commission**, einer unabhängigen Bundesaufsichtsbehörde für das Wertpapier- und Börsewesen, führte, deren Aufgabe es ist, die Zulassung von Kapitalgesellschaften zur Notierung an amerikanischen Börsen zu regeln und zu administrieren. Da die **SEC** für sich nicht in der Lage war, jene GAAP zu entwickeln, die in der Folge den Jahresabschlüssen der zur Notierung zugelassenen Unternehmen verbindlich zugrunde gelegt werden sollten, hat das **AICPA** (American Institute of Certified Public Accountants) im Jahre 1939 ein Committee on Accounting Procedures geschaffen, das insgesamt 51 Accounting Research Bulletins herausgeben hat.

1959 erfolgte die Gründung des AICPA Accounting Principles Board **(APB)**, welcher insgesamt 31 APB Opinions erlassen hat.

Im Jahre 1973 hat die SEC die Agenden der Ausarbeitung der Accounting Principles auf den neu gegründeten Financial Accounting Standards Board **(FASB)** übertragen, eine Institution, die über ihre Dachorganisation FAF (Financial Accounting Foundation) hauptsächlich von der SEC, dem AICPA sowie der US-amerikanischen Wirtschaft getragen wird. Der FASB hat bis heute über 150 Statements of Financial Accounting Standards (SFAS) herausgegeben, wovon sich ca 100 in Kraft befinden. Sind sind auch die Grundlage der US-GAAP. Sie sind zwar nur für börsennotierte Unternehmen verpflichtend anzuwenden, haben aber für andere Unternehmen Vorbildwirkung.

Eine Zulassung zur Notierung an einer US-amerikanischen Börse erfolgt nur dann, wenn ein amerikanisches oder ausländisches Unternehmen unter anderem seinen Jahresabschluss nach den US-GAAP erstellt oder im Falle ausländischer Unternehmen zumindest eine Überleitungsrechnung auf die US-GAAP durchgeführt hat.

1.312 Der Financial Accounting Standards Boards und die International Financial Reporting Standards

Eine ausführliche Darstellung findet sich im Band 2.

1.4 Österreichische Organisationen, die auf die österreichische Rechnungslegung Einfluss nehmen

1.41 Das Österreichische Rechnungslegungskomitee

Der Verein **Österreichisches Rechnungslegungskomitee** ist ein offiziöses Organ der Republik Österreich, dessen Vereinsmitglieder neben drei

Bundesministerien (für Finanzen, für Wirtschaft und Arbeit und für Justiz) verschiedene fachspezifische Organisationen, wie zB Finanzmarktaufsicht oder die Kammer der Wirtschaftstreuhänder, sind.

Das operative Organ des Vereins ist der **Beirat für Rechnungslegung und Prüfung** bzw das **Austrian Financial Reporting and Auditing Committee (AFRAC)**. Die Mitglieder des AFRAC sind Abschlussersteller, Wirtschaftsprüfer, Steuerberater, Wissenschafter, Investoren, Analysten und Mitarbeiter von Aufsichtsbehörden.

Das **AFRAC** ist der privat organisierte und von den zuständigen Behörden unterstützte österreichische Standardsetter auf dem Gebiete der Finanzberichterstattung und Abschlussprüfung. Allerdings darf der Begriff Standardsetter nicht mit jenem in den USA oder in Großbritannien gleichgesetzt werden. Der Unterschied liegt im Wesentlichen darin, dass die Standardsetter in diesen Ländern (zB das Financial Accounting Standard Board – FASB) tatsächlich neue verbindliche Standards in der Finanzberichterstattung setzen, während verbindliche Standards in Österreich ausschließlich vom Gesetz- oder Verordnungsgeber erlassen werden können.

Die Aufgabe des **AFRAC** liegt in der Erstellung von Informationen über aktuelle Vorhaben auf dem Gebiet der Rechnungslegung und Abschlussprüfung auf nationaler und internationaler Ebene und die Erstattung von fachkundigen Stellungnahmen. Weiters in der Unterstützung der österreichischen Vertreter in internationalen und europäischen Arbeitsgruppen auf dem Gebiet der Rechnungslegung und Abschlussprüfung und in der fachlichen Beratung der zuständigen Ministerien bei der Erstellung von Gesetzesvorschlägen, insbesondere bei der Ausübung von Mitgliedstaatenwahlrechten im Rahmen der Umsetzung von Rechtsakten der Europäischen Gemeinschaft.

1.42 Die Fachsenate der Kammer der Wirtschaftstreuhänder

Die Aufgabe der **Fachsenate** liegt in der Erstellung von Gutachten und der Abgabe von Stellungnahmen zu Problemen im Rahmen der Aufgabenbereiche der Mitglieder der Kammer der **Wirtschaftstreuhänder (Steuerberater und Wirtschaftsprüfer)**. Die von den Fachsenaten erstellten Gutachten sollen den Kammermitgliedern Leitlinien für ihre berufliche Arbeit geben, wobei aber das einzelne Mitglied bei entsprechender Begründung durchaus von diesen Leitlinien abweichen kann.

Eine weitere Aufgabe der Fachsenate besteht in der Begutachtung von Gesetzesentwürfen, die von der Kammer als ihre offizielle Meinung an das entsprechende Ministerium weitergegeben werden. Zu erwähnen ist, dass in diesen Belangen vor allem mit dem Justizministerium, dem Finanzministerium und dem Wirtschafts- und Arbeitsministerium enge Zusammenarbeit herrscht.

Darüber hinaus können von den Fachsenaten im Auftrag der Kammer Gesetzesvorschläge erarbeitet werden, die den zuständigen Ministerien zur weiteren Veranlassung übermittelt werden.

1.43 Das Institut Österreichischer Wirtschaftsprüfer

Während die Kammer der Wirtschaftstreuhänder die gesetzliche Interessenvertretung mit Pflichtmitgliedschaft aller **Wirtschaftstreuhänder** und der **Selbständigen Buchhalter** ist, ist das **Institut Österreichischer Wirtschaftsprüfer (IWP)** ein Verein mit freiwilliger Mitgliedschaft zur Vertretung der speziellen Interessen der Wirtschaftsprüfer. Eine der wesentlichen Tätigkeiten des Instituts ist die Facharbeit auf den Gebieten der Rechnungslegung und Prüfung der Unternehmen. Das Institut arbeitet eng mit internationalen Institutionen **(zB FEE, IASB)** zusammen und hat auch Kontakte zur Europäischen Kommission.

1.44 Die Zusammenarbeit der Fachsenate der Kammer, der Fachausschüsse des IWP und des AFRAC

Zwischen den drei Institutionen besteht in der Facharbeit eine sehr enge Zusammenarbeit, die einmal durch die **vielfache personelle Verflechtung**, zum anderen aber auch dadurch gegeben ist, dass Gutachten und Stellungnahmen vor ihrer Verabschiedung **formell oder informell** den jeweils anderen Gruppen zur Begutachtung vorgelegt oder sogar gemeinsam erarbeitet werden.

In der Anlage 2 dieses Buches sind die derzeit gültigen **Gutachten und Stellungnahmen** der drei Institutionen aufgezählt.

1.5 Zukünftige Entwicklung der Rechnungslegung

Die IAS-Verordnung erlaubt dem nationalen Gesetzgeber, auch für Einzelabschlüsse die Anwendung von IFRS zuzulassen. Diese Möglichkeit wird in der Mehrzahl der europäischen Mitgliedsländer nicht in Anspruch genommen. Ein wesentliches Problem für die Anwendung von IFRS ist der mit IFRS-Abschlüssen verbundene höhere Erstellungs- und Berichtsaufwand.

Das IASB hat im Februar 2007 einen Vorschlag für einen internationalen Rechnungslegungsstandard für kleine und mittelgroße Unternehmungen vorgelegt (exposure draft of an IFRS for small and medium sized entities). Dieser Vorschlag des IASB wurde insbesondere im deutschsprachigen Raum sehr kontroversiell diskutiert. Als Folge dieser Diskussion hat das deutsche Rechnungslegungsstandard Committee (DASC) eine Erhebung durchgeführt, ob nach Auffassung deutscher nicht kapitalmarktorientierter Unternehmen die Konzeption und der Inhalt des Standardentwurfes geeignet sind, die Anforderungen der Anwender an die externe Rechnungslegung zu erfüllen. Die von Prof. Haller (Universität Regensburg) erstellte Studie wurde im Dezember 2007 vorgelegt. Zwei Drittel der befragten Unternehmungen sehen keinen oder nur einen geringen Bedarf nach vergleichbaren internationalen Rechnungslegungsinformationen und die Mehrzahl der Befragten lehnen IFRS für SMEs vollständig ab. Von diesen sind wiederum 83 % für HGB-Abschlüsse und 10 % bevorzugen die full IFRS. Neben diesen Befragungsergebnissen zeigt die Studie den zumindest zweifelhaften Nutzen von IFRS für SMEs auf.

Hinzu kommt, dass eine verpflichtende Übernahme der IFRS für die Erstellung der Einzelabschlüsse in Österreich auf unüberwindliche legistische Schwierigkeiten stoßen würde. Voraussetzung für die Verwendung der IFRS für die Erstellung der Einzelabschlüsse wäre die Übernahme derselben in das österreichische Unternehmensbilanzrecht. Die IFRS sind ein überaus kompliziertes Regelwerk mit einer teilweisen unsystematischen und missverständlichen Gliederung und Sprache. Es gibt derzeit 29 gültige IASs, 8 IFRSs und eine Reihe von IFRICs (und sonstigen Anhängen zu den einzelnen IFRSs/IASs), die zusammen mehr als 1000 Seiten umfassen. Sämtliche Standards müssten samt den Interpretationen systematisiert einzeln in österreichisches Recht übernommen werden, eine Aufgabe, die einer Sisyphusarbeit gleichkommt. Kommt es in der Folge zu einer (der häufigen) Änderungen in den IFRS, dürften diese erst nach einer entsprechenden Anpassung des UGB in Österreich angewendet werden. Jede Abweichung vom Text der IASs/IFRSs bzw vom IFRS für SMEs würde nach der Auffassung des IASB dazu führen, dass der daraus abgeleitete Jahresabschluss nicht mehr als IFRS-Abschluss bezeichnet werden dürfte.

Keinesfalls könnte die Einbindung der IFRS in das österreichische Recht in Form einer Gesamtübernahme mit einem einzigen Paragraphen, wie dem § 245a, erfolgen.

Der Einwand, dass die IFRS-Konzernrechnungslegung auch in einem einzigen Paragraphen des UGB durch einen Pauschalverweis auf die IAS-Verordnung geregelt sei, kann nicht geltend gemacht werden, weil hiervon einerseits eine sehr kleine Gruppe von Unternehmen betroffen ist, die in der Regel an einer europäischen Börse notiert und überdies die erforderlichen organisatorischen Grundlagen besitzt, die Bilanzierungsregeln direkt den IFRS zu entnehmen. Andererseits, und dies war für den Gesetzgeber ein wesentlicher Grund der einfachen Übernahme, haben Konzernabschlüsse lediglich Informationsaufgaben. Alle rechtlichen Konsequenzen, wie beispielsweise Ausschüttungsbemessung, Steuerbemessung, Insolvenzfragen und Auseinandersetzungen unter den Gesellschaftern, ergeben sich aus den Einzelabschlüssen der Konzerngesellschaften.

Würde der Gesetzgeber auch für den Einzelabschluss auf eine Einzelübernahme verzichten, würde er die Mehrheit der bilanzierungspflichtigen Unternehmer mit all den rechtlich und wirtschaftlich mit einer Einzelbilanz verbundenen Folgen vor ein unlösbares Problem stellen.

Es ist daher zu erwarten, dass das Projekt IFRS als Ganzes und eingeschränkt für SMEs im deutschsprachigen Raum nicht weiter verfolgt wird.

Eine weitere mögliche Entwicklung der Vorschriften der Rechnungslegung in Europa wurde durch den sog Rickford-Bericht initiiert. Der Rickford-Bericht nimmt umfassend kritisch zum derzeitigen System des Mindestkapitals, der Kapitalaufbringung sowie der Kapitalerhaltung Stellung. Die Diskussion zu einer grundlegenden Reformierung des kapitalbezogenen Gläubigerschutzes nebst der Kapitalrichtlinie führte zu einem alternativen System, bei dem die Ausschüttungsbemessung von einer **positiven Solvenzprüfung** abhängig gemacht wird. Auf Grund der zwischenzeitlich im Auftrag der Kommission erstellten Studie zur Kapitalerhaltung (KPMG: Feasibility Study on an Alternative to the Capital Maintenance Regime established by the Second Company Law Directive and an Examination of the Impact on Profit Distribution of the new EU-accounting Regime) ist eine Änderung des aktienrechtlichen **Kapitalerhaltungskonzeptes**, welches in der 2. Richtlinie festgeschrieben ist, vermutlich nicht zu erwarten.

Eine wesentliche **Weiterentwicklung** mit Folgen für Österreich (siehe unten) zeigt sich jedoch in der Bundesrepublik Deutschland durch die Form der **deutschen Rechnungslegung** und auf Grund des Regierungsentwurfes zum **Bilanzrechtsmodernisierungsgesetz (BilMoG)**. Es handelt sich dabei um die umfangreichste Modernisierung des Handelsbilanzrechtes in Deutschland seit 1985. Einzelne Neuerungen betreffen ua die Aufhebung des Bilanzierungsverbotes für nicht entgeltlich erworbene immaterielle Vermögensgegenstände, die Zeitwertbewertung von bestimmten Finanzinstrumenten, die Neudefinition der Herstellungskosten und den Ansatzzwang für aktive Steuerlatenzen.

In Österreich zeichnet sich eine ähnliche Entwicklung ab. Unmittelbarer Anlass ist das unter **Leitung des BMF** durchgeführte Projekt zur Senkung der Informationsaufwendungen von Unternehmen. Im Ministerrat wurde im Oktober 2007 beschlossen, dass die Ressorts bis Ende Februar 2008 eine erste Maßnahmenliste erstellen. Diese Maßnahmenliste enthält ua folgende zwei Positionen:

– **Vereinfachung der Bilanzierungspflichten** für Einzelunternehmen und Personengesellschaften (Einschätzung eines sehr hohen Einsparungspotentials)

- **Modernisierung und Vereinheitlichung der Rechnungslegung** (Prüfung der Möglichkeit einer Annäherung von EStG, UGB und IFRS; Vermeidung von Abweichungen)

Schon im Dezember 2007 wurde vom AFRAC eine Arbeitsgruppe zur Thematik „Entwicklung eines Maßnahmenpaketes zur Reduzierung der Verwaltungskosten rechnungslegungspflichtiger Unternehmen durch Prüfung der Möglichkeit einer Annäherung von Unternehmens- und Steuerbilanz und unter Bedachtnahme auf die Reformvorschläge des deutschen Bilanzrechtsmodernisierungsgesetzes" installiert.

Die Arbeitsgruppe kommt zum Ergebnis, dass das Prinzip der Maßgeblichkeit der unternehmensrechtlichen Gewinnermittlung für das Abgabenrecht beizubehalten ist. Ein Abgehen von diesem Prinzip wäre ein grundlegender Eingriff, der für kleine und mittlere Unternehmen im Falle einer Entkoppelung von unternehmensrechtlicher und steuerlicher Gewinnermittlung mit hoher Wahrscheinlichkeit mit einem nicht unerheblichen Mehraufwand verbunden wäre.

Weiters befürwortet die Arbeitsgruppe grundsätzlich, dass ein befreiender IFRS-Abschluss (ohne Überleitungsrechnung auf einen UGB-Jahresabschluss) ermöglicht wird, wenn die Gesellschaft in einen IFRS-Konzernabschluss oder in einen **Konzernabschluss**, der nach vergleichbaren internationalen Rechnungslegungsstandards aufgestellt wird, einbezogen ist und die **Obergesellschaft eine Verlustausgleichsverpflichtung zu Gunsten der Tochtergesellschaft** übernimmt. Unter dieser Voraussetzung sei es vertretbar, auf besondere Überleitungsrechnungen für die Ausschüttungsbemessung zu verzichten.

Zu dieser Aussage meinen allerdings die Autoren dieses Buches, dass eine Regelung, die den Entfall des UGB-Jahresabschlusses vorsieht, ohne Aufgabe der Maßgeblichkeit, deren Beibehaltung die Arbeitsgruppe allerdings empfiehlt, nicht möglich ist.

Die Arbeitsgruppe spricht sich auch für eine Anhebung des Schwellenwertes für die Verpflichtung zur doppelten Buchführung von € 400.000 auf € 600.000 und für eine Beibehaltung der Prüfungspflicht bei kleinen Aktiengesellschaften aus.

Abgesehen von diesen grundsätzlichen Äußerungen gibt das AFRAC folgende Empfehlungen zur Modernisierung der Rechnungslegung ab:
- Abkehr von der umgekehrten Maßgeblichkeit
- Aktivierungspflicht für den Geschäfts- und Firmenwert
- Aktivierungspflicht für selbst geschaffene immaterielle Vermögensgegenstände des Anlagevermögens
- Entfall der Aktivierung der Aufwendungen für das Ingangsetzen und Erweitern eines Betriebes

- Entfall der Bildung von Aufwandsrückstellungen
- Bewertung der Rückstellungen mit dem notwendigen Erfüllungsbetrag
- Entfall des gemilderten Niederstwertprinzipes
- Bewertung der Herstellungskosten nach dem Vollkostenprinzip
- Umstellung auf die Percentage of Completion Method bei der Langfristfertigung

1.6 Die Funktionen des Jahresabschlusses

Die Funktionen des Jahresabschlusses werden grundsätzlich aus den ihn bestimmenden gesetzlichen Vorschriften abgeleitet. So ergeben sich aus den unternehmens- und steuerrechtlichen Bestimmungen für den Einzelabschluss Funktionen, die die Rechtsverhältnisse zwischen Unternehmen einerseits und Gesellschafter bzw Fiskus andererseits bestimmen. Zu diesen Funktionen gehören vor allem die **Ausschüttungsbemessungsfunktion** (Gewinnverteilung und -ausschüttung) und die **Steuerbemessungsfunktion** (Grundlage für die Feststellung der ertragsabhängigen Steuern).

Als wesentliche betriebswirtschaftliche Funktionen des Jahresabschlusses gelten die **Erhaltungs- und Informationsfunktion**. Während Erstere in engem Zusammenhang mit der Ausschüttungsbemessungs- und Steuerbemessungsfunktion steht, hat Letztere vor allem die Aufgabe der Information der Investoren, der Gläubiger und Arbeitnehmer sowie je nach Bedeutung des Unternehmens der Umwelt.

Zu den Jahresabschlüssen, die ausschließlich **Informationsfunktion** besitzen, gehören grundsätzlich **Konzernabschlüsse**. Nach den International Financial Reporting Standards (IFRS) aufgestellte Abschlüsse, gleichgültig ob Einzel- oder Konzernabschluss, dienen ausschließlich der Information der Jahresabschlussadressaten, das sind in besonderem Maße bestehende oder potentielle Investoren.

1.61 Ziel der Erhaltungsfunktion des Jahresabschlusses

Sinn der **Erhaltungsfunktion** ist die Aufrechterhaltung des Unternehmensbestandes einerseits durch die Verhinderung eines zu hohen Mittelabflusses an die Gesellschafter (Entnahmen, Gewinnausschüttung) und andererseits durch die Vermeidung des Ausweises einer zu hohen Steuerbemessungsgrundlage. Die **Erhaltungsfunktion** wird vor allem durch die allgemeinen Bewertungsgrundsätze des § 201 UGB und die Bewertungsvorschriften der §§ 202 – 211 UGB repräsentiert, die einerseits auf **dem Grundsatz der Bilanzvorsicht,** unterstützt durch das **Niederstwertprinzip** und das **imparitätische Realisationsprinzip**, und andererseits auf dem grundsätzlichen **Verbot der Unterbewertung** basieren.

Das Verbot der Unterbewertung soll die Bildung willkürlicher stiller Reserven verhindern. Während eine willkürliche Unterbewertung bei guter Ertragslage des Unternehmens außer der Verhinderung einer Gewinnausschüttung bzw Steuerverschiebung kaum Vorteile bringt, kann sie bei Verschlechterung der Ertragslage zu gefährlichen Verhaltensweisen des Unternehmers führen, die dahin zielen, das Erscheinungsbild der Krise hinauszuzögern. Dies geschieht beispielsweise

- durch die dem Leser nicht sichtbare **Auflösung stiller Reserven** mit der Wirkung der **Verschleierung** einer bestehenden **Verlustsituation**,
- durch die **Rückführung von Rückstellungen** auf ein geringeres Ausmaß,
- durch die Änderung der Bewertung der fertigen und unfertigen Erzeugnisse durch **Erhöhung der Gemeinkostenzuschläge**,
- durch **Senkung** der **Abschreibungssätze**,
- durch **Umreihung** von **Wertpapieren** vom Umlaufvermögen in das Anlagevermögen,
- durch **Gewinnschöpfung** innerhalb des Konzerns.

Obwohl diese Maßnahmen, abgesehen von der zuletzt angeführten, im Sinne der Bewertungsvorschriften noch kein falsches Bild der Vermögenslage des Unternehmens zeigen, täuschen sie eine zu günstige Ertragslage vor.

Die mögliche Folge derartiger Maßnahmen besteht in der **Ausschüttung von Gewinnen**, die nur auf bilanzpolitische Maßnahmen zurückzuführen sind, in der **Durchführung von Investitionen**, die bei Kenntnis der tatsächlichen Lage nicht mehr eingeleitet worden wären, in der **Zahlung von Ertragsteuern**, die bei richtiger Bewertung nicht entstanden wären. Der daraus resultierende **Substanz- und Liquiditätsverzehr** kann das Unternehmen in erhebliche Schwierigkeiten bringen bzw das Ende desselben herbeiführen.

Ausdruck der Erhaltungsfunktion sind auch die Dotierung gesetzlich vorgeschriebener gebundener Rücklagen (gebundene Kapitalrücklage, gesetzliche Gewinnrücklage, Rücklage für eigene Aktien) sowie gesetzliche Ausschüttungssperren, wie dies etwa in § 235 UGB vorgeschrieben ist.

1.62 Die Informationsfunktion des Jahresabschlusses

Durch die **Informationsfunktion** des Jahresabschlusses soll sowohl die Selbstinformation des Bilanzierenden als auch die Information des externen Bilanzadressaten sichergestellt werden.

Die **Selbstinformation** soll nicht nur über Entnahme- und Ausschüttungsmöglichkeiten informieren. Der Jahresabschluss ist darüber hinaus in allen jenen Fällen, in denen Budgets erstellt werden, ein Kontrollinstrument. Werden keine Budgets erstellt, ist der Jahresabschluss zumindest die letzte Möglichkeit des Unternehmers, sich über die Lage seines Unternehmens zu informieren.

Die Bedeutung der **Information des externen Bilanzadressaten** liegt unter anderem in der Senkung des Risikos der potentiellen **Kapitalanleger,** gleichgültig, ob als Gläubiger oder als Anteilserwerber. Eine verbesserte Information stärkt die Stellung des Informationsadressaten gegenüber dem Management und gibt dem Arbeitnehmer, aber auch der interessierten Öffentlichkeit die Möglichkeit, die Entwicklung des Unternehmens früher zu erkennen.

Der **Informationsfunktion** wird vor allem durch die gesetzliche Fixierung des Grundsatzes der Vermittlung eines **möglichst getreuen Bildes der Vermögens- und Ertragslage (Generalnorm)** sowie bei Kapitalgesellschaften durch die Erweiterung um die Finanzlage sowie durch die **Offenlegungsvorschriften,** die in eingeschränktem Umfang auch für kleine GmbHs gelten, Rechnung getragen.

2. Die allgemeinen Rechnungslegungsvorschriften

Grundsätzlich ist zu bemerken, dass mit Wirkung vom 1. Jänner 2007 das bis dahin geltende Handelsgesetzbuch (HGB) durch das **Unternehmensgesetzbuch** (UGB) ersetzt wurde. Soweit nicht anlässlich der Umbenennung Änderungen durchgeführt wurden, wie etwa bei den Personengesellschaften und den Bestimmungen über die Rechnungslegungspflicht, gelten die bisherigen Bestimmungen in der Regel paragraphen- und inhaltsgleich weiter.

Die im Buch ohne näheren Hinweis angeführten Paragraphen beziehen sich grundsätzlich auf das UGB. Direktzitate, die den Ausdruck HGB enthalten, wurden nicht verändert.

2.1 Rechnungslegungspflicht

2.11 Bis 31.12.2006 geltende Rechtslage

Grundsätzlich sind alle Vollkaufleute gemäß den Bestimmungen des § 189 HGB aF verpflichtet, die im ersten Abschnitt des dritten Buches (§§ 189 – 216) geltenden Rechnungslegungsvorschriften einzuhalten. Für Kapitalgesellschaften und Personengesellschaften, bei denen kein persönlich haftender Gesellschafter mit Vertretungsbefugnis eine natürliche Person ist, gelten auch die Abschnitte zwei bis vier (§§ 221 – 283 HGB aF). In das Firmenbuch eingetragene Vollkaufleute und zur Eintragung verpflichtete Unternehmen, deren Gewerbe einen nach Art und Umfang in kaufmännischer Weise eingerichteten Geschäftsbetrieb erfordert, sind ebenfalls zur Rechnungslegung gemäß dem 1. Abschnitt des 3. Buches verpflichtet.

Für in das Firmenbuch eingetragene Erwerbsgesellschaften gelten mangels Vollkaufmannseigenschaft die Buchführungsvorschriften des HGB nicht, wohl aber die Gewinnermittlungsvorschriften des § 5 Abs 1 EStG, sofern eine Verpflichtung zur Buchführung gemäß § 125 BAO besteht.

2.12 Handelsrechtsänderungsgesetz 2005, geltend ab 1.1.2007

Die im ersten Abschnitt des dritten Buches (§§ 189 – 216) enthaltenen allgemeinen Vorschriften gelten gemäß § 189 Abs 1 für

- Kapitalgesellschaften und unternehmerisch tätige Personengesellschaften, bei denen kein unbeschränkt haftender Gesellschafter eine natürliche Person ist,
- für alle anderen Unternehmen mit einem Umsatz von mehr als € 400.000. Die Rechnungslegungspflicht ist unabhängig von der Eintragung in das Firmenbuch. Ist daher ein Unternehmen mit einem Umsatz von weniger als 400.000 € im Firmenbuch eingetragen, besteht trotzdem keine Buchführungspflicht.

- Jedenfalls von der Rechnungslegungsverpflichtung im Sinne der §§ 190 – 216 ausgenommen sind gemäß § 189 Abs 4 Angehörige der freien Berufe, Land- und Forstwirte sowie Unternehmer, deren Einkünfte im Sinne des § 2 Abs 4 Z 2 EStG 1988 aus dem Überschuss der Einnahmen über die Werbungskosten bestehen (zum Beispiel Unternehmen, die Einkünfte aus Vermietung und Verpachtung erzielen).

Die **Rechnungslegungspflicht** tritt gemäß § 189 Abs 2 Z 1 ab dem zweitfolgenden Geschäftsjahr ein, wenn der **Schwellenwert** von 400.000 € in zwei aufeinander folgenden Geschäftsjahren überschritten wird; sie entfällt ab dem folgenden Geschäftsjahr, wenn er in zwei aufeinander folgenden Geschäftsjahren nicht mehr überschritten wird.

Beispiel: a) In den Jahren 2008 – 2009 wurde der Schwellenwert erstmals überschritten.
Die Rechnungslegungspflicht tritt im Jahre 2011 ein.

b) In den Jahren 2008 – 2009 wird der Schwellenwert erstmals nicht erreicht.
Die Rechnungslegungspflicht entfällt im Jahre 2010.

Wird der Schwellenwert einmal um die Hälfte überschritten (Umsatz 600.000 €), tritt die Rechnungslegungspflicht bereits im Folgejahr, das heißt gemäß dem obigen Beispiel ab 2009 ein. Das Gleiche gilt für den Fall der Einzel- oder Gesamtrechtsnachfolge, wenn der Rechtsvorgänger zur Rechnungslegung verpflichtet war, es sei denn, dass der Schwellenwert für den übernommenen Betrieb oder Teilbetrieb in den letzten zwei aufeinander folgenden Geschäftsjahren nicht erreicht wurde.

Für Kapitalgesellschaften (GmbH, AG) und unternehmerisch tätige Personengesellschaften, bei denen kein unbeschränkt haftender Gesellschafter eine natürliche Person ist, gelten unabhängig von ihrer Größe und der ausgeübten Tätigkeit neben den §§ 190 – 216 zusätzlich die Bestimmungen der §§ 221 – 283 UGB (Ergänzende Vorschriften für Kapitalgesellschaften und Konzerne).

2.13 Übergangsvorschriften gemäß Handelsrechtsänderungsgesetz 2005

Für Unternehmer, die bisher **nicht rechnungslegungspflichtig** waren, sind gem § 906 Abs 16 die Beobachtungszeiträume des § 189 Abs 2 (siehe vorne) ab 1. Jänner 2007 maßgeblich. Das bedeutet, dass ein bis 31.12. 2006 nicht rechnungslegungspflichtiges Unternehmen frühestens im Jahre 2010 rechnungslegungspflichtig wird (2 Beobachtungsjahre 2007 und 2008; Karenzjahr 2009).

Beträgt der **Umsatz** im Jahre 2007 mindestens € 600.000,00, entfällt das Karenzjahr; die Rechnungslegungspflicht entsteht bereits im **Jahre 2008** anstatt, wie in der 10. Auflage dieses Buches ausgedrückt, erst 2009. Die Meinungsänderung ergibt sich auf Grund einer unklaren Aussage im Gesetz, welche die Auslegung zulässt, dass der Umsatz von 600.000 € zwei Jahre hindurch erreicht werden muss. Die nunmehrige Auslegung wurde in der Literatur allgemein angenommen.

Bei Unternehmen, die vor dem 1. Jänner 2007 rechnungslegungspflichtig waren, gelten für den Eintritt und für den Entfall der Rechtsfolgen des § 189 Abs 1 Z 2 (der Umsatz übersteigt oder sinkt unter 400.000 €) auch Beobachtungszeiträume, die vor dem 1. Jänner 2007 liegen.

Dies bedeutet, dass ein Unternehmer, der vor dem 31.12.2006 rechnungslegungspflichtig war, dies nicht mehr ist, wenn er in den Jahren 2005 und 2006 die Umsatzschwelle von 400.000 € nicht überschritten hat.

Offene Erwerbsgesellschaften und Kommanditerwerbsgesellschaften, bei denen kein unbeschränkt haftender Gesellschafter eine natürliche Person ist, die bisher zwar in das Firmenbuch eingetragen, aber nicht buchführungspflichtig waren, sind erstmals gemäß § 189 Abs 1 Z 1 für Geschäftsjahre rechnungslegungspflichtig, die nach dem 31.12.2007 beginnen. Zugleich beginnen die Beobachtungszeiträume gem § 221 Abs 4 Z 1 (für den Übergang in eine andere Größenklasse).

Für Kapitalgesellschaften sind grundsätzlich keine Übergangsvorschriften erforderlich, weil diese, wie auch schon bisher, jedenfalls zur Rechnungslegung verpflichtet sind.

2.14 Rechnungslegungsvorschriften für Genossenschaften und Vereine

Für verschiedene Unternehmensformen wie Erwerbs- und Wirtschaftsgenossenschaften, Vereine, Unternehmen, die dem Bankwesengesetz unterliegen, Versicherungsgesellschaften, Europäische wirtschaftliche Interessenvereinigungen, Versicherungsvereine auf Gegenseitigkeit, Sparkassen, Europäische Gesellschaften, bestehen rechnungslegungsrechtliche Sonderbestimmungen, die gem § 189 Abs 3 der Anwendung des UGB vorgehen.

2.141 Rechnungslegungsbestimmungen für Genossenschaften

Mangels besonderer Bestimmung gelten für den Eintritt der Rechnungslegungspflicht gem §§ 190 – 216 UGB die Schwellenwerte des § 189 UGB.

Gemäß § 22 Abs 4 Genossenschaftsgesetz gelten für Genossenschaften, die mindestens zwei der in § 221 Abs 1 UGB bezeichneten Merkmale überschreiten, die ergänzenden Vorschriften des 2. Abschnittes des dritten Buches des UGB (§§ 221 – 243) mit der Maßgabe, dass das Nennkapital im Sinne des § 224 Abs 3 UGB als „Gesamtnennbetrag der Geschäftsanteile" zu bezeichnen ist.

Von den in § 22 Abs 2 vorgesehenen Berichtsangaben (Geschäftsverlauf, Lage des Unternehmens, Entwicklung des Mitgliederstandes, der Geschäftsanteile und der darauf entfallenden Haftungssummen und geleisteten Beträge, Erfüllung des Genossenschaftszweckes) sind jene über den Geschäftsverlauf und die Lage des Unternehmens in den Lagebericht, die Übrigen in den Anhang aufzunehmen.

Für die in Absatz 4 bezeichneten Genossenschaften und für jene, die nach § 24 Genossenschaftsgesetz einen Aufsichtsrat zu bestellen haben, gelten gem Absatz 6 die Vorschriften des 4. Abschnittes (§§ 268 – 283) des 3. Buches des UGB über die Prüfung, Offenlegung, Veröffentlichung und Zwangsstrafen mit der Maßgabe, dass Abschlussprüfer die gemäß §§ 2 und 3 GenRevG 1997 bestellten Revisoren sind.

2.142 Rechnungslegungspflicht für Vereine

Das Bundesgesetz über Vereine **(Vereinsgesetz 2002)** sieht für Vereine eine gestaffelte Rechnungslegungsverpflichtung vor:

- Gemäß § 21 Abs 1 hat ein Verein ein den Anforderungen des Vereins entsprechendes Rechnungswesen einzurichten und für die laufende Aufzeichnung der Einnahmen und Ausgaben zu sorgen. Zum Ende des Rechnungsjahres hat das Leitungsorgan innerhalb von 5 Monaten eine Einnahmen- und Ausgaben-Rechnung samt Vermögensübersicht zu erstellen. Die Prüfung durch die **Rechnungsprüfer** hat innerhalb von 4 Monaten ab Aufstellung zu erfolgen.

  Das Rechnungsjahr muss nicht mit dem Kalenderjahr übereinstimmen, es darf 12 Monate nicht überschreiten.
- § 22 Abs 1: Auf einen **Verein**, dessen gewöhnliche Einnahmen oder gewöhnliche Ausgaben in zwei aufeinander folgenden Rechnungsjahren jeweils höher als 1 Mio Euro waren, sind ab dem folgenden Rechnungsjahr die unternehmensrechtlichen Rechnungslegungsvorschriften der §§ 190 – 193 Abs 1 und 193 Abs 3 bis 216 UGB sinngemäß anzuwenden. Das Leitungsorgan hat den Jahresabschluss innerhalb von 5 Monaten nach Ende des Rechnungsjahres aufzustellen. Die Prüfung durch die **Rechnungsprüfer** hat innerhalb von 4 Monaten ab Aufstellung zu erfolgen. Das Erfordernis der unternehmensrechtlichen Rechnungslegung fällt weg, sobald die Voraussetzungen durch zwei aufeinander folgende Rechnungsjahre nicht mehr zutreffen.
- § 22 Abs 2: Auf einen **Verein**, dessen gewöhnliche Einnahmen oder gewöhnliche Ausgaben in zwei aufeinander folgenden Rechnungsjahren jeweils höher als 3 Mio Euro waren oder dessen jährliches Aufkommen an im Publikum gesammelten Spenden in diesem Zeitraum den Betrag von 1 Mio Euro überstieg, haben einen erweiterten Jahresabschluss (Bilanz, Gewinn- und Verlustrechnung, Anhang) aufzustellen und

überdies die §§ 222 bis 226 Abs 1, 226 Abs 3 bis 234 und 236 bis 239 UGB sinngemäß anzuwenden. Im Anhang sind jedenfalls Mitgliedsbeiträge, öffentliche Subventionen, Spenden und sonstige Zuwendungen sowie Einkünfte aus wirtschaftlichen Tätigkeiten und die ihnen jeweils zugeordneten Aufwendungen auszuweisen.

Die Erfordernisse des § 22 Abs 2 fallen weg, sobald die Voraussetzungen durch zwei aufeinander folgende Rechnungsjahre nicht mehr zutreffen. Der Jahresabschluss ist von einem **Abschlussprüfer**, der die Aufgaben der **Rechnungsprüfer** übernimmt, innerhalb von 4 Monaten ab Aufstellung zu überprüfen. Abschlussprüfer können Beeidete Wirtschaftsprüfer oder Buchprüfer oder Revisoren im Sinne des § 13 Genossenschaftsrevisionsgesetz sein. Soweit eine nach Art, Inhalt und Umfang gleichwertige Prüfung durch einen öffentlichen Subventionsgeber vorgenommen wird, übernimmt dieser die Funktion des Abschlussprüfers.

2.15 Steuerrechtliche Rechnungslegungspflicht gemäß Bundesabgabenordnung und Einkommensteuergesetz in der Fassung des Strukturanpassungsgesetzes 2006 (StruktAnpG 2006)

2.151 Bundesabgabenordnung

§ 124. Wer nach dem Unternehmensgesetzbuch oder anderen gesetzlichen Vorschriften zur Führung und Aufbewahrung von Büchern oder Aufzeichnungen verpflichtet ist, hat diese Verpflichtung auch im Interesse der Abgabenerhebung zu erfüllen.

§ 125. (1) Soweit sich eine Verpflichtung zur Buchführung nicht schon aus § 124 ergibt, sind **Unternehmer für einen land- und forstwirtschaftlichen Betrieb oder wirtschaftlichen Geschäftsbetrieb (§ 31)**

a) dessen Umsatz in zwei aufeinander folgenden Kalenderjahren jeweils 400.000 Euro überstiegen hat oder

b) dessen Wert zum 1. Jänner eines Jahres 150.000 Euro überstiegen hat,

verpflichtet, für Zwecke der Erhebung der Abgaben vom Einkommen Bücher zu führen und auf Grund jährlicher Bestandsaufnahmen regelmäßig Abschlüsse zu machen. ...

Mit dieser Bestimmung wurden die steuerlichen an die unternehmensrechtlichen Buchführungspflichten angepasst. Lediglich für Land- und Forstwirte sowie wirtschaftliche Geschäftsbetriebe (siehe unten) gelten mangels unternehmensrechtlicher Bestimmungen gesonderte Vorschriften der BAO.

2.152 Die Maßgeblichkeit der Unternehmensbilanz für die Steuerbilanz (§ 5 EStG) oder die Bilanzierung nach § 4 Abs 1

§ 5 Abs 1 in der bis 31.12.2006 gültigen Fassung machte die Anwendung der handelsrechtlichen Grundsätze ordnungsmäßiger Buchführung und damit die Maßgeblichkeit der Handelsbilanz für die Steuerbilanz von der Eintragung des Unternehmens in das Firmenbuch abhängig.

§ 5 Abs 1 in der ab 1. Jänner 2007 geltenden Fassung löst sich völlig von der Eintragung in das Firmenbuch und macht die Anwendung der Grundsätze ordnungsmäßiger Buchführung von der gem § 189 UGB bestimmten Rechnungslegungspflicht des Unternehmens abhängig.

§ 5 Abs 1 EStG nF bestimmt, dass für die Gewinnermittlung jener Steuerpflichtigen, die nach § 189 UGB der Pflicht zur Rechnungslegung unterliegen und die Einkünfte aus Gewerbebetrieb beziehen, die handelsrechtlichen Grundsätze maßgebend sind, außer zwingende steuerliche Vorschriften verlangen abweichende Regelungen (Maßgeblichkeit der Unternehmensbilanz für die Steuerbilanz).

Wurde der Betrieb eines Unternehmers vor dem 1. Jänner 2007 eröffnet und war er nicht im Firmenbuch eingetragen, ist der Gewinn für Geschäftsjahre, die vor dem 1. Jänner 2010 beginnen, auf Antrag nach den vor dem 1. Jänner 2007 geltenden abgabenrechtlichen Bestimmungen zu ermitteln. Der Antrag ist in der Steuererklärung jenes Wirtschaftsjahres zu stellen, für das sich erstmals eine Rechnungslegungspflicht nach § 189 ergibt. (Diese Bestimmung ist durch die Änderung der Übergangsvorschriften gem § 906 UGB im Juli 2006 auf Unternehmen eingeschränkt, deren Schwellenwert in den Jahren 2007 und 2008 jeweils 600.000 € überschritten hat. Für alle übrigen Unternehmen beginnt die Rechnungslegungspflicht frühestens im Jahre 2010.)

Fällt die Pflicht zur Rechnungslegung gem § 189 UGB weg, weil ein bisher rechnungslegungspflichtiger Gewerbetreibender den Jahresumsatz von 400.000 Euro nicht mehr erreicht, kann er gem § 5 Abs 2 EStG mit der Steuererklärung jenes Wirtschaftsjahres, für das erstmals keine Pflicht zur Gewinnermittlung nach Absatz 1 besteht, beantragen, weiterhin als rechnungslegungspflichtiger Gewerbetreibender zu gelten **(StruktAnpG 2006)**.

Die **Gewinnermittlung gem § 4 Abs 1 EStG** wurde durch die Abkoppelung der Gewinnermittlung gem § 5 Abs 1 von der Eintragung in das Firmenbuch auf Unternehmen, die keine Einkünfte aus Gewerbebetrieb beziehen (land- und forstwirtschaftliche Betriebe, freie Berufe), auf wirtschaftliche Geschäftsbetriebe (§ 31 BAO) und auf solche gewerbliche Unternehmen reduziert, die freiwillig Bücher führen, ohne die Umsatzgrenze von 400.000 Euro zu erreichen.

Ein wirtschaftlicher Geschäftsbetrieb gem § 31 BAO ist eine nachhaltige Betätigung, die ohne Gewinnabsicht unternommen wird, wenn durch die Betätigung Einnahmen oder andere wirtschaftliche Vorteile erzielt werden und die Betätigung über den Rahmen einer Vermögensverwaltung hinausgeht.

2.2 Die Grundsätze ordnungsmäßiger Buchführung und Bilanzierung

2.21 Die gesetzlichen Ordnungsmäßigkeitsvorschriften gemäß §§ 190, 193 und 212

Gem § 190 Abs 1 hat der Unternehmer Bücher zu führen und in diesen seine unternehmensbezogenen Geschäfte und die Lage seines Vermögens nach den Grundsätzen ordnungsmäßiger Buchführung ersichtlich zu machen. Die Buchführung muss so beschaffen sein, dass sie einem sachverständigen Dritten innerhalb angemessener Zeit einen Überblick über die Geschäftsvorfälle und über die Lage des Unternehmens vermitteln kann. Die Geschäftsvorfälle müssen sich in ihrer Entstehung und Abwicklung verfolgen lassen.

Gem Abs 2 hat sich der Unternehmer bei der Führung der Bücher und den sonst erforderlichen Aufzeichnungen einer lebenden Sprache zu bedienen. Werden Abkürzungen, Zahlen, Buchstaben oder Symbole verwendet, so muss im Einzelfall deren Bedeutung eindeutig festliegen.

Gem Abs 3 müssen die Eintragungen in den Büchern und die sonst erforderlichen Aufzeichnungen vollständig, richtig, zeitgerecht und geordnet vorgenommen werden.

Abs 4 bestimmt, dass eine Eintragung oder eine Aufzeichnung nicht in einer Weise verändert werden darf, dass der ursprüngliche Inhalt nicht mehr feststellbar ist. Auch darf durch eine Veränderung keine Ungewissheit darüber entstehen, ob eine Eintragung oder Aufzeichnung ursprünglich oder zu einem späteren Zeitpunkt gemacht wurde.

Gem Abs 5 kann der Unternehmer zur ordnungsmäßigen Buchführung und zur Aufbewahrung seiner Geschäftsbriefe (§ 212 Abs 1) Datenträger benützen. Hiebei muss die inhaltsgleiche, vollständige und geordnete, hinsichtlich der in § 212 Abs 1 genannten Schriftstücke auch die urschriftgetreue Wiedergabe bis zum Ablauf der gesetzlichen Aufbewahrungsfrist jederzeit gewährleistet sein. Werden solche Schriftstücke auf elektronischem Weg übertragen, so muss ihre Lesbarkeit in geeigneter Form gesichert sein. Soweit die Schriftstücke nur auf Datenträgern vorliegen, entfällt das Erfordernis der urschriftgetreuen Wiedergabe.

Gem § 193 Abs 4 ist der Jahresabschluss in Eurowährung und in deutscher Sprache unbeschadet der volksgruppenrechtlichen Bestimmungen in der jeweils geltenden Fassung aufzustellen.

Bezüglich der Aufbewahrung bestimmt § 212:

> (1) Der Unternehmer hat seine Bücher, Inventare, Eröffnungsbilanzen, Jahresabschlüsse samt den Lageberichten, Konzernabschlüsse samt den Konzernlageberichten, empfangene Geschäftsbriefe, Abschriften der abgesendeten Geschäftsbriefe und Belege für Buchungen in den von ihm gem. § 190 Abs. 1 zu führenden Büchern (Buchungsbelege) sieben Jahre lang geordnet aufzubewahren; darüber hinaus noch solange, als sie für ein anhängiges gerichtliches oder behördliches Verfahren, in dem der Unternehmer Parteistellung hat, von Bedeutung sind.
>
> (2) Die Frist läuft vom Schluss des Kalenderjahres an, für das die letzte Bucheintragung vorgenommen, das Inventar aufgestellt, die Eröffnungsbilanz und der Jahresabschluss festgestellt, der Konzernabschluss aufgestellt oder der Geschäftsbrief empfangen oder abgesendet worden ist.

2.22 Die Ordnungsmäßigkeitsvorschriften der Bundesabgabenordnung

In ähnlicher Weise wie das UGB formuliert auch die **Bundesabgabenordnung** in den §§ 131 und 132 die GoB. In § 131 Abs 1 Z 2 wird präzisiert, dass die Vornahme von Eintragungen für einen Kalendermonat dann als zeitgerecht gilt, wenn diese spätestens 1 Monat und 15 Tage nach Ablauf des Kalendermonats erfolgt. Ist für Abgabepflichtige das Kalendervierteljahr Umsatzsteuervoranmeldungszeitraum, tritt an die Stelle des Kalendermonats das Kalendervierteljahr.

Gemäß § 163 BAO haben Bücher und Aufzeichnungen, die im Sinne des § 131 BAO geführt werden, die **Vermutung ordnungsmäßiger Buchführung** für sich. Sie sind der Erhebung der Abgaben zugrunde zu legen, es sei denn, dass ein begründeter Anlass besteht, an ihrer Richtigkeit zu zweifeln.

Einfluss auf die Durchsetzung der Grundsätze ordnungsmäßiger Buchführung und Bilanzierung können auch Bestimmungen der Konkurs- und der Ausgleichsordnung haben. So besagt § 142 der **Konkursordnung,** dass das Konkursgericht einen Ausgleichsantrag nach Einvernehmung des Masseverwalters und des Gläubigerausschusses zurückweisen kann, wenn es infolge der Beschaffenheit oder des Mangels geschäftlicher Aufzeichnungen des Gemeinschuldners nicht möglich ist, einen hinreichenden Überblick über dessen Vermögenslage zu gewinnen. Auch nach § 51 der **Ausgleichsordnung** kann die Bestätigung des Ausgleichs versagt werden, wenn eine Situation wie die vorhin geschilderte vorliegt.

2.23 Verpflichtung zur Aufstellung des Inventars, der Eröffnungsbilanz und des Jahresabschlusses

Gemäß § 191 Abs 1 hat der Unternehmer zu **Beginn** seines **Unternehmens** die diesem gewidmeten Vermögensgegenstände und Schulden genau zu verzeichnen und deren Wert anzugeben **(Inventar).** Gemäß § 191 Abs 2 hat er ein solches Inventar für den **Schluss** eines jeden **Geschäftsjahres** aufzustellen.

Gemäß § 193 Abs 1 hat der Unternehmer zu Beginn seines Unternehmens eine **Eröffnungsbilanz** nach den Grundsätzen ordnungsmäßiger Buchführung aufzustellen.

Gemäß § 193 Abs 2 hat er sodann für den Schluss eines jeden Geschäftsjahres einen **Jahresabschluss** aufzustellen, der gemäß § 193 Abs 4 aus der **Bilanz** und der **Gewinn- und Verlustrechnung** besteht. Der Jahresabschluss ist in **Euro und deutscher Sprache** bzw in der Sprache einer Volksgruppe aufzustellen, wobei das **Geschäftsjahr** nicht mehr als 12 Monate umfassen darf (§ 193 Abs 3).

Das **Geschäftsjahr** muss nicht mit dem **Kalenderjahr** übereinstimmen.

Gemäß § 193 Abs 2 ist der Jahresabschluss innerhalb von **neun Monaten** nach Beendigung des Geschäftsjahres aufzustellen.

Obwohl das UGB selbst keine **Strafsanktion** setzt, kann die Nichteinhaltung dieser Frist in anderen Fällen, wie beispielsweise bei Eintritt der Zahlungsunfähigkeit des Unternehmens, für den Unternehmer negative Folgen haben.

2.24 Überleitung von der Buchhaltung in den Jahresabschluss

Zur Erstellung des **Jahresabschlusses** sind alle Vermögensgegenstände und Schulden des Unternehmens auf ihren **materiellen Bestand** (Vollständigkeit, Bewertung) und **formalen Ausweis** (richtige Zuordnung) in der Buchhaltung zu überprüfen und, falls notwendig, durch die Vornahme von Um- und Nachbuchungen zu korrigieren. Gleiches gilt für die Aufwendungen und Erträge.

Die Überprüfung kann je nach Art der Vermögensgegenstände bzw der Schuldposten in Form einer **körperlichen Bestandsaufnahme (Inventur),** eines Vergleiches mit **Bestandsbestätigungen** von dritter Seite (Saldenbestätigungen, Bankbrief, Depotbestätigungen, Lagerbestätigungen, Spediteursbescheinigungen), eines **Vergleiches mit öffentlichen Urkunden** (Grundbuchsauszug, Auszug aus dem Patent- bzw Markenregister) oder **intern erstellten Unterlagen** (Aufstellung aller in der laufenden Periode erhaltenen und geleisteten Zahlungen für Aufwendungen und Erträge der nächsten Periode und umgekehrt, Zusammenstellung aller schwebenden Risiken und deren Eintrittswahrscheinlichkeit) erfolgen.

Das Ergebnis findet seinen Niederschlag im **Inventar** als der **mengen- und wertmäßigen** Einzeldarstellung aller Vermögensgegenstände und Schulden und im **Jahresabschluss,** bestehend aus der **Bilanz** als der nach Kategorien geordneten und wertmäßig zusammengefassten Aufstellung des Vermögens und der Schulden des Unternehmens und der **Gewinn- und Verlustrechnung** als der nach unterschiedlichen Kriterien geordneten Darstellung der Erträge und der Aufwendungen der Periode.

Zahlen der Buchhaltung

Mengen- und wertmäßige Überprüfung der Bestände und Aufzeichnung im Inventar

Um- und Nachbuchungen

Jahresabschluss

Bilanz | Gewinn- und Verlustrechnung

2.25 Inventurverfahren

Die Erfassung der Vermögensgegenstände erfolgt gemäß § 192 Abs 1 im Regelfall im Wege einer körperlichen **Bestandsaufnahme (Inventur).**

Die körperliche Bestandsaufnahme kann erfolgen:

1. Im Wege einer **körperlichen Bestandsaufnahme** am Bilanzstichtag **(Stichtagsinventur).** Diese kann durch eine vollständige körperliche Bestandsaufnahme und bei Vorliegen bestimmter Voraussetzungen durch eine **Stichprobeninventur** erfolgen (§ 192 Abs 4).
2. Im Wege einer **abweichenden Stichtagsinventur** gemäß § 192 Abs 3, wonach der Unternehmer die Inventur innerhalb von **drei Monaten vor oder innerhalb von zwei Monaten nach dem Schluss des Geschäftsjahres** durchführen kann, wenn aufgrund eines den Grundsätzen ordnungsmäßiger Buchführung entsprechenden Fortschreibungs- oder Rückrechnungsverfahrens gesichert ist, dass der am Schluss des Geschäftsjahres vorhandene Bestand der Vermögensgegenstände für diesen Zeitpunkt ordnungsgemäß bewertet werden kann.
3. Im Wege eines den **Grundsätzen ordnungsmäßiger Buchführung** entsprechenden anderen Verfahrens gemäß § 192 Abs 2, bei welchem gesichert ist, dass der Bestand der Vermögensgegenstände zum Schluss des Geschäftsjahres nach Art, Menge und Wert auch ohne körperliche Bestandsaufnahme zum Abschlussstichtag festgestellt werden kann. Damit ist insbesondere die **permanente Inventur** gemeint.

Permanente Inventur

Anstelle einer **Stichtagsinventur** kann die Erfassung der Bestände in Form der **permanenten Inventur erfolgen,** bei der die körperliche Bestandsaufnahme über das ganze Jahr verteilt wird.

Voraussetzungen:

Die Bestände des Bilanzstichtages sind durch Fortschreiben in einer **Beständekartei (Lagerkartei, Anlagenkartei)** erfasst. Für die Anwendung der **permanenten Inventur** ist daher die Existenz kontinuierlich geführter Unterlagen über die Bestandsbewegung notwendig.

Es ist ein **Inventurplan** aufzustellen, der eine Verteilung der Inventur über das ganze Jahr vorsieht. Die Inventurarbeiten werden dann ohne Betriebsunterbrechung von eingearbeiteten Kräften durchgeführt, die nicht, wie bei der Stichtagsinventur, unter Zeitdruck stehen. Der **Inventurplan** muss sichern, dass die sich aus den Lagerbüchern ergebenden Bestände in jedem Geschäftsjahr mindestens einmal durch körperliche Bestandsaufnahme kontrolliert werden.

Die Differenzen zwischen den **Sollbeständen** und **Istbeständen,** die auf Grund der körperlichen Bestandsaufnahme festgestellt werden, sind auszubuchen. Auch über die Ergebnisse der jeweiligen körperlichen Bestandsaufnahme sind **Aufzeichnungen** anzufertigen, die unter Angabe des Zeitpunktes von den verantwortlichen Personen zu unterzeichnen sind.

Die **permanente Inventur** bietet große betriebswirtschaftliche Vorteile gegenüber der **Stichtagsinventur,** da Letztere großen Arbeitsanfall innerhalb weniger Tage bedeutet, der bei vielen Betrieben zu **Betriebsunterbrechungen** führt.

Stichprobeninventur

Anstelle einer vollständigen körperlichen Bestandsaufnahme darf der Bestand von Vermögensgegenständen gemäß § 192 Abs 4 nach Art, Menge und Wert auch mit Hilfe anerkannter **mathematisch-statistischer Methoden** auf Grund von **Stichproben** ermittelt werden, wenn dieses Verfahren den Grundsätzen ordnungsmäßiger Buchführung entspricht und der Aussagewert des auf diese Weise aufgestellten Inventars dem Aussagewert eines aufgrund einer körperlichen Bestandsaufnahme aufgestellten Inventars gleichkommt. Bezüglich der **Anwendungsvoraussetzungen** siehe auch die steuerliche Regelung im Abschnitt 6.1.2.4, Rz 2116 bis 2121 der EStR 2000.

Danach sind für die Stichprobeninventur folgende Voraussetzungen zu beachten (Rz 2117):

- Das Verfahren muss den **GoB** entsprechen.
- Das Verfahren muss zu einem einer vollständigen körperlichen Bestandsaufnahme hinsichtlich **Einzelnachweis** der Wirtschaftsgüter und Gesamtwert gleichwertigen Ergebnis führen (Aussageäquivalenz).

- Die **statistische Grundgesamtheit** ist aus dem Lagerkollektiv eindeutig zu definieren und abzugrenzen. Sie ist dazu neben dem Ausscheiden von Extremwerten (zB verhältnismäßig besonders wertvolle Güter) und schwer kontrollierbaren Positionen (auch bei Verderb, Schwund etc) insbesondere auch um Positionen mit buchmäßig negativem Bestand zu bereinigen.
- Die Aufnahme der Positionen in die **Stichprobe** hat durch eine Zufallsauswahl zu erfolgen.
- Als Maßstab dafür, ob eine Methode anerkannt ist, dient grundsätzlich die **statistische Methodenlehre**, wobei die Methode – in voller Übereinstimmung mit den GoB – gerade für Inventurzwecke geeignet sein muss.

Neben der Anforderung an die Aussageäquivalenz wird dem Grundsatz der Richtigkeit und Genauigkeit der Stichprobeninventur jedenfalls dann entsprochen, wenn

- der **Sicherheitsgrad** mit mindestens 95 % und
- der **statistische Zufallsfehler** mit höchstens 1 % in die Stichprobenberechnung

einfließen (Rz 2118).

Weiters wird auf die Ausführungen **HFA 1/1981, „Stichprobenverfahren für die Vorratsinventur"** (HFA 1/1981 idF 1990, WPg 1990 S 649 ff) und **HFA 1/1990, „Zur körperlichen Bestandsaufnahme im Rahmen von Inventurverfahren"** (WPg 1990, S 143 ff) verwiesen.

2.26 Die Grundsätze ordnungsmäßiger Buchführung und die Generalnorm als Grundlagen für die Erstellung des Jahresabschlusses (§§ 195 und 222)

Gemäß § 195 hat der Jahresabschluss den Grundsätzen ordnungsmäßiger Buchführung zu entsprechen. Er ist klar und übersichtlich aufzustellen und hat dem Kaufmann ein **möglichst getreues Bild der Vermögens- und Ertragslage des Unternehmens** zu vermitteln.

Gemäß § 222 Abs 2 hat der Jahresabschluss einer Kapitalgesellschaft ein möglichst getreues Bild der Vermögens-, **Finanz-** und Ertragslage **des Unternehmens** zu vermitteln. Wenn dies aus besonderen Umständen nicht gelingt, sind im **Anhang** die erforderlichen zusätzlichen Angaben zu machen.

Der **Jahresabschluss** ist somit durch **zwei Kriterien** gekennzeichnet:

1. Grundsätze ordnungsmäßiger Buchführung;
2. Vermittlung eines möglichst getreuen Bildes der Vermögens-(,Finanz-) und Ertragslage **(Generalnorm).**

Bei den **Grundsätzen ordnungsmäßiger Buchführung** handelt es sich, worauf Leffson hinweist, um einen „Normbefehl in der Form eines unbestimmten Rechtsbegriffes" (Leffson U., Die Grundsätze ordnungsmäßiger Buchführung, 7. Auflage, Düsseldorf 1987, S 21), der sich im Wesentlichen auf drei Grundlagen stützt:

1. Einschlägige gesetzliche Bestimmungen und die Behandlung einzelner diesbezüglicher Fragen durch die Rechtsprechung.
2. Zum Gewohnheitsrecht gewordene allgemein anerkannte Übungen der kaufmännischen Praxis (Kaufmannsbrauch).
3. Gutachten und Stellungnahmen internationaler und nationaler Berufsorganisationen; in Österreich sind dies beispielsweise die Kammer der Wirtschaftstreuhänder (KWT), das Institut der Wirtschaftsprüfer sowie das AFRAC. In der Anlage 2 sind die derzeit gültigen Fachgutachten und Stellungnahmen dieser **drei Institutionen** angeführt.

Die Frage, ob die **GoB** zum gesatzten Recht im Widerspruch stehen können, kann grundsätzlich verneint werden, obwohl, wie Leffson ausführt, die **Loseblattbuchführung** der bekannteste Präzedenzfall hiefür war, eine Form der Buchführung, die gegen den Gesetzesbefehl, dass die Bücher gebunden sein müssten, allgemein Eingang in das Rechnungswesen gefunden hatte und damit gegen das Gesetz zum GoB wurde (Leffson, S 24).

In der Regel füllen aber die **GoB** Gesetzeslücken oder gesetzlich nicht geregelte Vorgänge aus. Sie werden von der Praxis angenommen und gelangen allgemein zur Anwendung, weil sie die Buchhaltung und den Jahresabschluss effizienter und sicherer gestalten. Derartige im Laufe der Zeit zu **GoB** gewordene Vorgänge werden häufig in der Folge zu **gesatztem Recht**. Es kommt jedoch auch vor, dass die Gesetzgebung in Voraussicht kommender Entwicklungen Normen schafft, die, sobald die technischen Voraussetzungen gegeben sind, durch allgemeine Anwendung zu GoB werden. Als Beispiel ist die im Jahre 1974 durch die im § 38 Abs 3 HGB aF geschaffene Möglichkeit der Führung von Büchern über EDV zu nennen, als die **Speicherbuchführung** gerade begann, zögernd Eingang in die Praxis zu finden.

2.261 Die Grundsätze ordnungsmäßiger Bilanzierung (GoB)

Die Grundsätze **ordnungsmäßiger Bilanzierung** hängen mit den Grundsätzen **ordnungsmäßiger Buchführung** insofern eng zusammen, als Grundlage der Bilanz die Aufzeichnungen in den Büchern sind. In weitem Maß gilt daher, dass eine Bilanz nur dann ordnungsmäßig sein kann, wenn die ihr vorgelagerte Buchhaltung ebenfalls ordnungsmäßig ist. Darüber hinaus wird der Jahresabschluss nicht nur durch die in der Buchhaltung festgehaltenen Vorgänge geprägt, es wirken auf ihn zusätzlich die **Gliederungs- und Bewertungsvorschriften** ein.

Die Betriebswirtschaftslehre hat, gesetzlichen Regelungen und der Rechtsprechung folgend sowie den kaufmännischen Brauch und die in Gutachten enthaltenen Auffassungen berücksichtigend, **Grundsätze ordnungsmäßiger Bilanzierung** entwickelt, die sich in der Literatur und in der Praxis des Rechnungswesens als leitende Postulate durchgesetzt und weitestgehend auch im UGB ihren Niederschlag gefunden haben.

Wesentliche Erfordernisse ordnungsmäßiger Bilanzierung sind erfüllt, wenn bei der Aufstellung des Jahresabschlusses folgende Grundsätze beachtet werden:

- Bilanzverknüpfung
- Bilanzvorsicht
- Bilanzwahrheit
- Bilanzklarheit

Diese Grundsätze betreffen – entgegen dem Wortlaut – nicht nur die Bilanz, sondern auch die G&V und den Anhang.

2.261.1 Grundsatz der Bilanzverknüpfung

Der Grundsatz der Bilanzverknüpfung findet sich in den Teilgrundsätzen der **Bilanzidentität** und der **Bilanzkontinuität.**

Die **Bilanzidentität** als die **zeitpunktbezogene Bilanzverknüpfung** verlangt die Identität der **Schlussbilanz** eines Geschäftsjahres mit der **Eröffnungsbilanz** des folgenden Geschäftsjahres. Die Forderungen nach Bilanzidentität bringt das UGB erstmals mit dem EU-GesRÄG im § 201 Abs 2 Z 6 zum Ausdruck, wonach

> „die Eröffnungsbilanz des Geschäftsjahres mit der Schlußbilanz des vorhergehenden Geschäftsjahres übereinstimmen muß".

Dieser an sich selbstverständliche Grundsatz soll verhindern, dass etwa Aufwands- bzw Ertragskorrekturen aus Vorjahren (zB auf Grund von Betriebsprüfungen) oder grobe Fehler unmittelbar in die Eröffnungsbilanz des laufenden Geschäftsjahres aufgenommen werden. Derartige Korrekturen sind über die Gewinn- und Verlustrechnung des laufenden Geschäftsjahres zu führen.

Die **Bilanzidentität** leitet sich aus der Forderung der Übereinstimmung der Summe der **Periodenerfolge** (als Ergebnis der Periodenerträge abzüglich der Periodenaufwendungen) mit dem **Totalerfolg** (als Ergebnis der Gesamteinnahmen abzüglich der Gesamtausgaben) eines Unternehmens ab. **Schmalenbach** bezeichnet diese Gleichung auch als **Bilanzkongruenz.**

Der Grundsatz der **Bilanzidentität** ist durch die Gesetzgebung des Öfteren durchbrochen worden. So hatten in Österreich Unternehmer, die zur

Führung von Büchern verpflichtet waren, entweder für den Beginn des Geschäftsjahres 1954 oder für den Beginn des Geschäftsjahres 1955 **Schillingeröffnungsbilanzen** aufzustellen, in welchen die Vermögensgegenstände und Schulden neu bewertet wurden, die im Inventar(ium) für den Schluss des vorangegangenen Geschäftsjahres enthalten waren. Ähnliches galt für die **Goldschillingeröffnungsbilanz** im Jahre 1924.

Unter **Bilanzkontinuität** ist eine **zeitraumbezogene Bilanzverknüpfung** zu verstehen. Es muss ein organischer Zusammenhang zwischen der Schlussbilanz einer Periode und der Schlussbilanz der folgenden Periode gegeben sein.

Die Bilanzkontinuität ist formeller und materieller Art. Die **formelle Bilanzkontinuität** bezieht sich auf die **Beibehaltung** einmal angewendeter **Gliederungsgrundsätze und Kontenbezeichnungen.** Gemäß § 223 Abs 1 ist die einmal gewählte Form der Darstellung, insbesondere die Gliederung der aufeinander folgenden Bilanzen und Gewinn- und Verlustrechnungen, beizubehalten. Eine **Abweichung** von diesem Grundsatz ist nur unter besonderen Umständen zulässig. Obwohl § 223 Abs 1 zu den ergänzenden Vorschriften für Kapitalgesellschaften gehört, gilt dieser Grundsatz für **alle rechnungslegungspflichtigen Unternehmer.**

Die **materielle Bilanzkontinuität (Bewertungsstetigkeit)** besteht in der prinzipiellen Beibehaltung von Bewertungsgrundsätzen. So bestimmt § 201 Abs 2 Z 1, dass die im vorhergehenden Jahresabschluss angewendeten **Bewertungsmethoden** beizubehalten sind. Auch hier ist eine Abweichung nur bei Vorliegen besonderer Umstände zulässig (§ 201 Abs 2 letzter Satz).

Zusammenfassend kann der Grundsatz der Bilanzverknüpfung folgendermaßen dargestellt werden:

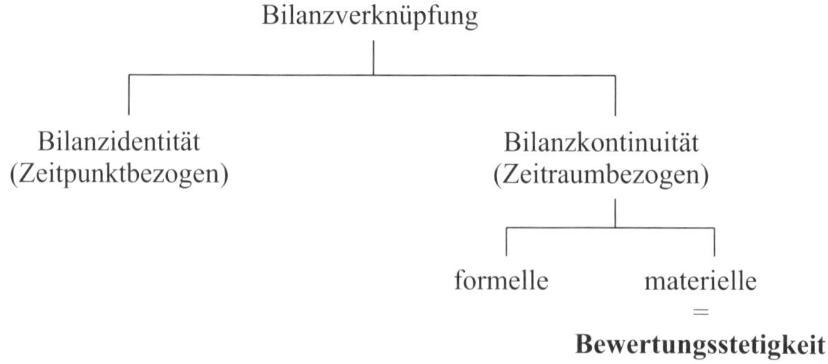

Zur Bewertungsstetigkeit siehe auch Kapitel 2.511.

2.261.2 Grundsatz der Bilanzvorsicht

Gemäß § 201 Abs 2 Z 4 ist der Grundsatz der **Vorsicht** einzuhalten, wobei insbesondere nur die am Abschlussstichtag verwirklichten **Gewinne** auszuweisen und erkennbare **Risiken** und drohende Verluste, die in dem Geschäftsjahr oder in einem früheren Geschäftsjahr entstanden sind, zu berücksichtigen sind, selbst wenn diese Umstände erst zwischen dem Abschlussstichtag und dem Tag der Aufstellung des Jahresabschlusses bekannt geworden sind.

Dieser als **imparitätisches Realisationsprinzip** bezeichnete Grundsatz findet in der Bilanz auf der Aktivseite durch das **Niederstwertprinzip** und auf der Passivseite durch das **Höchstwertprinzip** und die Verpflichtung zur Bildung von **Rückstellungen** seinen Niederschlag.

Der **Vorsichtsgrundsatz** gestattet es aber nicht, **willkürliche stille Reserven** zu bilden, weil deren stille Auflösung in schlechten wirtschaftlichen Zeiten eine Ertragslage vortäuschen könnte, die in Wirklichkeit nicht gegeben ist.

Vergleiche hiezu die Ausführungen im Kapitel 2.514.

2.261.3 Grundsatz der Bilanzwahrheit

Der Grundsatz der Bilanzwahrheit findet seinen Niederschlag im Grundsatz der **Bilanzvollständigkeit** (§ 196 Abs 1) und im Grundsatz der **Einhaltung der gesetzlichen Bewertungsvorschriften** (§§ 201 ff).

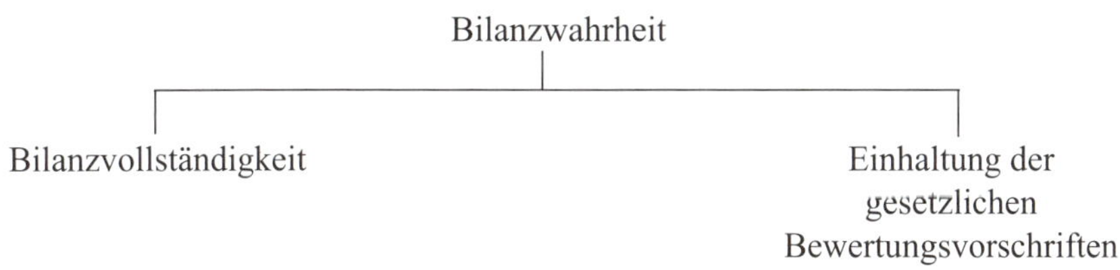

Es ist allerdings zu bemerken, dass es eine „wahre" Bilanz im Sinne des Wortes nicht gibt, da sich sowohl der **Bilanzinhalt** als auch die **Bewertung** der in eine Bilanz aufgenommenen Aktiva und Passiva nach den mit der Bilanzerstellung verfolgten Zwecken und den ihr zugrunde liegenden gesetzlichen Bestimmungen richten.

Ein **unternehmensrechtlicher Jahresabschluss** wird möglicherweise von der daraus abgeleiteten **Steuerbilanz** abweichen und in der Regel völlig unterschiedlich gegenüber einer **Liquidationsbilanz** sein.

Somit kann die Bilanz im Rahmen der gesetzlichen Vorschriften nur **folgerichtig** sein. **Bilanzwahrheit** kann also dann als gegeben angesehen werden, wenn die Rechenschaftslegung unter Beachtung der gesetzlichen Vorschriften und der GoB erfolgt.

Ein **Verstoß** gegen die **Bilanzwahrheit** führt zu einer unrichtigen Bilanz und wird, falls der Verstoß beabsichtigt ist, als **Bilanzfälschung** bezeichnet.

2.261.4 Grundsatz der Bilanzklarheit

Das Ziel der **Bilanzklarheit** liegt darin, im Jahresabschluss Vermögen und Kapital, Aufwendungen und Erträge, deutlich, das heißt klar und übersichtlich, zum Ausdruck zu bringen. Die Klarheit der Bilanz erfordert eine sachgerechte Bezeichnung der einzelnen Posten der Bilanz und der G&V, die klare Abgrenzung der Einzelposten voneinander und ein Verbot der Verrechnung von Posten der Aktivseite und Posten der Passivseite sowie von Erträgen und Aufwendungen.

Für die Durchsetzung der Klarheit sorgen neben der **Generalnorm** (§§ 195 und 222 Abs 2) vor allem die Bestimmungen der §§ 196 Abs 2 **(Verrechnungsverbot),** 198 **(Bilanzinhalt),** 200 **(Inhalt der Gewinn- und Verlustrechnung)** sowie die §§ 223 – 234 **(Gliederung der Bilanz und der Gewinn- und Verlustrechnung)** und die §§ 236 – 242 **(Anhang)**.

In Verfolgung der Hinweise über die Klarheit der Bilanz gilt, dass eine **Bilanzverschleierung** vorliegt, wenn Vermögen und Schulden unklar und unübersichtlich deklariert oder die Bilanzposten irreführend bezeichnet sind, oder Verwischungen durch Zusammenfassungen und Saldierungen von gesondert auszuweisenden Bilanzposten vorkommen.

2.262 Vermittlung eines möglichst getreuen Bildes der Vermögens-, Finanz- und Ertragslage (Generalnorm)

Die Generalnorm findet sich im UGB zweifach.

Generalnorm für Einzelkaufleute und Personengesellschaften

Für **Einzelkaufleute** und **Personengesellschaften** verlangt § 195, dass

> der Jahresabschluss den Grundsätzen ordnungsmäßiger Buchführung zu entsprechen hat und so klar und übersichtlich aufzustellen ist, dass er dem Unternehmer ein **möglichst getreues Bild der Vermögens- und Ertragslage** des Unternehmens vermittelt.

Mit dieser Bestimmung wurde erstmals gesetzlich normiert, dass der Jahresabschluss nicht nur **Außenwirkung** haben soll, sondern ein **Informationsinstrument für den Unternehmer** zu sein hat, mit dessen Hilfe er sich über die Vermögens- und Ertragslage seines Unternehmens zu unterrichten hat.

Damit muss die in vielen Klein- und Mittelbetrieben bestehende Ansicht, die Bilanz sei eigentlich nur ein Instrument für die Finanzbehörde, allenfalls noch für die Bank als Kreditgeber, geändert und die Bilanz auch als ein **Managementinstrument** angesehen werden, wie dies etwa in den USA der Fall ist.

Generalnorm für Kapitalgesellschaften

Über die Generalnorm gemäß § 195 hinausgehend verlangt § 222 Abs 2 für Kapitalgesellschaften, dass

> der Jahresabschluss ein **möglichst getreues Bild der Vermögens-, Finanz- und Ertragslage** des Unternehmens zu vermitteln hat, und ergänzt, dass für den Fall, dass dies nicht gelingt, im Anhang die erforderlichen zusätzlichen Angaben zu machen sind.

Die für Kapitalgesellschaften geltende **Generalnorm** geht in zwei Punkten erheblich über jene für sonstige Unternehmer geltende Norm hinaus:

1. Sie erweitert die Sichtbarmachung des getreuen Bildes auf die **Finanzlage**.
2. Sie wendet sich auch (bzw in erster Linie) an den **externen Bilanzleser** (vergleiche hiezu auch Abschnitt 3.3, die **Generalnorm für Kapitalgesellschaften).**

Sollte es nicht gelingen, mit dem Jahresabschluss ein möglichst getreues Bild der Vermögens-, Finanz- und Ertragslage zu vermitteln, darf im Gegensatz zur 4. Richtlinie keinesfalls von Einzelbestimmungen abgewichen werden. Allerdings sind im Anhang die erforderlichen zusätzlichen Angaben zu machen.

2.3 Die allgemeinen Vorschriften zur Bilanz und zur Gewinn- und Verlustrechnung (§§ 196 – 200)

2.31 Der Grundsatz der Vollständigkeit

Gemäß § 196 Abs 1

> hat der **Jahresabschluss** sämtliche Vermögensgegenstände, Rückstellungen, Verbindlichkeiten, Rechnungsabgrenzungsposten, Aufwendungen und Erträge zu enthalten, soweit gesetzlich nichts anderes bestimmt ist.

Der Grundsatz der Vollständigkeit gehört zumindest im Hinblick auf die Bilanz seit langem zu den unbestrittenen Grundsätzen ordnungsmäßiger Buchführung.

In Ergänzung dieses Grundsatzes bestimmt § 190 Abs 1, dass

> der Unternehmer Bücher zu führen und in diesen seine unternehmensbezogenen Geschäfte und die Lage seines Vermögens nach den Grundsätzen ordnungsmäßiger Buchführung ersichtlich zu machen hat. Die Buchführung muss so beschaffen sein, dass sie einem sachverständigen Dritten innerhalb angemessener Zeit einen Überblick über die Geschäftsvorfälle und über die **Lage des Unternehmens** vermitteln kann.

Darüber hinaus besagt § 190 Abs 3, dass die

> **Eintragungen** in Büchern und die sonst erforderlichen Aufzeichnungen **vollständig, richtig, zeitgerecht und geordnet** vorgenommen werden müssen.

Auch in der Rechtsprechung des Verwaltungsgerichtshofes wird immer auf den Grundsatz der Vollständigkeit hingewiesen.

2.32 Vom Grundsatz der Vollständigkeit abweichende Bestimmungen

2.321 Aktivierungsverbote

2.321.1 Aufwendungen für die Gründung des Unternehmens und die Beschaffung des Eigenkapitals

Die Bestimmung des § 197 Abs 1, dass

> „Aufwendungen für die Gründung des Unternehmens und für die Beschaffung des Eigenkapitals nicht als Aktivposten in die Bilanz eingestellt werden dürfen",

stellt kein Aktivierungsverbot, sondern nur eine Klarstellung dar; da die genannten Aufwendungen keinen Vermögensgegenstand darstellen, könnten sie auch ohne spezielle gesetzliche Regelung nicht aktiviert werden. Vgl auch Nowotny Christian, in: Kommentar zum Handelsgesetzbuch, herausgegeben von Manfred Straube, 2. Band, Rechnungslegung, 2. Auflage, Wien 2000 (im Folgenden als „Straube[2]" zitiert), Rz 2 zu § 197, wonach die Bedeutung dieser Bestimmung in der **Abgrenzung gegenüber den Ingangsetzungsaufwendungen** liegt. Im Einzelnen werden folgende von dieser Bestimmung erfasste Aufwendungen genannt: Gerichts- und Notariatsgebühren, Kapitalverkehrsteuern, Gebühren nach dem Gebührengesetz, Gründungsprüfung, Beratungshonorare, Kosten von Bekanntmachungen, Gründerbelohnungen, Kosten einer Aktienemission einschließlich Provisionen.

2.321.2 Nicht entgeltlich erworbene immaterielle Vermögensgegenstände des Anlagevermögens

§ 197 Abs 2 bestimmt, dass

> für **immaterielle Gegenstände** des Anlagevermögens, die **nicht entgeltlich** erworben wurden, ein Aktivposten nicht angesetzt werden darf (Eine analoge Vorschrift enthält § 4 Abs 1, 5. Satz EStG 1988: „Für **unkörperliche Wirtschaftsgüter** des Anlagevermögens darf ein Aktivposten nur angesetzt werden, wenn sie **entgeltlich erworben** worden sind.“).

Ein **immaterieller Gegenstand** des Anlagevermögens gilt dann als entgeltlich erworben, wenn dem **Erwerbsvorgang ein Anschaffungsgeschäft** zugrunde liegt. Vgl hiezu auch die Ausführungen Nowotny C./M. Tichy, in: Straube[2] Rz 16 ff zu § 197.

Wird ein **immaterieller Gegenstand** des Anlagevermögens im Unternehmen selbst oder über Auftrag desselben von einem Dritten entwickelt oder hergestellt, gilt dieser nicht als entgeltlich erworben, es sei denn, das Risiko der Entwicklung bzw Herstellung geht voll zu Lasten des Auftragnehmers.

Beispiele:

1. Ein **Softwareunternehmen** erhält den Auftrag zur **Entwicklung eines EDV-Programms.** Erfolgt die Bezahlung und Abnahme nur dann, wenn dieses Programm voll den Anforderungen entspricht, gilt das Programm für den Auftraggeber als entgeltlich erworben. Es ist mit seinen Anschaffungskosten zu aktivieren und über die Nutzungsdauer abzuschreiben.

2. Ein **technisches Büro** erhält den Auftrag, ein **neuartiges Produktionsverfahren zu entwickeln,** ohne dass bei Auftragserteilung sicher ist, dass dieses Verfahren tatsächlich eingesetzt werden kann. Die Bezahlung und Abnahme erfolgt nach geleisteten Auftragsstunden auch dann, wenn das Verfahren nicht eingesetzt werden kann. Das Verfahren gilt für den Auftraggeber, gleichgültig ob einsatzfähig oder nicht, als nicht entgeltlich erworben. Die Herstellungskosten dürfen nicht aktiviert werden.

3. Im Zuge der **Entwicklung eines Produktionsverfahrens** in der **eigenen Entwicklungsabteilung,** das später zu einem Patent führt, werden Fremdaufträge vergeben. Diese sind Bestandteil der nicht aktivierungsfähigen Herstellungskosten.

Bezüglich der Problematik der Abgrenzung der aktivierungspflichtigen selbsterstellten immateriellen Gegenstände des Umlaufvermögens von den nicht aktivierungsfähigen Gegenständen des Anlagevermögens siehe Kapitel 4.221.15.

Eine Ausnahme vom Aktivierungsverbot für selbsterstellte immaterielle Vermögensgegenstände enthält Art I, § 7, 1. Euro-JuBeG (**„Im Zusammenhang mit der Währungsumstellung entstehende Aufwendungen“**).

Demgemäß durften die Aufwendungen für die Währungsumstellung auf Euro als Aktivposten ausgewiesen werden, soweit es sich um selbstgeschaffene immaterielle Vermögensgegenstände des Anlagevermögens handelte.

Der Posten war in der Bilanz unter der Bezeichnung „Aufwendungen für die Währungsumstellung auf Euro“ vor dem Posten „Anlagevermögen“ auszuweisen.

Die für die Währungsumstellung auf Euro aktivierten Beträge sind für jedes Geschäftsjahr zu mindestens einem Fünftel abzuschreiben.

2.322 Aktivierungswahlrechte

1. **§ 198 Abs 3:**
   Nach dieser Vorschrift dürfen die **Aufwendungen für das Ingangsetzen und Erweitern eines Betriebes** als Aktivposten ausgewiesen werden (siehe dazu auch die Erläuterungen in Kapitel 4.21).

2. **§ 198 Abs 7:**
   Diese Vorschrift regelt die Aktivierungsfähigkeit des **Disagios (Damnums)** als Unterschiedsbetrag zwischen dem **Rückzahlungsbetrag** einer Verbindlichkeit zum Zeitpunkt ihrer Begründung und dem **Ausgabebetrag.**
   Für Geldbeschaffungskosten besteht ein derartiges Wahlrecht im Rahmen des § 198 Abs 7 nicht. Sie sind allerdings aktivierungspflichtig, wenn die Voraussetzungen für eine Aktivierung unter den Rechnungsabgrenzungen, bzw aktivierungsfähig, wenn die Voraussetzungen für eine Aktivierung unter den Aufwendungen für das Ingangsetzen oder Erweitern eines Betriebes vorliegen (siehe hiezu auch den Abschnitt 2.542, Z 15).
   § 6 Z 3 EStG 1988 enthält sowohl für das Disagio als auch für die Geldbeschaffungskosten die Verpflichtung zur Aktivierung. Fällt kein aktivierungspflichtiges Disagio an, so besteht für Geldbeschaffungskosten bis zur Höhe von 900 € (EStR, Rz 2464) eine Freigrenze.

3. **§ 198 Abs 10:**
   Diese Vorschrift enthält ein **Aktivierungswahlrecht für aktive latente Steuern.**
   Bezüglich Details wird auf Kapitel 4.28 verwiesen.

Die unter 1. – 3. angeführten Posten werden wegen des Fehlens einer Vermögenseigenschaft in der Fachliteratur auch als **„Bilanzierungshilfen“** bezeichnet.

4. **§ 203 Abs 5:**
   Als Gegenstand des Anlagevermögens darf

   der **Geschäfts-(Firmen-)wert** als aktiver Unterschiedsbetrag zwischen der Gegenleistung für die Übernahme eines Betriebes gegenüber den Werten der einzelnen Vermögensgegenstände abzüglich der Schulden im Zeitpunkt der Übernahme angesetzt werden.

   Auch hier ist gemäß § 8 Abs 3 EStG 1988 eine **steuerliche Aktivierungspflicht,** verbunden mit einer 15-jährigen Abschreibungsdauer, gegeben.

5. **§ 202 Abs 2:**
   Behandlung des anlässlich der Verschmelzung bzw Einbringung eines Betriebes oder Teilbetriebes entstandenen aktiven **Unterschiedsbetrages** (siehe Kapitel 4.221.5).

6. **§ 226 Abs 3:**
   Behandlung von **geringwertigen Vermögensgegenständen des Anlagevermögens.** Danach dürfen

   im Jahre der Anschaffung voll abgeschriebene geringwertige Vermögensgegenstände des Anlagevermögens im **Anlagenspiegel** als Abgang behandelt werden und erscheinen demnach nicht mehr als **Vermögensgegenstand** (wenn diesbezüglich kein Ausweis einer **unversteuerten Rücklage** gemäß § 205 Abs 1 notwendig ist).

   Bezüglich Einzelheiten wird auf die Kapitel 4.222.1 und 4.223 verwiesen.

2.33 Rückstellungen und Vollständigkeitsgrundsatz

Gemäß § 198 Abs 8 Z 1 **sind**

> **Rückstellungen** für **ungewisse Verbindlichkeiten** und für **drohende Verluste aus schwebenden Geschäften** zu bilden, die am Abschlussstichtag wahrscheinlich oder sicher, aber hinsichtlich ihrer Höhe oder dem Zeitpunkt ihres Eintritts unbestimmt sind.

Außerdem ergibt sich die **Rückstellungspflicht** nach § 198 Abs 8 Z 4, wonach Rückstellungen insbesondere zu bilden sind für

a) Anwartschaften auf Abfertigungen,
b) laufende Pensionen und Anwartschaften auf Pensionen,
c) Kulanzen, nicht konsumierten Urlaub, Jubiläumsgelder, Heimfalllasten und Produkthaftungsrisiken,
d) auf Gesetz oder Verordnung beruhende Verpflichtungen zur Zurücknahme und Verwertung von Erzeugnissen.

Weiters ist im § 198 Abs 9 die Rückstellungspflicht für **latente Ertragsteuern** geregelt. Wie schon hingewiesen, besteht für aktive latente Steuern ein Aktivierungswahlrecht.

Eine Verpflichtung zur **Rückstellungsbildung** besteht nach § 198 Abs 8 Z 3, letzter Satz, allerdings nicht, soweit es sich um Rückstellungen von untergeordneter Bedeutung handelt.

§ 198 Abs 8 Z 2 behandelt allgemein eine Gruppe von nicht passivierungspflichtigen, wohl aber **passivierungsfähigen Rückstellungen** wie folgt:

> Rückstellungen **dürfen** außerdem für ihrer Eigenart nach genau umschriebene, dem Geschäftsjahr oder einem früheren Geschäftsjahr zuzuordnende Aufwendungen gebildet werden, die am Abschlussstichtag wahrscheinlich oder sicher, aber hinsichtlich ihrer Höhe oder des Zeitpunkts ihres Eintritts unbestimmt sind.

Für diese hier behandelten **„Aufwandsrückstellungen“** enthält § 198 Abs 8 Z 2 zweiter Satz allerdings insoweit eine Einschränkung des Wahlrechts, als angeordnet wird,

> dass derartige Rückstellungen zu bilden sind, soweit dies den Grundsätzen ordnungsmäßiger Buchführung entspricht.
> Die Erläuterungen führen als Beispiel **Kulanzrückstellungen** an.

Bezüglich Details wird auf die Erläuterungen in Kapitel 4.334 verwiesen.

Der Begriff der **Vollständigkeit** ist jedenfalls hinsichtlich der **Rückstellungen** nicht exakt definiert, sondern muss im Hinblick auf § 195, wonach der Jahresabschluss den Grundsätzen ordnungsmäßiger Buchführung zu entprechen hat, ausgelegt werden. Man wird somit zwischen gemäß den Grundsätzen ordnungsmäßiger Buchführung **passivierungspflichtigen Rückstellungen und passivierungsfähigen Rückstellungen** zu unterscheiden haben, wobei sich die Grenze zwischen diesen beiden Gruppen von Rückstellungen nach dem jeweiligen Stand der Grundsätze ordnungsmäßiger Buchführung richtet.

2.34 Haftungsverhältnisse

Unter den Vollständigkeitsgrundsatz kann auch die Vorschrift des § 199 subsumiert werden, wonach

> unter der Bilanz Verbindlichkeiten aus der Begebung und Übertragung von Wechseln, Bürgschaften, Garantien sowie sonstigen vertraglichen Haftungsverhältnissen, soweit sie nicht auf der Passivseite auszuweisen sind, zu vermerken sind.

2.35 Das Verrechnungsverbot

Gemäß § 196 Abs 2

> dürfen Posten der Aktivseite nicht mit Posten der Passivseite, Aufwendungen nicht mit Erträgen, Grundstücksrechte nicht mit Grundstückslasten verrechnet werden.

Das Verrechnungsverbot kann als Grundsatz der **Vollständigkeit** des Ausweises (Bilanzklarheit) aufgefasst werden.

Das Verrechnungsverbot zwischen Forderungen und Verbindlichkeiten gilt nur dann absolut, wenn Gläubiger und Schuldner verschiedene Personen sind. Zur Frage der **Aufrechnungsmöglichkeit,** wenn Forderungen und Verbindlichkeiten die gleiche Person betreffen, führt Schiemer (Handkommentar zum Aktiengesetz, 2. Auflage, Wien 1986, Anmerkung 57.1 zu § 131) aus:

„Bei Personengleichheit ist die Aufrechnung zulässig, wenn Forderungen und Verbindlichkeiten in wirtschaftlicher Betrachtungsweise einander aufrechenbar gegenüberstehen. Es muß daher nicht absolute Fristenkongruenz bestehen. Dagegen ist es sicher unzulässig, etwa eine Forderung aus einem langfristigen Darlehen gegen eine Verpflichtung aus Warenlieferungen bei Gleichheit von Gläubiger und Schuldner gegeneinander aufzurechnen. Auch ihrer wirtschaftlichen Bestimmung nach verschiedenartige Forderungen und Verbindlichkeiten gegenüber derselben Person sind nicht verrechenbar. So ist es nicht zulässig, Anzahlungen eines Kunden für bestimmte Lieferungen mit Forderungen gegen denselben Kunden aus Warenlieferungen zu verrechnen. Ebenso kann man nicht etwa Wechselverbindlichkeiten mit Forderungen bei sonstiger Personengleichheit aufrechnen. Dagegen bestehen keine Einwendungen, Steuervorauszahlungen mit den ihnen entsprechenden Rückstellungsposten aufzurechnen; aus Gründen der Bilanzklarheit wird dies oft notwendig sein, um eine wirtschaftlich nicht begründete Aufblähung der Bilanz zu vermeiden. Bei Kontokorrentverhältnissen ist die Aufrechnung sogar geboten.“

2.36 Die Anwendung des § 196 auf die Gewinn- und Verlustrechnung

§ 196 Abs 1 bestimmt, dass der Jahresabschluss **sämtliche Aufwendungen und Erträge** zu enthalten hat, wobei allerdings nicht definiert ist, was unter Aufwendungen und Erträgen zu verstehen ist bzw nach welchen Grundsätzen Aufwendungen und Erträge zu untergliedern sind, damit der Grundsatz der Vollständigkeit erfüllt ist. Die **Untergliederung der Aufwendungen und Erträge** hängt ja von der jeweiligen Organisation des Rechnungswesens bzw vom jeweils verwendeten **Kontenplan** und dessen Gliederung ab.

Der Grundsatz der **Vollständigkeit** in Bezug auf die Gewinn- und Verlustrechnung ist daher unbestimmt und bedarf zu seiner Auslegung einer Orientierungshilfe. Diese besteht sicherlich in der sinngemäßen Anwendung der **Gliederungsvorschriften für** die Gewinn- und Verlustrechnung von Kapitalgesellschaften in § 231. Diese Gliederungsvorschriften stellen aber auch die Obergrenze der Anforderungen dar, die an den vollständigen Ausweis der Aufwendungen und Erträge in der Gewinn- und Verlustrechnung zu stellen sind.

Das **Verrechnungsverbot** in § 196 Abs 2 erfordert zweifellos die Anwendung einer **Bruttorechnung**, wobei hier die Anforderungen sicher auch nicht höher sein können als jene, die an die Gewinn- und Verlustrechnung von Kapitalgesellschaften gestellt werden können, sodass die in den §§ 231 ff gegebenenfalls enthaltenen **Saldierungsmöglichkeiten** (zB Verrechnung von Erlösen mit Erlösschmälerungen, Anlagenerlösen mit den Restbuchwerten der verkauften Anlagen) auch für die Gewinn- und Verlustrechnung anderer Vollkaufleute gelten.

2.4 Die Gliederungsvorschriften für den Jahresabschluss

2.41 Gliederung der Bilanz

Im Gegensatz zur Regelung der Bilanzgliederung für Kapitalgesellschaften (§ 224) legt § 198 Abs 1 nur fest, welche **Hauptgruppen** auf der Aktiv- und Passivseite der Bilanz auszuweisen sind. Bezüglich der Untergliederung dieser Hauptgruppen (die mit der Grobgliederung für Kapitalgesellschaften übereinstimmt) wird auf die Grundsätze des § 195 hingewiesen, wonach der Jahresabschluss klar und übersichtlich aufzustellen ist und dem Kaufmann ein möglichst getreues Bild der Vermögens- und Ertragslage zu vermitteln hat.

Die Gliederung des § 198 Abs 1 ist noch um weitere an anderen Stellen enthaltene Bestimmungen zu ergänzen. In der Praxis wird sich bei der Darstellung der **Bilanzen von Einzelunternehmern und Personengesellschaften** die Untergliederung der Hauptgruppen an den detaillierten Gliederungsvorschriften für Kapitalgesellschaften (§ 224) orientieren. Andererseits sind auch einzelne **Gliederungsvorschriften,** die bereits im allgemeinen Teil geregelt sind, bei der Aufstellung der Jahresabschlüsse von Kapitalgesellschaften zu beachten.

Aus § 198 Abs 1 ergibt sich dabei der in den nächsten Abschnitten dargestellte Aufbau der **Bilanzgliederung**, der nur für nicht den Bestimmungen der §§ 221 – 243 unterliegende Unternehmen Bedeutung hat.

2.411 Struktur der Aktivseite

A a) **Aufwendungen für das Ingangsetzen und Erweitern eines Betriebes (§ 198 Abs 3)**

b) **Aufwendungen für die Währungsumstellung auf Euro (Art I, § 7 1. Euro-JuBeG. Vergleiche auch Erläuterungen am Ende des Abschn 2.321.2). Dieser Posten entfällt nach vollständiger Abschreibung des aktivierten Betrages spätestens 2007.**

B **Anlagevermögen**

„Als Anlagevermögen sind die Gegenstände auszuweisen, die bestimmt sind, dauernd dem Geschäftsbetrieb zu dienen." (§ 198 Abs 2)

C **Umlaufvermögen**

„Als Umlaufvermögen sind die Gegenstände auszuweisen, die nicht bestimmt sind, dauernd dem Geschäftsbetrieb zu dienen." (§ 198 Abs 4)

D **Aktive Rechnungsabgrenzungsposten (§ 198 Abs 5)**

Nach der Legaldefinition handelt es sich um **Ausgaben vor dem Abschlussstichtag, soweit sie Aufwand für eine bestimmte Zeit nach diesem Tag sind**.

Damit wird klargestellt, dass nur transitorische Posten als aktive Rechnungsabgrenzungsposten ausgewiesen werden dürfen.

Neben den allgemeinen Bestimmungen des § 198 Abs 5 sind auch die Bestimmungen der Absätze 7 und 10 sowie Artikel X Abs 4 RLG zu beachten.

Gemäß Abs 7 ist ein (fakultativ) **aktiviertes Disagio innerhalb der Rechnungsabgrenzungsposten gesondert auszuweisen** und durch planmäßige jährliche Abschreibung zu tilgen.

Gemäß Artikel X Abs 4 RLG kann auch der **Unterschiedsbetrag der gegenüber Artikel X Abs 3 gebotenen Pensionsrückstellung** unter den aktiven Rechnungsabgrenzungsposten gesondert ausgewiesen werden, wenn die gemäß § 211 Abs 2 gebotene Rückstellung für laufende Pensionen und Anwartschaften vor Ablauf der Übergangsfrist des Artikel X Abs 3 voll in die Bilanz eingestellt wird.

Aufgrund dieser Vorschriften kann es daher zu einer entsprechenden Untergliederung des aktiven Rechnungsabgrenzungspostens kommen.

Eine **aktive Steuerabgrenzung nach § 198 Abs 10** ist mit dem Saldo aus der Verrechnung mit passiven Steuerlatenzen gem § 198 Abs 9 gesondert auszuweisen; dies kann nach den Erläuterungen zur RV im Rahmen des Postens „Forderungen und sonstige Vermögensgegenstände" oder bei den Rechnungsabgrenzungsposten erfolgen.

Wegen der Nichtaktivierung von Einkommensteuerguthaben hat diese Vorschrift für Nicht-Kapitalgesellschaften keinerlei praktische Bedeutung.

2.412 Struktur der Passivseite

A Eigenkapital

§ 198 Abs 1 verlangt auch einen gesonderten Ausweis des **Eigenkapitals**, ohne dieses allerdings zu definieren. Grundsätzlich ist das Eigenkapital der Saldo aus dem Vermögen und dem Fremdkapital, mit der Konsequenz, dass der buchmäßige Ausweis desselben von der Bewertung dieser beiden Größen abhängt. Das Eigenkapital ist somit eine variable Saldogröße, die sich in den einzelnen Perioden mit dem Ansatz des Vermögens und der Schulden ändert. Soweit Veränderungen nicht auf Einlagen und Entnahmen (Gewinnausschüttungen) des oder der Eigentümer/s zurückzuführen sind, wirken sie sich in positiver Richtung als Gewinn und in negativer Richtung als Verlust aus.

Es muss grundsätzlich zwischen den Eigenkapitalkonten des Einzelunternehmers und der Personengesellschaften einerseits und der Kapitalgesellschaften andererseits unterschieden werden. Im Gegensatz zu Einzelunternehmen und Personengesellschaften sind Kapitalgesellschaften juristische Personen, denen auch das Eigenkapital zugerechnet wird. Die Eigenkapitalkonten der Personengesellschaft sind unmittelbar und namentlich den Gesellschaftern zugeordnet.

Gewinne bei Kapitalgesellschaften werden bei Entstehen von der Kapitalgesellschaft besteuert (Körperschaftsteuer) und unterliegen erst bei Ausschüttung der Einkommensteuer der Gesellschafter. Bei Personengesellschaften und bei Einzelunternehmen unterliegen entstehende Gewinne unmittelbar der Einkommensteuer der Gesellschafter oder des Eigentümers und sind daher auch diesen direkt zuzurechnen. Eine Ausnahme bilden auf Grund verschiedener steuerlicher Bestimmungen begünstigte Gewinne, die, solange sie nicht besteuert werden, einer nicht auf den einzelnen Gesellschafter bezogenen unversteuerten Rücklage zuzuweisen sind.

Eigenkapitalkonto des Einzelunternehmers

In der Darstellung des Eigenkapitalkontos des Einzelunternehmers tritt der Saldocharakter dieses Kontos klar hervor. In der Regel wird für das Eigenkapital ein einziges Konto geführt, das sich aus dem Saldo

	Vermögen
–	Fremdkapital
	Eigenkapital

ergibt. Das Eigenkapitalkonto wird durch Privateinlagen und Privatentnahmen sowie durch Gewinne und Verluste verändert.

Eigenkapital der Personengesellschaft

Im UGB sind folgende Personengesellschaften geregelt:

Eingetragene Personengesellschaft

- Offene Gesellschaft – bis 31.12.2006 Offene Handelsgesellschaft – (§§ 105 – 160)
- Kommanditgesellschaft (§§ 161 – 177)

Nicht eingetragene Personengesellschaft

- Gesellschaft bürgerlichen Rechts (§§ 1175 ff ABGB und Sonderbestimmungen für eine unternehmerisch tätige Gesellschaft bürgerlichen Rechts im UGB (§§ 8 und 178 UGB)
- **Stille Gesellschaft (§§ 179 – 188)**

Das Eigenkapital der offenen Gesellschaft

Begriff, Entstehung und Errichtung der offenen Gesellschaft

> Gem § 105 UGB ist eine **offene Gesellschaft** eine unter eigener Firma geführte Gesellschaft, bei der die Gesellschafter gesamthandschaftlich verbunden sind und bei keinem der Gesellschafter die Haftung gegenüber den Gesellschaftsgläubigern beschränkt ist. Die offene Gesellschaft ist rechtsfähig. Sie kann jeden erlaubten Zweck einschließlich freiberuflicher und land- und forstwirtschaftlicher Tätigkeit haben. Ihr gehören mindestens zwei Gesellschafter an.
>
> Gem § 123 Abs 1 **entsteht die offene Gesellschaft** mit der **Eintragung in das Firmenbuch.**
>
> Handeln Gesellschafter oder zur Vertretung der Gesellschaft bestellte Personen nach Errichtung (Abschluss des Gesellschaftsvertrages), aber vor Entstehung der Gesellschaft (Eintragung in das Firmenbuch) in deren Namen, so werden gem § 123 Abs 2 alle Gesellschafter daraus berechtigt und verpflichtet. Dies gilt auch dann, wenn ein handelnder Gesellschafter nicht, nicht allein oder nur beschränkt vertretungsbefugt ist, der Dritte den Mangel der Vertretungsmacht aber weder kannte noch kennen musste. Die Gesellschaft tritt mit der Eintragung in das Firmenbuch in die Rechtsverhältnisse ein.

Bezüglich der Kapitalkonten sind folgende Bestimmungen zu beachten:

> **Einlagen**
>
> § 109. (1) Soweit die Gesellschafter nichts anderes vereinbart haben, bestimmt sich ihre Beteiligung an der Gesellschaft nach dem Verhältnis des Wertes der vereinbarten Einlagen (Kapitalanteil). Im Zweifel sind die Gesellschafter zu gleichen Teilen beteiligt.

Gewinn und Verlust

§ 120. Am Schluß jedes Geschäftsjahrs wird auf Grund des Jahresabschlusses oder, wenn nach den Vorschriften des Dritten Buches keine Pflicht zur Rechnungslegung besteht, nach den Ergebnissen einer sonstigen Abrechnung der Gewinn oder der Verlust des Jahres ermittelt und für jeden Gesellschafter sein Anteil daran berechnet.

§ 121. (1) Sind Gesellschafter zur Leistung von Diensten verpflichtet, so ist ihnen, sofern ihnen für die Dienste nicht eine Beteiligung an der Gesellschaft gewährt wird, mangels anderer Vereinbarung ein den Umständen nach angemessener Betrag des Jahresgewinnes zuzuweisen.

(2) Der diesen Betrag übersteigende Teil des Jahresgewinnes oder der Verlust eines Geschäftsjahres wird sodann den Gesellschaftern im Verhältnis ihrer Beteiligung (§ 109 Abs. 1) zugewiesen.

Gem § 109 richten sich die Rechtsverhältnisse der Gesellschafter untereinander zuerst nach dem Gesellschaftsvertrag und erst in zweiter Linie nach den Vorschriften des Gesetzes.

Für den Fall, dass keine abweichenden vertraglichen Regelungen gegenüber den oben geführten Bestimmungen bestehen, wird, den Intentionen der Regierungsvorlage folgend, die Führung folgender **Gesellschafterkonten** empfohlen (die hinter dem Kontonamen angefügten Buchstaben A, B repräsentieren die einzelnen Gesellschafter):

- **Kapitaleinlage (A, B…):** Das Kapitaleinlagekonto ist ein festes Kapitalkonto, das den Anteil des Gesellschafters an der Gesellschaft widerspiegelt. Eine Veränderung dieses Konto geschieht nur im Falle der Veränderung des Beteiligungsverhältnisses.

- **Ausstehende Einlagen (A , B…):** Dieses Konto erfasst den Betrag der noch nicht auf die vereinbarte Höhe eingezahlten Einlage des einzelnen Gesellschafters. Dieses Konto stellt im **Innenverhältnis einen Anspruch der Gesellschaft gegenüber dem Gesellschafter** auf Auffüllung seiner Kapitaleinlage und Dritten gegenüber eine **Wertberichtigung zum Kapitaleinlagekonto** dar.

- **Verrechnungskonto bzw Privatkonto (A, B…):** Auf diesem Konto werden die Gewinn- und Verlustanteile sowie die Gewinnausschüttungen erfasst. Einlagen werden dann auf diesem Konto verbucht, wenn diese nicht der Auffüllung der vereinbarten Kapitaleinlage dienen, also auf dem Konto Ausstehende Einlagen zu verbuchen sind, oder wenn durch die Einlage keine Veränderung der Beteiligungsverhältnisse herbeigeführt werden soll. Dasselbe gilt auch für Entnahmen.

Bezüglich der Gewinnausschüttungen und Entnahmen bestimmt § 122:

> (1) Jeder Gesellschafter hat Anspruch auf Auszahlung seines Gewinnanteils. Der Anspruch kann jedoch nicht geltend gemacht werden, soweit die Auszahlung zum offenbaren Schaden der Gesellschaft gereicht, die Gesellschafter ein anderes beschließen oder der Gesellschafter vereinbarungswidrig seine Einlage nicht geleistet hat.
>
> (2) Im Übrigen ist ein Gesellschafter nicht befugt, ohne Einwilligung der anderen Gesellschafter Entnahmen zu tätigen

In der bis 31.12.2006 geltenden Regelung hat der Gesellschafter das Recht, auch ohne Gewinn bzw Zustimmung der anderen Gesellschafter Geld bis zum Betrage von vier von Hundert seines für das letzte Geschäftsjahr festgestellten Kapitalanteils zu seinen Lasten zu entnehmen und, soweit es nicht zum offenbaren Schaden der Gesellschaft gereicht, auch die Auszahlung seines den bezeichneten Betrag übersteigenden Anteils am Gewinn des letzten Jahres zu verlangen.

Unversteuerte Rücklagen sind auf Grund verschiedener steuerlicher Begünstigungen noch nicht versteuerte Gewinne, die grundsätzlich erst nach Auflösung dem einzelnen Gesellschafter zuzurechnen und entsprechend der gesetzlichen Bestimmung zu versteuern bzw steuerfrei zu belassen sind.

Werden von einem Gesellschafter oder der Gesellschaft Leistungen erbracht, die nicht aus dem Gesellschaftsverhältnis stammen, wie etwa Warenlieferungen, Gewährung von Darlehen, Leistungen aus Bestandsverträgen, tritt also der Gesellschafter wie ein Dritter in Rechtsbeziehungen zur Gesellschaft, stellen die daraus resultierenden Beträge echte Forderungen bzw Verbindlichkeiten dar und sind auch als solche zu verbuchen. Nach herrschender Rechtsauffassung hat der Gesellschafter für diese Fälle bei Konkurs der Gesellschaft die gleiche Stellung wie die übrigen Gesellschaftsgläubiger bzw -schuldner. Die Gläubigerstellung des Gesellschafters erfährt allerdings insofern eine Einschränkung, als er bei Inanspruchnahme der Mitgesellschafter den auf ihn fallenden Verlustanteil nicht geltend machen kann.

Exkurs zu den Erwerbsgesellschaften: Das bisher die offene Erwerbsgesellschaft (OEG) und die Kommanditerwerbsgesellschaft (KEG) regelnde Gesetz über Erwerbsgesellschaften erlischt mit 31.12.2006. Die in das Firmenbuch eingetragenen OEGs werden, soweit ihr Gegenstand auf eine unternehmerische Tätigkeit gerichtet ist, mit 1. Jänner 2007 automatisch in offene Gesellschaften (OG) umgewandelt. Das Gleiche gilt für KEGs, die automatisch in Kommanditgesellschaften umgewandelt werden (§ 907 Abs 2). Eine Löschung aus dem Firmenbuch ist nur dann möglich, wenn der Umsatzschwellenwert von 400.000 Euro mindestens 2 Jahre unterschritten wird.

Das Eigenkapital der Kommanditgesellschaft (§§ 161 – 177 UGB)

Gem § 161 ist

> (1) [e]ine Kommanditgesellschaft eine unter eigener Firma geführte Gesellschaft, bei der die Haftung gegenüber den Gesellschaftsgläubigern bei einem Teil der Gesellschafter auf einen bestimmten Betrag (Haftsumme) beschränkt ist (Kommanditisten), beim anderen Teil dagegen unbeschränkt ist (Komplementäre).
>
> (2) Soweit dieser Abschnitt nichts anderes bestimmt, finden auf die Kommanditgesellschaft die für die offene Gesellschaft geltenden Vorschriften Anwendung.

Für die Errichtung und Entstehung der Kommanditgesellschaft gelten die gleichen Bestimmungen wie für die offene Gesellschaft.

Während für die Stellung des unbeschränkt haftenden Gesellschafters (Komplementärs) im Wesentlichen die Bestimmungen der OG gelten, sind die Stellung des Kommanditisten und das Verhältnis der Gesellschafter zueinander mangels abweichender Bestimmung des Gesellschaftsvertrages in den besonderen Vorschriften über die Kommanditgesellschaft geregelt.

Gem § 164 sind die Kommanditisten von der Führung der Geschäfte ausgeschlossen; sie können allerdings Handlungen, die über den gewöhnlichen Geschäftsbetrieb des Unternehmens hinausgehen, widersprechen. Der Kommanditist ist darüber hinaus berechtigt, „die abschriftliche Mitteilung des Jahresabschlusses ..., zu verlangen und dessen Richtigkeit unter Einsicht der Bücher und Schriften zu prüfen" (§ 166).

Der Kommanditist ist als solcher nicht befugt, die Gesellschaft zu vertreten (§ 169); er kann jedoch, wie andere Personen auch, mit Vertretungsmacht ausgestattet werden (zB Prokurist, Spezialvollmacht).

Haftung des Kommanditisten

Hinsichtlich der Haftung des Kommanditisten sind die **bedungene Einlage** und die **Haftsumme** zu unterscheiden. Während die bedungene Einlage eine im Innenverhältnis der Gesellschafter vereinbarte Kapitaleinlage darstellt, haftet der Kommanditist gem § 171 den Gläubigern der Gesellschaft bis zur Höhe der im Firmenbuch eingetragenen Haftsumme unmittelbar; die Haftung ist ausgeschlossen, soweit die Einlage in Höhe der Haftsumme geleistet ist.

> Für Geschäfte, die zwischen der Errichtung (Abschluss des Gesellschaftsvertrages) und der Entstehung (Eintragung in das Firmenbuch) der Kommanditgesellschaft abgeschlossen werden, haftet der Kommanditist bis zur Höhe seiner Haftsumme (§ 176 Abs 1). Diese Bestimmung steht im Gegensatz zur Regelung bis 31.12.2006, nach der der Kommanditist während dieser Zeit mit seinem ganzen Vermögen haftet.

Dem Kommanditisten zugewiesene Verluste vermindern in entsprechender Höhe die Haftsumme.

Wird die Einlage ganz oder teilweise zurückgezahlt oder werden vom Kommanditisten Gewinnanteile entnommen, obwohl frühere Verlustzuweisungen noch nicht durch spätere Gewinne ausgeglichen wurden, lebt die Haftung insoweit wieder auf (§ 172).

Die Haftsumme ist in aller Regel identisch mit der bedungenen Einlage; sie kann aber von ihr nach oben oder unten abweichen. In den folgenden Ausführungen wird davon ausgegangen, dass Haftsumme und bedungene Einlage identisch sind.

Berechnung von Gewinn und Verlust, Gewinnausschüttung

> § 167. Soweit der Gesellschaftsvertrag nichts anderes vorsieht, ist den unbeschränkt haftenden Gesellschaftern zunächst ein ihrer Haftung angemessener Betrag des Jahresgewinnes zuzuweisen. Im Übrigen ist für den diesen Betrag übersteigenden Teil des Jahresgewinnes sowie für den Verlust eines Geschäftsjahres § 121 (Gewinnverteilung bei der OG) anzuwenden.
>
> § 168. (1) Der Kommanditist kann die Auszahlung des Gewinnes nicht verlangen, soweit die bedungene Einlage nicht geleistet ist oder durch dem Kommanditisten zugewiesene Verluste oder die Auszahlung des Gewinnes unter den auf sie geleisteten Betrag gemindert würde. Im Übrigen findet § 122 (Gewinnausschüttung und Entnahmen) Anwendung.
>
> (2) Der Kommanditist ist nicht verpflichtet, den bezogenen Gewinn wegen späterer Verluste zurückzuzahlen.

Gemäß § 169 hat der Kommanditist, der die bedungene Einlage geleistet hat und dessen Kapitaleinlagekonto durch zugewiesene Verluste negativ geworden ist, den Negativbetrag weder bei seinem Ausscheiden (§ 137 Abs 4) noch im Falle der Liquidation (§ 155 Abs 4) zurückzuzahlen.

Bezüglich der steuerlichen Behandlung des negativen Kapitalkontos des Kommanditisten siehe § 24 Abs 2 EStG 1988.

Führung der Kapitalkonten (Gesellschafterkonten)

Die **Kapitalkonten des Komplementärs** sind ident mit jenen des offenen Gesellschafters.

Für den Komplementär werden somit ein **(festes) Kapitaleinlagekonto**, ein Konto **ausstehende Komplementäreinlagen** und ein **(bewegliches) Verrechnungskonto (Privatkonto)** zur Erfassung der Gewinn- und Verlustanteile sowie von Einlagen und Entnahmen, soweit diese nicht eine Veränderung des Beteiligungsanteils herbeiführen sollen, geführt.

Die Kapitalkonten des Kommanditisten bestehen aus dem **(festen) Kommanditeinlagekonto (bedungene Einlage)**. Eine eventuell **abweichende Haftsumme** könnte in der Vorspalte der Bilanz (davon …) ausgewiesen werden.

Die **ausstehende Kommanditeinlage** stellt eine Forderung der Gesellschaft gegenüber dem Kommanditisten für die noch nicht eingezahlte oder durch Entnahmen verminderte Kommanditeinlage dar. Im Falle eines Konkurses der Gesellschaft kann sie durch den Masseverwalter eingefordert werden.

Das **Verlustverrechnungskonto** dient der Erfassung der Verlustanteile des Kommanditisten. Es kann die Kommanditeinlage übersteigen, womit das Gesamtkapital des Kommanditisten negativ wird. Solange das Verlustverrechnungskonto nicht ausgeglichen ist, dürfen nachfolgende Gewinne nicht ausgeschüttet werden, sondern sind mit dem Verlustverrechnungskonto zu verrechnen. Die Ausschüttung würde einer Rückzahlung der Kommanditeinlage gleichkommen und insoweit die Haftung des Kommanditisten wieder aufleben lassen. Im Gegensatz zur **ausstehenden Kommanditeinlage**, die eine Forderung der Gesellschaft darstellt, ist das **Verlustverrechnungskonto** eine Wertberichtigung zur Kommanditeinlage.

In der Bilanz können das Verlustverrechnungskonto und die ausstehende Kommanditeinlage offen vom Kommanditeinlagenkonto abgesetzt werden.

Das **Gewinnverrechnungskonto** dient der Erfassung der dem Kommanditisten zugewiesenen Gewinnanteile (soweit die Kommanditeinlage weder durch ausstehende Kommanditeinlagen noch durch einen Verlustvortrag vermindert ist).

Der Kommanditist hat, wenn nichts anderes vereinbart, einen Anspruch auf **Ausschüttung seines Gewinnanteiles**. Der Saldo auf dem Gewinnverrechnungskonto ist daher eine echte Verbindlichkeit der Gesellschaft gegenüber dem Kommanditisten und stellt im Falle des Konkurses der Gesellschaft eine Konkursforderung dar.

Soweit zwischen der Gesellschaft und dem Kommanditisten gegenseitige Leistungen erbracht werden, die nicht der Gesellschaftersphäre entstammen (Forderungen aus Lieferungen und Leistungen, Gewährung von Darlehen etc), stellen diese Beträge normale Forderungen bzw Verbindlichkeiten dar, die auch im Falle des Konkurses der Gesellschaft als solche zu behandeln sind.

Zusammengefasst ergeben sich für den Ausweis des **Eigenkapitals in der Bilanz** der Kommanditgesellschaft folgende Posten:

A **Eigenkapital**
- I. Komplementärkapital A …
  - 1. Kapitaleinlage
    abzüglich ausstehende Einlagen
  - 2. Verrechnungskonto (Privatkonto)
- II. Kommanditeinlage Z ...
  - 1. Bedungene Einlage
  - 2. abzüglich ausstehende Einlagen
  - 3. abzüglich Verlustverrechnung
- III. Gewinnverrechnung Kommanditist
  Wie schon dargelegt, hat das Gewinnverrechnungskonto des Kommanditisten Verbindlichkeitencharakter, da der Kommanditist mangels anderer Vereinbarung Anspruch auf Auszahlung seines Gewinnanteils hat.

Gibt es eine Mehrzahl von Komplementären bzw Kommanditisten, kann die Aufgliederung der Kapitalkonten auch in einer Beilage zur Bilanz (bei Kommanditgesellschaften im Sinne des § 221 Abs 5 UGB im Anhang) erfolgen.

Das Eigenkapital der Gesellschaft bürgerlichen Rechts

> Gem § 1175 ABGB entsteht eine **Gesellschaft bürgerlichen Rechts** durch einen Vertrag, vermöge dessen zwei oder mehrere Personen einwilligen, ihre Mühe allein, oder auch ihre Sachen zum gemeinschaftlichen Nutzen zu vereinigen.

Bezüglich der unternehmerisch tätigen Gesellschaft bürgerlichen Rechts gelten folgende unternehmensrechtliche Bestimmungen:

> Haftungsmäßig sind die Gesellschafter jenen der OG gleichgestellt, wenn die Gesellschaft unter einem eigenen Namen auftritt (§ 178 UGB).

Eine auf eine unternehmerische Tätigkeit auf Dauer ausgerichtete Gesellschaft bürgerlichen Rechts ist in der Regel nicht rechnungslegungspflichtig, da sie den Schwellenwert von 400.000 Euro Umsatz nicht erreicht. Für den Fall des Erreichens des Schwellenwertes treten die Rechtsfolgen des § 8 UGB ein, die lauten:

> § 8. (3) Betreiben mehrere Personen ein Unternehmen in der Rechtsform einer Gesellschaft bürgerlichen Rechts (§§ 1175 ff. ABGB) und überschreitet die Gesellschaft den Schwellenwert des § 189, so sind sie zur Eintragung der Gesellschaft als offene Gesellschaft oder als Kommanditgesellschaft verpflichtet.

Mit dem Überschreiten des Schwellenwertes gem § 189 werden sie nicht nur in das Firmenbuch eintragungspflichtig, sondern auch, falls sie nicht Angehörige der freien Berufe, Land- und Forstwirte sowie Unternehmer, deren Einkünfte im Sinne des § 2 Abs 4 Z 2 EStG 1988 im Überschuss der Einnahmen über die Werbungskosten liegen (zB Einkünfte aus Vermietung und Verpachtung), sind, im Sinne des § 189 UGB rechnungslegungspflichtig.

Für den Fall, dass eine Gesellschaft bürgerlichen Rechts freiwillig bilanziert, gelten für die Führung der Kapitalkonten die gleichen Regeln wie für die OG.

Die Einlage des stillen Gesellschafters (§§ 179 – 188 UGB)

Begriff der stillen Gesellschaft

> § 179. (1) Wer sich als stiller Gesellschafter an dem Unternehmen, das ein anderer betreibt, mit einer Vermögenseinlage beteiligt, hat die Einlage so zu leisten, dass sie in das Vermögen des Inhabers des Unternehmens übergeht.
>
> (2) Der Inhaber wird aus den in dem Betrieb geschlossenen Geschäften allein berechtigt und verpflichtet.

Die Beteiligung als stiller Gesellschafter ist auf Grund der gesetzlichen Definition grundsätzlich an jedem Unternehmen und damit an jeder unternehmensrechtlich geregelten Unternehmensform (Einzelunternehmen, OG, GmbH, AG, Gesellschaft bürgerlichen Rechts, soweit sie ein Unternehmen betreibt) möglich.

Das Einlagenkonto des stillen Gesellschafters

Das Einlagenkonto des stillen Gesellschafters hat in der Regel den Charakter einer Verbindlichkeit. Dies gilt insbesondere dann, wenn die stille Gesellschaft nur für eine bestimmte Zeit abgeschlossen wurde oder jeder Zeit gekündigt werden kann (vgl hiezu die Ausführungen unter Kapitel 4.344.12).

Je nach der Beteiligung an den stillen Reserven und am Firmenwert unterscheidet man in steuerlicher Hinsicht den **echten (typischen)** stillen Gesellschafter von dem **unechten (atypischen)** stillen Gesellschafter.

Die Einlage des **echten** stillen Gesellschafters gilt grundsätzlich als **Nominaleinlage**, die im Falle seines Ausscheidens mit dem vereinbarten Nominalbetrag zurückzuzahlen ist.

An der **echten** stillen Gesellschaft ändert sich auch dann nichts, wenn gesellschaftsvertraglich vereinbart wird, dass die Einlage des stillen Gesellschafters (nach einem bestimmten Index) wertgesichert ist oder dass der stille Gesellschafter im Falle des Ausscheidens an jenen stillen Reserven beteiligt sein soll, deren Bildung zur Zurückhaltung von Gewinnen geführt hat und die somit den Gewinnanteil des stillen Gesellschafters in den vergangenen Jahren geschmälert haben.

Steuerlich bezieht der **echte stille Gesellschafter Einkünfte aus Kapitalvermögen**. Der Gewinnanteil des stillen Gesellschafters ist bei diesem daher nicht im Jahr des Entstehens, sondern im Jahr des Zufließens zu versteuern, wobei vom zufließenden Gewinn die Kapitalertragsteuer in Höhe von 25 % (nicht endbesteuert) einbehalten wird. Der Gewinnanteil des stillen Gesellschafters mindert im Jahre der Entstehung gleich einer Betriebsausgabe den Gewinn des Unternehmens.

Ist der stille Gesellschafter auf Grund des Gesellschaftsvertrages für den Fall seines Ausscheidens neben den stillen Reserven auch am Firmenwert beteiligt, liegt eine **unechte (atypische)** stille Gesellschaft vor. Der stille Gesellschafter wird in diesem Fall steuerlich zum Mitunternehmer und bezieht **Einkünfte aus Gewerbebetrieb**. Es findet eine einheitliche und gesonderte Gewinnfeststellung statt; die Besteuerung des Gewinnanteiles erfolgt im Jahre der Gewinnerzielung und nicht in dem des Zufließens.

Für die Führung des **Einlagenkontos** des stillen Gesellschafters gelten die gleichen Regeln wie für die Führung des Einlagenkontos des Kommanditisten. Das Gleiche gilt für das **Gewinnverrechnungskonto**, welches eine kurzfristige Verbindlichkeit des Unternehmens gegenüber dem stillen Gesellschafter darstellt. Auch das Konto **„Ausstehende Einlage"** und das Verlustverrechnungskonto werden in gleicher Weise wie die entsprechenden Konten des Kommanditisten geführt (siehe den Abschnitt über die Führung der Gesellschafterkonten bei der KG).

Eigenkapitalkonten der Kapitalgesellschaft

Bezüglich der Eigenkapitalkonten der Kapitalgesellschaft siehe den Abschnitt 4.31.

B **Unversteuerte Rücklagen (§ 205)**

I. **Bewertungsreserven** aus Sonderabschreibungen von Vermögensgegenständen des Anlagevermögens, die aufgrund steuerlicher Vorschriften vorgenommen worden sind.

II. **Sonstige unversteuerte Rücklagen,**

jeweils unter Angabe der Vorschriften, nach denen sie gebildet sind.

Bezüglich Details wird auf Kapitel 4.32 verwiesen.

C **Rückstellungen**

Einen Anhaltspunkt für eine zweckmäßige Untergliederung gibt § 198 Abs 8 Z 4, wonach Rückstellungen insbesondere zu bilden sind für

1. **Anwartschaften auf Abfertigungen,**
2. **laufende Pensionen und Anwartschaften auf Pensionen,**
3. **sonstige Rückstellungen,** insbesondere Rückstellungen für ungewisse Verbindlichkeiten und drohende Verluste aus schwebenden Geschäften (§ 198 Abs 8 Z 1 und 4) sowie (fakultativ, soweit es die GoB nicht zwingend verlangen) Aufwandsrückstellungen (§ 198 Abs 8 Z 2).

   Mit dem EU-GesRÄG wurde Abs 9 neu eingefügt, wonach eine auf Grund eines das steuerrechtliche Ergebnis übersteigenden unternehmensrechtlichen Ergebnisses in späteren Jahren **erwartete Steuerbelastung als Rückstellung** zu erfassen ist. Da Einkommensteuerschulden nicht passiviert werden, hat diese Vorschrift für Nicht-Kapitalgesellschaften keine praktische Bedeutung.

D **Verbindlichkeiten**

E **Passive Rechnungsabgrenzungsposten**

Gemäß § 198 Abs 6 sind hier nur Einnahmen vor dem Bilanzstichtag (transitorische Posten) auszuweisen, soweit sie Ertrag für eine bestimmte Zeit nach diesem Tag sind.

Unter der Bilanz auszuweisende Posten

Dazu gehören:

die gemäß § 199 auszuweisenden **Haftungsverhältnisse;** gemäß Artikel X Abs 3 RLG der **Fehlbetrag** auf die gebotene **Pensionsrückstellung.**

Bezüglich Erläuterungen zu den einzelnen Posten der Bilanz wird auf Kapitel 4.2 und 4.3 verwiesen.

2.42 Die Gliederung der Gewinn- und Verlustrechnung

Für die Gliederung der Gewinn- und Verlustrechnung sieht § 200 vor, dass die Erträge und Aufwendungen unter Bedachtnahme auf die Grundsätze des § 195 aufzugliedern sind, dh, dass ein möglichst getreues Bild der **Ertragslage** des Unternehmens vermittelt werden soll.

Nichts wird dagegen über die Form der Darstellung ausgesagt, wie dies bei Kapitalgesellschaften bezüglich der Vorschrift über die Anwendung der **Staffelform** der Fall ist. Auch hier wird man davon ausgehen können, dass sich die Gliederung der Gewinn- und Verlustrechnung bei Einzelunternehmen und Personengesellschaften an den Regelungen für Kapitalgesellschaften orientieren wird. Nach Nowotny C. (in: Straube², Rz 3 zu § 200) ist durch die **Gliederungsvorschrift für Kapitalgesellschaften** (§ 231) vorgegeben, nach welchen Gesichtspunkten Aufwendungen und Erträge aufzugliedern sind, wobei das Gliederungsschema der Kapitalgesellschaften hinsichtlich der dort dargestellten Grundstruktur der **Erfolgsspaltung auch für die anderen rechnungslegungspflichtigen Unternehmer** bindend sei.

Bezüglich der Gesichtspunkte, die bei grundsätzlicher Zulässigkeit sowohl der Staffel- als auch der Kontenform eindeutig für die **Staffelform** sprechen, wird auf Samer H., „Die Gliederung der Bilanz und der Gewinn- und Verlustrechnung für Nichtkapitalgesellschaften", in: „Die neuen Rechnungslegungsvorschriften für Klein- und Mittelbetriebe", Herausgeber Bertl/Mandl/Ruppe, Wien 1992, S 190, verwiesen.

Jedenfalls ist aber § 196 Abs 2 zu beachten, wonach Aufwendungen nicht mit Erträgen verrechnet werden dürfen **(Saldierungsverbot).**

Weiters ist die Vorschrift des § 207 Abs 2 zu berücksichtigen, wonach

> Gegenstände des Umlaufvermögens abgeschrieben werden dürfen, soweit dies nach vernünftiger kaufmännischer Beurteilung notwendig ist, um zu verhindern, dass in der nächsten Zukunft der Wertansatz dieses Vermögensgegenstandes auf Grund von Wertschwankungen geändert werden muss. **Der Betrag dieser Abschreibungen ist** in der Gewinn- und Verlustrechnung **gesondert auszuweisen**.

Auf diese Vorschrift ist auch bei der Gliederung der Gewinn- und Verlustrechnung von Kapitalgesellschaften zu achten.

Gemäß § 200, zweiter Satz, sind der **Jahresüberschuss (Jahresfehlbetrag)** und der **Bilanzgewinn (Bilanzverlust)** gesondert auszuweisen. Die hier verwendeten Begriffe werden im allgemeinen Teil nicht definiert, aber in der G&V-Gliederung des § 231 verwendet. Der **Jahresüberschuss (Jahresfehlbetrag)** als Posten 22 in § 231 Abs 2 stellt das Gesamtergebnis, bestehend aus dem Ergebnis der gewöhnlichen Geschäftstätigkeit und dem außerordentlichen Ergebnis, abzüglich der Steuern vom Einkommen und Ertrag, vor Bildung und Auflösung von Rücklagen dar.

Da bei **Nichtkapitalgesellschaften** wohl nur die Posten **„Zuweisungen" und „Auflösungen unversteuerter Rücklagen"** eine Rolle spielen, ergibt sich zwischen **Jahresüberschuss (Jahresfehlbetrag) und Bilanzgewinn (Bilanzverlust)** folgende Überleitung:

Jahresüberschuss (Jahresfehlbetrag)
zuzüglich Auflösung unversteuerter Rücklagen
abzüglich Zuweisung zu unversteuerten Rücklagen
= Bilanzgewinn (Bilanzverlust)

Da es bei **Einzelunternehmen und Personengesellschaften** des Unternehmensrechtes keinen Gewinn- oder Verlustvortrag gibt (dieser ist bereits auf die entsprechenden Kapital- bzw Verrechnungskonten übertragen), entspricht der Posten **Bilanzgewinn (Bilanzverlust)** dem Jahresergebnis.

Auch diese Überleitung kann in **Staffelform** klarer und übersichtlicher als in Kontenform dargestellt werden.

2.5 Die Bewertungsvorschriften

2.51 Allgemeine Grundsätze der Bewertung

§ 201 sagt einleitend in Abs 1, dass die Bewertung den Grundsätzen ordnungsmäßiger Buchführung zu entsprechen hat, und zählt anschließend in Abs 2 einige besondere Grundsätze ordnungsmäßiger Buchführung im Zusammenhang mit der Bewertung auf. Dies bedeutet, dass neben den speziell angeführten allgemeinen Bewertungsgrundsätzen auch noch weitere Bewertungs-GoBs bestehen können, zB der Grundsatz der **Einheitlichkeit der Bewertung** und der Grundsatz der **Willkürfreiheit;** diese Grundsätze sind bei der Bewertung ebenfalls zu beachten.

Zu den gesondert angeführten allgemeinen Grundsätzen der Bewertung gehören (§ 201 Abs 2 Z 1 – 6):

1. Der Grundsatz der Beibehaltung der Bewertungsmethoden (**Bewertungsstetigkeit,** materielle Bilanzkontinuität);
2. der Grundsatz der **Unternehmensfortführung** (Going-Concern-Prinzip);
3. der Grundsatz der **stichtagsbezogenen Bewertung und der Einzelbewertung;**
4. der Grundsatz der **Vorsicht;**
5. der Grundsatz, dass **Aufwendungen und Erträge** des Geschäftsjahres unabhängig vom Zeitpunkt der entsprechenden Zahlungen im Jahresabschluss zu berücksichtigen sind **(Accrual-Prinzip)**;
6. der Grundsatz, dass die **Eröffnungsbilanz** des Geschäftsjahres mit der **Schlussbilanz** des vorhergehenden Geschäftsjahres übereinstimmen muss **(Bilanzidentität)**.

Gemäß § 201 Abs 2 letzter Satz ist ein Abweichen von den in § 201 Abs 2 angeführten **Grundsätzen** nur bei Vorliegen **besonderer Umstände** zulässig.

2.511 Der Grundsatz der Bewertungsstetigkeit

Gemäß § 201 Abs 2 Z 1 sind die auf den vorhergehenden Jahresabschluss angewendeten **Bewertungsmethoden** beizubehalten.

Die Geltung dieses Grundsatzes ist nicht absolut, da gemäß § 201 Abs 2 letzter Satz ein Abweichen von diesem Grundsatz (nur) bei Vorliegen besonderer Umstände zulässig ist.

Die nachfolgende Darstellung hält sich an den Inhalt der **Richtlinie IWP/RL1** des Österreichischen Instituts der Wirtschaftsprüfer zum Grundsatz der **Bewertungsstetigkeit** (im Folgenden als „Richtlinie" bezeichnet).

2.511.1 Zielsetzung des Grundsatzes der Bewertungsstetigkeit

Dieser Grundsatz hat primär die **Vergleichbarkeit** aufeinander folgender Jahresabschlüsse, insbesondere der Gewinn- und Verlustrechnung, zum Ziel. Wenn allerdings diese Zielsetzung im Einzelfall mit der **Generalnorm** der §§ 195 bzw 222 Abs 2 in Widerspruch stehen sollte, geht die Generalnorm vor.

Die Forderung nach **Vergleichbarkeit** führt dazu, dass art- und funktionsgleiche Vermögensgegenstände nach gleichen Methoden zu bewerten sind, wenn nicht sachliche Gründe eine andere Behandlung erfordern; hier tritt ergänzend zum Grundsatz der **Bewertungsstetigkeit** der Grundsatz der **Einheitlichkeit der Bewertung** als nicht ausdrücklich erwähnter Bewertungsgrundsatz. Der Grundsatz der **Einheitlichkeit der Bewertung** muss als Voraussetzung für die Anwendung des Grundsatzes der **Bewertungsstetigkeit** angesehen werden, da ohne eine solche einheitliche Bewertung gar nicht festgestellt werden könnte, ob Bewertungsmethoden tatsächlich beibehalten wurden.

2.511.2 Der Begriff der Bewertungsmethode

„Unter **Bewertungsmethode** ist jedes Verfahren der Ermittlung von Wertansätzen zu verstehen, das einem bestimmten (festgelegten) Ablauf folgt und bestimmte (festgelegte) Bewertungselemente verwendet. Die für die Bilanzbewertung zulässigen **Bewertungsmethoden** sind in den **Bewertungsvorschriften der §§ 202 bis 211** geregelt. Jeder Wertansatz muss nach einer aus den gesetzlichen Vorschriften abgeleiteten Bewertungsmethode ermittelt werden." (Siehe „Richtlinie")

Von den Bewertungsmethoden sind die in § 236 Z 1 erwähnten **Bilanzierungsmethoden** zu unterscheiden. Das **Stetigkeitsgebot** des § 201 Abs 2 Z 1 bezieht sich ausdrücklich nur auf die Beibehaltung der auf den vorhergehenden Jahresabschluss angewendeten Bewertungsmethoden, sodass die Ausübung von **Bilanzansatzwahlrechten** (§ 198 Abs 3, 7 und 10, § 203 Abs 5) nicht unter das Stetigkeitsgebot fällt.

2.511.3 Anwendungsbereich des Grundsatzes der Bewertungsstetigkeit

Das Gesetz enthält eine Reihe eindeutig fixierter Wertansätze (zwingende Bewertungsvorschriften), wie zB den Zwang zur **Abwertung von Gegenständen des Anlagevermögens** auf den niedrigeren Wert des Abschlussstichtages, wenn solche Wertminderungen voraussichtlich von Dauer sind (§ 204 Abs 2), **Abwertungen von Gegenständen des Umlaufvermögens** auf den niedrigeren Wert des Abschlussstichtages (§ 207 Abs 1). In diesen Fällen ergibt sich für § 201 Abs 2 Z 1 kein Anwendungsbereich, da der Grundsatz der Bewertungsstetigkeit nur im Rahmen von bestehenden **Bewertungswahlrechten** wirksam werden kann.

In der „Richtlinie" werden **echte Wahlrechte** und **unechte Wahlrechte** unterschieden:

Echte Wahlrechte liegen vor, wenn das Gesetz alternative Bewertungsmethoden zur Verfügung stellt.

Zu diesen Wahlrechten gehören zB die **Abwertung von Gegenständen des Finanzanlagevermögens** auf den niedrigeren Wert des Abschlussstichtages, wenn keine dauernde Wertminderung anzunehmen ist (§ 204 Abs 2), die Möglichkeit der **Beibehaltung des niedrigeren Wertes**, wenn die Gründe für eine außerplanmäßige Abschreibung nicht mehr bestehen (§ 208 Abs 2), das Wahlrecht der **Einbeziehung angemessener Teile der Materialgemeinkosten und Fertigungsgemeinkosten** in die Herstellungskosten (§ 203 Abs 3, zweiter Satz), die Möglichkeit des **Ansatzes der Zinsen für Fremdkapital,** das zur Finanzierung der Herstellung eines Vermögensgegenstandes verwendet wird (§ 203 Abs 4), die **Aktivierungsmöglichkeit** angemessener Teile der **Verwaltungs- und Vertriebskosten** zusätzlich zu den Herstellungskosten bei Aufträgen, deren Ausführung sich über mehr als 12 Monate erstreckt (§ 206 Abs 3), die Einrechnung von Aufwendungen für die Sozialeinrichtungen des Betriebes für freiwillige Sozialleistungen, für **betriebliche Altersversorgung und Abfertigungen** in die Herstellungskosten (§ 203 Abs 3) oder die Anwendung von **Bewertungsvereinfachungsverfahren** (§ 209).

Unechte Wahlrechte sind dann gegeben, wenn das Gesetz bei der Beschreibung von vorgeschriebenen oder zur Wahl gestellten Bewertungsmethoden unbestimmte Gesetzesbegriffe verwendet (angemessene Teile der Materialgemeinkosten und der Fertigungsgemeinkosten – § 203 Abs 3, angemessene Teile der Verwaltungs- und Vertriebskosten – § 206 Abs 3, vernünftige kaufmännische Beurteilung – § 211 Abs 1, versicherungsmathematische Grundsätze – § 211 Abs 2).

Im Falle des Vorliegens **echter Wahlrechte** muss die einmal **gewählte Bewertungsmethode** beibehalten werden.

Im Falle des Vorliegens **unechter Wahlrechte** besagt der **Grundsatz der Bewertungsstetigkeit,** dass die einmal gewählte Auslegung beizubehalten bzw einheitlich anzuwenden ist.

2.511.4 Reichweite der Beibehaltungspflicht

In Kapitel 2.511.1 wurde bereits auf die **Vergleichbarkeit** als Zielsetzung der **Bewertungsstetigkeit** hingewiesen; der Grundsatz der Bewertungsstetigkeit gilt sinnvollerweise nur bei der Beurteilung vergleichbarer Sachverhalte, dh wenn die zu bewertenden Vermögensgegenstände und Schulden vergleichbaren Nutzungs- und Risikobedingungen unterliegen.

Die Richtlinie sagt hiezu:

> „Diese Verpflichtung bezieht sich nach dem Sinn der Vorschrift des § 201 Abs 2 Z 1 auch auf im laufenden Geschäftsjahr hinzugekommene Vermögensgegenstände und Schulden, wenn gleichartige Vermögensgegenstände und Schulden im vorhergehenden Jahresabschluß zu bewerten waren. Ein Ersetzen von Bewertungsobjekten durch ähnliche oder art- und funktionsgleiche, sowie ein vorübergehender Nullbestand an ähnlichen bzw gleichartigen Bewertungsobjekten unterbrechen die Beibehaltungspflicht daher nicht. Nur in mehrjährigem Abstand auftretende Bewertungsprobleme werden vom Stetigkeitsgebot in der Regel nicht erfaßt."

2.511.5 Zulässige Abweichungen vom Grundsatz der Bewertungsstetigkeit

§ 201 Abs 2 letzter Satz enthält die Bestimmung, dass ein Abweichen vom Grundsatz der **Bewertungsstetigkeit** (nur) bei Vorliegen besonderer Umstände zulässig ist.

Die EB zu § 201 sagen dazu nur, dass „besondere Umstände etwa dann vorliegen können, wenn die Aufsichtsbehörde zB bei Banken oder Versicherungsunternehmen anderer Meinung ist". Eine Änderung der **Bewertungsmethoden** aus rein bilanzpolitischen Gründen sei hingegen nicht zulässig.

Es kann in diesem Zusammenhang nicht die gesamte einschlägige, sehr umfangreiche Fachliteratur zu diesem Gebiet wiedergegeben werden; im Folgenden werden die in der „Richtlinie" des Österreichischen Instituts der Wirtschaftsprüfer genannten Beispiele für begründete Ausnahmefälle wiedergegeben. Dieser Katalog deckt sich im Wesentlichen mit den Ausnahmefällen, die in der einschlägigen Stellungnahme des SABI 2/1987 enthalten sind. (Sonderausschuss Bilanzrichtlinien-Gesetz des IdW, Stellungnahme SABI 2/1987: Zum Grundsatz der **Bewertungsstetigkeit** [§ 252 Abs 1 Nr 6 UGB] und zu den Angaben bei Abweichungen von **Bilanzierungs- und Bewertungsmethoden** [§ 284 Abs 2 Nr 3 UGB], in: Die Wirtschaftsprüfung 1/2/1988):

Änderungen von Gesetzen und der Rechtsprechung;

Übergang oder Verzicht auf die Anwendung von **Bewertungsvereinfachungsverfahren;**

Ereignisse, die zu **strukturellen Änderungen** des Unternehmens führen, wie:

wesentliche Veränderungen in der Gesellschafterstruktur, Einbeziehung in einen oder Ausscheiden aus einem Konzernverbund;

Änderungen der unternehmerischen Konzeption, wie bei Wechsel des Managements, Einleitung von Sanierungsmaßnahmen;

größere Produktions- und Sortimentsumstellungen, technische Umwälzungen;

steuerliche Gründe, und zwar Ergebnisse einer Betriebsprüfung, Nutzung von sonst nicht ausnützbaren Verlustvorträgen, soweit dem nicht unternehmensrechtliche Vorschriften entgegenstehen.

Bezüglich der Angabe- und Begründungspflicht bei Änderungen von Bilanzierungs- und Bewertungsmethoden bei Kapitalgesellschaften (§ 236) wird auf Kapitel 6.32 verwiesen.

2.512 Der Grundsatz der Unternehmensfortführung (going concern)

Gemäß § 201 Abs 2 Z 2 ist bei der Bewertung von der **Fortführung des Unternehmens** auszugehen, solange dem nicht tatsächliche oder rechtliche Gründe entgegenstehen.

Auch der Grundsatz der Unternehmensfortführung wurde schon vor Aufnahme in das Gesetz zu den Grundsätzen ordnungsmäßiger Bewertung gerechnet. Steuerlich ist dieser Grundsatz ausdrücklich in der Teilwertdefinition des § 6 EStG 1988 verankert.

Es handelt sich hier nicht um einen Bewertungsgrundsatz im engeren Sinn, sondern um eine Prämisse, die der Anwendung der speziellen Bewertungsvorschriften der §§ 202 – 211 zugrunde liegt. Das Gesetz enthält jedoch keinerlei **Bewertungsmaßstäbe** für den Fall, dass der Grundsatz der Unternehmensfortführung keine gerechtfertigte Prämisse mehr darstellt.

Die Konsequenz der Annahme der **Unternehmensfortführung** liegt darin, dass bei der Bewertung von „einer planmäßigen Verwertung" der betreffenden Vermögensgegenstände im Rahmen des Unternehmens und innerhalb der Unternehmenstätigkeit auszugehen ist (siehe Küting/Weber[4], Anmerkung 34 zu § 252).

Der Anwendungsbereich des § 201 Abs 2 letzter Satz (Möglichkeit der Abweichung von den allgemeinen Bewertungsgrundsätzen) ist hier schon durch den Wortlaut der Gesetzesvorschrift behandelt, wonach bei entgegenstehenden tatsächlichen und rechtlichen Gründen eine Bewertung unter der **Fortführungsprämisse** nicht mehr zulässig ist. Es ist hier nicht nur zulässig, sondern geboten, von dieser Prämisse abzuweichen.

2.512.1 Der Zeithorizont

Das Gesetz macht keine Aussage darüber, für welchen Zeitraum die **Prämisse der Unternehmensfortführung** noch gegeben sein muss, damit die Anwendung dieses Grundsatzes begründbar ist. Die deutsche Fachliteratur geht dabei von einem Richtwert von 12 Monaten aus (siehe Küting/Weber[4], Anmerkung 36 zu § 252 unter Verweis auf andere Literaturstellen).

Auch international gelten ähnliche Regelungen. So bestimmt IAS 1/24, dass die Unternehmensleitung bei der Einschätzung, ob die Annahme der Unternehmensführung angemessen ist, sämtliche verfügbaren Informationen für die vorhersehbare Zukunft in Betracht zu ziehen hat, die mindestens 12 Monate nach dem Bilanzstichtag zu liegen hat, aber nicht auf diesen Zeitraum beschränkt ist. Der Umfang der Berücksichtigung ist von den Gegebenheiten jedes einzelnen Falles abhängig.

Nach ISA 570 (International Standards on Auditing) Going-Concern-Fassung 7/99, Abschnitt 2b, beträgt dieser Zeitraum zumindest 12 Monate ab dem Bilanzstichtag.

2.512.2 Tatsächliche oder rechtliche Gründe, die der Annahme der Unternehmensfortführung entgegenstehen

In dem von der IFAC herausgegebenen Prüfungsstandard 570 (Going Concern – Unternehmensfortführung) werden folgende Indizien angeführt, die die Annahme der **Unternehmensfortführung** als zweifelhaft erscheinen lassen können und die daher zusätzliche Untersuchungen erfordern, ob die Annahme der Unternehmensfortführung noch aufrechterhalten werden kann (Abschnitt 8):

Finanziell

- Die Schulden übersteigen das Vermögen oder die kurzfristigen Schulden übersteigen das Umlaufvermögen.
- Kreditaufnahmen zu festen Laufzeiten, die sich dem Fälligkeitsdatum nähern, ohne realistische Aussichten auf Verlängerung oder Rückzahlung, oder übermäßige Beanspruchung kurzfristiger Kreditlinien zur Finanzierung langfristiger Vermögenswerte.
- Anzeichen für den Entzug finanzieller Unterstützung durch Schuldner oder andere Gläubiger.
- Negative finanzielle Schlüsselkennzahlen.
- Erhebliche Betriebsverluste oder erhebliche Wertminderungen bei Vermögenswerten, die der Erzielung von Zahlungsströmen dienen.
- Dividendenrückstände oder Aussetzen der Dividende.
- Unfähigkeit, Zahlungen an Gläubiger fristgerecht zu leisten.

- Unfähigkeit, Darlehensverträge fristgerecht zu erfüllen.
- Änderung der Zahlungsmodalitäten mit Zulieferern von Kreditgewährung zur Zahlung bei Lieferung.
- Unmöglichkeit, Finanzmittel für wichtige neue Produktentwicklungen oder andere wichtige Investitionen zu beschaffen.

Betrieblich

- Ausscheiden von Führungskräften ohne Ersatz.
- Verlust eines Hauptabsatzmarktes, von Franchise-Verträgen, Lizenzen oder eines Hauptlieferanten.
- Schwierigkeiten mit der Belegschaft oder Engpässe bei wichtigen Vorräten.

Andere

- Verstöße gegen Eigenkapital- oder andere gesetzliche Vorschriften.
- Anhängige Gerichts- oder Aufsichtsverfahren gegen das Unternehmen, die, falls sie erfolgreich wären, zu Ansprüchen führen könnten, die wahrscheinlich nicht erfüllbar sind.
- Änderungen in der Gesetzgebung oder Regierungspolitik, von denen negative Folgen für das Unternehmen erwartet werden.

Die vorstehende Aufstellung wurde der deutschen Übersetzung der International Standards on Auditing (ISAs), herausgegeben von der deutschen Wirtschaftsprüferkammer in Zusammenarbeit mit dem Institut Österreichischer Wirtschaftsprüfer, entnommen (Stuttgart 2002, S 515 ff).

Als rechtliche Gründe für den **Wegfall der Going-Concern-Prämisse** können zB die **Einleitung des Konkursverfahrens**, das **Erlöschen von Konzessionen**, die erforderliche **Betriebseinstellung** aufgrund von Umweltschutzauflagen, die Auflösung der Gesellschaft aufgrund von Satzungsbestimmungen genannt werden (siehe auch Küting/Weber[4], Anmerkung 37 zu § 252).

Die Problematik der Beurteilung liegt darin, dass im Einzelfall in der Regel schwer zu beurteilen sein wird, ob die Indizien, die gegen eine Unternehmensfortführung sprechen, tatsächlich so schwer wiegend sind, dass zwingend von dieser Prämisse abzugehen ist.

2.512.3 Konsequenzen für die Bewertung bei Abgehen von der Annahme der Unternehmensfortführung

Im Allgemeinen wird man davon ausgehen können, dass diesfalls eine Bewertung unter dem Gesichtspunkt der Veräußerung sämtlicher Vermögensgegenstände erforderlich ist, wobei die tatsächlichen Wertansätze wieder davon abhängig sein werden, ob eine Gesamtveräußerung und Weiterführung durch den Erwerber in Frage kommt oder ob **Einzelveräußerungswerte** anzusetzen sind. Auf der Passivseite sind **Abwicklungskosten** zu berücksichtigen und insbesondere die Tatsache, dass die **Abfertigungsrückstellung** mit 100 % der fiktiven Ansprüche auszuweisen sein wird.

Die Problematik einer solchen Vorgangsweise, besonders bei offenlegungspflichtigen Unternehmen, besteht darin, dass dadurch wahrscheinlich die letzten, eventuell noch bestehenden Hoffnungen auf das Überstehen einer Krise zunichte gemacht werden.

2.513 Die Grundsätze der stichtagsbezogenen Bewertung und der Einzelbewertung

Gemäß § 201 Abs 2 Z 3 sind die Vermögensgegenstände und Schulden **zum Abschlussstichtag einzeln** zu bewerten. Diese Vorschrift enthält somit zwei Grundsätze, nämlich den Grundsatz der **stichtagsbezogenen Bewertung** und den Grundsatz der **Einzelbewertung.**

2.513.1 Der Grundsatz der Stichtagsbewertung

Dieser Grundsatz bedeutet, dass die **Wertansätze** aus den Verhältnissen des **Bilanzstichtages** abzuleiten sind, dass somit für die Beurteilung nur **wertaufhellende Tatbestände** (siehe § 201 Abs 2 Z 4 b) zu berücksichtigen sind, nicht jedoch Änderungen des Wertes, die erst nach dem Abschlussstichtag eintreten **(wertbeeinflussende Faktoren).**

Der **Grundsatz der stichtagsbezogenen Bewertung** wird allerdings durch einige spezielle Bewertungsvorschriften aufgehoben; zu diesen Vorschriften gehören:

- (Freiwillige) Berücksichtigung von Wertminderungen nach dem Bilanzstichtag gemäß § 207 Abs 2; in diesem Fall liegt ein spezieller Anwendungsfall des Grundsatzes der Vorsicht vor.
- Bildung von Rückstellungen
- Verzicht auf das Wertaufholungsgebot des § 208 Abs 1 unter den Voraussetzungen des § 208 Abs 2: „Von der Zuschreibung nach Abs 1 darf abgesehen werden, wenn ein niedrigerer Wertansatz bei der steuerrechtlichen Gewinnermittlung unter der Voraussetzung beibehalten werden kann, daß er auch im Jahresabschluß beibehalten wird."

Im österreichischen Steuerrecht gibt es einen Fall, bei dem eine Wiederaufwertung auch dann verlangt wird, wenn dies unternehmensrechtlich unterlassen werden würde:

So besagt § 6 Z 13, vorletzter und letzter Satz:

> Soweit nach Maßgabe der unternehmensrechtlichen Grundsätze ordnungsmäßiger Buchführung eine Zuschreibung zulässig ist, hat der Steuerpflichtige bei Anteilen an Körperschaften, die zum Anlagevermögen gehören, den höheren Teilwert anzusetzen. Dies hat nur insoweit zu erfolgen, als es sich um eine Beteiligung im Sinne des § 228 Abs. 1 HGB handelt.

Es handelt sich hier um eine echte Umkehr des **Maßgeblichkeitsprinzips**. Durch die steuerliche Mussvorschrift der Wiederaufwertung entfällt das im § 208 Abs 2 enthaltene Recht zur Fortführung des niedrigeren Wertes auch unternehmensrechtlich.

Das Recht zur Fortführung des niedrigeren Wertes steht im Widerspruch zu den Artikeln 35 und 39 der Bilanzrichtlinie, welche sowohl für das Anlagevermögen als auch für das Umlaufvermögen für die genannten Fälle eine Verpflichtung zur Aufwertung vorsehen **(„Wertaufholungsgebot")** (siehe hiezu auch Kapitel 2.524.13).

2.513.2 Der Grundsatz der Einzelbewertung

Nach diesem Grundsatz ist jeder **Vermögensgegenstand** und jede **Schuld** für sich zu bewerten; ein Verzicht auf die Abwertung eines Vermögensgegenstandes im Hinblick darauf, dass Werte anderer Vermögensgegenstände gestiegen sind, ist danach ausgeschlossen. Eine **Gesamtbewertung** eines Bilanzpostens ohne Berücksichtigung von Wertbewegungen bei einzelnen Vermögensgegenständen, aus denen sich dieser Bilanzposten zusammensetzt, ist nicht zulässig. Insofern ist auch ein enger Zusammenhang mit dem **imparitätischen Realisationsprinzip** gegeben.

Das Gesetz selbst enthält Spezialvorschriften, die Abweichungen vom strengen Grundsatz der Einzelbewertung darstellen, nämlich die **Bewertungsvereinfachungsverfahren** in § 209 (Festwerte, Gruppenbewertung, Verbrauchsfolgefiktionen). Es gibt weitere Fälle, bei denen es zweifelhaft sein kann, ob es sich um zulässige Abweichungen vom Grundsatz der Einzelbewertung im Rahmen allgemeiner Grundsätze ordnungsmäßiger Buchführung handelt, oder ob es sich nur um eine andere Abgrenzung der **Bewertungseinheit** handelt **(pauschale Gewährleistungsrückstellungen, Pauschalwertberichtigungen** zu Forderungen). Im Falle der **Abfertigungsrückstellung** wird nicht die einzelne Abfertigungsverpflichtung gegenüber einem bestimmten Arbeiter oder Angestellten bewertet, sondern es wird die Summe der fiktiven Abfertigungsansprüche als Bewertungseinheit aufgefasst; das Gleiche gilt für **Pensionsrückstellungen** und für **Rückstellungen für nicht konsumierte Urlaube.**

Mit weiteren Möglichkeiten der Ausdehnung des Begriffes der **Bewertungseinheit** hat sich das Institut deutscher Wirtschaftsprüfer im Zusammenhang mit der **Währungsumrechnung** befasst („Geänderter Entwurf einer Verlautbarung zur Währungsumrechnung im Jahres- und Konzernabschluß", WPg 23/1986, S 664 ff). Hier werden ua der Sonderfall der „Bewertung von Vermögensgegenständen und Verpflichtungen bei **geschlossenen Positionen**" behandelt und entsprechende Konsequenzen für die Bewertung gezogen:

> „**Kursänderungsrisiken** bestehen grundsätzlich nicht, soweit sich innerhalb einer Währung Ansprüche und Verpflichtungen betragsmäßig ausgleichen (geschlossene Devisenposition aus deckungsfähigen Aktiv- und Passivposten einschließlich schwebender Geschäfte)."

„Deckungsfähig sind Aktiv- und Passivposten einschließlich der Ansprüche und Verpflichtungen aus schwebenden Geschäften aus dem Liefer- und Leistungsverkehr.“

Hinsichtlich der Berücksichtigung von Deckungsgeschäften hat sich, zuletzt auch durch den Einfluss der Regelungen des IAS 39, die einheitliche Übung herausgebildet, dass Liefer- oder Leistungsgeschäfte und die dazugehörigen Deckungsgeschäfte, sobald die Voraussetzungen hiefür vorliegen, als eine Einheit behandelt werden. Dies bringen auch die Einkommensteuerrichtlinien 2000 (Rz 2136) zum Ausdruck, die eine gemeinsame Bewertung für **geschlossene Positionen** dann als geboten ansehen, wenn eine nachvollziehbare, sachliche und kausale Verknüpfung vorliegt. Folgende Beispiele werden genannt:

- Zinsenabhängige Forderungen und Verbindlichkeiten (insbesondere bei Banken),
- (gleichartige) Fremdwährungsforderungen und -verbindlichkeiten, die der Kurssicherung dienen,
- durch Devisentermingeschäfte abgesicherte Fremdwährungsforderungen und -verbindlichkeiten,
- versicherte Forderungen,
- Verbindlichkeiten (zB aus Haftungsverhältnissen) mit vollwertigen Regressansprüchen und
- risikoausgleichende Optionsgeschäfte.

Zur Frage der **geschlossenen Positionen** siehe ua auch den Hinweis in der Stellungnahme KFS/RL 8 des Fachsenats für Unternehmensrecht und Revision der Kammer der Wirtschaftstreuhänder: „Zur Behandlung von Optionen, Optionsentgelten und Risiken aus Optionen in den Jahresabschlüssen“, dass „bei Sicherungsgeschäften der Grundsatz der **Bewertungseinheit** mit den gesicherten Vermögensgegenständen angewendet werden“ kann. Das Wort **„kann“** ist aus heutiger Sicht durch **„muss“** zu ersetzen.

Die voneinander unabhängige Bewertung von Aktivposten und Passivposten, die zu einer Bewertungseinheit gehören, kann dazu führen, dass die Anwendung des Grundsatzes der Einzelbewertung zu einer Verletzung des „true and fair view“ führt; wenn ein solcher Sachverhalt vorliegt, ist von der Möglichkeit des § 201 Abs 2, letzter Satz Gebrauch zu machen. Dies steht auch in Einklang mit Artikel 2 Abs 5 der 4. Richtlinie, welcher der Einhaltung eines den tatsächlichen Verhältnissen entsprechenden Bildes der Vermögens-, Finanz- und Ertragslage den Vorrang einräumt. Dies kann im vorliegenden Fall auch ohne Verletzung von Einzelvorschriften durch die Ausweichklausel des § 201 Abs 2 letzter Satz erreicht werden.

2.514 Der Grundsatz der Vorsicht

Aus der Formulierung in § 201 Abs 2 Z 4: „der Grundsatz der Vorsicht ist einzuhalten. Insbesondere sind ... a) ... b) ... c)“ lässt sich ableiten, **dass der Grundsatz der Vorsicht ein übergeordnetes Prinzip darstellt,** von dem im Gesetz selbst nur drei spezielle Ausprägungen besonders hervorgehoben werden.

Der allgemeine **Grundsatz der Vorsicht** bei der Bewertung erfordert, dass, wenn für die Beurteilung eines bestimmten Tatbestandes eine Bandbreite für die Bewertung besteht, auf der Aktivseite eher der niedrigere Wert, auf der Passivseite eher der höhere Wert zu berücksichtigen ist. So ist zB bei der Bemessung der **Rückstellungen** nach § 211 Abs 1 die **„vernünftige kaufmännische Beurteilung“** am Vorsichtsgrundsatz zu orientieren.

2.514.1 Das Realisationsprinzip

Gemäß § 201 Abs 2 Z 4 a sind nur die am Abschlussstichtag verwirklichten **Gewinne** auszuweisen.

Diese Vorschrift ist nur zum Teil als Bewertungsvorschrift zu betrachten, nämlich insofern, als danach bei der Bewertung von Vermögensgegenständen über den Anschaffungs- bzw Herstellungswert nicht hinausgegangen werden darf (kein Gewinnausweis aus Wertänderungen am **ruhenden Vermögen**).

Im Zusammenhang mit Veräußerungsvorgängen ist das **Realisationsprinzip** dagegen eine Regelung für die zeitliche Zuordnung von Gewinnen, wobei das Gesetz nichts darüber aussagt, was im Einzelnen unter **Gewinnverwirklichung** zu verstehen ist.

Der Begriff der **Gewinnrealisierung** selbst ist wieder nach den Grundsätzen ordnungsmäßiger Buchführung auszulegen. Bei Lieferungen oder sonstigen Leistungen gilt danach der Gewinn als realisiert, wenn die **Lieferung oder sonstige Leistung** durchgeführt wurde. Im Rahmen von **Dauerschuldverhältnissen** (Miet- und Pachtverhältnissen), ebenso wie bei **Zinserträgen** ist eine zeitanteilige Realisierung anzunehmen. (Dies gilt auch im Zusammenhang mit **Nullkuponanleihen**.) Im Zusammenhang mit **Beteiligungserträgen** hängt der Zeitpunkt der Realisierung in der Regel davon ab, ob es sich um Beteiligungen an Kapitalgesellschaften oder an Personengesellschaften handelt, wobei folgende Fälle beobachtet werden können:

Beteiligungserträge bei Personengesellschaften:

- Kommanditbeteiligung, Beteiligung als offener Gesellschafter, Beteiligung als unechter stiller Gesellschafter: Der Beteiligungsertrag gilt im Jahr der Entstehung als realisiert;

- Beteiligung als echter stiller Gesellschafter: Der Beteiligungsertrag gilt im Jahr der Erstellung des Jahresabschlusses als realisiert.

Beteiligungserträge bei Kapitalgesellschaften:

- Beteiligungserträge gelten grundsätzlich zum Zeitpunkt der Ausschüttung als realisiert.
- Unter bestimmten Voraussetzungen muss die Muttergesellschaft den Beteiligungsertrag schon im Entstehungsjahr desselben, dh vor der Ausschüttung der Tochtergesellschaft, realisieren (= **phasenkongruente Dividendenaktivierung**).
- Bei Vorliegen eines Ergebnisabführungsvertrages (zB bei Organschaften iSd ehemaligen steuerlichen Regelungen) erfolgt die Ergebnisverrechnung ebenfalls zwingend am Bilanzstichtag bei der Muttergesellschaft.
- Bei der phasenkongruenten Dividendenaktivierung ist die **„Thomberger"-Entscheidung** des EuGH maßgeblich (27. Juni 1996, Rs C-234/94, WPg 1996, 524 f; siehe auch BGH 12.1.1998, Der Betrieb 1998, 567 ff), auf die die Stellungnahme des österreichischen Rechnungslegungsbeirates (AFRAC) vom Dezember 2007 aufbaut.
- Eine phasenkongruente Dividendenaktivierung hat laut AFRAC zu erfolgen, wenn die folgenden drei Kriterien kumulativ erfüllt sind; anderenfalls ist sie unzulässig.
  - Höhe des Anteilsbesitzes bzw der Stimmrechte
  - Zusammenfallen bzw zeitliche Lage der Abschlussstichtage der betroffenen Unternehmen
  - Beschlusslage zur Dividendenausschüttung
- Die Muttergesellschaft muss über die erforderliche (normalerweise einfache) Mehrheit der Stimmrechte bei der Tochtergesellschaft verfügen. Für den Ausschüttungsbeschluss dürfen keine besonderen, darüber hinausgehenden Voraussetzungen bestehen. Eine bloße faktische Beherrschung reicht nicht aus.
- Es ist auf jene Stimmrechte abzustellen, die für die Herbeiführung eines Ausschüttungsbeschlusses erforderlich sind. Dies bedeutet, dass gegenüber dem Vorstand bzw der Geschäftsführung (gegebenenfalls mittelbar über den Aufsichtsrat bzw die Haupt- oder Gesellschafterversammlung) des ausschüttenden Unternehmens eine entsprechende Erwartungshaltung des empfangenden Unternehmens kommuniziert und wirkungsvoll durchgesetzt werden kann. Sollte daher ein empfangendes Unternehmen weder über ein Bestellungs- oder Entsendungsrecht für die Mehrheit der Vorstandsmitglieder bzw Mitglieder der Geschäftsführung verfügen, noch das Recht haben, die Mehrheit der Auf-

sichtsratsmitglieder (auch nach Berücksichtigung der Belegschaftsvertreter) zu bestimmen, noch in der Haupt- oder Gesellschafterversammlung – sei es durch eigenen Anteilsbesitz oder durch Stimmrechtsbindungsverträge – über die erforderliche Mehrheit zur Herbeiführung eines Dividendenbeschlusses verfügen, so ist dieses Kriterium nicht erfüllt und eine phasenkongruente Dividendenaktivierung unzulässig.

- Der Abschlussstichtag des ausschüttenden Unternehmens muss zeitgleich mit oder vor dem Abschlussstichtag des empfangenden Unternehmens liegen.
- Die Aufstellung des Abschlusses des ausschüttenden Unternehmens muss vor jener des empfangenden Unternehmens erfolgt sein.
- Das empfangende Unternehmen muss vor dem Abschlussstichtag einen dokumentierten Beschluss fassen, dass ein bestimmter Betrag (der durch den aufgestellten Abschluss des ausschüttenden Unternehmens als ausschüttungsfähig gedeckt ist) zur Ausschüttung vorgesehen ist und auf Grund der Ausübung der Stimmrechte alle Maßnahmen gesetzt werden, damit dieser Betrag dem empfangenden Unternehmen auch tatsächlich zufließen wird.
- Zum Zeitpunkt der Feststellung des Abschlusses des empfangenden Unternehmens muss entweder der Abschluss des ausschüttenden Unternehmens festgestellt oder die Prüfung des aufgestellten Abschlusses – sofern eine solche erfolgt – materiell so weit abgeschlossen sein, dass mit keinen Änderungen des zur Ausschüttung vorgesehenen Gewinns mehr zu rechnen ist. Als Nachweis für einen ausreichenden zur Ausschüttung zur Verfügung stehenden Gewinn ist – sofern die Feststellung noch nicht erfolgt ist – eine vom Abschlussprüfer des ausschüttenden Unternehmens gegenüber dem empfangenden Unternehmen ausgestellte Bestätigung als ausreichend anzusehen.
- Ein rechtswirksamer Ausschüttungsbeschluss, spätestens zum Zeitpunkt der Feststellung des Abschlusses des empfangenden Unternehmens, ist in jenen Fällen erforderlich, in denen Einspruchsrechte oder Genehmigungserfordernisse von Behörden etc in Bezug auf den Ausschüttungsbeschluss bestehen.
- Ob Einwendungen von Minderheitsgesellschaftern dazu führen können, dass in wirtschaftlicher Betrachtung kein gesicherter Anspruch auf Ausschüttung des vorgesehenen Betrages an das empfangende Unternehmen besteht, ist nach den konkreten Gegebenheiten zu beurteilen, wobei insbesondere Erfahrungen aus der Vergangenheit zu berücksichtigen sind. Wenn Hinweise vorliegen, dass Minderheitsgesellschafter den maßgeblichen Abschluss oder den Ausschüttungsbeschluss

mit rechtlichen Mitteln bekämpfen werden, ist der rechtswirksame Ausschüttungsbeschluss, spätestens zum Zeitpunkt der Feststellung des Abschlusses des empfangenden Unternehmens, eine Voraussetzung für die Aktivierung.

- Dem Vollzug des Ausschüttungsbeschlusses dürfen keine sonstigen Hindernisse entgegenstehen. Der Vollzug der Ausschüttung an das empfangende Unternehmen muss deshalb insbesondere frei von Einspruchsmöglichkeiten und Genehmigungserfordernissen von Behörden etc sein.
- Für die Ermittlung des Betrages der Dividendenaktivierung ist insbesondere bei Auslandsbeziehungen zu beachten, ob nicht oder nur teilweise anrechenbare Kapitalertragsteuern einbehalten werden oder Übertragungs- bzw Transfergebühren etc anfallen können. Ist dies der Fall, so ist die Aktivierung nur in Höhe des als gesichert anzusehenden Dividendenzuflusses vorzunehmen. Allfällige Ertragsteuerbelastungen beim empfangenden Unternehmen, zB aus (inländischen) Substanzausschüttungen, sind als (laufende) Ertragsteuern zu berücksichtigen. Das Saldierungsverbot ist zu beachten.
- Der Umstand, dass Ansprüche auf Dividendenausschüttung unverzinslich sind, ist nach den allgemeinen Bewertungsvorschriften zu berücksichtigen.
- Ansprüche auf Vorzugsdividenden sind wie Ansprüche auf normale Dividenden zu behandeln, weil ihre Ausschüttung zwar vor allfälligen anderen Ausschüttungen erfolgt, jedoch ebenso von der Aufstellung eines mit entsprechenden ausschüttungsfähigen Beträgen ausgestatteten Abschlusses abhängt.

Durch die neueste Judikatur des VwGH ist diese unternehmensrechtliche Sicht für das Steuerrecht nicht maßgeblich.

Im Erkenntnis vom 13. September 2006, Zl 0129/13/2002 führt der VwGH aus, dass eine phasengleiche Realisierung nur dann in Betracht kommt, wenn der (mindestens) ausschüttungsfähige Bilanzgewinn am Bilanzstichtag bekannt ist und die Gesellschafter endgültig entschlossen sind, eine bestimmte Gewinnausschüttung künftig zu beschließen; diese Voraussetzungen müssen anhand objektiver, nachprüfbarer und nach außen in Erscheinung tretender Kriterien festgestellt werden. Sollten Mutter- und Tochtergesellschaften denselben Bilanzstichtag haben, dann würde eine phasengleiche Bilanzierung der Dividendenforderung schon im Hinblick auf die erst nach dem Bilanzstichtag von der Tochtergesellschaft auszuübenden Bilanzierungswahlrechte nicht in Betracht kommen.

Langfristige Fertigungsaufträge

Durch die Sondervorschrift des § 206 Abs 3 ist die Frage der **Gewinnrealisation** aus **langfristigen Fertigungsaufträgen** aufgrund einer festen Bestellung eindeutig geregelt. Aus der Vorschrift, dass (zusätzlich zu den Herstellungskosten) angemessene Teile der Verwaltungs- und Vertriebskosten angesetzt werden dürfen, ergibt sich als Umkehrschluss, dass eine **Teilgewinnrealisierung nicht zulässig** ist, auch nicht unter Berufung auf § 201 Abs 2 letzter Satz, nämlich bei Vorliegen besonderer Umstände.

In den Kommentaren zum dHGB wird eine **Teilgewinnrealisierung** zum Teil als zulässig anerkannt (Küting/Weber[4], Anmerkung 90 zu § 252: „Die **Teilgewinnrealisierung** stellt kein Abweichen vom Realisationsprinzip im Sinne von § 252 Abs 2 dar ... vielmehr handelt es sich um einen generell anerkannten GoB bei der Bilanzierung von langfristiger, auftragsgebundener Fertigung bzw Leistungserstellung.").

Auch im angloamerikanischen sowie im internationalen Bereich ist der Grundsatz der **Teilgewinnrealisierung** allgemein anerkannt. Der International Accounting Standard (IAS) Nr 11 „Accounting for Construction Contracts" des IASB sieht vor, dass, wenn die im IAS definierten Voraussetzungen gegeben sind, das Verfahren der Teilgewinnrealisierung **(„percentage of completion method")** zwingend anzuwenden ist.

Die Bilanzrichtlinie enthält in Art 31 ausdrücklich das Realisationsprinzip; allerdings hat sich in den EU-Staaten keine einheitliche Auslegung dieses Grundsatzes durchgesetzt. So wird zB in einer Reihe von Mitgliedsstaaten die **Teilgewinnrealisierung** im Zusammenhang mit Fertigungsaufträgen und die **Währungsumrechnung mit dem Stichtagskurs** (auch wenn dies zu einer Erhöhung von Forderungen bzw zu einer Verminderung von Verbindlichkeiten führt) als durchaus vereinbar mit dem Realisationsgrundsatz betrachtet. Dies gilt auch für **österreichische Banken**.

2.514.2 Berücksichtigung von erkennbaren Risiken und drohenden Verlusten, die in dem Geschäftsjahr oder einem früheren Geschäftsjahr entstanden sind

Auch hier handelt es sich nur zum Teil um einen **Bewertungsgrundsatz,** beispielsweise dann, wenn der Wert zum Abschlussstichtag niedriger ist als die Anschaffungs- bzw Herstellungskosten bzw beim abnutzbaren Anlagevermögen die fortgeschriebenen Anschaffungs- bzw Herstellungskosten.

Soweit es sich um Risiken und Verluste handelt, die in Form von **Rückstellungen** zu erfassen sind, liegt hier eine Regelung zur Verpflichtung der

Aufnahme eines Passivpostens in die Bilanz **(Bilanzansatzbestimmung)** bzw eine Regelung für die zeitliche Zuordnung von Aufwendungen zu einer bestimmten Periode vor. Insofern besteht ein enger Zusammenhang mit dem Grundsatz der **Vollständigkeit** gemäß § 196 Abs 1. Der Inhalt der **Bilanzansatzverpflichtung** wird dabei unter anderem auch durch § 198 Abs 8 determiniert, wonach eine Rückstellungsverpflichtung auch für drohende Verluste aus schwebenden Geschäften gegeben ist.

2.514.3 Der Grundsatz der Wertaufhellung

Das Gesetz regelt, dass bei der Bewertung alle Umstände zu berücksichtigen sind, die vor dem Bilanzstichtag eingetreten und bis zum Tag der Aufstellung des Jahresabschlusses bekannt geworden sind. „Als Zeitpunkt der Aufstellung des Jahresabschlusses ist grundsätzlich der Tag maßgeblich, von dem an der Kaufmann durch seine Unterschrift dokumentiert, daß er die Abschlußarbeiten in ihrer Gesamtheit beendet hat“ (Küting/Weber[4], Anmerkung 78 zu § 252).

Dies gilt sinngemäß auch für Kapitalgesellschaften und für die Unterschrift des Vorstandes bzw der Geschäftsführer. Bei prüfungspflichtigen Kapitalgesellschaften wird dies allerdings erst der Tag der **Feststellung des Jahresabschlusses** sein.

IAS 10.16 spricht in diesem Zusammenhang von „Date of Authorization of Issue“.

2.514.4 Grundsatz der Berücksichtigung von Wertminderungen unabhängig vom Bilanzergebnis

In das Gesetz wurde mit § 201 Abs 2 Z 4 c im Jahre 1996 der Satz, dass Wertminderungen unabhängig davon zu berücksichtigen sind, ob das Geschäftsjahr mit einem Gewinn oder Verlust abschließt, eingefügt.

Diese Bestimmung gehört seit langem zu den unbestrittenen GoB.

2.515 Grundsatz der Aufwands-/Ertragsverrechnung ohne Beeinflussung durch den Zeitpunkt des Zahlungsanfalls

Diese Regelung ist ein derart selbstverständlicher Bestandteil unserer Grundsätze ordnungsmäßiger Buchführung, dass sie bis 1996 nicht ausdrücklich kodifiziert wurde. Ausnahmen von diesem Grundsatz ordnungsmäßiger Buchführung unter Hinweis auf die Vorschrift des § 201 Abs 2 letzter Satz (Abweichen bei Vorliegen besonderer Umstände) erscheinen deshalb unserem Rechnungslegungsrecht fremd.

2.516 Übereinstimmung der Eröffnungsbilanz mit der Schlussbilanz des vorhergehenden Geschäftsjahres

Auch der Grundsatz der **Bilanzidentität** war bis 1996 ohne ausdrückliche Kodifizierung ein unbestrittener Grundsatz ordnungsmäßiger Buchführung, der nur im Hinblick auf den Wortlaut der Bilanzrichtlinie in das Gesetz aufgenommen wurde.

2.52 Besondere Bewertungsvorschriften

2.521 Anschaffungskosten

2.521.1 Anschaffungskosten im Sinne des Unternehmensrechtes

Zu den Anschaffungskosten gehören gemäß § 203 Abs 2 jene

> „Aufwendungen, die geleistet werden, um einen Vermögensgegenstand zu erwerben und ihn in einen betriebsbereiten Zustand zu versetzen, soweit sie dem Vermögensgegenstand **einzeln zugeordnet** werden können. Zu den Anschaffungskosten gehören auch die Nebenkosten sowie die **nachträglichen Anschaffungskosten. Anschaffungspreisminderungen** sind abzusetzen.“

Grundsätzlich gehören zu den Anschaffungskosten die tatsächlichen Ausgaben bzw Aufwendungen, die durch die Beschaffung des Gegenstandes entstanden sind.

Zu dem um eventuelle **Rabatte und sonstige Nachlässe** verminderten Rechnungspreis des Lieferanten kommen sämtliche **Anschaffungsnebenkosten,** wie Verpackung, Vertragserrichtungskosten, Vermittlungsprovision, Anwalts- und Notarhonorare, die Bezugskosten, wie Fracht, Zölle, Zollnebengebühren, Grunderwerbsteuer, Normverbrauchsabgabe, Transportversicherung, Spediteurkosten und die **Montagekosten** bis zur Herstellung der Betriebsbereitschaft der Anlage hinzu.

Bezüglich der **Subventionen,** die zur Anschaffung gewährt wurden, siehe Kapitel 4.224.

Bei Grundstücken zählen zu den Anschaffungskosten auch die **Grunderwerbsteuer** und die **Eintragungsgebühren.**

Bei Erwerb eines Grundstückes, auf dem sich ein **abbruchreifes,** nicht mehr verwendbares Gebäude befindet, wurden die Abbruchkosten bis zur Entscheidung des VwGH vom 6. Juli 2005 zu den Anschaffungskosten von Grund und Boden gezählt. War ein Gebäude zum Zeitpunkt des Abbruches noch verwendbar, zählten ein eventuell vorhandener Restbuchwert und die Abbruchkosten zu den Herstellungskosten des anstelle des

Altbaues errichteten Neubaues. Diese im Rahmen der Einkunftsart Vermietung und Verpachtung getroffene Entscheidung, wonach bei Ermittlung eines neu zu errichtenden Gebäudes die Kosten für den Abbruch des verbrauchten Altgebäudes nicht den Anschaffungskosten eines unbebauten Grundstückes zugerechnet werden, gilt analog für den Erwerb eines Betriebsgrundstückes. Wird das darauf befindliche (abbruchreife) Gebäude abgerissen, sind die Abbruchkosten Aufwand, jedoch nicht Bestandteil der Anschaffungskosten des Grundstückes oder der Herstellungskosten des darauf neu errichteten Gebäudes.

Werden im zeitlichen Zusammenhang mit dem Erwerb von Gebäuden Aufwendungen getätigt (sogenannter anschaffungsnaher Erhaltungsaufwand) und handelt es sich nicht um im Verhältnis zum Kaufpreis untergeordnete Aufwendungen, besteht nach der Rechtsprechung des VwGH Aktivierungspflicht, wobei allerdings zu prüfen ist, ob die Aufwendungen den bisherigen Zustand wesentlich verbessert haben; andernfalls besteht keine Aktivierungspflicht.

Finanzierungskosten (Zinsen, Geldbeschaffungskosten etc) sind nicht Bestandteil der Anschaffungskosten. In den Bereich der Finanzierungskosten gehören auch vom Lieferanten in den Rechnungspreis einkalkulierte **Skonti,** die bei Bezahlung des Rechnungspreises innerhalb einer bestimmten Frist (Kassenrespiro) vom Lieferanten als Abzug gewährt werden.

Zu den **nachträglichen Anschaffungskosten** gehören die **nachträgliche Erhöhung des Kaufpreises** im Prozesswege oder die Neufestsetzung der Grunderwerbsteuer, nicht aber Wertsicherungsvereinbarungen. **Wertsicherungsbeträge** sind als Aufwendungen zu behandeln. Später zu leistende **Aufschließungsgebühren** zählen ebenfalls zu den nachträglichen Anschaffungskosten.

2.521.2 Anschaffungskosten im Sinne des Steuerrechtes

Der Anschaffungskostenbegriff ist im Steuerrecht gesetzlich nicht definiert, entspricht aber gemäß den Einkommensteuerrichtlinien 2000, Rz 2165 und 2176 – 2186 den unternehmensrechtlichen Anschaffungskosten.

2.522 Herstellungskosten

Gemäß § 203 Abs 3 sind Herstellungskosten

> „Aufwendungen, die für die Herstellung eines Vermögensgegenstandes, seine Erweiterung oder für eine über seinen ursprünglichen Zustand hinausgehende wesentliche Verbesserung entstehen. **Bei der Berechnung der Herstellungskosten dürfen auch angemessene Teile der Materialgemeinkosten und der Fertigungsgemeinkosten eingerechnet werden.** Sind die Gemeinkosten durch offenbare Unterbeschäftigung überhöht, so dürfen nur die einer durchschnittlichen Beschäftigung entsprechenden Teile dieser Kosten eingerechnet werden. Aufwendungen für Sozialeinrichtungen des Betriebes, für freiwillige Sozialleistungen, für betriebliche Altersversorgung und Abfertigungen dürfen eingerechnet werden. Kosten der allgemeinen Verwaltung und des Vertriebes dürfen nicht in die Herstellungskosten einbezogen werden."

Gemäß Abs 4

> dürfen **Zinsen** für Fremdkapital, das zur Finanzierung der Herstellung eines Vermögensgegenstandes verwendet wird, im Rahmen der Herstellungskosten angesetzt werden, soweit sie auf den Zeitraum der Herstellung entfallen.

2.522.1 Begriff der Herstellkosten in der Kostenrechnung

Zur Feststellung des Umfanges der Herstellungskosten muss auf den Begriff der **Herstellkosten der Kostenrechnung** zurückgegriffen werden.

Zu den **Herstellkosten** gehören die

Einzelkosten,

Sonderkosten der Fertigung und Beschaffung,

Gemeinkosten, soweit sie im Zusammenhang mit der Herstellung bzw Bearbeitung des Vermögensgegenstandes entstehen.

Einzelkosten sind jene Kosten, die mit der Leistungserstellung direkt im Zusammenhang stehen, die der Leistung (Kostenträger) daher auch direkt zugerechnet werden können. Zu den Einzelkosten gehören das **Fertigungsmaterial** und die **Fertigungslöhne.**

Einzelkosten sind durch die Tatsache gekennzeichnet, dass sie (in der Regel) in einer linearen Abhängigkeit zur Leistungserstellung stehen.

Sonderkosten sind jene Kosten, die man zwar dem einzelnen Kostenträger direkt zurechnen kann, die aber nicht bei allen gleichartigen Erzeugnissen entstehen. Zu den Herstellkosten zählen die **Sonderkosten der Beschaffung** der für die Herstellung des Gegenstandes benötigten Materialien (Zölle, Fracht, Bezugsprovision etc) und die **Sonderkosten der Fertigung** (Produktionslizenzen, Sonderanfertigungen). Auch für die Sonderkosten gilt, dass sie (in der Regel) in einer linearen Abhängigkeit zur Leistungserstellung stehen.

Gemeinkosten sind jene Kosten, die dem einzelnen Kostenträger nicht direkt zugerechnet werden bzw werden können, teils weil technologisch ein direkter Zusammenhang zwischen Herstellung des Gegenstandes und der Entstehung der Kosten nicht besteht, und teilweise deswegen, weil eine direkte Zurechnung aus wirtschaftlichen Gründen nicht vorgenommen wird.

Das wesentliche Problem der Ermittlung der Herstellkosten eines bestimmten Kostenträgers besteht darin, den Umfang der dem Gegenstand **zuzurechnenden Gemeinkosten** zu ermitteln. In diesem Zusammenhang sind folgende Fragen zu klären:

1) Welche Gemeinkosten gehören zum Herstellungsbereich?
2) Wie und in welchem Umfang werden diese Gemeinkosten der erbrachten Leistung zugerechnet?

Zu 1)

Die Frage der Zugehörigkeit der Gemeinkosten zum **Herstellungsbereich** richtet sich nach den Kostenstellen, denen diese Gemeinkosten zuzurechnen sind. Zum Herstellungsbereich gehören alle Kostenstellen des Materialbereiches (Einkauf, Materialübernahme-, Materiallager- und Materialverwaltungsstellen) sowie des Fertigungsbereiches, wobei zu Letzterem die Fertigungshauptstellen und Fertigungshilfsstellen zählen. Während die **Fertigungshauptstellen** der unmittelbaren Herstellung eines Gegenstandes (Kostenträgers) dienen, erbringen **Fertigungshilfsstellen** Leistungen für die **Hauptstellen**. Zu den **Hilfsstellen** gehören die Arbeitsvorbereitung, Betriebswerkstätten, der Werkzeugbau etc.

Nicht zu den **Kostenstellen des Herstellungsbereiches** gehören die Kosten der allgemeinen **Verwaltung** (Rechnungswesen, Organisation, Unternehmensleitung) und der **Vertriebsbereich** (Vertriebsleitung, Werbung, Fakturierung, Angebotsprojektierung, Vertriebslager, Versand- und Verpackungsstellen). Die Frage der Zugehörigkeit des Konstruktions- und Entwicklungsbereiches ist für den Einzelfall zu lösen.

Im **BAB (Betriebsabrechnungsbogen)** erfolgt die Aufteilung der **Gemeinkosten** auf die einzelnen Kostenstellen, wobei die Aufteilung der **Kostenstelleneinzelkosten** (jene Gemeinkosten, die einer Kostenstelle direkt zurechenbar sind) kaum Probleme verursacht. Schwierigkeiten können bei den **Kostenstellengemeinkosten** entstehen, da diese nach einem oder mehreren Schlüsseln auf die Kostenstellen aufzuteilen sind.

In gleicher Weise wie die **Kostenstellengemeinkosten** müssen auch jene **allgemeinen Kostenstellen,** wie Ausbildungswerkstätten, Gebäudeverwaltung, Energiestellen, Transportstellen und Instandhaltungswerkstätten entsprechend ihrer Inanspruchnahme auf die übrigen Kostenstellen umgelegt werden. Probleme entstehen dann, wenn die Inanspruchnahme nicht exakt messbar ist und daher ausreichend genaue Umlageschlüssel nicht vorliegen.

Zu 2)

Die **Zurechnung der Gemeinkosten** auf die einzelnen **Kostenträger** erfolgt je nach der Art der Leistungserstellung innerhalb des Unternehmens nach unterschiedlichen **Kalkulationsverfahren** (Divisionskalkulation, Äquivalenzzahlenrechnung, Zuschlagskalkulation etc), die von der Art der Fertigung und dem Organisationsgrad des Unternehmens bestimmt werden. Daraus ergeben sich auch vom Kalkulationsverfahren abhängige Schemata für die Ermittlung der Herstellungskosten.

Bei Anwendung der Zuschlagskalkulation ergibt sich folgende grundsätzliche Rechnung:

	Fertigungsmaterial
+	Fertigungslohn
+	Sonderkosten der Fertigung
=	**Einzelkosten**
+	Materialgemeinkosten
+	Fertigungsgemeinkosten
=	**Herstellkosten**

2.522.2 Herstellkosten und Herstellungskosten

Die unternehmensrechtlichen **Herstellungskosten** unterscheiden sich von den kalkulatorischen **Herstellkosten** vor allem durch Umfangs- und Wertdifferenzen. Umfangsdifferenzen liegen in Bezug auf die Zusatzkosten vor, wenn ihnen keine (neutralen) Aufwendungen in gleicher Höhe gegenüberstehen. **Wertunterschiede** ergeben sich dann, wenn in der Unternehmensbilanz mit **pagatorischen,** in der Kostenrechnung mit **kalkulatorischen** Ansätzen gerechnet wird.

Zu den **Zusatzkosten** gehören vor allem **kalkulatorische Abschreibungen**, **kalkulatorische Wagnisse**, **kalkulatorische Zinsen** sowie der **kalkulatorische Unternehmerlohn**. Diesen Zusatzkosten stehen in der Buchhaltung die **neutralen Aufwendungen**, das sind die buchmäßigen Abschreibungen, die (in ungleichmäßiger Höhe anfallenden) Schadensfälle und die Zinsen auf das Fremdkapital gegenüber. Für den kalkulatorischen Unternehmerlohn gibt es kein Pendant in der Buchhaltung.

Die Aktivierung von **Zusatzkosten,** welchen niedrigere oder keine buchmäßigen Aufwendungen gegenüberstehen, führt zu **nichtrealisierten Erträgen** und ist daher unternehmensrechtlich unzulässig. Aus diesem Grund müssen bei der Feststellung der unternehmensrechtlichen Herstellungskosten die im BAB enthaltenen (kalkulatorischen) Kosten auf (pagatorische) Aufwendungen zurückgeführt werden.

Verfahrenstechnisch geschieht dies dadurch, dass die in den einzelnen Kostenstellen enthaltenen **Zusatzkosten** von der jeweiligen Kostenstellensumme abgezogen und durch die entsprechenden **neutralen Aufwendungen,** jedoch maximal bis zur Höhe der jeweiligen Zusatzkosten in der einzelnen Kostenstelle ersetzt werden. In gleicher Weise werden alle **kalkulatorischen Posten** (zB Materialverbrauch zu Wiederbeschaffungswerten) durch **pagatorische Posten** ersetzt.

2.522.3 Die Herstellungskosten in der Unternehmensbilanz

Mit dem EU-GesRÄG 1996 wurde der zweite Satz des § 203 Abs 3 dahin gehend geändert, dass die Aussage:

> „Dazu **gehören** auch angemessene Teile der Materialgemeinkosten und der Fertigungsgemeinkosten." durch die Aussage „Bei der Berechnung der Herstellungskosten **dürfen** auch angemessene Teile der Materialgemeinkosten und der Fertigungsgemeinkosten eingerechnet werden."

ersetzt wurde.

Die Erläuterungen verweisen darauf, dass durch diese Änderung das in Artikel 35 Abs 3 BilanzRL vorgesehene Wahlrecht zur Einbeziehung der Material- und Fertigungsgemeinkosten übernommen wurde.

Die entsprechenden Vorschriften des **Artikel 35 Abs 3 Bilanz-RL** lauten wie folgt:

> a) Zu den Herstellungskosten gehören neben den Anschaffungskosten der Roh-, Hilfs- und Betriebsstoffe die dem einzelnen Erzeugnis unmittelbar zurechenbaren Kosten.
> b) Den Herstellungskosten dürfen angemessene Teile der dem einzelnen Erzeugnis nur mittelbar zurechenbaren Kosten, welche auf den Zeitraum der Herstellung entfallen, hinzugerechnet werden.

Durch den geänderten Wortlaut des § 203 Abs 3, zweiter Satz, wurde mit dem EU-GesRÄG 1996 das **Aktivierungswahlrecht** auf alle Material- und Fertigungsgemeinkosten **ausgedehnt,** sodass sich die **Aktivierungspflicht** im Rahmen der Herstellungskosten nur auf die Einzelkosten (Fertigungsmaterial und Fertigungslöhne) und die Sonderkosten der Fertigung beschränkt; damit wurde ein Zustand hergestellt, der bezüglich der Untergrenze der anzusetzenden Herstellungskosten dem § 133 AktG 1965 aF entspricht.

Als Begründung für die Ausdehnung des Wahlrechts verweisen die Erläuterungen insbesondere darauf,

„daß dadurch ein Nachteil für österreichische Unternehmen gegenüber Unternehmen mit Sitz in der Europäischen Union, insbesondere bei Börsengängen, vermieden werden kann".

Diese Begründung erscheint deshalb nicht verständlich, weil die Verwendung einer niedrigeren Untergrenze für die **Herstellungskosten** zu einer ungünstigeren Darstellung der Vermögenslage des Unternehmens führt, und daher die Aktivierung nur der Einzelkosten eher börsenschädlich ist.

Betriebswirtschaftlich sind gegen diese Regelung erhebliche Bedenken anzumelden, weil bei Nichtaktivierung angemessener Gemeinkosten in den Beständen an unfertigen und fertigen Erzeugnissen sowie noch nicht abrechenbaren Leistungen **erhebliche stille Reserven** enthalten sein können.

Damit verstößt § 203 Abs 3, zweiter Satz, gegen die Forderung der §§ 195 und 222 Abs 2, wonach der Jahresabschluss ein möglichst getreues Bild der Vermögens-(Finanz-) und Ertragslage zu vermitteln habe.

Abgesehen davon kann in der Neuregelung ein Widerspruch zu § 203 Abs 3, erster Satz, erblickt werden, wonach **Herstellungskosten** die Aufwendungen darstellen, die für die Herstellung eines Vermögensgegenstandes ..... entstehen.

Wenn man an die **„Entstehung" der Herstellungskosten** anknüpft, müssten den Herstellungskosten jedenfalls jene Aufwendungen zugerechnet werden, die unmittelbar vom Umfang der Leistung abhängig sind (variable Kosten), die also erst durch die Leistungserstellung entstehen und die mit Wegfall der Leistungserstellung im Gegensatz zu den Bereitschaftskosten (fixe Kosten) entfallen würden.

Weiters widerspricht die Regelung der grundsätzlichen Tendenz des Rechnungslegungsgesetzes, die Bildung **willkürlich stiller Reserven zu untersagen bzw offen zu legen** und im Interesse der Vergleichbarkeit **Bewertungswahlrechte** möglichst **einzuschränken.** Gerade diese Tendenz besteht bei den IASs/IFRSs, die für die Konzernabschlüsse aller an einer EU-Börse notierenden österreichischen Kapitalgesellschaften verpflichtend anzuwenden sind.

Den Verfassern erscheint auch ein Verstoß gegen die Bestimmungen der **Bilanz-Richtlinie** vorzuliegen, da diese, wie schon vorne dargelegt, im Artikel 35, Abs 3 jedenfalls die Aktivierung der (nicht zu den Einzelkosten gehörenden) Hilfs- und Betriebsstoffe verlangen.

Auch im Hinblick auf die von der **Bilanz-Richtlinie** geforderte Aktivierung „der dem einzelnen Erzeugnis unmittelbar zurechenbaren Kosten" (englischer Text: „Costs directly attributable to the product in question") kann davon ausgegangen werden, dass zu diesen Kosten zumindest jene

variablen Gemeinkosten gehören, die in einer unmittelbaren Beziehung zur Leistungserstellung (Erzeugung des Produktes) stehen. Dies sind insbesondere die auf die **Fertigungslöhne** entfallenden direkt erfassbaren Nebenkosten (Nichtleistungslöhne und Lohnnebenkosten) sowie Kosten, die nur aus organisatorischen Gründen nicht dem Produkt direkt zugerechnet werden („zurechenbare" Kosten im Gegensatz zu „zugerechneten" Kosten).

2.522.31 Fakultative Bestandteile der Herstellungskosten

Zinsen für Fremdkapital

Die **Fremdkapitalzinsen** sind grundsätzlich weder im Rahmen der **Anschaffungskosten** noch im Rahmen der **Herstellungskosten** aktivierungsfähig, dh sie sind zur Gänze aufwandsmäßig jener Periode zuzurechnen, in der sie anfallen. Um zu vermeiden, dass insbesondere bei **längerer Herstellungszeit** eines Objektes, gleichgültig ob selbsterstellte Anlagen oder Umlaufvermögen (zB Bauwirtschaft, Anlagenbau), die Kosten des für die Errichtung dieser Objekte aufgenommenen Fremdkapitals während der Herstellungszeit die Erfolgsrechnung belasten, gestattet der Gesetzgeber in § 203 Abs 4, die auf den Zeitraum der Herstellung entfallenden Zinsen zu aktivieren. Voraussetzung für die Aktivierung ist die Erfüllung zweier Kriterien:

1. Das Objekt muss sich im **Zustand der Herstellung** befinden.
2. Die Zinsen müssen für **Fremdkapital** anfallen, das ausdrücklich zur **Finanzierung der Herstellung** dieses Objektes verwendet wurde.

Aus den obigen Ausführungen folgt, dass **Zinsen für Kontokorrentkredite,** die der allgemeinen Produktionsfinanzierung eines Unternehmens dienen, nicht aktiviert werden dürfen, weil sie nicht einem bestimmten Vermögensgegenstand zugeordnet werden können.

Aufwendungen für Sozialeinrichtungen etc

Gemäß § 203 Abs 3 vorletzter Satz dürfen Aufwendungen für Sozialeinrichtungen des Betriebes, für **freiwillige Sozialleistungen**, für **betriebliche Altersversorgung** und **Abfertigungen** in die Herstellungskosten eingerechnet werden. Der Gesetzgeber bringt jedoch nicht klar zum Ausdruck, ob die **Aktivierungsfähigkeit** für alle genannten Aufwendungen oder nur für jenen Teil gilt, der dem **Herstellungsbereich** zuzuordnen ist. Die Zuordnung ist relativ leicht für die Altersversorgung und für Abfertigungen festzustellen, da diese danach aufgeteilt werden können, wo die Bezugsberechtigten eingesetzt werden. Schwieriger wird dies bei **festen Einrichtungen,** wie Sportstätten, Betriebsarzt, Werksküche, Schulungsräumen, da diese **schlüsselmäßig** auf die einzelnen Bereiche des Unternehmens aufgeteilt werden müssen (zB nach der Kopfzahl). Trotz der genannten Schwierigkeiten ergibt sich aus der grundsätzlichen Definition der **Herstellungskosten,** dass nur der auf den Herstellungsbereich entfallende Teil der oben genannten Kosten aktivierungsfähig ist.

2.522.32 Berücksichtigung einer offensichtlichen Unterbeschäftigung

Die Bestimmung, wonach eine offensichtliche **Unterbeschäftigung** zu berücksichtigen ist, hat nur für den Fall der **Aktivierung fixer Gemeinkosten** Bedeutung.

Gemäß § 203 Abs 3 dürfen für den Fall, dass die Gemeinkosten durch offenbare Unterbeschäftigung überhöht sind, nur die einer **durchschnittlichen Beschäftigung** entsprechenden Teile dieser Kosten eingerechnet werden. Dieser Satz bedeutet, dass die durch Unterbeschäftigung nicht ausgelasteten Fixkosten **(Leerkosten)** nicht aktiviert werden dürfen, wobei allerdings darauf zu achten ist, dass die Ermittlung der Leerkosten nicht auf Basis der gegebenen Kapazität, sondern auf Basis der **durchschnittlichen Beschäftigung** erfolgt.

Vor Ermittlung der **Kostensätze** (Zuschlagsätze etc) für die Zurechnung der Gemeinkosten auf die Halb- und Fertigfabrikate ist daher jede **Material- und Fertigungsstelle** darauf zu untersuchen, ob diese in der Abrechnungsperiode gegenüber ihrer **Durchschnittsbeschäftigung** unterbeschäftigt war. Liegt eine **Unterbeschäftigung** vor, sind die **Leerkosten** aus den Gesamtkosten einer derartigen Kostenstelle auszuscheiden. Erst dann sind die Kostensätze für die Zurechnung der Gemeinkosten festzustellen.

Welchen Einfluss übt die Unterbeschäftigung auf die Herstellungskosten aus?

Wenn der Ermittlung der Herstellungskosten **Vollkosten** (fixe und variable Kosten) zugrunde gelegt werden, tritt durch die Umlegung derselben auf einzelne Kostenträger (Erzeugnisse) eine künstliche (nicht den Tatsachen entsprechende) **Proportionalisierung** jener Kostenteile ein, die unabhängig vom **Beschäftigungsgrad** (Erzeugungsmenge) sind (fixe Kosten).

Die Abhängigkeit der Stückkosten vom **Beschäftigungsgrad** lässt sich wie folgt veranschaulichen:

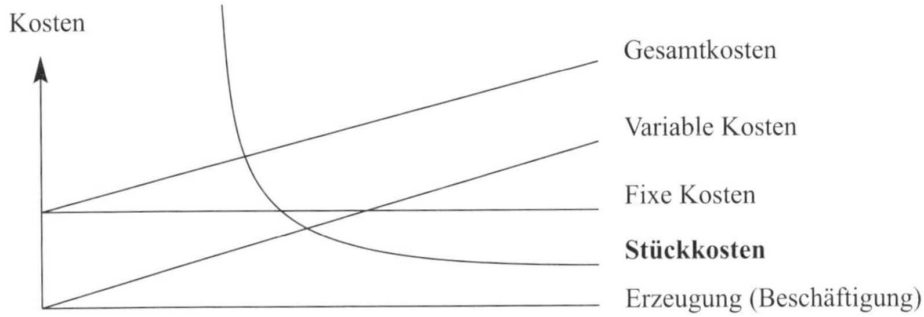

Aus dieser Abbildung geht deutlich hervor, dass sich, je geringer die tatsächliche Beschäftigung ist, desto höhere **Herstellungskosten** je Stück ergeben. Auf diese Weise besteht bei **Unterbeschäftigung** die Gefahr, dass die Herstellungskosten in den künftigen Verkaufserlösen (abzüglich aller noch entstehenden Aufwendungen) nicht mehr ihre Deckung finden.

Die Vorschrift, dass nur die einer durchschnittlichen Beschäftigung entsprechenden Teile der Kosten aktiviert werden dürfen, berührt ausschließlich die Aktivierungsfähigkeit der **Fixkosten**, da sich die **variablen Kosten** definitionsgemäß automatisch dem tatsächlichen Beschäftigungsgrad anpassen.

Die **Fixkosten** werden durch die Aufrechterhaltung einer bestimmten **Betriebsbereitschaft** verursacht und sind von der Inanspruchnahme der betrieblichen Produktionsfaktoren zumindest innerhalb gewisser Grenzen unabhängig. Wird die bereitgestellte Kapazität nur zum Teil genutzt, so entstehen auch für die nicht genutzten Teile der Kapazität fixe Kosten, die als **Leerkosten** bezeichnet werden. Dementsprechend wird für die auf die genutzte Kapazität entfallenden Teile der Fixkosten der Ausdruck **Nutzkosten** verwendet. Die bei einer **Unterbeschäftigung** auftretenden **Leerkosten** sind, wie bereits dargestellt, so weit **nicht aktivierungsfähig,** als sie sich auf die Unterschreitung der durchschnittlichen Beschäftigung beziehen.

Die Ermittlung der nicht aktivierungsfähigen **Leerkosten** stellt große Anforderungen an das Rechnungswesen, da die **Gemeinkosten** jedenfalls in **fixe** und **variable Kosten** zerlegt werden müssen. Sind die Voraussetzungen für die Zerlegung im Bereich des Rechnungswesens nicht gegeben, kann dieser Bestimmung des UGB bei einer wesentlichen **Unterbeschäftigung** nur durch einen mehr oder weniger pauschalen Abschlag von den **Herstellungskosten** Rechnung getragen werden, wobei allerdings darauf zu achten ist, ob nicht eine Verletzung der GoB vorliegt.

2.522.4 Die steuerrechtlichen Herstellungskosten

Das Einkommensteuergesetz definiert die **Herstellungskosten** in § 6 Z 2 a EStG folgendermaßen: Zu den Herstellungskosten gehören auch angemessene Teile der Materialgemeinkosten und der Fertigungsgemeinkosten. Die **Einkommensteuerrichtlinien 2000** erläutern im Abschnitt 6.4.2, Rz 2195 ff die Herstellungskosten näher:

Gem Rz 2197 ist „im Rahmen des § 5 EStG 1988 grundsätzlich der handelsrechtliche (nunmehr unternehmensrechtliche) Begriff der Herstellungskosten maßgeblich (Maßgeblichkeit des unternehmensrechtlichen Ansatzes für den steuerrechtlichen Ansatz), mit der Ausnahme, dass gem. § 6 Z 2 lit. a EStG **angemessene Teile der Material- und Fertigungsgemeinkosten** in die Herstellungskosten eingerechnet werden **müssen**".

Folgt man dem Gesetzeswortlaut und den in Rz 2196 enthaltenen Ausführungen, gilt die **Aktivierungspflicht** der angemessenen Material- und Fertigungsgemeinkosten nur für das nicht abnutzbare Anlage- und das Umlaufvermögen (Aktivierungspflicht, § 6 Z 2 lit a EStG 1988) und daher nicht für das abnutzbare Anlagevermögen. Diese Aussage wird in Rz 2226 wiederholt.

Demnach gilt für das **abnutzbare Anlagevermögen** die uneingeschränkte **Maßgeblichkeit der Unternehmensbilanz**, wonach unter anderem angemessene Material- und Fertigungsgemeinkosten in die Herstellungskosten eingerechnet werden dürfen, aber nicht müssen.

Allgemeine **Verwaltungskosten** und **Vertriebskosten** dürfen entsprechend den unternehmensrechtlichen Bestimmungen auch steuerlich nicht aktiviert werden, da sie nicht zu den **Herstellungskosten** gehören. Die Einkommensteuerrichtlinien folgen allerdings den unternehmensrechtlichen Bestimmungen in Bezug auf die Aktivierungsmöglichkeit angemessener Teile der Verwaltungs- und Vertriebskosten bei langfristigen Aufträgen (Rz 2199).

2.523 Die Bewertung von Einlagen und Zuwendungen

Gemäß § 202 Abs 1 sind **Einlagen und Zuwendungen** sowie **Entnahmen** mit dem Wert anzusetzen, der ihnen im Zeitpunkt ihrer Leistung beizulegen ist, soweit sich nicht aus der Nutzungsmöglichkeit im Unternehmen ein geringerer Wert ergibt.

Einlagen sind somit grundsätzlich mit dem **Tageswert** des eingebrachten Gegenstandes anzusetzen. Zur Vermeidung einer überhöhten Bewertung wird der Wertansatz nach oben mit der gegebenen Nutzungsmöglichkeit im Unternehmen begrenzt. Dies könnte beispielsweise dann sein, wenn eine nicht betriebsspezifische Anlage eingebracht wird, bei der die Leistungserstellung mit höheren Kosten verbunden ist als bei einer anderen, dem gleichen Zweck dienenden Anlage. Mit dieser Bestimmung wurden in die Bewertung von Einlagen **Ertragswertgesichtspunkte** eingeschlossen.

§ 202 Abs 2 gestattet abweichend zu Abs 1 die Fortführung der **Buchwerte.** Für den Fall eines Unterschiedsbetrages zwischen dem Gesamtbetrag der Gegenleistung und den fortgeführten Buchwerten darf dieser, getrennt nach **Umgründungsmehrwert und Firmenwert,** unter die Posten des Anlagevermögens aufgenommen werden.

Bezüglich der Behandlung des bei Umgründungsvorgängen ausgewiesenen **Umgründungsmehrwertes und Firmenwerts** siehe Kapitel 4.221.52.

2.524 Bewertung des Anlagevermögens

2.524.1 Die Bewertung des immateriellen Anlagevermögens

2.524.11 Allgemeines

Immaterielle Gegenstände des Anlagevermögens dürfen nur dann in die Bilanz eingesetzt werden, wenn sie **entgeltlich erworben wurden**.

Für entgeltlich erworbene immaterielle Gegenstände des Anlagevermögens gelten die gleichen Bewertungsvorschriften wie für das Sachanlagevermögen.

Bezüglich der Abgrenzung zwischen entgeltlichem und unentgeltlichem Erwerb siehe Kapitel 2.321.2.

2.524.12 Geschäfts-(Firmen-)wert

Als **Geschäfts-(Firmen-)wert** darf gemäß § 203 Abs 5

> der Unterschiedsbetrag angesetzt werden, um den die Gegenleistung für die Übernahme eines Betriebes die Werte der einzelnen Vermögensgegenstände abzüglich der Schulden im Zeitpunkt der Übernahme übersteigt. Die **Abschreibung des Geschäfts-(Firmen-)wertes** ist planmäßig längstens auf die Geschäftsjahre, in denen er voraussichtlich genutzt wird, zu verteilen.

Der **Geschäfts- oder Firmenwert** ist der Unterschiedsbetrag zwischen dem Gesamtwert und dem Substanzwert eines Unternehmens. Der Substanzwert ergibt sich aus dem Eigenkapital laut Bilanz, bereinigt um die stillen Reserven und um eventuelle Überbewertungen.

Der im Unternehmen allmählich entstandene Firmenwert **(originärer oder ursprünglicher Firmenwert)** darf in der Bilanz nicht ausgewiesen werden. Hingegen kann der **derivative oder abgeleitete Firmenwert** aktiviert werden. Dieser ergibt sich aus folgender Rechnung:

Gegenleistung für die Übernahme des Unternehmens abzüglich Werte der einzelnen Vermögensgegenstände des Unternehmens im Zeitpunkt der Übernahme, vermindert um die Schulden
Firmenwert

Stellt man den Werten der einzelnen Vermögensgegenstände und Schulden die jeweiligen Buchwerte gegenüber, erhält man die stillen Reserven. Während die durch den Verkauf des Unternehmens realisierten (offen gelegten) stillen Reserven unmittelbar den einzelnen Aktivposten zugeschrieben bzw von den einzelnen Passivposten abgezogen werden, wird der **Firmenwert** als gesonderter Posten unter den immateriellen Vermögensgegenständen ausgewiesen.

Folgende Fälle können beim erwerbenden Unternehmen zum Ausweis des Firmenwertes führen:

1. **Erwerb eines Einzelunternehmens**

Vermögen und Schulden des erworbenen Unternehmens gehen in den Aktiven und Passiven des erwerbenden Unternehmens auf.

2. **Erwerb aller Anteile einer Personengesellschaft**

Auch in diesem Fall gehen Vermögen und Schulden des erworbenen Unternehmens in den Aktiven und Passiven des erwerbenden Unternehmens auf.

3. **Erwerb des Betriebes oder Teilbetriebes einer Kapitalgesellschaft oder Personengesellschaft**

Vermögen und Schulden des erworbenen Betriebes oder Teilbetriebes gehen in den Aktiven und Passiven des erwerbenden Unternehmens auf.

Der Erwerb von Gesellschaftsanteilen führt dagegen nicht zum bilanzmäßigen Ausweis eines Firmenwertes. Für den Fall des Erwerbes eines Anteiles an einer **Personengesellschaft** werden die Anschaffungskosten desselben beim erwerbenden Unternehmen unter den **Beteiligungen bzw Wertpapieren (Wertrechten) des Anlagevermögens** ausgewiesen. Steuerlich kann jedoch in der **Personengesellschaft,** deren Anteil erworben wurde, für den Anteil des Erwerbers, sofern stille Reserven und ein Firmenwert realisiert wurden, eine **Ergänzungsbilanz** eingerichtet werden. Die stillen Reserven werden im Verhältnis jener Vermögensgegenstände abgeschrieben, bei denen sie realisiert wurden; der **Firmenwert** ist entsprechend den steuerrechtlichen Bestimmungen abzuschreiben.

Auch der Erwerb eines Anteiles an einer **Kapitalgesellschaft** kann nicht zum Ausweis eines Firmenwertes führen, da nicht einzelne Vermögensgegenstände und Schulden anteilig erworben werden, sondern ein einziger Vermögensgegenstand **„Anteil“**, der mit den Anschaffungskosten **unter Beteiligungen** bzw **unter den Wertpapieren (Wertrechten) des Anlagevermögens** aktiviert wird.

Während der **Firmenwert** gemäß § 203 Abs 5 planmäßig längstens auf die Geschäftsjahre, in denen er voraussichtlich genutzt wird, zu verteilen ist, verlangt § 8 Abs 3 EStG 1988 die Absetzung der Anschaffungskosten eines Firmenwertes bei land- und forstwirtschaftlichen Betrieben und bei Gewerbebetrieben gleichmäßig verteilt auf 15 Jahre.

Da die voraussichtliche Nutzung eines Firmenwertes relativ schwer festzustellen ist, wird in der Praxis die unternehmensrechtliche Abschreibungsdauer oft jener des Steuerrechtes angepasst werden.

Außerplanmäßige Abschreibungen (Unternehmensrecht) sowie Abschreibungen auf den niedrigeren Teilwert (Steuerrecht) sind bei Eintreten der Voraussetzungen (zB nachhaltig zu erwartende Verluste) zwingend.

4. **Firmenwert und Umgründungsmehrwert bei Umgründungsvorgängen**

Bezüglich des bei Umgründungsvorgängen unter gewissen Umständen zustande kommenden **Firmenwertes und Umgründungsmehrwertes** siehe Kapitel 4.221.5.

2.524.13 Der negative Firmenwert

Ein negativer Firmenwert entsteht, wenn der Kaufpreis für das Unternehmen niedriger ist als der Substanzwert. Diese Konstellation ist zB dann denkbar, wenn für das Unternehmen negative Ertragsaussichten bestehen oder befürchtet wird, dass nicht bilanzierungsfähige Garantien und Haftungszusagen schlagend werden. Möglich ist auch ein so genannter „lukky buy“, der dann vorliegt, wenn der Kaufpreis aus unterschiedlichen Gründen, die in der Regel nicht im Unternehmen liegen, unter dem Wert des Unternehmens liegt.

Fraglich ist, ob eine Bilanzierung eines negativen Firmenwertes (Bad Will) unter dem Blickwinkel des Anschaffungskostenprinzips unternehmensrechtlich zulässig ist. Das Passivieren eines Bad Will sollte (analog zum Good Will) zu einem Ergebnisausgleich führen, dh mit der ertragswirksamen Auflösung des zu passivierenden Ausgleichsposten werden in der Zukunft negative Ereignisse, die jetzt schon absehbar sind und zum niedrigeren Kaufpreis geführt haben, kompensiert.

Orientiert man sich jedoch am Wortlaut des § 203 Abs 5 UGB, so ist eine Bilanzierung eines negativen Firmenwertes nicht möglich. Vielmehr sind die unternehmensrechtlichen Anschaffungskosten der übernommenen Vermögensgegenstände entsprechend zu vermindern (Abstockung). Dies wird jedoch dann unmöglich sein, wenn auf der Aktivseite nur mehr Nominalwerte vorhanden sind. In diesem Fall, aber auch dann, wenn negative Ertragsaussichten nachvollziehbar den Kaufpreis unter den Substanzwert gedrückt haben, erscheint es zulässig, einen unternehmensrechtlichen Ausgleichsposten (Bad Will) im Jahresabschluss einzustellen.

2.524.2 Bewertung des Sachanlagevermögens

§ 204 lautet:

(1) Die **Anschaffungs- oder Herstellungskosten** sind bei den Gegenständen des Anlagevermögens, deren Nutzung zeitlich begrenzt ist, um planmäßige Abschreibungen zu vermindern. Der Plan muss die Anschaffungs- oder Herstellungskosten auf die Geschäftsjahre verteilen, in denen der Vermögensgegenstand voraussichtlich wirtschaftlich genutzt werden kann.

(2) Gegenstände des Anlagevermögens sind bei voraussichtlich dauernder Wertminderung ohne Rücksicht darauf, ob die Nutzung zeitlich begrenzt ist, außerplanmäßig auf den niedrigeren Wert abzuschreiben, der ihnen am Abschlussstichtag unter Bedachtnahme auf die Nutzungsmöglichkeit im Unternehmen beizulegen ist. Bei Finanzanlagen dürfen solche Abschreibungen auch vorgenommen werden, wenn die Wertminderung voraussichtlich nicht von Dauer ist.

2.524.21 Planmäßige Abschreibungen

Nur solche Gegenstände des Anlagevermögens, deren Nutzung zeitlich begrenzt ist (abnutzbare Gegenstände des Anlagevermögens), müssen **planmäßig** abgeschrieben werden. Mit dem Begriff „planmäßig" bringt das Gesetz (§ 204 Abs 1) zum Ausdruck, dass die Abschreibung aufgrund eines vor oder mit Beginn der Nutzung aufgestellten Planes zu erfolgen hat.

„Der Plan muß die Anschaffungs- oder Herstellungskosten auf die Geschäftsjahre verteilen, in denen der Vermögensgegenstand voraussichtlich wirtschaftlich genutzt werden kann."

Die **Abschreibungsbemessung** hat somit nicht nach der technischen oder rechtlichen Lebensdauer, also jener Zeitspanne, in der ein Vermögensgegenstand, vom technischen oder rechtlichen Standpunkt aus betrachtet, überhaupt Leistungen abgeben kann, sondern nach jenem Zeitraum zu erfolgen, in dem die **Nutzung eines Gutes** vom wirtschaftlichen Standpunkt aus als vertretbar gilt. Die wirtschaftliche Nutzungsdauer kann die Lebensdauer oft beträchtlich unterschreiten.

Die wirtschaftliche **Nutzungsdauer** kann auf unterschiedliche Kriterien zurückzuführen sein:

1. **Verbrauchsbedingte (technische) Abnutzung,** die unter anderem durch die Beanspruchung (einschichtig, mehrschichtig, gefahrene Kilometer eines LKW), oder die Beanspruchungsintensität (Drehzahl einer Maschine, Geschwindigkeit eines LKW, Härte des zu bearbeitenden Materials), durch die Art der Bedienung (Fachkenntnis, Sorgfalt) und durch die Anlagenpflege (Wartung) beeinflusst wird.
2. **Natürlicher Verschleiß** durch äußere Einflüsse (klimatische Bedingungen, Standortbedingungen, Anfälligkeit der Anlage [Rost] und Verschleißschutz).
3. **Substanzverringerung** in Gewinnungsbetrieben (Bergbau, Steinbruch, Sandgruben etc).
4. **Ablauf der vertraglich oder gesetzlich festgesetzten Nutzungszeit,** wie Ablauf von Miet- und Lizenzverhältnissen, Ablauf der Schutzfrist für Patente, Ablauf einer auf befristete Zeit gewährten Konzession.

Methoden der planmäßigen Abschreibung

1. Zeitlich bedingte Abschreibung
2. Leistungsbedingte Abschreibung
3. Gewinnungsbedingte Abschreibung

Zu 1. **Zeitlich bedingte Abschreibung**

Die **Verteilung der Gesamtabschreibung** auf die gesamte Nutzungsdauer kann **linear**, **degressiv** oder **progressiv** erfolgen.

Die Festsetzung der Abschreibungsquote erfolgt entweder für jeden einzelnen Gegenstand gesondert oder sie wird für artähnliche Gegenstände in pauschaler Form festgelegt (zB planmäßige Abschreibung von Büromaschinen über einen Zeitraum von fünf Jahren oder der Büroeinrichtung von zehn Jahren). Letztere auch als **konventionelle Nutzungsdauer** bezeichnete Annahme des Abschreibungszeitraumes findet sich im Steuerrecht in Form der **Absetzung für Abnutzung (AfA),** die auf der so genannten **betriebsgewöhnlichen Nutzungsdauer** aufbaut.

Lineare (konstante) **Abschreibung**

Die **lineare (konstante) Abschreibung** geht von der Voraussetzung aus, dass die Gebrauchsfähigkeit eines Anlagegegenstandes während der Nutzungsdauer konstant bleibt, dass keine oder zumindest gleichmäßige jährliche Reparaturen anfallen und dass die Beschäftigung konstant bleibt; weiters werden keine Wertminderungen berücksichtigt, die sich durch den technischen Fortschritt oder durch Bedarfsverschiebungen am Markt ergeben.

Degressive Abschreibung

Die **Abschreibungen sinken** mit zunehmender Nutzungsdauer, dh die Abschreibungsquote ist im ersten Jahr am höchsten, im letzten Nutzungsjahr am niedrigsten.

Betriebswirtschaftlich wird die degressive Abschreibung folgendermaßen begründet:

Bei vielen Anlagegegenständen ist die Leistungsfähigkeit in den ersten Nutzungsjahren am höchsten; diese können daher auch mit den höchsten Abschreibungsquoten belastet werden. In den späteren Nutzungsjahren sinkt die Leistungsfähigkeit der Anlagengegenstände infolge stärkerer Reparaturanfälligkeit, durch die ungenauere Arbeit der Anlagen und die höheren Betriebskosten. Es treten so genannte **Alterungskosten** auf, also Kosten, die mit zunehmendem Anlagenalter progressiv ansteigen.

Außerdem wird durch die Anwendung dieses Verfahrens eine **gleichmäßige Aufwandsbelastung** erreicht, da die Verringerung der Abschreibungsquote durch die Zunahme des **Reparaturaufwandes** kompensiert wird.

Durch die **degressive Abschreibung** wird die **Gefahr der technischen oder wirtschaftlichen Überholung** berücksichtigt. Tritt eine Wertminderung des Anlagegegenstandes durch den technischen Fortschritt oder durch Bedarfsverschiebungen ein, ist es in diesem Fall nicht mehr erforderlich, zusätzliche Abschreibungen vorzunehmen. Die degressive Abschreibung berücksichtigt damit besonders den **Vorsichtsgrundsatz.**

Formen der degressiven Abschreibung sind die **arithmetisch degressive Abschreibung** und die **geometrisch degressive Abschreibung**.

Die arithmetisch degressive Abschreibung kann in der Form der **gleichmäßig fallenden Abschreibungssätze** auf den Anschaffungswert oder in Form der **digitalen Abschreibung** angesetzt werden.

Arithmetisch degressive Abschreibung mit gleichmäßig fallenden Abschreibungssätzen auf den Anschaffungswert:

a1 = Abschreibungsquote des 1. Jahres
d = gleich bleibende Differenz zwischen den einzelnen Abschreibungsquoten
an = Abschreibungsquote des letzten Jahres = a1 – (n – 1)d

Summe der Abschreibungsquoten = 100 %

Summenformel:

$$100 = (a1 + an)\frac{n}{2} = [a1 + a1 - (n - 1)d]\frac{n}{2} = [2a1 - (n - 1)d]\frac{n}{2}$$

Beispiel:

Eine Maschine mit Anschaffungskosten von € 90.000,– und einer Nutzungsdauer von 10 Jahren soll in fallenden Prozentsätzen vom Anschaffungswert abgeschrieben werden, wobei die Abschreibungsdifferenz zwischen den Abschreibungsquoten der einzelnen Jahre 2 % beträgt.

Wie hoch sind die Abschreibungssätze des ersten und letzten Jahres?

$$
\begin{aligned}
100 &= [2a1-(9\times 2)]5 \\
100 &= 10a1-90 \\
10al &= 190 \\
a1 &= 19 \\
an &= 19-9\times 2 = 1
\end{aligned}
$$

Digitale Abschreibung

Die Abschreibungsquote des letzten Jahres entspricht der Abnahme der jährlichen Abschreibungsquoten. Die Abschreibungsquote des letzten Jahres ergibt sich daher aus der Division der Gesamtabschreibung durch die Summe der Abschreibungsquoten

$$\frac{\text{Gesamtabschreibung}}{1+2+3+4+\ldots\ldots\ldots+n}$$

n = Nutzungsdauer des Gegenstandes

Beispiel:

Die im vorliegenden Beispiel angeführte Maschine soll digital über 10 Jahre abgeschrieben werden:

$$\text{Abschreibungsquote des letzten Jahres} = \frac{\text{Gesamtabschreibung}}{1+2+3+\ldots\ldots+10} = \frac{90.000}{55}$$

Die Abschreibungsquote des letzten Jahres beträgt € 1.636,36 oder 1,818 %.

Wenn der Abschreibungsprozentsatz des letzten Jahres direkt errechnet werden soll, lautet die Rechnung

$$\frac{100}{1+2+3+\ldots\ldots+10} = \frac{100}{55} = 1{,}818\%$$

Geometrisch degressive Abschreibung

In diesem Fall wird der gleich bleibende Abschreibungssatz auf den jeweiligen Restbuchwert angewendet.

Dieses Abschreibungsverfahren kann nie zum Wert null führen; es muss daher immer ein Restwert festgesetzt werden, der mit Ablauf des letzten Nutzungsjahres erreicht werden soll. Wenn dieser Restwert niedrig ist, ist ein sehr hoher Abschreibungsprozentsatz erforderlich. Dieser kann dabei nach folgender Formel errechnet werden:

$$p = 100\left(1 - \sqrt[n]{\frac{Rn}{A}}\right)$$

Die Symbole dieser Formel bedeuten:
p = Abschreibungssatz
Rn = Restwert nach n Jahren
n = Nutzungsdauer
A = Anschaffungs- oder Herstellungskosten.

Progressive Abschreibung

Die **progressive Abschreibung** hat kaum praktische Bedeutung. Sie ist dann berechtigt, wenn im Hinblick auf die künftige Entwicklung überdimensionierte Anlagen erst langsam in ihre volle Ausnutzung hineinwachsen, wie dies zum Beispiel bei Verkehrsunternehmen und Kraftwerken der Fall sein kann.

Der **Haupteinwand** gegen die progressive Abschreibung liegt im Widerspruch zum Vorsichtsgrundsatz (Gefahr der technischen Überholung, plötzliche Nachfrage- oder Preisänderungen).

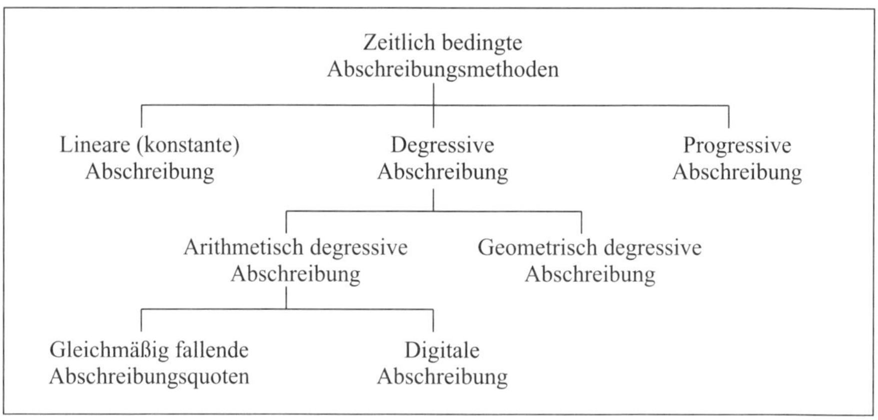

Zu 2. **Leistungsbedingte Abschreibung**

Bei diesem Verfahren wird nicht die Nutzungsdauer, sondern die mögliche Leistungsabgabe geschätzt. Es wird ein Abschreibungsbetrag je Leistungseinheit ermittelt. Grundlagen dafür sind die Anschaffungs- oder Herstellungskosten, dividiert durch die Anzahl der mutmaßlichen Leistungseinheiten (zB mögliche Gesamtkilometerzahl bei einem LKW) oder durch die Stunden, die ein Gegenstand genutzt werden kann, bis er nicht mehr verwendungsfähig ist.

Zu 3. **Gewinnungsbedingte Abschreibung**

Die Abschreibung auf Basis der **Substanzverringerung** erfordert bei der Aufstellung des Abschreibungsplanes die Feststellung der gesamten vorhandenen Substanz (Schätzung oder Messung). Die planmäßige Abschreibung pro abgebauter (gewonnener) Substanzeinheit (t, kg, m^3) ergibt sich aus folgender Rechnung:

Abschreibung pro abgebaute (gewonnene) Substanzeinheit =

$$\frac{\text{Anschaffungskosten (bzw Gesamtabschreibung)}^{1)}}{\text{Abbaufähige (gewinnungsfähige) Substanzeinheiten}}$$

Jahresabschreibung = Abgebaute (gewonnene) Substanzeinheiten × Abschreibung pro Substanzeinheit

1) Die Gesamtabschreibung wird dann von den Anschaffungskosten abweichen, wenn ein nicht abschreibungsfähiger Restwert (Schrottwert, Wert des Grund und Bodens nach Ausbeutung) verbleibt.

Sonderformen der Anlagenabschreibung

Geringwertige Vermögensgegenstände

Gemäß § 205 Abs 1 können geringwertige Vermögensgegenstände des Anlagevermögens im Jahr der Anschaffung vollständig abgeschrieben werden, wenn die Abschreibung betragsmäßig nicht von wesentlichem Umfang ist.

Gemäß den ErlRV (zum RLG) ist der Begriff der Wesentlichkeit bei der Vollabschreibung geringwertiger Vermögensgegenstände im Hinblick auf ihre Bedeutung im Rahmen der Gesamtabschreibungen zu interpretieren.

Im Einkommensteuergesetz werden die **geringwertigen Vermögensgegenstände als geringwertige Wirtschaftsgüter** bezeichnet. Der Begriff der geringwertigen Wirtschaftsgüter findet sich im § 13 EStG 1988, wonach „die Anschaffungs- oder Herstellungskosten von abnutzbaren Anlagegütern als Betriebsausgaben abgesetzt werden können, wenn diese Kosten für das einzelne Anlagegut € 400,– nicht übersteigen (geringwertige Wirtschaftsgüter)“.

Abschreibung (Aufwandserfassung) auf Basis von Festwerten

Gegenstände des Sachanlagevermögens sowie Roh-, Hilfs- und Betriebsstoffe können gemäß § 209 Abs 1 „wenn sie regelmäßig ersetzt werden und ihr Gesamtwert von untergeordneter Bedeutung ist, mit einem gleichbleibenden Wert angesetzt werden, sofern ihr Bestand voraussichtlich in seiner Größe, seinem Wert und seiner Zusammensetzung nur geringen

Veränderungen unterliegt. Jedoch ist mindestens alle fünf Jahre eine Bestandsaufnahme durchzuführen. Ergibt sich dabei eine wesentliche Änderung des **mengenmäßigen Bestandes,** so ist insoweit dieser Wert anzupassen."

An die Stelle der Abschreibungen treten bei Anwendung des Festwertverfahrens die jährlichen Zugänge, die **unmittelbar als Aufwand,** allerdings **nicht unter den Abschreibungen,** sondern unter dem Materialaufwand gemäß § 231 Abs 2 Z 5 a erfasst werden.

Absetzung für Abnutzung nach dem Steuerrecht

Gemäß § 7 Abs 1 EStG 1988 sind „bei Wirtschaftsgütern, deren Verwendung oder Nutzung durch den Steuerpflichtigen zur Erzielung von Einkünften sich erfahrungsgemäß auf einen Zeitraum von mehr als einem Jahr erstreckt (abnutzbares Anlagevermögen), die Anschaffungs- oder Herstellungskosten **gleichmäßig verteilt** auf die **betriebsgewöhnliche Nutzungsdauer** abzusetzen".

Mit der Forderung nach gleichmäßiger Verteilung der Abschreibungen auf die betriebsgewöhnliche Nutzungsdauer ist **steuerrechtlich** seit 1989 bei allen abnutzbaren Anlagegegenständen, die einer zeitlich beschränkten Nutzung unterliegen, nur noch die **lineare Abschreibung** möglich. Dies gilt nicht für die Abschreibung wegen Substanzverringerung. In gleicher Weise sind die Vollabschreibung geringwertiger Wirtschaftsgüter (§ 13 EStG 1988) sowie die Anwendung des Festwertverfahrens steuerlich zulässig.

Änderung der Abschreibungsmethode

Die Bestimmung in § 201 Abs 2, letzter Satz, wonach unter anderem ein Abweichen von den **im Vorjahr angewendeten Bewertungsmethoden** nur bei Vorliegen besonderer Umstände zulässig ist, trifft auch auf die Frage des Überganges von einer auf eine andere Abschreibungsmethode (zB von der linearen auf die degressive Abschreibung) zu.

Stellt sich allerdings während der Nutzung eines Anlagegegenstandes heraus, dass die Nutzungsdauer zu kurz oder zu lang angenommen worden war, wird gegen eine **Anpassung des Abschreibungssatzes** für die Zukunft kein Einwand erhoben werden können.

Eine **Zuschreibung** ist für den Fall, dass die planmäßige Abschreibung zu hoch angenommen wurde, **nicht** möglich, da Zuschreibungen gemäß § 208 Abs 1 nur zur Rückgängigmachung **außerplanmäßiger Abschreibungen** vorgenommen werden können (siehe auch Kapitel 4.222, in dem die Problematik nicht anerkannter planmäßiger Abschreibungen durch die Betriebsprüfung behandelt wird).

2.524.22 Außerplanmäßige Abschreibungen

Nachstehende Ereignisse können zur Durchführung außerplanmäßiger Abschreibungen führen:

Wirtschaftlich bedingte Wertminderung:

Diese ergibt sich aus der Wertminderung infolge des technischen Fortschrittes; werden Anlagen und Produktionsverfahren entwickelt, die mit geringeren Kosten als die alten Anlagen arbeiten, so wirkt sich das als Wertminderung der alten Anlagen aus.

Nachfrageverschiebungen:

Infolge von Verschiebungen in der Bedarfsstruktur ändert der Betrieb zwangsläufig sein Produktionsprogramm. Die dadurch hervorgerufene Umstellung in der Fertigung kann dazu führen, dass die vorhandenen Anlagen nicht mehr voll geeignet sind und damit auch nicht mehr voll genutzt werden können. Der technisch noch vorhandene Leistungsvorrat ist also wirtschaftlich nicht mehr voll verwertbar.

Fehlinvestitionen:

Infolge falscher Einschätzung der wirtschaftlichen Entwicklung kann der technische Leistungsvorrat in Form von Anlagen überhaupt nicht ausgenützt werden.

Sinken der Wiederbeschaffungskosten:

Kann der in den vorhandenen Anlagen enthaltene Nutzungsvorrat am Markt billiger wiederbeschafft werden, so vermindert sich der Wert der vorhandenen Anlagen.

Ist die **Wertminderung** voraussichtlich **von Dauer,** muss gemäß § 204 Abs 2 eine außerplanmäßige Abschreibung vorgenommen werden; gilt sie als **vorübergehend,** darf diese nur bei **Gegenständen des Finanzanlagevermögens** vorgenommen werden (gemildertes Niederstwertprinzip).

Der Betrag der außerplanmäßigen Abschreibung ist in der Gewinn- und Verlustrechnung gesondert darzustellen (§ 232 Abs 5).

2.524.23 Zuschreibungen

Gem § 208 Abs 1 besteht ein striktes **Wertaufholungsgebot,** wenn sich in einem späteren Geschäftsjahr herausstellt, dass die Gründe für eine vorgenommene außerplanmäßige Abschreibung nicht mehr bestehen. Die Zuschreibung ist im Umfang der Werterhöhung unter Berücksichtigung der Abschreibungen, die inzwischen vorzunehmen gewesen wären, durchzuführen.

Beispiel:

Eine Anlage (Anschaffungsdatum 2.1.2000) mit Anschaffungskosten von 400.000, einer 10-jährigen Nutzungsdauer und einem Buchwert am 1.1. 2005 von 200.000 wird wegen fortschreitender Verluste der Marktanteile des darauf erzeugten Produktes, die zu einer Produktionseinschränkung geführt haben, neben der planmäßigen Abschreibung im Jahre 2005 außerplanmäßig auf einen Restwert von 90.000 abgeschrieben. Da die Gesamtnutzungsdauer der Anlage gleich bleibt, führt die außerplanmäßige Abschreibung zu einer Verringerung der planmäßigen Abschreibung von 40.000 auf 22.500 (90.000/4). Bei Erstellung des Jahresabschlusses für 2007 wird festgestellt, dass das Produkt wieder normal verkauft werden kann.

Lösung

Buchwert 1.1.2005	200.000
Planmäßige Abschreibung	– 40.000
Außerplanmäßige Abschreibung	– 70.000
Restwert 31.12.2005	90.000
Planmäßige Abschreibung 2006	– 22.500
Buchwert 31.12.2006	67.500
Planmäßige Abschreibung 2007	– 22.500
Zuschreibung 2007	+ 35.000
Buchwert 31.12.2007 ohne außerplanmäßige Abschreibung	80.000

Wie auch im dHGB, das im § 280 Abs 1 ebenfalls das **Wertaufholungsgebot** normiert hat, wird dieses sowohl im dHGB (§ 280 Abs 2) als auch im UGB (§ 208 Abs 2) dahin gehend relativiert, dass insoweit von den Zuschreibungen abgesehen werden kann, als der niedrigere Wertansatz bei der steuerrechtlichen Gewinnermittlung unter der Voraussetzung beibehalten werden kann, dass der niedrigere Wertansatz auch im Jahresabschluss beibehalten wird.

Da wegen der Maßgeblichkeit der Unternehmensbilanz für die Steuerbilanz derzeit kaum Beispiele existieren, in denen eine Zuschreibung im Jahresabschluss nicht mit einer Erhöhung des steuerrechtlichen Gewinnes (Verminderung des steuerrechtlichen Verlustes) verbunden wäre, kann von einer Zuschreibung jedenfalls abgesehen werden. Damit gilt in der Tat ein (EU-widriges) Wertbeibehaltungsrecht.

Eine Ausnahme für dieses Wertbeibehaltungsrecht besteht lediglich bei Beteiligungen an Kapitalgesellschaften. Gem § 6 Z 13 EStG 1988 hat der Steuerpflichtige bei Anteilen an Körperschaften, die zum Anlagevermögen gehören und eine Beteiligung gem § 228 Abs 1 UGB darstellen, den höheren Teilwert anzusetzen, soweit nach Maßgabe der unternehmensrechtlichen Grundsätze ordnungsmäßiger Buchführung eine Zuschreibung zulässig ist.

Wurde eine **Zuschreibung** aus steuerrechtlichen Gründen unterlassen, ist gem § 208 Abs 3 der Betrag der im Geschäftsjahr unterlassenen Zuschreibung im Anhang anzugeben und hinreichend zu begründen. Ferner ist das Ausmaß erheblicher künftiger steuerlicher Belastungen, die sich aus einer solchen Bewertung ergeben, anzuführen.

Für den Leser des Jahresabschlusses ergibt sich allerdings die Informationslücke, dass die unterlassene Zuschreibung ebenso wie die daraus entstehende künftige Steuerbelastung nur im Jahr des Unterlassens im Anhang anzuführen sind.

2.524.3 Bewertung des Finanzanlagevermögens

Die Bewertung des Finanzanlagevermögens erfolgt grundsätzlich zu **Anschaffungs**kosten.

Das Finanzanlagevermögen unterliegt keiner planmäßigen Abschreibung.

Bei voraussichtlich **dauernder Wertminderung sind** Gegenstände des Finanzanlagevermögens gem § 204 Abs 2 auf den niedrigeren Wert abzuschreiben, der ihnen am Abschlussstichtag beizulegen ist. Ist die Wertminderung voraussichtlich **nicht von Dauer, darf** im Gegensatz zum Sachanlagevermögen bzw. zum immateriellen Vermögen eine außerplanmäßige Abschreibung vorgenommen werden **(gemildertes Niederstwertprinzip).**

Gem § 237a Abs 1 Z 2 sind für den Fall der Nichtabwertung bei vorübergehender Wertminderung im Anhang

a) der Buchwert und der beizulegende Zeitwert der einzelnen Vermögensgegenstände oder angemessener Gruppierungen sowie
b) die Gründe für das Unterlassen einer Abschreibung gemäß § 204 Abs. 2 und jene Anhaltspunkte, die darauf hindeuten, dass die Wertminderung voraussichtlich nicht von Dauer ist,

anzugeben. Siehe hiezu den **Abschnitt 6.335.2.**

Gem § 208 Abs 1 ist für den Fall, dass in einem späteren Geschäftsjahr die Gründe für eine außerplanmäßige Abschreibung nicht mehr bestehen, der Betrag dieser Abschreibung im Umfang der Werterhöhung zuzuschreiben. Diese Bestimmung wird allerdings im Abs 2 dadurch relativiert, als von der Zuschreibung abgesehen werden kann, wenn ein niedriger Wertansatz bei der steuerrechtlichen Gewinnermittlung unter der Voraussetzung beibehalten werden kann, dass er auch im Jahresabschluss beibehalten werden kann.

2.524.31 Die Bewertung von Beteiligungen

Zum Begriff der Beteiligung siehe Abschnitt 4221.44.

Anteile an Kapitalgesellschaften, die auf Dauer angelegt und in Wertpapieren verbrieft sind (Aktien), werden, soweit keine Beteiligung im Sinne des § 228 UGB vorliegt, zu den Wertpapieren des Anlagevermögens gezählt; liegt keine Verbriefung in Wertpapieren vor (GmbH-Anteile), zählen sie zu den Wertrechten.

Die Bewertung von **Beteiligungen** erfolgt grundsätzlich zu **Anschaffungskosten.** Dazu zählen neben dem Erwerbspreis die Gesellschaftssteuer, Rechtsanwalts- und Notarkosten, Maklerkosten, Vermittlungsprovision. Bei **Neugründungen** bestehen die Anschaffungskosten aus der Einlage, einem eventuellen Agio und mit der Gründung zusammenhängenden Kosten.

Die **Folgebewertung** erfolgt grundsätzlich zu den **Anschaffungskosten,** wenn nicht eine **dauernde oder vorübergehende Wertminderung** eingetreten ist, wobei die Abwertung in letzterem Fall nicht verpflichtend ist. Basis für die Bewertung ist der **Markt- oder Börsepreis,** bei Fehlen eines solchen der **Ertragswert,** wobei dieser in der Regel nach dem Fachgutachten des Fachsenats für Betriebswirtschaft und Organisation der Kammer der Wirtschaftstreuhänder ermittelt wird.

Eine **funktionale Bewertung** wird vor allem bei Beteiligungen, die aus Gründen gegenseitiger Förderung und intensiverer Zusammenarbeit, besserer Beschaffungs- oder Absatzmöglichkeiten, der Auslagerung von Kapazitäten oder der Schaffung von Möglichkeiten, bestimmte Arbeitsgänge der Fertigung außer Haus durchzuführen, erworben wurden. Die **Höhe des funktionalen Wertes** hängt vom Ausmaß der Erfüllung der mit dem Erwerb dieser Anteile gesetzten Ziele ab. Als Mindestwert ist jedenfalls der **Ertragswert,** soweit dieser unter dem Anschaffungswert liegt, anzusetzen.

Wie schon dargelegt, ist gem § 208 Abs 1 für den Fall, dass in einem späteren Geschäftsjahr die Gründe für eine außerplanmäßige Abschreibung nicht mehr bestehen, der Betrag einer vorgenommenen Abschreibung im Umfang der Werterhöhung zuzuschreiben.

Da **Beteiligungen im Sinne des § 228 UGB** gem § 6 Z 13 EStG für den Fall, dass in einem späteren Wirtschaftsjahr die Gründe für eine außerplanmäßige Abschreibung nicht mehr bestehen, mit dem höheren Teilwert angesetzt werden müssen, gilt für diese nicht die Bestimmung des § 208 Abs 2 UGB. Sie müssen auch unternehmensrechtlich aufgewertet werden.

Die Bewertung von **Anteilen an Personengesellschaften** (OG, KG) erfolgt in der Regel nach den gleichen Prinzipien wie jene von Anteilen an Kapitalgesellschaften. Eine mögliche Bewertung ist die sogenannte **Equity-Methode,** bei der Gewinne und Einlagen den Wert des Anteiles erhöhen und Verluste und Entnahmen diesen vermindern.

2.524.32 Bewertung von Wertpapieren (Wertrechten) des Anlagevermögens und Ausleihungen

Bezüglich der Begriffe **Wertpapiere und Wertrechte** siehe die Abschnitte 4221.45 und 4221.46.

Die Bewertung erfolgt zum **gemilderten Niederstwertprinzip**. Bezüglich einer Wiederaufwertung nach Wegfall der Gründe für eine außerplanmäßigen Abschreibung gilt die Bestimmung des § 208 Abs 2, wonach eine Wiederaufwertung unterbleiben kann, wenn ein niedrigerer Wertansatz bei der steuerrechtlichen Gewinnermittlung unter der Voraussetzung beibehalten werden kann, dass er auch im Jahresabschluss beibehalten wird.

Die Ursachen für außerplanmäßige Abschreibungen bei Beteiligungen und Wertpapieren sind im Abschnitt 5.43, Z 14 dargelegt.

2.524.33 Bewertung von Rückdeckungsversicherungen

Unter **Rückdeckungsversicherung** versteht man eine Lebens- oder Berufsunfähigkeitsversicherung, die ein Unternehmen im Zusammenhang mit Pensionsverpflichtungen als **Versicherungsnehmer und Begünstigter aus dem Vertrag** abschließt. Diese Versicherung dient dazu, Verpflichtungen aus Pensionszusagen im Eintrittsfalle abzudecken, wobei der Eintrittsfall das Erreichen eines bestimmten Alters, der geplante Eintritt in den Ruhestand oder aber auch der vorzeitige Austritt des Mitarbeiters aus dem Dienstverhältnis sein kann.

Eine gegenseitige Aufrechnung des Anspruches des Unternehmens aus der Rückdeckungsversicherung mit der Verpflichtung gegenüber dem Pensionsberechtigten ist in der Bilanz nicht möglich, da es sich um zwei **voneinander unabhängige Rechtsbeziehungen handelt.**

Die **Verpflichtungen aus der Pensionszusage** sind daher nach den Regeln der Pensionsrückstellungen zu bilanzieren, während die Ansprüche aus der **Rückdeckungsversicherung** unter den Wertrechten im Finanzanlagevermögen auszuweisen sind. Wegen der unterschiedlichen Bilanzierungsregeln kann es durchaus zu unterschiedlichen Ansätzen kommen.

Für die **Bewertung der Ansprüche** aus der Rückdeckungsversicherung in der Bilanz kommen während der Anwartschaftszeit der **Rückkaufswert** oder das **Deckungskapital** in Frage. Der **Rückkaufswert** ist jener Betrag, der von der Versicherungsgesellschaft bei vorzeitiger Auflösung des Vertrages während der Anwartschaftszeit ausbezahlt wird. Er ist zunächst kleiner als das Deckungskapital, wobei die Differenz mit zunehmender Dauer des Vertrages immer kleiner wird. Das **Deckungskapital** ist die angesammelte **Sparkomponente inkl der bereits gutgeschriebenen Gewinnanteile.**

Da es sich beim Deckungskapital um **Finanzanlagevermögen** handelt, welches dazu bestimmt ist, bis zum Ende der Laufzeit (Erlebenszeitpunkt oder früherer Todeszeitpunkt) im Unternehmen zu bleiben, ist die Mehrheit der Literatur und Praxis der Ansicht, dass die Bewertung in der Anwartschaftszeit mit dem **Deckungskapita**l erfolgen sollte.

Bei Absicht eines **Rückkaufes**, was in der Regel **bei vorzeitigem Ausscheiden** des Pensionsberechtigten aus dem Unternehmen der Fall ist, hat die Bewertung zum **Rückkaufswert** zu erfolgen.

Erfolgsmäßig werden die geleisteten Prämien grundsätzlich mit der Veränderung der aktivierten Ansprüche aus der Rückdeckungsversicherung aufgerechnet, wobei in den ersten Jahren der Vertragslaufzeit in der Regel ein **Aufwandssaldo** und später ein **Ertragssaldo** übrigbleibt. Dieser Saldo kann, allenfalls nach Ausscheiden der Zinsenkomponente, die im Finanzergebnis ihren Niederschlag findet, im Pensionsaufwand oder in den sonstigen betrieblichen Aufwendungen bzw Erträgen erfasst werden.

2.525 Bewertung des Umlaufvermögens

Für das **Umlaufvermögen** gilt gem § 207 Abs 1 das **strenge Niederstwertprinzip.** Ein geringerer Wert als der niedrigere Tageswert kann am Abschlussstichtag nur unter zwei Bedingungen angesetzt werden:

1. Im Falle einer neuerlichen Wertsteigerung kann aus steuerlichen Gründen (EU-widrig) der niedrigere Wert beibehalten werden (§ 208 Abs 2).
2. Gemäß § 207 Abs 2 dürfen Gegenstände des Umlaufvermögens abgeschrieben werden, soweit dies nach vernünftiger unternehmerischer Beurteilung notwendig ist, um zu verhindern, dass in der nächsten Zukunft der Wertansatz dieses Vermögensgegenstandes aufgrund von Wertschwankungen geändert werden muss. Der Betrag dieser Abschreibungen ist in der Gewinn- und Verlustrechnung gesondert auszuweisen.

Diese unter den niedrigeren Tageswert am Abschlussstichtag hinuntergehende Abschreibungsmöglichkeit wurde für den Fall eingeführt, dass Gegenstände des Umlaufvermögens nach dem Bilanzstichtag Wertverluste erleiden (zB Kursverfall an der Börse, Kursverfall bei Fremdwährungen, nachhaltiges Sinken der Erlöserwartungen, Ankündigung von Preissenkungen durch Lieferanten). Diese Bestimmung trägt somit dem Vorsichtsprinzip gemäß § 201 Rechnung und stellt eine Abweichung vom Stichtagsprinzip des § 207 Abs 1 bzw § 201 Abs 2 Z 3 dar (verlängertes Niederstwertprinzip).

2.525.1 Bewertung des Sachumlaufvermögens

2.525.11 Roh-, Hilfs- und Betriebsstoffe

Unter dem Gesichtspunkt des **strengen Niederstwertprinzips** sind Roh-, Hilfs- und Betriebsstoffe sowie bezogene Teile mit ihrem Einstandswert (Anschaffungskosten), dessen Ermittlung nach den in der Folge dargestellten verschiedenen Bewertungsverfahren erfolgen kann, zu bewerten.

Der Vergleichswert (Tagespreis) am Abschlussstichtag wird bei Roh-, Hilfs- und Betriebsstoffen in der Regel aus dem **Beschaffungsmarkt** abgeleitet werden. In jenen Fällen, in denen infolge von Produktionsumstellungen, Änderungen des aus den vorhandenen Rohstoffen zu erzeugenden Produktes, Preisverfall des Fertigproduktes oder bei Überbeständen eine normale Verwendung der Roh-, Hilfs- und Betriebsstoffe nicht mehr möglich erscheint, richtet sich die Ermittlung des Tagespreises nicht nach dem Beschaffungsmarkt, sondern nach den weiteren Verwendungs- bzw Verwertungsmöglichkeiten dieser Materialien.

2.525.12 Unfertige und fertige Erzeugnisse

Die vom Unternehmen selbsterstellten unfertigen (in Arbeit befindlichen) Erzeugnisse sowie Fertigerzeugnisse sind in der Bilanz zu den Herstellungskosten zu bewerten.

Auch für die unfertigen und fertigen Erzeugnisse gilt das strenge Niederstwertprinzip, wobei als Vergleichswerte jedoch nicht die Werte des Beschaffungsmarktes, sondern jene des **Absatzmarktes** maßgeblich sind. Es ist daher grundsätzlich zu prüfen, ob der zu erwartende Veräußerungserlös die bisher entstandenen Herstellungskosten zuzüglich aller noch zu erwartenden Kosten deckt. Dazu gehören etwa noch anfallende Herstellungskosten, Verwaltungs- und Vertriebskosten. Ist dies nicht der Fall, ist insoweit eine Abwertung vorzunehmen.

Die **retrograde Bewertung** der Halb- und Fertigerzeugnisse ist im Sinne einer **verlustfreien Bewertung** folgendermaßen vorzunehmen:

	Erzielbare Verkaufserlöse
–	Erlösschmälerungen
–	Vertriebssonderkosten
–	noch zu erwartende Vertriebsgemeinkosten
–	noch zu erwartende Verwaltungsgemeinkosten
–	etwaige noch anfallende Erzeugungs- bzw Verarbeitungskosten
	Wert, der den Gegenständen am Abschlussstichtag beizulegen ist

Sind die nach § 203 Abs 3 ermittelten Herstellungskosten höher als der aufgrund der retrograden Rechnung ermittelte Wert, ist Letzterer anzusetzen.

Durch die verlustfreie Bewertung soll gewährleistet werden, dass eventuelle Verluste aus den hergestellten Produkten nicht jene Periode belasten, in der diese Produkte verkauft, sondern jene, in der sie hergestellt werden.

Daher wird die oben dargestellte Rechnung nur dann auf Vollkostenbasis angewendet werden, wenn die vorliegenden Aufträge in den kommenden Perioden die Annahme preisgünstigerer Aufträge, die die Fixkosten dieser Periode tragen würden, verhindern. Ist dies nicht der Fall, ist zu untersuchen, ob eine Nichtdurchführung des Auftrages einen Abbau der Fixkosten der kommenden Periode(n) ermöglichen würde. Können Fixkosten nicht abgebaut werden, würden sie also jedenfalls anfallen, haben sie jene Periode zu belasten, in der sie tatsächlich anfallen. In diesem Fall ist der voraussichtliche Höchstansatz auf Teilkostenbasis zu ermitteln:

	Erzielbare Verkaufserlöse
–	Erlösschmälerungen
–	Vertriebssonderkosten
–	noch zu erwartende variable Vertriebsgemeinkosten
–	noch zu erwartende variable Verwaltungsgemeinkosten
–	etwaige noch anfallende variable Erzeugungs- bzw Verarbeitungskosten
	Höchstwert am Bilanzstichtag

Für die **steuerliche Bewertung** sind die Herstellungskosten gem § 6 Z 2 a EStG heranzuziehen. Eine gesonderte retrograde Bewertung der Halb- und Fertigerzeugnisse ist steuerlich nicht durchzuführen; es ist jedoch zu beachten, dass für den Fall, als bei retrograder Bewertung der unternehmensrechtliche Bilanzansatz unter die steuerlichen Herstellungskosten fällt, Letztere abzuwerten sind (Maßgeblichkeit der Unternehmensbilanz für die Steuerbilanz).

Die retrograde Wertermittlung zur Durchführung einer verlustfreien Bewertung hat mit der Bewertungsmethode, nach der die Anschaffungskosten von Warenbeständen zum Bilanzstichtag retrograd vom Verkaufspreis ermittelt werden, nichts zu tun. Diese Bewertungsmethode wird gelegentlich dann angewendet, wenn die Handelsspanne für die zu bewertenden Produkte prozentuell gleich hoch ist. Im Gegensatz zur verlustfreien Bewertung muss in diesem Fall auch eine etwaige Gewinnspanne abgesetzt werden.

2.525.13 Noch nicht abrechenbare Leistungen

Hiebei handelt es sich vor allem um Auftragsleistungen der Bauwirtschaft, im Anlagenbau und um Dienstleistungen, wie etwa die Bearbeitung beigestellten Materials bzw beigestellter Teile, noch nicht vollendete Werbe-, Architektur- und Generalunternehmerleistungen.

Die Bewertung der noch nicht abrechenbaren Leistungen erfolgt gleich den unfertigen und fertigen Erzeugnissen. Bezüglich der Ausnahmevorschrift für **langfristige Aufträge** siehe den folgenden Abschnitt.

2.525.14 Langfristige Aufträge

Gemäß § 206 Abs 3 dürfen bei Aufträgen, deren Ausführung sich über mehr als 12 Monate erstreckt, angemessene Teile der Verwaltungs- und Vertriebskosten angesetzt werden, falls **eine verlässliche Kostenrechnung** vorliegt und soweit aus der weiteren Auftragsabwicklung keine Verluste drohen.

Bezüglich des Umfanges der angemessenen Verwaltungs- und Vertriebskosten vgl Wagenhofer A., Mehrjährige Aufträge, in: Bertl/Mandl (Hrsg), Handbuch RLG, 2. Lieferung.

Mit dieser Bestimmung wird zunächst klargemacht, dass eine **Teilgewinnrealisierung** nicht in Frage kommt, dass aber andererseits eine vollständige Neutralisierung der während der Herstellungszeit angefallenen Kosten ermöglicht werden soll. Voraussetzung ist allerdings eine „Ausführungszeit", die über 12 Monate hinausgeht, und dass es sich um die Ausführung eines **festen Kundenauftrages** handelt.

Schwierigkeiten können sich in der Frage der Auslegung des Beginnes der Ausführung der Leistung ergeben, da regelmäßig Planungs- und Konstruktionsarbeiten durchzuführen sind, die sich vielfach über mehrere Monate und länger hinweg erstrecken. Wegen der an sich kurzen Frist von „mehr als 12 Monaten" ist der Beginn der Ausführung eher **restriktiv** auszulegen.

Aufträge, die durch Ausführungsverzögerungen zu einer Ausführungszeit von mehr als 12 Monaten kommen, dürfen ebenfalls nicht zur Kategorie der langfristigen Aufträge gezählt werden.

Eine gleichartige Regelung gibt es weder in der Bilanz-Richtlinie noch im dHGB.

Trotz der fehlenden gesetzlichen Regelung der Teilgewinnrealisierung im dHGB sehen die deutschen Kommentare in der **Teilgewinnrealisierung** „einen generell anerkannten GoB bei der Bilanzierung von langfristiger auftragsgebundener Fertigung bzw Leistungserstellung", sofern verlässliche Kalkulationsgrundlagen vorliegen und aus der weiteren Auftragsabwicklung keine Verluste drohen (vgl Küting/Weber[4], § 252 Rz 88 ff und die dort angeführte Literatur, insbesondere Adler/Düring/Schmaltz).

2.525.15 Waren

Unter **Waren** versteht man jene Produkte, die vom Unternehmen erworben und ohne weitere Be- und Verarbeitung verkauft werden sollen. Verschiedene Manipulationen, wie Sortimentsgestaltung, Sortiervorgänge, Verpackungsmaßnahmen, zählen nicht zur Be- und Verarbeitung.

Waren sind in gleicher Weise wie Roh-, Hilfs- und Betriebsstoffe zu bewerten, wobei als **Vergleichswert der Wiederbeschaffungswert** heranzuziehen ist. Für die Bewertung der Waren gilt allerdings die **Maßgeblichkeit des Absatzmarktes** insoweit, als der um die Vertriebskosten verminderte voraussichtliche Verkaufserlös die Anschaffungskosten der Waren nicht unterschreiten darf; in diesem Fall wäre ebenfalls eine Abwertung erforderlich.

In **Einzelhandelsbetrieben** ist es wegen der großen Menge an verschiedenen Waren häufig schwierig, die Anschaffungskosten der einzelnen Gegenstände aus den Unterlagen zu entnehmen. In diesem Fall erscheint es zulässig, die **Anschaffungskosten** durch die **Vornahme eines Abschlages in der Höhe der Bruttogewinnspanne** vom Verkaufspreis zu ermitteln. Diese Methode erfordert aber für die einzelnen Warengruppen einheitliche Bruttogewinnspannen. Sind die verwendeten Handelsspannen innerhalb einzelner Warengruppen unterschiedlich, ist diese Methode nur dann anwendbar, wenn aus den **ausgezeichneten Verkaufspreisen** der einzelnen Waren die **verrechnete Handelsspanne** (verschlüsselt) unmittelbar ersehen werden kann.

2.525.16 Ermittlung des mengen- und wertmäßigen Einsatzes des Sachumlaufvermögens

Feststellung des mengenmäßigen Einsatzes (Verbrauches)

Eine **indirekte Verbrauchsermittlung** liegt vor, wenn der Verbrauch über den Umweg der Inventur festgestellt wird:

	Anfangsbestand laut Inventur
+	Zugang
–	Endbestand laut Inventur
	Verbrauch

Die **indirekte Verbrauchsermittlung** stellt eine Vermengung von mengen- und wertmäßiger Einsatzermittlung dar.

Die **direkte Verbrauchsermittlung** besteht in der unmittelbaren Erfassung jedes einzelnen Verbrauchsvorganges. Die Summe der karteimäßig erfassten Abfassungen gibt die Möglichkeit der rechnerischen Ermittlung des Sollendbestandes, dessen Vergleich mit dem Endbestand laut Inventur als Differenz Schwund oder Überschuss zeigt.

	Anfangsbestand
+	Zugang
–	direkt erfasster Verbrauch
	Soll-Endbestand
–	Ist-Endbestand laut Inventur
	Schwund oder Überschuss

Als **Erfordernis der direkten Verbrauchsermittlung** bedarf es der Führung einer Material- oder Warenkartei, mit dem Vorteil der Möglichkeit der Feststellung von eventuellen Abgängen und einer besseren laufenden Kontrolle der Bestände.

Die Bewertung des Einsatzes und des Bestandes des Sachumlaufvermögens

Vermögensgegenstände unterliegen gemäß § 201 Abs 2 Z 3 grundsätzlich der **Einzelbewertung.** Schwierigkeiten können allerdings insbesondere bei der Feststellung der Anschaffungskosten von Roh-, Hilfs- und Betriebsstoffen sowie bei bezogenen Teilen und Handelswaren, aber auch bei Gegenständen des Anlagevermögens (zB Ersatzteile, Wertpapiere) entstehen, die als gleichartige Gegenstände zu verschiedenen Preisen beschafft, gemischt, gelagert und abgefasst (verbraucht) werden. Für diese Fälle sieht das UGB in § 209 **Bewertungsvereinfachungsverfahren** vor.

Folgende Verbrauchs- und daraus resultierende Bestandsbewertungen (bzw vice versa) kommen in Frage.

Identitätspreisverfahren

Dieses entspricht voll dem Grundsatz der **Einzelbewertung,** da bei seiner Anwendung die verbrauchten Gegenstände und der Endbestand mit ihren jeweiligen **Anschaffungskosten** (Einstandspreisen) bewertet werden.

Die Anwendung des **Identitätspreisverfahrens** hat zur Voraussetzung, dass die einzelnen Gegenstände, soweit es sich um gleichartige Güter mit unterschiedlichen Anschaffungs- oder Herstellungskosten handelt, entweder **getrennt gelagert oder durch besondere Merkmale** (zB Motornummer, Gerätenummer) gekennzeichnet werden.

Bei der Gegenüberstellung der für die einzelnen Gegenstände festgestellten (unterschiedlichen) Anschaffungs-(Herstellungs-)kosten mit dem Tageswert am Bilanzstichtag ist jeder einzelne Posten mit dem (einheitlichen) Tageswert zu vergleichen; soweit die Anschaffungs-(Herstellungs-)kosten einzelner Gegenstände über dem Tageswert liegen, sind sie abzuwerten, während die zu einem Preis unter dem Tageswert angeschafften Gegenstände unverändert bleiben.

Die Bewertung nach dem Identitätspreisverfahren bringt sowohl in der **Abfassungsbewertung** als auch in der **Schlussbestandsbewertung** erhebliche Mehrarbeit mit sich, wird also nur dort angewendet werden, wo es sich um Gegenstände mit relativ hohen Anschaffungs-(Herstellungs-)kosten handelt.

Eine zulässige Vereinfachung des Identitätspreisverfahrens besteht darin, dass aus den am Bilanzstichtag lagernden Gegenständen ein durchschnittlicher (gewogener) Anschaffungs-(Herstellungs-)preis ermittelt wird, der dem Vergleichspreis (= Tagespreis am Abschlussstichtag) gegenübergestellt wird. Diese Methode hat den Vorteil, dass man mit einem einheitlichen Preis in die neue Periode geht. Es kann allerdings durch diese Methode zu einer anderen Bewertung als bei der Einzelbewertung kommen, wie nachstehendes Beispiel zeigt:

Ein Gegenstand zeigt folgende mengenmäßige Entwicklung:

Einkauf am 27.8. 3.000 kg zu 100 €
Einkauf am 15.12. 3.000 kg zu 70 €
Abfassung am 15.11. 1.500 kg (aus Einkauf vom 27.8.)
Der Preis am Bilanzstichtag beträgt 75 €

Methode 1 **(Einzelbewertung)**

Endbestand	Anschaffungskosten	Abwertung	Bewertung zum Abschlussstichtag
1.500 kg à 100 €	150.000 €	25 €/kg = 37.500 €	112.500 €
3.000 kg à 70 €	210.000 €		210.000 €
	360.000 €	37.500 €	322.500 €

Methode 2	**(Durchschnittspreis)**		
Endbestand	Anschaffungs-kosten	Abwertung	Bewertung zum Abschlussstichtag
1.500 kg à 100 €	150.000 €		
3.000 kg à 70 €	210.000 €		
4.500 kg à 80 €	360.000 €	5 €/kg = 22.500 €	337.500 €

Folgende **Bewertungsvereinfachungsverfahren** können gemäß § 209 Abs 2 UGB angewendet werden:

1. Gewogenes Durchschnittspreisverfahren
2. Annahme einer bestimmten Verbrauchsfolge (Kunstbewertungsverfahren)

Gewogenes Durchschnittspreisverfahren

Infolge der beim Identitätspreisverfahren auftretenden Schwierigkeiten bei der individuellen Ermittlung der Anschaffungskosten tritt an dessen Stelle das **Durchschnittspreisverfahren** als das am häufigsten angewendete Verfahren der Verbrauchsbewertung.

Gemäß § 209 Abs 2 können gleichartige Gegenstände des Finanzanlagevermögens und des Vorratsvermögens, zB Wertpapiere, Rohstoffe, Waren oder annähernd gleichwertige bewegliche Vermögensgegenstände jeweils zu einer Gruppe zusammengefasst und mit dem **gewogenen Durchschnittswert** angesetzt werden.

Je nach der Abfassungsmethode (direkt oder indirekt) wird das gewogene Durchschnittspreisverfahren entweder als gleitendes Durchschnittspreisverfahren (direkte Abfassungsmethode) oder als einfaches gewogenes Durchschnittspreisverfahren (indirekte Abfassungsmethode) angewendet.

Bei dem **gleitenden Durchschnittspreisverfahren** wird nach jedem Zugang ein neuer Durchschnittspreis ermittelt, mit dem die folgenden Abfassungen und der sich ergebende Bestand bewertet werden.

Beispiel wie oben:

Anfangsbestand	– kg
Einkauf am 27.8.	3.000 kg zu 100 € = 300.000 €
Abfassung am 15.11.	1.500 kg zu 100 € = 150.000 €
	1.500 kg zu 100 € = 150.000 €
Einkauf am 15.12.	3.000 kg zu 70 € = 210.000 €
Endbestand zu Anschaffungswerten	4.500 kg zu 80 € = 360.000 €
Abwertung	4.500 kg zu 5 € = 22.500 €
Endbestand zum niedrigeren Tagespreis	4.500 kg zu 75 € = 337.500 €

Die Anwendung des **gleitenden Durchschnittspreisverfahrens** ist nur bei **direkter mengenmäßiger Verbrauchsermittlung** möglich, da ohne diese die zeitliche Reihenfolge der Zugänge und Abfassungen nicht festgestellt werden kann. Durch den weit verbreiteten EDV-Einsatz stellt das gleitende Durchschnittspreisverfahren heute die am häufigsten angewendete Methode der Praxis dar.

Das **gewogene Durchschnittspreisverfahren** ermittelt am Bilanzstichtag den nach Mengen gewichteten Durchschnittspreis gleichartiger Gegenstände aus den Preisen des Anfangsbestandes und sämtlicher Zugänge der Periode und legt diesen Preis der Bewertung sowohl des Verbrauches als auch des Endbestandes zugrunde.

Beispiel wie oben:

Anfangsbestand	– kg
Einkauf am 27.8.	3.000 kg zu 100 € = 300.000 €
Einkauf am 15.12.	3.000 kg zu 70 € = 210.000 €
Gesamteinkauf	6.000 kg zu 85 € = 510.000 €
Abfassung	1.500 kg zu 85 € = 127.500 €
Endbestand zu Anschaffungswerten	4.500 kg zu 85 € = 382.500 €
Abwertung	4.500 kg zu 10 € = 45.000 €
Endbestand zum niedrigeren Tagespreis	4.500 kg zu 75 € = 337.500 €

Das (einfache) **gewogene Durchschnittspreisverfahren** geht von der **indirekten mengenmäßigen** Erfassung der Lagerabgänge aus. Die Problematik dieses Verfahrens liegt darin, dass Abfassungen einer Ware, die etwa im März erfolgen, mit Preisen bewertet werden, die von Zugängen in späteren Monaten beeinflusst werden. Ein grundsätzlicher Einwand gegen diese Methode besteht jedoch nicht.

Kunstbewertungsverfahren

Gemäß § 209 Abs 2 kann, soweit dies den Grundsätzen ordnungsmäßiger Buchführung entspricht, für den Wertansatz gleichartiger Vermögensgegenstände des Vorratsvermögens unterstellt werden, dass die zuerst oder zuletzt angeschafften oder hergestellten Vermögensgegenstände zuerst oder in einer sonstigen bestimmten Folge verbraucht oder veräußert worden sind.

Die am häufigsten angewendeten Methoden sind:

1. **FIFO**-Verfahren
2. **LIFO**-Verfahren
3. **HIFO**-Verfahren

FIFO-Verfahren

Nach dem **Fifo-Verfahren** (first in – first out) werden die zuerst eingegangenen oder hergestellten Bestände rechnerisch zuerst verbraucht (veräußert). Diese Methode unterstellt daher, dass die am Bilanzstichtag vorhandenen Mengen aus den jeweils letzten Zugängen stammen. Beispiel wie oben:

Anfangsbestand	– kg
Zugang am 20.8.	3.000 kg à 100 €
Abfassung am 15.11.	1.500 kg
Zugang am 15.12.	3.000 kg à 70 €

Da die Abfassung vom 15.11. nach dem Fifo-Verfahren zu bewerten ist, ergibt sich am 31.12. folgender Endbestand:

Endbestand	Anschaffungskosten	Abwertung	Bewertung zum Abschlussstichtag
1.500 kg à 100 €	150.000 €	25 €/kg = 37.500 €	112.500 €
3.000 kg à 70 €	210.000 €		210.000 €
	360.000 €	37.500 €	322.500 €

Wie bereits oben zum Identitätspreisverfahren ausgeführt, empfiehlt es sich auch hier, für den Endbestand einen Durchschnittspreis zu ermitteln, der dann dem Tagespreis gegenübergestellt wird. Die Anwendung dieser Methode kann allerdings, wie bereits gezeigt, zu einem anderen Ergebnis führen:

Endbestand	Anschaffungskosten	Abwertung	Bewertung zum Abschlussstichtag
1.500 kg à 100 €	150.000 €		
3.000 kg à 70 €	210.000 €		
4.500 kg à 80 €	360.000 €	5 €/kg = 22.500 €	337.500 €

Der Vorteil dieser Methode liegt allerdings darin, dass der Endbestand zu einem einheitlichen Preis bewertet wird, der in die neue Periode übernommen wird.

Die Anwendung des **Fifo-Verfahrens** kann zu einer Verletzung des unternehmensrechtlichen Höchstansatzes führen, wenn die Preise der zu bewertenden Vermögensgegenstände steigende Tendenz aufweisen und die tatsächlichen Abfassungen nicht der Reihenfolge der Eingänge entsprechen. Allerdings ist die Feststellung dieser Tatsache in der Regel nicht möglich. Dennoch ist die Anwendung des Fifo-Verfahrens gerade in Zeiten **hoher Preissteigerungen** insoweit problematisch, als in der Erfolgsbilanz ein Materialverbrauch ausgewiesen wird, der weit unter den Tageswerten, wie sie am Bilanzstichtag gegeben sind, liegt. Es kommt dadurch zu einem Ausweis von unter Umständen erheblichen **Scheingewinnen,** da der den Erlösen gegenübergestellte Materialeinsatz unter jenen Beträgen liegt, die erforderlich sind, um die gleiche Menge an Material, Rohstoffen usw nachzukaufen.

LIFO-Verfahren

Das **Lifo-Verfahren** (last in – first out) geht von der Annahme aus, dass die zuletzt eingegangenen oder hergestellten Bestände zuerst verbraucht werden, der Endbestand also dem rechnerisch ältesten Eingang entspricht. Je nach Art der mengenmäßigen Verbrauchsermittlung ergeben sich allerdings unterschiedliche Bewertungen.

Wird der Verbrauch indirekt ermittelt, wird es bei gleich bleibenden Anfangs- und Endbeständen, sofern nicht der Preis am Bilanzstichtag niedriger ist als der Preis, zu dem der Anfangsbestand bewertet wurde, zu einer Art **Festbewertung** kommen. Bei steigenden Beständen kommen zum Anfangsbestand noch die jeweils ersten Zugänge der Abrechnungsperiode, die rechnerisch dem Mehrbestand entsprechen, hinzu. Bei abnehmenden Beständen müssen vom Anfangsbestand die jeweils jüngsten Zugänge der Vorperiode abgezogen werden. Da es im letzten Fall allerdings zu erheblichen Rechenarbeiten kommen kann, erscheint es durchaus möglich und empfehlenswert, aus dem jeweiligen Endbestand (= Anfangsbestand der nächsten Periode) einen Durchschnittspreis zu ermitteln, der dann als einheitlicher Preis in die nächste Periode vorgetragen wird.

Wird der Verbrauch direkt ermittelt, kann es gegenüber der indirekten Verbrauchsermittlung zu einer anderen Bewertung sowohl des Verbrauches als auch des Endbestandes kommen, weil die Bewertung vom jeweiligen Bestand am Tage des Verbrauches und nicht global von den gesamten Zugängen der Abrechnungsperiode ausgeht.

Beispiel:

Anfangsbestand	1.000 kg à 10 €
Abfassung 10.1.	500 kg
Zugang 20.1.	800 kg à 11 €
Abfassung 25.1.	500 kg
Endbestand 31.1.	800 kg

Methode 1 (indirekte Verbrauchsermittlung)

		Bestand	Abfassung
Anfangsbestand	1.000 kg à 10 €	10.000 €	
Zugang 20.1.	800 kg à 11 €	8.800 €	
Gesamtbestand	1.800 kg	18.800 €	
Abfassung Jänner	800 kg à 11 €		8.800 €
	200 kg à 10 €		2.000 €
Endbestand	**800 kg à 10 €**	**8.000 €**	**10.800 €**

Methode 2 (direkte Verbrauchsermittlung)

		Bestand	Abfassung
Anfangsbestand	1.000 kg à 10 €	10.000 €	
Abfassung 10.1.	500 kg à 10 €		5.000 €
Bestand	500 kg à 10 €	5.000 €	
Zugang 20.1.	800 kg à 11 €	8.800 €	
Bestand	1.300 kg	13.800 €	
Abfassung 25.1.	500 kg à 11 €		5.500 €
Endbestand	500 kg à 10 €	5.000 €	
	300 kg à 11 €	3.300 €	
	800 kg	**8.300 €**	**10.500 €**

Es ist zulässig, für den Endbestand einen Durchschnittspreis zu bilden und diesen unter Berücksichtigung des Niederstwertprinzips in die nächste Periode vorzutragen.

Durchschnittspreis = 8.300 € : 800 kg = 10,38 €/kg

Das **Lifo-Verfahren** entspricht bei steigender Preistendenz voll dem **Vorsichtsprinzip,** da der Bestand mit den historisch niedrigeren Preisen und die Abfassungen bzw Veräußerungen mit den aktuellen höheren Preisen bewertet werden. Es wird dadurch auch möglich, den Ausweis von **Scheingewinnen** stark einzuschränken. Die Folge ist allerdings ein unrealistisch niedriger Ausweis des Sachumlaufvermögens, da dieses mit Werten eingesetzt ist, die unter Umständen über mehrere Perioden zurückreichen.

Die **österreichischen Finanzbehörden verweigern** der Anwendung des **Lifo-Verfahrens** aus den oben angeführten Gründen ihre Zustimmung, begründen ihre Ablehnung aber auch damit, dass es nicht den normalen Gegebenheiten entspräche, dass grundsätzlich die zuletzt angeschafften Bestände zuerst abgefasst werden. Dort, wo dies nachgewiesen werden könne bzw dem normalen Ablauf entspräche, bestünde gegen die Anwendung des Lifo-Verfahrens kein Einwand. Die Einkommensteuerrichtlinien führen als mögliches Beispiel für die Anwendung des Lifo-Verfahrens die Lagerhaltung eines Kohlenhändlers an (Rz 2320).

HIFO-Verfahren

Das **Hifo-Verfahren** (highest in – first out) unterstellt einen übervorsichtigen Unternehmer, der grundsätzlich die Bestände mit dem höchsten Anschaffungspreis zuerst verbraucht bzw veräußert und somit am Bilanzstichtag die Bestände mit dem jeweils niedrigsten Einstandspreis auf Lager hat. Die Anwendung des Hifo-Verfahrens hat praktisch keine Bedeutung, es entspricht aber dem unternehmensrechtlichen Vorsichtsprinzip.

Auf weitere, gelegentlich in der Fachliteratur angeführte Verbrauchsfolgeverfahren (KIFO = Konzern in – first out; KILO = Konzern in – last out; LOFO = lowest in – first out) soll hier nicht weiter eingegangen werden.

Angabe gemäß § 237 Z 11

Gem § 237 Z 11 sind bei Anwendung einer Bewertungsmethode nach § 209 Abs 2 die Unterschiedsbeträge im Vergleich zu einer Bewertung auf der Grundlage des letzten vor dem Abschlussstichtag bekannten Börsenkurses oder Marktpreises anzugeben, wenn sie erheblich sind.

Da auf Grund der Bestimmungen des § 207 Abs 1 für den Fall, dass der Börsenkurs oder Marktpreis niedriger ist, eine Abschreibung auf diesen Preis zu erfolgen hat, gilt die Bestimmung des § 237 Z 11 nur für den Fall, dass der Markt- und Börsenkurs höher ist. Damit soll dem Bilanzleser die Möglichkeit gegeben werden, etwaige **erhebliche stille Reserven** festzustellen.

Diese Bestimmung kommt vor allem bei Anwendung des Lifo-Verfahrens zum Zuge, da in diesem Fall der Bestand zum Abschlussstichtag bei steigendem Preisniveau vielfach Festwertcharakter hat.

Bewertung zu Festwerten (Festwertverfahren)

Gemäß § 209 Abs 1 können Gegenstände des Sachanlagevermögens sowie Roh-, Hilfs- und Betriebsstoffe, wenn sie regelmäßig ersetzt werden und ihr Gesamtwert von untergeordneter Bedeutung ist, mit einem gleich bleibenden Wert angesetzt werden, sofern ihr Bestand voraussichtlich in seiner Größe, seinem Wert und seiner Zusammensetzung nur geringen Veränderungen unterliegt. Jedoch ist mindestens alle fünf Jahre eine **Bestandsaufnahme** durchzuführen. Ergibt sich dabei eine wesentliche Änderung des **mengenmäßigen Bestandes,** so ist insoweit der Wert anzupassen.

Die EStR 2000 nennen verschiedene Gruppen von **Vermögensgegenständen**, für die **Festwerte** in Betracht kommen (Rz 2279):

- Bahn- und Gleisanlagen
- Beleuchtungsanlagen
- Feuerlöschgeräte
- Flaschen
- Flaschenkästen
- Formen
- Gerüstteile
- Hotelgeschirr und Wäsche
- Kanaldielen
- Laboratoriumseinrichtungen
- Leergebinde
- Mess- und Prüfgeräte
- Modelle
- Stromleitungen
- Werkzeugsätze

Bewertung zu Verrechnungspreisen

Dieses unternehmensrechtlich nicht geregelte Verfahren ergibt sich aus Erfordernissen einer besseren innerbetrieblichen Abrechnung der Leistungserstellung. Beim **Verrechnungspreisverfahren** werden für die einzelnen Gegenstände im Vorhinein Verrechnungspreise festgesetzt. Treten bei Einkauf der Gegenstände Abweichungen zwischen **Verrechnungspreisen** und tatsächlichen **Einstandspreisen** auf, so werden diese Differenzen auf einem **Preisabweichungskonto** verbucht, während die einzelnen Gegenstände mit ihren Verrechnungspreisen in den Bestand bzw den Verbrauch eingehen.

Schwierigkeiten können zum Bilanzstichtag bei der Bewertung der Endbestände auftreten, da diese zu Verrechnungspreisen verbucht sind und ein Vergleich mit den jeweiligen Tagespreisen zum Bilanzstichtag nicht einfach durchgeführt werden kann, da die Verrechnungspreise grundsätzlich über oder unter den tatsächlichen Einstandspreisen liegen können. Es müssen daher zum Vergleich mit den Tageswerten zunächst die tatsächlichen Einstandspreise der lagernden Bestände festgestellt und die Differenz zum Verrechnungspreis dem Bestandskonto zu- bzw abgebucht werden (Gegenbuchung = Preisabweichungskonto). Der auf dem **Preisabweichungskonto** verbleibende Saldo wird gegen das Verbrauchskonto ausgebucht.

2.525.2 Bewertung des Finanzumlaufvermögens

Für das Finanzumlaufvermögen gelten, soweit die Anschaffungskosten nicht nach den allgemeinen Grundsätzen zu ermitteln sind, die Nominalwerte als Anschaffungskosten. Die **Anschaffungsnebenkosten** sind hinzuzuzählen, Anschaffungspreisminderungen sind abzuziehen.

Kassenbestände in Euro werden nicht bewertet, sondern lediglich gezählt.

Bei **Valuten** (Geldbeträge in ausländischer Währung) gelten als Anschaffungskosten grundsätzlich die tatsächlich hiefür bezahlten Eurobeträge (einschließlich Anschaffungsnebenkosten).

Bei **Auslandsforderungen (Währungsforderungen),** deren **Nominalwert** in ausländischer Währung ausgedrückt ist, ergeben sich die Anschaffungskosten in heimischer Währung aus der Umrechnung des Nominalwertes in ausländischer Währung mit dem Fremdwährungskurs am Tag des Entstehens der Forderung, wobei im Falle der Notierung der Fremdwährung an der Börse die Umrechnung zum Devisengeldkurs erfolgt. **Nicht notierte Währungen** sind zu den am Tag des Entstehens der Forderung von den Banken gehandelten Kursen umzurechnen.

Treten starke **Kursschwankungen** auf, bestehen keine Einwendungen, zur Ermittlung der Anschaffungskosten die vom Bundesministerium für Finanzen verlautbarten Umrechnungskurse zwecks Umrechnung der Fremdwährung heranzuziehen. Eine abweichende Regelung ist dann möglich, wenn ein Kunde seine Schulden in Teilbeträgen abzahlt, wobei die Zahlung den Gesamtsaldo, nicht aber einzelne Forderungen betrifft. In diesem Fall kommt das Fifo-Verfahren zur Anwendung, wobei jedoch eine Mischkursbildung des Forderungsendbestandes zulässig erscheint.

Innerbetriebliche Verrechnungskurse dürfen nicht als Anschaffungskurse angesehen werden.

Als Anschaffungskosten für **Wertpapiere** gilt grundsätzlich der hiefür bezahlte Betrag, in der Regel der Börsenkurs zuzüglich Börsenprovision und Börsenumsatzsteuer. Für gleichartige Wertpapiere ist eine **Durchschnittspreisermittlung** zulässig (§ 209 Abs 2).

Die Bewertung des Finanzumlaufvermögens erfolgt zum **strengen Niederstwertprinzip.**

Fremdwährungsforderungen wie auch Fremdwährungswertpapiere sind somit jedenfalls zum niedrigeren **Devisengeldkurs** zu bewerten, auch dann, wenn dieser nach dem **Bilanzstichtag** wieder angestiegen ist. Das Gleiche gilt für Valuten, die zum niedrigeren **Valutengeldkurs** zu bewerten sind.

Die Bewertung der Forderungen erfolgt zum Nennwert (Anschaffungskosten) unter Berücksichtigung ihrer **Einbringlichkeit.** Ist bei einer Forderung die Einbringlichkeit zweifelhaft, so ist dies bilanzmäßig zu berücksichtigen (Niederstwertprinzip), wobei für zweifelhafte Forderungen eine **Wertberichtigung** gebildet wird, während gänzlich uneinbringliche Forderungen direkt abgeschrieben werden.

Die Höhe einer **Wertberichtigung zu Forderungen** kann auf Grund einer **Einzelbewertung** oder aber auf Grund einer **Pauschalbewertung** festgestellt werden. Während im ersten Fall jede einzelne Forderung auf ihre Einbringlichkeit überprüft wird, wird im zweiten Fall der voraussichtliche Forderungsausfall auf Grund der bisherigen Erfahrungen festgestellt und in Form der **Wertberichtigung zu Forderungen** berücksichtigt. Der Pauschalsatz wird in der Regel einen bestimmten Prozentsatz der zum Bilanzstichtag bestehenden Forderungen betragen.

Es ist durchaus möglich, die **Einzel- und Pauschalbewertung** nebeneinander durchzuführen.

Bezüglich der bilanzmäßigen Behandlung ist zu beachten, dass Wertberichtigungen in der Bilanz nicht ausgewiesen werden dürfen. Wertberichtigungen sind gemäß § 226 Abs 5 von den Forderungen abzusetzen. Der Betrag einer **Pauschalwertberichtigung** zu Forderungen ist jedoch für den entsprechenden Posten der Bilanz im **Anhang** anzugeben.

Forderungsbewertung im Steuerrecht

Auf Grund des Steuerreformgesetzes 1993 dürfen gemäß § 6 Z 2 a EStG 1988 in Jahresabschlüssen, die ab 1.1.1994 enden, mit steuerlicher Wirkung keine Pauschalwertberichtigungen zu Forderungen gebildet werden. In Vorjahren gebildete Pauschalwertberichtigungen waren steuerlich im Jahre 1994 aufzulösen.

Die Einkommensteuerrichtlinien 2000 (Rz 2372 – 2378) präzisieren die Rechtsansicht des BMfF zu den Pauschal- und Einzelwertberichtigungen folgendermaßen:

Pauschalwertberichtigungen zu Forderungen

Rz 2372: Unter **Pauschalwertberichtigungen** sind solche Wertberichtigungen zu verstehen, die einem allgemeinen Forderungsrisiko Rechnung tragen, ohne dass eine Risikozuordnung zu bestimmten Forderungen vorgenommen werden kann. Eine solche Schätzung des niedrigeren Teilwertes aufgrund von Erfahrungswerten aus der Vergangenheit (allgemeines Forderungsrisiko, allgemeines Branchenrisiko, allgemeines Ausfalls- und Verzögerungsrisiko) oder aufgrund einer allgemeinen Konjunkturschwäche bzw einer allgemeinen schlechten Schuldnerbonität ist nicht zulässig.

Rz 2373: Eine **unzulässige Pauschalwertberichtigung** liegt nicht vor, wenn lediglich die Höhe einer Einzelwertberichtigung aufgrund von Erfahrungswerten aus der Vergangenheit geschätzt wird. Ebenso ist es zulässig, eine größere Anzahl von Forderungen aufgrund konkret zuordenbarer, bis zum Bilanzstichtag eingetretener Umstände gruppenweise nach bestimmten Kriterien (Art der Forderung oder Grad der Gefährdung) einheitlich mit einem niedrigeren Ansatz zu bewerten (siehe Rz 2376 f).

Keine unzulässige Pauschalwertberichtigung liegt vor, wenn eine Einzelwertberichtigung von verschiedenen Forderungen bei tatsächlich gleich gelagertem Sachverhalt im Wege einer Schätzung in gleichem Ausmaß vorgenommen wird; es müssen aber gleichartige Ausfallkriterien bestehen (VwGH 27.8.1998, 96/13/0165).

Einzelwertberichtigung zu Forderungen

Rz 2374: **Wertberichtigungen** sind steuerlich nur mehr anzuerkennen, wenn zum Bilanzstichtag konkrete Risken bestehen, die einzelnen Forderungen zugerechnet werden können (zB Nichteinhalten einer Ratenvereinbarung, vorübergehende oder dauernde Einstellung von Kreditrückzahlungen, Überziehen eines Kreditrahmens ohne entsprechende Vereinbarung, sonstiges vertragswidriges Verhalten, schlechte Vermögens- und Liquiditätslage des Schuldners, Währungsverlust). Es müssen somit am Bilanzstichtag Umstände vorliegen, nach denen damit zu rechnen ist, dass bestimmte Forderungen nicht mit dem vollen Nennbetrag eingehen werden. Das konkrete Forderungsrisiko orientiert sich daher ausschließlich an der individuellen Bonität des Schuldners oder an besonderen Absprachen zwischen Gläubiger und Schuldner im Zusammenhang mit dem Forderungseingang (zB betreffend Skonti).

Rz 2375: Weder bei einem Tilgungsrückstand noch bei einer Kontoüberziehung muss eine vorübergehende oder dauernde Einstellung von Kreditrückzahlungen vorliegen, die eine Einzelwertberichtigung rechtfertigen würde. Diese Umstände zeigen für sich alleine noch keine über das allgemeine Ausfallrisiko hinausgehende Gefährdung an, sondern könnten durchaus auch saisonbedingt sein (VwGH vom 19.2.1991). Eine Einzelwertberichtigung kann daher nur vorgenommen werden, wenn qualifizierte Gefährdungsgründe oder besondere Absprachen hinsichtlich des Forderungseingangs vorliegen.

Einzelfälle

Rz 2376: Gefährdungsfälle

Eine pauschale Einzelwertberichtigung ist insbesondere in jenen Fällen zulässig, in denen ein vereinbarter Überziehungsrahmen überschritten wird, ohne dass mit dem Kontoinhaber eine entsprechende Kreditvereinbarung geschlossen wurde, oder wenn ein Rückstand von mehr als drei Kreditraten besteht und der Rückstand bei schriftlicher Krediteinräumung mehr als 15 % des eingeräumten Kreditrahmens beträgt, ohne dass ausreichende Sicherheiten vorhanden sind. In diesen Fällen bestehen keine Bedenken, eine pauschale Berichtigung in Höhe von 2,5 % der jeweiligen unter den Gefährdungstatbestand fallenden Gruppensummen anzusetzen, sofern die Summe der gruppenweisen Einzelwertberichtigung den durchschnittlichen Jahresbedarf an tatsächlichen Einzelwertberichtigungen in der einzelnen Gruppe innerhalb der letzten fünf Jahre nicht übersteigt. Weiters ist eine pauschale Einzelwertberichtigung im Falle eines Zahlungsverzugs zulässig (1 % pro Monat für Zinsen und Spesenabgeltung).

Rz 2377: Fälle besonderer Absprachen

Eine gruppenweise Vornahme von Einzelwertberichtigungen ist insbesondere in folgenden Fällen zulässig:

- Bei Skontoinanspruchnahme: um den in Anspruch genommenen Skonto.
- Bei mittelfristig nicht fälligen unverzinslichen oder ungewöhnlich niedrig verzinsten Forderungen: für Abzinsung bis zur Fälligkeit (zB 1 % pro Monat).
- Bei langfristigen Ratenvereinbarungen: Wertberichtigung für Zinsendifferenz, soweit der Kunde nicht die vollen Aufwandszinsen vergütet.

Rz 2378: Auslandsforderungen

Es bestehen keine Bedenken, Wertberichtigungen von Auslandsforderungen zu bilden, wenn die Gefährdung der Einbringlichkeit aller Forderungen gegenüber einem bestimmten Land gleichartig ist (politisches oder wirtschaftliches Länderrisiko).

2.525.3 Die Fair-Value-Richtlinie und ihre Anwendung in Österreich

Mit der Fair-Value-Richtlinie vom 27. September 2001 (Richtlinie 2001/65/EG) wurde in die 4. RL ein Artikel 42 a mit folgendem Wortlaut eingefügt:

> Abweichend vom Artikel 32 und vorbehaltlich der Bedingungen der Absätze 2 – 4 des vorliegenden Artikels gestatten die Mitgliedstaaten allen Gesellschaften oder einzelnen Gruppen von Gesellschaften, Finanzinstrumente einschließlich derivativer Finanzinstrumente mit dem beizulegenden Zeitwert zu bewerten, oder schreiben dies vor. Eine derartige Erlaubnis oder Verpflichtung kann auf konsolidierte Jahresabschlüsse im Sinne der Richtlinie 83/349/EWG beschränkt werden.

Die österreichische Umsetzung erfolgte mit dem Fair-Value-Bewertungsgesetz vom November 2003.

Österreich hat von der Möglichkeit Gebrauch gemacht, die Fair-Value-Bewertung auf Konzernabschlüsse, die nach IAS/IFRS aufgestellt werden, zu beschränken. Für Einzelabschlüsse und für Konzernabschlüsse nach den Vorschriften des UGB waren jedoch die von der Fair-Value-Richtlinie zusätzlich geforderten Anhangangaben (§ 237 a und § 266 Z 9 und 10) sowie die ergänzenden Vorschriften für den Lagebericht (§ 243 Abs 2 Z 5 und § 266 Z 9 und 10) umzusetzen.

Bezüglich des Inhaltes dieser Anhangbestimmungen siehe Kapitel 6.333.6.

2.526 Bewertung der Passiva

§ 211 bestimmt:

> **Verbindlichkeiten** sind mit ihrem **Rückzahlungsbetrag** zu bewerten.
>
> Für **Rentenverpflichtungen** ist der **Barwert** der zukünftigen Auszahlungen anzusetzen.

Rückstellungen sind in Höhe des Betrages anzusetzen, der nach vernünftiger unternehmerischer Beurteilung notwendig ist.

Rückstellungen für **laufende Pensionen** und **Anwartschaften** auf Pensionen sind mit dem sich nach versicherungsmathematischen Grundsätzen ergebenden Betrag anzusetzen.

Anwartschaften auf Abfertigungen sind entsprechend zu bewerten, wobei jedoch vereinfachend auch ein bestimmter Prozentsatz der fiktiven Ansprüche zum jeweiligen Bilanzstichtag angesetzt werden kann, sofern dagegen im Einzelfall keine erheblichen Bedenken bestehen.

2.526.1 Bewertung der Verbindlichkeiten

Der in § 211 Abs 1 genannte **Rückzahlungsbetrag** umfasst nicht nur den Rückzahlungsbetrag für ein Darlehen, sondern auch die vereinbarte Gegenleistung für eine vom Gläubiger erbrachte Leistung (Verbindlichkeiten für Lieferungen und Leistungen). Er kann sich auch auf eine Sachleistung oder Vorleistung (erhaltene Anzahlungen auf Bestellungen) beziehen.

Zu passivieren ist grundsätzlich der vereinbarte **Rückzahlungsbetrag**, und zwar auch dann, wenn dieser niedriger ist als der erhaltene Betrag bzw die erbrachte Leistung. Dies gilt auch für den Fall, dass zwischen dem Schuldner und dem Gläubiger während der Laufzeit der Verbindlichkeit eine Herabsetzung des Rückzahlungsbetrages vereinbart wurde. Dieser Fall kann beispielsweise durch einen nachträglichen Bonus oder sonstigen Nachlass seitens des Lieferanten, aber auch durch einen vom Gläubiger anerkannten Schuldennachlass bei Durchführung eines Ausgleiches eintreten.

Wurde der **Rückzahlungsbetrag** einer Verbindlichkeit jedoch schon von vornherein niedriger als der **Ausgabebetrag** festgesetzt, ist die Differenz zwischen höherem Ausgabebetrag und Rückzahlungsbetrag unter die **Passiven Rechnungsabgrenzungsposten** einzustellen und während der Laufzeit der Verbindlichkeit ertragswirksam zu tilgen (Küting/Weber[4], § 253, Rz 83).

Für Wertschwankungen einer Verbindlichkeit, die nicht auf eine ausdrückliche Neufestsetzung eines Rückzahlungsbetrages zum Fälligkeitstag zurückzuführen sind (zB Währungsverbindlichkeiten), gilt das **Vorsichtsprinzip** gemäß § 201 Abs 2 Z 4, welches zum uneingeschränkten **Höchstwertprinzip** führt. Allerdings vertritt eine Reihe von Autoren die Meinung, dass analog zum Umlaufvermögen bei den kurzfristigen Verbindlichkeiten das strenge und bei den langfristigen Verbindlichkeiten analog zum Anlagevermögen das gemilderte Höchstwertprinzip gilt. (Vgl Küting/Weber[4], § 253 Rz 90 und die dort angeführte Literatur.)

Im Einzelnen ergeben sich folgende Konsequenzen:

Wertsicherungsvereinbarungen:

Führen **Wertsicherungsvereinbarungen** zu einer Erhöhung der Verbindlichkeit, sind diese mit ihrem Stand am Bilanzstichtag zu berücksichtigen. Tritt die Erhöhung nur nach Erreichen einer bestimmten Steigerungsgrenze (zB Anpassung des Rückzahlungsbetrages jeweils nach einer **Indexsteigerung** von 10 %) ein und ist diese Grenze am Bilanzstichtag nicht erreicht, ist in entsprechender Höhe eine Rückstellung für ungewisse Verbindlichkeiten zu bilden (Küting/Weber[4], § 253 Rz 98 ff, Beck'scher Bilanzkommentar, 1990, S 479). **Indexsenkungen,** die zu einer Verminderung des ursprünglichen Schuldbetrages führen, dürfen während der Laufzeit nach allgemeiner Ansicht wegen des Vorsichtsprinzips nicht berücksichtigt werden.

Unter- bzw Überverzinsung:

Unterverzinsung liegt vor, wenn entweder keine Zinsen in Rechnung gestellt werden oder die vereinbarten Zinsen vom marktüblichen Zinssatz erheblich nach unten abweichen. In einem solchen Fall ist eine Abzinsung der Verbindlichkeit wegen des Verbotes des Ausweises nichtrealisierter Gewinne nicht mit den GoB vereinbar.

Wurde die niedrigere bzw fehlende Verzinsung durch einen niedrigeren Ausgabebetrag berücksichtigt, **kann** der Schuldner die Differenz zwischen Ausgabe- und Rückzahlungsbetrag unternehmensrechtlich im Jahr der Schuldaufnahme entweder zur Gänze als Aufwand verrechnen oder als **Disagio** in die Aktive Rechnungsabgrenzung aufnehmen und durch planmäßige jährliche Abschreibungen tilgen (§ 198 Abs 7). Steuerlich muss das Disagio aktiviert und über die Laufzeit der Verbindlichkeit verteilt abgeschrieben werden.

Überverzinsung liegt dann vor, wenn der Schuldner eine über den marktüblichen Zinssatz hinausgehende Verzinsung seiner Schuld zu leisten hat. Für den Fall, dass diese Überverzinsung nicht auf eine **kompensatorische Gegenleistung** zurückzuführen ist (etwa begünstigte Bezugsquelle), sondern beispielsweise durch eine (nachhaltige) Senkung des Kapitalmarktzinssatzes zustande gekommen ist, steht eine Reihe von Autoren (Beck'scher Handkommentar, 5. Aufl, § 253 Rz 60, S 429 und die dort angegebene Literatur) auf dem Standpunkt, dass für die Zinsendifferenz eine Rückstellung für drohende Verluste aus schwebenden Geschäften zu bilden sei. Als Rückstellung ist der Barwert der Zinsendifferenz zu passivieren.

Steht dem hohen **Zinssatz** ein **einmaliger Vorteil** gegenüber (zB geringere Anschaffungskosten), ist dieser Vorteil in Höhe des Barwertes der Zinsendifferenz zu aktivieren (im Beispielfall unter Anschaffungskosten) und in gleicher Höhe eine Zinsenrückstellung zu bilden, die über die Laufzeit der Verbindlichkeit zum Ausgleich der jeweiligen erhöhten Zinsenzahlungen ertragswirksam aufzulösen ist (vgl Küting/Weber[4], § 253 Rz 58).

Besteht der Vorteil in einer **begünstigten Dauerleistung,** hat dies keinen Einfluss auf die Periodisierung der Zinsen. Diese sind in diesem Fall Mehraufwand der Jahre, in denen sie anfallen.

Zero Bonds (Nullkuponanleihen):

Im Falle der Ausgabe von **Zero Bonds** wird der Ausgabebetrag durch **Abzinsung** eines für den Rückzahlungstag festgelegten Rückzahlungsbetrages ermittelt. Im Falle einer vorzeitigen Rückzahlung (zB bei Kündigungsmöglichkeit) hat der Schuldner nur den Ausgabebetrag und die bis zur Rückzahlung aufgelaufenen Zinsen zu bezahlen.

Sowohl die Literatur als auch die Praxis vertreten einhellig die Ansicht, dass in diesem Fall nicht die **Bruttomethode,** wonach auf der Passivseite der Rückzahlungsbetrag und auf der Aktivseite unter den Rechnungsabgrenzungsposten das Disagio verbucht werden, sondern die **Nettomethode** zur Anwendung kommen solle. In letzterem Fall werden dem ursprünglich verbuchten Ausgabebetrag jährlich die aufgelaufenen Zinsen zugebucht.

Diese Meinung wird dadurch unterstützt, dass es sich nicht um ein Disagio im üblichen Sinne handelt, sondern um die Tatsache, dass die Zinsen für einen aufgenommenen Kredit nicht jährlich ausbezahlt werden, sondern bis zum Ende der Laufzeit dem Schuldner zur Verfügung stehen. Wirtschaftlich gesehen stellt somit der Zero Bond einen durch die Nichtauszahlung der aufgelaufenen Zinsen von Jahr zu Jahr steigenden Kredit dar.

Vergleiche hiezu auch die **HFA-Stellungnahme 1986/1,** „Zur Bilanzierung von Zero-Bonds" in: Die Wirtschaftsprüfung 1986, S 248 f.

Ratenvereinbarungen:

Bei **Ratengeschäften** stellen die vereinbarten Monats- bzw Jahresraten in der Regel fixe **Annuitäten** eines einmalig gewährten Kredites dar. In diesem Fall ist die **Ratenschuld,** wenn es sich nicht um eine kurzfristige Verbindlichkeit handelt, mit dem Barwert einzubuchen. Die nach Tilgungsquote und Zinsenanteil zu trennenden Annuitäten sind einerseits schuldvermindernd und andererseits als Zinsenaufwand zu verbuchen.

Diese Aussage gilt sowohl für **Ratenvereinbarungen aus Warengeschäften** als auch für die **Rückzahlung** eines aufgenommenen **Finanzkredites in Raten.**

Fremdwährungskredite:

Fremdwährungskredite sind grundsätzlich mit dem Devisenwarenkurs zum Tag des Entstehens der Schuld zu verbuchen. Veränderungen des Fremdwährungskurses während der Laufzeit sind dem Vorsichtsprinzip entsprechend nach dem Höchstwertprinzip zu berücksichtigen. Eine Wiederabwertung auf den Anschaffungskurs ist bei Sinken des Fremdwährungskurses zum Bilanzstichtag in sinngemäßer Auslegung des § 208 möglich. Nach dem Wortlaut des Gesetzes wäre zur Vermeidung der Bildung stiller Reserven eine Wiederabwertung jedenfalls erforderlich, da sich § 208 Abs 2 nur auf die Aktivseite bezieht.

Ist eine Fremdwährungsverbindlichkeit durch ein **Devisentermingeschäft** abgesichert, hat eine Aufwertung maximal bis zu dem für das Devisentermingeschäft vereinbarten Kurs zu erfolgen. Es muss jedoch sichergestellt sein, dass die Laufzeit von Fremdwährungsverbindlichkeit und Kurssicherung ident ist. Fraglich ist noch, ob die im **Devisentermingeschäft** berücksichtigten Zinsen nicht abgegrenzt werden sollten, wodurch eine Aufwertung nur bis zur Höhe der bis zum Bilanzstichtag aufgelaufenen Zinsen des Termingeschäftes notwendig wäre.

Erhaltene Anzahlungen auf Bestellungen:

Diese sind grundsätzlich, soweit **Anzahlungen auf Vorräte** nicht von einzelnen Posten der **Vorräte** offen abgesetzt werden, mit dem erhaltenen Betrag zu passivieren. Unabhängig von der Höhe der Anzahlung unterliegen die zu erstellenden Sach- und Dienstleistungen einer eigenen Bewertung. Hinsichtlich des Ausweises der erhaltenen Anzahlungen siehe Kapitel 4.237 und 4.343.3.

2.526.2 Bewertung der Rentenverpflichtungen

Die Bewertung von **Rentenverpflichtungen,** für die eine Gegenleistung nicht mehr zu erwarten ist, erfolgt zum **Barwert** der künftigen **Auszahlungen.** Die Höhe des Barwertes hängt vom angenommenen **Kapitalisierungszinssatz** ab; je höher dieser ist, desto geringer ist der Barwert. Bei wertgesicherten Renten ist der **Rechnungszinssatz** niedriger anzusetzen, da in Zukunft mit (zum Zeitpunkt der Bilanzierung nicht feststellbaren) höheren **Rentenbeträgen** zu rechnen sein wird.

Wurde für eine Rente eine **Gegenleistung** gewährt (Hingabe eines Darlehens, Erwerb eines Gegenstandes), ist der Barwert der Rente grundsätzlich mit dem empfangenen Geldbetrag bzw dem Wert der Gegenleistung ident. Daraus kann man durch Rückrechnung den Kapitalisierungszinssatz ermitteln.

2.526.3 Bewertung der Rückstellungen

2.526.31 Rückstellungen im Unternehmensrecht

Gem § 211 Abs 1 sind Rückstellungen in der Höhe anzusetzen, die **nach vernünftiger unternehmerischer Beurteilung** notwendig ist, wobei im Rahmen der Bewertung auf den Grundsatz der Vorsicht gem § 201 Abs 2 Z 4 Bedacht zu nehmen ist. Hiebei ist bei Rückstellungen insbesondere § 201 Abs 2 Z 4 b zu beachten, wonach erkennbare Risiken und drohende Verluste, die in dem Geschäftsjahr oder einem früheren Geschäftsjahr entstanden sind, zu berücksichtigen sind, selbst wenn diese Umstände erst zwischen dem Abschlussstichtag und dem Tag der Aufstellung des Jahresabschlusses bekannt geworden sind.

Im Hinblick auf die **Ungewissheit** über die Höhe einer zukünftigen Ausgabe bzw eines zukünftigen Verlustes wird der Unternehmer mit Bezug auf § 201 Abs 2 Z 4 eine eher strenge Auslegung des Vorsichtsgrundsatzes vornehmen müssen, wobei aber zu beachten ist, dass eine Rückstellungsbildung ohne wirtschaftlich vertretbare Begründung oder mit offenbar unrichtigen und den tatsächlichen wirtschaftlichen Verhältnissen nicht entsprechenden Begründungen in gleicher Weise wie die Unterlassung der Bildung von Rückstellungen gegen die Grundsätze ordnungsmäßiger Buchführung verstößt.

Rückstellungen von untergeordneter Bedeutung

Gem § 198 Abs 8 Z 3 zweiter Satz besteht eine **Verpflichtung zur Rückstellungsbildung nicht,** soweit es sich um Rückstellungen von untergeordneter Bedeutung handelt. Rückstellungen sind dann von untergeordneter Bedeutung, wenn ihre Nichtaufnahme in die Bilanz zu keiner Veränderung des möglichst getreuen Bildes der Vermögens-, Finanz- und Ertragslage führt. Man wird somit die Bedeutung einer Rückstellung an der Höhe der anderen Passiva messen.

2.526.32 Unterschiedliche Behandlung der Rückstellungen im Unternehmens- und Steuerrecht

2.526.321 Allgemeines

Steuerrechtlich besteht die Passivierungspflicht auf Grund der **Maßgeblichkeit der Unternehmensbilanz** für alle der Rechnungslegungspflicht unterliegenden Unternehmer. Insoweit jedoch eine Rückstellung in der Unternehmensbilanz über die nach den Grundsätzen ordnungsmäßiger Buchführung notwendige Höhe hinausgeht, steht die Finanzverwaltung, durch die Rechtsprechung des Verwaltungsgerichtshofes unterstützt, auf dem Standpunkt, dass die Maßgeblichkeit der Unternehmensbilanz nur bis zu jener Höhe gilt, die den Grundsätzen ordnungsmäßiger Buchführung entspricht.

Um eine Rückstellung **steuerlich zu rechtfertigen,** muss „auf Grund der bisherigen Erfahrung ernsthaft (mit einer gewissen Wahrscheinlichkeit) mit dem Entstehen einer Schuld (bzw des aus der Schuld erwachsenden Aufwandes) auf Grund eines im abgelaufenen Wirtschaftsjahr liegenden Sachverhalts (Betriebsvorganges) gerechnet werden" (Schubert/Pokorny/Schuch, S 253 f). „Die Rückstellung kann nur in der Höhe gebildet werden, in der der Erfolg – ernstlich, mit größter Wahrscheinlichkeit – mit künftigen Ausgaben belastet wird." (VwGH vom 16. Oktober 1959, Zl 862/59, und 20. November 1959, Zl 540/59)

Bei **Aufwandsrückstellungen** steht die Finanzverwaltung auf dem Standpunkt, dass (zumindest bis zum EU-GesRÄG) keine GoB für die Bildung von Aufwandsrückstellungen bestanden haben, „wofür auch die nicht namentliche Erwähnung dieser Rückstellungen in § 198 Abs 8 aF spricht". Auch hier hat der VwGH der Finanzverwaltung Recht gegeben und die Möglichkeit der Bildung von Aufwandsrückstellungen ausdrücklich verneint und als Voraussetzung für die Bildung von Rückstellungen eine Verpflichtung zum Bilanzstichtag angesehen.

2.526.322 Rückstellungen im Einkommensteuerrecht

2.526.322.1 Gesetzliche Regelung

Um der für die Finanzverwaltung nicht immer nachvollziehbaren Entwicklung der GoB im Hinblick auf die Rückstellungsbildung steuerlich nicht folgen zu müssen, hat der Gesetzgeber versucht, die Bildung von Rückstellungen im Einkommensteuergesetz umfassend zu regeln:

So finden sich im

§ 14 Abs 1 – 6 EStG 1988 die Rückstellungen für Anwartschaften auf Abfertigungen,

§ 14 Abs 7 – 11 EStG 1988 die Rückstellungen für laufende Pensionen und Anwartschaften auf Pensionen,

§ 9 die sonstigen Rückstellungen. Diese Bestimmung wurde mit dem Steuerreformgesetz 1993 (Einkommensteuerreform 1994) in das Einkommensteuergesetz aufgenommen und mit dem Steuerreformgesetz 2000 ergänzt.

Gem § 9 Abs 1 dürfen Rückstellungen mit steuerlicher Wirkung nur für

1. Anwartschaften auf Abfertigungen,
2. laufende Pensionen und Anwartschaften auf Pensionen,
3. sonstige ungewisse Verbindlichkeiten, wenn die Rückstellungen nicht Abfertigungen, Pensionen oder Jubiläumsgelder betreffen,
4. drohende Verluste aus schwebenden Geschäften

gebildet werden.

Rückstellungen im Sinne der Zahlen 3 und 4 dürfen **nicht pauschal** gebildet werden. Die Bildung von **Rückstellungen** ist nur dann zulässig, wenn konkrete Umstände nachgewiesen werden können, nach denen im jeweiligen Einzelfall mit dem Vorliegen oder dem Entstehen einer Verbindlichkeit (eines Verlustes) ernsthaft zu rechnen ist (§ 9 Abs 3).

Zur Frage der Pauschalrückstellungen ist zu bemerken, dass die steuergesetzliche Regelung keinen Einfluss auf die unternehmensrechtliche Bildung haben darf; mit anderen Worten: Pauschalrückstellungen sind unternehmensrechtlich jedenfalls zu bilden, wenn es die GoB verlangen.

Rückstellungen für die Verpflichtung zu einer **Zuwendung anlässlich eines Firmenjubiläums** dürfen nicht gebildet werden (§ 9 Abs 4), wohl aber solche für **Dienstjubiläen**.

Rückstellungen für sonstige ungewisse Verbindlichkeiten und für drohende Verluste aus schwebenden Geschäften, deren Laufzeit am Bilanzstichtag **mehr als 12 Monate** beträgt, sind mit **80 % des Teilwertes** anzusetzen, wobei der maßgebliche Teilwert ohne Abzinsung zu ermitteln ist (§ 9 Abs. 5).

Aufwandsrückstellungen werden steuerlich nicht anerkannt.

2.526.322.2 Rückstellungen gemäß den Einkommensteuerrichtlinien 2000

Nähere Erläuterungen zu den Rückstellungen finden sich in den Einkommensteuerrichtlinien 2000, Abschnitt 8, Rz 3301 –3532:

Gem Rz 3304 gilt grundsätzlich das **Maßgeblichkeitsprinzip** der Unternehmensbilanz, soweit sich nicht aus der taxativen Aufzählung des § 9 ein Passivierungsverbot ergibt.

Rz 3308 weist darauf hin, dass eine Rückstellung nur im Jahr des wirtschaftlichen Entstehens des Schuldgrundes zu bilden ist. Eine **unterlassene Rückstellung** darf in späteren Jahren nicht nachgeholt werden. Gebildete Rückstellungen sind in den Folgebilanzen fortzuführen, solange die Gründe für die Bildung der Rückstellung nicht weggefallen sind; sie sind jedoch in jedem Folgejahr neu zu bewerten.

Rückstellungen für ungewisse Verbindlichkeiten

Um eine **Rückstellung für ungewisse Verbindlichkeiten** zu bilden, bedarf es einer Verpflichtung gegenüber Dritten, die sich entweder als privatrechtliche, öffentlich-rechtliche oder wirtschaftliche Verpflichtung darstellen kann (Rz 3313). **Privatrechtliche Verpflichtungen** können auf vertraglicher oder deliktischer Grundlage (zB Rechts- und Beratungskosten, Pfandverbindlichkeiten, drohende Inanspruchnahme aus Bürgschaften, vertraglich vereinbarte Miet- oder Pachterneuerungskosten, Gewährleistungsansprüche) basieren. **Öffentlich-rechtliche Verpflichtungen** gehen zB auf Gesetz, Verordnung oder Bescheid zurück (zB Rückstellung für Umzugsräumungskosten, Baustellenräumungskosten, sonstige Räumungs- und Entsorgungspflichten). **Wirtschaftliche Verpflichtungen** sind beispielsweise Rückstellungen für nicht einklagbare Kulanzfälle oder für freiwillig gewährte zusätzliche Arbeitsentgelte.

Gemäß Rz 3315 f dürfen **Rückstellungen für ungewisse Verbindlichkeiten** somit nur gebildet werden, wenn folgende Voraussetzungen erfüllt werden:

- Es müssen konkrete Umstände nachgewiesen werden können (dh Nachweis darüber, dass ein „Schaden" bis zum Bilanzstichtag tatsächlich entstanden ist; keine bloße Vermutung),
- nach denen im jeweiligen Einzelfall
- mit dem Vorliegen oder dem Entstehen einer Verbindlichkeit (eines Verlustes) ernsthaft zu rechnen ist. Gemäß Rz 3316 reicht die bloße Möglichkeit der Inanspruchnahme somit nicht aus. Der Abgabepflichtige muss vielmehr entweder ausdrücklich mit einer Inanspruchnahme konfrontiert werden (zB schriftliche Inanspruchnahme einer Gewährleistungs- oder Garantieverpflichtung, behördlicher Auftrag zur Beseitigung eines Umweltschadens) oder selbst Schritte zur Sanierung eines eingetretenen Schadens gesetzt haben, die eine schriftliche Inanspruchnahme im Einzelfall erübrigen (zB Bekanntgabe einer Rückholaktion in den Medien, Nachweis einer innerbetrieblichen Beschlussfassung über eine durchzuführende Rückholaktion).

  Bei diesen Voraussetzungen handelt es sich um Beurteilungskriterien, die dem Grunde nach bereits zum Bilanzstichtag vorliegen müssen. Gemäß Rz 3318 bestehen jedoch keine Bedenken, in jenen Fällen mit steuerlicher Wirksamkeit Rückstellungen zu bilden, in denen der Abgabepflichtige innerhalb von drei Monaten nach dem Bilanzstichtag, jedenfalls aber vor dem Bilanzerstellungstag, vom Vorliegen dieser Umstände zum Bilanzstichtag Kenntnis erlangt hat. Derjenige, der den Anspruch geltend macht, muss nachweislich bis zum Bilanzstichtag des Abgabepflichtigen Kenntnis von den Umständen erlangt haben, auf die er seinen Anspruch gründet (Rz 3318).

Die in den Richtlinien zum Ausdruck gebrachte Meinung bezüglich der Wertaufhellung innerhalb von drei Monaten ist gesetzeswidrig, da § 201 Abs 2 Z 4 b eindeutig zum Ausdruck bringt, dass „erkennbare Risiken und drohende Verluste, die in dem Geschäftsjahr oder einem früheren Geschäftsjahr entstanden sind, zu berücksichtigen sind, selbst wenn diese Umstände erst zwischen dem Abschlußstichtag und dem **Tag der Aufstellung** des Jahresabschlusses bekannt geworden sind".

Ebenfalls gesetzeswidrig und geradezu sinnwidrig ist die Aussage, dass derjenige, der den Anspruch geltend macht, nachweislich bis zum Bilanzstichtag des Abgabepflichtigen Kenntnis von den Umständen erlangt haben muss, auf die er seinen Anspruch gründet.

Folgender Fall ist tatsächlich eingetreten: Bei einem nachweislich im September des Wirtschaftsjahres 19.. erzeugten und in die USA exportierten Produkt traten infolge der Verwendung eines falschen Kunststoffes, der zu einem vorzeitigen Alterungsprozess führte, im April des Folgejahres zahlreiche Bruchschäden auf, die als Serienschäden zu qualifizieren waren. Die ersten Reklamationen wurden noch im April des Folgejahres gestellt, die in der Folge (Ende Mai) zu einer Rückholaktion führten. Die Bilanz des Wirtschaftsjahres 19.. wurde auf Grund der bekannt gewordenen Schäden erst im August des Folgejahres fertig gestellt und auch geprüft. Das Unternehmen war unternehmensrechtlich und steuerrechtlich (entgegen der Aussage der Einkommensteuerrichtlinien) verpflichtet, eine Rückstellung für alle bereits gestellten und noch zu erwartenden Reklamationen zu bilden.

Rückstellungen für vorbelastete Einnahmen

Gemäß Rz 3303 sind Rückstellungen auch im Zusammenhang mit **„vorbelasteten Einnahmen"** zu bilden: Sind mit bestimmten Einnahmen eines Wirtschaftsjahres bestimmte künftige Ausgaben zwangsläufig in einer Weise verbunden, dass sie wirtschaftlich betrachtet bereits das Jahr der Einnahmen treffen, dann sind diese künftigen Ausgaben bereits für das Jahr, in dem die Einnahmen erzielt werden, zu passivieren (Rückstellungen für Rekultivierungsaufwendungen, Deponierückstellung, Wiederaufforstungskosten).

Hohe Wahrscheinlichkeit eines Vermögensabflusses

Gemäß Rz 3313 ist gemeinsames Merkmal aller Rückstellungen, dass gegenüber Dritten eine Leistungsverpflichtung besteht, die mit **hoher Wahrscheinlichkeit** zu einem **Vermögensabfluss** in der Zukunft führt. Daher muss es sich um **sofort abziehbare Ausgaben** und nicht um vorweggenommene Anschaffungs- oder Herstellungskosten handeln.

Der Begriff **„hohe Wahrscheinlichkeit"** wird in Rz 3317 näher erklärt: Die Gründe für eine künftige Inanspruchnahme müssen gewichtiger sein als jene Gründe, die dagegen sprechen. Dies ist nach objektiven Kriterien zu beurteilen.

Einzel- und Pauschalrückstellungen

Gemäß Rz 3315 ist die Bildung von Verbindlichkeitsrückstellungen nur zulässig, wenn konkrete Umstände nachgewiesen werden können, nach denen im jeweiligen Einzelfall mit dem Vorliegen oder dem Entstehen einer Verbindlichkeit ernsthaft zu rechnen ist **(Einzelrückstellungen).**

Gemäß Rz 3319 sind steuerlich unzulässige **Pauschalrückstellungen** solche, bei denen die Wahrscheinlichkeit der Inanspruchnahme durch Dritte gegeben ist, ohne dass bereits konkrete Umstände im jeweiligen Einzelfall eine Verbindlichkeit (Verpflichtung) erwarten lassen. Dazu zählen bestimmte Arten dem Grunde nach pauschal gebildeter Verbindlichkeitenrückstellungen (zB vom Umsatz abgeleitete Rückstellungen für Gewährleistungen, Garantieverpflichtungen, Kulanzfälle, Produkthaftung, Umwelthaftung).

So ist beispielsweise eine Gewährleistungsrückstellung von 10 % des Umsatzes der verkauften Neuwagen auch dann unzulässig, wenn entsprechende Erfahrungswerte vorliegen. Ist jedoch ein bestimmtes Modell eines Autoherstellers von einem Serienmangel betroffen, für den bereits zum Teil Gewährleistungsansprüche geltend gemacht wurden, und wird in den Medien eine Rückholaktion bekannt gegeben, kann eine Rückstellung für alle zu erwartenden Ansprüche gebildet werden **(pauschal berechnete steuerlich zulässige Einzelrückstellung).**

Rückstellungen für drohende Verluste aus schwebenden Geschäften

Wenn gem Rz 3320 am Bilanzstichtag der Wert der Leistungsverpflichtung aus einem Vertragsverhältnis den Wert der Gegenleistung übersteigt, also aus dem Geschäft ein Verlust droht, so ist dieser im Wege einer Rückstellung jener Periode zuzuweisen, in welcher sich die Unausgewogenheit von Leistung und Gegenleistung einstellt.

Voraussetzung einer Rückstellung für drohende Verluste aus schwebenden Geschäften ist, dass der Vertrag bereits abgeschlossen oder zumindest ein verbindliches Vertragsangebot vom Rückstellungsbildenden gestellt worden ist.

Gem Rz 3321 ergibt sich aus dem Grundsatz der **Einzelbewertung** die Verpflichtung, jedes einzelne schwebende Geschäft für sich daraufhin zu prüfen, ob daraus ein Verlust droht.

Rz 3322 weist darauf hin, dass keine Saldierung mit gewinnbringenden gleichartigen Geschäften vorzunehmen ist. **Erfolgsmäßig miteinander verknüpfte Geschäfte sind aber als Einheit zu bewerten.**

Ansatz von Verbindlichkeits- und Drohverlustrückstellungen mit 80 % des Teilwertes

Mit Ausnahme von Abfertigungs-, Pensions- und Jubiläumsrückstellungen sowie von Rückstellungen, die vom Bilanzstichtag an gerechnet mit hoher Wahrscheinlichkeit nur mehr weniger als 12 Monate weiter bestehen, dürfen Verbindlichkeits- und Drohverlustrückstellungen nur mit 80 % des Teilwertes angesetzt werden.

Gemäß Rz 3309 b ist für die Beurteilung der **Zwölfmonatsfrist** der Zeitpunkt des Wegfalles des Rückstellungsgrundes (regelmäßig der Zeitpunkt der Entstehung der Verbindlichkeit, nicht aber der Zeitpunkt des aus der Verbindlichkeit resultierenden Geldflusses) maßgebend. Es bestehen keine Bedenken, Rückstellungen für Verbindlichkeiten aus **nicht konsumierten Urlauben** generell ungekürzt anzusetzen.

Die Beurteilung, ob eine Rückstellung gekürzt oder ungekürzt anzusetzen ist, ist für jede einzelne Rückstellung insgesamt anzustellen; eine Aufteilung in **eine lang- und eine kurzfristige Rückstellung** ist gesetzlich nicht vorgesehen und hat daher zu unterbleiben. Eine Kürzung auf 80 % des gesamten Teilwertes ist daher auch dann vorzunehmen, wenn ein (erheblicher) Teilbetrag schon innerhalb von 12 Monaten nach Bilanzstichtag geleistet wird (Rz 3309 c).

Eine auf Grund **falscher Einschätzung** gekürzt oder ungekürzt angesetzte Rückstellung ist nach Entdeckung nicht zu berichtigen, wenn die Einschätzung mit der Sorgfalt eines ordentlichen Unternehmers erfolgt ist (Rz 3309 d).

Soweit eine in der Unternehmensbilanz vorgenommene Abzinsung einer Rückstellung zu einem Betrag von weniger als 80 % des Teilwertes (vor Kürzung) führt, ist eine weitere steuerliche Kürzung desselben nicht vorzunehmen (Rz 3309 e).

(Steuerlich nicht ansatzfähige) Aufwandsrückstellungen

Aufwandsrückstellungen sind Rückstellungen, die für künftigen Aufwand, der seine Ursache in der vergangenen Periode hat, gebildet werden, wobei aber **keine Verpflichtung gegenüber Dritten** gegeben ist (zB Rückstellungen für unterlassene Instandhaltungen).

Rz 3328 zählt folgende Aufwandsrückstellungen auf:

- Unterlassene Instandhaltungen, soferne Dritten gegenüber keine Instandhaltungsverpflichtung gegeben ist
- Entsorgungsmaßnahmen, soferne keine Entsorgungsverpflichtung gegeben ist
- Aufräumungsarbeiten nach Katastrophenschäden
- Freiwillige Rekultivierung
- Unterlassener Forschungs- und Reklameaufwand
- Substanzerhaltung bei steigenden Wiederbeschaffungskosten
- Freiwillige Abraumbeseitigung
- Selbstversicherung bei nicht versicherten Schadensfällen.

2.53 Die Bilanzierung von Sicherungsgeschäften (Hedging)

Für den Bereich IAS/IFRS finden sich einschlägige Regelungen des **Hedge Accounting** in IAS 39 (Financial Instruments).

Mit der Richtlinie 2001/65/EG des Europäischen Parlaments und des Rates vom 27. September 2001 zur Änderung der Richtlinien 78/660/EWG, 83/349EWG und 86/635/EWG des Rates im Hinblick auf die im Jahresabschluss bzw. im konsolidierten Abschluss von Kapitalgesellschaften, Banken und anderen Finanzinstituten zulässigen Wertansätze wurden die EU-Rechnungslegungsvorschriften durch Einführung der **Fair-Value-Methode** (Bewertung zum beizulegenden Zeitwert) modernisiert. Die Vorschriften wurden damit der zunehmenden Verbreitung sog Finanzderivate angepasst. Die Vorschriften sind allerdings sehr weit bzw allgemein gefasst. Die Kommission argumentiert diesbezüglich, dass es derzeit so vielfältige Ansätze zur **Bilanzierung von Sicherungsgeschäften** gibt, dass diese Ansätze als noch nicht ausgereift bezeichnet werden können. Der flexible Ansatz in der Richtlinie soll die Notwendigkeit von baldigen Änderungen der Richtlinie durch zukünftige Entwicklungen auf dem Gebiet des **Hedge Accounting** vermeiden.

Die **Fair-Value-Richtlinie** sieht ganz allgemein vor, dass es die Mitgliedstaaten zulassen können, dass Aktiv- oder Passivposten, die im Rahmen der Zeitwertbilanzierung von Absicherungszusammenhängen als gesichertes Grundgeschäft gelten (oder auch nur ein bestimmter Anteil an solchen Aktiv- und Passivposten), zum beizulegenden Zeitwert (anstelle der normalerweise fortgeführten Anschaffungs- bzw Herstellungskosten) bilanziert werden.

In Österreich wurde die Anwendbarkeit dieser Richtlinie mit Ausnahme der Anhangbestimmung des § 237a und der Berichterstattung gem § 243 auf den konsolidierten Abschluss beschränkt. Dennoch spielt das **Hedge Accounting** auch in einem nach UGB aufgestellten Einzelabschluss einer Kapitalgesellschaft im Zusammenhang mit der Schaffung von **Bewertungseinheiten** eine große Rolle.

Unter **Hedge Accounting (Hedging)** versteht man die Bilanzierung von Geschäften, bei denen ein Grundgeschäft und ein Sicherungsgeschäft einander gegenüberstehen und eine Sicherungsbeziehung bilden (vgl zB Wagenhofer, International Accounting Standards, 4. Auflage, Frankfurt/Wien 2003, S 345 ff und Barckow, Die Bilanzierung von derivativen Finanzinstrumenten und Sicherungsbeziehungen, Düsseldorf 2004).

Abgesichert wird ein **Grundgeschäft (Hedged Item)**. Grundgeschäft kann ein Vermögensgegenstand, ein Schuldposten bzw eine feste Verpflichtung oder ein geplanter (vorhersehbarer) Geschäftsvorfall (Forecast future transaction) sein. Das Grundgeschäft muss einem **Zins-, Währungs- oder sonstigen Preisrisiko** ausgesetzt sein, wofür ein Sicherungsbedarf besteht. Die Bewertung dieser Risiken hat einzeln zu erfolgen, wobei die Erfassung und Quantifizierung ein umfangreiches **Risikomanagement** erforderlich macht, das die Einzelrisiken der Positionen berücksichtigt. Die nicht realisierten Gewinne und Verluste sind jedenfalls einzeln zu quantifizieren.

Ziel des Hedging ist es, das **Grundgeschäft** vor dem Risiko von Änderungen seines Zeitwertes **(Bewertungsrisiko**) oder der Änderung zukünftiger Zahlungsströme (**Cashflowrisiko**) zu sichern.

Gesichert werden können nicht nur einzelne Posten der Bilanz, sondern auch **Portfolios**, dh Gruppen gleichartiger Posten. Das **Sicherungsinstrument** (Hedging Instrument) ist ein zur Sicherung bestimmtes (derivatives) Finanzinstrument mit **gegenläufiger Wertentwicklung**. Vom Finanzinstrument wird daher erwartet, dass dadurch Änderungen des Fair Value oder des Cashflow des gesicherten Postens ausgeglichen werden.

In der Praxis unterscheidet man drei Kategorien von **Sicherungsstrategien:**

1. **Micro Hedge**

   Einem einzelnen Grundgeschäft steht ein unmittelbar zugeordnetes Sicherungsinstrument gegenüber.

2. **Portfolio Hedge**

   Dabei wird das Risiko mehrer gleichartiger Grundgeschäfte durch mehrere Sicherungsinstrumente abgesichert.

3. **Macro Hedge**

   Die Risikoabsicherung erfolgt auf der Ebene des gesamten Unternehmens bzw Konzerns.

2.531 Micro Hedges

Als **Micro Hedge** wird die Absicherung eines Grundgeschäftes durch ein oder mehrere Sicherungsgeschäfte bezeichnet. Die Absicherung erfolgt durch eine konkrete Verknüpfung von Grund- und Sicherungsgeschäften zum Zwecke der Kompensation von Zins-, Währungs- oder sonstigen Preisrisiken. Die Absicherung kann durch sog Derivate, wie Futures, Optionen und Swaps, durchgeführt werden.

2.532 Portfolio Hedges

Portfolio Hedges finden vorwiegend im Rahmen der **Handelsaktivitäten von Kreditinstituten** Anwendung, wobei Handelsbestände in homogene Portfolios zusammengefasst und gemeinsam auf Portfolio-Ebene bewertet werden.

Die Bildung von **Portfolios** kann entweder **produktbezogen** (dh Zusammenfassung von Handelspositionen einer Gattung mit gleichem Basiswert) oder **risikobezogen** (dh Zusammenfassung verschiedenartiger Produkte innerhalb der gleichen Risikoklasse) erfolgen. Das **Portfolio Hedging** ist Teil des **Zinsrisikomanagements**. Im Gegensatz zu Micro und Macro Hedges ist ein zweckartiger Zusammenhang mit dem Sicherungsgeschäft nicht feststellbar. Es wird unterstellt, dass alle zu einem Handelsportfolio zusammengefassten Geschäfte aufgrund der Vorgaben des Risikomanagements bzw aufgrund von dokumentierten Strategien in einem gewollten wirtschaftlichen Zusammenhang stehen.

2.533 Macro Hedges

Für **Sicherungsgeschäfte** auf Gesamtunternehmensebene hat sich der Begriff **Macro Hedging** etabliert. Unter **Macro Hedging** versteht man die unternehmensinterne Aufrechnung gegenläufiger Risikopositionen im Rahmen globaler Sicherungsstrategien. Sie dienen in der Regel zur Absicherung potentieller **Zinsänderungen**. Dabei werden einer nicht näher bestimmten Anzahl von eingegangenen Einzelgeschäften entsprechende gegenläufige Terminkontraktpositionen gegenübergestellt. Insbesondere bei international tätigen Unternehmen werden Geschäfte, die demselben Risikofaktor unterliegen, global abgesichert.

Im Gegensatz zu **Micro Hedges** ist daher bei **Macro Hedges** eine konkrete Verknüpfung bzw Zuordnung von einzelnen Grund- und Sicherungsgeschäften aufgrund des dynamischen Sicherungsvorganges nicht mehr möglich.

Außerhalb des Zinsrisikobereiches werden **Macro Hedges** dazu verwendet, Aktienportfolios durch Aktienindex-Futures abzusichern.

2.534 Hedge Accounting

Beim **Hedge Accounting** stehen einander grundsätzlich zwei isolierte Geschäfte gegenüber. Das Aktiv-Geschäft unterliegt dabei dem **Niederstwertprinzip** und das Passiv-Geschäft dem **Höchstwertprinzip**. Bei entsprechender Wertentwicklung kann es daher zur Notwendigkeit kommen, die aktive Position abzuwerten und einen Verlust auszuweisen, während der korrespondierende Gewinn der Passivposition nicht erfolgswirksam berücksichtigt werden kann (**imparitätisches Realisationsprinzip**).

Ein Unternehmer, der sein Risiko durch Derivate absichert, muss daher genauso wie ein Unternehmer, der sein Grundgeschäft nicht absichert, den isolierten Verlust im Grundgeschäft ausweisen. Durch eine Aufrechnung der Gewinne und Verluste aus dem Grundgeschäft und dem Sicherungsgeschäft könnte dieser „Falschausweis" vermieden werden. Dieser Forderung steht allerdings die Besorgnis gegenüber, dass durch das Unterlaufen des Gebots der Einzelbewertung auch tatsächlich nicht realisierte Gewinne ausgewiesen werden könnten. In Abhängigkeit der verschiedenen Formen von Sicherungsgeschäften finden sich in der Literatur verschiedene Lösungsansätze. Im Wesentlichen bauen diese auf die Grundfrage auf, ob zwischen Grundgeschäft und Sicherungsgeschäft eine **Bewertungseinheit** hergestellt werden kann.

2.534.1 Bewertungseinheit (kompensatorische Bewertung)

Eine **Bewertungseinheit** liegt dann vor, wenn zweifelsfrei einzelbewertbare Vermögensgegenstände, Schulden oder schwebende Geschäfte miteinander wirtschaftlich so verknüpft sind, dass sie faktisch eine Einheit bilden. Für ein **Sicherungsgeschäft** bedeutet dies, dass das abzusichernde Grundgeschäft mit dem zur Absicherung geschlossenen Sicherungsgeschäft eine **Risikoeinheit** bildet. Diesfalls ist eine **kompensatorische Bewertung** geboten, wenn die positiven bzw negativen Erfolgsbeiträge ursachenidentisch und kausal verbunden, aber auch hinreichend konkretisierbar sind. Diese kompensatorische Bewertung widerspricht unter den genannten Voraussetzungen nicht dem **Einzelbewertungsprinzip**, sondern ist notwendig, um einen objektiven Einblick in die Vermögens- und Ertragslage eines Unternehmens zu erlauben, da durch das Sicherungsgeschäft ein tatsächlicher Verlust, der bei Einzelbewertung auszuweisen wäre, nicht eintritt.

Die notwendigen Kriterien und Maßnahmen für die Bildung von **Bewertungseinheiten** zeigt folgende Übersicht:

Notwendige Kriterien	**Notwendige Maßnahmen**
1. Objektiver Sicherungsbedarf – Risiken müssen beim Grundgeschäft bestehen – Risiken müssen einzeln ermittelbar sein	1. Risikomanagement
2. Wirtschaftlicher Zusammenhang zwischen Grund- und Sicherungsgeschäft – Einheitliche Zwecksetzung von Grund- und Sicherungsgeschäft – Kausalzusammenhang zwischen Gewinnchance und Verlustrisiko	2. Sicherungsstrategie – Internes Überwachungssystem – Internes Dokumentationssystem
3. Konkretisierung	3. Sicherungsbedarfsrechnung

Zwischen Grund- und Sicherungsgeschäft muss es einen Zweckzusammenhang geben. Umfang und Zulässigkeit des Sicherungsgeschäftes werden dabei vom Grundgeschäft bestimmt.

Das Unternehmen hat eine **Sicherungsstrategie** zu entwickeln und die Durchhalteabsicht der einzelnen Sicherungsgeschäfte zu dokumentieren, wobei sich der Sicherungszusammenhang auf eine wirtschaftlich sinnvolle Zeitspanne erstrecken muss. Jedenfalls muss das **Grund- und Sicherungsgeschäft** in einem eindeutigen Zusammenhang stehen.

Schließlich muss die Gewinnerwartung und das Verlustrisiko beider Geschäfte auch ausreichend konkretisiert sein. Gewinne und Verluste müssen mit **gleicher Eintrittswahrscheinlichkeit** auftreten bzw darf die Verlustkompensation nicht auf eine allgemeine Gewinnerwartung der Gegenposition aufbauen. Eine kompensatorische Bewertung ist daher dann nicht möglich, wenn lediglich geplante, aber noch nicht vertraglich vereinbarte Transaktionen abgesichert werden. **Finanzinstrumente**, deren beizulegender Zeitwert nicht verlässlich ermittelt werden kann, scheiden daher ebenfalls als Sicherungsgeschäfte für Bewertungseinheiten aus.

Wertveränderungen, welche sich gegenseitig bedingen, können zu einer einheitlichen Bewertungsdeterminante im Rahmen der Wertbemessung bei einzelnen Bewertungsobjekten zusammengefasst werden. Diese Form der **kompensatorischen Bewertung** führt zu einem Ausgleich von Gewinnen und Verlusten zwei isolierter Positionen. Der Grundsatz der Einzelbewertung wird aufgehoben und durch die Bildung von **Bewertungseinheiten** ersetzt.

Dabei werden die wertmäßig gegenläufigen Positionen zwar einzeln zum beizulegenden Zeitwert bewertet, die gegenläufigen Erfolge aus der Wertentwicklung beider Geschäfte jedoch aufgerechnet. **Unrealisierte Verluste** können dabei nur beschränkt bis zur Höhe des **unrealisierten Gewinnes** verrechnet werden. Positive Überhänge bleiben infolge des Realisationsprinzips unberücksichtigt.

Übersteigt der Verlust die Höhe der unrealisierten Gewinne, so hat in der Höhe des Unterschiedsbetrages entweder eine **Abwertung eines Aktivums**, eine **Aufwertung eines Passivums** oder eine **aufwandswirksame Rückstellung** für drohende Verluste zu erfolgen.

Die Bildung **kompensatorischer Bewertungseinheiten** ist an bestimmte Bedingungen geknüpft. Damit wird erreicht, dass nur Geschäfte miteinander verrechnet werden können, für die ein nachvollziehbarer Funktionszusammenhang besteht. Die **Sicherungsbeziehung** ist daher in nachprüfbarer Form und eindeutig zu dokumentieren.

Am einfachsten gelingt der Nachweis, wenn die wesentlichsten Ausstattungsmerkmale von Grundgeschäft und Sicherungsinstrument identisch sind. In diesem Fall kann sich praktisch keine Wertdifferenz ergeben.

Die Bilanzierung von **Bewertungseinheiten** auf Basis von **Micro Hedges** ist in der Literatur allgemein anerkannt, wenn **derivative Finanzinstrumente** eingesetzt werden, um einzelne, genau definierte Geschäfte, Vermögens- und Schuldpositionen abzusichern. Weiters muss dem **Sicherungsgeschäft** eine eindeutige Eignung zur **Risikokompensation** zukommen und das Verlustrisiko bzw die Gewinnchance von identen Faktoren abhängen.

Kriterium	Nebenbedingungen
Objektive Eignung durch tatsächliche Kompensation	Identifikation der abzusichernden rechtsverbindlichen Grundposition Risikoquantifizierung Risikokongruenz Dokumentation

Im Gegensatz zu **Micro Hedges** ist bei **Macro Hedges** eine konkrete Verknüpfung von einzelnen Grund- und Sicherungsgeschäften nicht möglich, da das abzurechnende Grundgeschäft nicht eindeutig bestimmbar ist.

Die bilanzrechtliche Zulässigkeit der **kompensatorischen Bewertung** von **Macro Hedges** ist daher umstritten. Ein Teil der Literatur fordert die unternehmensbilanzrechtliche Zulässigkeit von **Macro-Bewertungseinheiten** für **Zins-Hedges**, wenn entsprechend hohe Risikominimierungsmaßnahmen vorliegen und durch Dokumentation nachgewiesen sind. Dazu zählen Aggregation der Risikopositionen je **Risikokategorie**, Absicherung der Nettorisikopositionen, laufende Überprüfung und Anpassung der Maßnahmen. Als **bilanzieller Lösungsansatz** wird ein Verzicht auf eine Bewertung (Festbilanzierung) oder eine kompensatorische Bewertung des gesamten Zins-Hedge-Bestandes vorgeschlagen.

Für **Portfolio Hedges** gilt das für die Macro Hedges Gesagte, wobei zusätzlich noch zu beachten ist, dass eine Dokumentation der Sicherungszusammenhänge sowie eine homogene Beeinflussung von Gewinnchance und Verlustrisiko nur schwer möglich erscheint. Von Teilen der Literatur wird die Zulässigkeit der Bildung von Portfolio-Bewertungseinheiten für die Handelsbestände von Kreditinstituten in **originäre** und **derivative Finanzinstrumente**, die in einem wirtschaftlichen Zusammenhang stehen, gefordert.

2.54 Die unternehmensrechtlichen Bewertungsvorschriften im Vergleich zum Steuerrecht

2.541 Maßgeblichkeit der Unternehmensbilanz für die Steuerbilanz

Die Wertansätze der **Unternehmensbilanz** sind für die **Steuerbilanz** maßgeblich, wenn nicht steuerrechtliche Normen andere Ansätze zwingend fordern. Durch die **Maßgeblichkeit der Unternehmensbilanz** für die Steuerbilanz kommt aber auch eine umgekehrte Abhängigkeit zustande, weil bei der Bestimmung der Wertansätze in der Unternehmensbilanz auf die Wirkungen Rücksicht genommen werden muss, die sich durch die Übernahme von Bilanzansätzen in die Steuerbilanz ergeben. Je größer die Steuerwirkung als Folge von Bewertungsakten in der Bilanz ist, desto stärker können sich Erfordernisse in der Steuerbilanz bei der Aufstellung der Unternehmensbilanz bemerkbar machen.

Es kann daher ein bestimmtes Maß von Abhängigkeit der Unternehmensbilanz von der Steuerbilanz nicht geleugnet werden. Dieser Umstand und die Scheu, aus der Unternehmensbilanz eine Steuerbilanz ableiten zu müssen, hat dazu geführt, dass sich nicht wenige Unternehmer mit einer einzigen Jahresbilanz begnügen, die sie nach steuerrechtlichen Vorschriften aufstellen und, da in der Regel ein Widerspruch zu unternehmensrechtlichen Bestimmungen nicht vorliegt, für jene Zwecke verwenden, für die die Unternehmensbilanz sonst aufgestellt werden würde.

Die nach der geltenden Rechtslage herrschenden Gegensätze zwischen unternehmens- und steuerrechtlichen Bewertungsbestimmungen werden dadurch aufgelöst, dass in der Steuerbilanz (die Bezeichnung „Steuerbilanz" ist terminologisch nicht ganz zutreffend, da sie lediglich eine von der Unternehmensbilanz aufgrund besonderer Bewertungsbestimmungen sich ergebende Ableitung ist) Folgendes gilt:

1) die Muss-Bestimmung des Steuerrechtes, wenn ihr eine Muss-Bestimmung des Unternehmensrechtes oder eine Kann-Bestimmung des Unternehmensrechtes gegenübersteht;
2) die Muss-Bestimmung des Unternehmensrechtes, wenn eine Kann-Bestimmung des Steuerrechtes vorliegt;
3) die Kann-Bestimmung des Unternehmensrechtes bei Vorliegen einer Kann-Bestimmung des Steuerrechtes.

Diese Übersicht kann durch die Formulierung auf den einfachen Nenner gebracht werden, dass nur dann von den **Wertansätzen der Unternehmensbilanz in der Steuerbilanz abzugehen ist,** wenn das Steuerrecht einen bestimmten Wertansatz zwingend vorschreibt; in allen anderen Fällen ist der Bilanzierende verhalten, in die Steuerbilanz die in der Unternehmensbilanz getroffenen Ansätze zu übernehmen. Hat sich der Bilanzierende für einen Ansatz in der Unternehmensbilanz entschieden, dann ist er, außer im Falle einer Muss-Bestimmung des Steuerrechtes, an diesen Ansatz in der Steuerbilanz auch dann gebunden, wenn steuerrechtliche Regelungen verschiedene Bilanzansätze zulassen. Dies bedeutet beispielsweise, dass eine steuerliche Bewertungsbegünstigung nur dann in Anspruch genommen werden kann, wenn sie auch in der Unternehmensbilanz zur Anwendung gebracht wird (zB Bewertungsreserve).

2.542 Vergleich verschiedener Einzelbestimmungen

Es gibt verschiedene Bewertungsvorschriften, die zu einem unterschiedlichen Ansatz in der Unternehmens- und Steuerbilanz führen können. Nachfolgend werden die wesentlichen Unterschiede bzw Gemeinsamkeiten dargestellt:

1. **Anschaffungskosten:**

   Der Begriff der Anschaffungskosten ist unternehmens- und steuerrechtlich im Wesentlichen gleich.

2. **Herstellungskosten:**

   Gem § 6 Z 2 a EStG gehören zu den **Herstellungskosten** (zwingend) auch angemessene Teile der Materialgemeinkosten und der Fertigungsgemeinkosten, wobei diese Bestimmung gemäß den Einkommensteuerrichtlinien 2000 nur für das nicht abnutzbare Anlage- und das Umlaufvermögen gilt (Rz 2196 und 2226).
3. Das **Aktivierungsverbot für** nichtentgeltlich erworbene unkörperliche Wirtschaftsgüter des Anlagevermögens gemäß § 4 Abs 1 EStG 1988 gilt in gleicher Weise im Unternehmensrecht.
4. Für die Aktivierung und Abschreibung für das **Ingangsetzen und Erweitern** eines Betriebes gilt die uneingeschränkte Maßgeblichkeit der Unternehmensbilanz.
5. Steuerlich kann nur die **lineare Abschreibung** oder eine Substanzabschreibung in Anspruch genommen werden, unternehmensrechtlich auch eine degressive Abschreibung.
6. Für die Bewertung **langfristiger Aufträge** gibt es im Steuerrecht keine Regelung. Die Einkommensteuerrichtlinien 2000 folgen allerdings den unternehmensrechtlichen Bestimmungen (§ 206 Abs 3 UGB) in Bezug auf die Aktivierungsmöglichkeit angemessener Teile der Verwaltungs- und Vertriebskosten (Rz 2199), obwohl dies durch das Einkommensteuergesetz nicht gedeckt ist.
7. Die gemäß § 207 Abs 2 bestehende Möglichkeit einer **Abschreibung** von Gegenständen des Umlaufvermögens **unter den Tageswert** am Abschlussstichtag führt zu einer Bewertung, die unter dem Teilwert gemäß § 6 EStG 1988 liegt, weswegen die steuerliche Zulässigkeit nicht gegeben ist.
8. Die Bildung von **Pauschalwertberichtigungen** für Forderungen ist gemäß § 6 Z 2 a EStG mit steuerlicher Wirkung nicht möglich.
9. Eine **unternehmensrechtliche Zuschreibung** beim Anlagevermögen bedingt diese auch steuerlich. Für Beteiligungen im Sinne des § 228 UGB besteht gem § 6 Z 13 EStG ein Wertaufholungsgebot, wenn nach Maßgabe der unternehmensrechtlichen Grundsätze ordnungsmäßiger Buchführung eine Zuschreibung zulässig ist. Dies bedeutet für die Unternehmensbilanz ebenfalls eine Aufwertungsverpflichtung, weil mit dieser steuerlichen Vorschrift der § 208 Abs 2 außer Kraft gesetzt wird. Damit tritt in diesem Fall eine echte **Umkehr des Maßgeblichkeitsprinzips** ein (§ 6 Z 13 EStG 1988).
10. Steuerlich ist gemäß § 9 EStG 1988 die **Bildung von Rückstellungen** ausschließlich auf Anwartschaften für Abfertigungen, laufende Pensionen und Anwartschaften auf Pensionen, Zuwendungen anlässlich eines Dienstjubiläums, sonstige ungewisse Verbindlichkeiten und drohende Verluste aus schwebenden Geschäften beschränkt. Mit Ausnahme von Abfertigungs-, Pensions- und Jubiläumsrückstellungen sowie von Rückstellungen, die vom Bilanzstichtag an gerechnet mit hoher Wahrscheinlichkeit nur mehr weniger als 12 Monate weiter bestehen, dürfen Verbindlichkeits- und Drohverlustrückstellungen nur mit 80 % des Teilwertes angesetzt werden.

    Pauschalrückstellungen dürfen mit steuerlicher Wirkung nicht gebildet werden.
11. **Geringwertige Vermögensgegenstände des Anlagevermögens** müssen unternehmensrechtlich auf die Nutzungsdauer verteilt werden, wenn die Abschreibung betragsmäßig von wesentlichem Umfang ist. Allerdings wird die Vollabschreibung über die Dotierung der unversteuerten Rücklagen erreicht. Steuerlich gilt die

Möglichkeit der Vollabschreibung nicht für **geringwertige Wirtschaftsgüter,** die zur entgeltlichen Überlassung bestimmt sind.

12. **Bei Abfertigungsrückstellungen, Pensionsrückstellungen und Jubiläumsrückstellungen** kann es wegen der restriktiven Bestimmungen des § 14 EStG ebenfalls zu erheblichen Abweichungen gegenüber dem unternehmensrechtlichen Ansatz kommen. Vergleiche hiezu die Kapitel 4.336.1, 4.336.2 und 4.336.4, Pkt 4.

13. **Firmenwert**

    Die Anschaffungskosten eines Firmenwertes bei land- und forstwirtschaftlichen Betrieben sowie bei Gewerbebetrieben sind steuerlich gleichmäßig verteilt auf 15 Jahre abzusetzen. Unternehmensrechtlich ist der Firmenwert **planmäßig längstens auf die Geschäftsjahre,** in denen er voraussichtlich genutzt wird, zu verteilen.

    Wird eine Beteiligung angeschafft und in eine neue oder bestehende Gruppe integriert, kann der miterworbene Firmenwert über 15 Jahre abgeschrieben werden. Der Firmenwert ist aliquot zum Beteiligungsprozentsatz anzusetzen. Er darf jedenfalls 50 % der Anschaffungskosten nicht überschreiten (gilt ab 2005).

    Ermittlung des Firmenwertes (bei Erwerb von 100 % der Anteile):

    Steuerlich maßgebende Anschaffungskosten
    Abzüglich unternehmensrechtliches Eigenkapital
    Abzüglich stiller Reserven im nicht abnutzbaren Anlagevermögen
    ---
    Firmenwert (darf 50 % der Anschaffungskosten nicht übersteigen)

    Werden weniger als 100 % angeschafft, wird von den steuerlich maßgebenden Anschaffungskosten nur der aliquote Teil des unternehmensrechtlichen Eigenkapitals abgezogen.

    Unternehmensrechtlich sind die Anschaffungskosten als Anteile an verbundenen Unternehmen, Beteiligungen bzw Wertpapiere und Wertrechte auszuweisen. Eine unternehmensrechtliche Firmenwertabschreibung gibt es in diesem Falle nicht. Die steuerliche Abschreibung ist daher über eine Mehr- oder Wenigerrechnung geltend zu machen. Ein negativer Firmenwert ist in Fünfzehntelbeträgen gewinnerhöhend aufzulösen. Unternehmensrechtlich werden lediglich die Anschaffungskosten aktiviert.

    Die Firmenwertabschreibung gilt nur für die Dauer der Gruppenzugehörigkeit.

14. **Disagio**

    Der **Unterschiedsbetrag** zwischen Ausgabe- und Rückzahlungsbetrag einer Verbindlichkeit kann im Unternehmensrecht (unter den Rechnungsabgrenzungsposten) aktiviert und durch planmäßige jährliche Abschreibung getilgt werden (§ 198 Abs 7). Steuerlich ist er zu aktivieren und zwingend auf die gesamte Laufzeit der Verbindlichkeit zu verteilen. Der Darlehensgeber kann in der Höhe des Unterschiedsbetrages von Nennwert und Auszahlungsbetrag einen passiven Rechnungsabgrenzungsposten ausweisen, der planmäßig aufzulösen ist (EStR 2000, Rz 2459).

15. **Geldbeschaffungskosten**

    Gem § 6 Z 3 EStG 1988 sind **Geldbeschaffungskosten,** die mit einer Verbindlichkeit unmittelbar zusammenhängen, im Jahr der Aufnahme der Verbindlichkeit zu aktivieren und zwingend auf die gesamte Laufzeit der Verbindlichkeit zu verteilen.

Unternehmensrechtlich ist eine Aktivierung unter bestimmten Umständen innerhalb der Rechnungsabgrenzungsposten verpflichtend. Solche Umstände liegen nach Nowotny C./Tichy M. (Straube[2] S 198, Rz 87 a) vor, wenn „ausnahmsweise unmittelbar zeitraumbezogene (d.h. laufzeitabhängige) Aufwendungen vorliegen (Bürgschafts- oder Verwaltungsgebühren)". Für alle übrigen im Zusammenhang mit der Geldbeschaffung entstandenen Aufwendungen (zB Einmalkosten, wie Vermittlungsprovisionen, Kreditgebühren, Druckkosten von Anleihen, aber auch Gebühren (Verkehrssteuern, Rechtsanwalts- und Notariatskosten, einmalige Bearbeitungsgebühren, Druckkosten, Prospekt- und Werbekosten) sehen Nowotny/Tichy im Gegensatz zu Teilen des Fachschrifttums keine Aktivierungsmöglichkeit (Nowotny/Tichy ebenda).

16. **Einlagen**

Unternehmensrechtlich sind **Einlagen** grundsätzlich mit dem Wert anzusetzen, der ihnen im Zeitpunkt ihrer Leistung beizulegen ist, soweit sich nicht aus der Nutzungsmöglichkeit im Unternehmen ein geringerer Wert ergibt. Grundsätzlich gelten im Steuerrecht die gleichen Bestimmungen, allerdings mit einer Reihe von zeitlichen und anderen Einschränkungen (§ 6 Z 5 EStG 1988).

17. **Unterschiedsbetrag bei Umgründungsvorgängen (Verschmelzungen, Umwandlungen, Einbringungen, Zusammenschlüsse, Realteilungen und Spaltungen)**

Unternehmensrechtlich dürfen gemäß § 202 Abs 2 Z 1 die **Buchwerte** fortgeführt werden. War der Rechtsvorgänger (der Übertragende) zur Führung von Büchern nicht verpflichtet, dürfen die steuerrechtlichen Werte angesetzt werden.

Übersteigt der Gesamtbetrag der Gegenleistung die fortgeführten Werte nach Z 1, so darf der Unterschiedsbetrag unter die Posten des Anlagevermögens aufgenommen werden; der Gesamtbetrag der Gegenleistung ergibt sich aus dem Gesamtnennbetrag oder dem höheren Gesamtausgabebetrag der neuen Anteile, dem Buchwert eigener oder untergehender Anteile und den baren Zuzahlungen (Z 2). Jener Teil des **Unterschiedsbetrages,** der den Aktiven und Passiven des übertragenden Vermögens zugeordnet werden kann, ist als **Umgründungsmehrwert** gesondert auszuweisen; auf diesen Wert sind die für Vermögensgegenstände und Schulden geltenden Bestimmungen anzuwenden. Ein danach verbleibender Restbetrag darf als **Firmenwert** angesetzt werden.

Steuerlich muss der **Buchwert**, abgesehen von den in § 16 Abs 2 – 5 UmgrStG angeführten Ausnahmen, fortgeführt werden.

Buchgewinne und Buchverluste bleiben im Falle von Verschmelzungen gem. § 3 UmgrStG bei der Gewinnermittlung, auch wenn sie einem erworbenen Firmenwert entsprechen, außer Ansatz. Somit ist eine steuerliche Abschreibung des Firmenwertes, der anlässlich von Verschmelzungen aufgedeckt wurde, nicht möglich (mit einer Übergangsfrist für vor 1996 aktivierte Firmenwerte).

18. **Gem § 8 Abs 6 Z 1 EStG 1988 wird die betriebsgewöhnliche Nutzungsdauer für PKW mit 8 Jahren festgesetzt.**

19. **AfA bei PKW-Leasing**

Übersteigen gem § 8 Abs 6 Z 2 EStG 1988 die auf die Anschaffungs- oder Herstellungskosten entfallenden Teile des Nutzungsentgeltes die Absetzung für Abnutzung des Vermieters, hat der Steuerpflichtige für den Unterschiedsbetrag einen

Aktivposten anzusetzen. Der Aktivposten ist so abzuschreiben, dass der auf die Anschaffungs- oder Herstellungskosten entfallende Gesamtbetrag der Aufwendungen jeweils den Abschreibungssätzen einer 8-jährigen Nutzungsdauer entspricht.

20. **Verteilung des Veräußerungsverlustes einer Beteiligung auf 7 Jahre**

Kapitalgesellschaften haben gem § 12 Abs 3 Z 2 KStG (abzugsfähige) Abschreibungen auf den niedrigeren Teilwert oder Verluste anlässlich der Veräußerung oder eines sonstigen Ausscheidens einer zum Anlagevermögen gehörigen Beteiligung auf 7 Jahre verteilt zu berücksichtigen, es sei denn, diese werden über Antrag mit Zuschreibungen bzw mit einer steuerpflichtigen Auflösung stiller Reserven dieser oder anderer Beteiligungen gegenverrechnet.

21. **Unterschiedsbetrag gem § 6 Z 16 EStG**

Freiwilliger Ansatz des Unterschiedsbetrages zwischen Buchwert der vermieteten Anlagengegenstände und Barwert der Forderungen gegenüber den Leasingnehmern bei Unternehmen mit dem Schwerpunkt des Betriebes in der Vermietung von Wirtschaftsgütern.

Bei Inanspruchnahme des Wahlrechtes muss der erstmalige Ansatz für das Wirtschaftsjahr der Betriebseröffnung erfolgen und zwingend (für alle weiteren verleasten Gegenstände) in den folgenden Wirtschaftsjahren fortgesetzt werden (diese Regelung gilt ab dem Wirtschaftsjahr 2001 mit einer Übergangsvorschrift für bereits bestehende Leasinggesellschaften gem § 124 b Z 46 EStG).

22. **Steuerfreie Auflösungsmöglichkeit der bisher ausgewiesenen Abfertigungsrückstellung**

Werden Abfertigungsansprüche bis zum gesetzlichen oder kollektivvertraglichen Ausmaß auf Mitarbeitervorsorgekassen (MV-Kassen) übertragen, ist der Unterschiedsbetrag zwischen der steuerwirksam gebildeten Abfertigungsrückstellung und dem an die MV-Kasse zu leistenden Betrag gleichmäßig verteilt auf 5 Jahre abzusetzen. Bisher ausgewiesene Abfertigungsrückstellungen konnten in den Wirtschaftsjahren 2002 bzw 2003, soweit diese nicht ohnehin auf eine MV-Kasse übertragen oder ausbezahlt wurden, steuerfrei aufgelöst und dem Eigenkapital zugewiesen werden. Mit der Auflösung entfiel zugleich die Verpflichtung der Wertpapierdeckung. Allerdings kann in der Folge keine Abfertigungsrückstellung mehr gebildet werden. Die Aufwendungen für eine spätere Übertragung an eine MV-Kasse bzw Verpflichtungen zur Auszahlung von Abfertigungen sind gleichmäßig verteilt auf 5 Jahre abzusetzen.

Eine steuerbegünstigte Auflösung bestehender Abfertigungsverpflichtungen kann nur außerbücherlich erfolgen, da eine unternehmensrechtliche Auflösung nach den Grundsätzen ordnungsmäßiger Buchführung nicht möglich ist.

23. **Rückstellung für unentgeltliche Rücknahmeverpflichtung für vor dem 1.7. 2002 in den Verkehr gebrachte Fahrzeuge**

Hersteller oder Importeure von Altfahrzeugen jener Marken, die vor dem 1. Juli 2002 in Verkehr gesetzt wurden, haben diese Fahrzeuge ab 1. Jänner 2007 unentgeltlich zurückzunehmen. Für die unentgeltliche Rücknahmeverpflichtung ist grundsätzlich eine Rückstellung zu bilden. Steuerrechtlich ist der rückzustellende Betrag bei erstmals vor dem 1.7.2002 in den Verkehr gebrachten Fahrzeuge auf mehrere Jahre zu verteilen. Dies erfolgt in der Weise, dass die Rückstellung in voller Höhe gebildet und gleichzeitig ein Aktivposten gegenübergestellt wird, der gleichmäßig über die Wirtschaftsjahre, die zwischen dem 5. November 2002 und dem 1. Jänner 2007 enden, aufzulösen ist. Für die nach dem 1. Juli 2002 in den Verkehr gesetzten Fahrzeuge gelten die normalen Rückstellungsregeln.

24. **Phasenkongruente Dividendenaktivierungen bei Gewinnausschüttungen der Tochtergesellschaft an die Muttergesellschaft**

Hier kann es zur zeitlich unterschiedlichen Behandlung der von der Tochtergesellschaft auszuschüttenden Dividende in der Unternehmens- und Steuerbilanz der Muttergesellschaft kommen (siehe hiezu Abschnitt 2.514.1).

3. Ergänzende Vorschriften für Kapitalgesellschaften – Allgemeine Bestimmungen

3.1 Geltungsbereich

Nach § **221 Abs 5** gelten die ergänzenden Vorschriften auch für alle gesellschaftsrechtlichen Konstruktionen, bei denen kein persönlich haftender Gesellschafter eine natürliche Person ist. Wenn der persönlich haftende Gesellschafter keine Kapitalgesellschaft ist (zB eine Genossenschaft, ein Verein, eine GmbH & Co KG), gelten die Vorschriften für Gesellschaften mit beschränkter Haftung.

Eine solche gesellschaftsrechtliche Konstruktion unterliegt hinsichtlich folgender Tatbestände den der Rechtsform ihres geschäftsführenden Gesellschafters entsprechenden Rechtsvorschriften:

a) §§ 222 – 243 (Jahresabschluss und Lagebericht)

b) §§ 268 – 283 (Prüfung und Offenlegung)

In der überwiegenden Anzahl der Fälle wird es sich bei diesen Personengesellschaften um die GmbH & Co KG handeln.

„Sind sowohl eine AG als auch eine GmbH in der Stellung eines unbeschränkt haftenden Gesellschafters bei Fehlen einer natürlichen Person mit unbeschränkter Haftung in dieser Funktion beteiligt, so ist für die Rechtsfolgen zunächst maßgeblich, welche Komplementärgesellschaft vertretungsbefugt ist. Trifft Letzteres auf alle Komplementäre zu, so sind die für die AG als höher qualifizierte Rechtsform geltenden Rechtsfolgen maßgeblich (Nowotny/M. Tichy, in: Straube[2], Rz 10 zu § 221).

3.2 Bestandteile der Rechnungslegung der Kapitalgesellschaften

Gemäß § 222 Abs 1 haben die gesetzlichen Vertreter einer Kapitalgesellschaft in den ersten fünf Monaten des Geschäftsjahres für das vorangegangene Geschäftsjahr den um den Anhang erweiterten Jahresabschluss sowie einen Lagebericht aufzustellen.

Aus dieser Formulierung kann auch die Schlussfolgerung abgeleitet werden, dass es für die Anwendung der auf die Aufstellung des Jahresabschlusses anzuwendenden Rechtsvorschriften nicht auf die Rechtsform zum Bilanzstichtag, sondern auf die **Rechtsform zum Zeitpunkt der Aufstellung des Jahresabschlusses** ankommt (Nowotny C., in: Straube[2], Rz 26 zu § 221).

Durch das Unternehmensrechtsänderungsgesetz (URÄG) 2008 wurde **§ 222 Abs 1 wie folgt neu gefasst**:

> „Die gesetzlichen Vertreter einer Kapitalgesellschaft haben in den ersten fünf Monaten des Geschäftsjahrs für das vorangegangene Geschäftsjahr den um den Anhang erweiterten Jahresabschluss, einen Lagebericht **sowie gegebenenfalls (§ 243b) einen Corporate Governance-Bericht** aufzustellen und den Mitgliedern des Aufsichtsrates vorzulegen. Der Jahresabschluss, der Lagebericht sowie der Corporate Governance-Bericht sind **von sämtlichen gesetzlichen Vertretern zu unterzeichnen**."

(Bezüglich des Corporate-Governance-Berichtes siehe Abschnitt 6.692)

Im Zusammenhang mit Kapitalgesellschaften spricht der Gesetzgeber von einem **„erweiterten Jahresabschluss"**, der folgende Bestandteile umfasst:

Bilanz

Gewinn- und Verlustrechnung

Anhang

Die Rechnungslegung der Kapitalgesellschaften wird weiters um den **Lagebericht** ergänzt (§ 243), der keinen Bestandteil des Jahresabschlusses darstellt.

Für kleine GmbHs besteht keine Verpflichtung zur Aufstellung eines Lageberichtes (§ 243 Abs 4).

Bestandteile der Rechnungslegung gemäß § 222 Abs 1 in Verbindung mit § 221 Abs 5.

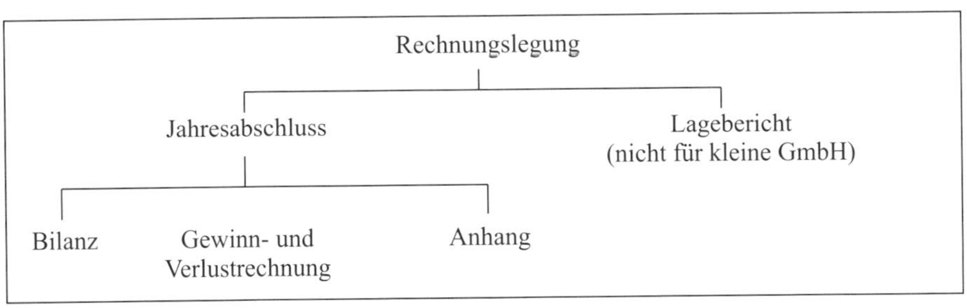

Mit dem Rechnungslegungsänderungsgesetz 2004 wurde für **Konzernabschlüsse** der Umfang erweitert. So bestimmt § 250 Abs 1, dass der **Konzernabschluss** aus der **Konzernbilanz**, der **Konzern-Gewinn- und Verlustrechnung**, dem **Konzernanhang**, der **Konzernkapitalflussrechnung** und dem **Eigenkapitalspiegel** besteht. Er kann um die **Segmentberichterstattung** erweitert werden.

Da die Kapitalflussrechnung (Geldflussrechnung) jedoch bereits allgemein, vor allem international, als ein wesentlicher Bestandteil des Jahresabschlusses angesehen wird, wird diese in der Regel zumindest bei geprüften Kapitalgesellschaften entweder als Bestandteil des Anhanges oder Lageberichtes auch bei Erstellung des Einzelabschlusses aufgestellt.

3.3 Die Generalnorm

3.31 Vermittlung eines möglichst getreuen Bildes der Vermögens-, Finanz- und Ertragslage

§ 222 Abs 2 verlangt, dass der Jahresabschluss ein **möglichst getreues Bild der Vermögens-, Finanz- und Ertragslage** des Unternehmens vermittelt. Wenn dies aus besonderen Umständen nicht gelingt, sind im Anhang die erforderlichen zusätzlichen Angaben zu machen. Die gegenüber der Generalnorm gemäß § 195 zusätzlich angeführte Finanzlage bezieht sich insbesondere auf die vorgeschriebenen Fälligkeitsangaben zu den Forderungen und Verbindlichkeiten.

Um deutlich zu machen, dass **Anhang und Lagebericht** ein wirksames **Informationsinstrument** sein sollen, wird in den §§ 236 (Anhang) und 243 (Lagebericht) die Generalklausel jeweils wiederholt; die Bilanz und die Gewinn- und Verlustrechnung sowie die darauf angewandten Bilanzierungs- und Bewertungsmethoden sind so zu erläutern bzw der Geschäftsverlauf und die Lage des Unternehmens so darzustellen, dass ein **möglichst getreues Bild der Vermögens-, Finanz- und Ertragslage** des Unternehmens vermittelt wird.

Der englische Text des Artikel 2 Abs 3 (Generalklausel) der Bilanzrichtlinie lautet: „The annual accounts shall give a **true and fair view** of the company's assets, liabilities, financial position and profit or loss."

Während die deutsche Fassung der EG-Richtlinie den „true and fair view" mit **„ein den tatsächlichen Verhältnissen entsprechendes Bild"** gleichsetzt, hat sich der österreichische Gesetzgeber entschlossen, dem Begriff und den Intentionen des true and fair view durch die Übersetzung **„ein möglichst getreues Bild"** besser gerecht zu werden, als es mit der oben angeführten Übersetzung geschieht. In den Erläuterungen wird hierzu angeführt:

„Im Hinblick auf die Leistungsfähigkeit des nunmehr erweiterten Jahresabschlusses zur Darstellung der wirtschaftlichen Situation eines Unternehmens erscheint es jedoch angemessen, den international üblichen Begriff des ‚true and fair view' entsprechend zu übersetzen. Die Funktion der Generalnorm ist aber nicht bloß die Verankerung eines Willkürverbotes, sondern sie soll einen Maßstab für die Auslegung und die Grundsätze ordnungsmäßiger Buchführung sowie für deren Umsetzung im jeweiligen Einzelfall vorgeben. Um ein möglichst getreues Bild immer zu erreichen, sind im Anhang zusätzliche Angaben zu machen, wenn dieses der Jahresabschluß allein trotz Anwendung der Grundsätze ordnungsmäßiger Buchführung nicht vermitteln würde. Dies sieht auch Artikel 2 Abs 4 EG-RL und § 264 Abs 2 dHGB vor."

Wie schon hingewiesen, verlangt die nach außen gerichtete Generalnorm für Kapitalgesellschaften neben der Vermittlung des getreuen Bildes der **Vermögens- und Ertragslage** auch jene der **Finanzlage.** Hiezu meinen die Erläuterungen zur Regierungsvorlage, dass der

„nunmehr ausdrücklich geforderte Einblick in die **Finanzlage** die Bedeutung unterstreicht, die der Liquiditätssituation im Rahmen der Darstellung der wirtschaftlichen Lage beigemessen wird. Die neuen Ausweisvorschriften tragen diesem Umstand unmittelbar Rechnung, sodaß sich daraus im allgemeinen keine Verpflichtung für zusätzliche Angaben ableitet. Es ist daher zB nicht erforderlich, **Finanzpläne und prospektive Kapitalflußrechnungen** aufzustellen."

Hiezu ist allerdings anzumerken, dass die Aufstellung einer Kapitalflussrechnung durch die Änderung des § 250 Abs 1 ab 2005 für Konzernabschlüsse, nicht aber für Einzelabschlüsse zur Pflicht gemacht wurde (vgl Kapitel 9.532.2 und die dort dargestellten **Kapitalflussrechnungen** nach IAS 7 und dem Fachgutachten des Fachsenats für Betriebswirtschaft der Kammer der Wirtschaftstreuhänder).

3.32 Verhältnis von Generalnorm und Einzelvorschriften

Artikel 2 Abs 5 der Bilanz-Richtlinie bestimmt, dass für den Fall, dass „in Ausnahmefällen die Anwendung einer Vorschrift dieser Richtlinie mit der in Abs 3 vorgesehenen Verpflichtung unvereinbar ist, von der betreffenden Vorschrift abgewichen werden [muß], um sicherzustellen, daß ein den tatsächlichen Verhältnissen entsprechendes Bild im Sinn des Abs 3 vermittelt wird. Die Abweichung ist im Anhang anzugeben und hinreichend zu begründen."

Sowohl der deutsche als auch der österreichische Gesetzgeber konnten sich dieser Bestimmung nicht voll anschließen. So bestimmt § 222 Abs 2, zweiter Satz in Anlehnung an das dHGB, dass für den Fall, dass die Vermittlung eines möglichst getreuen Bildes der Vermögens-, Finanz- und Ertragslage des Unternehmens aus besonderen Umständen nicht gelingt, im Anhang die erforderlichen Angaben zu machen sind.

Es ist somit ausdrücklich darauf hinzuweisen, dass § 222 Abs 2, zweiter Satz eine nicht richtlinienkonforme Umsetzung bedeutet. Außerdem liegt nicht nur eine Abweichung von den Regelungen der 4. Richtlinie vor, sondern auch von international anerkannten Rechnungslegungsgrundsätzen, die ausdrücklich vorsehen, dass eine unzutreffende Darstellung in der Bilanz bzw Gewinn- und Verlustrechnung nicht durch zusätzliche Erläuterungen geheilt werden kann. So heißt es in IAS 1 Par 16: „Die Anwendung ungeeigneter Bilanzierungs- und Bewertungsmethoden kann weder durch die Angabe der angewandten Methoden noch durch Anhangangaben oder zusätzliche Erläuterungen geheilt werden."

Vor Anwendung des § 222 Abs 2, zweiter Satz müsste weiters untersucht werden, ob hier ein Anwendungsfall des § 201 Abs 2, letzter Satz („Ein Abweichen von diesen Grundsätzen ist [nur] bei Vorliegen besonderer Umstände zulässig") vorliegt. Wenn durch die Anwendung dieser Vorschrift der Mangel in der Darstellung des möglichst getreuen Bildes beseitigt werden kann – dies ist nach Ansicht der Verfasser vorrangig zu untersuchen –, ergibt sich kein Anwendungsbereich des § 222 Abs 2, zweiter Satz. Nach Küting/Weber[4] I Rz 745 „erscheint es gerechtfertigt und sachgerecht, vom Ausnahmerecht des § 252 Abs 2 (= § 201 Abs 2 UGB) Gebrauch zu machen und insoweit vom Grundsatz der Einzelbewertung sowie vom Imparitätsprinzip abzuweichen".

Beispiel für die Anwendung des § 222 Abs 2, 2. Satz:

Der Preis einer an der Londoner Warenbörse notierten Ware schwankt sehr stark. Das Unternehmen hat sich Mitte Dezember mit einer erheblichen Menge dieser Ware zu einem Preis von 100 eingedeckt. Zum Bilanzstichtag ist der Preis auf 90 gefallen, um am 10. Jänner wieder die ursprüngliche Höhe von 100 zu erreichen und bis zum Bilanzerstellungstag nicht mehr zu sinken.

Die Berücksichtigung der Preissenkung in der Bilanz würde am 31. Dezember zu einem Verlust führen. Entsprechend der Bilanz-Richtlinie müsste vom Niederstwertprinzip abgewichen und die Ware mit 100 bewertet werden. Dadurch käme es zu keiner Gewinnveränderung, dem true and fair view wäre Recht getan. Nach dem UGB muss trotz der Generalklausel die Abwertung vorgenommen werden, wodurch es anstatt des Gewinnausweises zu einem Verlustausweis kommt. Da hiedurch sowohl die Vermögens- als auch die Ertragslage nicht mehr getreu wiedergegeben werden, sind nunmehr im Anhang Angaben zur Aufklärung des Sachverhaltes zu machen.

Als weitere Beispiele können das Verbot der **Teilgewinnrealisierung** und das **Aktivierungsverbot für selbsterstellte immaterielle Vermögensgegenstände** genannt werden.

3.4 Begriff der großen, mittleren und kleinen Kapitalgesellschaft (Größenklassen) und dessen Auswirkungen

3.41 Die Größenklassen (§ 221 UGB gem URÄG 2008 ab 1. Juni 2008)

	Bilanzsumme	Umsatzerlöse*	Arbeitnehmer
Kleine Kapitalgesellschaft Abs 1	bis 4,84 Mio €	bis 9,68 Mio €	bis 50
Mittlere Kapitalgesellschaft Abs 2	bis 19,25 Mio €	bis 38,5 Mio €	bis 250
Große Kapitalgesellschaft Abs 3	darüber hinaus		

* Die Umsatzerlöse beziehen sich auf die letzten 12 Monate vor dem Bilanzstichtag.

Abhängig von der Geldwertentwicklung werden die Schwellenwerte (Bilanzsumme und Umsatz) sporadisch durch das Gesetz angepasst.

Gem Erwägungsgrund 12 zur „Änderungsrichtlinie" kann neben der regulären Fünfjahresprüfung zur Anhebung der Schwellenwerte „eine zusätzliche einmalige Anhebung dieser Schwellenwerte für Bilanzsummen und Nettoumsatzerlöse ebenfalls zweckmäßig sein. Es gibt keine Pflicht der Mitgliedstaaten diese angehobenen Schwellenwerte anzuwenden."

Österreich hat die Anhebung vorgenommen. Das Inkrafttreten ist mit **1. Juni 2008** vorgesehen.

Mittlere Kapitalgesellschaften sind solche, die mindestens zwei der drei in Abs 1 bezeichneten Merkmale überschreiten. **Große Kapitalgesellschaften** sind solche, die mindestens zwei der drei in Abs 2 bezeichneten Merkmale überschreiten. **Eine Kapitalgesellschaft gilt stets als groß,** wenn Aktien oder andere von ihr ausgegebene Wertpapiere an einem geregelten Markt im Sinn des § 2 Z 37 BWG oder an einem anerkannten für das Publikum offenen, ordnungsgemäß funktionierenden Wertpapiermarkt in einem Vollmitgliedstaat der OECD zum Handel zugelassen sind.

Der Durchschnitt der Arbeitnehmeranzahl bestimmt sich nach der Arbeitnehmeranzahl an den jeweiligen Monatsletzten innerhalb des Geschäftsjahrs.

Bei der Bestimmung der Arbeitnehmerzahl ist nach Nowotny C./Tichy M. (in: Straube[2], Rz 20 und 21 zu § 221) auf den allgemeinen Arbeitnehmerbegriff des Arbeitsrechtes und nicht des Arbeitsverfassungsrechtes abzustellen, sodass auch im Ausland beschäftigte Dienstnehmer, Lehrlinge, Heimarbeiter und leitende Angestellte, nicht hingegen Organmitglieder einzubeziehen sind. Außerdem ist zu beachten, dass das Gesetz ausdrücklich auf die Arbeitnehmeranzahl abstellt und keine gesonderte Regelung für Teilzeitbeschäftigte enthält, sodass auch diese voll in die Berechnung der Arbeitnehmeranzahl einzubeziehen sind.

3.42 Auswirkungen auf den Jahresabschluss, den Lagebericht, die Prüfungspflicht und die Offenlegung

3.421 Auswirkungen auf Jahresabschluss und Lagebericht

Die Größe der Kapitalgesellschaft hat mit einer Ausnahme keine Auswirkungen auf die Anwendung der Bestimmungen über die **Bilanz und die Gewinn- und Verlustrechnung:** Die Vorschrift für die Bildung der gebundenen Rücklage (gebundene Kapitalrücklage und gesetzliche Rücklage) gilt nur für die Aktiengesellschaft und die große GmbH.

Bezüglich des **Anhanges** ist die Vorschrift des § 242 über **größenabhängige Erleichterungen** zu beachten:

> Von kleinen Aktiengesellschaften und mittelgroßen Gesellschaften mit beschränkter Haftung braucht die Vorschrift des § 237 Z 9 (Aufgliederung des Umsatzes) nicht angewendet werden.
>
> Kleine Gesellschaften mit beschränkter Haftung brauchen in ihren Anhang nur die ausdrücklich in § 242 Abs 2 angeführten Angaben aufzunehmen; es besteht allerdings ein Minderheitsrecht auf Erstellung eines vollständigen Anhanges (bezüglich Details siehe Kapitel 6.5).

Bezüglich des Lageberichtes gilt, dass die in § 243 Abs 5 geforderte Angabe der nichtfinanziellen Leistungsfaktoren einschließlich der Angabe von **Informationen über Umwelt- und Arbeitnehmerbelange** nur von großen Kapitalgesellschaften darzustellen ist.

Gem § 243 Abs 4 brauchen kleine GmbHs den **Lagebericht** nicht aufzustellen.

Nach dem Wortlaut des Gesetzes bezieht sich diese Erleichterungsvorschrift auch auf die aufsichtsratspflichtige und damit prüfungspflichtige kleine GmbH; es sollte überlegt werden, ob man nicht für diese Gruppe von GmbHs die Verpflichtung zur Aufstellung eines Lageberichtes vorsehen sollte.

3.422 Auswirkungen auf die Prüfungspflicht

Gemäß § 268 Abs 1 erstreckt sich die Verpflichtung zur Abschlussprüfung auf den Jahresabschluss und den Lagebericht von Aktiengesellschaften sowie mittleren und großen Gesellschaften mit beschränkter Haftung.

Prüfungspflichtig sind auch kleine Gesellschaften mit beschränkter Haftung, die aufgrund gesetzlicher Vorschriften einen Aufsichtsrat haben müssen (§ 268 Abs 1).

3.423 Auswirkungen auf die Offenlegung

Diesbezüglich wird auf die Darstellung in Kapitel 7.2 verwiesen.

3.43 Zeitliche Geltung der Vorschriften

Gemäß § 221 Abs 4 Z 1 treten die Rechtsfolgen der **Größenmerkmale,** wenn diese an den Abschlussstichtagen von zwei aufeinander folgenden Geschäftsjahren über- oder unterschritten werden, **ab dem folgenden Geschäftsjahr** ein.

Dies gilt auch bei Umgründungen (Verschmelzung, Umwandlung, Einbringung, Zusammenschluss, Realteilung oder Spaltung) und Neugründungen, **wenn die Merkmale am ersten Abschlussstichtag** nach der Umgründung oder Neugründung **vorliegen** (§ 221 Abs 4 Z 2), sowie bei der Aufgabe eines Betriebes oder eines Teilbetriebes, wenn die Größenmerkmale um mindestens die Hälfte unterschritten werden.

3.5 Die Fristen zur Aufstellung, Feststellung und Veröffentlichung des Jahresabschlusses

Die gesetzlichen Vertreter einer Kapitalgesellschaft haben **in den ersten fünf Monaten des Geschäftsjahres** den um den Anhang erweiterten Jahresabschluss für das vorangegangene Geschäftsjahr zu erstellen sowie einen Lagebericht aufzustellen und den Mitgliedern des Aufsichtsrates vorzulegen (§ 222 Abs 1).

Bei prüfungspflichtigen Kapitalgesellschaften kann der Jahresabschluss nicht festgestellt werden, wenn die erforderliche Prüfung nicht stattgefunden hat.

Aktiengesellschaft

Der Aufsichtsrat hat sich gemäß § 125 Abs 1 AktG innerhalb von zwei Monaten nach Vorlage gegenüber dem Vorstand über den Jahresabschluss zu erklären. Billigt der Aufsichtsrat den Jahresabschluss, ist dieser festgestellt, wenn sich nicht Vorstand und Aufsichtsrat für eine Feststellung durch die Hauptversammlung entscheiden (§ 125 Abs 2 AktG).

Die Hauptversammlung zur **Feststellung des Jahresabschlusses** hat in den ersten acht Monaten des Geschäftsjahres stattzufinden (§ 125 Abs 4 AktG).

Die Hauptversammlung beschließt gemäß § 104 Abs 1 AktG alljährlich in den ersten acht Monaten des Geschäftsjahres über die Entlastung der Mitglieder des Vorstandes und der Mitglieder des Aufsichtsrates.

Gemäß § 277 Abs 1 UGB hat der Vorstand einer Aktiengesellschaft den Jahresabschluss nach seiner Behandlung in der Hauptversammlung, spätestens aber bis Ablauf von neun Monaten nach dem Bilanzstichtag beim Firmenbuch einzureichen.

Der Vorstand einer großen Aktiengesellschaft hat die **Veröffentlichung** des Jahresabschlusses unmittelbar nach seiner Behandlung in der Hauptversammlung, jedoch spätestens neun Monate nach dem Bilanzstichtag, mit dem Bestätigungsvermerk oder dem Vermerk über dessen Versagung oder Einschränkung im „Amtsblatt zur Wiener Zeitung" zu veranlassen (§ 277 Abs 2).

§ 87 Abs 1 Börsegesetz 1989 in der Fassung BGBl I Nr 97/2001 sieht vor, dass Aktiengesellschaften, deren Aktien amtlich notieren, über die ersten drei, sechs und neun Monate des Geschäftsjahres **Zwischenberichte** gem § 78 Abs 1 zu veröffentlichen haben, die dem anlagesuchenden Publikum Informationen zur Beurteilung über die Geschäftstätigkeit der Aktiengesellschaft in diesem Zeitraum bieten. Der Zwischenbericht muss innerhalb von drei Monaten nach Ablauf des Berichtszeitraumes veröffentlicht und mindestens zum gleichen Zeitpunkt dem Börseunternehmen und der Finanzmarktaufsicht (FMA) zugegangen sein.

Gesellschaft mit beschränkter Haftung

Für die **Feststellung** des Jahresabschlusses **durch die Generalversammlung** und die Veröffentlichung bzw Einreichung zum Firmenbuch gelten für die GmbH sinngemäß die gleichen Fristen wie für die AG.

Gemäß § 35 Abs 1 Z 1 GmbH-Gesetz haben die Gesellschafter in den ersten acht Monaten jedes Geschäftsjahres für das abgelaufene Geschäftsjahr die Prüfung und Feststellung des Jahresabschlusses, die Verteilung des Bilanzgewinnes, falls Letzterer im Gesellschaftsvertrag einer besonderen Beschlussfassung vorbehalten ist, und die Entlastung der Geschäftsführer sowie des etwa bestehenden Aufsichtsrates zu beschließen.

Personengesellschaften im Sinne des § 221 Abs 5

Die für die Kapitalgesellschaften gemäß § 222 Abs 1 vorgesehene Frist von **fünf Monaten** für die Aufstellung des um den Anhang erweiterten Jahresabschlusses sowie des Lageberichtes gilt auch für die **Personengesellschaften** im Sinne des § 221 Abs 5. **Bezüglich der Veröffentlichung des Jahresabschlusses** unterliegen sie den der Rechtsform ihres unbeschränkt haftenden Gesellschafters entsprechenden Rechtsvorschriften; ist der Gesellschafter keine Kapitalgesellschaft, gelten die Vorschriften für die GmbH.

3.6 Sondervorschriften für börsenotierte Unternehmen – Umsetzung der „Transparenzrichtlinie“

Mit der Anpassung des **Börsegesetzes** (BGBl I 2007/19, 25. 4. 2007) wurde die **Transparenzrichtlinie** (2004/109/EG, 15. Dezember 2004) zur Harmonisierung der Transparenzanforderungen in Bezug auf Informationen über Emittenten, deren Wertpapiere zum Handel auf einem geregelten Markt zugelassen sind) in Österreich umgesetzt.

Diese Bestimmungen **finden sich nicht im UGB, sondern im Börsegesetz.**

3.61 Jahresfinanzbericht – § 82 Abs 4 BörseG

Gem **§ 82 Börsegesetz** (Allgemeine Pflichten der Emittenten) **Abs 4** hat ein Emittent einen **Jahresfinanzbericht** spätestens **vier Monate** nach Ablauf jedes Geschäftsjahres zu veröffentlichen und sicherzustellen, dass er mindestens fünf Jahre lang öffentlich zugänglich bleibt.

Der Jahresfinanzbericht umfasst:

1. den **geprüften Jahresabschluss**;
2. den **Lagebericht**;
3. **Erklärungen,** in denen die gesetzlichen Vertreter des Emittenten unter Angabe ihres Namens und ihrer Stellung bestätigen,
   a) **dass der** im Einklang mit den maßgebenden Rechnungslegungsstandards aufgestellte **Jahresabschluss ihres Wissens ein möglichst getreues Bild der Vermögens-, Finanz- und Ertragslage** des Emittenten oder der Gesamtheit der in die Konsolidierung einbezogenen Unternehmen **vermittelt;**
   b) **dass der Lagebericht** den Geschäftsverlauf, das Geschäftsergebnis oder die Lage der Gesamtheit der in die Konsolidierung einbezogenen Unternehmen so darstellt, dass ein **möglichst getreues Bild der Vermögens-, Finanz- und Ertragslage** entsteht, und dass er die **wesentlichen Risiken und Ungewissheiten**, denen sie ausgesetzt sind, beschreibt.

Ist der Emittent verpflichtet, einen Konzernabschluss aufzustellen, so hat der geprüfte Jahresabschluss den Konzernabschluss und den Jahresabschluss des Emittenten als Mutterunternehmen zu umfassen.

Aufgrund der in obiger Vorschrift enthaltenen **Frist von vier Monaten** sind **für börsenotierte Unternehmen** die im UGB enthaltenen sonstigen Fristen für die Aufstellung des Jahresabschlusses nicht anwendbar.

Infolge der Verpflichtung der gesetzlichen Vertreter des Unternehmens, eine **förmliche Erklärung zum Jahresabschluss und zum Lagebericht** abzugeben, wird hier der Zusammenhang mit den Strafbestimmungen des § 255 AktG stark betont.

Diese dem bisherigen Recht fremde Verpflichtung der gesetzlichen Vertreter soll deren **besondere Verantwortung** für die Information der Öffentlichkeit betonen und wird deswegen gelegentlich, wenn auch nicht ganz zutreffend – als **„Bilanzeid“** bezeichnet. Zu bemerken ist weiters, dass die Erklärung, soweit sie den Lagebericht betrifft, sich nicht auf den gesamten Inhalt des Lageberichtes bezieht, sondern insbesondere die Verpflichtung der gesetzlichen Vertreter zur vollständigen Darstellung der Risiken und Ungewissheiten hervorhebt. Die Erklärung im Zusammenhang mit dem Halbjahresfinanzbericht enthält noch weitere Präzisierungen zu dessen Inhalt, zB die Offenlegung von bestimmten Geschäften mit nahe stehenden Unternehmen und Personen.

3.62 Zwischenberichte – § 87 BörseG

3.621 Halbjahresfinanzbericht

§ 87 Abs 1 „Ein **Emittent von Aktien oder Schuldtiteln** hat einen **Halbjahresfinanzbericht** über die ersten sechs Monate des Geschäftsjahres unverzüglich, spätestens jedoch **zwei Monate nach Ablauf des Berichtszeitraums** zu veröffentlichen und sicherzustellen, dass dieser Bericht mindestens fünf Jahre lang öffentlich zugänglich bleibt. Der Halbjahresfinanzbericht umfasst:

1. einen **verkürzten Abschluss;**
2. einen **Halbjahreslagebericht;**
3. **Erklärungen,** in denen die gesetzlichen Vertreter des Emittenten unter Angabe ihres Namens und ihrer Stellung versichern,
   a) dass der in Einklang mit den maßgebenden Rechnungslegungsstandards aufgestellte verkürzte Abschluss **nach bestem Wissen ein möglichst getreues Bild der Vermögens-, Finanz- und Ertragslage** des Emittenten oder der Gesamtheit der in die Konsolidierung einbezogenen Unternehmen **vermittelt;**
   b) dass der **Halbjahreslagebericht** ein **möglichst getreues Bild der Vermögens-, Finanz- und Ertragslage bezüglich der nach Abs 2 geforderten Informationen vermittelt.“**

*(Fehler im Gesetzestext; die geforderten Informationen sind in **Abs 4** enthalten)*

Der **Inhalt des Halbjahresberichts** wird im Einzelnen in § 87 Abs 4 umschrieben:

> „Der Halbjahreslagebericht hat zumindest **wichtige Ereignisse während der ersten sechs Monate** des Geschäftsjahres und ihre Auswirkungen auf den verkürzten Abschluss anzugeben; er hat ferner die **wesentlichen Risiken und Ungewissheiten in den restlichen sechs Monaten des Geschäftsjahres** zu beschreiben. In den Halbjahreslageberichten haben die Emittenten von Aktien **zumindest die folgenden Geschäfte** als wesentliche Geschäfte **mit nahe stehenden Unternehmen und Personen** offen zu legen:
> 1. Geschäfte mit nahe stehenden Unternehmen und Personen, die während der ersten sechs Monate des aktuellen Geschäftsjahres stattgefunden haben und die die Finanzlage oder das Geschäftsergebnis des Unternehmens während dieses Zeitraums wesentlich beeinflusst haben;
> 2. alle Veränderungen bei den Geschäften mit nahe stehenden Unternehmen und Personen, die im letzten Jahresfinanzbericht dargelegt wurden und die die Finanzlage oder das Geschäftsergebnis des Unternehmens während der ersten sechs Monate des aktuellen Geschäftsjahres wesentlich beeinflusst haben könnten.“

3.622 Zwischenmitteilungen – § 87 Abs 6 BörseG

„Für den Fall, dass ein Emittent von Aktien keine Quartalsberichte nach Maßgabe der gemäß der VO 1606/2002/EG übernommenen IFRS erstellt, hat er **Zwischenmitteilungen** des Vorstandes **über das erste und das dritte Quartal** des Geschäftsjahres unverzüglich zu veröffentlichen, spätestens jedoch **sechs Wochen** nach Ablauf des Berichtszeitraumes.“

Der Inhalt der Zwischenmitteilung wird im Gesetz wie folgt umschrieben:

> „1. eine Erläuterung der **wesentlichen Ereignisse und Transaktionen**, die in dem betreffenden Zeitraum stattgefunden haben, und ihre **Auswirkungen auf die Finanzlage** des Emittenten und der von ihm kontrollierten Unternehmen; insbesondere ist hier, soweit für das Unternehmen wesentlich, auf **Auftragslage, Entwicklung der Kosten und Preise, Zahl der Arbeitnehmer** sowie **Investitionen** einzugehen;
> 2. eine allgemeine **Beschreibung der Finanzlage und des Geschäftsergebnisses** des Emittenten und der von ihm kontrollierten Unternehmen im betreffenden Zeitraum sowie die **Aussichten der Gesellschaft für das laufende Geschäftsjahr**.“

§ 82 Abs 4 und § 87 BörseG mussten erstmals auf **Jahresfinanzberichte und Zwischenberichte** angewendet werden, die für einen Zeitraum erstellt werden, der frühestens am 30. Juni 2007 endet.

Wenn die Erklärung im Jahresfinanzbericht oder im Halbjahresfinanzbericht fehlt oder nicht rechtzeitig abgegeben wird, kann dies von der FMA mit einer Geldstrafe bis zu EUR 30.000 bestraft werden (§ 48 Abs 1 Z 6 BörseG).

Im Juni 2008 hat das AFRAC eine Stellungnahme „**Erklärung der gesetzlichen Vertreter gemäß § 82 Abs. 4 und § 87 Abs. 1 BörseG (Bilanzeid)**“ abgegeben und darin Mustererklärungen zum Jahresfinanzbericht und Halbjahresfinanzbericht veröffentlicht.

4. Ergänzende Vorschriften für Kapitalgesellschaften – Die Gliederung der Bilanz

4.1 Bilanzgliederung nach UGB

4.11 Allgemeine Grundsätze für die Gliederung

§ 223 ist Bestandteil des zweiten Titels: **„Allgemeine Vorschriften über den Jahresabschluß und den Lagebericht“;** die hier enthaltenen Grundsätze sind also auf die **Bilanz, die Gewinn- und Verlustrechnung,** aber auch auf den **Anhang** und den **Lagebericht** anzuwenden.

Gemäß § **223 Abs 1** ist die einmal gewählte **Form der Darstellung,** insbesondere die Gliederung der aufeinander folgenden Bilanzen und Gewinn- und Verlustrechnungen beizubehalten.

Diese Vorschrift enthält also einmal den Grundsatz der **„formellen Bilanzkontinuität“** (Stetigkeit der Gliederung), geht aber in der allgemeinen Formulierung weit darüber hinaus, da sich der Ausdruck „Form der Darstellung“ auch auf den **Aufbau des Anhanges** (zB Ausübung von Wahlrechten zur Darstellung in der Bilanz bzw Gewinn- und Verlustrechnung einerseits oder im Anhang andererseits), aber auch auf die **Struktur des Lageberichtes** bezieht. Dieser allgemeine Grundsatz der Stetigkeit der Darstellung steht auch mit anderen im § 223 enthaltenen Bestimmungen in engem Zusammenhang, zB mit den Vorschriften der Absätze 4 – 6 (Untergliederung von Posten, zusätzliche Posten, Mitzugehörigkeit, Zusammenfassung von Posten der Bilanz und der Gewinn- und Verlustrechnung).

Im Zusammenhang mit der Gewinn- und Verlustrechnung bezieht sich diese Vorschrift insbesondere auf die Beibehaltung des einmal gewählten **Gesamtkosten- oder Umsatzkostenverfahrens** und auf die Zuordnung von einzelnen Aufwands- und Ertragskonten zu Posten der G&V-Gliederung, wenn im Einzelfall mehrere Zuordnungsmöglichkeiten vertretbar erscheinen (zB bei der Abgrenzung zwischen Umsatzerlös und sonstigen betrieblichen Erträgen, Materialaufwand und sonstigen betrieblichen Aufwendungen).

Das Gesetz lässt ein Abweichen von diesem Grundsatz nur unter Beachtung der in § 222 Abs 2 umschriebenen Zielsetzung zu, dass nämlich der Jahresabschluss ein möglichst getreues Bild der Vermögens-, Finanz- und Ertragslage des Unternehmens zu vermitteln hat. Ein Abweichen von der einmal gewählten Form der Darstellung wird daher in der Regel als **zulässig** betrachtet werden müssen, wenn dies zu einer **Verbesserung der Darstellung** führt oder wenn eine **Änderung der betrieblichen Verhältnisse** eine Anpassung erforderlich macht.

Auch wenn eine Kapitalgesellschaft in einen Konzern eingegliedert wird und eine Anpassung der Gliederung der Bilanz und der Gewinn- und Verlustrechnung (zB Umstellung vom Umsatzkostenverfahren auf das Gesamtkostenverfahren oder umgekehrt) an das für den Konzernabschluss übliche Schema durchgeführt wird, wird dies als zulässig betrachtet werden müssen.

Die **Abweichungen** gegenüber dem Vorjahr sind im Anhang anzugeben und zu begründen.

Gemäß **§ 223 Abs 2** ist im Jahresabschluss zu jedem Posten der entsprechende Betrag des vorangegangenen Geschäftsjahres zumindest in vollen 1.000 € anzugeben (auch für die gesondert anzumerkenden Posten). Dies gilt auch für Betragsangaben und Aufgliederungen im Anhang.

Im Falle der Umstellung der Gewinn- und Verlustrechnung vom Gesamtkostenverfahren auf das Umsatzkostenverfahren und umgekehrt wird nur die Möglichkeit der Anpassung des Vorjahresbetrages bestehen, um diese Gesetzesvorschrift zu erfüllen, da eine sinnvolle Gegenüberstellung von Gliederungsposten des Umsatzkostenverfahrens und des Gesamtkostenverfahrens nicht möglich ist.

§ 223 Abs 3 behandelt den Sonderfall, dass für ein Unternehmen, das mehrere Geschäftszweige betreibt, verschiedene Gliederungsvorschriften bestehen.

§ 223 Abs 4 lässt eine weitere Untergliederung der Posten unter Beachtung der vorgeschriebenen Gliederung zu.

Weiters besagt § 223 Abs 4, dass „**zusätzliche Posten** hinzugefügt werden dürfen, wenn ihr Inhalt nicht von einem vorgeschriebenen Posten gedeckt wird“. Diese Vorschrift ist unklar, da in diesem Fall eher der Zwang zur Aufnahme eines **zusätzlichen Postens** gemäß dem folgenden Satz des § 223 Abs 4 gegeben ist, da sonst die erforderliche Klarheit des Jahresabschlusses beeinträchtigt ist. Der nächste Satz verlangt nämlich die Aufnahme weiterer zusätzlicher Posten, soweit es zur Erreichung der in § 222 Abs 2 umschriebenen Zielsetzung erforderlich ist (zB Ergänzung der Gliederung um wirtschaftszweigspezifische Sonderposten, insbesondere beim Anlagevermögen).

Zu beachten ist auch, dass die Postenbezeichnungen auf die tatsächlichen Inhalte zu verkürzen sind (wenn zB der G&V-Posten „Erträge aus dem Abgang vom und der Zuschreibung zum Anlagevermögen" keine Zuschreibungen enthält).

Fällt ein Vermögensgegenstand oder eine Verbindlichkeit unter mehrere **Posten der Bilanz,** so ist gemäß **§ 223 Abs 5** die Zugehörigkeit auch zu anderen Posten bei dem Posten, unter dem der Ausweis erfolgt ist, zu vermerken oder im Anhang anzugeben, wenn dies zur Aufstellung eines klaren und übersichtlichen Jahresabschlusses erforderlich ist.

§ 223 Abs 6 regelt die Möglichkeit der **Zusammenfassung** der mit arabischen Zahlen versehenen Posten der Bilanz und der mit Buchstaben gekennzeichneten Posten der Gewinn- und Verlustrechnung.

Diese Posten können zusammengefasst werden,

a) wenn sie nicht wesentlich sind, wenn also ihre Zusammenfassung keine Verminderung der Aussagefähigkeit der Bilanz bzw der Gewinn- und Verlustrechnung mit sich bringt (wenn zB bei einer Untergliederung der sonstigen betrieblichen Erträge bei den Posten a – c nur geringfügige Beträge aufscheinen würden).

Eine Zusammenfassung ist aber auch möglich,

b) wenn dadurch die Klarheit der Darstellung verbessert wird (auch wenn es sich um wesentliche Beträge handeln sollte).

Im Falle b) müssen jedoch die **zusammengefassten Posten im Anhang aufgegliedert** ausgewiesen werden.

Die Verpflichtung des § 223 Abs 6 Z 2 **gilt jedoch nicht für kleine Gesellschaften mit beschränkter Haftung,** da diese nur die in § 242 Abs 2 angeführten Angaben in ihren Anhang aufzunehmen haben; § 223 Abs 6 ist unter diesen anhangpflichtigen Angaben nicht erwähnt.

§ 223 Abs 7 enthält die Klarstellung, dass Leerposten nicht ausgewiesen werden müssen, außer wenn es der Vergleich mit dem Vorjahr erfordert.

§ 223 Abs 8 verlangt eine abweichende Gliederung und Bezeichnung der mit arabischen Zahlen versehenen Posten der Bilanz und der Gewinn- und Verlustrechnung, wenn dies wegen der Besonderheiten der Kapitalgesellschaft zur Aufstellung eines klaren und übersichtlichen Jahresabschlusses erforderlich ist (zB Darstellung des Anlagevermögens in der Elektrizitätswirtschaft). Dieser Absatz enthält auch die Ermächtigung an den Bundesminister für Justiz, verbindliche **Formblätter** durch Verordnung festzulegen (Vergleiche §§ 259 und 260 AktG 1965, Sonderbestimmungen für öffentliche Verkehrsunternehmen, Unternehmen des Post- und Fernmeldewesens und gemeinnützige Bauvereinigungen).

4.12 Grundsätze der Gliederungsvorschriften für die Bilanz

4.121 Darstellung in Kontenform (§ 224 Abs 2 und 3)

(2) Aktivseite

A. Anlagevermögen

I. Immaterielle Vermögensgegenstände:
   1. Konzessionen, gewerbliche Schutzrechte und ähnliche Rechte und Vorteile sowie daraus abgeleitete Lizenzen;
   2. Geschäfts(Firmen)wert;
   3. geleistete Anzahlungen;

II. Sachanlagen:
   1. Grundstücke, grundstücksgleiche Rechte und Bauten, einschließlich der Bauten auf fremdem Grund;
   2. technische Anlagen und Maschinen;
   3. andere Anlagen, Betriebs- und Geschäftsausstattung
   4. geleistete Anzahlungen und Anlagen in Bau;

III. Finanzanlagen:
   1. Anteile an verbundenen Unternehmen;
   2. Ausleihungen an verbundene Unternehmen;
   3. Beteiligungen;
   4. Ausleihungen an Unternehmen, mit denen ein Beteiligungsverhältnis besteht;
   5. Wertpapiere (Wertrechte) des Anlagevermögens;
   6. sonstige Ausleihungen.
   [eigene Anteile, Anteile an herrschenden oder mit Mehrheit beteiligten Unternehmen (§ 225 Abs 5)]

B. Umlaufvermögen:

I. Vorräte:
   1. Roh-, Hilfs- und Betriebstoffe;
   2. unfertige Erzeugnisse;
   3. fertige Erzeugnisse und Waren;
   4. noch nicht abrechenbare Leistungen;
   5. geleistete Anzahlungen;

II. Forderungen und sonstige Vermögensgegenstände:
   1. Forderungen aus Lieferungen und Leistungen;
   2. Forderungen gegenüber verbundenen Unternehmen;
   3. Forderungen gegenüber Unternehmen, mit denen ein Beteiligungsverhältnis besteht;
   4. sonstige Forderungen und Vermögensgegenstände;

III. Wertpapiere und Anteile:
   1. Anteile an verbundenen Unternehmen;
   2. sonstige Wertpapiere und Anteile;
   [eigene Anteile, Anteile an herrschenden oder mit Mehrheit beteiligten Unternehmen (§ 225 Abs 5)]

IV. Kassenbestand, Schecks, Guthaben bei Kreditinstituten.

C. Rechnungsabgrenzungsposten.

(3) Passivseite

A. Eigenkapital:

I. Nennkapital (Grund-, Stammkapital);

II. Kapitalrücklagen:

1. gebundene;
2. nicht gebundene;
   [Rücklage für eigene Anteile, Anteile an herrschenden oder mit Mehrheit beteiligten Unternehmen (§ 225 Abs 5)]

III. Gewinnrücklagen:

1. gesetzliche Rücklage;
2. satzungsmäßige Rücklagen;
3. andere Rücklagen (freie Rücklagen);
   [Rücklage für eigene Anteile, Anteile an herrschenden oder mit Mehrheit beteiligten Unternehmen (§ 225 Abs 5)]

IV. Bilanzgewinn (Bilanzverlust),
davon Gewinnvortrag/Verlustvortrag.

B. Unversteuerte Rücklagen:

1. Bewertungsreserve auf Grund von Sonderabschreibungen;
2. sonstige unversteuerte Rücklagen.

C. Rückstellungen:

1. Rückstellungen für Abfertigungen;
2. Rückstellungen für Pensionen;
3. Steuerrückstellungen;
4. sonstige Rückstellungen.

D. Verbindlichkeiten:

1. Anleihen, davon konvertibel;
2. Verbindlichkeiten gegenüber Kreditinstituten;
3. erhaltene Anzahlungen auf Bestellungen;
4. Verbindlichkeiten aus Lieferungen und Leistungen;
5. Verbindlichkeiten aus der Annahme gezogener Wechsel und der Ausstellung eigener Wechsel;
6. Verbindlichkeiten gegenüber verbundenen Unternehmen;
7. Verbindlichkeiten gegenüber Unternehmen, mit denen ein Beteiligungsverhältnis besteht;
8. sonstige Verbindlichkeiten,
   davon aus Steuern,
   davon im Rahmen der sozialen Sicherheit.

E. Rechnungsabgrenzungsposten.

4.122 Darstellung in Staffelform

Artikel 10 der Bilanz-Richtlinie sieht neben der Kontenform als weitere Gliederungsmöglichkeit die Staffelform vor.

Zweck der Darstellung in **Staffelform** ist die gesonderte Darstellung des **working capital** als Saldo aus Umlaufvermögen und Verbindlichkeiten mit einer Restlaufzeit von bis zu einem Jahr. Kurzfristige Rückstellungen sind hier allerdings nicht in das working capital einbezogen, da die Richtlinien eine Trennung in lang- und kurzfristige Rückstellungen nicht vorsehen. Die **Staffelform** dient auch der besseren Darstellung der **Finanzlage** des Unternehmens. In **Österreich** ist die Anwendung der Staffelform gesetzlich **nicht erlaubt**.

Artikel 10 lautet (verkürzte Darstellung nur der mit Großbuchstaben und römischen Zahlen bezeichneten Posten):

A. Aufwendungen für die Errichtung und Erweiterung des Unternehmens
B. Anlagevermögen
I. Immaterielle Anlagewerte
II. Sachanlagen
III. Finanzanlagen
C. Umlaufvermögen
I. Vorräte
II. Forderungen
III. Wertpapiere
IV. Guthaben bei Kreditinstituten, Postscheckguthaben, Schecks und Kassenbestand
D. Rechnungsabgrenzungsposten
E. Verbindlichkeiten mit einer Restlaufzeit bis zu einem Jahr
F. Umlaufvermögen, das die Verbindlichkeiten mit einer Restlaufzeit von bis zu einem Jahr übersteigt (=C+D-E)
G. Gesamtbetrag des Vermögens nach Abzug der Verbindlichkeiten mit einer Restlaufzeit von bis zu einem Jahr (=A+B+F)
H. Verbindlichkeiten mit einer Restlaufzeit von über einem Jahr
I. Rückstellungen
J. Rechnungsabgrenzungsposten
K. Eigenkapital (=G-H-I-J)
I. Gezeichnetes Kapital abzüglich offen ausgewiesene nicht eingeforderte ausstehende Einlage
II. Agio
III. Rücklagen
IV. Ergebnisvortrag
V. Ergebnis des Geschäftsjahres

Die oben dargestellte Staffelform ist beispielsweise in Großbritannien gesetzlich erlaubt und wird auch angewendet.

Darstellung einer Bilanz nach der Staffelform (verkürzt)

A.	**Aufwendungen für die Errichtung und Erweiterung des Unternehmens**		
B.	**Anlagevermögen**		
I.	Immaterielle Anlagewerte	26,0	
II.	Sachanlagen	314,1	
III.	Finanzanlagen	20,0	**360,1**
C.	**Umlaufvermögen**		
I.	Vorräte	158,3	
II.	Forderungen	104,9	
III.	Wertpapiere	–	
IV.	Guthaben bei Kreditinstituten, Postscheckguthaben, Schecks und Kassenbestand	101,2	364,4
D.	**Rechnungsabgrenzungsposten**		0,1
	Umlaufvermögen und ARA		**364,5**
E.	**Verbindlichkeiten mit einer Restlaufzeit bis zu einem Jahr**		–186,0
F.	**Umlaufvermögen (inkl ARA), das die Verbindlichkeiten mit einer Restlaufzeit von bis zu einem Jahr übersteigt**		**178,5**
G.	**Gesamtbetrag des Vermögens nach Abzug der Verbindlichkeiten mit einer Restlaufzeit von bis zu einem Jahr**		**538,6**
H.	**Verbindlichkeiten mit einer Restlaufzeit von über einem Jahr**		–201,1
I.	**Rückstellungen**		–127,7
J.	**Unversteuerte Rücklagen**		–18,1
K.	**Eigenkapital**		
I.	Gezeichnetes Kapital abzüglich offen ausgewiesene nicht eingeforderte ausstehende Einlage	80,0	
II.	Agio	32,6	
III.	Rücklagen	49,4	
IV.	Ergebnisvortrag	10,9	
V.	Ergebnis des Geschäftsjahres	18,8	**191,7**

4.123 Current and Non-current Items

Mit der Modernisierungsrichtlinie der EU vom Juni 2003 wurde in die 4. Richtlinie ein neuer Artikel 10 a eingefügt:

> „Anstelle der Gliederung der Bilanzposten nach den Art. 9 und 10 können die Mitgliedstaaten (...) gestatten oder vorschreiben, bei der Gliederung zwischen kurz- oder langfristigen Posten zu unterscheiden, sofern der vermittelte Informationsgehalt dem nach den Art. 9 und 10 geforderten mindestens gleichwertig ist.

Diese neue Vorschrift schafft in Anlehnung an die Bestimmungen des IAS 1.51 für die Mitgliedsstaaten das Wahlrecht, eine Gliederung zu gestatten, die auf der Unterscheidung zwischen **current und non-current items** beruht. Voraussetzung ist allerdings, dass der Informationsgehalt der in den Art 9 und 10 vorgesehenen Gliederung mindestens **gleichwertig** ist.

In Österreich wurde dieser Teil der Modernisierungsrichtlinie allerdings nicht umgesetzt. Für den Konzernabschluss ist diese Gliederung bei Anwendung der IAS ohnehin auf Grund des IAS 1.51 vorgegeben.

4.124 Darstellung der Liquidität

Unter **Liquidität** eines Unternehmens versteht man dessen Fähigkeit, seinen **Zahlungsverpflichtungen** fristgerecht nachzukommen. Die Jahresbilanz ist nicht in der Lage, die kurzfristige (unmittelbare) Liquidität des Unternehmens zu zeigen, weil, abgesehen von der Unmöglichkeit, Vermögensgegenstände und Schulden auf Monate und Tage genau zu gliedern, der Zahlungsmittelfluss der dem Bilanzstichtag folgenden Zeit (dynamische Liquidität) nicht aus der Bilanz ersichtlich ist. Da dem (externen) Bilanzleser der Jahresabschluss in der Regel ohnehin frühestens nach 3 – 5 Monaten zur Verfügung steht, würde ihm diese Erkenntnis auch nichts nützen. Dem Leser geht es vor allem um die **„grundsätzliche" Liquidität** des Unternehmens, das heißt, ob das Unternehmen aus seiner Vermögens- und Kapitalstruktur heraus in der Lage ist, längerfristig seinen Zahlungsverpflichtungen nachzukommen. Zu diesem Zweck verlangt das UGB (§ 225 Abs 3 und 6, § 227) **Fälligkeitsangaben** bei Forderungen und Verbindlichkeiten nach ihrer Restlaufzeit über und unter einem Jahr entweder in der Bilanz oder im Anhang. In § 237 Z 1 finden sich weitere zusätzliche Angaben im Zusammenhang mit der Fristigkeit (siehe Kapitel 4.342.1).

Die Darstellung der **zeitlichen Bindung** fehlt allerdings bei allen übrigen Posten des Umlaufvermögens (Vorräte, sonstiges Vermögen und Wertpapiere) sowie bei den Rückstellungen.

Fälligkeitsangaben ermöglichen die Feststellung des langfristigen finanziellen Gleichgewichtes des Unternehmens und im Vergleich mit den vorhergehenden Jahresabschlüssen die positive oder negative Entwicklung desselben.

4.125 Darstellung in Anspruch genommener steuerlicher Begünstigungen

Durch den Posten B **„Unversteuerte Rücklagen“** kann sich der Bilanzleser über das Ausmaß und die Art der in Anspruch genommenen steuerlichen Begünstigungen informieren.

§ 205 Abs 1 verlangt den Ausweis der unversteuerten Rücklagen unter Angabe der Vorschriften, nach denen sie gebildet sind, zwingt aber nicht zur Aufgliederung dieser Rücklagen [Erläuternde Bemerkungen zu § 205 (RLG)]. Diese Aufgliederung wird jedoch in der Regel wegen der steuerlichen Ausweisvorschriften zumindest im Anhang erfolgen.

4.126 Darstellung der Konzernverhältnisse

Durch die Konzernrechnungslegungsvorschriften erhält die Darstellung der **Konzernverflechtungen** schon im Einzelabschluss erhebliche Bedeutung. Aus diesem Grund sind alle beteiligungs- und verrechnungsmäßigen Verflechtungen mit **„verbundenen“ Unternehmen und Unternehmen, mit denen ein Beteiligungsverhältnis besteht,** in der Bilanz gesondert darzustellen. **Verbundene Unternehmen** sind jene, die im Falle eines **Konzernabschlusses** in diesen durch **Vollkonsolidierung** einzubeziehen sind, wenn nicht die Ausnahmebestimmungen des § 249 zum Zuge kommen.

Falls Forderungen oder Verbindlichkeiten, die verbundene Unternehmen oder Unternehmen betreffen, mit denen ein Beteiligungsverhältnis besteht, unter anderen Posten ausgewiesen sind, muss die **Mitzugehörigkeit** vermerkt werden. In gleicher Weise müssen Forderungen und Verbindlichkeiten aus Lieferungen und Leistungen, die in der Bilanz in den Posten B II, 2 und 3 und D 6 und 7 enthalten sind, gemäß § 223 Abs 5 gesondert vermerkt oder im Anhang angegeben werden (siehe auch die Ausführungen in Kapitel 4.246).

4.127 Nettoausweis des Vermögens

Der Ausweis von Wertberichtigungen zu Vermögensgegenständen in der Bilanz ist nicht gestattet. Wertberichtigungen sind unmittelbar von den entsprechenden Vermögensposten abzusetzen. Soweit es sich um Pauschalwertberichtigungen zu Forderungen handelt, sind diese im Anhang anzugeben (§ 226 Abs 5).

4.2 Die einzelnen Posten der Aktivseite der Bilanz

4.21 Aufwendungen für das Ingangsetzen und Erweitern eines Betriebes

Die entsprechenden Bestimmungen des UGB lauten:

§ 198 Abs 3:

Die Aufwendungen für das Ingangsetzen und Erweitern eines Betriebes dürfen als Aktivposten ausgewiesen werden. Der Posten ist in der Bilanz vor dem Posten „Anlagevermögen“ unter der Bezeichnung „Aufwendungen für das Ingangsetzen und Erweitern“ auszuweisen.

§ 210:

Die für das Ingangsetzen und Erweitern eines Betriebes **aktivierten Beträge sind für jedes Geschäftsjahr zu mindestens einem Fünftel abzuschreiben.** Bei der Bemessung des Abschreibungszeitraumes ist auf den Grundsatz der Vorsicht (§ 201 Abs. 2 Z 4) Bedacht zu nehmen.

§ 226 Abs 1 erster Satz:

In der Bilanz oder im Anhang ist die Entwicklung der einzelnen Posten des Anlagevermögens und des Postens „Aufwendungen für das Ingangsetzen und Erweitern eines Betriebes“ (§ 210) darzustellen.

§ 226 Abs 2:

Werden Aufwendungen für das Ingangsetzen und Erweitern eines Betriebes in der Bilanz ausgewiesen, so sind diese im Anhang zu erläutern. Gewinne dürfen im Fall der Aktivierung von Aufwendungen für das Ingangsetzen und Erweitern eines Betriebs oder eines Abgrenzungspostens gemäß § 198 Abs. 10 nur ausgeschüttet werden, soweit die danach verbleibenden jederzeit auflösbaren Rücklagen zuzüglich eines Gewinnvortrags und abzüglich eines Verlustvortrags dem ausgewiesenen Betrag mindestens entsprechen.

Erläuterungen

Obwohl gem § 210 UGB der Vorsichtsgrundsatz nur im Zusammenhang mit der Bemessung des Abschreibungszeitraumes zu berücksichtigen ist, wird man jedoch davon ausgehen können, dass der allgemeine Grundsatz der Vorsicht jedenfalls auch schon bei der Aktivierung beachtet werden muss. Auch Nowotny C./Tichy M. (in: Straube[2], Rz 57 zu § 198) führen aus, dass „der Verweis auf das Vorsichtsprinzip im § 210 nur in dem Sinn verstanden werden kann, daß bei der Aktivierung und Bestimmung der Abschreibungshöhe eine Bewertung im Hinblick auf die mit diesen Aufwendungen bezweckten und erwarteten Erträgnisse stattzufinden hat“.

Nach wie vor unklar ist nach dem Gesetzestext, ob schon im Jahr der Aktivierung mit der Abschreibung zu beginnen ist oder erst im Folgejahr. „Dem Sinn der Aktivierung von Ingangsetzungsaufwendungen würde allerdings ein Abschreibungsbeginn erst nach Abschluß der Ingangsetzung oder Erweiterung besser entsprechen, da andernfalls die durch die Aktivierung angestrebte Ergebnisentlastung durch die sofort einsetzende Abschreibungspflicht nur teilweise verwirklicht werden kann“ (Gassner/Lahodny-Karner/Urtz, in: Straube[2], Rz 6 zu § 210 unter Hinweis auf weitere Fachliteratur).

Diese Auslegung wird dadurch gestützt, dass nach dem Gesetz für jedes Geschäftsjahr die Abschreibung mindestens ein Fünftel betragen muss; eine solche Regelung wäre unbillig, wenn die Tätigkeit der Ingangsetzung oder Erweiterung erst gegen Ende des Geschäftsjahres abgeschlossen wird. Im Vergleich dazu sieht § 282 dHGB vor, dass die für die Ingangsetzung und Erweiterung des Geschäftsbetriebs ausgewiesenen Beträge in jedem **folgenden Geschäftsjahr** zu mindestens einem **Viertel** durch Abschreibungen zu tilgen sind. Ergänzend kann auch Artikel 34 Abs 1 der Bilanz-RL zur Auslegung herangezogen werden, wonach diese Aufwendungen spätestens nach fünf Jahren abgeschrieben sein müssen.

Die unmittelbare Auswirkung der Aktivierung ist eine entsprechende Verbesserung des Jahresergebnisses. Dies kann im Einzelnen dazu führen, dass keine Unterbilanz (durch Verlust ist ein Teil des Nennkapitals verloren) und keine qualifizierte Unterbilanz (durch Verlust ist mehr als 50 % des Nennkapitals verloren) entsteht und dass kein „negatives Eigenkapital“ im Sinne des § 225 Abs 1 mit der damit verbundenen Erläuterungspflicht im Anhang ausgewiesen wird.

Als Aufwendungen im Sinne des § 198 Abs 3 sind nur solche anzusehen, die nicht als Vermögensgegenstand aktivierungsfähig wären. Vergleiche § 269 dHGB:

> „Die Aufwendungen für die Ingangsetzung des Geschäftsbetriebes und dessen Erweiterung dürfen, **soweit sie nicht bilanzierungsfähig** sind, als Bilanzierungshilfe aktiviert werden.“

Im Zusammenhang mit der Ingangsetzung und Erweiterung des Betriebes kann es auch zur Aktivierung von Vermögensgegenständen kommen, für die sonst ein ausdrückliches Aktivierungsverbot besteht, wie für die selbsterstellten immateriellen Vermögensgegenstände des Anlagevermögens (siehe Hofians: Anlaufkosten aus betriebswirtschaftlicher, bilanzrechtlicher und steuerlicher Sicht, in: Österreichische Steuerzeitung Nr 10, 1989, S 112 ff).

Für die Darstellung der Entwicklung dieses Bilanzpostens gelten gemäß § 226 Abs 1 die gleichen Vorschriften wie für das Anlagevermögen; da dieser Bilanzposten innerhalb von fünf Jahren abgeschrieben sein muss, ergibt sich die Frage, wie lange die aktivierten Aufwendungen und die kumulierten Abschreibungen weiterzuführen sind. Man wird davon ausgehen können, dass hier die gleiche Vorschrift wie für den Geschäftswert anzuwenden ist, dass nämlich in dem Jahr, in dem die volle Abschreibung erreicht ist, dieser Posten auch als Abgang zu verrechnen ist.

Der besondere Hinweis auf das **Vorsichtsprinzip** bei der Bemessung des Abschreibungszeitraumes bedeutet, dass in dem Geschäftsjahr, in dem sich herausstellt, dass die Aufwendungen zu keinem Erfolg führen, auch schon vor Ablauf der Fünfjahresfrist eine **Vollabschreibung** durchzuführen ist.

Die Aktivierung dieser Aufwendungen kann nur in dem Zeitraum durchgeführt werden, in dem sie angefallen sind; eine Nachholung der Aktivierung in einem späteren Geschäftsjahr erscheint nicht zulässig.

Die in § 226 Abs 2 vorgesehene Verpflichtung zur Erläuterung der aktivierten Aufwendungen für das Ingangsetzen und Erweitern des Betriebes im Anhang gilt nicht für die kleine GmbH.

Aufwendungen für das Ingangsetzen eines Betriebes:

Diese umfassen „vor allem den Aufbau der Unternehmensorganisation, die Auswahl und Einarbeitung von Mitarbeitern, die organisatorische Festlegung der Beschaffungs- und Vertriebskanäle sowie die Einführungswerbung für die angebotenen Produkte bzw Leistungen" (Küting/Weber[4], Anmerkung 26 zu § 269 dHGB).

Aufwendungen für das Erweitern des Geschäftsbetriebes:

Darunter fallen „solche Maßnahmen, die zeitlich abgrenzbar, von außerordentlicher Art und zudem von wesentlicher Bedeutung sind. Es müssen sprunghafte Erweiterungen vorliegen, die eine Diskontinuität in der Entwicklung des Unternehmens darstellen und daher ein entsprechendes Aktivierungsbedürfnis begründen" (Hofians, aaO, S 117 mit Hinweis auf weitere Fachliteratur).

In Küting/Weber[4], Anmerkung 33 zu § 269, werden dafür folgende Beispiele angeführt:

> bei Filialbetrieben Errichtung neuer Filialen,
> die Aufnahme neuer Produkte bzw Produktgruppen,
> die Erschließung neuer Märkte oder auch neuer Marktsegmente,
> die wesentliche Erweiterung der Fertigungskapazität,
> die wesentliche Erweiterung des Absatzsystems,
> aber auch die Beseitigung wesentlicher Engpasssituationen im bestehenden Beschaffungs-, Verwaltungs- oder Vertriebsbereich.

Als Beispiele für Aufwandsarten, die häufig einer Ingangsetzung oder Erweiterung zuzurechnen sind, werden in Küting/Weber[4], Anmerkung 49 zu § 269, genannt:

> Aufwendungen für die Beschaffung von Arbeitskräften,
> Aufwendungen für das Anlernen, Umschulen bzw Einarbeiten von Arbeitskräften,
> Aufwendungen für die Auswahl der Lieferanten und Vertriebspartner,
> Aufwendungen für den Aufbau bzw Ausbau der gesamten Logistik,

Aufwendungen für den Aufbau bzw Ausbau der Unternehmensorganisation,
Aufwendungen für die Inbetriebnahme (Test- und Probeläufe von Fertigungsanlagen),
Aufwendungen für selbsterstellte immaterielle Vermögensgegenstände, insbesondere für EDV-Programme,
Aufwendungen für Marktanalysen,
Aufwendungen für das Erschließen neuer Märkte,
Aufwendungen für Einführungswerbung auf neuen Märkten oder für neue Produkte.

In der Bilanz ausgewiesene Aufwendungen für das Ingangsetzen und Erweitern eines Betriebes sind im Anhang zu erläutern. Weiters gilt ein **Ausschüttungsverbot**: Gewinne dürfen gem § 226 Abs 2 im Falle der Aktivierung solcher Aufwendungen nur ausgeschüttet werden, soweit die danach verbleibenden jederzeit auflösbaren Rücklagen zuzüglich eines Gewinnvortrags und abzüglich eines Verlustvortrags dem ausgewiesenen Betrag mindestens entsprechen.

4.22 Anlagevermögen

Was als **Anlagevermögen** auszuweisen ist, richtet sich nach der **Definition des § 198 Abs 2.** Danach sind als

> Anlagevermögen die Gegenstände auszuweisen, die bestimmt sind, dauernd dem Geschäftsbetrieb zu dienen.

In der Regel wird sich aus der Art des Vermögensgegenstandes schon die Zugehörigkeit zum Anlagevermögen oder zum Umlaufvermögen ableiten lassen; wenn dies jedoch nicht möglich ist, muss die Zugehörigkeit aufgrund dieser allgemeinen Definition geklärt werden (so zB bei Wertpapieren oder bei von einem Bauunternehmen erworbenen Grundstücken: sind diese Grundstücke zur Bebauung und Weiterveräußerung bestimmt, gehören sie nicht zum Anlagevermögen).

Bei der Darstellung des Anlagevemögens sind auch die in § 223 enthaltenen allgemeinen Grundsätze für die Gliederung zu beachten.

4.221 Die vertikale Gliederung des Anlagevermögens

§ 224 Abs 2 UGB enthält für die Vermögensgruppe A, Anlagevermögen, folgende Grobgliederung:

I. Immaterielle Vermögensgegenstände

II. Sachanlagen

III. Finanzanlagen

Im Kapitel 4.11 wurde bereits auf die Möglichkeit des § 223 Abs 6 hingewiesen, dass die mit arabischen Zahlen versehenen Posten der Bilanz zusammengefasst werden können, wenn dadurch die Klarheit der Darstellung verbessert wird.

In der Bilanz selbst würde es unter dieser Voraussetzung ausreichen, nur die Vermögensgruppen I bis III jeweils in Summe zu zeigen, wobei bei Aktiengesellschaften und mittleren und großen Gesellschaften mit beschränkter Haftung die zusammengefassten Posten jedoch im Anhang ausgewiesen werden müssten.

4.221.1 Immaterielle Vermögensgegenstände

4.221.11 Untergliederung gemäß § 224 Abs 2 A I UGB

I. Immaterielle Vermögensgegenstände:

1. Konzessionen, gewerbliche Schutzrechte und ähnliche Rechte und Vorteile sowie daraus abgeleitete Lizenzen;
2. Geschäfts(Firmen)wert;
3. geleistete Anzahlungen;

4.221.12 Allgemeines

Zu beachten ist, dass infolge des Bilanzierungsverbotes gemäß § 197 Abs 2 keine selbsterstellten immateriellen Vermögensgegenstände des Anlagevermögens aktiviert werden dürfen.

Gemäß § 238 Z 1 sind im Anhang „in der Bilanz ausgewiesene immaterielle Vermögensgegenstände, die von einem verbundenen Unternehmen oder von einem Gesellschafter, dessen Anteil den zehnten Teil des Nennkapitals erreicht, erworben wurden", anzugeben (gilt gemäß § 242 Abs 2 nicht für die kleine GmbH). „Nach überwiegender Auffassung erfaßt das Aktivierungsverbot nicht den **Erwerb durch Einlage,** da das Erfordernis des Erwerbs von einem Dritten auch durch gesellschaftsrechtliche Sachverhalte erfüllt werden kann" (Gassner/Lahodny-Karner/Urtz, in: Straube[2], Rz 5 zu § 202).

Zu Fragen der Abgrenzung zwischen „entgeltlich erworben" und „nicht entgeltlich erworben" siehe Nowotny C./Tichy M., in: Straube[2], Rz 16 ff zu § 197 sowie die diesbezüglichen Ausführungen in Kapitel 2.321.2.

4.221.13 Konzessionen, gewerbliche Schutzrechte und ähnliche Rechte und Vorteile sowie daraus abgeleitete Lizenzen

Konzessionen werden von Dusemond/Knop (in: Küting/Weber[4], Rz 14 zu § 266) wie folgt definiert: „Befristete behördliche Genehmigungen zur Ausübung eines bestimmten Gewerbes und/oder Handels" (zB Güterfernverkehrsgenehmigung). Als weitere Beispiele werden von Wagenhofer (in: Handbuch zum Rechnungslegungsgesetz, Hrsg. R. Bertl/D. Mandl, Band 1, Abschn B 11/22, S 9) aufgezählt: Betriebs- und Versorgungsrechte von Energieversorgungsunternehmen, Verkehrskonzessionen, sonstige Gewerbeberechtigungen sowie bestimmte behördlich erteilte Bewilligungen und Rechte.

Zu den **gewerblichen Schutzrechten** gehören zB Patente, Marken, Warenzeichen, Gebrauchsmuster, Geschmacksmuster, Urheberrechte und Verlagsrechte (siehe Wagenhofer, aaO, S 9).

Zu den **ähnlichen Rechten und Vorteilen** gehören „ungeschützte Erfindungen, EDV-Software, Geheimverfahren, Film- und Tonaufzeichnungen, Belieferungsrechte" (Dusemond/Knop, in: Küting/Weber[4], Rz 14 zu § 266), weiters „Wohnrechte, Belegungsrechte, Rechte zur Ausbeutung von Bodenschätzen, Warenbezugsrechte, Wettbewerbsrechte, Syndikatsquoten, Zuteilungsrechte, Baurechte, Durchleitungsrechte, Brau- und Brennrechte sowie Nießbrauch, Rezepte, Know-how, Fabrikationsverfahren, Kundenkarteien, Kundenstämme, Geschäftsbeziehungen, Anschriftenmaterial, Archive, durch Zuschüsse erworbene Vorteile (zB zur Sicherung der Stromversorgung)" (siehe Wagenhofer, aaO, S 9).

Nach dem Gesetzeswortlaut gehören dazu auch aus den vorstehend aufgezählten Rechten abgeleitete **Lizenzen**.

4.221.14 Geschäfts-(Firmen-)wert

Zum Begriff und zur Bewertung des Geschäftswertes wird auf Kapitel 2.524.12 hingewiesen.

Bis zur Neufassung des § 202 UGB im Jahr 1993 war strittig, ob ein Geschäftswert auch bei der Einlage von Betrieben oder Teilbetrieben eingesetzt werden konnte, oder ob ein solcher Geschäftswert als originär und damit als nicht aktivierungsfähig betrachtet werden musste. Nunmehr ist in § 202 Abs 1 letzter Satz dieser Sachverhalt ausdrücklich wie folgt geregelt: „Werden Betriebe oder Teilbetriebe eingelegt oder zugewendet, so gilt § 203 Abs 5 sinngemäß." Damit ist klargestellt, dass auch in diesen Fällen ein aktivierungsfähiger Geschäftswert gegeben ist.

Ein Sonderfall des Firmenwertes ist jener Teil des **Unterschiedsbetrages gemäß § 202 Abs 2 Z 3,** der nicht den Aktiven und Passiven des übertragenen Vermögens zugeordnet werden kann. Bezüglich dieses Sonderfalls und der Behandlung des **Umgründungsmehrwertes** wird auf Kapitel 4.221.52 verwiesen.

Gemäß § 236 Z 3 sind für einen gem § 203 Abs 5 letzter Satz aktivierten Firmenwert im Anhang die **Gründe für** die gewählte **Abschreibungsdauer** und die **Abschreibungsmethode** anzugeben. Diese Erläuterungspflicht gilt gem § 242 Abs 2 auch für die kleine GmbH.

4.221.15 Problem der Zuordnung selbsterstellter Software zum Anlage- oder Umlaufvermögen

Das Aktivierungsverbot bzw die Aktivierungspflicht für selbsterstellte Software hängt von der Zuordnung zum Anlage- bzw Umlaufvermögen ab. Aus diesem Grund ist die Beantwortung der Frage der Zugehörigkeit zum Anlage- bzw Umlaufvermögen für den Bilanzausweis selbsterstellter Software von ausschlaggebender Bedeutung.

Gemäß § 198 Abs 2 sind als Anlagevermögen jene Gegenstände auszuweisen, die bestimmt sind, dauernd dem Geschäftsbetrieb zu dienen. Zum Verkauf bestimmte Gegenstände gehören zum Umlaufvermögen. Als wesentliches Kriterium der Zuordnung zum Anlage- bzw Umlaufvermögen wird von den meisten Autoren die Zweckbestimmung bzw die Funktion des Gegenstandes im Geschäftsbetrieb angesehen.

Im Hinblick auf die Zweckbestimmung besteht bei EDV-Software insoweit ein Problem, als beispielsweise selbsterstellte Programme auf einem Trägerelement gespeichert und beliebig oft verkauft bzw in Lizenz vergeben, aber auch selbst benutzt werden können. Hiezu bemerken Baetge/Fey/Weber (in: Küting/Weber[4], § 248 Rz 24): „Werden die Herstellungskosten des (eines) Programmes den zu verkaufenden lagernden Software-Disketten zugerechnet, besteht ein Aktivierungsgebot; werden die Herstellungskosten des Programmes dagegen einer tatsächlich vorhandenen Masterdiskette zugerechnet, von der die zu verkaufenden Disketten jeweils kopiert werden, dann besteht für die Herstellungskosten des Programmes ein Aktivierungsverbot. Das ..... Aktivierungsverbot für selbsterstellte immaterielle Anlagegüter läßt sich also durch Sachverhaltsgestaltungen relativ leicht umgehen."

Dieser Abgrenzungsversuch der vorgenannten Autoren befriedigt deswegen nicht, weil das jeweilige Trägerelement vom Kostenstandpunkt im Vergleich zum Wert des erstellten Programmes völlig vernachlässigt werden kann und die Zuordnung zum Anlage- bzw Umlaufvermögen nicht davon abhängig gemacht werden darf, ob das Programm bereits auf die zum Verkauf bestimmten Disketten kopiert wurde oder nicht.

Unabhängig von der Art der Speicherung fordert das WP-Handbuch 1992 (S 145, Rz 53) für zur Veräußerung bestimmte EDV-Programme eine Aktivierung unter den Vorräten nach den allgemeinen Bewertungsgrundsätzen, wobei allerdings bei der Bewertung der Grundsatz der Vorsicht in besonderem Maße zu beachten ist.

Österreichische Kommentare nehmen bis jetzt nur peripher zur Frage der Zurechnung von EDV-Software zum Anlage- oder Umlaufvermögen Stellung. Zu erwähnen ist Hofians (Hofians R.: Immaterielle Werte im Jahresabschluß, Steuerbilanz und Einheitswertermittlung, Wien 1992), der bezüglich der Zuordnung immaterieller Gegenstände zum Anlage- bzw Umlaufvermögen die gleiche Meinung wie das WP-Handbuch vertritt.

Ausgehend von der bisher recht spärlichen Literatur und unter Beachtung der in den Kommentaren zum Bilanzrecht nach allgemeinen betriebswirtschaftlichen und unternehmensrechtlichen Grundsätzen vorgenommenen Interpretation des Begriffes „... bestimmt sind, dauernd dem Geschäftsbetrieb zu dienen" (Anlagevermögen) bzw des Begriffes „... nicht bestimmt sind, dauernd dem Geschäftsbetrieb zu dienen", kann bezüglich der Zuordnung von EDV-Software zum Anlage- bzw Umlaufvermögen folgender Schluss gezogen werden:

a) Für die Zuordnung selbsterstellter EDV-Software zum Anlage- bzw Umlaufvermögen ist ausschließlich die Zweckbestimmung, nämlich die Nutzung im Geschäftsbetrieb einerseits bzw zum Verkauf andererseits, maßgebend.
b) Die Frage der Speicherung des Programmes, sei es auf einer Masterdiskette bzw auf einer Mehrzahl von zum Verkauf bestimmten Disketten, ist für die Frage der Zuordnung des Programmes belanglos.
c) Eine Nutzung des Programmes im eigenen Geschäftsbetrieb stört die Zuordnung des Programmes zum Umlaufvermögen dann nicht, wenn die Eigennutzung im Vergleich zum Verkauf unbedeutend ist.
d) Soweit Software lediglich mietweise überlassen wird, zählt sie zum Anlagevermögen (VwGH 25. 6. 1998, 96/15/0251).

Ist die Software im Umlaufvermögen (noch nicht abrechenbare Leistungen) aktiviert, erfolgt die Auflösung im Verhältnis der tatsächlich verkauften Einzelprogramme zum erwarteten Gesamtabsatz. Es ist daher jedenfalls erforderlich, nach Fertigstellung eines Programmes die Menge der zu verkaufenden Einzelprogramme (vorsichtig) zu schätzen, den gesamten aktivierten Betrag durch diese Mengen zu dividieren, um auf diese Weise den Einsatz pro verkauftem Einzelprogramm zu erhalten.

4.221.2 Sachanlagen

4.221.21 Untergliederung gem § 224 Abs 2 A II

II. Sachanlagen:

1. Grundstücke, grundstücksgleiche Rechte und Bauten, einschließlich der Bauten auf fremdem Grund;
2. technische Anlagen und Maschinen;
3. andere Anlagen, Betriebs- und Geschäftsausstattung;
4. geleistete Anzahlungen und Anlagen in Bau;

4.221.22 Grundstücke, grundstücksgleiche Rechte und Bauten einschließlich der Bauten auf fremdem Grund

Die Entwicklung dieses Postens ist durch zunehmende Zusammenfassung gekennzeichnet: Während nach dem Aktiengesetz 1965 bei den bebauten Grundstücken noch eine Trennung zwischen Wohngebäuden einerseits und Geschäfts- oder Fabriksgebäuden oder anderen Baulichkeiten andererseits, dazu noch der getrennte Ausweis von Grundwert und Gebäudewert vorgeschrieben war, sowie nach dem UGB in der Fassung des RLG 1990 „unbebaute Grundstücke" noch gesondert auszuweisen waren, ist nunmehr die Gliederung weitgehend vereinfacht. Dies führt einerseits zur Vermeidung von Abgrenzungsproblemen, andererseits aber auch zu einem Informationsverlust zB dadurch, dass durch den Wegfall des gesonderten Ausweises von unbebauten Grundstücken dem Bilanzleser das Vorhandensein von Reservegrundstücken nicht mehr offen gelegt wird. Es erhebt sich hier die Frage, ob nicht im Interesse der Bilanzklarheit weiterhin von der Möglichkeit des § 223 Abs 4 nach einer weiteren Untergliederung Gebrauch gemacht werden sollte, zumindest im Anhang.

Für diesen Posten ist als einzige Zusatzinformation die Angabe lt § 225 Abs 7 gefordert, wonach bei „Grundstücken der Grundwert in der Bilanz anzumerken oder im Anhang anzugeben ist", dies gilt gemäß § 242 Abs 2 UGB nicht für kleine Gesellschaften mit beschränkter Haftung.

Zu den grundstücksgleichen Rechten gehört auch das Baurecht.

Zu den Bauten gehören auch alle Vermögensgegenstände, die der Benutzung von Gebäuden dienen, wie zB Heizungsanlagen und Beleuchtungsanlagen (Dusemond/Knop, in: Küting/Weber[4], Anmerkung 25 zu § 266), Elektro- und Wasserinstallationen, Klimaanlagen, Nachrichtenanlagen, Fahrstühle (HBA, 2. Auflage, S 176 Anmerkung 6 zu § 131 A II 2).

In diesem Zusammenhang kann sich auch die Frage der Abgrenzung zu technischen Anlagen ergeben. Sobald jedoch der Nutzungs- und Funktionszusammenhang zum Betriebsprozess dominiert, hat ein Ausweis unter dem Posten „technische Anlagen und Maschinen" zu erfolgen (zB spezielle Kühlanlagen in Schlächtereien, Schornsteine, Kühltürme, Trafohäuser etc – vergleiche Dusemond/Knop, in: Küting/Weber[4], Anmerkung 25 zu § 266). Analog dazu werden auch folgende Bauten zu beurteilen sein: Eisenbahnanlagen, Hafenanlagen, Kanalbauten, Flussregulierungen, Wasserbauten, Brücken, Kühltürme, Ziegeleiöfen, Parkplätze, Straßen, Schachtanlagen und Bauten unter Tage (Dusemond/Knop, in: Küting/Weber[4], Anmerkung 26 zu § 266).

Zum Posten Grundstücke, grundstücksgleiche Rechte und Bauten, gehören auch die Erschließungskosten, zB die Kosten von Anlagen außerhalb des

Grundstücks zum Anschluss des Grundstücks an das Versorgungs- und Verkehrsnetz (siehe HBA, 2. Auflage, S 166 f) und Grundstückseinrichtungen wie zB Zäune, Bodenbefestigungen uÄ. Einbauten in fremden Gebäuden, die nicht den Charakter von Bauten auf fremdem Grund haben, werden dem Sachanlagenposten Nr 3 „andere Anlagen" zuzuordnen sein.

Innerhalb des **Rechnungswesens** empfiehlt sich folgende Aufgliederung:

Unbebaute Grundstücke
Bebaute Grundstücke (Grundwert)
Betriebs- und Geschäftsgebäude auf eigenem Grund
Wohn- und Sozialgebäude auf eigenem Grund
Betriebs- und Geschäftsgebäude auf fremdem Grund
Wohn- und Sozialgebäude auf fremdem Grund
Bauliche Investitionen in fremden Betriebs- und Geschäftsgebäuden
Bauliche Investitionen in fremden Wohn- und Sozialgebäuden
Grundstückseinrichtungen auf eigenen Grundstücken
Grundstückseinrichtungen auf fremden Grundstücken
Grundstücksgleiche Rechte

4.221.23 Technische Anlagen und Maschinen

Die Bezeichnung dieses Postens ermöglicht es dem Bilanzierenden, auch solche Tatbestände unter diesem Bilanzposten zu erfassen, die in einem engen Nutzungs- und Funktionszusammenhang mit dem Prozess der betrieblichen Leistungserstellung stehen, mit einer Maschine jedoch wenig gemein haben (Dusemond/Knop, in: Küting/Weber[4], Anmerkung 29 zu § 266). Hiezu zählen beispielsweise Maschinenwerkzeuge, sonstige im Produktionsprozess eingesetzte Werkzeuge, Vorrichtungen, Formen und Modelle, andere Erzeugungshilfsmittel, Hebezeuge und Montageanlagen. Im Falle eines Nutzungs- und Funktionszusammenhanges mit Gebäuden ist dagegen der Ausweis unter dem Posten 1 vorzunehmen (siehe auch die Erläuterungen im vorhergehenden Abschnitt). Zu den Maschinen gehören nach vorherrschender Auffassung auch Spezialreserveteile und die Erstausstattung mit Ersatzteilen (vgl Denk: § 224 2 a II Z 2 – Technische Anlagen und Maschinen, Rz 9, in: HBA[3].

Es empfiehlt sich, den Posten „Technische Anlagen und Maschinen" innerhalb des **Rechnungswesens** nach folgenden Kriterien zu gliedern:

Fertigungsmaschinen
Antriebsmaschinen
Energieversorgungsanlagen
Transportanlagen
sonstige Maschinen und maschinelle Anlagen
Maschinenwerkzeuge
allgemeine Werkzeuge und Handwerkzeuge, soweit im Produktionsprozess verwendet
Vorrichtungen, Formen und Modelle
andere Erzeugungshilfsmittel
Hebezeuge und Montageanlagen
geringwertige Vermögensgegenstände

4.221.24 Andere Anlagen, Betriebs- und Geschäftsausstattung

Durch die Bezeichnung „andere Anlagen, Betriebs- und Geschäftsausstattung“ wird dieser Bilanzposten zu einem Sammelposten für Anlagegegenstände, die nicht einem anderen Bilanzposten zuzuordnen sind; beim Auftreten von Abgrenzungsproblemen wird man daher, wenn die Zuordnung zu anderen Bilanzposten nicht eindeutig ist, den Ausweis unter diesem Posten vorzunehmen haben.

Folgende Untergliederung empfiehlt sich:

Beheizungs- und Beleuchtungsanlagen
Nachrichten- und Kontrollanlagen
Sonstige Betriebsausstattung
Büroeinrichtung
Einrichtung von Verkaufsräumen
Büromaschinen, EDV-Anlagen
PKW
LKW
Andere Beförderungsmittel
Gebinde
Geringwertige Vermögensgegenstände

Bei „Beheizungs- und Beleuchtungsanlagen“ ist zu untersuchen, ob diese der Gebäudenutzung dienen und somit dem Gliederungsposten 1 zuzuordnen sind.

4.221.25 Geleistete Anzahlungen und Anlagen in Bau

Mit dem RLG 1990 wurden im Gegensatz zum nach dem Aktiengesetz 1965 erforderlichen gesonderten Ausweis „geleistete Anzahlungen und Anlagen in Bau" zu einem einzigen Posten zusammengefasst; dies war aus Praktikabilitätsgründen zweckmäßig, da besonders bei der Errichtung von Gebäuden eine Trennung nach „Anzahlungen" und „Anlagen in Bau" zu Schwierigkeiten führen konnte.

Auch in betriebswirtschaftlicher Betrachtung kommt beiden Tatbeständen bei der Beurteilung der Bilanzstruktur die gleiche Bedeutung zu. In beiden Fällen handelt es sich um eine Kapitalbindung in Gegenständen des Sachanlagevermögens, die noch nicht im aktiven Betriebsprozess eingesetzt sind.

Bezüglich der Behandlung des Bestellobligos aus Anlagen wird auf Kapitel 4.373 verwiesen.

4.221.26 Die Bedeutung des § 223 Abs 4 UGB für den Ausweis des Anlagevermögens

Nach dieser Vorschrift ist eine **weitere Untergliederung** der Posten zulässig; dabei ist jedoch die vorgeschriebene Gliederung zu beachten. **Zusätzliche Posten** dürfen hinzugefügt werden, wenn ihr Inhalt nicht von einem vorgeschriebenen Posten gedeckt wird. Die Aufnahme weiterer zusätzlicher Posten ist geboten, soweit es zur Erreichung der in § 222 Abs 2 umschriebenen Zielsetzung erforderlich ist.

Diese Vorschrift ist besonders für das Sachanlagevermögen, dessen Zusammensetzung von der Eigenart des jeweiligen Unternehmens bzw Wirtschaftszweiges abhängig ist, von besonderer Bedeutung. In der Praxis wird daher von der Möglichkeit des Ausweises zusätzlicher Posten verhältnismäßig häufig Gebrauch gemacht.

4.221.3 Die Bilanzierung von Leasingverhältnissen

4.221.31 Die Situation im EU-Bereich

Das beratende Forum für Rechnungslegung der europäischen Kommission hat in seiner Ausarbeitung „Die Behandlung von Leasingverträgen in der Rechnungslegung" (Amt für amtliche Veröffentlichungen der europäischen Gemeinschaften, Luxemburg 1995, S 7) die Situation im EU-Bereich wie folgt charakterisiert:

„Hinsichtlich der Behandlung der Leasingverträge in der Rechnungslegung können innerhalb der Europäischen Union zwei Schulen festgestellt werden. So ist zum einen in einigen Ländern der **Ansatz des zivilrechtlichen Eigentümers** ausschlaggebend. Diesem Konzept zufolge sollte ein Leasingobjekt nicht vom Leasingnehmer bilanziert werden, da der Leasinggeber der rechtliche Eigentümer des Objekts bleibt. In anderen Ländern wird hingegen das **Prinzip des wirtschaftlichen Eigentümers** bevorzugt … Dieser Auffassung zufolge bestimmt eher der Inhalt des Vertrages und nicht das zivilrechtliche Eigentumsverhältnis die Behandlung der Leasingverträge in der Rechnungslegung. Dabei kann nach **finance lease** und **operating lease** unterschieden werden. Gemäß dem Ansatz des wirtschaftlichen Eigentümers sollte ein finance lease vom Leasingnehmer bilanziert werden, wenn grundsätzlich alle an das Eigentumsverhältnis geknüpften Risiken und Erträge übertragen wurden."

In der Schlussfolgerung heißt es:

„Aus der hier wiedergegebenen Forumsdiskussion geht hervor, daß man sich derzeit nur schwer auf eine einheitliche Behandlung der Leasingverträge in der Rechnungslegung einigen kann, da hierzu unterschiedliche Meinungen bestehen, die sich auf wirtschaftliche, zivilrechtliche oder steuerliche Erwägungen gründen. Aus diesem Grunde wird in diesem Dokument **keiner bestimmten Methode der Vorzug gegeben,** und zwar weder für den Jahresabschluß noch für den konsolidierten Abschluß.

..... Um wenigstens ein Minimum an **Vergleichbarkeit** zu schaffen, hält das Forum es für notwendig, vom Leasingnehmer zusätzliche Informationen über finance lease im Anhang zu den Abschlüssen zu fordern, in denen diese Arten von finance lease von ihm nicht bilanziert worden sind.

..... Der Hauptunterschied zwischen IAS 17 (International Accounting Standard, ‚Rechnungslegung bei Leasingverträgen' – **‚Accounting for Leases')** und diesem Forumsdokument besteht darin, daß IAS 17 vom Ansatz beim wirtschaftlichen Eigentümer ausgeht und man im Forumsdokument zu dem Schluß kommt, daß in einem gesamteuropäischen Kontext sowohl die dem Ansatz des zivilrechtlichen Eigentümers den Vorzug gebende Methode als auch alternativ die Methode zuzulassen ist, die den Schwerpunkt auf den wirtschaftlichen Eigentümer legt."

In der Ausarbeitung (S 9 des Dokuments) wird sodann auf Artikel 43 Abs 1 Z 7 der Bilanz-Richtlinie hingewiesen, wonach die Berichterstattung über Leasingverhältnisse im Rahmen der Darstellung des **Gesamtbetrages der finanziellen Verpflichtungen,** die nicht in der Bilanz erscheinen, durchzuführen ist.

4.221.32 Die Situation in Österreich

Im österreichischen Bilanzrecht ist grundsätzlich das **Konzept des wirtschaftlichen Eigentums** maßgebend. Mit dem wirtschaftlichen Begriff der Vermögenslage stellt das Gesetz nicht so sehr auf die Eigentumsverhältnisse als darauf ab, ob Gegenstände des Rechtsverkehrs wirtschaftlich dem Unternehmen gewidmet sind.

„ … Es besteht somit unternehmensrechtlich eine weitgehende Übereinstimmung mit dem vornehmlich zum Steuerrecht entwickelten Begriff des wirtschaftlichen Eigentums" (H. Torggler/U. Torggler, in: Straube[2], Rz 9 zu § 189). Auch nach Nowotny (in: Straube, Rz 51 zu § 196) kommt es für die Zurechnung der geleasten Gegenstände nicht auf die zivilrechtliche Qualifikation des Vertrages an, sondern „die bilanzielle Zurechnung hat danach zu erfolgen, wem die **eigentümertypische Position** zukommt".

Dies ist dann der Fall, „wenn die durch den Leasingvertrag bewirkte Übertragung von Rechten und Verpflichtungen auf den Leasingnehmer soweit geht, daß letzterer Risiken übernimmt und Ertragsrechte erhält, die denen ähneln, die bei einem regulären Kauf des fraglichen Vermögenswertes eintreten würden ... – wobei es unerheblich ist, ob es zu einer Übertragung des zivilrechtlichen Eigentums kommt oder nicht" (beratendes Forum für Rechnungslegung, aaO, Abschn 8, 2. Absatz).

Genaue unternehmensrechtliche Grundsätze, welche Kriterien gegeben sein müssen, damit der Leasinggegenstand dem Leasingnehmer zuzurechnen ist, bestehen weder in gesetzlicher Form noch gibt es dazu Stellungnahmen zuständiger Gremien. Dagegen hat sich das **Steuerrecht** mit der Aufstellung von **Richtlinien** beschäftigt, unter welchen Voraussetzungen der Leasinggegenstand dem Leasingnehmer als dem wirtschaftlichen Eigentümer zuzurechnen ist; diese Bestimmungen sind erstmals in Abschn 4 der Einkommensteuerrichtlinien 1984 festgehalten.

Gemäß Abschn 2.5.1 Abs 1 und 3 (Rz 135) EStR 2000 stellt sich

> „die Abgrenzungsfrage in erster Linie bei den Finanzierungsleasingverträgen. Diese ersetzen die herkömmliche Form der Investitionsfinanzierung. Für die Finanzierungsleasingverträge ist weiters typisch die für beide Seiten grundsätzlich **unkündbare Grundmietzeit** und die **Verlagerung der Gefahr** des zufälligen Unterganges und der zufälligen Beschädigung des Gegenstandes auf den Leasingnehmer."

Gemäß Abschnitt 2.5.2.1 EStR 2000 (Rz 137) sind bei einem **Vollamortisationsvertrag** (während der Grundmietzeit hat der Leasingnehmer für die Investitionskosten und einen Gewinn des Leasinggebers aufzukommen – unter Investitionskosten werden in den EStR die Anschaffungskosten des Leasinggegenstandes und die Refinanzierungskosten verstanden), insbesondere in folgenden Fällen die **Leasinggüter** von Anfang an dem Leasingnehmer zuzurechnen:

a) Grundmietzeit und betriebsgewöhnliche Nutzungsdauer stimmen annähernd überein. Dies kann angenommen werden, wenn die Grundmietzeit mehr als 90 vH der betriebsgewöhnlichen Nutzungsdauer beträgt.

b) Die Grundmietzeit beträgt weniger als 40 vH der betriebsgewöhnlichen Nutzungsdauer.

c) Der Leasingnehmer hat bei einer Grundmietzeit von mindestens 40 vH und höchstens 90 vH der betriebsgewöhnlichen Nutzungsdauer nach Ablauf der Grundmietzeit das **Optionsrecht,** gegen Leistung eines wirtschaftlich nicht angemessenen Entgeltes den Gegenstand zu erwerben oder den Leasingvertrag zu verlängern (siehe Rz 3223).

   Zum Begriff wirtschaftlich angemessen siehe die EStR 2000 in der Fassung vom 1. 4. 2008, Rz 3224.

d) Das Leasinggut ist speziell auf die individuellen Bedürfnisse des Leasingnehmers zugeschnitten und kann nach Ablauf der Vertragsdauer nur noch bei diesem eine wirtschaftlich sinnvolle Verwendung finden **(Spezialleasing).** Eine nur beim Leasingnehmer wirtschaftlich sinnvolle Verwendung kann angenommen werden, wenn die Verwertung oder Nutzung des Leasinggegenstandes aus tatsächlichen oder rechtlichen Gründen nur dem Leasingnehmer möglich ist. Liegt Spezialleasing vor, dann sind das Verhältnis der Mietdauer zur betriebsgewöhnlichen Nutzungsdauer sowie eine Kauf- oder Mietverlängerungsoption für die Zurechnung unerheblich.

Beim **Teilamortisationsvertrag (Restwertleasing)** werden innerhalb der Grundmietzeit nicht die Gesamtkosten des Leasinggebers amortisiert; der kalkulierte Restwert (die Restamortisation) ist der während der Grundmietzeit nicht amortisierte Teil der Gesamtkosten des Leasinggebers. Bei einem Teilamortisationsvertrag sind die Leasinggüter insbesondere in folgenden Fällen dem Leasingnehmer von Anfang an zuzurechnen (Abschnitt 2.5.2.2 EStR 2000, Rz 141):

a) Grundmietzeit und betriebsgewöhnliche Nutzungsdauer stimmen annähernd überein (siehe Rz 137).
b) Der Leasingnehmer hat sowohl das Risiko der Wertminderung als auch die Chance der Wertsteigerung; dies kann ua angenommen werden, wenn bei Veräußerung des Leasinggegenstandes der Leasingnehmer einerseits für die Differenz zwischen Restwert und niedrigerem Veräußerungserlös aufzukommen hat und andererseits mehr als 75 vH des den Restwert übersteigenden Teiles des Veräußerungserlöses erhält (Rz 141).
c) Der Leasingnehmer hat eine Kaufoption zum Restwert, der niedriger ist als der voraussichtliche Verkehrswert. Bezüglich der Höhe des voraussichtlichen Restwertes siehe Rz 3225.
d) Bei Vorliegen eines Spezialleasings.

Beim **Sale-and-lease-back-Vertrag** (Abschn 2.5.2.5 EStR 2000) ist das Wirtschaftsgut insbesondere dann dem Verkäufer und Leasingnehmer zuzurechnen, wenn einer der folgenden Fälle vorliegt:

a) In den Zurechnungsfällen der Rz 137 ff. Bei bereits genutzten Wirtschaftsgütern ist zur Berechnung des Prozentsatzes die neu zu ermittelnde Restnutzungsdauer der Grundmietzeit gegenüberzustellen.
b) Der Kaufpreis weicht erheblich vom gemeinen Wert des Wirtschaftsgutes ab.
c) Es liegt ein Missbrauch gemäß § 22 BAO vor (vgl VwGH 4. 10. 1983, 82/14/0317; 24. 3. 1983, 2721/79).

Wird beim **Sale and lease back** wie in den beispielhaft angeführten Fällen das Wirtschaftsgut dem Verkäufer und Leasingnehmer zugerechnet, so sind der Verkauf und die Rückmiete wirtschaftlich betrachtet ein Darlehensvertrag, zu dessen Sicherung das Wirtschaftsgut dem Leasinggeber übereignet wird.

Die vorherrschende Auffassung betrachtet diese Regelungen der Einkommensteuerrichtlinien als in Einklang mit der unternehmensrechtlichen Beurteilung (siehe Nowotny C., in: Straube², Rz 51 zu § 196). Dies führt zur Konsequenz, dass die im Rahmen eines Leasingverhältnisses jeweils gewünschte Zurechnung des Leasinggegenstandes zum Leasinggeber oder Leasingnehmer durch eine den steuerlichen Kriterien entsprechende Gestaltung der Leasingverträge bewirkt werden kann.

Zum überwiegenden Teil wurden bisher die Verträge so gestaltet, dass der Leasinggegenstand dem Leasinggeber zugerechnet werden konnte (Ausnahme: Spezialleasing) und deswegen keine Bilanzierung der Leasinggegenstände und der daraus resultierenden Leasingverpflichtungen beim Leasingnehmer durchgeführt wurde.

4.221.33 Bilanzierung bei Zurechnung des Leasinggegenstandes zum Leasinggeber

Bilanzierung beim Leasinggeber

Beim **Leasinggeber** gehören die verleasten Gegenstände in der Regel zum Anlagevermögen, wobei die vermieteten Gegenstände in der Gliederung des Anlagevermögens gesondert ausgewiesen werden sollten. Der Ausweis der Leasinggegenstände in der Bilanz kann entweder in einer einzigen Summe mit Aufgliederung nach Gruppen von Anlagegegenständen entsprechend der Bilanzgliederung im Anhang erfolgen oder in der Weise, dass die entsprechende Aufgliederung der Leasinggegenstände schon in der Bilanz durchgeführt wird (siehe auch HFA 1/1989: Zur Bilanzierung beim Leasinggeber, in: Die Wirtschaftsprüfung, Heft 21/1989, S 625 f).

Die Leasingzahlungen sind, evtl unter entsprechender Periodisierung, in der Gewinn- und Verlustrechnung als Ertrag auszuweisen. Wenn das Leasinggeschäft einen wesentlichen Geschäftszweig innerhalb des Unternehmens darstellt, wird der Ausweis unter Umsatzerlösen zu erfolgen haben.

Bilanzierung beim Leasingnehmer

Bei diesem sind die **Leasingzahlungen als sonstiger betrieblicher Aufwand** zu erfassen.

Gesondert zu beachten ist hier die Vorschrift des § 237 Z 8 (gilt nicht für die kleine GmbH), wonach

> im **Anhang innerhalb** des Gesamtbetrages der **sonstigen finanziellen Verpflichtungen**, die nicht in der Bilanz ausgewiesen und auch nicht nach § 199 anzugeben sind, die **Verpflichtungen aus der Nutzung von in der Bilanz nicht ausgewiesenen** Sachanlagen (§ 224 Abs 2 A 11) gesondert anzuführen sind, sofern diese Angabe für die Beurteilung der Finanzlage von Bedeutung ist. **Dabei ist der Betrag der Verpflichtungen des folgenden Geschäftsjahrs und der Gesamtbetrag der folgenden fünf Jahre** anzugeben. Entsprechend § 223 Abs 2 bezieht sich dies auch auf die Vorjahresbeträge.

Diese Angabepflicht bezieht sich nicht nur auf Verpflichtungen aus **Finanzierungsleasingverträgen,** sondern auch aus normalen **Mietverträgen.** Zu beachten ist, dass auch eventuelle Auswirkungen von **Wertsicherungsklauseln** und Aufwendungen aus der Geltendmachung von **Kaufoptionen und Andienungsrechten** für die am Stichtag bereits abgeschlossenen Verträge anzugeben sind (vgl Nowotny, in: Straube^2, Rz 40 ff zu § 237).

Zusätzliche Angabepflichten können aus **Sale-and-lease-back-Transaktionen** resultieren, dies nicht nur unter dem Titel des § 237 Z 8, sondern auch des § 222 Abs 2 zweiter Satz. „Da internationale Standards gerade in diesem Bereich zu beachten sind, wird bei einer wesentlichen Bedeutung von **Leasingfinanzierungen** im Anlagevermögen über § 237 Z 8 hinaus eine Angabepflicht (betroffene Vermögensgruppen, Laufzeit) bestehen." (Nowotny, in: Straube^2, Rz 35 zu § 222)

4.221.34 Bilanzierung bei Zurechnung des Leasinggegenstandes zum Leasingnehmer

Bilanzierung beim Leasinggeber

Beim **Leasinggeber** ist eine Forderung gegenüber dem Leasingnehmer auszuweisen, die je nach der Laufzeit des Leasingverhältnisses im Anlagevermögen als Ausleihung oder unter den Forderungen des Umlaufvermögens, zweckmäßigerweise als gesonderter Posten, zu erfassen ist. Die vom Leasingnehmer geleisteten Zahlungen sind in eine **Zinsenertragskomponente** und eine **Rückzahlungskomponente** aufzuspalten, und zwar in der Weise, dass sich eine gleich bleibende Verzinsung des ausstehenden Darlehensbetrages ergibt.

In ähnlicher Weise bestimmt **§ 59 Abs 6 des Bankwesengesetzes,**

> „daß dem Leasing dienendes Anlagevermögen von Leasingunternehmen in der Konzernbilanz den einzelnen Forderungskategorien mit dem Barwert der diskontierten Forderungen zuzuordnen ist“.

Bilanzierung beim Leasingnehmer

Der Leasinggegenstand ist (in der Regel) als Bestandteil des Anlagevermögens zu aktivieren und die Leasingverpflichtung zu passivieren.

Gemäß Abschn 2.5.2.7 der EStR 2000 können als **Anschaffungs- oder Herstellungskosten** jene des **Leasinggebers** angesetzt werden. Dies setzt allerdings voraus, dass sie dem Leasingnehmer bekannt sind, und berücksichtigt nicht den Fall des Produzenten- oder Händlerleasing, bei welchem noch eine entsprechende Spanne anfallen kann.

Betriebswirtschaftlich richtiger ist zweifellos die Aktivierung des Barwertes der Leasingzahlungen als Anschaffungskosten und eine Passivierung in gleicher Höhe (siehe auch Nowotny, in: Straube[2], Rz 52 zu § 196). Hier ergibt sich allerdings die Frage, mit welchem Diskontierungssatz zu rechnen ist. IAS 17 „Accounting for Leases“ sieht dabei in Par 20 folgende Möglichkeiten vor:

a) Sofern die Ermittlung in praktikabler Weise geschehen kann, wird für die Berechnung des **Barwertes der (Mindest-)Leasingzahlungen** der dem **Leasingverhältnis zugrunde liegende Zinssatz** herangezogen.
b) Ist dies nicht der Fall, wird der **Grenzfremdkapitalsatz** des Leasingnehmers herangezogen.

Par 4 definiert den **dem Leasingverhältnis zugrunde liegenden Zinssatz** als jenen Abzinsungssatz, bei dem zu Beginn des Leasingverhältnisses die Summe des Barwertes der Mindestleasingzahlungen und des nicht garantierten Restwertes der Summe des beizulegenden Zeitwertes und der anfänglichen Kosten des Leasinggebers entspricht.

Der **Grenzfremdkapitalzinssatz** des Leasingnehmers ist derjenige Zinssatz, den der Leasingnehmer bei einem vergleichbaren Leasingverhältnis zahlen müsste, oder, wenn dieser nicht ermittelt werden kann, derjenige Zinssatz, den der Leasingnehmer zu Beginn des Leasingverhältnisses vereinbaren müsste, wenn er für den Kauf des Vermögenswertes Fremdkapital für die gleiche Dauer und mit der gleichen Sicherheit aufnehmen würde.

Wenn der Verkehrswert des Leasinggegenstandes allerdings niedriger ist, darf nur der niedrigere Betrag als Anschaffungskosten bilanziert werden. Der Unterschiedsbetrag zwischen dem niedrigeren Anschaffungswert des Leasinggegenstandes und dem höheren passivierten Betrag könnte als aktive Rechnungsabgrenzung behandelt und auf die Laufzeit des Leasingvertrages verteilt abgeschrieben werden.

Die Zahlungen an den Leasinggeber sind jeweils in eine **Zinsenaufwandskomponente** und eine **Rückzahlungskomponente** aufzuspalten, und zwar in der Weise, dass sich für die Verzinsung der ausstehenden Verbindlichkeit ein gleich bleibender Satz ergibt.

4.221.4 Finanzanlagen

4.221.41 Untergliederung gemäß § 224 Abs 2 A III

III. Finanzanlagen:

1. Anteile an verbundenen Unternehmen;
2. Ausleihungen an verbundene Unternehmen;
3. Beteiligungen;
4. Ausleihungen an Unternehmen, mit denen ein Beteiligungsverhältnis besteht;
5. Wertpapiere (Wertrechte) des Anlagevermögens;
6. sonstige Ausleihungen.
   [eigene Anteile, Anteile an herrschenden oder mit Mehrheit beteiligten Unternehmen gem § 225 Abs 5]

4.221.42 Anteile an verbundenen Unternehmen

Verbundene Unternehmen werden in § 228 Abs 3 wie folgt definiert:

Verbundene Unternehmen im Sinne dieser Vorschriften sind solche Unternehmen, „die nach den Vorschriften über die vollständige Zusammenfassung der Jahresabschlüsse verbundener Unternehmen (Vollkonsolidierung) in den Konzernabschluß eines Mutterunternehmens gemäß § 244 einzubeziehen sind, das als oberstes Mutterunternehmen den am weitestgehenden Konzernabschluß gemäß §§ 244 bis 267 aufzustellen hat, auch wenn die Aufstellung unterbleibt. Dies gilt sinngemäß, wenn das oberste Mutterunternehmen seinen Sitz im Ausland hat. Tochterunternehmen, die gemäß § 249 nicht einbezogen werden, sind ebenfalls verbundene Unternehmen."

Der Begriff des verbundenen Unternehmens lässt sich daher nur im Zusammenhang mit den Bestimmungen des § 244 über die Pflicht zur Aufstellung eines Konzernabschlusses abgrenzen:

§ 244 Abs 1 befasst sich mit der Verpflichtung zur Aufstellung eines Konzernabschlusses nach dem **Konzept der einheitlichen Leitung.** Danach besteht eine solche Verpflichtung, wenn Unternehmen unter der einheitlichen Leitung einer Kapitalgesellschaft (Mutterunternehmen) mit Sitz im Inland stehen und dem Mutterunternehmen eine Beteiligung gemäß § 228 in der Höhe von mindestens 20 % (§ 244 Abs 6) an dem oder den anderen unter der einheitlichen Leitung stehenden Unternehmen gehört.

Bezüglich des Beteiligungsbegriffes wird auf Kapitel 4.221.44 verwiesen.

§ 244 Abs 2 regelt die Verpflichtung zur Aufstellung von Konzernabschlüssen nach dem **Kontrollkonzept** wie folgt:

„Eine Kapitalgesellschaft mit Sitz im Inland ist stets zur Aufstellung eines Konzernabschlusses und eines Konzernlageberichts verpflichtet (Mutterunternehmen), wenn ihr bei einem Unternehmen (Tochterunternehmen)

1. die **Mehrheit der Stimmrechte** der Gesellschafter zusteht,
2. das Recht zusteht, die **Mehrheit der Mitglieder** des Verwaltungs-, Leitungs- oder Aufsichtsorgans zu bestellen oder abzuberufen und sie gleichzeitig Gesellschafter ist oder
3. das Recht zusteht, einen **beherrschenden Einfluß** aufgrund eines mit diesem Unternehmen geschlossenen Beherrschungsvertrags oder aufgrund einer Satzungsbestimmung dieses Unternehmens auszuüben, oder
4. auf Grund **eines Vertrages** mit einem oder mehreren Gesellschaftern des Tochterunternehmens das **Recht zur Entscheidung zusteht,** wie Stimmrechte der Gesellschafter, soweit sie mit ihren eigenen Stimmrechten zur Erreichung der Mehrheit aller Stimmen erforderlich sind, bei Bestellung oder Abberufung der Mehrheit der Mitglieder des Leitungs- oder eines Aufsichtsorganes auszuüben sind.“

Diese Bestimmungen sollen anhand des im Folgenden dargestellten **Beteiligungsdiagramms** besprochen werden; in dieser Darstellung ist jeweils der Anteil der Stimmrechte (repräsentiert durch den jeweiligen Anteilsbesitz) angegeben. Dies ist in der Praxis auch der häufigste Fall des Entstehens eines Konzernverhältnisses nach dem Kontrollkonzept.

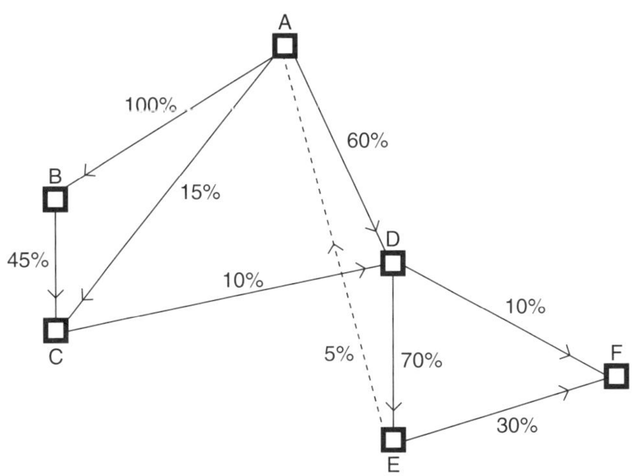

A als Mutterunternehmen besitzt direkt die Mehrheit der Stimmrechte an B und D.

Unter Berücksichtigung des § 244 Abs 4, wonach als Rechte, die einem Mutterunternehmen zustehen, auch die einem Tochterunternehmen zustehenden Rechte (und die für Rechnung des Mutterunternehmens oder der Tochterunternehmen anderen Personen zustehenden Rechte) gelten, besteht auch gegenüber den Gesellschaften C (indirekt 45 %, direkt 15 %) und E (indirekt 70 %) die Mehrheit der Stimmrechte.

An der Gesellschaft F hat das Mutterunternehmen über die Tochterunternehmen D und E nur 40 % der Stimmrechte; alle Unternehmen mit Ausnahme F sind daher im Sinne des § 228 Abs 3 in Verbindung mit § 244 verbundene Unternehmen und der Anteilsbesitz jedes der verbundenen Unternehmen an anderen verbundenen Unternehmen ist somit als „Anteil an verbundenen Unternehmen" auszuweisen.

Dies bedeutet jedoch noch nicht, dass alle diese Anteile an verbundenen Unternehmen unter diesem Posten auszuweisen sind, da zusätzlich die Bestimmung des § 225 Abs 5 zu beachten ist:

> „Eigene Anteile, **Anteile an herrschenden oder mit Mehrheit beteiligten Unternehmen sind** je nach ihrer Zweckbestimmung im Anlagevermögen oder im Umlaufvermögen **in einem gesonderten Posten** ‚Eigene Anteile, Anteile an herrschenden oder mit Mehrheit beteiligten Unternehmen' **auszuweisen.**"

Im vorliegenden Fall ist daher der 5%ige Anteil der Gesellschaft E am Mutterunternehmen A nicht hier, sondern unter dem gesonderten Posten lt § 225 Abs 5 zu zeigen.

Der Posten „Beteiligungen, davon Anteile an verbundenen Unternehmen" zeigt im dargestellten Fall:

a) der Posten umfasst **nicht nur Beteiligungen im Sinne des § 228 Abs 1 und 2, sondern alle Kapitalanteile an verbundenen Unternehmen** (soweit es sich nicht um eigene Anteile, Anteile an herrschenden oder mit Mehrheit beteiligten Unternehmen handelt): die Anteile von A an C (nur 15 %) und die Anteile von C an D (nur 10 %) würden daher möglicherweise nicht unter den Beteiligungsbegriff fallen, wohl aber unter den Begriff „Anteile an verbundenen Unternehmen";

b) wie schon aus der Bezeichnung hervorgeht, sind in diesem Posten **nur Kapitalanteile an verbundenen Unternehmen** und nicht auch an anderen Unternehmen auszuweisen, sodass im vorliegenden Fall der Anteil von E an F nach der Vermutung des § 228 Abs 1 eine Beteiligung darstellt, aber keinen Anteil an einem verbundenen Unternehmen.

Der Vollständigkeit halber sei nochmals darauf hingewiesen, dass die Voraussetzung für den Ausweis unter A III/1 ist, dass es sich im Sinne der Definition des § 198 Abs 2 überhaupt um Anlagevermögen handelt.

4.221.43 Ausleihungen an verbundene Unternehmen

Begriff der Ausleihungen

§ 227 schreibt vor, dass Forderungen mit einer Laufzeit von mindestens fünf Jahren jedenfalls als Ausleihungen auszuweisen sind, lässt aber die Frage offen, ab welcher Mindestlaufzeit ein solcher Ausweis zulässig ist. Bei Forderungen mit einer geringeren Laufzeit als fünf Jahre und mindestens von mehr als einem Jahr wird man ein Wahlrecht zwischen Ausweis im Anlagevermögen und im Umlaufvermögen annehmen können.

Zu beachten ist, dass **„Ausleihungen mit einer Restlaufzeit bis zu einem Jahr"** gemäß § 227 im Anhang anzugeben sind. Die Formulierung des Gesetzes ist missverständlich, da davon abgeleitet werden könnte, dass nur jene Ausleihungen, die jeweils insgesamt nur mehr eine Restlaufzeit bis zu einem Jahr haben, im Anhang anzugeben sind. Dem Sinn des Gesetzes entspricht es, dass für jede einzelne Ausleihung festzustellen ist, welcher Teilbetrag innerhalb eines Jahres fällig ist und dass die Summe sämtlicher Teilbeträge im Anhang anzugeben ist. Nicht verständlich erscheint, warum nicht auch hier (wie in § 225 Abs 3) vorgesehen ist, diesen Betrag entweder in der Bilanz anzumerken oder im Anhang anzugeben.

Die Angabepflicht für den Anhang gilt nicht für die kleine Gesellschaft mit beschränkter Haftung, da in § 242 Abs 2 bei der Abgrenzung des Inhalts des Anhanges für die kleine GmbH kein Hinweis auf diese Gesetzesvorschrift enthalten ist.

Obige Ausführungen für Ausleihungen gelten auch für die unter A III/4 und 6 auszuweisenden Ausleihungen.

Der Begriff des **verbundenen Unternehmens** wurde bereits im vorhergehenden Abschnitt behandelt; sämtliche Ausleihungen an Unternehmen im Sinne des § 228 Abs 3 sind unter diesem Posten auszuweisen. Bei den empfangenden verbundenen Unternehmen erfolgt der Ausweis im **Bilanzposten „Verbindlichkeiten gegenüber verbundenen Unternehmen"** unter Berücksichtigung der Fälligkeitsangabe gemäß § 225 Abs 6.

4.221.44 Beteiligungen

§ 228 Abs 1 definiert Beteiligungen wie folgt:

> „Beteiligungen sind Anteile an anderen Unternehmen, die bestimmt sind, dem eigenen Geschäftsbetrieb durch eine dauernde Verbindung zu diesen Unternehmen zu dienen. Dabei ist es unerheblich, ob die Anteile in Wertpapieren verbrieft sind oder nicht."

Weiters enthält § 228 Abs 1, dritter Satz eine, allerdings widerlegbare, Beteiligungsvermutung:

> „Als Beteiligungen gelten im Zweifel Anteile an einer Kapitalgesellschaft oder an einer Genossenschaft, die insgesamt den fünften Teil des Nennkapitals dieser Gesellschaft erreichen."

Die Merkmale der Definition des § 228 Abs 1 können selbstverständlich auch schon bei einem geringeren Anteilsbesitz erfüllt sein; ab einer Beteiligung von 20 % müsste dagegen eine Begründung vorliegen, warum diese Anteile nicht dazu bestimmt sind, dem eigenen Geschäftsbetrieb durch eine dauernde Verbindung zu diesem Unternehmen zu dienen.

§ 228 Abs 2 enthält Sonderregelungen für Beteiligungen an Personengesellschaften:

> 1. Die Beteiligung als unbeschränkt haftender Gesellschafter an einer Personengesellschaft des Unternehmensrechtes gilt stets als Beteiligung.
> 2. Für andere Beteiligungen an Personengesellschaften des Unternehmensrechtes sind die Bestimmungen des § 228 Abs 1 sinngemäß anzuwenden.

Gemäß § 228 Abs 1 muss mit dem Erwerb der Anteile an anderen Unternehmen eine dauernde Verbindung bezweckt werden, sodass **Anteile an Gelegenheitsgesellschaften,** zB im Baugewerbe, nicht als Beteiligung in Frage kommen (siehe Nowotny, in: Straube², Rz 25 f zu § 228). Die Bezugnahme auf die Verbindung mit dem eigenen Geschäftsbetrieb deutet darauf hin, dass die Zielsetzung über eine reine Kapitalveranlagung hinausgehen muss. Die Absicht und die Möglichkeit der aktiven Einflussnahme auf die Geschäftsführung des Beteiligungsunternehmens ist dagegen nicht erforderlich (Nowotny, in: Straube², Rz 28 zu § 228 und Erläuternde Bemerkungen zu § 228 Abs 2).

Anteile an verbundenen Unternehmen fallen unter A III/1 (siehe Kapitel 4.221.42).

Im Diagramm des Kapitels 4.221.42 würde zB (mangels eines Gegenbeweises) ein Beteiligungsverhältnis zwischen den Unternehmen E und F bestehen.

Wenn das Unternehmen E aufgrund der 30%igen Beteiligung an F auf dieses Unternehmen einen maßgeblichen Einfluss auf die Geschäfts- und Finanzpolitik ausübt, so wäre das Unternehmen F nach den Vorschriften über die Konzernrechnungslegung ein so genanntes **assoziiertes (angeschlossenes) Unternehmen** (vgl § 263).

4.221.45 Ausleihungen an Unternehmen, mit denen ein Beteiligungsverhältnis besteht

Der Begriff der Ausleihungen wurde bereits im Kapitel 4.221.43, der Begriff der Beteiligungen im Kapitel 4.221.44 behandelt. Bei dem Begriff des Beteiligungsverhältnisses ist zu beachten, dass ein zweiseitiges Verhältnis vorliegt:

a) das Verhältnis des Anteilsinhabers zum Beteiligungsunternehmen;
b) das Verhältnis des Beteiligungsunternehmens zum Unternehmen, das die Anteile hält.

Dem Anteilsbesitzer ist das Beteiligungsverhältnis jedenfalls bekannt; umgekehrt muss dies nicht unbedingt der Fall sein, wenn die Beteiligung in Form von anonymen Wertpapieren gehalten wird. Im Gegensatz zum Beteiligungsverhältnis muss daher das Informationsverhältnis nicht zweiseitig sein.

Der Bilanzposten A III/4 kann sowohl Ausleihungen des anteilshaltenden Unternehmens an das Beteiligungsunternehmen als auch den umgekehrten Fall umfassen. Beim empfangenden Unternehmen ist der Ausweis unter **„Verbindlichkeiten gegenüber Unternehmen, mit denen ein Beteiligungsverhältnis besteht"**, vorzunehmen, wobei die Fälligkeitsangabe des § 225 Abs 6 zu beachten ist (gilt mangels einer entsprechenden Anführung in § 242 Abs 2 nicht für kleine Gesellschaften mit beschränkter Haftung).

4.221.46 Wertpapiere (Wertrechte) des Anlagevermögens

Bei der Zuordnung von Wertpapieren zum Anlagevermögen ist (wie in allen Fällen, bei denen sich hinsichtlich der Zurechnung Zweifel ergeben können) auf die Definition des § 198 Abs 2 zu achten.

Der Klammerausdruck „Wertrechte" gibt die Möglichkeit, in diesem Posten auch Gesellschaftsanteile auszuweisen, die nicht Beteiligungen im Sinne des § 228 Abs 1 bzw 2 sind und auch nicht in Wertpapieren verbrieft sind; so sind hier unter anderem auch **GmbH-Anteile, Genossenschafts-**

anteile, Kommanditanteile auszuweisen, die wohl unter die Definition für das Anlagevermögen fallen, nicht aber zu den Beteiligungen im Sinne des § 228 Abs 1 und 2 gehören.

Auch Ansprüche aus **Rückdeckungsversicherungen,** wie zB für Abfertigungen und Pensionen, wird man als **„Wertrechte“** in diesen Posten einbeziehen können, wenn nicht eventuell aufgrund der betragsmäßigen Bedeutung ein gesonderter Ausweis im Sinne des § 223 Abs 4 geboten erscheint; zumindest sollte die Einbeziehung wesentlicher Beträge an Rückdeckungsversicherungen im Anhang beschrieben werden. Ein Ausweis als „Ausleihung“ ist dagegen nicht zutreffend (vgl Küting/Weber[4], Rz 61 zu § 266).

4.221.47 Sonstige Ausleihungen

Hier wird auf die Ausführungen im Kapitel 4.221.43 „Ausleihungen an verbundene Unternehmen“ verwiesen.

4.221.48 Eigene Anteile, Anteile an herrschenden oder mit Mehrheit beteiligten Unternehmen

§ 225 Abs 5 enthält dazu folgende Vorschrift:

„Eigene Anteile, Anteile an herrschenden oder mit Mehrheit beteiligten Unternehmen sind je nach ihrer Zweckbestimmung im Anlagevermögen oder im Umlaufvermögen in einem gesonderten Posten auszuweisen.“

Eigene Anteile

Wie schon dargelegt, sind eigene Anteile bei entsprechender Zweckbestimmung im Anlagevermögen auszuweisen; „vorausgesetzt ist, daß es gesellschaftsrechtlich zulässig ist, die eigenen Anteile, die dazu bestimmt sind, dauernd dem Geschäftsbetrieb zu dienen, auf Dauer zu halten (Art 20, Abs 2 Kapital-Richtlinie). Die aktienrechtliche Neuregelung, wonach nur unter bestimmten Voraussetzungen eine Veräußerungspflicht eigener Aktien besteht (§ 65 a AktG), läßt dies grundsätzlich zu“ (Erläuterungen RV zu § 225 Abs 5).

Da in der Mehrzahl der Fälle die „eigenen Anteile“, soweit deren Erwerb überhaupt zulässig ist, nach ihrer Zweckbestimmung dem Umlaufvermögen zuzurechnen sein werden, sind die diesbezüglichen Vorschriften im Kapitel 4.254 beim Umlaufvermögen erläutert.

Anteile an herrschenden oder mit Mehrheit beteiligten Unternehmen

Bezüglich ihrer Zurechnung zum Anlage- oder Umlaufvermögen gelten sinngemäß die Erläuterungen zu den „eigenen Anteilen".

Da, wie bereits im Kapitel 4.221.42 angeführt, „Anteile an herrschenden oder mit Mehrheit beteiligten Unternehmen" in der Regel auch Anteile an verbundenen Unternehmen darstellen, erscheint hier ein Vermerk der Zugehörigkeit gem § 223 Abs 5 erforderlich. Der Begriff der „Anteile an herrschenden oder mit Mehrheit beteiligten Unternehmen", soll anhand folgenden Diagramms erörtert werden (vgl auch Kapitel 4.221.42):

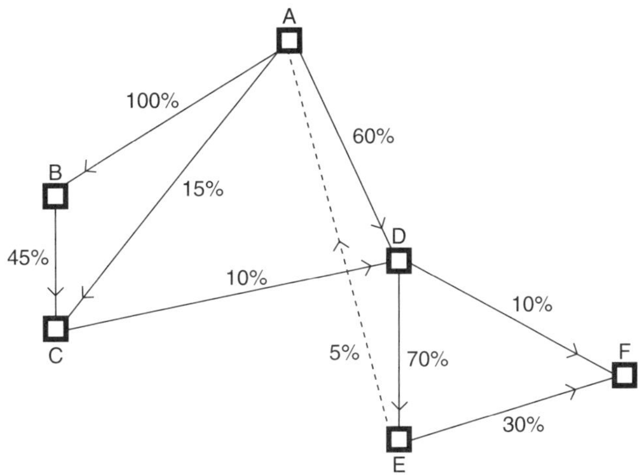

a) Eventuelle Anteile der Gesellschaften B, C, D und E an der Gesellschaft A stellen Anteile an der herrschenden Gesellschaft dar. Anteile der Gesellschaften B und D an der Gesellschaft A sind gleichzeitig Anteile an einem mit Mehrheit beteiligten Unternehmen; sie nehmen daher eine Doppelstellung ein.

b) Ein eventuellerAnteıl der Gesellschaft E an der Gesellschaft D wäre ein Anteil an einem mit Mehrheit beteiligten Unternehmen.

c) Die Beteiligung der Gesellschaft C an der Gesellschaft D laut obigem Beteiligungsdiagramm fällt dagegen nur unter die Kategorie der Anteile an verbundenen Unternehmen.

Weitere Erläuterungen zu den „Anteilen an herrschenden oder mit Mehrheit beteiligten Unternehmen" finden sich im Kapitel 4.254.2 bei den Erläuterungen zum Umlaufvermögen.

Bezüglich der erforderlichen Bildung der **„Rücklage für eigene Anteile"** siehe Kapitel 4.254.3 und 4.316.

4.221.49 Das Finanzanlagevermögen betreffende Erläuterungsvorschriften im Anhang

Dazu gehören:

Gemäß § 227 zweiter Satz

sind Ausleihungen mit einer Restlaufzeit bis zu einem Jahr im Anhang anzugeben (gilt nicht für die kleine GmbH).

Gemäß § 237 a Abs 1 Z 2 sind für zum Finanzanlagevermögen gehörige Finanzinstrumente, die über ihrem beizulegenden Zeitwert ausgewiesen werden, weil eine außerplanmäßige Abschreibung gem § 204 Abs 2 zweiter Satz unterblieben ist, anzugeben:

a) der Buchwert und der beizulegende Zeitwert der einzelnen Vermögensgegenstände oder angemessener Gruppierungen sowie
b) die Gründe für das Unterlassen einer Abschreibung gem § 204 Abs 2 und jene Anhaltspunkte, die darauf hindeuten, dass die Wertminderung voraussichtlich nicht von Dauer ist (gilt auch für die kleine GmbH).

Gemäß § 238 Z 2 sind im Anhang anzugeben (gilt auch für die kleine GmbH)

- Namen und Sitz anderer Unternehmen, von denen das Unternehmen oder für dessen Rechnung eine andere Person mindestens den fünften Teil der Anteile besitzt;
- außerdem sind
  - die Höhe des Anteils am Kapital,
  - das Eigenkapital,
  - und das Ergebnis des letzten Geschäftsjahres dieser Unternehmen anzugeben, für das ein Jahresabschluss vorliegt;

§ 244 Abs 4 und 5 über die Berechnung der Anteile ist entsprechend anzuwenden, gleichgültig unter welchem Posten diese ausgewiesen sind; ferner Name, Sitz und Rechtsform der Unternehmen, deren unbeschränkt haftender Gesellschafter die Gesellschaft ist.

Gemäß § 244 Abs 4 gelten als Rechte, die einem Mutterunternehmen zustehen, auch die einem Tochteruntemehmen zustehenden Rechte (und die für Rechnung des Mutterunternehmens oder der Tochterunternehmen anderer Personen zustehenden Rechte). Das Mutterunternehmen hat daher bei den unter § 238 Z 2 vorgesehenen Angaben auch die von Tochterunternehmen gehaltenen Anteile einzubeziehen, ohne Rücksicht darauf, ob diese beim Tochterunternehmen im Anlagevermögen oder im Umlaufvermögen ausgewiesen sind.

Voraussetzung für diese **erweiterte Angabepflicht** ist jedoch, dass das Mutterunternehmen auch unmittelbar Anteile besitzt; ist dies nicht der Fall, so greift die Angabepflicht gem § 238 Z 2 nicht ein (vgl Nowotny, in: Straube, Rz 6 zu § 238).

Außerdem ist in diesem Zusammenhang die Vorschrift des § 241 Abs 2 über die mögliche Unterlassung von Angaben zu beachten. So können zB die Angaben gem § 238 Z 2 unterbleiben, soweit sie

1. für die Darstellung der Vermögens-, Finanz- und Ertragslage des Unternehmens von untergeordneter Bedeutung sind oder
2. nach vernünftiger unternehmerischer Beurteilung geeignet sind, dem Unternehmen oder dem anderen Unternehmen einen erheblichen Nachteil zuzufügen.

Weitere Einschränkungen der Angabepflicht sind in § 241 Abs 2, zweiter Satz, enthalten, wonach die Angabe des Eigenkapitals und des Jahresergebnisses unterbleiben kann, wenn das Unternehmen, über das gem § 238 Z 2 zu berichten ist, seinen Jahresabschluss nicht offen zu legen hat und das berichtende Unternehmen weniger als die Hälfte der Anteile besitzt. Die Anwendung der Ausnahmeregel ist im Anhang anzugeben.

Gemäß § 238 Z 3

sind die Beziehungen zu **verbundenen Unternehmen** anzugeben; hierbei ist auch über Verträge zu berichten, die die Gesellschaft verpflichten, ihren Gewinn oder Verlust ganz oder teilweise an andere Personen zu überrechnen oder einen solchen von anderen Personen zu übernehmen (gilt nicht für die kleine GmbH).

Gemäß § 238 Z 4

sind die im § 231 Abs 2 Z 10 und Abs 3 Z 9 enthaltenen Erträge sowie die im § 231 Abs 2 Z 14 und Abs 3 Z 13 enthaltenen Aufwendungen aus Gewinngemeinschaften anzugeben (gilt nicht für die kleine GmbH).

Gemäß § 240 Z 9

sind bei **Aktiengesellschaften** Angaben über das **Bestehen einer wechselseitigen Beteiligung** (§ 228 Abs 1) unter Angabe des beteiligten Unternehmens zu machen.

Der **Begriff der wechselseitigen Beteiligung** ist im österreichischen Gesellschaftsrecht nicht definiert. Gemäß Nowotny (Bertl/Mandl [Hrsg], Handbuch RLG, 5. Lieferung, B III/42 D) hat die Pflicht zur Angabe wechselseitiger Beteiligungen offensichtlich ihr Vorbild im deutschen Aktiengesetz, sodass bei der Auslegung dieser Vorschrift auch dessen Vorschriften herangezogen werden können. Die Vorschrift über die Angabepflicht einer wechselseitigen Beteiligung im Anhang ist in § 160 Abs 1 Nr 7 dAktG enthalten.

Gemäß § 19 Abs 1 dAktG sind wechselseitig beteiligte Unternehmen solche, die dadurch verbunden sind, dass jedem Unternehmen mehr als der vierte Teil der Anteile des anderen Unternehmens gehört. Für die Feststellung des Beteiligungsprozentsatzes wird dabei unter anderem auch auf § 16 Abs 4 dAktG hingewiesen, wonach als Anteile, die einem Unternehmen gehören, auch die Anteile gelten, die einem von ihm abhängigen Unternehmen gehören, dh, dass bei der Feststellung wechselseitiger Beteiligungen nicht nur unmittelbare Beteiligungen des berichtspflichtigen Unternehmens, sondern **mittelbare Beteiligungen** im Sinne des § 244 Abs 4 **einzubeziehen sind.**

Der Begriff der **wechselseitigen Beteiligung** bedeutet, dass auf beiden Seiten die Voraussetzungen des § 228 Abs 1, erster Satz gegeben sein müssen, dass nämlich die Anteile am jeweils anderen Unternehmen dazu bestimmt sind, dem eigenen Geschäftsbetrieb durch eine dauernde Verbindung zum jeweils anderen Unternehmen zu dienen, wobei als Indiz für das Vorliegen einer Beteiligung die 20-%-Grenze heranzuziehen ist. Wenn auf der Gegenseite keine Beteiligung im Sinne des § 228 gegeben ist, kann auch keine wechselseitige Beteiligung vorliegen. Nowotny weist darauf hin, dass es nicht auszuschließen sei, „daß der Gesellschaft selbst das Bestehen von Rückbeteiligungen unbekannt ist, wobei allerdings für amtlich notierte Gesellschaften Meldepflichten gem § 91 Börsengesetz bestehen" (in: Bertl/Mandl, Lieferung B III/42 D, S 22).

Beispiel für eine unmittelbare wechselseitige Beteiligung:

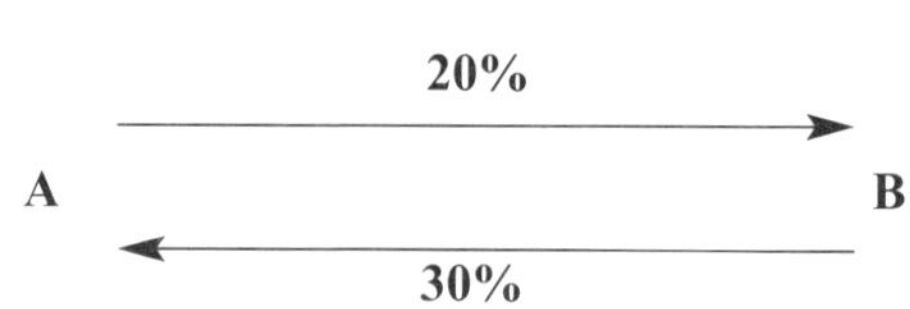

Beispiel für eine mittelbare wechselseitige Beteiligung:

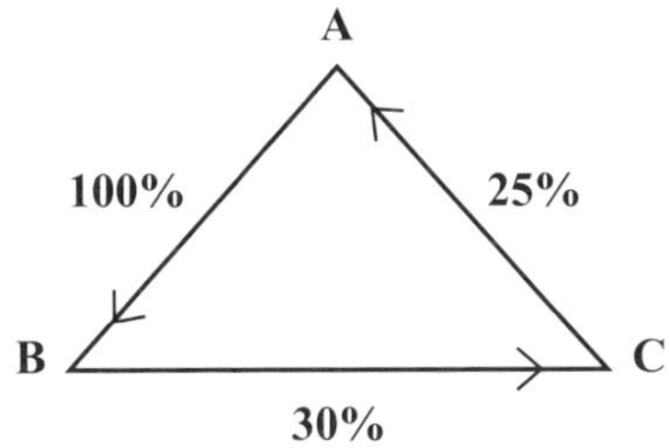

In diesem Zusammenhang ist darauf hinzuweisen, dass für den Fall, dass auf einer Seite die wechselseitige Beteiligung zu einer Mehrheitsbeteiligung anwächst, die Vorschriften über das Halten von Anteilen an einer herrschenden Gesellschaft zu beachten sind (vgl Kapitel 4.221.48). In diesem Fall müsste die Gesellschaft, welche eine Beteiligung an der herrschenden Gesellschaft hält, ihre Anteile veräußern, um nicht gegen die Vorschriften der §§ 65 ff AktG zu verstoßen.

Die Angabepflicht des § 240 Z 9 beruht auf der Gefahr der **Kapitalverwässerung** bzw der Möglichkeit des Machtzuwachses der Verwaltung der Unternehmen. „Betriebswirtschaftlich gefährdet die wechselseitige Beteiligung die Aufbringung und Erhaltung des Grundkapitals; sie ermöglicht es ferner den Verwaltungen, wechselseitig Einfluß zu nehmen“ (Küting/Weber[4], Rz 341 zu §§ 284 – 288).

4.221.5 Der Umgründungsmehrwert gemäß § 202 Abs 2

4.221.51 Einlagenbewertung gemäß § 202 Abs 1

Gemäß § 202 Abs 1 sind

> „Einlagen … mit dem Wert anzusetzen, der ihnen im Zeitpunkt ihrer Leistung beizulegen ist, soweit sich nicht aus der Nutzungsmöglichkeit im Unternehmen ein geringerer Wert ergibt. Werden Betriebe oder Teilbetriebe eingelegt …, so gilt § 203 Abs 5 sinngemäß.“

Gemäß § 203 Abs 5 darf als Geschäftswert der Unterschiedsbetrag angesetzt werden, um den die **Gegenleistung** für die Übernahme eines Betriebes die Werte der einzelnen Vermögensgegenstände abzüglich der Schulden im Zeitpunkt der Übernahme übersteigt.

In diesem Zusammenhang sind zwei Konstellationen zu unterscheiden:

a) Die Einlage erfolgt durch den **Alleingesellschafter oder durch die bisherigen Gesellschafter im gleichen Verhältnis.** In diesem Fall besteht kein Interessengegensatz, wie er zwischen dritten Personen bei der Festlegung der Gegenleistung für die Einlage bestehen würde.

b) Es wird eine Einlage in eine **bestehende Gesellschaft** durchgeführt, wodurch der Einleger erst Gesellschafterstellung erwirbt. Bei der Festlegung der Gegenleistung für die Einlage besteht hier ein natürlicher Interessengegensatz zwischem dem einbringenden (Neu-)Gesellschafter und den bisherigen Gesellschaftern, sodass von der Annahme der Angemessenheit der Gegenleistung ausgegangen werden kann, während dies im Fall a) nicht unbedingt von vornherein angenommen werden kann und der Ansatz der Höhe des Geschäftswertes im Fall a) entsprechend kritisch betrachtet werden muss.

Die Gegenleistung wird in diesem Fall durch den Wert der Einlage fixiert und es darf der Nennwert bzw der höhere Ausgabewert der neuen Geschäftsanteile nicht höher festgelegt werden, als dieser dem Wert der Einlage nach den Vorschriften des § 202 Abs 1 entspricht.

Eine Einlage nach den Vorschriften des § 202 Abs 1 ist jedenfalls mit einer **Neubewertung** der Vermögensgegenstände und Verpflichtungen des eingelegten Betriebes oder Teilbetriebes verbunden.

In diesem Zusammenhang weist die Stellungnahme des Fachsenats für Unternehmensrecht und Revision zur Rechnungslegung bei Abspaltungen darauf hin, dass es auch bei Abspaltungen zu Bewertungsdifferenzen kommen kann.

Die **(spaltungsrechtliche) Eröffnungsbilanz** der übernehmenden Gesellschaft dient nach Ansicht des Fachsenats der Feststellung der am Spaltungsstichtag der übernehmenden Gesellschaft zuzuordnenden Vermögensteile und (insbesondere) des abzuspaltenden buchmäßigen Reinvermögens. Diese spaltungsrechtliche Eröffnungsbilanz bildet auch die Grundlage für die gem § 33 AktG vorgeschriebene **unternehmensrechtliche Eröffnungsbilanz** bei Gründung einer Aktiengesellschaft. In die auf den Tag der Errichtung der Gesellschaft zu erstellende Eröffnungsbilanz sind die am Spaltungsstichtag dem abzuspaltenden Betrieb zugeordneten Vermögensteile aufzunehmen und nach den Vorschriften des § 202 UGB zu bewerten; die Bewertung der Vermögensteile in der unternehmensrechtlichen Eröffnungsbilanz kann sich daher von der Bewertung in der spaltungsrechtlichen Eröffnungsbilanz unterscheiden.

4.221.52 Die Buchwertfortführung gemäß § 202 Abs 2

Veranlasst wurde diese mit dem Gesellschaftsrechtsänderungsgesetz 1993 eingeführte Vorschrift durch das Umgründungssteuergesetz. Da in diesem Gesetz grundsätzlich die Fortführung der (steuerlichen) Buchwerte ausdrücklich vorgeschrieben ist, wurde ein Weg gesucht, um auch unternehmensrechtlich – im Gegensatz zu den Bewertungsvorschriften der alten Fassung des § 202 – eine Möglichkeit zu schaffen, die Buchwerte fortzuführen.

Dies wird durch § 202 Abs 2 Z 1 bewirkt:

> „Bei Umgründungen (Verschmelzungen, Umwandlungen, Einbringungen, Zusammenschlüssen, Realteilungen und Spaltungen) gilt folgendes:
>
> 1. „Abweichend von Abs 1 dürfen die Buchwerte aus dem letzten Jahresabschluß oder einer Zwischenbilanz, die nach den auf den letzten Jahresabschluß angewandten Bilanzierungs- und Bewertungsmethoden zu erstellen ist, fortgeführt werden."

Damit ergibt sich sofort die Frage, was zu geschehen hat, wenn die Gegenleistung für die Einlage in Höhe der tatsächlichen Werte festgelegt wird und die Buchwerte des eingebrachten Vermögens übersteigt.

Diese Frage wird in Z 2 und 3 behandelt:

§ 202 Abs 2 Z 2:

> **„Übersteigt der Gesamtbetrag der Gegenleistung die fortgeführten Werte nach Z 1,** so darf der **Unterschiedsbetrag** unter die Posten des Anlagevermögens aufgenommen werden; der **Gesamtbetrag der Gegenleistung** ergibt sich aus dem Gesamtausgabebetrag der neuen Anteile, dem Buchwert eigener oder untergehender Anteile und den baren Zuzahlungen."

§ 202 Abs 2 Z 3:

> „Jener Teil des Unterschiedsbetrages, der den Aktiven und Passiven des übertragenen Vermögens zugeordnet werden kann, ist als **Umgründungsmehrwert** gesondert auszuweisen, auf diesen Wert sind die für Vermögensgegenstände und Schulden geltenden Bestimmungen anzuwenden. Ein danach verbleibender Restbetrag darf als **Firmenwert** angesetzt werden."

Die Anwendung dieser Gesetzesvorschriften soll anhand des folgenden Beispiels erläutert werden.

Dieses **Beispiel** ist auf folgende Fälle sinngemäß anwendbar:

a) Der Betrieb eines Einzelunternehmers wird gegen Gewährung neuer Anteile in eine Kapitalgesellschaft (entweder in eine neu gegründete oder eine bestehende) eingebracht;

b) der Betrieb einer Personengesellschaft wird von deren Gesellschaftern gegen Gewährung neuer Anteile in eine Kapitalgesellschaft (entweder in eine neu gegründete oder eine bestehende) eingebracht;

c) das Vermögen einer Kapitalgesellschaft wird auf eine andere Kapitalgesellschaft gegen die Gewährung neuer Gesellschaftsanteile durch die aufnehmende Kapitalgesellschaft übertragen;
d) eine Kapitalgesellschaft ist an einer anderen Kapitalgesellschaft bereits mit 100 % beteiligt, und es wird eine Verschmelzung dieser beiden Kapitalgesellschaften durchgeführt; in diesem Fall ergibt sich der Gesamtbetrag der Gegenleistung aus dem Buchwert der untergehenden Anteile;
e) Kombination von c) und d), wenn die bestehende Beteiligung unter 100 % liegt.

In den Fällen a) bis c) besteht der Gesamtbetrag der Gegenleistung aus dem Gesamtausgabebetrag der neuen Anteile (zusätzlich eventuell gewährter barer Zuzahlungen und dem Buchwert eigener Anteile der aufnehmenden Kapitalgesellschaft, die den „Einlegern" als Gegenleistung gewährt werden).

Angaben (in Mio €):

Buchwert des übertragenen Vermögens	55
abzüglich Buchwert der Verpflichtungen	– 39
abzüglich Buchwert unversteuerter Rücklagen	– 1
= Buchwert des Eigenkapitals	15

Die Gegenleistung für die Übertragung besteht in neuen Gesellschaftsanteilen im Nominale von 10 Millionen zu einem Ausgabekurs von 250 %, dh in einem Gesamtausgabebetrag von 25 Millionen.

Der Unterschiedsbetrag gemäß § 202 Abs 2 Z 1 beträgt somit 10 Millionen, der gemäß Z 3 primär den Aktiven und Passiven des übertragenen Vermögens zuzuordnen ist. Dieser zuzuordnende Betrag ist der **Umgründungsmehrwert;** wenn danach noch ein Unterschiedsbetrag verbleibt, kann dieser als **Firmenwert** angesetzt werden.

Es ist darauf hinzuweisen, dass theoretisch sowohl für den gesamten Unterschiedsbetrag als auch isoliert für den nach Abzug des Umgründungsmehrwertes verbleibenden Firmenwert nur ein **Aktivierungswahlrecht,** jedoch keine Aktivierungspflicht besteht; im folgenden Beispiel wird von der Aktivierung beider Unterschiedsbeträge ausgegangen.

Weiters ist zu beachten, dass der Wert der Gegenleistung nicht in willkürlicher Höhe festgesetzt werden kann, sondern dass als Obergrenze für die Festlegung des Gesamtausgabebetrages der neuen Anteile der Wert gemäß § 202 Abs 1 angesehen werden muss. Im Falle einer bereits bestehenden 100%igen Beteiligung ist die Gegenleistung ohnedies durch den Buchwert der untergehenden Anteile fixiert; dabei kann man von der Annahme ausgehen, dass dem Erwerb der Beteiligung ein objektiver Preisbildungsprozess vorausgegangen ist. Es muss allerdings untersucht werden, ob sich nicht gegenüber dem Zeitpunkt des Erwerbs der Beteiligung die Verhältnisse so geändert haben, dass der Buchwert der untergehenden Anteile in der Zwischenzeit höher ist, als dem Wert des eingebrachten

Betriebes oder Teilbetriebes gemäß § 202 Abs 1 entspricht. Sollte dies der Fall sein, so ist der Unterschiedsbetrag aufgrund des niedrigeren tatsächlichen Wertes gemäß § 202 Abs 1 zu ermitteln, da sonst die Einlagen im Sinne des Unternehmensrechtes überbewertet wären.

Bei der Zuordnung des Unterschiedsbetrages ergibt sich folgendes Bild:

Zuordnung	Variante 1	Variante 2
immaterielle Vermögensgegenstände – Rechte	2	2
Sachanlagen	5	3
Finanzanlagen	1	1
andere Aktiven (Vorräte)	0	3
Verpflichtungen (Pensionsrückstellung)	0	– 1
Umgründungsmehrwert	8	8
Firmenwert	2	2
	10	10

Erläuterungen zu Variante 1:

Im vorliegenden Fall ist die volle Aufnahme des Unterschiedsbetrages unter die Posten des Anlagevermögens entsprechend § 202 Abs 2 Z 1 zutreffend; es ergibt sich allerdings die Frage, an welcher Stelle innerhalb des Anlagevermögens der Ausweis durchgeführt werden soll.

Für den Firmenwert von 2 Mio ist die Zuordnung zum Bilanzposten „Firmenwert" eindeutig. Für die übrigen Posten ergeben sich theoretisch folgende Möglichkeiten:

a) Gesonderter Ausweis eines Umgründungsmehrwertes jeweils bei den immateriellen Vermögensgegenständen, Sachanlagen und Finanzanlagen;
b) Ausweis des gesamten Umgründungsmehrwertes als eigene Postengruppe innerhalb des Anlagevermögens (als § 224 Abs 2 A IV) mit einer Aufteilung nach einzelnen Anlagengruppen in einer Vorkolonne;
c) wie b), allerdings ohne Aufteilung in der Bilanz, sondern mit einer Aufteilung im Anhang, und zwar im Anlagenspiegel; dies ist ohnedies für die Zuordnung der Fortschreibung des Unterschiedsbetrages in der Gewinn- und Verlustrechnung erforderlich.

In diesem Zusammenhang ist § 202 Abs 2 Z 3, 1. Satz, letzter Halbsatz, zu beachten, wonach auf den Umgründungsmehrwert die für Vermögensgegenstände und Schulden geltenden Bestimmungen anzuwenden sind. Im vorliegenden Fall sind zB die Abschreibungsbeträge für immaterielle Vermögensgegenstände und abnutzbare Sachanlagen als Abschreibungen innerhalb des „Betriebserfolges" auszuweisen, eventuelle außerplanmäßige Abschreibungen auf die stillen Reserven des Finanzanlagevermögens innerhalb des

„Finanzerfolges". Bei einer Veräußerung von Anlagegegenständen müssten gegebenenfalls die darauf entfallenden Restbuchwerte den zutreffenden Posten der Gewinn- und Verlustrechnung zugeordnet werden.

Erläuterungen zu Variante 2:

Hier fällt sofort auf, dass die Behandlung des Betrages von 8 Millionen als Umgründungsmehrwert und Ausweis innerhalb des Anlagevermögens gegen bestehende sonstige Bilanzierungsvorschriften verstößt:

a) Es kommt im vorliegenden Fall zu einer Saldierung von Aktiven und Passiven, somit zu einem Verstoß gegen das Saldierungsverbot des § 196 Abs 2;

b) stille Reserven bei den Vorräten würden hier als Bestandteil des Anlagevermögens ausgewiesen werden. Dadurch ist ein Verstoß gegen Gliederungsvorschriften gegeben.

Da einerseits lt ausdrücklicher gesetzlicher Anordnung der **Umgründungsmehrwert im Anlagevermögen auszuweisen ist,** andererseits die Fortschreibung der stillen Reserven der Vorräte in der Gewinn- und Verlustrechnung im Posten „Materialaufwand" auszuweisen wäre, ergeben sich Inkonsequenzen bei der Gestaltung des Anlagespiegels. Dies führt zum Schluss, dass in derartigen Fällen die Vorschriften über die Buchwertfortführung nicht anwendbar sind.

4.221.53 Latente Steuerbelastung auf Aufwertungsbeträge

In Zusammenhang mit Vorgängen nach dem Umgründungssteuergesetz stellen die aus dem Umgründungsmehrwert entstehenden Aufwendungen keine steuerlich abzugsfähigen Betriebsausgaben dar (dies gilt in gleicher Weise für die aus den Mehrbeträgen infolge einer Neubewertung gem § 202 Abs 1 entstehenden Aufwendungen). Bezüglich der sich daraus ergebenden Bilanzierungsprobleme siehe Kapitel 4.282.5.

4.222 Die horizontale Gliederung des Anlagevermögens („Anlagengitter/Anlagenspiegel")

Gemäß § 226 Abs 1 ist die **Entwicklung der einzelnen Posten des Anlagevermögens** darzustellen.

> „Dabei sind, ausgehend von den gesamten Anschaffungs- und Herstellungskosten, die Zugänge, Abgänge, Umbuchungen und Zuschreibungen des Geschäftsjahrs sowie die Abschreibungen in ihrer gesamten Höhe gesondert aufzuführen."

Das Gesetz verlangt also ausdrücklich den Ausweis der unverminderten **Anschaffungs-** bzw **Herstellungskosten,** dh des gesamten im Anlagevermögen ursprünglich investierten Betrages, weiters den Ausweis der **„Abschreibungen in ihrer gesamten Höhe“,** dh der vom Zeitpunkt der Anschaffung oder Herstellung bis zum jeweiligen Bilanzstichtag **kumulierten Abschreibungen.** Durch diese Darstellung **(„direkte Bruttomethode“)** soll dem Bilanzleser ein Einblick in die Altersstruktur des Anlagevermögens ermöglicht werden.

Die Darstellung des RLG verbindet somit die Informationen des **direkten und des indirekten Abschreibungsverfahrens.** Aus der Vorschrift des § 205 ergibt sich weiters, dass **steuerliche Sonderabschreibungen** nicht in die kumulierten Abschreibungen eingehen dürfen.

Die Entwicklung der einzelnen Posten des Anlagevermögens stellt sich daher schematisch wie folgt dar (aus drucktechnischen Gründen nicht horizontal, sondern vertikal dargestellt ohne Umbuchungen und Zuschreibungen, die in gesonderten Abschnitten behandelt werden):

1. Anschaffungs- bzw Herstellungskosten des Anlagevermögens zum Jahresanfang
2. \+ Zugänge
3. – Abgänge (zu Anschaffungs- bzw Herstellungskosten)

Zwischensumme = Stand des Anlagevermögens zum Jahresende auf Basis der Anschaffungs- bzw Herstellungskosten – eine solche Zwischensumme ist im Gesetz nicht vorgesehen, kann aber gebildet werden.

4. – Gesamtbetrag der Abschreibungen (kumulierte Abschreibungen)
5. = **Buchwert des Anlagevermögens zum Jahresende**
6. Buchwert zum Ende des vorangegangenen Geschäftsjahres zumindest in vollen Tausend Euro (§ 223 Abs 2)
7. Abschreibungen des Geschäftsjahres (§ 226 Abs 1 letzter Satz)

Beispiel 1:

Eine Maschine wurde im ersten Halbjahr 2004 angeschafft (1,000.000) und mit 10 % pa abgeschrieben.

Die kumulierten Abschreibungen zum 1.1.2007 betragen	
3 × 100.000	300.000
und erhöhen sich durch die Jahresabschreibungen von	100.000
per 31.12.2007 auf	400.000

Darstellung gemäß § 226 Abs 1:

Anschaffungs- bzw Herstellungskosten zu Beginn des Geschäftsjahres	Zugänge	Abgänge	Umbuchungen	kumulierte Abschreibungen	Buchwert zum Jahresende	Buchwert Vorjahr	Jahresabschreibungen
1,000.000	–	–	–	400.000	600.000	700.000	100.000

Darstellung in der Buchhaltung:

Maschinen

Soll		Haben	
1.1.2007	1,000.000		

kumulierte Abschreibungen

Soll		Haben	
		1.1.2007	300.000
		Jahresabschreibung	100.000
			400.000

Abschreibungen

Soll		Haben	
kum Abschr	100.000		

In der Finanzbuchhaltung können die Abschreibungen auch nach der direkten Methode durchgeführt werden.

Beispiel 2:

Wie 1), weiters wird die Maschine im zweiten Halbjahr 2007 um 650.000 verkauft. Der Anschaffungswert der Maschine ist in der Abgangsspalte auszuweisen; kumulierte Abschreibungen können nur für einen noch im Bestand befindlichen Anlagegegenstand ausgewiesen werden. Der Veräußerungsgewinn (bei der Gliederung nach dem Gesamtkostenverfahren unter 4 a auszuweisen) ergibt sich wie folgt:

Anschaffungswert	1,000.000
abzüglich kumulierte Abschreibungen im Zeitpunkt der Veräußerung	400.000
Buchwert	600.000
Erlös	650.000
Ertrag aus Anlagenabgang	50.000

Darstellung gemäß § 226 Abs 1:

Anschaffungs- bzw Herstellungskosten zu Beginn des Geschäftsjahres	Zugänge	Abgänge	Umbuchungen	kumulierte Abschreibungen	Buchwert zum Jahresende	Buchwert Vorjahr	Jahresabschreibungen
1,000.000	–	1,000.000	–	–	–	700.000	100.000

Darstellung in der Buchhaltung:

Maschinen

1.1.2007 1,000.000	2 Konten 1,000.000

kumulierte Abschreibungen

Maschinen 400.000	1.1.2007 300.000 Jahresabschreibung 100.000

Abschreibungen

Kum Abschr 100.000	

Ertrag aus Anlagenabgang

Maschinen 600.000	Erlös 650.000

Hinsichtlich des Ausweises in der Bilanz räumt § 226 Abs 1 folgende Wahlrechte ein:

> Entwicklung des Postens „Aufwendungen für das Ingangsetzen und Erweitern eines Betriebes“ und der einzelnen Posten des Anlagevermögens statt in der Bilanz im Anhang,
>
> Aufgliederung der Abschreibungen des Geschäftsjahres im Anhang in einer der Gliederung des Anlagevermögens entsprechenden Aufgliederung.

Daraus folgt, dass in der Bilanz selbst nur der Buchwert zum Jahresende in Gegenüberstellung zum Vorjahresbetrag angegeben werden muss.

Umbuchungen

Die im Gesetz genannten **„Umbuchungen“** betreffen in erster Linie die Verrechnung des Postens „in Bau befindliche Anlagen und Anzahlungen für Anlagen“, aber auch erforderliche **Umgliederungen** zwischen den Posten des Anlagevermögens; soweit es sich um Abweichungen von der formellen Bilanzkontinuität handelt, ist § 223 Abs 1 zu beachten. Es wird aber auch als zulässig zu betrachten sein, wenn Umgliederungen und Umbuchungen im engeren Sinn in getrennten Spalten erfasst werden.

Zuschreibungen

Gemäß § 226 Abs 1 sind die ... Zuschreibungen des Geschäftsjahres ... gesondert aufzuführen.

Der Begriff Zuschreibungen ist sowohl in § 208 Abs 1 als auch in § 231 Abs 2 und 3 erwähnt:

§ 208 Abs 1 regelt den Fall, dass in einem späteren Geschäftsjahr die Gründe für eine **außerplanmäßige Abschreibung** nicht mehr bestehen:

> „Der Betrag dieser Abschreibung ist im Umfang der Werterhöhung unter Berücksichtigung der Abschreibungen, die inzwischen vorzunehmen gewesen wären, zuzuschreiben."

Dieses **„Wertaufholungsgebot"** wird allerdings durch § 208 Abs 2 relativiert,

> wonach von der Zuschreibung nach Abs 1 abgesehen werden darf, wenn ein niedrigerer Wertansatz bei der steuerrechtlichen Gewinnermittlung unter der Voraussetzung beibehalten werden kann, dass er auch im Jahresabschluss beibehalten wird.

In § 231 werden unter Z 4 a) „Erträge aus ... der Zuschreibung zum Anlagevermögen mit Ausnahme der Finanzanlagen", unter Z 13 (Gesamtkostenverfahren) bzw Z 12 (Umsatzkostenverfahren) „Erträge aus ... der Zuschreibung zu Finanzanlagen" angeführt.

Da der Betrag der in einer früheren Periode durchgeführten außerplanmäßigen Abschreibung in den kumulierten Abschreibungen des Vorjahres enthalten ist, wirkt sich die **Zuschreibung** in einer Reduktion der kumulierten Abschreibungen aus. Die kumulierten Abschreibungen (zum Jahresende) sind daher bereits um den Betrag der Zuschreibungen des Geschäftsjahres verringert. Wenn man daher die Entwicklung der einzelnen Posten des Anlagevermögens in der im Gesetz angegebenen Reihenfolge darstellt, müsste man bei der Querprobe den Betrag der Zuschreibungen des Geschäftsjahres weglassen.

Will man diese Unklarheit vermeiden, muss man die Zuschreibungen in gleicher Weise wie die Abschreibungen des Geschäftsjahres im Anlagenspiegel in einer Spalte nach dem Buchwert des Vorjahres anführen.

Beispiel:

Im Bilanzposten „Wertpapiere des Anlagevermögens" sind folgende Wertpapiere enthalten:

a) Anschaffung 2005, Nominale 1,000.000 festverzinsliche Wertpapiere; Anschaffungskurs 95 %; im Jahr 2006 ist der Kurs auf 90 % gefallen, und es wurde eine Abschreibung auf den niedrigeren Kurswert durchgeführt.

b) Anschaffung Ende 2006, Nominale 100.000 Aktien zum Kurs von 700; Ende 2007 ist der Kurs der festverzinslichen Wertpapiere 97 %; das Unternehmen möchte die höchstmögliche Bilanzbewertung durchführen. Der Aktienkurs ist auf 500 zurückgegangen; es liegt voraussichtlich eine dauernde Wertminderung vor.

	Anschaffungskosten	Buchwert 1.1.2007
festverzinsliche Wertpapiere	950.000	900.000
Aktien	700.000	700.000
	1,650.000	1,600.000

kumulierte Abschreibungen:	
1.1.2007: 5 % von 1,000.000	50.000
Zuschreibung wegen Erhöhung des Kurswertes	– 50.000
außerplanmäßige Abschreibung der Aktien	200.000
Stand der kumulierten Abschreibungen zum 31.12.2007	200.000

Anschaffungs- bzw Herstellungskosten zu Beginn des Geschäftsjahres	Zugänge	Abgänge	Umbuchungen	kumulierte Abschreibungen	Buchwert zum Jahresende	Buchwert Vorjahr	Abschreibungen des Geschäftsjahres (Zuschreibungen)
1,650.000	–	–	–	200.000	1,450.000	1,600.000	200.000 (50.000)

Darstellung in der Buchhaltung:

Wertpapiere des Anlagevermögens

Soll	Haben
1,650.000	

kumulierte Abschreibungen

Soll	Haben
Erträge aus Zuschreibungen 50.000	1.1. 50.000 außerplanmäßige Abschreibung 200.000

Erträge aus Zuschreibungen

Soll	Haben
	kum Abschr 50.000

Abschreibung Wertpapiere

Soll	Haben
kum Abschr 200.000	

In diesem Zusammenhang sei noch darauf hingewiesen, dass das Gesetz nur die Rückgängigmachung von **außerplanmäßigen Abschreibungen** vorsieht, nicht jedoch eine Berichtigung von in den Vorjahren überhöht durchgeführten planmäßigen Abschreibungen gemäß § 204 Abs 1. Dies bedeutet aber, dass es aufgrund der Gesetzeslage nicht möglich ist, bei abnutzbaren Gegenständen des Anlagevermögens Anpassungen an Betriebsprüfungsergebnisse durchzuführen. Es könnte wohl zulässig sein, im Ergebnis der Betriebsprüfung einen besonderen Umstand zu erblicken, der es erlaubt, von den auf den vorhergehenden Jahresabschluss angewendeten Bewertungsmethoden abzuweichen (§ 201 Abs 2, letzter Satz); aber die Änderung des in § 204 Abs 1 erwähnten Abschreibungsplanes wirkt nur pro futuro, nicht jedoch zurück auf die vorangegangenen Geschäftsjahre.

Nachaktivierungen

Keine Zuschreibungen im Sinne der angeführten Gesetzesstellen sind dagegen Berichtigungen von in Vorjahren zu niedrig ausgewiesenen Anschaffungs- bzw Herstellungskosten, zB wenn aktivierungspflichtige Vermögensgegenstände des Anlagevermögens in Vorperioden überhaupt nicht oder nicht in der gesetzlich vorgesehenen Höhe erfasst wurden (irrtümliche Verrechnung von Anschaffungsnebenkosten als Aufwand, Auslassung von aktivierungspflichtigen Kosten bei der Ermittlung der Herstellungskosten von selbsterstellten Anlagen). Fraglich ist, wie solche Berichtigungen (zB im Anschluss an eine steuerliche Betriebsprüfung) im Anlagenspiegel ausgewiesen werden sollen. Die Regelung des § 226 Abs 1 bezieht sich nach dem Wortlaut nur auf die Zugänge des Geschäftsjahres, nicht aber auf Berichtigungen von Vorjahreszugängen. Wenn es sich nicht um unwesentliche Posten handelt, wird man solche Nachaktivierungen im Anlagenspiegel gesondert angeben müssen (in einer eigenen Spalte vor oder nach den Zugängen oder in der Spalte Zugänge mit jeweils gesonderter Kennzeichnung).

Diese **Nachaktivierungen** wirken sich auf den Betrag der „gesamten Anschaffungs- und Herstellungskosten“ aus; wenn es sich um Nachaktivierungen für abnutzbare Gegenstände des Anlagevermögens handelt, ist selbstverständlich darauf zu achten, dass die auf die Nachaktivierung entfallenden kumulierten Abschreibungen berücksichtigt werden. Der Nettobetrag der Nachaktivierungen ist in der Gewinn- und Verlustrechnung gemäß § 231 Abs 2 bzw Abs 3 unter dem Posten 4 c, **übrige sonstige betriebliche Erträge,** auszuweisen.

Dabei ist § 233, letzter Satz zu beachten, wonach Erträge (und Aufwendungen), die einem anderen Geschäftsjahr zuzurechnen sind, hinsichtlich ihres Betrages und ihrer Art im Anhang zu erläutern sind, wenn diese Beträge für die Beurteilung der Ertragslage nicht von untergeordneter Bedeutung sind.

Beispiel:

Anlässlich des Jahresabschlusses für 2006 werden aufgrund einer Betriebsprüfung für das Jahr 2002 Anschaffungskosten nachaktiviert. Der Betrag der 2000 angefallenen Anschaffungsnebenkosten beträgt (umgerechnet) € 100.000,–, die Jahresabschreibung des entsprechenden Gegenstandes beträgt 10 %.

Vorgangsweise

Anschaffungsnebenkosten 2002 (erste Jahreshälfte)	€ 100.000
Bisherige (fiktive) Abschreibung 4 × 10 %	€ 40.000
(Fiktiver) Restwert per 1.1.2006	€ 60.000

Während das Anlagenkonto um € 100.000,– zu erhöhen ist, sind die kumulierten Abschreibungen (Stand zum Jahresbeginn) um € 40.000,– zu erhöhen.

Buchungssatz:

Anlagen	100.000	
an kumulierte Abschreibungen (Wertberichtigungen zum Anlagevermögen)		40.000
an sonstige betriebliche Erträge (4 c)		60.000

Die auf das laufende Geschäftsjahr entfallende Jahresabschreibung von € 10.000,– wird normal durchgeführt, womit die kumulierte Abschreibung für den zusätzlich aktivierten Betrag am Jahresende auf € 50.000,– anwächst.

Von diesen **Nachaktivierungen** sind die **nachträglichen Anschaffungskosten** (§ 203 Abs 2) zu unterscheiden; diese sind im Jahr des Anfalls als Zugang auszuweisen.

4.222.1 Geringwertige Vermögensgegenstände des Anlagevermögens (§ 226 Abs 3)

Wenn diesbezüglich kein Ausweis einer unversteuerten Rücklage gemäß § 205 Abs 1 notwendig ist, sieht § 226 Abs 3 für die bilanzmäßige Behandlung folgende Wahlrechte vor:

1. Die Vermögensgegenstände dürfen im Jahr des Zuganges sofort als Abgang behandelt werden, dh der gleiche Betrag erscheint sowohl in der Spalte Zugang als auch in der Spalte Abgang und in der Spalte Abschreibungen des Geschäftsjahres; für als Abgang behandelte Vermögensgegenstände sind selbstverständlich keine kumulierten Abschreibungen auszuweisen.

2. Die angeschafften geringwertigen Vermögensgegenstände des Anlagevermögens werden erst nach Ablauf ihrer Nutzungsdauer (die in der Regel nur geschätzt bzw einheitlich mit einer bestimmten Zahl von Jahren angenommen werden kann) als Abgang behandelt, dh im Jahr der Anschaffung wird der jeweils gleiche Betrag in der Spalte Zugang und Abschreibung des Geschäftsjahres und kumulierte Abschreibungen ausgewiesen; nach Ablauf der (geschätzten) Nutzungsdauer wird der entsprechende Betrag sowohl aus den Anschaffungs- bzw Herstellungskosten als auch aus den kumulierten Abschreibungen ausgeschieden.

Für den Fall, dass gemäß § 205 Abs 1 der Ausweis einer unversteuerten Rücklage notwendig ist, siehe Kapitel 4.223 Beispiel 3.

Beispiel:

Im Jahr 1 angeschaffte Vermögensgegenstände des Anlagevermögens sollen im Hinblick auf ihre Geringwertigkeit im Jahr der Anschaffung voll abgeschrieben werden (Betrag 300.000, Zugang im 2. Halbjahr). Der Ausweis einer unversteuerten Rücklage gemäß § 205 Abs 1 erscheint nicht erforderlich. Die durchschnittliche Nutzungsdauer wird mit drei Jahren geschätzt.

Die Darstellung soll nach beiden beschriebenen Varianten durchgeführt werden. Aus Gründen der Vereinfachung ist davon auszugehen, dass weder in den Vorjahren noch in den Folgejahren geringwertige Vermögensgegenstände im Zugang enthalten sind.

Variante 1:

Anschaffungs- bzw Herstellungskosten zu Beginn des Geschäftsjahres	Zugänge	Abgänge	Umbuchungen	kumulierte Abschreibungen	Buchwert zum Jahresende	Buchwert Vorjahr	Abschreibungen des Geschäftsjahres
	300.000	300.000	–	–	–	–	300.000

Variante 2:

	Anschaffungs- bzw Herstellungskosten zu Beginn des Geschäftsjahres	Zugänge	Abgänge	Umbuchungen	kumulierte Abschreibungen	Buchwert zum Jahresende	Buchwert Vorjahr	Abschreibungen des Geschäftsjahres
1. Jahr	–	300.000	–	–	300.000	–	–	300.000
2. Jahr	300.000	–			300.000	–	–	–
3. Jahr	300.000	–			300.000	–	–	–
4. Jahr	300.000	–	300.000	–		–	–	–

4.222.2 Geschäfts-(Firmen-)wert

Gemäß § 226 Abs 4 ist ein Geschäftswert in die Darstellung der Entwicklung des Anlagevermögens aufzunehmen. Ein voll abgeschriebener Geschäftswert ist als Abgang zu behandeln. Das Gesetz differenziert bei der Behandlung nicht danach, ob der Geschäftswert in Ausübung des Ansatzwahlrechtes gemäß § 203 Abs 5 aktiviert und auf die voraussichtliche Nutzungsdauer planmäßig abgeschrieben wird, oder ob er in voller Höhe im Jahre der Anschaffung als Aufwand verrechnet wird.

In beiden Fällen ist er nach der zitierten Bestimmung in die Entwicklung des Anlagevermögens aufzunehmen. Bei Vollabschreibung im Zugangsjahr ist der Anschaffungswert auch als Abgang zu verrechnen, bei Verteilung auf die voraussichtliche Nutzungsdauer ist er in dem Jahr, in dem er voll abgeschrieben ist, aus dem Anlagevermögen auszuscheiden.

Das **Ausscheiden** aus dem Anlagevermögen in dem Jahr, in dem der Posten zu 100 % abgeschrieben ist, kann auch bei anderen Anlageposten geboten sein, und zwar in den Fällen, in denen die tatsächliche Existenz bzw die weitere Wirksamkeit nicht feststellbar ist (zB **Mietrechte, Investitionen in fremden Gebäuden** und Ähnliches).

4.222.3 Umgründungsmehrwert

Auf die Probleme des gemäß § 202 Abs 2 Z 3 gesondert auszuweisenden Umgründungsmehrwertes wurde bereits im Kapitel 4.221.52 eingegangen.

4.222.4 Gegenstände des Anlagevermögens bei Umgründungen

Bei den im Zuge eines Vorganges gemäß § 202 Abs 2 eingebrachten Gegenständen des Anlagevermögens (entweder nach Neubewertung gemäß § 202 Abs 1 oder bei Fortführung der Buchwerte gemäß § 202 Abs 2) ergibt sich die Frage, ob diese übernommenen Werte als Anschaffungs- bzw Herstellungskosten im Sinne des § 203 Abs 2 bzw 3 zu behandeln sind, oder ob es zulässig ist, die seinerzeitigen Anschaffungs- bzw Herstellungskosten des eingebrachten Betriebes oder Teilbetriebes und die bis zum Einbringungsvorgang entstandenen kumulierten Abschreibungen zu übernehmen. Dies wird bei Weiterführung der Buchwerte gemäß § 202 Abs 2 bejaht werden können, nicht jedoch bei einer Neubewertung.

4.222.5 Die Praxis der Darstellung des Anlagenspiegels

Eine Durchsicht der beim Firmenbuch hinterlegten Jahresabschlüsse verschiedener mittelgroßer und großer Gesellschaften mit beschränkter Haftung und Aktiengesellschaften zeigt hinsichtlich des Anlagenspiegels folgendes Bild:

1. Zum überwiegenden Teil werden in die Bilanz nur die Mindestangaben aufgenommen; alle anderen Informationen werden im Anhang dargestellt.
2. Vielfach wird von der Zusammenfassungsmöglichkeit (analog zu § 223 Abs 6 Z 2) Gebrauch gemacht, sodass in der Bilanz nur die mit römischen Zahlen bezeichneten Posten ausgewiesen werden.
3. Bei der Darstellung der Entwicklung der einzelnen Posten des Anlagevermögens im Anhang wird vielfach in einer Zwischensumme der Betrag der Anschaffungs- bzw Herstellungskosten des Anlagevermögens zum Jahresende angeführt.
4. In vielen Fällen wird auch die Entwicklung des Betrages der kumulierten Abschreibungen, ausgehend vom Stand zum Jahresanfang über Zugänge (= Jahresabschreibung), Abgänge, Zuschreibungen und Umbuchungen zum Stand des Jahresendes dargestellt.

   Eine diesbezügliche Empfehlung wurde im „Arbeitsbehelf zum Aufbau und Inhalt des Anhanges der kleinen GmbH" (ausgearbeitet vom Institut Österreichischer Wirtschaftsprüfer) gegeben; für die Darstellung ergibt sich dabei folgendes (fakultativ anzuwendendes) Schema:

Entwicklung der Gesamtabschreibung

Vermögenskategorie	Stand Beginn des Geschäftsjahres	Zugang (= Jahresabschreibung)	Abgang	Umbuchungen	Zuschreibungen des Geschäftsjahres	Stand Ende des Geschäftsjahres

Beispiel: Anlagenspiegel der XY AG

Entwicklung des Anlagevermögens (in Mio €)

	Anschaffungs-/Herstellungskosten				Abschreibungen				Restbuchwerte	
	Anschaffungs- u. Herstel-lungskosten 1.1.2007	Zugänge (Abgänge) 2007	Um-buchungen 2007	AK + HK 31.12.2007	Stand 1.1.2007	Zugänge 2007	Abgänge 2007	Stand 31.12.2007	Stand 31.12.2007	Stand 1.1.2007
I. **Immaterielle Vermögensgegenstände** Firmenwert	39,0	–	–	39,0	10,4	2,6	–	13,0	26,0	28,6
II. **Sachanlagen** 1. Grundstücke	337,0	0,6	–	337,6	158,6	9,9	–	168,5	169,1	178,4
2. Technische Anlagen und Maschinen	203,4	22,5 (0,5)	15,3	240,7	82	36,9	0,5	118,4	122,3	121,4
3. andere Anlagen, Betriebs- u. Geschäftsausstattung	120,2	13,3 (4,3)	6,0	135,2	110,3	18,2	4,2	124,3	10,9	9,9
4. Geleistete Anzahlungen und Anlagen in Bau	11,4	21,7	(21,3)	11,8	–	–	–	–	11,8	11,4
	672,0	58,1 (4,8)	–	725,3	350,9	65,0	4,7	411,2	314,1	321,1
III. **Finanzanlagen** Wertpapiere	17,9	2,6 (0,5)	–	20,0	–	–	–	–	20,0	17,9
	728,9	60,7 (5,3)	–	784,3	355,4	67,6	4,7	424,2	360,1	367,6

4.223 Die Bewertungsreserve aufgrund von steuerlichen Sonderabschreibungen

Gemäß § 205 Abs 1 sind „**Sonderabschreibungen von Vermögensgegenständen des Anlagevermögens,** die auf Grund steuerlicher Vorschriften vorgenommen worden sind (Bewertungsreserve), ... unter Angabe der Vorschriften, nach denen sie gebildet sind, auf der Passivseite auszuweisen. Bei **Vollabschreibung geringwertiger Vermögensgegenstände** des Anlagevermögens ist nur dann entsprechend diesen Bestimmungen eine Rücklage zu bilden, wenn die Abschreibung betragsmäßig von wesentlichem Umfang ist."

Steuerliche Sonderabschreibungen sind daher im Sinne des Gesetzes keine außerplanmäßigen Abschreibungen, sondern laut zwingender Vorschrift (betriebswirtschaftlich richtig) als Sonderfall unversteuerter Rücklagen zu behandeln. Von dieser Vorschrift werden derzeit folgende steuerliche Vorschriften berührt:

Die Übertragung stiller Rücklagen gemäß § 12 EStG 1988; seit 2005 ist die Übertragung stiller Rücklagen nur mehr für natürliche Personen möglich;

laut ausdrücklicher Sonderregelung auch geringwertige Vermögensgegenstände des Anlagevermögens (§ 13 EStG 1988), wenn die Abschreibung betragsmäßig von wesentlichem Umfang ist. Nach dem Wortlaut des Gesetzes wird hier auf das Verhältnis zwischen den planmäßigen Abschreibungen im Sinne des § 204 Abs 1 und den Abschreibungen geringwertiger Vermögensgegenstände des Anlagevermögens abzustellen sein. Keine Differenzierung trifft das Gesetz hingegen, ob die Wesentlichkeit des Abschreibungsbetrages langfristig gegeben sein muss, oder ob die Wesentlichkeit auf den stoßweisen Anfall solcher Vollabschreibungsbeträge zurückzuführen ist;

Gebäudeabschreibungen gemäß § 8 Abs 2 EStG 1988.

Bezüglich der Behandlung von Subventionen gemäß § 3 Abs 1 Z 6 EStG 1988 in Verbindung mit § 6 Z 10 EStG siehe Kapitel 4.224.

Beispiele

Beispiel 1:

Im ersten Halbjahr 2001 wurde die Herstellung eines Fabriksgebäudes (Herstellungskosten 5,000.000) abgeschlossen. Bei der Erstellung des Jahresabschlusses 2001 wurden auf das Fabriksgebäude stille Reserven gemäß § 12 EStG 1988 im Betrag von 3,000.000 € übertragen, Abschreibung 4 % pa.

Der Jahresabschluss 2007 ist zu erstellen:

Entwicklung des Buchwertes des Fabriksgebäudes:

Herstellungskosten	5,000.000
Abschreibung für 2001–2007: 7 Jahre, 4 % pa von 5,000.000	1,400.000
Buchwert 31.12.2007 gemäß § 226 Abs 1	3,600.000

Darstellung gemäß § 226 Abs 1:

Anschaffungs- bzw Herstellungs- kosten zu Beginn des Geschäfts- jahres	Zugänge	Abgänge	Umbu- chungen	kumulierte Abschrei- bungen	Buchwert zum Jahresende	Buchwert Vorjahr	Abschrei- bungen des Geschäfts- jahres
5,000.000	–	–	–	1,400.000	3,600.000	3,800.000	200.000

Darstellung der Bewertungsreserve gemäß § 205 Abs 2 in Verbindung mit § 230:

Bewertungs- reserve zum Bilanzposten Fabriksgebäude	Stand zu Beginn des Geschäftsjahres	Zuweisung	Auflösung	Stand zum Jahresende
aus Übertrag gemäß § 12 EStG	2,280.000[1])	–	120.000	2,160.000

1) Übertrag 2001	3,000.000
Auflösung 2001–2007: 7 × 4 % von 3,000.000	840.000
	2,160.000

Die Bewertungsreserve ist auch in den Folgejahren mit je 120.000 aufzulösen, sodass die vollständige Auflösung bis zur Beendigung der Abschreibungsdauer des Gebäudes durchgeführt ist. Durch diese Vorgangsweise wird erreicht, dass einerseits die planmäßigen Abschreibungen in wirtschaftlich richtiger Höhe ausgewiesen werden und dass andererseits das steuerliche Ergebnis insoweit – unter Berücksichtigung der Auflösung der Bewertungsreserve – aus der Gewinn- und Verlustrechnung abgeleitet werden kann.

Beispiel 2:

Im Jahr 1 angeschaffte Vermögensgegenstände des Anlagevermögens sollen im Hinblick auf ihre **Geringwertigkeit** im Jahr der Anschaffung (mit steuerlicher Wirkung) voll abgeschrieben werden (Betrag: 1,000.000,– Zugang im 2. Halbjahr). Der Ausweis einer unversteuerten Rücklage gemäß

§ 205 Abs 1 erscheint erforderlich, da die Abschreibung betragsmäßig von **wesentlichem Umfang** ist. Die durchschnittliche Nutzungsdauer wird mit vier Jahren geschätzt. Aus Gründen der Vereinfachung ist davon auszugehen, dass weder in den Vorjahren noch in den Folgejahren geringwertige Vermögensgegenstände im Zugang enthalten sind.

Unternehmensrechtlich sind entsprechend der geschätzten Nutzungsdauer planmäßige Abschreibungen durchzuführen, der Begriff der „Vollabschreibung“ bezieht sich hier nur auf die steuerliche Wirkung.

Darstellung gemäß § 226 Abs 1:

	Anschaffungs- bzw Herstellungskosten zu Beginn des Geschäftsjahres	Zugänge	Abgänge	Umbuchungen	kumulierte Abschreibungen	Buchwert zum Jahresende	Buchwert Vorjahr	Abschreibungen des Geschäftsjahres
1. Jahr	–	1.000.000	–	–	125.000	875.000	–	125.000
2. Jahr	1.000.000	–			375.000	625.000	875.000	250.000
3. Jahr	1.000.000	–			625.000	375.000	625.000	250.000
4. Jahr	1.000.000	–		–	875.000	125.000	375.000	250.000
5. Jahr	1.000.000		1.000.000*)		–	–	125.000	125.000

*) Annahme, dass die Gegenstände tatsächlich ausscheiden, oder dass mangels entsprechender Aufzeichnungen ein Ausscheiden angenommen wird (Regelfall).

Darstellung der **Bewertungsreserve** gemäß § 230:

Bewertungsreserve zum Bilanzposten	Stand zu Beginn des Geschäftsjahres	Zuweisung	Auflösung	Stand zum Jahresende	Vorjahresbetrag
1. Jahr	–	875.000	–	875.000	–
2. Jahr	875.000		250.000	625.000	875.000
3. Jahr	625.000		250.000	375.000	625.000
4. Jahr	375.000		250.000	125.000	375.000
5. Jahr	125.000		125.000	–	125.000

Durch diese Bilanzierung der geringwertigen Vermögensgegenstände des Anlagevermögens wird erreicht, dass der Betriebserfolg richtig dargestellt wird, da im G&V-Posten „Abschreibungen“ nur der „zeitlich abgegrenzte“ Betrag der Jahresabschreibung erfasst wird.

Beispiel 3:

Gem § 8 Abs 2 EStG 1988 können Anschaffungs- oder Herstellungskosten, die für denkmalgeschützte Betriebsgebäude im Interesse der Denkmalpflege aufgewendet werden, statt mit den Sätzen des Abs 1 gleichmäßig auf

10 Jahre verteilt abgeschrieben werden (außer es wurde für die Anschaffungs oder Herstellungskosten ein Investitionsfreibetrag in Anspruch genommen oder soweit Förderungen aus öffentlichen Mitteln gewährt wurden).

Angabe und Lösung:

Im Jahr 1999 sind Herstellungskosten für ein denkmalgeschütztes Betriebsgebäude im Interesse der Denkmalpflege in der Höhe von 10 Mio € angefallen. Das Unternehmen verwendet für ähnliche Gebäude einen Satz der planmäßigen Abschreibung von 2 Prozent.

Steuerlich absetzbarer Betrag 10 %	1,000.000
planmäßige Abschreibung 2 %	200.000
Unterschiedsbetrag	800.000

Dieser Unterschiedsbetrag ist als Zuweisung zu einer Bewertungsreserve zu Gebäuden zu behandeln; dies hat zur Folge, dass in den ersten 10 Jahren die Bewertungsreserve jährlich um 0,8 Mio auf insgesamt 8 Mio aufgestockt wird und in den anschließenden 40 Jahren, in denen die planmäßige Abschreibung mit jeweils 0,2 Mio verrechnet wird, die Bewertungsreserve mit jeweils 0,2 Mio aufgelöst wird.

4.224 Die Behandlung von (nicht rückzahlbaren) Zuwendungen aus öffentlichen Mitteln zur Anschaffung oder Herstellung von Wirtschaftsgütern des Anlagevermögens (§ 3 Z 6 EStG 1988 in Verbindung mit § 6 Z 10 EStG 1988)

In diesem Zusammenhang sind vorerst folgende Fragen zu klären:

a) Handelt es sich dabei um Anschaffungspreisminderungen im Sinne des § 203 Abs 2, letzter Satz (obwohl im § 203 Abs 3 die Frage von Minderungen der Herstellungskosten nicht behandelt wird, erscheint es zulässig, den Begriff der Anschaffungspreisminderungen auch auf die Herstellungskosten anzuwenden)?

b) Sind die Investitionszuschüsse aus öffentlichen Mitteln entsprechend den Vorschriften des § 205 Abs 1 als Bewertungsreserve zu behandeln?

„Die Frage der unternehmensrechtlichen Behandlung der Zuschüsse wird im Schrifttum überaus kontrovers diskutiert, sie wird demnach auch in der Bilanzierungspraxis nicht einheitlich beurteilt, sodaß von unternehmensrechtlichen Grundsätzen ordnungsmäßiger Zuschußbilanzierung keine Rede sein kann" (Küting/Weber[4], Anmerkung 55 zu § 254 dHGB).

Zur Frage der Behandlung als Minderung der Anschaffungskosten

Die steuerlichen Vorschriften des § 6 Z 10 EStG 1988, wonach bei Wirtschaftsgütern, die unter Verwendung von entsprechend gewidmeten steuer freien Subventionen aus öffentlichen Mitteln angeschafft oder hergestellt wurden, als Anschaffungskosten oder Herstellungskosten nur die vom Empfänger der Zuwendungen aus anderen Mitteln geleisteten Aufwendungen gelten, würden zu einer solchen Auslegung führen.

Sowohl in der **Stellungnahme HFA 1/1984:** „Bilanzierungsfragen bei Zuwendungen, dargestellt am Beispiel finanzieller Zuwendungen der öffentlichen Hand“ (Wirtschaftsprüfung, Heft 22/1984, S 612 ff), als auch im International Accounting Standard **(IAS) Nr 20, „Bilanzierung und Darstellung von Zuwendungen der öffentlichen Hand“,** wird eine solche Behandlung als zulässig akzeptiert.

„Wirtschaftlich ist davon auszugehen, daß im Kalkül der Unternehmen und damit bei Investitions- und Kaufentscheidungen Zulagen und Zuschüsse als Minderungen der aufzubringenden Anschaffungskosten angesehen werden .... Da die Aktivierung in der Bilanz auf den Betrag beschränkt ist, den das Unternehmen effektiv aufgewendet hat, sind die Anschaffungskosten grundsätzlich um eventuelle Zuwendungen zu mindern“ (ADS 6. Auflage, erster Teilband 1995, Rz 56 zu § 255 dHGB).

Dagegen könnte vorgebracht werden, dass infolge der dadurch bewirkten Minderung der Anschaffungs- bzw Herstellungskosten der Anlagenzugänge, durch den niedrigeren Ausweis der Abschreibungen und den zu niedrigen Ansatz des Anlagevermögens gegen die Generalklausel verstoßen wird.

In **HFA 1/1984** wird daher die Bildung eines gesonderten Passivpostens empfohlen, da weder ein Ausweis unter Rücklagen, Sonderposten mit Rücklageanteil oder Posten der Rechnungsabgrenzung als zulässig angesehen wird. Der gesonderte Passivposten „Sonderposten für Investitionszuschüsse zum Anlagevermögen“ sollte ohne Berührung der Gewinn- und Verlustrechnung gebildet werden. „Die Auflösung des Sonderpostens ist in der Gewinn- und Verlustrechnung als gesonderter Posten, als Absetzung von den Abschreibungen oder unter den sonstigen Erträgen auszuweisen.“

Dieses Verfahren wird auch von ADS 6. Auflage, erster Teilband 1995, Rz 57 zu § 255 HGB als zulässig angesehen, „und bei umfangreichen Zuschußfinanzierungen (ist es) wegen des dadurch verbesserten Einblicks in die Vermögens-, Finanz- und Ertragslage gegebenenfalls sogar vorzuziehen, die Zugänge in Höhe der ungekürzten Anschaffungskosten aufzuführen und die Zuschüsse ohne Berührung der GuV in einen gesonderten Passivposten einzustellen“.

Auch in IAS 20/26 wird als zweites zulässiges Verfahren die Bildung eines Passivpostens vorgeschlagen.

Dieser Methode zufolge wird die Zuwendung als **passivischer Abgrenzungsposten** behandelt, der während der Nutzungsdauer des Vermögenswertes auf einer planmäßigen und vernünftigen Grundlage als Ertrag zu erfassen ist.

Stellen die Investitionszuschüsse eine Bewertungsreserve im Sinne des § 205 Abs 1 dar?

Aus der Formulierung des § 205 „Sonderabschreibungen von Vermögensgegenständen des Anlagevermögens, die aufgrund steuerlicher Vorschriften vorgenommen worden sind (Bewertungsreserve)“ und unter Berücksichtigung der steuerlichen Regelung hinsichtlich der (steuerlichen) Anschaffungs- bzw Herstellungskosten kann abgeleitet werden, dass die Investitionszuschüsse nicht unter § 205 zu subsumieren sind. Auch in der beispielsweisen Aufzählung der Bewertungsreserven in den EB zu § 205 werden die Investitionszuschüsse nicht angeführt. Dazu kommt, dass es sich bei der Bewertungsreserve im Sinne des § 205 um Passivposten handelt, die zu Lasten des unversteuerten Ergebnisses gebildet wurden, daher einen Bestandteil der Innenfinanzierung des Unternehmens darstellen (vergleichbar den Gewinnrücklagen im Eigenkapital), während es sich bei den Investitionszuschüssen um dem Unternehmen von außen her zugeführte Mittel handelt (vergleichbar den Kapitalrücklagen im Eigenkapital); der betriebswirtschaftliche Charakter der Bewertungsreserve aus vorzeitigen Abschreibungen und der Übertragung stiller Rücklagen ist daher ein anderer als der von Investitionszuschüssen der öffentlichen Hand.

Auch die Vorschriften über die Darstellung der Entwicklung der unversteuerten Rücklagen in § 230 Abs 2 sprechen gegen eine Gleichsetzung:

Bei der Bewertungsreserve muss danach die Zuweisung und die Auflösung dargestellt werden, wobei die Zuweisung unter den G&V-Posten § 231 Abs 2 Nr 26 (Zuweisungen zu unversteuerten Rücklagen) fällt. Wenn aber die Bildung eines Bilanzpostens „Bewertungsreserve aus Investitionszuschüssen“ hier auszuweisen wäre, würde dies voraussetzen, dass der Investitionszuschuss als Ertrag gebucht wurde, wobei noch zu klären wäre, ob ein solcher Posten einen sonstigen betrieblichen Ertrag (§ 231 Abs 2 Z 4 c) oder einen außerordentlichen Ertrag darstellt. Bei Erfassung des Investitionszuschusses als sonstiger betrieblicher Ertrag würde sich im Rahmen des Betriebserfolges aber kein getreues Bild der Ertragslage mehr ergeben.

Stellungnahme des AFRAC

Das **AFRAC** hat im Juni 2008 eine Stellungnahme zur **Bilanzierung von Zuschüssen** bei Betrieben und sonstigen ausgegliederten Rechtsträgern im öffentlichen Sektor herausgegeben. Die dargestellten Grundsätze gelten auch für Betriebe außerhalb des öffentlichen Sektors. Für die Darstellung der Investitionszuschüsse im Jahresabschluss gelten nach **AFRAC** folgende Regeln:

(a) **Methoden**

Der Ausweis von Investitionszuschüssen kann nach den nationalen und internationalen Rechnungslegungsvorschriften wahlweise nach der **Brutto- oder der Nettomethode** erfolgen.

(b) **Bruttomethode**

Nach der **Bruttomethode** wird der erhaltene Zuschuss ohne Berührung der Gewinn- und Verlustrechnung (und somit erfolgsneutral) in einem gesonderten Passivposten (zB „Investitionszuschüsse zum Anlagevermögen", „Investitionszuschüsse") nach der Gruppe der „unversteuerten Rücklagen" ausgewiesen. Der Sonderposten hat den Charakter eines **Rechnungsabgrenzungspostens** und ist nach Maßgabe der Abschreibung bzw. des Abgangs des Vermögensgegenstandes, für den der Zuschuss gewährt worden ist, **ertragswirksam aufzulösen.**

Ein Ausweis als **Bewertungsreserve** in der Postengruppe **„Unversteuerte Rücklagen"** ist nicht zulässig. Eine Bewertungsreserve im Sinne des § 205 Abs 1 UGB wird aufgrund von steuerlichen Vorschriften gebildet und vermindert das zu versteuernde Ergebnis. Die Bildung ist ein Vorgang der **Innenfinanzierung,** wohingegen im Falle von **Investitionszuschüssen** eine Finanzierung von außen vorliegt.

Im Anhang sind in analoger Anwendung des § 230 UGB die Aufgliederung der Investitionszuschüsse nach den einzelnen Posten des Anlagevermögens sowie die Entwicklung während des Geschäftsjahrs darzustellen.

In der Gewinn- und Verlustrechnung ist der Verbrauch des Sonderpostens entweder im Posten **„Übrige sonstige betriebliche Erträge"** oder als offener Korrekturposten zu den Abschreibungen auszuweisen. Der Vorteil der letzteren Variante liegt darin, dass die ergebniswirksamen Einflüsse aus nicht durch Zuschüsse gedeckten Investitionen offen gezeigt werden und damit eine Verbesserung der Information für den Adressaten des Abschlusses darstellen. Eine Kürzung des durch Zuschuss **gedeckten Aufwands** ist aufgrund des Saldierungsverbots gemäß § 196 Abs 2 UGB nicht zulässig.

(c) **Nettomethode**

Nach der **Nettomethode** werden die gewährten Zuschüsse direkt von den Anschaffungs- und Herstellungskosten abgesetzt, wodurch es zu einer Kürzung der Zugänge im Anlagenspiegel und einer Verminderung der Abschreibungen kommt.

(d) **Würdigung**

Die Mitglieder der Arbeitsgruppe sind sich einig, dass nach herrschender Lehre der **Bruttomethode** für die Bilanzierung von Investitionszuschüssen der Vorzug gegenüber der Nettomethode zu geben ist. Insbesondere bei Rechtsträgern und Betrieben im öffentlichen Sektor, deren Fortbestand wesentlich von den Zuschüssen abhängig ist, ist dies wie folgt zu begründen:

- Die **Nettomethode** führt zu einer verkürzten Darstellung des Vermögens und damit verbunden zu einer Verzerrung der Aufwandsstruktur.
- Die Bedeutung und das Erfordernis der erfolgten **Finanzierungen** werden durch die verkürzte Darstellung der Vermögens- und Ertragslage nicht offen gelegt.
- Ein Vergleich mit anderen Unternehmungen gleicher Art, die keine **Investitionszuschüsse** erhalten haben, ist bei Anwendung der Nettomethode nur schwer möglich.

4.225 Behandlung von Zuschüssen mit bedingter Rückzahlungsverpflichtung

Gemäß der AFRAC-Stellungnahme über die Bilanzierung von Zuschüssen vom Juni 2008 sind bedingt rückzahlbare Zuschüsse als **Verbindlichkeiten** auszuweisen, wenn zum Bilanzstichtag von einer Rückzahlungsverpflichtung auszugehen ist.

Im Falle von Zuschüssen mit einer **aufschiebend bedingten Rückzahlungsverpflichtung** tritt die Rückzahlungsverpflichtung mit dem Eintritt der definierten Bedingung(en) ein. Bis zum Eintritt der Bedingung(en) ist der Zuschuss als nicht rückzahlbar einzustufen und entsprechend den allgemeinen Grundsätzen auszuweisen. Nach Meinung der Verfasser ist hier jedenfalls die **Bruttomethode** anzuwenden.

Tritt die **Rückzahlungsverpflichtung** ein, ist der Rückzahlungsbetrag unter Verwendung des noch nicht erfolgswirksam erfassten Teiles des Zuschusses als Verbindlichkeit anzusetzen bzw umzugliedern.

Im Falle einer **auflösend bedingten Rückzahlungsverpflichtung** ist der Sachverhalt umgekehrt zu beurteilen und zunächst eine Verbindlichkeit auszuweisen, bis die Rückzahlungsverpflichtung (durch Eintritt der definierten Bedingung[en], zB Schaffung einer bestimmten Anzahl von Arbeitsplätzen) entfällt. Mit dem Entfall der Rückzahlungsverpflichtung ist der Zuschuss entsprechend den allgemeinen Grundsätzen zu bilanzieren bzw umzugliedern.

4.226 Ausweis des Anlagevermögens bei anderen Rechtsformen

Für **Personengesellschaften im Sinne des § 221 Abs 5** (insbesondere GmbH & Co KG) sind die Rechnungslegungsvorschriften für Kapitalgesellschaften anzuwenden.

Für andere Personengesellschaften und für Einzelkaufleute enthält das Gesetz nur folgende Vorschriften:

Gemäß § 198 Abs 1 ist in der Bilanz das Anlagevermögen gesondert auszuweisen und unter Bedachtnahme auf die Grundsätze des § 195 aufzugliedern.

§ 205 über die unversteuerten Rücklagen gilt für alle Unternehmer im Sinne des § 189 ungeachtet ihrer Rechtsform, dh die Bewertungsreserven sind auf der Passivseite auszuweisen.

Keinerlei Vorschriften bestehen für die Darstellung der Entwicklung der einzelnen Posten des Anlagevermögens.

Grundsätzlich besteht die Übung, dass die für die Kapitalgesellschaften geltenden Vorschriften auch bei der Bilanzierung anderer Unternehmer angewendet werden; dies ergibt sich zB bei Erstellung der Jahresabschlüsse durch Wirtschaftstreuhänder aus den Notwendigkeiten einer einheitlichen Kanzleiorganisation.

4.23 Vorräte

4.231 Untergliederung gemäß § 224 Abs 2 B I

I. Vorräte:

1. Roh-, Hilfs- und Betriebsstoffe;
2. unfertige Erzeugnisse;
3. fertige Erzeugnisse und Waren;
4. noch nicht abrechenbare Leistungen;
5. geleistete Anzahlungen;

Im Zusammenhang mit den Vorräten enthält § 225 Abs 6 zweiter Satz folgende Regelung:

„Erhaltene Anzahlungen auf Bestellungen sind, soweit Anzahlungen auf Vorräte nicht von einzelnen Posten der ‚Vorräte' offen abgesetzt werden, unter den Verbindlichkeiten gesondert auszuweisen."

4.232 Roh-, Hilfs- und Betriebsstoffe

Rohstoffe „sind im Betrieb noch nicht be- oder verarbeitete Stoffe, die dazu bestimmt sind, unmittelbar in das zu fertigende Erzeugnis einzugehen und wesentliche Bestandteile (Hauptbestandteile) des fertigen Erzeugnisses zu werden" (siehe HBA, 2. Auflage, S 280, Erläuterung zu § 131 A III 1 – 3, Rz 9).

Die Abgrenzung ist nicht nach volkswirtschaftlichen Kriterien, sondern bezogen auf die Verhältnisse des einzelnen Unternehmens durchzuführen, wobei sich bei mehrstufigen Unternehmen durchaus bei der Zuordnung Schwierigkeiten ergeben können. In diesem Zusammenhang ist auf den Grundsatz der Stetigkeit der Gliederung (§ 223 Abs 1) zu achten. Sinngemäß gehören zu dieser Gruppe auch fertig bezogene Teile, die im Unternehmen keiner weiteren technologischen Veränderung unterzogen werden, sondern in ein zu fertigendes Erzeugnis montiert werden (vgl HBA[3] Rz 2 zu § 224 Abs 2 B I Z 1).

Hilfsstoffe gehen ebenfalls in das Erzeugnis ein, sind aber nur untergeordnete Bestandteile des fertigen Produktes, wobei allerdings die Abgrenzung fließend sein kann und auch gelegentlich von der Behandlung in der Kostenrechnung des Unternehmens abhängig gemacht wird (Verrechnung als Fertigungsmaterial oder Gemeinkostenmaterial).

Betriebsstoffe sind Materialien, die mittelbar oder unmittelbar bei der Erzeugung oder der Erstellung von Dienstleistungen verbraucht werden, aber nicht in das Produkt selbst eingehen (zB Treibstoffe, Schmiermittel, Reinigungsmaterial und Ähnliches). Auch die Bestände an noch nicht ausgegebenem Büromaterial, Vorräte der Werksküche und Bestände an Werbematerial können dieser Gruppe zugerechnet werden (vgl HBA[3], Rz 4 zu § 224 Abs 2 B I Z 1).

Im Einzelfall können zur Gruppe der **Roh-, Hilfs- und Betriebsstoffe** Materialien gehören, die nicht von Dritten bezogen, sondern **vom Unternehmen selbst hergestellt wurden,** aber die Funktion zB von Hilfsstoffen haben (Paletten und sonstige Verpackungseinheiten, die von der Betriebstischlerei hergestellt werden, Verbrauchswerkzeuge und Ersatzteile, die von Nebenbetrieben des Unternehmens hergestellt werden und nicht zur Veräußerung bestimmt sind).

4.233 Unfertige Erzeugnisse

Dazu gehören **Vermögensgegenstände, die bereits im Betrieb einer Be- oder Verarbeitung** unterzogen worden sind, aber noch nicht zu den auslieferungsfähigen fertigen Erzeugnissen zählen, da sie noch einer weiteren Be- oder Verarbeitung bedürfen (siehe HBA[2], S 281, Erläuterung zu § 131 A III 1 – 3, Rz 13).

„Mit dem Beginn des Zeitraumes der Herstellung hat eine Umgliederung des Vermögensgegenstandes von den Rohstoffen zu den unfertigen Erzeugnissen zu erfolgen“ (Dusemond/Knop, in: Küting/Weber[4], Rz 71 zu § 266).

Auch in diesem Bereich können sich bei mehrstufigen Industrieunternehmen Schwierigkeiten in der Zuordnung ergeben, wenn Zwischenerzeugnisse bereits veräußerungsfähig sind und als solche veräußert werden. Auch hier ist die Zuordnung zu unfertigen Erzeugnissen bzw fertigen Erzeugnissen unter Beachtung des Grundsatzes der Stetigkeit gemäß § 223 Abs 1 vorzunehmen.

4.234 Fertige Erzeugnisse und Waren

Ein gesonderter Ausweis von Fertigerzeugnissen einerseits und Waren andererseits ist nach den gesetzlichen Vorschriften nicht erforderlich, obwohl der getrennte Ausweis dieser beiden Gruppen bei gemischten Unternehmen einen besseren Einblick in die Vermögenslage des Unternehmens verschaffen würde.

Gemeinsames Kennzeichen ist, dass diese Vermögensgegenstände ohne jede weitere Veränderung zum Verkauf bereitstehen. Das Gesetz behandelt dagegen nicht den Fall von bereits abgeschlossenen, aber noch nicht abgerechneten Dienstleistungen. Im juristischen Sinn handelt es sich dabei bereits um Forderungen. „In Übereinstimmung mit der 4. EG-Richtlinie wird jedoch ein Ausweis der noch nicht abgerechneten Dienstleistungen im Vorratsvermögen für zulässig erachtet, wobei aus Gründen der Bilanzklarheit ein gesonderter Posten **„noch nicht abgerechnete Leistungen“** (nicht zu verwechseln mit **noch nicht abrechenbaren Leistungen)** ausgewiesen werden sollte“ (Küting/Weber[4], Rz 77 zu § 266). Es ist allerdings zu untersuchen, ob diesfalls nicht schon eine Gewinnrealisation gegeben ist; in diesem Fall müsste ein Ausweis unter „Forderungen aufgrund von Lieferungen und Leistungen“ vorgenommen werden.

4.235 Noch nicht abrechenbare Leistungen

Der Ausweis eines solchen Postens findet sich weder in der Bilanz-Richtlinie noch im dHGB. Der gesonderte Ausweis dient jedoch zweifellos der Bilanzklarheit und kommt den Bedürfnissen des bilanztechnischen Ausweises bestimmter Wirtschaftszweige entgegen.

Gemäß den EB zu § 224 soll dadurch klargestellt werden, dass, „solange kein rechtsgültiger Anspruch aus einer abrechenbaren Leistung entstanden ist, der Ausweis unter den **noch nicht abrechenbaren Leistungen** im Vorratsvermögen vorzunehmen ist“ und dass keinesfalls ein Ausweis als Forderung in Frage kommt.

Der im Gesetz nicht näher definierte Begriff der **„noch nicht abrechenbaren Leistung“** setzt voraus, dass ein rechtsgültig abgeschlossener Vertrag über die Lieferung eines herzustellenden Gegenstandes oder die Durchführung einer Leistung besteht.

Inhalt dieses Bilanzpostens können somit die bereits angefallenen Aufwendungen für körperliche Vermögensgegenstände (zB zur Errichtung eines Bauwerkes, einer Industrieanlage etc) oder für zu erbringende sonstige Leistungen (zB für Reparaturarbeiten, Lohnbearbeitung von zur Verfügung gestellten Fremdmaterialien, Aufträge zur Durchführung technischer Entwicklungsarbeiten, zur Entwicklung von EDV-Software, Aufträge zur Durchführung von Abschlussprüfungen oder Erstellung von Jahresabschlüssen) sein.

Bei körperlichen Vermögensgegenständen können sich (neue) Abgrenzungsfragen gegenüber dem Posten „unfertige Erzeugnisse“ ergeben. Wenn zB der Herstellung einer Serie von Eisenbahnwaggons, die zum Bilanzstichtag noch in unfertigem Zustand sind, ein Fixauftrag zugrunde liegt, ist eine mögliche Überschneidung zwischen den beiden Bilanzposten gegeben.

Wenn ein Bauunternehmen im Auftrag eines Bauherrn einen Bau errichtet, der zum Bilanzstichtag noch nicht fertig gestellt ist, liegt zweifellos **eine „noch nicht abrechenbare Leistung“** im Sinne des Gesetzes vor. Wenn dagegen das Bauunternehmen zB ein Bürogebäude in der Absicht errichtet, es nach Fertigstellung zu veräußern, ist ein Ausweis im gleichen Bilanzposten nicht zulässig.

§ 206 Abs 3 enthält ein **spezielles Bewertungswahlrecht** für „Aufträge, deren Ausführung sich über mehr als zwölf Monate erstreckt“ (siehe Kapitel 2.525.14). Der Begriff des „Auftrages“ in dieser Vorschrift kann mit dem Begriff der „noch nicht abrechenbaren Leistungen“ gleichgesetzt werden, da sich die Bewertungsfrage des § 206 Abs 3 nur so lange stellt, wie der (bereits erteilte) Auftrag noch nicht fertig gestellt wurde, also auch noch nicht abrechenbar ist.

Bei der **Abgrenzung der Zwölfmonatsfrist** können sich allerdings aus der Verwendung des Auftragsbegriffes Auslegungsprobleme ergeben; es soll dabei an das obige Beispiel des Eisenbahnwaggons angeknüpft werden: Der Auftrag zur Herstellung einer Serie von Eisenbahnwaggons verteilt sich infolge der Seriengröße auf einen Zeitraum von insgesamt zwei Jahren, wobei die jeweils fertig gestellten Waggons (Herstellungsdauer im Einzelfall unter 12 Monaten) sofort ausgeliefert werden. Worauf bezieht sich hier die Zwölfmonatsfrist: auf den Gesamtbetrag oder auf die Teilleistung innerhalb des Gesamtauftrages? Weder der Gesetzestext noch die EB enthalten Lösungsansätze zu diesen Fragen, die hier nur angeschnitten werden können, deren Lösung aber zukünftigen Fachdiskussionen vorbehalten bleibt.

4.236 Geleistete Anzahlungen

Bei den **geleisteten Anzahlungen** unter Z 5 muss es sich um Anzahlungen auf Roh-, Hilfs- und Betriebsstoffe, Waren oder Anzahlungen an Subunternehmer handeln, **Anzahlungen,** die andere Leistungen betreffen, zB Anzahlungen für Beratungsleistungen und Ähnliches, die nicht im Zusammenhang mit dem Vorratsvermögen aktivierbar werden, sind nicht hier auszuweisen, sondern unter dem Posten B II/4 „Sonstige Forderungen und Vermögensgegenstände". Gleiches gilt für Anzahlungen auf das Anlagevermögen, die unter A I/3 bzw unter A II/4 auszuweisen sind.

4.237 Die Möglichkeit der Verrechnung von Vorräten mit Anzahlungen für Bestellungen

§ 225 Abs 6, 2. Satz:

> „Erhaltene Anzahlungen auf Bestellungen sind, soweit Anzahlungen auf Vorräte nicht von einzelnen Posten der ‚Vorräte' offen abgesetzt werden, unter den Verbindlichkeiten gesondert auszuweisen."

Als Vorteile der **offenen Verrechnung** können angeführt werden:

Nach § 195 UGB ist der Jahresabschluss klar und übersichtlich aufzustellen. Die offene Verrechnung in der Vorspalte erfüllt diese Grundsätze besser als der ungeteilte Ausweis der „Anzahlungen auf Bestellungen" auf der Passivseite.

Auch die Generalnorm, nämlich die Herstellung eines möglichst getreuen Bildes der Vermögens-, Finanz- und Ertragslage (§ 222 Abs 2), erscheint durch die Verrechnung in der Vorspalte wesentlich besser gewahrt als bei einem vollständig getrennten Ausweis auf der Aktiv- und Passivseite. Ein derartiger Ausweis kann die Bilanzrelationen in aufeinander folgenden Jahren sehr stark beeinflussen und zu einem nicht zutreffenden Bild der Eigenkapitalquote des Unternehmens führen.

Weiters wird der Bilanzleser durch die offene Absetzung der erhaltenen Anzahlungen darüber informiert, dass diese insoweit bereits für den Auftrag verwendet wurden, wodurch ihm ein besseres Bild der finanziellen Lage des Unternehmens vermittelt wird.

Zusammenfassend kann festgestellt werden, dass grundsätzlich eine **offene Verrechnung von Anzahlungen** gegen den Posten „noch nicht abrechenbare Leistungen" zu empfehlen ist.

Als Voraussetzungen dieser Verrechnung sind anzuführen:

a) Eine **Absetzung** darf nur so weit erfolgen, als bereits entsprechende Aufwendungen angefallen sind, die zum Bilanzstichtag ihren Niederschlag in den Vorräten (Aktivseite B I, 1 – 5) gefunden haben. Eine darüber hinausgehende Absetzung ist nicht zulässig, da sie nicht mit der Generalklausel des § 222 Abs 2 vereinbar ist.

Erläuterungen zur RV (EU-GesRÄG 1996)

„Erhaltene Anzahlungen dürfen entweder offen von den Vorräten abgesetzt oder gesondert unter den Verbindlichkeiten ausgewiesen werden. Die Unterscheidung zwischen **Anzahlungen auf Bestellungen und Anzahlungen auf Vorräte** soll klarstellen, daß eine offene Absetzung von den Vorräten nur insoweit vorgenommen werden darf, als für den Auftrag, auf den sich die erhaltene Anzahlung bezieht, bereits Gegenstände des Vorratsvermögens angeschafft bzw hergestellt worden sind. Soweit dies nicht der Fall ist, liegt keine Anzahlung auf Vorräte vor."

b) Die **Absetzung** ist von dem Vorratsposten, in dem die bereits erbrachte (Teil-)Leistung enthalten ist, durchzuführen. Wenn zB Teile der erhaltenen Anzahlungen als geleistete Anzahlungen (Aktivseite B 1, Z 5) weitergegeben wurden, ist die Absetzung insoweit von diesem Posten durchzuführen.

Es erscheint auch zulässig, in der Bilanz die offene Verrechnung in einem einzigen Betrag von der Summe der Vorräte vorzunehmen und die Zuordnung dieses Betrages zu den entsprechenden Vorratsposten im Anhang darzustellen.

Beispiel aus dem Jahresabschluss eines prüfungspflichtigen Unternehmens:

B. Umlaufvermögen		Geschäftsjahr	Vorjahr
I. Vorräte			
1. Roh-, Hilfs- und Betriebsstoffe		2.084	2.313
2. Noch nicht abrechenbare Leistungen	1,769.581		
abzüglich erhaltener Anzahlungen auf Bestellungen	– 1,472.378	297.203	293.995
3. Geleistete Anzahlungen (davon an verbundene Unternehmen 54.860)	189.036		
abzüglich erhaltene Anzahlungen auf Bestellungen	– 137.572	51.464	98.002
		350.751	**394.310**

Vergleiche hiezu auch Kapitel 4.343.3.

4.238 Angaben zu den Vorräten im Anhang

Das UGB enthält dazu folgende Vorschriften:

1. Aus § 208 – Wertaufholung

> Wenn bei Vorräten eine Abschreibung nach § 207 Abs 1 (nach dem strengen Niederstwertprinzip) oder Abs 2 (nach dem „verlängerten" Niederstwertprinzip) vorgenommen wurde und sich in einem späteren Geschäftsjahr herausstellt, dass die Gründe dafür nicht mehr bestehen, so ist der Betrag dieser Abschreibung im Umfang der Werterhöhung zuzuschreiben, wobei gemäß § 208 Abs 2 von der Zuschreibung abgesehen werden kann, wenn die Beibehaltung des niedrigeren Wertansatzes eine Voraussetzung für dessen steuerliche Anerkennung ist.
>
> Gemäß § 208 Abs 3 ist im Anhang der **Betrag der im Geschäftsjahr aus steuerrechtlichen Gründen unterlassenen Zuschreibungen** anzugeben und hinreichend zu begründen. Ferner ist das Ausmaß erheblicher künftiger steuerlicher Belastungen, die sich aus einer solchen Bewertung ergeben, anzuführen (gilt nicht für die kleine GmbH).

2. § 223 Abs 6

> Wenn in der Bilanz die Vorräte zu einem einzigen Posten zusammengezogen werden, ist im Anhang eine Aufgliederung nach den arabischen Zahlen des Gliederungsschemas in § 224 Abs 2 vorzunehmen (gilt nicht für die kleine GmbH).

3. Aus § 236

> a) Angabe der Bilanzierungs- und Bewertungsmethoden, insbesondere
> b) Z 1 – Abweichungen von Bilanzierungs- und Bewertungsmethoden; diese sind zu begründen und ihr Einfluss auf die Vermögens-, Finanz- und Ertragslage ist gesondert darzustellen.
> c) Z 2 – Angabe des Gesamtbetrages der Zinsen und ähnlicher Aufwendungen, die gemäß § 203 Abs 4 im Rahmen der Herstellungskosten aktiviert sind.
> d) Z 4 – bei Inanspruchnahme von § 206 Abs 3 der im Geschäftsjahr und der insgesamt über die Herstellungskosten hinaus angesetzte Betrag.

4. § 237 Z 11

> „Bei der Anwendung einer Bewertungsmethode nach § 209 Abs 2 (Anwendung des Durchschnittspreisverfahrens bzw von Verbrauchsfolgeverfahren) sind die Unterschiedsbeträge für die jeweilige Gruppe anzugeben, wenn die Bewertung im Vergleich zu einer Bewertung auf der Grundlage des letzten vor dem Abschlußstichtag bekannten Börsenkurses oder Marktpreises einen **erheblichen Unterschied** aufweist" (gilt nicht für die kleine GmbH).

Solche erheblichen Unterschiede ergeben sich insbesondere bei der Anwendung des Lifo-Verfahrens und bei steigendem Preisniveau. Vergleiche hiezu Kapitel 2.525.16.

4.24 Forderungen und sonstige Vermögensgegenstände

4.241 Untergliederung gemäß § 224 Abs 2 B II

II. Forderungen und sonstige Vermögensgegenstände:

1. Forderungen aus Lieferungen und Leistungen;
2. Forderungen gegenüber verbundenen Unternehmen;
3. Forderungen gegenüber Unternehmen, mit denen ein Beteiligungsverhältnis besteht;
4. sonstige Forderungen und Vermögensgegenstände;

4.242 Erläuterungen – gemeinsame Vorschriften

Wenn dem Unternehmen **die der Ausstellung des Wechsels zugrunde liegende Forderung** zusteht, sind **Wechselforderungen** nicht als solche auszuweisen, sondern es ist nur die wechselmäßige Verbriefung des jeweiligen Forderungspostens im Anhang anzugeben **(§ 225 Abs 4)**. Wenn zB vom bilanzierenden Unternehmen auf einen Kunden ein Wechsel zur Abdeckung einer Lieferforderung gezogen wurde und dieser Wechsel sich zum Bilanzstichtag noch im Portefeuille befindet, ist der Sachverhalt gegeben, dass dem Unternehmen die der Ausstellung zugrunde liegende Forderung, nämlich die Lieferforderung, zusteht; im Anhang ist sodann anzugeben, welcher Betrag der Lieferforderung wechselmäßig verbrieft ist. Die Angabepflicht über die wechselmäßige Verbriefung besteht nicht für die kleine GmbH.

Wenn dem Unternehmen dagegen **nicht die der Ausstellung zugrunde liegende Forderung** zusteht (das Unternehmen hat zB zur Abdeckung einer Lieferforderung einen Wechsel hereingenommen, den ein Kunde auf einen seiner Kunden gezogen und an das bilanzierende Unternehmen weitergegeben hat), ist der Wechsel, wenn er sich zum Bilanzstichtag noch im Portefeuille des Unternehmens befindet, als Wertpapier auszuweisen.

Gemäß § **226 Abs 5** ist der Betrag einer **Pauschalwertberichtigung** zu Forderungen für den entsprechenden Posten der Bilanz im Anhang anzugeben (gilt nicht für die kleine GmbH). **Einzelwertberichtigungen** sind vom entsprechenden Aktivposten abzusetzen, ohne dass es diesfalls einer zusätzlichen Angabe bedarf. Keinesfalls können jedoch Wertberichtigungen als gesonderte Posten auf der Passivseite der Bilanz ausgewiesen werden.

Gemäß **§ 225 Abs 3** ist der Betrag der **Forderungen mit einer Restlaufzeit von mehr als einem Jahr** bei jedem gesondert ausgewiesenen Posten in der Bilanz anzumerken oder im Anhang anzugeben. Die Verpflichtung zu einer entsprechenden Angabe im Anhang besteht nach dem Wortlaut des Gesetzes nicht für die kleine GmbH.

§ 229 Abs 1 enthält die Vorschrift, dass nicht eingeforderte ausstehende Einlagen offen vom Nennkapital abzusetzen sind, während **„der eingeforderte, aber noch nicht eingezahlte Betrag** unter den Forderungen gesondert auszuweisen und entsprechend zu bezeichnen" ist. Diese Vorschrift führt daher zu einer **Erweiterung der Gliederung.**

Nach den Erläuterungen zur RV zum GesRÄG 1996 kann auch die **aktive Steuerabgrenzung** gesondert unter den Forderungen ausgewiesen werden (siehe auch Kapitel 4.281).

4.243 Forderungen aus Lieferungen und Leistungen

Bei der Abgrenzung gegenüber dem Posten „sonstige Forderungen" ist davon auszugehen, dass ein enger sachlicher Zusammenhang zwischen dem Posten „Umsatzerlöse" in der Gewinn- und Verlustrechnung und den **Forderungen aus Lieferungen und Leistungen** besteht. Nach § 232 sind Umsatzerlöse die für die gewöhnliche Geschäftstätigkeit des Unternehmens typischen Erlöse aus dem Verkauf und der Nutzungsüberlassung von Erzeugnissen und Waren sowie aus Dienstleistungen nach Abzug von Erlösschmälerungen und Umsatzsteuer. Nur Forderungen, die aus den in dieser Weise definierten Umsatzerlösen entstanden sind, bilden den Inhalt dieses Postens (siehe auch Küting/Weber[4], Rz 83 zu § 266 und ADS, Anmerkung 102 zu Rz 266).

Dies gilt jedoch nicht für aus Lieferungen und Leistungen entstandene Forderungen gegenüber verbundenen Unternehmen und gegenüber Unternehmen, mit denen ein Beteiligungsverhältnis besteht (siehe hiezu die folgenden Abschnitte).

Forderungen aus Lieferungen und Leistungen, die aufgrund gesonderter Vereinbarung langfristig gestundet werden (Novation), sind aus diesem Posten auszuscheiden und je nach der Fristigkeit auf Ausleihungen oder sonstige Forderungen zu übertragen.

Der **Zeitpunkt des Entstehens** der Forderung ist dafür entscheidend, wann eine **Gewinnrealisation** vorliegt. Es ist davon auszugehen, dass ein **klagbarer Anspruch** gegenüber dem Abnehmer und damit Gewinnrealisierung vorliegt, sobald bei Liefergeschäften der Liefergegenstand „einschließlich der Gefahr des zufälligen Unterganges und der zufälligen Verschlechterung auf den Käufer übergegangen ist" (siehe HBA, 2. Auflage, S 338, Erläuterung zu § 131 A III 8, Rz 7). Dieser Zeitpunkt hängt im Wesentlichen von der dem jeweiligen Kaufvertrag zugrunde liegenden Risikoverteilungsklausel (zB Lieferung ab Werk oder frei Haus des Käufers) ab. Zum **Bilanzstichtag** ist daher jeweils sorgfältig zu untersuchen, ob bei durchgeführten Lieferungen der **Gefahrenübergang** auf den Käufer bereits vorliegt; sollte das nicht der Fall sein, wäre der Liefergegenstand noch unter den Vorräten auszuweisen und keine Forderung zu bilanzieren. „Verträge über Dienstleistungen führen erst dann zum Entstehen einer buchmäßigen Forderung, wenn die Gesamtleistung bzw ein selbständig abrechnungsfähiger Teil derselben erbracht wurde“ (HBA, 2. Auflage, S 339, Rz 7 zu § 131 A III 8).

Zu beachten ist in diesem Zusammenhang die Vorschrift des § 223 Abs 4, letzter Satz, dass die Postenbezeichnung auf die tatsächlichen Inhalte zu verkürzen ist, sodass zB bei reinen Dienstleistungsunternehmen die Bezeichnung dieses Postens nur **„Forderungen aus Leistungen“** zu lauten hat. Bei Unternehmen, die nur Lieferungen von Waren oder Erzeugnissen durchführen, ist eine Verkürzung auf „Forderungen aus Lieferungen“ vorzunehmen.

Bezüglich der Behandlung von zur Abdeckung von Lieferforderungen hereingenommenen Wechseln siehe den vorhergehenden Abschnitt.

4.244 Forderungen gegenüber verbundenen Unternehmen

Zum Begriff der verbundenen Unternehmen siehe die Erläuterungen im Kapitel 4.221.42.

Im Folgenden wird nochmals das Beteiligungsdiagramm aus Kapitel 4.221.42 wiedergegeben und auf die Erläuterungen dazu im zitierten Abschnitt verwiesen.

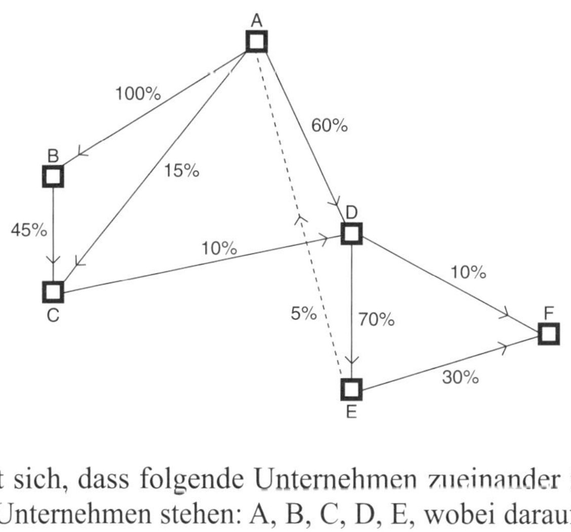

Daraus ergibt sich, dass folgende Unternehmen zueinander im Verhältnis verbundener Unternehmen stehen: A, B, C, D, E, wobei darauf hinzuweisen ist, dass der Begriff des **verbundenen Unternehmens** Vorrang vor jenem des Beteiligungsunternehmens bzw des Beteiligungsverhältnisses hat.

Aus dem Beteiligungsdiagramm ist ersichtlich, dass zwischen mehreren der oben angeführten verbundenen Unternehmen auch ein **Beteiligungsverhältnis** besteht; dies wird allerdings durch die Beziehung als verbundenes Unternehmen überlagert.

Ein **Beteiligungsverhältnis** (ohne Überlagerung durch das Verhältnis als verbundenes Unternehmen) besteht nur zwischen den Unternehmen E und F, gegebenenfalls auch zwischen den Unternehmen D und F, wenn auf den 10%igen Anteil von D an F auch die Definition des § 228 Abs 1 für eine Beteiligung zutreffen sollte.

Sämtliche Forderungen (bzw Verbindlichkeiten) gegenüber den oben angeführten **verbundenen Unternehmen** sind somit unter dem Posten Forderungen (Verbindlichkeiten) gegenüber verbundenen Unternehmen auszuweisen.

Der Ausweis der **Forderungen gegenüber verbundenen Unternehmen** richtet sich nicht nach dem wirtschaftlichen Inhalt der Forderung, sondern nach der **Person des Schuldners**; in diesem Posten können also dem wirtschaftlichen Inhalt nach sowohl Forderungen aus Lieferungen und Leistungen als auch Forderungen aus anderen Schuldverhältnissen, Darlehensgewährungen, Organschaftsverhältnissen etc enthalten sein.

4.245 Forderungen gegenüber Unternehmen, mit denen ein Beteiligungsverhältnis besteht

Ein **Beteiligungsverhältnis** wird grundsätzlich durch die Bestimmung des § 228 Abs 1 und 2 definiert, soweit es nicht durch das Verhältnis zwischen verbundenen Unternehmen im Sinne des § 228 Abs 3 überlagert wird.

Außerdem setzt das **Beteiligungsverhältnis** eine **direkte Beteiligung** zwischen zwei Unternehmen voraus, wie es nach dem Beteiligungsdiagramm in Abschnitt 4.244, zwischen Unternehmen E und F, eventuell auch zwischen den Unternehmen D und F gegeben ist.

Wenn man von der **Beteiligungsvermutung** des § 228 Abs 1 ausgeht, kann man vereinfacht sagen, dass ein Beteiligungsverhältnis im Sinne dieser Vorschrift bei einem Anteil bis 50 % gegeben ist, soweit keine Überlagerung durch den Begriff des verbundenen Unternehmens eingreift. Wenn aufgrund einer solchen Beteiligung ein **maßgeblicher Einfluss** auf die Geschäfts- und Finanzpolitik ausgeübt wird, kann dies im Sinne der Vorschriften über die Konzernrechnungslegung (§ 263 Abs 1) zu einem Verhältnis als **angeschlossenes (assoziiertes) Unternehmen** und damit bei Aufstellung eines Konzernabschlusses zur Einbeziehung der Beteiligung im Wege der **Equity-Bilanzierung** führen.

Bezüglich des Inhaltes der Forderungen gegen Unternehmen, mit denen ein Beteiligungsverhältnis besteht, gelten die Ausführungen des Kapitels 4.244, dass sich nämlich der Ausweis nicht nach dem wirtschaftlichen Inhalt der Forderung, sondern nach der Person des Schuldners richtet.

4.246 Bilanzierung von Forderungen und Verbindlichkeiten im Zusammenhang mit der Gruppenbesteuerung

In Österreich wurde im Jahr 2005 die sogenannte **Gruppenbesteuerung** eingeführt. Damit besteht die Möglichkeit, steuerliche Gewinne und Verluste unbeschränkt steuerpflichtiger Körperschaften miteinander zu verrechnen. Die **Körperschaftsteuer** der gesamten Gruppe wird auf Ebene des **Gruppenträgers** festgestellt und dem Gruppenträger vorgeschrieben. Voraussetzung für die Bildung einer Gruppe ist neben Regelungen über die Beteiligungen bzw Stimmrechte vor allem ein **Gruppenantrag**, in dem zu erklären ist, dass zwischen den finanziell verbundenen inländischen Körperschaften jeweils eine Regelung über den Steuerausgleich vereinbart worden ist. Durch den Steuerausgleich wird eine betriebswirtschaftlich angemessene Verteilung des beim Gruppenträger insgesamt für die Gruppe ermittelten und erhobenen Steueraufwandes für jedes einzelne inländische Mitglied der Gruppe erreicht. Zur Bilanzierung dieser aus **Ausgleichsvereinbarungen** resultierenden Steuerumlagen hat der Fachsenat für Unternehmensrecht und Revision der Kammer der Wirtschaftstreuhänder im März 2008 ein Fachgutachten publiziert. Folgende Methoden der **Steuerumlage** werden dabei als zulässig und in der Praxis üblich anerkannt:

a) **Belastungsmethode** („Stand-alone"-Methode)

   Die Belastungsmethode geht von der steuerlichen Selbständigkeit des einzelnen Gruppenmitgliedes aus. Daher richtet sich die Höhe der Steuerumlage danach, welchen Betrag an Körperschaftsteuer das **Gruppenmitglied** zu zahlen gehabt hätte, wenn sein steuerliches Ergebnis nicht dem Gruppenträger zugerechnet worden wäre (Fiktion des Nichtbestehens der Steuergruppe).

   Daraus folgt für die Bilanzierung: Weist ein Gruppenmitglied ein positives steuerliches Ergebnis aus, dann ist eine positive Steuerumlage von 25% an den Gruppenträger abzuführen. Bei einem steuerlichen Verlust erteilt der Gruppenträger entweder eine Gutschrift von 25% oder merkt den überrechneten steuerlichen Verlust als **„internen Verlustvortrag"** vor, der mit künftigen positiven steuerlichen Umlagen verrechnet wird.

b) **Verteilungsmethode**

   Bei der Verteilungsmethode wird die vom Gruppenträger tatsächlich geschuldete Körperschaftsteuer nach betriebswirtschaftlich als vernünftig angesehenen Schlüsseln (zB im Verhältnis der körperschaftsteuerlichen Ergebnisse der Gruppenmitglieder zueinander) auf die Gruppenmitglieder verteilt. Fällt auf Grund der vollständigen Verrechnung von steuerlichen Gewinnen und Verlusten keine Körperschaftsteuer an, so ist nach der Verteilungsmethode auch keine Steuerumlage zu verrechnen. Bei einem steuerlichen Verlust eines Gruppenmitgliedes sehen Umlagevereinbarungen nach dieser Methode häufig keine Gutschrift, sondern einen „internen Verlustvortrag" vor.

c) **Periodenabrechnungsmethode**

Bei der Periodenabrechnungsmethode wird ein **fester Umlagesatz** vereinbart, durch den der erwartete Vorteil der geringeren Steuerbelastung in der Gruppe an die einzelnen **Gruppenmitglieder** weitergegeben wird. Im Unterschied zur Verteilungsmethode hat die tatsächlich geschuldete Körperschaftsteuer einer abgerechneten Periode keine unmittelbare Auswirkung auf die Steuerumlagen.

d) **Ergebnisabführungsvertrag**

Besteht zwischen dem Gruppenträger und dem Gruppenmitglied ein gesellschaftsrechtlicher **Ergebnisabführungsvertrag,** ist eine Umlagenvereinbarung nicht erforderlich, weil das gesamte unternehmensrechtliche Ergebnis des Gruppenmitgliedes an den Gruppenträger zu verrechnen ist.

Ist der Steuerausgleich betriebswirtschaftlich sinnvoll bzw erfolgt eine angemessene Verteilung des beim Gruppenträger insgesamt für die Gruppe ermittelten und erhobenen Steueraufwandes auf die einzelnen der Gruppe angehörenden inländischen Körperschaften, sind die aus der Umlagevereinbarungen resultierenden Salden vom Gruppenträger und vom Gruppenmitglied in der Bilanz als **Forderung bzw Verbindlichkeit** („Forderung/Verbindlichkeit gegenüber verbundenen Unternehmen" oder „Forderungen/Verbindlichkeiten gegenüber Unternehmen, mit denen ein Beteiligungsverhältnis besteht") zu erfassen.

4.247 Gemeinsame Vorschriften für Forderungen gegenüber verbundenen Unternehmen und gegenüber Unternehmen, mit denen ein Beteiligungsverhältnis besteht – Vermerk der Mitzugehörigkeit gem § 225 Abs 2 und § 223 Abs 5

§ 225 Abs 2 enthält folgende Vorschrift:

> „Forderungen und Verbindlichkeiten gegenüber verbundenen Unternehmen und gegenüber Unternehmen, mit denen ein Beteiligungsverhältnis besteht, sind **in der Regel als solche jeweils gesondert auszuweisen;** werden sie unter anderen Posten ausgewiesen, so ist dies zu vermerken."

Der „Regelfall" wird vorliegen, wenn es sich um Forderungen handelt, die bei Fehlen einer gesonderten Ausweispflicht als „Forderungen aus Lieferungen und Leistungen" oder als „sonstige Forderungen" auszuweisen wären. Der Begriff „Forderungen" bezieht sich in diesem Zusammenhang aber auf **Forderungen jeglicher Art**; er umfasst daher zB auch geleistete Anzahlungen für Anlagen (§ 224 Abs 2 A I 3, II 4), geleistete Anzahlungen für Vorräte (§ 224 Abs 2 B I 5), Guthaben bei Kreditinstituten (§ 224 Abs 2 B IV). In diesen Fällen wäre ein Ausweis unter § 224 Abs 2 B II 2 bzw 3 unrichtig. Der Ausweis unter **„anderen Posten"** führt zwingend zum **Vermerk der Mitzugehörigkeit** gemäß § 225 Abs 2.

In Ergänzung zu dieser Spezialvorschrift des § 225 Abs 2 ist aber auch **§ 223 Abs 5** aus den allgemeinen Grundsätzen für die Gliederung zu beachten, wonach, wenn ein Vermögensgegenstand oder eine Verbindlichkeit unter mehrere Posten der Bilanz fällt, die Zugehörigkeit auch zu anderen Posten bei dem Posten, unter dem der Ausweis erfolgt ist, zu vermerken oder im **Anhang** anzugeben ist, wenn dies zur Aufstellung eines klaren und übersichtlichen Jahresabschlusses erforderlich ist.

Wenn daher in den **Forderungen gegenüber verbundenen Unternehmen** bzw gegen Unternehmen, mit denen ein Beteiligungsverhältnis besteht, **Forderungen aus Lieferungen und Leistungen** enthalten sind, wird dies ebenfalls anzugeben sein, da die **Mitzugehörigkeit** zu diesem Posten der Klarheit des Jahresabschlusses dient.

Zu beachten ist, dass § 225 Abs 2 den Vermerk der Mitzugehörigkeit in der **Bilanz** verlangt, während § 223 Abs 5 ein **Wahlrecht** zwischen **Vermerk in der Bilanz und Angabe im Anhang** einräumt. Zu weiteren Fragen der Darstellung der Mitzugehörigkeit siehe Kapitel 4.342.2.

Bezüglich Details wird auf die Richtlinie des Instituts österreichischer Wirtschaftsprüfer IWP/RL 5, **„Der Vermerk der Mitzugehörigkeit gem § 225 Abs 2 HGB (nunmehr UGB) und § 223 Abs 5 HGB (nunmehr UGB) beim Ausweis von Forderungen und Verbindlichkeiten gegenüber verbundenen Unternehmen und gegenüber Unternehmen, mit denen ein Beteiligungsverhältnis besteht"**, verwiesen.

4.248 Sonstige Forderungen und Vermögensgegenstände

Hier handelt es sich um einen **Sammelposten** für alle nicht gesondert ausweispflichtigen Forderungen; in Kapitel 4.236 wurde bereits darauf hingewiesen, dass hier auch Anzahlungen auszuweisen sind, die weder Gegenstände des Anlagevermögens noch Vorräte betreffen. Über hier enthaltene Forderungen gemäß § 80 AktG 1965 bzw Forderungen an Aufsichtsratsmitglieder müsste gemäß § 239 Abs 1 Z 2 im Anhang berichtet werden („Pflichtangaben über Organe und Arbeitnehmer").

Beispiele für weitere unter diesen Posten fallende Forderungen sind Verrechnungen mit **Abgabenbehörden und Sozialversicherungsanstalten, Darlehen und Vorschüsse an Dienstnehmer, Forderungen aus der Abgrenzung von Erträgen** („Erträge, die erst nach dem Abschlußstichtag zahlungswirksam werden" – § 225 Abs 3), **Guthaben bei Lieferanten** (soweit sie nicht gegebene Anzahlungen betreffen), **Ansprüche aus Versicherungsschäden.**

Zu beachten ist weiters die **Erläuterungsvorschrift für den Anhang** gemäß § 225 Abs 3, zweiter Satz: „Sind unter dem Posten ‚Sonstige Forderungen und Vermögensgegenstände' Erträge enthalten, die erst nach dem Abschlußstichtag zahlungswirksam werden, so müssen diese Beträge, soweit sie wesentlich sind, im Anhang erläutert werden (diese Erläuterungspflicht gilt nicht für die kleine GmbH)."

4.248.1 CO_2-Emissionszertifikate

Zur Schaffung eines kostengünstigen und wirtschaftlich effizienten Systems zur Verringerung von Treibhausgasemissionen wurde die Richtlinie der EU 2003/EG vom 25. 10. 2003 herausgegeben, die mit dem Bundesgesetz über ein System für den Handel mit Treibhausgasemissionszertifikaten (Emissionszertifikategesetz) in österreichisches Recht umgesetzt wurde. Danach teilt das BM für Land- und Forstwirtschaft, Umwelt und Wasserwirtschaft **kontingentmäßig** für jeweils ein **Kalenderjahr** den CO_2-Emittenten **unentgeltlich** so genannte **Emissionszertifikate**, die jeweils die Erlaubnis der Emission einer bestimmten Menge **CO_2-Treibhausgase verbriefen**, zu. Soweit dies gem § 14 Abs 2 EZG zur Förderung eines effizienten Marktes für Emissionszertifikate zweckmäßig ist, kann der Bundesminister für Land- und Forstwirtschaft, Umwelt und Wasserwirtschaft ab dem mit 1. Jänner 2008 in Geltung stehenden nationalen Zuteilungsplan einen in diesem Plan festzulegenden Prozentsatz der Emissionszertifikate bestimmen, der versteigert wird. In dem für die Periode 2008 bis 2012 geltenden Plan darf dieser Prozentsatz höchstens 10 % betragen.

Laut Verordnung vom 12. Oktober 2007 werden in der Periode 2008 bis 2012 insgesamt 150,1 Mio Emissionszertifikate kostenlos an bestehende Anlagen zugeteilt. 2 Mio Emissionszertifikate werden versteigert und 1,5 Mio als fixe Reserve für neue Marktteilnehmer aufgebracht. Dies entspricht einer Gesamtzahl von Emissionszertifikaten für 2008 bis 2012 von 153,6 Mio.

Die Registrierung und Ausgabe erfolgt durch die Registerstelle des Bundesministeriums, womit die Emittenten ab diesem Zeitpunkt die Verfügungsmacht über die ihnen zugeteilten Zertifikate besitzen. Bis zum 30. März des Folgejahres sind die ausgestoßenen CO_2-Mengen für jede

Produktionsanlage dem Bundesministerium zu melden und die adäquate Menge an Emissionszertifikaten bis 30. 4. bei der Registerstelle abzugeben. **Nicht verbrauchte Zertifikate** können jederzeit, auch schon während des Abrechnungsjahres, **frei auf dem Markt veräußert** werden. Hat ein Unternehmen nicht genügend Zertifikate, können diese jederzeit auf dem freien Markt erworben werden. Ein **Einkauf von Zertifikaten** auf Vorrat für einen erwarteten Mehrverbrauch zukünftiger Perioden ist ebenfalls möglich.

Werden am 30. April von einem Unternehmen zu wenig **Emissionszertifikate** abgegeben, ist an das Bundesministerium eine Strafzahlung zu leisten, deren Höhe sich nach der Menge des durch Zertifikate nicht gedeckten CO_2-Ausstoßes richtet, die aber nicht von der Verpflichtung zur Abgabe der fehlenden Emissionszertifikate entbindet. Gemäß § 28 EZG beträgt die zum 30. 4. zu leistende Strafzahlung in den Jahren 2006 bis 2008 40 Euro für jede Tonne Kohlenstoffdioxidäquivalent, für die der Inhaber keine Emissionszertifikate abgegeben hat. In den Jahren ab 2009 beträgt die Sanktionszahlung 100 Euro pro Tonne.

Das **AFRAC** (Austrian Financial Reporting and Auditing Committee) hat sich in einer Stellungnahme vom Februar 2006 zur **buchmäßigen und bilanziellen Behandlung** dieser CO_2-Emissionszertifikate geäußert. Die nachfolgende Darstellung hält sich mit einer Ausnahme an die Stellungnahme des AFRAC.

Vorgang	**Bewertung**	**Verbuchung (Ausweis)**	
		Soll	**Haben**
A. Unentgeltlich zur Verfügung gestellte Emissionszertifikate			
Unentgeltliche Emission	Marktwert zum Verfügungszeitpunkt	Emissionszertifikate (Sonstige Vermögensgegenstände)	Sonderposten für Emissionszertifikate[1)]
Verbrauch (CO_2-Ausstoß)	Buchwert (w.o.)	Sonderposten für Emissionszertifikate	Sonstige Verbindlichkeiten[2)]
Abgabe der verbrauchten Emissionszertifikate an die Registerstelle	Buchwert	Sonstige Verbindlichkeiten	Emissionszertifikate (Sonstige Vermögensgegenstände)
Verkauf überschüssiger Zertifikate		Lieferforderungen	Umsatzerlöse (Sonstige betriebliche Erträge)
Buchwert der verkauften Zertifikate		Sonderposten für Emissionszertifikate[1)]	Emissionszertifikate

B. Entgeltlich erworbene Emissionszertifikate			
Erwerb	Anschaffungskosten	Erworbene Emissionszertifikate	Lieferverbindlichkeiten
Verbrauch (gemessen am CO_2-Ausstoß)	Buchwert der verbrauchten Zertifikate	Materialaufwand (Sonstiger betrieblicher Aufwand)[3)]	Sonstige Verbindlichkeiten
Abgabe an die Registerstelle am Fälligkeitstag	Buchwert	Sonstige Verbindlichkeiten	Emissionszertifikate
Verkauf von Zertifikaten		Lieferforderungen	Umsatzerlöse (Sonstige betriebliche Erträge)
Buchwert der verkauften Zertifikate	Buchwert der verkauften Zertifikate	Materialaufwand (Sonstiger betrieblicher Aufwand)[3)]	Emissionszertifikate
C. Bilanzierung			
• unentgeltlich erworbene Emissionszertifikate			
Emissionszertifikate	Marktwert zum Erwerbsstichtag		
Sonderposten für Emissionszertifikate	Marktwert der Zertifikate zum Erwerbsstichtag		
Sonst. Verbindlichkeiten aus der Umbuchung des Sonderpostens	Marktwert der Zertifikate zum Erwerbsstichtag		
• entgeltlich erworbene Emissionszertifikate			
Emissionszertifikate	Strenges Niederstwertprinzip unter Anwendung aller im UGB gemäß § 209 erlaubten Verbrauchsfolgeverfahren in Übereinstimmung mit dem Verfahren zur Ermittlung des Materialverbrauches		
• Ansatz und Bewertung eines Passivpostens für die Verpflichtung zur Abgabe von Emissionszertifikaten			
Bei kalendergleichem Geschäftsjahr	Ergibt sich der Passivposten aus dem Verbrauch vorhandener Zertifikate, ist dieser als **sonstige Verbindlichkeit** anzusetzen. Die Bewertung ist ident mit der Bewertung der vorhandenen Zertifikate. Müssen die Zertifikate erst erworben werden, ist eine Rückstellung zum Marktpreis anzusetzen.		

<table>
<tr><td>Bei abweichendem Geschäftsjahr</td><td colspan="2">Soweit sich der Passivposten aus dem Verbrauch vorhandener erworbener Zertifikate ergibt, ist dieser als sonstige Verbindlichkeit anzusetzen. Die Bewertung ist ident mit der Bewertung der vorhandenen Zertifikate. Müssen die Zertifikate erst erworben werden, ist eine Rückstellung zum Marktpreis anzusetzen.
Für einen noch nicht genau abzuschätzenden Überbedarf ist eine Rückstellung zum Marktpreis anzusetzen.</td></tr>
<tr><td colspan="3">D. Ansatz und Bewertung eines Passivpostens für Sanktionszahlungen zum Rückgabezeitpunkt</td></tr>
<tr><td>Sanktionszahlung</td><td>Sonstige betriebliche Aufwendungen</td><td>Sonstige Verbindlichkeiten</td></tr>
</table>

[1, 2] Der Sonderposten für Emissionszertifikate ist der gleich bewertete und zum Ausgabezeitpunkt somit betragsgleiche Gegenposten zu den unentgeltlich erworbenen Zertifikaten. Er wird in der Bilanz nach den unversteuerten Rücklagen ausgewiesen.

Der Sonderposten ist grundsätzlich gemäß dem tatsächlichen CO_2-Ausstoß aufzulösen. Er wird entsprechend der Emissionsmenge an CO_2-Treibhausgasen auf ein Konto sonstige Verbindlichkeiten gegenüber der Registerstelle umgebucht. Hat die verbrauchte CO_2-Menge die Höhe der dem Unternehmen zugeteilten Zertifikate erreicht, ist das Konto Sonderposten leer.

Werden überschüssige Zertifikate verkauft, wird der **Sonderposten insoweit gegen das Zertifikatekonto** aufgelöst. Ein Ausweis des Sonderpostens als sonstiger betrieblicher Ertrag, wie dies vom AFRAC vorgeschlagen wird, erscheint nicht richtig, da in diesem Fall der Buchwert der unentgeltlich erhaltenen und nunmehr verkauften Zertifikate über Materialaufwand ausgebucht werden müsste. Damit würden in der Gewinn- und Verlustrechnung Aufwendungen und Erträge ausgewiesen werden, die nicht existieren. Der tatsächliche Gewinn aus dem Verkauf untentgeltlich zugeteilter Zertifikate ist der dafür erzielte Erlös.

Mit der am 30. 4. des Folgejahres erfolgenden Übergabe der verwendeten Zertifikate an die Registerstelle wird das Konto sonstige Verbindlichkeiten gegenüber der Registerstelle in gleicher Höhe gegen das Zertifikatekonto aufgelöst. Sind zu wenig Zertifikate vorhanden, um die Verbindlichkeit gegen die Registerstelle abzudecken, wird insoweit die Strafzahlung fällig.

Bei der buchmäßigen Behandlung der unentgeltlich erworbenen Zertifikate ist zu beachten, dass das Konto Emissionszertifikate einerseits und die Konten Sonderposten und sonstige Verbindlichkeiten gegenüber der Registerstelle (soweit Letzteres aus Umbuchungen vom Sonderposten entstanden ist) **betragsmäßig immer gleich sein müssen.**

[3] Der **Materialaufwand** (sonstiger betrieblicher Aufwand) ergibt sich nur bei **entgeltlich erworbenen Emissionszertifikaten.** Er entsteht

- sobald die unentgeltlich zugeteilten Zertifikate verbraucht sind entsprechend der weiteren emittierten CO_2-Menge durch die Buchung Materialaufwand (sonstiger betrieblicher Aufwand) an sonstige Verbindlichkeiten;

- bei Verkauf entgeltlich erworbener Zertifikate als Buchwert der verkauften Zertifikate;
- bei Abwertung entgeltlich erworbener Zertifikate, wenn der Tagespreis am Bilanzstichtag unter den Anschaffungspreis sinkt (strenges Niederstwertprinzip).

Bezüglich der Rückstellungsbildung im Zusammenhang mit einem erhöhten CO_2-Ausstoß siehe Abschnitt 4.336.412 Z 22.

4.248.2 Forderungen und Verbindlichkeiten gegenüber den Gesellschaftern einer GmbH

Soweit es sich bei den Gesellschaftern um Unternehmen handelt, kann bereits eine gesonderte Ausweispflicht (verbundene Unternehmen, Beteiligungsunternehmen) gegeben sein. Wenn dies nicht der Fall ist, müsste im Einzelfall untersucht werden, ob aus der Generalklausel eine Verpflichtung zum gesonderten Ausweis abzuleiten ist. Eine ausdrückliche Regelung dafür besteht in Österreich im Gegensatz zu Deutschland nicht:

Gemäß **§ 42 Abs 3 dGmbHG** sind

„Ausleihungen, Forderungen und Verbindlichkeiten gegenüber Gesellschaftern in der Regel als solche jeweils gesondert auszuweisen oder im Anhang anzugeben; werden sie unter anderen Posten ausgewiesen, so muß diese Eigenschaft vermerkt werden.“

Nach Nowotny (in: Straube[2], Rz 9 zu § 236) sind vor allem bei personenbezogenen Gesellschaften regelmäßig Kredite an oder von Gesellschaftern oder diesen nahe stehenden Personen oder Unternehmen gesondert anzugeben.

4.25 Wertpapiere und Anteile

4.251 Untergliederung

III. Wertpapiere und Anteile:

1. Anteile an verbundenen Unternehmen;
2. sonstige Wertpapiere und Anteile;
   gem § 225 Abs 5:
   eigene Anteile, Anteile an herrschenden oder mit Mehrheit beteiligten Unternehmen

4.252 Anteile an verbundenen Unternehmen

Bezüglich des Begriffes des **verbundenen Unternehmens** bzw der Anteile an verbundenen Unternehmen wird auf die Erläuterungen in Kapitel 4.221.42 verwiesen. Bei diesem Posten muss es sich um Anteile handeln, die nach der Definition des § 198 Abs 4 dem Umlaufvermögen zuzurechnen sind.

4.253 Sonstige Wertpapiere und Anteile

Darunter fallen zB Aktien, festverzinsliche Wertpapiere, Investmentzertifikate, Genussscheine, Optionsscheine, Partizipationsscheine, GmbH-Anteile, Genossenschaftsanteile, Anteile an Personengesellschaften, sofern auf sie nicht die Definition des § 198 Abs 2 für das Anlagevermögen zutrifft und sie nicht unter 4.252 und 4.254 fallen.

Gemäß § 225 Abs 4 gehören zu diesem Posten aber auch Wechsel, wenn dem Unternehmen nicht die der Ausstellung zugrunde liegende Forderung zusteht.

4.254 Eigene Anteile und Anteile an herrschenden oder mit Mehrheit beteiligten Unternehmen

Bezüglich der besonderen Ausweisvorschrift des § 225 Abs 5 für diese Anteile wird auf die Kapitel 4.221.42 und 4.221.48 verwiesen.

4.254.1 Eigene Anteile

Eigene Aktien

In Zusammenhang mit eigenen Aktien sind folgende Vorschriften zu beachten:

Gemäß **§ 51 Abs 1 AktG** darf die Gesellschaft keine eigenen Aktien **zeichnen**.

Gemäß **§ 65 Abs 1 AktG** darf die Gesellschaft eigene Aktien nur **erwerben**:

1. wenn es zur Abwendung eines schweren, unmittelbar bevorstehenden Schadens notwendig ist;
2. wenn der Erwerb unentgeltlich oder in Ausführung einer Einkaufskommission durch ein Kreditinstitut erfolgt;
3. durch Gesamtrechtsnachfolge;
4. auf Grund einer höchstens 18 Monate geltenden Ermächtigung der Hauptversammlung, wenn die Aktien Arbeitnehmern, leitenden Angestellten und Mitgliedern des Vorstands oder Aufsichtsrats der Gesellschaft oder eines mit ihr verbundenen Unternehmens zum Erwerb angeboten werden sollen (in der Fassung des Aktienoptionsgesetzes, BGBl I 2001/42);
5. zur Entschädigung von Minderheitsaktionären, soweit dies gesetzlich vorgesehen ist;
6. aufgrund eines Beschlusses der Hauptversammlung zur Einziehung nach den Vorschriften über die Herabsetzung des Grundkapitals;
7. wenn sie ein Kreditinstitut ist, aufgrund einer Genehmigung der Hauptversammlung zum Zweck des Wertpapierhandels; der Beschluss über die Genehmigung muss bestimmen, dass der Handelsbestand der zu diesem Zweck zu erwerbenden Aktien fünf vom Hundert des Grundkapitals am Ende jeden Tages nicht übersteigen darf und muss den niedrigsten und den höchsten Gegenwert festlegen. Die Ermächtigung darf höchstens 18 Monate gelten;
8. auf Grund einer höchstens 18 Monate geltenden Ermächtigung der Hauptversammlung, wenn die Aktien der Gesellschaft an einem geregelten Markt im Sinne des § 2 Z 37 BWG oder an einem anerkannten, für das Publikum offenen, ordnungsgemäß funktionierenden Wertpapiermarkt in einem Vollmitgliedstaat der OECD zugelassen sind. Der Handel in eigenen Aktien ist als Zweck des Erwerbs ausgeschlossen. Die Hauptversammlung kann den Vorstand auch ermächtigen, die eigenen Aktien ohne weiteren Hauptversammlungsbeschluss einzuziehen.

§ 65 Abs 1 a: Der Beschluss der Hauptversammlung nach Abs 1 Z 4 und Z 8 hat den Anteil der zu erwerbenden Aktien am Grundkapital, die Geltungsdauer der Ermächtigung sowie den niedrigsten und den höchsten Gegenwert festzulegen. Börsenotierte Gesellschaften im Sinne von Abs 1 Z 8 haben einen Beschluss gemäß Abs 1 Z 4, 6 und 8 sowie unmittelbar vor der Durchführung das darauf beruhende **Rückkaufprogramm,** insbesondere dessen Dauer, zu veröffentlichen; dasselbe gilt sinngemäß für die Veräußerung eigener Aktien mit Ausnahme von Veräußerungen nach Abs 1 Z 7.

Z 8 wurde mit dem **Aktienrückerwerbsgesetz (AReG)** vom 19. August 1999 angefügt und mit BGBl I 2001/42 geändert.

Das Ziel dieser Bestimmung wird in den Erläuterungen wie folgt definiert:

> „**Eine liberalere Regelung des Rückkaufs eigener Aktien,** unabhängig von einem bestimmten Zweck oder einer bestimmten Erwerbsart, kann zur Belebung des Börsehandels, zur Steigerung der Akzeptanz der Aktien als Anlageform und damit letztlich zu einer erhöhten Emissionsneigung führen. Börsenotierten österreichischen Aktiengesellschaften **soll ein in der internationalen Praxis anerkanntes Instrumentarium** zur Steuerung ihrer Kapitalstruktur zur Verfügung gestellt werden.“

Durch das AReG wurde eine **Erweiterung des § 229 Abs 1 UGB** durchgeführt, wonach für zum Zweck der Einziehung erworbene eigene Aktien eine Saldierungsmöglichkeit gegen das Grundkapital und nicht gebundene Rücklagen eingeführt wird, sodass diese Aktien nach der Saldierung auf der Aktivseite der Bilanz nicht mehr aufscheinen.

Gemäß § 65 Abs 2 AktG sind beim Erwerb eigener Aktien folgende Beschränkungen einzuhalten:

Der Gesamtnennbetrag der von der Gesellschaft gemäß Abs 1 Z 1, 4, 7 und 8 erworbenen Aktien darf zusammen mit dem Betrag anderer eigener Aktien, welche die Gesellschaft bereits erworben hat und noch besitzt, **zehn vom Hundert** des Grundkapitals nicht übersteigen. In den Fällen des Abs 1 Z 1, 4, 5, 7 und 8 ist der Erwerb ferner nur zulässig, **wenn die Gesellschaft die gem § 225 Abs 5 UGB vorgeschriebene Rücklage für eigene Anteile bilden kann, ohne dass das Nettoaktivvermögen das Grundkapital und eine nach Gesetz oder Satzung gebundene Rücklage unterschreitet.** In den Fällen des Abs 1 Z 1, 2, 4, 5, 7 und 8 ist der Erwerb überdies nur zulässig, wenn auf die Aktien der Nennbetrag oder der höhere Ausgabebetrag voll geleistet ist.

Die Vorschrift über die **Rücklagenbildung** bedeutet, dass durch den Erwerb eigener Aktien das „Nettoaktivvermögen“ nicht das Grundkapital samt den durch Gesetz oder Satzung gebundenen Rücklagen unterschreiten darf.

Aus den Erläuterungen zum AReG 1999:

„Dabei besteht jedoch diese **Kapitalgrenze** als Voraussetzung der Zulässigkeit des Erwerbs eigener Aktien unabhängig von der Verpflichtung zur Bildung einer Rücklage … . Die Kapitalgrenze bedeutet für den entgeltlichen Erwerb eigener Aktien, daß dieser nur dann zulässig ist, wenn er aus Gewinnen der Gesellschaft finanziert werden kann.

Die **Kapitalgrenze bezieht sich auf den Zeitpunkt des Erwerbs der eigenen Aktien,** weil nur die Wahl dieses Zeitpunkts hinreichend Gewähr dafür bietet, daß Schwankungen im Vermögensbestand der Gesellschaft vom Vorstand berücksichtigt werden müssen und können, und die Zulässigkeit des Erwerbs an einer unrichtigen Prognose über den zukünftigen Geschäftsgang der Gesellschaft bis zum nächsten ordentlichen Jahresabschluß nicht scheitern soll.“

Zum Zeitpunkt des geplanten Erwerbs eigener Aktien müsste daher vom Vorstand beurteilt werden, ob die Kapitalgrenze eingehalten ist. Wenn zum vorhergehenden Bilanzstichtag **ausreichende nicht gebundene Rücklagen vorhanden** sind und das Ergebnis des Geschäftsjahres bis zum Zeitpunkt des Erwerbs nicht zu einer Verminderung oder zum Verschwinden der ungebundenen Rücklagen geführt hat, ist der Erwerb zulässig.

Wenn dagegen zum letzten Bilanzstichtag **keine ausreichenden ungebundenen Rücklagen vorhanden** waren und der Vorstand nicht durch eine Zwischenerfolgsrechnung nachweisen kann, dass seither ausreichendes zusätzliches Eigenkapital entstanden ist, muss der Erwerb als unzulässig betrachtet werden. Verluste, die nach dem Zeitpunkt des Erwerbs eintreten und die zu einer unzureichenden Kapitalgrenze führen, verhindern dagegen nicht den Erwerb eigener Aktien.

Die Erläuterungen sprechen allerdings nur von einer unrichtigen Prognose und behandeln nicht den Fall, dass der Vorstand für den Rest des Geschäftsjahres schon mit einer ungünstigen Entwicklung rechnet; in diesem Fall müsste der Erwerb eigener Aktien ebenfalls als unzulässig betrachtet werden, und es treten die Rechtsfolgen des § 65 a AktG ein.

§ 65 a AktG enthält folgende Vorschriften, wenn beim Erwerb eigener Aktien die in § 65 AktG enthaltenen Beschränkungen nicht eingehalten wurden:

1. Hat die Gesellschaft eigene Aktien entgegen § 65 Abs 1, 1 a, 1 b oder 2 erworben, so müssen sie innerhalb eines Jahres nach ihrem Erwerb veräußert werden.
2. Entfallen auf die zulässigerweise erworbenen Aktien mehr als zehn vom Hundert des Grundkapitals, so ist der übersteigende Anteil innerhalb von drei Jahren nach dem Erwerb zu veräußern.
3. Sind eigene Aktien innerhalb der in Abs 1 und 2 vorgesehenen Fristen nicht veräußert worden, so sind sie gemäß § 192 einzuziehen.

§ 65 b AktG über die **Inpfandnahme eigener Aktien** enthält folgende Regelungen:

1. Dem Erwerb eigener Aktien steht es gleich, wenn eigene Aktien als Pfand genommen werden. Jedoch darf ein Kreditinstitut im Rahmen des gewöhnlichen Betriebs eigene Aktien bis zu dem in § 65 Abs 2, erster Satz, bestimmten Gesamtnennbetrag als Pfand nehmen.

> 2. Ein Verstoß gegen Abs 1 macht die Verpfändung eigener Aktien nicht rechtsunwirksam. Das schuldrechtliche Geschäft über die Verpfändung ist rechtsunwirksam, soweit die Verpfändung gegen Abs 1 verstößt.

Weitere Vorschriften im Zusammenhang mit **eigenen Aktien** sind in **§ 66 AktG** (Erwerb eigener Aktien durch Dritte) und **§ 66 a** (Finanzierung des Erwerbs eigener Aktien) enthalten.

Erwerb eigener Geschäftsanteile

Strenger als die Vorschriften des Aktiengesetzes sind die Vorschriften des GmbH-Gesetzes über den Erwerb eigener Geschäftsanteile. Gemäß § 81 GmbH-Gesetz

> ist der Erwerb und die Pfandnahme eigener Geschäftsanteile durch die Gesellschaft verboten und wirkungslos. Zulässig ist der Erwerb im Exekutionswege zur Hereinbringung eigener Forderungen der Gesellschaft.

Die Einschränkungen beim **Erwerb eigener Anteile** und die **Verpflichtung zur Bildung der Rücklage für eigene Anteile** erklären sich daraus, dass dies wirtschaftlich eine Rückzahlung des Nennkapitals an die Gesellschafter bedeutet, also eine Verminderung des Haftungsfonds gegenüber den Gläubigern der Gesellschaft. In die gleiche Richtung gehen auch die Vorschriften des § 52 AktG über das Verbot der Einlagenrückgewähr.

4.254.2 Anteile an herrschenden oder mit Mehrheit beteiligten Unternehmen

Bezüglich des Begriffes **Anteile an herrschenden und mit Mehrheit beteiligten Unternehmen** wird auf Kapitel 4.221.48 verwiesen. Infolge der Überschneidung mit dem Posten „Anteile an verbundenen Unternehmen" erscheint auch hier wie beim Anlagevermögen ein **Mitzugehörigkeitsvermerk** gem § 223 Abs 5 erforderlich.

Aktien von herrschenden Unternehmen

Hier sind die Vorschriften des § 66 Abs 1 Aktiengesetz 1965 (Erwerb eigener Aktien durch Dritte) idF des EU-GesRÄG zu beachten, wonach

> „ein **Tochterunternehmen** (§ 228 Abs 3 UGB) an **Aktien der Gesellschaft** (des Mutterunternehmens, Anm der Verfasser) **nur nach den Vorschriften des** § 65 AktG (Erwerb eigener Aktien), des § 65 a AktG (Veräußerung und Einziehung eigener Aktien) und des § 65 b AktG (Inpfandnahme eigener Aktien) **Eigentum oder Pfandrecht erwerben darf**".

> „Gleiches gilt für den Erwerb und die Inpfandnahme durch einen anderen, der im eigenen Namen jedoch für Rechnung der Gesellschaft oder eines Tochterunternehmens handelt. Bei der Berechnung des Anteils am Grundkapital gem § 65 Abs 2, 1. Satz und § 65 a Abs 2 gelten diese Aktien als Aktien der Gesellschaft. Im übrigen gelten § 65 Abs 3 und 4, §§ 65 a, 65 b und 66 a (Finanzierung des Erwerbs eigener Aktien) sinngemäß" (§ 66 Abs 1 AktG).

§ 66 Abs 2 AktG regelt die Wirksamkeit von Rechtsgeschäften zwischen der Gesellschaft oder einem Tochterunternehmen (§ 228 Abs 3 UGB) und einem anderen, wonach dieser berechtigt oder verpflichtet sein soll, eigene Aktien der Gesellschaft für Rechnung der Gesellschaft oder des Tochterunternehmens (§ 228 Abs 3) zu erwerben oder als Pfand zu nehmen (Rechtsunwirksamkeit des Erwerbs, soweit der Erwerb des Eigentums oder des Pfandrechts an den Aktien durch die Gesellschaft oder das Tochterunternehmen gegen § 66 Abs 1, § 65 Abs 1, 1 a, 1 b oder 2 verstößt).

GmbH-Anteile an herrschenden Unternehmen

Dieser Fall ist im GmbH-Gesetz nicht ausdrücklich geregelt; nach Kommentarmeinung (Reich-Rohrwig, Das österreichische GmbH-Recht, Wien 1983, S 623, ähnlich Koppensteiner, GmbH-Gesetz Kommentar, 1994, Rz 14 ff zu § 81) ist aber der Erwerb von Geschäftsanteilen an der herrschenden Gesellschaft genauso zu beurteilen wie der Erwerb eigener Geschäftsanteile, daher verboten und wirkungslos (§ 81 GmbH-Gesetz).

Auch der Erwerb von **Anteilen an einer herrschenden Gesellschaft** oder einer mit **Mehrheit beteiligten Gesellschaft** bedeutet indirekt eine Rückzahlung des Eigenkapitals des Unternehmensverbundes, führt also wirtschaftlich zu den gleichen Auswirkungen wie der Erwerb eigener Anteile.

4.254.3 Eigene Anteile zur Erfüllung von Verpflichtungen aus anteilsbasierten Vergütungen

Eigene Anteile, die zur Erfüllung von Verpflichtungen aus **anteilsbasierten Vergütungen** erworben werden, sind im Umlaufvermögen auszuweisen.

Werden eigene Anteile im Zeitraum zwischen der Gewährung der anteilsbasierten Vergütungen und dem Ausübungszeitpunkt erworben, sind sie nach den Bewertungsvorschriften für **Wertpapiere des Umlaufvermögens** zu den Anschaffungskosten oder zum niedrigeren beizulegenden Wert zu bewerten.

Die Abschreibung der eigenen Anteile auf einen niedrigeren Ausübungspreis des Bezugsrechts ist nur dann erforderlich, wenn feststeht, dass die eigenen Anteile zur Erfüllung des Bezugsrechts verwendet werden. Der beizulegende Wert der eigenen Anteile entspricht jedenfalls dann deren **Marktwert,** wenn die Unternehmensleitung noch keine Entscheidung für eine Verwendung dieser Anteile zur Erfüllung des Bezugsrechts getroffen hat und die rechtlichen Voraussetzungen für eine Kapitalerhöhung vorliegen, sodass die Unternehmensleitung auch den Verkauf der eigenen Anteile zum Marktpreis beschließen kann.

Werden **eigene Anteile** erst im Zeitpunkt der Ausübung des Bezugsrechts erworben, ist der von den Begünstigten bezahlte Ausübungspreis für diese Anteile in der Regel niedriger als der Anschaffungswert der Anteile, sodass sich aus der Differenz ein Verlust für das Unternehmen ergibt. Dieser Verlust ist unter den **Personalaufwendungen** auszuweisen.

Wertänderungen und **Erfolge aus der Veräußerung eigener Anteile** sind in der Gewinn- und Verlustrechnung in den Posten „Erträge aus dem Abgang von und der Zuschreibung zu Finanzanlagen und Wertpapieren des Umlaufvermögens“ bzw „Aufwendungen aus Finanzanlagen und aus Wertpapieren des Umlaufvermögens“ auszuweisen.

4.254.4 Anhangangaben zu den eigenen Aktien

§ 240 Z 3 UGB verlangt umfangreiche Angaben über den Bestand an eigenen Aktien der Gesellschaft, die sie, ein abhängiges oder im Mehrheitsbesitz der Gesellschaft stehendes Unternehmen oder eine andere Person für Rechnung der Gesellschaft oder eines abhängigen oder eines im Mehrheitsbesitz der Gesellschaft stehenden Unternehmens erworben oder als Pfand genommen hat. Anzugeben ist die Zahl dieser Aktien, der auf sie entfallende Betrag des Grundkapitals sowie ihr Anteil am Grundkapital; für erworbene Aktien der Zeitpunkt des Erwerbs und die Gründe für den Erwerb.

Sind solche Aktien im Geschäftsjahr erworben oder veräußert worden, so ist darüber unter Angabe ihrer Zahl, des auf sie entfallenden Betrags des Grundkapitals, des Anteils am Grundkapital und des Erwerbs- und Veräußerungspreises sowie über die Verwendung des Erlöses zu berichten.

Besonders wird auch über Vorgänge nach dem **Aktienrückerwerbsgesetz** zu berichten sein. Bezüglich der Publizitätspflichten in Zusammenhang mit dem Aktienrückerwerb wird auf § 80 Abs 9 Börsengesetz 1989 (Fassung laut BGBl I 2001/42) verwiesen.

4.254.5 Rücklage für eigene Anteile

Bezüglich der zwingend auszuweisenden Rücklage für eigene Anteile siehe den Abschnitt 4.316.

4.26 Liquide Mittel

IV. Kassenbestand, Schecks, Guthaben bei Kreditinstituten.

Der **Kassenbestand** umfasst in- und ausländische Zahlungsmittel. Nach überwiegender Auffassung sind in diesem Posten auch Bestände an **Brief- und Stempelmarken** uÄ zu erfassen (siehe HBA, 3. Auflage, Rz 3 zu § 224 Abs 2 B IV). Nach Meinung der Verfasser ist es ebenso vertretbar, Letztere unter B II 4 „Sonstige Forderungen und Vermögensgegenstände" als sonstige Vermögensgegenstände auszuweisen.

Der Begriff der Kreditinstitute (Guthaben bei Kreditinstituten) ist in § 1 Bankwesengesetz definiert. Zur Klarstellung sei erwähnt, dass es sich um Forderungen aus dem Bankverkehr handeln muss, dass dagegen andere Forderungen gegenüber einem Kreditinstitut nicht darunter fallen. Weiters muss es sich um Guthaben handeln, die dem Berechtigten aus dem Guthaben beim Kreditinstitut unmittelbar und uneingeschränkt zur Verfügung stehen; jedenfalls sind Beschränkungen der Verfügbarkeit zumindest im Anhang kenntlich zu machen.

Bei Beständen auf **Akkreditivdeckungskonten** wird von Küting/Weber[4], Rz 102 zu § 266) die Auffassung vertreten, dass diese in jedem Fall bilanziell gesondert angeführt werden sollten, da sie als Deckung schwebender Geschäfte nicht frei verfügbar sind. Ebenso wird hier die Meinung vertreten, dass **Guthaben bei Bausparkassen** unter den sonstigen Vermögensgegenständen auszuweisen sind, ebenso **Guthaben bei notleidenden Banken.**

„Unterhält ein Unternehmen bei einem Kreditinstitut mehrere Konten, so ist eine **Saldierung** der Guthaben und Verbindlichkeiten zulässig, sofern sie fristenkongruent sind" (Küting/Weber[4], Rz 103 zu § 266).

Bezüglich des eventuellen Vermerkes der Mitzugehörigkeit zu Forderungen gegenüber verbundenen Unternehmen bzw Unternehmen, mit denen ein Beteiligungsverhältnis besteht, siehe Kapitel 4.246.

4.27 Rechnungsabgrenzungsposten

Gemäß § 198 Abs 5 sind

> als **Rechnungsabgrenzungsposten** auf der Aktivseite Ausgaben vor dem Abschlussstichtag auszuweisen, soweit sie Aufwand für eine bestimmte Zeit nach diesem Tag sind.

Die Definition in § 198 Abs 5 schließt den Ausweis von so genannten **antizipativen Posten** aus; sie enthält zwei erforderliche Komponenten:

4.271 Ausgaben vor dem Abschlussstichtag

Der Begriff Ausgabe ist allerdings nicht nur im Sinne von Zahlungsvorgängen (Geldbewegungen) zu verstehen, sondern umfasst auch zB die Entstehung einer Verbindlichkeit. Wenn zB ein Exportförderungskreditwechsel zum Eskont gegeben wird, ergibt sich zunächst folgende Buchung:

Bank
Diskontaufwand
an Verbindlichkeiten.

Wird der Diskontaufwand in der Folge abgegrenzt, weil sich der Zeitraum, für den er entstanden ist, über die Abrechnungsperiode hinwegzieht, lautet die Buchung:

ARA an Diskontaufwand.

4.272 Aufwand für eine bestimmte Zeit nach dem Abschlussstichtag

Das Hauptproblem beim Ansatz von Rechnungsabgrenzungen ist die Ermittlung der bestimmten Zeit, auf die der Aufwand (bei aktiven Rechnungsabgrenzungsposten) bzw der Ertrag (bei passiven Rechnungsabgrenzungsposten) zu verteilen ist. Durch den Grundsatz der Erfolgsverteilung auf einen bestimmten Zeitraum sollen Gewinnmanipulationen verhindert werden. Die Aktivierbarkeit der aktiven Rechnungsabgrenzung ist außerdem unter Beachtung des Vorsichtsprinzips zu beurteilen. Im Zweifel ist daher von einer Nichtaktivierung von Aufwendungen und damit sofortiger Erfolgswirksamkeit auszugehen, wenn der Erhalt der Gegenleistung in der Zukunft noch zweifelhaft ist. Das Merkmal der bestimmten Zeit ist demnach imparitätisch auszulegen, das heißt streng auf der Aktivseite und moderat auf der Passivseite.

Der Zeitmaßstab für den bestimmten Zeitraum sollte zweifelsfrei sein, was zB dann gegeben ist, wenn die Gegenleistung für einen kalendermäßig bestimmten Zeitraum geschuldet wird. Es genügt jedoch auch, wenn der Zeitraum objektiv bestimmbar ist. Dies wird dann der Fall sein, wenn Schätzungen über den Zeitraum aufgrund allgemein anerkannter und allgemein gültiger Maßstäbe erfolgen (zB gewöhnliche Nutzungsdauer, statistische Lebenserwartung oder Anwendung von Methoden der Versicherungsmathematik).

4.273 Die aktiven Rechnungsabgrenzungsposten im Einzelnen

Ähnlich wie bei den Rückstellungen wird man davon ausgehen können, dass Abgrenzungsposten von untergeordneter Bedeutung nicht gebildet werden müssen.

4.273.1 Vorauszahlungen im Rahmen bestehender periodenübergreifender Leistungsbeziehungen

- Vorauszahlungen auf laufende Dienstleistungs- und Nutzungsverträge, wie Mietverträge und Versicherungsverträge
- Zinsenvorauszahlungen
- Bereitstellungsprovisionen für eine über den Bilanzstichtag hinausgehende Bereitstellungszeit
- Avalprovisionen aus Bürgschaften für übergreifende Perioden

4.273.2 Sonstige Vorauszahlungen, kommende Perioden betreffend

- Unter bestimmten Voraussetzungen geleistete Abstandszahlungen an Mieter für eine vorzeitige Vertragsauflösung, zB dann, wenn feststeht, dass die Räumlichkeiten für einen bestimmten Zeitraum anderweitig vermietet werden können.
- Im Voraus in Anspruch genommene Urlaube.
- Gehaltsvorauszahlungen:

  Gehaltsvorschüsse und -vorauszahlungen, die auf Basis eines Darlehensvertrages gewährt werden, sind **Forderungen**. Bei Gehaltszahlungen, die üblicherweise am letzten Tag des Vormonats an die Arbeitnehmer geleistet werden, tritt nicht die Forderung in den Vordergrund, sondern die Periodenabgrenzung, weswegen der Ausweis in diesem Fall unter den **Rechnungsabgrenzungen** erfolgt. Wieweit die Tatsache, dass Vorschüsse auf Grund des Vertrages jedenfalls zurückgezahlt werden müssen, während für das am letzen Tag des Vormonats ausbezahlte Gehalt der nächsten Periode in der Regel bei Nichterbringung der Dienstnehmerleistung (zB wegen Krankheit) keine Rückzahlungsverpflichtung besteht, für die Frage RAP oder Forderung eine Rolle spielt, wird unterschiedlich beantwortet, ist aber eher zu verneinen.
- Geldbeschaffungskosten:

  Die im UGB zusammen mit dem Disagio als aktivierungsfähiger Aufwand angeführten Geldbeschaffungskosten wurden mit dem EU-GesRÄG 1996 aus dem Gesetz herausgenommen. Der von manchen Autoren gezogene Schluss, dass damit ein Aktivierungsverbot für die Geldbeschaffungskosten eingetreten sei, ist jedoch nicht zwingend (vgl hiezu Abschnitt 2.542, Z 15).

4.274 Rechnungsabgrenzungsposten auf Grund besonderer gesetzlicher Vorschriften

4.274.1 Disagio gem § 198 Abs 7 UGB

Von einem Disagio wird dann gesprochen, wenn die Rückzahlung der Verbindlichkeit mit einem höheren Betrag erfolgt als die Auszahlung an den

Kreditnehmer. Das Gleiche gilt für die Unterpari-Ausgabe einer Anleihe, die zum Nominalwert oder über pari zurückgezahlt wird. Die Differenz kann unter den Posten der aktiven Rechnungsabgrenzung aktiviert und über die Zeitdauer des Kredites abgeschrieben werden. Die Frage, wieweit dieser Rechnungsabgrenzungsposten der Legaldefinition im Hinblick auf die Vorausleistung entspricht, kann nur so beantwortet werden, dass der Kreditnehmer fiktiv den gesamten Kreditbetrag erhält und sofort eine Vorleistung auf die künftigen Zinsen in der Höhe des Disagiobetrages leistet. Diese Vorleistung ist nunmehr der ARAP.

4.274.2 Unterschiedsbetrag gem Art X Abs 4 der Übergangsbestimmungen zum RLG

Dieser unter den Rechnungsabgrenzungsposten auszuweisende Unterschiedsbetrag erfüllt nicht die vom Gesetzgeber in § 198 Abs 5 UGB angeführten Kriterien, da weder eine Vorausleistung noch ein Aufwand für eine bestimmte Zeit nach dem Bilanzstichtag gegeben ist.

4.274.3 Unterschiedsbetrag gem Abschn XII Pensionskassengesetz

Hier handelt es sich um den Übertrag von Anwartschaften und Leistungsverpflichtungen aus direkten Leistungszusagen von einem Arbeitgeber auf eine Pensionskasse. In diesem Fall hat die Pensionskasse das nach versicherungsmathematischen Grundsätzen samt Rechnungszinsen ermittelte Deckungserfordernis vom Arbeitgeber zu fordern. Dieser hat das Deckungserfordernis in voller Höhe als Verbindlichkeit in die Bilanz einzustellen. Der Unterschiedsbetrag zwischen der in der Bilanz zum Zeitpunkt der Übertragung ausgewiesenen Pensionsrückstellung und dem Deckungserfordernis kann in der Bilanz unter den aktiven Rechnungsabgrenzungsposten ausgewiesen werden und ist über längstens 10 Jahre verteilt aufzulösen.

In allen vom Gesetzgeber initiierten Sonderfällen handelt es sich um Periodenabgrenzungen im weiteren Sinne, die aber erheblich über die sehr enge Legaldefinition hinausgehen. Das Gleiche gilt auch für die nachstehend (4.28) angeführte aktive Abgrenzung für latente Steuern. Diese erfüllt zwar die Bedingung der Vorleistung, aber keinesfalls die der „bestimmten Zeit" nach dem Bilanzstichtag, weil die Auflösung derselben von der zukünftigen Ertragslage des Unternehmens abhängig ist.

Es wäre durchaus zu überlegen, als Rechnungsabgrenzung weiterhin nur Transitorien zuzulassen, aber die Abgrenzung auf den **„Aufwand für eine bestimmte Zeit nach dem Bilanzstichtag"** in sinnvoller Weise abzuändern. Durch die Änderung wäre der Spielraum für den Bilanzierenden größer und er müsste nicht auf andere Vermögensposten, wie etwa Forderungen und sonstige Vermögensgegenstände und Vorräte, ausweichen.

4.28 Aktivische und passivische latente Steuern

4.281 Gesetzliche Vorschriften

Mit der Einfügung der Bestimmungen des § 198 Abs 9 und 10 UGB durch das EU-GesRÄG wurde analog zum Konzernabschluss auch für den Einzelabschluss die so genannte Steuerabgrenzung eingeführt, wobei für **aktive Steuerabgrenzungen** (im Gegensatz zu den Vorschriften für die Konzernrechnungslegung in § 258) nur ein **Aktivierungswahlrecht, für passive Steuerabgrenzungen** (§ 198 Abs 9) dagegen eine **Passivierungspflicht** eingeführt wurde.

Zu beachten ist, dass, da auf den dem Geschäftsjahr oder früheren Geschäftsjahren zuzurechnenden zu hohen oder zu niedrigen Steueraufwand abgestellt wird, es nur einen **einheitlichen** – entweder aktiven oder passiven – **Steuerabgrenzungsposten** gibt.

„§ 198 Abs 9 und 10 gehen von einer **Gesamtbetrachtung** aus. Alle auf einzelnen Sachverhalten beruhenden zeitlichen Ergebnisunterschiede werden zu einer Saldogröße zusammengefaßt, es **ergibt sich demnach nur ein Aktiv- oder ein Passivposten für latente Steuern“** (Erläuterungen zur RV zum EU-GesRÄG).

Die Aktivierung eines solchen Postens ist gem § 226 Abs 2 mit einer **Ausschüttungssperre** verbunden:

„Gewinne dürfen im Fall der Aktivierung … eines Abgrenzungspostens gem § 198 Abs 10 nur ausgeschüttet werden, soweit die danach verbleibenden jederzeit auflösbaren Rücklagen zuzüglich eines Gewinnvortrags und abzüglich eines Verlustvortrags dem ausgewiesenen Betrag mindestens entsprechen.“

Wenn eine Aktivierung nicht durchgeführt wird, so ist bei Kapitalgesellschaften gem § 237 Z 6 c der gem § 198 Abs 10 aktivierbare Betrag anzugeben (gilt nicht für die kleine GmbH).

Bezüglich des **Ausweises in der Bilanz** wird in den **Erläuterungen zur RV** angeführt, dass der gesonderte Ausweis der aktiven Steuerabgrenzung im Rahmen des Postens „Forderungen und sonstige Vermögensgegenstände“ oder bei den Rechnungsabgrenzungsposten erfolgen kann. Nach Meinung der Verfasser ist ein Ausweis unter „Forderungen und sonstige Vermögensgegenstände“ jedoch abzulehnen; die Verfasser schließen sich hier der herrschenden Auffassung in der deutschen Fachliteratur an, wonach ein solcher Ausweis wegen der mangelnden Eigenschaft des latenten Steueranspruches als Vermögensgegenstand nicht in Frage kommt (zB Küting/Weber[4], Rz 106 zu § 266, ADS Rz 165 zu § 266 und Rz 50 zu § 274).

Wenn auch die aktive Steuerabgrenzung die Definition des § 198 Abs 5 für **aktive Rechnungsabgrenzungsposten** nicht erfüllt, so ist dennoch der gesonderte Ausweis unter diesem Posten vorzuziehen.

4.282 Zweck und Berechnung der Steuerabgrenzung

4.282.1 Zweck der Steuerabgrenzung

Der Zweck dieser Vorschrift besteht darin, den im unternehmensrechtlichen Abschluss ausgewiesenen Steueraufwand in Übereinstimmung mit dem unternehmensrechtlichen Ergebnis zu bringen, auch wenn der nach den steuerlichen Vorschriften auf dieses Geschäftsjahr entfallende Steuerbetrag aufgrund abweichender steuerlicher Gewinnermittlungsvorschriften von dem auf das unternehmensrechtliche Ergebnis entfallenden Steuerbetrag abweicht.

4.282.2 Berechnung der Steuerabgrenzung

Die sich dabei ergebenden Fragen sollen an Hand folgenden **Beispiels** erörtert werden.

Angaben:

Eine Kapitalgesellschaft erwirbt zu Beginn eines Geschäftsjahres den Betrieb eines Einzelunternehmers. Auf Grund des vereinbarten Kaufpreises ergibt sich ein Geschäftswert im Sinn des § 203 Abs 5 im Betrag von 1,500.000. Dieser wird über einen Zeitraum von 5 Jahren abgeschrieben.

Gemäß § 8 Abs 3 EStG 1988 sind jedoch die Anschaffungskosten eines Firmenwertes bei Gewerbebetrieben gleichmäßig verteilt auf 15 Jahre abzusetzen. In den ersten fünf Jahren ist daher der steuerliche Gewinn höher als das unternehmensrechtliche Ergebnis.

Durch die Bildung einer aktiven Steuerabgrenzung kann der Aufwand für Steuern vom Einkommen und Ertrag an das niedrigere unternehmensrechtliche Ergebnis des Jahres unter folgenden Voraussetzungen angepasst werden:

a) **Voraussichtlicher Ausgleich des zu hohen Steueraufwands in späteren Geschäftsjahren.** Wenn die Kapitalgesellschaft auch für die Zukunft mit ausreichenden Gewinnen rechnen kann, ist diese Voraussetzung erfüllt.
b) Die aktive Steuerabgrenzung darf **in Höhe der voraussichtlichen Steuerentlastung nachfolgender Geschäftsjahre** gebildet werden. Unter der Voraussetzung eines gleich bleibenden Steuersatzes ergibt sich die in nachfolgender Tabelle dargestellte Entwicklung der aktiven Steuerabgrenzung und deren Auswirkung auf den Steueraufwand:

Jahr	Aufwand	Betriebs-ausgabe	Unterschied	Unterschied kumuliert	Aktive Steuer-Abgrenzung 25 %	Auswirkung auf Steuer-aufwand
1	300.000	100.000	+200.000	200.000	50.000	–50.000
2	300.000	100.000	+200.000	400.000	100.000	–50.000
3	300.000	100.000	+200.000	600.000	150.000	–50.000
4	300.000	100.000	+200.000	800.000	200.000	–50.000
5	300.000	100.000	+200.000	1.000.000	250.000	–50.000
6	–	100.000	–100.000	900.000	225.000	+25.000
7	–	100.000	–100.000	800.000	200.000	+25.000
8	–	100.000	–100.000	700.000	175.000	+25.000
9	–	100.000	–100.000	600.000	150.000	+25.000
10	–	100.000	–100.000	500.000	125.000	+25.000
11	–	100.000	–100.000	400.000	100.000	+25.000
12	–	100.000	–100.000	300.000	75.000	+25.000
13	–	100.000	–100.000	200.000	50.000	+25.000
14	–	100.000	–100.000	100.000	25.000	+25.000
15	–	100.000	–100.000	–	–	+25.000

Auswirkungen von Änderungen des Steuersatzes

Das Gesetz sieht vor, dass in Höhe der voraussichtlichen Steuerentlastung nachfolgender Geschäftsjahre ein Abgrenzungsposten gebildet werden kann. Diese voraussichtliche Steuerentlastung wird von Änderungen des Steuersatzes beeinflusst. Wenn in obigem Beispiel mit Wirkung ab dem sechsten Jahr eine Änderung des Steuersatzes eintritt, so ist der neue Steuersatz auf die Berechnungsgrundlage für die Steuerentlastung anzuwenden. Je nach Richtung der Veränderung des Steuersatzes ergibt sich eine Erhöhung oder eine Verminderung der aktiven Steuerabgrenzung. Der Unterschiedsbetrag gegenüber dem sich aus dem ursprünglichen Steuersatz ergebenden Auflösungsbetrag führt zu einer (aperiodischen) Erhöhung oder Verminderung des auszuweisenden Steueraufwandes.

Diesbezüglich muss § 233 beachtet werden, wonach Erträge und Aufwendungen, die einem anderen Geschäftsjahr zuzurechnen sind, hinsichtlich ihres Betrages und ihrer Art zu erläutern sind, wenn der Betrag für die Beurteilung der Ertragslage nicht von untergeordneter Bedeutung ist.

Aus § 234 könnte abgeleitet werden, dass die sich aus Steuerabgrenzungen ergebenden Beträge gesondert ausgewiesen werden müssen, da nach § 234, Satz 1, im Posten „Steuern vom Einkommen und vom Ertrag“ die Beträge auszuweisen sind, **die das Unternehmen als Steuerschuldner** vom Einkommen und Ertrag **zu entrichten hat.** Dies ist aber nicht der Fall, wenn die Auswirkungen der aktiven bzw passiven Steuerabgrenzung mit den Beträgen zusammengefasst werden, die das Unternehmen als Steuerschuldner zu entrichten hat.

Die Berücksichtigung der voraussichtlichen (zukünftigen) Steuerentlastung entspricht der angloamerikanischen **Liability-Methode.** Da in der Regel dem Unternehmen nur der gegenwärtige Steuersatz, aber nicht eventuelle künftige Steuersätze bekannt sind, wird die Berechnung in der Regel auf Basis des gegenwärtigen Steuersatzes durchgeführt. Wenn im Einzelfall jedoch die Entwicklung der Steuersätze für einige Jahre bekannt sein sollte, ist durch eine genaue Rechnung festzustellen, in welchem Geschäftsjahr sich welche Änderungen der Berechnungsgrundlage der Steuerabgrenzung ergeben; diesfalls ist also eine **Einzelfortschreibung der Berechnungsgrundlage des Steuerabgrenzungspostens** durchzuführen.

Behandlung der aktiven Steuerabgrenzung in Verlustjahren

In diesem Zusammenhang ist zu untersuchen, ob nach wie vor in den nachfolgenden Geschäftsjahren eine Steuerentlastung voraussichtlich eintritt oder ob mit einer künftigen Steuerentlastung voraussichtlich nicht mehr zu rechnen ist.

Die folgenden Erläuterungen knüpfen an die Tabelle zu obigem Beispiel an:

a) Die Kapitalgesellschaft erleidet im Jahr 6 aufgrund außerordentlicher, sich nicht wiederholender Ereignisse einen Verlust, der durch den Gewinn des Jahres 7 überkompensiert wird. Auch für die nachfolgenden Jahre ist wiederum mit positiven Ergebnissen zu rechnen.

   Im Jahr 6 tritt infolge des Verlustes keine Steuerentlastung ein, sodass die Voraussetzung für eine Auflösung nicht gegeben ist. Die Steuerentlastung tritt erst im Jahr 7 ein; es ist daher so vorzugehen, dass im Jahr 6 die aktive Steuerabgrenzung unverändert bleibt und im Jahr 7 eine Auflösung in Höhe der auf die Jahre 6 und 7 entfallenden Beträge durchzuführen ist.

   Es ist jedoch keinesfalls zulässig, in die Berechnungsgrundlage für die aktive Steuerabgrenzung den Verlust des Jahres 6 einzubeziehen, weil es sich hier nicht um einen Unterschiedsbetrag zwischen dem steuerlichen und dem unternehmensrechtlichen Ergebnis handelt.

Auch für in Verlustjahren entstehende Unterschiedsbeträge zwischen unternehmensrechtlicher und steuerlicher Gewinnermittlung kann eine aktive Steuerabgrenzung gebildet werden, wenn in späteren Jahren daraus eine Steuerentlastung zu erwarten ist (Hoyos/Fischer, in: Beck'scher Bilanzkommentar[4], 1999, Rz 66 zu § 274). Dies kann dazu führen, dass aufgrund einer im Verlustjahr neu gebildeten aktiven Steuerabgrenzung ein negativer Steueraufwand ausgewiesen wird.

b) Eine länger andauernde Verlustperiode gibt jedoch Anlass zu Überlegungen, ob überhaupt noch mit dem Eintritt einer Steuerentlastung gerechnet werden kann. Nur bei Vorliegen plausibler mittelfristiger Planungsrechnungen kann der unter a) angeführte Weg weiter beschritten werden. Der Vorsichtsgrundsatz ist bei Weiterführung der aktiven Steuerabgrenzung in mehreren aufeinander folgenden

Verlustperioden zu beachten. Wenn Zweifel daran bestehen, dass es tatsächlich noch zu einer Steuerentlastung kommen könnte, ist die aktive Steuerabgrenzung, soweit angesichts der Zusammensetzung der Berechnungsgrundlage das Zustandekommen einer Steuerentlastung zweifelhaft erscheint, aufzulösen, dh als Aufwand zu verrechnen.

Diese Situation wird allerdings durch die Aufhebung der zeitlichen Begrenzung (Siebenjahresfrist) des steuerlichen Verlustvortrages durch das Strukturanpassungsgesetz 1996 entschärft.

4.282.3 Permanente und zeitliche Differenzen zwischen unternehmensrechtlichem und steuerrechtlichem Ergebnis

Abweichungen zwischen unternehmensrechtlichem und steuerlichem Ergebnis, bei denen **keine Umkehrung** in Folgejahren eintritt, können nicht zu einer Steuerabgrenzung führen (zB **nicht abzugsfähige Repräsentationsaufwendungen, Spenden** und Ähnliches). So genannte **quasi-permanente Abweichungen,** dh wenn sich Ergebnisse erst in ferner nicht bestimmbarer Zukunft oder überhaupt erst bei Liquidation des Unternehmens umkehren (zB unternehmensrechtlich durchgeführte, aber steuerlich nicht anerkannte Abschreibungen von Beteiligungen oder Grund und Boden), sind in die Berechnungsgrundlage für die Steuerabgrenzung infolge des Grundsatzes der Unternehmensfortführung nicht einzubeziehen (Schnicke/Fischer, in: Beck'scher Bilanzkommentar[3], Rz 55 zu § 274).

Im Zusammenhang mit der Berechnung der Steuerabgrenzung ergibt sich auch die Frage, ob bei längerfristigen Abgrenzungen eine **Abzinsung erforderlich** bzw zulässig ist. Aus dem Gesetz lässt sich dies nicht ableiten, da hier auf die Höhe der voraussichtlichen Steuerentlastung nachfolgender Geschäftsjahre abgestellt wird. Außerdem hat die Steuerabgrenzung den Charakter eines Abgrenzungspostens, bei dem keine Abzinsung in Frage kommt (siehe auch Schnicke/Fischer, in: Beck'scher Bilanzkommentar[3], Rz 17 zu § 274).

4.282.31 Beispiele für zeitliche Differenzen zwischen unternehmensrechtlichem und steuerlichem Ergebnis

Differenzen, die zu einer aktiven Steuerabgrenzung führen:

- Unterschiede im Ansatz der Herstellungskosten bei selbsterstellten Anlagen, unfertigen und fertigen Erzeugnissen, noch nicht abrechenbaren Leistungen;
- Unterschiedsbeträge aus der Bewertung des Firmenwertes – § 203 Abs 5;
- Abschreibungen auf Gegenstände des Umlaufvermögens aufgrund von Wertminderungen, die erst nach dem Bilanzstichtag eingetreten sind – § 207 Abs 2;
- Forderungsbewertung – steuerliche Nichtanerkennung von Pauschalwertberichtigungen – § 6 Z 2 a EStG 1988;

- Unterschiedsbeträge aus unternehmensrechtlich nicht aktivierungsfähigen, steuerlich dagegen aktivierungspflichtigen Geldbeschaffungskosten – § 198 Abs 7 bzw § 6 Z 3 EStG 1988;
- Unterschiede auf Grund steuerlich nicht zulässiger Abschreibungsmethoden – gem § 7 Abs 1 EStG 1988 ist derzeit nur eine lineare Absetzung für Abnutzung zulässig;
- eventuelle Unterschiedsbeträge aus steuerlich nicht anerkannten Bewertungsvereinfachungsverfahren, zB Anwendung des Hifo- oder Lifo-Verfahrens;
- Unterschiedsbeträge aus steuerlich nicht oder nicht in gleicher Höhe anerkannten Rückstellungen:
  - pauschal gebildete Rückstellungen im Sinne des § 9 Abs 3 EStG 1988
  - Aufwandsrückstellungen im Sinne des § 198 Abs 8 Z 2
  - Unterschiedsbeträge aus dem Wertansatz von Rückstellungen für Abfertigungen, Pensionen und Jubiläumsgelder
  - bei Pensionsrückstellungen außerdem Unterschiedsbeträge aus der Wahl eines unterschiedlich langen Aufstockungszeitraumes im Sinne des Artikels X Abs 3 RLG.
  - 20 % Abschlag bei Rückstellungen mit einer Laufzeit von 12 Monaten und mehr
  - Abschreibungsdifferenzen bei PKW gem Strukturanpassungsgesetz
  - Unterschiedsbeträge bei Abschreibungen und Verlusten anlässlich des Ausscheidens von Beteiligungen, da diese Beträge gem § 12 Abs 3 Z 2 KStG idF des Art 111 Strukturanpassungsgesetz 1996 nicht sofort, sondern nur verteilt auf sieben Jahre, steuerlich geltend gemacht werden können
  - gleichmäßige Verteilung des Unterschiedsbetrages zwischen der steuerwirksam gebildeten Abfertigungsrückstellung und dem an die Mitarbeitervorsorgekasse zu leistenden Betrag auf 5 Jahre gem § 124 b Z 66 EStG.
  - Werden nach einer Übertragung der Abfertigungsansprüche auf eine als versteuert geltende Rücklage Abfertigungsansprüche ausbezahlt oder an eine MV-Kasse übertragen, sind die entstehenden Aufwendungen ebenfalls auf 5 Jahre zu verteilen (§ 124 b Z 68 lit c).

    Beispiel: Die mit 500 zu Buche stehende Abfertigungsrückstellung wird an eine Mitarbeitervorsorgekasse übertragen. An die Mitarbeitervorsorgekasse sind 600 zu leisten. Der Unterschiedsbetrag von 100 ist unternehmensrechtlich sofort und steuerrechtlich über 5 Jahre verteilt aufwandsmäßig anzusetzen. Die aktive Steuerabgrenzung entwickelt sich folgendermaßen (KöSt-Satz: 25 %):

Jahr	Aufwand Unternehmensrecht	Aufwand Steuerrecht	Differenz	Bildung bzw Auflösung Akt Steuerabgr	Aktive Steuerabgr
1	100	20	80	20	20
2		20	–20	–5	15
3		20	–20	–5	10
4		20	–20	–5	5
5		20	20	–5	0

Differenzen, die zu einer passiven Steuerabgrenzung führen:

- Unterschiedsbeträge aus der Übernahme von Verlustanteilen aus Beteiligungen an Personengesellschaften, wenn der der Kapitalgesellschaft steuerlich zugerechnete Verlust unternehmensrechtlich nicht zu einer Abschreibung der Beteiligung führt.
- Eventuelle Unterschiedsbeträge bei den Abschreibungen, wenn unternehmensrechtlich die planmäßige Abschreibung zeitaliquot und nicht nach der im Steuerrecht vorgeschriebenen Halbjahresregelung durchgeführt wird.
- Aktivierte Aufwendungen für die Währungsumstellung auf Euro (da diese Vorschrift nur für das UGB in Geltung ist, und nicht in das EStG übernommen wurde).

Für **passive Steuerabgrenzungen** (bzw einen Passivsaldo der Steuerabgrenzung) gilt § 198 Abs 9. Für eine passive Steuerabgrenzung ist nach dieser Vorschrift eine Rückstellung zu bilden, die **in der Bilanz gesondert auszuweisen oder im Anhang gesondert anzugeben** ist. Soweit eine unversteuerte Rücklage (§ 205) ausgewiesen ist, bedarf es einer solchen Rückstellung nicht. Diese Rückstellung ist aufzulösen, sobald die höhere Steuerbelastung eintritt oder mit ihr voraussichtlich nicht mehr zu rechnen ist.

4.282.4 Die Bilanzierung latenter Steueransprüche und Schulden im Zusammenhang mit der Gruppenbesteuerung

Die Auswirkungen der **Gruppenbesteuerung** auf die Bilanzierung latenter Steuern ergeben sich gem Fachsenat für Unternehmensrecht und Revision (März 2008) wie folgt:

Da die einzelnen **Gruppenmitglieder** weiterhin unbeschränkt steuerpflichtige Steuersubjekte bleiben, sind die Bestimmungen über latente **Steueransprüche und -schulden** von den einzelnen Gruppenmitgliedern ungeachtet der bestehenden Steuergruppe anzuwenden. In diesem Zusammenhang stellt sich die Frage, mit welchem Steuersatz die latenten Steuern zu ermitteln sind, wenn bei Anwendung der Verteilungsmethode oder der Periodenabrechnungsmethode (siehe Kapitel 4.246) zwischen **Gruppenträger und Gruppenmitglied** ein geringerer als der aktuell (bzw künftig) gültige Körperschaftsteuersatz vereinbart wird. Der Fachsenat ist der Ansicht, dass in diesem Fall für die Bemessung der **latenten Steueransprüche und -schulden** der nach der Umlagevereinbarung erwartete Steuersatz heranzuziehen ist, weil dieser die Höhe der voraussichtlichen Steuerbe- bzw -entlastung aus Sicht des Gruppenmitgliedes abbildet. Ist der nach der **Umlagevereinbarung** erwartete Steuersatz nicht abschätzbar, ist der aktuell (bzw künftig) gültige Körperschaftsteuersatz zu verwenden. Der angewendete Steuersatz ist im Anhang anzugeben.

Auf Grund der Gruppenvereinbarung ist der **Gruppenträger** verpflichtet, die latente Steuerlast des **Gruppenmitgliedes** im Zeitpunkt der **Umkehr** zu tragen. Daher hat der Gruppenträger für latente Steuerschulden eines Gruppenmitgliedes insoweit eine Rückstellung zu bilden, als dies – bspw auf Grund der Anwendung eines im Vergleich zum gültigen Steuersatz **geringeren Umlagesatzes** – noch nicht beim Gruppenmitglied erfolgt ist. Die Höhe der Rückstellung ergibt sich dabei aus dem Unterschiedsbetrag zwischen der passiven Steuerlatenz, berechnet mit dem Steuersatz, der im Zeitpunkt der Umkehr der zeitlich begrenzten Ergebnisunterschiede voraussichtlich Gültigkeit haben wird, und dem Betrag, den das Gruppenmitglied in seinem Jahresabschluss rückgestellt hat. Für latente Steuerguthaben besteht sinngemäß ein Wahlrecht zum Ansatz einer zusätzlichen **aktiven Steuerabgrenzung.**

Zur Frage der Berücksichtigung des **Steuervorteils aus einer Firmenwertabschreibung** gem § 9 Abs 2 KStG vertritt der Fachsenat die Ansicht, dass weder zum Zeitpunkt des Unternehmenserwerbs noch zum Zeitpunkt des Abschlusses des Gruppenvertrags für den künftigen steuerlichen Vorteil aus der Firmenwertabschreibung eine aktive latente Steuerabgrenzung angesetzt werden kann. Dies ergibt sich aus § 198 Abs 10 UGB, weil gemäß dieser Vorschrift eine aktive latente Steuerabgrenzung nur dann gebildet werden darf, wenn „der nach steuerrechtlichen Vorschriften zu versteuernde Gewinn höher als das unternehmensrechtliche Ergebnis ist". Da der Abschluss des Gruppenvertrags weder steuerrechtlich noch unternehmensrechtlich die Gewinn- und Verlustrechnung tangiert, ist ein Ansatz nicht möglich.

Die **laufende Firmenwertabschreibung** bzw die damit einhergehende Verminderung des Beteiligungsansatzes kürzt den nach den steuerrechtlichen Vorschriften zu versteuernden Gewinn, während das unternehmensrechtliche Ergebnis davon unberührt bleibt. Nach § 198 Abs 9 UGB war daher grundsätzlich eine Rückstellung für latente Steuern zu bilden.

Das Fachgutachten KFS/RL 15 (Stellungnahme des Fachsenats für Unternehmensrecht und Revision zur Steuerabgrenzung im Einzelabschluss und im Konzernabschluss) führt aber im Abschnitt 1.3.1. aus:

„Bei Unterschieden zwischen dem unternehmensrechtlichen und steuerrechtlichen Wertansatz von **Beteiligungen und Grund und Boden**, für die keine Veräußerungsabsicht besteht, fehlt die für eine Steuerabgrenzung gesetzlich geforderte Voraussetzung, dass sich der zu hohe (zu niedrige) Steueraufwand in späteren Geschäftsjahren voraussichtlich ausgleicht; wenn es erst im Zuge der Auflösung des Unternehmens zu einem Ausgleich der Wertunterschiede kommt, ist die Wahrscheinlichkeit dieses Ausgleichs nicht anzunehmen.

Ergebnisunterschiede, die nicht berücksichtigt wurden, weil ihr Ausgleich in der Zukunft nicht absehbar war, sind in dem Zeitpunkt zu berücksichtigen, in dem auf Grund gesetzlicher Regelungen, geänderter Verhältnisse oder unternehmerischer Entscheidungen (zB Veräußerungsabsicht für Grundstücke und Beteiligungen oder Änderung steuerrechtlicher Vorschriften) der künftige Ausgleich absehbar ist."

Diese Ausführungen treffen sinngemäß auch auf die **laufende Firmenwertabschreibung** zu. Die damit verbundene Verminderung des Beteiligungsansatzes stellt eine sog quasi-permanente Differenz dar, für die zunächst keine Rückstellung für latente Steuern zu bilden ist. Eine Verpflichtung zur Bildung einer Rückstellung für latente Steuern entsteht erst mit der Absicht, den Status der Beteiligung zB durch Veräußerung oder Umgründung zu ändern.

4.282.5 Behandlung der steuerlichen Belastung bei Bewertungsmaßnahmen anlässlich von Umgründungen (Neubewertung nach § 202 Abs 1 bzw Entstehung eines Umgründungsmehrwertes und Firmenwertes nach § 202 Abs 2)

Da, wie in Kapitel 4.221.53 angeführt, die aus Aufwertungsbeträgen anlässlich von Umgründungen entstehenden Aufwendungen keine steuerlich abzugsfähigen Betriebsausgaben darstellen, sind die Ertragsteuern, die auf den unternehmensrechtlichen Gewinn entfallen würden, niedriger als die tatsächlich anfallenden Ertragsteuern.

Da die Unterschiedsbeträge zwischen unternehmensrechtlichem und steuerlichem Ergebnis insoweit keine zeitlichen Differenzen darstellen, sind die Vorschriften des § 198 Abs 9 über die passive Steuerabgrenzung nicht anwendbar. Die in der Zukunft anfallenden Steuermehrbeträge stellen auch keine Rückstellungen für ungewisse Schulden im Sinne des § 198 Abs 8 Z 1 dar und auch die Voraussetzungen für die Bildung einer Aufwandsrückstellung sind nicht gegeben.

Da außerdem gem § 198 Abs 8 Z 3 andere Rückstellungen als die gesetzlich vorgesehenen nicht gebildet werden dürfen, besteht keine gesetzliche Grundlage für die Bildung einer Rückstellung für latente Steuern.

Da davon auszugehen ist, dass die höhere Steuerbelastung der (unternehmensrechtlichen) Ergebnisse für die Vermittlung eines möglichst getreuen Bildes der Vermögens-, Finanz- und Ertragslage von Bedeutung ist, liegt hier ein Fall des § 222 Abs 2 zweiter Satz vor, dass, wenn dies aus besonderen Umständen nicht gelingt, im Anhang die erforderlichen zusätzlichen Angaben zu machen sind.

Dies bedeutet, dass im Anhang Angaben über die Unterschiede der Wertansätze, gegebenenfalls über den zeitlichen Anfall dieser Unterschiedsbeträge und die sich daraus ergebenden steuerlichen Auswirkungen zu machen sind.

Diesbezüglich wird jedoch auf die „**Stellungnahme** des Fachsenates für Unternehmensrecht und Revision der Kammer der Wirtschaftstreuhänder **zur Steuerabgrenzung im Einzelabschluß und im Konzernabschluß**" (KFS/RL 15, 12/99) verwiesen. Darin wird die Auffassung vertreten, **dass die Bildung entsprechender Rückstellungen im Hinblick auf Art 2 Abs 5 der 4. EG-Richtlinie nicht zu beanstanden ist,** da in dieser Vorschrift verlangt wird, dass von konkreten Vorschriften abzuweichen ist, wenn bei deren Einhaltung ein den tatsächlichen Verhältnissen entsprechendes Bild der Vermögens-, Finanz- und Ertragslage nicht vermittelt wird. Außerdem wird in der Stellungnahme (Abschnitt 1.7) auf die Vorgangsweise nach IAS 12 verwiesen.

4.282.6 Sonstiges

Wie bereits angeführt, geht das Gesetz von einer Gesamtbetrachtung aus, dass nämlich (entsprechend den Erläuterungen zur RV zum GesRÄG 1996) alle auf einzelnen Sachverhalten beruhenden zeitlichen Ergebnisunterschiede zu einer **Saldengröße** zusammengefasst werden und sich daher nur **entweder ein Aktiv- oder ein Passivposten** für latente Steuern ergibt. Dies bedeutet aber, dass bei Bestehen von Unterschiedsbeträgen, die in isolierter Betrachtung zu einer passiven Steuerabgrenzung führen würden, untersucht werden müsste, ob sich nicht aus anderen Einzelposten als Ausgleich eine aktive Steuerabgrenzung ergibt. Soweit dies der Fall ist, kann auch keine passive Steuerabgrenzung angesetzt werden. Das Aktivierungsrecht setzt erst ab dem Punkt ein, ab welchem die einzelnen aktiven Steuerabgrenzungen die passiven Steuerabgrenzungen übersteigen.

Hoyos/Fischer, in: Beck'scher Bilanzkommentar[4], Rz 11 zu § 274, halten auch einen gesonderten Ausweis der aktiven und der passiven Steuerabgrenzung für zulässig:

> „Soweit hierbei die aktive die passive Steuerabgrenzung nicht übersteigt, besteht für den aktiven Abgrenzungsposten Aktivierungspflicht; das für einen aktiven Steuerabgrenzungsposten gem Abs 2 geregelte Ansatzwahlrecht erstreckt sich auch bei unsaldiertem Ausweis nur auf den Betrag, um den die voraussichtliche Steuerentlastung die voraussichtliche Steuerbelastung übersteigt."

Dieser gesonderte Ausweis steht allerdings im Widerspruch zu den Erläuterungen zur RV.

Im Zusammenhang mit der **passiven Steuerabgrenzung** enthält das Gesetz eine Klarstellung, dass es in Verbindung mit einer **unversteuerten**

Rücklage nach § 205 einer solchen Rückstellung nicht bedarf. Diese Klarstellung wird sinngemäß auch auf die auf der Passivseite ausgewiesenen Investitionszuschüsse aus öffentlichen Mitteln anzuwenden sein.

Nach Schnicke/Fischer, in: Beck'scher Bilanzkommentar[3], Rz 1 zu § 274 **hat „das Konzept der Steuerabgrenzung für den Einzelabschluß in der Bilanzierungspraxis keine große Bedeutung erlangt,** da es nur bei einer Durchbrechung des (umgekehrten) Maßgeblichkeitsprinzips zur Anwendung kommt und **aktive latente Steuern** wegen des Aktivierungswahlrechts in der Regel nicht angesetzt werden".

4.3 Die einzelnen Posten der Passivseite der Bilanz

4.31 Eigenkapital der Kapitalgesellschaft

Die Darstellung des Eigenkapitals der Einzelunternehmen und Personengesellschaften befindet sich im Abschnitt 2.412 A.

4.311 Untergliederung

A. Eigenkapital:

I. Nennkapital (Grund-, Stammkapital);
II. Kapitalrücklagen:
  1. gebundene;
  2. nicht gebundene;
III. Gewinnrücklagen:
  1. gesetzliche Rücklage;
  2. satzungsmäßige Rücklagen;
  3. andere Rücklagen (freie Rücklagen);
  [Rücklage für eigene Anteile, Anteile an herrschenden oder mit Mehrheit beteiligten Unternehmen gem § 225 Abs 5]
IV. Bilanzgewinn (Bilanzverlust),
  davon Gewinnvortrag/Verlustvortrag.

4.312 Allgemeines

Eine ausdrückliche **Definition** des Eigenkapitals ist im Gesetz nicht enthalten. Aus § 198 Abs 1 ergibt sich, dass das Eigenkapital eine **Saldogröße** zwischen den Posten der Aktivseite (Anlage- und Umlaufvermögen, aktive Rechnungsabgrenzungen, sonstige aktivierungsfähige Posten wie zB Aufwendungen für das Ingangsetzen und Erweitern des Betriebes) und den unversteuerten Rücklagen, Rückstellungen, Verbindlichkeiten und passiven Rechnungsabgrenzungen darstellt. Auch für das Eigenkapital gilt die Vorschrift des § 198 Abs 1, letzter Halbsatz, dass es „unter Bedachtnahme auf die Grundsätze des § 195 aufzugliedern" ist. Für Kapitalgesellschaften ist die Aufgliederung des Eigenkapitals in § 224 Abs 3 A ausdrücklich vorgeschrieben.

Der unternehmensrechtliche Begriff des **Eigenkapitals** deckt sich nur zum Teil mit betriebswirtschaftlichen Eigenkapitalbegriffen; so gehören zB bei einer analytischen Betrachtung die **unversteuerten Rücklagen** abzüglich einer eventuell darauf entfallenden Steuerbelastung zum Eigenkapital, andererseits müsste zB der Posten **„Bilanzgewinn"**, soweit er zur Ausschüttung bestimmt ist, als Bestandteil des Fremdkapitals (Verbindlichkeiten gegenüber den Gesellschaftern) betrachtet werden. Auch der **Bindungscharakter** oder die **Eigenkapitalqualität** der gem § 224 auszuweisenden Posten ist unterschiedlich. Die stärkste Bindung an das Unternehmen ergibt sich beim **Nennkapital** und den **gebundenen Rücklagen,** die nur unter ganz bestimmten Voraussetzungen aufgelöst werden können. Eine ähnliche Bindung ergibt sich, wenn auch zeitlich befristet, bei Rücklagen, die einer **Ausschüttungssperre** unterliegen, zB im Zusammenhang mit der Aktivierung von Aufwendungen für das Ingangsetzen und Erweitern eines Betriebes und einer aktiven Steuerabgrenzung (siehe § 226 Abs 2), weiterhin ist eine ähnliche Bindung in Zusammenhang mit der „**Rücklage für eigene Anteile, Anteile an herrschenden oder mit Mehrheit beteiligten Unternehmen**" gegeben. Die **freien Rücklagen** unterliegen jedoch der Disposition der Geschäftsführung bzw der Hauptversammlung/Generalversammlung, da sie rechtlich ausschüttungsfähig sind.

Der Posten „Eigenkapital" kann auch nicht mit **„haftendem Kapital"** gleichgesetzt werden, da auch unter „Verbindlichkeiten" ausgewiesene Posten unter bestimmten Voraussetzungen haftendes Kapital darstellen können, so zB am Verlust beteiligtes als Verbindlichkeiten zu erfassendes **Genussscheinkapital, die Einlagen** am Verlust beteiligter **stiller Gesellschafter, eigenkapitalersetzende Gesellschafterdarlehen,** sonstige **nachrangige Verbindlichkeiten.** Insbesondere beim Genussscheinkapital ist aufgrund der konkreten Ausgestaltung zu klären, ob es sich um Eigenkapital oder um Verbindlichkeiten des Unternehmens handelt (siehe Kapitel 4.318.4).

4.313 Nennkapital (Grund-, Stammkapital) und ausstehende Einlagen

4.313.1 Nennkapital

Gem § 229 Abs 1 ist das Nennkapital auf der Passivseite mit dem Betrag der übernommenen Einlagen anzusetzen.

Das Nennkapital ist in Höhe des im **Firmenbuch** zum Bilanzstichtag eingetragenen Betrages auszuweisen. Eine Änderung des Nennbetrages kann nur durch die in §§ 149 ff AktG und §§ 52 ff GmbH-Gesetz vorgesehenen Maßnahmen erfolgen.

Im Zusammenhang mit der Einführung des Euro sind folgende Bestimmungen des **1. Euro-JuBeG** zu beachten:

- **Artikel I § 8 – Gesetzliche Umrechnung der Aktiennennbeträge und des Grundkapitals**

  § 8 Abs 1 enthält die Vorschrift, dass „Aktiennennbeträge auf Grundlage des kleinsten Aktiennennbetrags mit dem vom Rat der Europäischen Union gemäß Artikel 109 l, Abs. 4 erster Satz des EG-Vertrages unwiderruflich festgelegten Umrechnungskurs umgerechnet werden. ..... Ausgehend von diesem Betrag werden die höheren Aktiennennbeträge als ein Vielfaches dieses Betrages errechnet. Das Grundkapital ergibt sich aus der Summe der so errechneten Aktiennennbeträge ..... Unterschiedsbeträge, die sich aus der Umrechnung ergeben, sind in die gebundene Kapitalrücklage einzustellen bzw. zuerst aus ungebundenen Gewinnrücklagen, danach aus ungebundenen Kapitalrücklagen, sodann aus der gesetzlichen Rücklage und zuletzt aus gebundenen Kapitalrücklagen zu decken; allfällige noch bestehende Fehlbeträge sind in die Gewinn- und Verlustrechnung aufzunehmen."
- Die **§§ 9 und 10** enthalten Vorschriften für die Erhöhung des Grundkapitals aus Gesellschaftsmitteln zur Anpassung des Grundkapitals und der Aktiennennbeträge bzw für die Herabsetzung des Grundkapitals zur Anpassung des Grundkapitals und der Aktiennennbeträge.

  Analoge Vorschriften enthalten die §§ 12 und 13 für die GmbH.
- In **Art IV** werden der **Mindestnennbetrag des Grundkapitals** (§ 7 Aktiengesetz) mit 70.000 Euro festgelegt und sämtliche Änderungen festgehalten, die sich aus der Euro-Einführung und der Einführung der Stückaktie ergeben.
- Nach Art VI wird das **Mindeststammkapital** (§ 6 Abs 1 GmbH-Gesetz) mit **35.000 Euro** festgelegt.
- Art X, Übergangsbestimmungen, enthält in § 2 Abs 3 folgende Vorschrift für den **Ausweis des Nennkapitals**:

  „Stellen Unternehmen Jahres- und Konzernabschlüsse vor Umstellung ihres Nennkapitals auf Euro in Euro auf, **so ist das Nennkapital in der Hauptspalte in Euro und in der Vorspalte in Schilling auszuweisen**. Stellen Unternehmen Jahres- und Konzernabschlüsse nach Umstellung ihres Nennkapitals auf Euro in Schilling auf, so ist das Nennkapital in der Hauptspalte in Schilling und in der Vorspalte in Euro auszuweisen."

4.313.2 Ausstehende Einlagen

Nicht eingeforderte ausstehende Einlagen sind (in der Vorspalte) vom Nennkapital offen abzusetzen, sodass in der Bilanz insgesamt das eingeforderte Nennkapital ausgewiesen wird.

Eingeforderte, aber noch nicht eingezahlte Einlagen sind unter den Forderungen gesondert auszuweisen und entsprechend zu bezeichnen; aus dieser Vorschrift ergibt sich eine Erweiterung der Gliederung in Gruppe B II auf der Aktivseite (vgl Kapitel 4.242).

4.313.3 Nennkapitalausweis bei Erwerb eigener Aktien

Gem § 229 Abs 1 UGB kann eine **offene Saldierung** (in der Vorspalte) mit dem Nennbetrag oder, falls ein solcher nicht vorhanden ist, mit dem rechnerischen Wert eigener Aktien **in folgenden Fällen** durchgeführt werden:

a) wenn Aktien zur Einziehung gem § 65 Abs 1 Z 6 AktG erworben werden;
b) wenn die Hauptversammlung in der Ermächtigung zum Rückkauf eigener Aktien den Vorstand ermächtigt hat, die eigenen Aktien ohne weiteren Hauptversammlungsbeschluss einzuziehen (Z 8);
c) wenn der Erwerb nicht zur Einziehung erfolgt ist, aber in dem Beschluss über den Rückkauf die spätere Veräußerung von einem Beschluss der Hauptversammlung abhängig gemacht worden ist.

Im Falle der Absetzung des Nennbetrages oder des rechnerischen Wertes dieser eigenen Aktien in der Vorspalte ist der Unterschiedsbetrag zwischen den Anschaffungskosten der eigenen Aktien und dem Nennbetrag oder dem rechnerischen Wert mit den nicht gebundenen Kapitalrücklagen bzw den freien Gewinnrücklagen zu verrechnen.

Die offene Saldierung gegen das Nennkapital und die Verrechnung mit nicht gebundenen Rücklagen führt dazu, dass das Eigenkapital insgesamt um die Anschaffungskosten der erworbenen eigenen Aktien verringert wird. Da die Saldierung gegen das Nennkapital zu einer **Verringerung des gebundenen Kapitals** führt (was mit den Kapitalerhaltungsvorschriften der 2. gesellschaftsrechtlichen Richtlinie nicht vereinbar wäre) schreibt das Gesetz die Anwendung des § 192 Abs 5 AktG vor; dies bedeutet, dass in Höhe der Verminderung des Nennkapitals zusätzlich gebundene Rücklagen zu bilden sind.

4.313.4 Ordentliche Kapitalerhöhung

Gemäß § 149 AktG erfordert dies einen Hauptversammlungsbeschluss mit mindestens drei Viertel des bei der Beschlussfassung vertretenen Grundkapitals. Der **Beschluss über die Erhöhung** des Grundkapitals ist zur Eintragung in das Firmenbuch anzumelden (§ 151 AktG). Nach Zeichnung der Aktien und Leistung der festgesetzten Einzahlungen bzw Erbringung der Sacheinlagen, haben der Vorstand und der Vorsitzende des Aufsichtsrats die **Durchführung der Erhöhung des Grundkapitals** zur Eintragung in das Firmenbuch anzumelden (§ 155 AktG).

Gemäß § 156 AktG ist mit der **Eintragung der Durchführung der Erhöhung des Grundkapitals** das Grundkapital erhöht. Erst ab diesem Zeitpunkt darf in der Bilanz das geänderte Grundkapital ausgewiesen werden.

In diesem Zusammenhang ergibt sich folgende Ausweisfrage: Wie sind vor dem Bilanzstichtag aber nach dem Kapitalerhöhungsbeschluss einbezahlte Beträge auszuweisen, wenn die Eintragung der Durchführung der Erhöhung des Grundkapitals erst nach dem Bilanzstichtag erfolgt?

Ein Vorschlag geht dahin, dass die einbezahlten Beträge nach dem Eigenkapital als gesonderter Posten ausgewiesen werden sollten, zB unter der Bezeichnung **„Geleistete Einlagen zur Durchführung einer beschlossenen Kapitalerhöhung“** (Küting/Weber[4], Rz 12 zu § 272, ADS, Rz 16 zu § 272, Hofians, in: Straube[2], Rz 5 zu § 229). Nach Förschle/Kofahl, in: Beck'scher Bilanzkommentar[3], Rz 20 zu § 272, darf dieser Posten zumindest nach Eintragung des Erhöhungsbeschlusses auch **gesondert innerhalb des Eigenkapitals gezeigt** werden. Dieser Ansicht schließen sich die Verfasser an; dies ist insbesondere im Hinblick darauf vertretbar, dass in der Regel bis zur Bilanzerstellung die Eintragung der Durchführung der **Erhöhung des Grundkapitals** bereits erfolgt sein wird.

Dieser Sonderposten innerhalb des Eigenkapitals umfasst die gesamten geleisteten Einzahlungen, dh **Nennbetrag zuzüglich Agio;** eine Zuordnung zum Nennbetrag und zu den Kapitalrücklagen darf erst nach Eintragung der Durchführung der Kapitalerhöhung vorgenommen werden.

4.313.5 Bedingte Kapitalerhöhung

Gemäß § 159 Abs 1 AktG kann die Hauptversammlung eine Erhöhung des Grundkapitals beschließen, die nur so weit durchgeführt werden soll, als von einem unentziehbaren **Umtausch- oder Bezugsrecht** Gebrauch gemacht wird, das die Gesellschaft auf die neuen Aktien (Bezugsaktien) einräumt (bedingte Kapitalerhöhung).

Die bedingte Kapitalerhöhung darf nur zu folgenden Zwecken beschlossen werden:

1. Zur Gewährung von Umtausch- oder Bezugsrechten an Gläubiger von Wandelschuldverschreibungen;
2. zur Vorbereitung des Zusammenschlusses mehrerer Unternehmungen;
3. **zur Einräumung von Aktienoptionen** an Arbeitnehmer, leitende Angestellte und Mitglieder des Vorstandes und des Aufsichtsrats der Gesellschaft oder eines mit ihr verbundenen Unternehmens.

   Im Zusammenhang mit der bedingten Kapitalerhöhung bei der Einräumung von Aktienoptionen hat der Vorstand der Hauptversammlung einen schriftlichen Bericht zu erstatten, der zumindest folgende Punkte enthalten muss:

   1. die der Gestaltung der Aktienoptionen zugrunde liegenden Grundsätze und Leistungsanreize;

2. Anzahl und Aufteilung der einzuräumenden und bereits eingeräumten Optionen für Arbeitnehmer, leitende Angestellte und für die einzelnen Organmitglieder unter Angabe der jeweils beziehbaren Anzahl von Aktien;
3. die wesentlichen Bedingungen der Aktienoptionsverträge, insbesondere Ausübungspreis oder die Grundlagen oder die Formel seiner Berechnung;
4. Laufzeit sowie zeitliche Ausübungsfristen, Übertragbarkeit der Optionen und allfällige Behaltefrist für bezogene Aktien.

Im Falle der Gewährung von Aktienoptionen an Vorstandsmitglieder ist der Bericht vom Aufsichtsrat zu erstatten (dieser Punkt wurde mit BGBl I 2001/42 **„Aktienoptionsgesetz"** mit Wirkung ab 1.5.2001 eingeführt).

Zu einer bedingten Kapitalerhöhung für die Einräumung von Aktienoptionen an Arbeitnehmer, leitende Angestellte und Mitglieder des Vorstandes kann die Hauptversammlung den Vorstand bis zu einem bestimmten Nennbetrag auch ermächtigen; die Entscheidung des Vorstands bedarf der Zustimmung des Aufsichtsrats **(genehmigte bedingte Kapitalerhöhung**, § 159 Abs 3 AktG).

Für die bedingte Kapitalerhöhung bestehen folgende Begrenzungen:

– Der Nennbetrag des bedingten Kapitals darf insgesamt die Hälfte, der Nennbetrag, der zur Einräumung von Optionen bestimmt ist, dabei den zehnten Teil des zur Zeit des Beschlusses über die bedingte Kapitalerhöhung vorhandenen Grundkapitals nicht übersteigen (§ 159 Abs 4 AktG)
– Das Gesamtausmaß der aufgrund von Optionen der Arbeitnehmer, der leitenden Angestellten und der Vorstands- und Aufsichtsratsmitglieder der Gesellschaft oder eines verbundenen Unternehmens beziehbaren Aktien der Gesellschaft darf den fünften Teil des vorhandenen Grundkapitals nicht übersteigen (§ 159 Abs 5 AktG).

Wenn die Bezugsberechtigten, zB die Inhaber von Wandelschuldverschreibungen, von ihrem Umtausch- oder Bezugsrecht Gebrauch machen, **ist mit der Ausgabe der Bezugsaktien das Grundkapital erhöht** (§ 167 AktG). Der Vorstand hat spätestens innerhalb eines Monats nach Ablauf des Geschäftsjahres zur Eintragung in das Firmenbuch anzumelden, in welchem Umfang im abgelaufenen Geschäftsjahr Bezugsaktien ausgegeben worden sind (§ 168 AktG). Die Eintragung der **Erhöhung des Grundkapitals** hat in diesem Fall nur **deklaratorische** Bedeutung.

4.313.6 Genehmigtes Kapital

Gemäß § 169 AktG kann die Satzung den Vorstand (begrenzt auf fünf Jahre) ermächtigen, das Grundkapital bis zu einem bestimmten Nennbetrag durch Ausgabe neuer Aktien gegen Einlagen zu erhöhen **(genehmigtes Kapital)**. Der Nennbetrag des genehmigten Kapitals darf nicht höher sein als die Hälfte des zur Zeit der Ermächtigung vorhandenen Grundkapitals. Die neuen Aktien dürfen nur mit Zustimmung des Aufsichtsrats ausgegeben werden.

Die Erhöhung des Grundkapitals tritt wie im Falle der ordentlichen Kapitalerhöhung erst mit der **Eintragung der Durchführung der Erhöhung des Grundkapitals** in das Firmenbuch ein.

Zu den mit dem bedingten und genehmigten Kapital verbundenen Anhangangaben siehe § 240 UGB in Kapitel 6.42.

4.313.7 Kapitalerhöhung aus Gesellschaftsmitteln (Kapitalberichtigungsgesetz vom 19. Mai 1967, BGBl 171, idF BGBl 1990/475 und 1991/10)

Gemäß § 2 Abs 2 KapBG kann die Kapitalerhöhung aus Gesellschaftsmitteln nur mit Rückwirkung zum Beginn eines Geschäftsjahres in einer solchen Hauptversammlung (Generalversammlung) beschlossen werden, der der vorausgehende festgestellte Jahresabschluss vorliegt oder die über diesen beschlossen hat. Die Gewinnbeteiligung der neuen Anteilsrechte beginnt, falls nicht anders beschlossen wird, mit dem Beginn des Geschäftsjahres, in dem die Kapitalerhöhung aus Gesellschaftsmitteln beschlossen worden ist.

Gemäß § 2 Abs 4 KapBG muss der der Kapitalerhöhung aus Gesellschaftsmitteln zugrunde gelegte Jahresabschluss zu einem Stichtag aufgestellt sein, der nicht mehr als neun Monate vor der Anmeldung des Beschlusses über diese Kapitalerhöhung zur Eintragung in das Firmenbuch liegt.

Gemäß § 3 Abs 3 KapBG ist mit der Eintragung des Beschlusses über die Kapitalerhöhung aus Gesellschaftsmitteln in das Firmenbuch das Nennkapital mit Rückwirkung gemäß § 2 Abs 2 KapBG erhöht und diese Kapitalerhöhung durchgeführt.

Da sich diese Rückwirkung auf den Beginn des Geschäftsjahres bezieht, wird faktisch das erhöhte Nennkapital erstmals zum Bilanzstichtag ausgewiesen, der der Eintragung des Beschlusses über die Kapitalerhöhung aus Gesellschaftsmitteln folgt.

4.313.8 Ordentliche Kapitalherabsetzung

Gemäß § 177 AktG **(Wirksamwerden der Kapitalherabsetzung)** ist mit der Eintragung des Beschlusses über die Herabsetzung des Grundkapitals das Grundkapital herabgesetzt, wobei gemäß § 178 AktG Zahlungen an die Aktionäre aufgrund der Herabsetzung des Grundkapitals erst geleistet werden dürfen, nachdem seit der Bekanntmachung der Eintragung sechs Monate verstrichen sind und nachdem den Gläubigern, die sich rechtzeitig gemeldet haben, Befriedigung oder Sicherheit gewährt worden ist.

4.313.9 Vereinfachte Kapitalherabsetzung

Gemäß § 182 AktG kann eine Herabsetzung des Grundkapitals, die dazu dienen soll, Wertminderungen auszugleichen, sonstige Verluste zu decken oder Beträge in die gebundenen Rücklagen einzustellen, in vereinfachter Form vorgenommen werden. Zahlungen an Aktionäre sind gemäß § 184 AktG anlässlich einer vereinfachten Kapitalherabsetzung nicht zulässig.

Gemäß § 188 AktG ist eine **Rückwirkung** der Kapitalherabsetzung vorgesehen: „Im Jahresabschluß für das letzte vor der Beschlußfassung über die Kapitalherabsetzung abgelaufene Geschäftsjahr können Grundkapital und Rücklagen in der Höhe ausgewiesen werden, wie sie nach der Kapitalherabsetzung bestehen sollen.“ Wenn zugleich mit der Kapitalherabsetzung eine Erhöhung des Grundkapitals beschlossen wird, so kann gemäß § 189 AktG auch die Kapitalerhöhung in dem Jahresabschluss (dh dem vorhergehenden Jahresabschluss) als vollzogen berücksichtigt werden. Die Beschlüsse über die Kapitalherabsetzung und die Kapitalerhöhung und die Durchführung der Erhöhung müssen bei sonstiger Nichtigkeit innerhalb von drei Monaten nach der Beschlussfassung in das Firmenbuch eingetragen worden sein.

Diese Vorschriften sind eine Ausnahme vom Grundsatz, dass die Änderung des Grundkapitals erst mit der Eintragung der Durchführung der Erhöhung eintritt.

4.313.10 Veränderung des Nennkapitals bei der GmbH

4.313.101 Erhöhung des Stammkapitals

Bei der GmbH gibt es weder eine bedingte noch eine genehmigte Kapitalerhöhung. Gemäß § 52 GmbHG setzt die Erhöhung des Stammkapitals einen Beschluss auf Abänderung des Gesellschaftsvertrages voraus. Der Beschluss auf Erhöhung des Stammkapitals ist zum Firmenbuch anzumelden, sobald das erhöhte Stammkapital durch Übernahme der Stammeinlagen gedeckt und deren Einzahlung erfolgt ist (§ 53 GmbHG).

Wie bei der ordentlichen Kapitalerhöhung der AG ist davon auszugehen, dass die Erhöhung des Stammkapitals mit der Eintragung des Beschlusses auf Erhöhung des Stammkapitals zum Firmenbuch wirksam wird.

Für die **Erhöhung des Stammkapitals aus Gesellschaftsmitteln** gelten analoge Vorschriften wie bei der AG.

4.313.102 Herabsetzung des Stammkapitals

Die **Herabsetzung des Stammkapitals** ist in den §§ 54 – 58 GmbHG geregelt.

Sie bedarf eines Beschlusses der Gesellschafter auf Abänderung des Gesellschaftsvertrages und eines Aufgebotsverfahrens, wonach die Gesellschaft allen Gläubigern auf deren Verlangen Befriedigung oder Sicherstellung zu leisten bereit sei.

Zahlungen an die Gesellschafter auf Grund der Herabsetzung des Stammkapitals sind erst nach Ablauf der Frist des Aufgebotsverfahrens und nach Eintragung der betreffenden Abänderung des Gesellschaftsvertrages in das Firmenbuch zulässig.

Eine Herabsetzung des Stammkapitals unter den Mindestnennbetrag von 35.000 Euro ist nur zulässig, wenn gleichzeitig eine Erhöhung des Stammkapitals auf diesen beschlossen wird, wobei allerdings Sacheinlagen nicht bedungen sein dürfen.

Eine **vereinfachte Kapitalherabsetzung** analog zur AG ist seit 1997 möglich und im § 59 GmbHG geregelt.

4.314 Kapitalrücklagen

4.314.1 Begriff

Kapitalrücklagen sind Rücklagen, die nicht aus dem Gewinn gebildet wurden, sondern **durch Kapitaleinzahlung** (Bareinlagen und Sacheinlagen) **entstanden** sind.

Was im Einzelnen als Kapitalrücklage auszuweisen ist, wird in § 229 Abs 2 Z 1 – 5 wie folgt bestimmt:

1. der Betrag, der bei der ersten oder einer späteren Ausgabe von Anteilen für einen höheren Betrag als den Nennbetrag oder den dem anteiligen Betrag des Grundkapitals entsprechenden Betrag über diesen hinaus erzielt wird;
2. der Betrag, der bei der Ausgabe von Schuldverschreibungen für Wandlungsrechte und Optionsrechte zum Erwerb von Anteilen erzielt wird;
3. der Betrag von Zuzahlungen, die Gesellschafter gegen Gewährung eines Vorzugs für ihre Anteile leisten;

4. die Beträge, die bei der Kapitalherabsetzung gemäß den §§ 185, 192 Abs 5 AktG 1965 zu binden sind;
5. der Betrag von sonstigen Zuzahlungen, die durch gesellschaftsrechtliche Verbindungen veranlasst sind.

4.314.2 Gebundene Kapitalrücklagen

In § 229 wird allerdings nicht bestimmt, was unter gebundenen und nicht gebundenen Kapitalrücklagen (entsprechend der Bilanzgliederung) zu verstehen ist; der Begriff der gebundenen Kapitalrücklage wird in **§ 130 AktG 1965 in der Fassung des Artikels 11 Z 34 EU-GesRÄG 1996** wie folgt geregelt:

Gemäß § 130 Abs 1 AktG bestehen die gebundenen Rücklagen aus der **gebundenen Kapitalrücklage** und der **gesetzlichen Rücklage.**

Gemäß § 130 Abs 2 AktG sind in die **gebundene Kapitalrücklage** die in § 229 Abs 2 Z 1–4 UGB genannten Beträge einzustellen. Der Gesamtbetrag der gebundenen Teile der Kapitalrücklage ist in dieser gesondert auszuweisen.

Bezüglich der gesetzlichen Rücklage siehe Kapitel 4.315.1.

Gemäß § 130 Abs 4 AktG dürfen die gebundenen Rücklagen nur zum Ausgleich eines ansonsten auszuweisenden Bilanzverlustes aufgelöst werden. Während die Verwendung der gesetzlichen Rücklage nicht ausschließt, dass freie, zum Ausgleich von Wertminderungen und zur Deckung von sonstigen Verlusten bestimmte Rücklagen vorhanden sind, ist dies bei der gebundenen Kapitalrücklage der Fall; diese darf erst herangezogen werden, wenn vorher freie zum Ausgleich von Wertminderungen und zur Deckung von sonstigen Verlusten bestimmte Rücklagen aufgelöst wurden.

Zu den einzelnen Bestandteilen der gebundenen Kapitalrücklage:

§ 229 Abs 2 Z 1 – der Betrag, der bei der ersten oder einer späteren Ausgabe von Anteilen für einen höheren Betrag als den Nennbetrag oder den dem anteiligen Betrag des Grundkapitals entsprechenden Betrag über diesen hinaus erzielt wird.

Danach ist das Agio, dh der Mehrbetrag des Ausgabebetrages über den Nennbetrag in die gebundene Kapitalrücklage einzustellen. Dazu gehören auch Beträge aus der Ausgabe von Wandelanleihen (siehe auch Kapitel 4.343.1), wenn der Betrag der durch den Umtausch untergehenden Wandelschuldverschreibungen höher ist als der Nennwert der Bezugsaktien. Wenn zB die Hingabe von zwei Anleihestücken im Nennwert von je 1.000 erforderlich ist, um eine Bezugsaktie zum Nennwert von 1.000 zu erhalten, ist ein Betrag von 1.000 der gebundenen Kapitalrücklage zuzuführen.

In der vor dem RLG geltenden Fassung des § 130 AktG 1965 war vorgesehen, dass Aufwendungen in Zusammenhang mit Kapitalerhöhungen aus dem Aufgeld gedeckt werden konnten; infolge des Wegfalls dieser Bestimmung durch das RLG sind die Ausgabeaufwendungen als Aufwand der Periode der Kapitalerhöhung zu behandeln. Bezüglich des Ausweises in der Gewinn- und Verlustrechnung siehe Kapitel 5.45.

§ 229 Abs 2 Z 2 – der Betrag, der bei der Ausgabe von Schuldverschreibungen für Wandlungsrechte und Optionsrechte zum Erwerb von Anteilen erzielt wird.

Wenn bei der Ausgabe von Wandelanleihen und Optionsschuldverschreibungen höhere Einzahlungen eingehoben werden als dem Rückzahlungsbetrag entspricht, ist der Mehrbetrag der gebundenen Kapitalrücklage zuzuführen, dies unabhängig davon, ob vom Umtauschrecht bzw Bezugsrecht tatsächlich Gebrauch gemacht wird.

Besonders im Fall von Optionsanleihen liegt öfters das vom Anleihezeichner geleistete **Entgelt für den Erwerb von Bezugsrechten auf Aktien** nicht in einem über den Rückzahlungsbetrag der Anleihe hinausgehenden Einzahlungsbetrag, sondern darin, dass die Optionsanleihe mit einem unter dem Kapitalmarktzinssatz liegenden Zinssatz ausgestattet ist. In diesem Fall erwirbt der Zeichner der Anleihe **zwei selbständige Vermögensgegenstände,** nämlich die **Anleihe** mit vereinbartem Nominalzins und gegebener Laufzeit und das **Optionsrecht,** das durch den **Optionsschein** verbrieft ist (Küting/Weber[4], Rz 68 zu § 272, ADS, Rz 25 zu § 272, Hofians, in: Straube[2], Rz 17 zu § 229). Zwecks Erfassung des in die Kapitalrücklage einzustellenden Betrages ist daher die für den Erwerb der Optionsanleihe insgesamt geleistete Zahlung aufzuspalten in einen Betrag, den der Zeichner für eine „einfache“ Anleihe mit der für die Optionsanleihe vorgesehenen Nominalverzinsung zahlen würde, und das Entgelt für das Optionsrecht als Unterschiedsbetrag zwischen dem Preis für eine „einfache“ Schuldverschreibung und dem Zeichnungsbetrag (Küting/Weber[4], Rz 68 ff zu § 272, ADS, Rz 84 zu § 272).

Die **Aufspaltung des Zeichnungsbetrages** kann nach einer Kapitalwertmethode in der Weise erfolgen, dass der Rückzahlungsbetrag der Optionsanleihe und die laufenden Zinsenzahlungen mit dem marktüblichen Zinssatz auf den Zeitpunkt der Ausgabe diskontiert werden, um auf den Ausgabekurs der „einfachen“ Schuldverschreibung zu kommen. Wenn dies möglich ist, wird der Zeichnungsbetrag aufgrund von Börsennotierungen für die Optionsanleihe einerseits und für den Optionsschein andererseits aufgespalten, wobei in der Regel die Börsennotierung der Schuldverschreibung der geeignetere Ansatzpunkt sein dürfte.

In beiden Fällen ist der Unterschiedsbetrag zwischen dem Zeichnungsbetrag und dem für die reine Schuldverschreibung ermittelten Betrag als **Entgelt für das Optionsrecht auf Aktien** zu betrachten und daher der gebundenen Kapitalrücklage zuzuführen (siehe das Beispiel in: Küting/Weber[4], Rz 76 zu § 272).

Nach den Bewertungsvorschriften für Verbindlichkeiten muss der **Rückzahlungsbetrag der Optionsschuldverschreibung** auf der Passivseite ausgewiesen werden; der Unterschiedsbetrag zwischen Rückzahlungsbetrag und dem rechnerisch ermittelten Wert der reinen Schuldverschreibung kann als Disagio aktiviert und auf die Laufzeit der Anleihe verteilt abgeschrieben werden. Aus der Summe von nomineller Verzinsung und dem Abschreibungsbetrag des Disagios ergibt sich eine den Marktverhältnissen zum Ausgabezeitpunkt entsprechende Verzinsung der Optionsanleihe.

Wenn innerhalb von Konzernen eigene Finanzierungsgesellschaften bestehen und die Finanzierungsgesellschaft **Schuldverschreibungen** ausgibt, die **mit einem Bezugsrecht auf Aktien der Muttergesellschaft** verbunden sind, kommt es zur Trennung zwischen Finanzierungstochtergesellschaft als anleiheemittierendem Unternehmen und dem Mutterunternehmen als Bezugsrechtsgesellschaft (siehe Küting/Weber[4], Rz 79 zu § 272, ADS Rz 103 f zu § 272). „Die Muttergesellschaft hat das von der Tochtergesellschaft gewährte Entgelt für die Verschaffung der Optionsrechte (auf Aktien der Muttergesellschaft) in die Kapitalrücklage einzustellen.“ Solche Anleihen werden auch als **Warrant-Anleihen** bezeichnet. Für die Bilanzierung wird in Küting/Weber[4], Rz 82 zu § 272, folgende Vorgangsweise beschrieben: Wenn eine Vereinbarung zwischen Mutter- und Tochtergesellschaft besteht, dass die Tochtergesellschaft für die Zurverfügungstellung der Bezugsrechte auf Aktien der Muttergesellschaft dieser ein Entgelt in Höhe der Optionsprämie abzuführen hat, stellt dies bei der Tochtergesellschaft eine Verbindlichkeit gegenüber der Muttergesellschaft dar; diese hat den Anspruch als Forderung gegenüber der Tochtergesellschaft zu behandeln und den Betrag in die Kapitalrücklage einzustellen. Als rechtlich zulässig wird es bei Verzicht auf die Abführung einer Optionsprämie durch das Tochterunternehmen auch angesehen, wenn der Betrag bei der Tochtergesellschaft den Kapitalrücklagen zugeführt wird und bei der Muttergesellschaft der Beteiligungsbuchwert des Tochterunternehmens um den Betrag der Optionsprämie als zusätzliche Anschaffungskosten für die Beteiligung erhöht und die Gegenbuchung bei den gebundenen Rücklagen durchgeführt wird.

§ 229 Abs 2 Z 3 – der Betrag von Zuzahlungen, die Gesellschafter gegen Gewährung eines Vorzugs für ihre Anteile leisten.

Der Vorzug kann darin bestehen, dass den **Vorzugsaktien** für den Fall der Liquidation ein Vorrang bei der Verteilung des Liquidationserlöses eingeräumt wird bzw dass Aktien mit einem nachzuzahlenden Vorzug bei der Verteilung des Gewinnes ausgestattet werden. In der Praxis dürfte nur der letztere Fall eine Rolle spielen.

Gemäß § 115 AktG kann für diese Aktien (Vorzug bei der Verteilung des Gewinns) das Stimmrecht ausgeschlossen werden **(Vorzugsaktien ohne Stimmrecht).** Vorzugsaktien ohne Stimmrecht dürfen nur bis zu einem Gesamtnennbetrag in der Höhe des halben Gesamtnennbetrages der anderen Aktien ausgegeben werden. § 116 AktG sieht vor, dass Vorzugsaktionäre ein Stimmrecht erhalten, wenn der Vorzugsbetrag bei der Verteilung des Gewinnes in einem Jahr nicht oder nicht vollständig gezahlt und der Rückstand im darauf folgenden Jahr nicht neben dem vollen Vorzug dieses Jahres nachgezahlt wird; das Stimmrecht besteht so lange, bis die Rückstände nachgezahlt sind.

§ 229 Abs 2 Z 4 – die Beträge, die bei der Kapitalherabsetzung gemäß den §§ 185, 192 Abs 5 AktG und § 59 GmbHG zu binden sind.

Hier handelt es sich um Sondervorschriften in Zusammenhang mit der **vereinfachten Kapitalherabsetzung** nach §§ 182 ff bzw in Zusammenhang mit der **Kapitalherabsetzung durch Einziehung von Aktien,** wenn diese nicht mit einer Rückzahlung an die Aktionäre verbunden ist. Die vereinfachte Kapitalherabsetzung gilt nunmehr auch für die GmbH (Art VII, Z 17 IRÄG 1997, seit 1. Oktober 1997).

Gem § 23 GmbHG **ist § 130 AktG 1965 sinngemäß auf die große GmbH anzuwenden.**

Zu den Kapitalrücklagen gehören auch jene **Rücklagen, die im Zusammenhang mit Umgründungsvorgängen** entstehen; ob es sich dabei um gebundene Rücklagen im Sinne des § 229 Abs 2 handelt, richtet sich nach der Rechtsform bzw der Größe der übernehmenden Gesellschaft gemäß § 221.

Dies gilt nicht für eine Rücklage, die im Zusammenhang mit einem **Abspaltungsvorgang** entsteht. Bei Abspaltung eines zu Buchwerten negativen Reinvermögenssaldos, der zu einer Erhöhung des buchmäßigen Reinvermögens der übertragenden Gesellschaft führt, werden im Zuge der Abspaltung stille Reserven dieser Gesellschaft realisiert. Der sich ergebende Saldo ist in der GuV-Rechnung erfolgsneutral nach dem Posten Jahresüberschuss/Jahresfehlbetrag mit der Bezeichnung **„Erhöhung des buchmäßigen Reinvermögens durch Abspaltung“** einzustellen. Zum Ausgleich ist dieser Betrag in einen Sonderposten mit der Bezeichnung

„Einstellung in die nicht gebundene Kapitalrücklage“ aufzunehmen (Stellungnahme des Fachsenats für Unternehmensrecht und Revision zur Rechnungslegung bei Abspaltungen 2006).

4.314.3 Nicht gebundene Kapitalrücklagen

Nach § 229 Abs 2 Z 5 handelt es sich hier um den **Betrag von sonstigen Zuzahlungen, die durch gesellschaftsrechtliche Verbindungen veranlasst sind.**

Damit soll klargestellt werden, dass darunter nur Zuzahlungen fallen, die aus dem direkten oder indirekten Gesellschafterbereich stammen, so zB Zuzahlungen von Großmuttergesellschaften oder anderen verbundenen Unternehmen, die diese Zuschüsse aus gesellschaftlichen Gründen gewähren.

Aus den **Erläuterungen zur RV:**

Solche Zuzahlungen dürfen laut der ausdrücklichen Gesetzesvorschrift nicht unter den Erträgen ausgewiesen werden, um zB einen ausschüttungsfähigen Gewinn ausweisen zu können. Allerdings besteht kein Einwand dagegen, wenn die nicht gebundene Kapitalrücklage aus Zuzahlungen noch im gleichen Geschäftsjahr wieder aufgelöst wird (siehe Posten 24 des G&V-Gliederungsschemas gemäß § 231 Abs 2 und EB zur RV § 229 Abs 2).

Exkurs:

Mit dem **Strukturanpassungsgesetz 1996** wurde dem § 4 EStG 1988 ein Abs 12 angefügt, wonach die **Einlagenrückgewähr** bei Kapitalgesellschaften zu keiner Ertragsbesteuerung beim Empfänger führt. Einlagen im Sinne dieser Vorschrift sind das aufgebrachte Grund-, Stamm- oder Genossenschaftskapital und **sonstige Einlagen und Zuwendungen, die als Kapitalrücklage auszuweisen sind,** einschließlich eines Partizipations- und Genussrechtskapitals im Sinne des § 8 Abs 3 Z 1 des KStG. Im Zusammenhang damit haben alle betroffenen Körperschaften seit 1996 ein (außerbücherliches) **Evidenzkonto** zu führen, auf dem der Stand der Einlagen erfasst und Erhöhungen durch weitere Einlagen und Zuwendungen und Verminderungen durch Ausschüttungen oder sonstige Verwendungen laufend fortgeschrieben werden. Das Evidenzkonto ist in geeigneter Form der jährlichen Steuererklärung anzuschließen.

Die Verpflichtung zur Führung des Evidenzkontos nach dem Stand laut dem Jahresabschluss des letzten vor dem 1. Jänner 1996 endenden Wirtschaftsjahres wird durch die Verfassungsbestimmung des § 124 a Z 2 EStG 1988 abgesichert.

4.314.4 Die Ausschüttungssperre gem § 235 Z 3

In Zusammenhang mit der im „Exkurs“ dargestellten Vorschrift des Strukturanpassungsgesetzes 1996 ist auch die Bestimmung des § 235 Z 3 zu sehen:

§ 235 – der ausschüttbare Gewinn eines Geschäftsjahres darf nicht vermehrt werden:

1. …
2. …
3. um Erträge aufgrund der Auflösung von Kapitalrücklagen, die durch Umgründungen unter Ansatz des beizulegenden Wertes gem § 202 Abs 2 Z 1 in Höhe des Unterschiedsbetrages zwischen dem Buchwert und dem höheren beizulegenden Wert entstanden sind.

Diese Vorschrift wurde erst mit dem Abänderungsantrag zur Regierungsvorlage in das Gesetz aufgenommen und unter anderem folgendermaßen begründet: „Da für die Eigenschaft einer Kapitalrückzahlung das Eigenkapital laut dem jeweiligen Jahresabschluß maßgebend ist (Nennkapital und Kapitalrücklagen), besteht eine Gestaltungsmöglichkeit dahingehend, bei jeder Umgründung das übernommene Vermögen unternehmensrechtlich neu zu bewerten, ohne daß dies steuerliche Auswirkungen hat, und dadurch die Kapitalrücklage entsprechend zu erhöhen.“

Z 3 stellt nicht darauf ab, dass es sich um Erträge aufgrund der **im Geschäftsjahr** vorgenommenen Auflösung von Kapitalrücklagen handelt, sondern lässt den Zeitraum der Auflösung der Kapitalrücklagen offen. Es liegt daher die Auslegung nahe, dass diese Ausschüttungssperre auch gilt, wenn in einem früheren Jahr eine solche Kapitalrücklage aufgelöst wurde, die in Gewinnvorträgen der Folgejahre noch enthalten ist. Allerdings widerspricht dem der Einleitungssatz des § 235: „Der ausschüttbare Gewinn **eines Geschäftsjahres** darf nicht vermehrt werden.“ Die zuerst gezogene Schlussfolgerung kann jedoch aus der Begründung abgeleitet werden, wenn diese sich allerdings auch nicht durch besondere Klarheit auszeichnet.

Auch der Verweis in Z 3, dass es sich um die Auflösung von Kapitalrücklagen handelt, die durch Umgründungen unter Ansatz des beizulegenden Wertes gem § 202 Abs 2 Z 1 entstanden sind, erscheint nicht verständlich, da der Ansatz des beizulegenden Wertes für Einlagen in § 202 Abs 1 geregelt ist und nicht in § 202 Abs 2 Z 1; die letztere Vorschrift bezieht sich im Gegenteil auf die Weiterführung der Buchwerte aus dem letzten Jahresabschluss.

Allerdings können in diesem Fall Kapitalrücklagen nach § 202 Abs 2 Z 2 entstehen, wenn nämlich der Gesamtbetrag der Gegenleistung die fortgeführten Werte übersteigt und es dadurch zum Ausweis eines Umgründungsmehrwertes bzw darüber hinaus eines Firmenwertes kommt.

Trotz des unklaren Gesetzestextes ist § 235 Z 3 nach Meinung der Verfasser letztlich so auszulegen, dass die Ausschüttungssperre nicht nur für das Jahr der Rücklagenauflösung, sondern auch für die aus der Auflösung in früheren Jahren resultierenden Gewinnvorträge gilt.

In Artikel XVII Abs 3 Z 2 EU-GesRÄG ist folgende **Übergangsbestimmung** enthalten:

„§ 235 Z 3 HGB (numehr UGB) in der Fassung dieses Bundesgesetzes ist auf die Auflösung von Rücklagen anzuwenden, die für ein Geschäftsjahr vorgenommen wird, welches nach dem 30. Juni 1996 beginnt. Von der Anwendbarkeit des § 235 Z 3 HGB (nunmehr UGB) in der Fassung dieses Bundesgesetzes ausgenommen sind Kapitalrücklagen aus Umgründungen, die in Geschäftsjahren gebildet worden sind, die vor dem 1. Jänner 1992 geendet haben."

Zu dieser Frage ist eine Entscheidung des OGH (11.9.2003, 6 Ob 103/03w) ergangen, worin der Leitsatz aufgestellt wird, dass für den Fall der Sachgründung einer GmbH durch Einbringung eines Einzelunternehmens als Sacheinlage die bei Buchwertfortführung entstehende Kapitalrücklage von der Norm des § 235 Z 3 UGB erfasst wird und damit einer Ausschüttungssperre unterliegt. Weiters zieht der OGH die Schlussfolgerung, dass unter Vernachlässigung des irrigen Gesetzesverweises auf § 202 Abs 2 Z 1 UGB der Gesetzeswortlaut des § 235 Z 3 UGB doch so weit verständlich ist, dass alle im Zuge von Umgründungen hervorgerufenen Rücklagen unter die Ausschüttungssperre fallen (siehe dazu Christina Michaeler, RWZ 2004, Seite 193 ff).

4.314.5 Optionsrücklage

Die AFRAC-Stellungnahme „Die **Behandlung anteilsbasierter Vergütungen in UGB-Abschlüssen**" aus dem Jahr 2007 unterscheidet anteilsbasierte Vergütungen durch Ausgabe von neuen **Eigenkapitalinstrumenten** (Aktien, Anteile) und solche mit **Barausgleich.**

Bei Vergütungen durch Ausgabe bzw Übertragung von Eigenkapitalinstrumenten wird den Begünstigten meist das Recht zur Zeichnung von **Eigenkapitalinstrumenten (in der Regel Aktien)** zu einem im Vorhinein bestimmten Preis eingeräumt. Das Recht kann auf Eigenkapitalinstrumente des Unternehmens selbst oder eines verbundenen Unternehmens gerichtet sein.

Die Höhe der **Verpflichtung** ist während des Erdienungszeitraumes das Produkt aus dem bei Gewährung ermittelten beizulegenden Zeitwert des Bezugsrechtes (Option = innerer Wert + Zeitwert der Option) pro Anteil mit der Anzahl der Anteile. Diese Verpflichtung ist während des Erdienungszeitraums in gleichen Raten als Aufwand zu verrechnen. Die durch den Aufwand in der Gewinn- und Verlustrechnung verursachte Verminderung des Eigenkapitals wird durch die Bildung einer **Optionsrücklage** ausgeglichen:

{(Personal)aufwand für anteilsbasierte Vergütungen/Optionsrücklage}

Die Optionsrücklage hat zwar den wirtschaftlichen Charakter einer Kapitalrücklage, sollte aber auf Grund der abschließenden Aufzählung der gesetzlich normierten Kapitalrücklagen im § 229 Abs 2 UGB und ihrer besonderen Bedeutung als eigener Eigenkapitalposten nach den Kapitalrücklagen ausgewiesen werden, sofern der Betrag wesentlich ist. Ein Ausweis als Gewinnrücklage ist auf Grund von § 229 Abs 2 UGB ausgeschlossen.

Wird vom **Bezugsrecht** Gebrauch gemacht, wird die **Optionsrücklage auf die Kapitalrücklage** umgebucht. Wird vom Bezugsrecht nicht Gebrauch gemacht, wird die Optionsrücklage über die Gewinn- und Verlustrechnung auf die Gewinnrücklage umgebucht:

1. Auflösung der Optionsrücklage/Optionsrücklage
2 Zuweisung zur Gewinnrücklage/Gewinnrücklage

Für den Fall der vorzeitigen Auflösung während des Erdienungszeitraumes vermindert die Auflösung der Optionsrücklage den Aufwand für anteilsbasierte Vergütungen.

4.315 Gewinnrücklagen

Durch die Trennung zwischen Kapitalrücklagen und Gewinnrücklagen soll die **Ertragskraft** des Unternehmens besser dargestellt werden. Grundsätzlich wird dieser Zweck durch den gesonderten Ausweis erreicht; in der Praxis ergeben sich aber eine Reihe von **Einschränkungen für die Aussagekraft.** Wenn zB eine Holdinggesellschaft den von der Tochtergesellschaft ausgeschütteten Gewinn an diese in Form von Gesellschafterzuschüssen oder Kapitalerhöhungen zurückführt, erscheinen Teile des Eigenkapitals, die wirtschaftlich aus dem Gewinn gebildet wurden, entweder als Bestandteil des Nennkapitals oder der Kapitalrücklagen. Ein ähnlicher Effekt tritt ein, wenn aus dem Gewinn gebildete Rücklagen für eine **Kapitalerhöhung aus Gesellschaftsmitteln** verwendet werden.

4.315.1 Gesetzliche Rücklage

Wie bereits im Kapitel 4.314.2 angeführt, gehören zu den gebundenen Rücklagen im Sinne des § 130 AktG 1965 die gebundene Kapitalrücklage und die gesetzliche Rücklage.

Gemäß § 130 Abs 3 AktG 1965

> ist in die gesetzliche Rücklage ein Betrag einzustellen, der mindestens dem zwanzigsten Teil des um einen Verlustvortrag geminderten Jahresüberschusses **nach Berücksichtigung der Veränderung unversteuerter Rücklagen** entspricht, bis der Betrag der gebundenen Rücklagen insgesamt den zehnten oder den in der Satzung bestimmten höheren Teil des Nennkapitals erreicht hat.

Die in Abs 3 verwendete Wortfolge „nach Berücksichtigung der Veränderung unversteuerter Rücklagen" wurde erst mit Artikel II des EU-GesRÄG eingefügt. „Dadurch soll klargestellt werden, daß Veränderungen unversteuerter Rücklagen bei der Ermittlung der Bemessungsgrundlage für die Zuweisung zur gesetzlichen Rücklage zu berücksichtigen sind" (aus den Erläuterungen zur RV).

Vorher konnte theoretisch der Fall eintreten, dass die Bildung unversteuerter Rücklagen höher war als der Jahresüberschuss und dadurch ein Bilanzverlust entstand. Die Berechnung der gesetzlichen Rücklage vom Jahresüberschuss hat in diesem Fall zu einer Erhöhung des Bilanzverlustes geführt; grundsätzlich können aber Rücklagen – wenn man vom Sonderfall der unversteuerten Rücklagen absieht – nur aus einem positiven Ergebnis gebildet werden. Durch die Neufassung des Gesetzes wurde dieses Problem beseitigt.

Gemäß § 130 Abs 4 AktG 1965 dürfen die gebundenen Rücklagen nur zum Ausgleich eines ansonsten auszuweisenden Bilanzverlustes aufgelöst werden, wobei der Verwendung der gesetzlichen Rücklage allerdings nicht entgegensteht, dass freie zum Ausgleich von Wertminderungen und zur Deckung von sonstigen Verlusten bestimmte Rücklagen vorhanden sind (im Gegensatz zur Verwendungsmöglichkeit für die gebundene Kapitalrücklage – siehe Kapitel 4.314.2).

Die Vorschriften über die gesetzliche Rücklage gelten auch für die große GmbH.

4.315.2 Andere Gewinnrücklagen (satzungsmäßige Rücklagen und freie Rücklagen)

Gemäß § 229 Abs 3 dürfen als Gewinnrücklagen nur Beträge ausgewiesen werden, die im Geschäftsjahr oder in einem früheren Geschäftsjahr aus dem Jahresüberschuss **nach Berücksichtigung der Veränderung unversteuerter Rücklagen** gebildet worden sind.

4.316 Rücklage für eigene Anteile, Anteile an herrschenden oder mit Mehrheit beteiligten Unternehmen

Gemäß § 225 Abs 5 ist

> in **Höhe der eigenen Anteile und der Anteile an herrschenden oder mit Mehrheit beteiligten Unternehmen,** ohne Rücksicht darauf, ob es sich um Anteile des

Anlagevermögens oder des Umlaufvermögens handelt, auf der Passivseite eine **Rücklage gesondert auszuweisen,** die aus vorhandenen Rücklagen gebildet werden darf, soweit diese frei verfügbar sind und einen Verlustvortrag übersteigen. Diese **Sonderrücklage** ist insoweit aufzulösen, „als diese Anteile aus dem Vermögen ausgeschieden oder für diese ein niedrigerer Betrag angesetzt wird".

Dies gilt jedoch nicht im Falle eines unentgeltlichen Erwerbes oder eines Erwerbes in Ausführung einer Einkaufskommission durch ein Kreditinstitut, bei Erwerb durch Gesamtrechtsnachfolge und Erwerb aufgrund eines Beschlusses der Hauptversammlung zur Einziehung nach den Vorschriften über die Herabsetzung des Grundkapitals.

Die Einführung dieser Bestimmung war aufgrund der Vorschriften der Bilanz-Richtlinie erforderlich. Da wirtschaftlich der Erwerb eigener Anteile, von Anteilen an herrschenden oder mit Mehrheit beteiligten Unternehmen die Rückzahlung von Eigenkapital an die Gesellschafter des Unternehmens darstellt, soll die dadurch bewirkte Verminderung des Eigenkapitals durch die Bildung einer Rücklage in entsprechender Höhe ausgeglichen werden. Da die ursprüngliche Haftungsbasis gegenüber den Gläubigern einer Gesellschaft aber nur verringert wird, wenn durch den Erwerb solcher Anteile Bestandteile des Nominalkapitals und gebundene Kapitalrücklagen zurückgezahlt würden, sieht der Gesetzgeber vor, dass diese spezielle Rücklage aus vorhandenen Rücklagen gebildet werden darf, allerdings mit der Einschränkung, dass diese **frei verfügbar** sind. Die Bildung dieser Rücklage kann somit nur aus nicht gebundenen Kapitalrücklagen und anderen Gewinnrücklagen durchgeführt werden, nicht jedoch aus gebundenen Kapitalrücklagen, der gesetzlichen Rücklage und satzungsmäßigen Gewinnrücklagen.

Aus den Erläuterungen zur RV:

„Art 22 Abs 1 lit b Kapital-Richtlinie fordert für den Fall der Aktivierung der eigenen Anteile die Einstellung einer gebundenen Rücklage auf der Passivseite der Bilanz. Die Rücklage soll verhindern, daß durch den entgeltlichen Erwerb materiell Einlagen ohne Beachtung der Schutzregelung der Kapitalherabsetzung zurückgewährt werden (vgl Kalss, in: Koppensteiner, Österreichisches und europäisches Wirtschaftsprivatrecht, 251). Es ist daher in gleicher Höhe zum aktivierten Betrag eine Rücklage für eigene Anteile auf der Passivseite auszuweisen, die auch aus vorhandenen freien Rücklagen oder aus einem Gewinnvortrag gebildet werden kann. Je nach Herkunft der Beträge ist eine entsprechende Zuordnung unter die Gewinn- oder die Kapitalrücklage vorzunehmen."

Soweit diese Rücklage durch **Umwidmung frei verfügbarer Kapital- und Gewinnrücklagen** gebildet wird, erscheint die Bildung nicht in der Gewinn- und Verlustrechnung, sondern es handelt sich um eine bloße Umbuchung von den genannten Rücklagen auf den gesondert auszuweisenden Posten. Wenn die **Umwidmung von** frei verfügbaren **Kapitalrücklagen** erfolgt, ist sie unter den Kapitalrücklagen als gesonderter Posten auszuweisen, wenn die **Umwidmung** zu Lasten **von** frei verfügbaren **Gewinnrücklagen** durchgeführt wird, erfolgt der Ausweis innerhalb der Gewinnrücklagen.

Wenn der Umwidmungsbetrag beiden Gruppen von Rücklagen entnommen wird, erscheint es zweckmäßig, den Ausweis als eigene Gruppe des Eigenkapitals zB unter IV mit einer Untergliederung in Kapital- und Gewinnrücklagen durchzuführen. In der Regel wird allerdings die Bildung durch Umwidmung frei verfügbarer Gewinnrücklagen erfolgen, da bei Aktiengesellschaften der Fall nicht gebundener Kapitalrücklagen sehr selten auftreten dürfte.

In diesem Zusammenhang ist auch § 223 Abs 4, letzter Satz, zu beachten, wonach die Postenbezeichnungen auf die tatsächlichen Inhalte zu verkürzen sind.

Wenn diese Rücklage durch Umwidmung gebildet wurde und wegen Ausscheidens der entsprechenden Anteile oder deren Abwertung aufzulösen ist, erfolgt eine **Rückübertragung** auf die entsprechenden Rücklagen und keine Auflösung über die Gewinn- und Verlustrechnung. Wenn die Bildung dieser Rücklage dagegen nicht durch Umwidmung erfolgt, sondern durch Dotierung zu Lasten der Gewinn- und Verlustrechnung (Zuweisung zu Gewinnrücklagen), so kann die Auflösung über die Gewinn- und Verlustrechnung oder unmittelbar gegen eine (freie) Gewinnrücklage erfolgen.

Wenn es zum Zeitpunkt des Erwerbs der eigenen Aktien möglich gewesen wäre, die nach § 225 Abs 5 vorgeschriebene Rücklage zu bilden, infolge einer unerwarteten ungünstigen Entwicklung nach dem Zeitpunkt des Erwerbs das Geschäftsjahr mit einem Verlust in der Höhe abschließt, dass keine ausreichenden ungebundenen Rücklagen mehr vorhanden sind, besteht nach dem Wortlaut des Gesetzes dennoch die Verpflichtung zur Bildung einer Rücklage für eigene Anteile. Die Dotierung hätte in diesem Fall über die G&V-Rechnung zu erfolgen. Infolge dieser Verpflichtung kann es zum Ausweis eines Verlustes bzw zu dessen Erhöhung kommen (siehe dazu die ausführliche Begründung in ADS[5] Rz 150 ff zu § 272, weiters Küting/Weber[4], Rz 134 zu § 272, Beck'scher Bilanzkommentar[3], Rz 120 und 124 zu § 272).

Wird allerdings die gesamte Rücklage oder ein Teil derselben wegen Erschöpfung der übrigen Quellen (freie und ungebundene Rücklagen, Bilanzgewinn) **zu Lasten des Bilanzverlustes** gebildet, widerspricht dies dem § 229 Abs 3, da nach dieser Bestimmung als Gewinnrücklagen nur Beträge ausgewiesen werden dürfen, die in einem Geschäftsjahr oder einem früheren Geschäftsjahr aus dem Jahresüberschuss nach Berücksichtigung der Veränderung unversteuerter Rücklagen gebildet worden sind.

Darüber hinaus trägt die Bildung einer Rücklage für eigene Anteile zu Lasten des Bilanzverlustes zum Zweck derselben, nämlich als **Ausschüttungssperre** zu dienen, nichts bei, da aus bestehenden Verlusten ohnehin keine Gewinnausschüttungen vorgenommen werden dürfen.

Aus der Dotierungsvorschrift für die gesetzliche Rücklage in § 130 AktG 1965 kann abgeleitet werden, dass die Bildung der gesetzlichen Rücklage den Vorrang vor der Bildung der Rücklage für eigene Anteile hat. Dies ergibt sich auch daraus, dass die für die gesetzliche Rücklage reservierten Teile des Jahresüberschusses (nach Veränderung der unversteuerten Rücklagen) nicht mehr als freie Mittel angesehen werden können (Küting/Weber[4], Rz 126 zu § 272).

Die Verpflichtung zur Bildung der Rücklage für eigene Anteile bewirkt gleichzeitig eine **Ausschüttungssperre.**

Für die Bilanzierung eigener Aktien gibt es zwei Varianten.

Variante 1: Ausweis der eigenen Anteile auf der Aktivseite, wobei dem ausgewiesenen Betrag auf der Passivseite eine Rücklage für eigene Aktien gegenüberstehen muss.

Variante 2: Saldierung der eigenen Aktien **gem § 229 Abs 1**, ab Satz 4, UGB **in den dort genannten Fällen** (Erwerb erfolgt zur Einziehung; im Hauptversammlungsbeschluss wird der Vorstand ermächtigt, die eigenen Aktien ohne weiteren Hauptversammlungsbeschluss einzuziehen; im Beschluss über den Rückkauf ist die spätere Veräußerung von einem Beschluss der Hauptversammlung abhängig gemacht worden).

Diese eigenen Aktien werden mit ihrem Nennbetrag bzw ihrem rechnerischen Wert offen mit dem Nennkapital saldiert und der Unterschiedsbetrag gegenüber den Anschaffungskosten mit nicht gebundenen Kapitalrücklagen oder freien Gewinnrücklagen verrechnet. In Höhe der Verminderung des Grundkapitals ist in Anwendung des § 192 Abs 5 AktG eine zusätzliche gebundene Rücklage zu bilden, um dadurch die Reduktion des Grundkapitals auszugleichen.

§ 192 AktG sieht im Zusammenhang mit der Einziehung von Aktien folgende Regelungen vor.

Nach **§ 192 Abs 2** erster Satz AktG sind grundsätzlich bei der Einziehung die Vorschriften über die ordentliche Kapitalherabsetzung zu befolgen. Bei Anwendung des AReG (Aktienrückerwerbsgesetz) handelt es sich jedoch nicht um eine Form der ordentlichen Kapitalherabsetzung, sondern es sind die Sondervorschriften des § 192 Abs 3 – 5 AktG anzuwenden:

Nach **§ 192 Abs 3 AktG** brauchen die Vorschriften über die ordentliche Kapitalherabsetzung nicht befolgt zu werden, wenn Aktien, auf die der Ausgabebetrag voll geleistet ist,

1. der Gesellschaft unentgeltlich zu Verfügung gestellt oder
2. zu Lasten des aus der Jahresbilanz sich ergebenden Bilanzgewinnes oder einer freien Rücklage eingezogen werden.

Entsprechend Abs 5 ist in den Fällen des Abs 3 Z 1 und 2 in die gebundenen Rücklagen ein Betrag einzustellen, der dem auf die eingezogenen Aktien entfallenden Betrag entspricht.

Nach den EB (Punkt 3 des allgemeinen Teiles) zum AReG stellt die Anordnung der Anwendung des § 192 Abs 5 AktG sicher, dass die Vorgaben der 2. Richtlinie eingehalten werden.

> „Dadurch wird bewirkt, daß die Verminderung des Grundkapitals infolge Einziehung durch eine entsprechende Erhöhung der gebundenen Rücklagen ausgeglichen wird ..... Es kann daher auch davon ausgegangen werden, daß die Bildung einer gebundenen Rücklage zum Ausgleich der Reduktion des Grundkapitals analog zu § 225 Abs 5, dritter Satz UGB auch durch **Umwidmung frei verfügbarer Kapital- und Gewinnrücklagen** möglich ist, soweit diese einen Verlustvortrag übersteigen."

Durch diese Regelungen wird per saldo das gleiche Ergebnis erreicht, wie wenn die eigenen Aktien auf der Aktivseite ausgewiesen werden und dazu eine gebundene Rücklage gebildet wird.

Gleichzeitig wurde durch eine Änderung in § 192 Abs 3 AktG klargestellt, dass eigene Aktien, die bisher nur zu Lasten des aus der Jahresbilanz sich ergebenden Bilanzgewinnes oder einer freien Rücklage eingezogen werden konnten, nunmehr auch zu Lasten einer Rücklage gem § 225 Abs 5, zweiter Satz UGB eingezogen werden können.

4.317 Bilanzgewinn (Bilanzverlust)

Der Bilanzgewinn entspricht der letzten Zeile der Gewinn- und Verlustrechnung.

Der Gewinn- und Verlustvortrag aus dem Vorjahr ist zu vermerken. Dies kann dadurch geschehen, dass in der Vorspalte zunächst der Jahresgewinn (nach Rücklagenbewegung) und darunter der Gewinn- oder Verlustvortrag angegeben wird. Die in die Hauptspalte der Bilanz übertragene Summe der beiden Beträge ergibt den Bilanzgewinn.

4.318 Sonstiges

4.318.1 Negatives Eigenkapital

Wenn der Posten A IV Bilanzverlust so hoch ist, dass er die Summe der Posten A I – III übersteigt, ist die Vorschrift des § 225 Abs 1 zu beachten:

> „Ist das Eigenkapital durch Verlust aufgebraucht, so lautet dieser Posten **‚negatives Eigenkapital'**. Im Anhang ist zu erläutern, ob eine **Überschuldung im Sinne des Insolvenzrechts** vorliegt."

Die Bezeichnung der Postengruppe des § 224 Abs 3 A „Eigenkapital" als „negatives Eigenkapital" erfolgt gemäß § 225 Abs 1 bei **bilanzmäßiger Überschuldung,** dh wenn der Bilanzverlust so hoch ist, dass er die Summe aus Nennkapital und allen sonstigen unter A. ausgewiesenen Eigenkapitalbestandteilen übersteigt. In diesem Fall muss im Einzelnen die Frage des Vorhandenseins **stiller Reserven** auf Basis von Liquidationswerten bzw die Frage einer negativen oder positiven **Fortführungsprognose** untersucht werden. Im Falle einer positiven Fortführungsprognose und begründeter Aussichten, dass die Überschuldung durch zukünftige Gewinne beseitigt werden kann, ist im Sinne der Rechtsprechung des OGH zum Begriff der **dynamischen Überschuldung** davon auszugehen, dass kein insolvenzrechtlicher Tatbestand gegeben ist.

Der OGH sagt in seiner Entscheidung vom 3.12.1986, 1 Ob 655/86 dazu:

„Selbst eine unter Verwendung von Liquidationswerten sich ergebende (rechnerische) Überschuldung verpflichtet noch nicht zur Eröffnung des Konkurses über eine Kapitalgesellschaft. Die **rechnerische Überschuldung** bildet zwar eine notwendige, aber noch keine hinreichende Bedingung für die Einleitung des Insolvenzverfahrens, weil in dieser Phase der Überschuldungsprüfung noch keine Aussage darüber möglich ist, ob eine Kapitalgesellschaft ihren Verpflichtungen nicht im Rahmen ihrer laufenden Betriebstätigkeit wird nachkommen können. Die Überschuldungsprüfung ist daher durch eine **Fortbestehensprognose** zu ergänzen, in deren Rahmen mit Hilfe sorgfältiger Analysen von Verlustursachen, eines Finanzierungsplanes sowie der Zukunftsaussichten der Gesellschaft die Wahrscheinlichkeit der künftigen Zahlungsunfähigkeit und damit der Liquidation der Gesellschaft zu prüfen ist. ..... Eine **insolvenzrechtlich bedeutsame Überschuldung** liegt demnach nur vor, wenn die Fortbestehensprognose ungünstig, dh die Liquidation oder Zahlungsunfähigkeit wahrscheinlich und das nicht nach Fortführungs- sondern nach Liquidationswerten zu bewertende Vermögen zur Befriedigung der Gläubiger im Liquidationsfall unzureichend ist."

Der OGH hat somit in seiner Rechtsprechung die **modifizierte zweistufige Prüfungsmethode** verankert, wonach zwischen **rechnerischer Überschuldung** (Überschuldung aufgrund eines Status auf Basis von Liquidationswerten) und der rechtlichen, dh **insolvenzrechtlich bedeutsamen Über-**

schuldung (rechnerische Überschuldung und negative Fortführungsprognose) unterschieden wird (siehe Chalupsky Ernst, in: Handbuch der Rechnungslegung, Herausgeber Bertl/Mandl, Abschnitt Eigenkapital B III/3.2.e S 66 ff, Doralt Peter/Nowotny Christian, Abschied von der Überschuldungsbilanz, Recht der Wirtschaft 1987/5, S 146 ff).

Aus dieser Entscheidung des OGH kann auch abgeleitet werden, dass bei positiver Fortbestehensprognose keine eigene Überschuldungsbilanz zu Liquidationswerten aufgestellt werden muss (siehe Doralt/Nowotny, RdW 1987, S 164 f).

Gem § 225 Abs 1 letzter Satz ist im Anhang zu erläutern, ob eine Überschuldung im Sinne des Insolvenzrechts vorliegt. Bezüglich des Inhaltes und des Umfanges der Erläuterungspflicht im Anhang wird auf die Darstellung im Handbuch der Rechnungslegung Bertl/Mandl, Beitrag Ernst Chalupsky B III/3.2.e, S 69 ff, hingewiesen.

„Die Erläuterung, warum eine insolvenzrechtliche Überschuldung nicht vorliegt, setzt damit ... die Erstellung einer Fortbestehensprognose und damit auch die Aufstellung eines Finanzplanes voraus“ (S 70).

Im Interesse der Geschäftsführung liegt es dabei, die im Anhang angegebenen Erklärungen sorgfältig zu dokumentieren, da dies bei einem späteren Insolvenzverfahren ausschlaggebend für die Beurteilung der Kridahaftung sein kann. Vorsätzlich falsche Angaben unterliegen dabei den Strafvorschriften des § 122 GmbHG bzw des § 255 AktG.

Bezüglich der Behandlung von **Gesellschafterdarlehen bei Feststellung der Überschuldung** wird auf Kapitel 4.344.2 verwiesen.

4.318.2 Behandlung von Nachschüssen bei der GmbH

Für die Behandlung von Nachschüssen gelten die Vorschriften der §§ 72 – 74 GmbH-Gesetz. Auf die Behandlung in der Bilanz bezieht sich allerdings nur der letzte Absatz des § 74 Abs 6: „In der Bilanz muß den in den Aktiven aufgenommenen **Nachschußansprüchen** ein gleicher Kapitalsbetrag in den Passiven gegenübergestellt werden.“

Auf die Behandlung der **Nachschüsse** wird man sinngemäß die Vorschriften des § 229 Abs 1 anzuwenden haben. Dies würde bedeuten, dass die Bilanzierungspflicht der Nachschüsse mit der Einforderung beginnt, dass also auf der Passivseite der Gesamtbetrag der eingeforderten Nachschüsse auszuweisen ist und dass ein eingeforderter, aber noch nicht eingezahlter Teil der Nachschüsse unter den Forderungen gesondert auszuweisen und entsprechend zu bezeichnen ist. Wo der Ausweis auf der Passivseite erfolgen soll, ist gesetzlich nicht geregelt; man wird sich hier der Regelung des dGmbHG anschließen können, das in § 42 Abs 2 Folgendes vorsieht: „Ein dem Aktivposten entsprechender Betrag ist auf der Passivseite **in dem Posten ‚Kapitalrücklage' gesondert auszuweisen.“**

4.318.3 Die Darstellung des Eigenkapitals bei der GmbH und Co KG (als häufigster Fall des § 221 Abs 5)

Bezüglich der Behandlung des **Eigenkapitals von Personengesellschaften** im Allgemeinen siehe den Abschnitt 2.412.

Die Gliederungsvorschrift des § 224 Abs 3 für die Darstellung des **Eigenkapitals** ist nur auf **Kapitalgesellschaften** abgestellt und nimmt auf die abweichenden Verhältnisse bei der GmbH und Co KG nicht Bedacht; auch ein Hinweis auf die sinngemäße Anwendung der Gliederungsvorschriften für das Eigenkapital findet sich nicht im Gesetz. Es ist daher erforderlich, dass bei der Darstellung des **Eigenkapitals der GmbH und Co KG** auf die Generalnorm des § 222 Abs 1 zurückgegriffen wird.

Aus den verschiedenen Rechtsstellungen des **Komplementärs** und der **Kommanditisten** ergibt sich, dass jedenfalls die Kapitalanteile der unbeschränkt haftenden Gesellschafter und der Kommanditisten gesondert ausgewiesen werden müssen.

Für den Ausweis des **Kapitalanteils** des **Komplementärs** sind dabei die gleichen Grundsätze anzuwenden, wie sie für den offenen Gesellschafter gelten.

Für den Ausweis des Kapitalanteils des **Kommanditisten** wird § 229 Abs 1 sinngemäß anzuwenden sein, dass nämlich das **Nennkapital** auf der Passivseite mit dem Nennbetrag der übernommenen Einlagen anzusetzen ist, dass die nicht eingeforderten ausstehenden Einlagen davon offen abzusetzen sind und dass der eingeforderte, aber noch nicht eingezahlte Betrag unter den Forderungen gesondert auszuweisen und entsprechend zu bezeichnen ist.

Es wird hier auf die ausführliche Richtlinie des österreichischen Instituts der Wirtschaftsprüfer, IWP/RL 4, „Die Darstellung des Eigenkapitals der GmbH und Co KG nach dem Rechnungslegungsgesetz“ (veröffentlicht August 1990), verwiesen. In Abschnitt 4 dieser Richtlinie wird hierzu folgende Gliederung des **Eigenkapitals der GmbH und Co KG** vorgeschlagen:

Gliederung des **Eigenkapitals** bei der GmbH & Co KG (Abschn 4.1 der Richtlinie)

Unter Beachtung der Ausführungen in den Abschnitten 1 – 3 stellt sich der Ausweis des Eigenkapitals wie folgt dar:

A.	**Eigenkapital**		
I.	**Komplementärkapital**		
	1. Festkapital	....	....
	2. variables Kapital	....	....
II.	**Kommanditkapital**		
	1. Bedungene Einlagen	....	....
	2. abzüglich nicht eingeforderter Einlagen und genehmigter Entnahmen	....	....
	3. abzüglich Verlustanteile	....	....
III.	**Nicht durch bedungene Einlagen gedeckte Verlustanteile**		
IV.	**Kapitalrücklagen**	Diese für die Personengesellschaft untypischen Rücklagen werden nur auf Grund gesellschaftsvertraglicher oder sonstiger Vereinbarungen vorkommen.	
V.	**Gewinnrücklagen**		
	1. laut Gesellschaftsvertrag		
	2. andere		
	Eigenkapital		______

Diese Richtlinie beschäftigt sich auch mit Sonderfragen der Darstellung von Forderungen bzw Verbindlichkeiten gegenüber Gesellschaftern und Auswirkungen auf die Gliederung der Gewinn- und Verlustrechnung. In Abschnitt 4 wird weiters darauf verwiesen, dass die Richtlinie sinngemäß auch auf die Darstellung des **Eigenkapitals bei Personengesellschaften,** die nicht unter § 221 Abs 5 fallen, angewendet werden kann.

4.318.4 Die Behandlung von Genussrechtskapital

„**Genussrechte** beruhen auf einem schuldrechtlichen Vertrag, in dem der Genußrechtsemittent dem Genußrechtsinhaber als Gegenleistung für die Überlassung von Kapital (Kapitalzufuhr oder Forderungsverzicht) oder zur Abgeltung sonstiger Ansprüche Vermögensrechte gewährt, wie sie sonst typischerweise nur im Verhältnis zu Gesellschaftern bestehen (zB eine Beteiligung am Gewinn und/oder am Liquidationserlös) .....“

Genussrechte können verbrieft (so genannter **Genussschein) oder nicht verbrieft** sein, Genussscheine können als Inhaber-, Order- oder Namenspapier gegeben werden (Stellungnahme HFA 1/1994: Zur Behandlung von Genußrechten im Jahresabschluß von Kapitalgesellschaften, Die Wirtschaftsprüfung, Heft 13/1994).

Fragen der Bilanzierung ergeben sich nur bei Genussrechten, die als Gegenleistung für die Überlassung von Kapital gewährt werden, nicht jedoch zB, wenn der Berechtigte das Genussrecht auf Grund einer für das Unternehmen erbrachten besonderen Leistung, zB als Gründerlohn, erhalten hat (siehe Dusemond/Knop, in: Küting/Weber[4], Rz 166 zu § 266). In letzterem Fall wird kein Genussrechtskapital passiviert, es sei denn, das Genussrecht kann gegen Entgelt an das Unternehmen zurückgegeben werden.

Je nach der Ausgestaltung kann die Kapitalzuführung als Gegenleistung für die Gewährung von Genussrechten **Eigenkapital oder Fremdkapital** darstellen. Nach ADS ist für die Beurteilung als Eigen- oder Fremdkapital in erster Linie auf die **Rückzahlungsbedingungen** abzustellen. „Soweit die Genußscheinbedingungen eine Rückzahlung der überlassenen Beträge vorsehen, ist grundsätzlich davon auszugehen, daß es sich um **Fremdmittel** handelt. Dies gilt auch bei unter Umständen langfristiger Laufzeit. Gleichzustellen sind Fälle, in denen das ‚Genußrechtskapital' von den Genußscheininhabern gekündigt werden kann, und zwar auch dann, wenn eine ordentliche Kündigung ausgeschlossen ist." (ADS, 5. Auflage, Rz 183 zu § 266, ähnlich Dusemond/Knop, in: Küting/Weber[4], Rz 167, § 266, wonach sich bei Vereinbarung der Rückzahlung des eingezahlten Betrages die Ausgestaltung des Genussrechtes dem partiarischen Darlehen nähert.)

„Wenn die Genußscheinbedingungen eine Rückzahlung der überlassenen Mittel nicht vorsehen, stellen diese im bilanziellen Sinne **Eigenkapital** dar. Auch wenn die Mittel ohne zeitliche Begrenzung überlassen worden sind und nur von dem Unternehmen gekündigt werden können, stellen sie, solange die Kündigung nicht erfolgt ist, aus Sicht des Unternehmens Eigenkapital dar" (ADS, 5. Auflage, Rz 186 zu § 266).

Je nachdem, ob das Genussscheinkapital den Charakter von Eigenkapital oder von Fremdkapital hat, ist es dementsprechend auszuweisen. Im Falle des Eigenkapitalcharakters schlagen ADS (5. Auflage, Rz 189 zu § 266) und HFA 1/1994 (in: Die Wirtschaftsprüfung, Heft 13/1994, Abschn 2.1.3.) den **gesonderten Ausweis innerhalb der Postengruppe A Eigenkapital** vor, entweder nach dem Posten „gezeichnetes Kapital", den Rücklagen oder als letzten Posten des Eigenkapitals). In ähnlicher Weise äußern sich Dusemond/Knop, in: Küting/Weber[4], Rz 170, wonach das Genussrecht entweder Eigen- oder Fremdkapital darstellt und dementsprechend auszuweisen ist.

Wenn die Genussrechte gegen **Forderungsverzicht im Zuge von Sanierungsmaßnahmen** eingeräumt werden, hat „im Zeitpunkt des Forderungsverzichts durch die Gläubiger grundsätzlich eine **erfolgswirksame Vereinnahmung** der nicht mehr zurückzuzahlenden Verbindlichkeiten zu erfolgen. In einem solchen Fall wird in der Bilanz kein Genußrechtskapital ausgewiesen. Die auf die Genußrechte in späteren Jahren entfallenden Anteile an eventuell entstehenden Jahresüberschüssen werden jeweils entsprechend den Ausgabebedingungen für die Genußrechte passiviert (vgl Dusemond/Knop, in: Küting/Weber[4], Rz 173 zu § 266 und ADS, 5. Auflage, Rz 188 zu § 266); in diesem Fall entspricht die Behandlung derjenigen eines Forderungserlasses mit Besserungsschein (ADS, 5. Auflage, Rz 188 zu § 266).

In der Stellungnahme HFA 1/1994, in: Die Wirtschaftsprüfung, Heft 13/1994, wird als Voraussetzung für die Behandlung als **bilanzielles Eigenkapital** die kumulative Erfüllung folgender Kriterien genannt:

- **Nachrangigkeit**
- **Erfolgsabhängigkeit der Vergütung, sowie Teilnahme am Verlust bis zur vollen Höhe**
- **Längerfristigkeit der Kapitalüberlassung**

Zur Längerfristigkeit der Kapitalüberlassung wird allerdings nur Folgendes ausgesagt:

„Das Genußrechtskapital kann ferner nur unter der weiteren Bedingung als Eigenkapital qualifiziert werden, daß es für einen längerfristigen Zeitraum überlassen wird, währenddessen sowohl für den Genußrechtsemittenten als auch für den Genußrechtsinhaber die Rückzahlung ausgeschlossen ist."

Die Voraussetzungen für die Behandlung als Eigenkapital sind hier nicht so streng gefasst wie bei ADS bzw Küting/Weber. Es ist fraglich, ob diese Regelung tatsächlich die für die Zuordnung zum Eigenkapital ausreichende Haftungsqualität erfüllt. Um den Eigenkapitalcharakter zu erfüllen, sollte eher gefordert werden, dass das Kapital dem Unternehmen nicht zeitlich begrenzt überlassen wird und das überlassene Kapital nur dann vorzeitig zurückgezahlt werden darf, wenn besondere Vorkehrungen zum Schutz der Gläubiger beachtet werden.

Das Fachgutachten KFS/RL 13, **„Bilanzierung von Genußrechten"** des Fachsenates für Unternehmensrecht und Revision der Kammer der Wirtschaftstreuhänder (aus Juli 1997) beschäftigt sich ebenfalls damit, unter welchen Voraussetzungen Genussrechte als **Eigenkapital**, als **Verbindlichkeit** oder als eine **Mischform** zwischen Eigenkapital und Fremdkapital zu qualifizieren sind:

- Erreicht das Genussrechtskapital die Haftungsqualität von Eigenkapital, so ist es innerhalb des Hauptpostens „A, Eigenkapital" in einem gesonderten Posten auszuweisen, der nach den Gewinnrücklagen oder als letzter Posten des Eigenkapitals eingefügt werden kann,
- Genussrechtskapital ohne Eigenkapitalqualität ist grundsätzlich als Verbindlichkeit auszuweisen, wobei innerhalb der Verbindlichkeiten ein neuer Posten „Ge-

nussrechtskapital" oder „Genussrechtskapital mit Nachrang" hinzugefügt werden sollte,

- nachrangiges Genussrechtskapital, das nur wegen einer vereinbarten Rückzahlungsverpflichtung die Kriterien für einen Eigenkapitalausweis nicht erreicht, kann unter bestimmten Voraussetzungen nach dem Hauptposten „unversteuerte Rücklagen" in einem **gesonderten Hauptposten** mit der Bezeichnung „Nachrangiges Genussrechtskapital mit Beteiligung am Verlust" ausgewiesen werden.

Bei einer **Ausstattung** des Genussrechtskapitals **analog zum Partizipationskapital** im Sinne des § 23 Abs 4 BWG liegt zweifellos Eigenkapital vor. Gemäß § 23 Abs 4 BWG ist Partizipationskapital Kapital,

1. das eingezahlt ist und auf Unternehmensdauer unter Verzicht auf die ordentliche und außerordentliche Kündigung zur Verfügung gestellt wird,
2. das nur unter analoger Anwendung der aktienrechtlichen Kapitalherabsetzungsvorschriften herabgesetzt oder gemäß den Bestimmungen des § 102 a AktG eingezogen werden kann,
3. dessen Erträge gewinnabhängig sind, wobei als Gewinn das Ergebnis des Geschäftsjahres (Jahresgewinn) nach Rücklagenbewegung anzusehen ist,
4. das wie Aktienkapital bis zur vollen Höhe am Verlust teilnimmt,
5. das mit dem Recht auf Beteiligung am Liquidationserlös verbunden ist und erst nach Befriedigung oder Sicherstellung aller anderen Gläubiger zurückgezahlt werden darf.

Bezüglich der Behandlung der Vergütungen für das Genussscheinkapital und einer Verlustbeteiligung siehe Kapitel 5.49.

Gemäß § 240, „Pflichtangaben bei Aktiengesellschaften", Z 7 sind im **Anhang** auch Angaben zu machen über **Genussrechte, Rechte aus Besserungsscheinen und ähnliche Rechte, unter Angabe der Art und Zahl der jeweiligen Rechte, sowie der im Geschäftsjahr neu entstandenen Rechte.** Nach Nowotny, in: Straube[2], Rz 15 zu § 240, ist über die zu Beginn des Geschäftsjahres bestehenden und im Geschäftsjahr neu ausgegebenen Genussrechte zu berichten, das damit aufgebrachte Kapital und die wesentlichen Bedingungen, insbesondere über Zeitpunkt und Konditionen der Rückzahlung, sowie über die Beteiligung am Gewinn und Liquidationserlös. Dies ist unabhängig davon, ob das Genussscheinkapital unter den Verbindlichkeiten oder als Bestandteil des Eigenkapitals ausgewiesen ist.

4.32 Unversteuerte Rücklagen

4.321 Untergliederung gemäß § 224 Abs 3 B

1. Bewertungsreserve aufgrund von Sonderabschreibungen
2. Sonstige unversteuerte Rücklagen

4.322 Erläuterungen – allgemein

Gemäß § 205 UGB Abs 1 sind **Bewertungsreserven** und sonstige **unversteuerte Rücklagen** unter Angabe der Vorschriften, nach denen sie gebildet sind, auf der Passivseite auszuweisen.

In den EB zu § 205 UGB (RLG 1990) wird diese Gesetzesstelle so interpretiert, dass eine Aufgliederung der Rücklagen nach den einzelnen Vorschriften nicht durchgeführt werden muss.

„Der Hinweis auf die Angabe der Vorschrift, nach denen die Rücklagen gebildet sind, zwingt nicht zur Aufgliederung der Rücklagen."

Es wird also die Angabe ausreichen, aufgrund welcher Vorschriften insgesamt die Bewertungsreserven einerseits und die sonstigen unversteuerten Rücklagen andererseits gebildet wurden. Es wird allerdings notwendig sein, in einer Beilage zur Steuererklärung (bei Einzelkaufleuten und Personengesellschaften) bzw bei Kapitalgesellschaften im Anhang entsprechende Aufgliederungen zu geben, um bestehende steuerliche Ausweisvorschriften zu erfüllen (vgl Erlass des BMF, AÖFV 18.4.1991, Nr 122).

4.323 Bewertungsreserve aufgrund von Sonderabschreibungen von Vermögensgegenständen des Anlagevermögens, die aufgrund steuerlicher Vorschriften vorgenommen worden sind

Dieser Posten wurde bereits im Zusammenhang mit dem Anlagevermögen erläutert (siehe Kapitel 4.223).

Hier sollen noch einmal die derzeit gültigen (August 2006) Sonderabschreibungen zusammengefasst werden (siehe nachfolgende Tabelle):

1.	Gebäudeabschreibungen gem § 6 Abs 2 EStG	Denkmalgeschützte Gebäude
2.	Vorzeitige Abschreibung für Gebäudeherstellung gem § 10a Abs 3 EStG	Beginn der Bauausführung zwischen 1. 1. 2002 und 31. 12. 2003. Wenn die Herstellung des Gebäudes nach dem 31. Dezember 2003 endet, kann die vorzeitige Abschreibung von jenen Teilherstellungskosten geltend gemacht werden, die bis zum 31. Dezember 2003 anfallen. Die vorzeitige Abschreibung beträgt 7 % (weiters Begrenzung der Bemessungsgrundlage für die vorzeitige Abschreibung auf 3,8 Mio Euro und AfA-Satz nicht mehr als 3 %).
3.	Vorzeitige Abschreibung bei katastrophenbedingter Ersatzbeschaffung gem § 10c EStG	§ 10c EStG 1988 sieht Sondervorschriften für vorzeitige Abschreibungen bei der Ersatzbeschaffung von abnutzbaren Anlagegütern im Zusammenhang mit der Beseitigung von Katastrophenschäden (insbesondere bei Hochwasser-, Erdrutsch-, Vermurungs- und Lawinenschäden) vor. Diese Vorschrift ist begrenzt auf Ersatzbeschaffungen nach dem 31. Mai 2002 bis zum 31. Dezember 2003, wobei die vorzeitige Abschreibung für die Herstellungskosten von Gebäuden 12 % und bei der Ersatzbeschaffung sonstiger Wirtschaftsgüter 20 % beträgt.
4.	Sonderabschreibungen aus der Übertragung stiller Reserven gem § 12 EStG	Ab 1. 1. 2005 ist die Übertragung stiller Reserven nur mehr für natürliche Personen, nicht jedoch für Kapitalgesellschaften möglich (§ 12 Abs 1 EStG 1988 in der Fassung des Steuerreformgesetzes 2005 – diese Änderung steht in Zusammenhang mit der Reduktion des Körperschaftsteuersatzes von 34 % auf 25 %).
5.	Sonderabschreibungen gem § 13 EStG	Geringwertige Wirtschaftsgüter (Vermögensgegenstände) müssen dann über die Bewertungsreserve geführt werden, wenn die Abschreibung betragsmäßig von wesentlichem Umfang ist (§ 205 Abs 1).
6.	Vorzeitige Abschreibung bei hochwasserschädenbedingter Ersatzbeschaffung gem § 10c EStG	Für die Ersatzbeschaffung auf Grund von Hochwasserschäden kann bei der **Herstellung von Gebäuden** des Anlagevermögens eine **vorzeitige Abschreibung von 12 %** vorgenommen werden, wenn die tatsächliche Bauausführung nach dem 30. Juni 2005 und vor dem 1. Jänner 2007 begonnen wird. Reicht die Bauausführung über diesen Zeitraum hinaus, kann die vorzeitige Abschreibung nur von jenen Teilherstellungskosten geltend gemacht werden, die bis zum 31.12.2006 anfallen. Für die Ersatzbeschaffung **sonstiger Wirtschaftsgüter** kann bei der **Anschaffung oder Herstellung** im gleichen Zeitraum eine **vorzeitige Abschreibung von 20 %** geltend gemacht werden.

Die Auflösung der Bewertungsreserve hat insoweit zu erfolgen, als die Vermögensgegenstände, für die sie gebildet wurde, aus dem Vermögen ausscheiden oder die steuerliche Wertminderung durch unternehmensrechtliche Abschreibungen zu ersetzen ist.

4.324 Sonstige unversteuerte Rücklagen

Dazu gehören:

1. **Rücklage aus Investitionsfreibeträgen (IFB) gemäß § 10 EStG 1988** (auslaufend; grundsätzlich letztmalige Anwendung im Jahr 2000; Ausnahmefälle betreffen abweichende Wirtschaftsjahre für Anschaffungen und Herstellungen bis 31. 12. 2000 und Teilherstellungen bzw -anschaffungen im Jahr 2000 oder davor, für die erst bei Fertigstellung im Jahr 2001 oder später der IFB beantragt wird).
2. **Übertragungsrücklage gemäß § 12 Abs 7 und 8 EStG 1988.**

Werden Wirtschaftsgüter des Anlagevermögens veräußert, so können die stillen Reserven, die sich als Unterschiedsbetrag zwischen den Veräußerungserlösen und den Buchwerten ergeben, von den Anschaffungs- oder Herstellungskosten der im Wirtschaftsjahr der Veräußerung angeschafften oder hergestellten Wirtschaftsgüter des Anlagevermögens abgesetzt werden (Übertragung stiller Reserven nach § 12 EStG). Bei Wirtschaftsgütern des Anlagevermögens, deren Herstellung sich über einen Zeitraum von mehr als zwölf Monaten erstreckt, können die stillen Reserven von dem auf das Jahr, in dem die Veräußerung erfolgt, entfallenden Teilbetrag der Herstellungskosten abgesetzt werden.

Die Übertragung der stillen Reserven kann nur auf gleichartige Wirtschaftsgüter, das heißt von körperlichen auf körperliche und von unkörperlichen auf unkörperliche Wirtschaftsgüter erfolgen. Die Möglichkeiten zur Übertragung stiller Reserven wurden durch das Strukturanpassungsgesetz 1996 (BGBl 1996/201) stark eingeschränkt. Das Steuerreformgesetz 2005 (BGBl I 2004/57) bestimmt, dass diese Steuerbegünstigung ab 2005 **nur noch von natürlichen Personen** in Anspruch genommen werden kann. Für Körperschaften war die Übertragung stiller Reserven letztmalig für 2004 anwendbar, die Übertragungsrücklage war demzufolge 2005 oder gegebenenfalls 2006 bestimmungsgemäß zu verwenden oder andernfalls nachzuversteuern.

Die Übertragung stiller Reserven auf die Anschaffungskosten von Grund und Boden ist nur zulässig, wenn der Gewinn nach § 5 EStG ermittelt wird und die stillen Reserven ebenfalls aus der Veräußerung von Grund und Boden stammen. Nicht zulässig ist die Übertragung von stillen Reserven auf die Anschaffungskosten von (Teil-)Betrieben, von Beteiligungen an Personengesellschaften und von Finanzanlagen sowie die Übertragung stiller Reserven, die aus der Veräußerung von (Teil-)Betrieben oder von Beteiligungen an Personengesellschaften (Mitunternehmeranteilen) stammen.

Eine Übertragung der stillen Reserven ist generell nur zulässig, wenn das veräußerte Wirtschaftsgut (beweglich und unbeweglich) im Zeitpunkt der Veräußerung mindestens sieben Jahre zum Anlagevermögen dieses Betriebes gehört hat. Bei unbeweglichen Wirtschaftsgütern verlängert sich die Frist auf fünfzehn Jahre, wenn auf diese stille Reserven übertragen wurden.

Sinngemäß ist vorzugehen, wenn Wirtschaftsgüter des Anlagevermögens infolge höherer Gewalt, durch behördlichen Eingriff oder zur Vermeidung eines solchen nachweisbar unmittelbar drohenden Eingriffs gegen Entschädigung aus dem Betriebsvermögen ausscheiden. Die 7- bzw 15-jährige Frist gilt jedoch nicht.

Dieser Tatbestand wurde mit AbgÄG 2004 insoweit erweitert, als **gem § 12 Abs 7** die Hälfte **der Einkünfte aus Waldnutzungen infolge höherer Gewalt** (insbesondere Eis-, Schnee-, Windbruch, Insektenfraß, Hochwasser oder Brand) seit dem 1. 1. 2005 entweder von den Anschaffungs- oder Herstellungskosten des im Wirtschaftsjahr des Anfalles dieser Einkünfte angeschafften oder hergestellten Anlagevermögens abgesetzt werden oder einer Übertragungsrücklage zugeführt werden kann.

Steuerpflichtige, die ihren Gewinn nach § 4 Abs 1 oder § 5 EStG ermitteln, können die stillen Reserven entweder im Jahr ihrer Aufdeckung verwenden oder sie in der Schlussbilanz des Wirtschaftsjahres, in dem die Wirtschaftsgüter des Anlagevermögens veräußert wurden bzw aus dem Betriebsvermögen ausgeschieden sind, einer gesondert auszuweisenden Rücklage (Übertragungsrücklage) zuführen, soweit im Jahre der Veräußerung bzw des Ausscheidens eine Übertragung der stillen Reserven nicht erfolgte. Diese Rücklage kann innerhalb von zwölf Monaten ab dem Ausscheiden des Wirtschaftsgutes gegen die Anschaffungs- oder Herstellungskosten (bzw entsprechende Teilbeträge) der in diesem Jahr angeschafften oder hergestellten Wirtschaftsgüter des Anlagevermögens aufgelöst werden. Diese Frist verlängert sich auf 24 Monate, wenn höhere Gewalt vorliegt bzw wenn Rücklagen auf Herstellungskosten (Teilbeträge) von Gebäuden übertragen werden sollen und mit der tatsächlichen Bauausführung innerhalb der Frist von 12 Monaten begonnen worden ist. Rücklagen, die nicht bis zum Ablauf der Verwendungsfrist übertragen wurden, sind im betreffenden Wirtschaftsjahr gewinnerhöhend aufzulösen.

Im Falle der Übertragung von stillen Reserven gelten die um die übertragenen Reserven gekürzten Beträge steuerlich als Anschaffungs- oder Herstellungskosten.

Bezüglich der **Behandlung von Zuschüssen aus öffentlichen Mitteln** siehe Kapitel 4.224.

4.33 Rückstellungen

4.331 Untergliederung gemäß § 224 Abs 3 C

C. Rückstellungen:

1. Rückstellungen für Abfertigungen;
2. Rückstellungen für Pensionen;

3. Steuerrückstellungen;
4. sonstige Rückstellungen.

§ 198 Abs 8 und 9 enthält eine Aufzählung der wesentlichen **Tatbestände,** für welche Rückstellungen gebildet werden müssen, während § 224 regelt, in welcher **Gliederung** die gebildeten Rückstellungen in der Bilanz auszuweisen sind.

Gemäß § 237 Z 7 sind im Anhang anzugeben:

> „Rückstellungen, die in der Bilanz nicht gesondert ausgewiesen werden, wenn sie einen **erheblichen Umfang** haben; diese Rückstellungen sind zu erläutern."

Das Gesetz sieht allerdings **keine Verpflichtung zu zahlenmäßigen Angaben** vor, sondern nur eine Angabe des wesentlichen Inhalts der sonstigen Rückstellungen, wenn auch im Einzelfall im Sinne der Erfüllung der Generalnorm eine zahlenmäßige Angabe durchgeführt werden sollte, insbesondere, wenn in diesem Posten wesentliche Rückstellungen mit langfristigem Charakter enthalten sind.

4.332 Betriebswirtschaftliche Grundlagen für die Bildung von Rückstellungen

Die Begründung für die Bildung von Rückstellungen kann aus mehreren betriebswirtschaftlichen Grundsätzen abgeleitet werden:

1. Richtige Darstellung bestehender Verpflichtungen
2. Imparitätsprinzip
3. Herstellung der Periodenreinheit

zu 1.: Eine **Verpflichtung** (Schuld) ist bereits gegeben, wenn sie **wirtschaftlich begründet** ist, ohne dass dem Gläubiger bereits ein Rechtsanspruch zustehen muss. Diese Begründung basiert vor allem auf der statischen Bilanztheorie.

zu 2.: Das **Imparitätsprinzip** verlangt den bilanzmäßigen Ausweis aller noch nicht realisierten Verluste bzw die Antizipation jener Beträge, um die sich das Ergebnis der Folgeperioden voraussichtlich verschlechtert, soweit die Ursache in der vergangenen Periode liegt.

zu 3.: Die einzelnen **Aufwendungen und Erträge** sind denjenigen Perioden zuzurechnen, in denen sie **verursacht** werden. Dieser in erster Linie auf die dynamische Bilanzauffassung zurückzuführende Grundsatz verlangt auch die **Periodisierung** stoßweise anfallender Ausgaben und damit die Bildung von Rückstellungen **für Großreparaturen** und für **in zeitlichen Abständen wiederkehrende Wartungsarbeiten.**

Während die ersten beiden Grundsätze schon vor dem EU-GesRÄG 1996 in Form der **Rückstellungen für ungewisse Verbindlichkeiten und für drohende Verluste aus schwebenden Geschäften** ihren gesetzlichen Niederschlag gefunden haben, wurde dem dritten Grundsatz erstmals mit den Bestimmungen des § 198 Abs 8 Z 2 in Form der **Aufwandsrückstellungen** Rechnung getragen, wobei das Gesetz im Gegensatz zu den zwingend zu bildenden Rückstellungen für ungewisse Schulden und drohende Verluste aus schwebenden Geschäften die Bildung von Aufwandsrückstellungen so lange freistellt, als sie nicht Bestandteil der GoB sind.

4.333 Rückstellungen für ungewisse Verbindlichkeiten und für drohende Verluste aus schwebenden Geschäften (§ 198 Abs 8 Z 1)

Kennzeichnend für Rückstellungen für ungewisse Verbindlichkeiten und für drohende Verluste aus schwebenden Geschäften, die am Abschlussstichtag wahrscheinlich oder sicher, aber hinsichtlich ihrer Höhe oder dem Zeitpunkt ihres Eintretens unbestimmt sind, ist

1. das Bestehen einer **ungewissen Schuld** oder
2. die Erwartung eines **Verlustes aus einem schwebenden Geschäft.**

zu 1.: Der Schuldcharakter kann sich sowohl aus dem Bestehen eines **Geldschuldverhältnisses** als auch aus **Leistungsverpflichtungen** ergeben. Er kann auf einer privatrechtlichen, einer öffentlich-rechtlichen oder einer wirtschaftlichen Verpflichtung beruhen. Die Ungewissheit kann sich auf das **Bestehen oder Entstehen** (Rechtsgrund), auf die Höhe, nicht aber auf die Fälligkeit beziehen. Schulden, deren Höhe und Rechtsgrund gegeben sind, bei denen jedoch die Fälligkeit ungewiss ist, sind als Verbindlichkeiten zu bilanzieren.

zu 2.: Die Ursache des **Verlustes** muss in einem Zeitraum vor dem Bilanzstichtag gelegen sein, wie dies etwa bei Rückstellungen infolge eingetretener **Preisänderungen** bei schwebenden Geschäften der Fall ist.

Zu den **Rückstellungen für ungewisse Verbindlichkeiten** sind, abgesehen von den gesondert auszuweisenden Rückstellungen für Anwartschaften auf Abfertigungen, Rückstellungen für laufende Pensionen und Anwartschaften auf Pensionen und Rückstellungen für Steuern, im Wesentlichen folgende, unter dem Posten **sonstige Rückstellungen** erfasste Rückstellungen zu zählen:

Rückstellungen für Verpflichtungen gegenüber Arbeitnehmern

1. Gewinnbeteiligungen, Jahresabschlussprämien, Bilanzgelder
2. Urlaubsrückstellung
3. Jubiläumsrückstellungen
4. Lehrlingsausbildung

Andere Rückstellungen für ungewisse Verbindlichkeiten

1. Heimfallrechte
2. Produkthaftung
3. Garantien und Gewährleistungen
4. Wechselobligo
5. Bürgschaften
6. Unterlassene Instandhaltungen, soweit für die Nachholung der Instandhaltungen eine rechtliche Verpflichtung besteht
7. Behördliche Auflagen (Gesetz, Verordnung, Bescheid)

8. Jahresabschlusskosten und sonstige Rechts- und Beratungskosten
9. Patentverletzungen
10. Prozesskosten
11. Noch nicht abgerechnete Fremdleistungen
12. Rabatte, Boni
13. Kursrisiko
14. Skonti
15. Absiedlungsbeihilfen
16. Altfahrzeuge, Rücknahme und Verwertung
17. Baustellenräumung
18. Erdölbevorratung
19. Einsatzverpflichtung für gegen Einsatz überlassene Vermögensgegenstände
20. Schadenersatzansprüche
21. Werbeaufwendungen
22. Rückstellung wegen fortbestehender Betreuungsleistungen
23. Rückstellung für Kontoauszugserstellung
24. Rückstellungsbildung für Kosten der Aufbewahrung von Geschäftsunterlagen
25. Rückstellung für überhöhten CO_2-Ausstoß
26. GSVG-Beträge

Erläuterungen zu den oben genannten Rückstellungen finden sich im Kapitel 4.336.

Rückstellungen für **drohende Verluste aus schwebenden Geschäften**, die ebenfalls unter den sonstigen Rückstellungen ausgewiesen werden, sind dann zu bilden, wenn am Bilanzstichtag der **Wert der Leistungsverpflichtung** aus einem Vertragsverhältnis den **Wert der Gegenleistung** übersteigt und damit aus dem Geschäft ein Verlust droht. Dieser Verlust ist im Wege einer Rückstellung jener Periode zuzuweisen, in welcher sich die Unausgewogenheit von Leistung und Gegenleistung einstellt (VwGH 15.7.1998, 97/13/0190).

Für die Rückstellung für schwebende Geschäfte gilt der Grundsatz der Einzelbewertung, das heißt, es ist keine Saldierung mit Gewinn bringenden gleichartigen schwebenden Geschäften vorzunehmen.

Erfolgsmäßig verknüpfte Geschäfte sind als Einheit zu bewerten. Die Einkommensteuerrichtlinien bringen hierfür folgendes Beispiel (Rz 3322):

> Mietet ein Apotheker Ordinationsräume, um sie einem Arzt verbilligt weiterzuvermieten, dann kann für den Mietverlust keine Rückstellung gebildet werden, soweit nach wirtschaftlichen Gesichtspunkten der Fehlbetrag durch andere mit dem Leistungsaustausch zusammenhängende Erträge (Einkäufe der Patienten des Arztes) ausgeglichen wird.

Rückstellungen für schwebende Geschäfte sind vor allem für folgende Geschäfte zu bilden:

- Verluste aus schwebenden Beschaffungsgeschäften
- Verluste aus schwebenden Absatzgeschäften
- Verluste aus Dauer-Vertragsverhältnissen, wie beispielsweise Überverzinsung
- Verluste aus Fremdwährungsforderungen und -verbindlichkeiten
- Verluste aus Optionsgeschäften
- Verluste aus Koppelungsgeschäften

Erläuterungen zu den oben genannten Rückstellungen finden sich im Kapitel 4.336.

4.334 Aufwandsrückstellungen (§ 198 Abs 8 Z 2)

> „Rückstellungen dürfen außerdem für ihrer Eigenart nach genau umschriebene, dem Geschäftsjahr oder einem früheren Geschäftsjahr zuzuordnende Aufwendungen gebildet werden, die am Abschlußstichtag wahrscheinlich oder sicher, aber hinsichtlich ihrer Höhe oder dem Zeitpunkt ihres Eintritts unbestimmt sind. Derartige Rückstellungen sind zu bilden, soweit dies den Grundsätzen ordnungsmäßiger Buchführung entspricht."

Die Bestimmung des § 198 Abs 8 Z 2 basiert auf Artikel 20 der Bilanz-Richtlinie, wonach die Mitgliedstaaten die Bildung von Rückstellungen für ihrer Eigenart nach genau umschriebene, dem Geschäftsjahr oder einem früheren Geschäftsjahr zuzuordnende Aufwendungen zulassen können, die am Bilanzstichtag als wahrscheinlich oder sicher, aber hinsichtlich der **Höhe oder des Zeitpunkts ihres Eintrittes unbestimmt** sind.

Diese zunächst in Österreich nicht in das Gesetz (RLG) aufgenommene Möglichkeit der Bildung von **Aufwandsrückstellungen** wurde in Deutschland mit § 249 Abs 2 dHGB umgesetzt. Speziell verlangt § 249 Abs 1 Z 1 dHGB die Bildung von **Rückstellungen für unterlassene Aufwendungen für Instandhaltungen,** die im folgenden Geschäftsjahr innerhalb von drei Monaten (für Abraumbeseitigung im gesamten Geschäftsjahr) nachgeholt werden, und **erlaubt** gem Abs 2 die Bildung der Rückstellungen, wenn die Instandhaltung innerhalb eines Jahres nachgeholt wird. Die Grenze von drei Monaten ergibt sich aus der steuerrechtlichen Zulässigkeit einer derartigen Rückstellungsbildung.

Die **Bildung von Aufwandsrückstellungen** ist, abgesehen von der fehlenden Verpflichtung Dritten gegenüber, vor allem wegen der schwierigen Objektivierung derselben nach wie vor **umstritten.** So meint der Beck'sche Bilanzkommentar[5] (Anmerkung 302 zu § 249), dass „die besondere Problematik der Aufwandsrückstellungen in der Bestimmung der Sachverhalte liegt, für die künftige Ausgaben passiviert werden dürfen, ohne daß eine Verpflichtung gegenüber einem anderen besteht". Auch Nowotny/M. Tichy stehen der Bildung von Aufwandsrückstellungen eher restriktiv gegenüber (Nowotny/M.Tichy, in: Straube, HGB, 2. Band[2] Rz 155 zu § 198): „Da Aufwandsrückstellungen für reine Innenverbindlichkeiten gebildet werden, haben sie auch den Charakter eines Selbstfinanzierungsinstruments. Aufgrund dieser Affinität zum Eigenkapital, der Ausschüttungssperrwirkung und der erforderlichen Abgrenzung zur Vorsorge durch Rücklagenbildung, für die gesellschaftsrechtlich andere Organe zuständig sein können, ist eine enge Auslegung der Passivierungsvoraussetzungen erforderlich. Insbesondere kann allein der Gesichtspunkt des periodengerechteren Erfolgsausweises, wonach den Erträgnissen einer Periode alle Aufwendungen zuzurechnen wären, die diese Erträge alimentiert haben, zu keiner Aufwandsrückstellung führen."

Aus der Schwierigkeit der Feststellung heraus, wie weit **Aufwandsrückstellungen** den GoB entsprechen, gestalten sowohl die Bilanz-Richtlinie als auch das dHGB und das UGB die Bestimmung zur Bildung von **Aufwandsrückstellungen fakultativ,** wobei aber das UGB der zukünftigen Entwicklung der Grundsätze ordnungsmäßiger Buchführung insoweit Rechnung trägt, als **Aufwandsrückstellungen** dann **zu bilden** sind, **wenn diese den Grundsätzen ordnungsmäßiger Buchführung entsprechen.**

Zu den Aufwandsrückstellungen zählen etwa
- Kulanzrückstellung
- Rückstellungen für Großreparaturen und in mehrjährigen Abständen anfallende Wartungsarbeiten
- Rückstellungen für unterlassene Instandhaltungen, soweit nicht eine rechtliche oder wirtschaftliche Verpflichtung besteht
- Freiwillige Entsorgung und Rekultivierung
- Freiwillige Umweltschutzmaßnahmen
- Unterlassener Forschungs- und Reklameaufwand
- Freiwillige Abraumbeseitigung.

Die genannten Beispiele für Aufwandsrückstellungen sind unterschiedlich von den GoB erfasst. Während die Kulanzrückstellungen gemäß § 198 Abs 8 Z 4 c Bestandteil der GoB sind und daher verpflichtend gebildet werden müssen, sind Rückstellungen für unterlassene Instandhaltungen, ohne rechtliche Verpflichtung, diese nachzuholen, im Gegensatz zum dHGB (Nachholung innerhalb von drei Monaten) noch umstritten und kein Bestandteil der GoB.

Die Bildung von Rückstellungen für Großreparaturen und in **mehrjährigen Abständen anfallende Wartungsarbeiten** ist nach herrschender Auffassung weder in Deutschland noch in Österreich Bestandteil der GoB.

4.335 Bildung und Auflösung (Verwendung) der Rückstellungen

Rückstellungen sind grundsätzlich **zu Lasten eines konkreten Aufwandspostens** zu bilden.

Eine Rückstellung aus dem Gewinn bzw aus einem allgemeinen Aufwandsposten, etwa **„Dotierung der Rückstellung"**, entspricht nicht dem Rückstellungsbegriff. Aus diesem Grund können auch keine Rückstellungen zur Bedeckung eines allgemeinen Untemehmensrisikos gebildet werden, da diesem die Merkmale von Rückstellungen fehlen.

Rückstellungen können in Ausnahmefällen auch **zu Lasten eines Vermögenspostens** (zB Eintragungsgebühren bei Grundstücken; noch offene Notariatsgebühren bei Grundstückserwerb; Prozesskosten wegen eines Streites um die Anschaffungskosten) gebildet werden.

Die **Ausbuchung** von bestimmungsgemäß verwendeten Rückstellungen erfolgt, soweit es sich um solche für ungewisse Verbindlichkeiten handelt, grundsätzlich direkt **gegen das entsprechende Zahlungskonto** oder gegen das entsprechende **Verbindlichkeitenkonto.** Letzterer Fall tritt dann ein, wenn die Ungewissheit über die Höhe bzw über das Entstehen (Rechtsgrundlage) weggefallen ist, aber noch keine Zahlung erfolgt. In diesem Fall wird aus der Rückstellung eine Verbindlichkeit.

Eine häufig anzutreffende Vorgangsweise der Behandlung einer verwendeten Rückstellung besteht darin, dass bei Anfall die Zahlung gegen ein Aufwandskonto verbucht und die Rückstellung im Zuge der Erstellung des Jahresabschlusses gegen dieses Aufwandskonto aufgelöst wird. Dies geschieht etwa bei Garantierückstellungen, wenn die Garantieleistungen über Auftrag des Unternehmens von Dritten erbracht werden. Die anfallenden Garantieaufwendungen werden während des Jahres über das Aufwandskonto verbucht und die Rückstellung in Höhe des verwendeten Betrages gegen dieses Konto aufgelöst.

Werden die Garantieleistungen in Form von Eigenleistungen erbracht, sind davon verschiedene Aufwandsarten betroffen (Material, Personalaufwendungen, Abschreibungen, sonstige Aufwendungen). In solchen Fällen wird das Konto Garantierückstellung in der Regel während des Jahres nicht bewegt. Am Jahresende wird die Garantierückstellung neu berechnet und der Saldo gegenüber dem bisherigen Stand entweder über Garantieaufwand eingebucht oder über Erträge aus der Auflösung von Rückstellungen ausgebucht.

Den Verfassern erscheint es allerdings richtiger, Garantieleistungen in Form von Eigenleistungen zu kalkulieren und die Garantierückstellung in der Höhe der festgestellten Selbstkosten der Garantieleistungen gegen sonstige Erträge (Posten 4 c) aufzulösen. Eine Auflösung gegen die Erträge aus der Auflösung von Rückstellungen (Posten 4 b) darf nur für die nicht verwendete Rückstellung erfolgen.

Nicht verwendete (zu hoch gebildete) Rückstellungen werden grundsätzlich gegen das Konto Erträge aus der Auflösung von Rückstellungen aufgelöst. Ausnahmen ergeben sich bei der Auflösung nicht bestimmungsgemäß verwendeter Ertragsteuerrückstellungen, die unter dem Posten 21, Steuern vom Einkommen und vom Ertrag, ausgewiesen sind. Über ao Aufwand gebildete Rückstellungen sind bei Nichtinanspruchnahme über ao Erträge aufzulösen.

Veränderung von Rückstellungen während der Laufzeit

Soweit Rückstellungen **zu niedrig** gebildet wurden, weil beispielsweise anlässlich der Bildung derselben mit einer geringeren Inanspruchnahme gerechnet wurde bzw die nötigen Informationen noch nicht vorhanden waren, ist der Differenzbetrag zwischen der zu niedrig gebildeten Rückstellung und dem (voraussichtlichen) tatsächlichen Anfall schon bei Erlangung der Erkenntnis und nicht erst bei tatsächlicher Zahlung (Inanspruchnahme) nachzuholen. Dies ergibt sich aus § 201 Abs 2 Z 4 lit b, wonach erkennbare Risken und drohende Verluste, die in dem Geschäftsjahr oder einem früheren Geschäftsjahr entstanden sind, zu berücksichtigen sind. Wegen der **Maßgeblichkeit** der Handelsbilanz für die Steuerbilanz gilt dies auch für die Rückstellungsbildung in der **Steuerbilanz.**

Stellt sich in einem späteren Jahr heraus, dass eine Rückstellung offensichtlich **zu hoch** gebildet wurde, hat eine Herabsetzung im Jahr der Erkenntnis auch dann zu erfolgen, wenn die Rückstellung, wenn auch in einem geringerem Ausmaß, noch weiterhin besteht. Die Anpassung in der Rückstellungshöhe hat aus Gründen der Darstellung eines möglichst getreuen Bildes der Vermögenslage zu erfolgen. Eine andere Vorgangsweise würde der Bildung einer unzulässigen stillen Reserve gleichkommen.

Bezüglich der Bildung und Auflösung von Pensions- und Abfertigungsrückstellungen hält es das Fachgutachten KFS/RL3 für richtig, alle **Verminderungen der Rückstellungen für Abfertigungen und Pensionen im Posten 6 c bzw 6 d** der Gewinn- und Verlustrechnung gegen die Zahlungen und die Zuweisungen an die Rückstellungen aufzurechnen.

Abzinsung langfristiger Rückstellungen

Grundsätzlich sehen weder die vierte Richtlinie noch das UGB eine Abzinsung von Rückstellungen vor, soweit dies nicht ausdrücklich vorgesehen ist, wie dies beispielweise bei Pensions- und Abfertigungsrückstellungen der Fall ist.

Allerdings hat die Kommission in ihrer Empfehlung vom 30. Mai 2001 (Amtsblatt Nr L 156 vom 13.6.2001) dargelegt, dass bei „umweltschutzbedingten Verbindlichkeiten, die nicht in naher Zukunft abzugelten sind, die Bewertung zum Barwert zulässig, aber nicht vorgeschrieben ist, wenn die **Verpflichtung und die Höhe und der Zeitpunkt der Zahlungen** feststehen oder verlässlich ermittelt werden können. Hat der Zinseffekt eine wesentliche Wirkung, muss die Bewertung zukünftiger Umweltverbindlichkeiten zum Barwert als angemessene Lösung gelten."

Damit hat die EU-Kommission ein Wahlrecht geschaffen, bei der Bewertung von Rückstellungen eine Abzinsung vorzunehmen oder keine Abzinsung zu berücksichtigen. Da der österreichische Gesetzgeber keine Beschränkung bezüglich der Abzinsung bzw kein Abzinsungsverbot ausgesprochen hat, wie es das dHGB im § 253 Abs 1, zweiter Satz getan hat, kann davon ausgegangen werden, dass unter Berücksichtigung der oben genannten Bedingungen eine **Abzinsung von Rückstellungen möglich ist.**

Der österreichische Steuergesetzgeber hat mit der Bestimmung in § 9 Abs 5 EStG, wonach Rückstellungen, deren Laufzeit am Bilanzstichtag mindestens 12 Monate beträgt, nur mit 80 % ihres Teilwertes angesetzt werden dürfen, eine – wenn auch grob vereinfachende – Regelung für das Problem der Abzinsung von Rückstellungen geschaffen.

4.336 Die Rückstellungen im Einzelnen

4.336.1 Rückstellungen für Abfertigungen

Im Jahre 2002 erfolgte eine völlige Neuordnung der Abfertigungsbestimmungen, weswegen nachfolgend beide Systeme dargestellt werden sollen. Dies ist auch deswegen erforderlich, weil für alle Arbeitnehmer eines Unternehmens, deren Dienstverhältnis bis zum 31.12.2002 begründet wurde und die nicht auf das neue System umsteigen wollen, das bisherige System weiterhin gilt (Näheres siehe unter Punkt c Übergangsregelungen).

a) System Abfertigung alt

Bereits im Jahre 1921 sah das Angestelltengesetz Abfertigungen an jene Angehörigen vor, die vom Unternehmen gekündigt wurden. Die Höhe der Abfertigung richtete sich nach der Höhe der Bezüge und der Dauer der Betriebszugehörigkeit. In den Jahren nach 1945 wurde das System so weit ausgebaut, dass jeder Arbeitnehmer (insoweit er nicht pragmatisierter Beamter einer öffentlich-rechtlichen Körperschaft war) im Falle der Kündigung durch den Arbeitgeber, im Falle der einvernehmlichen Auflösung des Dienstverhältnisses und im Falle des Ausscheidens wegen Pensionsantrittes Anspruch auf Abfertigung hatte, die sich nach der Dauer der Betriebszugehörigkeit richtete. Der Unternehmer war somit verpflichtet, für die voraussichtlich entstehenden Abfertigungsansprüche Rückstellungen zu bilden.

Unternehmensrechtlich sind nach § 211 Abs 2 UGB Anwartschaften auf Abfertigungen mit dem sich nach versicherungsmathematischen Grundsätzen ergebenden Betrag anzusetzen. Vereinfachend kann ein bestimmter Prozentsatz der fiktiven Ansprüche zum jeweiligen Bilanzstichtag angesetzt werden, sofern dagegen im Einzelfall keine erheblichen Bedenken bestehen.

Der Ansatz eines bestimmten Prozentsatzes hat seinen Ursprung im Steuerrecht, welches gemäß § 14 EStG als Rückstellung einen bestimmten Prozentsatz der fiktiven Ansprüche vorsieht. Demnach hatte der Arbeitgeber eine Vorsorge für künftige Abfertigungen im Ausmaß von 50 % (ursprünglich 80 %) des Betrages, der den Arbeitnehmern bei Auflösung des Dienstverhältnisses am Bilanzstichtag als Abfertigung auf Grund gesetzlicher Anordnung oder auf Grund eines Kollektivvertrages bezahlt werden müsste, zu Lasten des Gewinnes bilden.

Beginnend ab 1994 konnte die Vorsorge für Abfertigungen für Mitarbeiter, die am Bilanzstichtag das 50. Lebensjahr vollendet haben, in fünf Jahresraten von 50 % auf 60 % der Ansprüche aufgestockt werden. Das Höchstmaß von 60 % für diesen Personenkreis konnte somit erst ab 1998 erreicht werden.

Spätestens am Schluss jedes Wirtschaftsjahres mussten nach der bisherigen Rechtslage österreichische festverzinsliche Wertpapiere, Daueremissionen inländischer Schuldner oder Forderungen aus Schuldscheindarlehen an die Republik Österreich im Nennbetrag von mindestens 50 % des am Schluss des vorangegangenen Wirtschaftsjahres in der Bilanz ausgewiesenen Vorsorgebetrages für künftige Abfertigungen im Betriebsvermögen vorhanden sein.

Steuerpflichtige, die ihren Gewinn gemäß § 4 Abs 3 EStG ermitteln, können in der Steuererklärung beantragen, dass ein gleich hoher Betrag wie bei bilanzierenden Unternehmen steuerfrei bleibt.

In § 14 Abs 1 EStG wird bestimmt, dass für Wirtschaftsjahre, die nach dem 31.12.2001 enden, nur mehr 47,5 % der fiktiven Abfertigungsansprüche und in den danach folgenden Jahren nur mehr 45 % der fiktiven Ansprüche als Rückstellung ausgewiesen werden können. Nur für über fünfzigjährige Arbeitnehmer bleibt das Ausmaß von 60 % bestehen.

Gemäß § 124 b Z 69 EStG kann die Wertpapierdeckung in dem nach dem 31.12.2002 endenden Wirtschaftsjahr (2003) auf 40 %, im darauf folgenden Jahr (2004) auf 30 %, im nächstfolgenden Wirtschaftsjahr (2005) auf 20 % und schließlich (2006) auf 10 % des am Schluss des vorangegangenen Wirtschaftsjahres ausgewiesenen Rückstellungsbetrages vermindert werden. Ab 2007 ist keine Wertpapierdeckung mehr erforderlich.

Mit der Frage, wann keine erheblichen Bedenken gegen den Ansatz eines einheitlichen Prozentsatzes bestehen, beschäftigt sich das **Fachgutachten KFS/RL2** des Fachsenates für Unternehmensrecht und Revision der Kammer der Wirtschaftstreuhänder, „Grundsätze ordnungsgemäßer Bilanzierung von Abfertigungsverpflichtungen nach den Vorschriften des Rechnungslegungsgesetzes", dessen Inhalt in der Fassung der Ergänzung vom März 2004 im Folgenden sinngemäß wiedergegeben wird.

Das FG geht einleitend auf Wesen und Grenzen der Anwendung versicherungsmathematischer Grundsätze ein und führt aus, dass eine **versicherungsmathematische Berechnung** der Abfertigungsrückstellung die Wahrscheinlichkeit jeder möglichen Beendigung des Dienstverhältnisses (Übertritt in den Ruhestand, Tod des Dienstnehmers ohne/unter Hinterlassung gesetzlicher Erben, zu deren Erhaltung der Verstorbene gesetzlich verpflichtet war, Ausscheiden von Frauen nach Geburt eines Kindes, Kündigung durch den Dienstgeber vor Erreichen des Pensionsalters) und der dabei anfallenden Abfertigungszahlungen berücksichtigen müsste. Die versicherungsmathematische Berechnung führe daher zu einem Ergebnis, das auch bei Wirksamkeit des Gesetzes der großen Zahl mit erheblicher Ungewissheit behaftet sei. Anschließend wird die Eignung eines **vereinfachten Berechnungsverfahrens nach finanzmathematischen Grundsätzen,** das im Ergebnis dem einer versicherungsmathematischen Berechnung nahe kommt, für die Berechnung der Abfertigungsrückstellung untersucht.

Dabei wird nach den vorliegenden Erfahrungen davon ausgegangen, dass der Übertritt von Mitarbeitern in den Ruhestand in der Regel den wichtigsten Anlassfall für die Bezahlung von gesetzlichen und kollektivvertraglichen Abfertigungen darstelle:

„Für diesen Anlaßfall ist es wirtschaftlich richtig, die bis zum Zeitpunkt des Übertrittes in den Ruhestand entstehende Abfertigungsverpflichtung in ähnlicher Weise wie den Barwert der Pensionszahlungen (im Zeitpunkt des Erreichens des Pensionsalters) während der aktiven Dienstzeit unter Anwendung finanzmathematischer Berechnungsmethoden anzusammeln."

Aus der weiteren Untersuchung wird die Schlussfolgerung gezogen, dass bei Vernachlässigung der Auflösungsgründe

- Kündigung des Dienstnehmers durch den Dienstgeber vor Übertritt in den Ruhestand (Anfall der vollen Abfertigung) und
- Ausscheiden von Dienstnehmern ohne Abfertigung (Fluktuation),

sich das Ergebnis einer finanzmathematischen Berechnung der Abfertigungsrückstellung in der Regel nicht wesentlich vom Ergebnis einer versicherungsmathematischen Berechnung unterscheide, bei der die beiden genannten Auflösungsgründe gleichfalls nicht berücksichtigt werden könnten.

Wenn damit gerechnet werden könne, dass diese beiden Auflösungsgründe in Zukunft von geringerer Bedeutung sein werden, sei die Annahme vertretbar, dass sich die positiven und negativen Auswirkungen aller vom Pensionierungsfall abweichenden Auflösungsgründe weitgehend ausgleichen und daher vernachlässigt werden könnten. Bei größerem Gewicht der vorgenannten Auflösungsgründe könnten sie bei der finanzmathematischen Berechnung durch Zuschläge und Abschläge berücksichtigt werden.

Grundlagen der Berechnung der Deckungsrückstellung für den Pensionierungsfall (Abschnitt 3.2. des FG)

Bei der Berechnung ist davon auszugehen, daß die im Zeitpunkt des Übertritts in den Ruhestand anfallende Abfertigung eine zusätzliche Vergütung für die Dienstleistung während der aktiven Dienstzeit darstellt. Die im Zeitpunkt des Übertritts in den Ruhestand anfallende Abfertigung ist daher während der aktiven Dienstzeit anzusammeln. Eine betriebswirtschaftlich richtige und den allgemeinen Grundsätzen ordnungsmäßiger Bilanzierung entsprechende Ansammlung erfolgt in der Weise, daß die jährliche Erhöhung der Rückstellung – unter der theoretischen Annahme eines gleichbleibenden Bezugs – der Summe aus einem gleichbleibenden Prämienbetrag und der Verzinsung der angesammelten Rückstellung entspricht (Anwartschaftsdeckungsverfahren).

Bei der Berechnung der Rückstellung für einen bestimmten Bilanzstichtag sind für jeden Dienstnehmer die folgenden Faktoren zu berücksichtigen:

a) der Zeitpunkt des Eintritts in das Unternehmen;
b) der Zeitpunkt des Übertritts in den Ruhestand;
   aus a) ergibt sich für den jeweiligen Bilanzstichtag die bisherige Dienstzeit,
   aus a) und b) ergibt sich die gesamte Dienstzeit (Zeitraum zwischen Eintritt in das Unternehmen und Übertritt in den Ruhestand);
c) der Abfertigungsanspruch im Zeitpunkt des Übertritts in den Ruhestand als Produkt aus dem für die Berechnung maßgebenden Monatsentgelt und dem von der tatsächlichen bzw der vertraglich anrechenbaren Dienstzeit abhängigen Vervielfacher;
d) der Rechnungszinssatz.

Die finanzmathematische Berechnung kann mit Hilfe der Tabellenwerte für den Endwert einer vorschüssigen Rente nach folgender Formel durchgeführt werden:

$$\textbf{Maßgebender Abfertigungsanspruch} \times \frac{\textbf{Renten-Endwertfaktor für die bisherige Dienstzeit}}{\textbf{Renten-Endwertfaktor für die gesamte Dienstzeit}}$$

Der in der Berechnung anzusetzende maßgebende Abfertigungsanspruch ergibt sich als Produkt aus dem am Bilanzstichtag maßgebenden Monatsentgelt und dem für die tatsächliche bzw die vertraglich anrechenbare Dienstzeit im Pensionierungsfall gültigen Vervielfacher.

Zu den einzelnen Berechnungsfaktoren

Der Zeitpunkt des Übertritts in den Ruhestand

Als Zeitpunkt des Übertritts in den Ruhestand kommt grundsätzlich die Erreichung folgender Altersgrenzen durch den Dienstnehmer in Betracht:

a) das normale Pensionsalter gemäß der derzeitigen Rechtslage (65 bzw 60 Jahre),
b) das durchschnittliche Pensionsalter nach den statistischen Unterlagen des Unternehmens,
c) das durchschnittliche Pensionsalter nach den statistischen Unterlagen der Pensionsversicherungsanstalten,
d) das frühestmögliche Pensionsalter nach den gesetzlichen Vorschriften
e) bei einzelvertraglicher Regelung – insbesondere bei Personen, deren Übertritt in den Ruhestand von der gesetzlichen Regelung für die Inanspruchnahme einer Sozialversicherungspension nicht abhängig ist – der vertragliche Zeitpunkt.

Künftige Änderungen des Pensionsrechts können bei der Entscheidung über das zugrunde zu legende Pensionsalter nur berücksichtigt werden, wenn sie ausreichend konkretisiert sind.

Die Auswirkung des der Berechnung zugrunde gelegten Pensionsalters auf die Höhe der Abfertigungsrückstellung wird in Abschnitt 3.3.4 FG behandelt. Auf Grund der dort getroffenen Feststellungen ergibt sich, daß dem Grundsatz der Vorsicht entsprochen wird, wenn bei der Berechnung der Deckungsrückstellung vom Alter bei frühestmöglicher Beanspruchung der Alterspension ausgegangen wird.

Es bestehen keine Einwendungen gegen den Ansatz des durchschnittlichen Pensionsalters nach den statistischen Unterlagen des Unternehmens, falls diese für die Zukunft repräsentativ sind.

Der Abfertigungsanspruch im Zeitpunkt des Übertritts in den Ruhestand

a) Der Anspruch bei nominell gleichbleibenden Bezügen

Bei nominell gleichbleibenden Bezügen bleibt der Abfertigungsanspruch im Zeitpunkt des Übertritts in den Ruhestand während der gesamten aktiven Dienstzeit unverändert.

Bei der Berechnung der Deckungsrückstellung für zwei aufeinanderfolgende Bilanzstichtage erhöht sich bei nominell unveränderten Bezügen lediglich der Renten-Endwertfaktor für die bisherige Dienstzeit (vgl das Berechnungsbeispiel in Beilage II).

b) Die Berücksichtigung von Veränderungen der Bezüge

Veränderungen (in der Regel Erhöhungen) der Bezüge verändern das für den (neuen) Berechnungsstichtag maßgebende Monatsentgelt und damit den Abfertigungsanspruch im Zeitpunkt des Übertritts in den Ruhestand. Die Berechnung nach der in Abschnitt 3.2 dargestellten Formel führt im Jahr der Änderung des Bezugs zu einer Berichtigung des Abfertigungsaufwandes für die bisherige Dienstzeit. Dies entspricht im Ergebnis dem Teilwertverfahren bei Berechnung der Pensionsrückstellung.

Bei der Beurteilung der betriebswirtschaftlichen Richtigkeit dieser Vorgangsweise sind die Ursachen der Bezugsänderungen zu beachten; diese können sein:

> Anpassungen der Bezüge an Veränderungen des Geldwerts,
> zusätzliche Änderungen bei unveränderter Qualifikation auf Grund einer Änderung des realen Lohn- und Gehaltsniveaus,
> im voraus feststehende Erhöhungen der Bezüge, die von der Dienstzeit im Unternehmen abhängig sind (zB Biennalerhöhungen), oder
> qualifikationsbedingte Bezugsänderungen.

Eine betriebswirtschaftlich richtige Behandlung der Änderungen von Bezügen und der daraus resultierenden Änderungen der Abfertigungsverpflichtungen hätte nach folgenden Grundsätzen zu erfolgen:

> Änderungen der Abfertigungsverpflichtungen, die auf Bezugsänderungen zur Anpassung an Geldwertänderungen zurückzuführen sind, sind auf die gesamte aktive Dienstzeit zu verteilen; die in der Vergangenheit gebildeten Rückstellungen sind an die geänderten (erhöhten) Abfertigungsansprüche anzupassen. Die Abfertigungsrückstellung stellt sich demnach als eine wertgesicherte Verpflichtung dar.
>
> Änderungen der Abfertigungsverpflichtungen, die auf qualifikationsbedingte Bezugsänderungen zurückzuführen sind, sind auf die restliche Dienstzeit zu verteilen; dasselbe gilt für Änderungen der Abfertigungsverpflichtungen, die auf die Veränderung des realen Lohn- und Gehaltsniveaus zurückzuführen sind.
>
> Im voraus feststehende dienstzeitabhängige Erhöhungen wären auf die restliche Dienstzeit zu verteilen, wenn man unterstellen kann, daß sie ein Äquivalent für Qualifikationserhöhungen darstellen; sie wären dagegen auf die gesamte Dienstzeit zu verteilen (dh bei der Berechnung von Anfang an zu berücksichtigen), wenn sie unabhängig von künftigen Qualifikationserhöhungen eingeräumt werden.

Eine differenzierte Behandlung der Bezugsänderungen bei der Berechnung der Dekkungsrückstellung ist nicht praktikabel, da eine eindeutige Aufgliederung von Bezugsänderungen nach den obigen theoretischen Komponenten vielfach nicht möglich ist; im Hinblick auf die sonstigen mit der Berechnung der Abfertigungsrückstellung verbundenen Unsicherheitsfaktoren würde eine diesbezügliche Verfeinerung der Berechnung auch zu keiner wesentlichen Erhöhung der Genauigkeit des Ergebnisses führen. Es ist daher zu empfehlen, die im Abschnitt 3.2 angeführte Berechnungsformel für jede Art von Bezugsänderungen anzuwenden; der Umstand, daß diese Berechnungsmethode bei bestimmten Bezugserhöhungen zu einer höheren als der wirtschaftlich gebotenen Rückstellung führt, kann bei der Bemessung des Rechnungszinssatzes berücksichtigt werden.

Das für die Höhe des Abfertigungsanspruchs maßgebende Entgelt umfaßt auch die in den letzten 12 Monaten im Durchschnitt bezahlten variablen Entgeltsteile (einschl regelmäßiger Überstundenentgelte). Wenn diese variablen Entgeltsteile besonders hoch sind und wenn anzunehmen ist, daß ihr Ausmaß im Pensionierungszeitpunkt vom Ausmaß im Zeitpunkt der Berechnung der Rückstellung erheblich abweicht, kann es angezeigt sein, diesen Umstand bei der Berechnung der Deckungsrückstellung zu berücksichtigen.

Der Rechnungszinssatz (Abschnitt 3.3.3 FG)

(Die nachfolgenden Ausführungen zum Rechnungszinssatz gelten auch für die Pensions- und Jubiläumsrückstellung.)

Da Geldwertänderungen in den Bezügen der Dienstnehmer ihren Niederschlag finden und die Abfertigungsverpflichtungen daher wertgesicherte Verpflichtungen darstellen, ist der Berechnung nicht ein nomineller Zinssatz, sondern der **langfristig erzielbare Realzinssatz** (das ist der Unterschied zwischen dem nominellen Kapitalmarktzinssatz und der Geldentwertungsrate) zugrunde zu legen; dieser beträgt nach den Erfahrungen der letzten Jahrzehnte höchstens 3,0 bis 4,0 % pa.

Der **Realzinssatz** kommt bei der Ermittlung des Deckungskapitals insbesondere dann zur Anwendung, wenn die Berechnung nach einem vereinfachten Verfahren erfolgt, bei dem die Bezüge am Bilanzstichtag der Berechnung zugrunde gelegt werden und weder die in der Vergangenheit eingetretenen Bezugsänderungen nach geldwert- und dienstzeitabhängigen und nach leistungsabhängigen Komponenten differenziert werden noch die künftigen (auch geldwertbedingten) Bezugsänderungen berücksichtigt werden.

Werden die künftigen **geldwertbedingten Bezugserhöhungen** bei der Berechnung der künftigen Abfertigungszahlungen berücksichtigt (eingerechnet), kann der **Nominalzinssatz von Industrieanleihen** (derzeit etwa 4,2 %) der Barwertberechnung zugrunde gelegt werden (Ergänzung der Fachgutachten KFS-RL 2 und 3 vom 10. März 2004).

Der **Einbezug** künftiger geldwertbedingter Bezugserhöhungen bedeutet eine kompoundmäßige Erhöhung der Bezüge von jährlich 2 – 3 Prozent, ausgehend von den gegenwärtigen Bezügen. Der auf diese Weise ermittelte Endbezug ist die Bemessungsgrundlage für die Berechnung der Abfertigungsrückstellung.

Beispiel 1

Der Monatsbezug 2004 beträgt inkl Einrechnung des 13. und 14. Gehaltes 4.000 Euro. Der Angestellte ist im 54. Lebensjahr, die bisherige Dienstzeit beträgt 20 Jahre. Der voraussichtliche Pensionsantritt erfolgt in 10 Jahren. Es wird nach den derzeitigen Verhältnissen mit einer jährlichen Bezugserhöhung von etwa 2 % gerechnet.

Das fiktive Monatsgehalt nach 10 Jahren beträgt $4.000 * 1{,}02^{10} = 4.876$ Euro. Der sich daraus ergebende fiktive Abfertigungsanspruch beträgt (nach 25-jähriger Dienstzeit) 1 Jahresgehalt, das ist 58.512.

Der heranzuziehende Rechnungszinssatz in Höhe von 4,2 % entspricht dem heutigen **Nominalzinssatz** für Industrieanleihen.

Bezugserhöhungen, die aus der Veränderung der **Dienststellung des Arbeitnehmers** (wesentliche Änderung der Stellung oder Funktion des Anwartschaftsberechtigten) erwartet werden, sind im Zeitraum zwischen der Änderung und der voraussichtlichen Beendigung des aktiven Dienstverhältnisses anzusammeln.

Beispiel 2

Wird der Barwertberechnung der Bezug zum 31.12.2004 (4.000 Euro) zugrunde gelegt, kommt der **Realzinssatz** zur Anwendung.

Eintrittsjahr:	1986
Geburtsjahr:	1951
voraussichtliches Pensionsalter:	2016
gesamte Aktivitätszeit:	(2016 – 1986) 30 Jahre
bisherige Aktivitätszeit:	(2004 – 1986) 18 Jahre
maßgebender Bezug (inkl anteil 13. u 14. Bezug):	4.000
Abfertigung nach 28 Dienstjahren:	12 × 4.000 = 48.000
fiktiver Abfertigungsanspruch 2004:	6 × 4.000 = 24.000
Rentenendwertfaktor:	3 %, n = 30 47,575
Rentenendwertfaktor:	3 %, n = 18 23,415

Abfertigungsrückstellung, finanzmathematisch:

$$\frac{48.000 \times 23{,}415}{47{,}575} = 23.624$$

Berechnung gemäß § 14 EStG 1988, 60 % von 24.000	14.400
Unterdeckung	– 9.224
in % von § 14 EStG 1988	39,05 %

Für das Jahr 2006 käme die Berechnung bei unveränderten Bezügen zu folgendem Ergebnis:

Rentenendwertfaktor: 3 %, n = 20	26,8704

Abfertigungsrückstellung, finanzmathematisch:

$$\frac{48.000 \times 26{,}8704}{45{,}575} = 28.300$$

Berechnung gemäß § 14 EStG 1988, 60 % von 36.000	21.600
Unterdeckung	6.700
in % von § 14 EStG 1988	23,67 %

Aufgrund der dargestellten Vorgangsweise könnte bei einer Durchrechnung für den gesamten Personalstand (die aufgrund eines einfachen Rechenprogrammes verhältnismäßig einfach durchzuführen ist) festgestellt werden, ob erhebliche Bedenken gegenüber der Berechnung nach steuerlichen Grundsätzen (§ 14 EStG 1988) bestehen.

In der Ergänzung vom März 2004 zu den Fachgutachten KFS-RL 2 und 3 wird zum Ausdruck gebracht, dass die ursprünglich aufgestellten Regeln, unter welchen Voraussetzungen und innerhalb welcher Grenzen Jahresabschlüssen auch dann der uneingeschränkte Bestätigungsvermerk erteilt werden kann, wenn diese Rückstellungen das betriebswirtschaftlich begründete Ausmaß nicht erreichen, nicht mehr gelten; dies vor allem deswegen, weil sich verschiedene Änderungen der Umstände ergeben haben, die bei der ordnungsmäßigen Bilanzierung dieser Verpflichtungen zu beachten sind. Einer dieser Umstände ist die Möglichkeit der Bildung einer **aktiven Steuerabgrenzung**, die einen negativen Unterschiedsbetrag zwischen steuerlicher und unternehmensrechtlicher Rückstellung sofort um 25 % senkt.

Obwohl keine Grenze im Hinblick auf erhebliche Bedenken in der Ergänzung der beiden Fachgutachten getroffen wird, kann davon ausgegangen werden, dass Abweichungen bis zu 5 % aus Gründen der Unwesentlichkeit jedenfalls zu tolerieren sind. Darüber hinausgehende Unterschiede verpflichten zur **Bildung der Rückstellung nach betriebswirtschaftlichen Grundsätzen**, wobei auch die Anwendung der Grundsätze des IAS 19 möglich ist.

Bezüglich der **Angleichung** der bisher jährlich ausgewiesenen **Rückstellungen** an die auf Grund der geänderten Rechnungsgrundlagen (Rechnungszinssatz, geändertes Ansammlungsverfahren, geänderte Fluktuationsannahmen, geändertes Pensionsantrittsalter) nunmehr auszuweisenden Rückstellungen für Abfertigungen, Pensionen und Jubiläumsrückstellungen erlaubt das Fachgutachten eine Verteilung des bei der Umstellung anfallenden **Unterschiedsbetrages** auf 5 Jahre. Der jeweils **verbleibende Fehlbetrag** ist im Anhang anzugeben.

Unabhängig davon ändert sich nichts an der 20-jährigen Verteilung des bei der Einführung des Rechnungslegungsgesetzes entstandenen Unterschieds- bzw Fehlbetrages gem Artikel X.

Die aus der Umstellung entstehenden **Mehraufwendungen** sind in der Gewinn- und Verlustrechnung zusammen mit den laufenden Aufwendungen in den **Aufwendungen für Abfertigungen und Leistungen für betriebliche Mitarbeitervorsorgekassen** sowie **Aufwendungen für Pensionen** auszuweisen.

b) System Abfertigung neu

Mit dem Bundesgesetz über die Mitarbeitervorsorge (BMVG; BGBl I 2002/100) wurden die Voraussetzungen für ein neues System von Abfertigungsansprüchen geschaffen. Es ist für alle privatrechtlichen Arbeitsverhältnisse anzuwenden, die nach dem 31.12.2002 begonnen haben (System „Abfertigung neu"). Arbeitnehmer, deren Arbeitsverhältnis schon vor dem 1.1.2003 bestand, können – unter der Voraussetzung einer Einigung mit dem Arbeitgeber – in das neue System optieren oder im alten System (System „Abfertigung alt") verbleiben. Im neuen Abfertigungssystem wird der Abfertigungsanspruch an eine Mitarbeitervorsorgekasse (hiefür ist eine Konzession nach dem Bankwesengesetz erforderlich) nach dem Prinzip der Kapitaldeckung übertragen. Damit soll eine „zweite Säule" der Altersvorsorge ermöglicht werden.

Für alle Arbeitsverträge, die nach dem 31.12.2002 begonnen haben, werden die Abfertigungsverpflichtungen der Arbeitnehmer gemäß Angestelltengesetz bzw nach kollektivvertraglichen Vereinbarungen auf rechtlich selbständige **Mitarbeitervorsorgekassen (MV-Kassen) übertragen (ausgelagert)**. Der Anspruch wird somit auch bei Selbstkündigung bewahrt oder im Falle von Saisonarbeitern erworben. Der Arbeitgeber hat eine MV-Kasse auszuwählen und mit dieser einen Beitrittsvertrag abzuschließen. **Monatlich** überweist er an diese MV-Kasse über die örtlich zuständige Gebietskrankenkasse einen **Beitrag** in Höhe von derzeit **1,53 %** der Lohn- und Gehaltssumme. Die MV-Kasse hat diese Mittel ertragbringend zu veranlagen, finanziert daraus ihre Verwaltungskosten und Gewinnerwartung und hat im Bedarfsfall jenen Betrag, der dem Arbeitnehmer als Abfertigung zusteht, auszuzahlen. Der Abfertigungsanspruch des Arbeitnehmers besteht somit gegenüber der MV-Kasse des Unternehmens und nicht mehr gegenüber dem Arbeitgeber, die MV-Kasse muss für die ihr zufließenden Beträge eine 100%ige Kapitalgarantie abgeben und das Vermögen treuhändig verwalten.

Die Anwartschaftsberechtigten sind jährlich über die Höhe des erworbenen Abfertigungsanspruches und über die Grundzüge der Veranlagungspolitik schriftlich zu informieren. Eine Veranlagung in Aktien darf nur im Ausmaß von höchstens 40 % der Beiträge erfolgen. Das beitragspflichtige Entgelt umfasst den Monatsbezug und aliquote Anteile am 13. und 14. Monatsbezug, am regelmäßigen Überstundenbezug, am Bezug regelmäßig wiederkehrender Provisionen, Prämien und an sonstigen Leistungsentgelten. Für das Inkasso und die Kontrolle verrechnet die Gebietskrankenkasse 0,3 % der Beiträge, 99,7 % leitet sie in die MV-Kasse weiter.

Ein Abfertigungsanspruch entsteht grundsätzlich bei jeder Beendigung eines Arbeitsverhältnisses (§ 14 Abs 1 BMVG). Eine Barauszahlung dieses Abfertigungsanspruches kann jedoch nur erfolgen, wenn seit der ersten Beitragszahlung bzw seit der letzten Auszahlung einer Abfertigung mindestens drei Einzahlungsjahre erworben wurden und weiters keine Kündigung durch den Arbeitnehmer bzw keine verschuldete Entlassung oder kein unberechtigter Austritt aus dem Unternehmen vorliegt.

Mit vollendetem Übergang auf das System „Abfertigung neu“ entfällt die Rückstellungsbildung, da die Verpflichtung des Unternehmens mit der Zahlung des MV-Kassenbeitrages gegenüber dem Arbeitnehmer erlischt.

c) Übergangsregelungen

Für Dienstverträge, die bis zum 31.12.2002 begründet wurden und zu diesem Zeitpunkt bestanden haben, gelten die bisherigen Abfertigungsbestimmungen an sich weiter (das steuerliche Rückstellungserfordernis und die Wertpapierdeckung erfahren jedoch gegenüber bisher eine Veränderung; siehe unter Punkt a). Beiträge an die MV-Kasse fallen für diese Arbeitnehmer keine an.

In den Wirtschaftsjahren 2002 bzw 2003 war gemäß § 124 b Z 68 EStG eine steuerfreie Auflösung der bisher ausgewiesenen Abfertigungsrückstellungen möglich, womit als Folge auch die Wertpapierdeckung entfällt. Unternehmensrechtlich ist die Abfertigungsrückstellung jedoch weiterzuführen. Die steuerbegünstigte Auflösung kann daher nur außerbücherlich erfolgen. Eine Neubildung einer steuerlichen Abfertigungsrückstellung ist ausgeschlossen. Wenn in späteren Jahren eine Abfertigung ausbezahlt wird oder eine Übertragung an eine MV-Kasse erfolgt, so ist der Aufwand steuerlich auf fünf Jahre zu verteilen (§ 124 b Z 68 lit c). Diese Regelung bedeutet eine weitere Durchbrechung des Prinzips der Maßgeblichkeit der Handelsbilanz für die Steuerbilanz.

Arbeitgeber und Arbeitnehmer können bis 2007 durch eine schriftliche Einzelvereinbarung einen Übertritt des Arbeitnehmers in das System „Abfertigung neu“ vorsehen. Hiefür stehen zwei Varianten zur Auswahl (§ 47 BMVG): der „Teil-Übertritt“ und der „Voll-Übertritt“.

Beim **„Teil-Übertritt“** werden die bis zum Übertrittstag im System „Abfertigung alt“ erworbenen Abfertigungsansprüche „eingefroren“. Ab dem Tag des Übertritts ist der Arbeitnehmer bezüglich des Erwerbs neuer Abfertigungsansprüche im System „Abfertigung neu“, hiefür werden Beitragsleistungen im Ausmaß von 1,53 % an die MV-Kasse entrichtet. Das Einfrieren der Altansprüche bedeutet, dass das erworbene Anspruchsniveau (zB vier Monatsgehälter) erhalten bleibt und keine Erhöhung durch längere Dienstzeiten (so genannte „Abfertigungssprünge“) mehr möglich sind. Hingegen werden Gehaltssteigerungen bis zum Tag der Abfertigung berücksichtigt. Neben den Ansprüchen im „System alt“ hat der Arbeitnehmer auch Ansprüche aus dem System „Abfertigung neu“.

Beispiel:

Der Arbeitnehmer, geboren am 14.4.1956, hat sich mit Wirkung vom 1. Jänner 2005 für einen Teilübertritt in die Abfertigung neu entschieden. Zum Zeitpunkt der Entscheidung war der Arbeitnehmer 12 Jahre im Unternehmen tätig, sein Monatsgehalt betrug € 4.000,–. Sein fiktiver Abfertigungsanspruch beträgt 4 Monatsgehälter.

Die Abfertigungsrückstellung zum 31.12.2005 beträgt 45 % von 18.667,– = € 8.400,15.

Die Wertpapierdeckung am 31.12.2006 beträgt 10 % von 8.400,– = € 840,–.

Der Arbeitnehmer erhält am 1. Juli 2006 eine Gehaltserhöhung von monatlich € 200,–. Da er 2006 das 50. Lebensjahr vollendet, erhöht sich die Abfertigungsrückstellung auf 60 %. Der Abfertigungsumfang bleibt bis zum Ausscheiden des Arbeitnehmers 4 Monate.

Die steuerliche Abfertigungsrückstellung zum 31.12.2006 beträgt 60 % von 19.600,– = € 11.760,–.

Die Wertpapierdeckung entfällt ab dem 31.12.2007.

Beim **„Voll-Übertritt“** wechselt der Arbeitnehmer zur Gänze in das System „Abfertigung neu“. Für diesen Fall bedarf es einer individuellen Vereinbarung zwischen Arbeitgeber und Arbeitnehmer, wie viel der Arbeitgeber für die vom Arbeitnehmer im alten System erworbenen Ansprüche in die MV-Kasse einzubezahlen hat. Für das Unternehmen entsteht dadurch ein Aufwand, andererseits wird die Abfertigungsrückstellung (unternehmens- und steuerrechtlich) aufgelöst. Der Differenzbetrag zwischen Auflösungsertrag und Aufwand aus der Übertragung an die MV-Kasse ist steuerlich auf fünf Jahre verteilt zu berücksichtigen. Unternehmensrechtlich erfolgt die Berücksichtigung im Jahr der Übertragung.

Hat der Unternehmer vorher die Abfertigungsrückstellung steuerfrei in das Eigenkapital übertragen, ist der gesamte zu übertragende Betrag auf 5 Jahre verteilt absetzbar. Unternehmensrechtlich ist der Differenzbetrag zwischen (unternehmensrechtlichem) Rückstellungsbetrag und übertragenem Betrag im Jahre des Übertrages als Aufwand anzusetzen.

4.336.2 Rückstellungen für Pensionen

Aufgrund rechtsverbindlicher und unwiderruflicher Pensions- bzw Versorgungszusagen an Arbeitnehmer, die keine Vorbehalte wie

1. freiwillig und kein Rechtsanspruch,
2. jederzeitiger Widerruf vorbehalten,
3. Rechtsansprüche auf Leistungen bestehen nicht,
4. die Leistungen sind unverbindlich,

enthalten, ist das Unternehmen gem § 211 Abs 2 UGB verpflichtet, Rückstellungen für Pensionen zu bilden.

Die Pensionsrückstellung muss nach versicherungsmathematischen Grundsätzen gebildet werden, wobei allerdings das Gesetz sowohl den Rechnungszinsfuß als auch das Berechnungsverfahren, **Teilwert- oder Gegenwartswertverfahren,** offen lässt.

Der Unterschied zwischen den beiden Verfahren liegt in der Ansammlung der Rückstellungsbeträge und damit in der unterschiedlichen Belastung insbesondere der letzten Jahre vor Pensionsantritt. Während das Teilwertverfahren von der Fiktion der Rückwirkung auf den Beginn des Ansammlungszeitraumes (Zeitpunkt des Dienstantrittes des Begünstigten bzw Zeitpunkt der Zusage) ausgeht, werden die Rückstellungsbeträge im Rahmen des Gegenwartswertverfahrens vom Beginn der Zusage bzw der jeweiligen Erhöhung angesammelt. Dadurch kommt es beim Teilwertverfahren zunächst zu wesentlich höheren Rückstellungsbeträgen und beim Gegenwartswertverfahren zu einer wesentlich größeren Belastung späterer Jahre.

Der Fachsenat für Unternehmensrecht und Revision nimmt im Fachgutachten KFS/RL 3 zur ordnungsmäßigen Bilanzierung der Pensionsverpflichtungen eingehend Stellung und kommt im Wesentlichen zu folgendem Ergebnis:

Der Ansammlungszeitraum für den Aufbau der Pensionsrückstellung beginnt frühestens in dem Geschäftsjahr, in dem das Dienstverhältnis beginnt und spätestens in dem Geschäftsjahr, in dem die Pensionszusage erteilt wird, und zwar auch dann, wenn in der Pensionszusage eine Wartezeit vorgesehen ist.

Bei Bezugserhöhungen hängt es von der Ursache der Erhöhung ab, ob die daraus resultierende Erhöhung des anzusammelnden Deckungskapitals auf den gesamten Zeitraum zwischen dem Beginn der Ansammlung (Dienstbeginn oder Pensionszusage) und dem Zeitpunkt der voraussichtlichen Beendigung der Aktivitätszeit (Teilwertverfahren) oder lediglich auf die restliche Aktivitätszeit (Gegenwartswertverfahren) zu verteilen ist. Während das Teilwertverfahren für geldwertbedingte und andere nicht auf die Qualifikation des Pensionsberechtigten zurückzuführende Bezugserhöhungen zur Anwendungen kommen sollte, ist das Gegenwartswertverfahren für qualifikationsbedingte Bezugserhöhungen, aber auch bei Anpassung der Bezüge und damit der Pensionen an erhöhte Produktivität anzuwenden.

Rechnungszinssatz und Beurteilung der Angemessenheit der in der Bilanz eines Unternehmens ausgewiesenen Pensionsrückstellung

Sowohl für die Frage der Angemessenheit des Rechnungszinssatzes als auch für die Angemessenheit der in der Bilanz eines Unternehmens ausgewiesenen Pensionsrückstellung gelten die unter der Abfertigungsrückstellung getätigten Ausführungen.

Übergangsvorschriften auf Grund des Art X

Durch die Anwendung des § 211 ergab sich für Pensionsvorsorgen eine grundlegende Abkehr von der vorherigen Bilanzierungspraxis, die wegen der daraus resultierenden weit reichenden Konsequenzen für den Jahresabschluss eine Übergangsregelung notwendig machte (Art X Abs 2 – 4).

Zu den Übergangsvorschriften vergleiche Kapitel 8.211.

Einkommensteuerliche Behandlung der Pensionsrückstellung

Mit der Einkommensteuerreform 1988 wurde auch die steuerrechtliche Bildung von Pensionsrückstellungen im Sinne der Regeln der Versicherungsmathematik neu geordnet.

Danach dürfen gemäß § 14 Abs 7 Steuerpflichtige, die ihren Gewinn gemäß § 4 Abs 1 oder § 5 ermitteln, für schriftliche, rechtsverbindliche und unwiderrufliche Pensionszusagen Pensionsrückstellungen bilden. Für die Bildung gilt Folgendes:

1. Die Pensionsrückstellung ist nach den anerkannten Regeln der Versicherungsmathematik zu bilden.
2. Die Pensionsrückstellung ist erstmals im Wirtschaftsjahr der Pensionszusage zu bilden, wobei Veränderungen der Pensionszusage wie neue Zusagen zu behandeln sind. Als neue Zusagen gelten auch Änderungen der Pensionsbemessungsgrundlage und Indexanpassungen von Pensionszusagen.
3. Der Rückstellung ist im jeweiligen Wirtschaftsjahr so viel zuzuführen, als bei Verteilung des Gesamtaufwandes auf die Zeit zwischen Pensionszusage und dem vorgesehenen Zeitpunkt der Beendigung der aktiven Arbeits- oder Werkleistung auf das einzelne Wirtschaftsjahr entfällt (Gegenwartsverfahren).
4. Soweit durch ordnungsmäßige Zuweisungen an die Pensionsrückstellung das zulässige Ausmaß der Rückstellung nicht erreicht wird, ist in dem Wirtschaftsjahr, in dem der Pensionsfall eintritt, eine erhöhte Zuweisung vorzunehmen.
5. Die zugesagte Pension darf 80 % des letzten laufenden Aktivbezugs nicht übersteigen. Auf diese Obergrenze sind zugesagte Leistungen aus Pensionskassen anzurechnen, soweit die Leistungen nicht vom Leistungsberechtigten getragen werden.
6. Der Bildung der Pensionsrückstellung ist ein Rechnungszinsfuß von 6 % zugrunde zu legen.
7. Bezüglich der (neu eingeführten) Wertpapierdeckung gilt die gleiche Regelung wie bei der Abfertigungsvorsorge.

Steuerlich sind Pensionszusagen an geschäftsführende Gesellschafter von Kapitalgesellschaften bei Angemessenheit ebenso abzugsfähig wie bei anderen Angestellten. Pensionszusagen an geschäftsführende Gesellschafter von Personengesellschaften gelten voll als Gewinnverteilungsabrede. Sie werden daher im Jahr der Bildung beim Begünstigten besteuert und im Jahr des Bezuges als Privatentnahme desselben behandelt.

In gleicher Weise wie das UGB sieht auch das EStG eine Übergangsregelung für die Aufstockung der Pensionsrückstellung vor (§ 116 Abs 4). Vergleiche hiezu die Ausführungen im Kapitel 8.212.

4.336.3 Steuerrückstellungen

Soweit Steuern selbst berechnet werden **(Umsatzsteuer, Dienstgeberbeitrag, Kommunalabgabe),** liegen sie sowohl ihrer Höhe als auch ihrem Rechtsgrund nach fest und sind daher als **Verbindlichkeiten** auszuweisen. **Veranlagte Steuern** sind, soweit es sich nicht um Privatsteuern (Einkommensteuer) handelt, als **Rückstellungen** auszuweisen, da sie der Höhe nach wohl regelmäßig bekannt sind, jedoch der Rechtsgrund (Steuerbescheid) noch nicht gegeben ist. **Kapitalgesellschaften** haben sämtliche veranlagten Steuern als Rückstellungen auszuweisen, soweit die errechnete Höhe die geleisteten Vorauszahlungen übersteigt.

Mit der zunehmenden Anzahl von Durchbrechungen der Maßgeblichkeit der Unternehmensbilanz für die Steuerbilanz bekommt die **Abgrenzung latenter Steuern** immer mehr Bedeutung. Deshalb bestimmen § 198 Abs 9 und 10 UGB, dass bei unterschiedlichen Wertansätzen in Unternehmens- und Steuerbilanz, die zu abweichenden Ergebnissen führen, welche sich in einem späteren Geschäftsjahr wieder ausgleichen, entweder eine Rückstellung für latente Steuern oder eine aktive Abgrenzung für latente Steuern zu bilden ist, die im Jahre des Ausgleichs wieder aufzulösen ist. Auf eine aktive Steuerabgrenzung kann allerdings verzichtet werden, wenn der latente Steuerbetrag im Anhang angegeben wird.

Beispiel für eine latente Steuerrückstellung:

Im Dezember 2004 wird von einer GmbH ein Großwerkzeug mit Anschaffungskosten von € 27.000,– angeschafft. Die Nutzungsdauer beträgt 3 Jahre. Die Abschreibung im ersten Jahr wird nach Unternehmensrecht pro rata temporis und steuerrechtlich nach den Bestimmungen des § 7 EStG (Halbjahresabschreibung) vorgenommen:

Jahr	Jahresabschreibung		Abschreibungs- und Gewinndifferenz	Rückstellung für latente Steuern	
	unternehmensr	steuerr		Dot/Aufl	Stand
2005	750	4.500	3.750	938	938
2006	9.000	9.000	0	0	938
2007	9.000	9.000	0	0	938
2008	8.250	4.500	– 3.750	– 938	0
	27.000	27.000	0	0	0

Da der unternehmensrechtliche Gewinn 2005 um 3.750,– € größer ist als der steuerrechtliche, ist für die Körperschaftsteuer, die erst 2006 schlagend wird, eine Rückstellung für latente Steuern zu bilden. Diese beträgt 25 % von 3.750,– €.

4.336.4 Sonstige Rückstellungen

Unter diesen werden alle nicht vorher genannten Rückstellungen erfasst.

4.336.41 Rückstellungen für ungewisse Verbindlichkeiten

4.336.411 Rückstellungen für Verpflichtungen gegenüber Arbeitnehmern

1. Rückstellungen für Gewinnbeteiligungen, Jahresabschlussprämien, Bilanzgelder

Steuerlich kann eine Rückstellung nur dann gebildet werden, wenn die Verpflichtung am Bilanzstichtag dem Grunde nach bereits besteht, dh wenn die Zusage bereits vor dem Bilanzstichtag verpflichtend gemacht wurde. Der erstmalige Beschluss nach dem Bilanzstichtag, Gratifikationen auszuzahlen, berechtigt nicht zur Bildung einer Rückstellung. Werden derartige Gratifikationen allerdings wiederholt ausbezahlt, so geht die Freiwilligkeit verloren und die Rückstellung ist in diesem Fall jedenfalls zu bilden. Unternehmensrechtlich sollte die Rückstellung auch dann gebildet werden, wenn die Zusage nach dem Bilanzstichtag, aber vor dem Bilanzerstellungstag erfolgt.

Für die Behandlung anteilsbasierter Vergütungen an Mitarbeiter wird auf Punkt 28 dieses Kapitels verwiesen bzw auf die **AFRAC-Stellungnahme 2007** „Behandlung anteilsbasierter Vergütungen an Aufsichtsräte, Führungskräfte und Mitarbeiter gem. UGB“.

2. Rückstellungen für noch nicht konsumierte Urlaube

Wenn zum Bilanzstichtag offene Urlaubsansprüche von Dienstnehmern bestehen, die erst nach dem Bilanzstichtag konsumiert werden, ist für den anteiligen, auf das Abschlussjahr entfallenden Anspruch eine Rückstellung zu bilden; bei Bildung dieser Rückstellung spielt weniger der Gedanke einer ungewissen Verbindlichkeit eine Rolle als der Gedanke der richtigen **Periodenabgrenzung.** Bei der Bildung der Rückstellung sind die anteiligen Personalnebenkosten ebenfalls zu berücksichtigen. Urlaubsvorgriffe von Dienstnehmern werden dabei gegen rückständige Urlaubsansprüche aufgerechnet, da die Rückstellung für nicht konsumierte Urlaube einheitlich für den gesamten Personalstand berechnet wird; wenn sich dabei ein Überschuss der Urlaubsvorgriffe ergibt, ist dieser nach den EB zu § 198 als **aktive Rechnungsabgrenzung** auszuweisen:

> „Vorweg in Anspruch genommene Urlaube sind mit Rückstellungen für nicht in Anspruch genommene Urlaube zu verrechnen und ein Aktivsaldo ist als aktive Rechnungsabgrenzung auszuweisen.“

3. Rückstellungen für Jubiläumsgelder

Diese **sind** dann zu bilden, wenn **Kollektivvertragsbestimmungen, Betriebsvereinbarungen** oder die **Übung** bestehen, dass das Unternehmen nach einer bestimmten Dienstzeit an die diese Bedingungen erfüllenden Arbeitnehmer **Jubiläumsgelder** entweder in einer bestimmten Betragshöhe oder in einem bestimmten Prozentsatz des jeweiligen Monatsgehaltes auszahlt. Für den Fall des Fehlens von **Kollektivvertragsbestimmungen bzw Betriebsvereinbarungen** verlangen die Einkommensteuerrichtlinien jeweils eine schriftliche, rechtsverbindliche und unwiderrufliche Zusage. Eine Rückstellung darf im Gegensatz zum Unternehmensrecht (verpflichtende Bildung) mit steuerlicher Wirkung auch dann nicht gebildet werden, wenn der Charakter der Freiwilligkeit durch lange Übung verloren gegangen ist (Rz 3422 f).

Die Bildung einer Jubiläumsrückstellung kann nach versicherungsmathematischen oder finanzmathematischen Grundsätzen erfolgen. Bei finanzmathematischer Ermittlung ist auch die zu erwartende Fluktuation der Belegschaft (inkl Verlust von Arbeitnehmern durch Invalidität und Todesfälle) durch einen **Fluktuationsabschlag** zu berücksichtigen. Dieser richtet sich nach den Erfahrungen der Vergangenheit, wobei steuerlich auch ohne Nachweis ein Abschlag von 25 % anerkannt wird.

Der Rechnungszinssatz beträgt unternehmensrechtlich 3 – 5 %, steuerrechtlich 6 %. Dem unternehmensrechtlichen Teilwertverfahren steht steuerlich das Gegenwartswertverfahren gegenüber (siehe auch das Kapitel Pensionsrückstellung). Wird unternehmensrechtlich das Teilwertverfahren mit einem 6%igen Zinssatz angewendet, kann aus Vereinfachungsgründen die steuerliche Rückstellung durch einen gleich bleibenden Abschlag in Höhe von 10 % abgeleitet werden (Rz 3431).

4.336.412 Andere Rückstellungen für ungewisse Verbindlichkeiten

1. Rückstellung für Heimfalllasten

Grundsätzlich liegt ein Heimfallrecht dann vor, wenn ein Unternehmen oder sonstiges Vermögen auf Basis eines Gesetzes (zB Verstaatlichungsgesetz 1947) oder eines Vertrages nach Ablauf einer bestimmten Zeit entschädigungslos oder gegen eine Entschädigung, die unter dem Wert des heimfallenden Vermögens liegt, einem Dritten anheimfällt.

Der Nutzer des Vermögens (des Unternehmens) hat durch Rückstellungen für alle Aufwendungen, die noch im Zusammenhang mit dem Heimfall entstehen, vorzusorgen (zB für die Herstellung des vereinbarten Zustandes des dem Dritten anheimfallenden Gutes, zu leistende Abfertigungszahlungen an Dritte). Auch vereinbarte Zahlungen, die an die ausscheidenden Gesellschafter zu leisten sind, sind rückzustellen.

2. Rückstellungen für Produkthaftung nach dem Produkthaftungsgesetz

Das am 1. Juli 1988 in Kraft getretene **Produkthaftungsgesetz** verpflichtet den Unternehmer, der ein Produkt herstellt, in Umlauf gebracht oder eingeführt hat, Schadenersatz zu leisten, wenn durch den Fehler dieses Produktes ein Mensch getötet, verletzt oder in seiner Gesundheit geschädigt oder eine vom Produkt verschiedene körperliche Sache beschädigt wird.

Gemäß § 16 des **Produkthaftungsgesetzes** sind Hersteller und Importeure von Produkten verpflichtet, in einer Art und in einem Ausmaß, wie sie im redlichen Geschäftsverkehr üblich sind, durch das Eingehen einer Versicherung oder in anderer geeigneter Weise dafür Vorsorge zu treffen, dass **Schadenersatzverpflichtungen** nach diesem Gesetz befriedigt werden können.

Wegen der bisher fehlenden Erfahrung mit der **Produkthaftung** können Rückstellungen hierfür in vielen Fällen nur schätzungsweise angenommen werden.

Steuerlich sind **pauschal** vorgenommene **Rückstellungen für Produkthaftung** nicht zulässig.

3. Rückstellungen für Garantien und Gewährleistungen

Garantierückstellungen sind verpflichtend, wenn bereits am Bilanzstichtag eine Verpflichtung besteht, für später hervorkommende Mängel von Lieferungen oder Leistungen aufkommen zu müssen. Die Höhe der **Garantierückstellung** ergibt sich in der Regel aufgrund der Erfahrung. Eine höhere Rückstellung, als sie der durchschnittlichen Inanspruchnahme des Unternehmers in den Vorjahren entspricht, wird dann erforderlich sein, wenn sie durch geeignete Unterlagen bzw Tatsachen zu belegen ist. Die Höhe der Garantierückstellung richtet sich auch nach der Dauer der **Garantieverpflichtung.** Garantierückstellungen können pauschal für sämtliche Geschäftsfälle, für einzelne Geschäftsfälle oder gemischt gebildet werden.

Steuerlich ist die Bildung **pauschaler Garantierückstellungen** nicht zulässig.

4. Rückstellungen für Wechselobligo

Sofern ein Wechsel nicht mit der **Obligoklausel** weitergegeben bzw mit einem **Blankoakzept** empfangen und ohne eigene Unterschrift weitergegeben wurde, erlischt das Obligo erst mit der Einlösung des Wechsels durch den Bezogenen. Solange der Bezogene noch nicht bezahlt hat, besteht grundsätzlich die Möglichkeit, eine Rückstellung für voraussichtlich nicht eingelöste Wechsel zu bilden. Die Dotierung der Rückstellung muss allerdings in der tatsächlichen oder voraussichtlichen **Zahlungsunfähigkeit des Bezogenen** begründet sein. Eine auf Grundlage der bisherigen Ausfälle gebildete Pauschalrückstellung ist ebenfalls möglich.

Infolge des imparitätischen Realisationsprinzips darf ein eventueller **Regressanspruch** erst dann aktiviert werden, wenn der Regressanspruch selbst geltend gemacht wurde und realisierbar erscheint.

5. Rückstellungen für Bürgschaftsverluste

Für Bürgschaftsverluste können dann Rückstellungen gebildet werden, wenn es sich um betrieblich eingegangene Bürgschaftsverpflichtungen handelt, mit deren Inanspruchnahme ernsthaft zu rechnen ist, wenn beispielsweise der Hauptschuldner zahlungsunfähig geworden ist, sich unbekannten Aufenthaltes befindet oder gestorben ist. Eine Rückstellung kann keinesfalls gebildet werden, wenn der zahlungsfähige Hauptschuldner rechtzeitige Erfüllung zugesichert hat.

Der **Regressanspruch** gegen den Hauptschuldner darf wegen des imparitätischen Realisationsprinzips erst dann und insoweit aktiviert werden, als der Bürge tatsächlich in Anspruch genommen wurde, der Regressanspruch gegen den Hauptschuldner ausgesprochen wurde und auch tatsächlich realisierbar erscheint.

6. Rückstellungen für unterlassene Instandhaltungen, zu deren Nachholung eine rechtliche Verpflichtung besteht

Bei der Bildung von Rückstellungen für **unterlassene Instandhaltungen** ist zu unterscheiden, ob eine rechtliche Verpflichtung zur Durchführung der Instandhaltungsarbeiten besteht oder nicht.

Für den Fall einer rechtlichen Verpflichtung zur Wiederherstellung des Objektes, wie etwa bei gemieteten oder gepachteten Vermögensgegenständen, ist die Dotierung einer Rückstellung für die durchzuführende Instandhaltung bzw Reparatur unternehmensrechtlich zwingend und steuerrechtlich anerkannt.

7. Rückstellungen auf Grund öffentlich-rechtlicher Verpflichtungen (behördliche Auflagen)

Öffentlich-rechtliche Verpflichtungen können durch Gesetze, Verordnungen und Bescheide entstehen, die entweder neue Umweltauflagen schaffen oder die Beseitigung von Umweltschäden verlangen. Zu derartigen Verpflichtungen gehört auch die Wiederherstellung des ursprünglichen oder zumindest eines rekultivierten Zustandes nach Beendigung des Nutzungszweckes.

Derartige Rückstellungen ergeben sich auf Grund von Deponieverordnungen (Nachsorge, Rekultivierung), Wiederaufforstungsnotwendigkeiten, Abraumbeseitigung, Baustellenräumungskosten, sonstigen Entfernungs- und Entsorgungspflichten:

Kosten für die Herstellung einer bestimmten Trinkwasserqualität (Nitratverordnung),

Kosten für die Herstellung einer bestimmten Wassergüte in öffentlichen Gewässern,

Kosten für die Beseitigung der Schäden, die aus der Verletzung von Umweltschutzgesetzen entstanden sind,

Kosten für die Beseitigung von Altlasten, die gegen (verschärfte) Umweltschutzmaßnahmen verstoßen.

Bei Erlass neuer Umweltschutzgesetze bzw -verordnungen, die häufig dem gerade erzielten Stand der Technik entsprechen oder diesem sogar vorauseilen, werden in der Regel Übergangsfristen gewährt, während derer die betroffenen Unternehmen die Möglichkeit haben, die verlangte Norm zu erreichen. Bis zur Durchführung der notwendigen Arbeiten sind die erwarteten Kosten hierfür zurückzustellen.

Mangels Erfahrungen mit neuen Technologien ist es vielfach äußerst schwierig, die Höhe der erforderlichen Rückstellung festzustellen, weswegen in diesen Fällen besondere Vorsicht eingehalten werden muss.

Der Rückstellungserlass (AÖF 125/1995) nennt als weitere Beispiele für öffentlich-rechtliche Verpflichtungen Rückstellungen für Umzugsräumungskosten, Absiedelungsbeihilfen, Wartungsintervalle auf Grund von Bescheiden.

Wird allerdings durch eine behördliche Auflage der Unternehmer verpflichtet, einen selbständigen Vermögensgegenstand herzustellen, so darf (zumindest aufgrund des Urteiles des BFH vom 19. 8. 1998) keine Verbindlichkeitenrückstellung gebildet werden. Zwar konnte sich im gegenständlichen Fall der Unternehmer der behördlichen Auflage nicht entziehen (Errichtung einer Kläranlage) und wäre daher verpflichtet gewesen, diese öffentlich-rechtliche Verpflichtung wie jede andere voll zu bilanzieren. Dagegen sprach jedoch, dass der Vermögensgegenstand durch seine Aktivierung in Zukunft (dem Realisationsprinzip entsprechend) aufwandswirksam wird. Es wurde daher ein wirtschaftlicher Zusammenhang mit zukünftigen Erträgen hergestellt.

Handelt es sich dabei jedoch um eine für die Beurteilung der Finanzlage bedeutsame Größe, so hat bei Kapitalgesellschaften (mit Ausnahme der kleinen GmbH) eine entsprechende Angabe im Anhang zu erfolgen (§ 237 Z 8 UGB; vgl Abschnitt 4.372).

8. Rückstellungen für Jahresabschlusskosten und sonstige Rechts- und Beratungskosten

Dazu gehören insbesondere die voraussichtlichen Honorare des Wirtschaftstreuhänders für die Beratung anlässlich der Erstellung des Jahresabschlusses sowie die Kosten des Abschlussprüfers für die Durchführung der Jahresabschlussprüfung. Die sonstigen Rechts- und Beratungskosten umfassen alle im Abschlussjahr erbrachten Beratungsleistungen und Rechtskosten, die noch nicht abrechenbar sind. Rückzustellen sind auch Aufwendungen, die zwar erst nach dem Bilanzstichtag anfallen, ihre Ursachen aber in einer Zeit vor diesem haben (zB laufende Rechtsfälle).

9. Rückstellungen für Patentverletzungen

Diese sind dann zu bilden, wenn in hohem Ausmaße die Wahrscheinlichkeit besteht, dass der Unternehmer eine **Patentverletzung** begangen hat. In diesem Fall kann für jenes Jahr, in das das schädigende Ereignis fällt, eine Rückstellung für diesbezügliche Schadenersatzforderungen gebildet werden.

10. Prozesskostenrückstellungen

Die Voraussetzung für die Dotierung einer Prozesskostenrückstellung ist dann gegeben, wenn es sich

1. um einen bereits laufenden oder drohenden Prozess handelt und
2. ernsthaft besondere Aufwendungen dafür erwartet werden, die
   a) Gerichtskosten,
   b) Rechtsanwaltskosten und
   c) Kosten aus dem zu erwartenden Verlust des Prozesses oder Kosten eines zu erwartenden Vergleiches

   sein können.

11. Rückstellungen für noch nicht abgerechnete Fremdleistungen

Zu erwartende **Rechnungsbeträge aus Fremdleistungen,** deren Höhe anlässlich der Erstellung des Jahresabschlusses noch nicht feststeht, sind als Rückstellungen auszuweisen.

Derartige Rückstellungen werden vor allem dann zu bilden sein, wenn der Bilanzerstellungstag nur kurze Zeit nach dem Bilanzstichtag liegt und eine Reihe von Eingangsrechnungen noch ausständig ist.

12. Rückstellungen für Boni und Rabatte

Nachträglich gewährte **Boni** und **Rabatte,** soweit sie bei der Bilanzerstellung in ihrer Höhe noch nicht feststehen, sind in voraussichtlicher Höhe als Rückstellungen auszuweisen.

13. Rückstellungen für Kursrisiko

Wenn im Falle des Bestehens einer **Fremdwährungsverbindlichkeit** ernstlich die Gefahr einer Kurssteigerung besteht, etwa, wenn zwischen Bilanzstichtag und Bilanzerstellungstag die Fremdwährung aufgewertet wurde und dadurch mit einer erhöhten Zahlung zu rechnen ist, kann analog zu § 207 Abs 2 eine **Rückstellung** gebildet werden.

Tritt im Falle einer **Fremdwährungsforderung** nach dem Bilanzstichtag eine Kurssenkung auf, die einen verminderten Zahlungseingang erwarten lässt, kann gemäß § 207 Abs 2 eine Abschreibung vorgenommen werden, die allerdings in der Gewinn- und Verlustrechnung gesondert ausgewiesen werden muss.

14. Rückstellungen für Skonti

Hierbei handelt es sich um **Skonti** für unmittelbar nach dem Abschlussstichtag innerhalb des Kassenrespiros eingehende Forderungen. Allerdings handelt es sich hier eher um Wertberichtigungen zu Forderungen, da Letztere innerhalb des Kassenrespiros um den darin enthaltenen Skonto weniger wert sind. Häufig werden diese Skonti in die **Pauschalwertberichtigung** zu Forderungen einbezogen.

15. Absiedlungsbeihilfen

Von Gebietskörperschaften auf Grund einer öffentlich-rechtlichen Verpflichtung an Bestandnehmer geleistete Beihilfen für die vorzeitige Aufgabe von Bestandsrechten sind in gleicher Höhe als vorbelastete Einnahmen als Rückstellung anzusetzen. Die Höhe der Rückstellung umfasst auch die Umsiedlungskosten.

16. Altfahrzeuge, Rücknahme und Verwertung

Auf Grund der Verpflichtung der Hersteller oder Importeure zur Rücknahme und Verwertung von Altfahrzeugen ist für die hiefür anfallenden Kosten eine Rückstellung zu bilden. Das Jahr der Rückstellungsbildung ist regelmäßig jenes Jahr, in dem der Tatbestand erfüllt wird, der zur späteren Rücknahme bzw Kostenübernahmeverpflichtung führt. Dies ist in der Regel der Zeitpunkt, in dem die Fahrzeuge gegen Entgelt in den Verkehr gebracht werden.

Gem der **steuerrechtlichen Übergangsvorschrift** (§ 124 b Z 86 EStG 1988) ist für Fahrzeuge, die vor dem 1. Juli 2002 in Verkehr gesetzt wurden, die Rückstellung auf mehrere Jahre zu verteilen. Dies erfolgt in der Weise, dass die Rückstellung im Wirtschaftsjahr 2002 in voller Höhe gebildet und gleichzeitig ein Aktivposten gegenübergestellt wird, der gleichmäßig über die Wirtschaftsjahre, die zwischen dem 5. November 2002 und dem 1. Jänner 2007 enden, aufzulösen war.

17. Baustellenräumung

Für die Verpflichtung der Baustellenräumung nach Beendigung der Fertigstellung ist im Ausmaß der voraussichtlichen Räumungskosten eine Rückstellung zu bilden.

18. Erdölbevorratung

Für die allfälligen Kosten der Erdölbevorratung auf Grund des Erdölbevorratungsgesetzes sind gem § 3 Abs 1 Erdölbevorratungsgesetz Rückstellungen zu bilden. Davon ausgeschlossen sind die Anschaffungskosten der Vorräte selbst.

19. Einsatzverpflichtung

Für die Verpflichtung, gegen Einsatz überlassene Vermögensgegenstände (Paletten, Gebinde, Flaschen usw) wieder zurückzulösen, sind Rückstellungen in der Höhe zu bilden, in der die Inanspruchnahme tatsächlich droht.

20. Schadenersatzansprüche

Wenn eine deliktische oder vertragliche Schadenersatzpflicht konkret droht, ist hierfür eine Rückstellung zu bilden. Besteht ein Versicherungsschutz, ist insoweit keine Rückstellung zu bilden.

21. Werbeaufwendungen

Unterlassene bzw rückständige Werbeaufwendungen auf Grund von Franchise- oder Lizenzvertragsverpflichtungen sind rückstellungspflichtig.

22. Rückstellung wegen fortbestehender Betreuungsleistungen

Erhält ein Versicherungsmakler für die Vermittlung und Betreuung eines Lebensversicherungskunden ein Entgelt ausbezahlt, mit dem nicht nur die Vermittlungsleistung, sondern auch die zukünftige Betreuung des Kunden bis zur Auszahlung der Lebensversicherung abgegolten wird, ist vom bilanzierenden Versicherungsmakler entsprechend einer Entscheidung des deutschen Bundesfinanzhofes aus 2004 für den auf die zukünftige Betreuungsleistung entfallenden Entgeltsteil eine Rückstellung zu bilden (Bertl/Hirschler, Rückstellungsbildung wegen fortbestehender Betreuungsleistungen, RWZ 2/2005, S 38 f).

23. Rückstellung für Kontoauszugserstellung

Ist die Bausparkasse verpflichtet, jedem Bausparer im Laufe des Folgejahres einen Kontoauszug über die Zahlungen und Zinsgutschriften für das abgelaufene Kalenderjahr auszustellen, hat sie für die Erstellung und Versendung derselben durch Bildung einer Rückstellung vorzusorgen (Bertl/Hirschler, Rückstellungsbildung für Kontoauszugserstellung, RWZ 8/2002, S 238 f).

24. Rückstellungsbildung für Kosten der Aufbewahrung von Geschäftsunterlagen

Für die zukünftig anfallenden Ausgaben im Zusammenhang mit der gem § 249 dHGB (§ 212 UGB) verpflichtenden Aufbewahrung der Geschäftsunterlagen ist gem einer Entscheidung des deutschen Bundesfinanzhofes aus 2002 eine Verbindlichkeitsrückstellung zu bilden (Bertl/Hirschler, Rückstellungsbildung für Kosten der Aufbewahrung von Geschäftsunterlagen, RWZ 1/2003, S 7 f).

25. Rückstellung für überhöhten CO_2-Ausstoß

Bezüglich der Rückstellung für den zusätzlichen Bedarf an Emissionszertifikaten zur Abdeckung eines überhöhten CO_2-Ausstoßes siehe Kapitel 4.248.

26. Rückstellung für GSVG-Beiträge (Einzelunternehmen und Personengesellschaften)

Für Sozialversicherungsbeiträge gemäß GSVG besteht seit 1998 die Regelung, dass sich diese Beiträge aufgrund der jeweiligen Einkünfte des **laufenden** Wirtschaftsjahres bemessen. Dies hat zur Folge, dass im Falle geringerer Vorauszahlungen eine Verpflichtung zur Nachzahlung dieser noch nicht entrichteten Beitragsschuld besteht. Der Unternehmer hat entsprechend dem Grundsatz der periodengerechten Gewinnermittlung daher die Verpflichtung zur Bildung einer Verbindlichkeitsrückstellung für die in der Zukunft zu erwartende Nachzahlung.

Die Sozialversicherungsbeiträge dienen der persönlichen Absicherung des Unternehmers. Da sich die Sozialversicherungspflicht zwangsweise aus der unternehmerischen Tätigkeit ergibt, stellen die Sozialversicherungsbeiträge betrieblichen Aufwand (Betriebsausgabe) dar, weswegen auch die Bildung einer Rückstellung dem Grunde nach gerechtfertigt ist.

Die Berechnung der GSVG-Rückstellung ergibt sich nach folgender Formel (vgl Bertl/Hirschler: Rückstellung für GSVG-Beiträge, RWZ 12/1999, S 358):

$$R = \frac{SV\text{-}Satz \times (EK + VZ + NZ\ [bzw - GS]) - VZ}{(1 + SV\text{-}Satz)}$$

Legende:

R	erforderliche Rückstellung für SV-Beiträge
SV-Satz	kumulierter Beitragssatz für Sozialversicherung
EK	steuerpflichtige Einkünfte des laufenden Jahres exklusive Rückstellung für SV-Beiträge
VZ	Vorauszahlungen für Sozialversicherung des laufenden Jahres
NZ	Nachzahlung für Sozialversicherung für frühere Wirtschaftsjahre
GS	Gutschrift für Sozialversicherung für frühere Wirtschaftsjahre

27. Rückstellung für die Rückverrechnung von Provisionen bei Versicherungsvermittlern

Mit Inkrafttreten des § 176 Abs 5 und 6 VersVG idF VersRÄG 2006 wurde für kapitalbildende Lebensversicherungsverträge, die nach dem 31.12.2006 geschlossen werden, eine neue Regelung für den Fall des Stornos oder Rückkaufes eines Vertrages geschaffen. § 176 Abs 5 VersVG regelt das Verhältnis zwischen Versicherungsnehmer und Versicherer durch Einführung von Bestimmungen über die Verteilung von Abschlusskosten bei der Berechnung des Rückkaufwertes. Versicherer dürfen demnach bei Ermittlung des Rückkaufwertes ihre kalkulierten Abschlusskosten über fünf Jahre verteilt in abnehmenden Fünfteln zum Abzug bringen.

Parallel dazu wird eine Regelung über die Rückverrechnung von Provisionen bei vorzeitiger Beendigung des Vertrages eingeführt. Dieser Rückerstattungsanspruch gem § 176 Abs 6 VersVG regelt in den Fällen des Abs 5 das Rechtsverhältnis zwischen Versicherer und dem Vermittler, wonach der Vermittler im Falle des Stornos oder Rückkaufs in den ersten fünf Jahren seine tatsächliche Provision samt Nebengebühren aliquot dem Versicherer zurückzuerstatten hat. Der Anspruch reduziert sich im Falle des Stornos oder des Rückkaufs auf das zeitanteilige Ausmaß, in welchem der Vertrag innerhalb der fünf Jahre aufrecht blieb. Für kürzere Verträge gilt Entsprechendes sinngemäß. Das AFRAC hat in einer Stellungnahme 2007 ausgeführt, dass es sowohl nach UGB als auch nach IFRS geboten ist, eine sofortige Gewinnrealisation bei gleichzeitiger wahrscheinlichkeitsgewichteter Bevorsorgung (= Rückstellung) des Storno- oder Rückkauffalles vorzunehmen. Im UGB ist die wahrscheinlichkeitsgewichtete Bevorsorgung als Minimum zu verstehen. Das Vorsichtsprinzip erfordert im Falle unzureichender Schätzungsgrundlagen eine entsprechende vorsichtige Vorgangsweise. Die Anwendung der „Fünftelung“

des Provisionsanspruches über die ersten fünf Jahres entspricht in jenen Fällen, in denen eine entsprechende Schätzung nicht vorgenommen werden kann, jedenfalls dem Vorsichtsprinzip nach UGB.

28. Rückstellung für anteilsbasierte Vergütungen

Anteilsbasierte Vergütungen, die an Aufsichtsräte, Führungskräfte oder Mitarbeiter erfolgen, sind in einer Optionsrücklage (vgl Kapitel 4.314.5) zu erfassen, wenn deren Ausgabe durch **Eigenkapitalinstrumente** erfüllt wird. Für anteilsbasierte Vergütungstransaktionen mit Barausgleich ist jedoch eine Rückstellung zu bilden (vgl AFRAC 2007: „Behandlung anteilsbasierter Vergütungen an Aufsichtsräte, Führungskräfte und Mitarbeiter gem. UGB").

Es handelt sich dabei um Ansprüche auf künftige Barvergütungen, die vom Anstieg des Kurses der Aktien oder sonstiger Eigenkapitalinstrumente des Unternehmens oder eines verbundenen Unternehmens über einen bestimmten Zeitraum im Vergleich zu einem bestimmten Basiskurs abhängig sind.

Die Verpflichtungen des Unternehmens für derartige Vergütungen (**Wertsteigerungsrechte**) sind (analog IFRS 2) bei der erstmaligen Erfassung und an jedem Abschlussstichtag bis zu ihrer Begleichung bzw bis zu ihrem Verfall mit dem jeweils aktuellen **beizulegenden Zeitwert** anzusetzen. Bei der Ermittlung des beizulegenden Zeitwertes ist ein **Optionspreismodell** anzuwenden, das die Bedingungen der Wertsteigerungsrechte und die Dauer der vom Berechtigten bereits abgeleisteten und der bis zur Erfüllung noch abzuleistenden Dienstzeit berücksichtigt.

IFRS 2 unterstellt (und das wird gem AFRAC auch für das UGB angenommen), dass das Unternehmen die von den Berechtigten als Gegenleistung für dic **Wertsteigerungsrechte** zu erbringenden Leistungen bereits erhalten hat, sofern kein deutlicher gegenteiliger Hinweis vorliegt. Der daraus resultierende Aufwand ist daher durch Bildung einer Rückstellung unmittelbar zu erfassen.

4.336.42 Rückstellungen für drohende Verluste aus schwebenden Geschäften

4.336.421 Begriff und Abgrenzung schwebender Geschäfte

Schwebende Geschäfte sind zweiseitig verbindliche Rechtsgeschäfte vom Zeitpunkt des Vertragsabschlusses bis zur Erfüllung durch den zur Lieferung und Leistung verpflichteten Partner. Die Erfüllung durch den zur Gegenleistung verpflichteten Partner ist ein gesondertes schwebendes Geschäft.

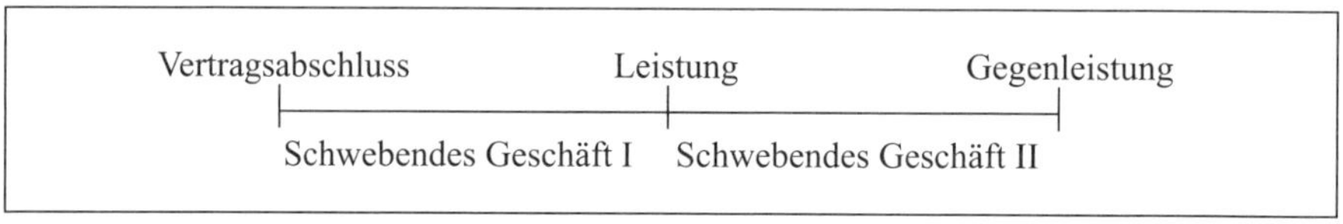

Für schwebende Geschäfte gilt der Grundsatz, dass Leistung und Gegenleistung einander ausgleichen; aus diesem Grund erfolgt so lange, als noch kein Partner eine Leistung erbracht hat, keine Verbuchung. Das **Imparitätsprinzip** erfordert jedoch insoweit eine Berücksichtigung schwebender Geschäfte, als am Bilanzstichtag bereits ersichtlich ist, dass das Ergebnis der Folgeperiode durch die Auswirkungen eines abgeschlossenen Vertrages verschlechtert wird. In diesem Fall ist der Betrag, um den sich die Folgeperiode voraussichtlich verschlechtert, zu antizipieren, da die Folgeperiode andernfalls Verluste, die die Vorperiode verursacht hat, übernimmt.

Für die Erfassung schwebender Geschäfte gilt, dass eigene Vorleistungen bis zur Erfüllung zu Anschaffungs- oder Herstellungskosten zu aktivieren sind. Soweit es sich bei Vorleistungen des Partners um Einmalgeschäfte (zB Anzahlungen) handelt, sind diese als Verbindlichkeit zu passivieren. Bei langfristigen schwebenden Geschäften (etwa Pensionszusagen für noch aktive Arbeitnehmer) ist für die später anfallenden möglichen Ausgaben **(aufschiebend bedingte Schuld)** eine Rückstellung zu bilden (vgl den Abschnitt über Pensionsrückstellungen).

4.336.422 Risiken aus schwebenden Geschäften

Risiko aus der Nichterfüllung des Vertragsverhältnisses

Wird der vereinbarte Vertrag vom eigenen Unternehmen nicht eingehalten, ist mit **Schadenersatzansprüchen** bzw mit den sich aus dem Vertrag ergebenden Konsequenzen des Partners zu rechnen. Für diese Ansprüche sind, sofern eine Inanspruchnahme durch den Partner noch nicht vorliegt, entsprechende Rückstellungen zu bilden.

Das **Risiko der Nichterfüllung** des Vertrages durch den Partner besteht entweder in der Verweigerung der Leistung oder Verweigerung der Abnahme.

Im Falle der **Leistungsverweigerung** durch den Partner können die Aufträge an andere Lieferanten vergeben werden, wobei unter Umständen höhere Preise bezahlt werden müssen, oder es kann zu einer verspäteten oder überhaupt unterlassenen Vertragserfüllung durch das Unternehmen selbst gegenüber den anderen Partnern kommen. Auf Grund des **imparitätischen Realisationsprinzips** sind für daraus zu erwartende Verluste Rückstellungen zu bilden, während eigene Regressansprüche erst mit der Geltendmachung und sicheren Einbringlichkeit zu aktivieren sind.

Nimmt der Partner die **vereinbarte Leistung** des Unternehmens nicht ab, muss diese Leistung unter Umständen zu ungünstigen Preisen an andere Abnehmer abgegeben werden. Leistet der Partner nicht die vereinbarten Anzahlungen zur Vorfinanzierung des abzuwickelnden Geschäftes, müssen diese Mittel von anderen Kreditgebern (Bank) aufgenommen werden, wodurch es zu einer Erhöhung der Finanzierungskosten kommt, für die mittels Rückstellung vorzusorgen ist.

Risiken aus der Erfüllung des Vertragsverhältnisses

Preisänderungen innerhalb der Erfüllungszeit

Risiken aus der Erfüllung des Vertragsverhältnisses können sich aus **Preisänderungen** ergeben, wenn der Vertrag zu festen Preisen abgeschlossen wurde und in der Folge Änderungen in den Marktpreisen auftreten. Derartige Änderungen können sowohl bei **schwebenden Einkaufsgeschäften** als auch bei **schwebenden Verkaufsgeschäften** zu Verlusten führen.

Sinkende Marktpreise auf der **Beschaffungsseite** führen insoweit zu Verlusten, als die Ware zu den höher vereinbarten Preisen angeschafft werden muss. Darüber hinaus können sich auch **negative Erfolgsbeiträge** ergeben, wenn ein korrespondierendes Absatzgeschäft nicht mehr kostendeckend ausgeführt werden kann, weil auch auf der Absatzseite Preissenkungen eingetreten sind. Derartige negative Erfolgsbeiträge sind jedoch im Rahmen der Bilanzierung schwebender Geschäfte nur insoweit zu erfassen, als tatsächliche Verluste und nicht nur eine Minderung des Gewinnes aus dem korrespondierenden Geschäft zu erwarten sind.

Bei **schwebenden Absatzgeschäften** haben Preisänderungen in der Regel keinen Einfluss auf die Bilanzierung. Sinken die Preise, ist man durch den Vertrag abgesichert; steigen die Preise, hätte man wohl ein besseres Ergebnis erzielen können, erleidet aber durch die Preisänderung selbst keinen Verlust.

Kosten- und Mengenänderungen

Diese können durch Konstruktionsmängel, Kalkulationsfehler, unrationelle Herstellung usw entstehen. Gemeinsam ist diesen Vorfällen, dass der Aufwand höher als geplant ist.

Haftung für Termine

Bei Nichteinhaltung von Terminen kann es zur Vorschreibung von **Konventionalstrafen** kommen.

Haftung für zugesicherte Eigenschaften

Zum Unterschied zur **Garantierückstellung,** die für bereits erfolgte Leistungen gebildet wird, ist hier bereits vor der Leistung erkennbar, dass eine Verpflichtung zu **Nacharbeiten zwecks Mängelbeseitigung** oder zur **Neuanfertigung** zu erwarten ist und damit die Kosten nicht mehr durch den vereinbarten Preis gedeckt sind.

Rückstellung für Überverzinsung

Im Falle eines als nachhaltig angesehenen Rückganges des **marktüblichen Zinssatzes** für gleichartige Kredite steht der Schuldner eines zu festen Zinsen aufgenommenen langfristigen Kredites vor der Tatsache, einen wesentlich höheren Zinssatz leisten zu müssen, als dies für andere Schuldner der Fall ist.

Für diesen Fall steht eine Reihe von Autoren (vergleiche Beck'scher Bilanzkommentar[5] Rz 60, § 253) auf dem Standpunkt, dass die Differenz zwischen dem zum Zeitpunkt der Bilanzierung bestehenden marktüblichen und dem tatsächlichen Zinssatz in Höhe des Barwertes der Zinsendifferenz aufwandswirksam als Rückstellung zu verbuchen sei. Steht dieser **Zinsendifferenz** allerdings eine einmalige Leistung (zB geringere Anschaffungskosten) gegenüber, ist der Barwert der Zinsdifferenz zu aktivieren. Aufwandmäßig teilt der aktivierte Betrag das Schicksal dieser Leistung.

Optionsgeschäfte

Für den Stillhalter eines Optionsgeschäftes ist eine Rückstellung für drohende Verluste aus schwebenden Geschäften zu bilden,

- wenn und soweit bei einer Call-Option der Kurs des Optionsgegenstandes am Bilanzstichtag über dem Basispreis liegt (Stillhalter verpflichtet sich, gegen eine Optionsprämie an den Optionsberechtigten zum vereinbarten Basispreis zu liefern),
- wenn und soweit bei der Put-Option der Kurs des Optionsgegenstandes am Bilanzstichtag unter dem Basispreis liegt (Stillhalter verpflichtet sich, gegen eine Optionsprämie vom Optionsberechtigten zum vereinbarten Basispreis zu kaufen).

Die Höhe der Rückstellung bemisst sich als Unterschiedsbetrag zwischen Basispreis und Tagespreis abzüglich der Optionsprämie. Liegen Deckungsgeschäfte oder geschlossene Positionen vor, ist die Bildung einer Rückstellung nicht zulässig.

Koppelungsgeschäfte

Für drohende Verluste aus Koppelungsgeschäften ist dann eine Rückstellung anzusetzen, wenn aus dem Koppelungsgeschäft ein Verlust droht. Dasselbe gilt für Verluste aus Kompensationsgeschäften.

4.336.423 Arten der schwebenden Geschäfte und die Bewertung der daraus resultierenden Verluste

Schwebende Beschaffungsgeschäfte

Die Beendigung des **Schwebezustandes** tritt, wie bereits hingewiesen, mit Übernahme der Leistung ein. Zu diesem Zeitpunkt erfolgt daher normalerweise auch die Aktivierung. Bei Versandgeschäften hängt der Ort und die Zeit der Übernahme von der Lieferklausel (ab Werk, franko Bestimmungsort, cif, fob usw) ab. Ist die Ware übernommen, besteht für die Rückstellung keine Veranlassung mehr, da eingetretene Wertminderungen direkt vom Warenkonto abgebucht werden können.

Bei **Anlagegegenständen** sind Risiken aus dem Eintritt einer wirtschaftlichen oder technischen Überholung, sei es durch die Entwicklung besserer Maschinen oder durch plötzliche Nachfrageverschiebungen, die die bestellte Maschine nicht mehr ausnützen lassen, denkbar. **Fehlinvestitionen** durch falsche Einschätzung der wirtschaftlichen Entwicklung und Sinken des Marktwertes, wie dies beispielsweise bei EDV-Geräten in extremem Ausmaß geschah, gehören zu den Risiken bei der Anlagenbeschaffung.

Ist die Maschine bei Eintritt eines der oben genannten Fälle bereits im Unternehmen, ist unternehmensrechtlich eine **außerplanmäßige Abschreibung** und steuerrechtlich eine **Abschreibung auf den niedrigeren Teilwert** vorzunehmen. Ist die Maschine bestellt, aber noch nicht geliefert, ist eine **Rückstellung für die voraussichtliche Abschreibung** vorzunehmen.

In gleicher Weise wie bei Anlagen ist im Falle des gesunkenen Wiederbeschaffungspreises für zu festen Preisen bestellte Gegenstände des Umlaufvermögens am Abschlussstichtag eine **Rückstellung in Höhe der Differenz zwischen Einkaufspreis und gesunkenem Wiederbeschaffungspreis** vorzunehmen. Steigt der Tagespreis allerdings wieder bis zum Tage der Lieferung bzw bis zu dem vor dem Liefertag liegenden Bilanzerstellungstag, ist eine Rückstellung nur in der Höhe vorzunehmen, in der der Wiederbeschaffungswert am Tage der Lieferung oder am Tage der Bilanzerstellung unter dem vereinbarten Kaufpreis liegt.

Treten bei Gütern des Umlaufvermögens innerhalb der Lieferzeit Änderungen in den Absatzverhältnissen auf, so werden diese bei **Roh-, Hilfs- und Betriebsstoffen** überhaupt nicht berücksichtigt, da deren Bewertung beschaffungsorientiert und nicht absatzorientiert erfolgt.

Bei **Handelswaren** kann es bei Änderungen der Absatzverhältnisse auch dann zur Bildung von Rückstellungen kommen, wenn innerhalb der Lieferzeit durch ein Sinken der Verkaufspreise die Spanne zwischen dem fixen Einkaufspreis und dem gesunkenen Verkaufspreis so gering oder sogar negativ wird, dass ein Verlust bei Veräußerung der Ware nicht zu vermeiden ist.

Schwebende Absatzgeschäfte

Schwebende Absatzgeschäfte bei Handelswaren

Bei **schwebenden Absatzgeschäften** aus Handelswaren ergibt sich nach Vertragsabschluss zu Fixpreisen aus der Veränderung des Marktpreises grundsätzlich kein Bilanzierungsvorgang. Der veränderte Marktpreis führt zu keiner Erfolgsänderung.

Ist eine fix verkaufte Handelsware am Abschlussstichtag noch nicht bestellt, so ist zu unterscheiden, ob die Ware, wenn auch zu einem höheren Preis, beschafft werden kann oder gar nicht erhältlich ist. Im ersten Fall ist der am Bilanzstichtag gültige Tagesanschaffungspreis mit dem vereinbarten Verkaufspreis abzüglich entstandener oder noch entstehender Verkaufskosten zu vergleichen und eine eventuelle negative Differenz als **Rückstellung für Verluste aus schwebenden Geschäften** zu bilanzieren. Kann die Ware aus irgendwelchen Gründen nicht beschafft werden, ist eine Rückstellung in Höhe der voraussichtlichen Schadenersatzleistungen zu bilden.

Schwebende Absatzgeschäfte für Eigenleistungen

Der Vertragsabschluss über den Verkauf selbsterstellter Leistungen (Fertigerzeugnisse) führt grundsätzlich zu keinem Buchungs- bzw Bilanzierungsvorgang. Soweit jedoch Verluste vorhersehbar sind, sind diese zu berücksichtigen. Solche Verluste können daraus entstehen, dass noch anfallende Produktions-, Vertriebs- und Verwaltungskosten im Verkaufspreis nicht mehr abgedeckt werden können. Die Ermittlung des voraussichtlichen Verlustes kann sowohl auf **Vollkostenbasis** als auch auf **Teilkostenbasis** erfolgen.

Bezüglich der Frage, wann die Rückstellungsermittlung auf Vollkostenbasis und wann auf Teilkostenbasis zu erfolgen hat, siehe Kapitel 2.525.12.

4.336.43 Aufwandsrückstellungen

1. Kulanzrückstellungen

Besteht die Übung, dass das Unternehmen über die gesetzlichen bzw vertraglichen Garantieverpflichtungen hinaus Kulanzen gewährt, so ist auch hiefür eine entsprechende Rückstellung zu bilden. **Kulanzen** sind Gewährleistungen ohne rechtliche Verpflichtung, die der Unternehmer im Interesse seines Unternehmens erbringt (zB Erbringung von Garantieleistungen nach Ablauf der gesetzlichen bzw vertraglichen Garantiefrist). Kulanzleistungen, denen keine Zusage zugrunde liegt, gehören zu den Aufwandsrückstellungen.

Gem § 198 Abs 8 Z 4 c sind Rückstellungen für Kulanzen verpflichtend zu bilden. Sie sind auch **steuerrechtlich** anerkannt.

2. Rückstellungen für unterlassene Instandhaltungen, für deren Nachholung keine rechtliche Verpflichtung besteht

Hiebei handelt es sich in der Regel um unterlassene Instandhaltungen an eigenen Vermögensgegenständen (Gebäude, technische Anlagen und Maschinen), deren Nachholung aus betriebswirtschaftlichen Gründen erforderlich erscheint. Wenn beispielsweise wegen eines hohen Auftragsbestandes erhöhte Arbeitsleistungen erbracht werden, wodurch die notwendigen Wartungs- und Instandhaltungsarbeiten unterbleiben, gleichzeitig aber Erträge für die zusätzlich erbrachten Leistungen realisiert werden, ist für die nachzuholenden Instandhaltungsarbeiten eine Rückstellung zu bilden, da andernfalls nachfolgende Perioden mit Kosten belastet würden, die sie nicht betreffen.

Im Gegensatz zur fehlenden Regelung im UGB normiert das dHGB in § 249 Abs 1 die Pflicht zur Bildung einer Rückstellung für im Geschäftsjahr **unterlassene Aufwendungen für Instandhaltung,** die im folgenden Jahr innerhalb von drei Monaten, oder für **Abraumbeseitigung,** die im folgenden Geschäftsjahr nachgeholt werden.

Rückstellungen **dürfen** gemäß § 249 Abs 1 Z 2 dHGB für **unterlassene Aufwendungen für Instandhaltungen** auch dann gebildet werden, wenn die Instandhaltung nach Ablauf der Frist von drei Monaten innerhalb des Geschäftsjahres nachgeholt wird.

3. Rückstellungen für Großreparaturen und in mehrjährigen Abständen anfallende Wartungsarbeiten

Diese auf dem Gedanken der dynamischen Bilanztheorie basierenden Rückstellungen sind nach herrschender Auffassung weder in Österreich noch in Deutschland Bestandteil der GoB. Allerdings sind derartige Rückstellungen unternehmensrechtlich möglich, wobei die Rückstellung im Sinne einer periodengerechten Gewinnermittlung nur in dem das einzelne Geschäftsjahr betreffenden Ausmaß (aufbauend bis zum Wartungszeitpunkt) gebildet werden darf. Liegen jedoch Wartungsintervalle auf Grund einer öffentlich-rechtlichen Verpflichtung vor, ohne deren Einhaltung die Betriebsgenehmigung nicht verlängert werden würde, ist die Bildung der

Rückstellung auch steuerrechtlich anerkannt (vgl hiezu Bertl/Hirschler, Vorsorge für Kosten einer Generalüberholung, RWZ 7/1998, S 202 ff).

4. Sonstige Aufwandsrückstellungen

Sonstige Aufwandsrückstellungen, wie freiwillige Entsorgung und Rekultivierung, freiwillige Umweltschutzmaßnahmen, unterlassene Forschungs- und Werbeaufwendungen, freiwillige Abraumbeseitigung, gehören nicht zu den Grundsätzen ordnungsmäßiger Buchführung, sind daher unernehmensrechtlich auch nicht verpflichtend zu dotieren. Es ist allerdings davon auszugehen, dass eine einmal dotierte Aufwandsrückstellung nach dem Grundsatz der Bewertungsstetigkeit fortgeführt werden muss.

Steuerlich sind die hier angeführten Aufwandsrückstellungen nicht absetzbar.

4.34 Verbindlichkeiten

4.341 Untergliederung gem § 224 Abs 3 D

D. Verbindlichkeiten:

1. Anleihen, davon konvertibel;
2. Verbindlichkeiten gegenüber Kreditinstituten;
3. erhaltene Anzahlungen auf Bestellungen [soweit nicht gegen Vorräte verrechnet];
4. Verbindlichkeiten aus Lieferungen und Leistungen;
5. Verbindlichkeiten aus der Annahme gezogener Wechsel und der Ausstellung eigener Wechsel;
6. Verbindlichkeiten gegenüber verbundenen Unternehmen;
7. Verbindlichkeiten gegenüber Unternehmen, mit denen ein Beteiligungsverhältnis besteht;
8. sonstige Verbindlichkeiten,
   davon aus Steuern,
   davon im Rahmen der sozialen Sicherheit.

4.342 Erläuterungen allgemein

4.342.1 Fälligkeitsangaben, Angabe von Besicherungen, Verbindlichkeitenspiegel

Gemäß § 225 Abs 6 ist der **Betrag der Verbindlichkeiten mit einer Restlaufzeit bis zu einem Jahr** bei jedem gesondert ausgewiesenen Posten in der Bilanz anzumerken oder im Anhang anzugeben.

Es muss somit jeder Posten der Verbindlichkeiten hinsichtlich der Fälligkeit untersucht werden. Dies wird insbesondere die Posten „Anleihen“ (Angabe des im nächsten Jahr fälligen Betrages), die „Verbindlichkeiten gegenüber Kreditinstituten“, die „Verbindlichkeiten gegenüber verbundenen Unternehmen“, Verbindlichkeiten gegenüber Unternehmen, mit denen ein Beteiligungsverhältnis besteht, und die „Sonstigen Verbindlichkeiten“ betreffen.

Nicht anwendbar ist diese Vorschrift dagegen auf die **„Erhaltenen Anzahlungen auf Bestellungen“**, da dieser Posten keine Zahlungsverpflichtung, sondern eine Verpflichtung zur Erbringung von Lieferungen und Leistungen ausdrückt. Nur wenn aufgrund von Leistungsstörungen sich eine Verpflichtung zur Rückzahlung einer erhaltenen Anzahlung ergibt, ist die Vorschrift über die Fälligkeitsangabe wieder anwendbar. Allerdings ist diese Rückzahlungsverpflichtung nicht mehr im Posten „Erhaltene Anzahlungen auf Bestellungen“, sondern unter den sonstigen Verbindlichkeiten (evtl auch in den Verbindlichkeiten gegenüber verbundenen Unternehmen oder Unternehmen, mit denen ein Beteiligungsverhältnis besteht) auszuweisen (siehe auch Erläuterungen in Handbuch RLG, 1. Lieferung, Grünwald Alfons, Einzelfragen zu Verbindlichkeiten, S 5). Außerdem ist darauf hinzuweisen, dass die erhaltenen Anzahlungen auf Bestellungen nicht in voller Höhe auf der Passivseite aufscheinen, soweit sie offen gegen Vorräte verrechnet wurden.

Zusätzliche Erläuterungen zu Verbindlichkeiten werden in **§ 237 Z 1** verlangt:

§ 237. Im Anhang sind ferner anzugeben:

1. zu den in der Bilanz ausgewiesenen Verbindlichkeiten
   a) der Gesamtbetrag der Verbindlichkeiten mit einer Restlaufzeit von mehr als fünf Jahren,
   b) der Gesamtbetrag der Verbindlichkeiten mit einer Restlaufzeit von mehr als einem Jahr,
   c) der Gesamtbetrag der Verbindlichkeiten, für die dingliche Sicherheiten bestellt sind, unter Angabe von Art und Form der Sicherheiten;
   die in lit. a bis c verlangten Angaben sind jeweils für jeden Posten der Verbindlichkeiten nach dem vorgeschriebenen Gliederungsschema zu machen, sofern sich diese Angaben nicht aus der Bilanz ergeben;

Für die **Darstellung der Verbindlichkeiten in der Bilanz** ergeben sich folgende Möglichkeiten:

a) Zusammenfassung sämtlicher Verbindlichkeiten zu einem einzigen Betrag gem § 223 Abs 6 Z 2 und Ausweis der zusammengefassten Posten im Anhang in Form des so genannten Verbindlichkeitenspiegels.
b) Ausweis der einzelnen Posten der Verbindlichkeiten gem § 224 Abs 3 D 1–8 mit Angabe des Betrages der Verbindlichkeiten mit einer Restlaufzeit bis zu einem Jahr bei jedem gesondert ausgewiesenen Posten und Angabe der in § 237 Z 1 a–c verlangten Informationen im Anhang.
c) Ausweis der einzelnen Posten der Verbindlichkeiten wie unter b und Verlagerung sämtlicher Zusatzangaben einschließlich der Fälligkeitsangaben in den Anhang in Form eines Verbindlichkeitenspiegels.

In der Praxis scheint sich die Variante c) durchzusetzen, da dies infolge der Zusammenfassung sämtlicher Zusatzinformationen zu den Verbindlichkeiten dem Grundsatz der Klarheit am ehesten zu entsprechen erscheint.

Aufbau des Verbindlichkeitenspiegels (zu c):

	1	2	3	4	5	6	7	8
	davon							
	Restlaufzeit bis zu einem Jahr	Restlaufzeit von mehr als einem Jahr	Restlaufzeit zwischen einem und fünf Jahren	Restlaufzeit von mehr als fünf Jahren	Gesamtbetrag	davon durch dingliche Sicherheiten besichert	Art und Form der dinglichen Sicherheiten	Sonstige Angaben*)
1. Anleihen davon konvertibel								
2. Verbindlichkeiten gegenüber Kreditinstituten								
3. erhaltene Anzahlungen auf Bestellungen								
4. Verbindlichkeiten aus Lieferungen und Leistungen								
5. Verbindlichkeiten aus der Annahme gezogener Wechsel und der Ausstellung eigener Wechsel								
6. Verbindlichkeiten gegenüber verbundenen Unternehmen								
7. Verbindlichkeiten gegenüber Unternehmen, mit denen ein Beteiligungsverhältnis besteht								
8. Sonstige Verbindlichkeiten davon aus Steuern davon im Rahmen der sozialen Sicherheit								
9. Gesamtsumme								

*) zB nachrangige Verbindlichkeiten.

Ein weiteres formales Darstellungsproblem bietet die **Angabe der Vorjahreszahlen.** Gemäß § 223 Abs 2 gilt die Verpflichtung zur Angabe des Vorjahresbetrages auch für die gesondert anzumerkenden Posten und, da § 223 sich auf den gesamten Jahresabschluss, also auch auf den Anhang bezieht, auch auf die Zusatzangaben des § 237 Z 1. Dabei zeigen sich folgende Möglichkeiten:

1. Im Anhang wird nicht nur der Verbindlichkeitenspiegel des laufenden Jahres, sondern auch der des Vorjahres ausgewiesen.
2. Für jeden Posten der Verbindlichkeiten sind zwei Zeilen vorgesehen; die erste Zeile für den Betrag des laufenden Jahres und die zweite Zeile für den Betrag des Vorjahres.
3. Die Einführung von zusätzlichen Spalten für die Angabe der Vorjahresinformation.

Dem Grundsatz der Praktikabilität dürfte am ehesten die Variante 2 entsprechen.

Im Gesetz enthaltene Angabepflichten beziehen sich nicht nur auf die im § 224 ausdrücklich angegebenen Posten, sondern auch auf im Sinne des § 223 Abs 4 ausgewiesene Untergliederungen oder zusätzliche Posten; die

Formulierung in § 237 Z 1, „die zu a) bis c) verlangten Angaben sind jeweils für jeden Posten der Verbindlichkeiten nach dem vorgeschriebenen Gliederungsschema zu machen", ist insofern irreführend.

4.342.2 Vermerk der Mitzugehörigkeit

Gemäß § 223 Abs 5 ist, wenn eine Verbindlichkeit unter mehrere Posten der Bilanz fällt, die Zugehörigkeit auch zu anderen Posten bei dem Posten, unter dem der Ausweis erfolgt ist, zu vermerken oder im Anhang anzugeben, wenn dies zur Vermittlung eines klaren und übersichtlichen Jahresabschlusses erforderlich ist. Diese Frage wäre jeweils im Einzelfall zu klären.

Beispiel:

Über Banken gewährte **Exportförderungskredite** und **ERP-Kredite** werden in der Regel auf Wechselbasis abgewickelt. Es liegt also eine Überschneidung zwischen den Posten **Wechselverbindlichkeiten** und **Verbindlichkeiten gegenüber Kreditinstituten** vor. In der Regel erfolgt hier ein Ausweis unter Verbindlichkeiten gegenüber Kreditinstituten; ein Vermerk der Mitzugehörigkeit zu Wechselverbindlichkeiten erscheint in diesem Fall aber nicht erforderlich, da die Klarheit und Übersichtlichkeit des Jahresabschlusses durch die Unterlassung eines solchen Vermerkes nicht leidet.

Gemäß § 225 Abs 2 sind Verbindlichkeiten gegenüber **verbundenen Unternehmen** und gegenüber Unternehmen, mit denen ein **Beteiligungsverhältnis** besteht, in der Regel als solche jeweils gesondert auszuweisen. Werden sie unter anderen Posten ausgewiesen, so ist dies zu vermerken. Im Falle dieser Verbindlichkeiten besteht nicht die Einschränkung, dass ein Vermerk der Mitzugehörigkeit nur erforderlich ist, wenn dies zur Aufstellung eines klaren und übersichtlichen Jahresabschlusses erforderlich ist. Hier kommen zB folgende Überschneidungen in Frage:

Unter den Verbindlichkeiten gegenüber Kreditinstituten sind solche gegenüber Banken ausgewiesen, die verbundene Unternehmen oder Beteiligungsunternehmen darstellen.
In den erhaltenen Anzahlungen auf Bestellungen sind Anzahlungen von verbundenen Unternehmen oder Beteiligungsunternehmen ausgewiesen.
In den Wechselverbindlichkeiten sind Beträge für Wechsel enthalten, die sich im Portefeuille von verbundenen Unternehmen oder Beteiligungsunternehmen befinden.

Nach § 225 Abs 2 ist hier ein **Vermerk der Mitzugehörigkeit** erforderlich, da es in den dargestellten Beispielsfällen nicht dem Regelfall entspricht, diese Beträge als Verbindlichkeit gegenüber verbundenen Unternehmen oder Beteiligungsunternehmen auszuweisen. Es müsste umgekehrt, wenn der Ausweis als Verbindlichkeiten gegenüber verbundenen Unternehmen und Beteiligungsunternehmen durchgeführt wird, untersucht werden, ob in den geschilderten Fällen nicht aufgrund des § 223 Abs 5 ein Vermerk der Mitzugehörigkeit zu Verbindlichkeiten gegenüber Kreditinstituten, Anzahlungen auf Bestellungen, Wechselverbindlichkeiten erforderlich wäre, da dies zur Aufstellung eines klaren und übersichtlichen Jahresabschlusses erforderlich erscheint. Dies gilt auch für den Vermerk der Mitzugehörigkeit zu den Verbindlichkeiten aus Lieferungen und Leistungen. Im Übrigen wird auf Kapitel 4.246 verwiesen.

4.342.3 Erweiterung der Gliederung

Gemäß § 223 Abs 4 ist die **Aufnahme weiterer zusätzlicher Posten** geboten, soweit es zur Erreichung der in § 222 Abs 2 umschriebenen Zielsetzung erforderlich ist.

Zu diesen unter Umständen gesondert auszuweisenden Posten gehören zB

- die **Einlagen stiller Gesellschafter** (siehe Kapitel 4.344.1),
- bei einer **GmbH** der **Ausweis von Verbindlichkeiten gegenüber Gesellschaftern** (soweit nicht als Verbindlichkeiten gegenüber verbundenen Unternehmen oder Verbindlichkeiten gegenüber Unternehmen, mit denen ein Beteiligungsverhältnis besteht, zu erfassen, siehe auch Kapitel 4.248),
- der Ausweis von **Verbindlichkeiten aus Leasingverträgen** beim Leasingnehmer, wenn bei diesem die Voraussetzungen für wirtschaftliches Eigentum gegeben sind (siehe Kapitel 4.221.34),
- der Ausweis von **Genussrechtskapital,** wenn dieses im Einzelfall Fremdkapitalcharakter hat (siehe Kapitel 4.317.4 und 4.343.1).

Für Aktiengesellschaften enthält § 240 Z 8 eine Angabepflicht für den Betrag des unter den Verbindlichkeiten ausgewiesenen **nachrangigen Kapitals;** es ist nicht ersichtlich, warum nicht auch für die mittelgroße und große GmbH eine analoge Angabepflicht von Bedeutung sein sollte, sodass bei wesentlichen Beträgen diese Angabe auch bei Gesellschaften mit beschränkter Haftung gemacht werden sollte.

4.343 Die einzelnen Posten der Verbindlichkeiten

4.343.1 Anleihen, davon konvertibel

„Anleihen sind die unter **Inanspruchnahme des öffentlichen Kapitalmarktes** aufgenommenen langfristigen Darlehen“ (HBA[3], Rz 1 zu § 224 Abs 3 D 1). Wenn langfristige Darlehen auf dem nicht organisierten (nicht öffentlichen) Kapitalmarkt aufgenommen wurden, gehören diese entweder zu den sonstigen Verbindlichkeiten oder sind, wenn die Generalklausel dies erfordert, als gesonderter Posten auszuweisen.

Hofians (in: Straube[2] Rz 70 zu § 224) rechnet zu den Anleihen auch **passivierungspflichtige Genussscheine,** „sofern nicht im Einzelfall aufgrund der konkreten rechtlichen Ausgestaltung ein eigenkapitalähnliches Genußscheinkapital anzunehmen ist". HBA[2], S 537 f, Rz 3 zu § 131 B/V/I, verlangt den Ausweis von Genussscheinen als besonderen Posten unter den Anleihen, „wenn den Inhabern der Genußscheine mit Rücksicht auf die für die Genussrechte geleisteten Einzahlungen Forderungen zustehen, die nicht nur aus dem Gewinn oder dem Liquidationsüberschuss zu leisten sind". Wenn dies jedoch nicht der Fall ist, handelt es sich um **„eigenkapitalähnliches Genussscheinkapital"** (Hofians, in: Straube[2], Rz 70 zu § 224).

Gemäß § 211 Abs 1, 1. Satz, sind Anleihen – wie auch alle übrigen Verbindlichkeiten – mit ihrem Rückzahlungsbetrag anzusetzen. Gemäß § 198 Abs 7 darf der Unterschiedsbetrag zwischen dem höheren Rückzahlungsbetrag und dem niedrigeren Ausgabebetrag als Rechnungsabgrenzungsposten gesondert ausgewiesen werden; der eingesetzte Betrag ist durch planmäßige jährliche Abschreibungen zu tilgen. Eine Aktivierung der Geldbeschaffungskosten ist nicht zulässig (siehe allerdings Kapitel 2.542 Z 15).

Wenn eine Anleihe wegen einer höheren als der marktüblichen Verzinsung mit Aufgeld ausgegeben wird, aber nur zum Nennbetrag rückzahlbar ist, wird im HBA die Auffassung vertreten, dass die Ausgabekosten aus dem Aufgeld gedeckt werden können. Ein noch verbleibender Betrag „kann auch als besonderer Passivposten eingesetzt und während der Laufzeit der Anleihe gewinnerhöhend aufgelöst werden" (HBA[3], Rz 8 zu § 224 Abs 3 D 1). Nach der Gliederung des § 224 kommt der Ausweis unter den passiven Rechnungsabgrenzungen in Frage, wenn auch der Unterschiedsbetrag nicht voll der Definition des § 198 Abs 6 entspricht: Es liegen hier wohl Einnahmen vor dem Abschlussstichtag vor, die aber keinen Ertrag für eine bestimmte Zeit nach diesem Tag darstellen, sondern Berichtigungen des Zinsenaufwands.

„Zurückerworbene Anleihen können erst dann vom Anleihebetrag abgesetzt werden, wenn ein neuerliches In-den-Verkehr-Bringen beispielsweise durch Vernichtung endgültig ausgeschlossen ist" (Küting/Weber[4], Rz 147 zu § 266).

Konvertible Anleihen

Gemäß § 174 Abs 1 Aktiengesetz 1965 ist die Ausgabe von Schuldverschreibungen, bei denen den Gläubigern ein **Umtausch- oder Bezugsrecht auf Aktien** eingeräumt wird **(Wandelschuldverschreibungen)** oder von Schuldverschreibungen, bei denen die Rechte der Gläubiger mit Gewinnanteilen von Aktionären in Verbindung gebracht werden (Gewinnschuldverschreibungen) nur aufgrund eines Beschlusses der Hauptversammlung zulässig (mangels einer entgegenstehenden Regelung mit einer Mehrheit von mindestens 75 % des bei der Beschlussfassung vertretenen Grundkapitals).

Der Begriff Wandelschuldverschreibungen des Aktienrechts umfasst definitionsgemäß sowohl Schuldverschreibungen, die in Aktien umgetauscht werden können **(Wandelanleihen),** als auch Schuldverschreibungen, die mit einem Bezugsrecht auf Aktien ausgestattet sind **(Optionsschuldverschreibungen).**

Wandelanleihen

Da das Umtauschverhältnis zwischen Aktien und Wandelschuldverschreibungen unter anderem vom Aktienkurs zum Zeitpunkt der Emission bestimmt wird, ist der Nennwert bzw der dem anteiligen Betrag des Grundkapitals entsprechende Betrag der für den Umtausch zu gewährenden Aktien stets niedriger als der Nennwert der anlässlich des Umtausches untergehenden Wandelschuldverschreibungen (andernfalls würde eine unzulässige Unterpari-Emission vorliegen). Der Unterschiedsbetrag zwischen dem Aktiennennwert und dem Nennwert der durch Umtausch untergehenden Schuldverschreibungen ist gem § 229 Abs 2 Z 1 als (gebundene) **Kapitalrücklage** auszuweisen.

Es besteht jedoch auch die Möglichkeit, dass das Umtauschrecht durch Einzahlung eines höheren Betrages als des Rückzahlungsbetrages (für den Fall der Nichtausübung des Umtauschrechtes) erworben wird; diesfalls entsteht zum Zeitpunkt der Einzahlung eine Kapitalrücklage nach § 229 Abs 2 Z 2.

Optionsschuldverschreibungen

Bei der Ausgabe von Optionsschuldverschreibungen ist einerseits eine Rückzahlung der **Anleiheverbindlichkeiten** vorgesehen, andererseits haben die Inhaber eine Option auf den Erwerb neu emittierter Aktien zu einem im Vorhinein bestimmten oder bestimmbaren Kurs. Für das ihnen eingeräumte Optionsrecht wird bei der Ausgabe der Schuldverschreibungen ein Mehrbetrag gegenüber dem Nennwert eingehoben. Auch dieser Betrag ist gem § 229 Abs 2 Z 2 der **Kapitalrücklage** zuzuweisen. Die entsprechende Vorschrift lautet:

§ 229 Abs 2 – Als Kapitalrücklage sind auszuweisen

> 1. .....
> 2. Der Betrag, der bei der Ausgabe von Schuldverschreibungen für Wandlungsrechte und Optionsrechte zum Erwerb von Anteilen erzielt wird.

Bei **Wandelschuldverschreibungen** im engeren Sinn kommt es in der Regel erst dann zum Entstehen einer Kapitalrücklage, wenn die Inhaber der Schuldverschreibungen von ihrem Umwandlungsrecht Gebrauch machen; bei Optionsschuldverschreibungen entsteht sofort mit deren Ausgabe eine Kapitalrücklage.

Für die **Sicherung des Bezugsrechtes** auf neue Aktien wird anlässlich der Ausgabe der Schuldverschreibungen eine **bedingte Kapitalerhöhung** beschlossen (siehe §§ 159 ff Aktiengesetz 1965).

Mit den Wandelschuldverschreibungen sind gem § 240 Abs 6 folgende Pflichtangaben bei Aktiengesellschaften verbunden: Anführung der Zahl der Wandelschuldverschreibungen und vergleichbaren Wertpapiere unter Angabe der Rechte, die sie verbriefen.

4.343.2 Verbindlichkeiten gegenüber Kreditinstituten

Gemäß § 1 Abs 1 BWG

> ist ein Kreditinstitut, wer aufgrund der §§ 4 oder 103 Z 5 dieses Bundesgesetzes oder besonderer bundesgesetzlicher Regelungen **berechtigt ist, Bankgeschäfte zu betreiben.**

Im § 1 BWG werden die als Bankgeschäfte geltenden Tätigkeiten aufgezählt.

Dies gilt auch für vergleichbare ausländische Kreditinstitute; für Kreditinstitute aus EU-Mitgliedstaaten gelten dabei die Vorschriften des Abschn III Niederlassungs- und Dienstleistungsfreiheit § 9 ff BWG.

Die Verbindlichkeiten gegenüber Kreditinstituten werden dabei ohne Differenzierung nach Gesamt- bzw Restlaufzeit zusammengefasst; die Aufgliederung nach Fristen ist entsprechend den Vorschriften lt Kapitel 4.342.1 darzustellen.

Auszuweisen ist der tatsächlich in Anspruch genommene Betrag; eingeräumte, aber nicht in Anspruch genommene Kreditteile dürfen in der Bilanz nicht ausgewiesen werden. Dem Unternehmen zur Verfügung stehende Kreditpromessen können jedoch bei der Darstellung der Finanzlage im Anhang beschrieben werden.

4.343.3 Erhaltene Anzahlungen auf Bestellungen [soweit nicht gegen Vorräte verrechnet]

Aufgrund der Bezeichnung ist davon auszugehen, dass „Anzahlungen auf Bestellungen“ nur vorliegen, soweit es sich um Aufträge handelt, deren Erlöse als Umsatzerlöse auszuweisen sind. „Dagegen sind beispielsweise Anzahlungen für die Veräußerung eines Grundstückes des Anlagevermögens den sonstigen Verbindlichkeiten zuzurechnen“ (Hofians, in: Straube[2] Rz 72 zu § 224 unter Hinweis auf ADS Rz 209 zu § 266).

Im Zusammenhang mit der bei der Vereinnahmung von Anzahlungen anfallenden Umsatzsteuer (§ 19 Abs 2 Z 1a Umsatzsteuergesetz 1994) stellt sich die Frage, ob die Anzahlungen auf Bestellungen brutto (einschließlich Umsatzsteuer) oder netto (ohne Umsatzsteuer) auszuweisen sind.

Aus Gründen der Evidenzhaltung erscheint es nach Auffassung der Verfasser richtiger, die vereinnahmte Anzahlung in ihrer vollen Höhe auf dem Personenkonto auszuweisen und die zu bezahlende Umsatzsteuer auf einem dem Kunden zurechenbaren Umsatzsteuer-Evidenzkonto mit dem Gegenkonto „Verbindlichkeiten Finanzamt" zu erfassen. Bei der Endabrechnung des Auftrages wird die vorausbezahlte Umsatzsteuer vom Evidenzkonto abgebucht.

Beispiel:

Der Kunde leistet im Dezember eine Anzahlung von 100 + 20 (Umsatzsteuer). Die Umsatzsteuer wird bei Fälligkeit an die Finanzbehörde abgeführt. Im März des folgenden Geschäftsjahres wird der Auftrag erfüllt und vom Kunden übernommen. Die Gesamtabrechnung beträgt 200 ohne Umsatzsteuer.

Es ergeben sich folgende Buchungen:

Dezember:	Bank an Kunde	120
	USt-Evidenzkonto Kunde an Verbindlichkeiten Finanzamt	20

In der Bilanz werden das Kundenkonto mit dem Umsatzsteuer-Evidenzkonto saldiert und der **Nettobetrag** entweder auf der **Passivseite** als erhaltene Anzahlungen auf Bestellungen ausgewiesen oder, falls bereits entsprechende Leistungen erbracht wurden, **offen mit den Vorräten saldiert.**

Im folgenden Jahr ergeben sich auf den relevanten Konten folgende Buchungen:

Eröffnung 1.1.:	USt-Evidenzkonto Kunde an Eröffnungsbilanz	20
	Eröffnungsbilanz an Kunde	120
März:	Kunde	240
	an Erlöse	200
	Verbindlichkeiten Finanzamt	20
	USt-Evidenzkonto Kunde	20

Wird die erhaltene Anzahlung im Gegensatz zur obigen Darstellung in der Bilanz brutto ausgewiesen, wird der vom Kunden bezahlte und an das Finanzamt verrechnete Umsatzsteuerbetrag als Forderung gegen das Finanzamt, die anlässlich der Endabrechnung über den Auftrag geltend gemacht wird, unter den sonstigen Forderungen ausgewiesen.

In diesem Fall sollten die in den sonstigen Forderungen erfassten und bei Endabrechnung rückzurechnenden Beträge zumindest im Anhang gesondert angegeben werden, wenn es sich um wesentliche Beträge handelt.

Auch Küting/Weber[4] (Rz 215 zu § 268) betrachten den Nettoausweis der erhaltenen Anzahlungen als sachgerecht, „da ein Ausweis unter dem Bilanzposten ‚erhaltene Anzahlungen' insoweit mit einer nicht zu erwartenden Rückzahlungsverpflichtung gleichgesetzt werden kann".

Beim Bruttoausweis sollten die in den sonstigen Forderungen erfassten, bei Endabrechnung rückzuverrechnenden Beträge zumindest im Anhang gesondert angegeben werden, soweit es sich um wesentliche Posten handelt.

Bezüglich der Verrechnung gegen Vorräte wird auch auf Kapitel 4.237 verwiesen. Da die Vorräte jedoch keine Umsatzsteuerbeträge enthalten, dürfen die erhaltenen Anzahlungen auf Bestellungen nur mit ihren Nettobeträgen offen saldiert werden, nicht jedoch die Bruttowerte der erhaltenen Anzahlungen auf Bestellungen (siehe Küting/Weber[4], Rz 216 zu § 268).

4.343.4 Verbindlichkeiten aus Lieferungen und Leistungen

„Grundlage der Verbindlichkeiten aus Lieferungen und Leistungen sind zweiseitig verbindliche Verträge (insbesondere Kaufverträge, Dienstleistungsverträge, Werkverträge, Tauschverträge). Diese sind erst dann auszuweisen, wenn der Vertragspartner die vereinbarte Leistung erbracht hat, und zwar in der Weise, daß das Risiko des Zugrundegehens oder der Verschlechterung auf den Käufer übergegangen ist“ (HBA[2], S 557, Rz 2–3 zu § 131 B/V/5).

Es kommt dabei nicht darauf an, ob die Lieferung oder Leistung vom „Lieferanten“ bereits abgerechnet wurde; auch noch nicht fakturierte Lieferungen und Leistungen sind unter diesem Posten zu erfassen. Wenn der noch nicht verrechnete Betrag nicht eindeutig feststeht (zB bei Reparaturleistungen, wenn deren Umfang dem Empfänger der Leistung nicht genau bekannt ist), ist die Verpflichtung durch Bildung einer Rückstellung zu berücksichtigen.

Wesentlich ist die Übertragung des wirtschaftlichen Eigentums, wie zB bei Lieferungen unter Eigentumsvorbehalt; sowohl der entsprechende Vorratsposten als auch die Lieferverbindlichkeit sind hier im Rechnungswesen zu erfassen.

Der Begriff der **Lieferung** umfasst die Lieferung aller Arten von Vermögensgütern (außer Geld), insbesondere auch von Anlagevermögen (HBA[2], S 557, Rz 1 zu § 131 B/V/5).

„Unter **Leistungen** sind empfangene Dienstleistungen oder Nutzungsüberlassungen zu verstehen. Die Leistungen müssen jedoch von externen, nicht von eigenen Dienstnehmern erbracht worden sein“ (HBA[2], S 557, Rz 1).

Die Verbindlichkeiten aus Lieferungen und Leistungen stehen daher (wenn man von der Lieferung von Gegenständen des Anlagevermögens absieht) mit folgenden Posten der Gewinn- und Verlustrechnung in engem Zusammenhang:

§ 231 Abs 2 Z 5 – Aufwendungen für Material und für sonstige bezogene Herstellungsleistungen

§ 231 Abs 2 Z 8b – Sonstige betriebliche Aufwendungen. Diese umfassen zum überwiegenden Teil Fremdleistungen, deren Beanspruchung zu Verbindlichkeiten aus Leistungen führt.

Wenn die in den Verbindlichkeiten aus Lieferungen enthaltenen Verbindlichkeiten aus der **Lieferung von Gegenständen des Anlagevermögens** von wesentlicher Bedeutung sind, sollte dies im Anhang angegeben werden.

Der Begriff der **Verbindlichkeiten aus Leistungen** ist weit zu fassen: Dazu gehören zB auch Verbindlichkeiten aus Miete oder Pacht, Verbindlichkeiten aus Versicherungsverträgen, Honorarverbindlichkeiten, Verbindlichkeiten aus Beratungsleistungen, Verbindlichkeiten aus Informationsübermittlung, Verbindlichkeiten aus Provisionen (soweit nicht das eigene Personal betreffend).

Nicht zutreffend wäre, wie in der Praxis noch vielfach anzutreffen, der Ausweis solcher Posten als „sonstige Verbindlichkeiten“.

4.343.5 Verbindlichkeiten aus der Annahme gezogener Wechsel und der Ausstellung eigener Wechsel

Die häufigste Ursache für die Entstehung von Wechselverbindlichkeiten ist die Abdeckung von Verbindlichkeiten aus Lieferungen und Leistungen.

Weiters können Wechselverbindlichkeiten im Zusammenhang mit der Gewährung von Finanzkrediten entstehen (zB Darlehensgewährung auf Wechselbasis). Soweit Exportfinanzierungskredite auf Wechselbasis von Kreditinstituten aufgenommen werden, wird der Ausweis in der Regel unter „Verbindlichkeiten gegenüber Kreditinstituten“ erfolgen.

Im Zusammenhang mit der Aufnahme von Bankkrediten ausgestellte Kautions- bzw Depotwechsel stellen, solange diese Wechsel noch nicht in den Verkehr gebracht wurden, keine Wechselverbindlichkeiten dar. Falls sie zur Mobilisierung von Bankkrediten in den Verkehr gebracht werden, wird der Ausweis ebenfalls unter Verbindlichkeiten gegenüber Kreditinstituten durchzuführen sein. Wechselbürgschaften gehören zu den gem § 199 auszuweisenden Haftungsverhältnissen.

Bei **Wechselverbindlichkeiten gegenüber verbundenen Unternehmen** oder Unternehmen, mit denen ein Beteiligungsverhältnis besteht, kann der Ausweis entweder unter diesen Verbindlichkeitenposten oder unter Wechselverbindlichkeiten mit jeweiliger Angabe der Mitzugehörigkeit durchgeführt werden. Bei Ausweis unter Wechselverbindlichkeiten mit Vermerk der Mitzugehörigkeit ist allerdings darauf zu achten, ob das berechtigte Unternehmen den Wechsel noch in seinem Portefeuille hat oder diesen zB bei einem Kreditinstitut zum Diskont eingereicht hat; im letzteren Fall liegt nicht mehr eine Verbindlichkeit gegenüber einem verbundenen Unternehmen vor.

4.343.6 Verbindlichkeiten gegenüber verbundenen Unternehmen

4.343.7 Verbindlichkeiten gegenüber Unternehmen, mit denen ein Beteiligungsverhältnis besteht

Wie bei den entsprechenden Forderungsposten wird hier nicht auf den wirtschaftlichen Inhalt der Verbindlichkeit, sondern auf die Person des Gläubigers abgestellt. Es können in diesem Posten daher sowohl Verbindlichkeiten aus Lieferungen und Leistungen und aus anderen Rechtsverhältnissen (aufgenommene Kredite, Verrechnung aus Unternehmensverträgen) enthalten sein.

Diesbezüglich wird auf die Erläuterung zu den Forderungsposten „Forderungen gegenüber verbundenen Unternehmen" und „Forderungen gegenüber Unternehmen, mit denen ein Beteiligungsverhältnis besteht", verwiesen. Bezüglich des Vermerkes der Mitzugehörigkeit siehe Kapitel 4.342.2.

4.343.8 Sonstige Verbindlichkeiten, davon aus Steuern, davon im Rahmen der sozialen Sicherheit

Wie bei den sonstigen Forderungen handelt es sich hier um einen Sammelposten für sämtliche Verbindlichkeiten, die nicht unter 1 – 7 bzw in Erweiterung der Gliederung gem § 223 Abs 4 ausgewiesen werden. Entsprechend den gesetzlichen Vorschriften sind zu diesem Posten nunmehr Zusatzangaben zu machen bzw bestimmte Gruppen von Verbindlichkeiten zusätzlich anzugeben.

Zu den **Verbindlichkeiten aus Steuern** gehören zB:

- Verbindlichkeiten aus veranlagten Steuern
- Verbindlichkeiten aus Umsatzsteuerabrechnung
- Verbindlichkeiten aus einbehaltener Lohnsteuer
- Verbindlichkeiten aus Kommunalsteuer
- Verbindlichkeiten aus sonstigen monatlich abzurechnenden Steuern (Beitrag zum Familienbeihilfenausgleichsfonds, Dienstgeberabgabe und Ähnliches)

Zu den **Verbindlichkeiten im Rahmen der sozialen Sicherheit** gehören:

- Verbindlichkeiten gegenüber Sozialversicherungsinstituten (Dienstgeber- und Dienstnehmeranteil)
- Beiträge nach dem Insolvenzentgeltsicherungsgesetz
- Verbindlichkeiten aus Zusagen im Rahmen der betrieblichen Altersversorgung und gegenüber betrieblichen Sozialeinrichtungen (Unterstützungs- und Pensionskassen)
- Verbindlichkeiten aus Sozialplänen (siehe Küting/Weber[4], Rz 162 zu § 266)
- Verbindlichkeiten gegenüber Mitarbeitervorsorgekassen (§ 18 Betriebliches Mitarbeitervorsorgegesetz)

Andere sonstige Verbindlichkeiten (beispielsweise Aufzählung):
- Verbindlichkeiten aus rückständigen Löhnen und Gehältern, aus Aufsichtsrats- und Beiratsvergütungen
- Verbindlichkeiten gegenüber Kunden (Habensalden, soweit sie nicht Anzahlungen auf Bestellungen darstellen, zB aus Überzahlungen, Guthaben aus Gutschriften für Jahresrabatte, Gutschriften aufgrund von Reklamationen uÄ)
- Darlehensverbindlichkeiten (soweit nicht unter anderen Posten auszuweisen)
- Zinsenabgrenzung für solche Darlehen
- Verbindlichkeiten aus nicht behobenen Dividenden
- Verbindlichkeiten aus Schadenersatzverpflichtungen

Im Zusammenhang mit den sonstigen Verbindlichkeiten ist darauf zu achten, dass nicht Verbindlichkeiten aus Leistungen **unzutreffend als sonstige Verbindlichkeiten** ausgewiesen werden.

Im Zusammenhang mit den sonstigen Verbindlichkeiten ist § 225 Abs 6 3. Satz zu beachten:

> „Sind unter dem Posten sonstige Verbindlichkeiten Aufwendungen enthalten, die erst nach dem Abschlußstichtag zahlungswirksam werden, so sind sie, wenn sie wesentlich sind, im Anhang zu erläutern“ (gilt nicht für die kleine GmbH).

Zu diesen Aufwendungen, die erst nach Abschlussstichtag zahlungswirksam werden, gehören die in der vorhergehenden Aufstellung mit einem Stern bezeichneten Posten.

Bei den Steuern gilt dies allerdings nicht für Verbindlichkeiten aus Umsatzsteuerabrechnung, da die Gegenbuchung dazu nicht auf einem Aufwandskonto durchgeführt wird, sondern erfolgsneutral erfolgt.

4.344 Sonderposten

4.344.1 Einlagen stiller Gesellschafter

4.344.11 Vorschriften des UGB über die stille Gesellschaft

Zum Begriff und Wesen der stillen Gesellschaft sagt § 179 Abs 1: „Wer sich als stiller Gesellschafter an dem Unternehmen, das ein anderer betreibt, mit einer Vermögenseinlage beteiligt, hat die Einlage so zu leisten, daß sie in das Vermögen des Inhabers des Unternehmens übergeht.“

Nach § 179 Abs 2 wird der Inhaber aus den in dem Betrieb geschlossenen Geschäften allein berechtigt und verpflichtet.

Gemäß § 187 Abs 1 kann der stille Gesellschafter im Falle der Konkurseröffnung über das Vermögen des Inhabers des Unternehmens wegen der Einlage, soweit sie den Betrag des auf ihn fallenden Anteils am Verlust übersteigt, seine **Forderung als Konkursgläubiger** geltend machen.

Nach § 181 Abs 2 kann im Gesellschaftsvertrag bestimmt werden, dass der stille Gesellschafter nicht am Verlust beteiligt werden soll; seine Beteiligung am Gewinn kann nicht ausgeschlossen werden.

Nach § 183 Abs 1 ist der stille Gesellschafter berechtigt, die abschriftliche Mitteilung des Jahresabschlusses oder, wenn nach den Vorschriften des Dritten Buches keine Pflicht zur Rechnungslegung besteht, einer sonstigen Abrechnung zu verlangen und dessen/deren Richtigkeit unter Einsicht der Bücher und Schriften zu prüfen.

4.344.12 Der Ausweis der Einlagen stiller Gesellschafter in der Bilanz

Aus der Stellung des stillen Gesellschafters im Konkursfall ergibt sich, dass seine Einlage eine **Verbindlichkeit** darstellt. Entsprechend § 237 Z 10, wonach im Anhang der in der Bilanz nicht gesondert ausgewiesene Betrag der Einlagen von stillen Gesellschaftern anzugeben ist, könnte die Einlage des stillen Gesellschafters Bestandteil der „sonstigen Verbindlichkeiten" sein. Ein solcher Ausweis kann jedoch nur vertreten werden, wenn gem § 181 Abs 2 der **stille Gesellschafter nicht am Verlust beteiligt** ist, seine gesamte Einlage daher ohne Rücksicht auf die Ertragslage des Geschäftsinhabers rückerstattet werden muss. **Im Fall einer Verlustbeteiligung** entspricht der Ausweis der Einlage des stillen Gesellschafters als „sonstige Verbindlichkeit" zweifellos nicht der Generalnorm. Auf Grund des besonderen Charakters dieses Postens bei Verlustbeteiligung ist ein Anwendungsfall des § 223 Abs 4 gegeben, wonach die Aufnahme weiterer zusätzlicher Posten geboten ist, wenn es zur Erreichung der im § 222 Abs 2 umschriebenen Zielsetzung erforderlich ist. In diesem Fall ist die Einlage des stillen Gesellschafters als eigener Posten innerhalb der Verbindlichkeiten auszuweisen. Nach Küting/Weber[4], Rz 223 zu § 272, sollte die stille Einlage im **Zweifelsfall** den Verbindlichkeiten zugerechnet werden: „Dies gilt insbesondere für den gesetzlichen Typus der stillen Gesellschaft, wenn die Beteiligung des stillen Gesellschafters am Verlust ausgeschlossen ist, sodaß dieser im Fall des Konkurses des Unternehmens die Stellung eines Konkursgläubigers einnehmen würde." Ähnlich Hofians, in: Straube[2], Rz 9 zu § 229, wonach im Zweifel eine Zuordnung zu den Verbindlichkeiten vorzuziehen ist.

Bei stark vom gesetzlichen Grundtypus der stillen Gesellschaft abweichenden Vereinbarungen kann sich jedoch die Frage ergeben, ob die Einlage des stillen Gesellschafters ohne weiters den Verbindlichkeiten zugerechnet werden kann. In diesem Zusammenhang werden die Bezeichnungen **„atypische stille Gesellschaft"** bzw im Steuerrecht der Begriff der **„unechten stillen Gesellschaft"** verwendet. Die Vorschläge in der Fachliteratur reichen hier vom Ausweis als Posten des Eigenkapitals bis zum Ausweis als gesonderte Gruppe auf der Passivseite:

Nach ADS Rz 179 zu § 266 kann, wenn die Stellung des stillen Gesellschafters der eines Eigenkapitalgebers stark angenähert ist – zB durch Beteiligung an stillen Reserven und Geschäftswert bzw Liquidationserlös, Rangrücktritt im Konkursfall, Verknüpfung mit Gesellschafterstellung, ein **Ausweis als Eigenkapital** geboten sein. „Sprechen wesentliche Kriterien für eine Zuordnung der stillen Einlage zum Eigenkapital, zB wenn künftige Verluste mit ihr in voller Höhe zu verrechnen sind, wenn sie im Falle eines Konkurses der Gesellschaft nicht als Konkursforderung geltend gemacht werden könnte, oder wenn sie bei einer Liquidation der Gesellschaft erst nach Befriedigung der Gesellschaftsgläubiger auszugleichen ist, so empfiehlt sich auf Grund des besonderen Charakters der stillen Einlage ein **Ausweis unmittelbar nach dem Hauptposten ‚Eigenkapital'**, also vor den Verbindlichkeiten und vor einem ggf auszuweisenden Sonderposten mit Rücklageanteil" (Küting/Weber[4], Rz 225 zu § 272). Ähnlich Förschle/Kofahl, in: Beck'scher Bilanzkommentar[4], Rz 187 zu § 266 und Hofians, in: Straube[2], Rz 9 zu § 229: „Falls die Stellung des stillen Gesellschafters aber dem eines Eigenkapitalgebers stark angenähert ist, wird der gesonderte Ausweis auf der Passivseite nach dem Eigenkapital und vor den unversteuerten Rücklagen für möglich gehalten .... Ein Ausweis innerhalb der Postengruppe Eigenkapital sollte jedenfalls nicht erfolgen."

Schlussfolgerung:

Da in der Regel in den Gesellschaftsverträgen Kündigungsmöglichkeiten und Regelungen über die Rückzahlung vorgesehen sind, ohne dass ähnliche Bestimmungen wie bei einer ordentlichen Kapitalherabsetzung vorgesehen sind, sind kaum Situationen denkbar, in denen die stille Einlage Eigenkapitalcharakter hat. Überwiegend wird daher der zutreffende Ausweis durch einen gesonderten Posten innerhalb der Postengruppe „Verbindlichkeiten", evtl mit Zusätzen, die den besonderen Charakter zum Ausdruck bringen (zB Hinweis auf die Nachrangigkeit), erreicht werden. Vertretbar erscheint ein Ausweis nach Passiva C Rückstellungen als eigene Postengruppe; ein solcher Ausweis müsste jedoch durch ausführliche Angaben im Anhang gerechtfertigt werden. Bei Aktiengesellschaften ist gem § 240 Z 8 ohnedies die Angabe des Betrages des unter den Verbindlichkeiten ausgewiesenen nachrangigen Kapitals vorgesehen; diese Angabe sollte auch auf die GmbH ausgedehnt werden. Auch die unter § 237 Z 1 zu den Verbindlichkeiten verlangten Angaben sind bezüglich der Einlagen stiller Gesellschafter zu machen.

Sollten **stille Einlagen im Einzelfall analogen Bedingungen unterliegen, wie Partizipationskapital** gem § 23 Abs 4 BWG, haben sie jedoch den Charakter von Eigenkapital und sind als gesonderter Posten innerhalb des Eigenkapitals auszuweisen.

Weiters müssen in diesem Zusammenhang auch die Bestimmungen des **Eigenkapitalersatzgesetzes** (EKEG) beachtet werden (siehe hiezu den nächsten Abschnitt 4.344.21).

§ 10 enthält für die stille Gesellschaft folgende Vorschrift:

> (1) Beteiligt sich ein erfasster Gesellschafter (§ 5 EKEG) in einem Zeitpunkt, in dem eine Kreditgewährung Eigenkapital ersetzend wäre, zusätzlich als stiller Gesellschafter, so wird seine stille Einlage einem Kredit gleichgehalten.
>
> (2) Ein stiller Gesellschafter ist einem erfassten Gesellschafter gleichgestellt, wenn der Inhaber des Unternehmens eine Gesellschaft im Sinne des § 4 (Kapitalgesellschaft, Genossenschaft mit beschränkter Haftung, Kapitalgesellschaft & Co) ist und der stille Gesellschafter
>
> 1. mit zumindest 25 % schuldrechtlich am Unternehmenswert beteiligt ist und ihm zumindest einem Kommanditisten vergleichbare Mitbestimmungsrechte zustehen oder
> 2. einen beherrschenden Einfluss ausübt.

4.344.2 Verbindlichkeiten gegenüber Gesellschaftern

Wie bereits in Kapitel 4.248 ausgeführt, sollten **Gesellschafterdarlehen** gesondert unter den Verbindlichkeiten ausgewiesen werden. Dies gilt auch bei Vorliegen von **Rangrücktrittsvereinbarungen** und für den Fall, dass **eigenkapitalersetzende Gesellschafterdarlehen** vorliegen. Ein Ausweis der eigenkapitalersetzenden Gesellschafterdarlehen als Bestandteil des Eigenkapitals wird richtigerweise schon deswegen abgelehnt, „da hier die Zuordnung von einer unter Umständen schwierigen rechtlichen Qualifikation abhängt" (Nowotny, in: Handbuch RLG, 5. Lieferung B III/ 4.2.d, S 19, ähnlich Hofians, in: Straube[2], Rz 12 zu § 229 und Beck'scher Bilanzkommentar[5], Rz 255 zu § 266).

In diesem Zusammenhang ergibt sich auch die Frage, wie **Gesellschafterdarlehen bei der Feststellung der insolvenzrechtlichen Überschuldung** nach § 225 Abs 1 zu behandeln sind. Nach Müller Michael („Eigenkapitalersatz und Insolvenzdiagnose", Wien 1996, S 67) kann ein Kredit ohne Rangrücktrittserklärung – im Unterschied zu einem Kredit mit Rangrücktrittserklärung, der bei der Überschuldungsprüfung auf der Passivseite nicht zu berücksichtigen ist – eine Überschuldung nicht ausgleichen. Nach Schmidt Karsten („Eigenkapitalersatz und seine Behandlung in Österreich", in GesRZ 1993/16) kann das Darlehen bei der Überschuldungsfeststellung nur vernachlässigt werden, „wenn der kreditgebende Gesellschafter eine Rangrücktrittserklärung abgegeben oder jedenfalls sein Einverständnis mit einem entsprechenden Vermerk bei der Jahresrechnungslegung erklärt hat." All dies ändert jedoch nichts am Ausweis des Gesellschafterdarlehens unter den „Verbindlichkeiten".

Die Problematik wird von Schmidt Karsten (aaO, S 16) wie folgt beschrieben:

„Ein Geschäftsführer, der nach Dienstschluß, sorgenvoll über den Akten brütend, über seine Pflicht zur Konkursantragstellung nachdenkt, soll nicht Spekulationen darüber anstellen, welche Forderungen der Gesellschafter er aus dem Überschuldungsstatus weglassen darf, sondern er soll die Gesellschafter zu Rangrücktrittserklärungen auffordern und ihnen zu verstehen geben, daß anderenfalls Grund zu einem Konkursantrag besteht."

4.344.21 Eigenkapitalersatzgesetz

Die Frage von Eigenkapital ersetzenden Gesellschafterleistungen, insbesondere von Eigenkapital ersetzenden Gesellschafterdarlehen, war bis Ende 2003 nur durch die Rechtsprechung geregelt. Eine gesetzliche Regelung wurde mit dem Eigenkapitalersatzgesetz (in Geltung ab 1. Jänner 2004) durchgeführt.

Gemäß § 1 EKEG ist ein **Kredit, den eine Gesellschafterin oder ein Gesellschafter der Gesellschaft in der Krise gewährt,** Eigenkapital ersetzend.

§ 2 EKEG regelt, dass sich eine Gesellschaft in der Krise befindet, wenn sie

1. zahlungsunfähig (§ 66 KO) oder
2. überschuldet (§ 67 KO) ist oder wenn
3. die Eigenmittelquote (§ 23 URG) der Gesellschaft weniger als 8 % und die fiktive Schuldentilgungsdauer (§ 24 URG) mehr als 15 Jahre betragen, es sei denn, die Gesellschaft bedarf nicht der Reorganisation.

§ 2 Abs 2 enthält weitere Präzisierungen, wenn ein Kredit Eigenkapital ersetzend ist und in § 3, wann Kredite im Sinne des § 1 nicht vorliegen (wenn Geldkredite nicht mehr als 60 Tage oder ein Waren- oder sonstiger Kredit für nicht mehr als 6 Monate zur Verfügung gestellt wird oder ein vor der Krise gewährter Kredit verlängert oder dessen Rückzahlung gestundet wird).

§ 14 EKEG regelt die Konsequenzen, wenn ein Kredit als Eigenkapital ersetzend zu betrachten ist, nämlich die **Rückzahlungssperre**.

Gemäß § 14 Abs 1 EKEG kann der Gesellschafter einen Eigenkapital ersetzenden Kredit samt den darauf entfallenden Zinsen nicht zurückfordern, **solange die Gesellschaft nicht saniert ist** und, wenn der Konkurs nach einem bestätigten Zwangsausgleich oder das Ausgleichsverfahren nach einem bestätigten Ausgleich aufgehoben wird, soweit der Rückzahlungsanspruch die Zwangsausgleichs- oder Ausgleichsquote übersteigt.

Die Gesellschaft ist nicht saniert, solange sie zahlungsunfähig oder überschuldet ist oder Reorganisationsbedarf besteht oder einer dieser Umstände durch Rückzahlung des Eigenkapital ersetzenden Kredits eintreten würde. Dennoch geleistete Zahlungen hat der Gesellschafter der Gesellschaft rückzuerstatten.

Vorschriften über den **bilanzmäßigen Ausweis eines Eigenkapital ersetzenden Gesellschafterdarlehens** enthält das EKEG nicht.

Man wird davon ausgehen können, dass Eigenkapital ersetzende Gesellschafterdarlehen in der Bilanz gesondert ausgewiesen werden müssen und im Anhang ausführliche Erläuterungen zur Ermittlung des in der Bilanz ausgewiesenen Betrages erforderlich sind; insbesondere ist darauf hinzuweisen, welche Ungewissheiten bei der Ermittlung des bilanzmäßig ausgewiesenen Betrages zu beachten waren.

In diesem Zusammenhang wird auf die Ausführungen von Schummer, EKEG- und Insolvenzrecht, insbesondere Abschn 6 Eigenkapitalersetzende Gesellschafterleistungen in der Überschuldungsbilanz, in: Eigenkapitalersatzrecht – Herausgeber Dellinger/Keppert, Seite 160 ff verwiesen.

4.344.3 Genussrechtskapital mit Fremdkapitalcharakter

Auf die Erläuterungen in Abschnitt 4.317.4 und 4.343.1 wird verwiesen.

4.344.4 Nachrangige Verbindlichkeiten

Gemäß § 240 ist im Anhang von Aktiengesellschaften der Betrag des unter den Verbindlichkeiten ausgewiesenen nachrangigen Kapitals anzugeben.

Gemäß § 45 Abs 4 BWG sind verbriefte und unverbriefte Vermögensgegenstände nachrangig, wenn die Forderungen im Falle der Liquidation oder des Konkurses erst nach den Forderungen der anderen nicht nachrangigen Gläubiger befriedigt werden können. „Durch die Angabe der nachrangigen Verbindlichkeiten soll darüber informiert werden, welche Teile des Fremdkapitals ein gewisses **Naheverhältnis zum echten Eigenkapital** haben" (Nowotny, in: Handbuch RLG, 5. Lieferung, B III/4.2.d, S 19). Sonderregelungen über nachrangiges Kapital sind auch in § 23 Abs 7 (Ergänzungskapital) und § 23 Abs 8 (nachrangiges Kapital) BWG enthalten.

Nachrangigkeitsvereinbarungen werden zB in Zusammenhang mit Gesellschafterdarlehen, Einlagen stiller Gesellschafter und mit anderen Gläubigern, zB Kreditinstituten, in Zusammenhang mit Sanierungsmaßnahmen, getroffen. § 14 Abs 2 Beteiligungsfondsgesetz sieht vor, dass stille Gesellschafter ihre Forderung als Konkursgläubiger nicht gem § 187 geltend machen können.

Nachrangigkeitsvereinbarungen können für die **Beurteilung nach § 225 Abs 1, ob bei „negativem Eigenkapital"** eine Überschuldung im Sinne des Insolvenzrechts vorliegt, von Bedeutung sein.

Wenn auch die Angabe des unter den Verbindlichkeiten ausgewiesenen nachrangigen Kapitals nur für Aktiengesellschaften ausdrücklich vorgeschrieben ist, sollten diese Angaben dennoch auch von anderen Unternehmen in den Anhang aufgenommen werden.

4.35 Rechnungsabgrenzungsposten

Gemäß § 198 Abs 6 sind als Rechnungsabgrenzungsposten auf der Passivseite Einnahmen vor dem Abschlussstichtag auszuweisen, soweit sie Ertrag für eine bestimmte Zeit nach diesem Tag sind. Auch hier gilt das für die aktiven Rechnungsabgrenzungsposten bereits Gesagte, dass nämlich nach dieser Definition der Ausweis von **antizipativen Posten** nicht zulässig ist.

4.351 Einnahmen vor dem Abschlussstichtag

Eine passive Rechnungsabgrenzung liegt dann vor, wenn eine Zahlung (Einnahme) vor dem Bilanzstichtag mit einem zukünftigen Ertrag verbunden werden kann.

Der dabei verwendete Begriff der Einnahme ist nicht nur im Sinne von Zahlungsvorgängen auszulegen, sondern bezieht sich auch auf im Voraus belastete Beträge. Wenn zB ein Teilzahlungs-Finanzierungsinstitut dem Kreditnehmer die Kreditgebühren für die gesamte Laufzeit von vornherein anlastet und den auf die Folgejahre entfallenden Betrag als passiven Rechnungsabgrenzungsposten ausweist, erscheint dieser Ausweis durch die Definition des Gesetzes gedeckt.

Die Verbindung mit einem zukünftigen Ertrag verlangt in der Regel ein Dauerschuldverhältnis bzw eine zukünftige Gegenleistung des Zahlungsempfängers. Diese besteht nicht in der Lieferung eines Vermögensgegenstandes, sondern in einer Leistung oder auch in der Unterlassung einer Leistung. Diese Gegenleistung muss sich daher in weiterer Folge auf einen bestimmten Zeitraum beziehen.

Wird jedoch durch die Vorauszahlung ein bestimmtes Werk bzw eine konkrete Leistung – somit ein zeitpunktbezogenes Ereignis, nicht aber ein zeitraumbezogenes Dauerschuldverhältnis – geschuldet, so liegt **eine Anzahlung für eine zukünftige Leistung** und keine passive Rechnungsabgrenzung vor.

4.352 Ertrag für eine bestimmte Zeit nach dem Abschlussstichtag

Rechnungsabgrenzungen betreffen Leistungen, die für einen bestimmten Zeitraum erbracht werden. Hinsichtlich der bestimmten Zeit nach dem Bilanzstichtag werden auf der Passivseite nicht so strenge Anforderungen gestellt, wie bei den aktiven Rechnungsabgrenzungen. Der Zeitraum ist auch dann bestimmt, wenn er nicht kalendermäßig errechenbar, sondern durch eine objektivierte Schätzung (Berechnung) bestimmbar ist.

4.353 Rechnungsabgrenzung und Zuschüsse

Zuschüsse sind Zahlungen Dritter, die, sofern sie **rückzahlbar** sind, entweder **Verbindlichkeiten oder Rückstellungen** darstellen.

Bei **nicht rückzahlbaren Zuschüssen** ist zwischen **Investitionszuschüssen** einerseits und **Aufwands-/Ertragszuschüssen** andererseits zu unterscheiden.

Nicht rückzahlbare Investitionszuschüsse

Zu den nicht rückzahlbaren Investitionszuschüssen gehören auch **Bierlieferungsübereinkommen,** bei denen die Brauerei die Gasthauseinrichtung zur Verfügung stellt, mit der Verpflichtung des Gastwirtes, während der Dauer des Vertrages nur Bier von dieser Brauerei zu beziehen. In diesem Fall wird die Einrichtung mit ihrem gemeinen Wert aktiviert und in gleicher Höhe ein passiver Rechnungsabgrenzungsposten gebildet, der über die Vertragszeit jährlich anteilig aufzulösen ist (vgl hiezu Bertl/Fraberger, Rechnungsabgrenzungen, RWZ 1/1999, S 18 ff).

Im Übrigen wird auf die Darstellung im Abschnitt 4.224 verwiesen.

Nicht rückzahlbare Aufwands-/Ertragszuschüsse

Zuschüsse zur Abdeckung von Aufwendungen sind nach Maßgabe des Aufwandsanfalles ergebniswirksam zu erfassen, wobei entweder ein Ausweis als „übrige sonstige betriebliche Erträge" oder eine offene Absetzung vom jeweiligen Aufwand (in einer Vorspalte) zulässig sind. Eine Kürzung des durch Zuschuss gedeckten Aufwandes ist auf Grund des Saldierungsverbotes gem § 196 Abs 2 UGB nicht zulässig (AFRAC 2008).

Zuschüsse zur Deckung von Finanzierungsaufwendungen sind in der Gewinn- und Verlustrechnung im Finanzbereich entweder als gesonderter Posten oder offen abgesetzt vom betroffenen Aufwandsposten auszuweisen.

Bei Aufwands- und Ertragszuschüssen ist ein Rechnungsabgrenzungsposten so weit zu bilden, als die Aufwendungen bzw Erträge erst in der (oder den) kommenden Periode(n) anfallen. Zu beachten ist auch hier das Prinzip der Feststellung des bestimmten Zeitraums. Ist dies nicht möglich oder erfolgt die Leistung zu einem bestimmten Zeitpunkt liegt eine **erhaltene Anzahlung** vor.

Bei empfangenen Baukostenzuschüssen wird man bei der Bestimmung der Zeit auf die voraussichtliche Nutzungsdauer der Anlagen abstellen können, für welche die Baukostenzuschüsse geleistet wurden. Bei wesentlicher Bedeutung dieser Posten wird aufgrund des § 223 Abs 4 ein gesonderter Ausweis in der Bilanz erforderlich sein (vgl die Bilanzierung solcher Posten in der E-Wirtschaft).

Gewährt ein Elektrizitätsunternehmen, das Hochspannungsmasten über die Liegenschaften von Betroffenen führt, diesen für die Duldung der Überleitung einen Zuschuss, so ist dieser auf die Dauer der Duldungsleistung über einen passiven Rechnungsabgrenzungsposten als Ertrag zu vereinnahmen. Ist die Dauer der Duldungsleistung zeitlich unbefristet, so ist nach den Grundsätzen der Rechnung über ewige Renten ein Mindestzeitraum zu bilden, über den der Ertrag verteilt wird.

4.36 Haftungsverhältnisse

4.361 Gesetzliche Vorschriften

§ 199

Unter der Bilanz sind Verbindlichkeiten aus der Begebung und Übertragung von Wechseln, Bürgschaften und Garantien sowie sonstigen vertraglichen Haftungsverhältnissen, soweit sie nicht auf der Passivseite auszuweisen sind, zu vermerken, auch wenn ihnen gleichwertige Rückgriffsforderungen gegenüberstehen.

§ 237 Z 3:

Im Anhang sind ferner anzugeben:
Die gemäß § 199 ausgewiesenen Haftungsverhältnisse **unter Angabe der Pfandrechte und sonstigen dinglichen Sicherheiten;** diese Haftungsverhältnisse sind aufzugliedern und zu erläutern; Haftungen gegenüber verbundenen Unternehmen sind jeweils gesondert anzugeben. (Gilt auch für die kleine GmbH.)

4.362 Erläuterungen – allgemein

Die Vorschrift des § 199 gilt für alle Rechtsformen. Es sind daher **Haftungsverhältnisse** auch bei Einzelkaufleuten und Personengesellschaften auszuweisen.

§ 199 sieht keine Aufgliederung unter der Bilanz nach den im Gesetzestext angeführten Arten von Haftungsverhältnissen vor.

Für Kapitalgesellschaften verlangt § 237 Z 3 die Aufgliederung und Erläuterung der Haftungsverhältnisse unter **Angabe der Pfandrechte und sonstigen dinglichen Sicherungen,** wobei Haftungen gegenüber **verbundenen Unternehmen** jeweils gesondert anzugeben sind. Gemäß EB zu § 237 ist der Mindestumfang der Aufgliederung durch § 199 vorgegeben, wobei allerdings unklar ist, ob Garantien und sonstige vertragliche Haftungsverhältnisse zwei unterschiedliche Gruppen oder eine einheitliche Gruppe darstellen.

Da § 199 den Vermerk unter der Bilanz erfordert, wird man daraus ableiten können, dass auch für Haftungsverhältnisse gemäß § 223 Abs 2 der Vorjahresbetrag anzugeben ist; die Angabe des Vorjahresbetrages bezieht sich dabei auch auf die Aufgliederung im Anhang gemäß § 237 Z 3.

4.363 Verbindlichkeiten aus der Begebung und Übertragung von Wechseln

In das **Wechselobligo** sind sämtliche Wechsel einzubeziehen, aufgrund deren die Gesellschaft als Aussteller oder als Indossant haftet; dies betrifft alle Wechsel, die bis zum Bilanzstichtag weitergegeben wurden, aber noch nicht eingelöst waren.

Wenn für bestehende Verbindlichkeiten (zB zur Besicherung eines Bankkredites) **Kautionswechsel** begeben wurden, fallen diese nicht unter die Ausweispflicht für Haftungsverhältnisse, da die entsprechende Verbindlichkeit in der Bilanz erfasst ist.

Bei drohender Inanspruchnahme im Regressweg ist die Einbringlichkeit der durch die Rücklösung des Wechsels entstehenden Regressforderung zu untersuchen und gegebenenfalls für einen drohenden Ausfall eine **Rückstellung** zu bilden; bei umfangreichem Wechselverkehr wird zu überlegen sein, ob eine **„Pauschalrückstellung“** für Risiken aus dem Wechselobligo in Würdigung des unternehmensrechtlichen Vorsichtsgrundsatzes gebildet werden sollte.

4.364 Bürgschaften

Dazu gehören auch die **Wechsel- und Scheckbürgschaften.** Da eine Bürgschaftsverpflichtung das Bestehen einer **Hauptschuld** voraussetzt, sind in der Bilanz Haftungsverhältnisse aus Bürgschaften nur zu vermerken, wenn zum Bilanzstichtag eine Hauptschuld besteht, es ist allerdings zu überlegen, ob nicht dennoch die Angabe des vollen Betrages der übernommenen Bürgschaft das Haftungsrisiko des Unternehmens besser wiedergibt, als der eventuell zum Bilanzstichtag zufällig sehr niedrige Betrag (bei Übernahme einer Bürgschaft für eine in ihrer Höhe schwankende Schuld).

4.365 Garantien und sonstige vertragliche Haftungsverhältnisse

Da die Erläuternden Bemerkungen zu § 199 nur darauf hinweisen, dass die Bestimmung des UGB dem § 131 Abs 7 AktG 1965 entspricht, wird man davon auszugehen haben, dass der bis dahin verwendete Ausdruck **„Gewährleistungsverträge“** dem nunmehr verwendeten Begriff **„Garantien**

sowie sonstige vertragliche Haftungsverhältnisse“ entspricht. Die EB verweisen weiters auf § 251 dHGB, wo allerdings zwischen Gewährleistungsverträgen einerseits und Haftungsverhältnissen aus der Bestellung von Sicherheiten für fremde Verbindlichkeiten andererseits getrennt wird.

Weder der Begriff „Garantie“ noch der Begriff „Gewährleistungsverträge“ ist gesetzlich ausdrücklich geregelt. In Küting/Weber wird unter **Gewährleistungsvertrag** jede nicht als Bürgschaft anzusehende Verpflichtung verstanden, die das Einstehen für einen bestimmten Erfolg oder eine bestimmte Leistung zum Gegenstand hat, wobei allerdings die branchenüblichen Gewährleistungen im Rahmen des geschäftlichen Lieferungs- und Leistungsverkehrs keine Vermerkpflicht auslösen, „nur dann, wenn das Garantieversprechen eine zusätzliche und außerhalb der normalen und branchenüblichen Zusicherungen liegende Haftung übemimmt, liegt eine Vermerkpflicht vor“ (Küting/Weber[4], Anmerkung 41 zu § 251 unter Hinweis auf weitere Fachliteratur).

Zu dieser Gruppe gehören auch die so genannten **Patronatserklärungen,** bei denen ein Mutterunternehmen einem Kreditgeber eines ihrer Tochterunternehmen gegenüber Erklärungen abgibt, die die Kreditfähigkeit bzw Kreditwürdigkeit der Tochter erhalten oder positiv beeinflussen sollen (Küting/Weber[4], Anmerkung 45 zu § 251, die hier die in HFA 2/1976 angeführten fünf Grundformen der Patronatserklärungen aufzählen; je nach der Ausgestaltung der Patronatserklärung kann eine Vermerkpflicht gegeben sein – **Stellungnahme HFA 2/1976:** Zur aktienrechtlichen Vermerk- und Berichterstattungspflicht bei Patronatserklärungen gegenüber dem Kreditgeber eines Dritten, in: Die Wirtschaftsprüfung, Heft 19/1976, S 528). Hier liegt in der Regel auch ein gesondert angabepflichtiges Haftungsverhältnis gegenüber einem verbundenen Unternehmen vor.

Weiters gehören zu dieser Gruppe die in § 251 dHGB ausdrücklich angeführten **Haftungsverhältnisse** aus der Bestellung von Sicherheiten für fremde Verbindlichkeiten.

Fraglich ist, ob bei einer GmbH und Co KG der Teil der Verpflichtungen der GmbH und Co KG, der durch ihr Vermögen nicht gedeckt ist, in der Bilanz der Komplementär-GmbH als Haftungsverhältnis vermerkt werden muss: Die Haftung für die nicht gedeckten Verpflichtungen der Personengesellschaft beruht einerseits auf dem Gesellschaftsrecht, wurde aber unmittelbar herbeigeführt durch den Gesellschaftsvertrag und könnte dadurch als sonstiges vertragliches Haftungsverhältnis betrachtet werden.

In § 239 Abs 1 Z 2 ist zusätzlich zu den in § 237 Z 3 vorgeschriebenen Angaben die Berichterstattung über die **zugunsten von Mitgliedern des Vorstandes und des Aufsichtsrates** eingegangenen Haftungsverhältnisse vorgesehen (gilt auch für die kleine GmbH).

4.37 Der „Gesamtbetrag der sonstigen finanziellen Verpflichtungen" gemäß § 237 Z 8

4.371 Gesetzeswortlaut

§ 237

Im Anhang sind ferner anzugeben:

8. der Gesamtbetrag der sonstigen finanziellen Verpflichtungen, die nicht in der Bilanz ausgewiesen und auch nicht nach § 199 anzugeben sind, sofern diese Angabe für die Beurteilung der Finanzlage von Bedeutung ist, davon sind gesondert auszuweisen;
   a) Verpflichtungen gegenüber verbundenen Unternehmen,
   b) Verpflichtungen aus der Nutzung von in der Bilanz nicht ausgewiesenen Sachanlagen (§ 224 Abs. 2 A II), wobei der Betrag der Verpflichtungen des folgenden Geschäftsjahres und der Gesamtbetrag der folgenden fünf Jahre anzugeben ist;

Nach dem Gesetzeswortlaut ist nur der **Gesamtbetrag** der sonstigen finanziellen Verpflichtungen (mit den vorgesehenen Vermerken) anzugeben, was in vielen Fällen für die bessere Beurteilung der Finanzlage nicht ausreichend sein wird, da die „sonstigen finanziellen Verpflichtungen" sowohl hinsichtlich ihrer Art, ihrer Fälligkeit und hinsichtlich ihrer Auswirkung auf die Ertragslage von ganz unterschiedlicher Bedeutung sein können, sodass in der Regel zur Sicherung des „true and fair view" weitere, auch betragsmäßige **Angaben über die Zusammensetzung dieses Gesamtbetrages** erforderlich sein können.

„Anzugeben sind nicht die einzelnen Verpflichtungen, sondern nur der Gesamtbetrag. Daraus sollte aber nicht geschlossen werden, daß gesonderte Angaben in keinem Fall gefordert werden können. Wenn der Einblick in die tatsächlichen Verhältnisse der Finanzlage anders nicht vermittelt werden kann, werden nach dem zu § 264 Abs 2, Satz 2 dargelegten Grundsätzen zusätzliche Angaben zu machen sein" (Küting/Weber[4], Rz 164 zu §§ 284–288, ähnlich Beck'scher Bilanzkommentar[3], Rz 27 zu § 285).

Da die EB zum EU-GesRÄG keinerlei Anhaltspunkte enthalten, wie der (erstmals im UGB auftretende) Begriff der „sonstigen finanziellen Verpflichtungen" ausgelegt werden soll und andererseits in den Erläuterungen zum EU-GesRÄG ein Hinweis auf die Regelung des dHGB gegeben wird, kann davon ausgegangen werden, dass die Erläuterungen der deutschen Fachliteratur zu diesem Begriff auch im Wesentlichen in Österreich anwendbar sind.

Bezüglich der Verpflichtungen aus der Nutzung von in der Bilanz nicht ausgewiesenen Sachanlagen wird auf Kapitel 4.221.33 „Leasingverhältnisse" verwiesen.

Die Erläuterungspflicht des § 237 Z 8 **gilt nicht für die kleine GmbH**.

4.372 Begriff der „sonstigen finanziellen Verpflichtungen"

§ 237 Z 8 stellt auf die Bedeutung für die Beurteilung der Finanzlage des Unternehmens ab. „Für die Beurteilung der Finanzlage können Belastungen von Bedeutung sein, die entweder von ihrer Höhe erheblich oder aufgrund des Zeitpunktes bzw Zeitraumes ihres Eintritts ungewöhnlich sind. Es kommt hierbei darauf an, die Erläuterung der Finanzlage nicht durch die Einbeziehung von Leistungsverpflichtungen zu belasten, die sich kontinuierlich aus dem fortgeführten Betrieb des Unternehmens ergeben" (ADS Rz 76 zu § 285, ähnlich Beck'scher Bilanzkommentar[5], Rz 27 zu § 285).

Die Wesentlichkeit der sonstigen finanziellen Verpflichtungen hängt unter anderem auch von der Finanzierung und Liquiditätslage des Unternehmens ab (Vorhandensein von Liquiditätsreserven oder Bestehen von finanziellen Engpässen, nicht ausgenützte Bankkredite, Sicherung großer Investitionsvorhaben durch bereits zugesagte langfristige Investitionskredite, vgl ADS, Rz 78 zu § 285, Beck'scher Bilanzkommentar[5], Rz 27 zu § 285).

In der deutschen Fachliteratur wird regelmäßig auf die Beispiele im Regierungsentwurf eines Bilanzrichtlinie-Gesetzes in § 271 Abs 1 Nr 2e) sowie § 272 Abs 2 Nr 2 dHGB – E angeführten Beispiele hingewiesen (siehe ADS, Rz 43 zu § 285, Küting/Weber[4], Rz 149 zu §§ 284–288), und zwar

- mehrjährige Verpflichtungen aus Miet- oder Leasingverträgen
- Verpflichtungen aus begonnenen Investitionsvorhaben
- Verpflichtungen aus künftigen Großreparaturen
- Verpflichtungen aus notwendig werdenden Umweltschutzmaßnahmen
- sonstige Haftungsverhältnisse (soweit sie nicht unter § 251 dHGB fallen).

4.373 Arten von „sonstigen finanziellen Verpflichtungen"

ADS geben in Rz 44 ff zu § 285 dHGB folgende **Systematisierung der sonstigen finanziellen Verpflichtungen**:

1. Verpflichtungen aus abgeschlossenen Verträgen

Hier handelt es sich um die Angabe aus Verpflichtungen aus schwebenden Geschäften, soweit sie die vorstehend angeführten Voraussetzungen erfüllen.

Dazu gehören zB:

- mehrjährige Verpflichtungen aus Miet- und Leasingverträgen (in § 237 Z 8 gesondert geregelt);
- andere Dauerschuldverhältnisse, die aufgrund mehrjähriger Vertragsdauer eine wesentliche Bedeutung haben;

- Verpflichtungen aus begonnenen Investitionsvorhaben (Angabe des **Bestellobligos aus Großinvestitionen),**
- **langfristige Lieferkontrakte** zB über Rohstoffe;
- Termingeschäfte, Pensionsgeschäfte.

2. Verpflichtung aus öffentlich-rechtlichen Rechtsverhältnissen (Auflagen)

Soweit es sich um rückstellungspflichtige Sachverhalte handelt, sind diese Verpflichtungen bereits in der Bilanz erfasst, fallen daher nicht mehr unter die Angabepflicht des § 237 Z 8. ADS charakterisieren diese als gesetzliche Verpflichtungen, „aufgrund derer das Unternehmen zukünftig bestimmte Maßnahmen zu ergreifen hat" (Rz 52 zu § 285), wobei das Vorliegen einer behördlichen Verfügung nicht erforderlich ist, sondern nur das Bestehen entsprechender gesetzlicher Vorschriften.

Zu dieser Gruppe von Verpflichtungen fallen insbesondere **Verpflichtungen aus Umweltschutzmaßnahmen.** Für die Beurteilung der Auswirkung auf die Finanz- aber auch auf die Ertragslage wird hier von besonderer Bedeutung sein, ob es sich um zukünftig anfallende Verpflichtungen handelt, die zur Gänze im Jahr ihres Anfalls die Gewinn- und Verlustrechnung belasten oder ob es sich um Verpflichtungen zur Durchführung von (aktivierungspflichtigen) **Umweltschutzinvestitionen** handelt, deren ertragsmäßige Auswirkung sich auf einen längeren Zeitraum verteilt. Im Einzelnen wird es hier auch auf die Abgrenzung von rückstellungspflichtigen Sachverhalten gegenüber nur angabepflichtigen Umständen ankommen.

3. Andere Verpflichtungen zu künftigen Aufwendungen

„Aufwendungen für andere Leistungen, für die zum Abschlußstichtag keine vertraglich oder gesetzlich konkretisierte Leistungspflicht besteht, sind somit grundsätzlich nur bei Hinzutreten besonderer Umstände (vgl Rz 33) angabepflichtig" (ADS, Rz 56 zu § 285).

Dazu gehören insbesondere **„Folgeinvestitionen begonnener Investitionsvorhaben,** die zur Fertigstellung unabweisbar notwendig sind und die noch nicht als schwebendes Rechtsverhältnis zu erfassen waren" (ADS, Rz 57 zu § 285, ähnlich Küting/Weber[4], Rz 158 zu § 284 – 288).

Dazu gehören weiters **Verpflichtungen zu Großreparaturen,** die nicht jährlich, sondern in regelmäßigen größeren Abständen anfallen (zB Hochöfen, Flugzeuge), sofern dafür nicht durch Bildung einer Aufwandsrückstellung Vorsorge getroffen wurde. ADS betrachten „die durch das dHGB abstrakt zugelassene Bildung einer entsprechenden Rückstellung als Indiz für den Verpflichtungscharakter des zukünftigen Aufwandes" (Rz 57 zu § 285, in gleicher Weise Beck'scher Bilanz-Kommentar[3], Rz 23 zu § 285).

4. Gesellschaftsrechtliche Verpflichtungen

Dazu gehört zB die Verpflichtung zur Leistung noch ausstehender Einlagen, Nachschussverpflichtungen gem §§ 72 – 74 GmbH-Gesetz und ähnliche Verpflichtungen.

5. Haftung für fremde Verbindlichkeiten

(soweit nicht gem § 199 als Haftungsverhältnis zu erfassen). Als Beispiele dafür werden von ADS (Rz 65 ff zu § 285) angeführt:

- gesamtschuldnerische Haftung des Gesellschafters einer Personengesellschaft;
- die im Außenverhältnis gegenüber dem Innenverhältnis weitergehende Haftung im Rahmen von Arbeitsgemeinschaften;
- die mögliche, aber rechtlich nicht erzwingbare Inanspruchnahme aus einer so genannten „weichen“ Patronatserklärung, die das Unternehmen jedoch im Interesse des begünstigten Unternehmens erfüllen wird (Rz 57 zu § 285 ADS).

6. Andere sonstige Verpflichtungen

Dazu gehören zB Konventionalstrafen für Terminüberschreitungen, allerdings nur wenn es sich um Vereinbarungen handelt, die den branchenüblichen Rahmen überschreiten und infolge ihres Umfanges für die Beurteilung der Finanz- und Ertragslage von Bedeutung sind (ADS, Rz 68 ff zu § 285).

7. Sonstiges

Zu den sonstigen finanziellen Verpflichtungen gehört auch der **Fehlbetrag auf die gebotene Rückstellung für** laufende Pensionen und Anwartschaften auf Pensionen. Dafür besteht allerdings eine gesonderte Regelung in Artikel X Abs 3 RLG, wonach in jedem Jahresabschluss unter der Bilanz der Fehlbetrag auf die gebotene Rückstellung gesondert anzugeben und im Anhang zu erläutern ist. Die Erläuterung ist auch erforderlich, wenn die gebotene Rückstellung in voller Höhe und der Fehlbetrag als aktiver Rechnungsabgrenzungsposten ausgewiesen werden.

4.374 Bewertungsfragen

Im Entwurf einer Ausarbeitung des beratenden Forums für Rechnungslegung („Berücksichtigung von Umweltfragen in der Rechnungslegung“) wird die Auffassung vertreten, dass im Falle von Ansammlungsrückstellungen (zB Rekultivierungsrückstellung, die auf den Zeitraum des Abbaues angesammelt wird) als sonstige finanzielle Verpflichtungen der Unterschiedsbetrag zwischen dem voraussichtlich in der Zukunft anfallenden Gesamtbetrag und dem bereits rückgestellten Betrag anzugeben ist.

„Erstreckt sich ein Dauerschuldverhältnis in die Zukunft, so wird es in der Regel ausreichen, wenn die Verpflichtung hieraus für das nächste Jahr angegeben wird … Die Angabe der Summe der Leistungsraten, die bis zum Vertragsende anfallen, würde die Stichtagsbezogenheit der Angabe (vgl Rz 82) nicht berücksichtigen“ (ADS, Rz 84 zu § 285).

Im Zusammenhang mit der Angabepflicht nach § 237 Z 8 b „Verpflichtungen aus der Nutzung von in der Bilanz nicht ausgewiesenen Sachanlagen" sind jedoch die dafür bestehenden Spezialvorschriften zu beachten.

Vom Gesetz werden **grundsätzlich betragsmäßige Angaben** gefordert. Es gibt allerdings finanzielle Verpflichtungen, die betragsmäßig noch nicht ausreichend konkretisiert sind (zB bei Gesamtschuldverhältnissen, Verpflichtungen aus öffentlich-rechtlichen Bestimmungen uÄ). Hier werden nur **verbale Angaben** möglich sein. „Ist eine Schätzung des Zeitraumes oder der Höhe der Verpflichtung nicht möglich, ist ein Merkposten von € 1 in den Gesamtbetrag aufzunehmen und ggf verbal zu erläutern, damit der Adressat des Anhanges über die Tragweite der finanziellen Verpflichtungen informiert wird (zB Ausgaben für Umweltschutz, Entsorgung von Bodenflächen, die zwar auf jeden Fall erforderlich werden, deren Ausgabenhöhe jedoch noch völlig ungewiß ist)" (Beck'scher Bilanzkommentar[3], Rz 31 zu § 285).

Nach ADS Rz 82 zu § 285 können Verpflichtungen aus Dauerschuldverhältnissen, die erst in späteren Perioden fällig werden, mit dem abgezinsten Rückzahlungsbetrag angesetzt werden, während nach Ellrott, in Beck'scher Bilanzkommentar[5], Rz 30 zu § 285 (unter Hinweis auf weitere Fachliteratur) eine **Abzinsung nicht zulässig** ist, da bei einer Abzinsung die tatsächlichen Ausgabenbeträge um nicht realisierte Zinserträge gekürzt würden.

Die Verfasser schließen sich dieser Ansicht an, auch unter Hinblick darauf, dass die Angabepflicht nach § 237 Z 8 b ebenfalls auf zukünftige Zahlungen abstellt und keine Abzinsung auf den Bewertungsstichtag vorsieht.

5. Ergänzende Vorschriften für Kapitalgesellschaften – Gliederung der Gewinn- und Verlustrechnung

Die Gewinn- und Verlustrechnung ist gemäß § 231 Abs 1 in **Staffelform** entweder nach dem **Gesamtkostenverfahren** (§ 231 Abs 2) oder dem **Umsatzkostenverfahren** (§ 231 Abs 3) aufzustellen. Die Staffelform ist dadurch gekennzeichnet, dass keine kontenförmige Gegenüberstellung von Aufwendungen und Erträgen durchgeführt wird, sondern ausgehend von den Umsatzerlösen die Erträge und Aufwendungen in einer Kolonne (Staffel) angeordnet werden, wobei zwischen einzelnen Ertrags- und Aufwandsgruppen Zwischensummen bzw Zwischendifferenzen gebildet werden, die für die Beurteilung der Ertragslage aussagefähig sein sollen. Dies gibt die Möglichkeit, in das Gliederungsschema eine **Erfolgsspaltung** einzubauen und erleichtert die Durchführung des Vergleiches mit den Vorjahreszahlen.

Damit sieht das UGB, den Gliederungsgrundsätzen der Bilanz-Richtlinie folgend, eine weitgehende **betriebswirtschaftliche Aufgliederung** der Gewinn- und Verlustrechnung mit ergänzenden Daten im Anhang vor.

5.1 Gliederung der Gewinn- und Verlustrechnung nach § 231 Abs 2 (Gesamtkostenverfahren)

1. Umsatzerlöse;
2. Veränderung des Bestandes an fertigen und unfertigen Erzeugnissen sowie an noch nicht abrechenbaren Leistungen;
3. andere aktivierte Eigenleistungen;
4. sonstige betriebliche Erträge:
   a) Erträge aus dem Abgang vom und der Zuschreibung zum Anlagevermögen mit Ausnahme der Finanzanlagen,
   b) Erträge aus der Auflösung von Rückstellungen,
   c) übrige;
5. Aufwendungen für Material und sonstige bezogene Herstellungsleistungen:
   a) Materialaufwand
   b) Aufwendungen für bezogene Leistungen;
6. Personalaufwand:
   a) Löhne,
   b) Gehälter,
   c) Aufwendungen für Abfertigungen und Leistungen an betriebliche Mitarbeitervorsorgekassen
   d) Aufwendungen für Altersversorgung,
   e) Aufwendungen für gesetzlich vorgeschriebene Sozialabgaben sowie vom Entgelt abhängige Abgaben und Pflichtbeiträge,
   f) sonstige Sozialaufwendungen;

7. Abschreibungen:
   a) auf immaterielle Gegenstände des Anlagevermögens und Sachanlagen sowie auf aktivierte Aufwendungen für das Ingangsetzen und Erweitern eines Betriebes,
   b) auf Gegenstände des Umlaufvermögens, soweit diese die im Unternehmen üblichen Abschreibungen überschreiten;
8. sonstige betriebliche Aufwendungen:
   a) Steuern, soweit sie nicht unter Z 21 fallen,
   b) übrige;
9. Zwischensumme aus Z 1 bis 8;
10. Erträge aus Beteiligungen, davon aus verbundenen Unternehmen;
11. Erträge aus anderen Wertpapieren und Ausleihungen des Finanzanlagevermögens, davon aus verbundenen Unternehmen;
12. sonstige Zinsen und ähnliche Erträge, davon aus verbundenen Unternehmen;
13. Erträge aus dem Abgang von und der Zuschreibung zu Finanzanlagen und Wertpapieren des Umlaufvermögens;
14. Aufwendungen aus Finanzanlagen und aus Wertpapieren des Umlaufvermögens, davon sind gesondert auszuweisen:
   a) Abschreibungen
   b) Aufwendungen aus verbundenen Unternehmen;
15. Zinsen und ähnliche Aufwendungen, davon betreffend verbundene Unternehmen;
16. Zwischensumme aus Z 10 bis 15;
17. Ergebnis der gewöhnlichen Geschäftstätigkeit;
18. außerordentliche Erträge;
19. außerordentliche Aufwendungen;
20. außerordentliches Ergebnis;
21. Steuern vom Einkommen und vom Ertrag;
22. Jahresüberschuss/Jahresfehlbetrag;
23. Auflösung unversteuerter Rücklagen;
24. Auflösung von Kapitalrücklagen;
25. Auflösung von Gewinnrücklagen;
26. Zuweisung zu unversteuerten Rücklagen;
27. Zuweisung zu Gewinnrücklagen. Die Auflösungen und Zuweisungen gemäß Z 23 bis 27 sind entsprechend den in der Bilanz ausgewiesenen Unterposten aufzugliedern;
28. Gewinnvortrag/Verlustvortrag aus dem Vorjahr;
29. Bilanzgewinn/Bilanzverlust.

5.2 Gliederung der Gewinn- und Verlustrechnung nach § 231 Abs 3 (Umsatzkostenverfahren)

Das Umsatzkostenverfahren unterscheidet sich vom Gesamtkostenverfahren nur im betrieblichen Bereich (Z 1 – 8 des Gesamtkostenverfahrens entspricht Z 1 – 7 des Umsatzkostenverfahrens).

1. Umsatzerlöse;
2. Herstellungskosten der zur Erzielung der Umsatzerlöse erbrachten Leistungen;
3. Bruttoergebnis vom Umsatz;
4. sonstige betriebliche Erträge:
   a) Erträge aus dem Abgang vom und der Zuschreibung zum Anlagevermögen mit Ausnahme der Finanzanlagen,
   b) Erträge aus der Auflösung von Rückstellungen,
   c) übrige;
5. Vertriebskosten;
6. Verwaltungskosten;
7. sonstige betriebliche Aufwendungen;
8. Zwischensumme aus Z 1 bis 7;

Ab Z 10 Gesamtkostenverfahren bzw Z 9 Umsatzkostenverfahren sind beide Verfahren ident.

Gemäß § 223 Abs 6 können die mit Buchstaben versehenen Posten der Gewinn- und Verlustrechnung zusammengefasst werden, wenn sie

1. nicht wesentlich sind oder
2. dadurch die Klarheit der Darstellung verbessert wird.

Im Fall 2 müssen die zusammengefassten Posten im Anhang einzeln angegeben werden.

5.3 Struktur der Gewinn- und Verlustrechnung

5.31 Gesamtkostenverfahren

Bei Anwendung des **Gesamtkostenverfahrens** kann die Summe der Posten 1–4 als **„Betriebliche Erträge"**, die unter Z 9 dargestellte Zwischensumme als **„Betriebserfolg"** und die Zahl 16 als der **„Finanzerfolg"** im Sinne der betriebswirtschaftlichen Erfolgsspaltung angesehen werden.

Die gemäß § 231 Abs 2 Z 16 unter dem Begriff Finanzerfolg zusammengefassten Posten haben ihre Entstehungsursache in unterschiedlichen Bereichen. Während die Posten 10 – 14 in der Regel dem **Investitionsbereich** zuzuordnen sind, stammt der Posten 15 aus dem **Finanzierungsbereich**. Ausnahmen können allerdings dann auftreten, wenn etwa Fremdkapital vorübergehend in jederzeit fällige Bankguthaben und Wertpapiere angelegt (investiert) wird, weil die dazugehörige Investition noch nicht getätigt wurde. In diesem Fall können die aus der Veranlagung erfließenden Zinsenerträge zum Finanzierungsbereich gezählt und mit den Aufwandszinsen saldiert werden. Diese Unterscheidung ist im Rahmen der Jahresabschlussanalyse von erheblicher Bedeutung.

Daraus ergibt sich folgende Zusammenstellung:

1.-4.[1])	Betriebliche Erträge
– 5.-8.	Betriebliche Aufwendungen
9.	**„Betriebserfolg“** (Zwischensumme aus Z 1 bis 8)
± 16.	**„Finanzerfolg“** (Zwischensumme Z 10 bis 15) davon aus Investitionen (10 – 14) davon aus Finanzierung (15)
17.	**Ergebnis der gewöhnlichen Geschäftstätigkeit**
20.	**ao Ergebnis (Saldo aus 18 und 19)**
	Jahresüberschuss (Jahresfehlbetrag) vor Steuern
– 21.	**Steuern vom Einkommen und vom Ertrag[2])**
22.	**Jahresüberschuss (Jahresfehlbetrag)**
± 23., 26.	Auflösung und Zuweisung unversteuerter Rücklagen
	Jahresüberschuss (-fehlbetrag) nach Veränderung der unversteuerten Rücklagen
24., 25., 27.	Auflösung und Zuweisung versteuerter Rücklagen
28.	Gewinnvortrag (Verlustvortrag) aus dem Vorjahr
29.	**Bilanzgewinn / Bilanzverlust**

[1]) Fortlaufende Nummer des gesetzlichen Gliederungsschemas gemäß § 231 Abs 2.

[2]) Die Steuern vom Einkommen und vom Ertrag sind in ihrer Höhe durch die Dotierung und Auflösung der unversteuerten Rücklagen sowie die Bildung und Auflösung aktiver und passiver Steuerlatenzen beeinflusst.

5.32 Umsatzkostenverfahren

Schema

1.	Umsatzerlöse
2.	– Herstellungskosten der zur Erzielung der Umsatzerlöse erbrachten Leistungen
3.	**Bruttoergebnis vom Umsatz**
4.	+ Sonstige betriebliche Erträge
5.-7.	– Aufwendungen nach Funktionsbereichen und Restaufwand
8.	**„Betriebserfolg“ (Zwischensumme aus Z 1 – 7)** (identisch mit Zeile 9 des Gesamtkostenverfahrens)

Bei Anwendung des Umsatzkostenverfahrens zeigt die Zahl 3 mit dem Bruttoergebnis vom Umsatz die **„Bruttogewinnspanne“** (bei Handelsbetrieben die **„Handelsspanne“**). Während bei Handelsbetrieben die Handelsspanne allerdings sehr klar dargestellt wird, ist bei **Erzeugungsbetrieben** zu bedenken, dass in den Herstellungskosten der zur Erzielung der Umsatzerlöse erbrachten Leistungen auch Fixkosten enthalten sind, die Spanne daher je nach Auslastung des Unternehmens unterschiedlich hoch sein wird.

Auch Bestandsveränderungen können, je nach Bewertung der Halb- und Fertigfabrikate, die Spanne beeinflussen.

Da das **Umsatzkostenverfahren** im betrieblichen Bereich keine Aufwandsarten, sondern nur Aufwandsstellensummen zeigt, wird der **Betriebsabrechnungsbogen (Aufwandsverteilungsbogen)** bei Anwendung dieses Verfahrens zu einem Bestandteil des finanziellen Rechnungswesens.

Aufgabe des BAB

für das Gesamtkostenverfahren	**für das Umsatzkostenverfahren**
Grundlage der Bewertung der Halb- und Fertigfabrikate sowie der aktivierten Eigenleistungen. Keine weiteren Funktionen.	Grundlage der Bewertung der Halb- und Fertigfabrikate sowie der aktivierten Eigenleistungen. Übernahme der um Bestandsveränderungen und aktivierte Eigenleistungen veränderten Herstellungskosten der Periode sowie der Verwaltungs- und Vertriebskosten in die Gewinn- und Verlustrechnung. Der BAB wird damit zu einem Bindeglied zwischen den in der Buchhaltung zunächst artenmäßig erfassten Aufwendungen und den kostenstellenmäßig in der Gewinn- und Verlustrechnung ausgewiesenen Aufwendungen und somit zu einem Bestandteil der Finanzbuchführung.

Wegen des fehlenden Ausweises von Aufwandsarten im Umsatzkostenverfahren sind die im Rahmen des Gesamtkostenverfahrens unter den Posten 5 (Aufwendungen für Material und sonstige bezogene Herstellungsleistungen) und 6 (Personalaufwendungen) auszuweisenden Aufwendungen des Geschäftsjahres in gleicher Weise wie beim Gesamtkostenverfahren aufgegliedert im Anhang darzustellen (§ 237 Z 4). Die Darstellung im Anhang erfolgt, wie im Gesamtkostenverfahren, brutto, das heißt vor Saldierung mit den Bestandsveränderungen und aktivierten Eigenleistungen.

Diese Darstellung ist weder in der Bilanz-Richtlinie vorgesehen noch international, wie etwa in den USA, üblich. Ihre Aufnahme in das Gesetz erfolgte, wie auch in Deutschland, deswegen, weil der Bilanzleser in Kontinentaleuropa bis zur Umsetzung der 4. Richtlinie gewohnt war, die Gewinn- und Verlustrechnung fast ausschließlich in **Aufwandskategorien** und nicht **Funktionskategorien** zu sehen. Sie bietet den Vorteil, dass bei Vorlage einer Gewinn- und Verlustrechnung nach dem Umsatzkostenverfahren eine Umrechnung auf die Gewinn- und Verlustrechnung nach dem Gesamtkostenverfahren ermöglicht wird.

5.33 Darstellung des Abschlusses nach dem Gesamtkosten- bzw Umsatzkostenverfahren

Gesamtkostenverfahren

Aufwands- bzw Ertragsposten	Gewinn- und Verlustkonto	
	Aufwand	Ertrag
Materialaufwand		
Personalaufwand		
Abschreibungen		
Sonstige betriebliche Aufwendungen		
Bestandsveränderungen		[1])
Aktivierte Eigenleistungen		

[1]) Bei Bestandsminderungen erscheinen die Bestandsveränderungen als Aufwand.

Umsatzkostenverfahren

Aufwands- bzw Ertragsarten	Aufwandsverteilungsbogen				
	Herstellungskosten	Verwaltungskosten	Vertriebskosten	sonst. betr. Aufwendungen	
Materialaufwand				[1])	
Personalaufwand				[1])	
Abschreibungen				[1])	
sonstige betriebliche Aufwendungen					
	Σ	Σ	Σ	Σ	
Bestandsveränderungen	±				
Aktivierte Eigenleistungen	–				
	Σ	Σ	Σ	Σ	
					Herstellungskosten der abgesetzten Leistung Verwaltungskosten Vertriebskosten Sonstige betriebliche Aufwendungen

[1]) Unter den sonstigen betrieblichen Aufwendungen werden jene erfasst, die nicht den ersten drei Gruppen zugeordnet werden können.

5.4 Die Gewinn- und Verlustrechnung nach dem Gesamtkostenverfahren

5.41 Die Ertragsposten 1 – 4

1. Umsatzerlöse;
2. Veränderung des Bestands an fertigen und unfertigen Erzeugnissen sowie an noch nicht abrechenbaren Leistungen;
3. andere aktivierte Eigenleistungen;
4. sonstige betriebliche Erträge:
   a) Erträge aus dem Abgang vom und der Zuschreibung zum Anlagevermögen mit Ausnahme der Finanzanlagen,
   b) Erträge aus der Auflösung von Rückstellungen,
   c) übrige;

1. Umsatzerlöse

Gemäß § 232 Abs 1 sind als **Umsatzerlöse** die für die gewöhnliche Geschäftstätigkeit des Unternehmens typischen Erlöse aus dem Verkauf und der Nutzungsüberlassung von Erzeugnissen und Waren sowie aus Dienstleistungen nach Abzug von Erlösschmälerungen und Umsatzsteuer auszuweisen.

Zu den **Umsatzerlösen** gehören im Einzelnen:

Erlöse, die die eigentliche Betriebsleistung des Unternehmens betreffen.

Branchenübliche Erlöse aus dem Verkauf von Schrott, Abfallprodukten und nicht mehr benötigten Roh-, Hilfs- und Betriebsstoffen.

Branchenübliche Erlöse aus dem Verkauf von Kuppelprodukten und Zwischenerzeugnissen.

Erlöse aus der Vermietung und Verpachtung sowie Dienstleistungen (Service, Reparatur), wenn diese Leistungen betriebstypisch sind.

Versicherungsentschädigungen für bereits verkaufte Waren.

Vereinnahmung passivierter Baukostenzuschüsse bei Energieversorgungsunternehmen.

Erträge aus Bauarbeitsgemeinschaften, für die die Gesellschaft eigene Leistungen erbringt (WP-Handbuch 1992, S 336, Rz 279).

Auch **aperiodische** Umsatzerlöse sind unter der Zahl 1 auszuweisen, wobei diese allerdings gemäß § 233 hinsichtlich ihres Betrages und ihrer Art im Anhang zu erläutern sind, soweit sie für die Beurteilung der Ertragslage nicht von untergeordneter Bedeutung sind.

Grundsätzlich ist zu beachten, dass bestimmte Erträge je nach Branche und dem Absatz- oder Fertigungsprogramm des Unternehmens unter 1 oder 4 fallen können, wie beispielsweise **Miet- und Pachteinnahmen, Patent- und Lizenzeinnahmen,** Entgelte aus anderen Dienstleistungen (WP-Handbuch 1992, S 336, Rz 280).

Die Umsatzerlöse sind um die **Erlösschmälerungen** zu kürzen.

Zu den Erlösschmälerungen gehören:

Skonti, Umsatzvergütungen, Mengenrabatte, nachträgliche Bonifikationen, Treueprämien, rückgewährte Entgelte für Retourwaren und Mängel, Preisdifferenzen.

Soweit derartige Nachlässe und Abzüge frühere Perioden betreffen, können sie dann von den Umsätzen abgezogen werden, wenn diese Vorgangsweise laufend zur Anwendung kommt. Anderenfalls erfolgt der Ausweis unter „sonstige Aufwendungen".

Zuweisungen zu Rückstellungen für Preisnachlässe oder Warenrückvergütungen sind ebenfalls von den Umsatzerlösen abzusetzen.

Ein besonderes Problem bilden umsatzabhängige **Verbrauchsteuern** (zB Mineralölsteuer). Eine Saldierung mit dem Umsatzerlös ist mangels Eigenschaft als Erlösschmälerung nicht möglich, ein Ausweis unter dem Posten 8 a (Steuern) würde die Umsatz- und Aufwandslage verzerren. Ein Ausweg besteht in der offenen Absetzung dieser Steuern von den Umsatzerlösen.

So zeigt die Konzerngewinn- und -verlustrechnung der OMV-AG für 2005 folgendes Bild (Mio Euro):

	2005	2004
Umsatzerlöse inklusive Mineralölsteuer	19.850	13.319
Weiterverrechnete Mineralölsteuer	4.270	3.490
Umsatzerlöse	15.580	9.829

An Dritte geleistete **Vertriebssonderkosten** wie Ausgangsfrachten, Provisionen und Lizenzen sind unter 8 b (Sonstige betriebliche Aufwendungen) auszuweisen.

Gemäß § 237 Z 9 sind bei mittelgroßen Aktiengesellschaften und großen Gesellschaften mit beschränkter Haftung und Aktiengesellschaften

„die Umsatzerlöse nach Tätigkeitsbereichen sowie nach geographisch bestimmten Märkten, soweit sich die Tätigkeitsbereiche und geographisch bestimmten Märkte untereinander erheblich unterscheiden, im Anhang aufzugliedern. Die Aufgliederung kann unterbleiben, wenn sie nach vernünftiger unternehmerischer Beurteilung geeignet ist, dem Unternehmen oder einem Unternehmen, von dem das Unternehmen mindestens den fünften Teil der Anteile besitzt, einen erheblichen Nachteil zuzufügen".

Dies könnte beispielsweise dann der Fall sein, wenn ein einziger österreichischer Erzeuger eines bestimmten Produktes seine Umsätze nach Inland und Ausland aufgliedern müsste und die ausländische Konkurrenz aus der Umsatzhöhe den Marktanteil des Unternehmens in Österreich errechnen könnte.

2. Veränderung des Bestandes an fertigen und unfertigen Erzeugnissen sowie an noch nicht abrechenbaren Leistungen

Die **Bestandsveränderungen** ergeben sich grundsätzlich aus der Differenz der Anfangs- und Endbestände an unfertigen und fertigen Erzeugnissen sowie noch nicht abrechenbaren Leistungen; dabei ist es, wie schon dargelegt, unbeachtlich, ob eine derartige Änderung aus einer Veränderung der **Kalkulationssätze,** einer Abwertung einzelner Gegenstände oder aus einer Mengenänderung resultiert.

Gemäß § 232 Abs 2 sind als **Bestandsveränderungen** außer Änderungen der Menge auch solche des Wertes zu berücksichtigen; Letztere jedoch nur, soweit sie nicht gem § 233 als außerordentliche Aufwendungen oder Erträge auszuweisen sind.

Soweit **Abwertungen** von unfertigen und fertigen Erzeugnissen sowie noch nicht abrechenbaren Leistungen die im Unternehmen auf diese Gegenstände üblichen Abschreibungen überschreiten, sind sie unter Z 7b auszuweisen.

Abwertungen, die nicht aus der gewöhnlichen Geschäftstätigkeit resultieren (zB im Zusammenhang mit Betriebsstilllegungen), sind als außerordentliche Aufwendungen (Z 19) zu erfassen.

Nicht unter den Bestandsveränderungen dürfen Veränderungen des Bestandes an Handelswaren ausgewiesen werden, obwohl ihr Ausweis in der Bilanz gemeinsam mit den fertigen Erzeugnissen erfolgt. Der **Handelswarenverbrauch** ist unter dem Posten 5 a (Materialaufwand) auszuweisen.

3. Andere aktivierte Eigenleistungen

Selbsterstellte Anlagen sind mit ihren **Herstellungskosten** zu aktivieren und in der Gewinn- und Verlustrechnung als Korrekturposten zu den entsprechenden Aufwendungen (Materialaufwendungen, Personalaufwand, Sonstige Aufwendungen) unter diesem Posten auszuweisen. Direkt auf den betreffenden Anlagenkonten verbuchte Zulieferungen sind nicht unter 3. zu erfassen, da ihnen keine entsprechenden Aufwendungen gegenüberstehen.

Zu den **anderen aktivierten Eigenleistungen** gehören auch **aktivierte Großreparaturen.**

Für **aktivierte Aufwendungen für das Ingangsetzen und Erweitern eines Betriebes** ist kein gesonderter Ausweis erforderlich. Eine Angabe im Anhang erscheint zweckmäßig, wird aber gesetzlich nicht verlangt.

4. Sonstige betriebliche Erträge

Ihrer heterogenen Zusammensetzung wegen werden die sonstigen betrieblichen Erträge in drei Gruppen eingeteilt:

a) Erträge aus dem Abgang vom und der Zuschreibung zum Anlagevermögen mit Ausnahme der Finanzanlagen

Erträge aus dem Abgang vom Anlagevermögen ergeben sich aus der Gegenüberstellung des Veräußerungs**erlöses** bzw eines Versicherungsersatzes und dem **Buchwert** der abgegangenen Anlagen. Verluste aus dem Abgang von Anlagevermögen sind unter 8 b) (übrige betriebliche Aufwendungen) auszuweisen.

Abgänge außerhalb der gewöhnlichen Geschäftstätigkeit gehören in den außerordentlichen Bereich. Hiezu gehört beispielsweise eine einmalige Sale-and-lease-back-Aktion.

Zuschreibungen zum Anlagevermögen können gemäß § 208 Abs 1 nur zur **Rückgängigmachung außerplanmäßiger Abschreibungen** erfolgen. Gemäß § 235 darf der Zuschreibungsbetrag den ausschüttungsfähigen Gewinn des Jahres der Zuschreibung nicht vermehren.

b) Erträge aus der Auflösung von Rückstellungen

Unter diesem Posten wird die erfolgswirksame Auflösung von Rückstellungen ausgewiesen. Eine derartige Auflösung kann aus zwei Ursachen erfolgen:

1. Eine Rückstellung wurde zu hoch gebildet.
2. Die Rückstellungsdotierung für gewisse Posten, etwa für Garantien, erfolgt aus der Differenz der jeweils zum Jahresende errechneten pauschalen Rückstellung. Rückstellungserhöhungen werden unter den sonstigen Aufwendungen bzw dem entsprechenden Posten, Rückstellungsherabsetzungen unter dem Posten 4 b) verbucht.

Erträge aus der Auflösung nicht bestimmungsgemäß verwendeter **Rückstellungen für Ertragsteuern** sind in den Posten 21, Steuern vom Einkommen und vom Ertrag, aufzunehmen. Sie sind gemäß § 234 gesondert auszuweisen, soweit sie für die Beurteilung der Ertragslage **nicht von untergeordneter Bedeutung** sind.

Rückstellungen, die über ao Aufwand gebildet wurden, sind bei Nichtinanspruchnahme über ao Erträge aufzulösen.

Bezüglich der Bildung und Auflösung von **Rückstellungen für Abfertigungen und Pensionen** siehe die nachfolgenden Ausführungen zu Z 6c und 6d.

c) übrige

Hier sind alle Umsätze zu erfassen, die nicht unmittelbar aus der für das Unternehmen **typischen Geschäftstätigkeit** resultieren. Insbesondere sind zu nennen:

Kantinen- und Küchenerlöse und Erträge aus sonstigen Sozialeinrichtungen; Zahlungseingänge aus in früheren Jahren ausgebuchten Forderungen; Fremdwährungskursgewinne; Erträge aus Schadenersatzleistungen, soweit sie nicht aus verkauften Erzeugnissen resultieren; Nicht als Umsatzerlöse auszuweisende Miet- und Pachteinnahmen; Ausbuchung unbezahlter und verjährter Verbindlichkeiten und Schuldnachlässe; Gestionsgebühren von Tochtergesellschaften.

5.42 Die Aufwandsposten 5 – 8

5. Aufwendungen für Material und sonstige bezogene Herstellungsleistungen:
   a) Materialaufwand,
   b) Aufwendungen für bezogene Leistungen,
6. Personalaufwand:
   a) Löhne,
   b) Gehälter,
   c) Aufwendungen für Abfertigungen und Leistungen an betriebliche Mitarbeitervorsorgekassen
   d) Aufwendungen für Altersversorgung,
   e) Aufwendungen für gesetzlich vorgeschriebene Sozialabgaben sowie vom Entgelt abhängige Abgaben und Pflichtbeiträge,
   f) sonstige Sozialaufwendungen;
7. Abschreibungen:
   a) auf immaterielle Gegenstände des Anlagevermögens und Sachanlagen sowie auf aktivierte Aufwendungen für das Ingangsetzen und Erweitern eines Betriebes,
   b) auf Gegenstände des Umlaufvermögens, soweit diese die im Unternehmen üblichen Abschreibungen überschreiten;
8. sonstige betriebliche Aufwendungen:
   a) Steuern, soweit sie nicht unter Z 21 fallen,
   b) übrige;
9. Zwischensumme aus Z 1 bis 8;

5. Aufwendungen für Material und sonstige bezogene Herstellungsleistungen

5 a Materialaufwand

Dieser Posten betrifft alle **Materialaufwendungen,** die in den Leistungsbereich des Unternehmens einfließen, wie der Roh-, Hilfs- und Betriebsstoffverbrauch, Reparaturmaterial, Reinigungsmaterial, Handelswareneinsatz(-verbrauch), Verpackungsmaterial, Energieverbrauch im Fertigungsbetrieb (zB Strom und Gas).

Bezüglich des Ausweises von Fremdstrom und Gas vertreten mehrere Kommentatoren in der deutschen Fachliteratur die Meinung, dass dieser unter 5 b zu erfolgen habe (WP-Handbuch 1992, S 343, Rz 301). Die Verfasser stehen allerdings im Einklang mit der überwiegenden Zahl der Fachliteratur auf dem Standpunkt, dass Fremdstrom und Gas wie Kohle, deren Verbrauch unter 5 a auszuweisen ist, zu behandeln sind. Der einzige Unterschied besteht darin, dass Gas nur beschränkt (abhängig von bestehenden Lagermöglichkeiten) und Strom nicht lagerfähig ist.

Auch Ersatzbeschaffungen von Materialien (Ersatzteile), für die ein Festwert gebildet wurde, kommen hierher. In gleicher Weise sind hier alle Materialaufwendungen für Forschung und Entwicklung und zur Erstellung sonstiger Leistungen zu erfassen. Büromaterial sollte im sonstigen Aufwand erfasst werden, wird aber häufig unter dem Materialaufwand ausgewiesen.

5 b Sonstige bezogene Leistungen

Grundsätzlich können zu den bezogenen Leistungen bzw sonstigen externen Aufwendungen sämtliche von außen an das Unternehmen herangetragene Leistungen gezählt werden. Da der Gesetzgeber jedoch den Umfang auf **bezogene Herstellungsleistungen** einschränkt, sind darunter jene Leistungen zu verstehen, „die mit materialähnlichem Charakter in den eigenen Leistungsbereich einfließen". Dazu gehören **Materialbearbeitung, Materialveredelung durch Dritte, Leihpersonal,** soweit es in der Fertigung eingesetzt ist.

Fremdreparaturen und Fremdinstandhaltungen sind unter dem Posten **übrige betriebliche Aufwendungen** (8 b) auszuweisen.

Gem WP-Handbuch 1992 des IDW, S 343, Rz 302, können Mietaufwendungen, die in den Umsatzerlösen weiterverrechnet werden, unter 5 b ausgewiesen werden.

Lieferantenskontoerträge zählen weder zu den sonstigen betrieblichen Erträgen noch zu den Zinsenerträgen. Sie vermindern entweder die Anschaffungskosten der angeschafften Gegenstände des Anlage- bzw Umlaufvermögens oder jene Aufwendungen, für die ein Skontoertrag erzielt werden konnte, sind daher jeweils bei diesen Posten zu verrechnen. Es empfiehlt sich daher, bereits in der Finanzbuchhaltung dafür zu sorgen, dass der Skontoertrag entsprechend seiner Zugehörigkeit zu den einzelnen Kategorien getrennt erfasst wird.

Wird allerdings, wie es theoretisch richtig ist, der vom Lieferanten in Rechnung gestellte Skonto bei Verbuchung der jeweiligen Rechnung zum Barwert zunächst als **Lieferantenskontoaufwand** erfasst und ein in Anspruch genommener **Skontoertrag** mit diesem saldiert, wird der verbleibende Lieferantenskontoaufwand als echter **Zinsenaufwand** unter den Finanzierungskosten zu verbuchen sein (siehe Kapitel 5.43, Posten 15, S 330).

Ein Beispiel möge dies verdeutlichen:

Rechnung Nr. A:

Anschaffung von Materialien über € 1.000,-, Zahlungskondition 3 % Skonto bei Bezahlung innerhalb von 10 Tagen. Die Zahlung der Rechnung erfolgt später, der Skonto wird nicht in Anspruch genommen.

Rechnung Nr. B:

Kauf von Materialien über € 500,-, bei Bezahlung innerhalb von 10 Tagen 3 % Skonto, der tatsächlich in Anspruch genommen wird.

1. Skontoberechnung bei Erhalt der Rechnung
2. Skontoberechnung bei Zahlung der Rechnung

zu 1. Üblicherweise praktizierte Methode:

Materialaufwand

A 1)	1.000		
B 1)	500		

Verbindlichkeiten

A 2)	1.000	A 1)	1.000
B 2)	500	B 1)	500

Bank

		A 2)	1.000
		B 2)	485

Skontoertrag

		B 2)	15

Der Skontoertrag von € 15,– ist bei Aufstellung der Gewinn- und Verlustrechnung mit den Materialaufwendungen zu saldieren.

zu 2. Theoretisch richtige Methode:

Materialaufwand

A 1)	970		
B 1)	485		

Verbindlichkeiten

A 2)	1.000	A 1)	1.000
B 2)	500	B 2)	500

Lieferantenskontoaufwand

A 1)	30	B 2)	15
B 1)	15		

Bank

		A 2)	1.000
		B 2)	485

Der verbleibende **Lieferantenskontoaufwand** von 30 wird mit den anderen nicht ausgenützten Lieferantenskonti im Rahmen der Gewinn- und Verlustrechnung gemäß § 231 Abs 2 unter dem Posten Z 15 (Zinsen ...) erfasst, da der nicht in Anspruch genommene Lieferantenskonto tatsächlich eine (wenn auch sehr hohe) Zinsenbelastung darstellt.

6. Personalaufwand

Untergliederung

a) Löhne,
b) Gehälter,
c) Aufwendungen für Abfertigungen und Leistungen an betriebliche Mitarbeitervorsorgekassen
d) Aufwendungen für Altersversorgung,
e) Aufwendungen für gesetzlich vorgeschriebene Sozialabgaben sowie vom Entgelt abhängige Abgaben und Pflichtbeiträge,
f) sonstige Sozialaufwendungen;

Eine Aufgliederung in der G&V-Rechnung darf nur dann unterbleiben, wenn diese im Anhang erfolgt bzw wenn es sich um unwesentliche Beträge handelt. Im letzteren Fall ist eine Aufgliederung im Anhang nicht erforderlich.

Zu den gemäß Z 6 a auszuweisenden **Löhnen** gehören neben den Grundlöhnen auch Zulagen, Provisionen, Prämien, Nichtleistungslöhne, Sonderzahlungen, Jubiläumszahlungen, freiwillige Fahrtkosten- und Verpflegungszuschüsse und Sachbezüge.

Unter 6 b werden die analog zu 6 a anfallenden **Gehaltsaufwendungen** erfasst.

Die Aufteilung in **Aufwendungen für Abfertigungen und Leistungen an betriebliche Mitarbeitervorsorgekassen sowie Aufwendungen für Altersversorgung** gem 6 c und 6 d erfolgte zur Herstellung der Richtlinienkonformität, da die Bilanzrichtlinie einen gesonderten Ausweis der Aufwendungen für Altersversorgung vorsieht.

Unter 6 c werden ausschließlich die **Aufwendungen für Abfertigungen und Leistungen an betriebliche Mitarbeitervorsorgekassen** ausgewiesen.

Zur Frage der Abfertigungsrückstellung nimmt der Fachsenat für Unternehmenssrecht und Revision im Fachgutachten KFS/RL3 wie folgt Stellung:

„Gemäß § 231 Abs 2 Z 6 lit c) des Unternehmensgesetzbuches ist der Aufwand für Abfertigungen (und Pensionen) in der Gewinn- und Verlustrechnung gesondert auszuweisen. Der Aufwand für Abfertigungen (und Pensionen) umfaßt sowohl die Auszahlungen von Abfertigungen (und Pensionen) als auch die **Veränderungen der Rückstellungen für Abfertigungen** (und Pensionen).

Da bei der Bewertung der Rückstellungen für Abfertigungen (und Pensionen) nicht nur der Wegfall von Verpflichtungen aus biometrischen Gründen, sondern implizit in der Regel auch der Wegfall der Verpflichtungen aus anderen Gründen (insbesondere aufgrund der Fluktuation) berücksichtigt wird, ist es wirtschaftlich richtig, alle Verminderungen der Rückstellungen für Abfertigungen (und Pensionen) im Posten 6c der Gewinn- und Verlustrechnung gegen die Zahlungen und die Zuweisungen an die Rückstellungen aufzurechnen; diesem Ausweis ist gegenüber dem Ausweis im Posten 4b der Gewinn- und Verlustrechnung (Erträge aus der Auflösung von Rückstellungen) der Vorzug zu geben.

Auch die Nachholung des Übergangs-Fehlbetrags ist – als periodenfremder Aufwand – im Erfolgsposten Aufwand für Abfertigungen (und Pensionen) auszuweisen. Wenn der periodenfremde Aufwand für die Beurteilung der Ertragslage nicht von untergeordneter Bedeutung ist, ist dieser hinsichtlich Betrag und Art im Anhang zu erläutern.

Nur in Sonderfällen (zB bei umfangreichen Kündigungen im Zusammenhang mit Betriebsstillegungen) können Abfertigungszahlungen oder Zuweisungen an die Abfertigungsrückstellung einen Vorgang außerhalb der gewöhnlichen Geschäftstätigkeit darstellen. Derartige Aufwendungen können zu den außerordentlichen Aufwendungen gehören (§ 233 des Unternehmensgesetzbuchs).“

Unter 6 d werden die **Aufwendungen für Alterversorgung** ausgewiesen.

Die Aufwendungen für Altersversorgung gehen über die reinen Pensionsaufwendungen hinaus, da zu diesen Aufwendungen auch sonstige Aufwendungen des Unternehmens, die im Zusammenhang mit der Altersversorgung der Mitarbeiter getätigt werden, gehören und damit gemeinsam mit den Pensionen unter 6 d auszuweisen sind. Zu nennen sind beispielsweise der Abschluss von Lebens- bzw Rentenversicherungen für einzelne Arbeitnehmer, Beiträge an Pensions- und sonstige Unterstützungskassen.

Im Hinblick auf die erfolgsbilanzmäßige Darstellung der Bildung und Auflösung von Pensionsrückstellungen gelten sinngemäß die Aussagen des Fachsenats für Unternehmensrecht und Revision zur Abfertigungsrückstellung.

Die unter 6 e) angeführten **Aufwendungen für gesetzlich vorgeschriebene Sozialabgaben sowie vom Entgelt abhängige Abgaben und Pflichtbeiträge** enthalten die Kommunalsteuer, den Dienstgeberbeitrag zum Familienlastenausgleichsfonds sowie den damit einzuhebenden Dienstgeberzuschlag, die U-Bahnabgabe in Wien, die gesetzlichen Pflichtbeiträge zur Sozialversicherung und die Behindertenausgleichstaxe.

Da die Kommunalsteuer auch eine „nicht vom Einkommen und Ertrag abhängige Steuer“ ist, wird diese Steuer verschiedentlich nicht unter 6 e, sondern unter 8 a ausgewiesen. Allerdings erscheint den Verfassern ein solcher Ausweis nicht dem Sinn des Gesetzes entsprechend.

Die unter 6 f auszuweisenden **sonstigen Sozialaufwendungen** umfassen freiwillige Sozialaufwendungen, die nicht unmittelbar an den einzelnen Arbeitnehmer zur Auszahlung gelangen, wie zB **Zuwendungen an den Betriebsratsfonds,** freiwillige Krankenversicherung, Aufwendungen **für Betriebsausflüge, Weihnachtsgeschenke** an die Arbeitnehmer, Kosten von **Betriebsveranstaltungen** für die Belegschaft.

Durch **Sozialeinrichtungen** verursachte Aufwendungen (Abschreibungen, Lebensmittelverbrauch in der Werksküche, Personalaufwendungen des Küchenpersonals und sonstiger Sozialeinrichtungen) werden unter den entsprechenden Aufwandsarten (Materialverbrauch, Abschreibungen, Personalaufwendungen) erfasst.

7. Abschreibungen

a) Abschreibungen auf immaterielle Vermögensgegenstände und Sachanlagen sowie auf aktivierte Aufwendungen für das Ingangsetzen und Erweitern eines Betriebes

Unter diesem Posten werden sowohl **planmäßige** als auch **außerplanmäßige Abschreibungen** im Sinne des § 204 Abs 1 und 2 ausgewiesen. Dabei sind **außerplanmäßige** Abschreibungen gesondert auszuweisen (§ 232 Abs 5). Spätere **Zuschreibungen,** die wegen des Wegfallens des Grundes für eine außerplanmäßige Abschreibung durchgeführt werden (§ 208 Abs 1), sind unter dem Posten 4 a), sonstige betriebliche Erträge, auszuweisen. Unterlässt eine Kapitalgesellschaft die Zuschreibung aus steuerlichen Gründen, hat sie dies betragsmäßig im **Anhang** anzugeben. Ferner ist das Ausmaß erheblicher künftiger steuerlicher Belastungen, die sich aus einer solchen Bewertung ergeben, anzuführen (§ 208 Abs 2).

Außerplanmäßige Abschreibungen können unter bestimmten Umständen (zB bei Betriebsstilllegungen) unter den ao Aufwendungen ausgewiesen werden. Die gesonderte Ausweispflicht gemäß § 232 Abs 5 bleibt auch in diesem Fall erhalten.

Aus **steuerlichen Sonderbestimmungen** resultierende vorzeitige Abschreibungen, Abschreibungen von geringwertigen Vermögensgegenständen gemäß § 205 Abs 1, 2. Satz sowie Abschreibungen auf Grund der Übertragung stiller Reserven gemäß § 12 EStG, werden nicht unter dem Posten 7, sondern zwingend unter dem Posten 26, Zuweisung zu unversteuerten Rücklagen, ausgewiesen.

b) Abschreibungen auf Gegenstände des Umlaufvermögens, soweit diese die im Unternehmen üblichen Abschreibungen überschreiten

Die gesonderte Darstellung des das Ausmaß der üblichen Abschreibungen auf Gegenstände des Umlaufvermögens übersteigenden Betrages zwingt zu einer Trennung der üblicherweise anfallenden von den darüber hinausgehenden Abschreibungsbeträgen.

Abschreibungen auf das Umlaufvermögen (mit Ausnahme der Wertpapiere des Umlaufvermögens) sind, sofern sie **„üblich"** sind, folgendermaßen in der Erfolgsrechnung zu erfassen (vgl hiezu auch Biener/Berneke 1986):

Abschreibungen auf:	**zu erfassen unter (§ 231 Abs 2)**
Roh-, Hilfs- und Betriebsstoffe	Z 5 a
Unfertige und fertige Erzeugnisse sowie noch nicht abrechenbare Leistungen	Z 2
Waren	Z 5 a
Forderungen und sonstige Vermögensgegenstände	Z 8 b
Fremdwährungsbestände	Z 8 b

Der Ausweis der üblichen Abschreibungen von fertigen und unfertigen Erzeugnissen unter den Bestandsveränderungen ergibt sich aus § 232 Abs 2, wonach als Bestandsveränderungen außer der Änderung der Menge auch solche des Wertes zu berücksichtigen sind; letztere jedoch nur, soweit sie nicht unter § 233 fallen (ao Aufwand).

Bei den Abschreibungen auf die oben genannten Gegenstände des Umlaufvermögens handelt es sich grundsätzlich um außerplanmäßige Abschreibungen, die sich jährlich in unterschiedlicher Höhe ergeben. Die Frage der „Üblichkeit" solcher Abschreibungen kann somit nicht anhand der Abschreibungen **eines** Jahres gemessen werden. Außerdem kann bei der Feststellung, welche Abschreibungen üblich und welche nicht üblich sind, nicht jeder einzelne Gegenstand für sich betrachtet werden, da es der lebende Betrieb mit sich bringt, dass manche Gegenstände zur Gänze, manche nur geringfügig und der Großteil der Gegenstände gar nicht abgeschrieben werden. Die Frage der Feststellung der über das übliche Ausmaß hinausgehenden Abschreibung kann sich somit nur auf die Gesamtheit der in einem Posten enthaltenen Gegenstände beziehen.

Unübliche Abschreibungen liegen beispielsweise dann vor, wenn auf Grund eines Konjunktureinbruches hohe, die Vorjahre überschreitende Abschreibungen bei Halb- und Fertigfabrikaten vorzunehmen sind, oder Forderungsausfälle gehäuft auftreten. Biener/Berneke führen hiezu aus

(S 213), dass „die Üblichkeit der Abschreibungen an den Abschreibungen der Vorjahre zu messen ist. Nach dem Grundsatz der Wesentlichkeit sind nur solche Abschreibungen zu berücksichtigen, die den bisher üblichen Rahmen deutlich überschreiten, und zwar nur der überschießende Betrag und nicht der Gesamtbetrag.“

Ergänzend kann hiezu ausgeführt werden, dass bei schwankenden Beständen das übliche Ausmaß der Abschreibung auch in Prozenten der jeweiligen Gesamtbestände gemessen werden kann.

Streng zu unterscheiden sind die über das **übliche Ausmaß** hinausgehenden Abschreibungen von den zu den **ao Aufwendungen** gehörenden Abschreibungen. Gem § 233 sind ao Aufwendungen nur solche, die außerhalb der gewöhnlichen Geschäftstätigkeit des Unternehmens anfallen und den Going-concern-Umfang berühren.

Im Hinblick auf die Abschreibungen vom Umlaufvermögen gehören hiezu beispielsweise die Abschreibung von nicht mehr verwertbaren Vorräten im Zusammenhang mit der Auflassung einer Erzeugnisgruppe, die bisher wesentlichen Anteil am Umsatz des Unternehmens hatte; der Ausfall eines wesentlichen Kunden, der das Unternehmen in ernste Schwierigkeiten bringt.

Liegt ein **außerordentlicher Aufwand** vor, hat der Ausweis unter dem Posten außerordentliche Aufwendungen und nicht unter Z 7 b zu erfolgen.

Abschreibungen auf Wertpapiere des Umlaufvermögens werden keinesfalls unter dem Posten 7 b erfasst, da hiefür der Posten § 231 Abs 2 Z 14 bzw Abs 3 Z 13 (Aufwendungen aus Finanzanlagen und aus Wertpapieren des Umlaufvermögens) vorgesehen ist. Dies gilt auch für den Fall, dass die Abschreibung aus Wertpapieren des Umlaufvermögens über das übliche Maß hinausgehen sollte. Ein gesonderter Ausweis analog zu 7 b ist gesetzlich nicht gefordert.

8. Sonstige betriebliche Aufwendungen

a) Steuern, soweit sie nicht unter Z 21 fallen

Unter diesem Posten werden alle **Steuern** erfasst, die nicht zu den Steuern vom Einkommen und Ertrag und zu den personalabhängigen Steuern gehören. Trotz der irreführenden Bezeichnung dieses Postens werden in der Regel lohnabhängige Abgaben, wie etwa die **Kommunalabgabe**, nicht hier, sondern unter dem Posten 6 e ausgewiesen.

Unter diesem Posten kommen vor allem **Steuern vom Vermögen** (Grundsteuer), **Verkehrsteuern,** wie Börsenumsatzsteuer, Gesellschaftsteuer, KFZ-Steuer, Vergnügungssteuer etc, Gebühren nach dem Gebührengesetz und **Verbrauchsteuern,** wie Bier-, Branntwein- und Getränkesteuer, Mineralölsteuer, Tabaksteuer etc, zum Ausweis.

Soweit Unternehmen **Steuerschuldner** von Verbrauchsteuern sind (zB Mineralöl-, Bier-, Tabak-, Branntweinsteuer), besteht kein Einwand dagegen, diese von den Umsatzerlösen offen abzusetzen (vergleiche hiezu: Beck'scher Bilanzkommentar[3], § 275 Rz 25 1).

Nicht hier, sondern unter 8 b sind **Gebühren für direkte Gegenleistungen** (Müllabfuhr-, Kanalgebühren etc) auszuweisen.

b) übrige betriebliche Aufwendungen

Dieser Posten bildet das Sammelbecken für **alle nicht gesondert ausweispflichtigen** bzw unter anderen Posten zu erfassenden Aufwendungen.

Insbesondere sind folgende Aufwendungen zu diesem Posten zu rechnen:

Verluste aus dem Abgang von Gegenständen des Anlagevermögens, Provisionen, Lizenzen, Patentgebühren, Ausgangsfrachten und sonstige Transporte durch Dritte, die nicht zu den aktivierungspflichtigen Anschaffungsnebenkosten gehören, Instandhaltungen durch Dritte, fremde Dienstleistungen, soweit sie nicht materialähnlichen Charakter haben, Müllabfuhr und Kanalgebühren, Rechts-, Prüfungs- und Beratungskosten, Forderungsausfälle, Telefongebühren, Versicherungen, Fahrt- und Reisespesen, Diäten, Bankspesen und sonstige Spesen des Geldverkehrs, Beiträge an gesetzliche und freiwillige Berufsvertretungen, Werbeaufwand, Fremdreinigung, Mietaufwand, Kraftfahrzeugkosten, Inserate, Postgebühren, Büromaterial, Druckkosten, Aufwendungen für Aus- und Fortbildung, Fachliteratur, Gewährleistungsaufwand, soweit dieser nicht unter die Erlösschmälerungen fällt, Spenden, Trinkgelder, Schadensfälle, die betrieblich bedingt sind, Kursverluste.

9. Zwischensumme aus Z 1 – 8

Diese Summe stellt den (nicht im Gesetz genannten) **Betriebserfolg** des Unternehmens dar. Es ist allerdings zu beachten, dass darin auch **aperiodische Beträge** enthalten sind. Letztere sind allerdings, soweit sie für die Beurteilung der Ertragslage nicht von **untergeordneter Bedeutung** sind, hinsichtlich des Betrages und ihrer Art im Anhang zu erläutern (§ 233).

Auch jährlich in unterschiedlicher Höhe anfallende **Schadensfälle** sind, wenn sie unter die gewöhnliche Geschäftstätigkeit fallen, im Betriebserfolg enthalten.

5.43 Die Ertrags- und Aufwandsposten 10 – 15

10. Erträge aus Beteiligungen, davon aus verbundenen Unternehmen;
11. Erträge aus anderen Wertpapieren und Ausleihungen des Finanzanlagevermögens, davon aus verbundenen Unternehmen;
12. sonstige Zinsen und ähnliche Erträge, davon aus verbundenen Unternehmen;
13. Erträge aus dem Abgang von und der Zuschreibung zu Finanzanlagen und Wertpapieren des Umlaufvermögens;
14. Aufwendungen aus Finanzanlagen und aus Wertpapieren des Umlaufvermögens, davon sind gesondert auszuweisen:
    a) Abschreibungen
    b) Aufwendungen aus verbundenen Unternehmen;
15. Zinsen und ähnliche Aufwendungen, davon betreffend verbundene Unternehmen;
16. **Zwischensumme aus Z 10 bis 15 („Finanzerfolg“).**

Der Begriff „Finanzerfolg“ ist im Gesetz nicht genannt, wird aber häufig gebraucht, obwohl die Bezeichnung nicht völlig korrekt ist **(siehe auch Abschnitt 5.31).**

10. Erträge aus Beteiligungen, davon aus verbundenen Unternehmen

Hier werden alle Erträge, die aus den Posten A.III.1. (Anteile an verbundenen Unternehmen, soweit diese Beteiligungen darstellen) und A.III.3. (Beteiligungen) resultieren, erfasst. Dazu gehören Gewinnausschüttungen aus Beteiligungen an Kapitalgesellschaften, Gewinnanteile an Personengesellschaften, Gewinnüberrechnungen verbundener Unternehmen.

Soweit die Erträge aus Gewinngemeinschaften resultieren, sind sie gemäß § 238 Z 4 im Anhang anzugeben.

11. Erträge aus anderen Wertpapieren und Ausleihungen des Finanzanlagevermögens, davon aus verbundenen Unternehmen

Hierher kommen alle Erträge aus den Posten A.III.1. (Anteile an verbundenen Unternehmen, soweit diese nicht Beteiligungen darstellen), A.III.2. (Ausleihungen an verbundene Unternehmen), A.III.4. (Ausleihungen an Unternehmen, mit denen ein Beteiligungsverhältnis besteht), A.III.5. (Wertpapiere – Wertrechte des Anlagevermögens) sowie A.III.6. (sonstige Ausleihungen).

Durch die unzureichende Definition der Ausleihungen durch den Gesetzgeber (vgl Kapitel 4.221.43) können Zinsenerträge aus gewählten Finanzdarlehen mit einer Gesamtlaufzeit von ein bis fünf Jahren je nach

Einstufung durch das Unternehmen im Anlage- oder Umlaufvermögen unter Z 11 oder Z 12 ausgewiesen werden.

Im Wesentlichen handelt es sich bei den unter diesem Posten ausgewiesenen Erträgen um Zinsenerträge aus festverzinslichen Wertpapieren des Anlagevermögens und Ausleihungen, sowie Erträge aus Dividendenpapieren und Unternehmensanteilen, soweit deren Erträge nicht als Beteiligungserträge zu erfassen sind.

12. Sonstige Zinsen und ähnliche Erträge, davon aus verbundenen Unternehmen

Hier werden grundsätzlich alle Zinsen und ähnliche Erträge aus Gegenständen des Umlaufvermögens erfasst. Hiezu gehören Zinsenerträge jeder Art aus Bankguthaben und gewährten Finanzdarlehen, soweit diese nicht zu den Ausleihungen des Finanzanlagevermögens gehören, Zinsenerträge aus Wertpapieren des Umlaufvermögens, weiterverrechnete Diskonte auf Kundenwechsel und den Kunden berechnete Verzugszinsen. Auch Erträge aus dem Agio gewährter Kredite sind hier zu erfassen.

Hier werden auch Erträge aus Dividendenpapieren und Unternehmensanteilen von unter B.III. ausgewiesenen Posten erfasst.

Lieferantenskontoerträge sind keinesfalls als Zinsenerträge auszuweisen. Sie sind, wie bereits dargelegt, mit der jeweiligen **Aufwandsgruppe** bzw den **Anschaffungskosten** zu verrechnen.

13. Erträge aus dem Abgang von und der Zuschreibung zu Finanzanlagen und Wertpapieren des Umlaufvermögens

Für diesen Posten gelten die gleichen Kriterien wie für das Sach- und das immaterielle Anlagevermögen gemäß Z 4a.

Die Zuschreibung zu den Finanzanlagen und den Wertpapieren des Umlaufvermögens hat in jenem Jahr zu erfolgen, in dem der Grund für eine in Vorjahren vorgenommene außerplanmäßige Abschreibung weggefallen ist (§ 208 Abs 1). Eine Ausnahme von der Zuschreibung gibt es nur unter der Bedingung des § 208 Abs 2. Durch die Bestimmung des § 6 Z 13 EStG, wonach Beteiligungen im Sinne des § 228 Abs 1 UGB bei Wegfall der Gründe für eine früher vorgenommene außerplanmäßige Abschreibung steuerlich wieder aufzuwerten sind, ist für diesen Fall auch die Bestimmung des § 208 Abs 2 obsolet geworden, das heißt, die Zuschreibung hat bei Vorliegen des Tatbestandes des § 208 Abs 1 jedenfalls auch unternehmensrechtlich zu erfolgen.

Eine gesonderte Angabe im Anhang, wie weit diese Erträge verbundene Unternehmen betreffen, ist gesetzlich nicht vorgesehen.

14. Aufwendungen aus Finanzanlagen und aus Wertpapieren des Umlaufvermögens, davon sind gesondert auszuweisen:
a) Abschreibungen
b) Aufwendungen aus verbundenen Unternehmen

Folgende Aufwendungen werden unter diesem Posten erfasst:

- Aufwendungen aus Beteiligungen
- Aufwendungen aus sonstigen Finanzanlagen und aus Wertpapieren des Umlaufvermögens

Aufwendungen aus Beteiligungen

Dazu gehören **Verlustübernahmen** aufgrund entsprechender Verträge mit verbundenen Unternehmen, **Beteiligungsabschreibungen,** Zuschüsse zur **Verlustabdeckung,** soweit sie ergebniswirksam sind (EB zu § 231), **Verlustanteile aus Personengesellschaften und Veräußerungsverluste.** Auch hier ist zu beachten, dass gemäß § 238 Z 4 die auf **Gewinngemeinschaften** entfallenden Aufwendungen im Anhang anzugeben sind. Bei Aufwendungen aus Beteiligungen ist allerdings zusätzlich zu beachten, ob diese im Rahmen der gewöhnlichen Geschäftstätigkeit anfallen oder in den außerordentlichen Bereich gehören.

Die Behandlung von **Ergebnisüberrechnungen** bei der **Tochtergesellschaft** (§ 232 Abs 3)

> „Ist die Gesellschaft vertraglich verpflichtet, ihren Gewinn oder Verlust ganz oder teilweise an andere Personen zu überrechnen, so ist der überrechnete Betrag unter entsprechender Bezeichnung vor dem Posten gemäß § 231 Abs 2 Z 28 oder § 231 Abs 3 Z 27 gesondert auszuweisen."

Bei der Obergesellschaft ist ein überrechneter Gewinn unter „Erträge aus Beteiligungen", ein überrechneter Verlust unter „Aufwendungen aus Finanzanlagen und aus Wertpapieren des Umlaufvermögens" auszuweisen.

Aufwendungen aus sonstigen Finanzanlagen und aus Wertpapieren des Umlaufvermögens

Hiezu gehören Abschreibungen und Veräußerungsverluste aus nicht zu den Beteiligungen gehörenden Anteilen an anderen Unternehmen, aus sonstigen Wertpapieren des Anlagevermögens, aus Ausleihungen und aus Wertpapieren des Umlaufvermögens. Sinngemäß müsste man hierher auch die Abschreibungen aus gewährten Darlehen des Umlaufvermögens zählen. Ein Ausweis derselben unter den sonstigen betrieblichen Aufwendungen könnte bei erheblichem Ausmaß zu einer Verfälschung des möglichst getreuen Bildes der Ertragslage führen. Dies gilt umso mehr, als es der Gesetzgeber im § 227 unterlassen hat, Ausleihungen ausreichend zu definieren, sodass zB

Darlehensforderungen mit einer Gesamtlaufzeit von weniger als fünf, aber mehr als einem Jahr, sowohl im Anlagevermögen als Ausleihungen als auch im Umlaufvermögen als sonstige Forderungen ausgewiesen werden können.

Da es bei Finanzanlagen und **Wertpapieren des Umlaufvermögens** planmäßige Abschreibungen nicht gibt, sind hier die **außerplanmäßigen Abschreibungen** gemäß § 204 Abs 2 (Finanzanlagen einschließlich der zu diesen zählenden Ausleihungen) und die Abschreibungen gemäß § 207 Abs 1 und 2 (Wertpapiere des Umlaufvermögens) zu erfassen und, soweit aus § 207 Abs 2 resultierend, gesondert auszuweisen. Während eine außerplanmäßige Abschreibung bei Finanzanlagen nur dann vorgenommen werden **muss**, wenn die zugrunde liegende Wertminderung voraussichtlich von Dauer ist, ist die Abschreibung bei Wertpapieren des Umlaufvermögens auch bei vorübergehender Wertminderung zwingend vorzunehmen.

Folgende **Wertminderungen** können Ursache für die Abschreibung von Finanzanlagen bzw Wertpapieren des Umlaufvermögens sein:

Wertminderung einer Beteiligung wegen auftretender Verluste bei der Tochtergesellschaft. Dabei ist darauf zu achten, dass diese Verluste nicht aus der Inanspruchnahme steuerlicher Begünstigungen entstanden sind. Verliert eine Beteiligung wegen Vermögensverfalls der Tochter und nachfolgender Betriebseinstellung zur Gänze ihren Wert, kann eine Erfassung unter außerordentlichen Aufwendungen (Z 19) erforderlich sein.
Sinken des Kurses von Wertpapieren des Anlagevermögens infolge einer Steigerung des Kapitalmarktzinssatzes.
Ein Problem, das im Zusammenhang mit der Frage, ob eine eventuelle Abwertungspflicht besteht, zu lösen ist, liegt darin, wann und ob überhaupt eine dauernde Wertminderung anzunehmen ist, wenn der vertragliche Einlöse- bzw Rücknahmebetrag den niedrigeren Tageswert übersteigt. Man wird hier darauf zurückgreifen können, in welcher zeitlichen Entfernung sich der Einlösetermin befindet. Je kürzer dieser Zeitraum ist, desto weniger wird eine Abwertungspflicht angenommen werden können.
Kursverluste von an der Börse notierten Aktien.
Abwertung eines Wechsels (als Wertpapier) infolge Unverzinslichkeit.
Eine Verrechnung des in den Wechselbetrag eingerechneten und dem Bezogenen bzw Indossanten angelasteten Wechseldiskonts mit dem Abzinsungsbetrag ist möglich, da insoweit keine unter das Verrechnungsverbot fallenden Aufwendungen und Erträge vorliegen (Beck'scher Bilanzkommentar[3], § 275, Rz 203).

Hinsichtlich der gesonderten Ausweispflicht von Abschreibungen und Aufwendungen aus verbundenen Unternehmen können insoweit Überschneidungen entstehen, als zu den Aufwendungen aus verbundenen Unternehmen auch Abschreibungen gehören. Die Frage ist nach Meinung der Verfasser so zu lösen, dass die in den Aufwendungen aus verbundenen Unternehmen enthaltenen Abschreibungen bei diesem Posten gesondert ausgewiesen werden (zB „Davon-Vermerk").

15. Zinsen und ähnliche Aufwendungen, davon betreffend verbundene Unternehmen

Unter diesem Posten werden erfasst:

> Zinsen für Bankkredite, Darlehen, Hypotheken.
>
> Hierher gehört auch die Zuzählungs- sowie Bereitstellungsprovision für einen in Anspruch genommenen Kredit bzw Kreditrahmen. Gleiches gilt für Überziehungsprovisionen, Frachtstundungsgebühren etc.
>
> Abschreibungen auf das aktivierte Disagio.
>
> Wechseldiskont, sofern diesem kein verrechnungsfähiger Diskontertrag gegenübersteht.
>
> Ausschüttungen auf Genussscheine, wenn nach den Genussscheinbedingungen der Fremdkapitalcharakter im Vordergrund steht.
>
> Auch Zinsen für Lieferantenkredite kommen hier zur Verrechnung. Gleiches gilt für **Lieferantenskontoaufwendungen,** da sie Entgelt für die Zielgewährung des Lieferanten darstellen. Daran ändert auch nichts die Tatsache, dass Lieferantenskonti zeitbezogen extrem hoch sind (20 – 60 % pa), weil dieser Zinssatz eine sehr hohe Risikoprämie für die Einbringlichkeit der Beträge enthält. (Zu dieser Frage siehe auch Kapitel 5.42, P 5 b)

5.44 Ergebnis der gewöhnlichen Geschäftstätigkeit (Z 17)

Dieses ergibt sich aus der Summe des Betriebs- und Finanzerfolges und repräsentiert den **betriebswirtschaftlichen Erfolg** des Unternehmens. Es gelten die zum Betriebserfolg angestellten Überlegungen (siehe Kapitel 9.6).

5.45 Außerordentliches Ergebnis (Z 18 – 20)

Die betriebswirtschaftliche Gliederung bedingt eine klare Abgrenzung des **ao Ergebnisses vom Ergebnis der gewöhnlichen Geschäftstätigkeit.** § 233 bestimmt, dass unter den Posten „Außerordentliche Erträge" und „Außerordentliche Aufwendungen" nur solche Erträge und Aufwendungen auszuweisen sind, die **außerhalb der gewöhnlichen Geschäftstätigkeit** anfallen. Sind solche Beträge wesentlich, so sind sie im Anhang einzeln zu erläutern.

Aperiodische Erträge und Aufwendungen zählen nicht zu den außerordentlichen Aufwendungen und Erträgen, es sei denn, dass sie außerdem außerhalb der gewöhnlichen Geschäftstätigkeit angefallen sind. Im Rahmen der gewöhnlichen Geschäftstätigkeit anfallende außerordentliche Aufwendungen (Schadensfälle) und Erträge werden im Bereich der betrieblichen Erträge und Aufwendungen erfasst. **Der außerordentliche Bereich ist damit eng begrenzt und erstreckt sich vor allem auf Auswirkungen der Änderung des going concern (zB Betriebsstillegungen) sowie auf sonsti-**

ge Ereignisse, die mit der eigentlichen Unternehmenstätigkeit nicht unmittelbar verbunden sind (Erfolge aus umfangreichen Sale-und-lease-back-Geschäften bei Industrieunternehmen)."

Adler/Düring/Schmaltz (Anmerkung 80 zu § 277) nennen folgende Beispiele für **außerordentliche Aufwendungen und Erträge:**

Außerplanmäßige Abschreibungen aus Anlass eines außergewöhnlichen Ereignisses (zB Enteignung, Zerstörung von Betrieben durch Katastrophen);
außergewöhnliche Schadensfälle aufgrund betrügerischer Machenschaften, Unterschlagungen und dergleichen;
Erträge oder Aufwendungen aufgrund des Ausgangs eines für das Unternehmen existentiellen Prozesses;
Erträge aufgrund eines allgemeinen Forderungsverzichts der Gläubiger (Sanierungsgewinn);
Entlassungsentschädigungen bei Massenentlassungen oder ähnlichen Aktionen (Sozialpläne);
einmalige Zuschüsse der öffentlichen Hand zur Umstrukturierung von Branchen.

Nicht zu den ao Aufwendungen und Erträgen gehören alle mit der gewöhnlichen Geschäftstätigkeit zusammenhängenden, wenn auch in ungleichmäßiger Höhe anfallenden Aufwendungen und Erträge, wie:

Forderungsausfälle,
Materialschwund,
Maschinenbruch,
Kursdifferenzen,
Gewährleistungsansprüche,
periodenfremde Aufwendungen und Erträge.

Wie schon dargelegt, sind **periodenfremde Aufwendungen und Erträge,** falls sie nicht ihrer Ungewöhnlichkeit wegen dem ao Ergebnis zuzuweisen sind, unter den betrieblichen Aufwendungen bzw. Erträgen auszuweisen. Gemäß § 233 sind sie hinsichtlich des Betrages und ihrer Art im Anhang zu erläutern, soweit sie für die Beurteilung der Ertragslage nicht von untergeordneter Bedeutung sind.

Kosten der Gründung und Kapitalbeschaffung (Kapitalerhöhung) werden häufig unter den ao Aufwendungen ausgewiesen, da die Meinung vertreten wird, dass diese Aufwendungen nicht aus der gewöhnlichen Geschäftstätigkeit entstehen. Obwohl diese Auffassung nicht unumstritten ist, wird man davon ausgehen können, dass ein Ausweis unter den ao Aufwendungen jedenfalls dann zu erfolgen hat, wenn diese Kosten nicht unerheblich sind.

5.46 Steuern vom Einkommen und vom Ertrag (Z 21)

5.461 Allgemeines

Zu den Steuern vom Einkommen und Ertrag gehört bei Kapitalgesellschaften in der Regel nur die **Körperschaftsteuer.** Unter diesem Posten sind auch etwaige **nicht abzugsfähige Kapitalertragsteuern,** die beispielsweise bei Schachtelbegünstigungen über die Grenze vom Staat des Sitzes der Tochtergesellschaft eingehoben werden, zu erfassen.

Im Zusammenhang mit den Steuern vom Einkommen und vom Ertrag ist § 234 zu beachten:

§ 234:

> Im Posten „Steuern vom Einkommen und vom Ertrag" sind die Beträge auszuweisen, die das Unternehmen als Steuerschuldner vom Einkommen und Ertrag zu entrichten hat. Dabei sind Erträge aus Steuergutschriften sowie aus der Auflösung von nicht bestimmungsgemäß verwendeten Rückstellungen gesondert auszuweisen, soweit sie für die Beurteilung der Ertragslage nicht von untergeordneter Bedeutung sind.

Bei der Darstellung der Steuern vom Einkommen und vom Ertrag ist grundsätzlich zu beachten, dass hier nicht nur der Steuerbetrag des laufenden Jahres, sondern auch **Steuernachzahlungen** und **Steuergutschriften** aus früheren Jahren auszuweisen sind.

In gleicher Weise ist sowohl die **Bildung** als auch die **Auflösung** nicht bestimmungsgemäß verwendeter **Ertragsteuerrückstellungen** unter diesem Posten auszuweisen.

Wie oben angeführt, sieht § 234, erster Satz, vor, dass im Posten „Steuern vom Einkommen und vom Ertrag" die Beträge auszuweisen sind, **die das Unternehmen als Steuerschuldner** vom Einkommen und vom Ertrag **zu entrichten hat.** Diese Bestimmung würde den Ausweis der Bildung und Auflösung von Steuerabgrenzungsposten in diesem Posten ausschließen. Es ist jedoch anzunehmen, dass vom Gesetzgeber eine Anpassung des Gesetzestextes im Zusammenhang mit der Einführung der Steuerabgrenzung im Einzelabschluss übersehen wurde, weswegen auch **Steuerbeträge aus der Anwendung des § 198 Abs 9 und 10** unter den Steuern vom Einkommen und vom Ertrag auszuweisen sind; dies entspricht nach Ansicht der Verfasser auch einer richtlinienkonformen Auslegung, da nach der Bilanzrichtlinie eine solche Einschränkung des Inhaltes der Steuern vom Ergebnis nicht vorgenommen wurde.

Die Bilanzrichtlinie sieht grundsätzlich in Art 23 – 26 einen getrennten Ausweis der „Steuern auf das Ergebnis der normalen Geschäftstätigkeit" und der „Steuern auf das außerordentliche Ergebnis" vor. Nach Art 23 (G&V-Gliederung in Staffelform nach dem Gesamtkostenverfahren) ergibt sich danach bei der Darstellung folgendes Bild:

.....	.....
14.	**Steuern auf das Ergebnis der normalen Geschäftstätigkeit**
15.	Ergebnis der normalen Geschäftstätigkeit nach Abzug der Steuern
16.	Außerordentliche Erträge
17.	Außerordentliche Aufwendungen
18.	Außerordentliches Ergebnis
19.	**Steuern auf das außerordentliche Ergebnis**
.....	.....
21.	Ergebnis des Geschäftsjahres

Art 30 gestattet jedoch den Mitgliedstaaten zuzulassen, dass die Steuern vom Ergebnis zu einem einzigen Posten zusammengefasst werden und ordnet für diesen Fall Folgendes an:

„Wird diese Ausnahmeregelung angewandt, so müssen die Gesellschaften im Anhang angeben, in welchem Umfang die Steuern auf das Ergebnis das Ergebnis der normalen Geschäftstätigkeit und das außerordentliche Ergebnis belasten."

Die Bilanzrichtlinie enthält jedoch keine Vorschriften darüber, wie zum Beispiel vorzugehen ist, wenn ein Ergebnisbereich positiv, der andere jedoch negativ ist und wie die Auswirkung von Verlustvorträgen auf den Steueraufwand darzustellen ist.

Da in der G&V-Gliederung der Bilanzrichtlinie eine **betragsmäßige Zuordnung zu den Ergebnisbereichen** vorgesehen ist, wird man bei einer richtlinienkonformen Auslegung davon auszugehen haben, dass auch die Angabe im Anhang die entsprechenden Beträge enhalten muss (vgl hiezu [zweifelnd] Küting/Weber[4], Rz 223 zu §§ 284 – 288 und die dort angegebene Literatur).

Der österreichische Gesetzgeber hat von der Ausnahmeregelung des Art 30 Bilanzrichtlinie Gebrauch gemacht und schreibt in § 237 Z 6 zum Posten „Steuern vom Einkommen und vom Ertrag" eine Reihe von Anhangangaben vor.

5.462 Die Angaben im Anhang

§ 237 Z 6: Im Anhang sind anzugeben

a) „die Auswirkung der Veränderung der unversteuerten Rücklagen auf den Posten ‚Steuern vom Einkommen und vom Ertrag' des Geschäftsjahres,
b) in welchem Umfang die Steuern vom Einkommen und vom Ertrag das Ergebnis der gewöhnlichen Geschäftstätigkeit und das außerordentliche Ergebnis belasten,
c) der gem § 198 Abs 10 aktivierbare Betrag, wenn er in der Bilanz nicht gesondert ausgewiesen wird."

zu § 237 Z 6 a

Aufgrund des engen Zusammenhanges mit der Bestimmung des § 237 Z 6 b erscheint auch hier eine betragsmäßige Angabe erforderlich. Die **Steuerwirkung der Veränderung der unversteuerten Rücklagen** leitet sich vom Unterschiedsbetrag zwischen der steuerwirksamen Zuweisung und der steuerwirksamen Auflösung von unversteuerten Rücklagen ab.

Wenn insgesamt ein positives steuerliches Gesamtergebnis entstanden ist, ergibt sich die Auswirkung aus der Anwendung des Körperschaftsteuersatzes auf den Unterschiedsbetrag. Wenn aber der Abzug des Unterschiedsbetrages (höhere Zuweisungen als Auflösungen) vom Jahresüberschuss zu einem negativen steuerlichen Gesamtergebnis führt, daher kein Ertragsteueraufwand anfällt, ist die steuerliche Auswirkung der Steuerbetrag, der bei Anwendung des Körperschaftsteuersatzes auf das steuerliche Ergebnis (vor Abzug des negativen Unterschiedsbetrages) entfallen würde.

Wenn umgekehrt aus einem (auch steuerlichen) Fehlbetrag (vor Abzug der Steuern vom Einkommen und Ertrag) durch steuerpflichtige Auflösungen von unversteuerten Rücklagen ein positives steuerliches Gesamtergebnis entsteht, ist die Auswirkung der Veränderung der unversteuerten Rücklagen der gesamte ausgewiesene Steuerbetrag.

zu § 237 Z 6 b

Wenn kein außerordentliches Ergebnis in der Gewinn- und Verlustrechnung aufscheint, erübrigt sich die Angabe zu 6 b.

Wenn in der Gewinn- und Verlustrechnung dagegen ein außerordentliches Ergebnis ausgewiesen wird, ergeben sich folgende Möglichkeiten:

a) Geht man zunächst vom Fall eines (steuerlich) positiven Ergebnisses der gewöhnlichen Geschäftstätigkeit und eines (steuerlichen) positiven außerordentlichen Ergebnisses und der Annahme aus, dass ein positives Gesamtergebnis auch nach Zuweisung von Beträgen zu den unversteuerten Rücklagen verbleibt, ergibt sich für die Berechnung folgendes Schema (unter Vernachlässigung von Erträgen aus Steuergutschriften sowie aus der Auflösung einer nicht bestimmungsgemäß verwendeten Steuerrückstellung):

	Ertragsteuern vom Ergebnis der gewöhnlichen Geschäftstätigkeit
+	Ertragsteuern vom außerordentlichen Ergebnis
±	Auswirkung der Veränderung der unversteuerten Rücklagen
=	Steuern vom Einkommen und Ertrag lt Gewinn- und Verlustrechnung

b) Bei einem sich aufgrund einer Zuweisung zu unversteuerten Rücklagen ergebenden negativen steuerlichen Ergebnis ist die Auswirkung der Veränderung der unversteuerten Rücklagen höchstens in Höhe der durch die Veränderung entfallenden Steuerbelastung anzusetzen.

Beispiel:

Ergebnis der gewöhnlichen Geschäftstätigkeit	1.000
ao Ergebnis	1.000
Jahresüberschuss	2.000
Zuweisung zu unversteuerten Rücklagen	– 3.000
Gewinnvortrag	500
Bilanzverlust	– 500

Ohne Dotierung der unversteuerten Rücklagen würde der gesamte Steuerbetrag 25 % von 2.000, das sind 500, betragen. Als Auswirkung der Veränderung der unversteuerten Rücklagen auf den Posten „Steuern vom Einkommen und vom Ertrag“ sind damit 500 anzugeben.

c) Ein Ergebnisbereich ist positiv, der andere negativ, insgesamt ergibt sich ein positives (steuerliches) Gesamtergebnis (vor Berücksichtigung unversteuerter Rücklagen).

Die logische Lösung besteht darin, dass für den positiven Bereich die darauf entfallende fiktive Steuerbelastung berechnet wird und davon die fiktive Steuerentlastung aus dem negativen Bereich abgezogen wird, wobei zusätzlich noch die Auswirkung der unversteuerten Rücklagen zwecks Überleitung auf den ausgewiesenen Steueraufwand zu beachten ist. ADS vertreten in diesem Zusammenhang (Rz 139 zu § 285) allerdings die Auffassung, dass eine betragsmäßige Gutschrift der Steuerentlastung durch den Verlustbereich nicht erforderlich ist, sodass der (gekürzte) Steueraufwand dem positiven Bereich zuzuordnen ist.

Beispiel:

Ergebnis der gewöhnlichen Geschäftstätigkeit	– 1.000
ao Ergebnis	1.500
Jahresüberschuss	500
Zuweisung zu unversteuerten Rücklagen	– 1.000
Gewinnvortrag	0
Bilanzverlust	– 500

Lösung a):

Steuern vom Einkommen und Ertrag vom ao Ergebnis	375
abzüglich Steuerentlastung vom Ergebnis der gewöhnlichen Geschäftstätigkeit	– 250
	125
abzüglich Auswirkung der Zuführung zu unversteuerten Rücklagen	– 125
Steuern vom Einkommen und vom Ertrag	0

Lösung b) (ADS):

Steuern vom Einkommen und Ertrag vom ao Ergebnis	125
abzüglich Auswirkung der Dotierung unversteuerter Rücklagen	– 125
Steuern vom Einkommen und vom Ertrag	0

Eine weitere Frage ergibt sich aus der **Behandlung steuerlicher Verlustvorträge:**

Wenn der **steuerliche Verlustvortrag** niedriger als das positive steuerliche Jahresergebnis ist, ist vorerst die fiktive Steuerbelastung der Ergebnisbereiche zu ermitteln und davon die steuerliche Entlastung aus dem Verlustvortrag abzuziehen. Wenn der Verlustvortrag höher ist als das positive steuerliche Jahresergebnis, so wird durch die steuerliche Wirkung des Verlustvortrages die fiktive Steuerbelastung der Ergebnisbereiche kompensiert.

Eine **Zurechnung des Verlustvortrages** an die Ergebnisbereiche, aus denen er in den Vorjahren entstanden ist, erscheint weder erforderlich noch zweckmäßig. In ADS Rz 141 zu § 285 wird dagegen folgende Auffassung vertreten:

„Ergibt sich jedoch, daß und in welchem Verhältnis der Verlustvortrag den Ergebnisbereichen zuzuordnen ist (zum Beispiel wegen Verluste aus Werkstillegung), so wird der Verlustvortrag bei dem Ergebnisteil berücksichtigt, bei dem er entstanden war.“

Zusammenfassend ergibt sich aus den Anhangsbestimmungen gemäß § 237 Z 6 a und b folgende **Kontrollrechnung:**

± Ertragsteuern vom Ergebnis der gewöhnlichen Geschäftstätigkeit
± Ertragsteuern vom außerordentlichen Ergebnis
± Auswirkung der Veränderung der unversteuerten Rücklagen
± Steuergutschriften, Rückstellungsauflösung aus Vorjahren
– Steuerabzug aus Verlustvortrag

Steuern vom Einkommen und vom Ertrag lt Gewinn- und Verlustrechnung

5.463 Gruppenbesteuerung

Durch die **Gruppenbesteuerung** wird die **Körperschaftsteuer** einer gesamten Unternehmensgruppe auf Ebene des Gruppenträgers festgestellt und dem Gruppenträger vorgeschrieben. In weiterer Folge kommt es zu einem Steuerausgleich mit den beteiligten Körperschaften (siehe dazu Kapitel 4.246).

Die verrechneten Salden sind in der Gewinn- und Verlustrechnung im Posten „Steuern vom Einkommen und Ertrag“ zu erfassen.

Der Posten „Steuern vom Einkommen und vom Ertrag“ ist entweder in der Gewinn- und Verlustrechnung in einer Vorspalte oder im Anhang aufzugliedern. Der Gruppenträger hat einerseits den gesamten Körperschaftsteueraufwand und andererseits den Saldo aus positiven und negativen Steuerumlagen auszuweisen. Wenn beim Gruppenmitglied im Posten „Steuern vom Einkommen und Ertrag keine anderen Komponenten (zB latente Steuern) enthalten sind, ist die Bezeichnung dieses Postens mit dem Zusatz („aus Steuerumlage“) zu ergänzen (vgl dazu Fachsenat für Unternehmensrecht und Revision, Stellungnahme März 2008).

5.47 Jahresüberschuss/Jahresfehlbetrag (Z 22)

Dieser ergibt sich aus den Komponenten

± Betriebserfolg
± Finanzerfolg

± **Ergebnis der gewöhnlichen Geschäftstätigkeit**
± ao Ergebnis

Unternehmenserfolg vor Steuern
– Steuern vom Einkommen und vom Ertrag

Jahresüberschuss / Jahresfehlbetrag

Da die Bildung und Auflösung versteuerter und unversteuerter Rücklagen erst nach dem Jahresüberschuss bzw -fehlbetrag erfolgt, ist das Ergebnis dadurch nicht verzerrt. Zu beachten ist allerdings, dass Steuerersparnisse aus der Dotierung unversteuerter Rücklagen ihren Niederschlag in den Steuern vom Einkommen und vom Ertrag finden und insoweit den Jahresüberschuss bzw -fehlbetrag beeinflussen. Siehe hiezu die Ausführungen zu den Steuern vom Einkommen und Ertrag (Kapitel 5.46).

5.471 Verminderung bzw Erhöhung des buchmäßigen Reinvermögens durch Abspaltung

Die **Spaltung von Kapitalgesellschaften** ist ein gesellschaftsrechtlicher Vorgang, bei dem Vermögensteile der übertragenden Gesellschaft im Wege der **Gesamtrechtsnachfolge** auf eine oder mehrere andere Kapitalgesellschaften übertragen werden. Bei dieser Abspaltung kann es buchtechnisch zu einem positiven oder negativen Vermögenssaldo kommen. Bezüglich des Ausweises des Abganges der **abgespaltenen Vermögensteile** vertritt der Fachsenat für Unternehmensrecht und Revision (Stellungnahme zur Rechnungslegung bei Abspaltungen 2006) ebenso wie das Fachgutachten HFA 1/1998 des Hauptfachausschusses des deutschen Instituts der Wirtschaftsprüfer über Zweifelsfragen bei Spaltungen den Standpunkt, dass – da es sich um einen gesellschaftsrechtlichen Vorgang handelt – daraus keine das Jahresergebnis der übertragenden Gesellschaft beeinflussenden Aufwendungen und Erträge resultieren dürfen.

Führt die Abspaltung zu einer Verminderung des buchmäßigen Reinvermögens der übertragenden Gesellschaft, ist der Saldo zwischen den Buchwerten der abgehenden Vermögensgegenstände und Schulden in die Gewinn- und Verlustrechnung in einen nach dem Posten Jahresüberschuss/Jahresfehlbetrag auszuweisenden Sonderposten mit der Bezeichnung **„Verminderung des buchmäßigen Reinvermögens durch Abspaltung"** einzustellen; im Anschluss daran ist die zum Ausgleich der Verminderung des buchmäßigen Reinvermögens vorgenommene Verminderung von **Eigenkapitalposten** (Auflösung von Rücklagen, Herabsetzung des Nennkapitals) auszuweisen bzw ggf gegen den Gewinnvortrag aufzurcchnen.

Bei Abspaltung eines zu Buchwerten negativen Reinvermögenssaldos, die zu einer Erhöhung des buchmäßigen Reinvermögens der übertragenden Gesellschaft führt, werden im Zuge der Abspaltung stille Reserven dieser Gesellschaft realisiert. Auch in diesem Fall ist der Saldo zwischen den Buchwerten, den Vermögensgegenständen und den Schuldposten in einem nach dem Posten Jahresüberschuss/Jahresfehlbetrag auszuweisenden Sonderposten mit der Bezeichnung **„Erhöhung des buchmäßigen Reinvermögens durch Abspaltung"** einzustellen. Zum Ausgleich ist dieser Betrag im Anschluss daran in einen Sonderposten mit der Bezeichnung **„Einstellung in die nicht gebundene Kapitalrücklage"** aufzunehmen.

Der in der Gewinn- und Verlustrechnung ausgewiesene Sonderposten **„Verminderung bzw. Erhöhung des buchmäßigen Reinvermögens**

durch Abspaltung“ ist im Anhang zu erläutern; es wird empfohlen, den in der Gewinn- und Verlustrechnung ausgewiesenen Saldo im Anhang nach Bilanzposten aufzugliedern, wenn es sich um wesentliche Beträge handelt.

5.48 Bildung und Auflösung von Rücklagen (Z 23 – 27)

23. Auflösung unversteuerter Rücklagen;
24. Auflösung von Kapitalrücklagen;
25. Auflösung von Gewinnrücklagen;
26. Zuweisung zu unversteuerten Rücklagen;
27. Zuweisung zu Gewinnrücklagen. Die Auflösungen und Zuweisungen gemäß Z 23 bis 27 sind entsprechend den in der Bilanz ausgewiesenen Unterposten aufzugliedern;

Da die Auflösung der und die Zuweisung zu den versteuerten und unversteuerten Rücklagen Maßnahmen der Gewinnverwendung und nicht Gewinnentstehung darstellen, wurden sie aus dem Bereich der Ergebnisbildung herausgenommen.

Gem Z 27, zweiter Satz, sind sowohl Zuweisungen zu den Rücklagen als auch deren Auflösung entsprechend den in der Bilanz ausgewiesenen Unterposten aufzugliedern. Diese Bestimmung bedeutet, dass gem den Zahlen 23 – 27 folgende Aufgliederungen vorzunehmen sind:

Z 23 **Auflösung unversteuerter Rücklagen:** Bewertungsreserve auf Grund von Sonderabschreibungen, sonstige unversteuerte Rücklagen;

Z 24 **Auflösung von Kapitalrücklagen:** gebundene, nicht gebundene Rücklagen;

Z 25 **Auflösung von Gewinnrücklagen:** gesetzliche, satzungsmäßige, andere (freie) Rücklagen, Rücklagen für eigene Anteile und Anteile an herrschenden und mit Mehrheit beteiligten Unternehmen;

Z 26 **Zuweisung zu unversteuerten Rücklagen:** Bewertungsreserve auf Grund von Sonderabschreibungen, sonstige unversteuerte Rücklagen;

Z 27 **Zuweisung zu Gewinnrücklagen:** gesetzliche, satzungsmäßige, andere (freie) Rücklagen, Rücklagen für eigene Anteile und Anteile an herrschenden und mit Mehrheit beteiligten Unternehmen.

Soweit eine Aufgliederung der Rücklagenbewegung nicht bereits in einem anderen Zusammenhang gefordert und für diesen Fall in der Gewinn- und Verlustrechnung unterbleiben kann (§ 232 Abs 4), kann die geforderte Aufgliederung im Sinne von § 223 Abs 6 im Anhang statt in der G&V-Rechnung erfolgen.

5.481 Unversteuerte Rücklagen (Z 23 und 26)

Die Bildung der unversteuerten Rücklagen erfolgt über den Posten 26 der Gewinn- und Verlustrechnung, die Auflösung erfolgt über den Posten 23.

Die im Posten 27 geforderte Aufgliederung entsprechend den in der Bilanz ausgewiesenen Unterposten wird für die unversteuerten Rücklagen üblicherweise in der G&V-Rechnung unterlassen, da diese Aufgliederung gem § 232 Abs 4 ohnehin in der Regel im Anhang erfolgt. Diese Vorgangsweise entspricht allerdings nicht dem Gesetz, da Z 27 einerseits eine zwingende Vorschrift darstellt und § 232 Abs 4 an sich nur die Angabe der steuerlichen Rechtsgrundlage fordert.

Folgende Bestimmungen regeln die **Bildung und Auflösung** sowie den **Ausweis der unversteuerten Rücklagen** im Jahresabschluss:

§ 205		**Unversteuerte Rücklagen**
	Abs 1	Sonderabschreibungen von Vermögensgegenständen des Anlagevermögens, die auf Grund steuerlicher Vorschriften vorgenommen worden sind (Bewertungsreserve), und sonstige unversteuerte Rücklagen sind unter Angabe der Vorschriften, nach denen sie gebildet sind, auf der Passivseite auszuweisen. Bei Vollabschreibung geringwertiger Vermögensgegenstände des Anlagevermögens ist nur dann entsprechend diesen Bestimmungen eine Rücklage zu bilden, wenn die Abschreibung betragsmäßig von wesentlichem Umfang ist.
	Abs 2	Die Bewertungsreserve ist insoweit aufzulösen, als die Vermögensgegenstände, für die sie gebildet wurde, aus dem Vermögen ausscheiden oder die steuerliche Wertminderung durch unternehmensrechtliche Abschreibungen zu ersetzen ist.
§ 230		**Ausweis unversteuerter Rücklagen**
	Abs 1	Die Bewertungsreserve auf Grund steuerlicher Sonderabschreibungen ist entsprechend den Posten des Anlagevermögens aufzugliedern.
	Abs 2	In der Bilanz oder im Anhang sind die Zuweisung und die Auflösung gesondert anzuführen.
§ 232		**Rechtsgrundlagen der Zuführung und Auflösung, Umgliederungen**
	Abs 4	In der Gewinn- und Verlustrechnung oder im Anhang sind die gemäß § 205 Abs 1 notwendigen Zuführungen zu unversteuerten Rücklagen sowie die Erträge aus deren Auflösung unter Hinweis auf die maßgebliche steuerliche Rechtsgrundlage gesondert anzuführen. Umgliederungen innerhalb der unversteuerten Rücklagen dürfen verrechnet werden.
§ 237	Z 6a	**Auswirkung der Veränderung auf die Ertragsteuern** Im ausgewiesenen Anhang ist die Auswirkung der Veränderung der unversteuerten Rücklagen auf den Posten „Steuern vom Einkommen und vom Ertrag“ des Geschäftsjahres anzugeben.

Aus den dargestellten gesetzlichen Bestimmungen ergeben sich folgende Vorgangsweisen:

1. Die Bewertungsreserve und die sonstigen unversteuerten Rücklagen sind in der Bilanz nach den Vorschriften, nach denen sie gebildet sind, auszuweisen. (Bezüglich der Auslegung dieser Bestimmung siehe Kapitel 4.322.)
2. Die Bewertungsreserve ist entsprechend den Posten des Anlagevermögens in der Bilanz aufzugliedern.
3. Die für die Bewertungsreserve vorgeschriebene Darstellung der Entwicklung nach Anfangsbestand, Zuweisung, Auflösung und Endbestand (Rücklagenspiegel) sollte freiwillig im Anhang auch für die sonstigen unversteuerten Rücklagen erfolgen, da hiermit gleichzeitig die Forderung des § 232 Abs 4 erfüllt wird.
4. Die Bildung der unversteuerten Rücklagen erfolgt unter dem Posten 26 der Gewinn- und Verlustrechnung. Die gemäß Z 27 geforderte Aufgliederung nach den in der Bilanz ausgewiesenen Unterposten wird bezüglich der unversteuerten Rücklagen in der Praxis häufig in den Anhang (Spiegel der unversteuerten Rücklagen) verlegt.
5. Die Auflösung der unversteuerten Rücklagen, gleichgültig, ob steuerpflichtig oder nicht, erfolgt über den Posten 23 der Gewinn- und Verlustrechnung, auch dann, wenn eine unversteuerte Rücklage in eine versteuerte Rücklage überführt wird.
6. Eine Umgliederung von einer unversteuerten Rücklage zu einer anderen **kann** direkt ohne Zwischenschaltung der Gewinn- und Verlustrechnung erfolgen. Derzeit sind von dieser Regelung folgende Vorgänge betroffen:
   - Überrechnung der Übertragungsrücklage gemäß § 12 Abs 7 EStG 1988 auf die Bewertungsreserve gemäß § 12 Abs 1 EStG 1988 im Falle natürlicher Personen
7. Im Anhang ist die Auswirkung der Veränderung der unversteuerten Rücklagen auf die Steuern vom Einkommen und vom Ertrag anzugeben.

5.482 Gewinnrücklagen (Z 25 und 27)

5.482.1 Allgemeines

Die Zuweisung zu Gewinnrücklagen und damit auch zur gesetzlichen Rücklage erfolgt im Posten 27 (bei Anwendung des Umsatzkostenverfahrens im Posten 26).

Als Gewinnrücklagen dürfen nur Beträge ausgewiesen werden, die im Geschäftsjahr oder in einem früheren Geschäftsjahr aus dem Jahresüberschuss nach Berücksichtigung der Veränderung unversteuerter Rücklagen gebildet worden sind.

Beispiel:

Der Jahresüberschuss beträgt 50.000; unversteuerte Rücklagen werden a) in Höhe von 90.000 und b) in Höhe von 45.000 gebildet. Der Gewinnvortrag aus dem Vorjahr ist Null.

In welcher Höhe kann eine Gewinnrücklage gebildet werden?

	a	b
Jahresüberschuss	50.000	50.000
Zuweisung zu unversteuerten Rücklagen	(90.000)	(45.000)
Zuweisung zur Gewinnrücklage	(0)	(5.000)
Bilanzgewinn/-verlust	(40.000)	(0)

5.482.2 Gesetzliche Rücklage

Gem § 130 Abs 3 AktG (§ 23 GmbHG) ist in die gesetzliche Rücklage ein Betrag einzustellen, **der mindestens dem zwanzigsten Teil des um einen Verlustvortrag geminderten Jahresüberschusses nach Berücksichtigung der Veränderungen unversteuerter Rücklagen entspricht,** bis der Betrag der gebundenen Rücklagen insgesamt den zehnten oder den in der Satzung bestimmten höheren Teil des Nennkapitals erreicht hat.

Diese Bestimmung gilt für alle Aktiengesellschaften und für große, nicht aber für mittelgroße und kleine GmbHs.

Beispiel: in 1.000 €

Grundkapital 1.1.	10.000
Gebundene Kapitalrücklagen 1.1.	800
Gesetzliche Rücklage 1.1.	100
Jahresüberschuss 1.1. – 31.12.	2.700
Auflösung unversteuerter Rücklagen	300
Dotierung unversteuerter Rücklagen	600
Verlustvortrag 1.1.	300

Welcher Betrag ist der gesetzlichen Rücklage zuzuführen?

Jahresüberschuss	2.700
Auflösung unversteuerter Rücklagen	300
Zuweisung zu unversteuerten Rücklagen	– 600
Zuweisung zur gesetzlichen Rücklage (laut nachfolgender Berechnung)	**– 100**
Verlustvortrag	– 300
Bilanzgewinn	2.000

Berechnung der gesetzlichen Rücklage

Jahresüberschuss	2.700
Veränderung der unversteuerten Rücklagen	– 300
Verlustvortrag	– 300
Bemessungsgrundlage für die gesetzliche Rücklage	2.100
Zuführung	**100**

Da zur Aufstockung der gebundenen Rücklagen (Stand 1.1.) auf 10 % des Grundkapitals von 10.000 nur mehr ein Betrag von 100 erforderlich ist, braucht nicht mehr der volle Satz von 5 % der Bemessungsgrundlage von 2. 100 (= 105) zugeführt werden.

Zu beachten ist, dass die Bildung von **Kapitalrücklagen** definitionsgemäß nicht über die Gewinn- und Verlustrechnung erfolgen kann. **Zuzahlungen von Gesellschaftern** sind daher stets direkt durch die Buchung: Zahlungskonto an Kapitalrücklage zu erfassen.

5.482.3 Andere (freie) Rücklagen und satzungsmäßige Rücklagen

Auf Grund des Aktiengesetzes steht es dem Vorstand einer AG (nicht aber dem Geschäftsführer einer GmbH), soweit dem nicht satzungsmäßige Bestimmungen entgegenstehen, frei, den gesamten oder einen Teil des positiven Differenzbetrages aus dem

Jahresüberschuss/-fehlbetrag
± Auflösung (Dotierung) unversteuerter Rücklagen
– Dotierung der gesetzlichen Rücklage
\+ Gewinnvortrag
– Verlustvortrag

---

verbleibender Differenzbetrag

einer (freien) Gewinnrücklage zuzuführen.

Bezüglich der Einrechnung des Gewinnvortrages bestehen allerdings insoweit Zweifel, als der Gewinnvortrag dem verbleibenden Bilanzgewinn des Vorjahres entspricht, über diesen aber die Hauptversammlung das Verfügungsrecht hat.

Über den nach Zuführung zur **Gewinnrücklage** verbleibenden Bilanzgewinn (Bilanzverlust) verfügt die Hauptversammlung, die den Bilanzgewinn ausschütten, auf neue Rechnung vortragen oder einer Gewinnrücklage zuweisen kann.

Die **Überführung des Bilanzgewinnes in die Gewinnrücklage** aufgrund eines Beschlusses der Hauptversammlung bzw der Generalversammlung ist nicht über die Gewinn- und Verlustrechnung zu führen.

Buchung: **Bilanzgewinn an Gewinnrücklage**

Da die Überführung des Bilanzgewinnes in die Gewinnrücklage den Gewinnvortrag des Folgejahres kürzt, erscheint eine entsprechende Angabe im Anhang erforderlich.

Hinsichtlich der Bildung und Auflösung **satzungsmäßiger Rücklagen,** die über die Posten 25 und 27 erfolgt, gelten die Bestimmungen des Gesellschaftsvertrages.

5.49 Vertragliche Gewinnüberrechnung gem § 232 Abs 3

> Ist die Gesellschaft vertraglich verpflichtet, ihren Gewinn oder Verlust ganz oder teilweise an andere Personen zu überrechnen, so ist der überrechnete Betrag unter entsprechender Bezeichnung vor dem Posten § 231 Abs 2 Z 28 oder § 231 Abs 3 Z 27 (Bilanzgewinn/Bilanzverlust) auszuweisen.

Auszuweisen sind Gewinne oder Verluste, die auf Grund vertraglicher Verpflichtungen an andere Personen zu überrechnen sind.

Hier sind nach Meinung der Verfasser nicht nur Gewinnanteile aus Gewinnabführungsverträgen, sondern auch Gewinnanteile stiller Gesellschafter auszuweisen (siehe ADS[5] Rz 58 zu § 277, Beck'scher Bilanz-Kommentar[5], Rz 10 zu § 277).

Bezüglich der Gewinn- und Verlustanteile, die auf das Genussrechtskapital mit Eigenkapitalcharakter entfallen, hat sich noch keine einheitliche Übung herausgebildet. Hiezu wird auf die HFA-Stellungnahme 1/94 sowie auf Förschle, in: Beck'scher Bilanzkommentar[5], § 275 Rz 205 verwiesen. Die Autoren dieser Arbeit vertreten die Ansicht, dass der Ausweis von Gewinn- und -verlustanteilen auf Genussscheine mit Eigenkapitalcharakter hier zu erfolgen hat.

Nicht hier, sondem unter dem Posten 15, Zinsen und ähnliche Aufwendungen, sind Gewinnanteile aus stillen Gesellschaftsverträgen und Genussrechtskapital auszuweisen, bei denen der Gewinnanteil den Charakter variabler Zinsen hat (zB 10 % vom Gewinn, mindestens aber 5 % und höchstens 15 % des hingegebenen Betrages).

Dieser Ausweis gilt grundsätzlich für alle Vergütungen, die für Genussrechtskapital ohne Eigenkapitalcharakter geleistet werden.

5.5 Die Gewinn- und Verlustrechnung nach dem Umsatzkostenverfahren

5.51 Die Posten 1 – 8 („Betriebserfolg“)

1. Umsatzerlöse;
2. Herstellungskosten der zur Erzielung der Umsatzerlöse erbrachten Leistungen;
3. **Bruttoergebnis vom Umsatz;**
4. sonstige betriebliche Erträge:
   a) Erträge aus dem Abgang vom und der Zuschreibung zum Anlagevermögen mit Ausnahme der Finanzanlagen,
   b) Erträge aus der Auflösung von Rückstellungen,
   c) übrige;
5. Vertriebskosten;
6. Verwaltungskosten;
7. sonstige betriebliche Aufwendungen;
8. **Zwischensumme aus Z 1 bis 7.**

1. Umsatzerlöse

Diese sind ident mit den Umsatzerlösen nach dem Gesamtkostenverfahren.

2. Herstellungskosten der zur Erzielung der Umsatzerlöse erbrachten Leistungen

Vorgangsweise zur Ermittlung der Herstellungskosten der zur Erzielung der Umsatzerlöse erbrachten Leistungen:

1. Ermittlung der betrieblichen Aufwendungen lt Posten 5 – 8 des Gesamtkostenverfahrens
2. Aufteilung dieser Aufwandsarten auf die Kostenstellen mit folgender Mindestgliederung (Betriebsabrechnungsbogen bzw Aufwandsverteilungsbogen):
   - Material- und Fertigungsstellen = Herstellungskosten
   - Verwaltung
   - Vertrieb
   - Kostenstelle für die Erfassung der den vorhergehenden Bereichen nicht zuordenbaren Aufwendungen

   Weitere Untergliederungen sind möglich, für die Erstellung der G&V aber nicht notwendig. Eine derartige Erweiterung der Untergliederung findet sich in der nach dem UGB aufgestellten Gewinn- und Verlustrechnung 2005 der OMV: Neben den vorgeschriebenen Posten finden sich noch der Posten Forschungs- und Entwicklungsaufwendungen sowie der Posten Explorationsaufwendungen. Als Begründung hierfür wurde bei den Explorationsaufwendungen ihr branchenspezifischer Charakter angegeben.
3. Summierung der Herstellungskosten inklusive der Einzelkosten (Fertigungsmaterial und Fertigungslöhne) sowie des Einstandspreises verkaufter Waren

   abzüglich aktivierter Eigenleistungen der Abrechnungsperiode
   abzüglich Bestandserhöhungen an unfertigen und fertigen Erzeugnissen
   zuzüglich Bestandsverminderungen an unfertigen und fertigen Erzeugnissen

   Herstellungskosten der zur Erzielung der Umsatzerlöse erbrachten Leistungen

Entsprechend den Erläuternden Bemerkungen zur Regierungsvorlage zum RLG sind die Herstellungskosten für erbrachte Leistungen ohne Rücksicht auf die **Bewertungsmethode** in die Gewinn- und Verlustrechnung aufzunehmen. Mit dieser Aussage wird die in Deutschland geführte Diskussion vermieden, wieweit der **bilanzmäßige Wertansatz** der Bestände mit dem Ansatz der Herstellungskosten in der Gewinn- und Verlustrechnung identisch sein muss, ob beispielsweise bei der Bewertung der unfertigen und fertigen Erzeugnisse zu variablen Kosten im Falle einer **Bestandserhöhung** der (nicht aktivierte) Unterschied zu den Vollkosten unter den **Herstellungskosten** (Posten Nr. 2) oder den **sonstigen betrieblichen Aufwendungen** (Posten Nr. 7) auszuweisen ist.

Der Sonderausschuss Bilanzrichtliniengesetz **(SABI 1/1987)** des Institutes der deutschen Wirtschaftsprüfer hat die Wahl freigelassen und lediglich verlangt, dass bei nicht unerheblichen Beträgen die angewandte **Bilanzierungsmethode** im Anhang anzugeben sei.

Grundsätzlich ist zu dieser Aussage zu bemerken, dass weder die angelsächsische Praxis, die fast ausschließlich vom **Umsatzkostenverfahren** beherrscht wird, noch die Bilanz-Richtlinie den Posten sonstige betriebliche Aufwendungen kennen, und somit einen Ausweis der nicht aktivierten Beträge ausschließlich unter den **Herstellungskosten** zulassen.

Obwohl das Rechnungslegungsgesetz ebenfalls den Posten sonstige betriebliche Aufwendungen (Posten Nr. 7) führt, ist durch die Erläuternden Bemerkungen eine eindeutige Klarstellung der Behandlung der **nicht aktivierten Gemeinkosten** gegeben.

In Handelsbetrieben tritt an die Stelle der Herstellungskosten der zur Erzielung der Umsatzerlöse erbrachten Leistungen der **Handelswarenverbrauch,** wobei im Interesse der Information die Postenbezeichnung entsprechend anzupassen ist (§ 223 Abs 8).

3. Bruttoergebnis vom Umsatz

Das **Bruttoergebnis vom Umsatz** zeigt, bezogen auf die Umsatzerlöse, die **Bruttogewinnspanne**. Im Handelsbetrieb wird diese Größe auch als **Rohgewinn** bezeichnet. Bezüglich des Erkenntniswertes dieser Größe vergleiche das Kapitel 9.632.

4. Sonstige betriebliche Erträge

Diese sind ident mit den sonstigen betrieblichen Erträgen nach dem Gesamtkostenverfahren.

5. und 6. Verwaltungskosten und Vertriebskosten

Diese ergeben sich aus dem **Aufwandsverteilungsbogen**.

7. Sonstige betriebliche Aufwendungen

In diesem Posten werden jene **Restaufwendungen** gesammelt, die nicht in den Posten 2, 5 und 6 unterzubringen sind. Hier könnten beispielsweise **Verluste aus dem Verkauf von Anlagegegenständen, Aufwendungen für Grundlagenforschung** oder nicht einzelnen Kostenstellen **zuordnungsfähige Verluste aus Schadensfällen, Abschreibung des Firmenwertes,** ausgewiesen werden. Da die sonstigen betrieblichen Aufwendungen einen

Restposten darstellen, ist dieser Posten so gering wie möglich zu halten. Sind die in diesem Posten ausgewiesenen Beträge nicht unerheblich, sind sie im Interesse der Generalnorm jedenfalls im Anhang zu erläutern.

Aufwendungen für Grundlagenforschung bzw die Entwicklung neuer Produkte werden in der deutschen und US-Praxis vielfach gesondert als **Forschungs- und Entwicklungskosten** ausgewiesen, da diese Aufwendungen weder Herstellungskosten noch Verwaltungs- oder Vertriebskosten darstellen und der gesonderte Ausweis außerhalb der sonstigen betrieblichen Aufwendungen dem Grundsatz der Klarheit besser entspricht.

8. Zwischensumme aus Z 1 – 7

Die Zwischensumme stellt den **Betriebserfolg** des Unternehmens dar und ist üblicherweise ident mit dem Posten 9 des Gesamtkostenverfahrens. Ein Unterschied wird jedoch dann auftreten, wenn Teile der **Zinsenaufwendungen** gemäß § 203 Abs 4 aktiviert werden. Im Rahmen des Gesamtkostenverfahrens verbleiben die gesamten Zinsenaufwendungen auch bei Aktivierung eines Teiles derselben unter den Finanzierungsaufwendungen, während im Rahmen des Umsatzkostenverfahrens nur die nicht aktivierten Zinsen unter dem Finanzierungsaufwand ausgewiesen werden.

Ein Beispiel soll dies verdeutlichen:

		Herstellungskosten (Fertigung)		Verwaltung	Vertrieb
		EK	GK		
Umsatzerlöse	1.000				
Materialaufwendungen	200	150	50		
Personalaufwendungen	300	120	100	35	45
sonstige betriebliche Aufwendungen	3		210	50	40
Summe	800	270	360	85	85
Zinsenaufwendungen	80				

1. Die Fertigungsgemeinkosten werden nach einem Fertigungslohnzuschlag den Kostenträgern zugerechnet.
2. Zum Bilanzstichtag befindet sich ein Auftrag in Arbeit, zu dessen Finanzierung ein Kredit von 500 aufgenommen wurde. Die darauf entfallenden Zinsen (während der Herstellungszeit des Projektes) betragen 30.
3. Der Endbestand enthält Fertigungsmaterial in Höhe von 50, Fertigungslohn in Höhe von 70. Die Bewertung des Endbestandes erfolgt alternativ mit und ohne Aktivierung der Zinsen gemäß § 203 Abs 4.
4. Der Anfangsbestand an unfertigen Erzeugnissen betrug 300.

Aufgabe: Ermitteln Sie das Ergebnis der gewöhnlichen Geschäftstätigkeit nach dem Gesamtkostenverfahren und dem Umsatzkostenverfahren.

Lösung:

Ermittlung des Fertigungszuschlages in der Fertigungsstelle:

Gemeinkosten	360
Fertigungslöhne	120
Fertigungszuschlag	300 %

Ermittlung der Herstellungskosten des unfertigen Auftrages:

Fertigungsmaterial		50
Fertigungslohn	70	
Fertigungsgemeinkosten 300%	210	280
Herstellungskosten ohne Aktivierung der Zinsen		330
+ Aktivierung der Zinsen		30
Herstellungskosten mit Aktivierung der Zinsen		360

Stellt man nunmehr die **Herstellungskosten** des Endbestandes dem Anfangsbestand von 300 gegenüber, ergibt sich bei Nichtaktivierung der Zinsen eine **Bestandsveränderung** von 30 und bei Aktivierung der Zinsen eine solche von 60. Daraus lassen sich die Herstellungskosten der zur Erzielung der Umsatzerlöse erbrachten Leistungen folgendermaßen ermitteln, wobei allerdings zu beachten ist, dass jene Zinsenaufwendungen, die aktiviert werden, auch die Herstellungskosten der Periode vermehren:

	ohne Aktivierung der Zinsen	mit Aktivierung der Zinsen
Herstellungskosten der Periode laut Aufwandsverteilung (270+360)	630	630
zuzüglich aktivierte Zinsen		30
	630	660
abzüglich Bestandserhöhungen	30	60
Herstellungskosten der zur Erzielung der Umsatzerlöse erbrachten Leistungen	600	600

Die Darstellung zeigt, dass die Aktivierung der Zinsen im Jahr der Aktivierung zu keiner Veränderung der **Herstellungskosten der abgesetzten Leistungen** führt. Werden die aktivierten Herstellungskosten in den Folgejahren in Form der Anlagenabschreibung bzw der Bestandsveränderungen zu Aufwendungen, werden diese durch die in den Vorjahren aktivierten Zinsen erhöht.

Ermittlung des Ergebnisses der gewöhnlichen Geschäftstätigkeit nach dem Gesamtkostenverfahren:

	ohne Aktivierung der Zinsen	mit Aktivierung der Zinsen
Erlöse	1.000	1.000
Bestandsveränderungen	30	60
Betriebsleistung	1.030	1.060
Materialaufwendungen	200	200
Personalaufwendungen	300	300
Sonstige betriebliche Aufwendungen	300	300
Zwischensumme (Betriebserfolg)	230	260
Zinsenaufwand	80	80
Ergebnis der gewöhnlichen Geschäftstätigkeit	150	180

Ermittlung des Ergebnisses der gewöhnlichen Geschäftstätigkeit nach dem Umsatzkostenverfahren:

	ohne Aktivierung der Zinsen		mit Aktivierung der Zinsen
Umsatzerlöse	1.000		1.000
Herstellungskosten der zur Erzielung der Umsatzerlöse erbrachten Leistungen	600		600
Bruttoergebnis vom Umsatz	400		400
Vertriebskosten	85		85
Verwaltungskosten	85		85
Zwischensumme (Betriebserfolg)	230		230
Zinsenaufwand	80	80 – 30*)	50
Ergebnis der gewöhnlichen Geschäftstätigkeit	150		180

*) In den Herstellungskosten aktivierte Zinsen

Wie das Ergebnis im Vergleich der beiden Verfahren zeigt, sind Betriebserfolg und die Ergebnisse der gewöhnlichen Geschäftstätigkeit im Falle der Nichtaktivierung der Zinsen identisch. Erfolgt jedoch eine Aktivierung der Zinsen, tritt beim Umsatzkostenverfahren insofern ein Problem auf, als die Höhe der in der Gewinn- und Verlustrechnung ausgewiesenen Zinsen um den aktivierten Betrag gesenkt wird, weil der aktivierte Betrag in den Beständen enthalten ist. Beim Gesamtkostenverfahren wirkt sich die Aktivierung lediglich durch eine Erhöhung der Bestandsveränderungen aus.

Obwohl gemäß § 236 Z 2 im Anhang nur der Gesamtbetrag der aktivierten Zinsen anzugeben ist, erscheint es bei Anwendung des Umsatzkostenverfahrens notwendig, die im Abschlussjahr aktivierten Zinsen entweder zusätzlich im Anhang anzugeben oder in der Gewinn- und Verlustrechnung offen von den Zinsen abzusetzen. Letztere Vorgangsweise ist auch in den US-amerikanischen Jahresabschlüssen üblich.

Die von Gassner-Göth, in: Straube, § 231 Rz 69, allerdings in der 2. Auflage (§ 231 Rz 70) revidierte Meinung, dass die aktivierten Zinsen unter den sonstigen betrieblichen Erträgen zu neutralisieren wären, widerspricht dem Sinne des Umsatzkostenverfahrens (vgl Borchert, in: Küting/Weber[4], § 275 Rz 118).

Ähnliche Probleme wie bei der Aktivierung von Zinsen ergeben sich im Rahmen des Umsatzkostenverfahrens bei der **Aktivierung von Verwaltungs- und Vertriebskosten im Falle von Aufträgen, deren Ausführung sich über einen Zeitraum von mehr als 12 Monaten erstreckt.**

Beispiel (unter Verwendung der Zahlen des vorhergehenden Beispiels): Bewertung einschl Verwaltungs- und Vertriebskosten (§ 206 Abs 3)

Herstellungskosten ohne Zinsen			630
Verwaltungskosten	85 = 13,5 %		
Vertriebskosten	85[1])= 13,5 %		
Kostenträgerrechnung			
Materialaufwand			50
Fertigungslohn		70	
Fertigungsgemeinkosten 300 %		210	280
Herstellungskosten ohne aktivierte Zinsen			330
aktivierte Zinsen			30
anteilige Verwaltungskosten 13,5 % von 330			44,5
anteilige Vertriebskosten 13,5 % von 330			44,5
Endbestand			449
Bestandsveränderungen (449 – 300)			149

1) Häufig werden als Bemessungsgrundlage für den Vertriebskostenzuschlag die Herstellungskosten der verkauften Produkte herangezogen.

Es wird davon ausgegangen, dass im Vorjahr weder langfristige Aufträge noch Fremdkapital, das zur Finanzierung der Herstellung eines Gegenstandes verwendet worden war, vorhanden waren. Beim Umsatzkostenverfahren werden nunmehr nicht nur die Zinsenaufwendungen, sondern auch die Verwaltungs- und Vertriebskosten gekürzt.

Ermittlung des Betriebserfolges sowie des Ergebnisses der gewöhnlichen Geschäftstätigkeit nach dem Gesamtkostenverfahren:

Umsatzerlöse	1.000
Bestandsveränderungen	149
betriebliche Erträge	1.149
Materialaufwendungen	200
Personalaufwendungen	300
sonstige betriebliche Aufwendungen	300
Betriebserfolg	349
Zinsenaufwendungen	80
Ergebnis der gewöhnlichen Geschäftstätigkeit	269

Ermittlung des Betriebserfolges und des Ergebnisses der gewöhnlichen Geschäftstätigkeit nach dem Umsatzkostenverfahren:

Umsatzerlöse	1.000
Herstellungskosten der zur Erzielung des Umsatzes erbrachten Leistungen	600
Bruttoergebnis vom Umsatz	400
Vertriebskosten (85 – 44,5)	40,5
Verwaltungskosten (85 – 44,5)	40,5
Betriebserfolg	319
Zinsenaufwand	50
Ergebnis der gewöhnlichen Geschäftstätigkeit	269

Werden nur Verwaltungs- und Vertriebskosten, nicht aber Zinsen aktiviert, bleibt der im Gesamtkosten- und Umsatzkostenverfahren errechnete Betriebserfolg in beiden Fällen ident, da sich die Kürzung der Verwaltungs- und Vertriebskosten innerhalb des Betriebserfolges abspielt. Wird der Auftrag im (in den) Folgejahr(-en) abgerechnet, erhöht die daraus resultierende **Bestandsverminderung** die Verwaltungs- und Vertriebskosten.

5.52 Die Posten 9 – 28

Die Unterschiede zwischen Gesamtkostenverfahren (GKV) und Umsatzkostenverfahren (UKV) reichen nur bis zur Zwischensumme 9 (GKV) bzw Zwischensumme 8 (UKV). Der Inhalt der übrigen Posten stimmt bei beiden Verfahren überein; der mögliche betragsmäßige Unterschied im Falle der Aktivierung von Zinsen wurde bereits im vorigen Abschnitt behandelt. Für die übrigen Posten der Gewinn- und Verlustrechnung nach dem UKV wird daher auf die Erläuterungen zu den entsprechenden Posten des GKV verwiesen.

5.6 Musterbeispiel zur Gewinn- und Verlustrechnung nach dem Gesamtkostenverfahren gemäß § 231 Abs 2

5.61 Angabe

Die nach dem österreichischen Einheitskontenrahmen gegliederten Aufwands- und Ertragskonten einer Kapitalgesellschaft zeigen für das Geschäftsjahr 2005 nachstehendes Bild (in 1.000 €):

Kontenklasse 4	**Soll**		**Haben**	
Erzeugniserlöse			600 000	
Altmaterialverkäufe			500	
Erlöse Werksküche			800	
Lizenzerträge			6 000	1)
Mieterträge			200	
Provisionserträge			100	
Kursgewinne			700	
Kundenskonti	12 000	2)		
Periodenfremde Erlösberichtigungen (Erzeugniserlöse)	1 000			
Aktivierte Eigenleistungen			1 000	3)
Bestandsveränderung Halb- und Fertigerzeugnisse			4 000	4)
Zinsenerträge			2 000	
Erträge aus Beteiligungen			300	
Erträge aus der Auflösung von Rückstellungen			400	6)
Erlöse aus der Veräußerung von Sachanlagen			5 000	7)
Erträge aus der Zuschreibung zu Wertpapieren des Anlagevermögens			50	
Kontenklassen 5 – 8				
Verbrauch von Rohstoffen	215 000			
Verbrauch von Hilfsstoffen	26 000			
Brenn- und Treibstoffe, Energie	8 000			
Fremdbearbeitung	7 000			
Skontoerträge			4 000	5)
Löhne	100 000	8)		
Gehälter	70 000	8)		
Sozialversicherungsbeiträge	32 000	8)		
FBAF	7 500	8)		
Kommunalabgabe	3 000	8)		
Freiwilliger Sozialaufwand	2 500			

Abfertigung Arbeiter	3 000		
Abfertigung Angestellte	3 200		
Zuweisung Abfertigungsrückstellung	2 000		
Pensionszahlungen	3 500		
Zuweisung Pensionsrückstellung	1 000		
Instandhaltung			
Mieten, Transporte, Büromaterial			
Werbe- und Repräsentationsaufwand	65 800		
Sonstiger Sachaufwand			
Zinsenaufwand	5 000		
Planmäßige Abschreibungen Sachanlagen	20 000		
Außerplanmäßige Abschreibungen Sachanlagen	1 000	9)	
Abschreibung Beteiligung	1 200	10)	
Abwertung Roh-, Hilfs- und Betriebsstoffe	2 300	11)	
Abschreibungen Lieferforderungen	1 700	12)	
Außerplanmäßige Abschreibungen auf Wertpapiere des Umlaufvermögens	150		
Körperschaftsteuer	7 550		
Grundsteuer	1 200		
Beiträge an Berufsvertretungen	250		
Sonstige Steuern	200		
Kursverluste	350		
Buchwert verkaufter Sachanlagen	5 400	7)	
Verlust aus Beteiligungen an Personengesellschaften	250		
Erträge aus der Auflösung der Bewertungsreserve			3 080
	609 050		628 130
Jahresgewinn	19 080		
	628 130		**628 130**

Unter Berücksichtigung der nachfolgenden Angaben wird die Gewinn- und Verlustrechnung nach § 231 Abs 2 (Gesamtkostenverfahren) erstellt:

1) Lizenzerträge

Das Unternehmen stellt im Rahmen einer dauernden Geschäftsbeziehung mit einem ausländischen Erzeugungsunternehmen seine Patente gegen entsprechende Lizenzgebühren zur Verfügung: es besteht die Verpflichtung, den ausländischen Geschäftspartner über die in der Entwicklungsabteilung des Unternehmens erarbeiteten Verbesserungen zu informieren.

2) Kundenskonti

Stehen ausschließlich mit den Erzeugungserlösen im Zusammenhang.

3) Aktivierte Eigenleistungen

Die aktivierten Herstellungskosten setzen sich wie folgt zusammen:

Materialkosten	400
Fertigungskosten	600
	1.000

4) Bestandsveränderungen

Bei der Ermittlung der Bestandsveränderungen wurden berücksichtigt:

a) Abwertungen im Zusammenhang mit der Einstellung eines Teilbetriebes wegen der damit verbundenen Verschlechterung der Absatzmöglichkeit (2.000).

b) Abwertungen wegen üblicher Wertminderungen von Beständen aus dem laufenden Produktionsprogramm (500).

5) Skontoerträge

Diese betreffen nur den Einkauf von Roh-, Hilfs- und Betriebsstoffen.

6) Erträge aus der Auflösung von Rückstellungen

Zusammensetzung:

Körperschaftsteuerrückstellung	300
sonstige Rückstellungen	100
	400

7) Veräußerung von Sachanlagen

Zusammensetzung von Erlös und Buchwert:

	Erlös	Buchwert
Anlage 1	1.200	300
Anlage 2	500	600
Anlage 3	3.300	4.500
	5.000	5.400

Anlage 3 betrifft den stillgelegten Teilbetrieb (vergleiche Punkt 4); die übrigen Verkäufe wurden im Rahmen des Investitionsplanes für Ersatz- und Rationalisierungsinvestitionen durchgeführt.

8) Personalaufwand

Das Unternehmen hat im Abschlussjahr erstmals eine Rückstellung für nicht konsumierte Urlaube im Betrag von 4.510 gebildet.

Der Betrag ist in folgenden Aufwandspositionen enthalten:

	Abschlussjahr	erforderlicher, aber nicht rückgestellter Betrag am Jahresanfang
Löhne	1.500	1.000
Gehälter	2.000	1.200
Sozialversicherungsbeiträge	800	500
DB	150	100
Kommunalabgabe	60	40
	4.510	2.840

9) Außerplanmäßige Abschreibungen Sachanlagen

Sonderabschreibung wegen wirtschaftlicher Überholung von noch genutzten Anlagen.

10) Abschreibung Beteiligungen

Betrifft den Verlust aus der Liquidation einer Tochtergesellschaft (GmbH); diese hatte die Aufgabe, die Erzeugnisse des stillgelegten Teilbetriebes zu vermarkten. Die Liquidation ist bereits abgeschlossen (Löschung im Firmenbuch).

11) Abwertung Roh-, Hilfs- und Betriebsstoffe

Davon entfallen 1.500 auf Bestände des stillgelegten Teilbetriebes, der Rest entfällt auf übliche Wertminderungen.

12) Abschreibungen Lieferforderungen

Diese überschreiten nicht das bei diesem Unternehmen übliche Ausmaß.

5.62 Gewinn- und Verlustrechnung gemäß § 231 Abs 2 laut Angabe 5.61

Die in Rahmen dargestellten Beträge unterliegen nicht der Veröffentlichung.

1. Umsatzerlöse 594 500

Erzeugniserlöse	600 000
Altmaterialverkauf	500
Lizenzerträge	6 000
Kundenskonti	(12 000)

2. Veränderung des Bestandes an fertigen und unfertigen Erzeugnissen		6 000
3. andere aktivierte Eigenleistungen		1 000
4. sonstige betriebliche Erträge		
a) aus dem Abgang vom Anlagevermögen	900	
b) aus der Auflösung von Rückstellungen	100	
c) übrige	1 800	2 800

Werksküche	800
Mieterträge	200
Provisionserträge	100
Kursdifferenzen	700

Betriebliche Erträge		**604 300**
5. Aufwendungen für Material und sonstige bezogene Herstellungsleistungen		
a) Materialaufwand		245 800

Rohstoffverbrauch	215 000
Hilfsstoffverbrauch	26 000
Brenn- und Treibstoffe, Energie	8 000
Abwertung Roh-, Hilfs- und Betriebsstoffe	800
Skontoerträge	(4 000)

b) Aufwendungen für bezogene Leistungen		7 000
6. Personalaufwand		
a) Löhne		100 000
b) Gehälter		70 000
c) Aufwendungen für Abfertigungen und Leistungen an betriebliche Mitarbeitervorsorgekassen		8 200
d) Aufwendungen für Altersversorgung		4 500
e) Aufwendungen für gesetzlich vorgeschriebene Sozialabgaben sowie vom Entgelt abhängige Abgaben und Pflichtbeiträge		42 500
f) Sonstige Sozialaufwendungen		2 500
7. Abschreibungen auf Sachanlagen		
planmäßig	20 000	
außerplanmäßig	1 000	21 000

8. Sonstige betriebliche Aufwendungen
   a) Steuern, soweit sie nicht unter Z 21 fallen 1 400

Grundsteuer	1 200
Sonstige Steuern	200

   b) Übrige 69 200

Verschiedene Aufwendungen	65 800
Abschreibungen Lieferforderungen	1 700
Berufsbeiträge	250
Kursverluste	350
Verlust aus Anlagenveräußerung	100
Periodenfremde Erlösberichtigungen	1 000

9. Zwischensumme aus Z 1 bis 8 (Betriebserfolg)		**32 200**
10. Erträge aus Beteiligungen		300
11. Sonstige Zinsen und ähnliche Erträge		2 000
12. Erträge aus der Zuschreibung zu Finanzanlagen		50
13. Aufwendungen aus Finanzanlagen und aus Wertpapieren des Umlaufvermögens		(400)
davon Abschreibungen	150	
14. Zinsenaufwand		(5 000)
15. Zwischensumme aus Z 10 – 14 (Finanzerfolg)		**(3 050)**
16. Ergebnis der gewöhnlichen Geschäftstätigkeit		**29 150**
17. außerordentliche Erträge		–
18. außerordentliche Aufwendungen		(5 900)

Auflösung Teilbetrieb:	
Beständeabwertungen	2 000
Anlagenveräußerung	1 200
Abschreibung Beteiligung	1 200
Abwertung Rohstoffe	1 500

19. außerordentliches Ergebnis	**(5 900)**
20. Steuern vom Einkommen und vom Ertrag	7 250

KöSt	7 550
Auflösung KöSt-Rückstellung	(300)

21. Jahresüberschuss	**16 000**
22. Auflösung unversteuerter Rücklagen:	3 080

Bewertungsreserve	3 080

23. Bilanzgewinn	**19 080**

5.7 Musterbeispiel einer Gewinn- und Verlustrechnung alternativ nach den Bestimmungen des § 231 Abs 2 und 3

	Erträge	Aufwendungen	Kostenstellen		
			Material und Fertigung	Verwaltung	Vertrieb
Erlöse	98 000				
Erlösschmälerungen		2 300			2 300
Vertriebssonderkosten 5 600		5 600	3)		
Bestandsveränderungen	1 800				
Anlagenerlöse	12 500	2)			
Zinsenerträge	100				
Materialverbrauch		21 000	21 000		
Löhne		19 000	15 000	1 000	3 000
Gehälter		9 000	2 000	4 000	3 000
Dotierung Pensionsrückstellung und Abfertigungsvorsorge		2 000	1 000	400	600
Personalnebenkosten		9 100	6 525	1 300	1 275
Energiekosten		2 500	2 200	200	100
Werbekosten		5 000			5 000
Rechts- und Beratungskosten		900		900	
Grundsteuer		200	120	20	60
Abschreibungen		5 200	4 200	200	800
– Auflösung Bewertungsreserve	1 100	1)		– 1 100	
Buchwert der verkauften Anlagen[2])		10 500			
Zinsenaufwand		3 000	2 100	400	500
Forderungsausfälle		600			600
Materialschwund		300	300		
Sonstige betriebliche Aufwendungen		10 200	4 600	2 500	3 100
		105 300	57 945	10 920	25 935
Körperschaftsteuer		2 414			

1) Betrifft ausschließlich in der Fertigungsstelle eingesetzte Anlagen.

2) In den Anlagenerlösen befindet sich ein Betrag von 10.000 und im Buchwert der verkauften Anlagen ein Betrag von 7.000, die sich aus der Anlagenveräußerung anlässlich der Auflösung eines Teilbetriebes ergeben. Bei den restlichen Anlagenerlösen handelt es sich um den üblicherweise anfallenden Verkauf gebrauchter Maschinen.

3) Provisionen und Lizenzen.

a) Gewinn- und Verlustrechnung nach dem **Gesamtkostenverfahren** (§ 231 Abs 2)

1.	Umsatzerlöse	95 700
2.	Veränderung des Bestandes an fertigen und unfertigen Erzeugnissen	1800
3.	Aufwendungen für Material und sonstige bezogene Herstellungsleistungen	
	a) Materialaufwand	23 800
4.	Personalaufwand:	
	a) Löhne	19 000
	b) Gehälter	9 000
	c) Aufwendungen für Abfertigungen und Leistungen an betriebliche Mitarbeitervorsorgekassen	2 000
	d) Personalnebenkosten	9 100
5.	Abschreibungen auf Sachanlagen	5 200
6.	Sonstige betriebliche Aufwendungen:	
	a) Steuern	200
	b) übrige	23 300
7.	Zwischensumme aus Z 1 – 6	**5 900**
8.	Zinsenerträge	100
9.	Zinsenaufwendungen	(3 000)
10.	Zwischensumme aus Z 8 und 9	(2 900)
11.	**Ergebnis der gewöhnlichen Geschäftstätigkeit**	**3 000**
12.	außerordentliche Erträge	3 000
13.	**außerordentliches Ergebnis**	**3 000**
14.	Steuern vom Einkommen und vom Ertrag	2 414
15.	**Jahresüberschuss**	**3 586**
16.	Auflösung unversteuerter Rücklagen	1 100
17.	**Bilanzgewinn/Bilanzverlust**	**4 686**

Aufgliederung Z 6 b:

Werbekosten	5 000
Rechts- und Beratungskosten	900
Forderungsausfälle	600
sonstige betriebliche Aufwendungen	10 200
Verlust aus Anlagenabgang	1 000
Vertriebssonderkosten	5 600
	23 300

b) Gewinn- und Verlustrechnung nach dem **Umsatzkostenverfahren** (§ 231 Abs 3)

1.	Umsatzerlöse	95 700
2.	Herstellungskosten der zur Erzielung der Umsatzerlöse erbrachten Leistungen	55 145
3.	**Bruttoergebnis vom Umsatz**	**40 555**
4.	Vertriebskosten	23 135
5.	Verwaltungskosten	10 520
6.	sonstige betriebliche Aufwendungen:	1 000
7.	Zwischensumme aus Z 1 – 6	**5 900**

Ab Punkt 7 ist das Umsatzkostenverfahren identisch mit dem Gesamtkostenverfahren.

Nebenrechnung: Aufwandsverteilung

	Material und Fertigung	Verwaltung	Vertrieb
Summe laut BAB	57 945	10 920	25 935
abzüglich gesondert auszuweisende Zinsenaufwendungen	(2 100)	(400)	(500)
zuzüglich fehlende planmäßige Abschreibungen	1 100		
abzüglich Erlösschmälerungen (werden unmittelbar vom Umsatz abgezogen)			(2 300)
	56 945	10 520	23 135
abzüglich Bestandserhöhungen an fertigen und unfertigen Erzeugnissen	(1 800)		
Herstellungskosten der zur Erzielung der Umsatzerlöse erbrachten Leistungen	55 145		

6. Ergänzende Vorschriften für Kapitalgesellschaften – Anhang und Lagebericht

6.1 Der Anhang – Allgemeines

6.11 Funktion des Anhanges

Der Anhang stellt eine notwendige **Ergänzung der Bilanz und der Gewinn- und Verlustrechnung** dar, um insgesamt ein möglichst getreues Bild der Vermögens-, Finanz- und Ertragslage des Unternehmens zu vermitteln. Dabei ist besonders auf § 222 Abs 2, zweiter Satz, hinzuweisen, der vorsieht, dass dann, wenn dies aus besonderen Umständen nicht gelingt, im Anhang die erforderlichen zusätzlichen Angaben zu machen sind.

Im Einzelnen spricht die Kommentierung von folgenden Funktionen des Anhanges:

Interpretationsfunktion	–	zB Auslegung der Generalklausel
Erläuterungsfunktion		
Begründungsfunktion	–	zB Änderung von Bewertungsmethoden
Korrekturfunktion	–	zusätzliche Angaben im Sinne des § 222 Abs 2, 2. Satz
Entlastungsfunktion	–	wahlweise Aufnahme von Angaben in die Bilanz/ Gewinn- und Verlustrechnung oder in den Anhang
Ergänzungsfunktion		

(siehe dazu Nowotny Christian, in: Straube, Rz 3 ff zu § 236 und Handbuch der Rechnungslegung Bertl/Mandl – Erläuterungen zu § 236).

6.12 Die Vorschriften über den Anhang – Checklist

Die §§ 236 – 242 beschäftigen sich ausschließlich mit dem Inhalt des Anhanges; in den vorhergehenden Abschnitten wurde des Öfteren auf Einzelvorschriften hingewiesen, die ebenfalls den Anhang betreffen.

In folgender **Checklist** sind sämtliche den Anhang betreffende Vorschriften in aufsteigender Reihenfolge der Paragraphen zusammengefasst:

		Gesetzesstelle	
lfd. Nr.		AG, mittelgroße und große GmbH	kleine GmbH § 242 (2)[1]
1	Gesonderte Angabe einer passiven Steuerabgrenzung in der Bilanz oder im Anhang	198 (9)	
2	Im Anhang ist der Betrag der im Geschäftsjahr aus steuerrechtlichen Gründen unterlassenen Zuschreibungen anzugeben und hinreichend zu begründen. Ferner ist das Ausmaß erheblicher künftiger steuerlicher Belastungen, die sich aus einer solchen Bewertung ergeben, anzuführen	208 (3)	
3	Zusätzliche Angaben, wenn (sonst) der Jahresabschluss kein möglichst getreues Bild der Vermögens-, Finanz- und Ertragslage des Unternehmens vermittelt	222 (2)	x
4	Angabe und Begründung, wenn die einmal gewählte Form der Darstellung nicht beibehalten wird	223 (1)	x
5	Angabe und Erläuterung, wenn Vorjahresbeträge nicht vergleichbar sind oder der Vorjahresbetrag angepasst wird	223 (2)	x
6	Angaben, wenn die Gesellschaft mehrere Geschäftszweige mit verschiedenen Gliederungsvorschriften betreibt	223 (3)	x
7	Angabe der Mitzugehörigkeit von Vermögensgegenständen oder Verbindlichkeiten zu mehreren Posten der Bilanz, wenn kein entsprechender Vermerk in der Bilanz durchgeführt wurde und dies zur Aufstellung eines klaren und übersichtlichen Jahresabschlusses erforderlich ist	223 (5)	x
8	Aufgliederung von gemäß § 223 (6) Z 2 zusammengefassten Posten der Bilanz und der Gewinn- und Verlustrechnung	223 (6)	
9	Erläuterung, ob bei Ausweis eines Postens „negatives Eigenkapital" eine Überschuldung im Sinne des Insolvenzrechts vorliegt	225 (1)	x
10	Angabe des Betrages der Forderungen mit einer Restlaufzeit von mehr als einem Jahr für jeden gesondert ausgewiesenen Posten, wenn dies nicht in der Bilanz angemerkt ist	225 (3)	
11	Erläuterung, wenn im Posten „Sonstige Forderungen und Vermögensgegenstände" Erträge enthalten sind, die erst nach Abschlussstichtag zahlungswirksam werden, soweit es sich um wesentliche Beträge handelt	225 (3)	
12	Angabe der wechselmäßigen Verbriefung von Forderungen	225 (4)	
13	Angabe des Betrages der Verbindlichkeiten mit einer Restlaufzeit bis zu einem Jahr bei jedem gesondert ausgewiesenen Posten, wenn dies nicht in der Bilanz angemerkt ist	225 (6)	
14	Erläuterung, wenn im Posten „Sonstige Verbindlichkeiten" Aufwendungen enthalten sind, die erst nach dem Abschlussstichtag zahlungswirksam werden, soweit es sich um wesentliche Beträge handelt	225 (6)	

[1]) Die mit x versehenen Gesetzesstellen sind auch von kleinen GmbHs in den Anhang aufzunehmen, es sei denn, eine Minderheit von 10 % oder mit einem anteiligen Nennkapital von 1,4 Mio € verlangt die Erstellung eines vollständigen Anhanges.

		Gesetzesstelle	
lfd. Nr.		AG, mittelgroße und große GmbH	kleine GmbH § 242 (2)
15	Angabe des Grundwertes bei Grundstücken, wenn dies nicht in der Bilanz angemerkt ist	225 (7)	
16	Darstellung der Entwicklung der einzelnen Posten des Anlagevermögens und des Postens „Aufwendungen für das Ingangsetzen und Erweitern eines Betriebes", wenn nicht in der Bilanz ausgewiesen	226 (1)	x
17	Angabe der Abschreibungen des Geschäftsjahres entsprechend der Gliederung des Anlagevermögens, wenn nicht in der Bilanz vermerkt	226 (1)	x
18	Erläuterung des Bilanzpostens „Aufwendungen für das Ingangsetzen und Erweitern eines Betriebes"	226 (2)	
19	Angabe einer Pauschalwertberichtigung zu Forderungen für den entsprechenden Posten der Bilanz	226 (5)	
20	Angabe der Ausleihungen mit einer Restlaufzeit bis zu einem Jahr	227	
21	Angabe der Zuweisung und der Auflösung der Bewertungsreserve entsprechend den Posten des Anlagevermögens, wenn dies nicht in der Bilanz durchgeführt wurde	230 (2)	x
22	Aufgliederung der Zuführung und der Auflösung von unversteuerten Rücklagen unter Hinweis auf die maßgebliche steuerliche Rechtsgrundlage, wenn nicht in der G&V-Rechnung durchgeführt	232 (4)	
23	Erläuterung der ao Aufwendungen und ao Erträge hinsichtlich ihres Betrages und ihrer Art, wenn nicht von untergeordneter Bedeutung	233	
24	Erläuterung von Erträgen und Aufwendungen, die einem anderen Geschäftsjahr zuzurechnen sind, hinsichtlich ihres Betrages und ihrer Art (wenn nicht für die Beurteilung der Ertragslage von untergeordneter Bedeutung)	233	
§ 236	**Erläuterung der Bilanz und der Gewinn- und Verlustrechnung**		
25	Erläuterung der Bilanz und der Gewinn- und Verlustrechnung sowie der darauf angewandten Bilanzierungs- und Bewertungsmethoden, unter Beachtung der Generalklausel	236	x
26	Abweichungen von Bilanzierungs- und Bewertungsmethoden (einschließlich Begründung und gesonderter Darstellung des Einflusses auf die Vermögens-, Finanz- und Ertragslage)	236 Z 1	x
27	bei Inanspruchnahme von § 203 Abs 4 Angabe des insgesamt nach dieser Vorschrift aktivierten Betrages	236 Z 2	x

		Gesetzesstelle	
lfd. Nr.		AG, mittelgroße und große GmbH	kleine GmbH § 242 (2)
28	Gründe für die Abschreibungsdauer und Abschreibungsmethode gemäß § 203 Abs 5 letzter Satz (Abschreibung des Firmenwertes)	236 Z 3	x
29	Bei Inanspruchnahme von § 206 Abs 3 der im Geschäftsjahr und der insgesamt über die Herstellungskosten hinaus angesetzte Betrag	236 Z 4	x
§ 237	**Ergänzende Angaben zur Erläuterung der Bilanz und der Gewinn- und Verlustrechnung**		
30	Der Gesamtbetrag der Verbindlichkeiten mit einer Restlaufzeit von mehr als fünf Jahren	237 Z 1 a)	
31	Der Gesamtbetrag der Verbindlichkeiten mit einer Restlaufzeit von mehr als einem Jahr	237 Z 1 b)	
32	Der Gesamtbetrag der Verbindlichkeiten, für die dingliche Sicherheiten bestellt sind, unter Angabe von Art und Form der Sicherheiten; die in § **237 Z 1 lit a-c** verlangten Angaben sind jeweils für jeden Posten der Verbindlichkeiten nach dem vorgeschriebenen Gliederungsschema zu machen, sofern sich diese Angaben nicht aus der Bilanz ergeben	237 Z 1 c)	die Angaben gem § 237 Z 1 lit a–c sind zusammengefasst für alle betroffenen Posten zu machen
33	Bei Fremdwährungsbeträgen die Grundlagen für die Umrechnung in Euro	237 Z 2	x
34	Die gemäß § 199 ausgewiesenen Haftungsverhältnisse sind unter Angabe der Pfandrechte und sonstigen dinglichen Sicherheiten aufzugliedern und zu erläutern; Haftungen gegenüber verbundenen Unternehmen sind jeweils gesondert anzugeben	237 Z 3	x
35	Bei Anwendungen des Umsatzkostenverfahrens: Angabe der Material- und Personalaufwendungen analog zum Gesamtkostenverfahren	237 Z 4	x
36	Wesentliche Verluste aus dem Abgang von Vermögensgegenständen des Anlagevermögens	237 Z 5	
37	Zum in der Gewinn- und Verlustrechnung ausgewiesenen Posten „Steuern vom Einkommen und Ertrag" a) die Auswirkung der Veränderung der unversteuerten Rücklagen auf den Posten „Steuern vom Einkommen und vom Ertrag" des Geschäftsjahres; b) in welchem Umfang die Steuern vom Einkommen und vom Ertrag das Ergebnis der gewöhnlichen Geschäftstätigkeit und das außerordentliche Ergebnis belasten; c) der gem § 198 Abs 10 aktivierbare Betrag, wenn in der Bilanz nicht gesondert ausgewiesen wird	237 Z 6	
38	Erläuterung der in der Bilanz nicht gesondert ausgewiesenen Rückstellungen, wenn sie einen erheblichen Umfang haben	237 Z 7	

		Gesetzesstelle	
lfd. Nr.		AG, mittelgroße und große GmbH	kleine GmbH § 242 (2)
39	Der Gesamtbetrag der sonstigen finanziellen Verpflichtungen, die nicht in der Bilanz ausgewiesen und auch nicht nach § 199 anzugeben sind, sofern diese Angabe für die Beurteilung der Finanzlage von Bedeutung ist; davon sind gesondert auszuweisen a) Verpflichtungen gegenüber verbundenen Unternehmen b) Verpflichtungen aus der Nutzung von in der Bilanz nicht ausgewiesenen Sachanlagen (§ 224 Abs 2 A II), wobei der Betrag der Verpflichtungen des folgenden Geschäftsjahres und der Gesamtbetrag der folgenden fünf Jahre anzugeben ist	237 Z 8	
40[1])	URÄG 2008 Art und Zweck der Geschäfte der Gesellschaft, die nicht in der Bilanz enthalten und auch nicht gemäß Z 8 oder § 199 anzugeben sind und ihre finanziellen Auswirkungen auf die Gesellschaft, vorausgesetzt, dass die Risiken und Vorteile, die aus solchen Geschäften entstehen, wesentlich sind, und sofern die Offenlegung derartiger Risiken und Vorteile für die Beurteilung der Finanzlage der Gesellschaft notwendig ist; Gemäß § 242 Abs 1 können diese Angaben bei kleinen und mittelgroßen AGs sowie mittelgroßen GesmbHs auf Art und Zweck der Geschäfte beschränkt werden.	§ 237 8a)	
41[1])	URÄG 2008 Geschäfte der Gesellschaft mit nahe stehenden Unternehmen und Personen im Sinn der gemäß Verordnung (EG) Nr. 1606/2002 übernommenen internationalen Rechnungslegungsstandards Bezüglich des ausführlichen Wortlautes dieser Bestimmung wird auf den Gesetzestext bzw auf Kapitel 6.432 verwiesen. Gemäß § 242 Abs 1 können diese Angaben bei mittelgroßen GesmbHs unterbleiben; bei kleinen und mittelgroßen AGs gelten weitere Einschränkungen des Inhaltes; auch hier wird auf den genauen Gesetzestext bzw auf Kapitel 6.432 verwiesen.	§ 237 8b)	
42	Die Aufgliederung der Umsatzerlöse nach Tätigkeitsbereichen sowie nach geographisch bestimmten Märkten, soweit sich unter Berücksichtigung der Organisation des Verkaufs von für die gewöhnliche Geschäftstätigkeit des Unternehmens typischen Erzeugnissen und der für die gewöhnliche Geschäftstätigkeit des Unternehmens typischen Dienstleistungen die Tätigkeitsbereiche und geographisch bestimmten Märkte untereinander erheblich unterscheiden. Die Umsatzerlöse brauchen jedoch nicht aufgegliedert zu werden, soweit die Aufgliederung nach vernünftiger unternehmerischer Beurteilung geeignet ist, dem Unternehmen oder einem Unternehmen, von dem das Unternehmen mindestens den fünften Teil der Anteile besitzt, einen erheblichen Nachteil zuzufügen; die Anwendung dieser Ausnahme ist im Anhang anzugeben.	237 Z 9	Braucht von der kleinen AG, der mittelgroßen und kleinen GmbH nicht angewendet werden, gilt also nur für die mittelgroße und große AG und die große GmbH (§ 242 Abs 1).
43	Der in der Bilanz nicht gesondert ausgewiesene Betrag der Einlagen von stillen Gesellschaftern	237 Z 10	x

		Gesetzesstelle	
lfd. Nr.		AG, mittelgroße und große GmbH	kleine GmbH § 242 (2)
44	Bei der Anwendung einer Bewertungsmethode nach § 209 Abs 2 die Unterschiedsbeträge für die jeweilige Gruppe, wenn die Bewertung im Vergleich zu einer Bewertung auf der Grundlage des letzten vor dem Abschlussstichtag bekannten Börsenkurses oder Marktpreises einen erheblichen Unterschied aufweist	237 Z 11	
45	Name und Sitz des Mutterunternehmens der Gesellschaft, das den Konzernabschluss für den größten Kreis von Unternehmen aufstellt, und ihres Mutterunternehmens, das den Konzernabschluss für den kleinsten Kreis von Unternehmen aufstellt, sowie im Fall der Offenlegung der von diesem Mutteruntemehmen aufgestellten Konzernabschlüsse der Ort, wo diese erhältlich sind	237 Z 12	x
46	Die im Posten § 231 Abs 2 Z 6 lit c enthaltenen Aufwendungen für Abfertigungen oder ein Hinweis, dass der Posten nur mehr aus Leistungen an betriebliche Mitarbeitervorsorgekassen besteht	237 Z 13	
47[1])	URÄG 2008 Das Entgelt, das der Abschlussprüfer für das Geschäftsjahr erhalten hat, aufgeschlüsselt nach dem Entgelt für die Prüfung des Jahresabschlusses, dem Entgelt für andere Bestätigungsleistungen, dem Entgelt für Steuerberatungsleistungen und dem Entgelt für sonstige Leistungen. Diese Angabe kann unterbleiben, wenn das Unternehmen in einen Konzernabschluss einbezogen und eine derartige Information darin enthalten ist. Weiters können nach § 242 Abs 1 diese Angaben bei kleinen AGs unterbleiben.	§ 237 Z 14	
48	Für jede Kategorie derivativer Finanzinstrumente: a) Art und Umfang der Finanzinstrumente, b) der beizulegende Zeitwert der betreffenden Finanzinstrumente, soweit sich dieser gemäß Abs 3 verlässlich ermitteln lässt, unter Angabe der angewandten Bewertungsmethoden sowie eines gegebenenfalls vorhandenen Buchwertes und des Bilanzpostens, in welchem der Buchwert erfasst ist	237a Abs 1 Z 1	
49	Für zum Finanzanlagevermögen gehörende Finanzinstrumente, die über ihrem beizulegenden Zeitwert ausgewiesen werden, wenn eine außerplanmäßige Abschreibung gem § 204 Abs 2 zweiter Satz unterblieben ist: a) der Buchwert und der beizulegende Zeitwert der einzelnen Vermögensgegenstände oder angemessener Gruppierungen sowie b) die Gründe für das Unterlassen einer Abschreibung gem § 204 Abs 2 und jene Anhaltspunkte, die darauf hindeuten, dass die Wertminderung voraussichtlich nicht von Dauer ist	§ 237a Abs 1 Z 2	x
§ 238	**Weitere Angaben im Anhang**		
50	In der Bilanz ausgewiesene immaterielle Vermögensgegenstände, die von einem verbundenen Unternehmen oder von einem Gesellschafter, dessen Anteil den zehnten Teil des Nennkapitals erreicht, erworben wurden	238 Z 1	

lfd. Nr.		Gesetzesstelle AG, mittelgroße und große GmbH	Gesetzesstelle kleine GmbH § 242 (2)
51	Angaben über Beteiligungsunternehmen (bezüglich Details siehe Gesetzestext)	238 Z 2	x
52	Beziehungen zu verbundenen Unternehmen (bezüglich Details siehe Gesetzestext)	238 Z 3	
53	In Beteiligungserträgen enthaltene Erträge aus Gewinngemeinschaften bzw analoge in den „Aufwendungen aus Finanzanlagen und aus Wertpapieren des Umlaufvermögens“ enthaltene Posten	238 Z 4	
§ 239	**Pflichtangaben über Organe und Arbeitnehmer**		
54	Durchschnittliche Zahl der Arbeitnehmer während des Geschäftsjahres, getrennt nach Arbeitern und Angestellten	239 (1) Z 1	x
55	Vorschüsse, Kredite, Haftungen für Vorstand und Aufsichtsrat (bezüglich Details siehe Gesetzestext)	239 (1) Z 2	x
56	Aufgliederung der Aufwendungen für Abfertigungen und Pensionen nach Vorstandsmitgliedern/leitenden Angestellten und anderen Arbeitnehmern	239 (1) Z 3	
57	Bezüge Vorstand und Aufsichtsrat (bezüglich Details siehe Gesetzestext)	239 (1) Z 4	
58	Angabe der Mitglieder des Vorstandes und Aufsichtsrates	239 (2)	x
§ 240	**Pflichtangaben bei Aktiengesellschaften** (bezüglich Details siehe Gesetzestext)	240	
§ 241	**Unterlassen von Angaben** Enthält zulässige Ausnahmen von Berichterstattungspflichten im Anhang (bezüglich Details siehe Gesetzestext)		§ 241 Abs 2 letzter Satz
Art X	**Übergangsbestimmungen**		
59	Angabe und Erläuterung des Fehlbetrages der Pensionsrückstellung	Art X (3)	
60	Erläuterung des unter den aktiven Rechnungsabgrenzungen gesondert ausgewiesenen Unterschiedsbetrages der Pensionsrückstellung	Art X (4)	

6.13 Der Aufbau des Anhanges

Gemäß § 236 sind im **Anhang** die Bilanz und die Gewinn- und Verlustrechnung sowie die darauf angewandten Bilanzierungs- und Bewertungsmethoden so zu erläutern, dass ein möglichst getreues Bild der Vermögens-, Finanz- und Ertragslage des Unternehmens vermittelt wird.

Aufgrund dieser Vorschrift und den in den §§ 236 – 241 sowie in anderen Gesetzesstellen angeführten Einzelvorschriften erscheint für die Anwendung in der Praxis folgender Aufbau des Anhanges zweckmäßig:

1. Erläuterung der **Bilanzierungs-** und **Bewertungsmethoden**
   Es wäre durchaus denkbar, dass keinerlei **Einzelvorschriften** anzuwenden sind und dass die Bilanz und die Gewinn- und Verlustrechnung so übersichtlich gestaltet sind, dass dazu keine zusätzlichen Erläuterungen in Erfüllung der Generalklausel erforderlich erscheinen. Dagegen sind aus der Bilanz die angewandten **Bilanzierungs- und Bewertungsmethoden** nicht ersichtlich, sodass dieser Abschnitt in jedem Fall als Pflichtbestandteil eines Anhanges anzusehen ist.
2. Erläuterungen, die sowohl die Bilanz als auch die Gewinn- und Verlustrechnung betreffen.
3. Erläuterungen zur **Bilanz**
4. Erläuterungen zur **Gewinn- und Verlustrechnung**
   In den Abschnitten 2 – 4 sind sowohl die in den gesetzlichen Vorschriften enthaltenen **Einzelvorschriften** als auch die Angaben, die sich aufgrund der **Generalklausel** als erforderlich erweisen, zu beachten.
5. **Sonstige Angaben**

In den folgenden Abschnitten wird versucht, die im Gesetz angeführten Einzelvorschriften über den Anhang diesen vorgeschlagenen Abschnitten des Anhanges zuzuordnen.

6.2 Erläuterung der Bilanzierungs- und Bewertungsmethoden

6.21 Bilanzierungsmethoden

Unter **Bilanzierungsmethoden** ist die Ausübung von **Bilanzansatzwahlrechten** im Sinne des § 198 Abs 3, 7 und 10 (Aktivierung von Aufwendungen für das Ingangsetzen und Erweitern eines Betriebes, Aktivierung des Disagios, aktive Steuerabgrenzung), die Ausübung von eventuellen **Passivierungswahlrechten** und das **Aktivierungswahlrecht** für den Geschäfts- oder Firmenwert (§ 203 Abs 5) zu verstehen.

Im Gegensatz zu den Bewertungsmethoden fällt die Ausübung von **Bilanzierungswahlrechten** nicht unter das **Stetigkeitsgebot;** ob allerdings der für die Bewertung geltende Grundsatz der Einheitlichkeit im Hinblick auf das Willkürverbot auch auf die Ausübung von Ansatzwahlrechten auszudehnen ist, muss im Einzelfall entschieden werden (wie zB bei der Bildung von **Aufwandsrückstellungen).**

Durch die Ausübung oder Nichtausübung eines **Ansatzwahlrechtes** wird das Vollständigkeitsgebot des § 196 Abs 1 nicht verletzt.

6.22 Bewertungsmethoden

Bezüglich des Begriffes der **Bewertungsmethode** siehe Kapitel 2.511, allgemeine Grundsätze der Bewertung/Stetigkeitsgebot. Gemäß den EB zu § 236 sind die **Abschreibungsmethoden** Bestandteil der Bewertungsmethoden.

Zu beschreibende Sachverhalte

In diesem Abschnitt ist in erster Linie auf die Ausübung von **Bewertungswahlrechten** einzugehen; dass zwingende unternehmensrechtliche Bewertungsvorschriften beachtet wurden, braucht selbstverständlich nicht im Einzelnen angegeben werden. Gemäß den EB zu § 236 soll die Ausübung der von Gesetz und den Grundsätzen ordnungsmäßiger Buchführung offen gelassenen Wahlmöglichkeiten und Ermessensspielräume offen gelegt werden.

Im Folgenden werden beispielsweise die bei der Darstellung der **Bewertungsmethoden** in Frage kommenden Sachverhalte genannt:

Immaterielle Vermögensgegenstände und Sachanlagevermögen

Abschreibungsmethode (zB linear, degressiv).

Rahmen der Abschreibungssätze bzw der Nutzungsdauer bei den wichtigsten Anlagengruppen.

Vorgangsweise bei außerplanmäßigen Abschreibungen und Zuschreibungen. Ermittlung der Herstellungskosten von selbsterstellten Anlagen.

Finanzanlagevermögen

Insbesondere Berücksichtigung außerplanmäßiger Abschreibungen, Durchführung und Unterlassung von Zuschreibungen.

Vorräte

Bei Roh-, Hilfs-, Betriebsstoffen und Waren die Art der Ermittlung der Anschaffungskosten (Einzelfeststellung, Anwendung von Bewertungsvereinfachungsverfahren gemäß § 209 Abs 2, Ansatz von Festwerten).

Bei unfertigen und fertigen Erzeugnissen die Art der Ermittlung der Herstellungskosten.

Bei noch nicht abrechenbaren Leistungen die Art der Ermittlung der Herstellungskosten und die Vorgangsweise bei der Ausübung des Bewertungswahlrechtes hinsichtlich angemessener Teile der Verwaltungs- und Vertriebskosten.

Forderungen

Vorgangsweise beim Ansatz von Einzel- und Pauschalwertberichtigungen.

Beim **Umlaufvermögen allgemein** die Vorgangsweise bei Anwendung des § 207 Abs 2 (Abschreibungen zur Anpassung an künftige Wertminderungen).

Rückstellungen

Vorgangsweise bei Ermittlung der Abfertigungsrückstellung und der Pensionsrückstellung (zB Rechnungszinssatz, Anwendung des Teilwertverfahrens oder des Gegenwartswertverfahrens, Anwendung der Übergangsbestimmungen gemäß Artikel X), Vorgangsweise bei der Berechnung sonstiger wesentlicher Rückstellungen.

Angaben, die keinen bestimmten Bilanzposten zuordenbar sind:

Vorgangsweise bei der **Währungsumrechnung** (§ 237 Z 2), Berücksichtigung von Kurssicherungsgeschäften; Angabe des Betrages der im Geschäftsjahr aus steuerrechtlichen Gründen unterlassenen Zuschreibungen und das Ausmaß erheblicher künftiger steuerlicher Belastungen, die sich aus einer solchen Bewertung ergeben (§ 208 Abs 3); Angabe der **Unterschiedsbeträge** bei der Anwendung der **Bewertungsmethode nach § 209 Abs 2** bei erheblichem Unterschied gegenüber dem Börsenkurs oder Marktpreis (§ 237 Z 11).

6.23 Abweichungen von Bilanzierungs- und Bewertungsmethoden

Gemäß § 236 Z 1 sind im Anhang insbesondere anzugeben „**Abweichungen von Bilanzierungs- und Bewertungsmethoden;** diese sind zu begründen und ihr Einfluß auf die Vermögens-, Finanz- und Ertragslage ist gesondert darzustellen".

Abweichungen von Bilanzierungsmethoden

Da sich das Stetigkeitsgebot nur auf Bewertungsmethoden bezieht, erscheint im Falle der Änderung von Bilanzierungsmethoden nur eine Berichterstattung, nicht jedoch eine ausdrückliche Begründung erforderlich.

Abweichungen von Bewertungsmethoden

Die Berichterstattungspflicht im Zusammenhang mit Abweichungen von **Bewertungsmethoden** bezieht sich auf den jeweiligen Bilanzposten und die Beschreibung der Abweichungen gegenüber der Bewertungsmethode des Vorjahres; das Vorliegen eines besonderen Umstandes im Sinne des § 201 Abs 2 muss sich aus der Begründung ergeben (hinsichtlich der besonderen Umstände siehe Ausführungen im Kapitel 2.511.5).

Der Einfluss von Änderungen der Bilanzierungs- und Bewertungsmethoden auf die **Vermögens-, Finanz- und Ertragslage** ist gesondert darzustellen. Dies erfordert in der Regel zahlenmäßige Angaben über die Auswirkungen, da sonst die Höhe des Einflusses auf die Vermögens-, Finanz- und insbesondere auf die Ertragslage nicht ausreichend erkennbar ist, wobei allerdings auch hier das **Wesentlichkeitsprinzip** zu beachten ist.

6.3 Erläuterungen zur Bilanz und zur Gewinn- und Verlustrechnung

6.31 Die Generalklausel

Art und Umfang der Berichterstattung zur Bilanz und Gewinn- und Verlustrechnung werden einerseits durch die **Generalklausel,** andererseits durch die **Einzelvorschriften** des Gesetzes bestimmt. Wenn für einen bestimmten Sachverhalt keine gesonderten Vorschriften bestehen, ist zu entscheiden, ob seine Darstellung für die Vermittlung eines möglichst getreuen Bildes der Vermögens-, Finanz- und Ertragslage erforderlich ist. Die Berücksichtigung im Anhang ist somit von den Umständen des konkreten Einzelfalles abhängig; die Entscheidung darüber obliegt den für die Aufstellung des Jahresabschlusses jeweils verantwortlichen Personen. Bei prüfungspflichtigen Gesellschaften hat der Abschlussprüfer zu beurteilen, ob der Inhalt des Anhanges den gesetzlichen Anforderungen entspricht.

Die EB zu § 236 geben dazu folgende Erläuterung: „Abweichend von der Bilanz-Richtlinie und dem dHGB enthält Abs 1 eine **Generalklausel** auch für den Anhang. Daraus können sich zusätzlich Erläuterungspflichten ergeben, insbesondere wenn sich eine Position gegenüber dem Vorjahr wesentlich verändert hat."

In den folgenden Abschnitten werden die einzelnen Gesetzesbestimmungen besprochen, soweit sie sich auf die Erläuterung der Bilanz und der Gewinn- und Verlustrechnung beziehen (vergleiche Kapitel 6.13, Aufbau des Anhanges), wobei gleichzeitig soweit wie möglich eine Zuordnung entsprechend der Bilanzgliederung (§ 224) vorgenommen werden wird.

6.32 Erläuterungen, die sowohl die Bilanz als auch die Gewinn- und Verlustrechnung betreffen

Zu diesen Angaben können gerechnet werden:

1) § 222 Abs 2, 2. Satz: „Wenn dies (nämlich die Vermittlung eines möglichst getreuen Bildes der Vermögens-, Finanz- und Ertragslage des Unternehmens) aus besonderen Umständen nicht gelingt, sind im **Anhang** die erforderlichen zusätzlichen Angaben zu machen."

   Diese Vorschrift wird nur relativ seltene Einzelfälle betreffen. Es wäre zB denkbar, dass solche zusätzlichen Angaben erforderlich sind, wenn ein Unternehmen in größerem Umfang **nicht aktivierungsfähige Vermögensgegenstände** des Anlagevermögens herstellt, aus deren Verwertung in Folgejahren hohe Erträge erwartet werden können, deren Nichtaktivierbarkeit aber im Abschlussjahr zu erheblichen Verlusten führt, sodass bei einer Gesamtbetrachtung die Ertragslage des Unternehmens unzutreffend dargestellt wird.

   Die Bilanz-Richtlinie geht in Artikel 2 Abs 5 über diese zusätzliche Erläuterungspflicht weit hinaus und schreibt vor, dass dann, wenn in Ausnahmefällen die Anwendung einer Vorschrift dieser Richtlinie mit der in Abs 3 vorgesehenen Verpflichtung (ein den tatsächlichen Verhältnissen entsprechendes Bild der Vermögens-, Finanz- und Ertragslage der Gesellschaft zu vermitteln) unvereinbar ist, von der **betref-**

fenden Vorschrift abgewichen werden muss, um sicherzustellen, dass ein den tatsächlichen Verhältnissen entsprechendes Bild entsteht (Vorrang des **„true and fair view"** vor den Einzelvorschriften).

2) Gemäß § 223 Abs 1 sind Abweichungen von der einmal gewählten **Form der Darstellung,** insbesondere der Gliederung der aufeinanderfolgenden Bilanzen und Gewinn- und Verlustrechnungen, im Anhang anzugeben und zu begründen.

3) Gemäß § 223 Abs 2 ist anzugeben und zu erläutern, wenn eine **Vergleichbarkeit mit Vorjahresbeträgen** nicht gegeben ist, oder wenn der Vorjahresbetrag angepasst wurde.

4) § 223 Abs 3 enthält Angabepflichten für den Fall, dass die Gesellschaft **mehrere Geschäftszweige** mit verschiedenen Gliederungsvorschriften betreibt.

5) Zu den Vorschriften, die das gesamte Rechenwerk betreffen, wird man auch den § 225 Abs 1 rechnen können, wonach zu erläutern ist, ob bei Ausweis eines Postens **„negatives Eigenkapital" eine Überschuldung im Sinne des Insolvenzrechts vorliegt.** Bei der Beurteilung dieses Postens sind ua zu beachten:

> Die Aussichten für das Weiterbestehen des Unternehmens, die vorwiegend von den Ertragsaussichten abhängen werden; davon hängt es auch ab, ob eine Bewertung nach dem Grundsatz der **Unternehmensfortführung** noch zulässig ist, oder ob auf **Liquidationswerte** übergegangen werden muss.
>
> Das Bestehen von Ausgleichsposten zum ausgewiesenen Fehlkapital, wie zB der Eigenkapitalanteil in den unversteuerten Rücklagen, bestehende stille Reserven, Rückstehungserklärungen im Zusammenhang mit Gesellschafterdarlehen, nicht eingeforderte ausstehende Einlagen, Patronatserklärungen (siehe auch Kapitel 4.317.1).

6.33 Erläuterungen zur Bilanz

In diesem Abschnitt werden die entsprechenden Vorschriften über den Anhang nach Möglichkeit nach Bilanzposten geordnet dargestellt.

6.331 Allgemeine Vorschriften

1) § 223 Abs 6:
Wenn von der **Zusammenfassungsmöglichkeit** des § 223 Abs 6 Z 2 Gebrauch gemacht wird, müssen die zusammengefassten Posten im Anhang aufgegliedert werden.

2) § 223 Abs 5:
Angabe der **Mitzugehörigkeit** von Vermögensgegenständen oder Verbindlichkeiten zu mehreren Posten der Bilanz, wenn kein entsprechen-

der Vermerk in der Bilanz durchgeführt wurde und dies zur Aufstellung eines klaren und übersichtlichen Jahresabschlusses erforderlich ist.

6.332 Aktivseite der Bilanz

Aufwendungen für das Ingangsetzen und Erweitern eines Betriebes und Aufwendungen für die Währungsumstellung auf Euro

1) Die Entwicklung dieses Postens ist entsprechend der Vorschrift des § 226 Abs 1 darzustellen, wenn dies nicht in der Bilanz durchgeführt wurde.
2) Erläuterungen dieses Bilanzpostens gemäß § 226 Abs 2; diese Gesetzesstelle enthält auch die im Falle der Aktivierung dieses Postens vorgesehene **Ausschüttungssperre.**

6.332.1 Anlagevermögen

1) Darstellung der **Entwicklung** der einzelnen Posten des Anlagevermögens gemäß § 226 Abs 1, wenn nicht in der Bilanz durchgeführt.
2) Angabe der **Abschreibungen des Geschäftsjahres** entsprechend der Gliederung des Anlagevermögens, wenn nicht in der Bilanz vermerkt; es erscheint zweckmäßig, diese Aufgliederung im Zusammenhang mit dem Anlagevermögen durchzuführen und nicht als Aufgliederung zu den entsprechenden Posten der Gewinn- und Verlustrechnung (§ 226 Abs 1).
3) Angabe des **Grundwertes** bei Grundstücken, wenn nicht in der Bilanz vermerkt (§ 225 Abs 7).
4) Angabe des Gesamtbetrages der eventuell gemäß § 203 Abs 4 im Rahmen der Herstellungskosten **aktivierten Zinsen** und ähnlicher Aufwendungen (§ 236 Z 2).
5) Beim **Geschäftswert** die Gründe für die gewählte Abschreibungsdauer und Abschreibungsmethode (§ 236 Z 3).
6) Gemäß § 227 sind **Ausleihungen** mit einer Restlaufzeit bis zu einem Jahr im Anhang anzugeben.
7) Gemäß § 208 Abs 3 ist der Betrag der im Geschäftsjahr aus steuerrechtlichen Gründen unterlassenen Zuschreibungen anzugeben und das Ausmaß erheblicher künftiger steuerlicher Belastungen, die sich aus einer solchen Bewertung ergeben, anzuführen.
8) Gemäß § 238 Z 1 sind in der Bilanz ausgewiesene **immaterielle Vermögensgegenstände** anzugeben, die von einem verbundenen Unternehmen oder von einem Gesellschafter, dessen Anteil den zehnten Teil des Nennkapitals erreicht, erworben wurden.

6.332.2 Vorräte

1) Gemäß § 236 Z 2 sind eventuell im Rahmen der Herstellungskosten **aktivierte Zinsen** und ähnliche Aufwendungen anzugeben.
2) Bei **Aufträgen gemäß § 206 Abs 3,** deren Ausführung sich über mehr als 12 Monate erstreckt, ist der Betrag anzugeben, der im Abschlussjahr und der insgesamt über die Herstellungskosten angesetzt worden ist (§ 236 Z 4).
3) Angabe eines Unterschiedsbetrages nach § 237 Z 11.

6.332.3 Forderungen und sonstige Vermögensgegenstände

1) Gemäß § 225 Abs 3 ist der Betrag der Forderungen mit einer **Restlaufzeit von mehr als einem Jahr** bei jedem gesondert ausgewiesenen Posten in der Bilanz anzumerken oder im Anhang anzugeben.
2) Sind unter dem Posten **„Sonstige Forderungen und Vermögensgegenstände"** Erträge enthalten, die erst nach dem Abschlussstichtag zahlungswirksam werden, so müssen diese Beträge, soweit sie wesentlich sind, im Anhang erläutert werden (§ 225 Abs 3).
3) Gemäß § 225 Abs 4 ist bei Forderungen die **wechselmäßige Verbriefung** im Anhang anzugeben.
4) Gemäß § 226 Abs 5 ist der Betrag einer **Pauschalwertberichtigung** zu Forderungen für den entsprechenden Posten der Bilanz im Anhang anzugeben.

Besonders wenn von der Zusammenfassungsmöglichkeit des § 223 Abs 6 Z 2 Gebrauch gemacht wurde, kann es zweckmäßig sein, alle geforderten Angaben in einer gesonderten Aufstellung, dem **„Forderungsspiegel"**, zusammenzufassen, zB in folgender Form:

Bezeichnung der Forderung	Abschlussjahr	Vorjahr
1. Gesamtbetrag		
davon Restlaufzeit von mehr als einem Jahr		
davon wechselmäßig verbrieft		
abgezogene Pauschalwertberichtigung		

6.332.4 Wertpapiere und ähnliche Rechte

Angaben über die **eigenen Aktien** der Gesellschaft (§ 240 Z 3); bezüglich Details wird auf den Gesetzestext verwiesen.

6.332.5 Aktive Rechnungsabgrenzung

Gemäß Artikel X Abs 4 kann der **Unterschiedsbetrag** bei der Pensionsrückstellung unter den aktiven Rechnungsabgrenzungsposten ausgewiesen werden. Dieser Betrag ist im Anhang zu erläutern.

6.333 Passivseite der Bilanz

6.333.1 Eigenkapital

1) Auf die Erläuterungspflicht des **„negativen Eigenkapitals"** wurde bereits im Kapitel 6.32 hingewiesen.
2) AGs haben gem § 240 bestimmte Pflichtangaben zu machen; bezüglich Details wird auf den Gesetzestext verwiesen.

Zusätzliche Erläuterungspflichten könnten sich im Zusammenhang mit der Darstellung des Eigenkapitals der GmbH & Co KG ergeben. Diesbezüglich wird auf Kapitel 4.317.3 verwiesen.

6.333.2 Unversteuerte Rücklagen

Gemäß § 230 Abs 2 ist die Zuweisung zur und die Auflösung der **Bewertungsreserve** entsprechend den Posten des Anlagevermögens gesondert anzuführen, wenn dies nicht bereits in der Bilanz durchgeführt wurde.

6.333.3 Rückstellungen

1) Gemäß Artikel X Abs 3 RLG ist in jedem Jahresabschluss unter der Bilanz der **Fehlbetrag** auf die gemäß § 211 Abs 2 gebotene **Pensionsrückstellung** gesondert anzugeben und im Anhang zu erläutern. Diese Angabe wird aber in der Regel zweckmäßigerweise mit der Darstellung der Bewertungsmethoden der Pensionsrückstellung zu verbinden sein (siehe auch Kapitel 4.27).
2) Gemäß § 237 Z 7 sind in der Bilanz nicht gesondert ausgewiesene Rückstellungen, wenn sie einen **erheblichen Umfang** haben, anzugeben und zu erläutern.
3) Gesonderte Angabe einer passiven Steuerabgrenzung, wenn nicht in der Bilanz angeführt (§ 198 Abs 9).

6.333.4 Verbindlichkeiten

1) Gemäß § 225 Abs 6 ist der Betrag der Verbindlichkeiten mit einer **Restlaufzeit bis zu einem Jahr** bei jedem gesondert ausgewiesenen Posten in der Bilanz anzumerken oder im Anhang anzugeben.

2) Sind unter dem Posten **„Sonstige Verbindlichkeiten“** Aufwendungen enthalten, die erst nach dem Abschlussstichtag zahlungswirksam werden, so sind sie, wenn sie wesentlich sind, im Anhang zu erläutern (§ 225 Abs 6, letzter Satz).

3) Gemäß § 237 Z 1 sind im Anhang zu den Verbindlichkeiten anzugeben:
   a) Der Gesamtbetrag der Verbindlichkeiten mit einer **Restlaufzeit von mehr als 5 Jahren.**
   b) Der Gesamtbetrag der Verbindlichkeiten mit einer Restlaufzeit von mehr als einem Jahr.
   c) Der Gesamtbetrag der Verbindlichkeiten, für die dingliche Sicherheiten bestellt sind, unter Angabe von Art und Form der Sicherheiten.

   Die zu a) bis c) verlangten Angaben sind jeweils für jeden Posten der Verbindlichkeiten nach dem vorgeschriebenen Gliederungsschema zu machen, sofern sich diese Angaben nicht aus der Bilanz ergeben.

4) Anzugeben ist gemäß § 237 Z 10 der in der Bilanz nicht gesondert ausgewiesene Betrag der Einlagen von stillen Gesellschaftern.

5) Zu den Pflichtangaben bei **Aktiengesellschaften** (§ 240) gehören auch Angaben zu den **Wandelschuldverschreibungen** (Z 6) und die Angabe des Betrages des unter den Verbindlichkeiten ausgewiesenen **nachrangigen Kapitals** (Z 8).

Besonders wenn von der **Zusammenfassungsmöglichkeit** des § 223 Abs 6 Z 2 Gebrauch gemacht wurde, kann es zweckmäßig sein, alle diese Angaben in einer gesonderten Aufstellung, dem **„Verbindlichkeitenspiegel“**, zusammenzufassen, siehe dazu Kapitel 4.342.1.

6.334 Haftungsverhältnisse, sonstige Verpflichtungen

1) Gemäß § 237 Z 3 sind die gemäß § 199 ausgewiesenen Haftungsverhältnisse unter Angabe der Pfandrechte und sonstigen dinglichen Sicherheiten aufzugliedern und zu erläutern, wobei Haftungen gegenüber verbundenen Unternehmen jeweils gesondert anzugeben sind.

2) Gemäß § 237 Z 8 ist der Gesamtbetrag der sonstigen finanziellen Verpflichtungen, die nicht in der Bilanz ausgewiesen und auch nicht nach § 199 anzugeben sind, darzustellen, sofern diese Angabe für die Beurteilung der Finanzlage von Bedeutung ist. Dabei sind gesondert auszuweisen (siehe Kapitel 4.37):
   a) Verpflichtungen gegenüber verbundenen Unternehmen
   b) Verpflichtungen aus der Nutzung von in der Bilanz nicht ausgewiesenen Sachanlagen (§ 224 Abs 2 A II), wobei der Betrag der Verpflichtungen des folgenden Geschäftsjahres und der Gesamtbetrag der folgenden fünf Jahre anzugeben ist.

6.335 Angaben über derivative Finanzinstrumente und über dem beizulegenden Zeitwert ausgewiesene Finanzinstrumente des Finanzanlagevermögens

6.335.1 Begriff der Finanzinstrumente im Allgemeinen

Die Umsetzung der Fair-Value-Richtlinie brachte mit dem Fair-Value-Bewertungsgesetz erstmals den Begriff **Finanzinstrumente** in das UGB.

Finanzinstrumente sind eine Sammelbezeichnung für **originäre und derivative finanzielle Vermögenswerte und finanzielle Verbindlichkeiten**, die im IAS 32, Par 11 folgendermaßen definiert werden:

> Ein Finanzinstrument ist ein Vertrag, der gleichzeitig bei dem einen Unternehmen zu einem **finanziellen Vermögenswert** und bei dem anderen Unternehmen zu einer **finanziellen Verbindlichkeit** oder zu einem **Eigenkapitalinstrument** führt.

Finanzielle Vermögenswerte

IAS 32 macht bei der Aufzählung der Finanzinstrumente grundsätzlich keinen Unterschied zwischen Anlage- und Umlaufvermögen. Die Zuordnung der finanziellen Vermögenswerte zum Anlage- oder Umlaufvermögen hängt von deren Funktion ab. Sind sie dazu bestimmt, dauernd dem Geschäftsbetrieb des Unternehmens zu dienen, zählen sie zum **Finanzanlagevermögen, andernfalls zum Finanzumlaufvermögen.**

Zu den **finanziellen Vermögenswerten** zählen das **Finanzanlagevermögen** gem § 224 Abs 2 III und das **Finanzumlaufvermögen** mit den Posten § 224 Abs 2 B II, III und IV, wobei gem den Bestimmungen des IAS 32 die Posten unter B II nur dann zu den finanziellen Vermögenswerten gehören, wenn sie auf vertraglicher Basis beruhen und nicht auf öffentlich-rechtliche Bestimmungen, wie beispielsweise Steuerforderungen.

Bezüglich der **derivativen aktiven Finanzinstrumente** siehe den folgenden Abschnitt 6.335.2

Zu den **finanziellen Verbindlichkeiten** gehören im Wesentlichen die Verbindlichkeiten gem § 224 Abs 2 D wenn sie auf einer vertraglichen Verpflichtung basieren, flüssige Mittel oder einen anderen finanziellen Vermögenswert an ein anderes Unternehmen abzugeben. **Steuerschulden und sonstige öffentlich-rechtliche Abgaben** sind, ebenso wie **erhaltene Anzahlungen auf Bestellungen**, keine finanziellen Verbindlichkeiten.

Für Rückstellungen gilt die gleiche Kategorisierung wie für Verbindlichkeiten.

Bezüglich der passiven **derivativen Finanzinstrumente** siehe den nachfolgenden Abschnitt 6.335.2

Eigenkapitalinstrumente sind Anteile jeder Art an Unternehmen (Beteiligungen, eigene und fremde Aktien, GmbH-Anteile, Anteile als Stiller Gesellschafter, derivative Finanzinstrumente auf das Eigenkapital etc).

6.335.2 Angaben über derivative Finanzinstrumente

Ein **derivatives Finanzinstrument** ist ein Finanzinstrument,

- dessen Wert sich in Reaktion auf die Änderung eines festgelegten Zinssatzes, Wertpapierpreises, Warenpreises, Währungskurses, eines Index von Preisen oder Kursen, eines Kreditratings oder Kreditindex oder einer ähnlichen variablen Größe (manchmal als Basisinstrument bezeichnet) ändert,
- welches im Vergleich zu anderen Vertragstypen, die eine ähnliche Reaktion auf Änderungen der Marktbedingungen aufweisen, überhaupt keine oder nur eine geringfügige anfängliche Nettoinvestition benötigt und
- welches zu einem zukünftigen Zeitpunkt abgerechnet wird.
- § 237a Abs 2 zählt zu den derivativen Finanzinstrumenten explizit auch jene Verträge über den Erwerb oder die Veräußerung von Waren, bei denen jede der Vertragsparteien zur Abgeltung in bar oder durch ein anderes Finanzinstrument berechtigt ist (hiezu zählen etwa **Warentermingeschäfte**), es sei denn, der Vertrag wurde geschlossen, um einen für den Erwerb, die Veräußerung oder den eigenen Gebrauch erwarteten Bedarf abzusichern, sofern diese Zweckwidmung von Anfang an bestand und nach wie vor besteht und der Vertrag mit der Lieferung der Ware als erfüllt gilt.

Aufgrund der europarechtlichen Verpflichtung erfolgte die Umsetzung der Fair-Value-Richtlinie mit dem Fair Value-Bewertungsgesetz (FVBG), mit dem das UGB durch Einfügung der §§ 237a, 266 Z 9 und 10 und § 267 Abs 2 geändert wurde. Österreich hat zwar das Wahlrecht in Anspruch genommen, den Anwendungsbereich der Fair-Value-Richtlinie auf den nach IAS/IFRS aufgestellten Konzernabschluss zu beschränken, musste jedoch unabhängig davon Angaben über Finanzinstrumente in den Anhang des Einzelabschlusses aufnehmen.

Die Bestimmung des § 237a trat am 1. Jänner 2004 in Kraft und ist auf Geschäftsjahre anzuwenden, die nach dem 31. 12. 2003 begonnen haben.

§ 237a lautet:

> (1) Im Anhang sind weiters anzugeben
>
> 1. Für **jede Kategorie derivativer Finanzinstrumente**:
>
> a) **Art und Umfang** der Finanzinstrumente,
>
> b) der **beizulegende Zeitwert** der betreffenden Finanzinstrumente, soweit sich dieser gemäß Abs 3 verlässlich ermitteln lässt, unter Angabe der angewandten Bewertungsmethoden sowie eines gegebenenfalls vorhandenen Buchwertes und des Bilanzpostens, in welchem der Buchwert erfasst ist.

2. Für zum Finanzanlagevermögen gehörigen Finanzinstrumente, die über ihrem **beizulegenden Zeitwert** ausgewiesen werden, wenn eine außerplanmäßige Abschreibung gem § 204 Abs 2 zweiter Satz unterblieben ist:
   a) der Buchwert und der beizulegende Zeitwert der einzelnen Vermögensgegenstände oder angemessener Gruppierungen sowie
   b) die Gründe für das Unterlassen einer Abschreibung gem § 204 Abs 2 und jene Anhaltspunkte, die darauf hindeuten, dass die Wertminderung voraussichtlich nicht von Dauer ist.

(2) Als **derivative Finanzinstrumente** gelten auch Verträge über den Erwerb oder die Veräußerung von Waren, bei denen jeder der Vertragsparteien zur Abgeltung in bar oder durch ein anderes Finanzinstrument berechtigt ist, es sei denn, der Vertrag wurde geschlossen, um einen für den Erwerb, die Veräußerung oder den eigenen Gebrauch erwarteten Bedarf abzusichern, sofern diese Zweckwidmung von Anfang an bestand und nach wie vor besteht und der Vertrag mit der Lieferung der Ware als erfüllt gilt.

(3) Der beizulegende Zeitwert entspricht dem Marktwert, sofern ein solcher feststellbar ist. Hat ein Finanzinstrument keinen Marktwert, so ist der beizulegende Zeitwert, sofern dies möglich ist, aus den Marktwerten der einzelnen Bestandteile des Finanzinstruments oder aus dem Marktwert eines gleichartigen Finanzinstruments abzuleiten, anderenfalls mit Hilfe allgemein anerkannter Bewertungsmodelle und -methoden zu bestimmen, sofern diese eine angemessene Annäherung an den Marktwert gewährleisten. Bei der Anwendung allgemein anerkannter Bewertungsmodelle und -methoden sind die zentralen Annahmen anzugeben, die jeweils der Bestimmung des beizulegenden Zeitwertes zugrunde gelegt wurden.

§ 237a behandelt zwei in keinem Zusammenhang stehende Angabevorschriften, und zwar Angaben über **derivative Finanzinstrumente** einerseits (Abs 1 Z1, Abs 2 und 3) und Angaben über **Finanzanlagen,** bei deren Bewertung von der Möglichkeit des **gemilderten Niederstwertprinzips** Gebrauch gemacht wurde (Abs 1 Z 2), andererseits.

Kategorisierung derivativer Finanzinstrumente

§ 237a verlangt die Berichterstattung nach einzelnen **Kategorien derivativer Finanzinstrumente**. Da § 237a erst am 1. Jänner 2004 in Kraft getreten und auf Geschäftsjahre anzuwenden ist, die nach dem 31. Dezember 2003 begonnen haben, liegen zum Zeitpunkt der Drucklegung dieser Auflage nur wenige praktische Erfahrungen bezüglich der Kategorisierung derivativer Finanzinstrumente vor.

Mögliche Einteilungen wären

- **Futures, Optionen und Swaps** (letztere wieder in **Zins- und Währungsswaps** geteilt),
- **zinsbezogene, währungsbezogene oder aktien(index)bezogene** Geschäfte. Ebenfalls denkbar wäre eine Einteilung in Anlehnung an unterschiedliche Bewertungseinheiten (vgl Kapitel 2.53) wie

- **Micro-Bewertungseinheiten, Macro-Bewertungseinheiten und Portfolio-Bewertungseinheiten** oder auch nur eine Einteilung in
- **Fair Value Hedges** einerseits und **Cash Flow Hedges** andererseits.

Angabe des beizulegenden Zeitwertes

§ 237a Abs 3 setzt den beizulegenden Zeitwert gleich mit dem **Marktwert**, sofern ein solcher feststellbar ist. Hat ein Finanzinstrument keinen Marktwert, so ist der beizulegende Zeitwert, sofern dies möglich ist, **aus den Marktwerten** der einzelnen Bestandteile des Finanzinstruments oder aus dem Marktwert eines gleichartigen Finanzinstruments **abzuleiten**, andernfalls mit Hilfe **allgemein anerkannter Bewertungsmodelle und -methoden** zu bestimmen, sofern diese eine angemessene Annäherung an den Marktwert gewährleisten. Bei der Anwendung allgemein anerkannter Bewertungsmodelle und -methoden sind die zentralen Annahmen anzugeben, die jeweils der Bestimmung des beizulegenden Zeitwertes zugrunde gelegt wurden.

Anzugeben sind **Art, Umfang und beizulegender Zeitwert** aller **Kategorien** der Finanzinstrumente, gleichgültig, ob diese bilanziert sind oder nicht.

Für den Umfang der dazu notwendigen Berichtspflichten können die Bestimmungen von IAS 32 herangezogen werden, die ebenfalls für Finanzinstrumente umfassende Angaben über die Bilanzierungs- und Bewertungsmethoden vorsehen. Zu letzteren zählen die Art der Methode, des Modells, der Diskontierungszinssatz, der Zeithorizont, eventuelle Abschläge, die Marktrisikoprämie und die Volatilität.

Für **kleine GmbHs** entfällt diese Berichtspflicht.

6.335.3 Angaben zu den über ihrem beizulegenden Zeitwert ausgewiesenen Finanzinstrumenten des Finanzanlagevermögens

Grundsätzlich gehören **alle Posten** des Finanzanlagevermögens zu den **Finanzinstrumenten.**

Gem § 204 Abs 2 sind Gegenstände des Anlagevermögens bei voraussichtlich dauernder Wertminderung ohne Rücksicht darauf, ob ihre Nutzung zeitlich begrenzt ist, außerplanmäßig auf den niedrigeren Wert abzuschreiben, der ihnen am Abschlussstichtag unter Bedachtnahme auf die Nutzungsmöglichkeit im Unternehmen beizulegen ist. Bei Finanzanlagen **dürfen** solche Abschreibungen auch vorgenommen werden, wenn die **Wertminderung voraussichtlich nicht von Dauer** ist.

Die Bestimmung des § 204 Abs 2 zweiter Satz gibt den Unternehmen das **Wahlrecht,** eingetretene Wertverluste, die voraussichtlich nicht von Dauer sind, entweder durch eine außerplanmäßige Abschreibung zu berücksichtigen oder auf die außerplanmäßige Abschreibung zu verzichten. Im letzteren Fall wird in der Bilanz der entsprechende Posten solange zu einem **über dem beizulegenden Zeitwert liegenden Bilanzwert** ausgewiesen, bis die Wertminderung wieder weggefallen ist. Solche Fälle finden sich häufig bei **Wertpapieren, insbes Anleihen und Aktien, aber auch bei Anteilen an anderen Unternehmen.**

Zur Verhinderung von Missbräuchen, die insbesondere dann auftreten werden, wenn es dem Unternehmen ohnehin schlecht geht, und zur besseren **Information der Bilanzadressaten**, in welchem Ausmaß auf eine Abschreibung verzichtet wurde, verlangt der Gesetzgeber nunmehr die Angabe des **Buchwertes** und des **beizulegenden Zeitwertes** und die Angabe jener **Anhaltspunkte**, die darauf hindeuten, dass die **Wertminderung nicht von Dauer** ist.

Die Offenlegung hat entweder für einzelne Vermögensgegenstände oder für angemessene Gruppierungen zu erfolgen.

6.34 Erläuterungen zur Gewinn- und Verlustrechnung

Hier sind folgende Vorschriften anzuführen:

1) § 223 Abs 6 Z 2; **Aufgliederung** von in der Gewinn- und Verlustrechnung zulässigerweise **zusammengefassten Posten.** In der Gewinn- und Verlustrechnung könnten davon nur die Materialaufwendungen, Personalaufwendungen, die sonstigen betrieblichen Erträge und die sonstigen betrieblichen Aufwendungen betroffen sein.

2) Gemäß § 232 Abs 4 sind „die gemäß § 205 Abs 1 notwendigen Zuführungen zu **unversteuerten Rücklagen,** sowie die Erträge aus deren Auflösung unter Hinweis auf die maßgebliche **steuerliche Rechtsgrundlage** gesondert anzuführen" (Wahlrecht zwischen Angabe im Anhang oder in der Gewinn- und Verlustrechnung).

3) Gemäß § 233 sind **außerordentliche Erträge und außerordentliche Aufwendungen** sowie **Erträge und Aufwendungen, die einem anderen Geschäftsjahr zuzuordnen sind,** zu erläutern, soweit sie für die Beurteilung der Ertragslage nicht von untergeordneter Bedeutung sind.

4) § 237 Z 4 sieht bei Anwendung des **Umsatzkostenverfahrens** die Angabe von Aufwandsposten vor, die beim Umsatzkostenverfahren nicht gesondert ausgewiesen sind (Materialaufwand, Personalaufwand).

5) Gemäß § 237 Z 5 sind wesentliche Verluste aus dem Abgang von Gegenständen des Anlagevermögens anzugeben.

6) In Zusammenhang mit dem Posten **„Steuern vom Einkommen und vom Ertrag"** sind folgende Erläuterungen vorgesehen (§ 237 Z 6):

   a) die Auswirkung der Veränderung der unversteuerten Rücklagen auf den Posten „Steuern vom Einkommen und vom Ertrag" des Geschäftsjahres;

   b) in welchem Umfang die Steuern vom Einkommen und vom Ertrag das Ergebnis der gewöhnlichen Geschäftstätigkeit und das außerordentliche Ergebnis belasten;

   c) der Unterschied zwischen dem Steueraufwand, der dem Geschäftsjahr und den früheren Geschäftsjahren zugerechnet wird, und den für diese Geschäftsjahre gezahlten oder zu zahlenden Steuern, sofern dieser Unterschied für den künftigen Steueraufwand von Bedeutung ist (siehe Kapitel 4.28).

7) § 237 Z 9 sieht die Aufgliederung der Umsatzerlöse nach Tätigkeitsbereichen sowie nach geographisch bestimmten Märkten vor, wobei hier allerdings eine besondere Schutzklausel eingreifen kann. Die zusätzlichen Angaben zum Umsatz sind nur für die mittelgroße AG und für die große AG und GmbH erforderlich (siehe Kapitel 5.41).

8) Gem. § 237 Z 13 sind die im Posten § 231 Abs 2 Z 6 lit c enthaltenen Aufwendungen für Abfertigungen anzugeben bzw ist darauf zu verweisen, dass der Posten nur mehr aus Leistungen an betriebliche Mitarbeitervorsorgekassen besteht.

9) Gemäß § 238 Z 4 sind die in den **Beteiligungserträgen** und in den **Aufwendungen aus Finanzanlagen und aus Wertpapieren des Umlaufvermögens** enthaltenen Erträge und Aufwendungen aus Gewinngemeinschaften anzugeben.

10) Gemäß § 239 Abs 1 Z 3 sind die Aufwendungen für **Abfertigungen und Pensionen** getrennt nach solchen für Vorstandsmitglieder und leitende Angestellte gemäß § 80 Abs 1 AktG 1965 und für andere Arbeitnehmer anzugeben.

6.4 Sonstige Angaben im Anhang

In diesem Abschnitt werden jene Angaben des Anhanges behandelt, die nicht unmittelbar mit einzelnen Posten der Bilanz und der Gewinn- und Verlustrechnung in Zusammenhang stehen.

6.41 Nicht rechtsformspezifische Angaben

Aus § 238 (weitere Angaben im Anhang)

1) Gemäß § 238 Z 2 sind eine Reihe von **Angaben über Beteiligungsunternehmen** anzuführen, und zwar:

> Namen und Sitz anderer Unternehmen, von denen das Unternehmen oder für dessen Rechnung eine andere Person mindestens den fünften Teil der Anteile besitzt.
>
> Weiters sind die Höhe des Anteils am Kapital, das Eigenkapital und das Ergebnis des letzten Geschäftsjahres dieser Unternehmen anzugeben, für das ein Jahresabschluss vorliegt, wobei § 244 Abs 4 und 5 über die Berechnung der Anteile entsprechend anzuwenden ist. Ferner Name, Sitz und Rechtsform der Unternehmen, deren unbeschränkt haftender Gesellschafter die Gesellschaft ist.
>
> Unter den in § 241 Abs 2 angeführten Voraussetzungen (untergeordnete Bedeutung für die Darstellung der Vermögens-, Finanz- und Ertragslage des Unternehmens, Eignung, dem Unternehmen oder dem anderen Unternehmen einen erheblichen Nachteil zuzufügen) können diese Angaben unterbleiben. Weiters kann die Angabe des Eigenkapitals und des Jahresergebnisses unterbleiben, wenn das Unternehmen, über das zu berichten ist, seinen Jahresabschluss nicht offen zu legen hat und das berichtende Unternehmen weniger als die Hälfte der Anteile besitzt.
>
> Die Anwendung der Ausnahmeregelung gemäß § 241 Abs 2 Z 2 (Eignung, dem Unternehmen oder dem anderen Unternehmen einen erheblichen Nachteil zuzufügen) ist im Anhang anzugeben.

2) Gemäß § 238 Z 3 sind die **Beziehungen zu verbundenen Unternehmen** anzugeben; „hierbei ist auch über Verträge zu berichten, die die Gesellschaft verpflichten, ihren Gewinn oder Verlust ganz oder teilweise an andere Personen zu überrechnen, oder von anderen Personen zu übernehmen".

3) **Erforderliche Anhangsangaben über die Gruppenbesteuerung.** Im Anhang sind beim Gruppenträger und beim Gruppenmitglied folgende Sachverhalte anzugeben:
   - wesentliche Grundzüge des Gruppenvertrags und die gewählte Umlagemethode (§ 238 Z 3 UGB);
   - finanzielle Verpflichtungen aus einem Steuerschlussausgleich;
   - nicht als Rückstellung für latente Steuern angesetzte quasi permanente Differenzen (wie zB aus eingefrorenen Verlusten).

> Auch dazu gibt es in § 241 Abs 3 eine spezielle Schutzklausel, wonach bei der Berichterstattung nach § 238 Z 3 unter bestimmten Voraussetzungen Einzelheiten nicht angegeben werden müssen. Auch die Anwendung dieser Ausnahmeregelung muss im Anhang angeführt werden.

Aus § 239 (Pflichtangaben über Organe und Arbeitnehmer)

1) Angabe der durchschnittlichen Zahl der Arbeitnehmer während des Geschäftsjahres und die Aufgliederung der durchschnittlichen Zahl der Arbeitnehmer getrennt nach Arbeitern und Angestellten (§ 239 Abs 1 Z 1).

2) Angaben über **Vorschüsse und Kredite** an Mitglieder des Vorstandes und des Aufsichtsrates und die zugunsten dieser Personen eingegangenen Haftungsverhältnisse (§ 239 Abs 1 Z 2).
3) Die **Bezüge** der Mitglieder des **Vorstandes,** des **Aufsichtsrates** oder ähnlicher Einrichtungen gesondert für jede Personengruppe; das Gesetz sieht in § 239 Abs 1 Z 4 sehr detaillierte Angaben vor.
   Wenn diese Aufschlüsselung jedoch weniger als drei Personen betrifft, so kann sie unterbleiben (§ 241 Abs 4).
4) Angabe der Mitglieder des Vorstandes und des Aufsichtsrates nach den in § 239 Abs 2 im Einzelnen enthaltenen Vorschriften.

5 a – c) Angaben zur Anzahl und Aufteilung der im Geschäftsjahr eingeräumten und ausgeübten Aktienoptionen auf Arbeitnehmer und leitende Angestellte sowie auf die namentlich anzuführenden Organmitglieder. Bei börsenotierten Gesellschaften ist auch der Schätzwert der eingeräumten Optionen (am Bilanzstichtag) und ausgeübten Optionen (zum Zeitpunkt der Ausübung) anzugeben.

Die AFRAC-Stellungnahme „Die Behandlung anteilsbasierter Vergütungen in UGB-Abschlüssen“ vom September 2007 gibt eine Übersicht über die in § 239 Abs 1 Z 5 UGB vorgeschriebenen Angaben:

- für die insgesamt und die im Geschäftsjahr eingeräumten Rechte:
  - die Anzahl der Rechte
  - die jeweils beziehbare Anzahl der Aktien
  - der Ausübungspreis oder die Grundlagen oder die Formel zu seiner Berechnung
  - die Laufzeit
  - das zeitliche Ausübungsfenster (der Ausübungszeitraum)
  - die Übertragbarkeit der Rechte
  - eine allfällige Behaltefrist für bezogene Aktien
  - die Art der Bedienung der Rechte
- für die im Geschäftsjahr ausgeübten Rechte:
  - deren Anzahl
  - der Ausübungspreis

Alle Angaben sind getrennt für Arbeitnehmer(innen) und leitende Angestellte sowie für die namentlich anzuführenden Organmitglieder zu machen.

Von börsenotierten Gesellschaften sind überdies anzugeben:

- der Schätzwert bzw die Bandbreite des Schätzwertes der eingeräumten Rechte zum Bilanzstichtag
- der Wert der im Geschäftsjahr ausgeübten Rechte zum Zeitpunkt der Ausübung

Weitere Erläuterungen **zu den Aktienoptionen** siehe Abschnitte 4.254.1 und 4.313.5.

6.42 Pflichtangaben bei Aktiengesellschaften

Neben den bereits vorne genannten Angaben verbleiben für die AG noch die Bestimmungen unter § 240:

Z 1, 2, 4, 5, 6: diesbezüglich wird auf die Erläuterungen im Abschnitt 4.313 verwiesen.

Z 3 (Angaben zu eigenen Aktien): diesbezüglich wird auf die Erläuterungen im Abschnitt 4.254.1 verwiesen.

Z 7: Genussrechte, Rechte aus Besserungscheinen und ähnliche Rechte unter Angabe der Art und Zahl der jeweiligen Rechte, sowie der im Geschäftsjahr neu entstandenen Rechte (siehe Kapitel 4.317.4).

Z 8: Betrag des unter den Verbindlichkeiten ausgewiesenen nachrangigen Kapitals.

Z 9: Das Bestehen einer wechselseitigen Beteiligung (§ 228 Abs 1) unter Angabe des beteiligten Unternehmens (siehe Kapitel 4.221.49).

6.43 Neue Anhangangaben aufgrund der „Abschlussprüfungsrichtlinie“ und der „Änderungsrichtlinie“

6.431 Abschlussprüfungsrichtlinie (URÄG 2008, § 237 Z 14)

Die **Abschlussprüfungsrichtlinie** sieht in Art 49 Änderungen der 4. und 7. Richtlinie vor, dass „die Gesamthonorare, die von dem Abschlussprüfer oder der Prüfungsgesellschaft dem geprüften Unternehmen für das Geschäftsjahr berechnet wurden, aufgeschlüsselt nach der **Gesamthonorarsumme für die Abschlussprüfung** des Jahresabschlusses, der Gesamthonorarsumme für andere Bestätigungsleistungen, der Gesamthonorarsumme für Steuerberatungsleistungen und der Gesamthonorarsumme für sonstige Leistungen anzugeben sind.“ Die Mitgliedstaaten können dabei festlegen, dass diese Bestimmung nicht angewandt wird, wenn das Unternehmen in einen konsolidierten Abschluss einbezogen wird, vorausgesetzt, eine derartige Information ist in dem konsolidierten Abschluss enthalten.

Die Umsetzung im URÄG 2008 erfolgte durch Anfügung einer neuen **Z 14 in § 237:**

> „Die auf das Geschäftsjahr entfallenden **Aufwendungen für den Abschlussprüfer,** aufgeschlüsselt nach den Aufwendungen für die Prüfung des Jahresabschlusses, für andere Bestätigungsleistungen, für Steuerberatungsleistungen und für sonstige Leistungen. Diese Angabe kann unterbleiben, wenn das Unternehmen in einen Konzernabschluss einbezogen und eine derartige Information darin enthalten ist.“

Gem **§ 242 Abs 1** kann diese Angabe jedoch bei kleinen Aktiengesellschaften unterbleiben.

Bei aufsichtsratspflichtigen und deshalb prüfungspflichtigen kleinen GesmbHs entfällt diese Verpflichtung mangels Aufzählung des § 237 Z 14 in § 242 Abs 2.

6.432 Änderungsrichtlinie 2006

a) Geschäfte der Gesellschaft mit nahestehende Unternehmen und Personen (§237 Z 8b)

In der 4. Richtlinie war bisher nur die Offenlegung von Geschäften zwischen der Gesellschaft und den mit ihr verbundenen Unternehmen vorgeschrieben. Im Interesse einer Gleichstellung mit Unternehmen, „die ihren konsolidierten Abschluss nach internationalen Rechnungslegungsstandards aufstellen, soll die Offenlegungspflicht erweitert werden, um auch andere Arten von **nahestehenden Unternehmen und Personen** zB Angehörige des Managements in Schlüsselpositionen des Managements und Ehegatten von Organmitgliedern zu erfassen, allerdings nur, wenn es sich dabei um wesentliche zu **marktunüblichen** Bedingungen durchgeführte Geschäfte handelt.“ (Erwägungsgrund 6 zur Änderungsrichtlinie)

„Die Definition des Begriffes „**nahestehende Unternehmen und Personen**“ im Sinne der internationalen Rechnungslegungsstandards … soll dabei auf die 4. und 7. Richtlinie angewandt werden“ (Erwägungsgrund 7).

§ 237 Z 8b lautet wie folgt:

> „8b. Geschäfte der Gesellschaft mit nahe stehenden Unternehmen und Personen im Sinn der gemäß der Verordnung (EG) Nr. 1606/2002 übernommenen internationalen Rechnungslegungsstandards, einschließlich Angaben zu deren Wertumfang, zu der Art der Beziehung mit den nahe stehenden Unternehmen und Personen sowie weiterer Angaben zu den Geschäften, die für die Beurteilung der Finanzlage der Gesellschaft notwendig sind, **sofern diese Geschäfte wesentlich und unter marktunüblichen Bedingungen abgeschlossen worden sind.** Angaben über Einzelgeschäfte können nach Geschäftsarten zusammengefasst werden, sofern für die Beurteilung der Auswirkungen dieser Geschäfte auf die Finanzlage der Gesellschaft keine getrennten Angaben benötigt werden. **Geschäfte zwischen verbundenen Unternehmen** im Sinne des § 228 Abs 3 sind ausgenommen, wenn die an den Geschäften beteiligten Tochterunternehmen unmittelbar und mittelbar in hundertprozentigem Anteilsbesitz ihres Mutterunternehmens stehen.“

Gemäß **§ 242 Abs 1 können bei kleinen und mittelgroßen Aktiengesellschaften** (§ 221 Abs 1 und 2) die Angaben nach § 237 Z 8b auf diejenigen Geschäfte beschränkt werden, die direkt oder indirekt zwischen der Gesellschaft und ihren Hauptgesellschaftern oder der Gesellschaft und den Mitgliedern des Vorstands oder des Aufsichtsrats geschlossen werden. Als Hauptgesellschafter gilt, wer direkt oder indirekt in Höhe von zumindest 10 von Hundert am Kapital der Gesellschaft beteiligt ist.

Bei **mittelgroßen Gesellschaften mit beschränkter Haftung** können die Angaben nach § 237 Z 8b unterbleiben (§ 242 Abs 1).

Aus den **Erläuternden Bemerkungen** zu § 237 Z 8b:

„Art. 43 Abs 1 Z 7b der 4. EG-RL … sieht unter bestimmten Voraussetzungen eine Berichtspflicht für Geschäfte mit nahe stehenden Unternehmen oder Personen im Anhang zum Jahresabschluss vor. Diese Berichtspflicht – die vor allem dem **Schutz von Minderheitsaktionären** dient – wird im § 237 Z 8b umgesetzt …

Die Begriffsfolge **„nahe stehende Unternehmen und Personen"** („related parties") ist im Sinne der von der Europäischen Gemeinschaft übernommenen internationalen Rechnungslegungsstandards zu verstehen (derzeit **IAS 24** – Angaben über Beziehungen zu nahe stehenden Unternehmen und Personen – VO(EG) Nr. 2238/2004 …).

Die Begriffsfolge „nahe stehende Unternehmen und Personen" (related parties) ist weiter als der Begriff des „verbundenen Unternehmens" gem § 228 Abs 3. Während „verbundene Unternehmen" nur Gesellschaften sein können, sind mit „nahe stehenden Personen" auch natürliche Personen gemeint, was der Erwägungsgrund 6 sowie IAS 24.9 deutlich machen. Nach dem Erwägungsgrund 6 **soll die Offenlegungspflicht erweitert werden,** um auch andere Arten von nahe stehenden Personen, wie Angehörige des Managements in Schlüsselpositionen oder Ehegatten von Organmitgliedern zu erfassen, allerdings nur, wenn es sich dabei **um wesentliche, zu marktunüblichen Bedingungen durchgeführte Geschäfte** handelt …

Der Umfang der Angabepflicht für Geschäfte der Gesellschaft mit nahe stehenden Unternehmen und Personen ist allerdings gegenüber IAS 24 folgendermaßen eingeschränkt:

Die Geschäfte müssen **für die Beurteilung der Finanzlage der Gesellschaft notwendig** sein, sofern diese **wesentlich** und **unter marktunüblichen Bedingungen abgeschlossen** worden sind.

Eine **weitere Einschränkung** bezieht sich auf Geschäfte zwischen verbundenen Unternehmen im Sinne des § 228 Abs 3, die von der Angabepflicht ausgenommen sind, wenn die an den Geschäften beteiligten Tochterunternehmen unmittelbar oder mittelbar in hundertprozentigem Anteilsbesitz ihres Mutterunternehmens stehen.

Die Angabepflicht bezieht sich unter den angegebenen Einschränkungen auf den **Wertumfang**, die **Art der Beziehung** mit den nahe stehenden

Unternehmen und Personen, sowie auf zusätzliche Angaben zu den Geschäften, die für die Beurteilung der Finanzlage notwendig sind.

Exkurs: aus IAS 24

Nach IAS 24.1 ist **Zielsetzung** dieses Standards, die Möglichkeit zu berücksichtigen, dass die Vermögens-, Finanz- und Ertragslage eines Unternehmens durch die Existenz nahe stehender Unternehmen und Personen sowie durch Geschäftsvorfälle und ausstehende Salden mit diesen beeinflusst werden kann.

Definition „nahe stehende Unternehmen und Personen" – **IAS 24.9**

Nahe stehende Unternehmen und Personen

Unternehmen und Personen werden als nahe stehend betrachtet, wenn:

a) die Partei direkt oder indirekt über eine oder mehrere Zwischenstufen:
   - i) **das Unternehmen** (das schließt Mutterunternehmen, Tochterunternehmen und Schwesterunternehmen ein) **beherrscht,** von ihm beherrscht wird oder unter gemeinsamer Beherrschung steht;
   - ii) einen **Anteil** am Unternehmen besitzt, der ihm **maßgeblichen Einfluss** auf das Unternehmen gewährt; oder
   - iii) an der **gemeinsamen Führung** des Unternehmens beteiligt ist;

b) die Partei ein **assoziiertes Unternehmen** des anderen Unternehmens ist (wie in IAS 28 „Anteile an assoziierten Unternehmen" definiert);

c) die Partei ein Joint Venture ist, bei dem das Unternehmen ein Partnerunternehmen ist (siehe IAS 31 Anteile an Joint Ventures);

d) die Partei eine **Person in Schlüsselpositionen des Unternehmens** oder seines Mutterunternehmens ist;

e) die Partei ein **naher Familienangehöriger einer natürlichen Person** gemäß a) oder d) ist;

f) die Partei ein Unternehmen ist, das von einer unter d) oder e) bezeichneten Person beherrscht wird, mit ihr unter gemeinsamer Beherrschung steht, von ihr maßgeblich beeinflusst wird oder die einen wesentlichen Stimmrechtsanteil, ob direkt oder indirekt, an diesem Unternehmen besitzt; oder

g) die Partei eine zu Gunsten der Arbeitnehmer des Unternehmens oder eines seiner nahe stehenden Unternehmen bestehende **Vorsorgekasse** für Leistungen nach Beendigung des Arbeitsverhältnisses ist.

Weitere Definitionen in IAS 24.9 beziehen sich auf:

- Geschäftsvorfälle mit nahe stehenden Unternehmen und Personen,
- nahe Familienangehörige einer natürlichen Person,
- Vergütungen (in Zusammenhang mit Personen in Schlüsselpositionen des Unternehmens),
- Beherrschung, gemeinschaftliche Führung,
- Personen in Schlüsselpositionen,
- maßgeblicher Einfluss.

Unter Beachtung der einschränkenden Voraussetzungen in § 237 Z 8b hat zB gem IAS 24.16 das Unternehmen die **Vergütungen für Mitglieder des Managements in Schlüsselpositionen** insgesamt und für jede der an dieser Stelle genannten Kategorien anzugeben.

IAS 24.20 nennt **Beispiele von Geschäftsvorfällen**, die anzugeben sind, falls sie sich auf nahe stehende Unternehmen und Personen beziehen:

a) Käufe und Verkäufe von (fertigen oder unfertigen) Gütern;
b) Käufe oder Verkäufe von Grundstücken, Bauten und anderen Vermögenswerten;
c) geleistete oder bezogene Dienstleistungen;
d) Leasingverhältnisse;
e) Transfers von Dienstleistungen im Bereich Forschung und Entwicklung;
f) Transfers auf Grund von Lizenzvereinbarungen;
g) Finanzierungen (einschließlich Darlehen und Kapitaleinlagen in Form von Bar- oder Sacheinlagen);
h) Gewährung von Bürgschaften oder Sicherheiten; und
i) die Erfüllung von Verbindlichkeiten für Rechnung des Unternehmens oder durch das Unternehmen für Rechnung Dritter.

Für die Angabepflicht nach § 237 Z 8b sind wieder die dort genannten Voraussetzungen zu beachten.

Soweit es sich um Beziehungen zu Vorstands- und Aufsichtsratsmitgliedern handelt, können sich hier **Überschneidungen mit § 239 Abs 1** ergeben.

b) Außerbilanzielle Geschäfte (§ 237 Z 8a UGB)

Erwägungsrund 8 u. 9 zur „Änderungsrichtlinie" enthalten folgende Ausführungen zu diesen außerbilanziellen Geschäften.

„Außerbilanzielle Geschäften können Unternehmen Risiken aussetzen und ihnen Vorteile bringen, die für eine Einschätzung der Finanzlage des Unternehmens … bzw. der Finanzanlage der gesamten Unternehmensgruppe wesentlich sind."

„Solche außerbilanziellen Geschäfte können mit der Errichtung oder Nutzung von **Zweckgesellschaften** und mit **Offshore-Geschäften** verbunden sein, die unter anderem wirtschaftliche, rechtliche, steuerliche und bilanzielle Ziele verfolgen. Zu solchen außerbilanziellen Geschäften zählen beispielsweise **Risiko- und Gewinnteilungsvereinbarungen** oder **Verpflichtungen aus Verträgen, wie zB**. Factoring, Pensionsgeschäfte, Konsignationslagervereinbarungen, Verträge mit unbedingter Zahlungsverpflichtung („take or pay"-Verträge), Forderungsverbriefung über gesonderte Gesellschaften oder nicht rechtsfähige Einrichtungen, Verpfändung von Aktiva, Leasingverträge, Auslagerung von Tätigkeiten u.ä." …

Aus diesen Überlegungen ergibt sich die in **Art. 43 Abs 1 Nr. 7a)** der 4. Richtlinie enthaltene und in § 237 Z 8a UGB wie folgt übernommene Vorschrift:

§ 237 Z 8a

> „Art, Zweck und finanzielle Auswirkungen der nicht in der Bilanz ausgewiesenen und auch nicht gemäß Z 8 oder § 199 anzugebenden Geschäfte, sofern **die Risiken und Vorteile**, die aus solchen Geschäften entstehen, **wesentlich** sind und die **Offenlegung** derartiger Risiken und Vorteile **für die Beurteilung der Finanzlage der Gesellschaft notwendig** ist."

„Der § 237 Z 8 enthält zwar eine Berichtspflicht für nicht in der Bilanz enthaltene finanzielle Verpflichtungen, erfüllt aber die **erweiterten Berichtspflichten der Änderungs-RL** nicht. Deshalb wird die von der RL vorgesehene Verpflichtung zur Berichterstattung über außerbilanzielle Geschäfte („Off-Balance-Sheet-Geschäfte") in einer neuen Z 8a geregelt." (EB zu § 237 Z 8a)

Allerdings sind jeweils die Einschränkungen laut Gesetzestext zu beachten (Wesentlichkeit der Risiken und Vorteile aus solchen Geschäftsbeziehungen, Notwendigkeit der Offenlegung für die Beurteilung der Finanzlage der Gesellschaft).

Die EB verweisen insbesondere auf die Bedeutung der Änderungs-RL in Zusammenhang mit **Zweckgesellschaften** (Special Purpose Entities, SPE): „Durch diese wird oftmals versucht, Schulden in eine eigens dafür gegründete Zweckgesellschaft auszulagern und durch Vermeidung ihrer Konsolidierung die tatsächliche Lage des Unternehmens zu verschleiern." (EB zu § 237 Z 8a)

Allerdings wird dies für Konzernabschlüsse nur dann erreicht, wenn die jeweilige Zweckgesellschaft nicht unter die Konsolidierungspflicht für Tochterunternehmen fällt. Bezüglich der Konsolidierungspflicht von Zweckgesellschaften wird auf die **SIC Interpretation 12** „Consolidation – Special Purposc Entities" verwiesen.

Für Österreich ergibt sich als Sonderfrage, wieweit **Privatstiftungen** zum Zweck der Vermeidung einer Konsolidierungspflicht verwendet werden können; gerade in diesem Zusammenhang ist die Berichtspflicht nach § 237 Z 8a von besonderer Bedeutung.

Bezüglich weiterer Fragen wird auf den Beitrag Nowotny/Platzer/Auer im WP-Jahrbuch 2007 verwiesen; „Änderung der 4. und 7. EG-Richtlinie betreffend die gemeinsame Verantwortung des Vorstandes, verstärkte Offenlegung von außerbilanziellen Geschäften und zur Corporate Governance", insbesondere zur (gerechtfertigten) Kritik an den Richtlinienbestimmungen: „Die Unbestimmtheit des Begriffs des außerbilanziellen Geschäfts sowie das nur schwer abgrenzbare Kriterium der Wesentlichkeit führen zu erheblichen Rechtsunsicherheiten der Richtlinienbestimmungen. Die Wirtschaftsprüfer stehen vor dem Problem, dass die Vollständigkeit des Anhangs geprüft werden muss“ (aO S 229).

Gemäß § 242 Abs 1 können bei kleinen und mittelgroßen Aktiengesellschaften sowie mittelgroßen GmbHs die Angaben auf Art und Zweck der Geschäfte beschränkt werden.

6.5 Der Anhang der kleinen GmbH (bzw GmbH & Co Personengesellschaft im Sinne des § 221 Abs 5)

6.51 Die gesetzliche Regelung (§ 242 Abs 2)

In der geltenden Fassung **des § 242 Abs 2** sind die für die kleine GmbH geltenden Anhangangaben im Einzelnen angeführt:

„Kleine Gesellschaften mit beschränkter Haftung (§ 221 Abs 1) brauchen in ihren Anhang nur die Angaben gemäß

§ 222 Abs 2, § 223 Abs 1 – 3 sowie Abs 5, § 225 Abs 1, § 226 Abs 1, § 230 Abs 2, § 236, § 237 Z 2 – 4, 10 und 12, § 237 a) Abs 1 Z 2, § 238 Z 2, § 239 Abs 1 Z 1 und 2, § 239 Abs 2 sowie § 241 Abs 2 letzter Satz aufzunehmen; die Angaben gemäß § 237 Z 1 sind zusammengefaßt für alle betroffenen Posten zu machen“.

Der Inhalt dieser Vorschriften ist aus der in Kapitel 6.12 angeführten Checklist ersichtlich; die anhangpflichtigen Angaben für die kleine GmbH sind dort gesondert gekennzeichnet.

Als einzige Schwierigkeit bei der Abgrenzung des Inhaltes des Anhanges der kleinen GmbH bleibt gegebenenfalls die in § 236 erster Satz enthaltene Generalklausel, da danach der Inhalt des Anhanges von den Verhältnissen des konkreten Einzelfalles abhängig ist: „Im Anhang sind die Bilanz und die Gewinn- und Verlustrechnung, sowie die darauf angewandten Bilanzierungs- und Bewertungsmethoden so zu erläutern, daß ein möglichst getreues Bild der Vermögens-, Finanz- und Ertragslage des Unternehmens vermittelt wird.“

Allerdings besteht ein **Minderheitsrecht auf Erstattung eines vollständigen Anhanges:**

„Auf schriftliches Verlangen einer Minderheit, deren Anteile den zehnten Teil des Nennkapitals oder den anteiligen Betrag von 1,4 Mio Euro erreichen, ist ein vollständiger Anhang zu erstellen. Dieses Verlangen muß vor Ablauf des Geschäftsjahres bei der Gesellschaft einlangen.“

Das Gesetz enthält hier eine Lücke insofern, als das **Minderheitsrecht** für die Personengesellschaft im Sinne des § 221 Abs 5 nicht geregelt ist.

Es muss jedoch davon ausgegangen werden, dass es der Absicht des Gesetzgebers entspricht, auch für diese Gesellschaftsform ein solches Minderheitsrecht einzuräumen, sodass diese Vorschrift sinngemäß auch auf solche Konstruktionen anwendbar ist. Anderer Ansicht Nowotny C. (in: Straube, Rz 16 zu § 242), der diese Bestimmung über das Minderheitsrecht nicht sinngemäß übertragbar auf Personengesellschaften ansieht; Ersatz dafür sei das Bucheinsichtsrecht jedes Gesellschafters gemäß § 166 Abs 1, das Auskunftsrecht gegenüber den geschäftsführenden Gesellschaftern, das Recht, die Mitteilung einer Bilanz und eine Sonderprüfung zu verlangen (§ 166 Abs 3).

6.52 Die Adressaten des Anhanges der kleinen GmbH

Wenn auch im Falle der kleinen GmbH der Jahresabschluss nur einer eingeschränkten Offenlegung unterliegt (siehe Abschnitt 7.24, S 450 f), dient der Anhang nicht nur der Selbstinformation der Geschäftsführung, sondern der Information weiterer Personenkreise, zB nichtgeschäftsführende Gesellschafter, Kommanditisten bei der GmbH & Co KG, Banken, Finanzbehörden, Personalvertreter, sodass der ordnungsmäßigen Aufstellung große Bedeutung zukommt.

6.53 Strafvorschriften für GmbHs

„Mit Freiheitsstrafe bis zu einem Jahr oder mit Geldstrafe bis zu 360 Tagessätzen ist gem § 122 GmbHG vom Gericht zu bestrafen, wer als Geschäftsführer, Mitglied des Aufsichtsrates, Beauftragter oder Liquidator in Berichten, Darstellungen und Übersichten (…), die (…) an die Gesellschafter gerichtet sind, wie insbesondere Jahresabschluss – dazu gehört auch der Anhang – und Lagebericht (von dessen Aufstellung die kleine GmbH allerdings befreit ist) die Verhältnisse der Gesellschaft (…) oder erhebliche Umstände, auch wenn sie nur einzelne Geschäftsfälle betreffen, unrichtig wiedergibt, verschleiert oder verschweigt."

6.6 Der Lagebericht nach UGB

6.61 Erweiterung des Lageberichtes infolge der Umsetzung der Fair-Value-Richtlinie und der Modernisierungsrichtlinie

Im Zuge der Umsetzung der Fair-Value-Richtlinie und der Modernisierungsrichtlinie wurden die in § 243 geregelten Vorschriften über den Lagebericht wesentlich erweitert und ergänzt. Diese Ergänzung betrifft unter anderem die Risikoberichterstattung mit der Beschreibung jener wesentlichen Risiken und Unsicherheiten, denen das Unternehmen ausgesetzt ist.

Eine weitere Ergänzung erfolgte 2006 durch die Hinzufügung des nachfolgend dargestellten § 243a. Weitere Ergänzungen, die im Kapitel 6.62

angeführt sind, ergaben sich durch das URÄG 2008 (§ 243a Z 10 und § 243b).

> § 243 Abs 1:
> Im Lagebericht sind der Geschäftsverlauf, einschließlich des Geschäftsergebnisses, und die Lage des Unternehmens so darzustellen, dass ein möglichst getreues Bild der Vermögens-, Finanz- und Ertragslage vermittelt wird, und die wesentlichen Risiken und Ungewissheiten, denen das Unternehmen ausgesetzt ist, zu beschreiben.
>
> Abs 2:
> Der Lagebericht hat eine ausgewogene und umfassende, dem Umfang und der Komplexität der Geschäftstätigkeit angemessene Analyse des Geschäftsverlaufs, einschließlich des Geschäftsergebnisses, und der Lage des Unternehmens zu enthalten.
>
> Abhängig von der Größe des Unternehmens und von der Komplexität des Geschäftsbetriebs hat die Analyse auf die für die jeweilige Geschäftstätigkeit wichtigsten finanziellen Leistungsindikatoren einzugehen und sie unter Bezugnahme auf die im Jahresabschluss ausgewiesenen Beträge und Angaben zu erläutern.
>
> Abs 3:
> Der Lagebericht hat auch einzugehen auf
>
> 1. Vorgänge von besonderer Bedeutung, die nach dem Schluss des Geschäftsjahres eingetreten sind;
> 2. die voraussichtliche Entwicklung des Unternehmens;
> 3. den Bereich Forschung und Entwicklung
> 4. bestehende Zweigniederlassungen der Gesellschaft;
> 5. die Verwendung von Finanzinstrumenten;
>
>   sofern dies für die Beurteilung der Vermögens-, Finanz- und Ertragslage von Bedeutung ist; diesfalls sind anzugeben
>
>   a) die Risikomanagementziele und -methoden, einschließlich der Methoden zur Absicherung aller wichtigen Arten geplanter Transaktionen, die im Rahmen der Bilanzierung von Sicherungsgeschäften angewandt werden, und
>   b) bestehende Preisänderungs-, Ausfall-, Liquiditäts- und Cashflow-Risiken.
>
> Abs 4:
> Kleine Gesellschaften mit beschränkter Haftung (§ 221 Abs 1) brauchen den Lagebericht nicht aufzustellen.
>
> Abs 5:
> Für große Kapitalgesellschaften umfasst die Analyse nach Abs 2 letzter Satz auch die wichtigsten nichtfinanziellen Leistungsindikatoren, einschließlich Informationen über Umwelt- und Arbeitnehmerbelange, Abs 3 bleibt unberührt.
>
> § 243a
> Im Lagebericht von Aktiengesellschaften, deren Aktien zum Handel auf einem Markt zugelassen sind, der in das Verzeichnis der geregelten Märkte gemäß Art. 16 der Richtlinie 93/22/EWG eingetragen ist, ist überdies offenzulegen:

1. die Zusammensetzung des Kapitals einschließlich der Aktien, die nicht auf einem in das Verzeichnis der geregelten Märkte gemäß Art. 16 der Richtlinie 93/22/EWG eingetragenen Markt gehandelt werden, sowie gegebenenfalls die Angabe der verschiedenen Aktiengattungen und zu jeder Aktiengattung die Angabe der mit dieser Gattung verbundenen Rechte und Pflichten sowie des Anteils dieser Gattung am Gesellschaftskapital;
2. alle Beschränkungen, die Stimmrechte oder die Übertragung von Aktien betreffen, auch wenn sie in Vereinbarungen zwischen Gesellschaftern enthalten sind, soweit sie dem Vorstand der Gesellschaft bekannt sind;
3. direkte oder indirekte Beteiligungen am Kapital, die zumindest 10 vom Hundert betragen;
4. die Inhaber von Aktien mit besonderen Kontrollrechten und eine Beschreibung dieser Rechte;
5. die Art der Stimmrechtskontrolle bei einer Kapitalbeteiligung der Arbeitnehmer, wenn sie das Stimmrecht nicht unmittelbar ausüben;
6. die sich nicht unmittelbar aus dem Gesetz ergebenden Bestimmungen über die Ernennung und Abberufung der Mitglieder des Vorstands und des Aufsichtsrats und über die Änderungen der Satzung der Gesellschaft;
7. die sich nicht unmittelbar aus dem Gesetz ergebenden Befugnisse der Mitglieder des Vorstands, insbesondere hinsichtlich der Möglichkeit, Aktien auszugeben oder zurückzukaufen;
8. alle bedeutenden Vereinbarungen, an denen die Gesellschaft beteiligt ist und die bei einem Kontrollwechsel in der Gesellschaft infolge eines Übernahmeangebots wirksam werden, sich ändern oder enden, sowie ihre Wirkungen; ausgenommen hiervon sind Vereinbarungen, deren Bekanntmachung der Gesellschaft erheblich schaden würde, es sei denn, die Gesellschaft ist zur Bekanntgabe derartiger Informationen aufgrund anderer Rechtsvorschriften ausdrücklich verpflichtet;
9. Bestand und wesentlicher Inhalt von Entschädigungsvereinbarungen zwischen der Gesellschaft und ihren Vorstands- und Aufsichtsratsmitgliedern oder Arbeitnehmern für den Fall eines öffentlichen Übernahmeangebots.

Die Ursachen für die **Neufassung der Vorschriften** über den **Lagebericht** durch die Modernisierungsrichtlinie werden im Erwägungsgrund 9 zu dieser Richtlinie wie folgt dargestellt:

„Der **Lagebericht bzw. der konsolidierte Lagebericht** sind wichtige Elemente der Rechnungslegung. Die Anforderung, dass der Lagebericht in einer dem Umfang und der Komplexität der Geschäftstätigkeit angemessenen Weise ein den tatsächlichen Verhältnissen entsprechendes Bild des Geschäftsverlaufs und der Lage des Unternehmens vermitteln soll, muss entsprechend den derzeit bestehenden Verfahrensweisen weiterentwickelt werden, um mehr Übereinstimmung zu erreichen und zusätzliche Orientierung in Bezug auf den Informationsgehalt zu geben, der von einem den tatsächlichen Verhältnissen entsprechenden Bild erwartet wird.

Die Informationen sollten nicht auf die finanziellen Aspekte des Geschäftes des Unternehmens beschränkt sein. Dies sollte gegebenenfalls zu einer Analyse ökologischer und sozialer Aspekte führen, die für das Verständnis des Geschäftsverlaufs, des Geschäftsergebnisses oder der Lage des Unternehmens erforderlich sind. Dies steht auch im Einklang mit der Empfehlung 2001/453/EG der Kommission vom 30. Mai 2001 zur Berücksichtigung von Umweltaspekten in Jahresabschluss und Lagebericht von Unternehmen. Unter Berücksichtigung der ständigen Weiterentwicklung dieses Bereichs der Rechnungslegung und angesichts des möglichen Aufwands für Unternehmen unterhalb einer bestimmten Größe sollten die Mitgliedstaaten allerdings die Möglichkeit haben, von der Verpflichtung zur Vorlage nichtfinanzieller Informationen im Lagebericht solcher Unternehmen abzusehen."

Österreich hält sich nach wie vor an die Bestimmung, dass die Mitgliedstaaten die in Art 11 der 4. Richtlinie bezeichneten Gesellschaften (kleine GmbHs) von der Verpflichtung zur Aufstellung eines Lageberichtes ausnehmen können. Während gem § 242 Abs 2 (gültig für kleine GmbHs) auf ein schriftliches Verlangen einer Minderheit, deren Anteile den zehnten Teil des Nennkapitals erreichen, ein vollständiger **Anhang** erstellt werden muss, besteht **für den Lagebericht allerdings kein solches Minderheitsrecht**.

Allerdings wäre es wünschenswert, dass kleine GmbHs (zB Holding-Gesellschaften), die infolge Bestehens eines Aufsichtsrates prüfungspflichtig sind, zur Aufstellung eines Lageberichtes verpflichtet werden.

6.62 Zusätzliche Bestimmungen für den Lagebericht, die sich aus der Umsetzung der Änderungsrichtlinie und der Transparenzrichtlinie ergeben (URÄG 2008)

Gesetzesstelle	Inhalt	Kapitel in diesem Buch
§ 243a Z 10 UGB	Beschreibung der wichtigsten Merkmale des internen Kontrollsystems im Hinblick auf die Rechnungslegung	6.691.2
§ 243b UGB	Corporate-Governance-Bericht	6.692
§ 87 Börsegesetz Abs 1	Einführung eines Zwischenlageberichts	6. 693

6.63 Allgemeines zum Lagebericht

6.631 Stellung des Lageberichtes in der Rechnungslegung

„Der Lagebericht hat sowohl eine **Informationsfunktion**, als auch eine **Rechenschaftsfunktion** … Der Jahresabschluss soll um wichtige Informationen, die sich nicht aus der Bilanz, der Gewinn- und Verlustrechnung oder dem Anhang erkennen lassen, ergänzt werden" (Küting/Weber, Rz 9 zu § 289 dHGB).

„Im Lagebericht geben die Gesellschaftsorgane auch ihr persönliches Werturteil über die Lage und Entwicklung der Kapitalgesellschaft ab, das betriebswirtschaftliche, technische, rechtliche, sozialpolitische und volkswirtschaftliche Aspekte gleichermaßen umfasst" (Beck'scher Bilanzkommentar[5], Rz 3 zu § 289).

„Bei der inhaltlichen Ausgestaltung ist auf die Adressaten und deren Informationsbedürfnisse Bedacht zu nehmen. Ein Unternehmen mit externen Anlegern erfordert eine intensivere Information, als ein solches mit weniger Gesellschaftern, die untereinander und dem Unternehmen eng verbunden sind; ..." (Nowotny in Straube[2], Anmerkung 15 zu § 243).

Die Bedeutung des Lageberichts und der Adressatenkreis hängen somit stark davon ab, ob es sich um veröffentlichungspflichtige Kapitalgesellschaften oder um Kapitalgesellschaften handelt, die nur eingeschränkten Publizitätsvorschriften unterliegen.

Aber auch bei den veröffentlichungspflichtigen Kapitalgesellschaften wird die Ausgestaltung des Lageberichts stark vom **Interesse** des jeweiligen Unternehmens an der Publizität abhängig sein: Die **kapitalmarktorientierte Publikums-AG** wird bestrebt sein, den Lagebericht auch als Instrument der Werbung für das Unternehmen einzusetzen.

Weitere Faktoren, die Inhalt und Umfang des Lageberichtes beeinflussen können, sind zB

a) Überschneidungen mit dem Inhalt des Anhanges

- So sind zB die in § 237 Z 9 geforderten Angaben zur Aufgliederung des Umsatzes bereits ein Bestandteil der Erläuterungen der Ertragslage des Unternehmens (siehe Nowotny in Straube[2], Anmerkung 25 zu § 242).
  Angaben zur Forschungs- und Entwicklungstätigkeit in den Anhangerläuterungen der GuV (siehe Nowotny in Straube[2], Anmerkung 21 zu § 243).
- Im Zusammenhang mit den Erläuterungen zur Stellung von Unternehmen innerhalb eines Konzerns (im allgemeinen Teil der Angaben über die Gesellschaft) sind die Angaben gem § 238 Z 2–4 von wesentlicher Bedeutung (Angabe über Unternehmen, von denen das Unternehmen mindestens den fünften Teil der Anteile besitzt, Beziehungen zu verbundenen Unternehmen, Erläuterungen zu damit in Zusammenhang stehenden Posten der Gewinn- und Verlustrechnung).

In solchen Fällen von Überschneidungen ist bei den entsprechenden Abschnitten des Lageberichtes auf die einschlägigen Abschnitte des Anhanges zu verweisen. Ein solcher Hinweis ist jedenfalls erforderlich, da sonst der Inhalt des Lageberichtes nicht als vollständig betrachtet werden kann, wobei jedenfalls in den Lagebericht eine Kurzfassung der eventuell umfangreicheren Erläuterungen im Anhang aufzunehmen ist.

b) Lagebericht von kleinen und mittelgroßen AGs und mittelgroßen GmbHs

Für den Lagebericht dürfen keine Angaben verlangt werden, die zu Offenlegungserleichterungen in Widerspruch stehen. Dies betrifft zB die Vorschrift des § 242 Abs 1, wonach die Vorschriften des § 237 Z 9 für die Aufgliederung des Umsatzes für kleine Aktiengesellschaften und mittelgroße Gesellschaften mit beschränkter Haftung nicht gelten, bzw die Vorschrift des § 279 Z 2, wonach in der offen zu legenden G&V-Rechnung kleiner und mittelgroßer Aktiengesellschaften und mittelgroßer Gesellschaften mit beschränkter Haftung die Umsatzerlöse nicht gesondert ausgewiesen werden müssen, sondern eine Zusammenfassung bestimmter Posten zum „Rohergebnis" (bei Gliederung der G&V nach dem Gesamtkostenverfahren) bzw zum „Bruttoergebnis vom Umsatz" (bei Gliederung der G&V nach dem Umsatzkostenverfahren) zulässig ist.

Diese Sondervorschriften sind von wesentlicher Bedeutung für die Darstellung der Ertragslage und für bestimmte von den Umsatzerlösen abgeleitete Kennzahlen.

c) Verhältnis zwischen dem Konzernlagebericht und den Lageberichten der in den Konzernabschluss einbezogenen Unternehmen

Ein weiterer Einflussfaktor ist das **Verhältnis zwischen dem Konzernlagebericht und den Lageberichten** der in den Konzernabschluss einbezogenen Unternehmen (Mutter- und Tochterunternehmen).

Wenn man davon ausgeht, dass aufgrund der Einheitstheorie der Konzernabschluss eine Gesamtdarstellung der Vermögens-, Finanz- und Ertragslage der einbezogenen Unternehmen als einheitliches Unternehmen (§ 250 Abs 3) darstellt, muss man dem Konzernlagebericht eine größere Aussagefähigkeit als der Summe der Einzelabschlüsse bzw den dazu aufgestellten Lageberichten zubilligen. Dies kann Einfluss auf den Inhalt der Lageberichte für das Mutterunternehmen und die einbezogenen Tochterunternehmen haben; beim Mutterunternehmen ist weiters von Bedeutung, ob es sich vorwiegend um eine Holdinggesellschaft oder eine Gesellschaft mit einem wesentlichen operativen Bereich handelt.

Bei den einbezogenen Tochterunternehmen hängt der Inhalt des Lageberichtes vom Adressatenkreis und deren Informationsbedarf ab; wenn es sich um 100%ige Tochterunternehmen handelt, ist der vorwiegende Adressatenkreis das Mutterunternehmen und infolgedessen der Informationsbedarf durch den Lagebericht sehr gering. Wenn jedoch an den Tochterunternehmen konzernfremde Gesellschafter beteiligt sind bzw wenn im Einzelfall ein Tochterunternehmen auch börsenotiert ist, werden sehr unterschiedliche Anforderungen an den Inhalt des Lageberichtes bestehen.

6.632 Fachliche Stellungnahmen und Ausarbeitungen zum Lagebericht

Gem § 273 Abs 1 hat der Abschlussprüfer im Prüfungsbericht insbesondere festzustellen, „ob ... der Lagebericht ... den gesetzlichen Vorschriften entspricht."

Da die gesetzlichen Vorschriften in § 243 sehr allgemein und knapp gehalten sind, ergibt sich der Bedarf nach Orientierungshilfen für den Inhalt des Lageberichtes, dh nach Ausarbeitungen (Stellungnahmen) von Institutionen, die sich mit Fragen der Rechnungslegung beschäftigen.

Im Dezember 2006 wurde die **Stellungnahme „Lageberichterstattung gem. §§ 243 und 267 UGB"** einer **Arbeitsgruppe des AFRAC** veröffentlicht (im Folgenden kurz als AFRAC-Stellungnahme bezeichnet).

Am 27. November 2007 wurde eine „Empfehlung zur Ausgestaltung finanzieller Leistungsindikatoren im Lagebericht bzw Konzernlagebericht" (KFS-BW 3) vom Fachsenat für Betriebswirtschaft und Organisation der Kammer der Wirtschaftstreuhänder zu einem Teilaspekt der Lageberichterstattung verabschiedet.

An ausländischen Ausarbeitungen, die als weitere Grundlage bzw als Orientierungshilfe herangezogen werden können, sind folgende fachliche Stellungnahmen zu nennen:

- **IDW Rechnungslegungsstandard**: Aufstellung des Lageberichtes, IDW RS HFA 1, Stand 26. 6. 1998, in: Die Wirtschaftsprüfung, Heft 15/1998, Seite 653 ff

  Da in der Zwischenzeit in Deutschland die Stellungnahme „Lageberichterstattung" DRS 15 veröffentlicht wurde, führte dies im Juli 2005 zur formellen Aufhebung dieser Stellungnahme.

  Da dies allerdings nichts an der fachlichen Geltung dieser Stellungnahme ändert, wird sie in den folgenden Abschnitten weiterhin herangezogen.
- **Deutscher Rechnungslegungsstandard Nr 15 (DRS 15) „Lageberichterstattung"** (Verabschiedung Dezember 2004, Bekanntmachung durch das deutsche Justizministerium Februar 2005)

  Diese Stellungnahme bezieht sich nur auf den Konzernlagebericht, empfiehlt jedoch dessen allgemeine Anwendung. DRS 15 berücksichtigt bereits die Anforderungen der **Modernisierungsrichtlinie**.

- **Deutscher Rechnungslegungsstandard Nr 5 (DRS 5) – Risikoberichterstattung**

  Dieser Standard stellt eine Ergänzung zu DRS 15 dar, stammt ursprünglich vom April 2001 und wurde im Juli 2005 angepasst und im August 2005 durch das deutsche Justizministerium bekannt gemacht.
- Accounting Standards Board (UK) 5/2005 **Reporting Standard 1: Operating and Financial Review (OFR)**
- **IDW Rechnungslegungshinweis:** Lageberichterstattung nach § 289 Abs 1 und 3 HGB bzw § 315 Abs 1 HGB idF des Bilanzrechtsreformgesetzes (IDW RH HFA 1007) – Stand 18. 10. 2005 in: Die Wirtschaftsprüfung, Heft 22/2005.

  Dieser „Rechnungslegungshinweis“ stellt eine Ergänzung von DRS 15 und DRS 5 dar und geht auf eine Reihe dort nicht ausdrücklich behandelter Fragen ein.

In der Zwischenzeit hat sich auch der **IASB (International Accounting Standards Board)** mit Fragen der Lageberichterstattung beschäftigt und hat ein Discussion Paper unter der Bezeichnung **„Management Commentary“** veröffentlicht (XI/2005).

6.633 Grundsätze der Lageberichterstattung

Im oben angeführten **IDW-Rechnungslegungsstandard „Aufstellung des Lageberichtes**“ werden als Grundsätze der Lageberichterstattung **Vollständigkeit, Richtigkeit**, **Klarheit und Übersichtlichkeit** genannt; die hier aufgestellten Grundsätze lassen sich ohne Änderung auf die Bestimmungen des §243 Abs 1 und Abs 2 UGB übertragen. **DRS 15** nennt als weitere Grundsätze noch die „Vermittlung aus Sicht der Unternehmensleitung“ und „Konzentration auf die nachhaltige Wertschaffung“.

Die **AFRAC-Stellungnahme** nennt als Grundsätze „Vollständigkeit, Verlässlichkeit, Klarheit und Übersichtlichkeit sowie Vergleichbarkeit.“

Die Darstellung in den folgenden Abschnitten hält sich an die Gliederung des **IDW-Rechnungslegungsstandards** (der AFRAC-Grundsatz „Vergleichbarkeit“ wird hier als Bestandteil des Grundsatzes der Klarheit und Übersichtlichkeit behandelt).

6.633.1 Vollständigkeit

Nach Abschnitt 7 des IDW-Standards muss der Lagebericht alle Angaben enthalten, „die für die Gesamtbeurteilung der wirtschaftlichen Lage des Unternehmens und des Geschäftsverlaufs sowie der Risiken der künftigen Entwicklung erforderlich sind oder die im Rahmen der besonderen Angabepflichten nach § 289 Abs 2 HGB (= § 243 Abs 2 UGB) zu machen sind (Abschnitt 7)“.

„Der Grundsatz der Vollständigkeit erfordert keinen lückenlosen Bericht über alle Geschäftsvorfälle, vielmehr muss sich die Unternehmensleitung bei der Auswahl der Themen und Einzelsachverhalte an deren Bedeutung für die Lage des Unternehmens und an den Interessen der Adressaten des Lageberichtes orientieren."(**Entscheidungsrelevanz** für die Adressaten des Lageberichtes)

„Umfang und Auswahl der berichtspflichtigen Sachverhalte können unter dem **Gesichtspunkt der Wesentlichkeit** durch **Größe, Branche** und **wirtschaftliche Lage** des Unternehmens beeinflusst sein." (Abschnitt 9)

Im UGB gibt es **keine Schutzklausel** für den **Lagebericht**, sondern nur für den Anhang (§ 241 – „Unterlassen von Angaben"). Die Vorschrift des § 241 Abs 1, dass die Berichterstattung ausnahmsweise unterbleiben kann, soweit es die nationale Sicherheit des Bundes oder das wirtschaftliche Wohl des Bundes, der Länder, der Gemeinden oder Gemeindeverbände erfordert, wird allerdings sinngemäß auch auf den Lagebericht anzuwenden sein.

Soweit Einschränkungen von Angaben im Anhang vorgesehen sind (§ 241 Abs 2 und 3, § 242 Abs 1) oder Erleichterungen bei der **Offenlegung** (§ 279) gewährt werden, dürfen für den Lagebericht keine Angaben verlangt werden, die diese Ausnahmevorschriften praktisch aufheben würden.

„Auch muss die Berichterstattung dort ihre Grenzen finden, wo damit zu rechnen ist, dass die Preisgabe von Informationen zu Nachteilen für die berichtende Gesellschaft führt" (Küting/Weber, Rz 27 zu § 289 dHGB). Dies kann eine besondere Rolle bei der Berichterstattung über den Bereich Forschung und Entwicklung spielen.

Auch in Zusammenhang mit dem Grundsatz der Vollständigkeit sind die Strafvorschriften des § 255 AktG 1965 und § 122 GmbHG zu beachten, die das „Verschweigen erheblicher Umstände" unter Strafe stellen.

6.633.2 Richtigkeit (Wahrheit)

Abschnitt 13 des IDW-Standards fordert die Erfüllung folgender Anforderungen:

- Verlaufs- und Zustandsangaben (sog Tatsachenangaben) sind intersubjektiv **nachprüfbar.**
- Annahmen sind glaubhaft, dh sie sind plausibel und stehen nicht im Widerspruch zum Jahresabschluss, zu anderen Unterlagen des Unternehmens und zu allgemein bekannten wirtschaftlichen Tatsachen.
- Folgerungen aus den zugrunde liegenden Prämissen und Annahmen sind schlüssig, dh rechnerisch und sachlich richtig sowie willkürfrei gezogen.

Als Maßstab für die Richtigkeit ist die Sorgfalt eines gewissenhaften und ordentlichen Geschäftsführers heranzuziehen.

In diesem Zusammenhang ist auch auf folgende gesetzliche Vorschriften hinzuweisen:

Gemäß § 269 Abs 1 ist der Lagebericht (vom Abschlussprüfer) darauf zu prüfen, ob er mit dem Jahresabschluss in Einklang steht und ob die sonstigen Angaben im Lagebericht nicht eine falsche Vorstellung von der Lage des Unternehmens erwecken.

§ 255 AktG 1965 und § 122 GmbHG enthalten **Strafvorschriften** für Mitglieder des Vorstandes, des Aufsichtsrates oder Abwickler bzw Geschäftsführer, Mitglieder des Aufsichtsrates und Liquidatoren, die über die … **im Lagebericht anzugebenden Tatsachen falsche Angaben machen oder erhebliche Umstände verschweigen**.

6.633.3 Klarheit und Übersichtlichkeit

In Abschnitt 14 des IDW-Standards finden sich zu diesem Grundsatz ua folgende Ausführungen:

„Die Angaben im Lagebericht müssen **klar, eindeutig** und in **verständlicher Form** gemacht werden. Die Ausführungen dürfen daher weder vage oder weitschweifig sein noch an anderer Stelle des Lageberichts relativiert werden. Der Aufbau des Berichts hat in übersichtlicher Weise die wesentlichen Aussagen und bedeutsamen Sachverhalte in angemessenem Detaillierungsgrad hervorzuheben."

„Das Erfordernis einer **intertemporären Vergleichsmöglichkeit** verlangt einen gegenüber den Vorjahren grundsätzlich stetigen Berichtsaufbau. **Eine einheitliche Verwendung betriebswirtschaftlicher Kennzahlen** (zB entsprechend den Empfehlungen des Arbeitskreises „Externe Unternehmensrechnung" der Schmalenbach-Gesellschaft) **fördert die Klarheit und die Möglichkeit des Zeit- und Unternehmensvergleichs**." (Abschnitt 16)

„Zu wesentlichen zahlenmäßigen Angaben im Lagebericht sind **Vorjahreszahlen anzugeben**. Für bedeutende ökonomische Größen sind **Vergleiche über mehrere Jahre** sinnvoll. Im Falle von Unstetigkeiten sind die Vergleichszahlen für Zwecke einer **Mehrperiodendarstellung** anzupassen bzw hinreichend zu erläutern." (Abschnitt 17)

6.633.4 Berichtsgrundsätze nach § 243 (2)

Gem Abs 1 ist die Lage des Unternehmens so darzustellen, dass ein möglichst getreues Bild der Vermögens-, Finanz- und Ertragslage vermittelt wird.

Nach § 243 Abs 2 hat der Lagebericht „eine **ausgewogene** und **umfassende** dem **Umfang** und der **Komplexität** der Geschäftstätigkeit angemessene Analyse ... zu enthalten."

Die Begriffe „ausgewogen“ und „umfassend“ entsprechen den Begriffen „Richtigkeit“ und „Vollständigkeit“; ebenso die Forderung nach Berücksichtigung des Umfanges der Geschäftstätigkeit, wobei allerdings in einigen gesetzlichen Vorschriften die Forderungen nach Berücksichtigung des Umfanges bereits enthalten sind, so zB die Einschränkungen der Offenlegungsverpflichtungen für die kleine und mittlere Aktiengesellschaft und die mittelgroße Gesellschaft mit beschränkter Haftung. Auch der Grundsatz der Berücksichtigung der Komplexität lässt sich aus den anderen allgemeinen Berichtsgrundsätzen ableiten.

Der Gesetzgeber verwendet wohl die „**Komplexität der Geschäftstätigkeit“** als Kriterium für die angemessene Analyse des Geschäftsverlaufes, unterlässt aber eine Definition dieses Begriffes. Darunter kann **sowohl die Komplexität einzelner Geschäftsvorfälle** verstanden werden (zB die Verwendung derivativer Finanzinstrumente) als auch eine **stark differenzierte Unternehmenstätigkeit**; eine darauf bezügliche Vorschrift im Anhang ist die Verpflichtung zur Aufgliederung der Umsatzerlöse nach Tätigkeitsbereichen sowie nach geographisch bestimmten Märkten unter den dort genannten Voraussetzungen.

Für die Gestaltung des Lageberichtes lässt sich daraus möglicherweise auch die Forderung nach einer **Segmentberichterstattung** auch hinsichtlich anderer Unternehmensdaten ableiten (siehe Verpflichtung zur Segmentberichterstattung für börsenotierte Unternehmen nach IAS/IFRS bzw der Hinweis in § 250 Abs 1 UGB, wonach der Konzernabschluss um die Segmentberichterstattung erweitert werden kann. Vielfach wird hier auch eine Verbindung mit dem Kriterium „Umfang der Geschäftstätigkeit“ bestehen).

Anmerkung:

In der englischen Fassung der Richtlinie ist nicht die Rede von einer Vermittlung des möglichst getreuen Bildes der Vermögens-, Finanz- und Ertragslage (true and fair view), sondern die entsprechende Stelle lautet:

„The annual report shall include at least a **fair review** of the development and performance of the company's business and of its position.“

Es ist davon auszugehen, dass der Begriff „fair review“ bereits in Kurzform die allgemeinen oben beschriebenen Berichtsgrundsätze enthält.

6.64 Gliederung des Lageberichtes

In diesem Zusammenhang ergibt sich die Frage, ob es sinnvoll ist bzw geboten erscheint, den Lagebericht entsprechend der Reihenfolge der im Gesetz genannten Angaben aufzubauen.

Dabei ist zu beachten, dass die ursprüngliche Fassung des § 243 durch mehrmalige Änderungen der Bilanzrichtlinie und deren Umsetzung geändert wurde. So wurde zB die Angabe des § 243 Abs 3 Z 4 erst später in das Gesetz aufgenommen; im Zusammenhang mit der Fair-Value-Richtlinie wurde die Angabe des Abs 3 Z 5 neu eingefügt und durch die Modernisierungsrichtlinie wurden zusätzlich die Angabepflicht über die wesentlichen Risiken und Ungewissheiten und die Berichterstattungspflichten gem Abs 5 (nichtfinanzielle Leistungsindikatoren einschließlich Informationen über Umwelt- und Arbeitnehmerbelange) in das Gesetz aufgenommen.

Alle diese Änderungen haben dazu geführt, dass eine systematische Gliederung des Lage-berichtes sich nicht unbedingt am Gesetzestext orientieren kann.

Nach Nowotny (in Straube[2], Tz 19 zu § 243) bestehen „für den inhaltlichen Aufbau des Lageberichtes keine Regeln, sondern jede Gliederung darf gewählt werden, die dem Gebot der Klarheit entspricht … Insbesondere ist es nicht erforderlich, dass die im zweiten Absatz (jetzt dritter Absatz) geregelte Berichterstattung über wesentliche Ereignisse nach dem Stichtag, über die künftige Entwicklung sowie über den Bereich Forschung und Entwicklung in eigenen Abschnitten besonders hervorgehoben wird, sondern es kann auch hier der jeweilige Berichtspunkt in die Darstellung des Geschäftsverlaufs und der Lage hineinverwoben werden.“ (Ähnlich die Erläuterung im Abschn 28)

Systematischen Gesichtspunkten folgend könnte zB der Lagebericht wie folgt gegliedert werden:

1. Allgemeine Beschreibung des Unternehmens

(Solche Angaben werden im Gesetz nicht verlangt, dienen aber der [umfassenden] Information des Berichtslesers.)

In diesen Zusammenhang werden beispielsweise in DRS 15 Abschn 37 genannt:

Gesamtwirtschaftliche und branchenspezifische Rahmenbedingungen
Organisatorische und rechtliche Struktur des Unternehmens
Wichtigste Produkte (Sach- und Dienstleistungen)
Wesentliche Absatzmärkte und die dort erreichte Wettbewerbsposition
Wesentliche rechtliche und wirtschaftliche Einflussfaktoren

Zu dieser Beschreibung des Unternehmens würden auch die Angaben gem § 243 Abs 3 Z 4 über bestehende Zweigniederlassungen der Gesellschaft gehören, weiters auch Angaben über die Zugehörigkeit und die Stellung in einem Konzern.

2. Bericht über das abgelaufene Geschäftsjahr

In den **Bericht über das abgelaufene Geschäftsjahr** (Geschäftsverlauf einschließlich Geschäftsergebnis, Vermögen-, Finanz- und Ertragslage des Unternehmens) nach § 243 Abs 1 könnten sinnvollerweise auch Angaben nach § 243 Abs 3 Z 3 über den Bereich Forschung und Entwicklung eingebaut werden, insbesondere Angaben über die Höhe der Forschungs- und Entwicklungsaufwendungen im Zusammenhang mit der Darstellung der Ertragslage.

Die Angaben über wesentliche **Risiken** und **Ungewissheiten,** denen das Unternehmen ausgesetzt ist, gehören systematisch allerdings nicht in diesen Punkt, sondern wären im Zusammenhang mit § 243 Abs 3 Z 2 über die **voraussichtliche Entwicklung des Unternehmens** zu behandeln.

Wesentliche Risiken könnten sich im **Bericht über das abgelaufene Geschäftsjahr** nur auf schlagend gewordene Risiken und deren Auswirkung auf Geschäftsergebnis und die Lage des Unternehmens zum Bilanzstichtag beziehen. In diesem Punkt würden auch wesentliche Änderungen bei Zweigniederlassungen zu behandeln sein.

Unter diesen Punkt fällt auch die Analyse der Vermögens-, Finanz- und Ertragslage unter Berücksichtigung der „für die jeweilige Geschäftstätigkeit wichtigsten finanziellen Leistungsindikatoren und deren Erläuterung unter Bezugnahme auf die im Jahresabschluss ausgewiesenen Beträge und Angaben".

Wesentlich ist besonders die Darstellung von Änderungen gegenüber dem Vorjahr bzw unter Umständen auch gegenüber mehreren Vorjahren (Mehrjahresdarstellungen).

3. Vorgänge von besonderer Bedeutung, die nach dem Schluss des Geschäftsjahres eingetreten sind

Die Erläuterung nach § 243 Abs 3 Z 1 über **Vorgänge von besonderer Bedeutung, die nach dem Schluss des Geschäftsjahres eingetreten sind,** kann auch als Anhängsel zum Punkt 2 betrachtet werden. Während die Berichterstattung nach Punkt 2 sich auf die Entwicklung bis zum Bilanzstichtag bezieht, ist Abs 3 Z 1 eine Fortsetzung der Berichterstattung über den Bilanzstichtag hinaus bis zum Zeitpunkt der Fertigstellung des Jahresabschlusses und des Lageberichtes durch die Geschäftsführung.

4. Voraussichtliche Entwicklung des Unternehmens einschließlich Risikoberichterstattung

Die Berichterstattung über die voraussichtliche Entwicklung des Unternehmens steht im Zusammenhang mit der Berichterstattung des Vorstandes an den Aufsichtsrat gem § 81 AktG (bzw § 28a GmbHG).

> Nach § 81 Abs 1 AktG (§ 28a GmbHG) hat der Vorstand (Geschäftsführer) dem Aufsichtsrat mindestens einmal jährlich über grundsätzliche Fragen der künftigen Geschäftspolitik des Unternehmens zu berichten sowie die **künftige Entwicklung der Vermögens-, Finanz- und Ertragslage anhand einer Vorschaurechnung** darzustellen (Jahresbericht).

Nach den gesetzlichen Vorschriften müssten also im Unternehmen entsprechende Grundlagen für die Berichterstattung im Lagebericht über die voraussichtliche Entwicklung vorhanden sein (mindestens für ein Folgejahr).

Diese Berichterstattung über die voraussichtliche Entwicklung müsste auch auf die wesentlichen Risiken und Ungewissheiten, denen das Unternehmen ausgesetzt ist, eingehen.

Das Gesetz enthält in § 243 Abs 3 Z 5 noch einen speziellen Bestandteil der Risikoberichterstattung, nämlich die Angabe von Risikomanagementzielen und -methoden und bestehende Preisänderungs-, Ausfall-, Liquiditäts- und Cashflow-Risiken.

Bei der Beschreibung der voraussichtlichen Entwicklung des Unternehmens könnte auch auf die geplanten Forschungs- und Entwicklungsaktivitäten eingegangen werden.

> **Anmerkung**:
> Dieser enge Zusammenhang zwischen der voraussichtlichen Entwicklung des Unternehmens und den Risiken wurde vom deutschen Gesetzgeber in der Form berücksichtigt, dass in § 289 Abs 1 dHGB als letzter Satz die Bestimmung aufgenommen wurde: „Ferner ist im Lagebericht die **voraussichtliche Entwicklung mit ihren wesentlichen Chancen und Risiken** zu beurteilen und zu erläutern; zugrunde liegende Annahmen sind anzugeben."
>
> Hier wird auch deutlich darauf verwiesen, dass nicht nur eine Beurteilung der Risiken (negative Entwicklung) anzugeben ist, sondern dass auch die wesentlichen Chancen des Unternehmens zu beurteilen sind („ausgewogene" Analyse).

5. Berichterstattung über die wichtigsten nichtfinanziellen Leistungsindikatoren einschließlich Informationen über Umwelt- und Arbeitnehmerbelange gemäß § 243 Abs 5 (vorgeschrieben nur für große Kapitalgesellschaften)

Auch die Berichterstattung über Umwelt- und Arbeitnehmerbelange könnte mit anderen Berichtsteilen verbunden werden, allerdings wird aus Gründen der Übersichtlichkeit des Lageberichtes eine gesonderte Berichterstattung vorzuziehen sein.

Weitere Gliederungsvorschläge:

Gem Abschnitt 22 der **AFRAC-Stellungnahme** wird für den Aufbau des Lageberichtes folgende Struktur empfohlen:

1. Bericht über den **Geschäftsverlauf** und die **wirtschaftliche Lage**
- Geschäftsverlauf
- Bericht über die Zweigniederlassungen
- Finanzielle und nichtfinanzielle Leistungsindikatoren
- Ereignisse von besonderer Bedeutung nach dem Bilanzstichtag
2. Bericht über die **voraussichtliche Entwicklung und** die **Risiken** des Unternehmens
- Voraussichtliche Entwicklung des Unternehmens
- Wesentliche Risiken und Ungewissheiten
3. Bericht über die **Forschung und Entwicklung**

In Abschnit 93 von **DRS 15** wird folgender Vorschlag gemacht:

„Dem Konzernlagebericht sollte eine Gliederung vorangestellt werden, er sollte mindestens in folgende Berichtsteile untergegliedert werden:

1. Geschäft und Rahmenbedingungen
2. Ertragslage
3. Finanzlage
4. Vermögenslage
5. Nachtragsbericht
6. Risikobericht
7. Prognosebericht

Anmerkung

Gem **DRS 15 Abschn 20** wie auch gem der **AFRAC-Stellungnahme** ist der **Konzernlagebericht eindeutig sowohl vom Konzernabschluss** als auch von den übrigen veröffentlichten Informationen **zu trennen.** Er ist als geschlossene Darstellung unter der Überschrift „**Konzernlagebericht**“ aufzustellen und offen zu legen.

Nach Nowotny in Straube[2], Tz 20 zu § 243 ist es auch zulässig, dass „freiwillige Zusatzinformationen in einem vom **Lagebericht getrennten Vorstandsbericht** dargeboten und dieser mit dem Jahresabschluss, dem Lagebericht und dem Bericht des Aufsichtsrates zu einem Geschäftsbericht zusammengefasst werden“. „Hier ist eine deutliche Trennung in einzelne Abschnitte geboten, insbesondere um auch klar erkennen zu lassen, welche Berichtsabschnitte Gegenstand der Abschlussprüfung waren.“

Diese Vorgangsweise wird in österreichischen Geschäftsberichten nicht immer eingehalten.

In den folgenden Abschnitten werden die systematischen Überlegungen des Abschnittes über die Gliederung des Lageberichtes nicht befolgt, sondern es wird aus Gründen der Übersichtlichkeit der Darstellung nach der Reihenfolge des Gesetzestextes des § 243 vorgegangen.

6.65 Darstellung des Geschäftsverlaufes einschließlich des Geschäftsergebnisses und der Lage des Unternehmens (Wirtschaftsbericht) (Abs 1)

6.651 Darstellung des Geschäftsverlaufes

„Es handelt sich um einen im wesentlichen vergangenheitsorientierten, zeitraumbezogenen Bericht. Die Darstellung soll erkennen lassen, ob nach der Auffassung der Geschäftsleitung die Geschäftsentwicklung günstig oder ungünstig verlaufen ist" (ADS, Anmerkung 72 zu § 289).

Für die Darstellung des Geschäftsverlaufes wird in Küting/Weber[4] (Rz 31 zu § 289) folgende Gliederung vorgeschlagen:

Überblick (Erläuterungen der wirtschaftlichen und gesellschaftlichen Rahmenbedingungen, „kleine und mittelgroße Unternehmen sollten auf spezifische Fragen und Probleme des Geschäftszweiges eingehen");
Entwicklung des Ergebnisses (Angaben zur Entwicklung der mengen- und wertmäßigen Umsätze, der Aufwendungen und Erträge);
Beschaffungsbereich;
Produktions- und Leistungsbereich;

Absatzbereich;
Investitions- und Finanzierungsbereich;
Personal- und Sozialwesen;
Wichtige Ereignisse während des Geschäftsjahres (wichtige Verträge, Erwerb und Veräußerung von Beteiligungen, Kooperationsvorhaben) (ähnlich ADS, Anmerkung 72 zu § 289).

Die Ausführungen im IDW-Rechnungslegungsstandard zur Darstellung des Geschäftsverlaufes decken sich im Wesentlichen mit den vorigen Ausführungen:

„Mit der Darstellung des Geschäftsverlaufs ist ein Überblick über die Entwicklung des Unternehmens und deren ursächliche Ereignisse in der Berichtsperiode zu geben. Aus der Darstellung muss auch hervorgehen, ob die Geschäftsleitung die Entwicklung als günstig oder ungünstig beurteilt" (Abschnitt 23). In diesem Zusammenhang ist entsprechend dem Gesetzestext selbstverständlich der Grundsatz der Ausgewogenheit zu beachten (§ 243 Abs 2).

In Abschnitt 24 des IDW-Standards werden die Bereiche der Berichtspflicht im Zusammenhang mit der Darstellung des Geschäftsverlaufes beispielsweise angeführt:

- Entwicklung von Branche und Gesamtwirtschaft
- Umsatz- und Auftragsentwicklung

- Produktion
- Beschaffung
- Investitionen
- Finanzierungsmaßnahmen und Vorhaben
- Personal und Sozialbereich
- Umweltschutz

(Die beiden letzteren Bereiche sind nach dem Gesetz nur bei großen Kapitalgesellschaften berichtspflichtig – § 243 Abs 5.)

- sonstige wichtige Vorgänge im Geschäftsjahr

Welche einzelnen Sachverhalte in den oben genannten Bereichen Gegenstand der Berichterstattung sein können, wird in der Anlage zum IDW-Standard im Einzelnen aufgezählt.

Analoge Ausführungen finden sich insbesondere im Abschnitt 27 der **AFRAC-Stellungnahme**: „Die Struktur der Berichterstattung hat sich nach den Funktionen bzw. Sparten des einzelnen Unternehmens zu richten. Einzugehen ist jeweils auf den Verlauf des Geschäftsjahres, den am Ende des Geschäftsjahres erreichten Stand und Unterschiede zu Vorperioden. Zu den **Themenbereichen** zählen beispielsweise die Absatzentwicklung/-Lage, der Produktions- und Leistungsbereich, der Beschaffungsbereich, wesentliche Investitionen und Umgründungen sowie die Entwicklung des Geschäftsergebnisses."

6.652 Darstellung der Ertrags-, Finanz- und Vermögenslage des Unternehmens

§ 243 (1) spricht von der Vermittlung eines möglichst getreuen Bildes der Vermögens-, Finanz- und Ertragslage.

In der Praxis der Lageberichterstattung großer Unternehmen und Konzerne hat sich die in der Überschrift verwendete Reihenfolge der Darstellung überwiegend durchgesetzt. Darüber hinaus stellt die Berichterstattung in den Lageberichten die Ertragslage in den Vordergrund.

Gem § 243 Abs 2 hat die Analyse des Geschäftsverlaufs, einschließlich des Geschäftsergebnisses, und der Lage des Unternehmens auf die für die jeweilige Geschäftstätigkeit wichtigsten finanziellen Leistungsindikatoren einzugehen, und sie unter Bezugnahme auf die im Jahresabschluss ausgewiesenen Beträge und Angaben zu erläutern. Es wird daher vorerst der Begriff der finanziellen **Leistungsindikatoren** besprochen.

6.652.1 Der Begriff der finanziellen Leistungsindikatoren

Der Begriff der Leistungsindikatoren ist direkt aus der deutschen Fassung der Modernisierungsrichtlinie übernommen und ist eine Übersetzung des im englischen Text verwendeten Begriffes der „financial key performance indicators". Eine Definition des Begriffes ist in der Modernisierungsrichtlinie nicht enthalten, wohl aber im Abschn 4 des Reporting Standard 1, Operating and Financial Review (OFR) 5/2005 des UK Accounting Standards Board.

Key performance indicators (KPIs) werden dort wie folgt definiert:

> „KPIs are factors by reference to which the development, performance or position of the business of the entity can be measured effectively. They are quantified measurements that reflect the critical success factors of an entity and disclose progress towards achieving a particular objective or objectives."

Die in der deutschen Fassung der Richtlinie verwendete Übersetzung mit „Leistungsindikatoren" erscheint wenig geglückt, da in keiner Weise anschaulich. Im Wirtschaftswörterbuch von Schäfer, 6. Auflage, findet man für „performance indicator" auch die Übersetzung „Erfolgsmaßstab", die den Verfassern wesentlich anschaulicher erscheint und den Inhalt dieses Begriffes besser wiedergibt.

Nach den erläuternden Bemerkungen zum ReLÄG 2004 sind unter „Leistungsindikatoren" in erster Linie Rentabilitätskennzahlen, Kennzahlen der Vermögens- und Kapitalstruktur und Finanzierungskennzahlen zu verstehen.

Eine Reihe von wichtigen Größen wird hier nicht ausdrücklich angeführt, nämlich absolute Zahlen, wie zB aus der Gewinn- und Verlustrechnung die Umsatzerlöse und die vielfach verwendeten Zwischensummen aus der Gewinn- und Verlustrechnung EBIT, EBITDA (siehe die Ausführungen in Abschnitt 9, Jahresabschlussanalyse).

Dass von diesen absoluten Zahlen dann vielfach Verhältniszahlen abgeleitet werden, die für die Darstellung der Entwicklung des Unternehmens den Vorteil der größeren Anschaulichkeit haben, ist selbstverständlich.

Der Begriff „Leistungsindikator" (Erfolgsmaßstab) ist nach der OFR-Definition aber auch anwendbar auf Größen, wie zB zur Darstellung der Finanzlage die Entwicklung der Eigenkapitalquote des Unternehmens als Kennzahl für die Entwicklung der Qualität der finanziellen Situation des Unternehmens.

Auch im IDW-Rechnungslegungshinweis werden unter „Leistungsindikatoren" hauptsächlich Verhältniszahlen verstanden, obwohl zweifellos der erzielte Umsatz für das Unternehmen einen der wichtigsten Erfolgsmaßstäbe darstellt.

Gemäß Abschnitt 38 der **AFRAC-Stellungnahme** sind als **finanzielle Leistungsindikatoren** „die **gängigen Kennzahlen** (Zahlen oder Zahlenverhältnisse) der finanzwirtschaftlichen und erfolgswirtschaftlichen Analyse (zB. Erfolgskennzahlen, insbesondere Rentabilitätskennzahlen, Kennzahlen der Vermögens- und Kapitalstruktur, Finanzierungskennzahlen und die Geldflussrechnung) zu verstehen."

Auf einzelne Kennzahlen wird allerdings nicht eingegangen.

6.652.2 Ertragslage

In Zusammenhang mit der Darstellung der Ertragslage enthält der DRS 15 unter anderem **folgende Aussagen:**

Abschn 54: „Die **Entwicklung des Umsatzes** und der **Auftragslage** des (Konzerns) sind so darzustellen, dass die wesentlichen Einflussfaktoren erkennbar werden."

Abschn 56: enthält Hinweise auf solche wesentlichen Einflussfaktoren; nach Abschnitt 55 sind bei Konzernen mit langfristiger Auftragsfertigung Angaben über Auftragsbestand, die Auftragseingänge und die Auftragsreichweite erforderlich.

Abschn 50: „Die **Ergebnisentwicklung** (des Konzerns) ist darzustellen und anhand der Ergebnisstruktur und ihrer wesentlichen Quellen zu erläutern. Die Gründe für wesentliche Veränderungen sind für das abgelaufene Geschäftsjahr anzugeben …"

Abschn 51: „Die analytischen Beschreibung der Veränderungen hat alle Informationen zu vermitteln, die für das Verständnis der ergebniswirksamen Einflussfaktoren erforderlich sind."

Abschn 58: Wesentliche Veränderungen in der Struktur der einzelnen Aufwendungen und Erträge sind zu erläutern (Abschn 59 gibt dazu eine Reihe von Beispielen).

Abschn 60: „Anzugeben und in ihrer Auswirkung zu erläutern sind wesentliche **Inflations- und Wechselkurseinflüsse** auf die Entwicklung von Posten der Gewinn- und Verlustrechnung."

Abschn 106: „Die **Rohertragsmarge** und andere Erfolgsgrößen sollten erläutert werden, insbesondere wenn sich die Auswirkung struktureller Änderungen damit verdeutlichen lassen."

Kennzahlen zur Darstellung der Ertragslage

Die im Folgenden angeführten „Leistungsindikatoren" (Erfolgsmaßstäbe) stammen aus Auswertungen von Unterlagen aus Geschäftsberichten (Lageberichten, Kennzahlenübersichten und sonstige Darstellungen).

Zur Erklärung der verwendeten Begriffe und zur Berechnung der in den folgenden Abschnitten genannten **Kennzahlen wird auf Abschnitt 9 dieses Buches (Jahresabschlussanalyse)** verwiesen.

absolute Zahlen	Umsatz (einschl Aufgliederungen aus der Segmentberichterstattung) EBITDA – earnings before interest, taxes, depreciation and amortization EBITA – earnings before interest, taxes and amortization EBIT – earnings before interest and taxes (= Betriebserfolg) Finanzergebnis EBT – earnings before taxes Steuern vom Einkommen/Ertrag Ergebnis nach Steuern bzw Jahresüberschuss Wertschöpfung
Verhältniszahlen	**a) Größen der G-V-Rechnung – bezogen auf Umsatz** EBITDA-Marge EBIT-Marge ROS (return on sales) **b) Größen der GV – bezogen auf Bestandsgrößen** ROI (return on investment) – Rentabilität des Gesamtkapitals (Vermögens) ROE (return on equity) – Rentabilität des Eigenkapitals ROCE (return on capital employed) Gewinn je Aktie
Sonstiges	Auftragseingang Auftragsstand Auftragsreichweite

In diesem Zusammenhang wird auch auf Romuald Bertl/Katharina Auer mit ihrer Untersuchung über „Der Lagebericht in der Praxis“ (RWZ 2/2005) verwiesen. Datengrundlagen für diese Untersuchung sind die Geschäftsberichte 2003 bzw 2003/2004 der im Prime Market und im Standard Market Continuous notierenden österreichischen Gesellschaften.

Die Untersuchung bezieht sich ua auf die Verwendung von Kennzahlen in der Lageberichterstattung und führt die in den Lageberichten am häufigsten verwendeten Kennzahlen an, ebenfalls die Kennzahlen, die in der „Geschäftsberichterstattung“ verwendet wurden, wobei die Untersuchung zur Feststellung kommt, dass zwischen diesen beiden Gruppen von Kennzahlen weitgehende Übereinstimmung besteht.

Praktisches Beispiel:

Aus der Kennzahlenübersicht 2003–2007 des Geschäftsberichtes der Andritz-Gruppe

Unternehmenskennzahlen in MEUR	**2007**	**2006**	**2005**	**2004**	**2003**
Auftragseingang	3.750	2.891	1.975	1.837	1.394
Auftragsstand per 31.12.	3.843	3.397	1.696	1.439	1.054
Umsatz	3.283	2.710	1.744	1.481	1.225
EBITDA	242	194	131	115	84
EBITA	201	163	107	93	63
Betriebserfolg (EBIT)	193	160	107	76	49
Ergebnis vor Steuern (EBT)	198	166	110	77	49
Konzernergebnis	136	121	80	54	31
Cashflow aus der gew. Geschäftstätigkeit	33	143	237	208	5
Investitionen	57	46	27	29	21
Mitarbeiter per 31.12. (ohne Lehrlinge)	12.016	10.215	5943	5.314	4.771
Anlagevermögen	630	5609	308	276	279
Umlaufvermögen	1.878	1.777	1.083	877	688
Eigenkapital	482	415	329	277	239
Rückstellungen	395	386	190	160	150
Verbindlichkeiten	1.631	1.585	873	717	577
Bilanzsumme	2.508	2.386	1.391	1.153	967
EBITDA-Marge (%)	7,4	7,2	7,5	7,8	6,9
EBITA-Marge (%)	6,1	6,0	6,1	6,3	5,1
EBIT-Marge (%)	5,9	5,9	6,1	5,1	4,0
Konzernergebnis/Umsatz (%)	4,1	4,5	4,6	3,6	2,5
ROE (%)	28,2	29,2	24,3	19,5	13,0
Eigenkapitalquote %	19,2	17,4			
Eigenkapitalrentabilität %	41,1	40,0			
Gesamtkapitalrentabilität %	7,7	6,7			
Nettoliquidität (MEUR)	246,5	365,7			
Nettoverschuldung (MEUR)	–94,8	–216,9			
Nettoumlaufvermögen (MEUR)	99,1	-93,6			
Capital employed (MEUR)	405,6	194,5			
Verschuldungsgrad	–19,7	–52,3			

6.652.3 Finanzlage

DRS 15 enthält dazu unter anderem folgende Ausführungen:

> **Abschn 62:** „Die **Kapitalstruktur** des (Konzerns) ist anhand der internen und externen Finanzierungsquellen, die dem (Konzern) zur Verfügung stehen, **darzustellen** und zu erläutern ...“

Abschn 64: „Die Kapitalstruktur ist anhand von Relationen, die aus dem Konzernabschluss abgeleitet sind, aus Sicht der Unternehmensleitung zu erläutern."

Abschn 65: „Auf wesentliche **Finanzierungsmaßnahmen** des abgelaufenen Geschäftsjahres ... ist einzugehen ..."

Abschn 66: „Wesentliche Auswirkungen des **Zinsniveaus** ... sind zu erläutern."

Abschn 67: **„Außerbilanzielle Finanzierungsinstrumente**, insbesondere deren Zweck und wirtschaftliche Substanz sind darzustellen ..."

Abschn 69: „Im Rahmen einer **Investitionsanalyse** sind Fortführung und Abschluss von bedeutenden Investitionsvorhaben sowie wesentliche Einflüsse auf bereits begonnene Investitionsvorhaben darzustellen. Umfang und Hauptzweck der im Geschäftsjahr tätigen Investitionen sind anzugeben ..."

Abschn 71: „Die Entwicklung der Liquidität (des Konzerns) im abgelaufenen Geschäftsjahr und die Liquidität am Ende der Berichtsperiode sind zu erläutern. Die Liquiditätsanalyse ist anhand der Kapitalflussrechnung vorzunehmen."

6.652.4 Vermögenslage

Aus **DRS 15:**

Abschn 77: „Zur Darstellung der Vermögenslage (des Konzerns) sind Höhe und Zusammensetzung des Vermögens, sowie wesentliche Abweichungen gegenüber dem Vorjahr anzugeben und zu erläutern."

Abschn 79: „Außerbilanzielle Finanzierungsinstrumente sowie deren wesentliche Veränderungen gegenüber dem Vorjahr mit Bedeutung für die Vermögenslage sind zu erläutern."

Kennzahlen zur Darstellung der Finanz- und Vermögenslage

Kennzahlen aus der Bilanz	komprimierte Bilanz Eigenkapital Eigenkapitalquote langfristiges Vermögen langfristiges Kapital capital employed Eigenkapital pro Aktie Nettofinanzverschuldung (Nettoverschuldung) Gearing (Nettofinanzverschuldung in % des Eigenkapitals) Anlagendeckung durch Eigenkapital/langfristiges Kapital
Cashflow-Kennzahlen	Cashflow aus dem Ergebnis Cashflow aus der Geschäftstätigkeit Cashflow aus Investitionstätigkeit Cashflow aus Finanzierungstätigkeit Free cashflow

Praktisches Beispiel:

Aus dem **Lagebericht der Wienerberger Gruppe**

Bilanzkennzahlen		**2006**	**2007**
Capital employed	in Mio €	2.598,2	3.060,2
Nettoverschuldung	in Mio €	1.159,8	566,8
Eigenkapitalquote	in %	43,3	61,7
Gearing	in %	72,9	21,2
Anlagendeckung	in %	62,9	91,7
Working Capital zu Umsatz	in %	23,9	28,0

Börsekennzahlen

Bei börsenotierten Unternehmen ist es üblich, dass in den Geschäftsberichten auch eine Übersicht über Börsekennzahlen gegeben wird, zB über folgende:

Gewinn je Aktie
Aktienkurs
Anzahl der Aktien
Börsenkapitalisierung
Streubesitz
Ausschüttungsquote
Dividendenrendite
Kurs-Gewinn-Verhältnis
Höchstkurs/niedrigster Kurs
Betrag der Dividende

Angaben über Börsekennzahlen werden **in § 243 nicht verlangt**.

6.652.5 Empfehlungen für im Lagebericht anzugebende finanzielle Leistungsindikatoren

Die Stellungnahme des **Fachsenates für Betriebswirtschaft und Organisation aus 2007** nennt in diesem Zusammenhang:

a) **Kennzahlen zur Ertragslage**
   - Umsatzerlöse
   - Ergebnis vor Zinsen und Steuern (EBIT)
   - Umsatzrentabilität
   - Kapitalrentabilität und zwar
     - Eigenkapitalrentabilität
     - Gesamtkapitalrentabilität

b) **Kennzahlen zur Vermögens- und Finanzlage**
   - Nettoverschuldung
   - Nettoumlaufvermögen
   - Eigenkapitalquote
   - Nettoverschuldungsgrad (Gearing)

c) Cash-Flow-Kennzahlen

Hier wird die Aufnahme einer **vollständigen Geldflussrechnung** in den Lagebericht empfohlen; zumindest sollten allerdings Teilergebnisse der Geldflussrechnung angegeben werden und zwar: Nettogeldfluss aus der laufenden Geschäftstätigkeit, aus der Investitionstätigkeit, aus der Finanzierungstätigkeit

Im **IDW-Rechnungslegungshinweis** werden beispielsweise folgende Leistungsindikatoren angeführt:

- Ergebniskomponenten wie Zins-, Beteiligungs- oder Wechselkursergebnis
- Cashflow (zB nach DFVA/SG)
- Eigenkapitalrentabilität
- Return on Investment (ROI)
- Umsatzrentabilität
- Return on Capital Employed (ROCE)
- Liquiditäts-, Verschuldungsgrade
- Working Capital
- Eigenkapitalquote

6.652.6 Anmerkungen

Im Zusammenhang mit Kennzahlen enthält DRS 15 folgende Regelungen:

> **Abschnitt 25:** „Beispielsweise müssen publizierte Kennzahlen **unter Berücksichtung des Stetigkeitsgrundsatzes** berechnet werden. Beim Wechsel von Kennzahlen muss, sofern dies ohne unvertretbaren Aufwand möglich ist, eine angepasste Vergleichszahl für die im Konzernabschluss ausgewiesenen Vergleichsperioden angegeben und erläutert werden."
>
> **Abschnitt 26:** „Quantifizierte Informationen im Konzernlagebericht sind mindestens für die im Konzernabschluss ausgewiesenen Vergleichsperioden darzustellen."
>
> **Abschnitt 27:** „Empfohlen werden **Mehrperiodenübersichten** für wesentliche Kennzahlen der Ertrags-, Finanz- und Vermögenslage, die das abgelaufene Geschäftsjahr, die vier vorangegangenen und das kommende Geschäftsjahr umfassen."

In der Regel wird man davon ausgehen können, dass ein Vergleich nur mit dem Vorjahr nicht ausreichend ist, sondern dass zumindest außer den Zahlen des Berichtsjahres auch die der beiden vorangegangenen Jahre angeführt werden sollten. Bei größeren Unternehmen werden in der Regel Vergleichszahlen über diese Mindestanforderung angegeben und in einer Anzahl von Geschäftsberichten sind auch Zehnjahresgegenüberstellungen zu finden.

Wesentlich erscheint es, dass im Lagebericht zumindest in einem Annex die Berechnung der Kennzahlen dargestellt wird, damit die Ableitung aus dem Jahresabschluss nachvollziehbar ist. Wenn der Berechnung Zahlen zugrunde gelegt werden, die nicht direkt aus dem Jahresabschluss ersichtlich sind, sind die entsprechenden Beträge ausgehend von den Zahlen des Jahresabschlusses in einer Überleitungsrechnung darzustellen.

Dies erscheint auch deswegen von Bedeutung, da es bei der Berechnung von Kennzahlen in vielen Fällen Varianten gibt, die die Vergleichbarkeit der Berechnung der Kennzahlen zwischen den Unternehmen stören. Sinnvoll wäre es, wenn man sich in der Praxis auf eine einheitliche Vorgangsweise bei der Berechnung der Kennzahlen einigen könnte.

6.66 Die Beschreibung der wesentlichen Risiken und Ungewissheiten, denen das Unternehmen ausgesetzt ist (Risikoberichterstattung gem § 243 Abs 1)

Die Bedeutung der Risikoberichterstattung hat der österreichische **Corporate Governance Kodex,** der sich vorrangig an österreichische börsenotierte Aktiengesellschaften richtet, bereits im Jahre 2002 mit der Regel 66 zum Ausdruck gebracht:

Die Gesellschaft hat im **Anhang** des Konzernabschlusses detaillierte Aussagen über mögliche Risiken, wie **Branchenrisiken**, **geographische Risiken**, **Zinsen, Währungen, Derivativgeschäfte** und **Off-Balance-Sheet-Transaktionen**, zu treffen und die eingesetzten **Risikomanagement-Instrumente** zu beschreiben.

Auf Grund der gesetzlichen Einführung der Risikoberichterstattung in den **Lagebericht** wurde auch der Corporate Governance Kodex angepasst, dessen Regel 66 nunmehr lautet (Fassung vom 22. 2. 2005):

Die Gesellschaft legt im **Konzernlagebericht** eine angemessene Analyse des Geschäftsverlaufes vor und beschreibt darin wesentliche finanzielle und nicht finanzielle Risiken und Ungewissheiten, denen das Unternehmen ausgesetzt ist, wie **Branchenrisiken, geographische Risiken, Zinsen, Währungen, Derivativgeschäfte** und **Off-Balance-Sheet-Transaktionen,** sowie die wesentlichen eingesetzten **Risikomanagement-Instrumente.**

Naturgemäß gilt die Bestimmung über die Risikoberichterstattung auf Grund der Vorschriften des § 243 in gleicher Weise für jeden Einzelabschluss einer Kapitalgesellschaft mit Ausnahme der kleinen GmbH. Im § 243 Abs 3 Z 5 wurden für die **Risikoberichterstattung in Zusammenhang mit Finanzinstrumenten** klare Regelungen aufgestellt.

Die **AFRAC-Stellungnahme** enthält dazu folgende Ausführungen (Abschn 56–61)

„(56) Gemäß § 243 Abs 1 UGB sind im Lagebericht die wesentlichen Risiken und Ungewissheiten, denen das Unternehmen ausgesetzt ist, zu beschreiben. Der Ausdruck „wesentliche Risiken und Ungewissheiten“ ist im Sinne von **„geschäftstypische bzw. unternehmenstypische Unsicherheiten“** zu verstehen. Dies bedeutet, dass allgemeine, versicherte Risiken nicht gesondert angeführt werden müssen; **Die Angabe der Absicherungsstrategie** für die beschriebenen Risiken wird empfohlen.

(57) Die Darstellungen im Lagebericht haben gem § 243 Abs 2 UGB in ausgewogener und umfassender Form zu erfolgen, woraus abzuleiten ist, dass **sowohl Risiken als auch Chancen** aufgenommen werden sollten.

(58) Zur **Definition** der Begriffe **„Risiko“ und „Chancen“** wird empfohlen, auf internationale Vorbilder, insbesondere das „Enterprise Risk Management – Integrated Framework“ des „Committee of Sponsoring Organizations of the Treadway Commission“ (COSO) zurückzugreifen; demzufolge können Risiko und Chance als die Möglichkeit des negativen und positiven Abweichens von einem erwarteten Ereignis definiert werden.

(59) Hinsichtlich der **Kategorisierung der Risiken**, über die neben den gesondert darzustellenden finanziellen Risiken gegebenenfalls zu berichten ist, wird folgende Unterscheidung angeregt:

- **Personalrisiken** (betriebliche Altersvorsorge, Fluktuation, Krankheit etc),
- **Operative Risiken** (Technologie, EDV, Umwelt, Management, Reputation etc) sowie

- **Geschäftsrisiken** (Beschaffung, Vertrieb, Produkte, Kundenbindung etc) unter zusätzlicher Berücksichtigung des Fortbestandes

In den oben genannten Risikobereichen können auch rechtliche Risiken enthalten sein.

(60) Die Beschreibung der Risiken und Chancen hat **zumindest in qualitativer Form** zu erfolgen. Wenn Zahlenangaben gemacht werden, dann sind die zugrunde liegenden Annahmen und ihre Berechnungsweise zu erläutern.

(61) Eine **Verpflichtung zur Beschreibung des Risikomanagements kann aus § 243 Abs 1 UGB nicht abgeleitet werden**. Lediglich im Zusammenhang mit finanziellen Risiken verlangt § 243 Abs 3 Z 5 lit a UGB (im Falle der Verwendung von Finanzinstrumenten) eine Angabe der Risikomanagementziele und -methoden.“

Der deutsche Rechnungslegungsstandard Nr. 5 **(DRS 5)-Risikoberichterstattung** zum Risiko führt aus:

Risiko wird als die Möglichkeit von negativen künftigen Entwicklungen der wirtschaftlichen Lage des Unternehmens definiert.

Die einzelnen Risiken sind in geeigneter Form zu **Risikokategorien** zusammenzufassen.

Risikokategorien sind gleichartige, organisatorisch oder funktional zusammengehörige Risiken.

Beispiele für Risikokategorien sind:

- **Umfeldrisiken und Branchenrisiken** (zB politische und rechtliche Entwicklung, Umweltkatastrophen, volkswirtschaftliche Risiken, Verhalten der Wettbewerber, Marktrisiken)
- **Unternehmensstrategische Risiken** (zB Produktportfolio, Beteiligungsportfolio, Investitionen, Standort)
- **Leistungswirtschaftliche Risiken** (zB Entwicklung, Fertigung, Beschaffung, Logistik, Umweltmanagement)
- **Personalrisiken** (zB Personalbeschaffung, Personalentwicklung, Fluktuation)
- **Informationstechnische Risiken** (zB Datensicherheit und -verfügbarkeit)
- **Finanzwirtschaftliche Risiken** (zB, Liquidität, Wechselkurs, Zinsänderung oder Kreditrisiko)
- **Sonstige Risiken** (zB rechtliche Risiken, steuerliche Risiken)

Der **IDW-Standard** unterscheidet **bestandsgefährdende Risiken** und **sonstige Risiken mit wesentlichem Einfluss auf die Vermögens-, Finanz- und Ertragslage.** „Sofern die Unternehmensleitung … davon ausgehen kann, dass der Fortbestand des Unternehmens gesichert ist, …

braucht auf die Fortbestandsprämisse im Lagebericht nicht gesondert hingewiesen zu werden. Aus den Ausführungen muss jedoch zutreffend und zweifelsfrei erkennbar sein, dass die Unternehmensleitung den Fortbestand des Unternehmens annimmt" (Abschnitt 31).

Im Zusammenhang mit den sonstigen Risiken wird in Abschnitt 35 des IDW-Standards ausgeführt:

„Berichtspflichtig können ihrer Art nach grundsätzlich alle Risiken sein, die aus den im Rahmen der Erläuterung von Geschäftsverlauf und Lage darzustellenden Bereichen resultieren. Zur Erfüllung der Berichterstattungspflichten ist daher der **Einfluss sowohl der externen Umweltfaktoren** (Entwicklung der Branche, politischer rechtlicher und gesellschaftlicher Rahmen) **als auch der betrieblichen Funktionsbereiche** (Beschaffung, Produktion, Absatz, Personal, Finanzierung und Investition) auf die künftige Entwicklung zu würdigen."

Risiken sind zu quantifizieren, wenn dies nach anerkannten und verlässlichen Methoden möglich und wirtschaftlich vertretbar ist und die quantitative Angabe eine entscheidungsrelevante Information für den Adressaten des Lageberichtes ist. In diesem Fall sind die verwendeten Modelle und deren Annahmen zu erläutern.

Laut Abschnitt 36 ist darzustellen, wie sich **identifizierte wesentliche Risiken** innerhalb eines überschaubaren Zeitraums (in der Regel zwei Jahre nach dem Abschlussstichtag des Geschäftsjahres) auf die Vermögens-, Finanz- und Ertragslage voraussichtlich auswirken werden.

Soweit ein Risiko durch wirksame Maßnahmen zuverlässig kompensiert wird, beschränkt sich die Darstellung und Erläuterung auf das Restrisiko.

Risiken dürfen grundsätzlich nicht mit Chancen verrechnet werden.

Ein nicht unwesentlicher Teil der Risikoberichterstattung sollte dem **Risikomanagement** gewidmet werden. **Risikomanagement** ist ein nachvollziehbares, alle Unternehmensaktivitäten umfassendes System, das auf Basis einer definierten Risikostrategie ein systematisches und permanentes Vorgehen mit folgenden Elementen umfasst:

- Identifikation, Analyse, Bewertung, Steuerung, Dokumentation und Kommunikation von Risiken sowie die Überwachung dieser Aktivitäten.
- Risikomanagement muss ein integraler Bestandteil der Geschäftsprozesse sowie der Planungs- und Kontrollprozesse sein. Es sollte mit vorhandenen Managementsystemen verknüpft und insbesondere durch folgende Funktionen unterstützt werden:
  - Unternehmensplanung,
  - Controlling,
  - Interne Revision.

Bei der Beschreibung des Risikomanagements ist auf die Strategie, den Prozess und die Organisation des Risikomanagements einzugehen.

Auch für den Grundsatz der Risikoberichterstattung gilt das **Wesentlichkeitsprinzip.**

Beispiele für den Inhalt des Risikoberichtes aus veröffentlichten Geschäftsberichten:

Aus dem **Geschäftsbericht 2007 der Andritz-Gruppe** (Inhaltsangabe):

Branchenspezifische Risiken
- Volatilität des Auftragseinganges
- Kundenkonzentration
- Unsicherheit bei zukünftigen Aufträgen
- Sicherheit und Umweltschutz

Risiken in Verbindung mit der **Geschäftstätigkeit** der Gruppe
- Währungen
- Wettbewerbsposition
- Akquisition und Integration von komplementären Geschäftsfeldern
- Gerichtsverfahren

Risiken in Verbindung mit Großaufträgen und anderen Verträgen
Kapitalmarktbezogene Risiken

Die Darstellung der Unternehmensrisiken erfolgt hier allerdings nicht im Rahmen des Lageberichtes, sondern als gesonderter Abschnitt des Geschäftsberichtes; innerhalb des Lageberichtes gibt es jedoch einen Abschnitt über Risikomanagement und Treasury.

Risikomanagement und Treasury

Als ein global tätiges Unternehmen, das eine Vielzahl verschiedener Märkte und Kunden bedient, ist die Gruppe gewissen allgemeinen und branchenspezifischen Risiken ausgesetzt. Diese Risiken beziehen sich vor allem auf die von der Gruppe bedienten Industrien und Märkte, die Geschäftstätigkeit der Gruppe, Großaufträge und die Umsetzung des Auftragsbestands in Umsatz. Andritz verfügt über ein bewährtes, konzernweites Risikomanagementsystem, dessen Hauptaufgabe es ist, entstehende Risiken bereits in einem frühen Stadium zu identifizieren, um gegebenenfalls rasch Gegenmaßnahmen ergreifen zu können. Dieses System ist ein wesentlicher Bestandteil des aktiven Risikomanagements der Gruppe.

Lagebericht Austria Email

Der Lagebericht 2007 der **Austria Email** enthält einen Abschnitt Risikomanagement und eine Einteilung der für das Unternehmen relevanten Risiken in vier Kategorien.

- **Marktrisken:** zB Entwicklung des Wohnbaus, Markteintritt neuer Mitbewerber, Preisentwicklung, Substitution von Produkten.
- **Betriebliche Risken:** Beschaffungs-, Produktions- und Investitionsrisken wie Überkapazitäten, Rohstoffpreise.
- **Finanzrisken:** Finanzierungsrisken, Fremdwährungs- und Zinsenentwicklung.
- **Andere Risken:** zB rechtliche Risken, Risken aus Produkthaftung oder Umweltrisken.

„Das Risikomanagement der Austria Email AG umfasst dabei alle notwendigen Maßnahmen für einen systematischen Umgang mit Risken: Identifikation, Analyse und Bewertung von Risken, Steuerungsmaßnahmen zur Risikovermeidung sowie laufende Überwachung der operativen Entwicklung in Relation zu den budgetierten Zielen."

Die angeführten Risiken werden im Lagebericht näher erläutert.

Lagebericht der Wienerberger Gruppe

Im Lagebericht gibt es einen eigenen Abschnitt über das Risikomanagement und innerhalb des Konzernanhanges einen sehr ausführlichen Risikobericht, auf welchen im Abschnitt über das Risikomanagement hingewiesen wird.

Im Risikobericht als Bestandteil des Anhanges wird eine Beschreibung folgender Risikobereiche durchgeführt:
- Marktrisiken
- Beschaffungs-, Produktions-, Investitions- und Akquisitionsrisiken
- Finanzielle Risiken, wobei zur Begrenzung und Steuerung dieser Risiken derivative Finanzinstrumente eingesetzt werden und besonders auf Zins- und Währungsrisiken eingegangen wird.
- Rechtliche Risiken
- Andere Risiken (zB Risiken aus Umweltbelastungen, Risiken eines Ausfalls der konzernweiten Datenverarbeitung)

6.67 Die besonderen Berichtspflichten gemäß § 243 Abs 3

Danach hat der Lagebericht auch einzugehen auf:

1. Vorgänge von besonderer Bedeutung, die nach dem Schluss des Geschäftsjahres eingetreten sind;
2. die voraussichtliche Entwicklung des Unternehmens;
3. den Bereich Forschung und Entwicklung;
4. bestehende Zweigniederlassungen der Gesellschaft;

5. die Verwendung von Finanzinstrumenten; sofern dies für die Beurteilung der Vermögens-, Finanz- und Ertragslage von Bedeutung ist; diesfalls sind anzugeben a) die Risikomanagementziele und -methoden, einschließlich der Methoden zur Absicherung aller wichtigen Arten geplanter Transaktionen, die im Rahmen der Bilanzierung von Sicherungsgeschäften angewandt werden, und b) bestehende Preisänderungs-, Ausfalls-, Liquiditäts- und Cash-Flow-Risiken.

6.671 Vorgänge von besonderer Bedeutung, die nach dem Schluss des Geschäftsjahres eingetreten sind („Nachtragsbericht" – Abs 3 Z 1)

„Darunter sind einmal bedeutsame Entwicklungen und Tendenzen im neuen Geschäftsjahr zu verstehen, insbesondere, wenn sie von der im Jahresabschluß vorgezeichneten Linie abweichen" (Beck'scher Bilanzkommentar[5], Rz 32 zu § 289).

Die Berichterstattung bezieht sich auch auf einzelne **bedeutsame Geschäftsvorfälle,** wobei sowohl positive als auch negative Vorgänge in Frage kommen. „Je negativer nach dem Schlußstichtag eingetretene Ereignisse sich für die Gesellschaft auswirken, desto schärfere Anforderungen sind an die Berichterstattungspflicht zu stellen" (WP-Handbuch 1996, I. Band, S 492).

Beispiele (siehe Zusammenstellung in Küting/Weber[4], Rz 51 zu § 289):

Die Branche betreffende wirtschaftliche oder politische Ereignisse (zB verschärfte Exportvorschriften, Auf- und Abwertungseinflüsse, Wettbewerbsverzerrungen); Abweichungen von der vom Jahresabschluss vorgezeichneten zukünftigen Entwicklung (zB Marktumschwung, unvorhersehbare Kostensteigerungen, Umsatzrückgänge, schwerwiegende Verluste, stark rückläufige Marktpreise); Erwerb oder Veräußerung von Beteiligungen; Kapitalerhöhungs- oder Kapitalherabsetzungsmaßnahmen; Gründung oder Auflösung von Niederlassungen; Begründung von Konzern- oder Abhängigkeitsverhältnissen, Beitritt zu Interessengemeinschaften oder Kartellen, Abschluss außerordentlicher Verträge; Ausgang wichtiger Prozesse; besondere Ereignisse im personellen Bereich, wie zB Kurzarbeit oder Streiks; Zusammenbrüche großer Kunden.

In diesem Zusammenhang wird auch auf IAS 10 „Subsequent Events" verwiesen.

6.672 Die voraussichtliche Entwicklung des Unternehmens („Prognosebericht" – Abs 3 Z 2)

Es war auch nach dem AktG 1965 schon üblich, dass in den Geschäftsberichten (zB unter der Bezeichnung „Ausblick, Vorschau, Zukunftsaussichten") auf die voraussichtliche Entwicklung eingegangen wurde.

„Was und wie über die zukünftige Entwicklung zu berichten ist, sagt das dHGB nicht; es hält sich bewußt allgemein. Daraus ist zu schließen, daß Inhalt und Umfang des Prognoseberichts sich in engen Grenzen halten können. Das bedeutet, daß eine kürzere verbale Darstellung der zukünftigen Entwicklung als ausreichend betrachtet werden kann. Zahlenmäßige Prognosen sind entbehrlich" (Beck'scher Bilanzkommentar[5], Rz 35 zu § 289).

„Die Anforderungen an die gesetzlich geforderten Prognoseaussagen dürfen nicht zu hoch angesetzt werden. Die Prognosen müssen vorsichtig sein, damit nicht falsche Erwartungen entstehen. Die Erläuterungen werden vor allem in verbalen Angaben bestehen" (WP-Handbuch 1996, I. Band, S 493).

Nach Küting/Weber[4] (Rz 58 zu § 289) dagegen sollte die Unternehmensleitung nach Möglichkeit **zahlenmäßige Prognosen** zur Darstellung der voraussichtlichen Entwicklung verwenden, „wenn die Herleitung der Prognosen zumutbar und die Willkürfreiheit gewährleistet ist".

„Bezüglich des zeitlichen Umfanges der Prognose wird ... eine Bezugsperiode von zwei Jahren als sinnvoll angesehen. Ein einjähriger Prognosezeitraum ist als zu kurz zu betrachten, zumal bei Veröffentlichung der Prognose bereits mehrere Monate vergangen sind" (Beck'scher Bilanzkommentar[5], Rz 35 zu § 289).

In Küting/Weber[4] (Rz 57 zu § 289) wird dieser Zweijahreszeitraum als der herrschenden Meinung entsprechend bezeichnet.

„Letztlich liegt es im pflichtgemäßen Ermessen der Unternehmensleitung, den **Umfang der Zukunftsaussagen** zur Darlegung der zukünftigen Entwicklung im Lagebericht festzulegen. Zum Umfang einer angemessenen Berichterstattung über die zukünftige Entwicklung gehören sicherlich Angaben

1. zur allgemeinen volkswirtschaftlichen Entwicklung,
2. zur wesentlichen Änderung in den Bereichen
   - Beschaffung,
   - Produktion,
   - Personal,
   - Investition und Finanzierung,
3. zur Marktstellung in den wichtigsten Tätigkeitsbereichen,
4. zur tendenziellen Entwicklung der Ergebnisse."

Die Auffassungen der Fachliteratur zum Inhalt des Prognoseberichtes dekken sich aber, nach stichprobenweiser Durchsicht von Veröffentlichungen, kaum mit der **Rechnungslegungspraxis;** Prognosen werden, soweit festgestellt, nur verbal, nicht betragsmäßig formuliert, und die Prognoseangaben beziehen sich höchstens auf allgemein gehaltene Erwartungen über die Entwicklung des Umsatzes und des Ergebnisses des Folgejahres.

Allerdings muss darauf hingewiesen werden, dass aufgrund der Vorschriften des § 81 AktG bzw § 28a GmbHG für aufsichtsratspflichtige Unternehmen die Verpflichtung besteht, dass der Vorstand dem Aufsichtsrat mindestens einmal jährlich „über grundsätzliche Fragen der Geschäftspolitik des Unternehmens zu berichten, **sowie die künftige Entwicklung der Vermögens-, Finanz- und Ertragslage anhand einer Vorschaurechnung darzustellen hat** (Jahresbericht)“. Für die Darstellung der voraussichtlichen Entwicklung des Unternehmens müssten daher zumindestens für aufsichtsratspflichtige Unternehmen entsprechende Unterlagen vorhanden sein.

Die **AFRAC-Stellungnahme** ist hinsichtlich der Anforderungen an die Darstellung der voraussichtlichen Entwicklung des Unternehmens eher zurückhaltend und enthält dazu (nur) folgende Ausführungen. (Abschn 53–55)

(53) „Dieser Abschnitt des Lageberichtes soll die für das Unternehmen **relevante Entwicklung der gesamtwirtschaftlichen und sonstigen Rahmenbedingungen**, die Entwicklung der Branchensituation sowie deren Auswirkungen auf die Vermögens-, Finanz- und Ertragslage des Unternehmens darstellen. Anzugeben sind weiters die wesentlichen geschäftspolitischen Vorhaben und deren Auswirkung auf die Lage des Unternehmens. In beiden Fällen sind die getroffenen Annahmen zu erläutern und zu begründen.“

(54) „Es ist zulässig, wenn die **Darstellungen** zur voraussichtlichen Entwicklung des Unternehmens **in qualitativer Form** erfolgen. Daher ist es für die Darstellung der voraussichtlichen Entwicklung nicht erforderlich, die im Bericht über den Geschäftsverlauf und die wirtschaftliche Lage angeführten Leistungsindikatoren zu prognostizieren oder Planzahlen anzugeben.

(55) Der in den Ausführungen im Lagebericht abgedeckte **Zeithorizont** ist unter Berücksichtigung der unternehmensspezifischen Geschäftszyklen und Risiken festzulegen und hat jedenfalls das nachfolgende Geschäftsjahr zu umfassen.“

DRS 15 enthält dazu unter anderem folgende Ausführungen:

Abschnitt 89: „Die Erwartungen der Unternehmensleitung zur weiteren Entwicklung der Ertragslage und Finanzlage sind darzustellen und mindestens als positiver oder negativer Trend zu beschreiben, dabei sind die Auswirkungen der wesentlichen Einflussfaktoren zu erläutern."

Abschnitt 88: „Die erwartete Entwicklung der wirtschaftlichen Rahmenbedingungen zB der Konjunktur, soweit sie für die Entwicklung (des Konzerns) von Bedeutung sind, und die erwarteten Branchenaussichten sind darzustellen."

Abschnitt 87: „Als Prognosezeitraum sind mindestens zwei Jahre, gerechnet vom (Konzern)abschlussstichtag zugrunde zu legen."

Abschnitt 120: „Die **Quantifizierung** der erwarteten Entwicklungen der wesentlichen Einflussfaktoren der Ertrags- und Finanzlage für das auf den (Konzern)abschlussstichtag folgende Geschäftsjahr **wird empfohlen** ..."

Abschnitt 121: „Für die künftige Ertragslage sollte die erwartete Entwicklung von Umsatz, Aufwendungen und Ergebnis angegeben und erläutert werden ..."

Abschnitt 122: „Für die zukünftige Finanzlage sollte der geplante Umfang der Investitionen erläutert werden. Es sollte darauf eingegangen werden, in welchem Umfang der erwartete Cash-flow aus laufender Geschäftstätigkeit zur Deckung der Investition beiträgt."

Abschnitt 123: „Ist aufgrund besonderer Umstände eine quantitative Prognose mit zu großer Unsicherheit behaftet, wird empfohlen, dies anzugeben und zu begründen."

Abschnitt 86: „Der (Konzern)lagebericht muss den Prognosecharakter der Darstellung sowie die wesentlichen Annahmen und Unsicherheiten bei der Beurteilung der voraussichtlichen Entwicklung erkennen lassen."

Praktische Beispiele

Aus dem Abschnitt „Ausblick und Ziele" der **Wienerberger Gruppe:**

Trotz der allgemeinen Unsicherheit über die Auswirkungen der Finanzkrise in den USA und Westeuropa geht Wienerberger von einem weiteren, im Vergleich zum Baustoffsektor überdurchschnittlichen Ergebniswachstum in 2008 (von rund 10 %) aus. Hauptgrund für den Optimismus bildet insbesondere das Wachstumsprogramm der letzten Jahre, welches uns ermöglichen sollte, selbst in sich abschwächenden Märkten unsere Ergebnisse weiter steigern zu können.

In diesem Abschnitt sind auch die geplanten Zahlen für den Umsatz und für die Investitionen für das Jahr 2008 angeführt und den Vergleichszahlen für 2007 gegenübergestellt.

Wienerberger erwirtschaftet nachhaltig einen ROCE, der deutlich über den Kapitalkosten von rund 7,5 % liegt.

Zu diesen zukunftsbezogenen Aussagen wird ein so genannter **Disclaimer** abgegeben.

Disclaimer zu den zukunftsbezogenen Aussagen:

> „Dieser Geschäftsbericht enthält Angaben und Prognosen, die sich auf die zukünftige Entwicklung der Wienerberger Gruppe und ihrer Gesellschaften beziehen. Die Prognosen stellen Einschätzungen dar, die wir auf Basis aller uns zum jetzigen Zeitpunkt zur Verfügung stehenden Informationen getroffen haben. Sollten die den Prognosen zugrunde gelegten Annahmen nicht eintreffen oder Risiken – wie die im Risikobericht angesprochenen – eintreten, so können die tatsächlichen Ergebnisse von den zurzeit erwarteten Ergebnissen abweichen. Mit diesem Geschäftsbericht ist keine Empfehlung zum Kauf oder Verkauf von Aktien der Wienerberger AG verbunden."

Aus dem Abschnitt „Ausblick" der **Andritz-Gruppe**:

Nach Hinweisen zur allgemeinen wirtschaftlichen Entwicklung und der erwarteten Entwicklung in den einzelnen Geschäftsbereichen enthält dieser „Ausblick" folgenden letzten Absatz:

> Basierend auf dem hohen Auftragsbestand von mehr als 3,8 Milliarden Euro per Ende 2007 und der erwartet guten Projektaktivität in allen Geschäftsbereichen rechnet Andritz für 2008 mit einem Gruppenumsatz von rund 3,5 Milliarden Euro und einer Erhöhung des Ergebnisses – zumindest im Gleichschritt mit der Umsatzerhöhung.

(Zu diesen „zukunftsgerichteten Aussagen" wird ebenfalls ein „Disclaimer" abzugeben. Quantitative Aussagen enthält diese Zusammenfassung nicht.)

Aus dem Lagebericht, Abschn „Ausblick für 2007/08" der **Austria Email,** letzter Absatz:

> Klares Ziel von Austria Email für 2007/08 ist eine Rückkehr zum Wachstumskurs bei Umsatz und Ergebnis. Angestrebt wird für das neue Geschäftsjahr ein Umsatzplus in der Größenordnung von zumindest 3 % sowie – auf Basis weiterer Produktionsverbesserungen und des Wegfalls der außerordentlichen Abschreibung auf die Liegenschaft Brandenburg – ein überproportionaler Anstieg im EGT.

6.673 Bereich Forschung und Entwicklung (Abs 3 Z 3)

Aussagen über **Forschungs- und Entwicklungsaktivitäten** waren schon in vielen Geschäftsberichten nach § 128 AktG 1965 zu finden. Die Berichterstattung darüber ist nach dem RLG verpflichtend.

„Eine Berichterstattung über den Bereich Forschung und Entwicklung ist nur bei solchen Kapitalgesellschaften sinnvoll, die tatsächlich Forschung und Entwicklung in erheblichem Ausmaß betreiben“ (Küting/Weber[4], Rz 68 zu § 289).

Die Pflicht zur Berichterstattung wird eingeschränkt durch das Risiko, dass dem Unternehmen aus detaillierten Angaben Wettbewerbsnachteile erwachsen könnten.

„Wenn eine Kapitalgesellschaft allerdings die branchenübliche notwendige Forschungs- und Entwicklungstätigkeit unterläßt oder aussetzt, hat sie wegen der großen Auswirkung auf ihre wirtschaftliche Lage und voraussichtliche Entwicklung im Lagebericht darauf hinzuweisen und ihr Verhalten zu begründen“ (Beck'scher Bilanzkommentar[5], Rz 40 zu § 289).

Als zweckmäßige Angaben werden in Küting/Weber[4] (Rz 71 zu § 289) folgende Angaben angeführt:

Zahl der in den Entwicklungsabteilungen tätigen Mitarbeiter und Veränderungen dieser Zahl gegenüber dem Vorjahr;
Einrichtungen, die für Forschungs- und Entwicklungszwecke unterhalten werden;
Gesamthöhe und Entwicklung der Forschungs- und Entwicklungsaufwendungen;
Globalziele, die bei den Forschungs- und Entwicklungstätigkeiten verfolgt werden;
Umfang der Investitionen im Bereich Forschung und Entwicklung;
Restriktionen, zB Umweltschutz;
laufende und geplante Forschungsprogramme.

6.674 Bestehende Zweigniederlassungen der Gesellschaft (Abs 3 Z 4)

Gemäß Abschn 49 des IdW-Standards reicht es im Allgemeinen aus,

„die wesentlichen Belegenheitsorte der in- und ausländischen Zweigniederlassungen aufzuführen. Abweichende, die Stammhauszugehörigkeit verdeckende Firmierungen sind aufzuzeigen und wesentliche Veränderungen gegenüber dem Vorjahr (Neugründungen, Schließungen, Verlegungen) zu erläutern“.

Nach Nowotny in Straube[2], Anmerkung 46 zu § 243 sind die Zahl und der Ort der Niederlassungen sowie wesentliche Veränderungen, wie Neueröffnung, Sitzverlegung, Umwandlung in eine Tochtergesellschaft oder Schließungen anzugeben; weitergehende Angaben wie Umsatz, Zahl der Mitarbeiter ua sind dagegen nicht erforderlich. Anderer Ansicht Ellrot, in Beck'scher Bilanzkommentar, Rz 44 zu § 289, wonach vielmehr eine Berichterstattung über wesentliche wirtschaftliche Eckdaten der einzelnen Zweigniederlassungen geboten ist, zB Umsätze, Vertriebsprogramme, wesentliche Investitionsvorhaben, beschäftigte Mitarbeiter.

Wenn man jedoch von der englischen Fassung der 4. Richtlinie ausgeht, wonach gem Art 46, „the report shall also give an indication of ...

e) the existence of branches of the company",

kann man sich dieser weitergehenden Berichterstattungspflicht nicht anschließen.

6.675 Die Verwendung von Finanzinstrumenten (Abs 3 Z 5)

Diese Vorschrift wurde im Zusammenhang mit der Umsetzung der „Fair-Value-Richtlinie" eingeführt; diese Richtlinie hatte ihrerseits das Ziel, die Regelungen von IAS 39 in die 4. u 7. Richtlinie einzuführen.

Auf diese Weise wurden in das EU-Recht und damit das österreichische Bilanzrecht Begriffe eingeführt, die weder in den Bilanzrichtlinien noch im UGB definiert sind; bei der Auslegung vieler Vorschriften muss deshalb auf die IAS bzw IFRS zurückgegriffen werden. So wird zB der **Begriff des Finanzinstruments** aus IAS 32 bzw 39 zu entnehmen sein, ebenso wie die in § 243 Abs 3 Z 5b angeführten **Preisänderungs-, Ausfalls-, Liquiditäts- und Cashflow-Risiken**, die in IAS 32 definiert werden.

Der Begriff der **„Verwendung von Finanzinstrumenten"** ist eher schwammig, da es jedes Unternehmen bei seiner Tätigkeit mit Finanzinstrumenten zu tun hat; jedes Industrie- oder Handelsunternehmen weist in seiner Bilanz Lieferforderungen oder Lieferverbindlichkeiten aus, die unter die Definition des Finanzinstruments fallen; nur handelt es sich in diesem Fall um einen automatisch mit der sonstigen Betriebstätigkeit verbundenen Anfall von Finanzinstrumenten, während zB mit dem Einsatz von **derivativen Finanzinstrumenten** ganz andere Zwecke verbunden seien können. In manchen Wirtschaftszweigen, wie zB bei Banken, besteht praktisch die gesamte Bilanzsumme nur aus (primären) Finanzinstrumenten und im Rahmen der bankbetrieblichen Tätigkeit werden für die verschiedensten Zwecke derivative Finanzinstrumente eingesetzt. Es ist daher in jedem Einzelfall zu untersuchen, ob aufgrund des Wirtschaftszweiges oder der konkreten Verhältnisse des Unternehmens die **„Verwendung von Finanzinstrumenten"** für die Beurteilung der Vermögens-, Finanz- und Ertragslage von Bedeutung ist.

In diesem Zusammenhang sei ausdrücklich darauf verwiesen, dass sich § 243 Abs 3 Z 5 auf sämtliche Finanzinstrumente, also „primäre" und „derivative" Finanzinstrumente bezieht, während sich die Erläuterungsvorschriften des § 237a Abs 1 Z 1 nur auf derivative Finanzinstrumente beziehen, wobei sich aus dem Einsatz dieser dort zu erläuternden derivativen Finanzinstrumente wesentliche Auswirkungen auf die in § 243 Abs 3 Z 5b genannten Risiken, das sind **Preisänderungs-, Ausfalls-, Liquiditäts- und Cash-Flow-Risiken** ergeben können. Diese Risiken sollen nachfolgend kurz besprochen werden und zwar entsprechend den **Definitionen in IAS 32 Par 52 a – d** (inzwischen ersetzt durch IFRS 7).

Marktrisiko (Preisänderungsrisiko – IAS 32.52a – IFRS 40–42)

IAS 32, der Vorgängerstandard von IFRS 7, bezeichnete dieses Risiko ursprünglich als **Preisänderungsrisiko**, eine Bezeichnung, die auch in das UGB übernommen wurde. Die im Dezember 2004 von der Kommission der EU approbierte Fassung veränderte die Bezeichnung in **Marktrisiko**.

IAS 32.52 a unterschied drei Arten von Marktrisiken:

- **Währungsrisiko** – besteht darin, dass sich der Wert eines Finanzinstrumentes aufgrund von Änderungen von Wechselkursen verändern kann.

Dieses Risiko tritt zB in Zusammenhang mit den „Finanzinstrumenten" Lieferforderungen und Lieferverbindlichkeiten in Fremdwährung auf, aber auch in Zusammenhang mit allen anderen Forderungen und Verbindlichkeiten in Fremdwährung. Eine Absicherung im Rahmen des Risikomanagements geschieht zB durch den Abschluss von Termingeschäften.

- **Zinsänderungsrisiko** – besteht darin, dass sich der Wert eines Finanzinstrumentes aufgrund von Schwankungen des Marktzinssatzes verändern kann (zB Kursschwankungen bei festverzinslichen Wertpapieren infolge Änderungen des Marktzinssatzes).
- **Preisrisiko** – besteht darin, dass sich der Wert eines Finanzinstrumentes aufgrund von Schwankungen der Marktpreise verändern kann; dabei können solche Fluktuationen sowohl auf Faktoren zurückzuführen sein, die für ein individuelles Wertpapier oder seinen Emittenten charakteristisch sind, als auch auf solche, die alle im Markt gehandelten Wertpapiere betreffen (Kursschwankungen bei Aktien).

Der Begriff des Preisrisikos umfasst dabei nicht nur mögliche Verluste, sondern auch mögliche Gewinnchancen.

Ausfallrisiko (Kreditrisiko – IAS 32.52 b – IFRS 36–38)

Dieses ergibt sich aus der Gefahr, dass ein Vertragspartner bei einem Geschäft über ein Finanzinstrument seinen Verpflichtungen nicht nachkommen kann und dadurch bei dem anderen Partner finanzielle Verluste verursacht.

Diesem Risiko unterliegen sämtliche Forderungen, wobei im Rahmen des Risikomanagements Vorsorge zB durch **Kreditrisikoversicherungen** oder durch die Bestellung von Sicherheiten getroffen werden kann.

Liquiditätsrisiko (IAS 32.52 c – IFRS 7.39)

- Dieses auch als **Refinanzierungsrisiko** bezeichnete Risiko besteht darin, dass ein Unternehmen möglicherweise nicht in der Lage ist, die **Finanzmittel** zu beschaffen, die zur Begleichung der im Zusammenhang mit Finanzinstrumenten eingegangenen Verpflichtungen notwendig sind. **Liquiditätsrisiken** können auch dadurch entstehen, dass ein finanzieller Vermögenswert nicht jederzeit innerhalb kurzer Frist zu seinem beizulegenden Zeitwert verkauft werden kann.

Die Vermeidung eines solchen Refinanzierungsrisikos setzt entsprechende Maßnahmen zur Beschaffung der Anschlussfinanzierung im Rahmen des Risikomanagements voraus.

Zinsbedingtes Cash-Flow-Risiko (IAS 32.52 d)

Dieses ursprünglich in IAS 32.52 d angeführte, jedoch nicht mehr in IFRS 7 gesondert erwähnte Risiko resultiert daraus, dass sich die künftigen Cashflows eines Finanzinstrumentes auf Grund von Schwankungen des Marktzinssatzes verändern können. Beispielsweise können sich im Fall von **variabel verzinslichen Fremdkapitalinstrumenten** solche Schwankungen auf Grund von Veränderungen der effektiven Verzinsung des Finanzinstruments ergeben, ohne dass damit korrespondierende Veränderungen des entsprechenden beizulegenden Zeitwertes eintreten.

Es ist jeweils aufgrund der konkreten Verhältnisse des Unternehmens zu untersuchen, ob eine diesbezügliche Berichterstattung insbesondere in Zusammenhang mit den Anhangangaben über derivative Finanzinstrumente erforderlich ist.

Es ergibt sich in diesem Zusammenhang die Frage, ob diesbezügliche Angaben nicht zweckmäßiger bei der Erläuterung einzelner Bilanzposten im Anhang gemacht werden sollten und im Lagebericht in diesem Fall nur auf die entsprechenden Anhangangaben zu verweisen ist. Weiters stellt sich die Frage, ob die hier besprochenen Angaben nicht ohnedies unter die Risikoberichterstattung nach § 243 Abs 1 fallen.

Im Zusammenhang mit der Verwendung von Finanzinstrumenten sind auch die Risikomanagement-Ziele und -Methoden anzugeben, einschließlich der Methoden zur Absicherung aller wichtigen Arten geplanter Transaktionen, die im Rahmen der Bilanzierung von Sicherungsgeschäften angewandt werden.

Der IDW-Rechnungslegungshinweis (IDW RH HFA 1005/Stand 18. 3. 2005, in: Die Wirtschaftsprüfung 9/2005) stellt folgende Forderungen für diese Berichterstattung auf:

- grundsätzliche Aussagen zur Risikobereitschaft des Unternehmens
- die Darstellung der Sicherungsziele
- die Beschreibung der gesicherten Grundgeschäfte
- die Darstellung sonstiger wesentlicher Elemente (zB die Vorgabe von Kontrahentenlimiten)

> – bei antizipativem Hedging (zB Absicherung von geplanten, aber noch nicht kontrahierten Bestellungen) die Nennung der Tatsache als solcher
>
> Der Umfang der Berichterstattung hängt von der Risikoexposition des Unternehmens ab, wobei über verbale Erläuterungen hinausgehende Angaben, zB die Quantifizierung einzelner Parameter, regelmäßig nicht erforderlich sind (Abschn 33 u. 34).

6.68 Sondervorschriften für große Kapitalgesellschaften (§ 243 Abs 5 – nichtfinanzielle Leistungsindikatoren)

§ 243 Abs 5 enthält folgende Vorschriften:

> „Für große Kapitalgesellschaften umfasst die Analyse nach Abs 2 letzter Satz auch die wichtigsten nichtfinanziellen Leistungsindikatoren, einschließlich Informationen über Umwelt- und Arbeitnehmerbelange, Absatz 3 bleibt unberührt."

Der Verweis auf Absatz 2 letzter Satz bezieht sich auf die Berücksichtigung der Größe des Unternehmens und der Komplexität des Geschäftsbetriebes; weiters sind, wie bei den finanziellen Leistungsindikatoren vorgesehen, auch die nichtfinanziellen Leistungsindikatoren **unter Bezugnahme auf die im Jahresabschluss ausgewiesenen Beträge und Angaben zu erläutern.**

Dies bedeutet aber, dass auch die nichtfinanziellen Leistungsindikatoren von den Beträgen und Angaben des Jahresabschlusses ableitbar sein müssen und dass die Erläuterung insbesondere auf die Veränderung der nichtfinanziellen Leistungsindikatoren gegenüber dem Vorjahr (den Vorjahren) einzugehen hat; dies führt aber gleichzeitig zu einer entsprechenden Einschränkung des Inhaltes der gegebenenfalls anzugebenden nichtfinanziellen Leistungsindikatoren bzw. Informationen.

Eine weitere Einschränkung ergibt sich aus folgender Überlegung zum Inhalt des Lageberichtes:

Der Lagebericht ist vom Vorstand der Kapitalgesellschaft – unter Wahrung der Interessen des Unternehmens – aufzustellen, dies bedeutet aber, dass, wenn eine Angabe die Interessen des Unternehmens (zB gegenüber der Konkurrenz) beeinträchtigen könnte, dies zu berücksichtigen ist. „Auch muss die Berichterstattung dort ihre Grenzen finden, wo damit zu rechnen ist, dass die Preisgabe von Informationen zum Nachteil für die berichtende Gesellschaft führt." (Küting/Weber RZ 27 zu § 289 dHGB, siehe auch Abschnitt 6.633.1)

In diesem Zusammenhang erscheint es zweckmäßig, einen Überblick über die Entwicklung dieser Gesetzesstelle von der Richtlinie zur Umsetzung in österreichisches Recht bzw auch zur Umsetzung im dHGB zu geben.

Im **Erwägungsgrund 9 zur Modernisierungsrichtlinie** heißt es im Zusammenhang mit der Neufassung der Vorschriften über den Lagebericht: „Die Informationen sollten nicht auf die finanziellen Aspekte des Geschäftes des Unternehmens beschränkt sein. Dies sollte gegebenenfalls zur **Analyse ökologischer und sozialer Aspekte** führen, die für das Verständnis des Geschäftsverlaufs, des Geschäftsergebnisses oder der Lage des Unternehmens erforderlich sind."

An dieser Stelle **wird** im Zusammenhang mit den nichtfinanziellen Leistungsindikatoren **nur auf Umwelt- und Arbeitnehmerbelange**, nicht jedoch auf andere nichtfinanzielle Leistungsindikatoren **hingewiesen.**

Artikel 46 der 4. Richtlinie enthält in Abs 1 b folgenden Wortlaut: „**Soweit dies** für das Verständnis des Geschäftsverlaufs, des Geschäftsergebnisses oder der Lage der Gesellschaft **erforderlich** ist, umfasst die Analyse die wichtigsten finanziellen und – **soweit angebracht** – nichtfinanziellen Leistungsindikatoren, die für die betreffende Geschäftstätigkeit von Bedeutung sind, einschließlich Informationen in Bezug auf Umwelt- und Arbeitnehmerbelange."

Hier wird einerseits der Begriff der „nichtfinanziellen Leistungsindikatoren" über ökologische und soziale Aspekte hinaus ausgedehnt, andererseits aber eingeschränkt durch die Worte „soweit ... erforderlich" und „soweit angebracht". Dies lässt also dem Verfasser des Lageberichtes einen weiten Spielraum für die Aufnahme nicht die Umwelt und die Arbeitnehmer betreffender nichtfinanzieller Leistungsindikatoren. (Die Möglichkeit der Einschränkung der Angabe „nichtfinanzieller Leistungsindikatoren" auf große Kapitalgesellschaften ist in Art 46 Abs 4 vorgesehen).

Die dem § 243 Abs 5 UGB entsprechende Vorschrift des **§ 289 Abs 3 dHGB** lautet wie folgt:

> „Bei einer großen Kapitalgesellschaft ... gilt Abs 1 Satz 3 entsprechend für nichtfinanzielle Leistungsindikatoren, wie Informationen über Umwelt- und Arbeitnehmerbelange, **soweit sie für das Verständnis des Geschäftsverlaufes und der Lage von Bedeutung sind**."

Die Einschränkung des letztes Halbsatzes räumt dem Vorstand des Unternehmens sehr großen Spielraum für die Aufnahme nichtfinanzieller Leistungsindikatoren ein, soweit es sich nicht um Umwelt- und Arbeitnehmerbelange handelt.

Die österreichische Umsetzung geht in ihrer Strenge daher weit über die Richtlinie bzw die vergleichbare Umsetzung im dHGB hinaus; dies sollte allerdings bei der Auslegung der österreichischen Vorschriften entsprechend berücksichtigt werden. Die Ansatzpunkte dafür wurden bereits oben angeführt.

Daraus lässt sich wohl ableiten, dass der Schwerpunkt im Zusammenhang mit nichtfinanziellen Leistungsindikatoren bei der Darstellung der Umwelt- und Arbeitnehmerbelange liegt. (aA Stellungnahme AFRAC, Abschnitt 44)

In Zusammenhang mit den nichtfinanziellen Leistungsindikatoren werden im IDW-Rechnungslegungshinweis folgende Aussagen getroffen:

> Abschnitt 9: „Große Kapitalgesellschaften … haben in die Analyse des Geschäftsverlaufes und der Lage der Gesellschaft auch nichtfinanzielle Leistungsindikatoren einzubeziehen, **sofern sie für das Verständnis des Geschäftsverlaufs oder der Lage von Bedeutung sind**. Eine freiwillige weitergehende Berichterstattung über sonstige nichtfinanzielle Leistungsindikatoren ist nur zulässig, sofern sie den Informationsgehalt des Lageberichtes erhöht (vergleiche DRS 15.10). Eine weitergehende Berichterstattung kommt daher nicht in Betracht, wenn hierdurch die Klarheit und Übersichtlichkeit der Analyse und damit die Konzentration auf das Wesentliche beeinträchtigt würde“ und
>
> Abschnitt 10 „ … Angaben sollten insbesondere branchenbezogene Besonderheiten berücksichtigen und Vergleiche mit anderen Unternehmen der Branche ermöglichen. **Dabei ist der Bezug zur Darstellung der Vermögens-, Finanz- und Ertragslage zu wahren. Vor allem darf der Aspekt der wirtschaftliche Lage** der Gesellschaft durch die ergänzende Berichterstattung über nichtfinanzielle Leistungsindikatoren **nicht in den Hintergrund gerückt** werden.“

6.681 Angaben in Zusammenhang mit Umweltaspekten

Die erläuternden Bemerkungen zum ReLÄG 2004 weisen auf die **Empfehlung der EU-Kommission vom 30. 5. 2001** hin, wonach im Lagebericht im Hinblick auf die Umweltberichterstattung auf folgende Aspekte eingegangen werden soll:

1. Darstellung der allgemeinen Umweltstrategie des Unternehmens und der von ihm beschlossenen Umweltschutzprogramme, insbesondere hinsichtlich spezifischer Maßnahmen zur Verhütung von Umweltschäden.
2. Darstellung der auf dem Gebiet des Umweltschutzes erzielten Fortschritte des Unternehmens.
3. Hinweis auf die durchgeführten Umweltschutzmaßnahmen, die aufgrund gesetzlicher bestehender Vorschriften oder im Wesentlichen bereits verabschiedeter rechtlicher Bestimmungen vorgenommen wurden.
4. Information über Emissionen, Abfallentsorgung, Energieverbrauch.
5. Gegebenenfalls Hinweis auf einen vom Unternehmen herausgegebenen Umweltbericht.

Die AFRAC-Stellungnahme erwähnt im Abschnitt 43

- Wasser und Energieverbrauch,
- Abfall,
- Emissionen.

Im IDW-Rechnungslegungshinweis werden als „geeignete Angaben, bezogen auf Umweltaspekte" angeführt:

- Emissionswerte
- Energieverbrauch
- Durchführung eines Umwelt-Audit

6.682 Informationen über „Arbeitnehmerbelange"

§ 239 Abs 1 Z 1 enthält schon folgende Vorschrift für Angaben im Anhang: „Die durchschnittliche Zahl der Arbeitnehmer während des Geschäftsjahres und die Aufgliederung der durchschnittlichen Zahl der Arbeitnehmer getrennt nach Arbeitern und Angestellten".

Die für den Lagebericht geforderten weiteren Angaben können aus folgenden Informationen bestehen:

AFRAC-Stellungnahme Abschn 43:

- Einstellung und Fluktuation
- Aus- und Weiterbildung
- Moral/Motivation
- Performance der Mitarbeiter
- Soziales Umfeld, betriebliche Sozialleistungen, Gesundheits- und Arbeitsschutz
- Gewinnbeteiligungen sowie besondere Betriebsvereinbarungen

Der IDW-Rechnungslegungshinweis erwähnt folgende Beispiele:

Fluktuation, Betriebszugehörigkeit, Vergütungsstrukturen, Ausbildungsstrukturen, Fortbildungsmaßnahmen, interne Förderungsmaßnahmen.

6.683 In der Fachliteratur angeführte sonstige nichtfinanzielle Leistungsindikatoren

Hier wird deutlich, dass die bereits angeführten Einschränkungen (Verbindung mit den im Jahresabschluss ausgewiesenen Beträgen und Angaben, Beeinträchtigung der Interessen des Unternehmens gegenüber der

Konkurrenz, aber auch das Problem der Objektivierbarkeit und Transparenz als Voraussetzungen für die Forderung nach Darstellung im Lagebericht) nur zum geringen Teil beachtet werden. Bei den im Folgenden angeführten Beispielen aus der Fachliteratur für nichtfinanzielle Leistungsindikatoren sind deswegen auch mögliche Einwendungen vermerkt.

AFRAC-Stellungnahme Abschn 44

- Entwicklung des Kundenstamms (Problem der Ermittlung und Überprüfbarkeit)
- Durchschnittlicher Umsatz pro Kunde
- Durchschnittlicher Umsatz, bezogen auf die Verkaufsfläche
- Verkaufte Produkte pro Kunde (in all diesen Fällen ergibt sich das Problem der aussagefähigen statistischen Erfassung; eine zwischenbetriebliche Vergleichbarkeit wird in der Regel nicht gegeben sein)
- Produktentwicklungen (gehört zu Forschung und Entwicklung)
- Marktanteil (gehört zur Berichterstattung über Stellung des Unternehmens im Markt bzw zur Umsatzentwicklung)
- Produktionsauslastung (wird das Unternehmen kaum bereit sein, anzugeben)
- Auftragslage (gehört eher zur voraussichtlichen Entwicklung des Unternehmens)

Aus IDW-Rechnungslegungshinweis Abschn 12

- Kundenkreis und dessen Zusammensetzung (Frage der überprüfbaren statistischen Ermittlung)
- Kundenzufriedenheit (wie wird diese festgestellt; hier sind vom Unternehmen kaum objektive Feststellungen zu erwarten)
- Lieferantenbeziehungen (ist eine Frage des Beschaffungsrisikos, gehört daher in einen anderen Abschnitt des Lageberichtes)
- Patentanmeldungen (gehört zum Lageberichtsteil Forschung- und Entwicklung)
- Produktqualität (Frage der objektiven Messung)

6.69 Sonstiges

6.691 § 243a UGB gem Übernahmerechtsänderungsgesetz 2006

6.691.1 § 243a Abs 1

Diese Bestimmungen gelten für **Aktiengesellschaften, „deren Aktien zum Handel auf einem geregelten Markt im Sinne des § 1 Abs 2 Börsegesetz** zugelassen sind oder die ausschließlich andere Wertpapiere als Aktien auf einem solchen Markt emittiert und deren Aktien mit Wissen der Gesellschaft über ein multilaterales Handelssystem im Sinne des § 1 Z 9 WAG (Wertpapieraufsichtsgesetz) 2007 gehandelt werden."

Für diese Gruppe von Unternehmen müssen die in **§ 243a Abs 1** angeführten neun Punkte in den Lagebericht aufgenommen werden; bezüglich des Inhaltes wird auf den Gesetzestext verwiesen. (Diese Vorschriften sind bereits mit 20. Mai 2006 in Kraft getreten.)

Entsprechend § 273 Abs 1 ist im Prüfungsbericht darauf einzugehen, ob der Lagebericht den gesetzlichen Vorschriften entspricht; dies bedeutet, dass der Abschlussprüfer auch die Richtigkeit der Angaben gem § 243a Abs 1 zu kontrollieren hat; weiters ist im **Bestätigungsvermerk** darauf Bezug zu nehmen, ob diese Angaben zutreffend sind.

6.691.2 § 243a Abs 2 – Beschreibung des internen Kontroll- und des Risikomanagementsystems

Gem **§ 243a Abs 2** hat eine Gesellschaft, deren Aktien oder andere von ihr ausgegebene Wertpapiere zum Handel auf einem geregelten Markt im Sinne des § 1 Abs 2 Börsegesetz zugelassen sind, im Lagebericht darüber hinaus die **wichtigsten Merkmale des internen Kontroll- und des Risikomanagementsystems im Hinblick auf den Rechnungslegungsprozess** zu beschreiben.

Im **Bestätigungsvermerk** ist anzugeben, ob diese Beschreibung zutrifft; dies bedeutet weiters, dass der Inhalt der Beschreibung unter die Prüfungspflicht gem § 269 fällt und auch die Berichtspflicht des § 273 Abs 1 anzuwenden ist.

6.691.21 Regelungen zum internen Kontrollsystem und zum Risikomanagement

1. § 82 Aktiengesetz (bzw § 22 Abs 1 GmbH-Gesetz)

„Der Vorstand hat dafür zu sorgen, dass ein **Rechnungswesen** und ein **internes Kontrollsystem** geführt werden, die den Anforderungen des Unternehmens entsprechen."

Im Gegensatz zu internationalen Regelungen wird hier ein Unterschied zwischen „Rechnungswesen" und dem „internen Kontrollsystem" gemacht; in ISA 315 wird zB das Rechungswesen als Bestandteil des internen Kontrollsystems betrachtet (Abschnitt 315.80ff).

Betrachtet man das **Risikomanagement als Bestandteil des IKS,** bedeutet die Vorschrift des § 82 AktG auch, dass bei Vorliegen entsprechender Anforderungen des Unternehmens ein adäquates **Risikomanagementsystem** einzuführen ist.

Darüber hinaus ist in diesem Zusammenhang darauf hinzuweisen, dass der Begriff des „internen Kontrollsystems" auf das gesamte Unternehmen bezogen ist und nicht auf das Rechnungswesen allein („rechnungslegungsbezogenes IKS“, siehe KFS/PG 1, Abschnitt 11.2.2).

Der Begriff „Rechnungswesen“ des § 82 AktG geht über die Buchführung im Sinne des § 190 Abs 1 UGB hinaus. Es ist dabei im Einzelfall zu klären, welche anderen Bereiche des Rechnungswesens **nach den Anforderungen des Unternehmens** erforderlich sind (zB Kostenrechnung, Bestandsaufzeichnungen für Anlagevermögen und Vorräte).

> „Es sollen nunmehr nicht nur die vom Gesetz geforderten Bücher und Aufzeichnungen (HGB), sondern jene Daten systematisch ermittelt werden, die aufgrund von Größe und Umfang des Unternehmens nach moderner betriebswirtschaftlicher Auffassung geboten sind.“ (Kommentar zum Aktiengesetz, Doralt/Nowotny/Kalss, Anmerkung 1 zu § 82)

Aus den Bestimmungen des § 81 AktG, dass der Vorstand zur Aufstellung einer **Vorschaurechnung** verpflichtet ist, aus der die Entwicklung der Vermögens-, Finanz- und Ertragslage für das anschließende Geschäftsjahr ersichtlich ist, lässt sich die Schlussfolgerung ziehen, dass zu einem ordnungsmäßigen Rechnungswesen bei einem aufsichtsratspflichtigen Unternehmen auch eine entsprechende **Planungsrechnung** gehört.

Die „Anforderungen des Unternehmens“ sind nicht nur inhaltlich zu sehen, sondern es ist auch jeweils festzustellen, welche organisatorischen Anforderungen zu stellen sind (zB Anforderungen an die angemessene Ausstattung mit Verfahren der elektronischen Datenverarbeitung).

Die Bestimmungen hinsichtlich der Buchführung im UGB stellen allerdings die Mindestanforderungen an das Rechnungswesen dar und eine Beschreibung der damit verbundenen Systeme gehört somit zum Inhalt des § 243a Abs 2.

2. § 92 Abs 4a Aktiengesetz (bzw § 30g Abs 4a GmbH-Gesetz) – Prüfungsausschuss des Aufsichtsrats

Nach § 92 Abs 4a AktG gehören zu den **Aufgaben des Prüfungsausschusses:**

1. die Überwachung des Rechnungslegungsprozesses;
2 die Überwachung der Wirksamkeit des **internen Kontrollsystems,** gegebenenfalls des **internen Revisionssystems,** und des **Risikomanagementsystems** der Gesellschaft; …

3 – 7 …

Unbestritten ist das interne Revisionssystem (die Abteilung „Innenrevision“) ein Bestandteil des internen Kontrollsystems. Da im Anschluss an das „interne Revisionssystem“ als Bestandteil des internen Kontrollsystems auch das Risikomanagementsystem genannt wird, lässt dies den Schluss zu, dass auch das Risikomanagementsystem als Bestandteil des internen Kontrollsystems betrachtet wird.

Punkt 2 in der Aufzählung der Aufgaben des **Prüfungsausschusses** kann daher so aufgefasst werden, dass das „interne Kontrollsystem“ den Oberbegriff darstellt, innerhalb dessen zwei Subsysteme, nämlich das interne Revisionssystem und das Risikomanagementsystem der Gesellschaft existieren können. Wieweit solche ausgeprägten Subsysteme erforderlich sind, richtet sich nach der allgemeinen Regelung in § 82 AktG.

3. UGB

Der Begriff des **„internen Kontrollsystems“** wird im UGB nicht verwendet; wenn man jedoch entsprechend der internationalen Praxis (siehe Punkt 1) das Rechnungslegungssystem als Bestandteil des „internen Kontrollsystems“ betrachtet, dann sind die Vorschriften der §§ 190 ff über die „Führung der Bücher“ als Regelungen zu Bestandteilen des internen Kontrollsystems anzusehen.

So muss nach **§ 190 Abs 1** „die Buchführung so beschaffen sein, dass sie einem sachverständigen Dritten innerhalb angemessener Zeit einen Überblick über die Geschäftsvorfälle und über die Lage des Unternehmens vermitteln kann. Die Geschäftsvorfälle müssen sich in ihrer Entstehung und Abwicklung verfolgen lassen.“

Nach **§ 190 Abs 3** müssen die Eintragungen in Büchern und die sonst erforderlichen Aufzeichnungen **vollständig, richtig, zeitgerecht und geordnet** vorgenommen werden.

§ 190 Abs 5 regelt die **Verwendung von Datenträgern** als Organisationsmittel einer ordnungsmäßigen Buchführung.

Die hier im Kern enthaltenen Ordnungsvorschriften für einen wesentlichen Bestandteil des Rechnungswesens, nämlich die Buchhaltung, finden sich auch in internationalen Prüfungsstandards; eine begriffliche Problematik entsteht vielfach daraus, dass im Gegensatz zu Österreich und Deutschland in vielen Ländern keine gesetzlichen Vorschriften zur Buchführung bestehen. Dies hat zB dazu geführt, dass im Diskussionspapier „Riskmanagement and internal control in the EU“ der FEE im Abschnitt 1.3 (key proposals) folgende Forderung aufgestellt wird:

> „It would be appropriate to reflect existing Member States requirements by introducing a basic EU requirement for all companies to maintain accounting records that support information included in published financial statements.“

Der Begriff des **„Risikomanagements“** erscheint im UGB nur in § 243 Abs 3 Z 5, wonach bei der Verwendung von Finanzinstrumenten anzugeben sind:

> a) „die **Risikomanagementziele und -methoden,** einschließlich der Methoden zur Absicherung aller wichtigen Arten geplanter Transaktionen, die im Rahmen der Bilanzierung von Sicherungsgeschäften angewandt werden.“

4. Prüfungsbericht

§ 273 Abs 2 letzter Satz regelt, dass der Abschlussprüfer unverzüglich über wesentliche Schwächen bei **der internen Kontrolle des Rechnungslegungsprozesses** zu berichten hat.

Auch hier beschränkt sich die Redepflicht über wesentliche Schwächen bei der internen Kontrolle auf Mängel des Rechnungslegungsprozesses, analog zur Beschreibung bezüglich der „wichtigsten Merkmale des internen Kontroll- und des Risikomanagementsystems **im Hinblick auf den Rechnungslegungsprozess“** durch den Vorstand.

„Dem Begriff der ‚wesentlichen Schwäche‘ (material weakness) kommt dabei große Bedeutung zu. Derzeit wird dieser Begriff im „International Auditing and Assurance Standards Board“ (IAASB) erörtert, da er auch für die ISA von zentraler Bedeutung ist.

Es wird versucht, die derzeit in den ISA eher allgemein gefasste Definition konkreter zu formulieren, um eine einheitliche Anwendbarkeit der ISA zu gewährleisten.“ (Erläuternde Bemerkungen zu § 273)

Zu beachten ist hier, dass diese Vorschrift für **alle prüfungspflichtigen Unternehmen gilt** und nicht nur für Unternehmen, die zur Beschreibung des internen Kontroll- und des Risikomanagementsystems verpflichtet sind. Für Unternehmen, die zur Einrichtung eines Prüfungsausschusses verpflichtet sind, müsste diese Redepflicht eher geringe Bedeutung haben, da der Prüfungsausschuss ohnedies zur Überwachung der Wirksamkeit des internen Kontrollsystems verpflichtet ist – wenn trotzdem noch erhebliche Mängel bestehen, müsste die Tätigkeit des Prüfungsausschusses kritisch beurteilt werden.

6.691.22 Behandlung des IKS in Standards/Fachgutachten

Definition des IKS nach Abschnitt 11.2.2 von **KFS/PG 1** (Fachgutachten über die Durchführung von Abschlussprüfungen):

> „Unter dem **internen Kontrollsystem** wird der von den mit der Unternehmensleitung und der Unternehmensüberwachung betrauten Personen und anderen Personen entworfene und ausgeführte Prozess verstanden, durch den
> - die Wirksamkeit und Wirtschaftlichkeit der betrieblichen Tätigkeit (hiezu gehört auch der Schutz des Vermögens vor Verlusten durch Schäden und Malversationen),
> - die Zuverlässigkeit der Finanzberichterstattung und
> - die Einhaltung der für das Unternehmen maßgeblichen gesetzlichen Vorschriften überwacht und kontrolliert wird, um zu verhindern, dass das Erreichen des Unternehmensziels durch den Eintritt geschäftlicher Risiken beeinträchtigt wird."

Gemäß 11.2.2 besteht das **interne Kontrollsystem** aus folgenden **Komponenten** (entspricht ISA 315.43):
- dem Kontrollumfeld,
- dem Risikobeurteilungsprozess,
- dem betrieblichen Informations- und Kommunikationssystem einschließlich der Unternehmensabläufe, die sich mit der Finanzberichterstattung beschäftigen,
- den Kontrollmaßnahmen und
- der Überwachung der Kontrollmaßnahmen.

„Der **Risikobeurteilungsprozess** des Unternehmens ist die Vorgangsweise, wie die Unternehmensleitung Geschäftsrisiken, die für das Unternehmensrisiko wesentlich sind, **erkennt,** wie sie deren **Bedeutung** und die **Wahrscheinlichkeit ihres Eintritts** einschätzt und wie sie über Maßnahmen zu deren **Behandlung** entscheidet."

In dieser Darstellung entspricht der **Risikobeurteilungsprozess** weitgehend dem **Risikomanagement,** sodass auch aus KFS/PG 1 abgeleitet werden kann, dass das Risikomanagement ein Bestandteil des IKS ist.

Entsprechend ISA 315 wird hier auch ausdrücklich festgehalten, dass zum betrieblichen Informations- und Kommunikationssystem auch das Rechnungslegungssystem gehört.

„Die Beschäftigung des Abschlussprüfers mit dem internen Kontrollsystem bezieht sich insbesondere auf die Regelungen, welche die Ordnungsmäßigkeit und Verlässlichkeit der Rechnungslegung betreffen" (**„rechnungslegungsbezogenes internes Kontrollsystem"** [KFS/PG 1 Abschnitt 11.2.2]).

Auch im **IDW Prüfungsstandard (PS) 260** (ISA 400) Abschnitt 10 wird ausdrücklich festgehalten, dass das Risikomanagementsystem einen Teilbereich des internen Kontrollsystems darstellt. Die gleiche Meinung wird im WP-Handbuch 2006, Bd 1, Abschnitt P, Seite 1601 bezüglich des „Risikofrüherkennungssystems“ vertreten.

In den Erläuternden Bemerkungen zu § 92 AktG, Anmerkung zu Z 2, wird auf abweichende Meinungen bezüglich des Verhältnisses zwischen den Begriffen „internes Kontrollsystem“ und „Risikomanagementsystem“ eingegangen: „... dass im Rahmen des sogenannten Integrated Framework des COSO ERM, einem international anerkannten Rahmenkonzept zur Ausgestaltung von Risikomanagementsystemen, das IKS (Internal Control) als ein Bestandteil des Risikomanagementsystems (Risk Management) angesehen werde.“

Allerdings wird im Vorwort zu **COSO** – **„Unternehmensweites Risikomanagement – Übergreifendes Rahmenwerk“**, folgende Aussage getroffen: „Die Veröffentlichung **Unternehmensweites Risikomanagement – Übergreifendes Rahmenwerk** stellt eine Ergänzung dar, indem es im stärkeren Maße den Schwerpunkt im Bereich des allgemeinen unternehmensweiten Risikomanagements setzt. **Da es nicht als Ersatz des internen Kontrollmodells vorgesehen und geeignet ist, sondern auf diesem aufbaut,** können Unternehmen das vorliegende unternehmensweite Risikomanagementmodell nutzen, um ihre Internen Kontrollsysteme zu gestalten und hin zu einem umfassenderen Risikomanagementsystem zu entwickeln.“

Aus diesem Text kann nicht abgeleitet werden, das Risikomanagement als übergeordneten Begriff anzusehen.

6.691.23 Inhalt der Beschreibung des internen Kontroll- und Risikomanagementsystems im Lagebericht

Der wesentliche Inhalt der Beschreibung der „wichtigsten Merkmale des internen Kontroll- und des Risikomanagementsystems im Hinblick auf den Rechnungslegungsprozess“ kann somit wie folgt dargestellt werden:

- Die **Organisation des Rechnungswesens** des Unternehmens und zwar sowohl der **Finanzbuchhaltung** (§§ 190 ff UGB) und auch der sonstigen wesentlichen Bestandteile des Rechnungswesens (§ 92 Aktiengesetz), insbesondere des **Controllings.** Dabei wird insbesondere auf die **Organisation des Datenverarbeitungssystems** einzugehen sein (siehe zB KFS/DV1 „Die Ordnungsmäßigkeit von EDV-Buchführungen“).
- Die wesentlichen organisatorischen **Maßnahmen zur Sicherung der Richtigkeit und der Vollständigkeit** der an das Rechnungswesen zur Verarbeitung übergebenen Daten. Dazu können zB auch in einem besonderen Risikomanagementsystem vorgesehene Verfahren zur Erfassung von Risiken gehören, die sich auf die Rechnungslegung auswir-

ken können (zB in Zusammenhang mit derivativen Finanzinstrumenten).

- Darstellung der **Aufgaben des internen Revisionssystems** im Zusammenhang mit der Rechnungslegung.

6.692 Corporate-Governance-Bericht

Aus dem Erwägungsgrund 10 der Änderungsrichtlinie:

„Gesellschaften, deren Wertpapiere zum Handel an einem geregelten Markt zugelassen sind und die ihren Sitz in der Gemeinschaft haben, sollten verpflichtet sein, **in einem gesonderten**, deutlich gekennzeichneten **Abschnitt des Lageberichtes eine jährliche Erklärung zur Unternehmensführung** abzugeben. In dieser Erklärung sollten den Aktionären zumindest leicht zugängliche Schlüsselinformationen über die **tatsächlich angewandten Unternehmensführungspraktiken**, einschließlich einer Beschreibung der **wichtigsten Merkmale der vorhandenen Risikomanagementsysteme und internen Kontrollverfahren in Bezug auf den Rechnungslegungsprozess** gegeben werden. Aus der Erklärung zur Unternehmensführung sollte hervorgehen, ob die Gesellschaft neben den Unternehmensführungsvorschriften des nationalen Rechts weitere derartige Vorschriften anwendet, unabhängig davon, ob diese Vorschriften in einem für die Gesellschaft unmittelbar geltenden **Unternehmensführungskodex** enthalten sind oder Teil eines Kodex sind, den die Gesellschaft anwendet. … Gesellschaften, die einen konsolidierten Lagebericht erstellen, brauchen keine gesonderte Erklärung zur Unternehmensführung vorzulegen. Es sollten jedoch Erläuterungen zum Risikomanagement- und zum internen Kontrollsystem der Gruppe gegeben werden.“

Aus diesen Überlegungen ergibt sich der Artikel 46a der 4. Richtlinie:

„(1) Eine Gesellschaft, deren Wertpapiere zum Handel an einem geregelten Markt im Sinne des Artikels 4 Absatz 1 Nummer 14 der Richtlinie 2004/39/EG des Europäischen Parlaments und des Rates vom 21. April 2004 über Märkte für Finanzinstrumente zugelassen sind, nimmt eine **Erklärung zur Unternehmensführung** in ihren Lagebericht auf. Diese Erklärung bildet einen gesonderten Abschnitt im Lagebericht.

(2) Gem. Art. 46a Abs. 2 können die Mitgliedsstaaten gestatten, **dass die** nach diesem Artikel vorzulegenden **Angaben in einem gesonderten Bericht enthalten sind**, der zusammen mit dem Lagebericht nach Maßgabe des Artikels 47 oder durch eine Bezugnahme im **Lagebericht** offen gelegt wird, falls dieses Dokument auf der Internetseite der Gesellschaft öffentlich zugänglich ist.“

Ein wesentlicher Punkt dieses Berichtes ist Abs 1c, der eine **Beschreibung der wichtigsten Merkmale des internen Kontroll- und des Risikomanagementsystems der Gesellschaft im Hinblick auf den Rechnungslegungsprozess** verlangt.

Auf bestimmte Angaben (Angaben nach der Richtlinie über Übernahmeangebote und Beschreibung der wichtigsten Merkmale des internen Kontroll- und des Risikomanagementsystems der Gesellschaft) muss in dem den Lagebericht betreffenden Teil des Bestätigungsvermerkes Bezug genommen werden; bezüglich der übrigen Informationen muss der Abschlussprüfer nachprüfen, ob die Erklärung zur Unternehmensführung erstellt worden ist. (Art 46a Abs 2 der geänderten 4. Richtlinie)

Bei der **Umsetzung in Österreich** wurde vorläufig folgender Weg beschritten:

Die Vorschriften des Art 46a Abs 1 Nr. d (Angaben im Zusammenhang mit Übernahmeangeboten) haben ohnedies schon bisher in § 243a (neu § 243 Abs 1) ihren Niederschlag gefunden; die Vorschrift des Art 46a Abs 1c über die Beschreibung der wichtigsten Merkmale des internen Kontroll- und des Risikomanagementsystems der Gesellschaft wurde nunmehr dem bisherigen § 243a als Abs 2 angefügt.

Die übrigen Angaben, die in Art 46a Abs 1 verlangt werden, wurden in einen zusätzlichen **§ 243b** aufgenommen, der nicht einen Bestandteil des Lageberichtes, sondern den **gesonderten Bericht** im Sinne des Art 46a Abs 2 darstellt.

Der Inhalt der (laut Richtlinie) „Erklärung zur Unternehmensführung" wird unter der Bezeichnung **„Corporate-Governance-Bericht"** nunmehr in § 243b wie folgt geregelt (URÄG 2008):

> „(1) Eine Aktiengesellschaft, deren Aktien zum Handel auf einem geregelten Markt im Sinne des § 1 Abs 2 BörseG zugelassen sind oder die ausschließlich andere Wertpapiere als Aktien auf einem solchen Markt emittiert und deren Aktien mit Wissen der Gesellschaft über ein multilaterales Handelssystem im Sinn des § 1 Z 9 WAG 2007 gehandelt werden, hat einen **Corporate Governance-Bericht** aufzustellen, **der zumindest die folgenden Angaben enthält:**
>
> 1. die Nennung eines in Österreich oder am jeweiligen Börseplatz allgemein anerkannten Corporate Governance Kodex;
> 2. die Angabe, wo dieser öffentlich zugänglich ist;
> 3. soweit sie von diesem abweicht, eine Erklärung, in welchen Punkten und aus welchen Gründen diese Abweichung erfolgt;
> 4. wenn sie beschließt, keinem Kodex im Sinn der Z 1 zu entsprechen, eine Begründung hiefür.
>
> (2) In diesem Bericht sind auch die **Zusammensetzung und die Arbeitsweise des Vorstands und des Aufsichtsrats sowie seiner Ausschüsse** anzugeben."

Der für Österreich gültige **Corporate-Governance-Kodex (ÖCGK)** wurde vom Österreichischen Arbeitskreis Corporate Governance herausgegeben und spricht in der Präambel von einem **„Ordnungsrahmen für die Leitung und Überwachung des Unternehmens“.** „Dieser Kodex richtet sich vorrangig an **österreichische börsenotierte Aktiengesellschaften.** Grundlage sind die Vorschriften des österreichischen Aktien-, Börse- und Kapitalmarktrechts, die **EU-Empfehlungen** zu den Aufgaben der Aufsichtsratsmitglieder und zu der Vergütung von Direktoren sowie in ihren Grundsätzen die **OECD-Richtlinien** für Corporate Governance.“

Aus der Formulierung von Punkt 1 ist abzuleiten, dass in Österreich notierte Aktiengesellschaften sich jeweils auf den österreichischen Corporate-Governance-Kodex beziehen werden, während an einem anderen Börseplatz notierte Aktiengesellschaften den dort geltenden Kodex heranziehen werden.

Nach den Erläuterungen zum Kodex umfasst dieser folgende „Regelkategorien“:

1. Legal Requirements (L):
   Die Regel beruht auf zwingenden Rechtsvorschriften
2. Comply or explain (C):
   Regel soll eingehalten werden; eine Abweichung muss erklärt und begründet werden, um ein kodexkonformes Verhalten zu erreichen
3. Recommendation (R):
   Regel mit Empfehlungscharakter; Nichteinhaltung ist weder offenzulegen noch zu begründen

Die Verpflichtung zu 2. ergibt sich nunmehr direkt aus dem Wortlaut des § 243b.

Laut der Präambel zum ÖCGK sind die börsenotierten Gesellschaften aufgerufen „… die Einhaltung der einzelnen Regelungen regelmäßig und freiwillig durch eine externe Institution evaluieren zu lassen und darüber öffentlich zu berichten.

Eine inhaltliche Prüfung durch den Abschlussprüfer ist nicht vorgesehen, jedoch enthält § 269 Abs 1 folgende Bestimmung:

> „Gegenstand der Abschlussprüfung ist auch, ob der Corporate Governance-Bericht aufgestellt worden ist; dies ist ebenfalls im Prüfungsbericht gemäß § 273 Abs 1 ausdrücklich festzustellen.“

Der **ÖCGK** ist wie folgt aufgebaut:

1. Präambel
2. Aktionäre und Hauptversammlung
3. Zusammenwirken von Aufsichtsrat und Vorstand

4. Vorstand
5. Aufsichtsrat
6. Transparenz und Prüfung

Gemäß Präambel wird der Kodex „in der Regel einmal jährlich vor dem Hintergrund nationaler und internationaler Entwicklungen überprüft und bei Bedarf angepasst".

Da sich ein solcher Änderungsbedarf auch im Zusammenhang mit dem URÄG 2008 ergibt, ist die Fassung vom 1. Juni 2007 derzeit (Stand September 2008) in Überarbeitung. Der Entwurf der geänderten Fassung wird nach Begutachtung unter Berücksichtigung dazu eingegangener Stellungnahmen voraussichtlich Ende des Jahres 2008 in Kraft gesetzt.

7. Prüfungs- und Offenlegungsbestimmungen für Kapitalgesellschaften

7.1 Prüfung

Vorbemerkung:

Auf dem Gebiet der Prüfung sind insbesondere durch die Entwicklung in der EU eine Reihe von wesentlichen Änderungen des Prüfungsrechts eingetreten bzw. sind weitere Änderungen zu erwarten; diese sollen im Folgenden überblicksweise zusammengefasst werden:

1. Rechnungslegungsänderungsgesetz 2004 – ReLÄG 2004 (BGBl I 2004/161)

Die Änderungen des § 274 UGB über den **Bestätigungsvermerk** (siehe Abschnitt 7.16) ergeben sich aus der Umsetzung der so genannten „**Modernisierungsrichtlinie**", die zu Änderungen des Art 51a der 4. Richtlinie bzw des Art 37 der 7. Richtlinie geführt hat. (gilt ab 2005)

2. Gesellschaftsrechtsänderungsgesetz 2005 – GesRÄG 2005 (BGBl I 2005/59)

Das Gesetz enthält im Zusammenhang mit Fragen der Prüfung Änderungen der §§ 268, 270, 271, einen neuen § 271a und § 275.

Im Wesentlichen handelt es sich um die Auswirkungen der Empfehlung der EU-Kommission über **die Unabhängigkeit des Abschlussprüfers** (siehe auch Punkt 4).

Weiters sind folgende **EU-Regelungen** zu berücksichtigen:

3. Empfehlung der Kommission vom 15. November 2000, Mindestanforderungen an Qualitätssicherungssysteme für die Abschlussprüfung in der EU

Siehe hiezu Abschnitt 7.14.

4. Empfehlung der Kommission vom 16. Mai 2002: Unabhängigkeit des Abschlussprüfers in der EU – Grundprinzipien

Diese Empfehlung hat, wie bereits oben erwähnt, ihren Niederschlag im GesRÄG 2005 gefunden.

5. Richtlinie 2006/43/EG des Europäischen Parlaments und des Rates vom 17. Mai 2006 **über Abschlussprüfungen von Jahresabschlüssen und konsolidierten Abschlüssen,** zur Änderung der Richtlinien 78/660/EWG und 83/349/EWG des Rates und zur Aufhebung der Richtlinie 84/253/EWG des Rates **(Abschlussprüfungsrichtlinie)**

Diese Richtlinie ersetzt die 8. Richtlinie und enthält eine umfassende Regelung des Prüfungswesens; sie wird ihren Niederschlag sowohl im Gesellschaftsrecht als auch im Berufsrecht finden.

Die Richtlinie war innerhalb von 24 Monaten, dh bis Mitte 2008 umzusetzen.

Die wesentlichen sich aus der **Umsetzung der Abschlussprüfungsrichtlinie** ergebenden Gesetzesänderungen **(URÄG 2008)** sind anschließend angeführt; soweit erforderlich, wird auf diese Änderungen auch in den folgenden Abschnitten eingegangen.

- **§ 269 Abs 1:** Gegenstand der Abschlussprüfung ist auch, ob der **Corporate-Governance-Bericht** aufgestellt wurde.
- **§ 269 Abs 2:** Neuregelung der Verpflichtungen des Konzernabschlussprüfers
- **§ 269a:**
  Nach der Übernahme der internationalen Prüfungsstandards durch die Europäische Kommission sind diese bei Abschlussprüfungen in Österreich anzuwenden.
- **§ 270:** Bestellung und Abberufung des Abschlussprüfers
  Detailregelungen zur Einschaltung des Aufsichtsrates bei der Prüferbestellung
- **§ 271 Befangenheit** und Ausgeschlossenheit:
  Einführung des Tatbestandes der Befangenheit: „Ein Wirtschaftsprüfer darf die Abschlussprüfung nicht durchführen, wenn Gründe, insbesondere Beziehungen geschäftlicher, finanzieller oder persönlicher Art vorliegen, nach denen die Besorgnis der Befangenheit besteht."
  Einführung eines neuen Ausschlussgrundes: „Ein Wirtschaftsprüfer ist als Abschlussprüfer ausgeschlossen, wenn er über keine Bescheinigung gemäß § 15 Abschlussprüfungs-Qualitätssicherungsgesetz verfügt."
- **§ 271a Abs 4:** Ausschlussgründe in besonderen Fällen
  Einführung einer Detailregelung zu Konzernabschlussprüfungen
- **§ 271b neu:** Befangenheit und Ausgeschlossenheit im **Netzwerk** – bezüglich Detailregelungen siehe Abschn 7.122.3
- **§ 271c neu: Befristetes Tätigkeitsverbot** – Detailregelung siehe Abschn 7.122.4
- **§ 273 Prüfungsbericht:**
  Bezüglich Detailregelungen siehe Abschnitt 7.15 (unter anderem Berichtspflicht gem § 273 Abs 2 bei Feststellung von wesentlichen Schwächen bei der internen Kontrolle des Rechnungslegungsprozesses.
- **§ 274 Bestätigungsvermerk:**
  Der Bestätigungsvermerk in Bezug auf den Lagebericht wurde dahingehend ausgedehnt, dass er auch eine Aussage darüber zu enthalten hat, ob die Angaben nach § 243a zutreffen.
- **§ 275** Verantwortlichkeit des Abschlussprüfers:
  Detailregelung zur Verschwiegenheitspflicht (Aufhebung der Verschwiegenheitspflicht gegenüber dem Nachfolgeprüfer in bestimmten Fällen)

Änderungen des Aktiengesetzes – Unmittelbar mit der Abschlussprüfung in Zusammenhang stehende Vorschriften:

Gem **§ 92 Abs 4a** ist in Gesellschaften mit den Merkmalen des § 271a Abs 1 UGB ein Prüfungsausschuss zu bestellen (Ausnahme: unmittelbar oder mittelbar in 100%igem Anteilsbesitz stehende Unternehmen müssen keinen Prüfungsausschuss bestellen, sofern das Mutterunternehmen einen solchen bestellt hat).

Der Abschlussprüfer ist den Sitzungen des Prüfungsausschusses, die sich mit der Vorbereitung der Feststellung des Jahresabschlusses (Konzernabschlusses) beschäftigen, zuzuziehen und hat über die Abschlussprüfung zu berichten …

Zu den Aufgaben des **Prüfungsausschusses** gehören:

1. die Überwachung des Rechnungslegungsprozesses;
2. die Überwachung der Wirksamkeit des internen Kontrollsystems, gegebenenfalls des internen Revisionssystems und des Risikomanagementsystems der Gesellschaft;
3. die Überwachung der Abschlussprüfung und der Konzernabschlussprüfung;
4. die Prüfung und Überwachung der Unabhängigkeit des Abschlussprüfers (Konzernabschlussprüfers), insbesondere im Hinblick auf die für die geprüfte Gesellschaft erbrachten zusätzlichen Leistungen;

5. – 7.

§ 127: Zusätzlich zu den bisherigen Aufstellungspflichten hat bei Vorliegen der definierten Voraussetzungen der Vorstand einen **Corporate-Governance-Bericht (CGB)** aufzustellen. Dieser ist gem § **92 AktG** vom Aufsichtsrat zu überprüfen; gem § 96 AktG hat er der Hauptversammlung darüber zu berichten (bezüglich des CGB siehe Abschnitt 6.692). Dieser Bericht wurde nunmehr auch in die Strafbestimmungen des § 255 AktG einbezogen.

§ 95 Abs 5 Z 13 enthält eine Vorschrift im Zusammenhang mit dem befristeten Tätigkeitsverbot gem § 271c UGB.

Analoge Vorschriften für **aufsichtsratspflichtige Gesellschaften mbH** mit den Merkmalen des § 271a UGB enthält § 30b GmbHG.

7.11 Prüfungspflicht (§ 268)

Gemäß § 268 Abs 1 sind „der Jahresabschluss und der Lagebericht von Kapitalgesellschaften durch einen Abschlussprüfer zu prüfen. Dies gilt nicht für kleine Gesellschaften mit beschränkter Haftung (§ 221 Abs 1), sofern diese nicht aufgrund gesetzlicher Vorschriften einen Aufsichtsrat haben müssen".

Aufgrund dieser Vorschrift in Zusammenhang mit der Regelung des § 221 Abs 5 für Personengesellschaften des Unternehmensrechts ohne unbeschränkt haftenden Gesellschafter unterliegen somit die Abschlüsse folgender Unternehmen der Prüfungspflicht.

Aktiengesellschaft;
große und mittlere GmbH im Sinne des § 221 Abs 2 und 3;
kleine GmbH, die aufgrund von gesetzlichen Vorschriften einen Aufsichtsrat haben muss;
Aktiengesellschaft und Co-Personengesellschaft (§ 221 Abs 5);
sonstige große und mittlere Personengesellschaften im Sinne des § 221 Abs 5.
(Für die Prüfung von Genossenschaften siehe § 22 Abs 6 GenG).

Außerdem enthält § 268 Abs 1 die Regelung, dass der Jahresabschluss nicht festgestellt werden kann, wenn keine Prüfung stattgefunden hat. § 202 Abs 1 Z 4 AktG enthält dazu die Vorschrift, dass ein vom Vorstand mit Billigung des Aufsichtsrates festgestellter Jahresabschluss nichtig ist, wenn keine Prüfung gemäß § 268 stattgefunden hat.

Jahresabschluss, Lagebericht und gegebenenfalls der Corporate-Governance-Bericht sind innerhalb von fünf Monaten nach Ende des Geschäftsjahres (§ 222 Abs 1) dem Aufsichtsrat vorzulegen. Die Feststellung des Jahrsabschlusses kann allerdings erst erfolgen, nachdem die Jahresabschlussprüfung durchgeführt wurde.

Es gibt jedoch Fälle, in denen laut Gesetz überhaupt keine **Aufsichtsratspflicht** gegeben ist (wenn zB bei der GmbH nur die Größenmerkmale „Bilanzsumme" und „Umsatzerlöse" überschritten sind) oder bei denen kein formeller Feststellungsakt vorgesehen ist (Personengesellschaften im Sinne § 221 Abs 5). Das Gesetz enthält für diese Fälle keine Regelung.

Weiters enthält § 268 Abs 1, letzter Satz, folgende Vorschrift:

> „Umstände, die in einem Verfahren nach § 270 Abs. 3 geltend gemacht werden können, hindern die Gültigkeit der Prüfung nur, wenn dieses Verfahren zur Bestellung eines anderen Abschlussprüfers geführt hat."

Diese Vorschrift soll verhindern, dass bei einem Verstoß gegen die Unabhängigkeitsbestimmungen in § 271 Abs 2 – 5 bzw § 271a sofort Nichtigkeit des Jahresabschlusses eintritt (siehe Erläuternde Bemerkungen [GesRÄG 2005] zu § 270 Abs 3: „Die Prüfung von Befangenheit und Ausgeschlossenheit – § 271 und § 271a – des Abschlussprüfers soll ausschließlich im außerstreitigen Ersetzungsverfahren möglich sein. Ohne Ersetzungsverfahren kann der Jahresabschluss festgestellt werden, eine Nichtigkeit des Jahresabschlusses liegt dann nicht mehr vor").

§ 268 Abs 3 regelt den Fall, dass der Jahresabschluss bzw der Lagebericht nach Vorlage des Prüfungsberichtes geändert werden; diese Änderungen sind dem Abschlussprüfer bekannt zu geben, der sie mit ihren Auswirkungen zu prüfen hat. Über das Ergebnis dieser **Nachtragsprüfung** ist ein Bericht zu erstatten und der Bestätigungsvermerk entsprechend zu ergänzen bzw in anderer Weise zu ändern.

Prüfungsvorschriften nach anderen Gesetzen (zB BWG, VAG, Privatstiftungsgesetz) werden hier nicht behandelt.

7.12 Bestellung – Abberufung – Auswahl – Verantwortlichkeit der Abschlussprüfer

7.121 Bestellung und Abberufung des Abschlussprüfers (§ 270 UGB)

Unter Berücksichtigung der Empfehlung zur Unabhängigkeit des Abschlussprüfers und unter Beachtung der Abschlussprüfungsrichtlinie enthält § 270 UGB nunmehr folgende Fassung.

> **(1)** Der Abschlussprüfer des Jahresabschlusses wird von den Gesellschaftern gewählt; den Abschlussprüfer des Konzernabschlusses wählen die Gesellschafter des Mutterunternehmens. **Wenn ein Aufsichtsrat besteht, hat dieser einen Vorschlag für die Wahl des Abschlussprüfers zu erstatten.** Die Aufsichtsratsmitglieder sind zur Teilnahme an der Hauptversammlung (Generalversammlung), die über die Bestellung des Abschlussprüfers zu entscheiden hat, einzuladen. Der Abschlussprüfer soll jeweils vor Ablauf des Geschäftsjahres gewählt werden, auf das sich seine Prüfungstätigkeit erstreckt. Der Aufsichtsrat hat unverzüglich nach der Wahl mit dem gewählten Prüfer den **Vertrag über die Durchführung der Abschlussprüfung** abzuschließen und das Entgelt zu vereinbaren. Falls kein Aufsichtsrat besteht, wird die Gesellschaft durch ihre gesetzlichen Vertreter vertreten. **Das Entgelt hat in einem angemessenen Verhältnis zu den Aufgaben des Prüfers und dem voraussichtlichen Umfang der Prüfung zu stehen. Der Prüfungsvertrag und die Höhe des vereinbarten Entgelts dürfen an keinerlei Voraussetzungen oder Bedingungen geknüpft werden und nicht davon abhängen, ob der Prüfer neben der Prüfungstätigkeit zusätzliche Leistungen für die geprüfte Gesellschaft erbringt.**
>
> **(1a)** Ein Wirtschaftsprüfer oder eine Wirtschaftsprüfungsgesellschaft, der oder die in einen Wahlvorschlag aufgenommen werden soll, hat vor Erstattung dieses Wahlvorschlags durch den Aufsichtsrat beziehungsweise vor der Wahl durch die Gesellschafter eine nach Leistungskategorien gegliederte **Aufstellung über das für das vorangegangene Geschäftsjahr von der Gesellschaft erhaltene Entgelt** vorzulegen und über seine (ihre) **Einbeziehung in ein gesetzliches Qualitätssicherungssystem** zu berichten. Darüber hinaus hat er (sie) alle Umstände darzulegen und zu dokumentieren, die seine (ihre) **Befangenheit oder Ausgeschlossenheit** begründen könnten sowie jene **Schutzmaßnahmen,** die getroffen worden sind, um eine unabhängige und unbefangene Prüfung sicherzustellen. Sofern aufgrund gesetzlicher Verpflichtung ein **Prüfungsausschuss** besteht, ist diesem schriftlich zu berichten.

Gegenüber der bisherigen Fassung enthält der nunmehrige Gesetzeswortlaut eine genauere Anpassung an die Vorschriften der **Abschlussprüfungsrichtlinie.**

In diesem Zusammenhang ist auch **§ 92 Abs 4a AktG** zu beachten, der folgende Regelung trifft:

(4a) In Gesellschaften mit den Merkmalen des **§ 271a Abs 1 UGB** ist ein **Prüfungsausschuss** zu bestellen. Unmittelbar oder mittelbar in hundertprozentigem Anteilsbesitz stehende Unternehmen müssen keinen Prüfungsausschuss bestellen, sofern das Mutterunternehmen einen solchen bestellt hat. Der Prüfungsausschuss hat zumindest zwei Sitzungen im Geschäftsjahr abzuhalten. Der **Abschlussprüfer** ist den Sitzungen des Prüfungsausschusses, die sich mit der Vorbereitung der Feststellung des Jahresabschlusses (Konzernabschlusses) und dessen Prüfung beschäftigen, zuzuziehen und **hat über die Abschlussprüfung zu berichten**. Dem Prüfungsausschuss muss eine Person angehören, die über die Anforderungen des Unternehmens entsprechende Kenntnisse und praktische Erfahrung im Finanz- und Rechnungswesen und in der Berichterstattung verfügt **(Finanzexperte)**. Vorsitzender des Prüfungsausschusses oder Finanzexperte darf nicht sein, wer in den letzten drei Jahren Vorstandsmitglied, leitender Angestellter (§ 80) oder Abschlussprüfer der Gesellschaft war oder den Bestätigungsvermerk unterfertigt hat oder aus anderen Gründen nicht unabhängig und unbefangen ist.

Zu den **Aufgaben des Prüfungsausschusses** gehören:

1. die Überwachung des Rechnungslegungsprozesses;
2. die Überwachung der Wirksamkeit des internen Kontrollsystems, gegebenenfalls des internen Revisionssystems, und des Risikomanagementsystems der Gesellschaft;
3. die Überwachung der Abschlussprüfung und der Konzernabschlussprüfung;
4. die Prüfung und Überwachung der Unabhängigkeit des Abschlussprüfers (Konzernabschlussprüfers), insbesondere im Hinblick auf die für die geprüfte Gesellschaft erbrachten zusätzlichen Leistungen;
5. die Prüfung des Jahresabschlusses und die Vorbereitung seiner Feststellung, die Prüfung des Vorschlags für die Gewinnverteilung, des Lageberichts und gegebenenfalls des Corporate Governance-Berichts sowie die Erstattung des Berichts über die Prüfungsergebnisse an den Aufsichtsrat;
6. gegebenenfalls die Prüfung des Konzernabschlusses und des Konzernlageberichtes sowie die Erstattung des Berichtes über die Prüfungsergebnisse an den Aufsichtsrat des Mutterunternehmens;
7. die Vorbereitung des Vorschlags des Aufsichtsrats für die Auswahl des Abschlussprüfers (Konzernabschlussprüfers).

Analoge Vorschriften enthält **§ 30g Abs 4a GmbHG.**

Die **Punkte 1 – 4** in der Aufzählung der Aufgaben des Prüfungsausschusses sind unmittelbar **aus der Abschlussprüfungsrichtlinie** entnommen.

§ 270 Abs 3 sieht vor,

> dass auf Antrag der gesetzlichen Vertreter, des Aufsichtsrats oder von Gesellschaftern, deren Anteile zusammen den zwanzigsten Teil des Nennkapitals oder den anteiligen Betrag von 350.000 Euro erreichen, der zur Ausübung der Gerichtsbarkeit in Handelssachen berufene Gerichtshof erster Instanz im Verfahren außer Streitsachen nach Anhörung der Beteiligten und des gewählten Prüfers **einen anderen Abschlussprüfer zu bestellen** hat, **wenn** dies aus einem in der Person des gewählten Prüfers liegenden wichtigen Grund geboten erscheint, **insbesondere wenn ein Ausschlussgrund vorliegt oder sonst die Besorgnis der Befangenheit besteht** (Sicherung der Unabhängigkeit des Abschlussprüfers). „Wegen eines Verstoßes gegen § 271 Abs. 1 – 5 oder § 271a oder 271b kann weder eine Nichtigkeits- noch eine Anfechtungsklage erhoben werden“,

Der letzte Satz bedeutet, das bei einer Prüfung durch einen ausgeschlossenen Prüfer der Jahresabschluss trotzdem gültig bleibt; es treten aber entsprechende Rechtsfolgen für den Prüfer ein.

7.122 Befangenheit und Ausgeschlossenheit (§§ 271 und 271a – c)

7.122.1 Allgemeines

> Gem § 271 Abs 1 „darf ein Wirtschaftsprüfer die Abschlussprüfung nicht durchführen, wenn Gründe, insbesondere Beziehungen geschäftlicher, finanzieller oder persönlicher Art **vorliegen, nach denen die Besorgnis der Befangenheit besteht**.“

§ 271 Abs 2 und 3 enthalten **allgemeine Ausschlussgründe**, also Sachverhalte, bei deren Zutreffen ein bestimmter Prüfer oder eine bestimmte Prüfungsgesellschaft nicht berechtigt ist, die Abschlussprüfung durchzuführen. Diese Vorschriften haben den Zweck, die Unabhängigkeit des Abschlussprüfers zu sichern und beziehen sich zB auf finanzielle Beteiligungen an der Gesellschaft, auf die Übernahme bestimmter Funktionen bei den zu prüfenden Gesellschaft, weiters auf die **Unvereinbarkeit bestimmter Tätigkeiten** mit der Funktion des Abschlussprüfers.

Die letzteren Fälle sind in Abs 2 Z 4 geregelt und zwar:

> Wer
> a) bei der **Führung der Bücher** oder der **Aufstellung des zu prüfenden Jahresabschlusses** der Gesellschaft über die Prüfungstätigkeit hinaus mitgewirkt hat,
> b) bei der **internen Revision** der zu prüfenden Gesellschaft mitgewirkt hat,

c) **Managementaufgaben** für die zu prüfende Kapitalgesellschaft übernommen hat oder bei der Entscheidung über die Auswahl der gesetzlichen Vertreter oder der im Bereich der Rechnungslegung leitenden Angestellten der geprüften Gesellschaft einbezogen war,
d) **Bewertungsleistungen** oder **eigenständige versicherungsmathematische Dienstleistungen** erbracht hat, die sich auf den zu prüfenden Jahresabschluss nicht nur unwesentlich auswirken.

Die **wirtschaftliche Abhängigkeit** von der geprüften Gesellschaft soll gem Abs 2 Z 7 dadurch berücksichtigt werden, dass von der Prüfung ausgeschlossen ist, wer in den letzten fünf Jahren mindestens 30 % der Gesamteinnahmen aus seiner beruflichen Tätigkeit aus der Prüfung und Beratung der zu prüfenden Gesellschaft (...) oder von verbundenen Unternehmen oder von Unternehmen, an denen die zu prüfende Gesellschaft mindestens 20 % der Anteile besitzt, bezogen hat und dies auch im laufenden Geschäftsjahr zu erwarten ist.

Wie bereits in Abschnitt 7.1 Vorbemerkung hingewiesen, ist von der Prüfung ebenfalls ausgeschlossen, wer keine Bescheinigung gem § 15 A-QSG verfügt (§ 271 Abs 2 Z3).

§ 271 Abs 4 enthält Regelungen für die **Befangenheit und Ausgeschlossenheit von Wirtschaftsprüfungsgesellschaften.**

Eine Wirtschaftsprüfungsgesellschaft gilt zB als befangen, wenn der den Bestätigungsvermerk unterzeichnende Wirtschaftsprüfer oder eine für ihn tätige Person, die eine maßgeblich leitende Funktion bei der Prüfung ausübt, nach § 271 Abs 1 befangen ist.

§ 271 Abs 6 enthält eine wirtschaftliche Sanktion für den Abschlussprüfer, der dennoch die Prüfung durchführt:

Weiß der Abschlussprüfer, dass er ausgeschlossen oder befangen ist, so gebührt ihm gem. § 271 Abs 6 für dennoch erbrachte Leistungen kein Entgelt. Dies gilt auch, wenn er seine Ausgeschlossenheit erkennen hätte müssen oder wenn er grob fahrlässig seine Befangenheit nicht erkannt hat.

Die Regelungen für Befangenheit und Ausgeschlossenheit sind sinngemäß auf den **Konzernabschlussprüfer** anzuwenden.

7.122.2 Ausschlussgründe in besonderen Fällen – § 271 a

Zusätzliche Ausschlussgründe ergeben sich aus § 271a für Prüfungen von

a. Gesellschaften im Sinne des § 221 Abs 3 zweiter Satz (börsenotierte Gesellschaften) und
b. Gesellschaften, bei denen das Fünffache eines der in Euro ausgedrückten Größenmerkmale einer großen Gesellschaft (§ 221 Abs 3, erster Satz in Verbindung mit Absatz 4 – 6) überschritten wird

Nach § 271a Abs 1 ist als Abschlussprüfer einer solchen Gesellschaft neben den in § 271 Abs 2 genannten Gründen ausgeschlossen, wer

1. in den letzten fünf Jahren jeweils mindestens **15 % der Gesamteinnahmen** (gegenüber 30 % nach § 271 Abs 2 Z 7) aus der Prüfung und Beratung der zu prüfenden Gesellschaft oder von verbundenen Unternehmen oder von Unternehmen, an denen die zu prüfende Gesellschaft mindestens 20 % der Anteile besitzt, bezogen hat und dies auch im laufenden Geschäftsjahr zur erwarten ist;
2. in dem zu prüfenden Geschäftsjahr über die Prüfungstätigkeit hinaus für die zu prüfende Gesellschaft **Rechts- oder Steuerberatungsleistungen** erbracht hat, die über das Aufzeigen von Gestaltungsalternativen hinaus gehen und die sich auf den Jahresabschluss nicht nur unwesentlich auswirken,
3. in dem zu prüfenden Geschäftsjahr bei der zu prüfenden Gesellschaft bei der **Entwicklung, Installation und Einführung von Rechnungslegungsinformationssystemen** mitgewirkt hat,
4. einen Bestätigungsvermerk gem § 274 über die Prüfung des Jahresabschlusses der Gesellschaft bereits in fünf Fällen gezeichnet hat; dies gilt nicht nach einer Unterbrechung der Prüfungstätigkeit für zumindest zwei aufeinander folgende Geschäftsjahre.

Die Z 2 – 4 stellen besonders auf **die Gefahr der Selbstprüfung** ab, wenn der Abschlussprüfer Sachverhalte zu überprüfen hätte, bei denen er selbst wesentlich mitgewirkt hat.

Für Wirtschaftsprüfungsgesellschaften ist Z 4 des § 271a Abs 1 mit der Maßgabe anzuwenden, dass von der Prüfung der den Bestätigungsvermerk unterzeichnende Wirtschaftsprüfer nach Abs Z 4 ausgeschlossen wäre; dies gilt sinngemäß für eine für ihn tätige Person, die eine maßgeblich leitende Funktion bei der Prüfung ausübt (**interne Rotation**). Im Falle eines Einzelwirtschaftsprüfers kommt es hier zu einer **externen Rotation**.

Die Regelungen der §§ 271 und 271a berücksichtigen insbesondere die **Empfehlung** der EU-Kommission **zur Unabhängigkeit** und die Regelungen der **Abschlussprüfungsrichtlinie** (siehe auch Abschnitt 7.1, Pkt 5).

7.122.3 Befangenheit und Ausgeschlossenheit im Netzwerk – § 271b

In **§ 271b Abs 1** wird ein **Netzwerk** wie folgt **definiert:**

„Ein Netzwerk liegt vor, wenn Personen bei ihrer Berufsausübung zur Verfolgung gemeinsamer wirtschaftlichen Interessen für eine gewisse Dauer zusammenwirken."

§ 271 b Abs 2 regelt die Fälle, in denen der einem **Netzwerk** zugehörige Wirtschaftsprüfer befangen bzw. ausgeschlossen ist:

Bestimmte Voraussetzungen, die im Gesetz genau umschrieben sind, führen zur **Befangenheit**, sofern nicht durch **„Schutzmaßnahmen"** sichergestellt ist, dass das Netzwerkmitglied auf das Ergebnis der Abschlussprüfung keinen Einfluss nehmen kann.

Wenn bestimmte im Gesetz angeführte Voraussetzungen vorliegen, ist das Netzwerkmitglied jedoch ausgeschlossen und eine Vermeidung der Konsequenzen aus der Zugehörigkeit zum Netzwerk durch „Schutzmaßnahmen" ist in diesen Fällen nicht möglich.

7.122.4 Befristetes Tätigkeitsverbot – § 271c

Auch diese Vorschrift hängt mit der Sicherung der Unabhängigkeit des Abschlussprüfers zusammen; es soll dadurch sichergestellt werden, dass nicht die Unabhängigkeit eines Abschlussprüfers durch das Versprechen einer späteren vorteilhaften Beschäftigung beim geprüften Unternehmen beeinträchtigt wird. Diese Bestimmung gilt nur für Gesellschaften mit den Merkmalen des § 271a Abs 1 und besagt, dass der Abschlussprüfer, der Konzernabschlussprüfer, der Abschlussprüfer eines bedeutenden verbundenen Unternehmens und der den jeweiligen Bestätigungsvermerk unterzeichnende Wirtschaftsprüfer innerhalb von zwei Jahren nach Zeichnung des Bestätigungsvermerks weder eine Organfunktion noch eine leitende Stellung (§ 80 AktG) beim geprüften Unternehmen einnehmen dürfen.

7.123 Verantwortlichkeit des Abschlussprüfers (§ 275)

§ 275 über die Verantwortlichkeit des Abschlussprüfers enthält eine Reihe von Vorschriften, die zum überwiegenden Teil schon in den berufsrechtlichen Vorschriften des WTBG enthalten sind.

Gem § 275 Abs 1 sind der Abschlussprüfer, seine Gehilfen und die bei der Prüfung mitwirkenden gesetzlichen Vertreter einer Prüfungsgesellschaft zur **Verschwiegenheit** verpflichtet.

Diese Verschwiegenheitspflicht wurde nunmehr durch das URÄG 2008 wie folgt eingeschränkt (§ 275 Abs 1 letzter Satz):

> „**Keine Verschwiegenheitspflicht** besteht gegenüber einem nach § 270 Abs 3 oder 4 vom Gericht bestellten Abschlussprüfer oder einem Abschlussprüfer, der infolge Kündigung des Prüfungsvertrags gem § 270 Abs 6 gewählt wurde."

> Gemäß § 275 Abs 2 ist der Abschlussprüfer zur gewissenhaften und unparteiischen Prüfung verpflichtet. Verletzt er vorsätzlich oder fahrlässig diese Pflicht, so ist er der **Gesellschaft** und wenn ein **verbundenes Unternehmen** geschädigt worden ist, auch diesem zum Ersatz des daraus entstehenden Schadens verpflichtet.
>
> Mehrere Abschlussprüfer haften als Gesamtschuldner. Die bei Fahrlässigkeit festgesetzte Höchstgrenze der Ersatzpflicht für eine Prüfung gilt auch, wenn an ihr mehrere Abschlussprüfer beteiligt gewesen oder mehrere zum Ersatz verpflichtende Handlungen begangen worden sind und ohne Rücksicht darauf, ob andere Beteiligte vorsätzlich gehandelt haben.

Bei Fahrlässigkeit gibt es **Obergrenzen für die Ersatzpflicht**; diese beginnt bei der Prüfung einer kleinen oder mittelgroßen Gesellschaft mit **zwei Mio Euro** und endet mit **zwölf Mio Euro** bei der Prüfung einer Gesellschaft, die eines der in Euro ausgedrückten Größenmerkmale der großen Gesellschaft um das Zehnfache überschreitet.

Die Staffelung der Haftungsgrenzen stellt sich somit wie folgt dar:

- 2 Mio bei Prüfung einer kleinen oder mittelgroßen Gesellschaft
- 4 Mio bei Prüfung einer großen Gesellschaft
- 8 Mio bei Prüfung einer großen Gesellschaft, bei der das Fünffache eines der in Euro ausgedrückten Größenmerkmale einer großen Gesellschaft überschritten wird
- 12 Mio Euro bei Prüfung einer großen Gesellschaft, bei der das Zehnfache einer der in Euro ausgedrückten Größenmerkmale überschritten wird.

Die **Haftungsgrenzen gelten** jedoch **nicht** für den Abschlussprüfer, der in Kenntnis oder in grob fahrlässiger Unkenntnis seiner Befangenheit oder Ausgeschlossenheit gehandelt hat.

(Für Banken, Versicherungen, Pensionskassen etc gelten die in den einschlägigen Gesetzen jeweils angeführten Beträge.)

7.124 Vorlagepflicht, Auskunftsrecht, Teilnahme an Beratungen über den Jahresabschluss

§ 272 regelt die Verpflichtung der gesetzlichen Vertreter der Kapitalgesellschaft, dem Abschlussprüfer den Jahresabschluss und den Lagebericht unverzüglich nach der Aufstellung vorzulegen (§ 272 Abs 1) und dem Abschlussprüfer alle Aufklärungen und Nachweise zu erteilen, die dieser für eine sorgfältige Prüfung als notwendig ansieht. Diese Rechte hat der Abschlussprüfer auch schon vor Aufstellung des Jahresabschlusses (Grundlage für **Vor- und Zwischenprüfungen).** Außerdem bestehen diese Rechte, soweit es für eine sorgfältige Prüfung notwendig ist, auch gegenüber Mutter- und Tochterunternehmen (§ 272 Abs 2).

Für den **Corporate-Governance-Bericht** sieht § 272 keine ausdrückliche Vorlagepflicht vor; man wird aber davon auszugehen haben, dass dem Abschlussprüfer auch der Corporate-Governance-Bericht zur Verfügung zu stellen ist.

Gem § 93 Abs 1 AktG ist den Sitzungen des Aufsichtsrates, die sich mit der Feststellung des Jahresabschlusses und deren Vorbereitung sowie mit der Prüfung des Jahresabschlusses (Konzernabschlusses) beschäftigen, jedenfalls der Abschlussprüfer (Konzernabschlussprüfer) zuzuziehen.

Eine analoge Vorschrift für die GmbH wurde in **§ 30 h Abs 1 GmbHG** eingeführt.

Gemäß § 125 Abs 6 AktG ist der Abschlussprüfer den Verhandlungen der Hauptversammlung über den Jahresabschluss und den Konzernabschluss zuzuziehen.

7.13 Gegenstand und Umfang der Prüfung

In § 268 Abs 1 ist bereits geregelt, dass der Jahresabschluss und der Lagebericht der Prüfung unterliegen; da der Anhang Bestandteil des Jahresabschlusses ist, unterliegt er voll der Prüfungspflicht.

Gemäß § 269 Abs 1 ist in die Prüfung des Jahresabschlusses auch die **Buchführung** einzubeziehen.

Die **Prüfung des Jahresabschlusses** hat sich darauf zu erstrecken, ob die gesetzlichen Vorschriften und ergänzende Bestimmungen des Gesellschaftsvertrags oder der Satzung beachtet worden sind.

Der **Lagebericht** ist darauf zu prüfen, ob er mit dem Jahresabschluss in Einklang steht und ob die sonstigen Angaben im Lagebericht nicht eine falsche Vorstellung von der Lage des Unternehmens erwecken.

§ 269 Abs 1 wurde im URÄG 2008 durch folgenden Satz erweitert:

> „Gegenstand der Abschlussprüfung ist auch, ob der Corporate Governance-Bericht (§ 243b) aufgestellt wurde."

Die **Prüfungsvorschriften für den Lagebericht** in § 269 Abs 1 sind unvollständig, da im Prüfungsbericht lt § 273 Abs 1 auch dazu Stellung genommen werden muss, ob der Lagebericht den gesetzlichen Vorschriften entspricht. Dies erfordert aber die Überprüfung, ob sämtliche Vorschriften der §§ 243, 243a und 243b bezüglich des Lageberichtes eingehalten worden sind, was aber über den in § 269 Abs 1 definierten Prüfungsumfang weit hinausgeht.

Da nach der Neufassung des § 274 Abs 5 über den Bestätigungsvermerk dieser auch eine Aussage darüber zu enthalten hat, ob der Lagebericht (Konzernlagebericht) nach dem Urteil des Abschlussprüfers mit dem Jahresabschluss oder mit dem Konzernabschluss im Einklang steht **und ob die Angaben nach § 243a zutreffen**, umfasst der Gegenstand der Abschlussprüfung nunmehr auch die Richtigkeit der Angaben nach § 243a Abs 1 und 2 (siehe auch Abschnitt 6.691). Die Erweiterung des Prüfungsgegenstandes bezieht sich daher nicht nur auf die Aufstellung des Corporate-Governance-Berichts.

7.131 Fachgutachten der Kammer der Wirtschaftstreuhänder und Richtlinien des Instituts österreichischer Wirtschaftsprüfer

Die gesetzlichen Vorschriften enthalten keine Bestimmung darüber, wie die Prüfung im Einzelnen durchzuführen ist; dafür gelten nach wie vor die von den Berufsorganisationen der Abschlussprüfer entwickelten Grundsätze, in Österreich speziell die **Fachgutachten der Kammer der Wirtschaftstreuhänder** und die vom **Institut österreichischer Wirtschaftsprüfer** veröffentlichten Richtlinien, die Ergänzungen zu den Fachgutachten der Kammer enthalten, bzw Detailfragen behandeln, die nicht Gegenstand solcher Fachgutachten sind.

Das **Unternehmensrechtsänderungsgesetz 2008** hat im Zuge der Umsetzung der Abschlussprüfungsrichtlinie folgenden § 269a **„Internationale Prüfungsstandards"** aufgenommen:

> Wenn und soweit die Europäische Kommission internationale Prüfungsstandards übernommen hat, sind Abschlussprüfungen und Konzernabschlussprüfungen unter Beachtung dieser Grundsätze durchzuführen.

Die **Erläuterungen zur Regierungsvorlage des URÄG 2008** sagen dazu Folgendes:

„In § 269a wird Art 26 Abs 1 der **Abschlussprüfungs-RL (‚Prüfungsstandards')** umgesetzt. In **Erwägungsgrund 13** wird dazu ausgeführt, dass für alle nach Gemeinschaftsrecht vorgeschriebenen Abschlussprüfungen eine gleich bleibend hohe Qualität gewährleistet werden soll. **Alle Abschlussprüfungen** sollen deshalb nach **internationalen Prüfungsstandards durchgeführt werden.** Deshalb haben die Mitgliedstaaten Bestimmungen zu erlassen, wonach Abschlussprüfungen und Konzernabschlussprüfungen **unter Beachtung der von der Europäischen Kommission angenommenen internationalen Prüfungsstandards** (International Standards on Auditing, kurz ISA) durchzuführen sind.

Die Einführung eines internationalen Prüfungsstandards in der Gemeinschaft durch die Europäische Kommission setzt voraus, dass er international allgemein anerkannt ist und unter vollständiger Einbeziehung aller interessierten Kreise in einem offenen und transparenten Verfahren erstellt wurde, dass er die Glaubwürdigkeit des Jahresabschlusses und des konsolidierten Abschlusses erhöht und dass er dem europäischen Gemeinwohl dient.

Die Mitgliedstaaten können nationale Prüfungsstandards so lange anwenden, wie die Europäische Kommission keine internationalen Prüfungsstandards, die für denselben Bereich gelten, angenommen hat. Ab dem Zeitpunkt der formellen Übernahme der ISA wird damit auch entgegenstehendes nationales Recht derogiert, soweit dieses zu den übernommenen ISA in Widerspruch steht und es sich dabei um keine ‚zusätzlichen Anforderungen‘ gem Art 26 Abs 3 und 4 der Abschlussprüfungs-RL handelt. Allerdings sieht Art 26 Abs 4 der RL vor, dass die Mitgliedstaaten zusätzliche Anforderungen im Zusammenhang mit den Abschlussprüfungen von Jahresabschlüssen und konsolidierten Abschlüssen nur bis zum 29. Juni 2010 vorsehen dürfen.

Der Zeitpunkt für den Beginn der Übernahme der **ISA** durch die **Europäische Kommission ist fraglich.** Derzeit läuft im International Auditing and Assurance Standards Board (IAASB) das **Clarity Project, um die ISA strukturierter und verständlicher zu fassen.** Dieser Prozess soll nicht vor Ende 2008 abgeschlossen sein. Außerdem hat die Europäische Kommission zwei Studien an externe Experten vergeben: Eine Studie beschäftigt sich mit den Kosten und Nutzen der Einführung der ISA in Europa und die andere Studie soll wesentliche Unterschiede zwischen ISA und US-Prüfungsstandards herausarbeiten (vgl. Speech/07/835/ von Kommissar McCreevy). Erst im Anschluss an das **Clarity Project** und diese Studien wird mit dem **‚Endorsement-Verfahren‘ zur Übernahme der ISA** begonnen, sodass § 269a relevant werden kann.

Auch die ‚zusätzlichen Anforderungen‘ nach Art 26 Abs 3 und 4 der Abschlussprüfungs-RL werden erst relevant, wenn die ISA übernommen werden. Zu beachten ist weiters, dass durch den geänderten Komitologiebeschluss (2006/512/EG) die Abschlussprüfungs-RL einer Änderung unterzogen wird, so dass bei der Übernahme der ISA grundsätzlich das (neue) Regelungsverfahren mit Kontrolle zur Anwendung kommen wird. Deshalb wird auch im Gesetzestext der Verweis auf Art 48 Abs 2 der Abschlussprüfungs-RL gestrichen.“

Bezüglich Art 26 „Abschlussprüfungsrichtlinie“ siehe auch Abschnitt 7.132; bezüglich der internationalen Prüfungsstandards wird auf Abschnitt 7.18 verwiesen.

Im Hinblick auf diese Entwicklung wurde vom Fachsenat für Unternehmensrecht und Revision das Fachgutachten KFS/PG 1 aus dem Jahr 1992 („Grundsätze ordnungsmäßiger Durchführung von Abschlussprüfungen nach den Vorschriften des Rechnungslegungsgesetzes“) völlig neu gefasst und unter der Bezeichnung **„Fachgutachten über die Durchführung von Abschlussprüfungen“** im Jänner 2007 veröffentlicht.

Dieses Fachgutachten wurde unter Berücksichtigung insbesondere folgender **„International Standards on Auditing“** des IAASB (International

Auditing and Assurance Standards Board) der IFAC ausgearbeitet (ISA 200, 240, 300, 315, 330, 500); das Arbeitsprogramm des Fachsenates sieht auch eine vollständige Überarbeitung der formal noch in Kraft stehenden weiteren Fachgutachten der Kammer und der Richtlinien des Instituts vor.

Derzeit bestehen folgende **Fachgutachten** und **Richtlinien** im Zusammenhang mit der Prüfung:

1. Prüfung – Grundsatzfragen

Fachgutachten über die Durchführung von Abschlussprüfungen
KFS/PG1 vom 10. Jänner 2007

Wie bereits besprochen, handelt es sich hier um eine **Anpassung an die internationale Entwicklung** bzw. an die Entwicklung in der EU. Der Aufbau des Fachgutachtens stellt sich wie folgt dar:

1. Vorbemerkung
2. Anwendungsbereich des Fachgutachtens
3. Prüfungsgrundsätze für die Abschlussprüfung
4. Zu beachtende Rechnungslegungsvorschriften
5. Auswahl und Beauftragung des Abschlussprüfers
6. Abgrenzung der Verantwortlichkeit der gesetzlichen Vertreters, des Aufsichtsorgans und des Abschlussprüfers
7. Ziel der Abschlussprüfung
8. Erforderliche Feststellungen bei der Abschlussprüfung
9. Konzeptionelle Grundlagen der Abschlussprüfung
10. Verantwortlichkeit des Abschlussprüfers zur Aufdeckung von beabsichtigten Fehlern im Rechnungsabschluss im Rahmen der Abschlussprüfung
11. Die Planung und Durchführung der Abschlussprüfung
12. Beurteilung der Annahme der Fortführung der Unternehmenstätigkeit
13. Dokumentation der Abschlussprüfung (Arbeitspapiere)
14. Einzelfragen der Abschlussprüfung
15. Zeitlicher Anwendungsbereich

Im Abschnitt 14 wird nur ein Überblick über noch zu erstellenden Fachgutachten sozusagen als Leitlinie für das Arbeitsprogramm des Fachsenats gegeben.

In der Anlage 2 dieses Buches sind sämtliche, derzeit gültigen Fachgutachten und Stellungnahmen der Fachsenate der Kammer der Wirtschaftstreuhänder, des Instituts der Wirtschaftsprüfer (IWP) und der AFRAC mit nachstehender Ordnungsbezeichnung angegeben:

Gutachten und Stellungnahmen eines der Fachsenate der Kammer: KFS

Gutachten und Stellungnahmen des Instituts der Wirtschaftsprüfer: IWP

Gutachten und Stellungnahmen der AFRAC (ohne Ordnungszahl)

7.132 EU-Abschlussprüfungsrichtlinie

Die **Abschlussprüfungsrichtlinie der EU** enthält in Art 26 – **„Prüfungsstandards"** folgende Regelungen:

> „1. Die Mitgliedstaaten verpflichten die Abschlussprüfer und Prüfungsgesellschaften, **Abschlussprüfungen unter Beachtung der von der Kommission nach dem in Artikel 48 Abs 2 genannten Verfahren angenommenen internationalen Prüfungsstandards durchzuführen.** Die Mitgliedstaaten können einen nationalen Prüfungsstandard so lange anwenden, wie die Kommission keinen internationalen Prüfungsstandard, der für denselben Bereich gilt, angenommen hat. **Angenommene internationale Prüfungsstandards** werden vollständig in jeder der Amtssprachen der Gemeinschaft im Amtsblatt der Europäischen Union veröffentlicht.
>
> 2. **Die Kommission kann** nach dem in Artikel 48 Absatz 2 genannten Verfahren **über die Anwendbarkeit internationaler Prüfungsstandards innerhalb der Gemeinschaft entscheiden**. Die Kommission nimmt internationale Prüfungsstandards zur Anwendung in der Gemeinschaft nur an, wenn sie
>   a) in einem einwandfreien Verfahren mit angemessener öffentlicher Aufsicht und Transparenz erstellt wurden und **international allgemein anerkannt** sind,
>   b) beim Jahresabschluss und beim konsolidierten Abschluss entsprechend den in Artikel 2 Absatz 3 der Richtlinie 78/660/EWG und in Artikel 16 Absatz 3 der Richtlinie 83/349/EWG festgelegten Grundsätzen zu einem hohen Maß an Glaubwürdigkeit und Qualität beitragen und
>   c) dem europäischen Gemeinwohl dienen.
>
> 3. Die Mitgliedstaaten dürfen zusätzlich zu den – oder in Ausnahmefällen durch Nichtanwendung von Teilen von – internationalen Prüfungsstandards Prüfverfahren oder Prüfungsanforderungen nur vorschreiben, wenn diese sich aus speziellen, durch den Umfang der Abschlussprüfungen bedingten Anforderungen des nationalen Rechts ergeben. ...
>
> 4. Die Mitgliedstaaten können zusätzliche Anforderungen im Zusammenhang mit den Abschlussprüfungen von Jahresabschlüssen und konsolidierten Abschlüssen für einen Zeitraum bis zum 29. Juni 2010 vorschreiben."

Die **Erwägungsgründe** zur Abschlussprüfungsrichtlinie führen dazu Folgendes aus:

> „13. **Für alle nach Gemeinschaftsrecht vorgeschriebenen Abschlussprüfungen sollte eine gleich bleibend hohe Qualität gewährleistet werden. Alle Abschlussprüfungen sollten deshalb nach internationalen Prüfungsstandards durchgeführt werden**. ...
>
> Ein Fachausschuss oder eine technische Fachgruppe für Abschlussprüfungen sollte die Kommission bei der Bewertung der fachlichen Fundierung aller internationalen Prüfungsstandards unterstützen, wobei auch das System öffentlicher Aufsichtsgremien der Mitgliedstaaten eingebunden werden soll

te. Um ein Höchstmaß an **Harmonisierung** zu verwirklichen, sollten die Mitgliedstaaten zusätzliche nationale Prüfverfahren vorschreiben oder Anforderungen nur aufstellen dürfen, wenn diese sich aus speziellen, durch den Umfang der Abschlussprüfung von Jahresabschlüssen oder konsolidierten Abschlüssen bedingten nationalen rechtlichen Anforderungen ergeben, dh, wenn diese Anforderungen durch die bisher angenommenen internationalen Prüfungsstandards nicht abgedeckt werden.

14. **Die Einführung eines internationalen Prüfungsstandards** in der Gemeinschaft durch die Kommission setzt voraus, dass er international allgemein anerkannt ist und unter vollständiger Einbeziehung aller interessierten Kreise in einem offenen und transparenten Verfahren erstellt wurde, dass er die Glaubwürdigkeit des Jahresabschlusses und des konsolidierten Abschlusses erhöht und dass er dem europäischen Gemeinwohl dient. Die Notwendigkeit der Annahme einer Stellungnahme (International Auditing Practice Statement) als Teil eines Standards sollte von Fall zu Fall gemäß dem Beschluss 1999/468/EG geprüft werden. Die Kommission sollte sicherstellen, dass vor Beginn des Verfahrens zur Annahme eine Prüfung durchgeführt wird, um festzustellen, ob diesen Anforderungen genügt wurde, und erstattet den Mitgliedern des mit dieser Richtlinie eingesetzten Ausschusses über das Ergebnis dieser Prüfung Bericht.

Wie schon dargelegt, wird die laut Art 26 der Abschlussprüfungsrichtlinie vorgesehene Übernahme der internationalen Prüfungsstandards nach dem Komitologieverfahren erst nach Abschluss des „clarity projects" – dieses soll nach der Planung des IAASB bis Ende 2008 abgeschlossen sein – beginnen (vergleiche Abschn 7.181).

Die Frage der Umsetzung der internationalen Prüfungsstandards wird ua im **„Auditing Regulatory Committee"** behandelt; in diesem Committee sind sämtliche EU-Mitgliedstaaten vertreten.

7.14 Qualitätssicherung durch ein externes Qualitätsüberwachungssystem

Im Committee on Auditing der EU-Kommission wurde im Zusammenhang mit ISA 220 (Gewährleistung der Prüfungsqualität) die Forderung auf **Einführung eines externen Qualitätsüberwachungssystems** für die Abschlussprüfer (soweit in den EU-Mitgliedstaaten nicht ohnedies schon solche Systeme bestehen) erhoben.

Am 15. November 2000 hat die EU-Kommission eine Empfehlung für die Einhaltung von Mindestanforderungen an die Gestaltung eines solchen Qualitätsüberwachungssystems veröffentlicht (**„Mindestanforderung an Qualitätssicherungssysteme für die Abschlussprüfung in der EU"**).

Aufgrund dieser Empfehlung wurde in Deutschland ein Qualitätsüberwachungssystem gesetzlich verankert (Novellierung der Wirtschaftsprüferordnung im Jahr 2000).

Das Institut österreichischer Wirtschaftsprüfer hat aufgrund dieser Entwicklung schon im Jahr 2001 den Beschluss über die Einführung eines solchen Systems gefasst, womit die Anforderungen von KFS/PG 4 „Gewährleistung der Prüfungsqualität" nicht nur intern (dh von den Berufsangehörigen selbst, sondern auch von nicht unternehmensangehörigen Berufskollegen) geprüft werden (sogenanntes Peer-Review-System). Die Richtlinie „zur externen Qualitätsüberwachung von Abschlussprüfungen" wurde im Jahr 2003 neu gefasst und wird seitdem durch eine Kommission für externe Qualitätsüberwachung umgesetzt. Diese Kommission untersteht der Kontrolle eines Qualitätsüberwachungsbeirates, dem ausschließlich berufsfremde Personen angehören.

Das Konzept des Instituts österreichischer Wirtschaftsprüfer war auch das Vorbild für gesetzliche Änderungen, die den gesamten Berufsstand der Wirtschaftsprüfer in Österreich betreffen. Mit BGBl I Nr. 84/2005 wurde, zusammen mit einer Änderung des WTBG, das **Abschlussprüfungs-Qualitätssicherungsgesetz** (A-QSG) eingeführt. Dieses Gesetz sieht eine externe Qualitätsüberprüfung im Sinne eines Peer-Review-Systems vor. Eine Überwachung erfolgt durch einen **Arbeitsausschuss für externe Qualitätsüberprüfungen**, dem sieben Mitglieder angehören. Vier davon sind Mitglieder der Kammer der Wirtschaftstreuhänder, drei sind Mitglieder der Vereinigung österreichischer Revisionsverbände bzw des Sparkassenprüfungsverbandes. Letztere werden deshalb in den Arbeitsausschuss miteinbezogen, weil sich die Qualitätskontrolle auch auf die Arbeit der Revisionsverbände und des Sparkassenprüfungsverbandes beziehen soll.

Beim Bundesministerium für Wirtschaft und Arbeit wird eine **Qualitätskontrollbehörde** eingerichtet, die aus sechs Mitgliedern besteht. Diese Behörde hat die Tätigkeit des Arbeitsausschusses begleitend zu überwachen.

Bezüglich einer ausführlichen Darstellung wird auf den „Praxiskommentar zum Gesellschaftsrechtsänderungsgesetz 2005 und zum Abschlussprüfungs-Qualitätssicherungsgesetz", Wien 2005, Chini/Reiter/Reiter verwiesen.

7.15 Prüfungsbericht

Gemäß § 273 Abs 1 hat der Abschlussprüfer über das Ergebnis der Prüfung schriftlich zu berichten, „wobei insbesondere festzustellen ist, ob die Buchführung, der Jahresabschluß, der Lagebericht … den gesetzlichen Vorschriften entsprechen und der Corporate-Governance-Bericht aufgestellt worden ist sowie ob die gesetzlichen Vertreter die verlangten Aufklärungen und Nachweise erbracht haben".

Die Posten des Jahresabschlusses sind im Prüfungsbericht aufzugliedern und zu erläutern. Nachteilige Veränderungen der Vermögens-, Finanz- und Ertragslage gegenüber dem Vorjahr und Verluste, die das Jahresergebnis nicht unwesentlich beeinflusst haben, sind anzuführen und zu erläutern (§ 273 Abs 1, 3. Satz).

§ 273 Abs 2 enthält die **besondere Berichtspflicht des Abschlussprüfers,** wenn er bei der Prüfung Tatsachen feststellt, die den Bestand des Unternehmens gefährden oder seine Entwicklung wesentlich beeinträchtigen können, oder die schwer wiegende Verstöße der gesetzlichen Vertreter oder von Arbeitnehmern gegen Gesetz, Gesellschaftsvertrag oder Satzung erkennen lassen; in diesen Fällen besteht die Verpflichtung, unverzüglich zu berichten, dh gegebenenfalls noch vor der Ausfertigung des allgemeinen Prüfungsberichtes. „Darüber hinaus hat er unverzüglich über **wesentliche Schwächen bei der internen Kontrolle des Rechnungslegungsprozesses** zu berichten." Außerdem hat der Abschlussprüfer auch dann unverzüglich zu berichten, wenn bei Prüfung des Jahresabschlusses das Vorliegen der Voraussetzungen für die Vermutung eines Reorganisationsbedarfes gem § 22 Abs 1 Z 1 URG festgestellt wird. Im Bericht sind die Eigenmittelquote (§ 23 URG) und die fiktive Schuldentilgungsdauer (§ 24 URG) anzugeben. Zur Eigenmittelquote und zur fiktiven Schuldentilgungsdauer siehe den Abschnitt Jahresabschlussanalyse.

Für die Gestaltung des Prüfungsberichtes werden die von den Berufsorganisationen entwickelten Richtlinien heranzuziehen sein; für Österreich ist dies insbesondere das **Fachgutachten KFS/PG 2** über die **Grundsätze ordnungsmäßiger Berichterstattung bei Abschlussprüfungen.**

Nach Abschnitt 3 dieses Fachgutachtens soll der Bericht des Abschlussprüfers folgende Bestandteile enthalten, welche sich einerseits unmittelbar aus den gesetzlichen Vorschriften, andererseits aus berufsüblichen Grundsätzen ergeben:

- Angabe der **Auftragserteilung** und Darstellung der **Auftragsdurchführung**;
- Darstellung der **rechtlichen und wirtschaftlichen Verhältnisse** und deren Entwicklung im Berichtszeitraum (in Zusammenhang mit der Berichterstattung über die wirtschaftlichen Grundlagen: Darstellung des Produktionsprogramms und der Betriebsstätten, Angaben über Umfang und Zusammensetzung der Produktion und des Absatzes mit Vergleichszahlen für das Vorjahr, Zahlen über Auftragseingang und Auftragsbestand, größere Investitionsvorhaben und deren Finanzierung, Angaben über den Beschäftigtenstand);

- **Darstellung zur Entwicklung der Vermögens-, Finanz- und Ertragslage** durch geeignete Aufstellungen und Kennzahlen (Kennzahlen der Bilanzstruktur, Finanzierungskennzahlen, Kapitalflussrechnungen, Erfolgskennzahlen, Angaben zur Substanzerhaltung uÄ).

  Zur Darstellung der Vermögens-, Finanz- und Ertragslage gehört auch die ausdrücklich vorgeschriebene Berichterstattung über deren **nachteilige Veränderungen gegenüber dem Vorjahr** und Verluste, die das Jahresergebnis nicht unwesentlich beeinflusst haben und die Angaben in Zusammenhang mit der besonderen Berichtspflicht des Abschlussprüfers gem § 273 Abs 2.
- Aufgliederung und Erläuterung der Posten des Jahresabschlusses;
- Feststellungen zur Gesetzmäßigkeit von Buchführung, Jahresabschluss und Lagebericht;
- Zusammenfassung des Prüfungsergebnisses (einschließlich Erteilung des Bestätigungsvermerkes und der Begründung, wenn dieser eingeschränkt oder versagt wurde).

§ 273 Abs 4 enthält die Verpflichtung des Abschlussprüfers, den Bericht den gesetzlichen Vertretern sowie den Mitgliedern des Aufsichtsrates vorzulegen; hinsichtlich der Vorlagepflicht gegenüber den Mitgliedern des Aufsichtsrates wird auf das Fachgutachten KFS/PE 4 der Kammer der Wirtschaftstreuhänder hingewiesen.

Ist bei einem unbeschränkt haftenden Gesellschafter einer unternehmerisch tätigen eingetragenen Personengesellschaft im Sinne des § 221 Abs 5 ein Aufsichtsrat eingerichtet, so hat der Abschlussprüfer den Bericht hinsichtlich der Personengesellschaft auch den Mitgliedern dieses Aufsichtsrates vorzulegen.

7.16 Der Bestätigungsvermerk (§ 274)

Mit dem **ReLÄG 2004** wurden die Vorschriften der **„Modernisierungsrichtlinie“** umgesetzt. Die bisherigen Vorschriften des § 274 hatten den Wortlaut des (uneingeschränkten) Bestätigungsvermerkes **formelhaft** festgelegt.

§ 274 Abs 1 in der Fassung ReLÄG 2004 regelt entsprechend den Vorschriften der **„Modernisierungsrichtlinie“**, die sich ihrerseits in der Struktur des Bestätigungsvermerkes an den International Standard on Auditing (ISA) 700 hält, den Inhalt des Bestätigungsvermerks, wie folgt:

„Der Bestätigungsvermerk umfasst

1. eine **Einleitung**, die zumindest angibt, welcher **Jahresabschluss** beziehungsweise Konzernabschluss Gegenstand der gesetzlichen Abschlussprüfung ist und **nach welchen Rechnungslegungsgrundsätzen** er **aufgestellt** wurde,

> 2. eine Beschreibung der Art und des Umfanges der gesetzlichen Abschlussprüfung, die **zumindest Angaben über die Prüfungsgrundsätze** enthält, nach denen die Prüfung durchgeführt wurde, sowie
> 3. ein **Prüfungsurteil**, das zweifelsfrei ergibt, ob
>   a) ein uneingeschränkter Bestätigungsvermerk erteilt,
>   b) ein eingeschränkter Bestätigungsvermerk erteilt,
>   c) der Bestätigungsvermerk aufgrund von Einwendungen versagt oder
>   d) der Bestätigungsvermerk deshalb versagt wird, weil der Abschlussprüfer nicht in der Lage ist, ein Prüfungsurteil abzugeben."

Punkt 3d bezieht sich auf den Fall des so genannten **„disclaimer of opinion"** des ISA 700.

§ 274 Abs 2 regelt die Voraussetzungen für die Erteilung eines uneingeschränkten Bestätigungsvermerks wie folgt:

> „**In einem uneingeschränkten Bestätigungsvermerk** (Abs. 1 Z 3 lit a) hat der Abschlussprüfer zu erklären, dass die von ihm nach § 269 durchgeführte Prüfung zu **keinen Einwendungen** geführt hat und dass der geprüfte Jahres- und Konzernabschluss auf Grund der bei der Prüfung gewonnenen Erkenntnisse des Abschlussprüfers **den gesetzlichen Vorschriften entspricht und** unter Beachtung der Grundsätze ordnungsgemäßer Durchführung oder sonstiger maßgeblicher Rechnungslegungsgrundsätze **ein möglichst getreues Bild der Vermögens-, Finanz- und Ertragslage** des Unternehmens oder des Konzerns **vermittelt**. Der uneingeschränkte Bestätigungsvermerk ist in geeigneter Weise **zu ergänzen**, wenn zusätzliche Bemerkungen erforderlich erscheinen, um einen falschen Eindruck über den Inhalt der Prüfung und die Tragweite des Bestätigungsvermerks zu vermeiden."

Das inzwischen durch **KFS/PG9** ersetzte Fachgutachten KFS/PG3 unterscheidet dabei **ergänzende Hinweise**, die auf Besonderheiten über den Inhalt der Prüfung aufmerksam machen sollen, die aber nicht zu Einwendungen des Abschlussprüfers geführt haben (zB Hinweise darauf, dass der Vorjahresabschluss nicht geprüft bzw der Bestätigungsvermerk versagt oder eingeschränkt wurde oder bei fehlender Inventurbeobachtung durch den Abschlussprüfer bei Auftragserteilung nach Durchführung der Inventur) und **bedingende Zusätze (Vorbehalte)** zur Vermeidung eines falschen Eindrucks über die Tragweite des Bestätigungsvermerks, wenn in dem geprüften Jahresabschluss Sachverhalte bereits berücksichtigt sind, die zu ihrer Wirksamkeit noch weiterer Beschlüsse von Gesellschaftsorganen oder der Eintragung in das Firmenbuch bedürfen, wie zB Kapitaländerungen im Zusammenhang mit Sanierungen oder ausstehende Feststellung vorangegangener Jahresabschlüsse.

§ 274 Abs 3 enthält die Konsequenzen, wenn gegen den Jahresabschluss bzw. die Buchhaltung Einwendungen zu erheben sind:

> „Sind **Einwendungen** zu erheben, so hat der Abschlussprüfer seine Erklärung nach Abs. 2 erster Satz einzuschränken (Abs. 1 Z 3 lit b) oder den Bestätigungsvermerk zu versagen (Abs. 1 Z 3 lit c). Die Einschränkung oder Versagung ist zu begründen. Ein **eingeschränkter Bestätigungsvermerk** darf nur erteilt werden, wenn der geprüfte Abschluss unter Beachtung der vom Abschlussprüfer vorgenommenen, in ihrer Tragweite erkennbaren Einschränkung ein im Wesentlichen getreues Bild der Vermögens-, Finanz- und Ertragslage vermittelt."

§ 274 Abs 4, der auf den Fall des Abs 1 3d eingeht, dass der Abschlussprüfer nicht in der Lage ist, ein Prüfungsurteil abzugeben, lautet wie folgt:

> „Der Bestätigungsvermerk ist auch dann zu versagen, wenn der Abschlussprüfer **nach Ausschöpfung aller angemessenen Möglichkeiten zur Klärung des Sachverhalts** nicht in der Lage ist, ein Prüfungsurteil abzugeben."

Wie bereits erwähnt, ist dies der Fall des **„disclaimer of opinion"** im Sinne des ISA 700.

Nach wie vor wird, wie auch nach § 274 aF der Fall des Widerrufes des Bestätigungsvermerkes nicht geregelt. Der Abschlussprüfer ist grundsätzlich zum **Widerruf des Bestätigungsvermerkes** verpflichtet, wenn er erkennt, dass die Voraussetzungen für die Erteilung eines uneingeschränkten oder eingeschränkten Bestätigungsvermerkes nicht vorgelegen haben. Der Widerruf ist schriftlich an den Auftraggeber und an das Firmenbuchgericht zu richten.

Gem § 274 Abs 5 in der Fassung **URÄG 2008** hat

> „der Bestätigungsvermerk auch eine Aussage darüber zu enthalten, ob der Lagebericht oder der Konzernlagebericht nach dem Urteil des Abschlussprüfers mit dem Jahresabschluss oder mit dem Konzernabschluss im Einklang steht und ob die Angaben nach § 243a zutreffen."

Zum Inhalt von § 243a siehe Abschnitt 6.691.

Zu beachten ist, dass § 274 in Bezug auf den **Jahresabschluss/Konzernabschluss** von einem **Prüfungsurteil** spricht, in Bezug auf den **Lagebericht** dagegen nur von einer **„Aussage"**; dies bedeutet, dass die Begriffe „Einschränkung" bzw „Versagung" auf den Lagebericht nicht angewandt werden können.

Keine Regelung enthält das Gesetz für den Fall, dass der Lagebericht andere Mängel aufweist, die nicht den Einklang mit dem Jahresabschluss/

Konzernabschluss oder die Angaben nach § 243a betreffen. Im Interesse der Information der Öffentlichkeit wird die Auffassung zu vertreten sein, dass der Abschlussprüfer auch auf sonstige Mängel (zB fehlende/unrichtige Risikoberichterstattung, fehlende/unrichtige Angaben nach § 243 Abs 3 und Abs 5, irreführende Angaben) hinzuweisen hat.

Bei Fehlen eines Lageberichtes ergibt sich überhaupt die Frage, ob der Abschlussprüfer einen **unvollständigen** (nur aus einem Prüfungsurteil zum Jahresabschluss/Konzernabschluss bestehenden) **Bestätigungsvermerk** herausgeben darf.

7.17 Meinungsverschiedenheiten zwischen Gesellschaft und Abschlussprüfer (§ 276)

Wenn Meinungsverschiedenheiten zwischen dem Abschlussprüfer und der Gesellschaft über die Auslegung und Anwendung von gesetzlichen Vorschriften, sowie von Bestimmungen des Gesellschaftsvertrages oder der Satzung über den Jahresabschluss und den Lagebericht auftreten, kann durch den Abschlussprüfer oder die gesetzlichen Vertreter der Gesellschaft ein Antrag auf Entscheidung durch den für den Sitz des Unternehmens zuständigen, zur Ausübung der Gerichtsbarkeit in Handelssachen berufenen **Gerichtshof erster Instanz im Verfahren außer Streitsachen** gestellt werden. Die analoge Vorschrift des § 135 AktG 1965 hat sich nur auf Meinungsverschiedenheiten über die Auslegung der Rechtsvorschriften über den Jahresabschluss und den Geschäftsbericht bezogen.

7.18 International Standards on Auditing – Internationale Prüfungsstandards – ISAs

7.181 IFAC – IAASB – PIOB

Die ISAs werden von einem Ausschuss der **IFAC (International Federation of Accountants**), dem **International Auditing and Assurance Standards Board (IAASB**), ausgearbeitet.

Die **IFAC** ist eine internationale Vereinigung von „Accountants", deren Mitglieder Berufsorganisationen der wirtschaftsprüfenden Berufe und sonstigen „Accounting Professions" sind. Österreich ist durch zwei Organisationen – die Kammer der Wirtschaftstreuhänder und das Institut der österreichischen Wirtschaftsprüfer – vertreten. Aus diesem Grund wird schon in KFS/PG1 Abschn 4 aF darauf hingewiesen, dass bei der Prüfung auch die Ausarbeitungen ausländischer Berufsorganisationen, insbesondere die Stellungnahme der IFAC, zu beachten sind.

Nach der Definition der internationalen Prüfungsgrundsätze in Artikel 2 der Abschlußprüfungrichtlinie umfassen diese außer den **International**

Standards on Auditing (ISA) auch damit zusammenhängende Verlautbarungen und Grundsätze, soweit sie für die Pflichtprüfung relevant sind (related Statements and Standards, in so far as relevant to the statutory audit). Dies betrifft zB die **International Auditing Practice Statements** (IAPS), die dem Prüfer praktische Hinweise für die Anwendung der IAS geben sollen.

Die weiteren Ausarbeitungen des IAASB werden in diesem Zusammenhang nicht behandelt, da sie nicht die Pflichtprüfung der Jahresabschlüsse betreffen.

Zur Sicherung des öffentlichen Interesses und zur Stärkung des Vertrauens in die Abschlussprüfung und damit in die Finanzberichterstattung der Unternehmen wurde nach den im November 2003 gebilligten Reformen der IFAC-Satzungen ein **Public Interest Oversight Board (PIOB)** errichtet, der sich aus Delegierten folgender Organisationen zusammensetzt:
International Organization of Securities Commissions,
Basel Committee of Banking Supervision,
International Association of Insurance Supervisors,
The World Bank,
The Financial Stability Forum.

Außer dem **IAASB** unterliegen noch das **Ethics Committee** und das **Education Committee** der IFAC der öffentlichen Aufsicht durch den PIOB.

Im Rahmen des so genannten „Clarity Projects" arbeitet IAASB an der Neuformulierung der ISAs; Ziel dieser Umarbeitung ist die Herstellung einer besseren Verständlichkeit und Eindeutigkeit der Prüfungsstandards.

Nach der zeitlichen Planung des IAASB soll das „Clarity project" bis Ende 2008 abgeschlossen sein.

7.182 Der risikoorientierte Prüfungsansatz

Das gegenwärtig im Vordergrund stehende **Risikomodell der Abschlussprüfung** bzw der **risikoorientierte Prüfungsansatz** beruhen auf dem Grundgedanken, dass die Planung und Durchführung der Abschlussprüfung auf einer Analyse des mit der Abschlussprüfung verbundenen Prüfungsrisikos aufgebaut sein muss.

Dieser Ausgangspunkt ist in verhältnismäßig wenigen vor kurzer Zeit grundlegend überarbeiteten Standards niedergelegt, welche ihrerseits der Ausgangspunkt für eine Reihe weiterer Standards darstellen, die diesen Grundgedanken auf bestimmte Prüfungsbereiche (zB Posten der Bilanz und Gewinn- und Verlustrechnung, besondere Probleme wie zB Fragen der Erstprüfung und Beurteilung des Fortbestandes des Unternehmens usw) ausdehnen.

Diese Basisstandards, die in den folgenden Abschnitten ausführlicher dargestellt werden, sind folgende:

Das IFAC-Handbuch 2004, in dem die International Auditing Standards enthalten sind, spricht in diesem Zusammenhang von **„new audit risk standards"**; diese Standards sind ab 15. Dezember 2004 in Geltung. Dazu gehören:

Der wesentlich erweiterte **ISA 200 – Ziel und allgemeine Grundsätze der Abschlussprüfung** (Objective and General Principles Governing an Audit of Financial Statements),

ISA 315 – Verständnis des Unternehmens und seines Umfeldes und Einschätzung des Risikos wesentlicher Fehler (Understanding the Entity and its Environment and Assessing the Risks of Material Misstatement),

ISA 330 – Die Maßnahmen des Abschlussprüfers als Reaktion auf die Risikoeinschätzung (The Auditor's Procedures in Response to Assessed Risks),

ISA 500R – Prüfungsnachweise („Audit Evidence").

ISA 315 geht davon aus, dass sich der Abschlussprüfer gründliche Kenntnisse des zu prüfenden Unternehmens verschaffen muss und aufgrund dieser Kenntnisse das **Risiko wesentlicher Fehler** (Risk of material misstatement) einzuschätzen hat.

ISA 330 beschäftigt sich damit, wie der Abschlussprüfer auf Basis seiner Risikoeinschätzung die Prüfung im Einzelnen plant und durchführt, um das Prüfungsrisiko möglichst niedrig zu halten.

ISA 500 beschäftigt sich mit dem Instrumentarium, das dem Abschlussprüfer bei der Planung und Durchführung der Prüfung zur Verfügung steht.

7.183 Die Audit Risk Standards

7.183.1 ISA 200 – Ziel und allgemeine Grundsätze der Abschlussprüfung

1. Ziel der Prüfung

Dies besteht darin, dem Prüfer ein **Prüfungsurteil (audit opinion)** darüber zu ermöglichen, ob der Jahresabschluss, in allen wesentlichen Belangen, in Übereinstimmung mit einem bestimmten **Rechnungslegungskonzept (financial reporting framework)** aufgestellt wurde. Dies wird durch die Formulierung „give a true and fair view" zum Ausdruck gebracht. (200.2)

Das Prüfungsurteil verbessert wohl **die Glaubwürdigkeit des Abschlusses**, ist aber keine Bestätigung hinsichtlich der zukünftigen Lebensfähigkeit des Unternehmens oder der Wirksamkeit oder Wirtschaftlichkeit der Tätigkeit des Managements. (200.3)

2. Sicherheit der Prüfungsaussage und Einschränkungen dazu

Die Prüfung auf Basis der ISAs ist darauf abgestellt, **hinreichende Sicherheit** zu geben, dass der Abschluss insgesamt **frei von wesentlichen Fehlern** ist.

Der Prüfer kann jedoch **keine absolute Sicherheit** erlangen, weil es natürliche Begrenzungen der Abschlussprüfung gibt, die die Fähigkeit des Prüfers zur Entdeckung wesentlicher Fehler beeinträchtigen. Zu diesen Faktoren gehören:

- die **Prüfung** wird in **Stichproben** durchgeführt,
- die natürlichen **Begrenzungen des internen Kontrollsystems**, zB die Möglichkeit der Umgehung durch das Management oder die Umgehung durch das Zusammenwirken mehrerer Personen,
- die Tatsache, dass die meisten Prüfungsnachweise eher überzeugend als absolut beweiskräftig sind.

Auf andere Einschränkungen gehen gesonderte ISAs ein, wie zB zu den Fragen betrügerischer Handlungen und Geschäftsfällen zwischen nahestehenden Personen und Unternehmen. (200.9)

Infolge dieser Faktoren ist eine Prüfung keine Garantie, dass der Abschluss frei von wesentlichen Mängeln sein muss. (200.12)

3. Die geistige Einstellung des Prüfers

Der Prüfer hat seine Arbeit mit **berufsüblicher kritischer Grundhaltung („professional skepticism")** zu planen und durchzuführen, unter Beachtung der Tatsache, dass Umstände bestehen können, die zu einer wesentlichen Fehlerhaftigkeit des Abschlusses führen.

Insbesondere sollte er auf Umstände achten, die der Zuverlässigkeit von Dokumenten oder Aussagen des Managements widersprechen oder diese zweifelhaft machen. Bei Planung und Durchführung der Prüfung geht der Prüfer weder von vornherein davon aus, dass die Geschäftsleitung unehrlich ist, noch nimmt er von vornherein unbedingte Ehrenhaftigkeit an. Dementsprechend sind Auskünfte der Geschäftsführung kein Ersatz für die Beschaffung von ausreichenden und geeigneten Prüfungsnachweisen.

4. Der Zentralbegriff des Prüfungsrisikos („Audit Risk“)

Der Prüfer holt Prüfungsnachweise ein und beurteilt deren Aussagefähigkeit, um mit **hinreichender Sicherheit** beurteilen zu können, ob der Abschluss dem **„true and fair view“** entspricht. **Das Konzept der hinreichenden Sicherheit anerkennt, dass ein Risiko besteht, dass das Prüfungsurteil unzutreffend ist**. Das Risiko, dass der Prüfer ein unzutreffendes Prüfungsurteil abgibt, wenn der Abschluss wesentliche Fehler enthält, wird als **Prüfungsrisiko** (audit risk) bezeichnet. Die Aufgabe des Prüfers besteht darin, die Prüfung so zu planen und durchzuführen, dass das Prüfungsrisiko auf ein akzeptables niedriges Niveau gesenkt wird.

Das Prüfungsrisiko insgesamt ist eine Funktion des **„Risikos wesentlicher Fehler“ (risk of material misstatement)**, dh des Risikos, dass der Abschluss vor der Vorlage an den Prüfer unrichtig ist, und des Risikos, dass der Prüfer solche wesentlichen Fehler nicht entdeckt **(Entdeckungsrisiko, detection risk).**

Der Prüfer hat zuerst das „Risiko wesentlicher Fehler“ einzuschätzen und danach zu trachten, das Prüfungsrisiko durch weitere Prüfungshandlungen zu begrenzen. Die entsprechenden Vorgangsweisen sind in ISA 315 und 330 geregelt.

Das **„Risiko wesentlicher Fehler“** ist vom Prüfer auf zwei Ebenen einzuschätzen:

- auf der **Ebene des Gesamtabschlusses** (Risiken, die sich auf den gesamten Jahresabschluss erstrecken und vielfach mit dem Kontrollumfeld des Unternehmens zusammenhängen – financial statement level),
- auf der Ebene von **Aussagen über einzelne Posten** des Jahresabschlusses (assertion level).

Das Risiko wesentlicher Fehler auf der Ebene des Abschlusses bezieht sich auf Risiken, die sich übergreifend auf den Jahresabschluss insgesamt erstrecken und potenziell viele Aussagen betreffen. Risiken dieser Art hängen oft mit dem Kontrollumfeld des Unternehmens zusammen; dieses **„overall risk“** stellt Umstände dar, die das Risiko vergrößern, dass wesentliche Fehler in einer Reihe von Posten enthalten sind, zB indem das Management interne Kontrollmaßnahmen außer Kraft setzt. Solche Risiken können besonders relevant im Zusammenhang mit dem **Risiko möglicher Fehler aufgrund betrügerischer Handlungen** (risk of fraud) sein.

Das „Risiko wesentlicher Fehler“ auf der Ebene von Geschäftsfällen, Kontensalden und Offenlegungen (**class of transactions, account balances and disclosures**) ist für den Prüfer die Basis bei der Festlegung von Art, Zeitpunkt und Umfang weiterer Prüfungshandlungen von „Aussagen“ zu Einzelposten (assertion level).

Das Risiko wesentlicher Fehler auf der Ebene einzelner Posten des Jahresabschlusses besteht aus zwei Komponenten:

- dem **inherent risk** als Anfälligkeit einer Jahresabschlussaussage für einen Fehler, ohne diesbezügliche interne Kontrollen zu beachten (zB komplizierte und damit fehleranfällige Berechnungen, Posten des Jahresabschlusses, die von Schätzungen abgeleitet sind oder einem wesentlichen Bewertungsspielraum unterliegen, Geschäftsrisiken des Unternehmens, wie zB technische Entwicklung, aber auch Faktoren, die sich nicht auf einzelne Aussagen beziehen, sondern auf eine Reihe von Abschlussposten, wie zB die wirtschaftliche Situation des Unternehmens)
- dem **Kontrollrisiko (control risk)** als Risiko, dass ein möglicher wesentlicher Fehler durch das interne Kontrollsystem nicht verhindert, bzw entdeckt und richtig gestellt wird. Infolge der natürlichen Begrenzungen des internen Kontrollsystems ist das Kontrollrisiko nicht zur Gänze auszuschalten.

Diese beiden Risiken, die entgegen der früheren Handhabung nunmehr zu einer „kombinierten" Einschätzung des Risikos wesentlicher Fehler (Risk of material misstatement) zusammengefasst werden, sind **Risiken des Unternehmens**, die unabhängig von der Prüfung des Jahresabschlusses bestehen.

Das **Entdeckungsrisiko** (detection risk) ist das Risiko, dass der Abschlussprüfer einen wesentlichen Fehler oder mehrere Fehler, die zusammen wesentlich sind, nicht entdeckt. Das Prüfungsrisiko ist eine **Funktion der Wirksamkeit der Prüfungshandlungen** und ihrer Anwendung durch den Prüfer.

Da die Prüfung in der Regel in Stichproben durchgeführt wird, kann das Entdeckungsrisiko nicht auf Null reduziert werden. Auch andere Faktoren können dazu führen, wie zB die Anwendung einer ungeeigneten Prüfungshandlung und die Fehlinterpretation von Prüfungsergebnissen; diese Faktoren können allerdings durch entsprechende Maßnahmen des Prüfers beeinflusst werden (gute Planung, Verwendung von Personal höherer Qualität, verstärkte Anwendung von „professional skepticism", bessere Überwachung und Durchsicht der durchgeführten Prüfungsarbeiten).

7.183.2 ISA 315 – Verständnis des Unternehmens und seines Umfeldes und Einschätzung des Risikos wesentlicher Fehler

1. Grundlage für die Beurteilung der Möglichkeit wesentlicher Fehler (risks of material misstatement) sind **Informationen über das zu prüfende Unternehmen**, einschließlich seiner Organisation, deren Bestandteil das **interne Kontrollsystem** ist.

Dieses Verständnis des Unternehmens ist der Bezugsrahmen, innerhalb dessen der Prüfer die Durchführung der Prüfung im Hinblick auf Reduktion seines Entdeckungsrisikos auf ein vertretbares Ausmaß plant.

Zu den Prüfungshandlungen bei der Gewinnung von Informationen über das Unternehmen zur Einschätzung des Prüfungsrisikos gehören laut 315.7 **Erkundigungen** bei der Geschäftsleitung und anderen Personen, die Durchführung von **analytischen Prüfungshandlungen, Beobachtung und Einschau** (zu diesen Begriffen siehe die Darstellung von ISA 500R).

2. Die **Beschaffung von Informationen über das Unternehmen und seines Umfeldes** besteht aus folgenden Aspekten (315.20):

- **Verhältnisse des Wirtschaftszweiges**, gesetzliche Vorschriften und andere externe Faktoren einschließlich des anzuwendenden Systems der Finanzberichterstattung;
- **Art des Unternehmens** einschließlich der Auswahl und der Anwendung von Rechnungslegungsgrundsätzen,
- **Unternehmensziele und Strategien** und die damit verbundenen **Geschäftsrisiken**, die möglicherweise zu einem wesentlichen Fehler im Jahresabschluss führen können,
- Bewertung und Einschau in die **Leistungsdaten** des Unternehmens,
- das **interne Kontrollsystem**.

Anhang 1 zu ISA 315 enthält einen ausführlichen **Katalog der möglichen Informationsbestandteile**, die zu den oben genannten Bereichen gehören; **Anhang 2** eine ausführliche Darstellung der **Bestandteile des internen Kontrollsystems** und **Anhang 3** Beispiele für Situationen, die **Indizien für das Risiko wesentlicher Fehler** sein können.

3. Das interne Kontrollsystem

Der Prüfer verwendet sein Verständnis des internen Kontrollsystems, um Arten möglicher Fehler zu identifizieren, Faktoren zu berücksichtigen, die das Risiko wesentlicher Fehler beeinflussen, und um die **Art, den Zeitpunkt und den Umfang (nature, timing and extent)** weiterer Prüfungshandlungen zu konzipieren (315.41).

Definition des internen Kontrollsystems

„Interne Kontrolle ist der von dem mit der Unternehmensleitung und -überwachung betrauten und anderem Personal entworfene und ausgeübte Prozess, um **hinreichende Sicherheit über das Erreichen der Ziele des Unternehmens** im Hinblick auf die **Zuverlässigkeit der Finanzberichterstattung**, die **Wirksamkeit und Wirtschaftlichkeit der betrieblichen Tätigkeit** und die **Übereinstimmung mit den geltenden Gesetzen** und sonstigen Regelungen **zu erlangen**.“ Daraus folgt, dass die interne Kontrolle konzipiert und eingeführt wird, um identifizierten Geschäftsrisiken zu begegnen, die die Erreichung der genannten Ziele bedrohen (315.42).

Die **interne Kontrolle** im Sinne von ISA 315 besteht aus folgenden **Komponenten**:

a) dem Kontrollumfeld
b) dem Risikoeinschätzungsprozess des Unternehmens
c) dem Informationssystem einschließlich der damit verbundenen Prozesse, die sich auf die Finanzberichterstattung und die Kommunikation beziehen
d) den Kontrolltätigkeiten
e) der Überwachung der Einhaltung der Kontrollen.
(315.43)

Anhang 2 enthält eine detaillierte Beschreibung der Komponenten der internen Kontrolle.

Für die Risikobeurteilung sind nicht alle in der Definition des internen Kontrollsystems angeführten Ziele relevant, sondern im Wesentlichen die Ziele des Unternehmens im Hinblick auf die **Zuverlässigkeit der Finanzberichterstattung** (reliability of financial reporting).

Dabei hat der Prüfer zB **folgende Faktoren zu berücksichtigen**:

- seine Beurteilung hinsichtlich der Wesentlichkeit,
- die Größe des Unternehmens,
- die Art der Geschäftstätigkeit des Unternehmens einschließlich seiner Organisation und der Eigentumsverhältnisse,
- die Unterschiedlichkeit und Komplexität der Geschäftstätigkeit des Unternehmens,
- die anzuwendenden gesetzlichen Vorschriften und sonstigen Regelungen,
- die Art und Komplexität der Systeme, die Bestandteil der internen Kontrollen des Unternehmens sind.

(315.48)

Zu berücksichtigen sind die Kontrollen über die **Vollständigkeit und Genauigkeit** der im Rechnungswesen des Unternehmens verarbeiteten Informationen. Kontrollen in Bezug auf die Geschäftsabwicklung **(operations)** und die Einhaltung gesetzlicher Regelungen **(compliance)** können für die Prüfung relevant sein, wenn sie sich auf Daten beziehen, die der Prüfer bei der Anwendung von analytischen Prüfungshandlungen verwendet (zB Bildung von Kennzahlen, die auch nichtfinanzielle Daten verwenden, wie Produktionsstatistiken), weiters Kontrollen, die sich auf die **Aufdeckung von Verstößen gegen Gesetze und sonstige Regelungen** beziehen, wie zB Kontrollen bezüglich der Einhaltung von einkommensteuerlichen Vorschriften. Auch interne Kontrollen zur **Sicherung von Vermögensgegenständen** können im Zusammenhang mit der Finanzberichterstattung stehen.

Bei der Erlangung eines Verständnisses über interne Kontrollen ist zu unterscheiden zwischen der **Beurteilung des Konzeptes (design of control)** einer Kontrolle (ob diese im Stande wäre, wirksam wesentliche Fehler zu verhindern bzw aufzudecken und zu korrigieren) und deren **Umsetzung (implementation).** Die Umsetzung einer Kontrolle bedeutet, dass diese existiert und dass das Unternehmen sie auch anwendet.

Eine unzureichend konzipierte Kontrolle kann eine **wesentliche Schwäche des internen Kontrollsystems** bedeuten, und der Prüfer hat sich zu überlegen, ob er diesbezüglich das Management bzw. die mit der Überwachung des Managements betrauten Personen zu informieren hat.

Die Erlangung eines Verständnisses der Kontrollmaßnahmen ist jedoch allein nicht ausreichend, die Wirksamkeit der Kontrollen in der tatsächlichen Anwendung (operating effectiveness of controls) zu testen.

In diesem Zusammenhang geht ISA 315 auch auf Sonderfragen der **Datenverarbeitung** ein, ebenso in den folgenden Abschnitten, die sich mit den Besonderheiten von manuellen und automatisierten Elementen der für die Risikoeinschätzung des Prüfers relevanten internen Kontrollen beziehen (315.57–63).

In der Aufzählung der Komponenten der internen Kontrolle wird unter c) das **Informationssystem** genannt; dieses **umfasst** nach der Systematik des ISA 315 **auch das Rechnungslegungssystem** des Unternehmens. In den Abschnitten 315.81–88 wird ausführlich auf die Bestandteile des Informationssystems eingegangen, die für die Finanzberichterstattung des Unternehmens von Bedeutung sind; insbesondere werden auch die internen Kontrollen im Zusammenhang mit der **Erstellung des Jahresabschlusses** behandelt, auch unter Berücksichtigung des EDV-Einsatzes und der **Anwendung von computerunterstützten Prüfungsverfahren** (**Computer-assisted audit techniques**).

Zu den unter d) erwähnten **Kontrolltätigkeiten** gehören nach 315.90
- die Erteilung von Ermächtigungen (authorization)
- Leistungskontrollen (performance reviews)
- Informationsverarbeitung, wobei insbesondere Kontrolltätigkeiten in Zusammenhang mit dem Einsatz von Datenverarbeitungssystemen behandelt werden
- physische Kontrollen
- Arbeitsteilung (segregation of duties)

4. Beurteilung des Risikos wesentlicher Fehler

Als Ergebnis der Informationsbeschaffung über das Unternehmen unter besonderer Berücksichtigung des internen Kontrollsystems hat der Prüfer die Risiken von wesentlichen Fehlern zu beurteilen und zwar sowohl auf der **Ebene des Jahresabschlusses** insgesamt (financial statement level) als auch auf der Basis **einzelner Posten** des Jahresabschlusses (at the assertion level) in Bezug auf Gruppen von Geschäftsfällen, Kontensalden und Offenlegungen.

Zu diesem Zweck stellt er eine **Verbindung zwischen** den festgestellten **Risiken und potenziellen Fehlern** her, beurteilt, ob die Risiken von einer **Größenordnung** sind, die zu einem erheblichen Fehler des Abschlusses führen könnten, und beurteilt die **Wahrscheinlichkeit**, dass die Risiken zu einem wesentlichen Mangel führen könnten.

Die **Risikoeinschätzung wird** vom Prüfer dazu **verwendet,** um die Art, den Zeitpunkt und den Umfang (nature, timing and extent) weiterer Prüfungshandlungen zu bestimmen. Aus einem **schwachen Kontrollumfeld** können sich Risiken ergeben, die nicht auf bestimmte Posten des Jahresabschlusses begrenzt sind, sondern möglicherweise einen übergreifenden Effekt auf den Jahresabschluss haben und deswegen eine entsprechende Reaktion des Abschlussprüfers erfordern (risk at the financial statement level).

Zu untersuchen ist weiters, ob es sich um Risiken handelt, die besondere Beachtung bei der Prüfung erfordern **(significant risks).** Der Prüfer hat hier zB zu beachten,

- ob ein Risiko betrügerischer Handlungen vorliegt **(risk of fraud)**
- ob das Risiko sich auf **kürzlich eingetretene** wesentliche ökonomische **Entwicklungen** oder Entwicklungen auf den Gebiet der Rechnungslegung bezieht,
- die **Komplexität von Geschäftsfällen**,
- ob das Risiko sich aus wesentlichen **Geschäftsfällen mit nahestehenden Personen** ergibt,
- der Grad der **Subjektivität der Bewertung**, insbesondere wenn damit erhebliche Bewertungsunsicherheiten verbunden sind,
- ob das Risiko sich auf wesentliche **Geschäftsfälle** bezieht, die **außerhalb der normalen Geschäftstätigkeit** des Unternehmens liegen. (315.109)

Für solche Risiken hat der Prüfer jedenfalls die Konzeption der diesbezüglichen internen Kontrollen des Unternehmens zu beurteilen und festzustellen, ob sie auch entsprechend umgesetzt wurden. Wenn keine entsprechenden Maßnahmen vorhanden sind und der Prüfer zur Schlussfolgerung kommt, dass dies eine wesentliche **Schwäche des internen Kontrollsystems** darstellt, hat er eine **Berichtspflicht** gegenüber den mit der Überwachung der Geschäftstätigkeit betrauten Personen (315.114).

Weiters ist darauf zu achten, ob es Risiken gibt, für welche materielle Prüfungshandlungen (siehe Abschnitt ISA 500) keine ausreichenden geeigneten Prüfungsnachweise ergeben; dieser Fall kann insbesondere bei **EDV-Einsatz** auftreten.

Abschnitt 315.120 weist auf die Verpflichtung des Abschlussprüfers hin, **Mitteilungen an Überwachungsorgane oder das Management** zu machen, wenn er bei seiner Prüfungstätigkeit von wesentlichen Mängeln im Konzept oder der Umsetzung interner Kontrollmaßnahmen erfahren hat.

Im letzten Abschnitt weist ISA 315 den Prüfer auf die **Verpflichtung zur Dokumentation** über seine wesentlichen Tätigkeiten und Feststellungen in Zusammenhang mit den nach ISA 315 vorzunehmenden Verfahren hin.

Anmerkung:

Bei Erfüllung der Verpflichtungen nach ISA 315 ist selbstverständlich zu beachten, dass im Falle von **Wiederholungsprüfungen** der überwiegende Teil der Feststellungen schon aus dem vorjährigen Prüfungsakt ersichtlich sein wird; in diesem Fall wird sich der Prüfer auf die seit der vorhergehenden Prüfung eingetretenen Änderungen konzentrieren können.

7.183.3 ISA 330 – Die Maßnahmen des Abschlussprüfers als Reaktion auf die Risikoeinschätzung (the auditors procedures in response to assessed risks)

Nach der Einschätzung der Risken wesentlicher Fehler in Anwendung der Grundsätzc von ISA 315 besteht die nächste Aufgabe des Abschlussprüfers darin, Verfahren zu entwickeln, die es ermöglichen, das Prüfungsrisiko auf ein annehmbar niedriges Niveau zu reduzieren.

ISA 330.3 unterscheidet dabei Maßnahmen zur Abdeckung von Risiken auf der Ebene des Gesamtabschlusses **(at the financial statement level)** und Maßnahmen zur Abdeckung des Risikos auf der Ebene der Aussagen zu einzelnen Posten des Jahresabschlusses **(at the assertion level)**. In diesem Zusammenhang wird auch auf **ISA 240** hingewiesen, der sich besonders mit der Berücksichtigung von Risiken wesentlicher Fehler aufgrund betrügerischer Handlungen (**risk of fraud**) beschäftigt.

1. Allgemeine Maßnahmen (overall response) zur Berücksichtigung von Risiken wesentlicher Fehler auf der Ebene des Gesamtabschlusses (330.4)

Zu diesen allgemeinen Maßnahmen können gehören:

- Betonung gegenüber dem Prüfungsteam, dass „professional skepticism" bei der Sammlung und Beurteilung von Prüfungsnachweisen besonders zu beachten ist,
- Einsatz von Personal mit größerer Erfahrung bzw besonderen Fähigkeiten oder die Heranziehung von Experten,
- intensivere Überwachung des eingesetzten Personals,
- bei der Auswahl weiterer Prüfungshandlungen besondere Beachtung des Überraschungsmoments (additional elements of unpredictability),
- Verlagerung des Schwerpunktes der materiellen Prüfungshandlungen auf das Periodenende anstatt auf Zwischenprüfungen.

Hier spielt wiederum die Einschätzung des Kontrollumfeldes (control environment) eine wichtige Rolle; ein wirksames Kontrollumfeld ermöglicht es dem Prüfer, stärker auf interne Kontrollen und die Zuverlässigkeit intern geschaffener Prüfungsnachweise zu vertrauen.

Solche Überlegungen haben einen wesentlichen Einfluss auf den allgemeinen **Prüfungsansatz (general approach)**, wie zB ob das Schwergewicht auf materielle Prüfungshandlungen gelegt wird **(substantive approach)**, oder ein Prüfungsansatz, bei dem auch „tests of controls" zusätzlich zu den materiellen Prüfungshandlungen herangezogen werden (**combined approach**).

2. Prüfungshandlungen zur Abdeckung des Risikos wesentlicher Fehler **auf der Ebene einzelner Aussagen** des Jahresabschlusses (assertion level)

Die Prüfungshandlungen sollen eine klare Verbindung zwischen der vorgenommenen Risikoeinschätzung und der Art, dem Zeitpunkt und Umfang der Prüfungshandlung herstellen. Bei der Konzipierung solcher Prüfungshandlungen beachtet der Prüfer zB folgende Faktoren:

- die **Bedeutung** des Risikos,
- die **Wahrscheinlichkeit** des Entstehens eines wesentlichen Fehlers,
- die **Charakteristiken** der jeweiligen Art von Geschäftsfällen, Kontensalden oder Offenlegungen,
- die **Art der** vom Unternehmen verwendeten spezifischen **Kontrollen**, insbesondere ob diese manuell oder automatisiert ausgeführt werden,
- ob der Prüfer davon ausgeht, Prüfungsnachweise darüber zu erlangen, ob die vom Unternehmen verwendeten Kontrollen bei der Verhinderung bzw Entdeckung und Richtigstellung von wesentlichen Fehlern als wirksam zu betrachten sind.

(330.7)

Auf Basis seiner Einschätzung der festgestellten Risiken legt der Prüfer den geeigneten Prüfungsansatz fest (stärkere Abstellung auf „tests of controls“ oder „substantive procedures“). Ungeachtet des gewählten Prüfungsansatzes hat der Prüfer aber **jedenfalls** für wesentliche Arten von Geschäftsfällen, Kontensalden und Offenlegungen **auch materielle Prüfungshandlungen** durchzuführen (330.8).

3. Überlegungen hinsichtlich der Art, des Zeitpunktes und des Umfanges weiterer Prüfungshandlungen

Art

Dies bezieht sich auf den **Zweck** der Prüfungshandlungen **(tests of controls** oder **materielle Prüfungshandlungen)** und den **Typ von Prüfungshandlungen** (siehe die Typen von Prüfungshandlungen in ISA 500 – Prüfungsnachweise, wie zB Einsicht in Aufzeichnungen, Beobachtung, Einholung von Auskünften, Bestätigungen).

Die Auswahl der jeweiligen Prüfungshandlungen hängt von der Risikoeinschätzung des Prüfers ab. Je höher die Risikoeinschätzung, desto mehr materielle Prüfungshandlungen wird der Prüfer anwenden (330.11).

Zeitpunkt

Dies bezieht sich darauf, ob der Abschlussprüfer „tests of controls“ oder materielle Prüfungshandlungen zum Periodenende oder während des Jahres anwendet. Je höher das Risiko wesentlicher Fehler, umso eher wird der Prüfer davon ausgehen, dass es wirksamer ist, materielle Prüfungshandlungen zum oder näher zum Periodenende anzuwenden oder auch Prüfungshandlungen ohne Ankündigung durchzuführen.

Wenn Prüfungshandlungen vor dem Ende der Rechnungsperiode durchgeführt werden, ist zu überlegen, welche zusätzlichen Prüfungsnachweise für die verbleibende Periode erforderlich sind. Allerdings können bestimmte Prüfungshandlungen nur zum oder nach Beendigung der Periode durchgeführt werden, zB die Abstimmung des Abschlusses mit den bücherlichen Aufzeichnungen und Anpassungen, die im Zuge der Erstellung des Jahresabschlusses durchgeführt werden.

Umfang

Dies bezieht sich auf den Umfang von spezifischen Prüfungshandlungen zB die **Stichprobengröße** oder die **Anzahl der Beobachtungen** einer Kontrolltätigkeit. Der Umfang der Prüfungshandlungen wird nach dem prüferischen Urteil des Prüfers festgelegt, unter Beachtung der Wesentlichkeit, der Risikoeinschätzung und des Grades der Sicherheit, welchen der Prüfer erreichen will. Üblicherweise wird der Prüfer den Umfang der Prüfungshandlungen vergrößern, wenn er das Risiko wesentlicher Fehler höher einschätzt.

330.19 geht auf die Verwendung von **computerunterstützten Prüfungshandlungen** ein, die es ermöglichen, umfangreiche Tests von elektronisch abgewickelten Geschäftsfällen durchzuführen, Stichproben aus elektronischen Dateien zu ziehen, Geschäftsfälle mit spezifischen Eigenschaften auszuwählen oder anstatt einer Stichprobe die Grundgesamtheit insgesamt zu prüfen. Fragen der Anwendung von Stichprobenverfahren werden in **ISA 530** „Audit Sampling and other Selective Testing Procedures" behandelt.

4. Tests of Controls – System- und Funktionstests

Wenn der Prüfer bei der Risikoeinschätzung von der Erwartung ausgeht, dass die Kontrollen wirksam arbeiten, hat er Funktionstests durchzuführen, um ausreichende geeignete Prüfungsnachweise für das Zutreffen seiner Erwartung zu gewinnen. Hier ist auch die Frage zu beurteilen, ob er Prüfungsnachweise heranziehen kann, die bei vorhergehenden Prüfungen gewonnen wurden. Nach 330.41 hat der Prüfer das wirksame Funktionieren solcher Kontrollen mindestens bei jeder dritten Prüfung zu überprüfen.

ISA 330 geht dann in den Abschnitten 28 – 47 im Einzelnen auf Art, Zeitpunkt und den Umfang von „tests of controls" ein.

5. Substantive Procedures (materielle Prüfungshandlungen, Einzelprüfungen, aussagebezogene Prüfungshandlungen)

Diese werden zum Zwecke der Entdeckung wesentlicher Fehler auf der Ebene einzelner Aussagen (assertion level) durchgeführt; sie umfassen **Einzelfallprüfungen** im Hinblick auf Arten von Geschäftsfällen, Kontensalden und Offenlegungen, weiters gehören dazu auch **analytische Prüfungshandlungen** (330.48).

Ungeachtet der Risikoeinschätzung auf Basis von „tests of controls" hat der Prüfer materielle Prüfungshandlungen für jede Gruppe wesentlicher Geschäftsfälle, Kontensalden und Offenlegungen zu konzipieren und durchzuführen; **„tests of controls" allein** sind in diesen Fällen **nicht ausreichend** (330.49).

In Zusammenhang mit der **Erstellung des Jahresabschlusses** (financial statement closing process) hat der Prüfer unter anderem folgende materielle Prüfungshandlungen durchzuführen:

- Vergleich des Jahresabschlusses mit den zugrunde liegenden bücherlichen Aufzeichnungen,
- Untersuchung wesentlicher Umbuchungen und anderer Anpassungen, die während der Erstellung des Jahresabschlusses durchgeführt wurden.

Dabei ist zB darauf zuachten, ob nicht **unzulässige Gewinnrealisierungen** durchgeführt wurden, wenn das Management unter Druck steht, Gewinnerwartungen zu erfüllen (zB durch Verbuchung von Rechnungen vor Versand der Waren).

In Zusammenhang mit der **Art** von materiellen Prüfungshandlungen geht ISA 330 auch darauf ein, unter welchen Umständen **analytische Prüfungshandlungen** ausreichen, um ausreichende und geeignete Prüfungsnachweise zu schaffen.

In Zusammenhang mit dem **Zeitpunkt** von materiellen Prüfungshandlungen beschäftigt sich ISA 330 mit der Aussagekraft von Prüfungshandlungen bei **Zwischenprüfungen** (at an interim date) und mit der Frage, welche Vorkehrungen getroffen werden müssen, um die Schlussfolgerungen aus diesen Zwischenprüfungen auf die restliche Jahresabschlussperiode zu übertragen.

Wenn der Prüfer vermutet, dass Risiken betrügerischer Handlungen vorliegen (zB Bilanzfälschungen), ist es nicht zulässig, Schlussfolgerungen aus Zwischenprüfungen auf die ganze Periode auszudehnen; in diesem Fall sind materielle Prüfungshandlungen zum oder nahe dem Ende der Berichtsperiode durchzuführen (330.59).

Wenn bei Zwischenprüfungen Fehler festgestellt werden, wird der Prüfer üblicherweise seine Risikoeinschätzung ändern, insbesondere den Umfang der materiellen Prüfungshandlungen für die verbleibende Periode anpassen.

In Zusammenhang mit dem **Umfang** materieller Prüfungshandlungen ergibt sich die Frage der Bestimmung der **Stichprobengröße**; diese wird beeinflusst vom Risiko wesentlicher Fehler. Der Abschlussprüfer wird allerdings untersuchen, ob es **andere** wirksame **Auswahlverfahren** gibt, wie zB die Auswahl großer oder ungewöhnlicher Posten aus einer Grundgesamtheit (im Gegensatz zu statistischen Verfahren) oder durch **Schichtenbildung** (stratification) das Verfahren wirksamer zu machen.

6. Angemessenheit der Gliederung und Offenlegung

Hier ist zu beurteilen, ob die Gesamtdarstellung des Abschlusses einschließlich der Offenlegungen in Übereinstimmung mit dem anzuwendenden Rechnungslegungskonzept steht.

7. Die Beurteilung des ausreichenden Umfanges und der Eignung der erlangten Prüfungsnachweise

Auf Basis der durchgeführten Prüfungshandlungen und der dadurch erlangten Prüfungsnachweise muss der Prüfer beurteilen, ob die Einschätzung des Risikos wesentlicher Fehler auf der Ebene der Einzelaussagen nach wie vor zutreffend ist. Sollte das nicht der Fall sein, so muss er überlegen, ob zusätzliche Prüfungshandlungen durchzuführen sind. Vor Abschluss der Prüfung hat der Prüfer jedenfalls zu beurteilen, ob das Prüfungsrisiko auf ein akzeptables niedriges Niveau reduziert werden konnte.

8. Dokumentation

In seinen Arbeitspapieren hat der Prüfer festzuhalten:

- seine Reaktion (overall response) auf die Risiken wesentlicher Fehler auf der Ebene des Abschlusses,
- die Art, den Zeitpunkt und den Umfang seiner weiteren Prüfungshandlungen,
- die Verbindung dieser Prüfungshandlungen mit den geschätzten Risiken auf der Ebene von Einzelposten,
- die Ergebnisse seiner Prüfungshandlungen,
- wie weit der Prüfer sich bei seinen Schlussfolgerungen auf „tests of controls“ bei vorhergehenden Prüfungen gestützt hat.

Die Art der Dokumentation basiert auf dem pflichtgemäßen Ermessen **(professional judgement)** des Prüfers.

7.183.4 ISA 500 R – Prüfungsnachweise (audit evidence)

1. Begriff

„Audit evidence“ (Prüfungsnachweise, Beweismaterial) sind sämtliche Informationen, die der Prüfer dazu verwendet, um zu den Schlussfolgerungen zu gelangen, auf welchen sein **Prüfungsurteil (audit opinion)** beruht(500.3).

Diese Prüfungsnachweise umfassen das gesamte, dem Abschluss zugrunde liegende Rechnungswesen und die dazugehörigen Belege, weiters eine Reihe anderer Informationen, die dem Prüfer als Beweismaterial dienen, wie zB Besprechungsprotokolle, Bestätigungen von dritter Seite, Berichte von Analysten, Vergleichsdaten über Konkurrenzunternehmen, Organisationshandbücher (500.6).

Das Prüfungsurteil muss auf **ausreichendem und geeignetem Beweismaterial** (sufficient appropriate audit evidence) aufgebaut sein; die Prüfungsnachweise müssen ihrem Umfang nach ausreichend und hinsichtlich ihrer Qualität geeignet sein, dh hinsichtlich ihrer Relevanz und ihrer Verlässlichkeit als Grundlage für den Nachweis von Geschäftsfällen, Kontensalden, Offenlegungen und damit verbundenen Aussagen bzw. dazu geeignet sein, in diesen Bereichen Fehler zu entdecken (500.7).

(Mit der Frage der **Eignung** von Prüfungsnachweisen beschäftigen sich eine Reihe von Standards der Gruppe 5, mit der Frage des **Umfanges des Beweismaterials** beschäftigen sich insbesondere der Standard 320 über „Wesentlichkeit" und Standard 530 über Stichprobenverfahren und andere Auswahlverfahren.)

Die **Zuverlässigkeit (reliability) der Prüfungsnachweise** hängt von ihrer Quelle und ihrer Art ab, weiters von den jeweiligen Umständen ihrer Gewinnung. Wenn es auch immer wieder Ausnahmen gibt, so können doch folgende **Verallgemeinerungen** über die Zuverlässigkeit des Beweismaterials gemacht werden:

- Nachweise von unabhängigen Quellen außerhalb des Unternehmens sind zuverlässiger,
- im Unternehmen selbst ausgearbeitete Nachweise sind zuverlässiger, wenn die betreffenden Kontrollmaßnahmen des Unternehmens wirksam sind,
- direkt vom Prüfer eingeholte Nachweise sind zuverlässiger als zB durch die Einholung von Auskünften geschaffene,
- dokumentierte Nachweise (zB schriftlich, elektronisch oder durch ein anderes Medium) sind zuverlässiger als im Nachhinein eingeholte mündliche Darstellungen,
- Nachweise in Form von Originaldokumenten sind zuverlässiger als solche zB durch Fotokopien (Gefahr der Verfälschung von Dokumenten).

(500.9)

2. Für welche Bereiche ist die Beschaffung von Prüfungsnachweisen (Beweismaterial) **erforderlich?**

a) Prüfungsnachweise werden benötigt, um das Unternehmen und seine Umwelt, weiters sein internes Kontrollsystem zu verstehen, als Basis für die Beurteilung des Risikos wesentlicher Fehler (**Risk assessment procedures gemäß ISA 315).**

Risk assessment procedures sind **jedenfalls** erforderlich, um eine zutreffende Einschätzung der Risiken auf der Ebene des Jahresabschlusses insgesamt und auf der Ebene einzelner Aussagen durchzuführen. Für sich allein sind sie allerdings nicht ausreichend, sondern müssen gegebenenfalls durch „tests of controls" und jedenfalls durch **„substantive procedures"** ergänzt werden (500.19a).

b) **Tests of Controls** sind in zwei Fällen notwendig:

- wenn der Prüfer bei seiner Risikoeinschätzung von einer bestimmten Erwartung bezüglich der Wirksamkeit von Kontrollmaßnahmen ausgeht, muss er entsprechende Tests durchführen, um festzustellen, ob diese Erwartungen auch zutreffen;
- in bestimmten Umständen reichen „substantive procedures" allein nicht aus, um ausreichendes geeignetes Beweismaterial zu schaffen. (500.19b, 21)

Tests of Controls oder **„System- und Funktionstests"** sind Tests, die durchgeführt werden, um Prüfungsnachweise über die Angemessenheit der Gestaltung und effektiven Funktionsweise des Rechnungslegungs- und internen Kontrollsystems zu erlangen. (Übersetzung der ISAs, Stand Juni 2002, Schäffer-Poeschl, siehe Literaturverzeichnis.)

c) um wesentliche Fehler auf der Ebene einzelner „Aussagen" (assertions) zu entdecken, führt der Prüfer sogenannte **„substantive procedures"** (**materielle Prüfungshandlungen** nach KFS/PG 1 bzw **„aussagebezogene" Prüfungshandlungen** in der Übersetzung der ISAs durch das IDW bzw **„Einzelprüfungen"** in der Übersetzung Schäffer-Poeschel, Juni 2002).

Hier ist wiederum zwischen **Detailprüfungen** in Bezug auf Arten von Geschäftsfällen, Kontensalden und Offenlegungen (**Einzelfallprüfungen** – tests of details of classes of transactions, account balances and disclosures) und **analytischen Prüfungshandlungen** (analytical procedures) zu unterscheiden (500.19c).

Bei der Festlegung materieller Prüfungshandlungen kann der Prüfer wohl auch das Ergebnis seiner „Tests of Controls" berücksichtigen. Die Risikoeinschätzung des Prüfers ist allerdings subjektiver Natur und möglicherweise nicht ausreichend präzise, um alle Risken wesentlicher Fehler zu identifizieren; weiters gibt es inhärente Beschränkungen der internen Kontrolle, wie zB das Risiko der Umgehung (override) durch das Management, die Möglichkeit menschlicher Fehler und die Auswirkungen von Systemänderungen. Deswegen sind für wesentliche Gruppen von Geschäftsfällen, Kontensalden und Offenlegungen **jedenfalls materielle Prüfungshandlungen** durchzuführen, um zu ausreichendem geeignetem Beweismaterial zu kommen, auch wenn die Beurteilung der internen Kontrollen noch so positiv ausfällt (500.22).

3. Typen von Prüfungshandlungen (500.26–38)

Im Standard wird versucht, bestimmte Typen von Prüfungshandlungen zu unterscheiden, die in den Abschnitten 26–38 dargestellt werden. Diese können sowohl im Zusammenhang mit „risk assessment procedures", „Test of controls" und „substantive procedures" verwendet werden. Weiters ist die Frage zu klären, unter welchen Umständen Prüfungsnachweise aus vorhergehenden Prüfungen verwendet werden können (500.23).

Der Standard nennt folgende Typen von Prüfungshandlungen, deren **Eignung als Beweismaterial** für bestimmte Aussagen jeweils im Einzelfall beurteilt werden muss.

a) Einsicht in die Aufzeichnungen des Rechnungswesens und in Dokumente (Inspection of records or documents)

Welches Beweismaterial dadurch geschaffen wird, hängt von der Art und der Quelle der Aufzeichnungen ab und im Falle interner Aufzeichnungen von der Wirksamkeit der Kontrolle über ihre Erstellung.

b) Besichtigung körperlicher Vermögenswerte (Inspection of tangible assets)

Beispiele dafür sind die Anwesenheit des Prüfers bei körperlichen Bestandsaufnahmen der Vorräte bzw des Sachanlagevermögens.

c) Beobachtung (Observation)

Diese Prüfungshandlung besteht darin, dass ein Vorgang beobachtet wird, der von anderen Personen durchgeführt wird (zB Beobachtung der Zählung der Vorräte durch das damit beauftragte Personal, Beobachtung der Durchführung von Kontrolltätigkeiten).

d) Einholung von Auskünften (Inquiry)

Die Eignung solcher Prüfungshandlungen hängt wesentlich von der Zuverlässigkeit und von den Kenntnissen der befragten Personen ab. Ein besonderer Fall von „inquiry" ist die Einholung einer sogenannten **Vollständigkeitserklärung** (vergleiche **ISA 580 „Management Representations"**).

e) Einholung von Bestätigungen (Confirmation)

Dies ist eine Sonderform der Einholung von Auskünften und besteht darin, dass Informationen über bestimmte Sachverhalte direkt von dritter Seite eingeholt werden. Typische Fälle sind die Einholung von **Saldenbestätigungen** für Lieferforderungen, Lieferverbindlichkeiten, die Einholung von Auskünften von Rechtsanwälten, Steuerberatern ua. Details dazu sind in ISA **505 „External Confirmations"** zu finden.

f) Rechnerische Kontrollen (Recalculation)

Durch diese Prüfungshandlung wird die rechnerische Richtigkeit von Dokumenten oder Aufzeichnungen beurteilt, wobei allerdings diese Prüfungshandlung sehr stark durch den Einsatz von EDV-Verfahren beeinflusst wird.

g) Nachvollzug (Reperformance)

Diese Prüfungshandlung ist die unabhängige Durchführung von Kontrollen durch den Prüfer, und zwar von Kontrollen, die ursprünglich als Bestandteil des Kontrollsystems des Unternehmens durchgeführt wurden.

h) Analytische Prüfungshandlungen (Analytical Procedures)

Diese Prüfungshandlungen bestehen in der Beurteilung finanzieller Informationen des Unternehmens, ob diese in einem plausiblen Verhältnis zu nichtfinanziellen Daten stehen. Analytische Prüfungshandlungen sind auch die Untersuchungen von festgestellten Fluktuationen, weiters von Beziehungen, die in Widerspruch zu anderen relevanten Informationen stehen oder wesentlich von vorausberechneten Beträgen abweichen, weiters die Berechnung von Kennzahlen.

Details zu analytischen Prüfungshandlungen enthält **ISA 520 Analytical Procedures**.

4. Kategorisierung von Fehlerbereichen im Jahresabschluss

Für die Aufstellung des Jahresabschlusses ist die **Unternehmensleitung verantwortlich**. Im Jahresabschluss macht das Management ausdrücklich oder implizit Aussagen (assertions) hinsichtlich des Ansatzes, der Bewertung, der Gliederung und der Offenlegung der verschiedenen Elemente des Jahresabschlusses. Durch Kategorisierung dieser Aussagen ist der Prüfer in der Lage, eine Liste verschiedener **Arten von möglichen Fehlern** aufzustellen und **Prüfungshandlungen zu konzipieren**, die den in Zusammenhang mit einzelnen Aussagen stehenden Risiken entsprechen.

Abschnitt 500.17 enthält dabei folgende Gliederung der „Aussagen“ bezüglich des Jahresabschlusses und damit die **Ansatzpunkte für den Entwurf von Prüfungshandlungen**:

1. Aussagen (assertions) über Arten von Geschäftsfällen und Ereignisse der Prüfungsperiode

Vorkommen (Occurrence)	– Aufgezeichnete Geschäftsfälle und Ereignisse haben tatsächlich stattgefunden und sind dem Unternehmen zuzurechnen.
Vollständigkeit (Completeness)	– Alle buchungspflichtigen Geschäftsfälle und Ereignisse wurden aufgezeichnet.

Genauigkeit/Richtigkeit (Accuracy) – Beträge und andere Daten, die die aufgezeichneten Geschäftsfälle und Ereignisse betreffen, wurden richtig aufgezeichnet.

Abgrenzung (Cutoff) – Geschäftsfälle und Ereignisse wurden in der richtigen Rechnungsperiode aufgezeichnet.

Gliederung (Classification) – Geschäftsfälle und Ereignisse wurden auf den richtigen Konten erfasst.

2. Aussagen über Kontensalden zum Periodenende

Vorhandensein (Existence) – Vermögenswerte, Verpflichtungen und Eigenkapitalposten sind vorhanden.

Rechte und Verpflichtungen (Rights and obligations) – Das Unternehmen besitzt oder kontrolliert die Vermögenswerte und die Passivposten sind dem Unternehmen zuzurechnen.

Vollständigkeit (Completeness) – Alle buchungspflichtigen Vermögenswerte, Verpflichtungen und Eigenkapitalposten wurden aufgezeichnet.

Bewertung und Zuordnung (Valuation and allocation) – Alle Vermögenswerte, Verpflichtungen und Eigenkapitalposten sind im Jahresabschluss zu richtigen Beträgen erfasst und alle sich daraus ergebenden Bewertungsanpassungen und Verteilungen (durch Abschreibungen) wurden zutreffend aufgezeichnet.

3. Aussagen über Gliederung und Offenlegung

Vorkommen, Rechte und Verpflichtungen (Occurrence and rights and obligations) – Alle offen gelegten Ereignisse, Geschäftsfälle und andere Angelegenheiten haben tatsächlich stattgefunden und sind dem Unternehmen zuzurechnen.

Vollständigkeit (Completeness) – Alle für den Jahresabschluss erforderlichen Offenlegungen sind in diesem enthalten.

Gliederung und Verständlichkeit (Classification and understandability) – Die Finanzinformationen sind zutreffend gegliedert und beschrieben und die Offenlegungen sind klar dargestellt.

Genauigkeit und Bewertung (Accuracy and valuation) – Finanz- und andere Informationen sind zutreffend und zu richtigen Beträgen offen gelegt.

7.184 Überblick über sonstige Standards

Im Folgenden wird versucht, die Standards nach bestimmten Gesichtspunkten zu gliedern, wobei sich die Verfasser dessen bewusst sind, dass die versuchte Zuordnung bis zu einen gewissen Grad willkürlich ist und eine Gliederung nach anderen Gesichtspunkten ebenso durchgeführt werden könnte.

Eine Wiedergabe des Inhalts der übrigen Standards ist nicht beabsichtigt, dies würde im vorliegenden Rahmen zu weit führen. Darüber hinaus führt der IAASB derzeit ein Programm zur Überarbeitung der bestehenden Standards durch und die sich daraus ergebenden Änderungen könnten nicht berücksichtigt werden.

Der Abschlussprüfer müsste sich über den jeweils geltenden Stand der Standards informieren; nach Verabschiedung der Abschlussprüfungsrichtlinie unter anderem auf Basis der geplanten Übersetzungen und der Veröffentlichung im Amtsblatt der EU (siehe Abschn 7.12 mit der Wiedergabe des Artikel 26 der Prüferrichtlinie).

7.184.1 Standards zur Berichterstattung/Erteilung des Bestätigungsvermerkes

Gemäß ISA 200 besteht das Ziel der Abschlussprüfung darin, ein Urteil darüber abzugeben, ob der Abschluss in Übereinstimmung mit einem bestimmten Rahmenkonzept der Finanzberichterstattung steht. Mit der **Abgabe des Prüfungsurteils (audit opinion)** beschäftigen sich folgende Standards:

700 Der Bestätigungsbericht des Abschlussprüfers (dieser Standard bezieht sich auf den uneingeschränkten Bestätigungsvermerk).

701 Modifikationen des Bestätigungsvermerkes. Hier werden die Fragen der Einschränkung, der Versagung und der Verweigerung der Abgabe eines Bestätigungsvermerkes behandelt.

700R Der Bestätigungsbericht zu einem kompletten Satz of General Purpose Financial Statements.

7.184.2 Standards, die sich mit besonderen Risikobereichen beschäftigen

Dazu gehören:

240 Die Verantwortung des Abschlussprüfers zur Berücksichtigung von betrügerischen Handlungen

320 Wesentlichkeit im Rahmen der Abschlussprüfung (in Überarbeitung)

402 Besonderheiten bei der Prüfung von Unternehmen, die Dienstleistungsorganisationen in Anspruch nehmen

510 Erstprüfungen – Eröffnungssalden

540 Prüfung von Schätzungen bei der Abschlusserstellung (iÜ)

545 Prüfung im Zusammenhang mit Fair-Value-Bewertung und dazugehörige Offenlegungen

550 Prüfung des Einflusses von Geschäften zwischen verbundenen Parteien auf den Abschluss (iÜ)

570 Unternehmensfortführung

7.184.3 Standards zu Einzelfragen zur Einholung von Prüfungsnachweisen

Dazu gehören:

501 Prüfungsnachweise – zusätzliche Erwägungen bei bestimmten Posten (Anwesenheit bei der Inventur, Auskunft zu Rechtsstreitigkeiten, Bewertung und Offenlegung zu Finanzanlagen, Segmentinformationen)

505 Bestätigungen von dritter Seite

520 Analytische Prüfungshandlungen

530 Repräsentative Stichproben- und andere Auswahlverfahren

560 Ereignisse nach dem Abschlussstichtag

580 Erklärungen der Unternehmensleitung (iÜ)

720 Andere Informationen in Dokumenten, die den geprüften Abschluss enthalten

7.184.4 Standards zum Verhältnis zwischen Prüfer und Unternehmen

210 Bedingungen des Prüfungsauftrages

260 Erörterungen von Prüfungsangelegenheiten mit dem für die Führung und Überwachung zuständigen Personenkreis (iÜ)

7.184.5 Standards zur Organisation des Prüfungsbetriebes und zur Abwicklung der Prüfung

220, 220R Gewährleistung der Prüfungsqualität

230 Dokumentation (iÜ)

Einzelfragen zur Dokumentation sind in einer Reihe anderer Standards enthalten.

300 Planung

600 Verwendung der Arbeit eines anderen Abschlussprüfers (von besonderer Bedeutung für Konzernabschlussprüfungen, iÜ)

610 Berücksichtigung der Arbeit der internen Revision

620 Verwendung der Arbeit eines Sachverständigen (iÜ)

7.185 Verzeichnis der ISAs und IAPSs laut IFAC-Handbook of International Auditing, Assurance and Ethics Pronouncements 2008 (Fassung vor dem Clarity Project)

200–299 General Principles and Responsibilities

200 Objective and General Principles Governing an Audit of Financial Statements

210 Terms of Audit Engagements

220 Quality Control for Audits of Historical Financial Information

230 Audit Documentation

240 The Auditor‘s Responsibility to Consider Fraud in an Audit of Financial Statements

250 Consideration of Laws and Regulations in an Audit of Financial Statements

260 Communications of Audit Matters with Those Charged with Governance

300–499 Risk Assessment and Response to Assessed Risks

300 Planning an Audit of Financial Statements

315 Understanding the Entity and its Environment and Assessing the Risks of Material Misstatement

320 Audit Materiality

330 The Auditor‘s Procedures in Response to Assessed Risks

402 Audit Considerations Relating to Entities Using Service Organizations

500–599 Audit Evidence

500 Audit Evidence

501 Audit Evidence – Additional Considerations for Specific Items

505 External Confirmations

510 Initial Engagements – Opening Balances

520 Analytical Procedures

530 Audit Sampling and Other Means of Testing

540 Audit of Accounting Estimates

545 Auditing Fair Value Measurements and Disclosures

550 Related Parties

560 Subsequent Events

570 Going Concern

580 Management Representations

600–699 Using Work of Others

600 Using the Work of Another Auditor

610 Considering the Work of Internal Auditing

620 Using the Work of an Expert

700–799 Audit Conclusions and Reporting

700	The Auditor's Report on Financial Statements
700	The Independent Auditor's Report on a Complete Set of General Purpose Financial Statements
701	Modifications to the Independent Auditor's Report
710	Comparatives
720	Other Information in Documents Containing Audited Financial Statements

800–899 Specialized Areas

800	The Independent Auditor's Report on Special Purpose Audit Engagements

1000–1100 International Auditing Practice Statements (IAPSs)

1000	Inter-Bank Confirmation Procedures
1004	The Relationship Between Banking Supervisors and Banks' External Auditors
1005	The Special Considerations in the Audit of Small Entities
1006	Audits of the Financial Statements of Banks
1010	The Consideration of Environmental Matters in the Audit of Financial Statements
1012	Auditing Derivative Financial Instruments
1013	Electronic Commerce – Effect on the Audit of Financial Statements
1014	Reporting by Auditors on Compliance with International Financial Reporting Standards

Folgende ISAs wurden nach dem „clarity project" neu formuliert (Stand Ende 2007)

- ISA 240 (Redrafted), "The Auditor's Responsibilities Relating to Fraud in an Audit of Financial Statements";
- ISA 300 (Redrafted), "Planning an Audit of Financial Statements";
- ISA 315 (Redrafted), "Identifying and Assessing the Risks of Material Misstatement Through Understanding the Entity and Its Environment";
- ISA 330 (Redrafted), "The Auditor's Responses to Assessed Risks";
- ISA 230 (Redrafted), "Audit Documentation";
- ISA 260 (Revised and Redrafted), „Communication with Those Charged with Governance";
- ISA 540 (Revised and Redrafted), "Auditing Accounting Estimates, Including Fair Value Accounting Estimates, and Related Disclosures";
- ISA 600 (Revised and Redrafted), "Special Considerations – Audits of Group Financial Statements (Including the Work of Component Auditors)"; und
- ISA 720 (Redrafted), "The Auditor's Responsibility in Relation to Other Information in Documents Containing Audit Financial Statements".

Die nach dem „clarity project“ umgearbeiteten ISAs sind auf die Prüfung von Abschlüssen für Geschäftsjahre, die ab dem 15. Dezember 2009 beginnen, anzuwenden.

7.2 Vorschriften über Offenlegung und Veröffentlichung

7.21 Große Aktiengesellschaft

Gemäß **§ 277 Abs 1** haben die **gesetzlichen Vertreter von Kapitalgesellschaften** den **Jahresabschluss und den Lagebericht** nach seiner Behandlung in der Hauptversammlung (Generalversammlung), jedoch **spätestens neun Monate nach dem Bilanzstichtag,** mit dem Bestätigungsvermerk oder dem Vermerk über dessen Versagung oder Einschränkung **beim Firmenbuchgericht** des Sitzes der Gesellschaft einzureichen.

Durch das URÄG 2008 wurden diese Vorschriften auch auf den gegebenenfalls aufzustellenden **Corporate-Governance-Bericht** ausgedehnt.

Innerhalb derselben Frist sind weiters einzureichen:

- der Bericht des Aufsichtsrats
- der Vorschlag über die Verwendung des Ergebnisses und der Beschluss über dessen Verwendung

Werden zur Wahrung dieser Frist der Jahresabschluss und der Lagebericht ohne die anderen Unterlagen eingereicht, so sind der Bericht und der Vorschlag nach ihrem Vorliegen, die Beschlüsse nach der Beschlussfassung und der Vermerk nach der Erteilung unverzüglich einzureichen. Wird der Jahresabschluss bei nachträglicher Prüfung oder Feststellung geändert, so ist auch diese Änderung einzureichen.

Gemäß **§ 277 Abs 2** hat der Vorstand **einer großen Aktiengesellschaft** (§ 221 Abs 3) die **Veröffentlichung** des Jahresabschlusses unmittelbar nach seiner Behandlung in der Hauptversammlung, jedoch spätestens neun Monate nach dem Bilanzstichtag, mit dem Bestätigungsvermerk oder dem Vermerk über dessen Versagung oder Einschränkung **im „Amtsblatt zur Wiener Zeitung“** zu veranlassen.

Der Nachweis über die Veranlassung dieser Veröffentlichung ist gleichzeitig mit den in Abs 1 bezeichneten Unterlagen beim Firmenbuchgericht einzureichen. Bei der Veröffentlichung sind das Firmenbuchgericht und die Firmenbuchnummer anzugeben. Dies gilt auch für allfällige Änderungen.

Vom Firmenbuchgericht ist gem **§ 5 Z 3 Firmenbuchgesetz** in Verbindung mit § 10 UGB der **Tag der Einreichung bekannt zu machen.**

In der Veröffentlichung können alle Posten in **vollen 1.000 Euro** angegeben werden **(§ 277 Abs 3)**.

Gemäß **§ 277 Abs 4** haben die gesetzlichen Vertreter von Kapitalgesellschaften spätestens mit den Einreichungen gemäß Abs 1 und 2 oder auf dem

Jahresabschluss selbst anzugeben, in welche der Größenklassen des § 221 Abs 1 bis 3 die Gesellschaft unter Bedachtnahme auf § 221 Abs 4 im betreffenden Geschäftsjahr einzuordnen ist.

Jahresabschlüsse für Geschäftsjahre, die ab dem 31.12.2007 enden, sind **verpflichtend**

> elektronisch einzureichen und in die Datenbank des Firmenbuches aufzunehmen. Überschreiten die Umsatzerlöse in den 12 Monaten vor dem Abschlussstichtag des einzureichenden Jahresabschlusses nicht 70.000 Euro, kann der Jahresabschluss auch in Papierform eingereicht werden. Die Umsatzerlöse sind gleichzeitig mit der Einreichung bekannt zu geben. In Papierform eingereichte Jahresabschlüsse müssen für die Aufnahme in die Datenbank des Firmenbuches geeignet sein.
>
> Der Bundesminister für Justiz kann durch Verordnung nähere Bestimmungen über die äußere Form der Jahresabschlüsse festlegen.

Für die elektronische Einbringung des Jahresabschlusses bestehen grundsätzlich zwei Alternativen:

- Einbringung in strukturierter Form über Finanz online (XML), wobei der Anhang, der Lagebericht, der Bericht des Aufsichtsrates etc. als PDF übermittelt werden.
- Einbringung als Beilage im Elektronischen Rechtsverkehr (ERV).

Diese Alternative war erforderlich geworden, weil eine (einheitlich) strukturierte Bilanz und Gewinn- und Verlustrechnung für große Unternehmen kaum möglich ist bzw erhebliche Arbeiten erfordert. Auf Grund der ERV-Novelle kann nunmehr der Jahresabschluss im ERV als PDF-Anhang oder im Wege eines Urkundenarchivs einer Körperschaft öffentlichen Rechts eingebracht werden.

Gesellschaften mit einem Jahresumsatz bis € 70.000 (in den 12 Monaten vor dem Abschlussstichtag des einzureichenden Jahresabschlusses) können den Jahresabschluss nach wie vor in Papierform einreichen.

Bis 30. 9. 2008 gab es für Kreditinstitute und Versicherungen noch die Möglichkeit der Übermittlung als PDF-Datei.

Jahresabschlüsse für Geschäftsjahre, die vor dem 31.12.2007 enden, können noch in Papierform (einfach) eingereicht werden. Die vierfache Einreichung ist durch den mit Wirkung vom 1. Juli 2006 aufgehobenen § 277 Abs 5 entfallen. Jahresabschlüsse mit einem Umsatz von maximal 70.000 Euro können auch in Zukunft in Papierform eingereicht werden.

§ 277 Abs 7 bestimmt,

> „dass das Gericht nach der Aufnahme der Jahresabschlüsse in die Datenbank des Firmenbuchs diese in elektronischer Form der Wirtschaftskammer Österreich, der Österreichischen Bundesarbeitskammer und der Präsidentenkonferenz der Landwirtschaftskammern Österreichs zur Verfügung zu stellen hat. Dies gilt jedoch nicht für Jahresabschlüsse von kleinen Gesellschaften mit beschränkter Haftung“ ...

Gemäß **§ 277 Abs 8** ist die Oesterreichische Nationalbank berechtigt, von der Bundesrechenzentrum GmbH die elektronische Übermittlung elektronisch eingereichter Jahresabschlüsse zu verlangen, soweit sie diese Daten zur Erfüllung der ihr gesetzlich oder gemeinschaftsrechtlich zugewiesenen Aufgaben benötigt; weiters ist sie berechtigt, die Daten an die Bundesanstalt Statistik Österreich weiterzugeben, soweit diese die Daten zur Erfüllung der ihr gesetzlich oder gemeinschaftsrechtlich zugewiesenen Aufgaben benötigt.

7.22 Große GmbH

Für die große GmbH gelten **die gleichen Vorschriften** wie für die große Aktiengesellschaft.

Die Veröffentlichung im „Amtsblatt zur Wiener Zeitung“ wird durch die Bestimmung des § 5 Z 3 Firmenbuchgesetz (FBG) in Verbindung mit § 10 UGB ersetzt, wonach das **Firmenbuchgericht** die Pflicht hat, den **Tag der Einreichung** des Jahresabschlusses beim Firmenbuchgericht **bekannt zu machen**.

Für die Einreichung der Unterlagen der großen GmbH gilt auch § 277 Abs 6 über die elektronische Einreichung von Jahresabschlüssen.

7.23 Kleine und mittelgroße Aktiengesellschaft, mittelgroße Gesellschaft mit beschränkter Haftung

Für diese Gesellschaften gelten die **Vorschriften der großen Aktiengesellschaft mit folgenden Erleichterungen:**

Wie bei der großen GmbH wird die Veröffentlichung im „Amtsblatt zur Wiener Zeitung“ durch die Bestimmung des § 5 Z 3 Firmenbuchgesetz (FBG) in Verbindung mit § 10 UGB ersetzt, wonach das Firmenbuchgericht die Pflicht hat, den Tag der Einreichung des Jahresabschlusses beim Firmenbuchgericht bekannt zu machen.

Weiters gelten die folgenden in § 279 geregelten **Erleichterungen:**

§ 279 Z 1

Die **offen zu legende Bilanz** braucht nur die in § 224 Abs 2 und 3 mit Buchstaben und römischen Zahlen bezeichneten, **zusätzlich** jedoch **die folgenden Posten** zu enthalten:

Auf der Aktivseite

A I 2 (Geschäftswert)

A II 1 – 4 (einzelne Posten des Sachanlagevermögens)

A III 1 – 4 (Anteile an verbundenen Unternehmen, Ausleihungen an verbundene Unternehmen, Beteiligungen, Ausleihungen an Unternehmen, mit denen ein Beteiligungsverhältnis besteht)

B II 2 und 3 (Forderungen gegen verbundene Unternehmen und Forderungen gegen Unternehmen, mit denen ein Beteiligungsverhältnis besteht)

B III 1 (Anteile an verbundenen Unternehmen)

Auf der Passivseite

C 1 und 2 (Rückstellung für Abfertigungen und Rückstellung für Pensionen)

D 1, 2, 6 und 7 (Anleihen, Verbindlichkeiten gegenüber Kreditinstituten, Verbindlichkeiten gegenüber verbundenen Unternehmen und gegenüber Unternehmen, mit denen ein Beteiligungsverhältnis besteht).

Aktiengesellschaften haben außerdem die **Angabe nach § 225 Abs 5** zu machen (eigene Anteile, Anteile an herrschenden und mit Mehrheit beteiligten Unternehmen, die je nach ihrer Zweckbestimmung im Anlagevermögen oder im Umlaufvermögen gesondert auszuweisen sind).

§ 279 Z 2

Bezüglich der **Gewinn- und Verlustrechnung** dürfen bei Anwendung des Gesamtkostenverfahrens die Posten des § 231 Abs 2 Z 1 – 3 und 5 (Umsatzerlöse, Bestandsveränderungen, aktivierte Eigenleistungen, Aufwendungen für Material und für bezogene Leistungen) unter der Bezeichnung Rohergebnis und bei Anwendung des Umsatzkostenverfahrens die Posten des Abs 3 Z 1 – 3 (Umsatzerlöse, Herstellungskosten der zur Erzielung der Umsatzerlöse erbrachten Leistungen, Bruttoergebnis vom Umsatz) zu einem Posten unter der Bezeichnung **„Bruttoergebnis vom Umsatz“** zusammengefasst werden.

Die Offenlegung der Angabe gemäß § 237 Z 4a kann unterbleiben (Angabe des Materialaufwandes und der Aufwendungen für bezogene Leistungen des Geschäftsjahres bei Anwendung des Umsatzkostenverfahrens).

§ 279 Z 3

Weiters braucht der **offen zu legende Anhang** die Angaben nach § 208 Abs 3 (Betrag der im Geschäftsjahr aus steuerrechtlichen Gründen unterlassenen Zuschreibungen) und § 237 Z 6 und 9 (Erläuterungen zum in der Gewinn- und Verlustrechnung ausgewiesenen Posten „Steuern vom Einkommen und Ertrag" sowie die Aufgliederung der Umsatzerlöse) nicht zu enthalten.

Auf die Möglichkeit der elektronischen Einreichung gemäß § 277 Abs 7 wird verwiesen.

7.24 Kleine Gesellschaft mit beschränkter Haftung

Auch bei der kleinen GmbH ist gem **§ 5 Z 3 FBG** in Verbindung mit § 10 UGB vom Firmenbuchgericht der Tag der Einreichung des Jahresabschlusses bekannt zu machen.

§ 278 enthält folgende **Sondervorschriften** für kleine Gesellschaften mit beschränkter Haftung:

Gemäß **§ 278 Abs 1** ist auf kleine Gesellschaften mit beschränkter Haftung (§ 221 Abs 2) § 277 mit der Maßgabe anzuwenden, dass die gesetzlichen Vertreter nur die **Bilanz und den Anhang einzureichen** haben. Die offen zu legende Bilanz braucht nur die in § 224 Abs 2 und 3 mit Buchstaben und römischen Zahlen bezeichneten Posten, der Anhang nur die in § 242 Abs 2 aufgezählten mit der Ausnahme der die Gewinn- und Verlustrechnung betreffenden Angaben zu enthalten. Ist die Gesellschaft nach § 268 Abs 1 prüfungspflichtig, so ist auch der Bestätigungsvermerk oder der Vermerk über seine Versagung oder Einschränkung einzureichen.

Gemäß **§ 278 Abs 2** hat der Bundesminister für Justiz durch Verordnung ein **Formblatt** festzulegen, dessen Verwendung zur Erfüllung der Verpflichtung gemäß Abs 1 ausreichend ist. Dieses Formblatt besteht aus den Anlagen 2 (Bilanz) und 3 (Anhang). Die letzte Verordnung (3. Formblatt-V) erfolgte im Jahre 2001 (BGBl II 2001/197) (siehe Anhang in diesem Buch, S 724 ff).

Bezüglich der Frist ist § 277 Abs 1 zu beachten, wonach die Einreichung nach der Behandlung in der Generalversammlung, jedoch spätestens **neun Monate nach dem Bilanzstichtag** zu erfolgen hat. Die Vorschriften des § 277 Abs 3, 4 und 6 gelten auch für die kleine GmbH, nicht jedoch die Vorschrift des § 277 Abs 5 über die Einreichung von weiteren Ausfertigungen des Jahresabschlusses; davon ist die kleine GmbH ausdrücklich ausgenommen (§ 277 Abs 5, letzter Satz).

Bis zum EU-GesRÄG haben für die kleine GmbH **überhaupt keine Offenlegungsvorschriften** bestanden; die Einführung dieser Vorschriften war aufgrund der Vorschriften der Bilanz-Richtlinie erforderlich.

Kleine Gesellschaften mbH müssen grundsätzlich (Ausnahme bei einem Jahresumsatz bis zu 70.000 Euro) ihre Bilanz und ausgewählte Teile des Anhanges (siehe Abschnitt 6.12.) elektronisch einreichen.

Für die Einreichung hat das Bundesministerium für Justiz ein Formular für eine strukturierte Bilanz und für den offenzulegenden Anhang (siehe Anlage 3 dieses Buches) vorgesehen.

7.25 Offenlegung der Zweigniederlassungen ausländischer Kapitalgesellschaften

Gemäß **§ 280a** haben bei Zweigniederlassungen von ausländischen Kapitalgesellschaften die Vertreter der Zweigniederlassung die Unterlagen der Rechnungslegung, die nach dem für die Hauptniederlassung der Gesellschaft maßgeblichen Recht erstellt, geprüft und offen gelegt worden sind, nach den §§ 277, 281 und 282 **in deutscher Sprache offen zu legen.**

7.3 Maßnahmen zur Durchsetzung unternehmensrechtlicher Vorschriften

7.31 Prüfungspflicht und Zwangsstrafen

Prüfungspflicht des Registergerichts

§ 282

(1) Das Gericht hat zu prüfen, ob die gemäß §§ 277 bis 281 offenzulegenden Unterlagen vollzählig zum Firmenbuch eingereicht und ob, soweit Veröffentlichungen vorgeschrieben sind, diese veranlaßt worden sind.

(2) Gibt die Prüfung gemäß Abs 1 Anlaß zu der Annahme, daß von der Größe der Gesellschaft abhängige Vorschriften nicht hätten in Anspruch genommen werden dürfen, so kann das Gericht zu seiner Unterrichtung von der Gesellschaft innerhalb einer angemessenen Frist die Mitteilung der Bilanzsumme, der Umsatzerlöse gemäß § 231 und der durchschnittlichen Zahl der Arbeitnehmer gemäß § 221 Abs. 6 verlangen. Unterläßt die Gesellschaft die fristgemäße Mitteilung, so gelten die Vorschriften als zu Unrecht in Anspruch genommen.

(3) Ist eine gebotene Veröffentlichung unterblieben, so hat das Gericht diese Tatsache ohne Durchführung eines Verbesserungsverfahrens auf Kosten der Gesellschaft bekanntzumachen, wenn dies ein Gesellschafter, Gläubiger, Betriebsrat (Zentralbetriebsrat) oder eine gesetzliche Interessenvertretung beantragt. Die Antragsberechtigung ist glaubhaft zu machen. Ein späterer Wegfall der Antragsberechtigung ist unschädlich. Der Antrag kann nicht zurückgenommen werden.

Aus den Erläuterungen zur RV (EU-GesRÄG):

Art 47 Abs 1 letzter Satz und Art 51 Abs 3 letzter Satz Bilanz-Richtlinie und Art 38 Abs 6 Konzern-Richtlinie erlegen den Mitgliedstaaten auf, geeignete Sanktionen für den Fall vorzusehen, daß die vorgeschriebene Offenlegung nicht erfolgt. Die Bestimmungen der §§ 331 bis 335 dHGB sehen ein abgestuftes Buß- und Zwangsgeldverfahren als Sanktion für die Verletzung der auferlegten Offenlegungspflichten vor.

Nach § 282 Abs 1 hat das Gericht zu prüfen, ob der Jahresabschluß, der Anhang und die sonst geforderten Unterlagen vollzählig eingereicht und bekanntgemacht worden sind. Die Überprüfung der Bekanntmachung kann nach der neuen Konzeption bereits mit der Einreichung der Unterlagen erfolgen, da zu den einzureichenden Unterlagen auch ein Nachweis über die Veranlassung der Veröffentlichung gehört. Mit der Überprüfung der Vorlage dieses Nachweises ist im allgemeinen der Prüfpflicht des Gerichts Genüge getan. **Diese Prüfpflicht des Gerichtes korrespondiert mit der in § 283 festgelegten Zwangsstrafenfolge. Die Prüfung hat amtswegig zu erfolgen, auch die Einleitung des Zwangsstrafenverfahrens ist amtswegig vorzunehmen.**

Auch die Prüfung, ob größenabhängige Erleichterungen zu Recht in Anspruch genommen worden sind, hat das Gericht nun amtswegig vorzunehmen. Um diese Prüfung zu erleichtern, sieht § 277 Abs 4 die Angabe der für Einreihung maßgebenden Merkmale gemeinsam mit der Einreichung vor.

Um die Überprüfung zu erleichtern, wurde hinsichtlich der Angabe der Arbeitnehmerzahl nicht mehr auf § 239 Abs 1 Z 1, sondern auf § 221 Abs 6 verwiesen, da diese Angabe in Hinkunft auch bei der Einreichung verlangt wird.

Ist eine gebotene Bekanntmachung unterblieben, so können die in Abs 3 genannten Berechtigten den Antrag stellen. **Nur diese Zwangsmaßnahme ist nicht amtswegig vorzunehmen,** sondern geschieht bloß auf Antrag. Die Antragslegitimation in Abs 3 wurde auf gesetzliche Interessenvertretungen erweitert. Da die Überprüfung nach Abs 2 in Hinkunft amtswegig zu erfolgen hat, war eine eigene Antragslegitimation bezüglich dieser Angaben nicht mehr erforderlich.

Es werden daher die Gerichte, um der von der Richtlinie geforderten Sanktion Genüge zu tun, in Hinkunft amtswegig gemäß § 282 Abs 1 und 2 die Vollständigkeit der Einreichung des Jahresabschlusses sowie aufgrund dieser Unterlagen die Berechtigung der Inanspruchnahme von Erleichterungen **zu überprüfen haben.**

Zwangsstrafen

§ 283

(1) Die Vorstandsmitglieder (Geschäftsführer) oder die Abwickler sind, unbeschadet der allgemeinen unternehmensrechtlichen Vorschriften, zur Befolgung der §§ 244, 245, 247, 270, 272 und 277 bis 280, die Aufsichtsratsmitglieder zur Befolgung des § 270 und im Fall einer inländischen Zweigniederlassung einer ausländischen Kapitalgesellschaft die für diese im Inland vertretungsbefugten Personen zur Befolgung des § 280a vom Gericht durch Zwangsstrafen bis zu 3.600 Euro anzuhalten.

(2) Kommen die Vorstandsmitglieder (Geschäftsführer), die Abwickler, die Aufsichtsratsmitglieder und die für die inländische Zweigniederlassung einer ausländischen Kapitalgesellschaft im Inland vertretungsbefugten Personen ihrer im Abs. 1 erwähnten Pflicht nicht innerhalb von zwei Monaten nach Rechtskraft des Beschlusses über die Verhängung der Zwangsstrafe nach, so ist eine weitere Zwangsstrafe bis zu 3.600 Euro zu verhängen und der Beschluß über die verhängte Zwangsstrafe auf Kosten der Gesellschaft im Bekanntmachungsblatt zu veröffentlichen. **Eine wiederholte Verhängung von Zwangsstrafen ist zulässig.**

(3) Kommen die gesetzlichen Vertreter einer mittelgroßen (§ 221 Abs. 2) Kapitalgesellschaft ihren Verpflichtungen auch nach Verhängung einer weiteren Zwangsstrafe nicht nach, beträgt der Höchstbetrag nach Abs. 2 das Dreifache, kommen die gesetzlichen Vertreter einer großen (§ 221 Abs. 3) Kapitalgesell-

> schaft ihren Verpflichtungen auch nach Verhängung einer weiteren Zwangsstrafe nicht nach, beträgt dieser Höchstbetrag das Sechsfache. Als Grundlage für die Größenklasse kann der zuletzt vorgelegte Jahresabschluss herangezogen werden.
>
> (4) Eine verhängte Zwangsstrafe ist auch dann zu vollstrecken, wenn die bestraften Personen ihrer Pflicht nachkommen oder deren Erfüllung unmöglich geworden ist.

Gemäß Abs 2 kann die Zwangsstrafe wiederholt so lange festgesetzt werden, bis die zu erzwingende Handlung vorgenommen wurde.

Die wiederholte Verhängung von Zwangsstrafen ist in Hinkunft zulässig. **Es ist daher die Vorgangsweise nach Abs 1 Satz 1 so lange einzuschlagen, bis die zu erzwingende Handlung vorgenommen wurde. Dies bedeutet eine wesentliche Verschärfung des bisherigen Sanktionensystems.**

Die in § 283 Abs 1 genannten Vorschriften betreffen:

> §§ 244–248 Vorschriften zur Konzernrechnungslegung, die in diesem Zusammenhang nicht zu behandeln sind;
>
> § 270 betrifft die Verpflichtung der prüfungspflichtigen Unternehmen zur **Bestellung des Abschlussprüfers;**
>
> § 272 bezieht sich auf die **Vorlagepflicht** der gesetzlichen Vertreter der Gesellschaft gegenüber dem Abschlussprüfer und das **Auskunftsrecht** des Abschlussprüfers;
>
> die §§ 277–279 betreffen die Vorschriften über Offenlegung und Veröffentlichung der Kapitalgesellschaften und
>
> § 280 Vorschriften über die Offenlegung des Konzernabschlusses.

7.32 Zwangsstrafenregelungen des Aktiengesetzes und des GmbH-Gesetzes im Zusammenhang mit Rechnungslegungsvorschriften

§ 258 AktG enthält außer Zwangsstrafenregelungen für eine Reihe von aktienrechtlichen Vorschriften eine Zwangsstrafenfolge für folgende Vorschriften des UGB:

> § 14 – Angaben auf Geschäftspapieren;
>
> § 222 Abs 1 – Fünf-Monats-Frist für die Aufstellung des um den Anhang erweiterten Jahresabschlusses sowie des Lageberichtes und die Vorlage dieser Unterlagen an Mitglieder des Aufsichtsrates;
>
> § 281 – Form und Inhalt der Unterlagen bei der Offenlegung, Veröffentlichung und Vervielfältigung.

Die Vorstandsmitglieder sind zur Befolgung dieser Vorschriften durch Zwangsstrafen bis zu 3.600 Euro anzuhalten, wobei § 283 Abs 2 anzuwenden ist.

§ 125 GmbHG enthält neben Zwangsstrafenregelungen für eine Reihe von Vorschriften des GmbHG die gleiche sich auf Vorschriften des UGB (§ 14, § 222 Abs 1, § 281) beziehende Zwangsstrafenregelung wie § 258 AktG.

7.33 Strafvorschriften

Im Folgenden werden nur die Strafvorschriften des § 255 Aktiengesetz wiedergegeben; diese stimmen mit den Strafbestimmungen des § 122 GmbHG mit Ausnahme des zusätzlichen Straftatbestandes des § 122 Abs 2 Z 1 u 2 GmbHG überein, der kein Gegenstück im Aktiengesetz hat:

„§ 255. (1) Mit Freiheitsstrafe bis zu einem Jahr oder Geldstrafe bis zu 360 Tagessätzen ist vom Gericht zu bestrafen, wer als Mitglied des Vorstandes oder des Aufsichtsrates, Beauftragter oder Abwickler

1. in Berichten, Darstellungen und Übersichten betreffend die Gesellschaft oder mit ihr verbundene Unternehmen, die an die Öffentlichkeit oder an die Gesellschafter gerichtet sind, wie insbesondere Jahresabschluß (Konzernabschluß) und Lagebericht (Konzernlagebericht),
2. in einer öffentlichen Aufforderung zur Beteiligung an der Gesellschaft,
3. in Vorträgen oder Auskünften in der Hauptversammlung
4. in Auskünften, die nach § 272 UGB einem Abschlussprüfer oder die sonstigen Prüfern der Gesellschaft zu geben sind, oder
5. in Berichten, Darstellungen und Übersichten an den Aufsichtsrat oder seinen Vorsitzenden

die Verhältnisse der Gesellschaft oder mit ihr verbundener Unternehmen oder erhebliche Umstände, auch wenn sie nur einzelne Geschäftsfälle betreffen, unrichtig wiedergibt, verschleiert oder verschweigt.

(2) Ebenso ist zu bestrafen, wer als Mitglied des Vorstandes oder als Abwickler einen gemäß § 81 Abs. 1 angesichts einer **drohenden Gefährdung der Liquidität** der Gesellschaft gebotenen **Sonderbericht** nicht erstattet.

(3) Das Strafverfahren obliegt den Gerichtshöfen erster Instanz.“

Die Strafbestimmungen wurden mit dem Finanzmarktaufsichtgesetz BGBl I 2001/97 mit Wirkung ab 1.1.2002 neu gefasst. Die Änderungen betreffen das Strafausmaß des § 255 Abs 1 und wesentlich verschärfte Bestimmungen für die Berichterstattung des Vorstandes gegenüber dem Aufsichtsrat und die Nichterstattung eines Sonderberichtes gemäß § 81 Abs 1 AktG angesichts einer drohenden Gefährdung der Liquidität der Gesellschaft.

Die zusätzlichen Vorschriften in § 122 Abs 2 Z 1 und 2 GmbHG lauten wie folgt:

Ebenso ist zu bestrafen, wer

1. als Geschäftsführer in den zum Zweck der Eintragung der Gesellschaft oder der Eintragung der Erhöhung oder Herabsetzung des Stammkapitals nach den §§ 9 Abs 2 Z 2, 10 Abs 3, 53 Abs 2 Z 2 oder 56 Abs 2 abzugebenden Erklärungen falsche Angaben macht oder erhebliche Umstände verschweigt.
2. als Geschäftsführer oder Liquidator bei Angaben nach § 26 die Vermögenslage unrichtig wiedergibt oder erhebliche Umstände verschweigt.

8. Übergangsbestimmungen und Umstellungsmaßnahmen

Zu den bereits in Artikel X des RLG 1990 festgelegten Übergangsvorschriften, deren Wirkung zum Teil in die weitere Zukunft reicht, kamen mit dem EU-GesRÄG, Artikel XVII, und dem RelÄG weitere Übergangsvorschriften hinzu, die im Zusammenhang mit dem In-Kraft-Treten der neuen Bestimmungen erforderlich geworden sind.

Von den Übergangsvorschriften sollen nur jene wiedergegeben werden, die heute noch von Bedeutung sind.

8.1 Übergangsvorschriften des EU-GesRÄG, soweit sie die Rechnungslegungsvorschriften betreffen

8.11 Verrechnung der latenten Steuerbeträge gemäß § 198 Abs 9 und 10 (Abs 3 Z 1)

Die Bestimmungen über die aktive Steuerabgrenzung (§ 198 Abs 10) sowie über passive latente Steuern (§ 198 Abs 9) brauchen nicht auf Unterschiedsbeträge angewendet zu werden, die in Geschäftsjahren, die vor dem **1. Juli 1996** geendet haben, entstanden sind.

Einer freiwilligen rückwirkenden Einbeziehung der aktiven und der passiven Steuerlatenz in den Jahresabschluss anlässlich der erstmaligen Anwendung des EU-GesRÄG steht nichts entgegen, da Abs 3 Z 1 kein Verbot, sondern lediglich eine Befreiung ausspricht.

8.12 Gewinnausschüttungsverbot für Erträge aus der Auflösung von Rücklagen, die aus Unterschiedsbeträgen gem § 202 Abs 2 Z 1 entstanden sind (Abs 3 Z 2)

Diese Bestimmung gilt für die Auflösung von Rücklagen, die für ein Geschäftsjahr vorgenommen wird, welches nach dem **30. Juni 1996** beginnt.

Kapitalrücklagen aus Umgründungen, die in Geschäftsjahren gebildet worden sind, die vor dem **1. Jänner 1992** geendet haben, sind von der Anwendung des § 235 Z 3 ausgenommen. Diese Ausnahmebestimmung ermöglicht die Auflösung von Kapitalrücklagen, die aus Umgründungsvorgängen vor dem **1. Jänner 1992** entstanden sind, mit der Konsequenz, dass die Erträge aus der Auflösung kapitalertragsteuerfrei an die Gesellschafter ausgezahlt werden können.

8.13 Aktivierte Geldbeschaffungskosten (Abs 6)

§ 198 Abs 7 in der Fassung der Novelle ist erstmals mit **1. Jänner 1998** anzuwenden. Zum **1. Jänner 1998** bestehende Bilanzansätze für aktivierte Geldbeschaffungskosten können bis zum Ende des jeweiligen Abschreibungszeitraumes beibehalten, dh wie bisher abgeschrieben werden. Gegen eine vorzeitige Vollabschreibung bestehen allerdings keine Bedenken.

8.2 Übergangsvorschriften des RLG 1990

8.21 Rückstellungen für laufende Pensionen und Anwartschaften auf Pensionen

8.211 Unternehmensrechtliche Übergangsvorschriften (Artikel X Abs 2 – 4)

Mit der Anwendung des § 211 ergab sich für **Pensionsvorsorgen** eine grundlegende Abkehr von der bisherigen Bilanzierungspraxis, die wegen der daraus resultierenden weit reichenden Konsequenzen für den Jahresabschluss eine Übergangsregelung notwendig machte.

So bestimmen die Absätze 2 – 4:

> „(2) Die gemäß § 211 Abs 2 UGB gebotene Rückstellung für laufende Pensionen und Anwartschaften auf Pensionen ist ab dem ersten Jahr der Anwendung dieses Bundesgesetzes zu ermitteln. Kann dieser Betrag nur mit unverhältnismäßigem Aufwand ermittelt werden, so ist er unter Beachtung des Grundsatzes der Vorsicht (§ 201 Abs 1 Z 4 UGB) durch Schätzung zu bestimmen.
>
> (3) Der Fehlbetrag, der sich bei der erstmaligen Anwendung des § 211 Abs 2 UGB zu Beginn des Geschäftsjahres gegenüber der im vorausgehenden Jahresabschluß ausgewiesenen Rückstellung ergibt, ist über längstens zwanzig Jahre gleichmäßig verteilt nachzuholen. In jedem Jahresabschluß ist unter der Bilanz der Fehlbetrag auf die gebotene Rückstellung gesondert anzugeben und im Anhang zu erläutern.
>
> (4) Es ist zulässig, die gemäß § 211 Abs 2 UGB gebotene Rückstellung für laufende Pensionen und Anwartschaften vor Ablauf der Übergangsfrist voll in die Bilanz einzustellen. In diesem Fall kann in der Bilanz unter den aktiven Rechnungsabgrenzungsposten der sich gegenüber der nach Abs 3 gebotenen Rückstellung in den einzelnen Jahren ergebende Unterschiedsbetrag gesondert ausgewiesen werden. Dieser Betrag ist im Anhang zu erläutern.“

Beispiel für die Übergangsregelung gemäß Artikel X Abs 3 und 4:

Die in der Bilanz zum 31.12.1991 gemäß § 14 EStG 1988 ausgewiesene Pensionsrückstellung beträgt 1.600, die nach versicherungsmathematischen Grundsätzen errechnete Pensionsrückstellung zum 1.1.1992 2.000. Zum 31.12.1992 beträgt die nach versicherungsmathematischen Grundsätzen errechnete Pensionsrückstellung 2.300, zum 31.12.1993 2.500.

1.	Feststellung des Unterschiedsbetrages zum 1.1.1992	
	Rückstellung nach versicherungsmathematischen Grundsätzen	2.000
	Rückstellung nach § 14 EStG 1988	1.600
	Unterschiedsbetrag	400
2.	Rückstellungsdotierung am 31.12.1992	
	Rückstellung nach versicherungsmathematischen Grundsätzen 31.12.	2.300
	Rückstellung nach versicherungs mathematischen Grundsätzen 1.1.	2.000
	Rückstellungserhöhung	300
	zuzüglich 1/20 des Unterschiedsbetrages	20
	Dotierung	320
3.	Rückstellungsdotierung am 31.12.1993 (2.500 abzüglich 2.300 + 20)	220

4. Buchmäßige Darstellung

	31.12.92	31.12.93
a) Gemäß Artikel X Abs 3:		
Pensionsrückstellung	1.600 + 320 = 1.920	2.140
Ausweis des Fehlbetrages unter der Bilanz	380	360
b) Gemäß Artikel X Abs 4:		
Pensionsrückstellung	2.300	2.500
RAP (Unterschiedsbetrag)	380	360

Aus der Formulierung: „... ist über längstens 20 Jahre gleichmäßig verteilt nachzuholen", ist zu schließen, dass der Gesetzgeber eine Nachholung in gleichen Jahresbeträgen vorgesehen hat, wobei ein Wahlrecht hinsichtlich der Bestimmung des **Verteilungszeitraumes** besteht, sodass zB auch eine gleichmäßige Verteilung des Differenzbetrages über einen Zeitraum von 10 Jahren möglich ist.

Wohl dem Sinne, nicht aber dem Wortlaut des Art X Abs 3 entsprechend, sollte die Nachholung des Übergangsfehlbetrages individuell für jeden Anwartschafts- und Leistungsberechtigten vorgenommen werden. Das im Einkommensteuergesetz und in den Durchführungsrichtlinien zur Vorsorge für Pensionen im Bereich der Gewinnermittlung, des Gewerbeertrages und des Einheitswertes des Betriebsvermögens angeführte Verfahren der Nachholung kann auch unternehmensrechtlich angewendet werden. Dies bedeutet, dass bei Ausfall eines Pensionsberechtigten (zB durch Tod oder Ausscheiden) der anteilige Differenzbetrag konsequenterweise aufzulösen ist.

Anderer Ansicht sind Gassner ua, in: Straube, Art X Rz 30, die aufgrund des Gesetzeswortlautes davon ausgehen, dass der zu Beginn der erstmaligen Anwendung des RLG ermittelte Gesamtfehlbetrag ohne Berücksichtigung individueller Entwicklungen gleichmäßig über den Verteilungszeitraum nachzuholen ist.

8.212 Steuerrechtliche Übergangsvorschriften

In gleicher Weise wie das Unternehmensrecht sieht auch das Steuerrecht eine 20-jährige Übergangsfrist vor, die in § 116 EStG 1988 geregelt ist:

1. Abweichend von § 125 Z 1 EStG 1988 sind auf Rückstellungen für Wirtschaftsjahre, die vor dem 1. Jänner 1990 enden, noch die Bestimmungen des EStG 1972 anzuwenden.
2. Übersteigt zum Schluss des letzten vor dem 1. Jänner 1990 endenden Wirtschaftsjahres die Rückstellung, die sich nach § 14 errechnen würde (fiktive Neurückstellung), die steuerwirksam gebildete Rückstellung (Altrückstellung), so ergibt sich die jeweils steuerlich maßgebende Rückstellung aus der Rückstellung nach § 14 abzüglich eines seit dem genannten Bilanzstichtag jährlich um 5% verminderten Unterdeckungsbetrages. Der Unterdeckungsbetrag ergibt sich aus dem Unterschied zwischen der fiktiven Neurückstellung und der Altrückstellung. Vermindert sich die nach § 14 berechnete Rückstellung gegenüber der nach § 14 zum Schluss des vorangegangenen Wirtschaftsjahres berechneten Rückstellung, so vermindert sich der Unterdeckungsbetrag im gleichen Verhältnis; dabei sind der Berechnung der zu vergleichenden Rückstellungen jene Pensionsleistungen zugrunde zu legen, die an dem genannten Stichtag zugesagt wurden.
3. Der Bundesminister für Finanzen kann vereinfachte Berechnungen der fiktiven Neurückstellung nach anerkannten Regeln der Versicherungsmathematik durch Verordnung festlegen.
4. Die Wertpapierdeckung muss erstmalig am Schluss des im Kalenderjahr 1991 endenden Wirtschaftsjahres gegeben sein. Abweichend von § 14 Abs 7 Z 7 ist das prozentuelle Ausmaß von 50 % auf 20 Wirtschaftsjahre gleichmäßig verteilt zu erreichen.

Daraus ergibt sich ab jenem Wirtschaftsjahr, das im Jahre 1990 endet, folgende Vorgangsweise:

1. Altrückstellung zu Beginn dieses Wirtschaftsjahres (Rückstellung gemäß § 14 EStG 1972)
   abzüglich Fiktiver Eingangswert zu Beginn des Wirtschaftsjahres (§ 14 EStG 1988)

   Unterdeckung

2. Neurückstellung am Ende des Wirtschaftsjahres 1990 (1989/1990)
   abzüglich 95 % der unter 1. ermittelten Unterdeckung

   Bilanzrückstellung am Ende des Wirtschaftsjahres 1990
3. Dotierung der Pensionsrückstellung im Jahre 1990
   zuzüglich Bilanzrückstellung am Ende des Wirtschaftsjahres 1990
   abzüglich Bilanzrückstellung zu Beginn dieses Wirtschaftsjahres
   (= Altrückstellung)

   Rückstellungsdotierung
4. Die Wertpapierdeckung muss erstmals am Ende des Wirtschaftsjahres 1991 (1990/1991) mit 2,5 % des Bestandes zum Ende des Wirtschaftsjahres 1990 (1989/90) = 1/20 von 50 % der Gesamtrückstellung gebildet werden.

Die Wertpapierdeckung wird jährlich um 2,5 % des Rückstellungsbetrages am Ende des vorhergehenden Wirtschaftsjahres aufgestockt. Sie beträgt somit in den Folgejahren 5 %, 7,5 %, 10 % ... bis 50 %.

Vermindert sich die Pensionsrückstellung in einem Jahr, vermindert sich der Unterdeckungsbetrag in gleichem Ausmaß.

Beispiel für die erstmalige Anwendung der Bestimmungen des EStG 1988 in Bezug auf die Pensionsrückstellung (vergleiche hiezu Wiesner, in: Koppe, Leitfaden für die betriebliche Altersversorgung, Wien 1990, S 104 f):

Die Pensionsrückstellung gemäß § 14 EStG 1972 beträgt zum 31.12.1989 5.000, gemäß EStG 1988 9.000. Zum 31.12.1990 beträgt die Rückstellung gemäß § 14 EStG 1988 10.000, zum 31.12.1991 11.000.

1.	Altrückstellung 31.12.1989	5.000
	Fiktiver Eingangswert	9.000
	Unterdeckung	4.000
2.	Rückstellung gemäß § 14 EStG 1988 zum 31.12.1990	10.000
	abzüglich 95 % der Unterdeckung	3.800
	Bilanzrückstellung 31.12.1990	6.200
3.	Rückstellungsdotierung im Jahre 1990	1.200
	Wertpapierdeckung 31.12.1991, 2,5 % von 6.200	155
4.	Rückstellung gemäß § 14 EStG 1988 zum 31.12.1991	11.000
	abzüglich 90 % von 4.000	3.600
	Bilanzrückstellung 31.12.1991	7.400
	Rückstellungsdotierung 1991	1.200
	Wertpapierdeckung 31.12.1992, 5 % von 7.400	370

Während die steuerliche Übergangsregelung bereits mit dem Wirtschaftsjahr 1990 (1989/1990) begann, war die unternehmensrechtliche Übergangsregelung erstmals mit der Anwendung des Rechnungslegungsgesetzes, das ist spätestens das nach dem 31.12.1991 beginnende Geschäftsjahr, anzuwenden. Um **Diskrepanzen zwischen der Unternehmens-**

und Steuerbilanz zu vermeiden, war es empfehlenswert, auch bei nicht vorzeitiger Anwendung des RLG unternehmensrechtlich bereits im Jahre 1990 (1989/90) mit der steuerrechtlichen Übergangsregelung zu beginnen und diese in der Folge beizubehalten.

In diesem Zusammenhang ist allerdings der Hinweis im FG KFS/RL 2, S 19, 3. Absatz, zu beachten, der sinngemäß lautet:

Die nach den Bestimmungen des § 14 Abs 7 des Einkommensteuergesetzes 1988 berechnete Rückstellung kann nur dann als gemäß § 211 Abs 2 des UGB gebotene Rückstellung akzeptiert werden, wenn der Unterschied zwischen dieser Rückstellung und der unternehmensrechtlich vertretbaren Rückstellung die im FG angeführte Grenze nicht übersteigt und der Unterdeckungsbetrag offen gelegt wird (siehe hiezu die Darstellung in Kapitel 4.336.2).

Um dies feststellen zu können, ist für wertgesicherte Pensionen ab dem Übergangsstichtag je nach dem verwendeten Rechnungszinssatz von 6 % oder 4 % die jeweils in Frage kommende, in Kapitel 4.336.2 angeführte Berechnungsweise vorzunehmen.

8.3 Kontenrahmen

Im Kontenrahmen werden Gliederungsvorschriften bzw -empfehlungen für die Ordnung der Konten entweder für alle oder für bestimmte Wirtschaftszweige dargestellt.

Ein Kontenplan ist das aus dem entsprechenden Kontenrahmen abgeleitete Gliederungsprinzip, das sich das einzelne Unternehmen nach den betrieblichen Notwendigkeiten für die Ordnung seiner Konten zurechtlegt.

Das Österreichische Kuratorium für Wirtschaftlichkeit (ÖKW) entwickelte nach längeren Vorarbeiten 1947 den „Einheitskontenrahmen". Er wird als „ÖKW-Kontenrahmen" bezeichnet. Der Einheitskontenrahmen ist in nahezu allen Wirtschaftszweigen verwendbar. Er hat sich, obwohl nicht verbindlich vorgeschrieben, sondern nur zur Anwendung empfohlen, in Österreich fast lückenlos durchgesetzt.

Eine Überarbeitung des Kontenrahmens erfolgte 1991 und 1999 durch den Fachsenat für Betriebswirtschaft der Kammer der Wirtschaftstreuhänder in Zusammenarbeit mit dem **Österreichischen Zentrum für Wirtschaftlichkeit und Produktivität** (ÖPWZ).

Dem **Gliederungsschema** der Bilanz gemäß § 224 und der Gewinn- und Verlustrechnung gemäß § 231 folgend, ist der Kontenrahmen folgendermaßen aufgebaut:

Gesamtkostenverfahren:

Klasse 0:	Anlagevermögen
Klasse 1:	Vorräte
Klasse 2:	Sonstiges Umlaufvermögen und Aktive Rechnungsabgrenzungsposten
Klasse 3:	Rückstellungen, Verbindlichkeiten und passive Rechnungsabgrenzungsposten
Klasse 4:	Betriebliche Erträge
Klasse 5:	Materialaufwand und Aufwendungen für bezogene Leistungen
Klasse 6:	Personalaufwand
Klasse 7:	Abschreibungen und sonstige betriebliche Aufwendungen
Klasse 8:	Finanzerträge und Finanzaufwendungen ao Erträge und ao Aufwendungen Ertragsteuern Auflösung und Dotierung von Rücklagen
Klasse 9:	Eigenkapital, unversteuerte Rücklagen, Einlagen Stiller Gesellschafter, Abschluss- und Evidenzkonten

Umsatzkostenverfahren:

In diesem Fall sind die Aufwendungen der Klassen 5 – 7 auf die in der Klasse 7 eingerichteten Aufwandsstellen mit der Mindestgliederung **Herstellungsbereich, Verwaltungsbereich und Vertriebsbereich** zu überwälzen. Um die Aufwandsarten nach wie vor betragsmäßig feststellen zu können, erfolgt die Überwälzung nicht durch eine Habenbuchung auf den entsprechenden Aufwandskonten, sondern auf einem zu jedem Aufwandskonto eingerichteten Parallelkonto bzw einem für sämtliche Aufwendungen einer Klasse eingerichteten Gegenkonto.

In der Klasse 7 werden die Herstellungskosten durch die Veränderung des Bestandes an fertigen und unfertigen Erzeugnissen (Gegenkonten: Vorratskonten) und die aktivierten Eigenleistungen (Gegenkonten: Anlagenkonten) korrigiert. Als Saldo verbleiben die **„Herstellungskosten der für den Umsatz erbrachten Leistungen"**, die in gleicher Weise wie die Verwaltungs- und Vertriebskosten in die Gewinn- und Verlustrechnung übertragen werden.

9. Die Informationswirkung des Jahresabschlusses nach dem UGB

Mit der österreichischen Rechnungslegungsreform 1990, dem EU-GesRÄG 1996 sowie dem IRÄG 1997 wurden nicht nur die 4. und 7. Richtlinie in österreichisches Recht transformiert, sondern auch erste Schritte zur Verbesserung der Informationsfunktion der zu veröffentlichenden Jahresabschlüsse gesetzt. Durch den Beschluss des Fair Value Bewertungsgesetzes (FVBG) 2003, das die Umsetzung der Fair-Value-Richtlinie in nationales Recht darstellt, sowie das Rechnungslegungsänderungsgesetz (ReLÄG) 2004, das die Anpassung des österreichischen Rechts an die IAS-Verordnung und die Umsetzung der Modernisierungs- und der Schwellenwertrichtlinie beinhaltet sowie das Unternehmensrechtsänderungsgesetz 2008, welches verschiedene Zusatzangaben im Anhang und Lagebericht verlangt, soll der Informationsgehalt der zu veröffentlichenden Jahresabschlüsse noch zusätzlich verbessert werden. Dies trägt nicht nur zur Anpassung an den internationalen Stand bei, sondern liegt auch im Interesse der Anleger und der Öffentlichkeit.

Die Bedeutung der Information des externen Bilanzadressaten liegt unter anderem in der Senkung des Risikos der **Kapitalanleger.** Eine verbesserte Information verstärkt die Stellung des Informationsadressaten gegenüber dem Management und gibt dem Arbeitnehmer, aber auch der interessierten Öffentlichkeit die Möglichkeit, die **Entwicklung eines Unternehmens** früher zu erkennen.

9.1 Die wesentliche Informationswirkung der Rechnungslegungsvorschriften des UGB

9.11 Die herausragende Bedeutung der Generalnorm

Wie schon vorne dargelegt, gilt die Forderung des § 222 Abs 2, dass der Jahresabschluss ein möglichst getreues Bild der **Vermögens-, Finanz- und Ertragslage** zu vermitteln habe, explizit auch für die Gestaltung des **Anhanges** (§ 236) und des **Lageberichtes** (§ 243 Abs 1).

Abgesichert wird die Einhaltung der Generalnorm durch den **Bestätigungsvermerk** des Abschlussprüfers (siehe Abschnitt 7 dieses Buches).

9.12 Einzelvorschriften, die im Besonderen zur Informationswirkung beitragen

Eine Reihe von Einzelvorschriften sollte zur Untermauerung der Generalnorm beitragen, von denen die Wichtigsten beispielhaft aufgezählt werden:

1. **Gesetzliche Verankerung der Bewertungsstetigkeit**

   Neben den beiden Grundsätzen der Bilanzvorsicht und des Going-concern-Prinzips kommt der **materiellen Bilanzkontinuität,** die in der Bestimmung der **„Einhaltung einmal gewählter Bewertungsmethoden“** ihren Niederschlag findet (§ 201 Abs 2 Z 1), ganz besondere Bedeutung zu. Sie verbietet, dass die im Gesetz bestehenden Bewertungsspielräume durch unterschiedliche Ansätze in aufeinander folgenden Perioden zur Ergebnismanipulation ausgenützt werden. So dürfen etwa unfertige und fertige Erzeugnisse in einem Jahr nicht mit der Bewertungsuntergrenze und im Folgejahr mit der Bewertungsobergrenze angesetzt oder der Roh-, Hilfs- und Betriebsstoffverbrauch in einem Jahr nach dem Fifo-Verfahren und im nächsten Jahr nach dem Lifo-Verfahren ermittelt werden, wenn nicht besondere Umstände gegeben sind.

   Sollte aber das Unternehmen trotz der Verpflichtung zur Einhaltung der **materiellen Bilanzkontinuität** aus besonderen Gründen davon abweichen, ist gem § 236 Z 1 die Auswirkung der **Abweichung** betragsmäßig im Anhang darzulegen. Damit wird dem Bilanzleser die Möglichkeit gegeben, Ergebnisänderungen, die aus einer Änderung der Bewertungsmethode resultieren, zu korrigieren, um den Vergleich mit dem Vorjahr herzustellen.

2. Weitgehendes **Verbot der Bildung willkürlicher stiller Reserven.** In jenen Fällen, in denen der Gesetzgeber diese ausdrücklich erlaubt, wie die **Vollabschreibung geringwertiger Vermögensgegenstände** (§ 205 Abs 1), verlangt das Gesetz besondere Informationen.

   Ist die **Vollabschreibung geringwertiger Vermögensgegenstände** betragsmäßig von wesentlichem Umfang, ist diese über die Bewertungsreserve zu führen und darf den Buchwert der geringwertigen Vermögensgegenstände nicht vermindern.

3. Durch die **gesonderte Darstellung** in Anspruch genommener **steuerlicher Begünstigungen** in der Bilanz (unversteuerte Rücklagen) und der Erfolgsrechnung (Ausweis nach dem Jahresüberschuss/Jahresfehlbetrag) kommt es zu **keiner Verzerrung des Jahresabschlusses.**

4. Durch den gemäß § 226 UGB vorgeschriebenen **Anlagenspiegel** werden im Bereich des Anlagevermögens wesentliche Informationen im Hinblick auf das Alter der Anlagen, auf mögliche Investitionserfordernisse sowie die Abschreibungspolitik des Unternehmens vermittelt.

5. Die Gliederungs- und Ausweisvorschriften der Bilanz zeigen, abgesehen von der klaren Darstellung der Vermögens- und Kapitalstruktur, auch die **zeitliche Bindung** vor allem **der Forderungen und Verbindlichkeiten** an, wobei für Letztere über die Jahresbindung hinaus

auch die Bindung über mehr als 5 Jahre darzustellen ist (§§ 225 Abs 3 und Abs 6, 237 Z 1 a und b).

Einschränkend ist allerdings zu bemerken, dass für **wesentliche Vermögens- und Schuldposten,** nämlich Vorräte einerseits und Rückstellungen andererseits, die **zeitliche Bindung nicht angezeigt** werden muss bzw wegen der zeitlichen Unbestimmtheit der Bindung bzw Fälligkeit nicht angezeigt werden kann. Hier ist der externe Leser nach wie vor auf mögliche erläuternde Angaben im Anhang bzw eine annähernde Aufteilung angewiesen.

6. Der **Darstellung von Leasingverhältnissen** wird im UGB insoweit Rechnung getragen, als gemäß § 237 Z 8b) Verpflichtungen aus der Nutzung von in der Bilanz nicht ausgewiesenen Sachanlagen anzugeben sind, wobei der Betrag der Verpflichtungen des folgenden Jahres und der Gesamtbetrag der folgenden 5 Jahre anzugeben ist.

   Diese Bestimmung war wegen des zunehmenden Anteiles der über Leasing finanzierten Investitionen notwendig geworden, da mit Eingehen einer **Finanzierungsleasingverpflichtung** langfristig laufende Zahlungsverpflichtungen übernommen werden, denen sich das Unternehmen nicht entziehen kann.

   Es wäre sicherlich eine **Verbesserung der Informationswirkung** gewesen, hätte der Gesetzgeber verlangt, dass zusätzlich der **Barwert bestehender Leasingverpflichtungen** anzugeben sei. Dies würde eine erhebliche Verbesserung der Information bezüglich der Vermögenslage des Unternehmens mit sich bringen.

7. **Weitere Einzelvorschriften,** die durch die Verpflichtung der Angabe im Anhang zur Verbesserung der Informationswirkung beitragen:

§ 223 Abs 2:	Angabe einer mangelnden Vergleichbarkeit bzw der Anpassung von Vorjahresbeträgen;
§ 223 Abs 5:	Angabe mehrfach zuordenbarer Posten in der Bilanz oder im Anhang;
§ 225 Abs 1:	Erläuterung, ob eine Überschuldung vorliegt;
§ 225 Abs 3:	Angabe wesentlicher antizipatorischer Posten unter den sonstigen Forderungen;
§ 225 Abs 4:	wechselmäßige Verbriefung von Forderungen;
§ 225 Abs 6:	Angabe wesentlicher antizipatorischer Posten unter den sonstigen Verbindlichkeiten;
§ 225 Abs 7:	Angabe des Grundwertes bei Grundstücken in Bilanz oder Anhang;
§ 226 Abs 2:	Angaben zu den aktivierten Ingangsetzungs- und Erweiterungskosten im Anhang;
§ 226 Abs 5:	Angabe von Pauschalwertberichtigungen zu Forderungen;
§ 230 Abs 2	und § 232 Abs 4: Die Veränderung der Bewertungsreserve sowie die Aufgliederung der Zuführung zu und der Auflösung von unversteuer-

	ten Rücklagen unter Hinweis auf die maßgebliche steuerliche Rechtsgrundlage;
§ 233:	Angabe der wesentlichen außerordentlichen und periodenfremden Erträge und Aufwendungen;
§ 236 Z 2:	Angabe der Einbeziehung von Fremdkapitalzinsen in die Herstellungskosten;
§ 236 Z 4:	Angabe der über die Herstellungskosten hinaus aktivierten Beträge bei langfristigen Aufträgen;
§ 237 Z 3:	Aufgliederung und Erläuterung der gem § 199 unter dem Strich ausgewiesenen Haftungsverhältnisse;
§ 237 Z 5:	Angabe wesentlicher Verluste aus Abgängen des Anlagevermögens;
§ 237 Z 6a:	Auswirkung der Veränderung der unversteuerten Rücklagen auf den Posten Steuern vom Einkommen und vom Ertrag;
§ 237 Z 6b:	in welchem Umfang die Steuern vom Einkommen und vom Ertrag das Ergebnis der gewöhnlichen Geschäftstätigkeit und das außerordentliche Ergebnis belasten;
§ 237 Z 6c:	der gem § 198 Abs 10 aktivierbare Betrag, wenn er in der Bilanz nicht gesondert ausgewiesen wird;
§ 237 Z 7:	Ausweis der nicht gesondert ausgewiesenen Rückstellungen mit erheblichem Umfang;
§ 237 Z 8:	der Gesamtbetrag der sonstigen nicht in der Bilanz ausgewiesenen finanziellen Verpflichtungen, soweit sie für die Beurteilung der Finanzlage wesentlich sind;
§237 Z 9:	Segmentsberichterstattung in rudimentärer Form;
§ 237 Z 9:	Aufgliederung der Umsatzerlöse;
§ 237 Z 10:	der in der Bilanz nicht gesondert ausgewiesene Betrag der Einlagen von stillen Gesellschaftern;
§ 237 Z 11:	Angabe der bei einer nach § 209 Abs 2 angewendeten Bewertungsmethode in den Vorräten enthaltenen stillen Reserven;
§ 237a:	Angaben zu derivativen Finanzinstrumenten sowie zu Finanzinstrumenten des Anlagevermögens, die aufgrund des Unterlassens einer außerplanmäßigen Abschreibung gem § 204 Abs 2 über ihrem beizulegenden Zeitwert ausgewiesen werden
§ 238 Z 1:	Immaterielle Vermögensgegenstände, die von einem verbundenen Unternehmen oder von einem Gesellschafter mit mindestens 10 % Anteil erworben wurden.

8. Die weitestgehende **Informationsverbesserung** wird durch den **betriebswirtschaftlichen Aufbau der Gewinn- und Verlustrechnung** erzielt.

   In der Diskussion, welche der beiden Möglichkeiten – **Gesamtkosten- oder Umsatzkostenverfahren** – im Hinblick auf die Informationswirkung vorzuziehen sei, ist zunächst darauf hinzuweisen, dass das **Gesamtkostenverfahren** jenen Einblick in die dem Kontinentaleuropäer eher vertraute **Aufwandsartenstruktur** gibt, die das Umsatzkostenverfahren nicht ermöglicht. Aus diesem Grunde wird durch die Bestimmung des § 237 Z 4 bei Anwendung des Umsatzkostenverfahrens gewährleistet, dass im Anhang eine Darstellung der Materialaufwendungen und sonstigen bezogenen Herstellungsleistungen und der Personalaufwendungen mit der gleichen Aufteilung wie beim Gesamtkostenverfahren durchgeführt wird. Damit bekommt das **Umsatzkostenverfahren** zusätzlich zu der ihm eigentümlichen Informationswirkung bezüglich des **Bruttoergebnisses** (Rohgewinnes, Handelsspanne) eine dem Gesamtkostenverfahren gleichwertige Informationswirkung auch hinsichtlich der **Aufwandsartenstruktur.** Wie später noch dargestellt werden wird, ist auf Basis der vorgeschriebenen Informationen für den Leser eine **Überleitung** vom Gesamtkostenverfahren auf das Umsatzkostenverfahren unmöglich, vom Umsatzkostenverfahren auf das Gesamtkostenverfahren mit Ausnahme (geringfügiger) Einschränkungen (Unkenntnis der aktivierten Eigenleistungen und des genauen Betrages der Bestandveränderungen infolge der Zusammenfassung der Fertigerzeugnisse und Waren) durchaus möglich.

9. Das Rechnungslegungsänderungsgesetz (ReLÄG) 2004 sieht in § 243 Abs 1 die **Erweiterung des Lageberichts** vor. Der Lagebericht hat nunmehr eine umfassende und ausgewogene Analyse des Geschäftsverlaufs unter Einbeziehung des Geschäftsergebnisses und der Lage des Unternehmens zu beinhalten. Diese Analyse hat nicht nur anhand verbaler Erläuterungen, sondern auch anhand finanzieller Leistungsindikatoren zu erfolgen. Gemäß den Erläuterungen zum ReLÄG sind dies insbesondere finanz- und erfolgswirtschaftliche Kennzahlen, wie etwa Rentabilitätskennzahlen, Kennzahlen der Vermögens- und Kapitalstruktur und Finanzierungskennzahlen, sowie eine Geldflussrechnung. Zur Darstellung der Lage bzw deren Entwicklung sollen auch die wesentlichen Risiken und Ungewissheiten, denen das Unternehmen ausgesetzt ist, geschildert werden. Weiters haben große Kapitalgesellschaften gem § 243 Abs 4 auch die wichtigsten nichtfinanziellen Leistungsindikatoren, einschließlich Informationen über Umwelt- und Arbeiternehmerbelange, darzustellen. Siehe auch das Kapitel 6.6 (Lagebericht).

9.13 Weiterhin bestehende Informationsdefizite

Mängel in Bezug auf die Darstellung der richtigen Vermögenslage sind die weiterhin bestehende faktische Bildung von stillen Reserven durch das Anschaffungskostenprinzip (insbesondere bei Grund und Boden) und das Niederstwertprinzip ohne Zuschreibungspflicht (ausgenommen die Regelung des § 208 UGB in Verbindung mit § 6 Z 13 EStG).

Eine Möglichkeit zur **Aufdeckung stiller Reserven** bzw stiller Lasten bietet § 237a Abs 1 Z 1 UGB. Dieser regelt die verpflichtende Angabe des beizulegenden **Zeitwerts derivativer Finanzinstrumente**, soweit dieser verlässlich ermittelbar ist. Ferner ist gemäß § 237a Abs 1 Z 2 der Buchwert sowie der beizulegende Zeitwert für Finanzinstrumente des Anlagevermögens, die aufgrund des Unterlassens einer außerplanmäßigen Abschreibung gem § 204 Abs 2 UGB über ihrem beizulegenden Zeitwert ausgewiesen werden, anzuführen. § 237a Abs 1 Z 1 gilt jedoch nicht für kleine GmbHs.

Das Verbot der Aktivierung selbsterstellter immaterieller Vermögensgegenstände des Anlagevermögens stellt ebenfalls ein Informationsdefizit dar.

Als Mangel in Bezug auf die Darstellung der **Finanzlage** kann die fehlende gesetzliche Bestimmung der obligatorischen Aufstellung einer Geldflussrechnung im Einzelabschluss gesehen werden, wie sie etwa im IAS 7 und im Fachgutachten des Fachsenates für Betriebswirtschaft der Kammer der Wirtschaftstreuhänder über die **Geldflussrechnung** als Ergänzung zum Jahresabschluss (KFS/BW 2) verlangt wird.

Gemildert wird dieser Mangel dadurch, dass das **AFRAC** in seiner Stellungnahme zur Lageberichtserstattung gemäß §§ 243 und 267 UGB zumindest die Veröffentlichung von **Teilergebnissen der Geldflussrechnung** (Geldfluss aus der operativen Tätigkeit, Geldfluss aus der Investitionstätigkeit und Geldfluss aus der Finanzierungstätigkeit) verlangt (RZ 39). Der Fachsenat für Betriebswirtschaft und Organisation der Kammer der Wirtschaftstreuhänder schlägt in seinem Fachgutachten zur Ausgestaltung finanzieller Leistungsfakttoren im Lagebericht bzw Konzernlagebericht vom 25. 4. 2007 vor, eine **vollständige Geldflussrechnung** zu erstellen, gibt sich aber mit der von der AFRAC vorgeschlagenen Angabe der Zwischensummen der Geldflussrechnung zufrieden.

Es muss allerdings darauf hingewiesen werden, dass bei dieser Form des verkürzten Ausweises die Trennung des Geldflusses aus der operativen Tätigkeit in jenen Teil, der sich aus dem **Unternehmenserfolg**, und in jenen Teil, der sich aus der **Veränderung des Working Capital** ergibt, nicht sichtbar wird. Hierdurch kann es zu Fehlinterpretationen in Richtung eines besseren oder schlechteren Ergebnisses kommen.

An der **Wiener Börse** notierende Aktiengesellschaften sind schon aufgrund des Börsegesetzes zur Erstellung von Geldflussrechnungen verpflichtet. Mit dem Rechnungslegungsänderungsgesetz (ReLÄG) 2004 wurde die Geldflussrechnung nunmehr auch verpflichtender Bestandteil des Konzernabschlusses.

9.2 Die Jahresabschlussanalyse und Kennzahlenrechnung als Instrument der Informationsverarbeitung und -auswertung

9.21 Allgemeines

Unter die **Jahresabschlussanalyse im weiteren Sinn** fällt grundsätzlich jede kritische Würdigung der im Jahresabschluss und im Lagebericht enthaltenen quantitativen und qualitativen Aussagen.

Unter der **Jahresabschlussanalyse im engeren Sinne** versteht man die Aufbereitung, das heißt Gruppierung, Zusammenfassung, Umbildung und Inbeziehungsetzung der Zahlen der Vermögens- und Erfolgsbilanz unter Berücksichtigung der Angaben im Anhang und im Lagebericht, um deren Aussagekraft hinsichtlich der **Vermögens-, Finanz- und Ertragslage** zu verbessern.

Wesentlicher Bestandteil einer Jahresabschlussanalyse ist die **Ableitung betriebswirtschaftlicher Kennzahlen,** die man als Zahlen oder Zahlenverhältnisse insbesondere von Aufwands-, Ertrags-, Bestands- und Zahlungsgrößen, die für ein betriebswirtschaftliches Erkenntnisziel unmittelbaren Aussagewert besitzen, bezeichnen kann.

9.22 Grenzen der externen Jahresabschlussanalyse

Die **Kennzahlenrechnung** kann Bestandteil einer internen oder externen Unternehmens- bzw Jahresabschlussanalyse sein. Bei der **internen Analyse** stehen dem Durchführenden (Controller, Leiter des Rechnungswesens, Unternehmer) über den Jahresabschluss hinaus eine Reihe von Daten zur Verfügung, auf die der **externe Informationsadressat** keinen Zugriff hat. Hinzu kommt, dass der Jahresabschluss im Rahmen der internen Analyse ein **Kontrollinstrument** darstellt, mit welchem der Grad der Zielerreichung durch Vergleich der aus **Planbilanzen und -erfolgsrechnungen** abgeleiteten Kennzahlen mit den sich aus dem Ist-Jahresabschluss errechneten Kennzahlen festgestellt wird.

Im Zuge der **externen Analyse** ist der Jahresabschluss samt Lagebericht das einzige Informationsinstrument. Damit sind die Beurteilungsmöglichkeiten jedoch relativ begrenzt und mit folgenden nicht auszuschaltenden Mängeln behaftet:

1. Es fehlen in den Bilanzen grundsätzlich alle jene betriebswirtschaftlichen Daten, die sich aus dem **internen Werteﬂuss** eines Unternehmens ergeben. Dieser Nachteil wird bei Anwendung des **Umsatzkostenverfahrens** wegen der Darstellung der Herstellungskosten der zur Erzielung der Umsatzerlöse erbrachten Leistungen etwas gemildert.
2. Der Bilanzleser hat es ausschließlich mit **Vergangenheitsdaten** zu tun, aus denen sich wohl Trends ableiten lassen, die aber keineswegs zwingend den erwarteten Verlauf nehmen müssen. Jeder **Managementwechsel,** jede Änderung der **Umweltsituation** und **unternehmenspolitischer Maßnahmen** nach dem letzten

Bilanzstichtag können derartige Trends schlagartig in eine andere Richtung drängen, ohne dass dies dem externen Leser zunächst zur Kenntnis gelangt.

Das **Problem** des Vorliegens **ausschließlich vergangenheitsbezogener Daten,** aus denen durch Extrapolation wohl **Zukunftstrends** abgelesen werden können, die aber keine Aussage über die **tatsächliche Zukunftsentwicklung** machen können, ist auch bei kurzfristiger Veröffentlichung des Jahresabschlusses nicht behebbar. Hier helfen auch nicht die im Lagebericht meist nur verbal in allgemeiner Form dargestellten Zukunftsaussichten des Unternehmens.

Trotz aller Einwendungen erscheint die **Jahresabschlussanalyse** aber doch ein **wesentliches Hilfsmittel,** einen besseren Einblick in die Lage des Unternehmens zu bekommen und damit bessere Entscheidungsgrundlagen für **Investitionsentscheidungen** welcher Art immer zu erhalten.

Häufig werden **Jahresabschlusskennzahlen** von den Unternehmen selbst erarbeitet und im Geschäftsbericht veröffentlicht, um dem Leser von vornherein eine verbesserte Information zu bieten.

Mit dem Rechnungslegungsänderungsgesetz (ReLÄG) 2004 wurde die Veröffentlichung von **Kennzahlen ein verpflichtender Bestandteil** des (Konzern-)Lageberichts. Es sind hierbei die für die jeweilige Geschäftstätigkeit wichtigsten finanziellen Leistungsindikatoren, wie etwa gängige Kennzahlen der finanz- und erfolgswirtschaftlichen Analyse sowie eine Geldflussrechnung, anzugeben (siehe hiezu Kapitel 6.642).

Gemäß dem Fachgutachten des Fachsenats für Betriebswirtschaft und Organisation vom 25. 4. 2007 (Abschnitt 3) der Kammer der Wirtschaftstreuhänder sind bei der Berechnung der finanziellen Leistungsfaktoren **grundsätzlich die Zahlen des Jahres- bzw. Konzernabschlusses** zugrunde zu legen. „Es ist nicht zu beanstanden, wenn ein Unternehmen bei der Berechnung der finanziellen Leistungsindikatoren die im Jahresabschluss bzw. Konzernabschluss einschließlich des Anhanges bzw. Konzernanhanges angeführten Beträge durch **betriebswirtschaftlich begründete Berichtigungen** abändert, sofern es sich um wesentliche Änderungen handelt und die Aussagefähigkeit der Leistungsindikatoren dadurch verbessert wird. Werden Bereinigungen vorgenommen, sind sie für die **externen Berichtsadressaten nachvollziehbar** zu gestalten."

9.3 Stufen der Jahresabschlussanalyse auf Basis des veröffentlichten Jahresabschlusses

Der Einfluss der Betriebswirtschaftslehre auf die Rechnungslegungsvorschriften des UGB hat dazu geführt, dass eine Reihe von Vorbereitungs- und Aufbereitungsarbeiten im Zuge der **Jahresabschlussanalyse** wegfallen können. Dennoch ändert sich am grundsätzlichen Aufbau einer Jahresabschlussanalyse, nämlich **Vorbereitung, Aufbereitung** und **Auswertung,** nichts.

Der Umfang der Vorbereitungs- und Aufbereitungsarbeiten hängt unter anderem von der **Zielsetzung** ab, mit der die Jahresabschlussanalyse vorgenommen wird.

Allgemeine Jahresabschlussanalysen, die von wissenschaftlichen oder anderen Instituten ohne konkreten Anlass erstellt werden, werden in der Regel weniger in die Tiefe gehen und Adaptionen der vorgelegten Jahresabschlüsse nur im notwendigsten Ausmaße vornehmen.

Werden **Jahresabschlussanalysen** von oder im Auftrag **speziell interessierter Bilanzadressaten** erstellt, werden die Vorbereitungs- und Aufbereitungsarbeiten insgesamt wesentlich intensiver durchgeführt werden müssen, aber auch hier nach dem Zweck der Analyse variieren:

Während etwa der **Konkurrent** durch die Umsatz- und Bruttoergebnisanalyse Marktanteil und Ertragstärke des publizierenden Unternehmens feststellen möchte, ist der **Kreditgeber** an der Fähigkeit zur Zinsenzahlung und Kreditrückzahlung des Unternehmens und damit an der Stabilität und langfristigen finanziellen Lage interessiert. Der **(Anteils-)Investor** hingegen betrachtet das Unternehmen unter dem Gesichtspunkt möglicher Dividendenzahlungen und eines gegebenen Kurssteigerungspotentials.

9.31 Bereinigung der Abschlussdaten

9.311 Zu beachtende Probleme im Zuge der Bereinigung der Bilanz und der G&V-Rechnung

Im Allgemeinen sind im Zuge der Jahresabschlussanalyse die Zahlen eines oder mehrerer Jahresabschlüsse unter Berücksichtigung der Angaben im Anhang und im Lagebericht hinsichtlich Inhalt, Gliederung, Bewertung und Fristigkeit auf ihre Brauchbarkeit zu überprüfen und nötigenfalls entsprechend zu ändern und zu gliedern. Es ist aber darauf hinzuweisen, dass die in den veröffentlichten Jahresabschlüssen (Geschäftsberichten) dargestellten Kennzahlen in der Regel aus den **unveränderten Daten der Jahresabschlüsse** errechnet werden. Wurden vom Unternehmen bei der Aufstellung von Kennzahlen Bereinigungen vorgenommen, müssen diese im Sinne der Transparenz vom Jahresabschlussadressaten nachvollziehbar sein. Der Fachsenat für Betriebswirtschaft und Organisation der Kammer der Wirtschaftstreuhänder nimmt hiezu folgendermaßen Stellung (KFS/BW 3 – Empfehlungen zur Ausgestaltung finanzieller Leistungsindikatoren im Lagebericht bzw. Konzernlagebericht, Punkt 3):

Grundsätzlich sind der Berechnung der finanziellen Leistungsindikatoren die **Beträge und Angaben des Jahresabschlusses** zugrundezulegen.

Es ist zulässig, zum Zweck einer wesentlichen und betriebswirtschaftlich begründeten Verbesserung der Aussagefähigkeit finanzieller Leistungsfaktoren bei deren Berechnung Beträge heranzuziehen, die dem Jahresabschluss nicht unmittelbar entnommen werden können, wenn die **Ableitung dieser Beträge** aus den im Jahresabschluss einschließlich des Anhanges angeführten Beträge **nachvollziehbar** dargestellt wird.

Bereinigungen des Jahresabschlusses ergeben sich im Wesentlichen aus folgenden Daten (siehe auch Maresch/Schiebel, RWZ 11/2005, S 338 ff):

1. Allgemeines

a. Aussagekräftige Daten, insbesondere im Hinblick auf die Extrapolation verschiedener Trends, ergeben sich nur bei der **Auswertung mehrerer Jahresabschlüsse.**

b. Die Verwendung mehrerer Jahresabschlüsse für die Jahresabschlussanalyse bedingt die **Vergleichbarkeit** des Inhaltes.

   Es ist daher zu prüfen, wie weit Veränderungen in den **Bewertungsmethoden** und **Umgliederungen** der Jahresabschlüsse vorgenommen wurden. Hilfestellung hierfür bieten die Vorschriften des § 223 Abs 1 und 2 im Hinblick auf die Beibehaltung der einmal gewählten **Form der Darstellung** und § 201 Abs 2 Z 1 im Zusammenhang mit § 236 Z 1 im Hinblick auf die **Beibehaltung angewandter Bewertungsmethoden.** Dabei ist allerdings zu beachten, dass diese Angaben sich jeweils nur auf die Veränderung gegenüber dem Vorjahr, nicht aber gegenüber weiter zurückliegenden Jahren beziehen.

c. Da die **Bewertung von Aufträgen,** deren Ausführung sich über mehr als 12 Monate erstreckt, auch die Aktivierung von Verwaltungs- und Vertriebskosten gestattet, ist festzustellen, ob dies tatsächlich geschehen ist. Die Angabe hierüber findet sich gemäß § 236 Z 4 im Anhang.

2. Anpassung der Werte

a. Aktive und passive Steuerabgrenzungsposten (aktive und passive latente Steuern)

   Der Zweck der unternehmensrechtlichen Steuerabgrenzung besteht darin, den im unternehmensrechtlichen Einzelabschluss ausgewiesenen Steueraufwand mit dem unternehmensrechtlichen Ergebnis vor Steuern abzustimmen. Einer unternehmensrechtlichen Steuerabgrenzung zugänglich sind nur temporäre Abweichungen und daher ausschließlich Abweichungen, die aus unterschiedlichen unternehmens- und steuerrechtlichen Buchwerten resultieren.

   Ursache der Steuerabgrenzungen sind Aufwendungen bzw Erträge, deren zeitlicher Anfall sich in der Unternehmensbilanz und der Steuerbilanz unterscheidet. Aufgrund der lediglich temporären Abweichungen sind die zukünftigen Steuerwirkungen als Barwert zukünftiger Steuerminderungen bzw Steuerbelastungen zu berücksichtigen. Soweit aktive bzw passive Steuerabgrenzungen bereits in der Unternehmensbilanz als solche ausgewiesen sind, erfolgt die Ermittlung des Barwertes durch deren Abzinsung.

Kapitalgesellschaften unterliegen grundsätzlich einem Körperschaftsteuersatz von 25 %. Die im Jahresabschluss zu aktivierenden bzw passivierenden latenten Steuern (§ 198 Abs 9 und 10) müssen unternehmensrechtlich mit dem vollen Wert ausgewiesen werden. Im Rahmen der Jahresabschlussanalyse sind sie hingegen mit ihrem Barwert anzusetzen. Soweit nicht eine zeitgenaue Diskontierung angewendet werden kann, kann der Barwert der aktiven und passiven latenten Ertragsteuern **näherungsweise** mit 50 % des vollen Wertes angesetzt werden. Dies entspricht etwa einem Barwert bei einer Kapitalisierung mit 8 % für 10 Jahre.

Der Analytiker muss sich daher bewusst sein, dass es sich bei dieser Berechnung um einen sehr groben Näherungswert handelt.

Bei der Jahresabschlussanalyse werden **aktive latente Steuerbeträge** grundsätzlich im (langfristigen Vermögen) **Anlagevermögen** angesetzt. **Passive latente Steuern** gehören zum **langfristigen Fremdkapital**.

Es ist zu beachten, dass die Berücksichtigung aktiver und passiver latenter Ertragsteuern (Körperschaftsteuer) nur bei Kapitalgesellschaften erfolgt. Einzelunternehmen und Personengesellschaften unterliegen keiner Ertragsteuer. Ertragsteuerpflichtig sind in diesem Falle der Inhaber bzw die Gesellschafter, die, soweit es sich um natürliche Personen handelt, einkommensteuerpflichtig sind. Die Einkommensteuer wird aber im Unternehmen nicht als Aufwand erfasst. Handelt es sich bei den Gesellschaftern **ausschließlich** um juristische Personen (andere Kapitalgesellschaften), erscheint es aus Vergleichsgründen zweckmäßig, die auf deren Gewinnanteile entfallende Körperschaftsteuer **analysemäßig schon in der Personengesellschaft** zu berücksichtigen.

b. Stille Reserven

Die Bilanz ist auf etwaige **stille Reserven** zu untersuchen. Anknüpfungspunkte hierfür wären beispielsweise jährlich (nicht einmalig) stattfindende gewinnerhöhende Auflösungen von Rückstellungen sowie ein gegenüber dem Durchschnitt anderer Unternehmen der gleichen Branche erheblich höherer Abschreibungssatz für die planmäßige Abschreibung des abnutzbaren Anlagevermögens (ersichtlich aus dem Anlagenspiegel gemäß § 226).

Ferner bieten auch die für Kapitalgesellschaften erforderlichen Anhangangaben zu **derivativen Finanzinstrumenten** gem § 237a Abs 1 UGB eine Möglichkeit zur Aufdeckung stiller Reserven.

Soweit **stille Reserven** im Anlagevermögen enthalten sind, sollte bei deren Bewertung vermieden werden, diese aus dem Unterschied eventueller Wiederbeschaffungswerte (abzüglich der anteiligen Abschreibungen) und der Buchwerte zu ermitteln, da in einem solchen Fall unter Umständen Vermögen in einer Höhe ausgewiesen wird, in welcher es weder durch den Erlös aus den damit erzeugten Produkten noch durch Veräußerung der Anlagen selbst realisiert werden könnte. Grundsätzlich sollte beachtet werden, dass **aufgedeckte stille Reserven in der Ertragskraft der aufgewerteten Vermögensgegenstände** ihre Deckung finden müssen.

Bei der Berücksichtigung der **stillen Reserven** ist weiters zu bedenken, dass diese **nicht zur Gänze dem Eigenkapital** zuzuweisen sind, sondern zu einem gewissen Ausmaß **latente Steuerschulden** enthalten, die zum Fremdkapital gehören.

c. Stille Lasten

Zu niedrig angesetze Passivposten (zB **Pensionsrückstellungen)** sind, soweit es um die Ermittlung statischer Kennzahlen (zB Verschuldungsgrad) geht, in ihrer richtigen Höhe anzusetzen. Die Grundlagen hierfür finden sich in den Übergangsvorschriften des Artikels X Abs 2–4 RLG. Die Berücksichtigung einer etwaigen **Unterdeckung bei der Pensionsrückstellung** hängt von der Art der gewählten Ausweismethode ab.

Wird die Unterdeckung unter dem Bilanzstrich ausgewiesen, ist diese dem ausgewiesenen Rückstellungsbetrag zuzuzählen. Werden hingegen die Pensionsrückstellung in voller Höhe auf der Passivseite und der Unterschiedsbetrag als aktive Rechnungsabgrenzung ausgewiesen, so ist Letzterer aus den Aktiven auszuscheiden. In beiden Fällen sind aktive latente Steuern einzusetzen (vgl Punkt 2a), was bedeutet, dass der Barwert der zukünftigen Steuerminderungen in das bereinigte Vermögen aufgenommen wird.

Durch das **Betriebliche Mitarbeitervorsorgegesetz** (BMVG) 2002 wurde das bis dahin existierende Abfertigungssystem geändert. Arbeitgeber haben nun für ihre Mitarbeiter monatlich Beitragszahlungen an eine Mitarbeitervorsorgekassa zu leisten, welche ihrerseits die Verpflichtung zur Zahlung von Abfertigungen an die Mitarbeiter hat. Die Verpflichtung zur Bildung einer Abfertigungsrückstellung für das Unternehmen entfällt daher in diesem Fall. Dieses System betrifft alle Mitarbeiter, die nach dem 31.12.2002 neu in ein Unternehmen eintreten. Für Arbeitnehmer, die sich zu diesem Zeitpunkt bereits in einem Dienstverhältnis befanden, besteht die Möglichkeit des Übertritts in das neue System. Mit dem Entfall der Abfertigungsrückstellung entfällt auch das Problem eventueller stiller Reserven oder Lasten.

d. Finanzierungsleasing

Schwierigkeiten können sich bei der Behandlung bestehender **Finanzierungsleasingverträge** ergeben, da dem externen Bilanzleser lediglich die in § 237 Z 8b verlangte Angabe der „Verpflichtungen aus der Nutzung von in der Bilanz nicht ausgewiesenen Sachanlagen mit dem Betrag der Verpflichtungen des folgenden Geschäftsjahres und dem Gesamtbetrag der folgenden 5 Jahre“ zur Verfügung steht.

Diese Bestimmung bietet zwar eine wesentliche Hilfe bei der Feststellung der Finanzlage, da die Mietbelastung des nächsten und der nächsten 5 Jahre offen gelegt wird, sie ermöglicht aber nicht die für **Finanzierungsleasingverträge** notwendige **Barwertermittlung** der Gesamtverpflichtungen. Damit kann die Nichtberücksichtigung dieser Daten bei hohen Leasingquoten zu einem erheblich verzerrten **Vermögens- und Kapitalstrukturbild** (zu niedrig ausgewiesener Verschuldungsgrad, zu hohe Vermögensumschlagshäufigkeit) führen.

e. Emissionsrechte

Die im Umlaufvermögen ausgewiesenen Emissionszertifikate stellen, gleichgültig, ob sie entgeltlich oder unentgeltlich erworben wurden, sonstige Vermögensgegenstände dar.

3. Aktivierungswahlrechte

a. Aufwendungen für das Ingangsetzen und Eweitern eines Betriebes

Bei der **Aktivierung von Aufwendungen für das Ingangsetzen und Erweitern eines Betriebes** wird das Ergebnis im Jahr der Aktivierung verbessert und in den Folgejahren verschlechtert.

In der Regel wird der Bilanzanalytiker die aktivierten Beträge aus der Bilanz herausnehmen und auch die Gewinn- und Verlustrechnung sowohl um die Aktivierung als auch um die daraus folgenden Abschreibungen der nächsten Jahre bereinigen können, weil mit der Wiederkehr solcher Aufwendungen nicht zu rechnen sein wird.

Die Notwendigkeit einer Korrektur ist individuell zu beurteilen, insbesondere dann, wenn unter diesen Kosten immaterielle Vermögensgegenstände aktiviert wurden. Wird damit zB eine Marke (Image) geschaffen (die auch selbständig realisierbar ist), scheint eine „Ausbuchung" unzweckmäßig.

Schließlich ist noch darauf hinzuweisen, dass in den Lageberichten in der Regel keine aussagekräftigen Zahlenangaben über die zukünftige Entwicklung des Unternehmens (Prognosebericht) gegeben werden.

Anhaltspunkte über die Art der **aktivierten Ingangsetzungs- und Erweiterungskosten** erhält der Leser gemäß § 226 Abs 2 zwingend aus dem Anhang.

b. Disagio

Das **Disagio** ist aus der Bilanz auszuscheiden, da es keinen Vermögensbestand darstellt. Die darauf entfallende aktive Steuerlatenz (siehe Pkt 2a) wird in der Bilanz ausgewiesen.

c. Derivative Firmenwerte

Problematisch kann die Behandlung des **aktivierten Firmenwertes** sein. Ein Firmenwert kann in der Bilanz einer Kapitalgesellschaft in folgenden Fällen ausgewiesen werden:

Erwerb eines Einzelunternehmens, das in der Kapitalgesellschaft aufgeht.

Erwerb aller Anteile an einer Personengesellschaft, die in der Kapitalgesellschaft aufgeht.

Erwerb des Betriebes oder Teilbetriebes eines anderen Unternehmens, gleichgültig welcher Rechtsform.

Verschmelzung oder Einbringung gemäß § 202 (Abs 2 Z 2 und 3) UGB.

Die Kapitalgesellschaft ist aus einer Einbringung eines Einzelunternehmens bzw einer Personengesellschaft, in deren Bilanz bereits ein Firmenwert ausgewiesen war, entstanden.

In den Fällen, in denen alle oder ein Teil der Anteile an einer anderen Kapitalgesellschaft oder ein Anteil an einer Personengesellschaft erworben wurden, erscheint der Kaufpreis hierfür in der Bilanz des Erwerbers als **Beteiligung,** wobei Letztere das (anteilige) buchmäßige Eigenkapital des erworbenen Unternehmens, etwaige vorhandene stille Reserven und den Firmenwert enthält. Die Beteiligung ist jedoch kein abnutzbarer Gegenstand des Anlagevermögens; sie wird in der Regel daher nur dann abgeschrieben, wenn eine **Wertminderung,** etwa infolge eines Ertragseinbruches beim beteiligten Unternehmen, aufgetreten ist.

Während im Falle des Bestehens einer **Beteiligung** kein Zweifel über ihre Aufnahme als Vermögensgegenstand besteht, da hier ein selbständiger, verkehrsfähiger Vermögensgegenstand vorliegt, der einen eigenen Ertrag abwirft, stellt sich das Problem des Firmenwertes in einem anderen Licht.

Der **Firmenwert** ist der Ausdruck der (im Kaufpreis abgegoltenen) Ertragskraft eines ursprünglich selbständigen und nunmehr in das Unternehmen eingegliederten Betriebes. Dieser Firmenwert ist planmäßig über die Geschäftsjahre, in denen er voraussichtlich genutzt wird, abzuschreiben. Wegen der schwierigen Feststellbarkeit dieses Zeitraumes wird dies in der Regel der steuerlich zugelassene Abschreibungszeitraum von 15 Jahren sein.

Es ist zu bedenken, dass der **Firmenwert** nur einen Teil der in Folge der Übernahme eines Betriebes erworbenen Vermögensgegenstände darstellt. Der erworbene Betrieb verliert zwar seine rechtliche Selbständigkeit, bleibt aber in der Regel aufgrund seines Charakters einer Betriebsstätte einschließlich des Firmenwertes weiterhin einzelverwertbar. Wird daher eine Bereinigung des bilanziellen Vermögens im Lichte der Realisierbarkeit durchgeführt, sollte nach Meinung der Verfasser für Zwecke der Jahresabschlussanalyse der Firmenwert nicht aus dem Vermögen ausgeschieden werden.

4. Aktivierungsverbote

Immaterielle Vermögensgegenstände des Anlagevermögens, die nicht entgeltlich erworben wurden, unterliegen gem § 197 Abs 2 einem Aktivierungsverbot. Diesem ist im Zuge der Jahresabschlussanalyse nicht zu folgen. Eine entsprechende Bereinigung wird jedoch regelmäßig am Informationsdefizit des externen Jahresabschlusskritikers scheitern.

5. Umgliederungen

a. Gewinnausschüttung

Ein zur **Gewinnausschüttung** bestimmter Teil des Bilanzgewinnes ist aus dem Eigenkapital auszuscheiden und dem kurzfristigen Fremdkapital zuzuweisen. Dies gilt auch, wenn ein Beschluss noch nicht gefasst ist, die Gewinnausschüttung aber in einer gewissen Höhe aus Kontinuitätsgründen wahrscheinlich ist.

b. Unversteuerte Rücklagen

Die Steuerfreiheit bzw Nachversteuerung unversteuerter Rücklagen hängt von der Einhaltung der in den entsprechenden Vorschriften des EStG enthaltenen Bedingungen ab.

Für den externen Bilanzanalytiker ist es für die Ermittlung der Kapitalstruktur notwendig, die unversteuerten Rücklagen nach dem Eigenkapital- und **latenten Steueranteil** zu trennen.

Übertragungsrücklage gemäß § 12 EStG 1988 und Bewertungsreserve

Stille Reserven, die durch den Verkauf eines Anlagegegenstandes realisiert wurden, können unter bestimmten Umständen, die in § 12 EStG dargelegt werden, auf ein anderes Wirtschaftsgut übertragen werden. Nicht übertragene stille Reserven sind nach Ablauf von 12 (bzw 24) Monaten nach Bildung gewinnerhöhend aufzulösen und nachzuversteuern.

Die **Übertragungsrücklage gemäß § 12 EStG** kann bei Anschaffung eines entsprechenden Vermögensgegenstandes auf eine **Bewertungsreserve** übertragen werden.

Diese ist im Verhältnis der planmäßigen Abschreibungen des Vermögensgegenstandes, für den sie gebildet wurde, aufzulösen.

Gemäß dem Steuerreformgesetz 2005 ist die Übertragung stiller Reserven bzw Bildung einer Übertragungsrücklage gem § 12 EStG jedoch ab dem 1.1.2005 nur mehr natürlichen Personen möglich.

Die **Steuerbelastung** ergibt sich bei abnutzbaren Anlagen aus der jährlichen Auflösung dieser Bewertungsreserve. Da das jährliche Ausmaß der kommenden Auflösung dem externen Leser nicht bekannt ist, kann er hier nur eine sehr grobe Annahme, die aus der laufenden Auflösung der Bewertungsreserve in der Vergangenheit abzuleiten ist, treffen. Wenn im Normalfall als latenter Steuerbetrag 50 % der vollen Steuerbelastung (die Hälfte von 25 % Körperschaftsteuer) angenommen werden, dürfte dies für Verhältnisse der Bilanzanalyse ausreichen.

Ähnliche Probleme ergeben sich für die **Bewertungsreserve gemäß § 8 und § 13 EStG 1988.** Auch hier sollte ein Satz von 50 % der vollen Belastung im Regelfall ausreichend sein.

6. Saldierungen

a. Liquide Mittel

Liquide Mittel (täglich fällige Bankguthaben) können mit den täglich fälligen Bankverbindlichkeiten (Bankkontokorrentkredite) saldiert werden, da ihre Höhe zum Bilanzstichtag vielfach zufälligen Charakter trägt und die liquiden Mittel jederzeit zur Rückzahlung dieser täglich fälligen Bankverbindlichkeiten herangezogen werden können. Aufgrund eines in der Regel auftretenden Informationsdefizits hinsichtlich der Höhe der täglich fälligen Bankverbindlichkeiten können vereinfachend die im Verbindlichkeitenspiegel dargestellten kurzfristigen Bankverbindlichkeiten zur Saldierung der liquiden Mittel herangezogen werden.

b. Erhaltene Anzahlungen auf Bestellungen

Erhaltene Anzahlungen auf Bestellungen sind insoweit offen von den Vorratsposten abzusetzen, als bereits entsprechende Aufwendungen angefallen sind, die zum Bilanzstichtag ihren Niederschlag in den Vorräten gefunden haben.

c. Sonstige Aktiva

Unterschiedliche Ansichten bestehen in der Behandlung der (realisierbaren) **Aktiven, die zur Deckung bestimmter Fremdkapitalposten** dienen; hiezu gehören beispielsweise die Wertpapierdeckung für Pensionsrückstellungen. Für die Darstellung **statischer Kennzahlen,** die zur Bestimmung der Vermögens- und Kapitalstruktur herangezogen werden, erscheint eine Saldierung durchaus zulässig, da diese Wertpapiere zweckbestimmt sind und bei Abbau der Verpflichtungen in der Regel ebenfalls abgebaut werden.

Wie in diesem Kapitel gezeigt, ist bei der Analyse auf Basis eines **veröffentlichten Jahresabschlusses** (ohne weitere Kenntnisse sonstiger Unternehmensdaten) darauf zu achten, ob notwendige Informationen zur Berichtigung von Bilanz- und Erfolgsdaten aus dem Jahresabschluss bzw dem Lagebericht entnommen werden können. Sind genaue Informationen nicht vorhanden, ist zu überlegen, ob eine **annähernde Bereinigung** der

Jahresabschlussdaten nicht **zu einer größeren Ungenauigkeit** führt als die Unterlassung derselben.

Bei Durchführung der dargestellten Bereinigungen ist weiters darauf zu achten, dass die Vergleichbarkeit mit Vorjahresabschlüssen aufrechterhalten wird, das heißt, ob auch die Vorjahresdaten entsprechend angepasst werden können.

Eine wesentliche Anforderung an die Bereinigung von Zahlen der **Bilanz oder der Erfolgsrechnung** ist, dass diese in gleicher Weise in **beiden Rechnungen** durchgeführt werden muss, das heißt, dass beispielsweise **keine Bilanzzahlen bereinigt** werden dürfen, wenn nicht die sich daraus ergebenden Änderungen in der Gewinn- und Verlustrechnung berücksichtigt werden oder umgekehrt.

Als Beispiele hierfür können angeführt werden:

- Die Aktivierung bzw. Passivierung latenter Steuern führt zu einem geänderten Ertragsteueraufwand.
- Die Aktivierung von finanzierungsgeleasten Vermögensgegenständen bedingt eine Zerlegung des Leasingaufwandes in Zinsaufwand und Abschreibungen.
- Die Deaktivierung von Aufwendungen für das Ingangsetzen und Erweitern eines Betriebes ist mit der Kürzung der entsprechenden Abschreibung verbunden.
- Die Aktivierung selbst erstellter immaterieller Gegenstände des Anlagevermögens führt zur Erhöhung der Abschreibung vom Anlagevermögen.
- Die Deaktivierung des Disagio führt zur Verminderung der Abschreibung vom Disagio bzw des Zinsaufwandes.

9.312 Aufstellung der bereinigten Bilanz und Gewinn- und Verlustrechnung

Die Aufstellung der bereinigten Bilanz und Gewinn- und Verlustrechnung ist vor allem für jene Kennzahlen erforderlich, die der Ermittlung der Vermögens- und Kapitalstruktur sowie der Ertragslage dienen.

Kennzahlen, die der **dynamischen Liquiditätsanalyse** dienen, bedürfen außer der Feststellung der Fristigkeiten **keiner Bereinigung** der Jahresabschlusszahlen, da Zahlungsstromgrößen durch unterschiedliche Bewertung bzw unterschiedliche Bilanzansätze nicht beeinflusst werden.

Die Frage **der Fristigkeit** ist gleichlaufend mit der Regelung im UGB dahingehend zu lösen, dass alle Vermögensgegenstände und Schulden, soweit als kurzfristig zu klassifizieren sind, als deren Restlaufzeit **ein Jahr nach dem Bilanzstichtag** nicht übersteigt.

Die in den nachfolgenden Beispielen zur Analyse herangezogenen Zahlen stammen aus dem als Anlage zu diesem Kapitel beigefügten **Jahresabschluss der Energieversorgungs AG.**

9.312.1 Ermittlung des bereinigten Vermögens

Das **bereinigte Vermögen** ergibt sich auf Grundlage folgender Rechnung:

	unternehmensrechtliches Vermögen
	Anpassung der Werte
–	50 % der unternehmensrechtlichen aktivierten Steuerabgrenzung (Alternative I)[1])
+	50 % der im Anhang ausgewiesenen unternehmensrechtlichen aktiven Steuerabgrenzung (Alternative II)[1])
+	100 % der stillen Reserven im unternehmensrechtlichen Vermögen[2])
–	100 % der stillen Lasten im unternehmensrechtlichen Vermögen[3])
+	12,5 % der stillen Lasten im unternehmensrechtlichen Vermögen und unternehmensrechtlichen Fremdkapital
+	Barwert der zukünftigen Leasingverpflichtungen im Falle von betriebswirtschaftlichem Finanzierungsleasing, das unternehmensrechtlich als Miete bilanziert wurde
	Aktivierungswahlrechte
–	100 % der Aufwendungen für das Ingangsetzen und Erweitern eines Betriebes[4])
–	100 % des aktivierten Disagios[5])
+	12,5 % des aufgelösten Disagios und der aufgelösten Aufwendungen für das Ingangsetzen und Erweitern eines Betriebes[4])[5])
	Aktivierungsverbote
+	Zeitwert der selbst erstellten Immaterialgüter des Anlagevermögens[6])
	Saldierungen
–	liquide Mittel bis zur Höhe der kurzfristigen Verbindlichkeiten gegenüber Kreditinstituten
–	Vorratsposten bis zur Höhe der diese betreffenden passivierten erhaltenen Anzahlungen auf Bestellungen
–	sonstige Aktivposten, die der Deckung bestimmter Passivposten dienen
=	**bereinigtes Vermögen**

Anmerkungen:

1) Die oben angegebenen Alternativen 1 und 2 hängen davon ab, ob das Unternehmen die aktive latente Steuer aktiviert oder nur im Anhang ausgewiesen hat.

2) Die darauf **lastenden Ertragsteuern** werden mit ihrem Barwert dem (langfristigen) Fremdkapital zugezählt.

3) Die **Stillen Lasten** werden zur Gänze vom Vermögen abgezogen; die dadurch entfallenden Ertragsteuern werden mit ihrem Barwert (12,5 %) dem (Anlage) Vermögen zugezählt. Eine Saldierung in der Form, dass die stillen Lasten nur mit dem Nettobetrag nach Steuern (87,5 %) abgezogen werden, ist deswegen zu ver-

meiden, weil sich stille Lasten sowohl im Anlage- als auch im Umlaufvermögen befinden können, die darauf lastende latente Ertragsteuer aber jedenfalls langfristig ist.

4) Die **Aufwendungen für das Ingangsetzen und Erweitern eines Betriebes** werden zur Gänze aus dem Vermögen ausgeschieden. Die darauf lastenden Ertragsteuern werden mit ihrem Barwert im Anlagevermögen aktiviert.

5) Das Disagio wird zur Gänze aus dem Vermögen ausgeschieden. Die darauf lastenden Ertragsteuern werden mit ihrem Barwert im Anlagevermögen aktiviert.

6) Soweit erkennbar, werden **selbst erstellte immaterielle Vermögensgegenstände** des Anlagevermögens im Rahmen der Jahresabschlussanalyse **aktiviert**. Die darauf lastenden Ertragsteuern werden mit ihrem Barwert unter dem (langfristigen) Fremdkapital angesetzt.

   Die **nicht aktivierten immateriellen Vermögensgegenstände** werden bei externen Jahresabschlussanalysen **in der Regel nicht**, wohl aber bei internen Analysen festgestellt werden können.

Zur Ermittlung des **bereinigten Anlagevermögens** ist von folgender Rechnung auszugehen:

	unternehmensrechtliches Anlagevermögen (inkl. Aufwendungen für das Ingangsetzen und Erweitern)
	Anpassung der Werte
+	50 % der unternehmensrechtlichen aktivierten Steuerabgrenzung (Alternative I)
+	50 % der im Anhang ausgewiesenen unternehmensrechtlichen aktiven Steuerabgrenzung (Alternative II)
+	100 % der stillen Reserven im unternehmensrechtlichen Anlagevermögen
–	100 % der stillen Lasten im unternehmensrechtlichen Anlagevermögen
+	12,5 % der stillen Lasten im unternehmensrechtlichen Vermögen und im unternehmensrechtlichen Fremdkapital
+	Barwert der zukünftigen Leasingverpflichtungen im Falle von betriebswirtschaftlichem Finanzierungsleasing, das unternehmensrechtlich als Miete bilanziert wurde
	Aktivierungswahlrechte
–	100 % der Aufwendungen für das Ingangsetzen und Erweitern eines Betriebes
+	12,5 % des aufgelösten Disagios und der aufgelösten Aufwendungen für das Ingangsetzen, Erweitern eines Betriebes und sonstiger abgewerteter oder aufgelöster Gegenstände des Umlaufvermögens
	Aktivierungsverbote
+	Zeitwert der selbst erstellten Immaterialgüter des Anlagevermögens
	Saldierungen
–	sonstiges Anlagevermögen, das der Deckung bestimmter Passivposten dient
=	**bereinigtes Anlagevermögen**

Zur Ermittlung des **bereinigten Umlaufvermögens** ist von folgender Rechnung auszugehen:

	unternehmensrechtliches Umlaufvermögen
+	**unternehmensrechtliche aktive Rechnungsabgrenzungsposten**
	Anpassung der Werte
–	100 % der unternehmensrechtlichen aktivierten Steuerabgrenzung (Alternative I)
+	100 % der stillen Reserven im unternehmensrechtlichen Umlaufvermögen
–	100 % der stillen Lasten im unternehmensrechtlichen Umlaufvermögen
	Aktivierungswahlrechte
–	100 % des aktivierten Disagios
	Saldierungen
–	liquide Mittel bis zur Höhe der kurzfristigen Verbindlichkeiten gegenüber Kreditinstituten
–	Vorratsposten bis zur Höhe der diese betreffenden passivierten erhaltenen Anzahlungen auf Bestellungen
–	sonstiges Umlaufvermögen, das der Deckung bestimmter Passivposten dient
=	**bereinigtes Umlaufvermögen**

Ermittlung des **bereinigten Vermögens** der **Energieversorgungs AG**:

Bei der Darstellung des bereinigten Vermögens ist dieses in bereinigtes Anlage- und bereinigtes Umlaufvermögen zu trennen.

Ermittlung des **bereinigten Anlagevermögens** der **Energieversorgungs AG:**

		31.12.2007	31.12.2006
	unternehmensrechtliches Anlagevermögen	**3.081,0**	**3.279,2**
	Anpassung der Werte		
+	50 % der unternehmensrechtlichen aktivierten Steuerabgrenzung (Alternative I)	0,0	0,0
+	50 % der im Anhang ausgewiesenen unternehmensrechtlichen aktiven Steuerabgrenzung (Alternative II)	0,0	0,0
+	100 % der stillen Reserven im unternehmensrechtlichen Anlagevermögen	0,0	0,0
–	100 % der stillen Lasten im unternehmensrechtlichen Anlagevermögen	0,0	0,0
+	12,5 % der stillen Lasten im Unterschiedsbetrag bei der Pensionsrückstellung	8,2	13,1
+	Barwert der zukünftigen Leasingverpflichtungen im Falle von betriebswirtschaftlichem Finanzierungsleasing, das unternehmensrechtlich als Miete bilanziert wurde	0,0	0,0
	Aktivierungswahlrechte		
–	100 % der Aufwendungen für das Ingangsetzen und Erweitern eines Betriebes	0,0	0,0
+	12,5 % des aufgelösten Disagios	0,1	0,2
	Aktivierungsverbote		
	Saldierungen		
–	sonstiges Anlagevermögen, das der Deckung bestimmter Passivposten dient (Wertpapiere des Anlagevermögens, die der Deckung der Abfertigungs- und Pensionsrückstellung dienen)	–152,4	–200,5
=	**bereinigtes Anlagevermögen**	**2.936,9**	**3.092,0**

Ermittlung des **bereinigten Umlaufvermögens** der **Energieversorgungs AG:**

		31.12.2007	31.12.2006
	unternehmensrechtliches Umlaufvermögen	**549,3**	**573,7**
+	**unternehmensrechtliche aktive Rechnungsabgrenzungsposten, soweit sie nicht langfristigen Charakter tragen**[1])	**70,5**	**110,9**
	Anpassung der Werte		
–	100 % des Unterschiedsbetrages bei der Pensionsrückstellung	–65,8	–105,4
	Aktivierungswahlrechte		
–	100 % des aktivierten Disagios	–1,0	–1,3
	Saldierungen		
–	liquide Mittel bis zur Höhe der kurzfristigen Verbindlichkeiten gegenüber Kreditinstituten	–12,4	–43,0
=	**bereinigtes Umlaufvermögen inkl ARA**	**540,6**	**534,9**

[1]) RAP mit langfristigem Charakter sind dem langfristigen Vermögen zuzurechnen.

9.312.2 Behandlung des Finanzierungsleasing

Ein Problem der Ermittlung des bereinigten Vermögens bilden die im Finanzierungsleasing genutzten Anlagen. Da der Leasingnehmer das volle Investitionsrisiko trägt, kann das Finanzierungsleasing betriebswirtschaftlich einem Kauf gleichgestellt werden, mit der Wirkung, dass für Zwecke der Bilanzanalyse sowohl das **Leasingvermögen** als auch die **(nicht kündbaren) Verpflichtungen** Bestandteile der bereinigten Bilanz sind. Das Leasingvermögen ergibt sich aus dem Barwert der Leasingverpflichtungen zum Bilanzstichtag.

Allerdings stehen dem externen Bilanzanalytiker gemäß § 237 Z 8b nur die Summe der Verpflichtungen aus der Nutzung von in der Bilanz nicht ausgewiesenen Sachanlagen des folgenden Geschäftsjahres und der Gesamtbetrag der folgenden fünf Jahre zur Verfügung.

Da die Dauer der Leasingverträge nicht bekannt ist (obwohl angenommen werden kann, dass Leasingverträge über bewegliche Gegenstände des Anlagevermögens selten über einen Zeitraum von 6 – 7 Jahren hinausgehen), und neben den Leasingverpflichtungen auch andere Mietverpflichtungen in den Beträgen enthalten sind, kann eine **Diskontierung der Verpflichtungen** auf den Barwert nur Näherungswerte erbringen. Da der Analytiker den den Leasingverträgen zugrunde liegenden Zinssatz nicht kennt, wird er in der Regel einen Zinssatz heranziehen, der aus der allgemeinen Kapitalmarktlage ableitbar ist, wobei für die über ein Jahr hinausgehenden Verpflichtungen mangels besserer Erkenntnisse gleich bleibende Annuitäten angenommen werden können.

Der so ermittelte **Barwert** wäre sowohl in das bereinigte **Sachanlagevermögen** als auch in die bereinigten **Verbindlichkeiten** einzustellen. Die sich ergebenden Jahreszahlungen wären mangels besserer Information in den kommenden Jahren nach dem Prinzip der Jahresannuitäten (1. Jahr laut Anhangangabe + gleich bleibende Annuitäten des 2. – 5. Jahres) auf Zinsen und Abschreibungen aufzuteilen.

Bezüglich der Feststellung der in der laufenden Gewinn- und Verlustrechnung enthaltenen Leasingzahlungen kann nur auf den **Anhang des Vorjahres** zurückgegriffen werden, in dem die Zahlungen des laufenden Jahres angegeben sind. Dieser Rückgriff kann allerdings nur Näherungswerte zeigen, da in der laufenden Gewinn- und Verlustrechnung auch Beträge enthalten sein können, die im Vorjahr noch nicht enthalten waren (Neuverträge).

Erfolgt eine Bereinigung in diesem Sinne, sind in der Gewinn- und Verlustrechnung des vorliegenden Jahresabschlusses anstelle der nunmehr eingesetzten Abschreibungen und Zinsen die sonstigen Aufwendungen gemäß § 231 (2) Z 8b in gleicher Höhe zu entlasten. Bei Anwendung des Umsatzkostenverfahrens wird die Entlastung mangels besserer Information der Einfachheit halber in den Herstellungskosten vorgenommen werden.

Darüber hinaus wäre auch eine Bereinigung des Anlagenspiegels erforderlich. Eine solche Bereinigung scheitert jedoch an den Informationsdefiziten des externen Analytikers, etwa hinsichtlich der historischen Anschaffungskosten.

Ob der Bilanzanalytiker auf eine Aufnahme der Verpflichtungen gemäß § 237 Z 8b in die Bilanz verzichtet oder die oben geschilderte Methode zur Anwendung bringt, hängt von der Größenordnung dieser Verpflichtungen ab.

Beispiel:

Dem Anhang der **Energieversorgungs AG** ist gem § 237 Z 8b folgende Angabe zu entnehmen:

	Summe	**Betrag des folgenden Jahres**	**Betrag der folgenden fünf Jahre**
31.12.2007	50,8	25,1	46,6
31.12.2006	43,3	22,2	40,6

Aufgrund der Angaben im Anhang werden folgende ab dem Jahr 2009 gleich bleibende Annuitäten angenommen (in Mio €):

	1. Jahr	**2. Jahr**	**3. Jahr**	**4. Jahr**	**5. Jahr**
Annuität per 31.12.2007	25,1	5,4	5,4	5,4	5,3
Barwert per 31.12.2007	**41,3**				
Annuität per 31.12.2006	22,2	4,6	4,6	4,6	4,6
Barwert per 31.12.2006	**36,0**				

Barwert der Leasingraten, Zinssatz 6 %

Barwert 31. 12. 2007

Jahr	1	2	3	4	5	6	Summe 6 Jahre	Summe 5 Jahre
Annuität	**25,1**	5,4	5,4	5,4	5,3	4,2	50,8	46,6
r	1,06	1,06	1,06	1,06	1,06	1,06		
r^n	1,060	1,124	1,191	1,262	1,338	1,419		
Barwert	**23,68**	**4,81**	**4,53**	**4,28**	**3,96**	2,96		**41,26**

Barwert 31. 12. 2007

Jahr	1	2	3	4	5	6	Summe 6 Jahre	Summe 5 Jahre
Annuität	**22,2**	4,6	4,6	4,6	4,6	2,7	43,3	40,6
r	1,06	1,06	1,06	1,06	1,06	1,06		
r^n	1,060	1,124	1,191	1,262	1,338	1,419		
Barwert	**20,94**	**4,09**	**3,86**	**3,64**	**3,44**	1,90		**35,98**

Die Barwerte wurden auf Basis eines Diskontierungszinssatzes in Höhe von 6 % ermittelt. Der Einfachheit halber wurde vom Abfluss jeweils zum Jahresende ausgegangen.

Der Barwert aller Annuitäten beträgt zum 31.12.2007 rund 41 Mio €. Dieser Barwert könnte nun sowohl dem Vermögen als auch den Verbindlichkeiten der Gesellschaft zugeführt werden, wobei 24,0 auf die kurzfristigen und 17,0 auf die langfristigen Verbindlichkeiten entfallen.

Die Bereinigung im obigen Sinn kann jedoch entfallen, da der Barwert nur 1,7 % des Sachanlagevermögens ausmacht und die Bereinigung somit zu keiner wesentlichen Änderung der zu ermittelnden Kennzahlen führen würde.

Falls der Analyse mehrere Jahre unterlegt werden, ist diese Rechnung auch für die vergangenen Jahre durchzuführen, wobei wieder die Angaben gemäß § 237 Z 8b als Grundlage heranzuziehen sind.

9.312.3 Ermittlung des bereinigten Kapitals

9.312.31 Ermittlung des bereinigten Fremdkapitals

Da die **Fristigkeit** des Fremdkapitals für die Zahlungsfähigkeit des Unternehmens eine wesentliche Rolle spielt, ist dieses bereits bei der Ermittlung in seine kurz- und langfristigen Komponenten zu zerlegen, wobei unter kurzfristig alle Posten mit einer Restlaufzeit bis zu einem Jahr anzusehen sind.

Im Hinblick auf die Verbindlichkeiten (§ 224 Abs 3 D) bestehen für den Bilanzanalytiker keine Probleme, da gemäß § 225 Abs 6 bei allen Verbindlichkeiten die **Restlaufzeit** bis zu einem Jahr jedenfalls anzumerken oder im Anhang anzugeben ist.

Schwierigkeiten können sich bei den **Rückstellungen** ergeben. Treten Zweifel bzw Unklarheiten bezüglich der Restlaufzeit auf, sollte im Interesse einer eher vorsichtigen Analyse eine Zuweisung dieses Postens zum kurzfristigen Fremdkapital erfolgen.

Fristigkeiten des Fremdkapitals:

Posten laut unternehmensrechtlicher Bilanz:	**Fristigkeit:**
Rückstellungen für Abfertigungen und Pensionen (C 1, 2)	In der Regel langfristig. Der kurzfristige Anteil ist für den externen Analytiker kaum feststellbar. Einzelne Anhaltspunkte geben die Aufwendungen für Abfertigungen und Pensionen gemäß § 231 Abs 2 Z 6c und 6d, aus denen der Zahlungsanteil nach folgender Rechnung herausgerechnet werden kann: Aufwendungen gesamt ± Senkung bzw Erhöhung des Rückstellungsstandes im Geschäftsjahr ——— tatsächliche Zahlung Die tatsächliche Zahlung, allenfalls noch der Durchschnitt der Zahlungen der vergangenen Jahre, könnte als kurzfristiger Anteil in die Analyse hereingenommen werden. Zu achten ist allerdings darauf, ob nicht das vergangene Jahr durch außergewöhnliche Zahlungen gekennzeichnet war.
Steuerrückstellungen (C 3)	Diese gelten in der Regel als kurzfristig. Es ist allerdings auf die Rückstellungen für latente Steuern gemäß § 198 Abs 9 zu achten, die **ausschließlich langfristigen Charakter** haben.
Sonstige Rückstellungen (C 4)	Wenn aus den Angaben gemäß § 237 Z 7 keine Fristen abgeleitet werden können, sind die sonstigen Rückstellungen zur Gänze dem kurzfristigen Fremdkapital zuzuweisen. **Jubiläumsrückstellungen** sind jedenfalls **langfristig**.
Verbindlichkeiten (D 1 – 8)	Soweit Restlaufzeiten bis zu einem Jahr gegeben sind, ist der Betrag zwingend in

	der Bilanz anzumerken oder im Anhang anzugeben.
Rechnungsabgrenzungsposten (E)	Diese zählen je nach dem Zeitpunkt der Auflösung der abgegrenzten Erträge zum kurz- oder langfristigen Fremdkapital.
Bereinigungen:	
zur Ausschüttung bestimmter Teil des Bilanzgewinnes	zur Gänze kurzfristig
zuzüglich auf die stillen Reserven entfallende latente Steuern	zur Gänze langfristig
zuzüglich in den unversteuerten Rücklagen enthaltene latente Steuern	zur Gänze langfristig
zuzüglich Fehlbetrag gemäß Art X Abs 3 RLG, vermindert um darin enthaltene aktive latente Steuern	zur Gänze langfristig

Die geplante **Ausschüttung des Bilanzgewinnes** des laufenden Geschäftsjahres ergibt sich aus dem zusammen mit dem Jahresabschluss beim Firmenbuch eingereichten Gewinnverwendungsbeschluss (§ 277 Abs 1).

Ermittlung des bereinigten kurz- bzw langfristigen Fremdkapitals der **Energieversorgungs AG:**

		31.12.2007		31.12.2006	
		langfristig	**kurzfristig**	**langfristig**	**kurzfristig**
	Rückstellungen für Abfertigungen	102,2	0,0	121,3	0,0
+	Rückstellungen für Pensionen	416,4	0,0	572,5	0,0
+	Steuerrückstellungen	0,0	0,2	0,0	0,9
+	Sonstige Rückstellungen	150,6	140,3	112,5	131,1
=	**unternehmensrechtliche Rückstellungen**	**669,2**	**140,5**	**806,3**	**132,0**
	Anleihen	861,1	41,5	902,6	41,5
+	Verbindlichkeiten gegenüber Kreditinstituten	0,0	235,4	0,0	185,1
+	Erhaltene Anzahlungen auf Bestellungen	0,0	1,0	0,0	2,8
+	Verbindlichkeiten Lieferungen und Leistungen	0,0	123,3	0,0	148,5
+	Verbindlichkeiten verbundene Unternehmen	0,0	58,6	0,0	246,8
+	Verbindlichkeiten Beteiligungs-unternehmen	0,0	10,1	0,0	3,5
+	Sonstige Verbindlichkeiten	8,9	42,9	6,5	25,0
=	**unternehmensrechtliche Verbindlichkeiten**	**870,0**	**512,8**	**909,1**	**653,2**
+	**unternehmensrechtliche passive Rechnungsabgrenzungsposten**	**3,1**		**3,1**	
	unternehmensrechtliches Fremdkapital	**1.542,3**	**653,3**	**1.718,5**	**785,2**
	Anpassung der Werte				
–	100 % der stillen Reserven im unternehmensrechtlichen Fremdkapital	0,0	0,0	0,0	0,0
+	100% der stillen Lasten im unternehmensrechtlichen Fremdkapital	0,0	0,0	0,0	0,0
+	Barwert der zukünftigen Leasing-verpflichtungen im Falle von betriebswirtschaftlichem Finanzierungsleasing, das unter-nehmensrechtlich als Miete bilanziert wurde	0,0	0,0	0,0	0,0

		31.12.2007		31.12.2006	
		lang-fristig	**kurz-fristig**	**lang-fristig**	**kurz-fristig**
+	zur Ausschüttung bestimmter Teil des Bilanzgewinnes		46,6		37,0
+	12,5 % der unversteuerten Rücklagen gemäß § 12 EStG bzw §§ 8 und 13 EStG	37,5		44,0	
	Saldierungen				
–	liquide Mittel bis zur Höhe der kurzfristigen Verbindlichkeiten gegenüber Kreditinstituten		–12,4		–43,0
–	Vorratsposten bis zur Höhe der diese betreffenden passivierten erhaltenen Anzahlungen auf Bestellungen		0,0		0,0
–	sonstiges Anlagevermögen, das der Deckung bestimmter Passivposten dient (Wertpapiere des Anlagevermögens, die der Deckung der Abfertigungs- und Pensionsrückstellung dienen)	–152,4	0,0	–200,5	0,0
=	**bereinigtes Fremdkapital**	**1.427,4**	**687,5**	**1.562,0**	**779,2**

9.312.32 Ermittlung des verzinslichen Fremdkapitals

Entscheidend für die Zurechnung von Fremdkapital zum verzinslichen oder unverzinslichen Fremdkapital ist das Vorhandensein eines entsprechenden Aufwandspostens für die Nutzung des Kapitals, der aber zwangsläufig nicht immer unter den Zinsenaufwendungen bzw Finanzierungsaufwendungen ausgewiesen wird. Soferne dieser Aufwandsposten nicht unmittelbar unter den Zinsen gebucht ist, könnte das Zinsenäquivalent beispielsweise im Fall der Rückstellungen für das Sozialkapital (Pensionen, Abfertigungen, Dienstnehmerjubiläum) in den Aufwendungen für Altersvorsorge bzw in den Abfertigungsaufwendungen bzw Jubiläumsaufwendungen enthalten sein. Bei nicht bereits im Jahresabschluss aktivierten geleasten Gegenständen wird sich das Zinsenäquivalent zB in den Leasingaufwendungen (bzw Miete) befinden. Andere Möglichkeiten, die aber kaum erkannt werden können, wären der erhöhte Material- oder Warenaufwand für verzinsliche Lieferverbindlichkeiten bzw erhöhte sonstige Aufwendungen bei sonstigen Verbindlichkeiten.

Es ist im Zuge der **Jahresabschlussanalyse jedenfalls erforderlich**, bei der Feststellung des verzinslichen Fremdkapitals die nicht unter den Zinsen verbuchten **Zinsenäquivalente zu erfassen** und in den Bereich der **Finanzierungsaufwendungen umzugliedern**. Es wäre falsch, lediglich den Fremdkapitalposten zum verzinslichen Kapital zu zählen, Zinsenäquivalente, gleichgültig in welcher Aufwandsform, jedoch nicht zu berücksichtigen. Geschieht dies, kann es zu erheblichen Verzerrungen in allen Kennzahlen kommen, die auf dem Ergebnis vor Zinsen basieren. Gravierend könnte sich ein solcher Fehler etwa in der Unternehmensbewertung bei Anwendung einer Entity-Methode (WACC, APV) auswirken.

Können somit bei der Ermittlung des **verzinslichen Fremdkapitals** bei einzelnen Fremdkapitalposten derartige Zinsenäquivalente nicht festgestellt werden, wird man diese Posten dem nicht verzinslichen Fremdkapital zurechnen.

Das verzinsliche Fremdkapital lässt sich daher folgendermaßen ermitteln:

	Rückstellungen für Abfertigungen und Pensionen und Jubiläumsgelder[1])
+	Anleihen und Verbindlichkeiten gegenüber Kreditinstituten
+	Verbindlichkeiten aus Lieferungen und Leistungen[2])
+	Wechselverbindlichkeiten[2])
+	Verbindlichkeiten gegenüber verbundenen Unternehmen und Beteiligungsunternehmen[2])
+	sonstige Verbindlichkeiten[3])
+	Barwert der zukünftigen Leasingverpflichtungen im Falle von betriebswirtschaftlichem Finanzierungsleasing, das unternehmensrechtlich als Miete bilanziert wurde
	Saldierungen
–	liquide Mittel bis zur Höhe der kurzfristigen Verbindlichkeiten gegenüber Kreditinstituten
–	sonstige Aktivposten, die der Deckung von unternehmensrechtlichem verzinslichem Fremdkapital dienen
=	**verzinsliches bereinigtes Fremdkapital**

1) Ist der entsprechende Zinsenaufwand noch nicht in den Finanzierungsaufwendungen ausgewiesen, muss er umgegliedert werden. Ist dies mangels vorhandener Information oder Schätzungsmöglichkeit nicht möglich, darf eine Zurechnung zum verzinslichen Fremdkapital nicht erfolgen.

2) Die Zurechnung zum verzinslichen Fremdkapital wird nur dann erfolgen, wenn die Verzinsung erkennbar und der Zinsenbetrag wenigstens annähernd ermittelbar ist.

3) Verzinsliche Darlehen sind hinzuzurechnen. Hiezu gehören etwa auch Steuerschulden, für die Zinsen vorgeschrieben werden. Für die anderen sonstigen Verbindlichkeiten gilt das unter 2 Gesagte.

Anmerkung:

Ein Problem bilden die latenten Steuerverbindlichkeiten. Soweit diese abgezinst werden, sind sie grundsätzlich dem verzinslichen Fremdkapital zuzuordnen. Solange jedoch die Abzinsung sehr grob mit 50 % erfolgt und der latente Steuerbetrag sich bis zur Fälligkeit nur bei Änderung der Steuerbemessungsgrundlage ändert, sind kein jährlicher Wertzuwachs und damit auch keine periodisch steigende Steuer-(Zins-)belastung feststellbar. Man wird daher die latenten Steuern in diesem Fall nicht zum verzinslichen Fremdkapital zählen.

Ermittlung des **verzinslichen Fremdkapitals** der **Energieversorgungs AG**:

		31.12.2007	31.12.2006
	Rückstellungen für Abfertigungen und Pensionen und Jubiläumsgelder	669,2	806,3
+	Anleihen und Verbindlichkeiten gegenüber Kreditinstituten	1.138,0	1.129,2
+	Verbindlichkeiten gegenüber verbundenen Unternehmen (Finanzverbindlichkeiten)	53,9	228,4
	Saldierungen		
–	liquide Mittel bis zur Höhe der kurzfristigen Verbindlichkeiten gegenüber Kreditinstituten	–12,4	–43,0
–	sonstige Aktivposten, die der Deckung von unternehmensrechtlichem verzinslichem Fremdkapital dienen (Wertpapiere des Anlagevermögens, die der Deckung der Abfertigungs- und Pensionsrückstellung dienen)	–152,4	–200,5
=	**verzinsliches bereinigtes Fremdkapital**	**1.696,3**	**1.920,4**
–	liquide Mittel, die nicht schon bei der Bereinigung mit den kurzfristigen Verbindlichkeiten gegenüber Kreditinstituten saldiert wurden	0,0	0,0
=	**Nettoverschuldung**	**1.696,3**	**1.920,4**

9.312.33 Ermittlung des bereinigten Eigenkapitals

Zur Ermittlung des **bereinigten Eigenkapitals** ist von folgender Rechnung auszugehen:

	unternehmensrechtliches Eigenkapital
	Anpassung der Werte
–	50 % der unternehmensrechtlichen aktivierten Steuerabgrenzung (Alternative I)
+	50 % der im Anhang ausgewiesenen unternehmensrechtlichen aktiven Steuerabgrenzung (Alternative II)
+	50 % der unternehmensrechtlichen passivierten latenten Steuern
+	87,5 % der stillen Reserven im unternehmensrechtlichen Anlage- bzw Umlaufvermögen
–	87,5 % der stillen Lasten im unternehmensrechtlichen Vermögen
+	87,5 % der stillen Reserven im unternehmensrechtlichen Fremdkapital
–	87,5 % der stillen Lasten im unternehmensrechtlichen Fremdkapital
	Aktivierungswahlrechte
–	87,5 % der Aufwendungen für das Ingangsetzen und Erweitern eines Betriebes
–	87,5 % des aktivierten Disagios

	Aktivierungsverbote
+	87,5 % der im Zuge der Bereinigung aktivierten selbst erstellten Immaterialgüter des Anlagevermögens
	Umgliederungen
–	zur Ausschüttung bestimmter Teil des Bilanzgewinnes
+	87,5 % der unversteuerten Rücklagen gemäß § 12 EStG bzw §§ 8 und 13 EStG
=	**bereinigtes Eigenkapital**

Ermittlung des **bereinigten Eigenkapitals** der **Energieversorgungs AG**:

		31.12.2007	31.12.2006
	unternehmensrechtliches Eigenkapital	**1.205,2**	**1.108,3**
	Anpassung der Werte		
–	87,5 % der stillen Lasten im unternehmensrechtlichen Vermögen (Unterschiedsbetrag bei der Pensionsrückstellung)	–57,6	–92,3
+	87,5 % der stillen Reserven im unternehmensrechtlichen Fremdkapital	0,0	0,0
–	87,5 % der stillen Lasten im unternehmensrechtlichen Fremdkapital	0,0	0,0
	Aktivierungswahlrechte		
–	87,5 % der Aufwendungen für das Ingangsetzen und Erweitern eines Betriebes	0,0	0,0
–	87,5 % des aktivierten Disagios	–0,9	–1,1
	Aktivierungsverbote		
	Umgliederungen		
–	zur Ausschüttung bestimmter Teil des Bilanzgewinnes	–46,6	–37,0
+	87,5 % der unversteuerten Rücklagen gemäß § 12 EStG bzw §§ 8 und 13 EStG	262,5	307,8
=	**bereinigtes Eigenkapital**	**1.362,6**	**1.285,7**

9.312.4 Zusammenfassende Darstellung der bereinigten Bilanz der Energieversorgungs AG

Aktiva

	31.12.2007					31.12.2006					1. 01. 2006				
	UGB	Bereinigung			bereinigt	UGB	Bereinigung			bereinigt	UGB	Bereinigung			bereinigt
			Soll	Haben				Soll	Haben				Soll	Haben	
Immat. Vermögensgegenstände	108,0				108,0	122,1				122,1	139,6				139,6
Sachanlagen	2.476,9				2.476,9	2.676,9				2.676,9	2.765,0				2.765,0
Finanzanlagen	496,1	1		152,4	343,7	480,2	1		200,5	279,7	480,8	1		248,5	232,3
Akt. Latente Steuern						0,0									
		8	8,2				8	13,1				8	18,1		
		12	0,1		8,3		12	0,2		13,3		12	0,2		18,3
Summe Anlagevermögen	**3.081,0**				**2.936,9**	**3.279,2**				**3.092,0**	**3.385,4**				**3.155,2**
Vorräte	158,1				158,1	103,1				103,1	154,6				154,6
Forderungen und...	378,8				378,8	427,6				427,6	336,7				336,7
Kassenbestand....	12,4	2		12,4	0,0	43,0	2		43,0	0,0	33,7	2		33,7	0,0
Summe Umlaufvermögen	**549,3**				**536,9**	**573,7**				**530,7**	**525,0**				**491,3**
akt. Rechnungsabgrenzung															
										0,0					0,0
Pensionsr.	65,8	8		8,2		105,4	8		13,1		145,0	8		18,1	
		9		57,6	0,0		9		92,3	0,0		9		126,9	0,0
Disagio	1,0	12		0,1		1,3	12		0,2		1,6	12		0,2	
		13		0,9	0,0		13		1,1	0,0		13		1,4	0,0
Sonstige	3,7				3,7	4,2				4,2	4,1				4,1
Summe ARA	**70,5**				**3,7**	**110,9**				**4,2**	**150,7**				**4,1**
Summe UV inkl. ARA	**619,8**				**540,6**	**684,6**				**534,9**	**675,7**				**495,4**
AKTIVA	**3.700,8**				**3.477,5**	**3.963,8**				**3.626,9**	**4.061,1**				**3.650,6**

Passiva

	31.12.2007					31.12.2006					01.01.2006				
	UGB	Bereinigung			bereinigt	UGB	Bereinigung			bereinigt	UGB	Bereinigung			bereinigt
Grundkapital	-127,7				-127,7	-127,7				-127,7	-127,7				-127,7
Nicht geb. Kapitalrücklagen	-443,0				-443,0	-353,5				-353,5	-353,5				-353,5
Gewinnrücklagen	-587,9					-590,1					-626,5				
		5	5,5				5		**5,0**						
		6	**39,6**				6	**39,6**							
		7		4,9			7	**4,0**							
		9	57,6				9	92,3				9	126,9		
		10	**0,3**				10	**0,3**							
		11		0,1			11	**0,0**							
		13	0,9				13	1,1				13	1,4		
		x		**41,4**	-529,4		x		**38,9**	-496,7					-498,2
Bilanzgewinn	-46,6	3	46,6		0,0	-37,0	3	37,0		0,0	-15,0	3	15,0		0,0
Unverst. Rücklagen	-300,0	4	37,5		-262,5	-351,8	4	44,0		-307,8	-383,8	4	48,0		-335,8
Eigenkapital	**-1.505,2**				**-1.362,6**	**-1.460,1**				**-1.285,7**	**-1.506,5**				**-1.315,2**
kurzfr. Rückstellungen					0,0										
Steuerrückstellungen	-0,2				-0,2	-0,9				-0,9	-41,6				-41,6
Sonstige (ohne Jubiläum)	-140,3				-140,3	-131,1				-131,1	-156,2				-156,2
kurzfr. Verbindlichk.	-512,8	3		46,6		-653,2	3		37,0		-599,5	3		15,0	
		2	12,4		-547,0		2	43,0		-647,2		2	33,7		-580,8
kurzfr. Fremdkapital	**-653,3**				**-687,5**	**-785,2**				**-779,2**	**-797,3**				**-778,6**
langfr. Rückstellungen															
lat. Steuern		4		37,5	-37,5		4		44,0	-44,0		4		48,0	-48,0
Sozialkapital	-518,6	1	152,4		-366,2	-693,8	1	200,5		-493,3	-694,9	1	248,5		-446,4
Jubiläumsgelder	-150,6				-150,6	-112,5				-112,5	-105,0				-105,0
langfr. Verbindlichkeiten	-870,0				-870,0	-909,1				-909,1	-954,3				-954,3
passive Rechnungsabgrenzung	-3,1				-3,1	-3,1				-3,1	-3,1				-3,1
langfristiges Fremdkapital	**-1.542,3**				**-1.427,4**	**-1.718,5**				**-1.562,0**	**-1.757,3**				**-1.556,8**
Fremdkapital gesamt					**-2.114,9**					**-2.341,2**	**-2.554,6**				**-2.335,4**
PASSIVA	**-3.700,8**				**-3.477,5**	**-3.963,8**				**-3.626,9**	**-4.061,1**				**-3.650,6**

x = Übertrag der Gewinnänderung von der Gewinn- und Verlustrechnung: 41,4 (38,9)

Erläuterungen zur bereinigten Bilanz

1. Entwicklung der latenten Steuern und der Veränderung der unversteuerten Rücklage, des Unterschiedsbetrageszur Pensionsrückstellung und des Disagios

	1. 1. 2006	Veränderung	31. 12. 2006	Veränderung	31.12. 2007
Entwicklung der unversteuerten Rücklagen					
Gesamt	383,8	-32,0	351,8	-51,8	300,0
lat. KöSt 12,5 % passiv	**48,0**	**-4,0**	**44,0**	**-6,5**	**37,5**
Übertrag ins Eigenkapital	335,8	-28,0	307,8	-45,3	262,5
Auflösung ARA zur Pensionsrückstellung					
	145,0	-39,6	105,4	-39,6	65,8
lat. KöSt 12,5 % aktiv	**-18,1**	**5,0**	**-13,1**	**4,9**	**-8,2**
	126,9	-34,6	92,3	-34,7	57,6
Disagio	1,6	-0,3	1,3	-0,3	1,0
lat. Köst 12,5 % aktiv	**-0,2**	**0,0**	**-0,2**	**0,1**	**-0,1**
	1,4	-0,3	1,1	-0,2	0,9
Latente Steuern gesamt	**29,7**	**1,0**	**30,7**	**-1,5**	**29,2**
davon aktive Latenz	18,3	-5,0	13,3	-5,0	8,3
davon passive Latenz	48,0	4,0	44,0	6,5	37,5
Aufwand in den Jahren 2006 und 2007		-1,0		1,5	

Entwicklung der aktiven und passiven Steuerlatenz ab 1. 1. 2006

	Stand 1. 1. 2006			Veränderung 2006		Veränderung 2007	
Aktive Steuerlatenz	Stand JA nach UGB	gegen Gewinn-rückl.	Stand 1.1. bereinigt	gegen G&V	Stand 31. 12. bereinigt	gegen G&V	Stand 31. 12. bereinigt
Aktiver Unterschiedsbetrag Pensionsrückstellung	0,0	18,1	18,1	-5,0	13,1	-4,9	8,2
Disagio	0,0	0,2	0,2	0,0	0,2	-0,1	0,1
	0,0	**18,3**	**18,3**	**-5,0**	**13,3**	**-5,0**	**8,3**
Passive Steuerlatenz							
Unversteuerte Rücklagen	**0,0**	**48,0**	**48,0**	**-4,0**	**44,0**	**-6,5**	**37,5**

Steueraufwand/Steuerertrag	1,0	-1,5
	Aufwand	Ertrag

2. Darstellung der Buchungssätze zur Bilanzbereinigung

31.12.2007

Nr.	Text	Betrag	Soll	Haben
1	Ausgleich Wertpapiere mit Sozialkapital	152,4	FK	AV
2	Saldierung Kassa	12,4	FK	UV
3	Gewinnausschüttung bzw. Umbuchung in Fremdkapital	46,6	EK	FK
4	latente Steuern zum 31.12.2007auf unverst Rückl	37,5	EK	lat.St.p.
5	Rückführung Steuer auf Auflösung Bew Reserve	6,5	EK	GV
6	Rückführung Auflösung Aktiver Unterschiedsbetrag	39,6	EK	GV
7	Aktive Steuerabgrenzung auf Rückführung Unterschiedsbetrag	4,9	GV	EK
8	lat Steuern auf aufgel Unterschiedsbetr Pensionsrückst	8,2	lat.St.a.	ARA
9	Übertrag Unterschiedsbetrag auf Gewinnrücklage	57,6	EK	ARA
10	Rückführung Auflösung Akt.Disagio	0,3	EK	GV
11	Aktive Steuerabgrenzung auf Rückführung Disagio	0,1	GV	EK
12	latente Steuern auf aufgelöstes Disagio	0,1	lat.St.a.	ARA
13	Übertrag Disagio auf Gewinnrücklage	0,9	EK	ARA
14	Saldierung der auf die zur Abdeckung der Sozialrückstellungen vorhandenen Wertpapiere entfallenden Zinsen mit den Zinsaufwendungen	7,9	GV	GV
15	Saldierung der Zinserträge auf vorübergehende Veranlagungen mit den Zinsaufwendungen	1,4	GV	GV

AV	Anlagevermögen
ARA	Umlaufvermögen (Aktiver Unterschiedsbetrag PR, Disagio)
Lat.St.a.	Aktive Steuerabgrenzung im Anlagevermögen
Lat.St.p.	Passsive Steuerlatenz in den Rückstellungen
EK	Eigenkapital (Gewinnrücklage, Bilanzgewinn)
GV	Gewinn- und Verlustrechnung

31.12.2006

Nr.	Text	Betrag	Soll	Haben
1	Ausgleich Wertpapiere mit Sozialkapital	200,5	FK	AV
2	Saldierung Kassa	43,0	FK	UV
3	Gewinnausschüttung bzw Umbuchung in Fremdkapital	37,0	EK	FK
4	latente Steuern zum 31.12.2007auf unverst Rückl	44,0	EK	lat.St.p.
5	Rückführung Steuer auf Auflösung Bew Reserve	4,0	EK	GV
6	Rückführung Auflösung Aktiver Unterschiedsbetrag	39,6	EK	GV
7	Aktive Steuerabgrenzung auf Rückführung Unterschiedsbetrag	5,0	GV	EK
8	lat Steuern auf aufgel Unterschiedsbetr Pensionsrückst.	13,1	lat.St.a.	ARA
9	Übertrag Unterschiedsbetrag auf Gewinnrücklage	92,3	EK	ARA
10	Rückführung Auflösung Akt Disagio	0,3	EK	GV
11	Aktive Steuerabgrenzung auf Rückführung Disagio	0,0	GV	EK
12	latente Steuern auf aufgelöstes Disagio	0,2	lat.St.a.	ARA
13	Übertrag Disagio auf Gewinnrücklage	1,1	EK	ARA
14	Saldierung der auf die zur Abdeckung der Sozialrückstellungen vorhandenen Wertpapiere entfallenden Zinsen mit den Zinsaufwendungen	7,9	GV	GV
15	Saldierung der Zinserträge auf vorübergehende Veranlagungen mitt den Zinsaufwendungen	9,2	GV	GV

01.01.2006

Nr	Text		Soll	Haben
1	Ausgleich Wertpapiere mit Sozialkapital	248,5	FK	AV
2	Saldierung Kassa	33,7	FK	UV
3	Gewinnausschüttung bzw Umbuchung in Fremdkapital	15,0	EK	FK
4	latente Steuern zum 31.12.2007auf unverst Rückl	48,0	EK	lat.St.p.
5	Rückführung Steuer auf Auflösung Bew Reserve	--		
6	Rückführung Auflösung Aktiver Unterschiedsbetrag	--		
7	Aktive Steuerabgrenzung auf Rückführung Unterschiedsbetrag	--		
8	lat Steuern auf aufgel Unterschiedsbetr Pensionsrückst	18,1	lat.St.a.	ARA
9	Übertrag Unterschiedsbetrag auf Gewinnrücklage	126,9	EK	ARA
10	Rückführung Auflösung Akt Disagio	--		
11	Aktive Steuerabgrenzung auf Rückführung Disagio	--		
12	latente Steuern auf aufgelöstes Disagio	0.2	lat.St.a.	ARA
13	Übertrag Disagio auf Gewinnrücklage	1,4	EK	ARA
15	Saldierung der auf die zur Abdeckung der Sozialrückstellungen vorhandenen Wertpapiere entfallenden Zinsen mit den Zinsaufwendungen			
16	Saldierung der Zinserträge auf vorübergehende Veranlagungen mitt den Zinsaufwendungen	--		

9.312.5 Aufstellung der bereinigten Gewinn- und Verlustrechnung

Korrespondierend zu den Bereinigungen der Bestandsgrößen ist auch die Gewinn- und Verlustrechnung zu bereinigen. Dabei ist darauf zu achten, dass Veränderungen in den Vermögensbeständen, soweit diese nicht gegen andere Bestandsposten verrechnet werden, gegen den entsprechenden Posten der Gewinn- und Verlustrechnung erfolgen.

Da, wie bereits unter Kapitel 9.311 Pkt 1.a. und b. hingewiesen, wesentlicher Bestandteil einer Jahresabschlussanalyse der Zeivergleich ist, da sich aussagekräftige Daten nur bei Auswertung mehrerer Jahresabschlüsse ergeben, müssen auch die Gewinn- und Verlustrechnungen der Vergleichsjahre entsprechend den Bilanzen bereinigt werden. Zeitlich darüber hinausgehende Veränderungen in den Bilanzbeständen werden direkt gegen das Anfangseigenkapital des ältesten Vergleichsjahres verrechnet.

So ist beispielsweise darauf zu achten, dass die **Auflösung stiller Reserven** im abnutzbaren Anlagevermögen zusätzliche Abschreibungen mit sich bringt oder dass durch die Aufnahme von **geleasten Anlagegegenständen** in die Bilanz die Leasingaufwendungen in **Zinsaufwendungen und Abschreibungen** umgewandelt werden. Das Ausscheiden von Anlagevermögensgegenständen aus der Bilanz bringt häufig die Verminderung vorhandener Abschreibungen mit sich.

Die Aktivierung selbst erstellter **immaterieller Vermögensgegenstände** des Anlagevermögens erhöht, soweit die Aktivierung Vorjahresleistungen betrifft, unmittelbar das Eigenkapital und, soweit sie das laufende Geschäftsjahr betrifft, die aktivierten Eigenleistungen und in beiden Fällen die (laufenden bzw) zukünftigen Abschreibungen.

Darüber hinaus ist die Trennung des im Jahresabschluss **ausgewiesenen Finanzerfolges** in jenen Teil, der aus Finanzinvestitionen, und jenen Teil, der aus der Finanzierung des Unternehmens resultiert, vorzunehmen (siehe hiezu den Abschnitt 9.613.2).

Auch die Saldierung von Aktiv- und Passivposten kann eine Veränderung der Erfolgsstruktur mit sich bringen und daher eine Bereinigung der Erfolgsrechnung erforderlich machen.

Die Bilanzbereinigung bringt ebenfalls eine Veränderung des **Ertragsteueraufwandes** auf Grund der Veränderung der latenten Steuern mit sich.

Bereinigte **Gewinn- und Verlustrechnung** der **Energieversorgungs AG**:

		2007					2006			
		UGB			Anpassung	bereinigt	UGB	Anpassung		bereinigt
1.	Umsatzerlöse	1.540,0				1.540,0	1.564,7			1.564,7
2.	Bestandsveränderungen	59,1				59,1	5,2			5,2
3.	akt Eigenleistungen	29,6				29,6	41,0			41,0
4.	sonst betr Erträge	87,0				87,0	86,1			86,1
	Summe betr Eträge	**1.715,7**				**1.715,7**	**1.697,0**			**1.697,0**
5.	Materialaufwand	-676,8				-676,8	-584,0			-584,0
6.	Personalaufwand	-362,1	6		39,6	-322,5	-452,8		39,6	-413,2
7.	Abschreibungen	-242,2				-242,2	-253,6			-253,6
8.	sonst betr Aufwendungen	-281,7				-281,7	-226,4			-226,4
	Summe betr Aufwendungen	**-1.562,8**				**-1.523,2**	**-1.516,8**			**-1.477,2**
9.	Betriebserfolg	**152,9**				**192,5**	**180,2**			**219,8**
10.	Beteiligungserträge	53,4				53,4	130,1			130,1
11.	Ertr aus WP und Finanzausl[1)]	8,2	14	7,9		0,3	11,2	7,9	4)	3,3
12.	Zinsertrag[2)]	1,4	15	1,4		0,0	9,2	9,2	4)	0,0
13.	Ertr aus Abg und Zuschr Finanzanlagen	0,2				0,2	7,5			7,5
14.	Aufw aus Finanzanl und Umlaufwertpapieren	-4,8				-4,8	-121,9			-121,9
15.	Zinsaufwand[3)]	-104,3	10		0,3		-92,7		0,3	
			14		7,9				7,9	
			15		1,4	-94,7			9,2	-75,3
16.	Finanzerfolg	**-45,9**				**-45,6**	**-56,6**			**-56,3**
17.	Ergebnis der gew Geschäftstätigkeit	107,0				**146,9**	**123,6**			**163,5**
18.	außerordentl Ergebnis	-84,3				**-84,3**	**-154,8**			-154,8
19.	Gewinn vor Steuern	26,0				**62,6**	-31,2			8,7
20.	Ertragsteueren[5)]	-30,1	5,7,11	5,0	6,5	-28,6	-0,2	5,0	4,0	-1,2
21.	Jahresüberschuss/Fehlbetrag	**-7,4**		**41,4**		**34,0**	**-31,4**	**38,9**		**7,5**
				55,7	55,7			61,0	61,0	
22.	Auflösung unversteuerter Rücklagen	**51,8**					**32,0**			
23.	Auflösung von Gewinnrücklagen	**2,2**					**36,4**			
24.	Gewinnvortrag/Verlustvortrag Vorjahr									
25.	Bilanzgewinn	**46,6**					**37,0**			

1) Die auf die zur Abdeckung der Sozialrückstellung dienenden Wertpapiere entfallenden Zinserträge werden mit den Zinsaufwendungen saldiert.
2) Die auf vorübergehende Veranlagungen entfallenden Zinserträge werden mit den Zinsaufwendungen saldiert).
3) Die Berichtigung von 9.6 ergibt sich folgendermaßen: 7,9+1,4+0,3 (Auflösungsbetrag Disagio)
4) Schätzwerte
5) Zusammensetzung der Berichtigungen: Latente Steuern auf Auflösung UB Pensionsr. 4,9 (5,0); Unverst. RL -6,5 (-4,0); Aufl. Di sagio 0,1 (0,0).

Anmerkungen zur Bereinigung der Erfolgsrechnung

Die **Personalaufwendungen** sind – analog zur Kürzung des Vermögens um den Unterschiedsbetrag bei der Pensionsrückstellung – um den Auflösungsbetrag dieses Unterschiedsbetrages zu kürzen. Der Auflösungsbetrag des Geschäftsjahres 2007 wurde der Bewegungsbilanz entnommen und beträgt 39,6. Für das Vergleichsjahr 2006 ergibt sich auf Grund der Bilanz zum 1. 1. 2006 ein gleich hoher Auflösungsbetrag.

Die Trennung der **sonstigen Zinsen** und **ähnlichen Erträge** nach ihrer Zugehörigkeit zu Finanzinvestitionen einerseits und zur Finanzierung andererseits kann durch den externen Analytiker naturgemäß nur überschlagsmäßig erfolgen (siehe hiezu den Abschnitt 9.613.2). Da die kurzfristigen Verbindlichkeiten gegenüber Kreditinstituten im Durchschnitt über den durchschnittlichen liquiden Mitteln lagen, wird der externe Analytiker alle sonstigen Zinsen und ähnlichen Erträge der Finanzierung zurechnen, da eine Saldierung der liquiden Mittel mit den kurzfristigen Verbindlichkeiten gegenüber Kreditinstituten jederzeit möglich wäre. Die Wertpapiere des Anlagevermögens, die zur Gänze der Deckung der Personalrückstellungen dienen, wurden im Zuge der Bereinigungen mit diesen saldiert. Es wären daher die Erträge aus anderen Wertpapieren und Ausleihungen des Finanzanlagevermögens um die Erträge dieser Wertpapiere zu kürzen. Eine genaue Ermittlung der angesprochenen Korrekturen ist für den externen Analytiker nicht möglich, kann daher nur überschlagsmäßig erfolgen. Im Fall der Energieversorgungs AG bietet sich die Möglichkeit aufgrund der Anhangsangabe der durchschnittlichen Verzinsung der Wertpapiere des Anlagevermögens, die Verzinsung dieser Wertpapiere basierend auf dem durchschnittlichen Bestand derselben im Geschäftsjahr 2007 zu ermitteln. Diese Verzinsung kann in weiterer Folge von den Erträgen aus anderen Wertpapieren des Finanzanlagevermögens abgezogen werden; gleichfalls kann diese Verzinsung als Korrektur des Zinsaufwandes verwendet werden. Im Fall der Energieversorgungs AG beträgt die Verzinsung (152,4 + 200,5)/2 * 4,5 % = 7,9.

Die **Zinsaufwendungen** sind – analog zur Kürzung des Vermögens um das Disagio – um den Auflösungsbetrag des Disagios zu kürzen. Dieser Auflösungsbetrag beträgt im Geschäftsjahr 2007 laut Bewegungsbilanz

0,3. Da die liquiden Mittel mit den kurzfristigen Verbindlichkeiten gegenüber Kreditinstituten saldiert wurden, sind die Zinsaufwendungen entsprechend zu vermindern. Exakt müsste man die Zinsaufwendungen um den auf den gekürzten Betrag der Verbindlichkeiten gegenüber Kreditinstituten entfallenden Teil des Zinsaufwands kürzen. Da dies für einen externen Bilanzanalytiker aufgrund von fehlenden Informationen nicht möglich ist, wird man vereinfachend den Zinsaufwand in Höhe der gekürzten Zinserträge ebenfalls kürzen. Insofern wird der Zinsaufwand im Geschäftsjahr 2007 um 1,4 gekürzt.

Die **Steuern vom Einkommen und vom Ertrag** sind – analog zur Kürzung des Vermögens um 50 % der unternehmensrechtlichen aktivierten Steuerabgrenzung – um Auswirkungen dieser Kürzung zu korrigieren. Aus der Veränderung der aktiven und passiven latenten Steuern im Zusammenhang mit dem Unterschiedsbetrag bei der Pensionsrückstellung, dem Disagio und der Bewertungsreserve gemäß § 12 EStG ergeben sich ebenfalls Korrekturen des Steueraufwandes (siehe hiezu die Erläuterungen zur bereinigten Bilanz).

9.312.6 Notwendigkeit der Bereinigung der Bilanz und der Gewinn- und Erfolgsrechnung

Der bereinigte Jahresabschluss dient der **finanzwirtschaftlichen und erfolgswirtschaftlichen** Analyse, wobei dieser für die **Liquiditätsanalyse** nicht oder nur bedingt benötigt wird. Gerade für Liquiditätsanalysen auf der Basis von Zahlungsstromgrößen (zB Geldflussrechnung) werden in der Regel die **Zahlen des unveränderten Jahresabschlusses** herangezogen.

9.32 Aufbereitung

Durch die **Aufbereitung** der aufgrund der vorbereitenden Arbeiten bereinigten, gegliederten und neu bewerteten Bilanz soll diese unmittelbar der Auswertung zugängig gemacht werden.

Die Aufbereitung besteht in der Erstellung von **Prozentbilanzen, Indexbilanzen, Bewegungsbilanzen, Bildung von Mittelwerten,** Erstellung verschiedener **statistischer Darstellungen** etc (vergleiche hiezu die Ausführungen in **Lechner/Egger/Schauer,** 2006[23]).

Wie bereits ausgeführt, wird die Aufbereitung der Bilanz und der Gewinn- und Verlustrechnung je nach dem Zweck der Jahresabschlussanalyse unterschiedlich ausfallen.

9.4 Gliederung der Kennzahlen im Rahmen der Jahresabschlussanalyse

Der Einteilung **Coenenbergs** folgend **(Coenenberg,** 2005[20], S 949 ff), können die Kennzahlen in finanzwirtschaftliche (Investition, Finanzierung und Liquidität) und erfolgswirtschaftliche Kennzahlen (Ertragskraft) eingeteilt werden.

Die **finanzwirtschaftliche Analyse** unterteilt **Coenenberg** in die:
Investitionsanalyse,
Finanzierungsanalyse und
Liquiditätsanalyse.

Die **erfolgswirtschaftliche Analyse** dient der Analyse
des Ergebnisses,
der Erfolgsstruktur,
der Rentabilität,
der Wertschöpfung,
des Break-even-points.

Die nachfolgende Darstellung richtet sich nach dem von **Coenenberg** verwendeten Aufbau.

Eine zunehmend gebräuchliche Einteilung ist die Gliederung der Kennzahlen nach **Gewinn-(Rentabilitäts-)Kennzahlen** und nach **Risikokennzahlen**. Während Gewinnkennzahlen im Hinblick auf die Ertragslage Aussagen treffen, erwartet man von den Risikokennzahlen Aussagen in Bezug auf die Risikolage des Unternehmens.

9.5 Kennzahlen der finanzwirtschaftlichen Analyse

Alle in den nachstehenden Formeln angegebenen Daten beziehen sich, soweit nicht anders angegeben, auf die bereinigten Daten.

9.51 Investitionsanalyse

9.511 Analyse der Vermögensstruktur

Diese hat die Aufgabe, einen Überblick über die Art und Zusammensetzung des Vermögens und – in einem **Zeitvergleich** – ein aussagefähiges Bild über die **Entwicklung der Vermögenslage** zu geben.

Bei der Ermittlung von Kennzahlen ist zu beachten, dass die Vermögensstruktur durch den Geschäftszweig (Branche), die Betriebsgröße, die angewendeten Fertigungsverfahren, Außer-Haus- oder Im-Haus-Fertigung, die Finanzierungsform (Kauf oder Leasing) und das Alter der Anlagen bestimmt wird.

Folgende Kennzahlen kommen zur Anwendung:

$$\textbf{Intensität des Anlagevermögens} = \frac{\text{bereinigtes Anlagevermögen}}{\text{bereinigtes Vermögen}}$$

Anlagenintensität der **Energieversorgungs AG:**

	31.12.2007	**31.12.2006**
bereinigtes Anlagevermögen[1)]	2.928,6	3.078,7
bereinigtes Vermögen	3.477,5	3.626,9
Intensität des Anlagevermögens	84,2	84,9
Veränderung	-0,8 %	

[1)] Die latenten Steuern wurden, ebenso wie die saldierten Wertpapiere, aus dem bereinigten Anlagevermögen herausgenommen.

Die Anlagenintensität hat im Zeitverlauf geringfügig abgenommen, was, wie aus dem Anlagenspiegel entnommen werden kann, vornehmlich darauf zurückzuführen ist, dass die Investitionen hinter den Jahresabschreibungen zurückgeblieben sind.

Will man mit der Anlagenintensität die Kapazität des Unternehmens und deren Entwicklung feststellen, sind immaterielle Gegenstände und das Finanzanlagevermögen aus dieser Rechnung auszuscheiden.

$$\textbf{Intensität der Sachanlagen} = \frac{\text{bereinigtes Sachanlagevermögen}}{\text{bereinigtes Vermögen}}$$

Sachanlagenintensität der **Energieversorgungs AG:**

	31.12.2007	**31.12.2006**
bereinigtes Sachanlagevermögen	2.476,9	2.676,9
bereinigtes Vermögen	3.477,5	3.626,9
Intensität des Anlagevermögens	71,2	73,8
Veränderung	-3,5 %	

Die Veränderung der Sachanlagenintensität ergibt sich vor allem aus der in den Jahren 2006 und 2007 erfolgten Stilllegung dreier Kraftwerksanlagen.

Vorratsintensität

Die Vorräte ergeben sich aus dem Posten B 1 gemäß § 224 Abs 2. Zur Ermittlung der Vorräteintensität können erhaltene Anzahlungen (Passiva D 3), soweit sie bereits verwendet wurden, mit den Vorräten saldiert werden.

$$\textbf{Intensität der Vorräte} = \frac{\text{Vorräte}}{\text{bereinigtes Vermögen}}$$

Vorräteintensität der **Energieversorgungs AG:**

	31.12.2007	31.12.2006
bereinigte Vorräte	158,1	103,1
bereinigtes Vermögen	3.477,5	3.626,9
Intensität der Vorräte	4,5	2,8
Veränderung	59,9 %	

Die Zunahme der Vorräteintensität ergibt sich aus einem erheblichen Lageraufbau, insbesondere bei den noch nicht abrechenbaren Leistungen.

Nähere Erläuterungen über die **Ursachen** des Lageraufbaues können aus der Umsatzentwicklung bzw aus eventuellen Erläuterungen im Anhang und über Aussagen zur allgemeinen Lage des Unternehmens erhalten werden. Ist der Umsatz gestiegen, bedeutet dies in der Regel auch erhöhte Lagerbestände. Spricht der Lagebericht von einer guten Konjunkturentwicklung, kann ebenfalls davon ausgegangen werden, dass der Lageraufbau gewollt ist, um eine bessere Kundenbedienung zu gewährleisten. Spricht der Lagebericht von einer Stagnation bzw einem Rückgang der Konjunktur, bedeutet der Lageraufbau eine im Augenblick nicht absetzbare Produktionsleistung.

Vermögensstrukturzahlen sind besonders im **Zeitvergleich** von guter Aussagekraft, da unter Beachtung anderer Indikatoren Veränderungen der **Vermögensstruktur** Hinweise auf Betriebserweiterungen bzw Einschränkungen oder Änderungen in der Betriebstätigkeit geben können.

Um schlüssige Aussagen treffen zu können, sind unterschiedliche Nebenfeststellungen zu treffen:

Hat sich die Tätigkeit des Unternehmens gewandelt? Aussagen hiezu finden sich im Lagebericht (§ 243), im Anhang über die Zusammensetzung des Umsatzes nach Tätigkeitsbereichen und geographischer Verteilung (§ 237 Z 9).

Ist der leasingfinanzierte Anteil am Anlagevermögen gestiegen? Anhaltspunkte ergeben sich aus Veränderungen in der Miet- und Leasingbelastung des Unternehmens (§ 237 Z 8b).

Will man aus der **Anlagenintensität** bzw der **Vorräte-** und **Forderungsintensität** Schlüsse irgendwelcher Art ziehen, muss man darüber hinaus beachten, ob ein **saisonabhängiges oder nicht saisonabhängiges Unternehmen** analysiert wird, da sich die Vermögensstruktur zu Beginn und am Ende der Saison bzw während und nach der Saison sehr stark unterscheidet.

Will man durch Zeitvergleich die Entwicklung einzelner Vermögensposten feststellen, spielt die Frage der Saison bzw Nichtsaison keine so große Rolle.

9.512 Kennzahlen aus dem Sachanlagenbereich

9.512.1 Allgemeines

Gemäß § 224 im Zusammenhang mit § 226 ist das Anlagevermögen vertikal und horizontal zu gliedern.

Die Bedeutung der **vertikalen Gliederung** für den externen Leser liegt vor allem im Erkennen der Leistungsschwerpunkte des Unternehmens.

Die **horizontale Gliederung** gemäß § 226 bringt besonders in Bezug auf den Erzeugungsbetrieb eine bedeutende Informationsverbesserung mit sich, da dem externen Leser die Anschaffungs- oder Herstellungskosten der genutzten Anlagen, Zu- und Abgänge zu Anschaffungs- oder Herstellungskosten, die kumulierten Abschreibungen, die Jahresabschreibungen sowie die Restwerte getrennt nach Anlagenkategorien kenntlich gemacht werden.

Die Informationswirkung der horizontalen Gliederung liegt vor allem in der Möglichkeit der Feststellung der **Abschreibungs- und Investitionspolitik** des Unternehmens, der **Feststellung des Alters** der Anlagen und daraus folgender möglicher **Reinvestitionserfordernisse** in den kommenden Jahren.

9.512.2 Kennzahlen des abnutzbaren Sachanlagevermögens

$$\textbf{Investitionsdeckung des abnutzbaren Sachanlagevermögens} = \frac{\text{Nettosachanlageinvestitionen des Geschäftsjahres}}{\text{Jahresabschreibung des abnutzbaren Sachanlagevermögens}}$$

Die **Nettosachanlageinvestitionen** ergeben sich aus den Gesamtinvestitionen abzüglich Abgang zu Buchwerten.

Der Buchwert der abgegangenen Anlagen lässt sich folgendermaßen ermitteln:

Buchwert des Anlagevermögens (oder einer Anlagenkategorie) zu Beginn des Geschäftsjahres zuzüglich Zugänge des Geschäftsjahres zuzüglich Zuschreibungen im Geschäftsjahr abzüglich Jahresabschreibungen (planmäßig und außerplanmäßig) abzüglich Buchwert zum Ende des Geschäftsjahres
Buchwert der abgegangenen Anlagen

Die **Investitionsdeckung** gibt an, ob die Investitionen ausreichen, die gegebene **Kapazität** aufrechtzuerhalten. Damit dies der Fall ist, mussten die Investitionen zumindest gleich groß sein wie die Abschreibungen.

Allerdings ist die Kennzahl nur dann aussagefähig, wenn sie im Vergleich über mehrere Jahre hinweg festgestellt wird. Dies gilt umso mehr, wenn ein Unternehmen wenige große Anlagen einsetzt, die stoßweise ersetzt werden.

Bei der Feststellung der **Investitionsdeckung** können allerdings Probleme auftreten:

1. Im Falle einer Unterdeckung muss sich der Analytiker darüber informieren, ob Investitionen zunehmend im **Leasingverfahren** durchgeführt werden. Dies ergibt sich aus den Angaben des § 237 Z 8b. Diese Aussage gilt dann nicht, wenn leasingfinanzierte Anlagen entweder bereits in der unternehmensrechtlichen Bilanz oder im Zuge der Analyse aktiviert werden.
2. Die Rechnung wird durch die allgemeine **Preisentwicklung,** die in der Regel nach oben geht, insoweit beeinflusst, als die Investitionen zu Tageswerten, die Abschreibungen jedoch zu historischen Werten angesetzt werden, womit eine gleich bleibende Kapazität nur dann gegeben ist, wenn die Investitionen höher sind als die Abschreibungen.
3. Die Rechnung berücksichtigt nicht den **technischen Fortschritt,** der trotz gleich bleibender Kapazität zu höheren oder niedrigeren Investitionen führen kann. Dieses Problem ist aber für den externen Analytiker in der Regel nicht zu lösen.

Investitionsdeckung der **Energieversorgungs AG:**

		2007	**2006**
	Zugänge zum Sachanlagevermögen[1]	148,3	333,8
+	Umbuchungszugänge aus den Anzahlungen … ohne unbeb. Grundstücke.	92,9	100,0
–	Zugänge der geleisteten Anzahlungen …	-41,3	-112,8
	Investitionen und Umb. in das abnutzbare Sachanlageverm.	**199,9**	**321,0**

[1] Siehe Anlagenspiegel

		2007	**2006**
	Buchwertabgänge aus dem abnutzbaren Sachanlagevermögen[1]	**37,4**	**36,0**

[1] Siehe Anlagenspiegel

		2007	2006
	Investitionen und Umb. in das abnutzbare Sachanlageverm.	199,9	321,0
–	Buchwertabgänge des abnutzbaren Sachanlageverm.	-37,4	-36,0
	Nettosachanlageinvestitionen des Geschäftsjahres	**162,5**	**285,0**

		2007	**2006**
	Jahresabschreibung des abnutzbaren Sachanlagevernögens	309,7	385,1
–	außerplanm. Abschreibung Kraftwerksanlagen	-84,3	-154,8
	Jahresabschreibung des abnutzbaren Sachanlageverm.	**225,4**	**230,3**

Investitionsdeckung des abnutzbaren Anlagevermögens Nettosachanlageinv. zu Jahresabschreibung	**72,1%**	**123,8%**

[1] Bei Erstellung der Kennzahlen für das abnutzbare Anlagevermögen ist darauf zu achten, dass bei den Kraftwerksanlagen eine außerplanmäßige Abschreibung vorgenommen wurde, die nicht in die planmäßigen Abschreibungen einbezogen werden darf, da sie zu einer starken Verzerrung der daraus getroffenen Ergebnisse führen würde

Wäre das der Berechnung zugrunde liegende Jahr repräsentativ, wäre das Unternehmen einem starken **Schrumpfungsprozess** ausgesetzt. Da dieses Jahr jedoch durchaus zufällig diesen niedrigeren Deckungsgrad haben kann, müssen jedenfalls weitere Jahre herangezogen werden. So betrug die Anlagendeckung im Jahre 2006 123,8 %.

Bei der Investitionsdeckung des abnutzbaren Sachanlagevermögens wäre der Sachanlagenzugang um den Barwert der zukünftigen Leasingverpflichtungen aus Neuzugängen an Finanzierungsleasingverträgen, die im Jahresabschluss als Miete erfasst werden, zu erhöhen. Da dem externen Analytiker aber sowohl die Informationen hinsichtlich der Abnutzbarkeit dieses Leasingvermögens als auch hinsichtlich der Nettoinvestitionen in dieses Leasingvermögen fehlen, scheitert eine Berücksichtigung an diesen Informationsdefiziten. Der Analytiker muss sich allerdings dessen bewusst sein, dass diese Vorgangsweise bei Vorhandensein wesentlicher Leasingverträge zu einem sehr verzerrten Bild führen kann.

Ein Beispiel möge dem Geschäftsbericht des BASF-Konzerns für 2003 entnommen werden, aus welchem diese Kennzahl über einen Zeitraum von 10 Jahren berechnet werden kann:

Jahr	Investitionen in Sachanlagen (in Mio EUR)	Abschreibungen auf Sachanlagen (in Mio EUR)	Investitionsdeckung in %
1994	1.384	2.059	67 %
1995	1.546	1.707	91 %
1996	1.861	1.606	116 %
1997	2.229	1.732	129 %
1998	2.899	1.843	157 %
1999	2.764	2.018	137 %
2000	3.631	2.245	162 %
2001	3.037	2.307	132 %
2002	2.677	2.012	133 %
2003	2.293	1.951	118 %
Summe	**24.321**	**19.480**	**124 %** (Durchschnitt)

Vorliegende Darstellung zeigt die schwankenden Investitionen der einzelnen Jahre im Vergleich zu den relativ gleichmäßig steigenden Abschreibungen, wodurch es in einzelnen Jahren (etwa 1994 und 1995) zu Unterdeckungen kommen kann. Insgesamt liegen die Investitionen etwa 24 % über den Abschreibungen, was auf eine relativ starke Kapazitätsausweitung schließen lässt.

Liegt die Investitionsdeckung über 100 %, spricht man auch von der **Wachstumsrate**.

Von zumindest gleicher Informationswirkung über die **Zu- bzw Abnahme der Kapazität** des Unternehmens ist die Entwicklung der Anschaffungs- oder Herstellungskosten (AKO/HKO) der jeweils zum Bilanzstichtag betrieblich genutzten abnutzbaren Sachanlagen in absoluten Zahlen.

$$\textbf{Abschreibungsquote des abnutzbaren Sachanlagevermögens} = \frac{\text{Jahresabschreibung des abnutzbaren Sachanlagevermögens}}{\text{durchschnittliches abnutzbares Sachanlagevermögen zu AKO/HKO}}$$

Der **durchschnittliche Sachanlagenstand** ist deswegen heranzuziehen, weil die Abschreibungen auch Zu- und Abgänge der Periode betreffen.

Diese Kennzahl gehört deshalb zu den aussagekräftigsten Kennzahlen im Anlagenbereich, weil sie die **Abschreibungspolitik** des Unternehmens wiedergibt. Wird diese Kennzahl getrennt nach Anlagenkategorien dargestellt, kann der Bilanzleser feststellen, ob das Unternehmen eher konservativ (Annahme einer kürzeren Nutzungsdauer) oder unter der Annahme einer längeren Nutzungsdauer abschreibt. Die erste Methode schafft zwar bis zu einem gewissen Ausmaß stille Reserven, bietet aber dem Investor eine bessere Grundlage für **Investitionsentscheidungen,** umso mehr, wenn das Unternehmen trotz der höheren Abschreibungen positive Ergebnisse ausweist und auch auszuschütten vermag.

Das Bild kann allerdings durch folgende Tatsachen verzerrt werden:

Geringwertige Vermögensgegenstände, für die keine unversteuerte Rücklage gemäß § 205 UGB gebildet wird, sind zwar in den Abschreibungen, aber in der Regel nicht im Anfangs- und Endbestand enthalten. Dadurch ergibt sich ein besseres Bild, als der Wirklichkeit entspricht.

Anlagegegenstände, die bereits voll abgeschrieben sind, scheinen noch so lange im Anlagenspiegel auf, bis sie aus dem Betrieb ausscheiden. Da für sie keine Abschreibung mehr anfällt, ergibt sich ein schlechteres Bild als der Wirklichkeit entspricht.

Nicht als **Anlagevermögen** erfasstes Vermögen aus **Finanzierungsleasingverträgen**.

Abschreibungsquote des abnutzbaren Sachanlagevermögens der **Energieversorgungs AG:**

		31.12.2007	31.12.2006	01.01.2006
	Sachanlagevermögen zu AKO/HKO	6.595,5	6.588,8	6.566,8
–	unbebaute Grundstücke zu AKO/HKO	-5,9	-6,6	-7,4
–	Grundwerte der bebauten Grundstücke zu AKO/HKO	-42,5	-42,5	-42,5
–	Geleistete Anzahlungen…..zu AKO/HKO	-60,7	-112,8	-100,0
	abnutzbares Sachanlagevermögen zu AKO/HKO	**6.486,4**	**6.426,9**	**6.416,9**
	durchschnittliches abnutzb.Sachanlagev.zu AKO/HKO 2007	6.456,65		
	durchschnittliches abnutzb.Sachanlagev.zu AKO/HKO 2006		6.421,9	

	planm. Jahresabschr. abnutzb. Sachanlageverm. 2007	225,4		
	planm. Jahresabschr. abnutzb. Sachanlageverm. 2006		230,3	
	Abschreibungsquote des abnutzb. Sachanlageverm. 2007	**3,5% = 28,5 Jahre**		
	Abschreibungsquote des abnutzb. Sachanlageverm. 2006		**3,6% = 27,8 Jahre**	

AKO = Anschaffungskosten
HKO = Herstellungskosten

Die der Ermittlung der Abschreibungsquote zugrunde zu legende normale Abschreibung beträgt 2007 225,4 und 2006 230,3. Sie ergibt sich aus der Verminderung der Gesamtabschreibung um die außerplanmäßige Abschreibung von 84,3 bzw 154,8. Daraus ergibt sich eine Abschreibungsquote von etwa 3,5 % und eine geplante Nutzungsdauer von annähernd 28 Jahren. Diese entspricht in etwa der üblichen Nutzungsdauer von Kraftwerksanlagen.

Ein Einbezug der außerplanmäßigen Abschreibung in die Rechnung würde ein verzerrtes Bild der errechneten Abschreibungsquote ergeben.

Ein deutlicheres Bild ergibt sich, wenn man die Abschreibungsquote der einzelnen Anlagenkategorien ermittelt, da diese sehr unterschiedliche Nutzungsdauern aufweisen.

Abschreibungsquote der technischen Anlagen und Maschinen der **Energieversorgungs AG**:

	31.12.2007	**31.12.2006**	**01.01.2006**
technische Anlagen und Maschinen 2007 zu AKO/HKO	4.763,9	4.719,5	4.684,5
durchschnittliche technische Anlagen und Maschinen 2007	4.741,7		
durchschnittliche technische Anlagen und Maschinen 2006		4.702	

Jahresabschreibung 2007 (238,9-84,3)	154,6	
Jahresabschreibung 2006 (313,4–154,8)		158,6
Abschreibungsquote der techn. Anlagen und Maschinen 07	**3,3 %**	
Abschreibungsquote der techn. Anlagen und Maschinen 06		**3,4 %**
	30,3 Jahre	**29,5 Jahre**

Aus der Abschreibungsquote bei den technischen Anlagen und Maschinen und bei den anderen Anlagen kann die typische Abschreibungspolitik (kurze oder lange Abschreibungsdauer) und damit ein mehr oder weniger vorsichtiges Agieren des Unternehmens herausgelesen werden.

Von großem Erkenntniswert ist die rein statische Kennzahl des Sachanlagenabnutzungsgrades:

$$\textbf{Sachanlagenabnutzungsgrad} = \frac{\text{kumulierte Abschreibungen des abnutzbaren Sachanlagevermögens}}{\text{abnutzbares Sachanlagevermögen zu AKO/HKO}}$$

Sie gibt über das Alter der Sachanlagen und damit über möglicherweise in kurzer Zeit bevorstehende **Reinvestitionserfordernisse** Auskunft. Bei der Auswertung dieser Kennzahl ist auch die **Abschreibungsmethode,** erkenntlich aus den Angaben der Bilanzierungs- und Bewertungsmethoden gemäß § 236, zu berücksichtigen. Bei degressiver Abschreibung ist beispielsweise die **kumulierte Abschreibung** bei gleichem Alter der Sachanlage erheblich größer als bei linearer Abschreibung. Gleiches gilt für den Fall, dass in der Vergangenheit **außerplanmäßige Abschreibungen** vorgenommen wurden.

Bei der Auswertung dieser Kennzahl ist auch die oben erwähnte Abschreibungsquote zu berücksichtigen. Je höher diese ist, desto höher sind der ausgewiesene **Sachanlagenabnutzungsgrad** und damit eventuelle **stille Reserven**.

Sachanlagenabnutzungsgrad der **Energieversorgungs AG:**

		31.12.2007	31.12.2006
	kumulierte Abschreibung Sachanlagevermögen	4.118,6	3.911,9
–	kumulierte Abschreibung Grundwerte der bebauten Grundstücke	–2,0	–2,0
–	kumulierte Abschreibung geleistete Anz. und Anlagen in Bau	–1,3	–1,3
=	kumulierte Abschreibungen des abnutzbaren Sachanlageverm.	**4.115,3**	**3.908,6**
=	**abnutzbares Sachanlagevermögen zu AKO/HKO** wie oben	**6.486,4**	**6.426,9**
	Sachanlagenabnutzungsgrad	63,4	60,8

Bezüglich der Behandlung der **geleasten Anlagen** siehe diesbezügliche Anmerkung bei der Ermittlung der Abschreibungsquote.

Die Sachanlagen sind Ende 2007 mit rund 63 % abgeschrieben. Es kann somit von einer beginnenden Überalterung des abnutzbaren Sachanlagevermögens gesprochen werden. Der Abnutzungsgrad betrug Ende 2006 rd. 60 %.

In gleicher Weise wie die **Abschreibungsquote** kann auch der **Sachanlagenabnutzungsgrad** auf die einzelnen Anlagenkategorien bezogen werden.

9.513 Vermögensumschlagszahlen

Die **Umschlagshäufigkeit** gibt an, wie oft sich ein bestimmter Vermögens- bzw Kapitalposten bzw das gesamte Vermögen in einer bestimmten Periode erneuert.

Die **Umschlagshäufigkeit** gehört zu den **wichtigsten Kennzahlen** in der Vermögens- und Finanzwirtschaft des Unternehmens, da sie sowohl die Vermögens- als auch die Kapitalstruktur erheblich beeinflusst. Je höher die **Umschlagshäufigkeit,** desto kürzer die **Umschlagsdauer.** Daraus ergeben sich bei gleichem Umsatz geringere Vermögensbestände und eine geringere Kapitalbindung.

Aus der Umschlagshäufigkeit kann die durchschnittliche Bestandsdauer abgeleitet werden. Sie ergibt sich aus der Formel:

$$\text{Umschlagsdauer in Tagen} = \frac{365}{\text{Umschlagshäufigkeit}}$$

$$\text{Umschlagsdauer in Monaten} = \frac{12}{\text{Umschlagshäufigkeit}}$$

9.513.1 Umschlagshäufigkeit des Vermögens

$$\textbf{Umschlagshäufigkeit des Vermögens} = \frac{\text{Umsatzerlöse}}{\text{durchschnittliches bereinigtes Vermögen}}$$

$$\textbf{Umschlagsdauer des Vermögens in Tagen} = \frac{365}{\text{Umschlagshäufigkeit des Vermögens}}$$

Vermögensumschlagshäufigkeit der **Energieversorgungs AG:**

	2007	**2006**	
Umsatzerlöse	1.540,0	1.564,7	
	31.12.2007	**31.12.2006**	**01.01.2006**
bereinigtes Vermögen	3.477,5	3.626,9	3.650,6
durchschnittliches bereinigtes Vermögen 2007	3.552,2		
durchschnittliches bereinigtes Vermögen 2006		3.638,8	
Umschlagshäufigkeit des Vermögens	**0,43**	**0,43**	
Umschlagsdauer des Vermögens in Tagen	**849**	**849**	

Eine **steigende Umschlagshäufigkeit** des Gesamtvermögens als Ergebnis eines mehr oder weniger sparsamen und rationellen Vermögenseinsatzes („Vermögensmanagement", zB Lagerorganisation, Mahnwesen) führt zu folgenden allgemeinen Konsequenzen:

Eine **höhere Umschlagshäufigkeit** verringert bei gleichem Umsatz den Vermögenseinsatz und das damit verbundene **Risiko,** und den Kapitaleinsatz mit der Folge einer **besseren Kapitalstruktur** (Eigen- zu Fremdkapital), einer besseren Kreditstruktur (Verhältnis verschiedener Fremdkapitalposten zueinander) und geringerer Zinsen. Diese Zinsensenkung wird in vielen Fällen progressiv verlaufen, da nicht nur weniger Kapital zum Einsatz kommt, sondern auch das teurere Kapital rückgezahlt werden kann.

Der sich als Konsequenz aus der **höheren Umschlagshäufigkeit** ergebende **geringere Vermögenseinsatz** führt bei gleicher **Umsatzrentabilität** zu einer höheren **Vermögensrentabilität (ROI),** wie aus nachfolgender Darstellung hervorgeht:

$$\text{ROI} = \frac{\text{Umsatzerlöse}}{\text{durchschnittliches bereinigtes Vermögen}} \times \frac{\text{EBIT}}{\text{Umsatzerlöse}}$$

Steigt der Quotient des ersten Bruches, ergibt sich bei gleich bleibendem Quotienten des 2. Bruches ein steigender **ROI**. Diese (nicht neue) Erkenntnis wird von vielen Unternehmen dahin gehend ausgenutzt, dass versucht wird, einerseits die Preise zu senken, dafür aber durch Umsatzerhöhung bei gleichem Vermögenseinsatz mit erhöhter Umschlagshäufigkeit das Ergebnis zu halten oder zu steigern.

Steigende Umschlagshäufigkeit muss jedoch nicht immer das Ergebnis eines rationelleren Vermögenseinsatzes sein. Eine steigende Umschlagshäufigkeit kann sich beispielsweise auch dann ergeben, wenn notwendige Reininvestionen in das Anlagevermögen nicht vorgenommen werden oder wenn das Unternehmen in großem Maße auf Leasing umsteigt und den Vermögenseinsatz nunmehr ohne Berücksichtigung der geleasten Anlagen ermittelt. Im Zuge der Auswertung dieser Kennzahl muss daher darauf geachtet werden, ob sich die Prämissen nicht geändert haben.

9.513.2 Umschlagshäufigkeit der Vorräte

Die **Umschlagshäufigkeit der Vorräte** ergibt sich grundsätzlich aus der Formel:

$$\frac{\text{Vorratsverbrauch (Vorräteeinsatz)}}{\text{durchschnittliches Lager}}$$

Die Vorräte sind dem § 224 Abs 2 B 1 zu entnehmen.

Die **Umschlagshäufigkeit der Vorräte** kann grundsätzlich auf die Roh-, Hilfs- und Betriebsstoffe, die unfertigen und fertigen Erzeugnisse und Waren oder auf die gesamten Vorräte bezogen werden.

Abgesehen von der Ermittlung der **Umschlagshäufigkeit des Warenlagers** in einem Handelsbetrieb, die sich aus der Division

$$\frac{\text{Materialaufwand gemäß § 231 Abs 2 Z 5a}}{\text{durchschnittliches Warenlager gemäß § 224 Abs 2 B 1}}$$

ergibt, ist es dem externen Bilanzleser bei Anwendung des **Gesamtkostenverfahrens** kaum möglich, eine annähernd exakte Umschlagshäufigkeit der Vorratsbestände zu ermitteln, da die Zählergröße, der Vorratsverbrauch bzw Vorratseinsatz fehlt. Möglich wäre die Ermittlung der Umschlagshäufigkeit der Roh-, Hilfs- und Betriebsstoffe durch folgende Rechnung:

$$\textbf{Umschlagshäufigkeit der Roh-, Hilfs- und Betriebsstoffe} = \frac{\text{Posten gem § 231 Abs 2 Z 5 lit a UGB}}{\text{durchschnittliche Roh-, Hilfs- und Betriebsstoffe}}$$

$$\textbf{Umschlagsdauer der Roh-, Hilfs- und Betriebsstoffe in Tagen} = \frac{365}{\text{Umschlagshäufigkeit der Roh-, Hilfs- und Betriebsstoffe}}$$

Auch hier ist allerdings Vorsicht geboten, da der externe Bilanzleser nicht in der Lage ist, festzustellen, wie weit außer dem Roh-, Hilfs- und Betriebsstoffverbrauch noch andere Materialaufwendungen, etwa Energiekosten, in der Zählergröße enthalten sind.

Es ist jedenfalls **unrichtig,** bei Ermittlung der Umschlagshäufigkeit der Vorräte anstelle des Vorratseinsatzes (Herstellungskosten der verkauften Produkte) den **Umsatz als Zählergröße** heranzuziehen. Da der Umsatz abgesehen von den reinen Herstellungskosten noch die Verwaltungs- und Vertriebskosten sowie den Gewinnanteil enthält, ist das Ergebnis dieser Rechnung erheblich (manchmal bis zum Mehrfachen der tatsächlichen Umschlagshäufigkeit) verfälscht.

Ein Beispiel möge dies verdeutlichen:

(in 1.000 €)	
Erlös	10.000
Wareneinsatz	6.000
Handelsspanne	4.000

Das Durchschnittslager beträgt, bewertet zu Einstandspreisen, 2.500.

Obwohl die tatsächliche Umschlagshäufigkeit 2,4 ist (6000 : 2.500), würde sich im Falle der Verwendung des Umsatzes im Zähler eine solche von 4 ergeben. Dieser Fehler kann deswegen unangenehme Folgen haben, als dem Leser eine durchschnittliche Lagerdauer von 3 Monaten angezeigt wird, die tatsächliche Lagerdauer aber 5 Monate beträgt.

Man wird gegen diese Aussage allerdings auch einwenden können, dass den Bilanzanalytiker ja nicht die derzeitige Umschlagshäufigkeit interessiere, sondern die Entwicklung derselben; und diese kann er trendmäßig auch dann sehen, wenn im Zähler der Umsatz steht.

Wie schon hingewiesen, ist die **Umschlagshäufigkeit** durch dem externen Bilanzanalytiker nicht erkennbare Einflüsse in der Regel (meist in Richtung eines verbesserten Bildes) verzerrt, was aber bei der Durchführung von Zeitvergleichen in Kauf genommen werden kann.

Mit umso größerer Vorsicht ist die **Umschlagsdauer** zu sehen, da sie das Bild einer zeitlich konkreten Vermögensbindung vermittelt, die möglicherweise in der Realität nicht gegeben ist.

Ermittlung der **Umschlagshäufigkeit der Roh-, Hilfs- und Betriebsstoffe** der **Energieversorgungs AG:**

	2007	**2006**	
Materialverbrauch gem Erfolgsbilanz § 231 5a	121,0	135,4	
	31.12.2007	**31.12.2006**	**01.01.2006**
Bestand an Roh-, Hilfs- und Betriebsstoffen	91,7	95,9	96.3
durchschnittlicher Bestand 2007	93,8		
durchschnittlicher Bestand 2006		96,1	
Umschlagshäufigkeit der Roh-, Hilfs- und Betriebsstoffe	1,3	1,4	

Folgende **Fehlerquelle** ist zu beachten:

Die Handelswaren sind wohl im Materialaufwand, nicht aber in den Lagerbeständen der Roh-, Hilfs- und Betriebsstoffe berücksichtigt.

Bei Anwendung des **Umsatzkostenverfahrens** gibt der Posten 2 „Herstellungskosten der zur Erzielung der Umsatzerlöse erbrachten Leistungen" eine relativ gute Möglichkeit zur Ermittlung der Umschlagshäufigkeit der Vorräte:

$$\textbf{Umschlagshäufigkeit der Vorräte} = \frac{\text{Herstellungskosten der zur Erzielung der Umsatzerlöse erbrachten Leistungen}}{\text{durchschnittlicher Bestand an Vorräten}}$$

Allerdings führt auch diese Rechnung in der Regel zu einem **besseren Ergebnis** als es der Wirklichkeit entspricht. Während im Umsatz zu Herstellungskosten zur Gänze die anteiligen Fertigungskosten (Fertigungslöhne, Fertigungsgemeinkosten) enthalten sind, enthalten die im Vorratslager enthaltenen Materialien (Rohstoffe) keine und die unfertigen Erzeugnisse (in Produktion befindliche Erzeugnisse) Fertigungskosten in unterschiedlicher Höhe.

Ein **zusätzlicher Unsicherheitsfaktor** liegt im unterschiedlichen Inhalt der Herstellungskosten der Bestände und der Herstellungskosten der Gewinn- und Verlustrechnung. Während die Herstellungskosten der Bestände im Extremfall ausschließlich Einzelkosten enthalten, umfassen die Herstellungskosten in der Gewinn- und Verlustrechnung die gesamten Gemeinkosten, soweit diese dem Herstellungsbereich angehören.

Trotz ihrer Unzulänglichkeit gibt die Entwicklung der **Umschlagsgröße der Vorräte** relativ gute Informationen über das **Lagermanagement.** Eine steigende Umschlagshäufigkeit bringt, wie schon dargestellt, eine geringere durchschnittliche Lagerdauer mit sich. Geringere Lagerdauer mindert auf der einen Seite das Risiko des Entstehens von Ladenhütern und auf der anderen Seite den Einsatz von Fremdkapital und erspart damit Zinsen.

9.513.3 Umschlagshäufigkeit der Debitoren

Diese und die Umschlagsdauer der Debitoren ergibt sich aus folgenden Brüchen:

$$\textbf{Umschlagshäufigkeit der Debitoren} = \frac{\text{Umsatzerlöse inklusive Umsatzsteuer}}{\text{durchschnittlicher Debitorenstand}}$$

$$\textbf{Umschlagsdauer der Debitoren in Tagen} = \frac{365}{\text{Umschlagshäufigkeit der Debitoren}}$$

Als Umsatz wird der Posten 1 gemäß § 231 Abs 2 herangezogen.

Der **durchschnittliche Forderungsbestand** wird mangels besserer Information aus den jeweiligen Forderungsbeständen zum Anfang und Ende der Periode ermittelt. Dabei können sich aus mehr oder minder großen Schwankungen des Jahres Fehlerquellen ergeben. Der Forderungsbestand zu den Stichtagen ergibt sich aus:

	Forderungen aus Lieferungen und Leistungen
+	Forderungen aus Lieferungen und Leistungen gegenüber verbundenen Unternehmen
+	Forderungen aus Lieferungen und Leistungen gegenüber Unternehmen, mit denen ein Beteiligungsverhältnis besteht
+	von den Forderungen abgezogene Pauschalwertberichtigung
=	**Debitorenstand**

Die in den **Forderungen gegen verbundene Unternehmen** und gegen **Unternehmen, mit denen ein Beteiligungsverhältnis besteht,** enthaltenen Entgelte aus Forderungen aus Lieferungen und Leistungen, sollten gemäß § 223 Abs 5 entweder im Anhang angegeben oder in der Bilanz bei dem Posten Forderungen gegenüber verbundenen Unternehmen gesondert vermerkt werden. Dies gilt allerdings nur für den Fall, dass dies zur Aufstellung eines klaren und übersichtlichen Jahresabschlusses erforderlich ist, wenn also diese Forderungen nicht von untergeordneter Bedeutung sind.

In den Forderungen berücksichtigte **Pauschalwertberichtigungen** sind gemäß § 226 Abs 5 für den entsprechenden Posten der Bilanz im Anhang anzugeben.

Ein für den externen Bilanzanalytiker in der Regel nicht zu lösendes Problem bilden **Forderungsausfälle** und **Einzelwertberichtigungen** zu Forderungen. Beide haben den Forderungsbestand in der Bilanz verringert und bewirken damit eine scheinbare Erhöhung der Umschlagshäufigkeit der Forderungen. Sie sollten daher ebenfalls wieder den Forderungen zugezählt werden.

Bei der Feststellung der **in den Forderungen enthaltenen Umsatzsteuer** ergeben sich für den externen Bilanzleser Probleme, wenn das Unternehmen sowohl **Inlands- als auch Auslandsumsätze** tätigt, die Inlandsumsätze unterschiedlichen Steuersätzen unterliegen (Kaufhäuser), oder Lieferungen an verbundene Unternehmen getätigt werden, mit denen ein Organschaftsverhältnis besteht.

Eine Trennung in Nettoforderung und Umsatzsteuer ist für den externen Bilanzanalytiker aufgrund fehlender Jahresabschlussinformationen nicht möglich. Daher wird man die Umsatzerlöse näherungsweise um die Umsatzsteuer erhöhen, um eine vergleichbare Berechnungsbasis zu erhalten. Entsprechende Informationen sind dem Anhang (§ 237 Z 9) zu entnehmen.

Ein weiteres Problem, das wohl dem externen, nicht aber dem internen Analytiker Schwierigkeiten bereiten kann, ist das für den externen Leser nicht erkennbare Vorliegen von **Kassen- und Zielumsätzen.** Die Trennung ist deshalb von Bedeutung, weil Kassenumsätze bei der Ermittlung der Debitorenumschlagshäufigkeit jedenfalls aus der Rechnung eliminiert werden müssten.

Die Debitorenumschlagshäufigkeit ist für den internen Analytiker insoweit ein hervorragendes **Steuerungs- und Kontrollinstrument,** als er durch den Vergleich der vertraglich gewährten Zahlungsziele mit der tatsächlichen Außenstandsdauer die Güte des Mahnwesens und die Zahlungsfreudigkeit der Kunden feststellen kann. Für den externen Analytiker bieten sich im **Zeitvergleich** Informationen über die Entwicklung der Stellung des Unternehmens gegenüber seinen Kunden, möglicherweise auch die positive oder negative Entwicklung des Mahnwesens. Im **zwischenbetrieblichen Vergleich** kann festgestellt werden, wie sich die Zielgewährung des Unternehmens im Vergleich zu anderen Unternehmen darstellt.

Debitorenumschlagshäufigkeit der **Energieversorgungs AG:**

		2007	2006
	Umsatzerlöse in Österreich	1.514,0	1.562,5
+	20 % Umsatzsteuer	302,8	312,5
+	Umsatzerlöse in anderen EU-Ländern	12,3	2,3
+	Umsatzerlöse Drittländer	13,7	0,0
=	**Umsatzerlöse inklusive Umsatzsteuer**	**1.842,8**	**1.877,3**

	2007	2006	2005
Umsatzerlöse inklusive Umsatzsteuer	**1.842,8**	**1.877,3**	
Forderungen L & L inkl. gegenüber verb. und Beteiligungsunternehmen	257,2	336	232,1
zuz. Pauschalwertberichtigungen	0		0
Debitorenstand	257,27	336	232,1
durchschnittlicher Debitorenstand 2007	**296,6**		
durchschnittlicher Debitorenstand 2006		**284,1**	
Debitorenumschlagshäufigkeit	6,2	6,6	
Umschlagsdauer in Tagen	58,7	55,2	

Obwohl der externe Bilanzanalytiker nicht die Möglichkeit hat, die Sollaußenstandsdauer festzustellen, die sich aufgrund der vertraglichen Vereinbarungen ergibt, kann im vorliegenden Fall doch gesagt werden, dass eine Außenstandsdauer von 22–25 Tagen relativ kurz und die Gefahr eines Forderungsausfalls somit begrenzt ist.

9.513.4 Umschlagshäufigkeit der Kreditoren

$$\textbf{Umschlagshäufigkeit der Kreditoren} = \frac{\text{Materialzukauf inkl. Umsatzsteuer}}{\text{durchschnittlicher Kreditorenstand}}$$

$$\textbf{Umschlagsdauer der Kreditoren in Tagen} = \frac{365}{\text{Umschlagshäufigkeit der Kreditoren}}$$

Diese nicht unmittelbar zur **Investitionsanalyse** gehörende Kennzahl soll dem Kreditgeber insoweit Informationen vermitteln, als dieser aus einer fallenden Umschlagshäufigkeit schließen kann, dass das Unternehmen andere (günstigere) Kreditquellen nicht mehr in Anspruch nehmen kann und auf die **Lieferantenfinanzierung** ausweicht.

Abgesehen vom Problem der in den Kreditoren enthaltenen Umsatzsteuer ergibt sich für den externen Bilanzanalytiker bei der Ermittlung der Umschlagshäufigkeit die nicht zu lösende Tatsache, dass der Kreditorenstand auch andere Leistungen (zB sonstige betriebliche Aufwendungen gem 8b) als den reinen Roh-, Hilfs- und Betriebsstoffeinkauf und bezogene Leistungen umfasst, Zähler und Nenner inhaltlich somit erheblich voneinander abweichen können. Hinzu kommt, dass der externe Analytiker den Materialzukauf nicht unmittelbar dem Jahresabschluss entnehmen kann und er diesen aus dem Materialverbrauch zuzüglich Lageraufbau abz Lagerabbau der Roh-, Hilfs- und Betriebsstoffe schätzen muss. Das Gleiche gilt für reine Warenbestände. Dies sollte den **Analytiker zu großer Vorsicht** bei der Verwendung dieser Kennzahl veranlassen.

9.52 Finanzierungsanalyse

Durch die Finanzierungsanalyse sollen die **Kapitalstruktur** (Eigenkapitalquote, Fremdkapitalquote) sowie die **Kreditstruktur** (Verhältnis der einzelnen Kreditformen zueinander) festgestellt und daraus das Kreditpotential des Unternehmens ermittelt werden.

9.521 Ermittlung der Kapitalstruktur

Kennzahlen der Kapitalstruktur sollen über die Quellen und die Zusammensetzung, die Art und Fristigkeit des Kapitals Auskunft geben.

Die **Kapitalstruktur** der **Energieversorgungs AG** zeigt folgendes Bild:

Bereinigte Bilanzen

			31.12. 2007		31. 12. 2006		01.01.2006	
			Betrag	Prozent	Betrag	Prozent	Betrag	Prozent
Eigenkapital	Selbstfinanzierung Gewinnrückl.+ Bilanzg.		791,9	22,8	804,5	22,2	834,0	22,8
	Außenfinanzierung	Grundk.+ Kap.Rl.	570,7	16,4	481,2	13,2	481,2	13,2
			1.362,6	**39,2**	**1.285,7**	**35,4**	**1315,2**	**36,0**
Fremdkapital	langfristig		1.427,4	41,0	1.562,0	43,1	1556,8	42,6
	kurzfristig		687,5	19,8	779,2	21,5	778,6	21,4
			2.114,9	60,8	**2.341,2**	**64,6**	**2335,4**	64,0
	Gesamtkapital		**3.477,5**	**100,0**	**3.626,9**	**100,0**	**3650,6**	**100,0**

		31. 12. 2007		31. 12. 2007		01.01.2006	
Bindungsdauer	langfristig (EK+FK)	2.790,0	80,2	2.847,7	78,5	2.872,0	78,7
Kapital	kurzfristig (FK)	687,5	19,8	779,2	21,5	778,6	21,3
		3.477,5	**100,0**	**3.626,9**	**100,0**	**3.650,6**	**100,0**

Die Kapitalstruktur hat sich trotz der Gewinnausschüttung von 37 Mio € gegenüber 2006 etwas verbessert. Es ist allerdings zu bemerken, dass von den Aktionären eine Zuzahlung von 90,5 geleistet wurde. Diese Zuzahlung kann aus der Veränderung der Kapitalrücklage ersehen werden. Der langfristige Anteil am Gesamtkapital ist mit 80,2 % gegenüber 78,5 % ebenfalls gestiegen.

Insgesamt gesehen kann die Kapital- und Kreditstruktur als gut angesehen werden.

9.522 Die wichtigsten Kennzahlen der Finanzierungsanalyse

9.522.1 Fremdkapitalquote, Eigenkapitalquote

$$\textbf{Fremdkapitalquote} = \frac{\text{bereinigtes Fremdkapital}}{\text{bereinigtes Gesamtkapital}}$$

Ermittlung der **Fremdkapitalquote** der **Energieversorgungs AG**:

	31.12.2007	**31.12.2006**
bereinigtes Fremdkapital	2.114,9	2.341,2
bereinigtes Gesamtkapital	3.477,5	3.626,9
Fremdkapitalquote	**60,8 %**	**64,6 %**
Veränderung	**– 6 %**	

Komplementär zur Fremdkapitalquote ist die Eigenkapitalquote folgendermaßen definiert:

$$\textbf{Eigenkapitalquote} = \frac{\text{bereinigtes Eigenkapital}}{\text{bereinigtes Gesamtkapital}}$$

Ermittlung der **Eigenkapitalquote** der **Energieversorgungs AG**:

	31.12.2007	**31.12.2006**
bereinigtes Eigenkapital	1.362,6	1.285,7
bereinigtes Gesamtkapital	3.477,5	3. 626,9
Eigenkapitalquote	**39,2 %**	**35,4 %**
Veränderung	**10,7 %**	

$$\textbf{Eigenkapital je Aktie} = \frac{\text{bereinigtes Eigenkapital}}{\text{Anzahl der Aktien}}$$

Diese Kennzahl ist interessant im Vergleich zum Aktienkurs. Es ist allerings zu beachten, dass Analysten und sonstige außenstehende Aktionäre bei Verwendung dieser Formel mangels besserer Information vom buchmäßigen (unternehmensrechtlichen) Eigenkapital ausgehen.

Eigenkapital je Aktie der **Energieversorgungs AG:**

	31.12.2007	**31.12.2006**
Anzahl der Aktien in Mio Stück	37,0	37,0

bereinigtes Eigenkapital	1.362,6	1.285,7
Eigenkapital pro Aktie in EUR	**36,8**	**34,7**
Veränderung	**6,1 %**	

9.522.2 Verschuldungsgrad, Gearing

$$\textbf{Verschuldungsgrad} = \frac{\text{bereinigtes Fremdkapital}}{\text{bereinigtes Eigenkapital}}$$

Verschuldungsgrad der **Energieversorgungs AG**:

	31.12.2007	**31.12.2006**
bereinigtes Fremdkapital	2.114,9	2.341,2
bereinigtes Eigenkapital	1.362,6	1.285,7
Verschuldungsgrad	**155,2 %**	**182,1 %**
Veränderung	**14,8 %**	

Berücksichtigt man bei der Ermittlung des Verschuldungsgrades nur das verzinsliche Fremdkapital nach Abzug der liquiden Mittel (**Nettoverschuldung**), erhält man die international übliche Kennzahl **„Gearing"** bzw **„Gearing ratio"**.

$$\textbf{Gearing} = \frac{\text{Nettoverschuldung}}{\text{bereinigtes Eigenkapital}}$$

Gearing der **Energieversorgungs AG** (ohne Sozialkapital):

		31.12.2007	**31.12.2006**
	verzinsliches bereinigtes Fremdkapital*	**1.696,3**	**1.920,4**
–	liquide Mittel, die nicht schon bei der Bereinigung mit den kurzfristigen Verbindlichkeiten gegenüber Kreditinstituten saldiert wurden	0,0	0,0
=	**Nettoverschuldung**	**1.696,3**	**1.920,4**

bereinigtes Eigenkapital	1.362,6	1.285,7
Gearing	**124,5 %**	**149,4 %**
Veränderung	**16,7 %**	

* Siehe Kap. 9.312.32

Das Gearing des Unternehmens hat sich deutlich verbessert. Wie Berechnungsformel und Beispiel deutlich zeigen, ist die Gearing Ratio immer (uU erheblich) niedriger als der Verschuldungsgrad.

Die Kennzahl Gearing stellt eine Weiterentwicklung des Verschuldungsgrades dar. Während der Verschuldungsgrad den Anteil des bereinigten Fremdkapitals am bereinigten Eigenkapital misst, wird bei der Ermittlung der Kennzahl Gearing die Nettoverschuldung dem bereinigten Eigenkapital gegenübergestellt. Die alleinige Berücksichtigung der Nettoverschuldung zusammen mit dem bereinigten Eigenkapital soll jenes Kapital aus der Analyse der Kapitalstruktur ausklammern, das keine Zahlungen in

Form von Zinsen oder Dividenden auslöst. Auf diese Weise wird der Vorteil aus unverzinslich zur Verfügung gestelltem Fremdkapital bei der Analyse der Kapitalstruktur in Form einer im Vergleich zum Verschuldungsgrad niedrigeren Kennzahl Gearing berücksichtigt (siehe auch Maresch/Schiebel, RWZ 7/2006, S. 245).

9.522.3 Optimaler Verschuldungsgrad

In der Literatur und Praxis wurden verschiedene (vertikale) **Finanzierungsregeln** für das „optimale" Verhältnis von Eigen- und Fremdkapital entwickelt, wobei die Skala dieser Regeln sehr weit gespannt ist, ohne dass hierfür, außer der Forderung nach ausreichendem Eigenkapital, entsprechende Begründungen angegeben werden können. Es steht jedoch fest, dass die **Fremdkapitalquote** im Laufe der Jahrzehnte immer größer geworden ist und heute in der österreichischen Industrie unter Berücksichtigung vorhandener stiller Reserven bei etwa 70–85 % (Verhältnis von Fremdkapital zu Gesamtkapital) liegt.

In der Tat gibt es keine allgemein gültige Regel, da bei der Bestimmung des **„optimalen" Verschuldungsgrades** zwei Gesichtspunkte betrachtet werden müssen:

1. Der Gesichtspunkt der Rentabilität

Ist die Rentabilität des im Unternehmen eingesetzten Gesamtkapitals höher als die Kosten des Fremdkapitals, führt der Einsatz von Fremdkapital zu einer Erhöhung der Rentabilität des Eigenkapitals. Diese sich ergebende Auswirkung wird als „Leverage-Effekt" bezeichnet. Dieser Chance steht allerdings das Risiko gegenüber, dass die Gesamtkapitalrentabilität unter die Fremdkapitalkosten sinkt, wodurch es zu einer Umkehr des Leverage-Effektes kommt. Dieses Risiko nimmt mit steigendem Verschuldungsgrad zu.

2. Der Gesichtspunkt des Risikos

Mit zunehmender Verschuldung vermindern sich jene Funktionen des Eigenkapitals, die dem Schutz des Unternehmens und der Gläubiger dienen. Dazu gehören insbesondere folgende Aufgaben:

Das Eigenkapital als **Krisenvorsorge**

Eigenkapital ist liquiditätsschonend, da in Zeiten schlechter Konjunktur Tilgungsquoten und Zinsenbelastung entfallen. Ein Unternehmen kann trotz erlittener Buchverluste noch längere Zeit hindurch seinen Zahlungsverpflichtungen nachkommen, wenn der Mittelzufluss (bedingt durch nicht ausgabenwirksame Aufwendungen) noch positiv ist.

Umfangreiche Fremdmittelaufnahme erhöht die Gefahr von Liquiditätsengpässen und Rückzahlungsschwierigkeiten und macht das Unternehmen konjunkturanfälliger; mit steigenden Zinsen kann das Unternehmen in eine Liquiditätsklemme kommen, umso mehr dann, wenn die erzielbare Rentabilität unter die Fremdkapitalzinsen sinkt (**Umkehr des Leverage-Effektes**).

Das Eigenkapital als **Risikoträger**

Je risikoreicher Investitionen sind, desto höher müsste der Eigenkapitalanteil sein, da die Wahrscheinlichkeit eines Misserfolges und des damit verbundenen Auftretens von Zahlungsschwierigkeiten steigt; dh, die Höhe eines möglichen Verschuldungsgrades hängt nicht von der Chance der Erzielung eines bestimmten Ertrages, sondern vom Risiko des Ertragsausfalles ab.

Das Eigenkapital als Instrument zur Sicherung der **Unabhängigkeit**

Bei hoher Fremdfinanzierung besteht stets die Gefahr verschiedenartigster unerwünschter Einflussnahmen der Kreditgeber auf die unternehmerische Autonomie des Kreditnehmers.

Das Eigenkapital als **Wettbewerbsvorteil**

Das Unternehmen kann in Krisenzeiten in der Preisgestaltung vorübergehend auf nicht ausgabenwirksame Kosten (Zinsen vom Eigenkapital, Abschreibungen, die nicht mit Tilgungsquoten verbunden sind) verzichten.

Grenzen des Verschuldungsgrades

Wo die oberen **Grenzen für den Verschuldungsgrad** liegen, kann nicht eindeutig beantwortet werden. Allgemein kann jedoch gesagt werden, dass die Grenzen dort liegen, wo die Vorteile eines steigenden Verschuldungsgrades (Verbesserung der Rentabilität, Verbesserung des betrieblichen Wachstums, Expansionseffekt, Ausschaltung des Einflusses eines Partners) durch die zunehmende Gefahr des Eintrittes finanzieller Schwierigkeiten und durch den wachsenden Einfluss des Kreditgebers kompensiert werden.

Hat das Unternehmen einen **Verschuldungsgrad** erreicht, der seitens der Kreditgeber als **unternehmensgefährdend** angesehen wird, werden zusätzliche Kredite entweder gar nicht oder nur unter erschwerten Bedingungen (Mitspracherecht des Kreditgebers, Einräumung sonstiger Sicherheiten, höhere Zinsen) gegeben werden. Dies kann sich dann für das Unternehmen besonders unangenehm auswirken, wenn solche Kredite nur vorübergehend zur Abdeckung kurzfristig auftretender Liquiditätsengen benötigt werden.

Die **absolute Grenze des Verschuldungsgrades** liegt bei jenem Punkt, ab dem die Kreditgeber nicht mehr bereit sind, weitere Kredite zu gewähren.

Ein zu **hoher Verschuldungsgrad** als Maßstab für das Risiko des Kreditgebers kann außerdem zu einer Erhöhung der Finanzierungskosten führen. Unter dem Titel **„Basel II"** sind die Kreditinstitute der Europäischen Union zukünftig gezwungen, in Abhängigkeit von der Bonität ihrer Kreditnehmer (gemessen an Bilanzkennzahlen) die Höhe der Eigenkapitalunterlegung zu bemessen. Dies führt in weiterer Folge zu entsprechend höheren **Finanzierungskosten bei „schlechteren" Unternehmen** und damit unter Umständen zur **vorzeitigen Zahlungsunfähigkeit**.

9.522.4 Selbstfinanzierungsgrad (Innenfinanzierungsgrad)

Eine international sehr gebräuchliche und anerkannte Kennzahl ist der

$$\textbf{Selbstfinanzierungsgrad} = \frac{\text{Selbstfinanzierung}}{\text{bereinigtes Gesamtkapital}}$$

Die Kennzahl des Selbstfinanzierungsgrades findet international bei der Analyse veröffentlichter Bilanzen großen Anklang. Deshalb zeigen etwa die US-amerikanischen Unternehmen in den **„retained earnings"** bzw **„earnings reinvested in the business"** (Gewinnrücklagen) die nicht ausgeschütteten Gewinne und im **„capital surplus"** (Kapitalrücklagen) die über das Nennkapital hinaus eingezahlten Eigenkapitalbeträge der Gesellschafter.

Von der Selbstfinanzierung ist die **Innenfinanzierung** zu unterscheiden. Die **Innenfinanzierung** geht über die Selbstfinanzierung hinaus, da sie neben der Finanzierung aus zurückbehaltenen Gewinnen auch die Finanzierung aus Rückstellungen und Abschreibungen umfasst. Die Finanzierung aus Rückstellungen und Abschreibungen wird auch als **unechte Selbstfinanzierung** bezeichnet.

In weiterem Sinne kann zur Innenfinanzierung der **Nettogeldfluss aus der laufenden Geschäftstätigkeit** gezählt werden.

Selbstfinanzierungsgrad der **Energieversorgungs AG:**

		31.12.2007	31.12.2006
	bereinigte Gewinnrücklagen inkl. unverst. Rückl.[1, 2]	791,9	804,5
+	bereinigter Bilanzgewinn	0,0	0,0
=	**Selbstfinanzierung**	**791,9**	**804,5**

[1] 529, 4 + 262,5 [2] 496,7 + 307,8

bereinigtes Gesamtkapital	3.477,5	3.626,9
Selbstfinanzierungsgrad	**22,8%**	**22,2%**
Veränderung	**2,7%**	

9.523 Kreditstruktur

Von relativ hohem Informationswert ist auch die Feststellung der **Kreditstruktur,** die sich aus dem Verhältnis verschiedener Kreditposten zueinander ergibt. Für den externen Bilanzanalytiker geht es in diesem Zusammenhang in erster Linie um das **Verhältnis der lang- und kurzfristigen Kredite,** da dieses von großem Einfluss auf die im folgenden Abschnitt zu besprechende **Zahlungsfähigkeit** des Unternehmens ist.

9.53 Liquiditätsanalyse

Durch die Liquiditätsanalyse soll festgestellt werden, ob die für den Bestand des Unternehmens neben dem vorrangig zu **erfüllenden Rentabilitätsziel** notwendige Bedingung der dauernden **Aufrechterhaltung der Zahlungsfähigkeit erfüllt** ist.

Versucht man, die **Liquidität,** das heißt die Fähigkeit eines Untemehmens, seine Schulden ohne wesentliche Beeinträchtigung des Betriebsablaufes zu bezahlen, auf Grundlage einer Bilanzanalyse zu ermitteln, muss man sich bewusst sein, dass es nicht möglich ist, aus der Bilanz die unmittelbare Liquidität des Unternehmens zu ersehen, da die Bilanz einerseits nur einen Augenblickszustand wiedergibt und andererseits die Analyse zu einem Zeitpunkt erstellt wird, an dem der zum Bilanzstichtag bestehende Liquiditätszustand bereits überholt ist.

Die Bilanzanalyse ist daher nur geeignet, die **grundsätzliche Liquidität** eines Unternehmens bzw deren Entwicklung (Verbesserung oder Verschlechterung) über mehrere Jahre hinweg festzustellen. Zu diesem Zweck werden einerseits reine **Bestandsgrößen** und andererseits **Stromgrößen** herangezogen.

9.531 Bestandsgrößen als Grundlage der Liquiditätsanalyse

Obwohl mit der **Höhe des Verschuldungsgrades** die Gefahr von Zahlungsschwierigkeiten steigt, ist die Frage der Aufrechterhaltung des finanziellen Gleichgewichtes nicht eine Frage von Eigen- und Fremdkapital, sondern in erster Linie eine Frage der **Fristenentsprechung von Vermögen und Kapital.** Die Kapitalstruktur wird daher in einem zahlungsfähigen Unternehmen weitgehend in ihrer Fristigkeit der Vermögensstruktur anzupassen sein.

Aus dieser Aussage leiten sich **horizontale Finanzierungsregeln** ab, die man auch als **Deckungsregeln** bezeichnet. Die engste Auslegung findet diese horizontale Finanzierungsregel in der so genannten **Goldenen Bilanzregel,** die fordert, dass zumindest das Anlagevermögen mit eigenen Mitteln finanziert sein müsse. Im weiteren Sinne fordert die Goldene Bilanzregel, dass darüber hinaus auch die eisernen Bestände des Umlaufvermögens durch Eigenmittel gedeckt seien.

Es ist jedoch zur **Goldenen Bilanzregel** kritisch zu bemerken, dass sie nicht in dieser schematischen Form angewendet werden kann, da eine Reihe von Eigenkapitalteilen kurzfristigen Charakter trägt, wie etwa der zur Ausschüttung bestimmte Gewinn einer Kapitalgesellschaft (der im Rahmen der Jahresabschlussanalyse daher auch zu den kurzfristigen Verbindlichkeiten gezählt wird), Eigenkapitalbeträge der Gesellschafter bei Personengesellschaften bzw des Eigentümers eines Einzelunternehmens, die für Steuerzahlungen oder sonstige Entnahmen bereitgehalten werden müssen, womit diese Beträge zur Deckung langfristig gebundener Vermögensteile nicht geeignet erscheinen. Andererseits können Schulden, deren Laufzeit auf die Nutzungsdauer der Anlagen abgestimmt ist, wie etwa ERP-Kredite, langfristige Hypothekardarlehen, ohne weiteres als Deckung für das Anlagevermögen dienen.

Die **horizontalen Finanzierungsregeln** dürfen auch nicht so ausgelegt werden, dass bestimmte Kapitalteile zur Deckung bestimmter Vermögensteile dienen, sondern dahin gehend, dass der Umfang des **langfristig gebundenen Kapitals** der Größe des **langfristig gebundenen Vermögens** entsprechen soll. Das Gleiche gilt für mittelfristig und kurzfristig gebundene bzw liquidierbare Vermögensteile.

Im Wesentlichen gelangen in der jüngeren Zeit zwei grundlegende, einander komplementär entsprechende Kennzahlen zur Anwendung:

Anlagevermögen	≤	Eigenkapital + Langfristiges Fremdkapital
Umlaufvermögen	≥	Kurzfristiges Fremdkapital
Vermögen	=	Kapital

9.531.1 Kennzahlen der langfristigen Finanzierung

Der in der Goldenen Bilanzregel festgelegte Grundsatz, dass das Verhältnis von Eigenkapital zu Anlagevermögen größer oder gleich eins ist, besitzt in der Praxis geringe Relevanz. Hier wird vielmehr gefordert, dass das Anlagevermögen zur Gänze mit langfristigem Kapital finanziert werden soll. Es finden sich häufig folgende zwei Ausprägungen:

Der Anlagendeckungsgrad I untersucht zunächst, ob das Anlagevermögen zur Gänze mit Risikokapital finanziert ist. Es schließt somit einen Teil des langfristigen Fremdkapitals – die Abfertigungs- und Pensionsrückstellungen – in den Finanzierungspool ein:

$$\textbf{Anlagendeckungsgrad I} = \frac{\text{Risikokapital}}{\text{bereinigtes Anlagevermögen}}$$

Ermittlung des **Anlagendeckungsgrades I** der **Energieversorgungs AG:**

		31.12.2007	**31.12.2006**
	bereinigtes Eigenkapital	1.362,6	1.285,7
+	bereinigte Personalrückstellungen (Rückstellungen für Abfertigungen, Pensionen und Jubiläumsgelder)	516,8	605,8
=	Risikokapital	1.879,4	1.891,5

bereinigtes Anlagevermögen (2.936,9 – 8,3)	2.928,6	3.078,7
Anlagendeckungsgrad I	**64,2 %**	**61,4 %**
Veränderung	**4,6 %**	

Der Anlagendeckungsgrad II untersucht schließlich, ob das Anlagevermögen grundsätzlich mit langfristigem Kapital finanziert ist:

$$\textbf{Anlagendeckungsgrad II} = \frac{\text{bereinigtes langfristiges Kapital}}{\text{bereinigtes Anlagevermögen}}$$

Ermittlung des **Anlagendeckungsgrades II** der **Energieversorgungs AG:**

		31.12.2007	**31.12.2006**
	bereinigtes Eigenkapital	1.362,6	1.285,7
+	bereinigtes langfristiges Fremdkapital	1.427,4	1.562,0
=	bereinigtes langfristiges Kapital	2.790,0	2.847,7

bereinigtes Anlagevermögen	2.928,6	3.078,7
Anlagendeckungsgrad II	**95,3 %**	**92,5 %**
Veränderung	**3,0 %**	

Da auch im Umlaufvermögen häufig langfristige Bestandteile enthalten sind, wird der Nenner des Anlagendeckungsgrades II oftmals auf das langfristige Umlaufvermögen ausgedehnt und somit die Deckung des langfristigen Vermögens berechnet:

$$\textbf{Anlagendeckungsgrad II'} = \frac{\text{bereinigtes langfristiges Kapital}}{\text{bereinigtes langfristiges Vermögen}}$$

Anlagendeckungsgrad II' der **Energieversorgungs AG:**

		31.12.2007	31.12.2006
	Vorräte mit einer Restbindungsdauer von > 1 Jahr	0,0	0,0
+	Forderungen mit einer Restlaufzeit > 1 Jahr	59,8	61,7
=	langfristiges bereinigtes Umlaufvermögen	59,8	61,7
+	bereinigtes Anlagevermögen inkl lat Steuern	2.936,9	3.092,0
=	bereinigtes langfristiges Vermögen	**2.996,7**	**3.153,7**
	bereinigtes langfristiges Kapital	**2.790,0**	**2.847,7**
	Anlagendeckungsgrad II'	**93,1 %**	**90,3 %**
	Veränderung	**3,1 %**	

Die Frage langfristiger Vorräte kann in der Regel nur durch entsprechende Angaben im Anhang gelöst werden. Eine Hilfe hiefür bieten etwa die gemäß § 236 Z 4 gemachten Angaben im Anhang über die Aktivierung von Aufträgen, deren Ausführung sich über mehr als 12 Monate erstreckt. Da allerdings langfristige Aufträge häufig durch Anzahlungen (teil-)finanziert werden, sind diese in diesem Fall auch mit den Vorräten zu saldieren.

Ein weiterer Anhaltspunkt, langfristige Vorräte wenigstens annähernd zu schätzen, bietet, soweit errechenbar, die Umschlagshäufigkeit der Vorräte.

In der Regel wird man davon ausgehen, dass das Umlaufvermögen, soweit nicht explizit im Anhang erwähnt, kurzfristig gebunden ist.

9.531.2 Kennzahlen der kurzfristigen Finanzierung

$$\textbf{Working Capital Ratio (Mobilitätsgrad)} = \frac{\text{bereinigtes kurzfristiges Umlaufvermögen}}{\text{bereinigtes kurzfristiges Fremdkapital}}$$

Working Capital und **Working Capital Ratio** spielen in der US-amerikanischen Bilanzierungspraxis eine hervorragende Rolle, da angenommen wird, dass aus der Entwicklung des Working Capital und der Working Capital Ratio gute Schlüsse auf die Aufrechterhaltung des grundsätzlichen finanziellen Gleichgewichtes gezogen werden können. Es gehört daher zur Bilanzpolitik US-amerikanischer Unternehmen, die **Working Capital Ratio** möglichst hoch zu halten.

Das **Working Capital** steht zur Deckung der durch die Geschäftstätigkeit bedingten Baraufwendungen zur Verfügung und bietet einen mehr oder weniger großen Spielraum zum Ausgleich der rhythmischen oder unrhythmischen Schwankungen und Anspannungen.

Working Capital der **Energieversorgungs AG:**

		31.12.2007	31.12.2006
	bereinigtes Umlaufvermögen inkl ARA	540,6	534,9
–	langfristiges bereinigtes Umlaufvermögen	–59,8	–61,7
=	bereinigtes kurzfristiges Umlaufvermögen	480,8	473,2
–	bereinigtes kurzfristiges Fremdkapital	–687,5	–779,2
=	**Working Capital**	**–206,7**	**–306,0**
	Veränderung	**+32,5 %**	

Working Capital Ratio (Mobilitätsgrad)	**0,7**	**0,6**
Veränderung	**16,7 %**	

Liegt die Working Capital Ratio (Mobilitätsgrad) unter 1, ist das Working Capital negativ, das heißt, die kurzfristigen Schulden übersteigen das kurzfristige Umlaufvermögen. Das bedeutet, dass das Unternehmen langfristige Investitionen mit kurzfristigem Fremdkapital finanziert hat, ein Zustand, der sich auf den Unternehmensbestand negativ auswirken kann.

Für die Ermittlung statischer Liquiditätskennzahlen wird auch die **Effektivverschuldung** herangezogen.

Obwohl der Begriff nicht einheitlich gebraucht wird, kann diese Kennzahl folgendermaßen für die **Energieversorgungs AG** ermittelt werden:

Zum Unterschied zur **Nettoverschuldung**, bei welcher das verzinsliche, bereinigte Fremdkapital um die noch nicht saldierten liquiden Mittel gekürzt wird, wird bei der **Effektivverschuldung** das bereinigte Fremdkapital um das gesamte monetäre Umlaufvermögen gekürzt.

		31.12.2007	31.12.2006
	bereinigte Forderungen und sonstige Vermögensgegenstände	378,8	427,6
–	Forderungen mit einer Restlaufzeit > 1 Jahr	–59,8	–61,7
+	bereinigte Wertpapiere und Anteile	0,0	0,0
+	noch nicht saldierte liquide Mittel	0,0	0,0
=	**monetäres bereinigtes Umlaufvermögen**	**319,0**	**365,9**

		31.12.2007	31.12.2006
	bereinigtes Fremdkapital	2.114,9	2.341,2
–	monetäres bereinigtes Umlaufvermögen	319,0	365,9
=	**Effektivverschuldung**	**1.795,9**	**1.975,3**

Die aus den Beständen der Bilanz ermittelte Liquidität stellt grundsätzlich eine **Vergangenheitsrechnung** dar, die die finanzielle Lage des Unternehmens für einen in der Vergangenheit liegenden Zeitpunkt zeigt. Die daraus ermittelten Kennzahlen können daher keine Dispositions- oder Entscheidungsgrundlage für die Unternehmensführung sein. Aus der Entwicklung der einzelnen Kennzahlen durch mehrere Jahre hindurch kann aber geschlossen werden, ob sich die Liquiditätslage des Unternehmens grundsätzlich gebessert oder verschlechtert hat.

9.532 Stromgrößen als Grundlage der Liquiditätsanalyse

Für die Durchführung der dynamischen Liquiditätsanalyse werden in der Regel die unveränderten Zahlen des Jahresabschlusses herangezogen.

9.532.1 Cashflow

Der **Cashflow** ist der sich aus der betrieblichen Tätigkeit ergebende Einnahmenüberschuss. Im Gegensatz zur Gewinn- und Verlustrechnung ist er **primär finanzwirtschaftlich** und **nicht erfolgswirtschaftlich** orientiert.

Der Cashflow kann sowohl **direkt als auch indirekt** ermittelt werden.

Direkte Ermittlung:		Erfolgswirksame Einnahmen
	–	Erfolgswirksame Ausgaben
		Cashflow

Dem externen Bilanzanalytiker stehen für eine direkte Ermittlung des Cashflow nicht die notwendigen Daten zur Verfügung. Er muss daher den Cashflow nach der **indirekten Methode** wie folgt ermitteln:

Indirekte Ermittlung:		Jahresergebnis
	+	Nichtausgaben in den Aufwendungen
	–	Nichteinnahmen in den Erträgen
		Cashflow

Ein einfaches Schema zur Ermittlung des Cashflow (in indirekter Form) ist die so genannte Praktikermethode.

	Jahresüberschuss
+	Abschreibungen vom Anlagevermögen
–	Zuschreibungen zum Anlagevermögen
+/–	Erhöhung/Verminderung langfristige Rückstellungen
=	**Cashflow (Praktikermethode)**

Cashflow (Praktikermethode) der **Energieversorgungs AG:**
(Basis UGB – Bilanz)

		2007
	Jahresüberschuss bzw -fehlbetrag gem UGB	–7,4
+	Abschreibungen vom Anlagevermögen[1])	326,5
–	Zuschreibungen zum Anlagevermögen	0,0
+	Erhöhung langfristiger Rückstellungen[2])	38,1
–	Verminderung langfristiger Rückstellungen[3])	175,2
=	**Cashflow (Praktikermethode)**	**182,0**

[1]) inkl außerplanmäßige Abschreibung
[2]) Jubiläumsrückstellung
[3]) Pension und Abfertigung

Eine ähnliche Berechnung erfolgt gem § 24 Abs 2 URG zur Ermittlung der **fiktiven Schuldentilgungsdauer** bei der Ableitung des Mittelüberschusses der gewöhnlichen Geschäftstätigkeit:

	Ergebnis der gewöhnlichen Geschäftstätigkeit (EGT)
–	Steuern vom Einkommen und vom Ertrag auf das EGT
+	Abschreibungen vom Anlagevermögen
–	Zuschreibungen zum Anlagevermögen
–	Gewinne aus dem Abgang von Anlagevermögen
+	Verluste aus dem Abgang von Anlagevermögen
+/–	Veränderung der langfristigen Rückstellungen
=	**Mittelüberschuss aus der gewöhnlichen Geschäftstätigkeit**

Um einen **nachhaltigen** Cashflow (Mittelüberschuss) zu ermitteln, wird dieser nicht aus dem Jahresüberschuss/-fehlbetrag, sondern aus dem Ergebnis der gewöhnlichen Geschäftstätigkeit abgeleitet.

Die unter Z 21 ausgewiesenen Steuern vom Ertrag und vom Einkommen sind nur soweit abzuziehen, als sie die gewöhnliche Geschäftstätigkeit betreffen. Bei Einzelunternehmen und Personengesellschaften entfällt dieser Posten in der Regel.

Die Erträge und Verluste aus dem Abgang von Anlagevermögen stellen zwar Bestandteile des Mittelzu- und -abflusses dar; sie werden aber ausgeschieden, da sie nicht Bestandteil der laufenden Geschäftstätigkeit sind und teilweise Zufallscharakter tragen.

Zuschreibungen sind dem Anlagespiegel zu entnehmen.

Grundlage für die Berechnung der Änderung der langfristigen Rückstellungen bildet die Differenz des Standes zum Anfang und Ende des Geschäftsjahres.

Mittelüberschuss aus der gewöhnlichen Geschäftstätigkeit der **Energieversorgungs AG** gem § 24 Abs 2 URG (Basis sind die Zahlen des Jahresüberschusses)**:**

	2007	2006
Ergebnis der gewöhnlichen Geschäftstätigkeit	107,0	123,6
Steuern vom Ergebnis der gewöhnlichen Geschäftstätigkeit	–26,7	–30,9
Abschreibungen/Zuschreibungen zum Anlagevermögen	242,2	247,7
Gewinne/Verluste aus dem Abgang von Anlagevermögen	–7,7	–14,3
Erhöhung/Verminderung der langfristigen Rückstellungen	–137,1	6,4
Mittelüberschuss aus der gewöhnlichen Geschäftstätigkeit gem URG	177,7	332,5

Eine in jüngerer Zeit häufig in veröffentlichten Jahresabschlüssen dargestellte vereinfachte Cashflow-Berechnung ist die Ermittlung des **EBITDA** (Earnings before Interest, Tax, Depreciation and Amortization).

Die Kennzahl EBITDA berechnet sich, indem zur Kennzahl EBIT die Depreciation (Abschreibungen des gesamten Anlagevermögens exklusive Firmenwertabschreibungen) und die Amortisation (Firmenwertabschreibungen) hinzugezählt werden. Der Zweck liegt in einer Ausblendung unterschiedlicher Steuersätze, unterschiedlichen Finanzierungsverhaltens sowie unterschiedlicher Bewertungspolitiken, wodurch eine national und international vergleichbare Ergebnisgröße kreiert werden soll (siehe Auer/Maresch, RWZ 3/2006, S 90 – 93).

Jede Cashflow-Rechnung, die im Gegensatz zur Kapitalfluss- oder Geldflussrechnung nicht sämtliche Geldflüsse des Unternehmens erfasst, gleichgültig, ob sie in Form der **Praktikermethode, des EBITDA** oder in anderer (verkürzter) Form durchgeführt wird, ist für sich alleine nicht aussagekräftig, da sie vor allem keine Auskunft über die Mittelverwendung gibt.

Keinesfalls gibt der Cashflow in der oben dargestellten Form über die **erfolgswirtschaftliche Situation** des Unternehmens Auskunft. Unternehmen mit gleicher Gewinnkraft können einen sehr unterschiedlichen Cashflow haben. Bei anlagenintensiven Unternehmen ist er wesentlich größer als bei personalintensiven Unternehmen, da die Abschreibungen als nicht ausgabewirksame Aufwendungen wieder dem Gewinn zugezählt werden, aber die Anlageninvestitionen, die die Grundlage für die Abschreibung bilden, nicht in die Rechnung einbezogen werden. Besonders deutlich zeigt sich die **Problematik des Cashflow** dann, wenn Anlagen geleast werden. In diesem Fall tritt die in den Leasingraten enthaltene Tilgung der Schuld gegenüber dem Leasinginstitut an die Stelle der Abschreibungen, womit der Cashflow erheblich geringer dargestellt wird, als wenn die Anlage auf Kredit erworben worden wäre.

In jüngerer Zeit wird immer häufiger das EBITDA mit der Begründung als Erfolgskennzahl herangezogen, dass es verzerrte Unternehmensergebnisse, die durch unterschiedliche Abschreibungspolitik auftreten können, ausgleiche und somit einen besseren Vergleich mit anderen Unternehmen als beispielsweise das EBIT, EBT (EGT) oder der Jahresüberschuss/-fehlbetrag ermögliche. Tatsächlich dient die Verwendung des EBITDA als Erfolgskennzahl in gleicher Weise wie früher der Praktiker-Cashflow sehr häufig einer Verschleierung der tatsächlichen Ertragslage des Unternehmens, weil das EBITDA durch die Hinzurechnung der Abschreibungen noch immer positiv ist, während das EBT (EGT) bereits tiefrote Zahlen zeigt.

Zwar kann durch die Ermittlung des EBITDA eine allfällig unterschiedliche Abschreibungspolitik zwischen zwei Unternehmen neutralisiert werden, es stellt sich allerdings die Frage, ob eine derartige Information nicht zweckmäßigerweise aus dem Anlagespiegel (aus dem sogar die durchschnittliche Abschreibungsdauer der einzelnen Vermögensgruppen abgeleitet werden kann) erfasst und im Zusammenhang mit einem EBIT-Vergleich zu einem detaillierteren und aussagekräftigeren Bild führt. Völlig unmöglich wird der zwischenbetriebliche Vergleich mittels des EBITDA, wenn eines der Unternehmen vornehmlich mit geleasten Anlagen, die beim Leasinggeber bilanziert werden, tätig ist.

Im Unterschied zum EBITDA ist das EBITA (Earnings before Interest, Tax and Amortization) eine recht gute Ertragskennzahl, da sie nur jene Abschreibungen hinzuzählt (Firmenwertabschreibung), die nicht wiederkehren und somit tatsächlich ein besseres Bild der Finanz- und Ertragslage, das auch der Wirklichkeit entspricht, wiedergibt (siehe zur Berechnung des EBITA Kapitel 9.613).

Diese Kennzahl ist vor allem bei der Analyse von Konzernabschlüssen von besonderer Bedeutung, da sich die Amortisation der aus der Erstkonsolidierung resultierenden Firmenwerte sehr stark auf die Ertragslage des Konzerns niederschlagen kann. Es ist allerdings anzumerken, dass es seit 2005 bei allen Konzernabschlüssen, die nach den Bestimmungen der IFRS/IAS aufgestellt werden, eine planmäßige Amortisation des Firmenwertes nicht mehr gibt (siehe „Der Jahresabschluss nach dem Handelsgesetzbuch“, Bd 2, 5. Auflage, Wien 2004, S 409 ff).

Ein recht gutes Bild im Hinblick auf die theoretische **Schuldentilgungskraft** bzw **Schuldentilgungsdauer** eines Unternehmens ergibt sich aus der Formel:

$$\frac{\text{Effektivverschuldung}}{\text{Cashflow (Praktikermethode)}}$$

Diese Kennzahl gibt an, in welcher Zeit das Unternehmen theoretisch in der Lage wäre, bei Vernachlässigung aller Investitionen die Effektivverschuldung vollständig abzubauen. Je kleiner der Quotient ist, desto besser ist es um die Schuldentilgungskraft des Unternehmens bestellt.

Ersetzt man die **Effektivverschuldung** durch das gesamte bereinigte Fremdkapital, ergibt sich als Quotient jener Zeitraum, innerhalb dessen die gesamten Schulden des Unternehmens theoretisch zurückgezahlt werden könnten.

Innenfinanzierungsgrad der Investitionen der **Energieversorgungs AG:**

	2007	2006
Nettogeldfluss aus der laufenden Geschäftstätigkeit (Kap. 9.532.232)	**205,7**	**296,2**
Zugänge in das Anlagevermögen	**257,6**	**379,1**
Innenfinanzierungsgrad der Investitionen	**79,9 %**	**78,1 %**

Die laufenden Investitionen der beiden Jahre konnten nur zu rd 80 % aus dem Nettogeldfluss finanziert werden.

Bei der Ermittlung dieser Kennzahl ist im Allgemeinen allerdings zu beachten, wieweit der Nettogeldfluss zur Tilgung der Schulden aus früheren Jahren herangezogen werden muss, womit für die Finanzierung laufender Investitionen unter Umständen nichts mehr bleibt. Aus diesem Grunde hat der aus dem Nettogeldfluss errechnete Innenfinanzierungsgrad, bezogen auf ein einziges Jahr, kaum Aussagekraft.

Zusammenfassend ist festzuhalten, dass Cashflow-orientierte Kennzahlen zwar in der Lage sind, eine grundlegende Information über Zahlungsströme wiederzugeben, dass jedoch die Aussagekraft nur im Zusammenhang mit der sonstigen Mittelaufbringung (Außenfinanzierung) und der Mittelverwendung (Investitionen, Schuldentilgungen, Ausschüttungen) zu sehen ist.

9.532.2 Geldflussrechnung (Kapitalflussrechnung)

9.532.21 Zweck und Inhalt der Geldflussrechnung

Mit der Generalnorm gemäß § 222 Abs 2 wird festgehalten, dass der Jahresabschluss auch ein möglichst getreues Bild der Finanzlage des Unternehmens zu vermitteln hat.

Obwohl das UGB mit der Darstellung der Fristen gemäß §§ 225 Abs 3 und 6, 227 und 237 Z 1 a–c der Generalnorm Genüge zu tun vermeint, hat sich international, insbesondere unterstützt durch das aus 1987 stammende (amerikanische) SFAS 95 (Statement of Financial Accounting Standards) und dem 1992 revidierten IAS 7 (International Accounting Standard) die Auffassung durchgesetzt, dass ein ausreichendes Bild der Finanzlage des Unternehmens nur durch eine umfassende Geldflussrechnung in der Form des Cashflow-Statements gezeigt werden kann.

Mit dem ReLÄG 2004 vom Dezember 2004 wurde im Hinblick auf die Konzernrechnungslegung der § 250 Abs 1 UGB durch die Bestimmung ergänzt, dass deren **Konzernabschluss auch eine Kapitalflussrechnung** zu enthalten hat.

Wie schon hingewiesen, hat das AFRAC in seiner Stellungnahme zur Lageberichtserstattung gemäß §§ 243 und 267 UGB zumindest die Veröffentlichung von Teilergebnissen der Geldflussrechnung (Geldfluss aus laufender Geschäftstätigkeit, Geldfluss aus der Investitionstätigkeit und Geldfluss aus der Finanzierungstätigkeit) verlangt (RZ 39). Der Fachsenat für Betriebswirtschaft und Organisation der Kammer der Wirtschaftstreuhänder schlägt in seinem Fachgutachten zur Mindestausgestaltung finanzieller Leistungsfaktoren im Lagebericht bzw Konzernlagebericht vom 25. 4. 2007 vor, eine vollständige Geldflussrechnung entsprechend dem aus 1997 stammenden Fachgutachten über die „Geldflussrechnung als Ergänzung des Jahresabschlusses" zu erstellen.

Dieses Fachgutachten wurde mit **27. Mai 2008** durch das Fachgutachten **„Die Geldflussrechnung als Ergänzung des Jahresabschlusses und Bestandteil des Konzernabschlusses"** ersetzt, wobei eine Erweiterung auf die Geldflussrechnung des Konzerns erfolgte.

Gem den Vorbemerkungen orientiert sich das Fachgutachten

> weiterhin an der internationalen Praxis, insbesondere dargelegt im International Accounting Standard (IAS) 7 „Cash Flow Statements" (1992) des International Accounting Standards Committee (IASC) und im Deutschen Rechnungslegungsstandard DRS 2 „Kapitalflussrechnung". Durch dieses Fachgutachten wird eine Vereinheitlichung der veröffentlichten Geldflussrechnungen in Österreich angestrebt. Darüber hinaus soll dieses Fachgutachten als Grundlage für die Beurteilung von Geldflussrechnungen durch den Abschlussprüfer und für die Darstellung einer Geldflussrechnung im Prüfungsbericht des Abschlussprüfers sowie im Rahmen der Beratungstätigkeit des Wirtschaftstreuhänders dienen.

Zusammen mit den Informationen, die der Jahresabschluss liefert, ermöglicht die Geldflussrechnung eine bessere Beurteilung des Unternehmens über

- die Fähigkeit zur Erwirtschaftung von Zahlungsmittelüberschüssen;
- die Fähigkeit zur Erfüllung der Zahlungsverpflichtungen und zur Bedienung des Eigenkapitals;

- die Auswirkungen von Investitions- und Finanzierungsvorgängen auf die Finanzlage;
- die Gründe für die Divergenz zwischen Jahresergebnis und Nettogeldfluss aus laufender Geschäftstätigkeit;
- erste Anzeichen von Finanznöten.

Geldflussrechnungen sind Finanzrechnungen, welche die Veränderung des **Finanzmittelfonds** aufgrund der zahlungswirksamen Vorgänge des betrieblichen Produktions- und Absatzprozesses sowie aufgrund der Investitions- und Finanzierungsaktivitäten in der Periode aufzeigen sollen.

9.532.22 Abgrenzung des Finanzmittelfonds

In der Vergangenheit wurden eine Reihe von unterschiedlich weit gefassten Finanzmittelfonds verwendet, die folgenden Umfang annehmen konnten:

(37)	**Finanzmittelfonds**			
	a Flüssige Mittel	b Netto verfügbare flüssige Mittel	c Netto-Geld-vermögen	d Netto-Umlauf-vermögen (working capital)
Kurzfristige AKTIVA (mit einer Restlaufzeit bis zu einem Jahr)				
Flüssige Mittel (Aktivseite B IV)	x	x	x	x
Wertpapiere des Umlaufvermögens und sonstige Anteile (B III, 2)	1)	1)	x	x
Forderungen und sonstige Vermögensgegenstände (B II)	–	–	x	x
Vorräte (B I)				x
Rechnungsabgrenzungsposten (C)				x
Kurzfristige PASSIVA (mit einer Restlaufzeit bis zu einem Jahr)				
Steuerrückstellungen (Passivseite C III)	–	–	x	x
Sonstige Rückstellungen (C IV)	–	–	x	x
Verbindlichkeiten des Postens D mit einer Restlaufzeit bis zu einem Jahr ohne erhaltene Anzahlungen und kurzfristige Bankverbindlichkeiten	–	–	x	x
Erhaltene Anzahlungen auf Bestellungen (D 3)	–	–	–	x
Kurzfristige Bankverbindlichkeiten (D 2)	–	x	x	x
Rechnungsabgrenzungsposten (E)	–	–	–	x
Finanzmittelfonds	Σ	Σ	Σ	Σ

1) = Soweit mit einer maximalen Laufzeit von drei Monaten und jederzeit in Geld umwandelbar.

Die Größe des Fonds bestimmte auch, welche Zahlungsströme in der jeweiligen Variante der Kapitalflussrechnung dargestellt werden; je mehr Posten der Fonds umfasst, desto geringer ist der Umfang der außerhalb des Fonds anfallenden Zahlungsströme.

In den USA wurden für Kapitalflussrechnungen bis Ende der achtziger Jahre vornehmlich das working capital als Finanzmittelfonds herangezogen. Erst mit dem SFAS 95 aus November 1987 hat der FASB (Financial Accounting Standards Board) eine Richtlinie zur (verpflichtenden) Darstellung von Kapitalflussrechnungen in den veröffentlichten Jahresabschlüssen von an den amerikanischen Börsen notierenden Gesellschaften herausgegeben, welche als Finanzmittelfonds ausschließlich den Bestand an **flüssigen Mitteln ersten Grades** (cash and cash equivalents) zulässt. Dadurch wird die **Kapitalflussrechnung** zur **Geldflussrechnung**.

Dieser **Fonds der flüssigen Mittel** entspricht nach der Gliederung der Bilanz gemäß § 224 Abs 2 dem Posten B IV (Kassenbestand, Schecks, Guthaben bei Banken) zuzüglich sonstiger flüssiger Mittel aus dem Posten B III (cash equivalents), das sind kurzfristige Geldanlagen als Liquiditätsreserve (zB Wertpapiere mit einer Gesamtlaufzeit von nicht mehr als 3 Monaten, die sofort in Geld umgewandelt werden können und dabei nur einem unwesentlichen Wertschwankungsrisiko unterliegen).

Guthaben bei Kreditinstituten, die nicht innerhalb von 3 Monaten flüssig gemacht werden können, dürfen nicht in den Finanzmittelfonds aufgenommen werden.

Sowohl der 1992 revidierte IAS 7 als auch DRS 2 und das oben zitierte Fachgutachten des Fachsenates für Betriebswirtschaft der Kammer der Wirtschaftstreuhänder lassen als Fonds ausschließlich den Bestand an **flüssigen Mitteln ersten Grades** zu, wobei IAS 7 allerdings auch einen Nettofonds unter Abzug der kurzfristigen Bankverbindlichkeiten gestattet.

Die unter c und d dargestellten Fonds haben heute keine Bedeutung mehr.

Spätestens mit der Reduzierung des Fonds auf den **Bestand an flüssigen Mitteln ersten Grades** hat der Begriff **Kapitalflussrechnung** seine Berechtigung verloren; der nach wie vor in Deutschland aber auch im UGB gebrauchte Begriff Kapitalflussrechnung entspricht nicht mehr den Tatsachen.

9.532.23 Die Gliederung der Geldflussrechnung

Während die Gliederung der Kapital-(Geld-)flussrechnung in der Vergangenheit fast ausschließlich nach den Kriterien der **Mittelherkunft und Mittelverwendung** erfolgte, hat mit dem SFAS 95 und dem IAS 7 ein Umdenken begonnen, wonach eine Geldflussrechnung die gewünschten Kennzahlen zur Ermittlung und Analyse der Finanz- und Liquiditätslage eines Unternehmens nur geben kann, wenn die Zahlungsströme je nach Informationsbedarf in mehrere Aktivitätsbereiche gegliedert werden, wobei jeder Bereich mit einem Saldo (Nettozufluss/-abfluss) abschließt.

Als Aktivitätsbereiche werden vom Fachsenat in Anlehnung an die Standards SFAS 95 und IAS 7 die Bereiche der

operating activities (laufende Geschäftstätigkeit)
investing activities (Investitionstätigkeit) und
financing activities (Finanzierungstätigkeit)

vorgeschlagen.

Obwohl seit Herausgabe der beiden internationalen Standards die Gliederung nach **Mittelherkunft** und **Mittelverwendung** fast vollständig durch die Gliederung der Geldflussrechnung nach **Aktivitätsbereichen** verdrängt wurde, soll die Durchführung einer Mittelherkunfts- und -verwendungsrechnung nachstehend besprochen werden, weil das Produkt der Mittelherkunfts- und -verwendungsrechnung die Bewegungsbilanz bzw Veränderungsbilanz ist. In der Veränderungsbilanz findet der Ersteller der Geldflussrechnung die notwendigen Daten für die sich aus der Veränderung der Bilanzposten ergebenden Zahlungsströme.

9.532.231 Gliederung der Geldflussrechnung nach Mittelherkunft und Mittelverwendung

In der einfachsten Form findet die nach **Mittelherkunft (MH)** und **Mittelverwendung (MV)** gegliederte Geldflussrechnung ihren Niederschlag in der **Bewegungsbilanz,** die die Veränderung der Vermögens- und Schuldposten einer Bilanz zu Beginn und am Ende der Periode zeigt.

Verbindet man die Bewegungsbilanz mit einem Finanzmittelfonds, wird, ausgehend vom **Finanzmittelfonds** zu Beginn der Periode festgestellt, woher die dem Finanzmittelfonds zufließenden Mittel kommen und wofür sie verwendet wurden. Der Saldo aus Mittelzu- und -abfluss vergrößert oder verkleinert den Fonds.

Der **Mittelzufluss** in den Fonds resultiert aus dem positiven Ergebnis der Geschäftstätigkeit (G&V) sowie aus erfolgsneutralen Vorgängen, wie der Verminderung von nicht dem Fonds zugehörigen Vermögensposten, der Erhöhung des Fremdkapitals oder aber der Einzahlung durch Gesellschafter. **Abflüsse** aus dem Finanzmittelfonds ergeben sich aus dem negativen Ergebnis der Geschäftstätigkeit, Erhöhung von Vermögensposten (soweit diese nicht Bestandteil des Fonds sind), der Verminderung des Fremdkapitals und der Auszahlung an die Gesellschafter (Eigentümer).

Bewegungsbilanz der **Energieversorgungs AG** unter Verwendung eines Finanzmittelfonds:

Als Finanzmittelfonds werden die in den Aktiva B III (Kassenbestand, Schecks, Guthaben bei Kreditinstituten) enthaltenen liquiden Mittel herangezogen.

Bewegungsbilanz 2007

	31.12. 2007	31.12. 2006	Mittel-herkunft	Mittel-verwendung
A Anlagevermögen				
I. **Immat. Vermögensgegenstände**				
1. Konzessionen	21,4	25,2	8,1	4,3
2. Geschäfts-(Firmen-)wert	85,1	96,2	11,9	0,8
3. Geleistete Anzahlungen	1,5	0,7	0,1	0,9
	108,0	**122,1**	**20,1**	**6,0**
II. **Sachanlagen**				
1. Bebaute Grundstücke ...	711,1	736,0	57,7	32,8
2. Unbebaute Grundstücke	5,9	6,6	0,8	0,1
3. Technische Anlagen und Maschinen	1.672,7	1.791,8	274,6	155,5
4. Andere Anlagen	27,8	31,0	14,8	11,6
5. Geleistete Anzahlungen	59,4	111,5	0,4	-51,7
	2.476,9	**2.676,9**	**348,3**	**148,3**
III. **Finanzanlagen**				
1. Anteile an verbundenen Unternehmen	11,1	11,1	0,0	0,0
2. Beteiligungen	331,6	255,9	3,6	79,3
3. Ausleihungen an Unternehmen ...	0,9	12,6	13,8	2,1
4. Wertpapiere des Anlagevermögens	152,4	200,5	70,0	21,9
5. Sonstige Ausleihungen	0,1	0,1	0,0	0,0
	496,1	**480,2**	**87,4**	**103,3**
Summe Anlagevermögen	**3.081,0**	**3.279,2**	**455,8**	**257,6**
B Umlaufvermögen				
I. **Vorräte**				
1. Roh-, Hilf- und Betriebsstoffe	91,7	95,9	4,2	
2. Unfertige Erzeugnisse	0,0	0,0		
3. Noch nicht abrechenbare Leistungen	66,4	7,2		59,2
	158,1	**103,1**	**4,2**	**59,2**
II **Forderungen und sonstige Vermögensgegenstände**				
1. Forderungen aus Lieferungen und Leistungen	171,3	136,5		34,8
2. Forderungen gegenüber verbundenen Unternehmen	38,3	161,7	123,4	
3. Forderungen gegenüber Unternehmen, mit denen ein Beteiligungsverhältnis besteht	56,5	38,0		18,5
4. Sonstige Forderungen und Vermögensgegenstände	112,7	91,4		21,3
	378,8	**427,6**	**123,4**	**74,6**
III. **Kassenbestand, Schecks, Guthaben bei Kreditinstituten**				
1. Kassenbestand	0,1	0,1		0,0
2. Guthaben bei Kreditinstituten	12,3	42,9	30,6	
	12,4	**43,0**	**30,6**	**0**
Summe Umlaufvermögen ohne liquide Mittel	**536,9**	**530,7**	**127,6**	**133,8**
IV. **Rechnungsabgrenzungsposten**				
1. Unterschiedsbetrag bei der Pensionsrückstellung	65,8	105,4	39,6	
3. Disagio	1,0	1,3	0,3	
4. Sonstige	3,7	4,2	0,5	
Summe ARA	**70,5**	**110,9**	**40,4**	**0,0**
AKTIVA ohne liquide Mittel	**3.688,4**	**3.920,8**	**623,8**	**391,4**

Die Mittelherkunft im Anlagevermögen errechnet sich aus der Summe der Abschreibungen des Geschäftsjahres und der Buchwertabgänge. Die Mittelverwendung errechnet sich aus den Zugängen des Geschäftsjahres.

PASSIVA

	31.12. 2007	31.12. 2006	Mittel-herkunft	Mittel-verwendung
A. Eigenkapital				
I. Grundkapital	127,7	**127,7**		
II. Nicht geb. Kapitalrücklagen	443,0	353,5	89,5	
III. Gewinnrücklagen				
1. Gesetzliche Rücklage	12,8	12,8		
2. Freie Rücklagen	575,1	577,3		2,2
IV. Bilanzgewinn	46,6	37,0	46,6	37,0
B. Unversteuerte Rücklagen				
1. Bewertungsreserve gem § 12 EStG	300,0	351,8		51,8
	1.505,2	**1.460,1**	**136,1**	**91,0**
C. Rückstellungen				
1. Rückstellungen für Abfertigungen	102,2	121,3		19,1
2. Rückstellungen für Pensionen	416,4	572,5		156,1
3. Steuerrückstellungen	0,2	0,9	-0,7	
4. Sonstige Rückstellungen	290,9	243,6	47,3	
	809,7	**938,3**	**46,6**	**175,2**
D. Verbindlichkeiten				
1. Anleihen	902,6	944,1		41,5
2. Verbindlichkeiten gegenüber Kreditinstituten	235,4	185,1	50,3	
3. Erhaltene Anzahlungen auf Bestellungen	1,0	2,8		1,8
4. Verbindlichkeiten aus Lieferungen und Leistungen	123,3	148,5		25,2
5. Verbindlichkeiten gegenüber verbundenen Unternehmen	58,6	246,8		188,2
6. Verbindlichkeiten gegenüber Beteiligungsunternehmen	10,1	3,5	6,6	
7. Sonstige Verbindlichkeiten	51,8	31,5	20,3	
	1.382,8	**1.562,3**	**77,2**	**256,7**
E. Rechnungsabgrenzungsposten	**3,1**	**3,1**		
Summe Rückstellungen und Verbindlichkeiten	**2.195,6**	**2.503,7**	**123,8**	**431,9**
Summe Passiva	**3.700,8**	**3.963,8**	**259,9**	**522,9**

Schema der Bewegungsrechnung

Mittelherkunft	
Jahresüberschuss	0,0
Einzahlungen von Gesellschaftern	89,5
Senkung von Vermögensgegenständen	623,8
Erhöhung von Rückstellungen und Verbindlichkeiten	123,8
Summe	837,1
Mittelverwendung	
Auszahlungen an Gesellschafter	37,0
Jahresfehlbetrag	7,4
Erhöhung von Vermögensgegenständen	391,4
Senkung von Rückstellungen und Verbindlichkeiten	431,9
Summe	867,7
Liquiditätsveränderung (Finanzmittelzu- bzw. abnahme)	**-30,6**

Kontrolle der Eigenkapitalveränderung

Jahresfehlbetrag	-7,4
Ausschüttung an die Gesellschafter	-37,0
Einzahlung der Gesellschafter	89,5
Eigenkapitalerhöhung	**45,1**
Anfangsbestand an Eigenkapital	1.460,1
Endbestand an Eigenkapital	**1.505,2**

Bewegungsbilanz 2006

	31.12. 2006	01.01. 2006	Mittel-herkunft 2006	Mittel-verwendung 2006
Anlagevermögen				
I. **Immat. Vermögensgegenstände**				
1. Konzessionen	25,2	32,9	7,7	0,0
2. Geschäfts-(Firmen-)wert	96,2	105,9	9,7	0,0
3. Geleistete Anzahlungen	0,7	0,8	0,1	0,0
	122,1	**139,6**	**17,5**	**0,0**
II. **Sachanlagen**				
1. Bebaute Grundstücke...	736,0	789,5	57,5	4,0
2. Unbebaute Grundstücke	6,6	7,4	0,8	0,0
3. Technische Anlagen und Maschinen	1.791,8	1.819,9	343,1	315,0
4. Andere Anlagen	31,0	49,5	20,5	2,0
5. Geleistete Anzahlungen	111,5	98,7	0,0	12,8
	2.676,9	**2.765,0**	**421,9**	**333,8**
III. **Finanzanlagen**				
1. Anteile an verbundenen Unternehmen	11,1	11,1	0,0	0,0
2. Beteiligungen	255,9	255,9	0,0	0,0
3. Ausleihungen an Unternehmen...	12,6	15,0	2,4	0,0
4. Wertpapiere des Anlagevermögens	200,5	198,7	43,5	45,3
5. Sonstige Ausleihungen	0,1	0,1	0,0	0,0
	480,2	**480,8**	**45,9**	**45,3**
Summe Anlagevermögen	**3.279,2**	**3.385,4**	**485,3**	**379,1**
Umlaufvermögen				
I. **Vorräte**				
1. Roh-, Hilf- und Betriebsstoffe	95,9	96,3	0,4	
2. Unfertige Erzeugnisse	0,0	0,0		
3. Noch nicht abrechenbare Leistungen	7,2	58,3	51,1	
	103,1	**154,6**	**51,5**	
II **Forderungen und sonstige Vermögensgegenstände**				
1. Forderungen aus Lieferungen und Leistungen	136,5	140,0	3,5	
2. Forderungen gegenüber verbundenen Unternehmen	161,7	42,1		119,6
3. Forderungen gegenüber Unternehmen, mit denen ein Beteiligungsverhältnis besteht	38,0	54,3	16,3	
4. Sonstige Forderungen und Vermögensgegenstände	91,4	100,3	8,9	
	427,6	**336,7**	**28,7**	**119,6**
III. **Kassenbestand, Schecks, Guthaben bei Kreditinstituten**				
1. Kassenbestand	0,1	0,1		0,0
2. Guthaben bei Kreditinstituten	42,9	33,6		9,3
	43,0	**33,7**	**0,0**	**9,3**
Summe Umlaufvermögen ohne liquide Mittel	**530,7**	**491,3**	**80,2**	**119,6**
IV. **Rechnungsabgrenzungsposten**				
1. Unterschiedsbetrag bei der Pensionsrückstellung	105,4	145,0	39,6	
3. Disagio	1,3	1,6	0,3	
4. Sonstige	4,2	4,1		0,1
Summe ARA	**110,9**	**150,7**	**39,9**	**0,1**
AKTIVA ohne liquide Mittel	**3.920,8**	**4.027,4**	**605,4**	**498,8**

PASSIVA	31.12. 2006	01.01. 2006	Mittel-herkunft	Mittel-verwendung
A. Eigenkapital				
I. Grundkapital	**127,7**	127,7		
II. Nicht geb. Kapitalrücklagen	353,5	353,5		
III. Gewinnrücklagen				
1. Gesetzliche Rücklage	12,8	12,8		
2. Freie Rücklagen	577,3	613,7		36,4
IV. Bilanzgewinn	37,0	15	37,0	15,0
B. Unversteuerte Rücklagen				
1. Bewertungsreserve gem § 12 EStG	351,8	383,8		32,0
	1.460,1	**1506,5**	**37,0**	**83,4**
C. Rückstellungen				
1. Rückstellungen für Abfertigungen	121,3	134,6		13,3
2. Rückstellungen für Pensionen	572,5	560,3	12,2	
3. Steuerrückstellungen	0,9	41,6		40,7
4. Sonstige Rückstellungen	243,6	261,2		17,6
	938,3	997,7	**12,2**	**71,6**
D. Verbindlichkeiten				
1. Anleihen	944,1	985,6		41,5
2. Verbindlichkeiten gegenüber Kreditinstituten	185,1	168,6	16,5	
3. Erhaltene Anzahlungen auf Bestellungen	2,8	2,4	0,4	
4. Verbindlichkeiten aus Lieferungen und Leistungen	148,5	121,2	27,3	
5. Verbindlichkeiten gegenüber verbundenen Unternehmen	246,8	201	45,8	
6. Verbindlichkeiten gegenüber Beteiligungsunternehmen	3,5	9,7		6,2
7. Sonstige Verbindlichkeiten	31,5	65,3		33,8
	1.562,3	**1553,8**	**90,0**	**81,5**
E. Rechnungsabgrenzungsposten	**3,1**	**3,1**		
Summe Rückstellungen und Verbindlichkeiten	**2.503,7**	**2.554,6**	**102,2**	**153,1**
Summe Passiva	**3.963,8**	**4.061,1**	**139,2**	**236,5**

Schema der Bewegungsrechnung	
Mittelherkunft	
Einzahlungen von Gesellschaftern	0,0
Jahresüberschuss	0,0
Senkung von Vermögensgegenständen	605,4
Erhöhung von Rückstellungen und Verbindlichkeiten	102,2
Summe	**707,6**
Mittelverwendung	
Auszahlungen an Gesellschafter	15,0
Jahresfehlbetrag	31,4
Erhöhung von Vermögensgegenständen	498,8
Senkung von Rückstellungen und Verbindlichkeiten	153,1
Summe	**698,3**
Liquiditätsveränderung (Finanzmittelzu- bzw. Abnahme)	**9,3**
Kontrolle der Eigenkapitalveränderung	
Jahresfehlbetrag	-31,4
Ausschüttung an die Gesellschafter	-15,0
Einzahlung der Gesellschafter	0,0
Eigenkapitalsenkung	**-46,4**
Anfangsbestand an Eigenkapital	1506,5
Endbestand an Eigenkapital	**1460,1**

9.532.232 Gliederung nach Aktivitätsbereichen

Die nachfolgenden Ausführungen sind überwiegend dem Fachgutachten über die **Geldflussrechnung als Ergänzung des Jahresabschlusses** und Bestandteil des Konzernabschlusses des Fachsenates für Betriebswirtschaft und Organisation der Kammer der Wirtschaftstreuhänder entnommen. Dieses Fachgutachten entspricht in seinen wesentlichen Belangen dem IAS 7. Es wird in der Folge kurz als „Fachgutachten“ zitiert.

Die Gliederung der Geldflussrechnung erfolgt nach folgenden Aktivitätsbereichen:

	Netto-Geldfluss aus laufender Geschäftstätigkeit
+/–	Netto-Geldfluss aus der Investitionstätigkeit
+/–	Netto-Geldfluss aus der Finanzierungstätigkeit
=	zahlungswirksame Veränderung des Finanzmittelbestands
+/–	wechselkursbedingte und sonstige Wertänderungen des Finanzmittelbestands
+	Finanzmittelbestand am Anfang der Periode
=	Finanzmittelbestand am Ende der Periode

Nettogeldfluss (Cashflow) aus laufender Geschäftstätigkeit

Die Geldflüsse aus der laufenden **Geschäftstätigkeit** zeigen an, inwieweit das Unternehmen in der Lage war, Geldmittel zur Aufrechterhaltung der Geschäftstätigkeit, zur Kredittilgung und Dividendenzahlungen sowie für Investitionen ohne Zugriff auf externe Finanzmittel zu schaffen.

Das Fachgutachten äußert sich zu den **Geldflüssen aus laufender Geschäftstätigkeit** folgendermaßen (Pkt 4.2):

> Geldflüsse in diesem Bereich resultieren primär aus den mit der Haupttätigkeit des Unternehmens zusammenhängenden und daher letztlich in die Gewinn- und Verlustrechnung eingehenden Geschäftsfällen. Zu diesen Geldflüssen gehören:
> - Einzahlungen aus der betrieblichen Leistungserstellung,
> - Einzahlungen aus Beteiligungs-, Zinsen- und Wertpapiererträgen,
> - sonstige Einzahlungen, die nicht der Investitions- oder Finanzierungstätigkeit zuzuordnen sind,
> - Auszahlungen für die betriebliche Leistungserstellung,
> - Auszahlungen für Zinsen und ähnliche Aufwendungen,
> - sonstige Auszahlungen, die nicht der Investitions- oder Finanzierungstätigkeit zuzuordnen sind.
>
> Steuerzahlungen sind in der Regel der laufenden Geschäftstätigkeit zuzuordnen. In sachlich begründeten Fällen kommt eine Zuordnung zu den Geldflüssen aus der Investitions- bzw Finanzierungstätigkeit in Betracht. Ertragsteuerzahlungen sind gesondert auszuweisen.
>
> Geldflüsse aus außerordentlichen Posten (§ 231 Abs 2 Z 18 und 19 bzw Abs 3 Z 17 und 18 UGB) sind, soweit sie nicht der Investitions- oder Finanzierungstätigkeit zuzuordnen sind, in den Bereich laufende Geschäftstätigkeit einzubeziehen und getrennt darzustellen.
>
> In Sonderfällen kann es sinnvoll sein, die Ausgaben für Forschung und Entwicklung aus dem Geldfluss der laufenden Geschäftstätigkeit auszugliedern und in den Geldfluss aus der Investitionstätigkeit einzubeziehen.

> Die Geldflüsse aus für Sicherungszwecke von bestimmten Positionen abgeschlossenen Kontrakten sind nach den gleichen Kriterien einzustufen wie die Geldflüsse aus den gesicherten Positionen.

Als Erfolgsindikator ist der Zahlungssaldo aus laufender Geschäftstätigkeit ungeeignet.

Ableitung der Zahlungsströme nach der direkten und indirekten Methode

Die Zahlungsströme müssen mangels besserer Informationen aus dem Jahresabschluss abgeleitet werden. Die Ableitung kann nach der **direkten** oder der **indirekten Methode** erfolgen, wobei beide Methoden zu einem identischen Ergebnis führen sollen.

Die Unterscheidung nach der direkten und indirekten Methode wird nur im Aktivitätsbereich: „Laufende Geschäftstätigkeit" getroffen. Die Geldflüsse des Investitionsbereiches und des Finanzierungsbereiches werden jedenfalls nach der direkten Methode ermittelt.

Direkte Methode zur Ermittlung des Geldflusses aus der laufenden Geschäftstätigkeit

Die direkte Methode geht von den Posten der Gewinn- und Verlustrechnung aus und entwickelt daraus durch Hinzufügen entsprechender Posten der Veränderungsbilanz die Ein- und Auszahlungen im Rahmen der gewöhnlichen Geschäftstätigkeit. Unter Berücksichtigung der gesondert auszuweisenden Geldflüsse aus außerordentlichen Posten und Ertragsteuerzahlungen ergibt sich die Mindestgliederung der Geldflussrechnung im Bereich der laufenden Geschäftstätigkeit:

	Umsatzeinzahlungen
+	andere Einzahlungen aus der betrieblichen Leistungserstellung
–	Auszahlungen für die betriebliche Leistungserstellung
+	Einzahlungen aus Beteiligungs-, Zinsen- und Wertpapiererträgen
–	Auszahlungen für Zinsen und ähnliche Aufwendungen
+	sonstige Einzahlungen, die nicht der Investitions- oder Finanzierungstätigkeit zuzuordnen sind
–	sonstige Auszahlungen, die nicht der Investitions- oder Finanzierungstätigkeit zuzuordnen sind
=	Netto-Geldfluss aus der gewöhnlichen Geschäftstätigkeit
+/–	Netto-Geldfluss aus außerordentlichen Posten
–	Zahlungen für Ertragsteuern
	Netto-Geldfluss aus laufender Geschäftstätigkeit

Die **direkte Methode** ist allerdings nur dann möglich, wenn dem Ersteller der Geldflussrechnung jene Informationen zur Verfügung stehen, die es erlauben, die Zahlungsströme aus den Daten der Finanzbuchhaltung abzuleiten. Diese Ableitung ist für den externen Finanzanalytiker wegen des teilweise komplexen Inhaltes der einzelnen Bilanz- und G&V-Posten in der Regel nicht möglich, **weswegen die direkte Methode für diesen auch kaum anwendbar erscheint**. Dies bedeutet, dass eine nach der direkten Methode erstellte Geldflussrechnung bereits Bestandteil des veröffentlichten Jahresabschlusses sein müsste.

Obwohl die direkte Methode sowohl in FAS 95 als auch in IAS 7 als vorrangig empfohlen wird, findet sie in der **Praxis fast keine Anwendung**. So wenden nach einer (jährlich durchgeführten) Untersuchung des AICPA (American Institute of Certified Public Accountants) von ca 600 untersuchten Kapitalgesellschaften weniger als 5 Unternehmen die direkte Methode an.

Der externe Bilanzleser muss sich somit in der Regel auf die indirekte Methode beschränken.

Indirekte Methode

Die indirekte Methode zeigt keine **(Brutto-)Zahlungsströme,** sondern leitet den Jahreserfolg aus der Geschäftstätigkeit in den **Nettogeldfluss** über, indem der Jahresüberschuss um die zahlungsunwirksamen Aufwendungen erhöht und um die zahlungsunwirksamen Erträge vermindert sowie um fondswirksame, nicht in der G&V erfasste Vorgänge im Bereich der Geschäftstätigkeit ergänzt wird.

Die indirekte Methode bietet im Wesentlichen **alle Informationen** an, die auch die direkte Methode gibt. Darüber hinaus zeigt sie die **Gründe für die Divergenz zwischen Jahresergebnis und Finanzmittelfondsveränderung** auf.

Schema der Ermittlung des Nettogeldflusses aus laufender Geschäftstätigkeit gem dem Fachgutachten

1 Ergebnis der gewöhnlichen Geschäftstätigkeit

2 Überleitung auf den Netto-Geldfluss aus der gewöhnlichen Geschäftstätigkeit

- a) +/– Abschreibungen/Zuschreibungen auf Vermögensgegenstände des Investitionsbereichs
- b) –/+ Gewinn/Verlust aus dem Abgang von Vermögensgegenständen des Investitionsbereichs
- c) +/– sonstige zahlungsunwirksame Aufwendungen/Erträge, soweit nicht Posten aus 3a) bis 3c) betreffend

3		Geldfluss aus dem Ergebnis
	a) –/+	Zunahme/Abnahme der Vorräte, der Forderungen aus Lieferungen und Leistungen sowie anderer Aktiva[1]
	b) +/–	Zunahme/Abnahme von Rückstellungen[1]
	c) +/–	Zunahme/Abnahme der Verbindlichkeiten aus Lieferungen und Leistungen sowie anderer Passiva[1]
4		Netto-Geldfluss aus der gewöhnlichen Geschäftstätigkeit
5	+/–	Netto-Geldfluss aus außerordentlichen Posten
6	–	Zahlungen für Ertragsteuern
7		**Netto-Geldfluss aus laufender Geschäftstätigkeit**

1) soweit der gewöhnlichen Geschäftstätigkeit zuzuordnen

Diese Darstellung entspricht in groben Zügen auch jener der Österreichischen Vereinigung für Finanzanalyse & Anlagenberatung (ÖVFA), die sich unter anderem mit der Analyse von Jahresabschlüssen der an der Wiener Börse notierenden österreichischen Kapitalgesellschaften beschäftigt.

Nettogeldfluss aus der Investitionstätigkeit

Die gesonderte Darstellung der Geldflüsse in diesem Bereich ist deshalb von Bedeutung, weil sie das Ausmaß jener Investitionen aufzeigt, die künftige Erträge und Einzahlungen bewirken sollen. Sie betreffen sowohl die der Produktion von Gütern und Dienstleistungen dienenden Investitionen (Sachanlagen und immaterielle Vermögensgegenstände) als auch Finanzinvestitionen, das sind Finanzanlagen und sonstige selbständige (nicht unmittelbar mit Beschaffungs- und Absatzvorgängen verbundene) Finanzinstrumente, wie Aktiva des Umlaufvermögens, die weder der laufenden Geschäftstätigkeit zuzuordnen noch Bestandteil des Finanzmittelfonds sind.

Zu den Geldflüssen aus **Investitionsaktivitäten** gehören:

- Auszahlungen für die Anschaffung von Sachanlagen und immateriellen Vermögensgegenständen. Dazu gehören auch im Anlagevermögen aktivierte und im Zusammenhang mit der Aktivierung von Ingangsetzungs- und Erweiterungsaufwendungen angefallene Eigenleistungen;
- Auszahlungen für den Erwerb von Finanzanlagen und für sonstige Finanzinvestitionen (Gewährung von Finanzkrediten, Erwerb von Umlaufwertpapieren uÄ);
- Einzahlungen aus dem Abgang von Sachanlagen und immateriellen Vermögensgegenständen;
- Einzahlungen aus dem Abgang von Finanzanlagen und sonstigen Finanzinvestitionen (Veräußerungserlöse, Tilgungsbeträge uÄ).

Ergänzende Aussagen des Fachgutachtens

Finanzinvestitionen in verbundene Unternehmen und Unternehmen, mit denen ein Beteiligungsverhältnis besteht, sollen gesondert dargestellt werden.

Wird ein als Investition zu qualifizierender Vermögensgegenstand gegen unmittelbare Kreditaufnahme beim Lieferanten (dh Übernahme der Kreditfunktion durch Gewährung branchenunüblicher Zahlungsziele) erworben, kann dieser Vorgang einerseits als Investitionstätigkeit und andererseits als Finanzierungstätigkeit eingestuft werden. Nach IAS 7 ist dieser Vorgang den nicht zahlungswirksamen Investitions- und Finanzierungsvorgängen zuzurechnen (Abschn 4.3)

Gem Abschn 6 sollen Investitions- und Finanzierungsvorgänge, die zwar die Vermögens- und Kapitalstruktur des Unternehmens beeinflussen, aber nicht mit Zahlungen verbunden sind, nicht in die Geldflussrechnung aufgenommen werden. Sie sind gesondert darzustellen und entsprechend zu erläutern.

Zu den nicht zahlungswirksamen Investitions- und Finanzierungsvorgängen gehören insbesondere

- die Gewährung von Gesellschaftsrechten gegen Sacheinlagen,
- die Umwandlung von Fremd- in Eigenkapital einschließlich der Wandlung von Schuldverschreibungen,
- die Kapitalerhöhung aus Gesellschaftsmitteln.

Sind in den Sacheinlagen dem Finanzmittelfonds zuzurechnende Vermögensgegenstände enthalten, sind diese im Finanzierungsbereich als Einzahlungen gesondert auszuweisen.

Schema des Nettogeldflusses aus der Investitionstätigkeit

Die Nummerierung wird nach dem vorne dargestellten Schema der indirekten Methode fortgesetzt

8		Einzahlungen aus Anlagenabgang (ohne Finanzanlagen)
9	+	Einzahlungen aus Finanzanlagenabgang und sonstigen Finanzinvestitionen
10	–	Auszahlungen für Anlagenzugang (ohne Finanzanlagen)
11	–	Auszahlungen für Finanzanlagenzugang und sonstige Finanzinvestitionen
12		**Netto-Geldfluss aus der Investitionstätigkeit**

Nettogeldfluss aus der Finanzierungstätigkeit

Im Finanzierungsbereich werden nur die Finanzierungsvorgänge der Außenfinanzierung erfasst, für die sich gem dem Fachgutachten eine Gliederung in die Teilbereiche **Eigenfinanzierung**, **Verbundfinanzierung** und **sonstige Fremdfinanzierung** als zweckmäßig erweist. Die gesonderte Darstellung dieser Geldflüsse ist im Hinblick auf die Auszahlungsansprüche der Kapitalgeber von Bedeutung.

Während die Eigenfinanzierung alle Zahlungsströme zwischen dem Unternehmen und den Anteilseignern, die aus deren Gesellschafterstellung resultieren, umfasst, gehören zur Verbundfinanzierung Finanzierungsvorgänge im Bereich verbundener Unternehmen, soweit diese nicht Lieferungen und Leistungen betreffen.

Der Finanzierungsbereich umfasst Geldflüsse aus der
- Beschaffung und Rückzahlung von Eigenkapital,
- Bedienung des Eigenkapitals (zB Dividenden),
- Begebung und Tilgung von Anleihen,
- Aufnahme und Tilgung von sonstigen (Finanz-)Krediten.

(Finanz-)Kredite umfassen kurz- und langfristiges Fremdkapital, soweit dieses nicht der Geschäftstätigkeit zuzuordnen ist. Dazu gehören Kredite von Kredit- und Finanzinstituten und sonstigen Kreditgebern, aber auch Verbindlichkeiten gegenüber Lieferanten und Kunden, wenn sie wesentlich über das branchenübliche zeitliche Ausmaß hinausgehen.

Dividendenzahlungen können nach IAS 7 auch unter den Geldflüssen aus der Geschäftstätigkeit eingestuft werden. Diese Zuordnung erlaubt ein Urteil über die Fähigkeit des Unternehmens, die Kosten für das Eigenkapital aus dem Nettogeldfluss aus der Geschäftstätigkeit zu decken.

Schema der Ermittlung des Geldflusses aus der Finanzierungstätigkeit

13	Einzahlungen von Eigenkapital
14 –	Rückzahlungen von Eigenkapital
15 –	Auszahlungen zur Bedienung des Eigenkapitals
16 +	Einzahlungen aus der Begebung von Anleihen und der Aufnahme von Finanzkrediten
17 –	Auszahlungen für die Tilgung von Anleihen und Finanzkrediten
18	**Netto-Geldfluss aus der Finanzierungstätigkeit**

Bezüglich nicht liquiditätswirksamer Finanzierungsvorgänge siehe die ergänzenden Aussagen des Fachgutachtens zum Bereich der Investitionstätigkeit.

Vermögensveränderungsrechnung

Das Ergebnis der Geldflussrechnung bildet die Fondsveränderungsrechnung, die zeigt, in welchem Umfang sich der Finanzmittelfonds verändert hat.

Schema

19		**zahlungswirksame Veränderung des Finanzmittelbestands (Z 6+11+17)**
20	+/–	wechselkursbedingte und sonstige Wertänderungen des Finanzmittelbestands
21	+	Finanzmittelbestand am Beginn der Periode
22		**Finanzmittelbestand am Ende der Periode**

Der sich in Zeile 22 ergebende Betrag muss mit den Bilanzzahlen übereinstimmen.

Die in der Zeile 20 angeführten **nichtliquiditätswirksamen Veränderungen** betreffen vor allem im Fonds enthaltene Fremdwährungsbeträge. Veränderungen der Fremdwährungskurse werden, soweit sie den Endbestand von Fremdwährungsbeständen betreffen, unmittelbar diesen Beständen zugeschlagen bzw. von diesen abgezogen.

Gesamtschema der nach der indirekten Methode aufgestellten Geldflussrechnung entsprechend dem Fachgutachten vom 27. Mai 2008

1		Ergebnis der gewöhnlichen Geschäftstätigkeit
2		Überleitung auf den Netto-Geldfluss aus der gewöhnlichen Geschäftstätigkeit
	a) +/–	Abschreibungen/Zuschreibungen auf Vermögensgegenstände des Investitionsbereichs
	b) –/+	Gewinn/Verlust aus dem Abgang von Vermögensgegenständen des Investitionsbereichs
	c) +/–	sonstige zahlungsunwirksame Aufwendungen/Erträge, soweit nicht Posten aus 2d) bis 2f) betreffend
3		**Geldfluss aus dem Ergebnis**
	a) –/+	Zunahme/Abnahme der Vorräte, der Forderungen aus Lieferungen und Leistungen sowie anderer Aktiva[1]
	b) +/–	Zunahme/Abnahme von Rückstellungen[1]
	c) +/–	Zunahme/Abnahme der Verbindlichkeiten aus Lieferungen und Leistungen sowie anderer Passiva[1]
4		Netto-Geldfluss aus der gewöhnlichen Geschäftstätigkeit
5	+/–	Netto-Geldfluss aus außerordentlichen Posten
6	–	Zahlungen für Ertragsteuern
7		**Netto-Geldfluss aus laufender Geschäftstätigkeit**
8		Einzahlungen aus Anlagenabgang (ohne Finanzanlagen)
9	+	Einzahlungen aus Finanzanlagenabgang und sonstigen Finanzinvestitionen
10	–	Auszahlungen für Anlagenzugang (ohne Finanzanlagen)
11	–	Auszahlungen für Finanzanlagenzugang und sonstige Finanzinvestitionen
12		**Netto-Geldfluss aus der Investitionstätigkeit**

13	Einzahlungen von Eigenkapital
14 –	Rückzahlungen von Eigenkapital
15 –	Auszahlungen zur Bedienung des Eigenkapitals
16 +	Einzahlungen aus der Begebung von Anleihen und der Aufnahme von Finanzkrediten
17 –	Auszahlungen für die Tilgung von Anleihen und Finanzkrediten
18	**Netto-Geldfluss aus der Finanzierungstätigkeit**
19	**zahlungswirksame Veränderung des Finanzmittelbestands (Z 6+11+17)**
20 +/–	wechselkursbedingte und sonstige Wertänderungen des Finanzmittelbestands
21 +	Finanzmittelbestand am Beginn der Periode
22	**Finanzmittelbestand am Ende der Periode**

[1] Soweit der gewöhnlichen Geschäftstätigkeit zuzuordnen. Eine weitere Untergliederung einzelner Posten, insbesondere nach Vorräten, Lieferforderungen und Lieferverbindlichkeiten, sowie der gesonderte Ausweis der Auflösung von Investitionszuschüssen kann zur Informationsverbesserung beitragen.

Erläuterungen zur Aufstellung der Geldflussrechnung

Grundlage für die Ableitung der Zahlungsströme sind grundsätzlich die Bewegungsbilanz (Veränderungsbilanz), der Anlagenspiegel, die Gewinn- und Verlustrechnung und der Anhang.

Die nachfolgenden Ausführungen sind dem Fachgutachten zur Geldflussrechnung entnommen:

Geldfluss aus laufender Geschäftstätigkeit

Zur Ermittlung des Geldflusses aus laufender Geschäftstätigkeit wird der Jahresüberschuss/-fehlbetrag um die zahlungsunwirksamen Aufwendungen erhöht und um die zahlungsunwirksamen Erträge vermindert. Die erfolgsneutralen Veränderungen jener Bilanzposten, die dem Bereich laufende Geschäftstätigkeit zuzuordnen sind, werden ebenfalls erfasst.

Werden die Netto-Geldflüsse aus außerordentlichen Posten und die Ertragsteuerzahlungen gesondert ausgewiesen, ist bei der Überleitung vom Ergebnis der gewöhnlichen Geschäftstätigkeit auszugehen.

Geldfluss aus der Investitionstätigkeit

Die Auszahlungen für das Anlagevermögen ergeben sich als Saldo aus den Zugängen lt Anlagenspiegel und der Veränderung der Verbindlichkeiten für den Erwerb von Anlagegegenständen. Sind diese Verbindlichkeiten in der Buchhaltung nicht gesondert erfasst, sollten zumindest wesentliche Beträge ermittelt werden, um die sonst bewirkte Verzerrung zwischen den Bereichen laufende Geschäftstätigkeit und Investitionstätigkeit zu minimieren.

Die aus Desinvestitionen im Anlagevermögen resultierenden Einzahlungen ergeben sich aus den um Gewinne und Verluste aus Anlagenabgängen berichtigten Restbuchwerten der abgegangenen Vermögensgegenstände unter Berücksichtigung der Veränderung von allfälligen Forderungen aus dem Verkauf.

Soweit Gegenstände des Umlaufvermögens weder der laufenden Geschäftstätigkeit noch dem Finanzmittelfonds zugeordnet wurden, sind die daraus resultierenden Geldflüsse den Investitionen oder Desinvestitionen zuzuordnen.

Eine Verbesserung der Aussagekraft ergibt sich, wenn die Finanzinvestitionen in verbundene Unternehmen, die aus den Veränderungen der entsprechenden Posten des Finanzanlagevermögens und des Umlaufvermögens entnommen werden können, als gesonderter Teilbereich dargestellt werden.

Geldfluss aus der Finanzierungstätigkeit

Einzahlungen von Eigenkapital ergeben sich aus Kapitalerhöhungen, Einforderungen ausstehender Einlagen, gesellschaftsrechtlich bedingten Zuzahlungen, Emissionen von Genussrechten mit Eigenkapitalcharakter, Einlagen stiller Gesellschafter mit Eigenkapitalcharakter uÄ, soweit diese Vorgänge liquiditätswirksam sind. Rückzahlungen von Eigenkapital ergeben sich aus liquiditätswirksamen Kapitalherabsetzungen, Rückzahlungen von als Eigenkapital bilanzierten Genussrechten, Einlagen stiller Gesellschafter uÄ.

Auszahlungen für den Erwerb eigener Aktien sind dann nicht als Eigenkapitalrückzahlungen zu qualifizieren, wenn der Erwerb zum Zweck der Weitergabe erfolgt.

Als Mittelabfluss sind auch die in der Periode gezahlten Ausschüttungen an die Anteilseigner zu zeigen.

Im Teilbereich Fremdfinanzierung sind sämtliche Finanzverbindlichkeiten zu erfassen. Dazu gehören die Anleihen, Verbindlichkeiten gegenüber Kreditinstituten, Finanzwechsel sowie Finanzkredite, soweit sie in den Posten Verbindlichkeiten gegenüber verbundenen Unternehmen, Verbindlichkeiten gegenüber Unternehmen, mit denen ein Beteiligungsverhältnis besteht, und sonstige Verbindlichkeiten enthalten sind.

Finanzierungsvorgänge im langfristigen Kapitalbereich sind **brutto** darzustellen. Dazu gehört auch die Umwandlung kurzfristiger Finanzkredite in langfristige. Im Übrigen können die Einzahlungen und Auszahlungen im kurzfristigen Bereich auf **Netto**basis dargestellt werden.

Die Erhöhung der Bilanzansätze der Verbindlichkeiten ist um allfällige darin enthaltene Disagiobeträge zu kürzen. Die Abschreibungen auf das aktivierte Disagio sind von den Zinsaufwendungen abzuziehen.

Schema der Ableitung der einzelnen Posten aus den Datengrundlagen

Erläuterung des Schemas:

- Die jeweils zu Beginn einer Zeile bzw. am Anfang jeder Tabelle angeführten Zahlen bzw. Buchstaben entsprechen dem vorne angeführten Gesamtschema der Geldflussrechnung nach der indirekten Methode.
- Die am Ende einer jeden Zeile angeführten Zahlen und Buchstaben entsprechen den Posten der Bilanz gem § 224 Abs 2 und 3 und der Gewinn- und Verlustrechnung gem § 231 Abs 2, wobei es sich bei den Bilanzzahlen in der Regel um die Salden aus Anfangs- und Schlussbilanz im Rahmen einer Bewegungsbilanz handelt.
- Bei der Zuordnung der Posten wurde vom üblichen Inhalt der Posten des Jahresabschlusses ausgegangen. Im Einzelfall kann der tatsächliche Inhalt einzelner Posten deren Zerlegung und entsprechende Zuordnung erfordern. Dies gilt jedenfalls für jeden mehrfach genannten Jahresabschlussposten. Es ist allerdings zu bemerken, dass dem externen Analytiker eine Zerlegung und entsprechende Zuordnung einzelner Jahresabschlussposten in der Regel nicht möglich ist, er daher von der üblichen Zuordnung ausgehen wird.

2a

aa)	Abschreibungen (ohne Finanzanlagen)	+		7 a
ab)	Abschreibungen auf Finanzanlagen und sonstige Finanzinvestitionen	+	aus	14[1]
ac)	Erträge aus der Zuschreibung zum Anlagevermögen (ohne Finanzanlagen)	–	aus	4 a
ad)	Erträge aus der Zuschreibung zu Finanzanlagen und sonstigen Finanzinvestitionen	–	aus	13[1]
=	**2.a) Abschreibungen/Zuschreibungen auf Vermögensgegenstände des Investitionsbereichs**			

[1] Soweit nicht den Finanzmittelbestand betreffend. Wertminderungen des Finanzmittelbestandes werden direkt von diesem abgezogen.

2b

ba)	Erträge aus dem Abgang von Anlagevermögen (ohne Finanzanlagen)	+	aus	4 a
bb)	Erträge aus dem Abgang von Finanzanlagen und sonstigen Finanzinvestitionen	+	aus	13
bc)	Verluste aus dem Abgang von Anlagevermögen (ohne Finanzanlagen)	–	aus	8 b
bd)	Verluste aus dem Abgang von Finanzanlagen und sonstigen Finanzinvestitionen	–	aus	14
=	**2.b) Gewinn/Verlust aus dem Abgang von Vermögensgegenständen des Investitionsbereichs**			

3a

aa)	Vorräte	+/–		B I
ab)	Forderungen aus Lieferungen und Leistungen	+/–	aus	B II 1
ac)	Forderungen gegenüber verbundenen Unternehmen	+/–	aus	B II 2[2]
ad)	Forderungen gegenüber Unternehmen, mit denen ein Beteiligungsverhältnis besteht	+/–	aus	B II 3[2]
de)	sonstige Forderungen und Vermögensgegenstände	+/–	aus	B II 4[2]
af)	aktive Rechnungsabgrenzungsposten	+/–		C2
=	**3.a) Zunahme/Abnahme der Vorräte, der Forderungen aus Lieferungen und Leistungen sowie anderer Aktiva**			

3b

ba)	Rückstellungen für Abfertigungen und Pensionen	+/–		C 1, 2
bb)	Steuerrückstellungen, ausgenommen für Ertragsteuern	+/–	aus	C 3
bc)	sonstige Rückstellungen	+/–	aus	C 4
=	**3.b) Zunahme/Abnahme von Rückstellungen**			

3c

ca)	erhaltene Anzahlungen auf Bestellungen	+/–		D 3
cb)	Verbindlichkeiten aus Lieferungen und Leistungen	+/–	aus	D 4[2]
cc)	Wechselverbindlichkeiten	+/–	aus	D 5[2]
cd)	Verbindlichkeiten gegenüber verbundenen Unternehmen	+/–	aus	D 6[2]
ce)	Verbindlichkeiten gegenüber Unternehmen, mit denen ein Beteiligungsverhältnis besteht	+/–	aus	D 7[2]
cf)	sonstige Verbindlichkeiten	+/–	aus	D 8[2]
cg)	passive Rechnungsabgrenzungsposten	+/–	aus	E[2]
=	**3.c) Zunahme/Abnahme der Verbindlichkeiten aus Lieferungen und Leistungen sowie anderer Passiva**			

[2] Soweit der gewöhnlichen Geschäftstätigkeit zuzuordnen.

5

a)	außerordentliche Erträge	+	aus 18[3]
b)	Forderungen aus außerordentlichen Erträgen	–/+	aus B II[3]
c)	außerordentliche Aufwendungen	–	aus 19[3]
d)	Rückstellungen für außerordentliche Aufwendungen	+/–	aus C[3]
e)	Verbindlichkeiten aus außerordentlichen Aufwendungen	+/–	aus D[3]
=	**5. Netto-Geldfluss aus außerordentlichen Posten**		

6

a)	Steuern vom Einkommen und vom Ertrag	+	21
b)	sonstige Forderungen aus Ertragsteuerverrechnung	+/–	aus B II 4
c)	aktive Steuerabgrenzung	+/–	aus C
d)	Ertragsteuerrückstellungen	–/+	aus C 3
e)	sonstige Verbindlichkeiten aus Ertragsteuerverrechnung	–/+	aus D 8
=	**6. Zahlungen für Ertragsteuern**		

8

a)	Erträge aus Anlagenabgang	+	aus 4 a
b)	Verluste aus Anlagenabgang	–	aus 8 b
c)	Abgänge lt Anlagenspiegel zu Buchwerten	+	(A I, II)
d)	sonstige Forderungen aus Anlagenverkauf (ohne Finanzanlagen)	–/+	aus B II 4[4,5]
=	**8. Einzahlungen aus Anlagenabgang (ohne Finanzanlagen)**		

9

a)	Erträge aus dem Abgang von Finanzanlagen und Wertpapieren des Umlaufvermögens	+	aus 13[5]
b)	Verluste aus dem Abgang von Finanzanlagen und Wertpapieren des Umlaufvermögens	–	aus 14[5]
c)	Abgänge von Finanzanlagen lt Anlagenspiegel zu Buchwerten	+	(A III)
d)	Wertpapiere und Anteile: Verminderung durch Abgang	+	aus B III[5]
e)	Guthaben bei Kreditinstituten: Verminderung von Finanzinvestitionen	+	aus B IV[5]
f)	sonstige Forderungen aus Verkauf von Finanzinvestitionen	–/+	aus B II 4[4,5]
g)	sonstige Forderungen: Rückzahlung von Finanzkrediten	+	aus B II 4[4,5]
=	**9. Einzahlungen aus Finanzanlagenabgang und sonstigen Finanzinvestitionen**		

[3] Soweit nicht der Investitions- oder Finanzierungstätigkeit zuzuordnen.
[4] Einschließlich der in den Posten B II 2 und 3 enthaltenen Beträge.
[5] Soweit nicht die laufende Geschäftstätigkeit oder den Finanzmittelbestand betreffend.

10

a)	Zugänge lt Anlagenspiegel	+	(A I,II)
b)	Verbindlichkeiten aus dem Erwerb von Anlagevermögen (ohne Finanzanlagen)	–/+	aus D
=	**10. Auszahlungen für Anlagenzugang (ohne Finanzanlagen)**		

11

a)	Zugänge lt Anlagenspiegel	+	(A III)
b)	Wertpapiere und Anteile: Erhöhung durch Zugänge	+	aus B III[5]
c)	Guthaben bei Kreditinstituten: Erhöhung von Finanzinvestitionen	+	aus B IV
d)	sonstige Forderungen: Gewährung von Finanzkrediten	+	aus B II 4[4,5]
e)	Verbindlichkeiten aus dem Erwerb von Finanzinvestitionen	–/+	aus D
=	**11. Auszahlungen für Finanzanlagenzugang und sonstige Finanzinvestitionen**		

13

a)	Einzahlungen auf das Nennkapital	+	aus A I
b)	Einzahlungen auf Kapitalrücklagen	+	aus A II
=	**13. Einzahlungen von Eigenkapital**		

14

a)	Rückzahlungen von Nennkapital	+	aus A I
=	**14. Rückzahlungen von Eigenkapital**		

15

a)	Auszahlungen aus dem Bilanzgewinn	+	aus A IV
=	**15. Auszahlungen zur Bedienung des Eigenkapitals**		

16

a)	Anleihen: Erhöhung durch Begebung	+	aus D 1
b)	langfristige Bankkredite: Erhöhung durch Zuzählung	+	aus D 2
c)	kurzfristige Bankkredite: Saldoerhöhung	+	aus D 2
d)	Wechselverbindlichkeiten: Saldoerhöhung	+	aus D 5
e)	Verbindlichkeiten gegenüber verbundenen Unternehmen und Unternehmen, mit denen ein Beteiligungsverhältnis besteht: Zuzählung von Finanzkrediten	+	aus D 6, 7
f)	sonstige Verbindlichkeiten: Zuzählung von Finanzkrediten	+	aus D 8
=	**16. Einzahlungen aus der Begebung von Anleihen und der Aufnahme von Finanzkrediten**		

17

a)	Anleihen: Verminderung durch Tilgung	+ aus D 1
b)	langfristige Bankkredite: Verminderung durch Tilgung	+ aus D 2
c)	kurzfristige Bankkredite: Saldoverminderung	+ aus D 2
d)	Wechselverbindlichkeiten: Saldoverminderung	+ aus D 5
e)	Verbindlichkeiten gegenüber verbundenen Unternehmen und Unternehmen, mit denen ein Beteiligungsverhältnis besteht: Rückzahlung von Finanzkrediten	+ aus D 6, 7
f)	sonstige Verbindlichkeiten: Rückzahlung von Finanzkrediten	+ aus D 8
=	**17. Auszahlungen für die Tilgung von Anleihen und Finanzkrediten**	

Auf eine nähere Erläuterung der direkten Methode wird wegen ihrer praktischen Irrelevanz verzichtet. Detaillierte Ausführungen zur direkten Methode finden sich im Fachgutachten der Kammer der Wirtschaftstreuhänder: „Die Geldflussrechnung als Ergänzung des Jahresabschlusses und Bestandteil des Konzernabschlusses“ vom 27. Mai 2008.

Geldflussrechnung der Energieversorgungs AG nach den Richtlinien des Fachgutachtens über die Geldflussrechnung als Ergänzung des Jahresabschlusses

Geldflussrechnung bei Anwendung der indirekten Methode zur Ermittlung des Nettogeldflusses aus der Geschäftstätigkeit

				2007	**2006**
1	Ergebnis der gewöhnlichen Geschäftstätigkeit			107,0	123,6
2	Überleitung auf den Netto-Geldfluss aus der gewöhnlichen Geschäftstätigkeit				
	a)	+/–	Abschreibungen/Zuschreibungen auf Vermögensgegenstände des Investitionsbereiches	242,2	247,7
	b)	–/+	Gewinn/Verlust aus dem Abgang von Vermögensgegenständen des Investitionsbereiches	–7,7	–14,3
	c)	+/–	sonstige zahlungsunwirksame Aufwendungen/Erträge	0,0	0,0
	Nettogeldfluss aus dem Ergebnis			**341,5**	**357,0**
	d)	–/+	Zunahme/Abnahme der Vorräte, der Forderungen aus Lieferungen und Leistungen sowie anderer Aktiva	42,9	–3,7
	e)	+/–	Zunahme/Abnahme von Rückstellungen	–127,9	–18,7
	f)	+/–	Zunahme/Abnahme der Verbindlichkeiten aus Lieferungen und Leistungen sowie anderer Passiva	–20,0	2,5
	Nettogeldfluss aus der Veränderung des Working Capital			**–105,0**	**–19,9**

3	**Nettogeldfluss aus der gewöhnlichen Geschäftstätigkeit**	**236,5**	**337,1**
4 +/–	**Nettogeldfluss aus außerordentlichen Posten**	**0,0**	**0,0**
5	**–Zahlung für Ertragsteuern**	**–30,8**	**–40,9**
6	**Nettogeldfluss aus laufender Geschäftstätigkeit**	**205,7**	**296,2**
7	Einzahlungen aus Anlagenabgang (ohne Finanzanlagen)	49,4	43,7
8 +	Einzahlungen aus Finanzanlagenabgang und sonstigen Finanzinvestitionen	87,6	57,5
9 –	Auszahlungen für Anlagenzugang (ohne Finanzanlagen)	–154,3	–333,8
10 –	Auszahlungen für Finanzanlagenzugang und sonstigen Finanzinvestitionen	–112,0	–45,3
11	**Nettogeldfluss aus der Investitionstätigkeit**	**–129,3**	**–277,9**
12	Einzahlungen von Eigenkapital	89,5	0,0
13 –	Rückzahlungen von Eigenkapital	0,0	0,0
14 –	Auszahlungen aus der Bedienung des Eigenkapitals	–37,0	–15,0
15 +	Einzahlungen aus der Begebung von Anleihen und der Aufnahme von Finanzkrediten	56,5	53,2
16 –	Auszahlungen für die Tilgung von Anleihen und Finanzkrediten	–216,0	–47,2
17	**Nettogeldfluss aus der Finanzierungstätigkeit**	**–107,0**	**–9,0**
18	**zahlungswirksame Veränderung des Zahlungsmittelbestandes (Z 6+11+17)**	**–30,6**	**9,3**
19+/–	**wechselkursbedingte und sonstige Wertänderungen des Finanzmittelbestandes**	**0,0**	**0,0**
20 +	**Finanzmittelbestand am Beginn der Periode**	**43,0**	**33,7**
21	**Finanzmittelbestand am Ende der Periode**	**12,4**	**43,0**

Erläuterungen (die angegebenen Postennummern entstammen der Energieversorgungs AG):

		2007	2006
aa) +	Abschreibungen (ohne Finanzanlagen, ohne a.o. Abschreibungen)	242,2	247,7
ab) +	Abschreibungen auf Finanzanlagen	0,0	0,0
ac) –	Erträge aus der Zuschreibung zum Anlagevermögen (ohne Finanzanlagen)	0,0	0,0
ad) –	Erträge aus der Zuschreibung zu Finanzanlagen	0,0	0,0
=	**2a) Abschreibungen/Zuschreibungen auf Vermögensgegenstände des Investitionsbereiches**	**242,2**	**247,7**

ba) –	Erträge aus dem Abgang von Anlagevermögen (ohne Finanzanlagen)	–7,5	–6,8
bb) –	Erträge aus dem Abgang von Finanzanlagen	–0,2	–7,5
bc) +	Verluste aus dem Abgang von Anlagevermögen (ohne Finanzanlagen)	0,0	0,0
bd) +	Verluste aus dem Abgang von Finanzanlagen	0,0	0,0
=	**2b) Gewinn/Verlust aus dem Abgang von Vermögensgegenständen des Investitionsbereiches**	**–7,7**	**–14,3**

da) –/+	Vorräte	–55,0	51,5
db) –/+	Forderungen aus Lieferungen und Leistungen	–34,8	3,5
dc) –/+	Forderungen gegenüber verbundenen Unternehmen	123,4	–119,6
dd) –/+	Forderungen gegenüber Beteiligungsunternehmen[1])	–9,8	12,2
de) –/+	sonstige Forderungen und Vermögensgegenstände	–21,3	8,9
df) –/+	aktive Rechnungsabgrenzung[1])	40,4	39,8
=	**2d) Zunahme/Abnahme der Vorräte, der Forderungen aus Lieferungen und Leistungen sowie anderer Aktiva**	**42,9**	**–3,7**

ea) +/–	Rückstellungen für Abfertigungen und Pensionen	–175,2	–1,1
eb) +/–	Steuerrückstellungen, ausgenommen Ertragsteuern	0,0	0,0
ec) +/–	sonstige Rückstellungen	47,3	–17,6
=	**2e) Zunahme/Abnahme von Rückstellungen**	**–127,9**	**–18,7**

			2007	2006
fa)	+/–	Erhaltene Anzahlungen auf Bestellungen	–1,8	0,4
fb)	+/–	Verbindlichkeiten aus Lieferungen und Leistungen[1])	–25,2	27,3
fc)	+/–	Verbindlichkeiten gegenüber verbundenen Unternehmen[1])	–13,7	9,1
fd)	+/–	Verbindlichkeiten gegenüber Beteiligungsunternehmen[1])	0,4	–0,5
fe)	+/–	Sonstige Verbindlichkeiten [1])	20,3	–33,8
ff)	+/–	passive Rechnungsabgrenzungsposten [1])	0,0	0,0
=	**2f)**	**Zunahme/Abnahme der Verbind lichkeiten aus Lieferungen und Leistungen sowie anderer Passiva**	**–20,0**	**2,5**

a)	+	Außerordentliche Erträge [3])	0,0	0,0
b)	–/+	Forderungen aus außerordentlichen Erträgen [3])	0,0	0,0
c)	–	Außerordentliche Aufwendungen [2])	–84,3	–154,8
d)	+	Abschreibungen innerhalb der außerordentlichen Aufwendungen	84,3	154,8
e)	+/–	Rückstellungen für außerordentliche Aufwendungen [3])	0,0	0,0
f)	+/–	Verbindlichkeiten aus außerordentlichen Aufwendungen[3])	0,0	0,0
=	**4**	**Nettogeldfluss aus außerordentlichen Posten**	**0,0**	**0,0**

[1]) Soweit der gewöhnlichen Geschäftstätigkeit zuzuordnen (Lieferforderungen). Der Restbetrag gehört zu den Finanzinvestitionen.
[2]) Es dürfen nur jene Abschreibungen hinzugezählt werden, die sie zur Verminderung des Ergebnisses der gewöhnlichen Geschäftstätigkeit beigetragen haben.
[3]) Soweit nicht der Investitions- oder Finanzierungstätigkeit zuzuordnen.

			2007	2006
a)	–	Steuern vom Einkommen und vom Ertrag	–30,1	–0,2
b)	–/+	Ertragsteuerrückstellungsveränderung	–0,7	–40,7
c)	–/+	sonstige Forderungen aus Ertragsteuerverrechnung	0,0	0,0
d)	+/–	sonstige Verbindlichkeiten aus Ertragsteuerverrechnung	0,0	0,0
e)	+/–	aktive Steuerabgrenzung	0,0	0,0
=	**5**	**Zahlung für Ertragsteuern**	**–30,8**	**–40,9**

			2007	2006
a)	+	Erträge aus Anlagenabgang	7,5	6,8
b)	+	Buchwertabgänge lt Anlagenspiegel	41,9	36,9
c)	–/+	Forderungen aus Anlagenverkauf (ohne Fin anl) der Posten Aktiva B II 2 – 4	0,0	0,0
	=	**7 Einzahlungen aus Anlagenabgang (ohne Finanzanlagen)**	**49,4**	**43,7**

a)	+	Erträge aus dem Abgang von Finanzanlagen	0,2	7,5
b)	+	Buchwertabgänge lt Anlagenspiegel	87,4	45,9
c)	–/+	Forderungen aus Finanzanlagenverkauf der Posten Aktiva B II 2 – 4	0,0	0,0
d)	+	Rückzahlung von sonstigen Finanzinvestitionen	0,0	4,1
	=	**8 Einzahlungen aus Finanzanlagen abgang und sonstigen Finanzinves-titionen**	**87,6**	**57,5**

a)	–	Zugänge lt Anlagenspiegel	–154,3	–333,8
b)	+/–	Verbindlichkeiten aus dem Erwerb von Anlage-vermögen (ohne Finanzanlagen)	0,0	0,0
	=	**9 Auszahlungen für Anlagenzugang (ohne Finanzanlagen)**	**–154,3**	**–333,8**

a)	–	Zugänge lt Anlagenspiegel	–103,3	–45,3
b)	+/–	Verbindlichkeiten aus dem Erwerb von Finanzanlagen	0,0	0,0
c)	–	Gewährung von Finanzkrediten[1]	–8,7	0,0
	=	**10 Auszahlungen für Finanzanlagenzugang und sonstigen Finanzinvestitionen**	**–112,0**	**–45,3**

1) Finanzkredit an Beteiligungsunternehmen (siehe Forderungsspiegel)

a)	+	Einzahlungen auf das Grundkapital	0,0	0,0
b)	+	Einzahlungen auf Kapitalrücklagen	89,5	0,0
	=	**12 Einzahlungen von Eigenkapital**	**89,5**	**0,0**

a)	–	Rückzahlungen von Grundkapital	0,0	0,0
	=	**13 Rückzahlungen von Eigenkapital**	**0,0**	**0,0**

			2007	2006
a)	+	Anleihen: Erhöhung durch Begebung	0,0	0,0
b)	+	langfristige Bankkredite: Erhöhung durch Zuzählung	0,0	0,0
c)	+	kurzfristige Bankkredite: Saldoerhöhung	50,3	16,5
d)	+	Aufnahme von Finanzkrediten	6,2	36,7
	=	**15 Einzahlungen aus der Begebung von Anleihen und der Aufnahme von Finanzkrediten**	**56,5**	**53,2**

a)	–	Anleihen: Verminderung durch Tilgung	–41,5	–41,5
b)	–	langfristige Bankkredite: Verminderung durch Tilgung	0,0	0,0
c)	–	kurzfristige Bankkredite: Saldoverminderung	0,0	0,0
d)	–	Tilgung von Finanzkrediten	–174,5	–5,7
	=	**16 Auszahlungen für die Tilgung von Anleihen und Finanzkrediten**	**–216,0**	**–47,2**

Alternative Gliederung der Geldflussrechnung bei integrierter Ermittlung des Nettogeldflusses nach Bertl/Mandl (BMC-Methode)

Bertl/Mandl (vgl Betriebs- und Bilanzanalyse-Handbuch, Wien 1981, Seite 145 ff) integrieren alle Nettogeldflüsse aus der laufenden Geschäftstätigkeit, Investitions- und Finanzierungstätigkeit in eine **Gesamtnettogeldflussrechnung**. Weiters unterscheiden sie (ähnlich wie die ÖVFA) innerhalb der laufenden Geschäftstätigkeit zwei verschiedene betriebliche Nettogeldflussgrößen (Nettogeldfluss aus dem Ergebnis oder theoretischer Cashflow und Nettogeldfluss aus der laufenden Geschäftstätigkeit oder realer Cashflow).

Bei der BMC-Methode wird insbesondere auf den Zusammenhang mit der Finanzplanung geachtet [vgl Bertl, R: Finanzierungsplanung im Klein- und Mittelbetrieb, in Gerhard Seicht (Hrsg) Gläubigerschutz, Betriebswirtschaftslehre und Recht, Wien 1993, Seite 230 ff]. Der Nettogeldfluss aus dem Ergebnis wird als besonders prognosefähig gesehen und kann bei unterjährigen Analysen sehr einfach als Differenz der Salden der Erlös- und Aufwandskonten (Saldo der Saldenliste) aus der laufenden Buchhaltung entnommen werden.

Im **Nettogeldfluss aus laufender Geschäftstätigkeit** (realer Cashflow) werden alle Zahlungsvorgänge, die sich aus der unternehmerischen Tätigkeit durch Aufwandsauszahlungen und Ertragseinzahlungen ergeben, unabhängig davon, ob es sich dabei um Aufwendungen oder Erträge der Betrachtungsperiode oder anderer Perioden handelt, berücksichtigt. Dieser Cashflow gibt jenen Betrag an, der während der Betrachtungsperiode für verschiedene Zahlungszwecke zur Verfügung steht (stand), die in keinem direkten Zusammenhang zum laufenden Leistungsprozess stehen. Er stellt daher das **reale Innenfinanzierungspotential** des Unternehmens dar.

Langfristig muss die Summe der **Nettogeldflüsse** aus dem Ergebnis bei gleich bleibender Unternehmensgröße jener der Nettogeldflüsse aus laufender Geschäftstätigkeit entsprechen. Ein Auseinanderdriften dieser Kennzahlen weist auf **strukturelle Finanzierungsprobleme** des Unternehmens hin.

Im **Gesamtnettogeldfluss aus Innen- und Außenfinanzierung** wird dann die **Außenfinanzierungskomponente (Zufluss)** und im **Cashflow** auch die **Mittelverwendungs- und -abflusskomponente** mitberücksichtigt.

BMC-Methode
Jahresüberschuss/Jahresfehlbetrag gem § 231 UGB + Abschreibungen (einschließlich Anlageabgängen) – Zuschreibungen
= **Nettogeldfluss aus dem Ergebnis (theoretischer Cashflow)**
+ Erhöhung von Rückstellungen, Verbindlichkeiten (ausgenommen Geldkreditkonten) und Posten der Passiven Rechnungsabgrenzung bzw minus Verminderung dieser Posten – Erhöhung der Posten des Umlaufvermögens (ausgenommen liquider Mittel) und der Posten der Aktiven Rechnungsabgrenzung bzw plus Verminderung dieser Posten
= **Nettogeldfluss aus laufender Geschäftstätigkeit (Realer Cashflow)**
+ Erhöhung von Geldkrediten einschließlich Finanzwechsel + Kapitalerhöhung (bar) und Bareinlagen
= **Gesamtnettogeldfluss aus Innen- und Außenfinanzierung**
– Privatentnahmen und Gewinnausschüttungen – Verminderung von Geldkrediten einschließlich Finanzwechsel – Investitionen ins Anlagevermögen (ohne Sacheinlagen)
= **Cashflow (Veränderung der liquiden Mittel)**

Geldflussrechnung der Energieversorgungs AG nach der BMC-Methode

		2007
	Jahresfehlbetrag gem UGB	–7,4
+	Abschreibungen im Anlagevermögen	326,5
+	Buchwertabgänge im Anlagevermögen	129,3
–	Zuschreibungen im Anlagevermögen	0,0
=	**theoretischer Cashflow**	**448,4**
+	Erhöhung der Steuerrückstellungen und sonstigen Rückstellungen	46,6
+	Erhöhung der Verbindlichkeiten aus Lieferungen und Leistungen gegenüber Beteiligungsunternehmen	0,4
+	Erhöhung der sonstigen Verbindlichkeiten	20,3
–	Verminderung der Abfertigungs- und Pensionsrückstellungen	–175,2
–	Verminderung der erhaltenen Anzahlungen auf Bestellungen	–1,8
–	Verminderung der Verbindlichkeiten aus Lieferungen und Leistungen	–25,2
–	Verminderung der Verbindlichkeiten aus Lieferungen und Leistungen gegenüber verbundenen Unternehmen	–13,7
–	Erhöhung der noch nicht abrechenbaren Leistungen	–59,2
–	Erhöhung der Forderungen aus Lieferungen und Leistungen	–34,8
–	Erhöhung der Forderungen gegenüber Beteiligungsunternehmen	–18,5
–	Erhöhung der sonstigen Forderungen und Vermögensgegenständen	–21,3
+	Verminderung der Roh-, Hilfs- und Betriebsstoffe	4,2
+	Verminderung der unfertigen Erzeugnisse	0,0
+	Verminderung der Forderungen gegenüber verbundenen Unternehmen	123,4
+	Verminderung der Aktiven Rechnungsabgrenzungsposten	40,4
=	**realer Cashflow**	**334,0**
–	Verminderung der Anleihen	–41,5
+	Erhöhung der Verbindlichkeiten gegenüber Beteiligungsunternehmen, sofern sie nicht Lieferungen und Leistungen betreffen	6,2
+	Erhöhung der nicht gebundenen Kapitalrücklagen	89,5
=	**Cashflow aus Innen- und Außenfinanzierung**	**388,2**
–	Gewinnausschüttung	–37,0
+	Erhöhung der Verbindlichkeiten gegenüber Kreditinstituten	50,3
–	Verminderung der Verbindlichkeiten gegenüber verbundenen Unternehmen, sofern sie nicht Lieferungen und Leistungen betreffen	–174,5
–	Zugänge ins Anlagevermögen (ohne Sacheinlagen)	–257,6
=	**Nettogeldfluss (Veränderung der liquiden Mittel)**	**30,6**
+	Anfangsbestand der liquiden Mittel	43,0
=	**Endbestand der liquiden Mittel gemäß BMC-Methode**	**12,4**
	Endbestand lt Bilanz	12,4

9.54 Vermutung des Reorganisationsbedarfes gem §§ 23 und 24 URG

Eigenmittelquote nach § 23 URG

Gem § 23 Abs 1 Z 1 URG liegt die Vermutung eines Reorganisationsbedarfes dann vor, wenn neben einer fiktiven Schuldentilgungsdauer von mehr als 15 Jahren die nachstehend angeführte Eigenmittelquote weniger als 8 % beträgt (siehe aber auch § 1 Abs 3 URG).

$$\text{Eigenmittelquote} = \frac{\text{Eigenkapital (§ 224 Abs 3 A) zuzüglich unversteuerter Rücklagen (§ 224 Abs 3 B)}}{\text{Gesamtkapital (§ 224 Abs 3) vermindert um die nach § 225 Abs 6 von den Vorräten absetzbaren Anzahlungen}}$$

Für die Berechnung der Eigenmittelquote werden die (unveränderten) Daten des Jahresabschlusses herangezogen.

Wird bei von den Vorräten absetzbaren Anzahlungen vom Wahlrecht des Bruttoausweises Gebrauch gemacht, sieht der Gesetzgeber vor, dass das Gesamtkapital um diese Anzahlungen zu reduzieren ist. Für den Fall, dass nicht rückzahlbare Investitionszuschüsse nach der Bruttomethode ausgewiesen werden, sieht der Gesetzgeber keine Regelung vor. Nach herrschender Auffassung ist für nicht rückzahlbare Investitionszuschüsse sowohl der Ausweis nach der Bruttomethode (als gesonderter Posten auf der Passivseite) als auch nach der Nettomethode (Aufrechnung der Investitionszuschüsse gegen die Anschaffungs- und Herstellungsaufwendungen der Vermögensgegenstände, für deren Finanzierung die Investitionszuschüsse verwendet wurden) zulässig.

Eine Stellungnahme des Fachsenats für Unternehmensrecht und Revision der Kammer der Wirtschaftstreuhänder (vom 17.3.2008) empfiehlt grundsätzlich die Bruttodarstellung von Investitionszuschüssen (vgl Kapitel 4.224), verlangt jedoch zum Zwecke einer einheitlichen Vorgangsweise, dass bei Anwendung der Bruttomethode für die Berechnung der Kennzahlen nach URG die Investitionszuschüsse gegen den Buchwert der durch die Investitionszuschüsse geförderten Gegenstände des Anlagevermögens und die Auflösung der Investitionszuschüsse gegen die von den Bruttobilanzwerten des Anlagevermögens berechneten Abschreibungen aufgerechnet werden.

Die einheitliche Anwendung der Nettomethode bei der Berechnung der im URG vorgeschriebenen Kennzahlen wird damit begründet, dass die Investitionszuschüsse im Regelfall nicht die Zielsetzung haben, die Eigenmittel der Zuschussempfänger zu erhöhen, sondern bei den Empfängern Investitionen ermöglichen sollen, die ohne diese Zuschüsse wegen nicht ausreichender Rentabilität unterbleiben würden. Die Investitionszuschüsse haben daher, wirtschaftlich betrachtet, meist den Charakter einer Wertberichtigung zu den mit den vollen Anschaffungs- und Herstellungsaufwendungen angesetzten Gegenständen des Anlagevermögens.

	31.12.2007	31.12.2006	01.01.2006
Eigenkapital gem § 224 Abs 3 A	1.205,2	1.108,3	1.122,7
Unversteuerte Rücklagen gem § 224 Abs 3 B [1)]	300,0	351,8	383,8
Eigenkapital gesamt	1.505,2	1.460,1	1.506,5
[1)] Zur Ermittlung der Eigenmittelquote nach § 23 URG werden von den unversteuerten Rücklagen keine latenten Steuern abgezogen.			
Gesamtkapital [2)]	3.700,8	3.963,8	4.061,1
[2)] Anzahlungen dürfen nur insoweit von den Vorräten abgesetzt werden, als bereits entsprechende Aufwendungen angefallen sind, die zum Bilanzstichtag ihren Niederschlag in den Vorräten gefunden haben.			
Eigenmittelquote	**40,7**	**36,8**	**37,1**
Veränderung	**10,6%**		

Die Erhöhung der Eigenmittelquote erfolgte ausschließlich durch die freiwillige Kapitaleinlage der Gesellschafter.

Fiktive Schuldentilgungsdauer gem § 24 URG

Gem § 24 URG ist zur Errechnung der fiktiven Schuldentilgungsdauer das Fremdkapital (Rückstellungen und Verbindlichkeiten) vermindert um die im Unternehmen verfügbaren Aktiva nach § 224 Abs 2 B III Z 2 (sonstige Wertpapiere und Anteile) und B IV (liquide Mittel) und die nach § 225 Abs 6 von den Vorräten absetzbaren Anzahlungen durch den Mittelüberschuss aus der gewöhnlichen Geschäftstätigkeit zu dividieren.

$$\textbf{Fiktive Schuldentilgungsdauer gem URG} = \frac{\text{Schulden gem URG}}{\text{Mittelüberschuss aus der gewöhnlichen Geschäftstätigkeit gem URG}}$$

Gem § 22 Abs 1 Z 1 URG liegt die Vermutung des Reorganisationsbedarfes dann vor, wenn neben der unter 8 % liegenden Eigenmittelquote die fiktive Schuldentilgungsdauer 15 Jahre übersteigt.

Fiktive Schuldentilgungsdauer der **Energieversorgungs AG**:

		31.12.2007	**31.12.2006**
	unternehmensrechtliche Rückstellungen	809,7	938,3
+	unternehmensrechtliche Verbindlichkeiten ohne PRA	1.382,8	1.562,3
–	von den Vorräten gem § 225 Abs 6 UGB absetzbare Anzahlungen	0,0	0,0
–	Wertpapiere und Anteile gem § 224 Abs 2 B III Z 2	0,0	0,0
–	Kassenbestand, Schecks, Guthaben bei Kreditinstituten	–12,4	–43,0
=	**Schulden gem URG**	**2.180,1**	**2.457,6**
	Mittelüberschuss gem URG lt Berechnung	177,7	332,5
	Fiktive Schuldentilgungsdauer gem URG	**12,3 Jahre**	**7,4 Jahre**

Die fiktive Schuldentilgungsdauer von 12,3 Jahren erscheint im Vergleich zu anderen österreichischen Industrieunternehmen normal. Sie hat sich allerdings gegenüber dem Vorjahr wesentlich verschlechtert.

Die nachstehende Formel zeigt, wie weit die Investitionen aus dem Nettogeldfluss der laufenden Geschäftstätigkeit finanziert werden konnten.

$$\textbf{Innenfinanzierungsgrad der Investitionen} = \frac{\text{Nettogeldfluss aus der laufenden Geschäftstätigkeit}}{\text{Zugänge ins Anlagevermögen}}$$

Für die in obiger Formel dargestellte Rechnung wird für den Nettogeldfluss in der Regel der **Nettogeldfluss aus der laufenden Geschäftstätigkeit** herangezogen (siehe Kapitel 9.532.232). In gleicher Weise könnte der nach den Bestimmungen des URG ermittelte **Mittelüberschuss aus der gewöhnlichen Geschäftstätigkeit** herangezogen werden, wobei es im Ergebnis nur geringfügige Unterschiede gibt.

9.6 Aus der Erfolgsrechnung abgeleitete Kennzahlen (erfolgswirtschaftliche Kennzahlen)

9.61 Aufbau der Gewinn- und Verlustrechnung

9.611 Ergebnisquellen und Erfolgsspaltung

Bei der Ermittlung von Kennzahlen, die aus der Erfolgsrechnung zum Zwekke der Ertragsanalyse abgeleitet werden, ist es notwendig, jene Gewinngrößen (Ergebnisquellen) zu identifizieren, die tatsächlich die kontinuierliche Ertragskraft des Unternehmens widerspiegeln. Da die Erfolgskomponenten eines Unternehmens aus verschiedenen Bereichen stammen, ist zweckmäßigerweise das Unternehmensergebnis entsprechend aufzuspalten bzw eine Ergebnisquellenanalyse durchzuführen. Eine Erfolgsspaltung ergibt sich auch zwingend aus den Gliederungsvorschriften des UGB.

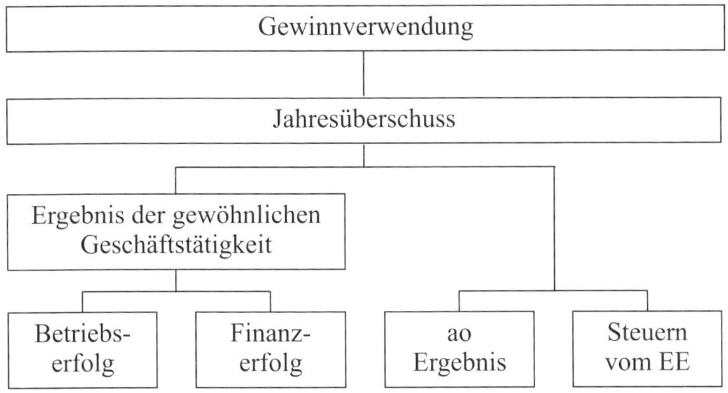

Schon bei Einhaltung der Gliederungsvorschriften des § 231 UGB kann eine dem Betriebserfolg entsprechende Gewinngröße direkt aus dem Jahresabschluss abgeleitet werden. Es handelt sich dabei um die Zwischensumme gem § 231 Abs 2 Z 9.

Der Finanzerfolg (§ 231 Abs 2 Z 16) ist zwingend gesondert auszuweisen und ergibt gemeinsam mit dem Betriebserfolg das Ergebnis der gewöhnlichen Geschäftstätigkeit (EGT). Zieht man vom EGT nach Berücksichtigung des außerordentlichen Ergebnisses die Steuern vom Einkommen ab, ergibt sich der Jahresüberschuss. Erst nach dem Jahresüberschuss werden die Gewinnverwendungskomponenten (Rücklagenbildungen, Rücklagenauflösungen, Ausschüttungen) berücksichtigt.

9.612 Gegenüberstellung von Gesamtkostenverfahren und Umsatzkostenverfahren

9.612.1 Gesamtkostenverfahren

	Umsatzerlöse
±	Bestandsveränderungen
+	Aktivierte Eigenleistungen
+	Sonstige betriebliche Erträge
	Betriebliche Erträge
–	Betriebliche Aufwendungen
	Betriebserfolg
±	Finanzerfolg
	Ergebnis der gewöhnlichen Geschäftstätigkeit
±	A.o. Ergebnis
	Jahresergebnis vor Steuern
–	Steuern vom Einkommen und Ertrag
	Jahresüberschuss/ Jahresfehlbetrag
±	Dotierung und Auflösung unversteuerter und versteuerter Rücklagen
±	Gewinn-/Verlustvortrag
	Bilanzgewinn/Bilanzverlust

9.612.2 Umsatzkostenverfahren

	Umsatzerlöse
–	Herstellungskosten der zur Erzielung der Umsatzerlöse erbrachten Leistungen
	Bruttoergebnis vom Umsatz
+	Sonstige betriebliche Erträge
–	Vertriebskosten
–	Verwaltungskosten
–	Sonstige betriebliche Aufwendungen (als Restgröße)
	Betriebserfolg
±	Finanzerfolg
	Ergebnis der gewöhnlichen Geschäftstätigkeit
±	A.o. Ergebnis
	Jahresergebnis vor Ertragsteuern
–	Steuern vom Einkommen und Ertrag
	Jahresüberschuss/ -fehlbetrag
±	Dotierung und Auflösung unversteuerter und versteuerter Rücklagen
±	Gewinn-/Verlustvortrag
	Bilanzgewinn/Bilanzverlust

Gesamtkostenverfahren und **Umsatzkostenverfahren** weisen ab dem Betriebserfolg (Z 9 bzw 8) denselben Aufbau auf, sodass sich in den folgenden Posten (mit Ausnahme der Zinsen, für den Fall, dass ein Teil derselben aktiviert wird) kein Unterschied ergibt. Innerhalb des Betriebserfolges gibt es allerdings verschiedene Kennzahlen, die nur bei Anwendung des einen oder anderen Verfahrens ermittelt werden können.

9.612.3 Möglichkeit für den externen Bilanzanalytiker, von einem Verfahren in das andere überzuleiten

Der **externe Bilanzanalytiker** hat **keine Möglichkeit,** eine **Überleitung** vom **Gesamtkostenverfahren auf das Umsatzkostenverfahren** durchzuführen. Er ist somit nicht in der Lage, bei Anwendung des Gesamtkostenverfahrens, das nur beim Umsatzkostenverfahren ersichtliche Bruttoergebnis vom Umsatz, welches, wie später dargelegt werden wird, eine relativ bedeutende Kennzahl darstellt, festzustellen.

Eine **Überleitung vom Umsatzkosten- zum Gesamtkostenverfahren** ist jedoch in der Regel mit geringen Abweichungen möglich.

Folgende Rechnung wäre anzustellen:

	Vertriebskosten (§ 231 Abs 3 Z 5)
+	Verwaltungskosten (Z 6)
+	Sonstige betriebliche Aufwendungen (Z 7)
+	Herstellungskosten der zur Erzielung der Umsatzerlöse erbrachten Leistungen (Z 2)
	Gesamter betrieblicher Aufwand vor Berücksichtigung von Bestandsveränderungen und aktivierten Eigenleistungen
–	Bestandsverminderungen[1])
+	Bestandserhöhungen[1])
+	Aktivierte Eigenleistungen[2])
	Gesamter Periodenaufwand
–	Materialaufwand[3])
–	Personalaufwand[3])
–	Abschreibungen gemäß Anlagenspiegel laut § 226
=	**Sonstige betriebliche Aufwendungen gemäß Z 8 a und 8 b des Gesamtkostenverfahrens[4])**

Folgende Probleme können bei dieser Überleitung auftreten:

1) **Feststellung der Bestandsveränderungen**

   Die Bestandsveränderungen werden aus dem Vergleich der Bestände an fertigen und unfertigen Erzeugnissen sowie noch nicht abrechenbaren Leistungen gemäß § 224 Abs 2 B I 2 – 4 zu Jahresbeginn und Jahresende ermittelt. Da sich in dem Posten B I 3 auch Waren befinden können, deren Veränderung nicht über Bestandsveränderungen, sondern über Materialaufwand erfasst wird, muss bei einer Überleitung, wenn im Anhang keine ausdrückliche Erwähnung erfolgt, von einem gleich bleibenden Warenbestand ausgegangen werden. Dies wird bei tatsächlichen Bestandsveränderungen der Waren zu einer unrichtigen Berechnung der Bestandsveränderungen bei Erzeugnissen führen.

2) **Aktivierte Eigenleistungen**
   Aktivierte Eigenleistungen sind aus dem Jahresabschluss bei Anwendung des Umsatzkostenverfahrens nicht ersichtlich.
   Die Folge der Nichtberücksichtigung aktivierter Eigenleistungen liegt in einem zu niedrigen Ausweis der sonstigen betrieblichen Aufwendungen gemäß Z 8.
3) **Material- und Personalaufwand**
   Diese sind bei Anwendung des Umsatzkostenverfahrens im Anhang anzugeben (§ 237 Z 4).
4) **Sonstige betriebliche Steuern und über das übliche Ausmaß hinausgehende Abschreibungen auf Gegenstände des Umlaufvermögens**
   Da die sonstigen betrieblichen Steuern gemäß Z 8 a sowie die über das übliche Ausmaß hinausgehenden Abschreibungen auf Gegenstände des Umlaufvermögens gem Z 7 b des Gesamtkostenverfahrens im Umsatzkostenverfahren auch im Anhang nicht angegeben werden, gehen diese in den sonstigen betrieblichen Aufwendungen der Z 8 unter.
5) **Aktivierte Zinsen**
   Für den Fall, dass Zinsen gem § 203 Abs 4 aktiviert werden, werden beim Umsatzkostenverfahren in der Gewinn- und Verlustrechnung nur die verbleibenden Zinsen ausgewiesen. Da gem § 236 Z 2 im Anhang nur der Gesamtbetrag der aktivierten Zinsen, nicht aber der im laufenden Jahr aktivierte Zinsenbetrag anzugeben ist, ist es dem Analytiker in der Regel nicht möglich, den tatsächlichen Zinsenaufwand der Periode festzustellen und den ausgewiesenen Zinsenaufwand entsprechend zu erhöhen. Die Folge ist ein zu hoher Ausweis der sonstigen betrieblichen Aufwendungen im Sinne der Z 8 des Gesamtkostenverfahrens und ein zu niedriger Ausweis des Zinsenaufwandes.

Nach Durchführung dieser Überleitung hat der Bilanzanalytiker die Möglichkeit, auch jene Kennzahlen zu ermitteln, die üblicherweise nur im Rahmen der Anwendung des Gesamtkostenverfahrens ermittelt werden können.

9.613 Kennzahlen der Erfolgsspaltung

Schematische Darstellung:

	Betriebserfolg (§ 231 Abs 2 Z 9)
±	Ergebnis aus Finanzinvestitionen
	EBIT (Earnings before Interest and Tax)
–	Finanzierungsaufwendungen
	Ergebnis der gewöhnlichen Geschäftstätigkeit = EBT (Earnings before Tax)
±	außerordentliches Ergebnis
	Jahresergebnis vor Steuern

9.613.1 Betriebserfolg gemäß § 231 Abs 2 Z 9

Folgende Kriterien sind für die erfolgswirtschaftliche Analyse zu beachten:

Treten **Bestandserhöhungen** bei unfertigen und fertigen Erzeugnissen in bedeutendem Umfang auf, ist festzustellen, ob es sich um Bestände aus einer **Auftragsfertigung** oder einer **Lagerfertigung** handelt, bzw ob **Bewertungsmethoden** geändert wurden.

Informationen hiezu erhält der Bilanzanalytiker möglicherweise aus:

§ 236:	Allgemeine Angaben des Unternehmens mit Erläuterungen zu den Vorräten;
§ 236 Z 1:	Änderungen der Bewertungsmethoden mit entsprechenden zahlenmäßigen Auswirkungen;
§ 206 Abs 3:	Wurden bei Auftragsfertigung anteilige Verwaltungs- und Vertriebskosten aktiviert, finden sich die notwendigen Angaben im Anhang;
§ 243:	Lagebericht.

Kommt der Bilanzanalytiker zur Erkenntnis, dass bei gleich bleibendem oder sogar gesunkenem Umsatz im Zusammenhang mit der **Lagerfertigung** die Vorräte gestiegen sind, hat er zu beachten, dass damit einerseits ein höheres Absatzrisiko verbunden ist, welches im Folgejahr zu einer Abwertung führen kann, und dass andererseits die grundsätzliche Liquidität des Unternehmens verschlechtert wird. Dies gilt umso mehr, wenn es sich um ein Unternehmen mit saisonal schwankendem Absatz handelt.

Sind **aperiodische Aufwendungen** oder **Erträge,** die für die Beurteilung der Ertragslage nicht von untergeordneter Bedeutung sind, im Betriebserfolg enthalten (erläuterungspflichtig gemäß § 233), sind diese entweder auszuscheiden oder es ist der Durchschnitt mehrerer Jahre heranzuziehen.

9.613.2 Finanzerfolg gem § 231 Abs 2 Z 16

Grundsätzliche Anmerkung zum Finanzerfolg

Die unter dem Begriff Finanzerfolg zusammengefassten Posten haben ihre Entstehungsursache in unterschiedlichen Bereichen. Während die Posten 10 – 14 (§ 231 Abs 2 UGB) dem **Investitionsbereich** zuzuordnen sind, stammt der Posten 15 aus dem **Finanzierungsbereich**. Ausnahmen können allerdings dann auftreten, wenn etwa Fremdkapital vorübergehend in jederzeit fällige Bankguthaben und Wertpapiere angelegt (investiert) wird, weil die dazugehörige Investition noch nicht getätigt wurde. In diesem Fall können die aus der Veranlagung erfließenden Zinsenerträge zum Finanzierungsbereich gezählt und mit den Aufwandszinsen saldiert werden.

Die Unterscheidung ist im Rahmen der Jahresabschlussanalyse von wesentlicher Bedeutung, da sie zB die Ermittlung des EBIT (siehe weiterführend Maresch/Schiebel, RWZ 4/2005, S 117–120) beeinflusst.

Bei der Ermittlung und Beurteilung des Finanzerfolges hat der Bilanzanalytiker daher zunächst die im Finanzerfolg enthaltenen Aufwendungen und Erträge nach zwei Kriterien zu unterscheiden:

- **Zu den Finanzinvestitionen gehörend**
  Hiezu zählen die in § 231 Abs 2 Z 10 – 14 aufgezählten Erträge und Aufwendungen, soweit für sie nicht die nachfolgenden Aussagen zutreffen.
- **Zur Finanzierung des Unternehmens gehörend**
  Hiezu zählen alle Zinsen und ähnliche Aufwendungen. Soweit Zinsenerträge aus kurzfristiger Veranlagung in jederzeit fällige Bankguthaben und Wertpapiere (Kassenobligationen mit einer Laufzeit von nicht mehr als 3 Monaten) erzielt werden, können sie insoweit mit Zinsenaufwendungen (Finanzierungsaufwendungen) aus jederzeit fälligen Krediten (Bankkontokorrentkrediten) saldiert werden. Soweit diesen Erträgen allerdings keine entsprechenden Zinsenaufwendungen gegenüberstehen, sind sie Bestandteil des Erfolges aus Finanzinvestitionen.

Darstellung der Finanzaufwendungen und -erträge

Z	Text	Zum Erfolg aus Finanzinvestitionen gehörend	Zum Erfolg aus der Finanzierung des Unternehmens gehörend
10	Erträge aus Beteiligungen	ja	
11	Erträge aus anderen Wertpapieren und Ausleihungen des Finanzanlagevermögens	ja	
12	sonstige Zinsen und ähnliche Erträge	Finanzanlagen Umlaufvermögen[1])	Umlaufvermögen[2])
13	Erträge aus dem Abgang von und der Zuschreibung zu Finanzanlagen und Wertpapieren des Umlaufvermögens	ja	
14	Aufwendungen aus Finanzanlagen und aus Wertpapieren des Umlaufvermögens	ja	
15	Zinsen und ähnliche Aufwendungen		ja

1) Hiezu gehören Zinsen aus Wertpapieren des Umlaufvermögens und Festgeldanlagen. Zinsenerträge aus jederzeit fälligen Bankguthaben gehören soweit zum Erfolg aus Finanzinvestitionen, als sie den Zinsenaufwand für Bankkontokorrentkredite und andere jederzeit fällige Kredite übersteigen.

2) Soweit die Erträge aus jederzeit fälligen Bankguthaben erzielt werden und nicht die Zinsenaufwendungen für Bankkontokorrentkredite und andere jederzeit fällige Kredite übersteigen.

Trennung der Finanzaufwendungen und -erträge der **Energieversorgungs AG** nach Finanzinvestitionen und nach Finanzierung des Unternehmens:

		2007		2006	
		Finanzinvestitionen	**Finanzierung**	**Finanzinvestitionen**	**Finanzierung**
	bereinigte Beteiligungserträge	53,4		130,1	
+	bereinigte Erträge aus anderen Wertpapieren und Finanzausleihungen	0,3		3,3	
+	bereinigter Zinsertrag	0,0		0,0	
+	bereinigte Abgangs- und Zuschreibungserträge Finanzanlagen und Wertpapiere des Umlaufvermögens	0,2		7,5	
–	bereinigte Aufwendungen aus Finanzanlagen und Umlaufwertpapieren	–4,8		–121,9	
–	bereinigter Zinsaufwand		–94,7		–75,3
		49,1	**–94,7**	**19,0**	**–75,3**

Zu den bereinigten Erträgen und Aufwendungen siehe Abschn 9.312.5.

9.613.3 Ermittlung des EBIT

	bereinigter Betriebserfolg
+	Erfolg aus Finanzinvestitionen
	Earnings before Interest and Tax (EBIT)

Die **häufige Gleichsetzung des EBIT mit dem Betriebserfolg** in veröffentlichten Geschäftsberichten stimmt nur dann in dieser Form, wenn das Finanzergebnis nur Aufwandszinsen (bzw mit den Aufwandszinsen zu saldierende Ertragszinsen = Ertragszinsen aus vorübergehender Veranlagung und keine Beteiligungsergebnisse) enthält.

EBIT der **Energieversorgungs AG:**

		2007	2006
	bereinigter Betriebserfolg	192,5	219,8
+	Ergebnis aus Finanzinvestitionen	49,1	19,0
=	**EBIT**	**241,6**	**238,8**

9.613.31 EBITA

Das EBITA kann durch das Hinzuzählen der Jahresabschreibungen vom Firmenwert zum EBIT ermittelt werden (siehe zur Interpretation des EBITA Kapitel 9.532.1).

	EBIT
+	Jahresabschreibungen vom Firmenwert
	Earnings before Interest, Tax, Depreciation and Amortization (EBITA)

EBITA der **Energieversorgungs AG:**

		2007	**2006**
	EBIT	241,6	238,8
+	Jahresabschreibungen vom Firmenwert	8,7	9,7
=	**EBITA**	**250,3**	**248,5**

9.613.32 EBITDA

Für die Berechnung des EBITDA werden die gesamten Jahresabschreibungen vom Anlagevermögen mit Ausnahme des Firmenwertes (D = Depreciation) zusätzlich zur Amortisation des Firmenwertes (A = Amortization) zum EBIT hinzugezählt (siehe zur Interpretation des EBITDA Kapitel 9.532.1). Aus der Zielsetzung der Generierung einer von der Bewertungspolitik unabhängigen Erfolgsgröße sind grundsätzlich auch die Zuschreibungen in die Berechnung der Kennzahl einzubeziehen (siehe Auer/Maresch, RWZ 3/2006, S 90 – 93). Diesen kommt indes im unternehmensrechtlichen Einzelabschluss nur eine untergeordnete Bedeutung zu, weshalb der Abzug der Zuschreibungen als zahlungsunwirksamer Ertrag bei der Berechnung der Kennzahl EBITDA unterlassen werden kann.

	EBIT
+	Jahresabschreibungen vom Anlagevermögen inkl Firmenwert
	Earnings before Interest, Tax, Depreciation and Amortization (EBITDA)

EBITDA der **Energieversorgungs AG:**

		2007	**2006**
	EBIT	241,6	238,8
+	Abschreibungen vom Anlagevermögen	326,5	402,5
–	in den außerordentlichen Aufwendungen enthaltene Abschreibungen vom Anlagevermögen	–84,3	–154,8
=	**EBITDA**	**483,8**	**647,7**

Das EBITDA ist ein kapitalstrukturneutraler Cashflow, der durch Hinzuzählung der Abschreibungen vom Anlagevermögen zum EBIT ermittelt wird. Allerdings ist zu beachten, dass nur jene Abschreibungen hinzugezählt werden dürfen, die auch den Betriebs- bzw Finanzerfolg verminderten. Im Geschäftsjahr 2007 wurde ein nicht unwesentlicher Teil der Abschreibungen vom Anlagevermögen als außerordentliche Aufwendungen ausgewiesen. Insofern dürfen diese als außerordentliche Aufwendungen ausgewiesenen Abschreibungen vom Anlagevermögen nicht hinzugezählt werden.

9.613.4 EBT

Das EBT ergibt sich durch den Abzug des Ergebnisses aus der Finanzierung vom EBIT.

	EBIT
–	Ergebnis aus der Finanzierung
	Earnings before Tax = bereinigtes EGT

EBT der **Energieversorgungs AG:**

		2007	2006
	EBIT	241,6	238,8
–	Ergebnis aus der Finanzierung	–94,7	–75,3
=	**EBT**	**146,9**	**163,5**

9.613.5 Außerordentliches Ergebnis

Da das außerordentliche Ergebnis nach den Bestimmungen des UGB (§ 233) nur jene Aufwendungen und Erträge erfasst, die außerhalb der gewöhnlichen Geschäftstätigkeit einmalig oder nur sporadisch in unterschiedlicher Höhe anfallen, verbleiben diese in der Regel außerhalb der erfolgswirtschaftlichen Analyse.

9.613.6 Ergebnis nach Steuern (EBILAT, NOPLAT)

In der **angloamerikanischen Literatur**, und hier insbesondere im Zusammenhang mit **Unternehmensbewertungsmodellen**, finden sich verschiedene Begriffe zur Kennzeichnung des Jahresüberschusses nach Steuern. Im Wesentlichen geht es darum, ein finanzierungsneutrales Ergebnis zu ermitteln, dh ein Ergebnis vor Abzug der Fremdkapitalzinsen. Gleichzeitig wird jedoch die Steuerwirkung der Fremdkapitalzinsen (Steuerersparnis bzw Tax Shield) korrigiert.

In Form einer retrograden Rechnung ist daher dieses Ergebnis dadurch zu erzielen, dass man den Jahresüberschuss nach Steuern gemäß § 231 Abs 2 Z 22 UGB, um die (steuerbereinigten) Fremdkapitalzinsen wieder erhöht.

Die Berechnungsformel sowohl für EBILAT (Earnings before interest less adjusted Tax) bzw NOPLAT (net operating profit less adjusted Tax) ist ident.

Jahresergebnis nach Steuern + (1 – s) × Zinsaufwand

s = Steuersatz

Für Zeitvergleiche wird in der Regel anstelle des Jahresüberschusses/-fehlbetrages das **EGT** verwendet, da dieses um die außerordentlichen Erfolgskomponenten bereinigt ist und daher mehr Aussagekraft für die Nachhaltigkeit des Erfolges des Unternehmens hat.

Durch **Abzug der Kapitalkosten** (errechnet als gewogener Kapitalkostensatz vom investierten Kapital = WACC) vom **NOPLAT** erhält man **den Economic Value Added (EVA)** bzw **Residualgewinn**, eine in jüngerer Zeit häufig angewendete Erfolgskennzahl. Sie soll zeigen, wie weit das Unternehmen in der Lage ist, **über die Normalverzinsung des eingesetzten Kapitals** hinaus Ergebnisse zu erzielen (vgl dazu Wagenhofer, Bilanzierung und Bilanzanalyse, 2002[7], Seite 275 ff).

9.62 Kennzahlen der Aufwands- und Ertragsstruktur

Durch das Verhältnis verschiedener Aufwandsarten zum gesamten betrieblichen Aufwand bzw verschiedener Aufwandsarten zu einer anderen Aufwandsart kann die **Intensität einer** bestimmten **Aufwandsart** festgestellt werden und zu Untersuchungen Anlass geben, ob beispielsweise die Höhe des **Materialanteiles** oder des **Personalkostenanteiles** gerechtfertigt ist und ob nicht in irgendeiner Form Ersparnisse erzielt werden können. Setzt man beispielsweise die **Anlagenkosten** und die **Energiekosten** zu den **Personalkosten** in ein Verhältnis, kann man daraus bei steigendem Anteil der Anlage- und Energiekosten den Fortschritt der Mechanisierung des Betriebes erkennen oder aber, wenn dieser nicht gegeben ist, auf einen rationelleren Personaleinsatz bzw eine Verschlechterung der Wirtschaftlichkeit des Anlageneinsatzes schließen.

Gelegentlich wird als Basis für die Ermittlung der Intensität einer bestimmten Aufwandsart auch der Umsatz herangezogen. Allerdings kann dies zu

Verzerrungen führen, wenn Bestandsveränderungen und aktivierte Eigenleistungen nicht von untergeordneter Bedeutung sind.

Personal- und Materialintensität der **Energieversorgungs AG:**

	2007	**2006**
bereinigter Personalaufwand	322,5	413,2
bereinigter betrieblicher Aufwand	1.523,2	1.477,2
Personalintensität	**21,2 %**	**28,0 %**

Materialintensität der **Energieversorgungs AG:**

	2007	**2006**
bereinigter Materialaufwand	676,8	584,0
bereinigter betrieblicher Aufwand	1.523,2	1.477,2
Materialintensität	**44,4 %**	**39,5 %**

Erstellt das Unternehmen die Gewinn- und Verlustrechnung nach dem **Umsatzkostenverfahren,** muss, um die Intensität einer bestimmten Aufwandsart feststellen zu können, das Umsatzkostenverfahren zunächst in das **Gesamtkostenverfahren** übergeleitet werden.

Die Ertragsstruktur kann in Bezug auf unterschiedliche Tätigkeitsbereiche sowie auf die unterschiedlichen Ertragsarten ermittelt werden.

Die unterschiedlichen Tätigkeitsbereiche sowie die In- und Auslandsumsätze können aus dem Anhang gemäß § 237 Z 9 ersehen werden.

Ermittelt man die Ertragsstruktur aus der Gewinn- und Verlustrechnung, ergibt sich:

Bei Anwendung des Gesamtkostenverfahrens:

Umsatzerlöse gemäß Z 1 (gegliedert nach Sparten sowie nach der geographischen Verteilung)	
Bestandserhöhungen (Z 2)[1]	
Aktivierte Eigenleistungen (Z 3)	
Erträge gemäß	Z 4 a
	Z 4 b
	Z 4 c
Erträge aus Finanzinvestitionen (Z 10 bis 13)	
Außerordentliche Erträge (Z 18)	
Summe der Erträge	

1) An sich sind Bestandserhöhungen und aktivierte Eigenleistungen kein Bestandteil der Erträge des Unternehmens, sondern lediglich Korrekturposten zu den Aufwendungen. Da jedoch das Gesamtkostenverfahren darauf aufgebaut ist, die vollen Aufwendungen zu zeigen, wird auch bei der Ermittlung der Ertragsstruktur von einer Saldierung Abstand genommen.

Ertragsstruktur der **Energieversorgungs AG:**

	2007		2006	
Umsatzerlöse	1.540,0	**87,0 %**	1.564,7	**85,1 %**
Bestandsveränderungen	59,1	**3,3 %**	5,2	**0,3 %**
aktivierte Eigenleistungen	29,6	**1,7 %**	41,0	**2,2 %**
sonstige betriebliche Erträge	87,0	**4,9 %**	86,1	**4,7 %**
Beteiligungserträge	53,4	**3,0 %**	130,1	**7,1 %**
Erträge aus anderen Wertpapieren und Finanzausleihungen	0,3	**0,0 %**	3,3	**0,2 %**
Zinsertrag	0,0	**0,0 %**	0,0	**0,0 %**
Abgangs- und Zuschreibungserträge Finanzanlagen und Wertpapiere des Umlaufvermögens	0,2	**0,0 %**	7,5	**0,4 %**
bereinigte betriebliche und finanzielle Erträge	**1.769,6**	**100,0 %**	**1.837,9**	**100,0 %**

9.63 Kennzahlen im Zusammenhang mit der Leistungsverwertung

9.631 Deckungsbeitrag

Der **Deckungsbeitrag** ergibt sich aus der Differenz zwischen Umsatz und den variablen Kosten. Da das Management eines Unternehmens kaum bereit sein wird, die Trennung der Kosten in variable und fixe offen zu legen, weil dies weit über seine Informationspflicht hinausginge, wird es für den **externen Bilanzanalytiker** nicht möglich sein, den Deckungsbeitrag zu ermitteln, obwohl gerade dieser in der internen Analyse ein wesentliches Hilfsmittel der **Unternehmenssteuerung** durch die Ableitung von **Break- even-Analysen,** Steuerung von **Prioritäten,** Abstimmung von **Provisionssystemen** und **Opportunitätskostenrechnungen** darstellt.

Bei Analyse eines reinen **Handelsunternehmens** kann der Deckungsbeitrag (Handelsspanne) aus der Spanne zwischen Umsatzerlösen und Materialaufwendungen und sonstigen bezogenen Herstellungsleistungen (Z 5) annähernd ermittelt werden.

9.632 Bruttoergebnis vom Umsatz

Das unter Z 3 des Umsatzkostenverfahrens ermittelte **„Bruttoergebnis vom Umsatz“** zeigt, bezogen auf die Umsatzerlöse, die **Bruttogewinnspanne.**

$$\textbf{Bruttogewinnspanne} = \frac{\text{Bruttoergebnis vom Umsatz}}{\text{Umsatzerlöse}}$$

Die Kenntnis dieser Spanne gibt die Möglichkeit, im **innerbetrieblichen Zeitvergleich** die Entwicklung der Stärke des Unternehmens gegenüber den Kunden und im **Betriebsvergleich** die relative Stärke des Unternehmens im Verhältnis zur Konkurrenz festzustellen.

Im angloamerikanischen Sprachraum wird diese Kennzahl als **Gross-Margin-Ratio** bezeichnet.

Änderungen des Bruttoergebnisses vom Umsatz und damit der **Bruttogewinnspanne** können aber, abgesehen von Preis(Erlös)änderungen, auch auf folgende Änderungen zurückzuführen sein:

1. Verschlechterung der Wirtschaftlichkeit durch höhere Aufwendungen.
2. Managementfehler, die zu Fehldispositionen geführt haben und nunmehr die Aufwendungen belasten (zB Abschreibungen von Roh-, Hilfs- und Betriebsstoffen).
3. Änderung des Beschäftigungsgrades. Bei Auftreten einer Unterbeschäftigung und den damit anfallenden Leerkosten kann es zu Verzerrungen der Bruttogewinnspanne kommen.
4. Bei der Bewertung der fertigen und unfertigen Erzeugnisse zu variablen Kosten werden bei Bestandserhöhungen die in der G&V ausgewiesenen Herstellungskosten zusätzlich mit den nichtaktivierten Fixkosten belastet, wodurch die Spanne ebenfalls verkürzt wird.

Ist sich der Bilanzanalytiker dieser nicht lösbaren Probleme bewusst, bietet die Kennzahl **„Bruttogewinnspanne"**, wie schon vorne dargelegt, ein sehr gutes Informationsinstrument.

Bruttogewinnspanne der **Energieversorgungs AG:**

	2005
Umsatzerlös	1.540,0
Bruttoergebnis vom Umsatz	566,9
Bruttogewinnspanne	36,8 %

Im **Handelsbetrieb** ergibt sich das Bruttoergebnis vom Umsatz, auch als **Rohgewinn** bezeichnet, aus dem Saldo von Umsatzerlösen und Handelswarenverbrauch. Da § 223 Abs 8 verlangt, dass die Bezeichnungen von Posten zu ändern sind, wenn dies zur Aufstellung eines klaren und übersichtlichen Jahresabschlusses erforderlich ist, tritt im Handelsbetrieb an die Stelle der Bezeichnung **„Herstellungskosten der zur Erzielung der Umsatzerlöse erbrachten Leistungen"** die Bezeichnung **„Handelswarenverbrauch".** Wird allerdings der Handelswarenverbrauch noch durch sonstige Materialaufwendungen und sonstige bezogene Leistungen, die mit dem Umsatz in unmittelbarem Zusammenhang stehen, ergänzt, ist auch die Bezeichnung dieses Postens entsprechend zu erweitern.

Die Bruttogewinnspanne ist für den externen Analytiker auch geeignet zur Ermittlung von Mindestumsätzen (Break-Even-Analyse). Wird (grob) vereinfachend unterstellt, dass die Personalkosten, die sonstigen betrieblichen Aufwendungen und die Abschreibungen Fixkostencharakter haben, kann durch Division der so ermittelten „fixen Aufwendungen" durch die Bruttogewinnspanne der Mindestumsatz ermittelt werden.

Beispiel für die Ermittlung des wertmäßigen Mindestumsatzes

Ein Unternehmer (Großhändler) will sein Sortiment erweitern. Der geplante Rohaufschlag des neuen Produktes beträgt 100 %; die **fixen** Kosten für Werbung, Zinsen und zusätzlich notwendiges Personal betragen 350.000,00 €. Der Verkauf wird über einen selbständigen Handlungsvertreter abgewickelt, der 10 % Umsatzprovision erhält.

Lösung

Die umsatzabhängigen (variablen) Kosten setzen sich aus dem Wareneinkauf und der Umsatzprovision zusammen. Die Umsatzprovision beträgt 10 % des Umsatzes, der Wareneinkauf (geplant) 50 % der Umsatzerlöse.

Wareneinsatz	+	100 % Aufschlag	=	Erlöse
50 %	+	50 %	=	100 %

Zur Deckung der variablen Kosten sind daher 60 % der Umsatzerlöse (50 % Wareneinsatz, 10 % Umsatzprovision) nötig, die restlichen 40 % (= Deckungsbeitrag) können zur Fixkostendeckung herangezogen werden. Der Mindestumsatz beträgt daher

fixe Kosten/Deckungsbeitrag = 350.000,00/0,4 = 875.000,00

Kontrollrechnung

	Mindestumsatz	875.000,00
	50 % Wareneinsatz	437.500,00
–	10 % Umsatzprovision	87.500,00
	Deckungsbeitrag	350.000,00
–	Fixe Kosten	350.000,00
	Gewinn im Break-even-Punkt	0,00

9.64 Rentabilität

Die **Rentabilität** ist eine Kennzahl, welche die Ertragsfähigkeit eines Unternehmens bzw jenes Ausmaß ausdrückt, in dem sich das Unternehmen seiner Umwelt gegenüber durchsetzen kann. Sie wird als **Relativzahl,** die sich aus der Inbeziehungsetzung einer Erfolgsgröße zu einer diesen Erfolg (wesentlich) mitbestimmenden Einflussgröße ergibt, ausgedrückt. Hiefür kommen im Wesentlichen das eingesetzte **Kapital (Kapitalrentabilität)** oder der leistungsbedingte **Erlös (Umsatz)** in Frage. In letzterem Fall wird von **Umsatzrentabilität (Umsatzgewinnrate)** gesprochen.

Je nachdem, ob das Gesamtkapital oder das Eigenkapital als Bezugsgrundlage herangezogen wird, spricht man von **Gesamtkapitalrentabilität** oder von **Eigenkapitalrentabilität.** Wird das Gesamtkapital der Rentabilitätsberechnung zugrunde gelegt, ist auch der Ertrag des Fremdkapitals (aus der Sicht des Unternehmens die Kosten des Fremdkapitals) in die Rechnung einzubeziehen.

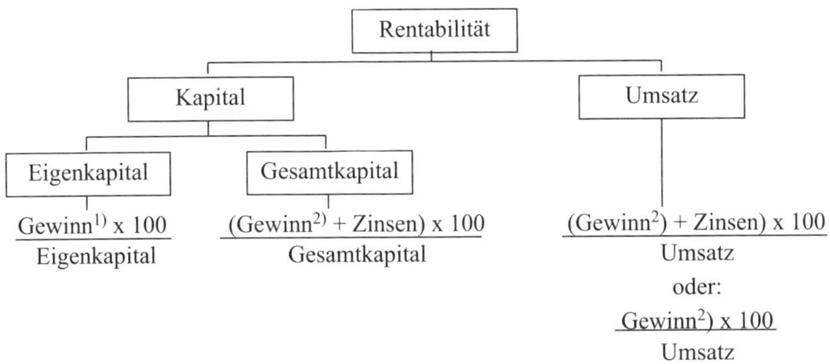

1) Ergebnis der gewöhnlichen Geschäftstätigkeit abzüglich Ertragsteuern, soweit auf die gewöhnliche Geschäftstätigkeit entfallend.
2) Ergebnis der gewöhnlichen Geschäftstätigkeit.

Zieht man das Gesamtkapital als Bezugsgröße heran, erscheint es grundsätzlich besser, von **Vermögensrentabilität** zu sprechen, da der Unternehmensertrag durch den Vermögenseinsatz erzielt wird. Aus diesem Grund wird im angloamerikanischen Bereich von **ROI (Return on Investment)** bzw von **ROA (Return on Assets)** gesprochen.

Die **Eigenkapitalrentabilität** ist eine Restgröße, die sich nach Abzug des Anteiles der (des) Fremdkapitalgeber(s) am Gesamtertrag ergibt. Bei gegebener Gesamtkapitalrentabilität ist die Eigenkapitalrentabilität von zwei Variablen abhängig:

1. Anteil des Fremdkapitals am Gesamtkapital
2. Höhe der Fremdkapitalzinsen (Fremdkapitalkosten)

Die Tatsache der Beeinflussung der **Eigenkapitalrentabilität** durch die Höhe und die Kosten des eingesetzten Fremdkapitals wird auch als **Leverageeffekt** bezeichnet. Sind die Kosten des Fremdkapitaleinsatzes geringer als die erzielte Gesamtkapitalrentabilität, wächst mit zunehmendem Fremdkapitalanteil die **Eigenkapitalrentabilität**. Liegt die **Gesamtkapitalrentabilität** unter den Kosten des Fremdkapitals, sinkt mit zunehmendem Fremdkapitalanteil die Eigenkapitalrentabilität, bis sie schließlich negativ wird, das heißt, bis das Unternehmen Verluste macht (vergleiche Kapitel 9.642).

$$\mathbf{EKR} = \mathrm{GKR} + (\mathrm{GKR} - \mathrm{FKZ}) \times \frac{\mathrm{FK}}{\mathrm{EK}}$$

$$\mathbf{EKR} = \frac{\mathrm{G} \times 100}{\mathrm{EK}} = \text{Rentabilität des Eigenkapitals}$$

$$\mathbf{GKR} = \frac{(\mathrm{G} + \mathrm{Z}) \times 100}{\mathrm{GK}} = \text{Rentabilität des Gesamtkapitals}$$

FKZ = Kosten des Fremdkapitals
GK = V = Gesamtkapital bzw Vermögen

Ein für die **Ergebnisanalyse** wesentlicher Zusammenhang besteht zwischen der **Gesamtkapitalrentabilität** einerseits und der **Umsatzrentabilität** sowie der **Umschlagshäufigkeit des Vermögens** andererseits. Aus der Multiplikation der Umschlagshäufigkeit des Vermögens (U : V) mit der Umsatzrentabilität ergibt sich die Gesamtkapital(Vermögens)rentabilität.

$$\frac{\mathrm{U}}{\mathrm{V}} \times \frac{(\mathrm{G} + \mathrm{Z}) \times 100}{\mathrm{U}} = \frac{(\mathrm{G} + \mathrm{Z}) \times 100}{\mathrm{V}}$$

Aus dieser Darstellung wird erkennbar, dass die **Gesamtkapitalrentabilität** bei Abnahme der Umsatzrentabilität unverändert bleibt, wenn Letztere von einer entsprechenden Steigerung der Umschlagshäufigkeit des Vermögens begleitet ist. Diese Erkenntnis bildet häufig die Grundlage einer Unternehmenspolitik, die auf geringeren Gewinnspannen, aber auf hohem Warenumschlag beruht (Supermärkte).

Wegen der Bedeutung der **Gesamtkapitalrentabilität** für die Beurteilung der Ertragskraft eines Unternehmens sind externe Analytiker, vor allem potentielle Kreditgeber, in der Regel eher an der Gesamtkapitalrentabilität als an der Eigenkapitalrentabilität eines Unternehmens interessiert. In der amerikanischen Literatur und Praxis wird die **Gesamtkapitalrentabilität (ROI)** häufig als Maßstab der Fähigkeit und **Effizienz des Managements,** mit dem ihm zur Verfügung stehenden Vermögen Gewinne zu erzielen, angesehen.

9.641 Rentabilitätsgrößen aus dem veröffentlichten Jahresabschluss

9.641.1 Umsatzrentabilität

$$\textbf{Umsatzrentabilität}_1 = \frac{\text{EBT}}{\text{bereinigter Umsatz}}$$

Sehr häufig wird die **Umsatzrentabilität** im Sinne einer Gesamtrechnung für das Ergebnis einschließlich der Kosten des Fremdkapitals ermittelt, woraus sich folgende Rechnung ergibt:

$$\textbf{Umsatzrentabilität}_2 = \frac{\text{EBIT}}{\text{bereinigter Umsatz}}$$

Im angloamerikanischen Bereich wird die Umsatzrentabilität als **Return on Sales** (ROS) bezeichnet, wobei entweder EBIT oder EBT auf den Umsatz bezogen werden. Die Berechnung entspricht den oben dargestellen Berechnungen der Umsatzrentabilität.

Die Umsatzrentabilität kann auch als Verhältnis des Betriebserfolges (Z 9) zum Umsatz ermittelt werden. Der Aussagewert dieser Berechnungsart ist jedenfalls dann höher, wenn das Unternehmen hohe Finanzerträge hat, deren Einbeziehung in die Berechnung eine **Ertragsschwäche des Unternehmens** in Bezug auf seine eigentliche Betriebstätigkeit verdecken könnte.

$$\textbf{Umsatzrentabilität}_3 = \frac{\text{bereinigter Betriebserfolg}}{\text{bereinigter Umsatz}}$$

Umsatzrentabilität der **Energieversorgungs AG:**

1. Umsatzrentabilität, bezogen auf das **EBT**

	2007	**2006**
EBT	146,9	163,5
Bereinigter Umsatz	1.540,0	1.564,7
Umsatzrentabilität$_1$	**9,5 %**	**10,4 %**

2. Umsatzrentabilität, bezogen auf das **EBIT**

	2007	**2006**
EBIT	241,6	238,8
bereinigter Umsatz	1.540,0	1.564,7
Umsatzrentabilität$_2$	**15,7 %**	**15,3 %**

3. Umsatzrentabilität, bezogen auf den **Betriebserfolg**:

	2007	**2006**
bereinigter Betriebserfolg	192,5	219,8
bereinigter Umsatz	1.540,0	1.564,7
Umsatzrentabilität$_3$	**12,5 %**	**14,0 %**

9.641.2 Vermögens(Kapital)rentabilität

9.641.21 Gesamtkapitalrentabilität

Die **Gesamtkapitalrentabilität** drückt die Ertragsfähigkeit des Unternehmens bzw das Ausmaß aus, in dem sich das Unternehmen gegenüber seiner Umwelt durchsetzen kann. Sie ergibt sich aus dem Verhältnis des EBIT zum eingesetzten Kapital.

$$\textbf{Gesamtkapitalrentabilität} = \frac{\text{EBIT}}{\text{bereinigtes durchschnittliches Gesamtkapital}}$$

Wie schon dargelegt, spricht man in den USA nicht von Kapitalrentabilität, sondern von Vermögensrentabilität **(ROI = Return on Investment** oder **ROA = Return on Assets)**. Häufig spricht man auch vom ROC = Return on Capital. Obwohl Gesamtkapitalrentabilität und ROI grundsätzlich das Gleiche aussagen, erscheint der Begriff **Vermögensrentabilität** besser geeignet, die Ergebnisse des Unternehmens wiederzugeben. Kapital ist ein abstrakter Begriff, Vermögen ist investiertes Kapital. Erträge werden erst durch den Einsatz des Vermögens geschaffen. Dies sieht man besonders deutlich bei **Investitionsrechnungen,** mit deren Hilfe beispielsweise die Rentabilität eines Vermögensgegenstandes oder eines Teiles des Vermögens, nicht aber eines Teiles des Kapitals, errechnet wird.

$$\textbf{Return on Investment (ROI)} = \frac{\text{EBIT}}{\text{durchschnittliches bereinigtes Vermögen}}$$

$$\textbf{Return on Investment (ROI)} = \frac{\text{Umsatzerlöse}}{\text{durchschnittliches bereinigtes Vermögen}} * \frac{\text{EBIT}}{\text{Umsatzerlöse}}$$

ROI der **Energieversorgungs AG:**

	2007	2006
EBIT	241,6	238,8
durchschnittliches bereinigtes Vermögen	3.552,2	3.638,8
ROI	**6,8 %**	**6,6 %**

2007: (3.477,5 + 3.626,9) : 2 = 3.552,2
2006: (3.626,9 + 3.650,6) : 2 = 3.638,8

In der Literatur und Praxis findet man **gelegentlich** die Rentabilität des Gesamtkapitals, berechnet am EBT vor oder nach Steuern.

$$\textbf{Gesamtkapitalrentabilität vor Steuern} = \frac{\text{EBT}}{\text{bereinigtes durchschnittliches Vermögen}}$$

$$\textbf{Gesamtkapitalrentabilität nach Steuern} = \frac{\text{EBT nach fiktiven EBT-Ertragsteuern}}{\text{bereinigtes durchschnittliches Vermögen}}$$

Grundgedanke dieser Formel ist, dass zur Leistungserstellung Vermögen in einem bestimmten Umfang erforderlich ist, mit Hilfe dessen das Unternehmensergebnis erzielt wird. Die Fremdkapitalzinsen werden in diesem Fall als normaler betrieblicher Aufwand und nicht als ein Ergebnis der Leistung des Unternehmens behandelt. Je geringer die Rentabilität, desto krisenanfälliger ist das Unternehmen. Diese Formel berücksichtigt den Verschuldungsgrad in hohem Ausmaße, da mit zunehmender Verschuldung die Rentabilität sinkt.

Den Einfluss der Zinsenbelastung zeigt der Vergleich mit der auf das EBIT bezogenen Gesamtkapitalrentabilität.

Ermittlung der **Gesamtkapitalrentabilität vor Steuern** der **Energieversorgungs AG:**

	2007	2006
EBT	146,9	163,5
durchschnittliches bereinigtes Kapital[1])	3.552,2	3.638,8
Gesamtkapitalrentabilität vor Steuern	**4,1 %**	**4,5 %**

[1]) Gesamtkapital = Gesamtvermögen

Ermittlung der **Gesamtkapitalrentabilität nach Steuern** der **Energieversorgungs AG:**

		2007	2006
	EBT	146,9	163,5
–	fiktive Steuern (25 % KöSt)	–36,7	–40,9
=	EBT nach fiktiven Steuern	110,2	122,6
	EBT nach fiktiven Steuern	110,2	122,6
	durchschnittliches bereinigtes Kapital	3. 552,2	3.638,8
	Gesamtkapitalrentabilität nach Steuern	**3,1 %**	**3,4 %**

Anstelle des durchschnittlichen Kapitals (Vermögens) kann zur Ermittlung der Gesamtkapitalrentabilität auch der Stand des Kapitals zu Beginn des Geschäftsjahres herangezogen werden.

Bei der Ermittlung der auf dem EBT lastenden **Ertragsteuern** kann nicht ohne weiteres auf die unter Z 21 ausgewiesenen Ertragsteuern zurückgegriffen werden, da diese durch folgende Einflüsse verzerrt sein können:

1. **Periodenfremde Steuernachzahlungen und -gutschriften;**
2. **Erträge aus der Auflösung von Steuerrückstellungen;**

   Erträge aus Steuergutschriften und Aufwendungen aus Steuernachzahlungen sowie die Auflösung von Rückstellungen für Ertragsteuern sind, soweit sie für die Beurteilung der Ertragslage nicht von untergeordneter Bedeutung sind, gesondert auszuweisen (§§ 233 und 234).
3. **Anteilige Steuern auf das außerordentliche Ergebnis;**
4. **Steuerminderungen oder -mehrungen aus der Dotierung und Auflösung unversteuerter Rücklagen.**

   Die Auswirkung der Veränderung der unversteuerten Rücklagen auf den Posten „Steuern vom Einkommen und vom Ertrag" des Geschäftsjahres ist gemäß § 237 Z 6 im Anhang gesondert auszuweisen.
5. **Bestehende steuerliche Verlustvorträge**

Aus der obigen Darstellung ist ersichtlich, dass grundsätzlich alle nicht auf das Jahresergebnis entfallende Steuern herausgerechnet werden können.

Da jedoch eine **Rentabilitätsrechnung** ohnehin unter langfristigen Gesichtspunkten zu erstellen ist, um zwangsläufig auftretende Schwankungen im Ergebnis der gewöhnlichen Geschäftstätigkeit auszugleichen, empfiehlt es sich, das EBT unabhängig von der jeweiligen Steuer der einzelnen Jahre um den Normalsteuersatz (25 % Körperschaftsteuer) zu vermindern.

Für eventuelle **Investitionsentscheidungen** kann aber auch das Vorhandensein von **Verlustvorträgen,** die das gesamte Ergebnis dem Unternehmen zufließen lassen, von Bedeutung sein. Ergibt sich keine diesbezügliche Angabe im Anhang, kann dies nur aus der tatsächlichen Steuerbelastung ersehen werden.

9.641.22 Eigenkapitalrentabilität

Die **Eigenkapitalrentabilität** wird sowohl vor Steuern als auch nach Steuern ermittelt.

$$\textbf{Eigenkapitalrentabilität vor Steuern} = \frac{\text{EBT}}{\text{durchschnittliches bereinigtes Eigenkapital}}$$

Eigenkapitalrentabilität vor Steuern der **Energieversorgungs AG:**

	2007	2006
EBT	146,9	163,5
durchschnittliches bereinigtes Eigenkapital[1])	1.324,2	1.300,5
Eigenkapitalrentabilität vor Steuern	**11,1 %**	**12,6 %**

[1]) 2007 = (1.362,6 + 1.285,7) : 2 = 1.324,2
2006 = (1.285,7 + 1.315,2) : 2 = 1.300,5

$$\textbf{Eigenkapitalrentabilität nach Steuern} = \frac{\text{EBT nach fiktiven EBT-Ertragsteuern}}{\text{durchschnittliches bereinigtes Eigenkapital}}$$

Eigenkapitalrentabilität nach Steuern der **Energieversorgungs AG:**

		2007	2006
	EBT	146,9	163,5
–	fiktive Steuern (25 % KöSt)	–36,7	–40,9
=	EBT nach fiktiven Steuern	110,2	122,6
	EBT nach fiktiven Steuern	110,2	122,6
	durchschnittliches bereinigtes Eigenkapital[1])	1.324,2	1.300,5
	Eigenkapitalrentabilität nach Steuern	**8,3 %**	**9,4 %**

9.641.23 Return on Net Assets (RONA)

Setzt man eine Erfolgsgröße vor Zinsen mit dem Gesamtkapital in Beziehung, befinden sich im Nenner neben dem Eigenkapital das gesamte (verzinsliche und unverzinsliche) Fremdkapital.

Durch das Abstellen auf das **investierte Kapital** als das Eigenkapital und das verzinsliche Fremdkapital ergibt sich eine adaptierte Gesamtkapitalrentabilität.

$$\textbf{Return on Net Assets RONA} = \frac{\text{EBIT nach fiktiven EBIT-Ertragsteuern}}{\text{durchschnittliches investiertes Kapital}}$$

Der RONA wird in der Regel immer größer sein als der vergleichbare **ROI**, weil sich Letzterer auf den gesamten Vermögenseinsatz bezieht, während sich der RONA nur auf jenes Vermögen bezieht, welches der Höhe des Eigenkapitals plus verzinslichen Fremdkapitals entspricht.

Der RONA wird auch als ROIC (Return on Invested Capital) bezeichnet.

Sowohl beim RONA als auch bei dem im nächsten Abschnitt dargestellten ROCE wird auf das **investierte Kapital** abgestellt. Damit soll erreicht werden, dass **Ergebnisgröße** und **ergebnisverursachende Größe** besser aufeinander abgestimmt sind. Die „tatsächliche" Rentabilität kann jedoch auch auf diese Weise nicht verlässlich gemessen werden, da die Kapitalbindung im abnutzbaren Anlagevermögen je nach Alter der Anlagen und der Durchführung von Investitionen Schwankungen unterliegt.

Ermittlung des **RONA** der **Energieversorgungs AG:**

Verzinsliches Fremdkapital

			31.12.2007	31.12.2006	01.01.2006
		0,0	518,6	693,8	694,9
	Jubiläumsrückstellung		150,6	112,5	105,0
			669,2	**806,3**	**799,9**
–	Deckungswertpapiere		–152,4	–200,5	–248,5
			516,8	**605,8**	**551,4**
	Anleihen		902,6	944,1	985,6
	Kreditinstitut		235,4	185,1	168,6
	verbundene Unternehmen (Finanzverbindlichkeiten)		53,9	228,4	191,7
	Gesamt		**1.708,7**	**1.963,4**	**1.897,3**
–	Liquide Mittel		–12,4	–43,0	–33,7
	Bereinigtes verzinsliches 'Fremdkapital		**1.696,3**	**1.920,4**	**1.863,6**
	durchschnittliches verzinsliches Fremdkapital		**1.808,4**	**1.892,0**	

	durchschnittliches bereinigtes Eigenkapital	1.324,2	1.300,5
+	durchschnittliches verzinsliches Fremdkapital	1.808,4	1.892,0
=	**durchschnittliches investierte Kapital**	**3.132,6**	**3.192,5**

	EBIT	241,6	238,8
–	fiktive Steuern (25 % KöSt)	–60,4	–59,7
=	**EBIT nach fiktiven Steuern**	181,2	179,1

EBIT nach fiktiven Steuern	181,2	179,1
durchschnittliches investiertes Kapital	**3.132,6**	**3.192,5**
RONA nach Steuern	**5,8**	**5,6**

9.641.24 Return on Capital Employed (ROCE)

Beim Return on **Capital Employed** wird vom investierten Kapital das verzinsliche Vermögen abgezogen. Es wird daher vom langfristig gebundenen (verzinslichen) Kapital jenes Vermögen abgezogen, das nicht unmittelbar im Leistungsprozess eingesetzt wurde.

Bei aktivischer Berechnung setzt sich das **Capital Employed** aus dem immateriellen Anlagevermögen und dem Sachanlagevermögen zuzüglich dem Working Capital vermindert um dessen verzinslichen Bestandteile (als Residualgröße) zusammen.

Mit dieser Kennzahl wird die Rendite des eingesetzten Kapitals ermittelt, die ausschließlich aus der betrieblichen Tätigkeit entsteht.

$$\textbf{Return on Capital Employed (ROCE)} = \frac{\text{bereinigter Betriebserfolg nach fiktiven Betriebserfolg-Ertragsteuern}}{\text{durchschnittliches Capital Employed}}$$

Da im Capital Employed das verzinsliche Vermögen nicht enthalten ist, dürfen die Erfolgskomponenten des verzinslichen Vermögens ebenfalls nicht in der Erfolgsgröße des ROCE enthalten sein. Es ist daher der Betriebserfolg heranzuziehen (vgl Bertl/Fröhlich, RWZ 8/2005, S 244 ff). Vielfach wird in der Praxis jedoch die Kennzahl EBIT als Betriebserfolg definiert und kann daher ebenso als Erfolgsgröße für den ROCE herangezogen werden. Ist im EBIT jedoch auch das Ergebnis aus Finanzinvestitionen enthalten, müsste im Capital Employed auch das verzinsliche Vermögen enthalten sein, damit der richtige Kausalzusammenhang zwischen ergebnisverursachender Größe und Ergebnisgröße hergestellt ist.

9.642 Leverageeffekt

Die **Eigenkapitalrentabilität** hängt von der **Gesamtkapitalrentabilität, der Fremdkapitalquote** und der Höhe des Zinssatzes für das Fremdkapital ab.

Liegt der Fremdkapitalzinssatz unter der Gesamtkapitalrentabilität (Vermögensrentabilität), steigt bei zunehmender Verschuldung die Eigenkapitalrentabilität. Man bezeichnet diesen Effekt als **Leverageeffekt**.

$$\mathbf{EKR} = \mathrm{GKR} + (\mathrm{GKR} - \mathrm{FKZ}) \times \frac{\mathrm{FK}}{\mathrm{EK}}$$

Sinkt aber die Rentabilität des eingesetzten Vermögens unter die Kosten des Fremdkapitals, tritt der **umgekehrte Leverageeffekt** ein, das heißt, die Eigenkapitalrentabilität geht zurück, um schließlich negativ zu werden. Dieser Zustand tritt umso früher ein, je höher der Verschuldungsgrad eines Unternehmens ist.

Dies soll an nachstehendem Beispiel demonstriert werden:

Gesamtvermögen = Gesamtkapital € 1,000.000
Kosten des Fremdkapitals 8 %
r_i = ROI bzw Gesamtkapitalrentabilität
r_e = Eigenkapitalrentabilität

Verschuldungsgrad FK	r_i	%	15% Betrag	%	10% Betrag	%	5% Betrag
0	r_e	15	150.000	10	100.000	5	50.000
0,5	r_e	22	110.000*)	12	60.000	2	10.000
0,75	r_e	36	90.000	16	40.000	– 4	– 10.000
*) 150.000 – 40.000 = 110.000							

Für den **externen Analytiker** ist die Kennzahl des **Leverageeffektes** insoweit von einem gewissen Erkenntniswert, als er aufgrund der Gesamtkapitalrentabilität ersehen kann, zu welchem Zinssatz jeweils zusätzliches Fremdkapital aufgenommen werden kann, ohne den Leverageeffekt umkehren zu lassen. Dabei ist allerdings zu berücksichtigen, dass mit zusätzlichem Fremdkapital häufig die Aufnahme zusätzlicher Aktivitäten des Unternehmens verbunden ist, deren Rentabilität anders gestaltet sein kann als jene der bisherigen Aktivitäten.

Die Ermittlung der **Fremdkapitalkosten** darf für die Zwecke der Ermittlung des Leverageeffektes nicht auf Basis der **Fremdkapitalzinslast** bezogen auf das gesamte Fremdkapital erfolgen. Für den Leverageeffekt ist grundsätzlich der Zinssatz für das verzinsliche Fremdkapital maßgebend. In der innerbetrieblichen Analyse ist im Zusammenhang mit der Unternehmenssteuerung der Zinssatz für aufzunehmende Kredite als Vergleich heranzuziehen.

Leverageeffekt der **Energieversorgungs AG:**

durchschnittliches bereinigtes verzinsl. Fremdkapital
bereinigter Zinsaufwand
Zinssatz des bereinigten verzinsl. Fremdkapitals

Der durchschnittliche auf das verzinsliche Fremdkapital bezogene Zinssatz erscheint bei der Energieversorgungs AG mit 5,2 % relativ mäßig. Da der ROI (Rentabilität bezogen auf das gesamte ∅ Kapital = ∅ Vermögen) der Energieversorgungs AG 6,8 % beträgt, dürfen neue Kredite allerdings nicht über einem Satz von 6,8 % aufgenommen werden, es sei denn, die Rentabilität der mit dem Neukredit durchgeführten Investition ist größer.

Im Zusammenhang mit der Feststellung des Leverageeffekts, wenn auch nicht direkt hierfür verwendbar, ist die Ermittlung der Gesamtbelastung des Fremdkapitals mit Zinsen von Erkenntniswert.

$$\textbf{Fremdkapitalzinslast} = \frac{\text{Ergebnis aus der Finanzierung}}{\text{durchschnittliches bereinigtes Fremdkapital}}$$

Diese Kennzahl ist deswegen aussagekräftig, weil sie die **durchschnittliche Zinsenbelastung** des Fremdkapitals zeigt. Die Zinsenbelastung des Fremdkapitals reicht von zinsenfreien (erhaltenen) Anzahlungen bis zu hoch verzinslichem Fremdkapital (Lieferverbindlichkeiten). Ein Problem ergibt sich allerdings insoweit, als die Zinsenbelastung der Lieferantenkredite wegen der in der Regel angewendeten Buchungspraxis nicht ersehen werden kann. Die Zinsen sind in den einzelnen Aufwandsposten versteckt; die Zinsenentlastung durch Bezahlung innerhalb des Kassenrespiros erscheint als Skontoertrag.

Fremdkapitalzinslast der **Energieversorgungs AG:**

	2007	**2006**
Ergebnis aus der Finanzierung	94,7	75,3
durchschnittliches bereinigtes Fremdkapital[1])	2.228,1	2.338,3
Fremdkapitalzinslast	**4,3 %**	**3,2 %**

[1]) 2007 (2.114,9 + 2.341,2) : 2 = 2.228,1
2006 (2.341,2 + 2.335,4) : 2 = 2.338,3

9.643 Kurs-Gewinnverhältnis (KGV)

Das **Kurs-Gewinnverhältnis** ist eine bei der Analyse börsennotierender Gesellschaften häufig gebrauchte Kennzahl.

Sie ergibt sich aus der Division des Börsenkurses (Stückkurses) durch den Gewinn pro Aktie.

$$\text{Gewinn bzw Verlust pro Aktie} = \frac{\text{bereinigter Jahresüberschuss bzw -fehlbetrag}}{\text{Anzahl der Aktien}}$$

$$\text{KGV} = \frac{\text{Aktienkurs zum Ende des Geschäftsjahres}}{\text{Gewinn bzw Verlust pro Aktie}}$$

Je kleiner das **KGV**, desto höher ist die **Rentabilität** des für den Aktienerwerb eingesetzten Kapitals.

Da die **Aktienkurse** laufenden Schwankungen unterliegen, kann das KGV-Verhältnis nur zu bestimmten Stichtagen ermittelt werden. In Frage kommen etwa der Kurs zum Bilanzstichtag bzw der Kurs zum Tag der Durchführung der Bilanzanalyse. In letzterem Fall ist allerdings zu bedenken, dass der Analyse der Jahresüberschuss des vergangenen Jahres zugrunde gelegt wird.

Ermittlung des Gewinnes pro Aktie der **Energieversorgungs AG:**

Obwohl es richtig ist, auch das KGV (PER = Price Earning Ratio) auf Basis des bereinigten Jahresabschlusses zu errechnen, wird **in der Praxis** das **KGV** im jeweiligen Geschäftsbericht unmittelbar auf Basis des im **veröffentlichten Jahresabschluss** ausgewiesenen Jahresüberschusses gerechnet.

In der vorliegenden Analyse wird vom bereinigten Jahresabschluss ausgegangen.

Aus dem Anhang (§ 240 Z 1) ist ersichtlich, dass die Energieversorgungs AG ein Grundkapital von 127,7 Mio Euro, zerlegt in 37 Mio Stückaktien, besitzt.

	2007	**2006**
bereinigter Jahresüberschuss bzw -fehlbetrag	34,0	7,5
Anzahl der Aktien in Mio Stück	37,0	37,0
Gewinn bzw Verlust pro Aktie in EUR	**0,92**	**0,2**

KGV der **Energieversorgungs AG:**

	2007	**2006**
Börsenkurs zum Ende des Geschäftsjahres	26,4	26,0[1])
Gewinn bzw Verlust pro Aktie in EUR	0,92	0,2
KGV	**28,7**	**130,0**
Durchschnittsrendite	3,5 %	0,8 %

[1]) Annahme

Das KGV von 28,7 bedeutet eine Durchschnittsrendite von 3,5 % (100 : 28,7).

Das KGV von 130 im Jahre 2006 zeigt eine total überteuerte Aktie; ein Kauf lohnt sich nur dann, wenn eine wesentliche Verbesserung der Kurs-/Gewinnverhältnisse zu erwarten ist. Dies war für das Unternehmen wegen der hohen a.o. Abschreibung wahrscheinlich und ist 2007 auch tatsächlich eingetreten.

9.644 Dividendenrendite

Die Dividendenrendite ergibt sich aus dem Verhältnis der Dividende zum Börsenkurs an einem bestimmten Stichtag.

$$\textbf{Dividendenrendite} = \frac{\text{Dividende pro Aktie}}{\text{Börsenkurs zum Ende des Geschäftsjahres}}$$

Ermittlung der Dividendenrendite der **Energieversorgungs AG:**

	2007	**2006**
Dividende für das Geschäftsjahr 2007	46,6	37,0
Dividende pro Aktie in EUR	1,3	1,0
Börsenkurs zum Ende des Geschäftsjahres	26,4	26,0
Dividendenrendite	**4,9 %**	**3,8 %**

9.65 Wertschöpfungsanalyse

Mit der Errechnung der Wertschöpfung will man einerseits den Beitrag des Unternehmens zum Sozialprodukt ermitteln **(Entstehungsrechnung)** und andererseits feststellen, wie der Wertschöpfungsbetrag auf Kapitaleigner (Gewinn), Arbeitnehmer (Personalkosten), Fremdkapitalgeber (Zinsenaufwand) und öffentliche Hand (Abgaben) aufgeteilt wird **(Verteilungsrechnung).**

Rechnerisch wird die Wertschöpfung als Differenz zwischen Gesamtleistung des Unternehmens und den Vorleistungen ermittelt. Zu den Vorleistungen gehören alle Fremdleistungen (Anlagenabschreibungen, Materialien, Energiekosten, Postkosten, Rechts- und Beratungskosten etc).

Wertschöpfungsentstehungsrechnung:

	Gesamtleistung
–	Vorleistungen
	Wertschöpfung (value added)

Wertschöpfungsentstehungsrechnung der **Energieversorgungs AG:**

	2007		**2006**	
Gesamtleistung[1]		**1.769,6**		**1.837,9**
– **Vorleistungen**				
Materialaufwand	–676,8		–584,0	
Abschreibungen ohne Finanzanlagen[2]	–326,5		–402,5	
Sonstige Aufwendungen[3]	–281,2	–1.284,5	–338,5	**–1.325,0**
Wertschöpfung		**485,1**		**512,9**

Erläuterungen

Die Zahlen zur Wertschöpfung wurden aus der **bereinigten Gewinn- und Verlustrechnung** entnommen.

2007

1) Summe der betrieblichen Erträge (1.715,7) + Finanzerträge (53,9)
2) Planmäßige Abschreibung (242,2) + außerplanmäßige Abschreibung (84,3).
3) Aufwendungen gem 8b (276,4) + Aufwendungen Finanzanlagen (4,8)

2006

1) Summe der betrieblichen Erträge (1.697) + Finanzerträge (140,9)
2) Planmäßige Abschreibung (253,6 –5,9) + außerplanmäßige Abschreibung (154,8)
3) Aufwendungen gem 8b (210,7) + Aufwendungen Finanzanlagen (121,9) + Abschreibungen Umlaufvermögen (5,9)

Wertschöpfungsverteilungsrechnung:

Anteil der Arbeitnehmer (Personalkosten) gemäß Z 6[1,2]
Anteil der öffentlichen Hand (Abgaben) gemäß Z 8 a und 21[3]
Anteil der Fremdkapitalgeber (Zinsenaufwand) gemäß Z 15[4]
Anteil der Eigentümer (Gewinn) gemäß Z 22
Wertschöpfung (value added)

Erläuterungen:

1. Nicht zu den Personalkosten ist die Kommunalsteuer zu zählen. Da diese nicht gesondert ausgewiesen wird, kann sie (im Wesentlichen) aus der Summe der Löhne und Gehälter abgeleitet werden (3 %). Sie gehört zum Anteil der öffentlichen Hand.
2. Bei Anwendung des Umsatzkostenverfahrens können die Personalkosten gemäß § 237 Z 4 dem Anhang entnommen werden.
3. Der Anteil der öffentlichen Hand ergibt sich aus:
   Kommunalsteuer
   Steuern gemäß Z 8 a
   Steuern vom Einkommen und Ertrag gemäß Z 21
   Da bei Anwendung des Umsatzkostenverfahrens die sonstigen Steuern gemäß § 231 Abs 2 Z 8 a nicht gesondert zum Ausweis kommen und auch im Anhang nicht angegeben werden müssen, werden diese bei der Wertschöpfungsanalyse unter den Vorleistungen erfasst.
4. Bei Anwendung des Umsatzkostenverfahrens werden bei der Aktivierung der Zinsen vom Fremdkapital gemäß § 203 Abs 4 nur die um die Aktivierung verminderten Zinsen in Z 15 ausgewiesen.
   Da gemäß § 236 Z 2 im Anhang nur der Gesamtbetrag der aktivierten Zinsen anzugeben ist, kann der Bilanzanalytiker das Ausmaß der in der laufenden Periode aktivierten Zinsen nicht ersehen. Insoweit ergibt sich bei der Wertschöpfungsverteilungsrechnung ein zu geringer Ausweis der Fremdkapitalzinsen und ein zu hoher Ausweis der Vorleistungen.

Wertschöpfungsverteilungsrechnung der **Energieversorgungs AG:**

Anteil der Arbeitnehmer				
Personalkosten	322,5		413,2	
abzüglich 3 % der Löhne und Gehälter	–7,3	315,2	–7,4	405,8
Anteil der öffentlichen Hand				
Steuern gem Z 8a	5,3		15,7	
Kommunalsteuer	7,3		7,4	
Körperschaftsteuer	28,6	41,2	1,2	24,3
Anteil der Fremdkapitalgeber				
Zinsenaufwand		94,7		75,3
Anteil der Eigentümer				
Jahresüberschuss		34,0		7,5
		485,1		**512,9**

Bei der Wertschöpfungsverteilungsrechnung ist zu bedenken, dass die von den Arbeitnehmern entrichtete Lohnsteuer in dieser Rechnung unter dem Arbeitnehmeranteil aufscheint, tatsächlich aber zum Anteil der öffentlichen Hand zu zählen ist.

9.7 Der ROI als Spitzenkennzahl eines Kennzahlensystems

Wie schon dargelegt, gilt in der amerikanischen Literatur der ROI häufig als Maßstab der Fähigkeit und Effizienz des Managements, mit dem ihm zur Verfügung stehenden Vermögen Gewinne zu erzielen. Daher findet sich der **ROI** in den meisten in der Praxis gebräuchlichen Kennzahlensystemen (Zielsystemen) als Spitzenkennzahl.

Als das wohl älteste gebräuchliche **Kennzahlensystem** gilt das im Jahre 1919 von der Firma Du Pont entwickelte Zielsystem, mit Hilfe dessen aus dem ROI über die Umschlagshäufigkeit des Vermögens und die **Umsatzrentabilität** Zwischen- und Unterziele bis zur Ebene der operablen Teilziele abgeleitet werden. Mit derartigen **Kennzahlensystemen** sollen einerseits die Wirkung getroffener oder zu treffender Maßnahmen auf den ROI, andererseits aber auch die Verflechtungen der gesamten **Zielstruktur** innerhalb eines Unternehmens dargestellt werden.

Obwohl dieses Kennzahlensystem in erster Linie ein Instrument des Managements zur **Unternehmenssteuerung** (Unternehmensplanung) darstellt und auf Daten aufbaut, die dem externen Bilanzanalytiker nicht zugänglich sind (fixe und variable Kosten, kalkulatorische Größen), kann es, leicht abgeandert, auch für die Bilanzanalyse angewendet werden.

Vorteil der Kennzahlenpyramide ist das Aufzeigen der Zusammenhänge innerhalb des Unternehmens und die Vermittlung der Erkenntnis, dass es voneinander unabhängige Ziele und Größen in einem Unternehmen nicht gibt.

9.71 Das ROI-Kennzahlensystem als Planungsinstrument

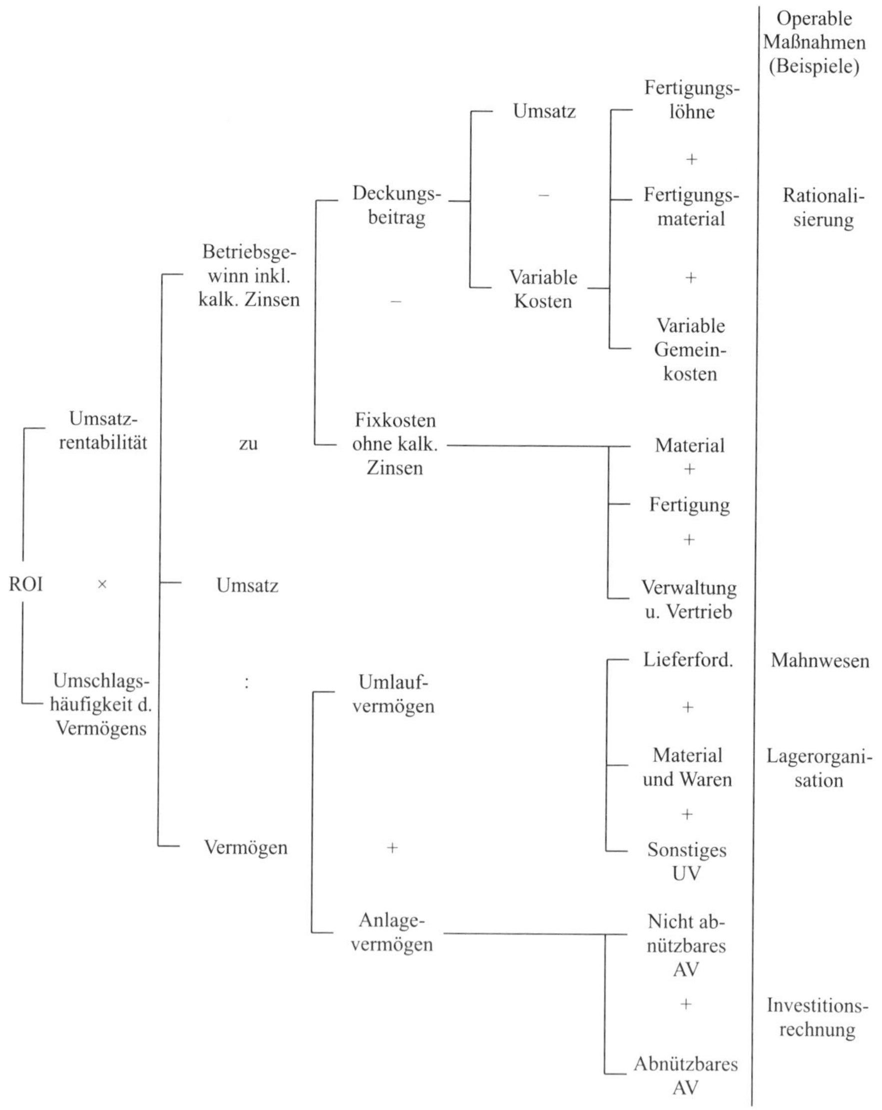

9.72 Das ROI-Kennzahlensystem als Teil der externen Bilanzanalyse bei Anwendung des Gesamtkostenverfahrens

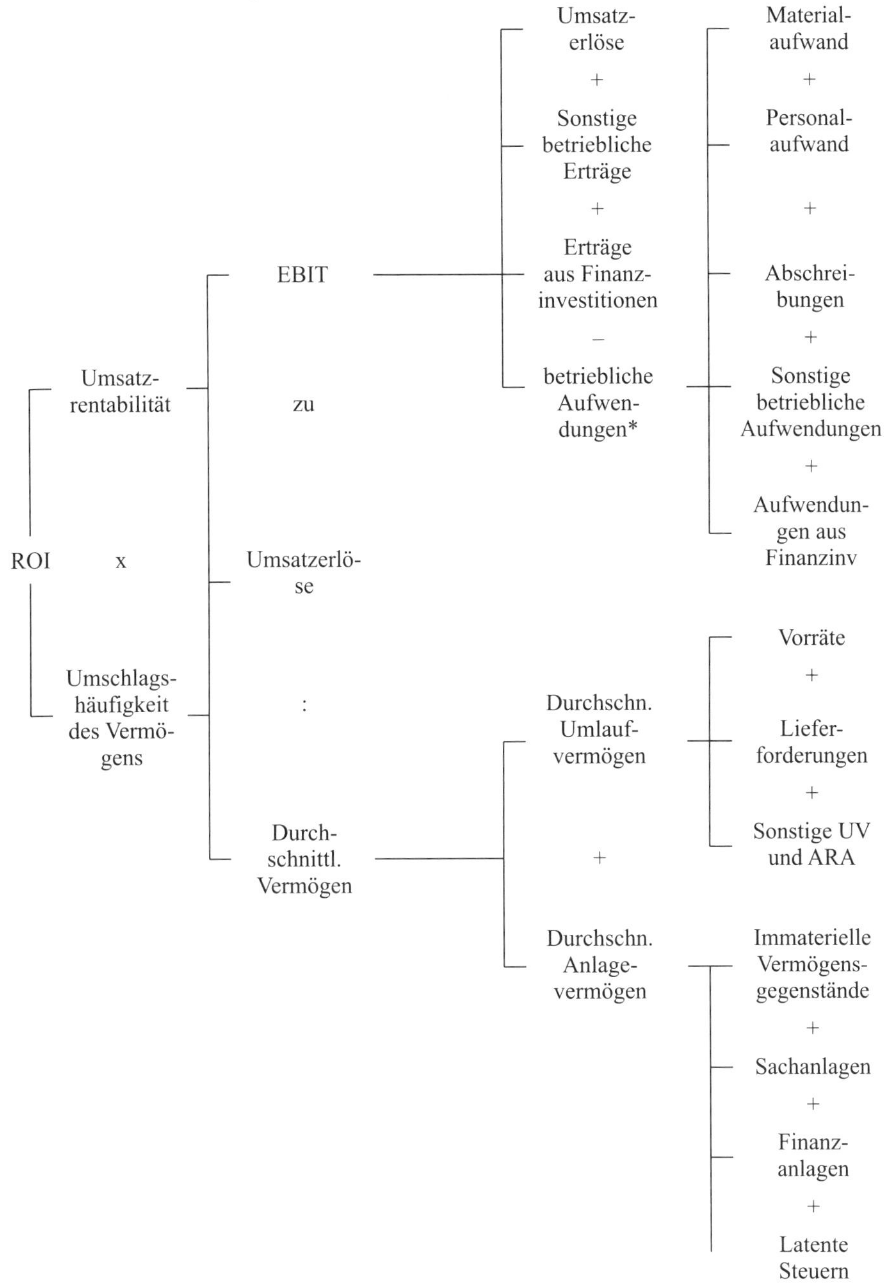

*) inkl Aufwendungen aus Finanzinvestitionen

Als Stromgrößen sind regelmäßig bereinigte Größen heranzuziehen. Als Bestandsgrößen sind regelmäßig bereinigte und durchschnittliche Größen heranzuziehen.

9.73 Das ROI-Kennzahlensystem als Teil der externen Bilanzanalyse bei Anwendung des Umsatzkostenverfahrens

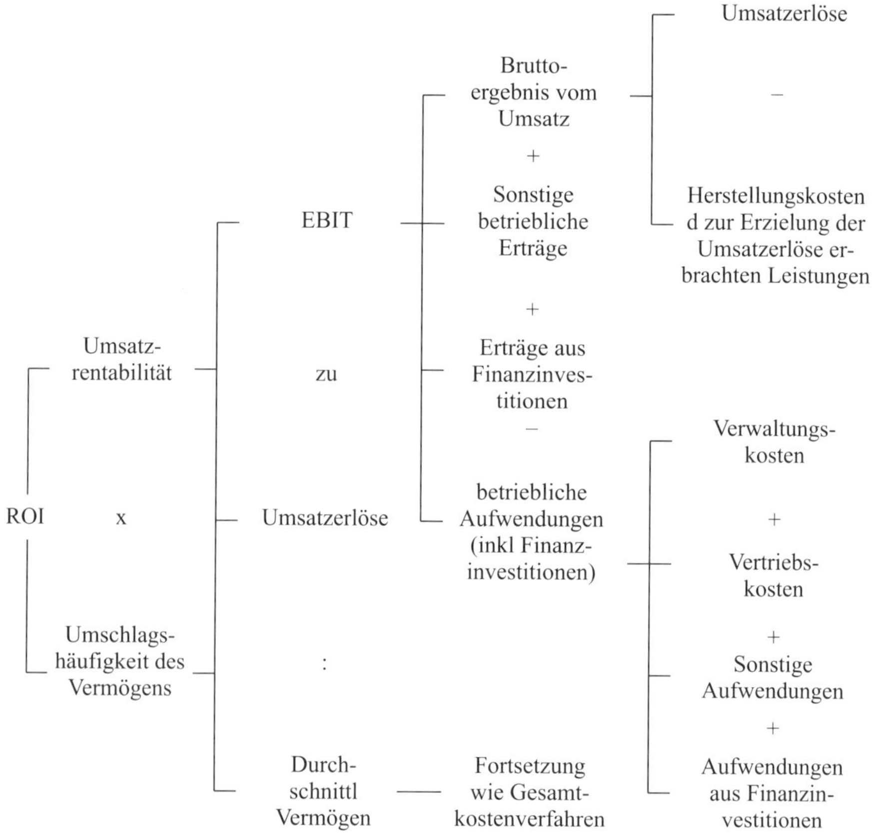

Als Stromgrößen sind regelmäßig bereinigte Größen heranzuziehen. Als Bestandsgrößen sind regelmäßig bereinigte und durchschnittliche Größen heranzuziehen.

ROI-Kennzahlensystem der **Energieversorgungs AG:**

a) Gesamtkostenverfahren

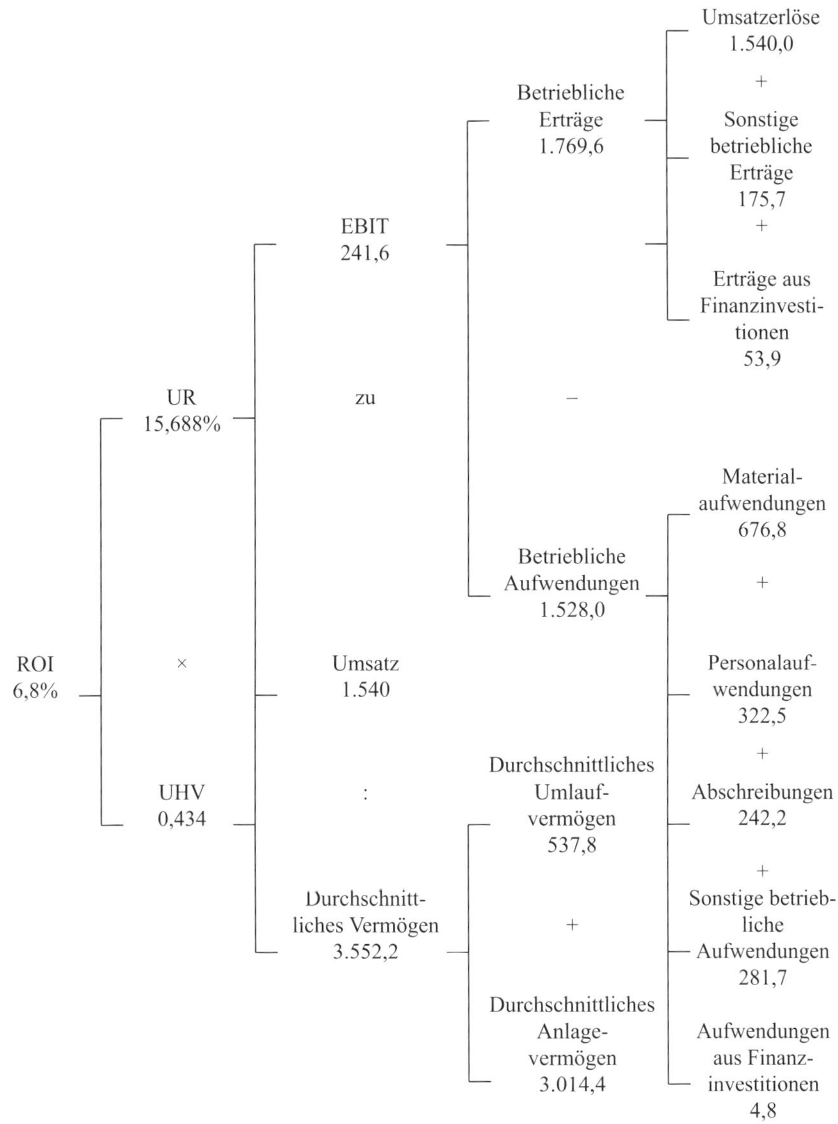

b) Umsatzkostenverfahren

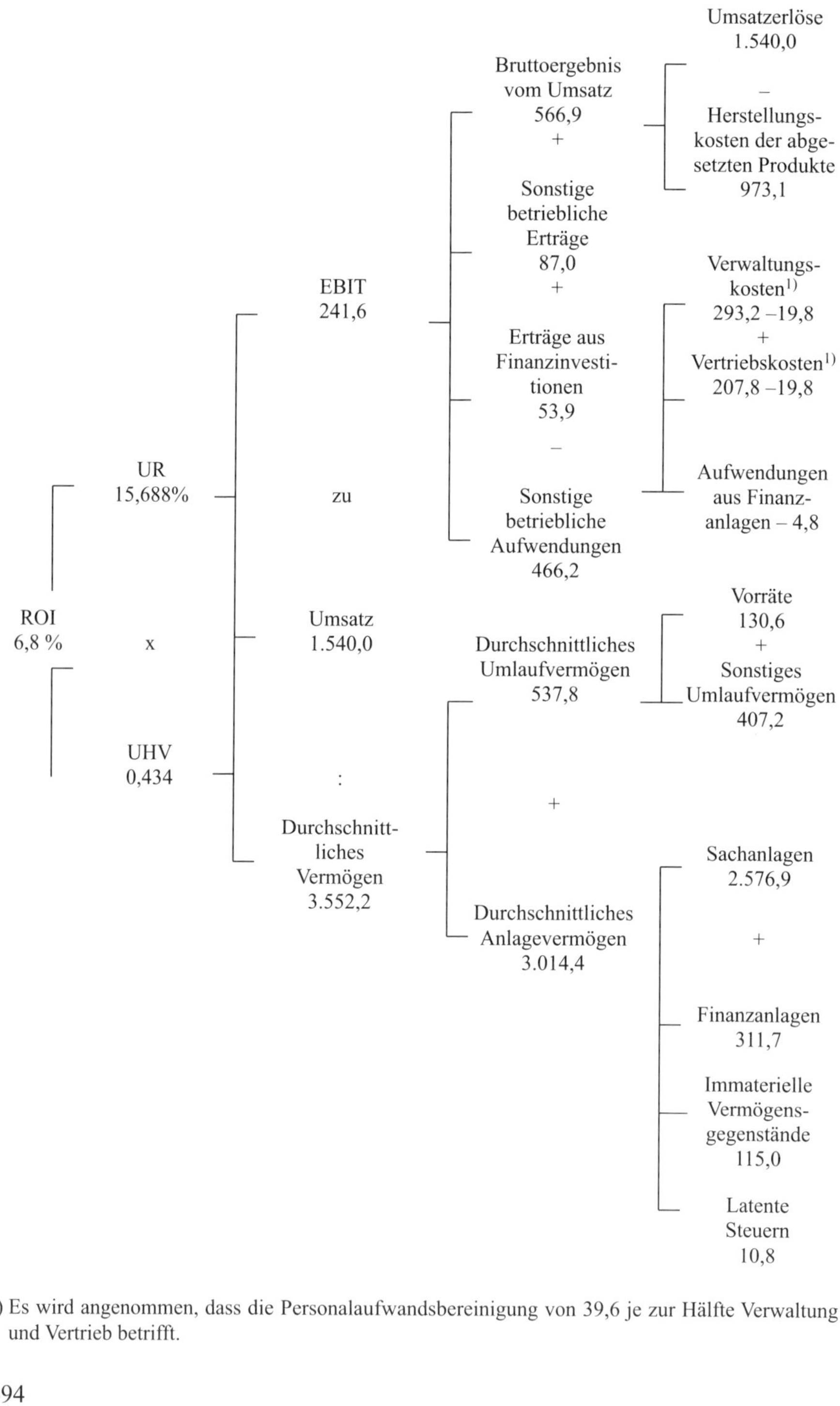

[1]) Es wird angenommen, dass die Personalaufwandsbereinigung von 39,6 je zur Hälfte Verwaltung und Vertrieb betrifft.

9.8 Indikatoren nahender finanzieller Schwierigkeiten

Abgesehen von der Entwicklung der Unternehmensrentabilität als ein Zeichen der Veränderung der Ertragslage stellt sich im Zusammenhang mit der Kapital- und Vermögensstruktur die Frage, wie weit aus einzelnen Kennzahlen bzw aus der Entwicklung bestimmter Posten auf zunehmende Zahlungsschwierigkeiten und letztlich Zahlungsunfähigkeit des Unternehmens geschlossen werden kann.

Man kann aus verschiedenen Indikatoren die voraussichtliche Entwicklung des Unternehmens bezüglich seiner Finanz- und Ertragslage feststellen. Es wäre jedoch falsch und kann zu Fehlschlüssen führen, würde man sich isoliert auf den einen oder anderen Indikator verlassen. So kann beispielsweise eine steigende Verschuldung die absichtliche Herausnahme von Eigenkapital und Ersatz durch Fremdkapital bedeuten, um den Leverageeffekt auszunützen; ein sinkender cash flow kann beispielsweise bedeuten, daß der Unternehmer sein Erzeugungsprogramm bzw sein Erzeugungsverfahren ändert und dadurch allmählich Anlage- in Umlaufvermögen umwandelt. Um daher Schlüsse auf die Entwicklung des Unternehmens zu ziehen, muss das Zusammenwirken mehrerer Indikatoren über einen längeren Zeitraum hinaus betrachtet werden.

9.81 Faktoren, deren Entwicklung das Nahen finanzieller Schwierigkeiten anzeigt

Nachstehend sollen einige wesentliche Faktoren, die in ihrer zeitlichen Entwicklung auf das Nahen finanzieller Schwierigkeiten hinweisen, dargestellt werden:

a) **Betriebsvergrößerung bei nicht fristentsprechender Finanzierung,**

zB die Durchführung von Erweiterungsinvestitionen gegen (kurzfristige) Lieferverbindlichkeiten. Der Einwand, daß auch ein Teil der kurzfristigen Schulden tatsächlich langfristig sei, und somit wie langfristige Schulden behandelt werden könne, stimmt wohl unter normalen Verhältnissen. Er stimmt nicht mehr bei Einsetzen von Kreditrestriktionen, bei Konjunkturrückgang, bei Verschlechterung der Gewinnsituation des Unternehmens.

b) **Abgehen von einer fristenkongruenten Finanzierung**

Dieses Abgehen wird durch den **Ersatz langfristiger durch kurzfristige Schulden** signalisiert: Es ist zB ein ERP-Kredit fällig. Da der Rückfluss aus den ERP-Investitionen aber wieder reinvestiert wurde, erfolgt die Rückzahlung des Kredites zu Lasten kurzfristiger Kontokorrentverbindlichkeiten. Die Folge besteht darin, dass die Neuinvestitionen kurzfristig finanziert sind und damit die Fristenkongruenz gestört ist.

c) **Umschichtung von Umlauf- in Anlagevermögen bei gleich bleibender Kapitalstruktur**

Bisher kurzfristig finanziertes Umlaufvermögen wird in Anlagevermögen umgeschichtet, ohne dass eine Änderung in der Finanzierung eintritt. Dies kann beispielsweise bei Änderung der Betriebstätigkeit der Fall sein. Damit entstehen Zahlungsschwierigkeiten, da der Rückfluss nicht in der notwendigen Geschwindigkeit gegeben ist.

In diesen Bereich gehört auch die Bindung von Finanzmitteln durch die Erhöhung des Umlaufvermögens bei unverändertem Umsatz.

d) **Gleichbleibende Ausgabenentwicklung bei fallenden Gewinnen**

Werden trotz fallender Gewinne weiter Investitionen in bisheriger Höhe getätigt bzw Lager- oder andere Vermögensgegenstände erhöht oder werden weiterhin Entnahmen in alter Höhe getätigt, können diese noch eine Zeitlang aus dem Cashflow bezahlt werden. Reicht jedoch der Cashflow nicht mehr aus, tritt als Folge zunehmende Verschuldung auf, die nicht zu einer gewollten, sondern zwangsweisen Verschlechterung der Kapitalstruktur führt.

Versucht man, aus der Entwicklung der mit diesen Faktoren in Zusammenhang stehenden **Kennzahlen** die Verschlechterung der Lage des Unternehmens abzulesen, zeigt sich im Wesentlichen folgendes Ergebnis:

steigende Verschuldung
sinkende Rentabilität
Verschlechterung des Verhältnisses Cashflow zu Verbindlichkeiten
Sinkende Umschlagshäufigkeit

Wegen der Bedeutung, die diese Informationen vor allem für die Gläubiger haben, werden seit Jahrzehnten Untersuchungen angestellt, wie brauchbar die Kenntnis der Entwicklung dieser Kennzahlen zur Vorhersage einer negativen Entwicklung des Unternehmens ist.

9.82 Kennzahlen, deren Entwicklung die Veränderung der Vermögens-, Finanz- und Ertragslage eines Unternehmens zeigt

9.821 Empirische Untersuchung Beavers hinsichtlich der Voraussage der Zahlungsunfähigkeit

(Beaver William H.: Financial Ratio as Predictors of Failure in: Empirical Research in Accounting: Selected Studies 1966, entnommen aus Weibel P.: „Probleme der Bonitätsbeurteilung von Unternehmungen aus der Sicht der Banken", in „Die Unternehmung", Schweizerische Zeitschrift für Betriebswirtschaft 1/70, S 269 ff)

Beaver hat bereits 1966 eine systematische Untersuchung über die Auswirkung der Entwicklung verschiedener Kennzahlen auf die Wahrscheinlichkeit des Eintritts finanzieller Schwierigkeiten durchgeführt. Obwohl diese Untersuchung auf damalige amerikanische Verhältnisse abstellt, ist sie wegen der verwendeten Kennzahlen und deren Aussagekraft auch heute noch von Bedeutung. Beaver stellt die Entwicklung nachstehender Kennzahlen von 79 Firmen für den Zeitraum von 5 Jahren vor Konkurseröffnung bzw Eintritt der Zahlungsunfähigkeit der Entwicklung derselben Kennzahlen 79 guter Firmen gegenüber.

Kennzahlen	gute Firmen	schlechte Firmen
		Entwicklungen der jeweiligen Kennzahl vom 5. Jahr vor der Zahlungsunfähigkeit bis Eintritt der Zahlungsunfähigkeit
1) Cashflow zu Fremdkapital	43 – 47 %	15 % –> – 2 %
2) Gewinn zu Gesamtvermögen	6 %	3 % –> – 2 %
3) Fremdkapital zu Gesamtvermögen	37 %	51 % –> 80 %
4) Working Capital zu Gesamtvermögen	40 %	30 % –> 5 %
5) Umlaufvermögen zu kurzfristigem Fremdkapital	3,3fache	2,4 –> 2fache

Laut Beaver besitzen die unter 1 – 2 genannten Kennzahlen gute und die von 3 bis 5 genannten Kennzahlen geringere Aussagekraft.

Obwohl die von Beaver für gute Firmen dargestellten Kennzahlen für europäische Verhältnisse weitaus zu hoch sind, ist allerdings die Aussagekraft der Entwicklung der einzelnen Kennzahlen von Interesse.

Kennzahl 1:

Je kleiner der Cashflow im Verhältnis zum Fremdkapital (besser Effektivverschuldung gem Formel 29) ist, desto länger ist der Zeitraum, der theoretisch benötigt wird, die Schulden aus eigenen Mitteln zurückzuzahlen. Gleichzeitig steigt damit die Krisenanfälligkeit des Unternehmens, da schon geringe Gewinnschwankungen, die den Cashflow nach unten beeinflussen, zu erheblichen Zahlungsschwierigkeiten führen können.

Kennzahl 2:

Da ein Unternehmen grundsätzlich ohne Gewinn nicht überleben kann, ist der (dauernde) Rückgang der Vermögensrentabilität (im vorliegenden Fall auf Basis des Gewinnes nach Zinsen) für das Unternehmen von existentieller Bedrohung. Diese Gefahr ergibt sich nicht nur aus dem Rückgang des Unternehmensergebnisses, sondern auch aus einer steigenden Verschuldung bei gleichzeitiger Umkehr des Leverageeffektes.

Kennzahl 3:

Mit dem Verhältnis Fremdkapital zu Gesamtvermögen zeigt Beaver die Gefahr des zunehmenden Verschuldungsgrades bzw des Ersatzes von langfristigem durch kurzfristiges Fremdkapital auf.

Kennzahl 4:

Die Verschlechterung des Working Capital (als jenem Überschuss des Umlaufvermögens über die kurzfristigen Verbindlichkeiten, der zur Deckung der durch die Geschäftstätigkeit bedingten Baraufwendungen zur Verfügung steht) zum Gesamtvermögen zeigt eine Verschlechterung der Fristenkongruenz, da entweder das Umlaufvermögen bei gleichbleibenden kurzfristigen Verbindlichkeiten zurückgeht oder aber langfristige Verbindlichkeiten bei gleich bleibendem Umlaufvermögen durch kurzfristige Verbindlichkeiten ersetzt werden.

Beispiel

Anlagevermögen	1.000	Eigenkapital	500
Umlaufvermögen	1.200	langfristiges Fremdkapital	750
		kurzfristiges Fremdkapital	950
	2.200		2.200

Das Working Capital beträgt 250 = 11,4 % des Gesamtvermögens. Für den Fall, dass 250 Umlaufvermögen in Anlagevermögen umgewandelt bzw 250 langfristiges Fremdkapital durch kurzfristiges Fremdkapital ersetzt wird, geht das Working Capital gegen Null, womit der gesamte Spielraum zum Ausgleich der laufenden Schwankungen in der Geschäftstätigkeit verloren geht. Wird das Working Capital negativ, kann es zunächst zu vorübergehenden und in der Folge zu langfristigen Zahlungsschwierigkeiten kommen.

Kennzahl 5:

Im Zusammenhang mit der Kennzahl 4 steht die Kennzahl 5, die sogenannte Working Capital Ratio, deren Umfang nach Beaver auch durch das Verhältnis des Working Capital zum Gesamtvermögen bestimmt wird.

9.822 Feststellung negativer Unternehmensentwicklung mit Hilfe linearer multivariater Diskriminanzanalysen

9.822.1 Allgemeines

Mit Hilfe der linearen multivariaten Diskriminanzanalyse werden entsprechend ihrer statistischen Bedeutung gewichtete Kennzahlen additiv oder subtraktiv zu einer Gesamtkennzahl, dem **Diskriminanzwert** (Z), verbunden.

Auf die Bonitätsanalyse angewendet, werden durch die Gegenüberstellung der Jahresabschlüsse insolvent gewordener Unternehmen zu den Jahresabschlüssen gleichartiger solventer Unternehmen mit Hilfe eines statistischen Verfahrens möglichst trennscharfe Kennzahlen gesucht, die ihrem Gewicht entsprechend additiv oder subtraktiv zu einer einzigen Gesamtkennzahl, dem Diskriminanzwert (Z) zusammengefasst werden, dessen Ausprägung die guten von den schlechten Unternehmen trennt. Der kritische Wert (Zk) gibt die Grenze an, ab der ein Unternehmen mit einem niedrigeren bzw höheren Wert als insolvent oder solvent klassifiziert werden kann:

Ermittlung des Diskriminanzwertes Z:

x_i = Kennzahl x_1 bis x_n
a_i = Gewichtungsfaktor a_1 bis a_n
n = Anzahl der berücksichtigten Kennzahlen

$$Z = x_1 \cdot a_1 + x_2 \cdot a_2 + \ldots + x_n \cdot a_n$$

Probleme:

1. Der Diskriminanzfaktor wird mit Hilfe statistischer Methoden, das heißt ex post ermittelt; in der praktischen Anwendung soll die negative Entwicklung aber ex ante festgestellt werden.
2. Reicht die Anzahl der zur Untersuchung herangezogenen Unternehmen aus, um
   a) zuverlässige trennscharfe Kennzahlen und
   b) deren Gewichtung zu finden,
   die es ermöglichen, einen möglichst geeigneten Diskriminanzfaktor festzustellen?

Um Fehlklassifikationen in einem zu großen Ausmaß zu verhindern, wird man um den kritischen Z-Wert, der die insolventen von den solventen Unternehmen trennen soll, eine Grauzone offen lassen. Unternehmen, deren Z-Wert sich in dieser Grauzone befindet, werden nicht von vornherein klassifiziert, sondern einer näheren Untersuchung unterzogen. Eine andere Möglichkeit ist die Bildung mehrerer Zonen, nach denen die darin befindlichen Unternehmen klassifiziert werden.

9.822.2 Empirische Untersuchung Altmans

(Altman Edward J.: Corporate Bankruptcy Prediction and its Implications for Commercial Loan Evaluation, in „The Journal of Commercial Bank Lending“, London, Dez. 1970)

Altman setzte erstmals 1966 das Verfahren der mulivariaten linearen Diskriminanzanalyse ein, wobei er je 33 insolvenzgefährdete und nicht gefährdete Unternehmungen 2 Jahre vor Eintritt der Zahlungsunfähigkeit der ersten Gruppe untersuchte und auf Grund der Kombination mehrerer verschieden gewichteter Kennzahlen einen Gesamtindex ermittelte, dessen Höhe die kommenden Zahlungsschwierigkeiten anzeigte:

Er verwendete folgende Kennzahlen:

Kennzahlen	Gewichtung
x_1 : Working Capital zu Gesamtvermögen	a_1 : 0,012
x_2 : nicht ausgeschüttete Gewinne zu Gesamtvermögen	a_2 : 0,14
x_3 : Gewinn vor Zinsen und Steuern zu Gesamtvermögen	a_3 : 0,033
x_4 : Eigenkapital zu Fremdkapital	a_4 : 0,006

x_5: Umschlagshäufigkeit des Vermögens a_5 : 0,999

	gute Firmen	schlechte Firmen
x_1	41,4 %	– 6,1 %
x_2	35,5 %	– 62,6 %
x_3	15,3 %	– 31,8 %
x_4	247,7 %	40,1 %
x_5	1,9fach	1,5fach

$z = 0{,}012 \times x_1 + 0{,}14 \times x_2 + 0{,}033 \times x_3 + 0{,}006 \times x_4 + 0{,}999 \times x_5$
$z > 3$: gute Firmen
$z < 1{,}8$: schlechte Firmen
1,8 – 3 : graue Zone

Bemerkenswert ist die große Bedeutung, die Altman der Umschlagshäufigkeit beimisst. Dies wurde in späteren Untersuchungen auch bekrittelt (vgl Baetge J., Möglichkeiten der Früherkennung negativer Unternehmensentwicklungen mit Hilfe statistischer Jahresabschlußanalysen, in: ZfbF 41/1989, S 792 ff).

Anlagevermögen	1.000	Stammkapital	500
Umlaufvermögen	1.200	Rücklagen	100
		Bilanzgewinn	100
		langfristiges Fremdkapital	700
		kurzfristiges Fremdkapital	800
	2.200		2.200

Beispiel:

Gewinn- und Verlustrechnung

Erträge	3.500
Aufwendungen ohne Zinsen	3.180
Zinsen	120
Ertragsteuern	100
Jahresüberschuss = Bilanzgewinn	100

Auf Grund der dargestellten Zahlen ergeben sich folgende Kennzahlen:

x_1	Umlaufvermögen	1.200	
	– kurzfr Fremdk	800	
	Working Capital	400 bezogen auf 2.200	= 18,2 %
x_2		200 bezogen auf 2.200	= 9,1 %
x_3		320 bezogen auf 2.200	= 14,6 %
x_4		700 bezogen auf 1.500	= 46,7 %
x_5		3.500 dividiert durch 2.200	= 1,6

$z = 0{,}012 \,.\, 18{,}2 + 0{,}014 \,.\, 9{,}1 + 0{,}033 \,.\, 14{,}6 + 0{,}006 \,.\, 46{,}7 + 0{,}999 \,.\, 1{,}6 = 2{,}71$

Das Unternehmen kann als noch gut angesehen werden.

9.822.3 Weitere Untersuchungen zur Ermittlung von Frühwarnindikatoren nahender Schwierigkeiten mit Hilfe der multivariaten Diskriminanzanalyse

Nach der Veröffentlichung durch Altman gab es im deutschen Sprachraum eine Reihe weiterer Versuche (zB Baetge, Beermann, Gebhardt, Hauschildt ua), die trotz der theoretischen Mängel dieses Verfahrens, vor allem durch das Fehlen statistischer Voraussetzungen, gute, teils sehr gute Prognoseergebnisse zeitigen. Hier ist im Besonderen auf die Arbeiten Baetges zu verweisen, der die Trennergebnisse mit Hilfe eines (selbstlernenden) neuronalen Netzwerkes ermittelt.

Trotz der großen Zahl unterschiedlicher Kennzahlen, die von den einzelnen Autoren als jene mit den besten Trennergebnissen bezeichnet werden, haben sich doch 4 Kennzahlen als maßgebend herauskristallisiert:

1. Eigenkapitalquote
2. Kapitalrückflussquote
3. Rentabilitätskennzahl
4. Vermögensumschlag

Diskriminanzanalysen werden heute in den Kreditabteilungen von Banken im Bereich der **Kreditwürdigkeitsprüfung** sehr häufig zur Krisendiagnose eingesetzt.

Nachstehend findet sich das Beispiel einer im Raiffeisensektor entwickelten Diskriminanzanalyse:

	Kennzahl		Gewichtungsfaktor
x_1	Kapitalrückflussfaktor	Cashflow/Verbindlichkeiten	1,50
x_2	Verschuldungsgrad	Verbindlichkeiten/Bilanzsumme[1)]	0,80
x_3	Kapitalrentabilität	Betriebsergebnis[2)]/Bilanzsumme	10,00
x_4	Umsatzrentabilität	Betriebsergebnis[2)]/Umsatz	5,00
x_5	Lagerumschlag	Vorräte/Umsatz	0,30
x_6	Vermögensumschlag	Umsatz/Bilanzsumme	0,10

1) Höchstens 1 einsetzen

2) Betriebsergebnis = Ergebnis der gewöhnlichen Geschäftstätigkeit

$Z = x_1 \,.\, 1{,}5 - x_2 \,.\, 0{,}80 + x_3 \,.\, 10 + x_4 \,.\, 5 - x_5 \,.\, 0{,}3 + x_6 \,.\, 0{,}1$

$Z = 2 =$ gut

$Z = 1 =$ neutral

$Z = 0 =$ bedenklich

$Z < 0 =$ Alarm!

Anlage 1

Einzelabschluss der Energieversorgungs AG zum 31. Dezember 2007

Gemäß § 277 Abs 3 UGB wären in der Veröffentlichung alle Posten zumindest in vollen 1.000 € anzugeben. Der nachfolgende Ausweis in Mio € (gerundet auf eine Nachkommastelle) entspricht daher zwar nicht dem Gesetz, dient aber der besseren Lesbarkeit.

Entgegen der üblichen Darstellung wurden in die Bilanzdarstellung auch die Zahlen der Eröffnungsbilanz 2006 und in den Anhang der Anlagenspiegel 2006 aufgenommen. Beides muss der Leser üblicherweise dem Geschäftsbericht oder der veröffentlichten Bilanz des Vorjahres entnehmen.

Bilanz zum 31. Dezember 2007

AKTIVA

	31.12.2007	31.12.2006	01.01.2006
A. Anlagevermögen			
I. **Immat. Vermögensgegenstände**			
1. Konzessionen, gewerbliche Schutzrechte und ähnliche	21,4	25,2	32,9
2. Geschäfts-(Firmen-)wert	85,1	96,2	105,9
3. Geleistete Anzahlungen	1,5	0,7	0,8
	108,0	**122,1**	**139,6**
II. **Sachanlagen**			
1. Bebaute Grundstücke, grundstücksgleiche Rechte und Bauten, einschließlich Bauten auf fremdem Grund	711,1	736,0	789,5
2. Unbebaute Grundstücke	5,9	6,6	7,4
3. Technische Anlagen und Maschinen	1.672,7	1.791,8	1.819,9
4. Andere Anlagen, Betriebs- und Geschäftsausstattung	27,8	31,0	49,5
5. Geleistete Anzahlungen und Anlagen in Bau	59,4	111,5	98,7
	2.476,9	**2.676,9**	**2.765,0**
III. **Finanzanlagen**			
1. Anteile an verbundenen Unternehmen	11,1	11,1	11,1
2. Beteiligungen	331,6	255,9	255,9
3. Ausleihungen an Unternehmen, mit denen ein Beteiligungsverhältnis besteht	0,9	12,6	15,0
4. Wertpapiere des Anlagevermögens	152,4	200,5	198,7
5. Sonstige Ausleihungen	0,1	0,1	0,1
	496,1	**480,2**	**480,8**
Summe Anlagevermögen	**3.081,0**	**3.279,2**	**3.385,4**
B. Umlaufvermögen			
I. Vorräte			
1. Roh-, Hilfs- und Betriebsstoffe	91,7	95,9	96.3
2. Unfertige Erzeugnisse	0,0	0,0	0,0
3. Noch nicht abrechenbare Leistungen	66,4	7,2	58,3
	158,1	**103,1**	**154,6**
II. **Forderungen und sonstige Vermögensgegenstände**			
1. Forderungen aus Lieferungen und Leistungen	171,3	136,5	140,0
2. Forderungen gegenüber verbundenen Unternehmen	38,3	161,7	42,1
3. Forderungen gegenüber Unternehmen, mit denen ein Beteiligungsverhältnis besteht	56,5	38,0	54,3
4. Sonstige Forderungen und Vermögensgegenstände	112,7	91,4	100,3
	378,8	**427,6**	**336,7**
III. **Kassenbestand, Schecks, Guthaben bei Kreditinstituten**			
1. Kassenbestand	0,1	0,1	0,1
2. Guthaben bei Kreditinstituten	12,3	42,9	33,6
	12,4	**43,0**	**33,7**
Summe Umlaufvermögen	**549,3**	**573,7**	**525,0**
C. Rechnungsabgrenzungsposten			
1. Unterschiedsbetrag bei der Pensionsrückstellung	65,8	105,4	145,0
2. Disagio	1,0	1,3	1,6
3. Sonstige	3,7	4,2	4,1
	70,5	**110,9**	**150,7**
	3.700,8	**3.963,8**	**4.061,1**

Bilanz zum 31. Dezember 2007

PASSIVA

	31.12.2007	31.12.2006	01.01.2006
A. **Eigenkapital**			
I. Grundkapital	127,7	127,7	127,7
II. Nicht geb. Kapitalrücklagen	443,0	353,5	353,5
III. Gewinnrücklagen			
1. Gesetzliche Rücklage	12,8	12,8	12,8
2. Freie Rücklagen	575,1	577,3	613,7
IV. Bilanzgewinn	46,6	37,0	15,0
	1.205,2	**1.108,3**	**1.122,7**
B. **Unversteuerte Rücklagen**			
1. Bewertungsreserve gem § 12 EStG	**300,0**	**351,8**	**383,6**
C. **Rückstellungen**			
1. Rückstellungen für Abfertigungen	102,2	121,3	134,6
2. Rückstellungen für Pensionen	416,4	572,5	560,3
3. Steuerrückstellungen	0,2	0,9	41,6
4. Sonstige Rückstellungen	290,9	243,6	261,2
	809,7	**938,3**	**997,7**
D. **Verbindlichkeiten**			
1. Anleihen	902,6	944,1	985,6
2. Verbindlichkeiten gegenüber Kreditinstituten	235,4	185,1	168,6
3. Erhaltene Anzahlungen auf Bestellungen	1,0	2,8	2,4
4. Verbindlichkeiten aus Lieferungen und Leistungen	123,3	148,5	121,2
5. Verbindlichkeiten gegenüber verbundenen Unternehmen	58,6	246,8	201,0
6. Verbindlichkeiten gegenüber Beteiligungsunternehmen	10,1	3,5	9,7
7. Sonstige Verbindlichkeiten	51,8	31,5	65,3
	1.382,8	**1.562,3**	**1.553,8**
C. **Rechnungsabgrenzungsposten**	**3,1**	**3,1**	**3,1**
	3.700,8	**3963,8**	**4.061,1**

Gewinn- und Verlustrechnung der Energieversorgungs AG für das Geschäftsjahr vom 1. Jänner 2007 bis zum 31. Dezember 2007

1. Jänner 2007 – 31. Dezember 2007

		2007		2006
1. Umsatzerlöse		1.540,0		1.564,7
2. Bestandsveränderungen		59,1		5,2
3. akt. Eigenleistungen		29,6		41,0
4. sonst. betr. Erträge				
a) Erträge aus dem Abgang von und der Zuschreibung zum Anlagevermögen mit Ausnahme der Finanzanlagen	7,5		6,8	
b) Erträge aus der Auflösung von Rückstellungen	6,1		1,5	
c) Übrige	73,4	87,0	77,8	86,1
5. Aufwendungen für Material und sonstige bezogene Herstellungsleistungen				
a) Materialaufwand	–121,0		–135,4	
b) Aufwendungen für bezogene Leistungen	–555,8	–676,8	–448,6	–584,0
6. Personalaufwand				
a) Löhne	–26,2		–27,1	
b) Gehälter	–217,8		–218,8	
c) Aufwendungen für Abfertigungen und Leistungen an betriebliche Mitarbeitervorsorgekassen	–7,7		–20,8	
d) Aufwendungen für Altersversorgung	-42,6		–116,5	
e) Aufwendungen für gesetzlich vorgeschriebene Sozialabgaben sowie vom Entgelt abhängige Abgaben und Pflichtbeiträge	–62,0		–63,5	
f) Sonstige Sozialaufwendungen	–5,8	–362,1	–6,1	–452,8
7. Abschreibungen				
a) auf immaterielle Gegenstände des Anlagevermögens und Sachanlagen	–242,2		–247,7	
b) auf Gegenstände des Umlaufvermögens, soweit diese die im Unternehmen üblichen Abschreibungen überschreiten	0,0	–242,2	–5,9	–253,6
8. sonst. betr. Aufwendungen				
a) Steuern, soweit sie nicht unter Z 20 fallen	–5,3		–15,7	
b) übrige	–276,4	–281,7	–210,7	–226,4
9. Betriebserfolg		**152,9**		**180,2**

10. Beteiligungserträge		53,4		130,1
11. Ertr. aus WP und Finanzausleihungen		8,2		11,2
12. Sonstige Zinsen und ähnliche Erträge		1,4		9,2
13. Erträge aus dem Abgang von und der Zuschreibung zu Finanzanlagen		0,2		7,5
14. Aufwendungen aus Finanzanlagen		–4,8		–121,9
a) davon Abschreibungen	*0,0*		*0,0*	
b) davon Aufwendungen aus verbundenen Unternehmen	*–1,8*		*–121,0*	
15. Zinsen und ähnliche Aufwendungen		–104,3		–92,7
davon betreffend verbundene Unternehmen	*–6,3*		*–10,7*	
16. Finanzerfolg		**–45,9**		**–56,6**
17. Ergebnis der gew. Geschäftstätigkeit		**107,0**		**123,6**
18. außerordentliche Erträge		0,0		0,0
19. außerordentliche Aufwendungen		–84,3		–154,8
20 außerordentliches Ergebnis		**–84,3**		**–154,8**
20. Ertragsteuern		–30,1		–0,2
21. Jahresüberschuss/Fehlbetrag		**–7,4**		**–31,4**
22. Auflösung unversteuerter Rücklagen		51,8		32,0
23. Auflösung von Gewinnrücklagen		2,2		36,4
24. Gewinnvortrag/Verlustvortrag Vorjahr				
25. Bilanzgewinn		**46,6**		**37,0**

Anhang der Energieversorgungs AG

Anmerkung: Der in der Folge wiedergegebene Anhang ist auf die für die Jahresabschlussanalyse wesentlichen Inhalte reduziert worden und entspricht in diesem Sinne hinsichtlich bestimmter Anforderungen der §§ 236 ff UGB nicht dem Gesetz. Weiters sind insbesondere die spezifischen Angaben gemäß Elektrizitätswirtschafts- und -organisationsgesetz (ElWOG) im folgenden Anhang nicht enthalten.

1. Bilanzierungs- und Bewertungsmethoden

1.1. Anlagevermögen

1.1.1. Immaterielle Vermögensgegenstände

Erworbene immaterielle Vermögensgegenstände werden planmäßig linear über einen Zeitraum von 5 (Software) bis 25 Jahren (Nutzungsrechte) abgeschrieben. Der Firmenwert wird über einen Zeitraum von 15 Jahren abgeschrieben. Dieser Zeitraum entspricht seiner voraussichtlichen Nutzungsdauer.

1.1.2. Sachanlagen

Sachanlagen werden planmäßig linear über einen Zeitraum von 5 (Werkzeuge) bis 33 Jahren (Gebäude) abgeschrieben. Die selbst erstellten Anlagen werden zu Herstellungskosten auf Basis Einzelkosten zuzüglich angemessener Material- und Fertigungsgemeinkosten aktiviert. Aufwendungen für Sozialeinrichtungen, für freiwillige Sozialleistungen und für die betriebliche Altersversorgung werden zu den Herstellungskosten hinzugerechnet. Finanzierungskosten werden nicht eingerechnet.

Geringwertige Vermögensgegenstände des Anlagevermögens werden im Jahr der Anschaffung voll abgeschrieben. Außerplanmäßige Abschreibungen sowie Zuschreibungen werden bei Vorliegen der Voraussetzungen jedenfalls vorgenommen.

1.1.3. Finanzanlagen

Außerplanmäßige Abschreibungen im Bereich der Finanzanlagen – gleichgültig, ob sie auf einer dauerhaften oder auf einer nicht dauerhaften Wertminderung beruhen – werden ebenso wie Zuschreibungen jedenfalls vorgenommen.

1.2. Umlaufvermögen

1.2.1. Vorräte

Die Bewertung der Roh-, Hilfs- und Betriebsstoffe erfolgt nach dem gleitenden Durchschnittspreisverfahren unter Beachtung des strengen Niederstwertprinzips. Die unfertigen Erzeugnisse und die noch nicht abrechenbaren Leistungen werden zu Herstellungskosten auf Basis Einzelkosten zuzüglich angemessener Material- und Fertigungsgemeinkosten aktiviert. Aufwendungen für Sozialeinrichtungen, für freiwillige Sozialleistungen und für die betriebliche Altersversorgung werden zu den Herstellungskosten hinzugerechnet. Finanzierungskosten werden nicht eingerechnet.

1.2.2. Forderungen und sonstige Vermögensgegenstände

Bei der Bewertung der Forderungen werden erkennbare Risiken durch Einzel- und Pauschalwertberichtigungen berücksichtigt. Fremdwährungsforderungen werden mit dem Devisenankaufskurs zum Zeitpunkt der Anschaffung oder mit dem zum Bilanzstichtag niedrigeren Devisenankaufskurs bewertet.

1.3. Rechnungsabgrenzungsposten

Die nach versicherungsmathematischen Grundsätzen gebildete Pensionsrückstellung wird in voller Höhe in die Bilanz eingestellt. Der Fehlbetrag zur Pensionsrückstellung gem Art X Abs 3 der Übergangsbestimmungen des RLG wird über 20 Jahre verteilt nachgeholt.

1.4. Rückstellungen

Die Rückstellungen für Abfertigungen wurden nach finanzmathematischen Grundsätzen unter Ansatz eines Fluktuationsabschlages gebildet. Die in der Zuführung der Rückstellung enthaltene Zinskomponente wird als Zinsaufwand dargestellt.

Die Bewertung der Pensionsrückstellung erfolgte nach versicherungsmathematischen Grundsätzen nach dem Teilwertverfahren unter Verwendung eines Rechnungszinsfußes von 4 %. Die in der Zuführung der Rückstellung enthaltene Zinskomponente wird im Zinsaufwand dargestellt.

Die sonstigen Rückstellungen werden unter Bedachtnahme auf den Vorsichtsgrundsatz in der Höhe des voraussichtlichen Anfalles gebildet. Rückstellungen aus Vorjahren werden, soweit sie nicht verwendet wurden und der Grund für ihre Bildung weggefallen ist, über sonstige betriebliche Erträge aufgelöst. Bei der Ermittlung der Rückstellungen für Jubiläumsgelder werden die gleichen Grundsätze wie bei den Abfertigungsrückstellungen angewendet.

1.5. Verbindlichkeiten

Die Verbindlichkeiten werden mit dem Rückzahlungsbetrag unter Bedachtnahme auf den Grundsatz der Vorsicht bewertet. Fremdwährungsverbindlichkeiten werden mit dem Devisenverkaufskurs zum Zeitpunkt der Einbuchung oder mit dem zum Bilanzstichtag höheren Devisenverkaufskurs bewertet.

2. Erläuterungen zur Bilanz

2.1. Anlagevermögen

Die Entwicklung des Anlagevermögens ist dem Anlagenspiegel des Geschäftsjahres 2007 zu entnehmen.

Die Wertpapiere des Anlagevermögens dienen in den Geschäftsjahren 2007 und 2006 zur Deckung der Abfertigungs- und Pensionsrückstellung. Es handelt sich um österreichische festverzinsliche Wertpapiere mit einer Verzinsung von durchschnittlich 4,5 %.

2.2. Anlagenspiegel des Geschäftsjahres 2007

	Anschaffungs- bzw. Herstellungskosten 01.01.2007	Zu-gänge	Umbuch-ungen	Ab-gänge	31.12.2007	kumulierte Abschrei-bungen	Buchwert 31.12.2007	Buchwert 01.01.2007	Abschrei-bungen	Buchwert-abgänge
I Immaterielle Vermögensgegenstände										
1. Konzessionen …	329,6	3,7	0,6	3,1	330,8	309,4	21,4	25,2	8,1	0,0
2. Geschäfts(Firmen-)wert	129,6	0,8	0,0	7,1	123,3	38,2	85,1	96,2	8,7	3,2
3. geleistete Anzahlungen	0,6	1,5	-0,6	0,0	1,5	0,0	1,5	0,7	0,0	0,1
Summe	**459,8**	**6,0**	**0,0**	**10,2**	**455,6**	**347,6**	**108,0**	**122,1**	**16,8**	**3,3**
II Sachanlagen										
1. bebaute Grundstücke …[1)]	1.594,7	6,0	26,8	11,4	1.616,1	905,0	711,1	736,0	56,2	1,5
2. unbebaute Grundstücke	6,6	0,0	0,1	0,8	5,9	0,0	5,9	6,6	0,0	0,8
3. technische Anlagen und Maschinen [2)]	4.719,5	89,4	66,1	111,1	4.763,9	3.091,2	1.672,7	1.791,8	238,9	35,7
4. andere Anlagen …	155,2	11,6	0,0	17,9	148,9	121,1	27,8	31,0	14,6	0,2
5. geleistete Anzahlungen …	112,8	41,3	-93,0	0,4	60,7	1,3	59,4	111,5	0,0	0,4
Summe[3)]	**6.588,8**	**148,3**	**0,0**	**141,6**	**6.595,5**	**4.118,6**	**2.476,9**	**2.676,9**	**309,7**	**38,6**
III. Finanzanlagen										
1. Anteile an verbundenen Unternehmen	137,2	0,0	0,0	0,0	137,2	126,1	11,1	11,1	0,0	0,0
2. Beteiligungen	263,5	79,3	0,0	3,6	339,2	7,6	331,6	255,9	0,0	3,6
3. Ausleihungen an Unternehmen …	12,6	2,1	0,0	13,8	0,9	0,0	0,9	12,6	0,0	13,8
4. Wertpapiere des Anlagevermögens	200,5	21,9	0,0	70,0	152,4	0,0	152,4	200,5	0,0	70,0
5. sonstige Ausleihungen	0,1	0,0	0,0	0,0	0,1	0,0	0,1	0,1	0,0	0,0
Summe	**613,9**	**103,3**	**0,0**	**87,4**	**629,8**	**133,7**	**496,1**	**480,2**	**0,0**	**87,4**
Summe Anlagevermögen	**7.662,5**	**257,6**	**0,0**	**239,2**	**7.680,9**	**4.599,9**	**3.081,0**	**3.279,2**	**326,5**	**129,3**
1) davon Grundwerte	42,5	0,0	0,0	0,0	42,5	2,0	40,5	40,5	0,0	0,0
3) davon geringwertige WG	0,0	3,6	0,0	3,6	0,0	0,0	0,0	0,0	3,6	0,0

2) Die auf die Kraftwerke entfallende außerordentliche Abschreibung ist mit 83,4 im außerordentlichen Aufwand ausgewiesen

2.2.1. Anlagenspiegel des Geschäftsjahres 2006

Die Darstellung des Anlagenspiegels des Vorjahres ist **nicht** vorgesehen. Sie dient lediglich der Unterstützung der Jahresabschlussanalyse.

	Anschaffungs- bzw. Herstellungskosten									
	01.01.2006	Zu-gänge	Umbuch-ungen	Ab-gänge	31.12.2006	kumulierte Abschrei-bungen	Buchwert 31.12.2006	Buchwert 01.01.2006	Abschrei-bungen	Buchwert-abgänge
Immaterielle Vermögensgegenstände										
1. Konzessionen ...	329,6	0,0	0,0	0,0	329,6	304,4	25,2	32,9	7,7	0,0
2. Geschäfts(Firmen-)wert	129,6	0,0	0,0	0,0	129,6	33,4	96,2	105,9	9,7	0,0
3. geleistete Anzahlungen	0,6	0,0	0,0	0,0	0,6	-0,1	0,7	0,8	0,0	0,1
Summe	**459,8**	**0,0**	**0,0**	**0,0**	**459,8**	**337,7**	**122,1**	**139,6**	**17,4**	**0,1**
Sachanlagen										
1. bebaute Grundstücke ...[1]	1.595,7	4,0	0,0	5,0	1.594,7	858,7	736,0	789,5	55,2	2,3
2. unbebaute Grundstücke	7,4	0,0	0,0	0,8	6,6	0,0	6,6	7,4	0,0	0,8
3. technische Anlagen und Maschinen [2]	4.684,5	215,0	100,0	280,0	4.719,5	2.927,7	1.791,8	1.819,9	313,4	29,7
4. andere Anlagen ...	179,2	2,0	0,0	26,0	155,2	124,2	31,0	49,5	16,5	4,0
5. geleistete Anzahlungen ...	100,0	112,8	-100,0	0,0	112,8	1,3	111,5	98,7	0,0	0,0
Summe[3]	**6.566,8**	**333,8**	**0,0**	**311,8**	**6.588,8**	**3.911,9**	**2.676,9**	**2.765,0**	**385,1**	**36,8**
Finanzanlagen										
1 Anteile an verbundenen Unternehmen	137,2	0,0	0,0	0,0	137,2	126,1	11,1	11,1	0,0	0,0
2 Beteiligungen	263,5	0,0	0,0	0,0	263,5	7,6	255,9	255,9	0,0	0,0
3. Ausleihungen an Unternehmen ...	15,0	0,0	0,0	2,4	12,6	0,0	12,6	15,0	0,0	2,4
4. Wertpapiere des Anlagevermögens	198,7	45,3	0,0	43,5	200,5	0,0	200,5	198,7	0,0	43,5
5. sonstige Ausleihungen	0,1	0,0	0,0	0,0	0,1	0,0	0,1	0,1	0,0	0,0
Summe	**614,5**	**45,3**	**0,0**	**45,9**	**613,9**	**133,7**	**480,2**	**480,8**	**0,0**	**45,9**
Summe Anlagevermögen	**7.641,1**	**379,1**	**0,0**	**357,7**	**7.662,5**	**4.383,3**	**3.279,2**	**3.385,4**	**402,5**	**82,8**
1) davon Grundwerte	42,5				42,5	2,0	40,5	40,5	0,0	0,0
3) davon geringwertige WG	0,0	2,1	0,0	2,1	0,0	0,0	0,0	0,0	3,6	0,0

2) Die auf die Kraftwerke entfallende außerordentliche Abschreibung ist mit 154,8 im außerordentlichen Aufwand ausgewiesen

2.3. Umlaufvermögen

2.3.1. Forderungen und sonstige Vermögensgegenstände

Die Forderungen sind nicht durch dingliche Wechsel besichert.

Die Fristigkeiten der Forderungen stellen sich wie folgt dar:

	Restlaufzeit Summe	Restlaufzeit >1 Jahr
1. Forderungen aus Lieferungen und Leistungen	171,3	0,0
31.12.2006	136,5	0,0
01.01.2006	140,0	0,0
2. Forderungen gegenüber verbundenen Unternehmen	38,3	4,0
31.12.2006	161,7	4,5
01.01.2006	42,1	2,0
davon Lieferungen und Leistungen	38,3	0,0
31.12.2006	161,7	0,0
01.01.2006	42,1	0,0
3. Forderungen gegenüber Unternehmen, mit denen ein Beteiligungsverhältnis besteht	56,5	0,0
31.12.2006	38,0	0,0
01.01.2006	54,3	0,0
davon Lieferungen und Leistungen	47,6	0,0
31.12.2006	37,8	0,0
01.01.2006	50,0	0,0
4. Sonstige Forderungen und Vermögensgegenstände	112,7	55,8
31.12.2006	91,4	57,2
01.01.2006	100,3	58,0
Summe 31. 12. 2007	**378,8**	**59,8**
davon Lieferungen und Leistungen	257,2	0,0
Summe 31. 12. 2006	**427,6**	61,7
davon Lieferungen und Leistungen	336,0	0,0
Summe 01.01.2006	**336,7**	60,0
davon Lieferungen und Leistungen	232,1	0,0

Unter den sonstigen Forderungen sind Antizipationen gemäß § 225 Abs 3 UGB in Höhe von 4,8 (31.12.2006 4,0) enthalten.

2.4. Eigenkapital

2.4.1. Grundkapital

Das Grundkapital ist in 37.000.000 auf Inhaber lautende Stückaktien eingeteilt.

2.5. Unversteuerte Rücklagen

2.5.1. Bewertungsreserve gemäß § 12 EStG

		Stand 01.01.2006	Zugang	Auflösung	Stand 31.12.2006	Zugang	Auflösung	Stand 31.12.2007
1.	bebaute Grundstücke ...	98,4	0,0	4,1	94,3	0,0	4,4	89,9
2.	technische Anlagen und Maschinen	270,3	0,0	22,7	247,6	0,0	42,5	205,1
3.	andere Anlagen, B&G	15,1	0,0	5,2	9,9	0,0	4,9	5,0
		383,8	**0,0**	**32,0**	**351,8**	**0,0**	**51,8**	**300,0**

2.6. Rückstellungen

Unter den sonstigen Rückstellungen sind folgende wesentliche Posten enthalten:

1. Jubiläumsgelder	150,6
31.12.2006	112,5
01.01.2006	105,0
2. Prozessrisiken	90,2
31.12.2006	81,2
01.01.2006	82,0
3. Sonstige	50,1
31.12.2006	49,9
01.01.2006	74,2
Summe 31. 12. 2007	**290,9**
Summe 31. 12. 2006	**243,6**
Summe 01. 01. 2006	**261,2**

2.7. Verbindlichkeiten

Die Verbindlichkeiten sind nicht dinglich besichert.

In den sonstigen Verbindlichkeiten sind Antizipationen gem § 225 Abs 6 UGB in der Höhe von 19,3 (31.12.2006 16,4) enthalten.

Die Aufgliederung der Verbindlichkeiten gemäß § 225 Abs 6 UGB und § 237 Z 1 lit a–c UGB stellt sich folgendermaßen dar:

			Restlaufzeit		
		Summe	<=1 Jahr	>1 Jahr	>5 Jahre
1.	Anleihen	902,6	41,5	861,1	742,6
	31.12.2006	944,1	41,5	902,6	784,1
	01.01.2006	985,6	41,5	944,1	825,6
2.	Verbindlichkeiten gegenüber Kreditinstituten	235,4	235,4	0,0	0,0
	31.12.2006	185,1	185,1	0,0	0,0
	01.01.2006	168,6	168,6	0,0	0,0
3.	Erhaltene Anzahlungen auf Bestellungen	1,0	1,0	0,0	0,0
	31.12.2006	2,8	2,8	0,0	0,0
	01.01.2006	2,4	2,4	0,0	0,0
4.	Verbindlichk. aus Lieferungen und Leistungen	123,3	123,3	0,0	0,0
	31.12.2006	148,5	148,5	0,0	0,0
	01.01.2006	121,2	121,2	0,0	0,0
5.	Verbindlichk. gegenüber verb. Unternehmen	58,6	58,6	0,0	0,0
	31.12.2006	246,8	246,8	0,0	0,0
	01.01.2006	201,0	201,0	0,0	0,0
	davon Lieferungen und Leistungen	4,7	4,7	0,0	0,0
	31.12.2006	18,4	18,4	0,0	0,0
	01.01.2006	9,3	9,3	0,0	0,0
6.	Verbindlichk. gegenüber Beteiligungsunternehmen	10,1	10,1	0,0	0,0
	31.12.2006	3,5	3,5	0,0	0,0
	01.01.2006	9,7	9,7	0,0	0,0
	davon Lieferungen und Leistungen	3,9	3,9	0,0	0,0
	31.12.2006	3,5	3,5	0,0	0,0
	01.01.2006	4,0	4,0	0,0	0,0
7.	Sonstige Verbindlichkeiten	51,8	42,9	8,9	0,0
	31.12.2006	31,5	25,0	6,5	0,0
	01.01.2006	65,3	55,1	10,2	0,0
	davon aus Steuern	10,2	10,2	0,0	0,0
	31.12.2006	8,7	8,7	0,0	0,0
	01.01.2006	9,5	9,5	0,0	0,0
	davon im Rahmen der sozialen Sicherheit	6,8	6,8	0,0	0,0
	31.12.2006	7,6	7,6	0,0	0,0
	01.01.2006	5,9	5,9	0,0	0,0
	Summe 31.12. 2007	**1.382,8**	**512,8**	**870,0**	**742,6**
	davon Lieferungen und Leistungen	131,9	131,9	0,0	0,0
	Summe 31.12. 2006	**1.562,3**	**653,2**	**909,1**	**784,1**
	davon Lieferungen und Leistungen	170,4	170,4	0,0	0,0
	Summe 01.01.2006	**1.553,8**	**599,5**	**954,3**	**825,6**
	davon Lieferungen und Leistungen	134,5	134,5	0,0	0,0

2.8. Sonstige Angaben zur Bilanz

Haftungsverhältnisse gemäß § 199 UGB liegen in folgendem Umfang vor:

1.	aus Bürgschaften, einschließlich Wechsel- und Scheckbürgschaften	6,5
	31.12.2006	8,0
2.	aus Garantien	2,3
	31.12.2006	0,2
3.	aus sonstigen vertraglichen Haftungsverhältnissen	24,8
	31.12.2006	112,3
	Summe 31.12.2007	**33,6**
	Summe 31.12.2006	**120,5**

Die sonstigen Verpflichtungen gemäß § 237 Z 8 lit b UGB aus der Nutzung von in der Bilanz nicht ausgewiesenen Sachanlagen stellen sich wie folgt dar:

	Summe	**Betrag des folgenden Jahres**	**Betrag der folgenden fünf Jahre**
31.12.2007	50,8	25,1	46,6
31.12.2006	43,3	22,2	40,6

3. Erläuterungen zur Gewinn- und Verlustrechnung

3.1. Umsatzerlöse

Umsatz in Österreich	1.514,0
2006	1.562,4
Umsatz in anderen EU-Ländern	12,3
2006	2,3
Umsatz in Drittländern	13,7
2006	0,0
Summe 2007	**1.540,0**
Summe 2006	**1.564,7**

3.2. Personalaufwand

Die Aufwendungen für die Altersversorgung sind vor allem durch die laufende Pensionsabfindung gesunken.

3.3. Zinsen und ähnliche Aufwendungen

In diesem Posten sind die auf die Personalrückstellungen entfallenden Zinsen in Höhe von 32,7 (2006 30,2) enthalten.

3.4. Außerordentliches Ergebnis

Im außerordentlichen Ergebnis werden außerplanmäßige Abschreibungen für eine stillgelegte Kraftwerksanlage in Höhe von 84,3 ausgewiesen. Diese außerplanmäßigen Abschreibungen sind im Anlagespiegel für das Geschäftsjahr 2007 unter den technischen Anlagen und Maschinen enthalten.

2006 wurden zwei veraltete Kraftwerke stillgelegt, die noch mit 154,8 zu Buche standen. Die entsprechende Abschreibung wurde ebenfalls im außerordentlichen Bereich erfasst.

3.5. Steuern vom Einkommen und vom Ertrag

Die ausgewiesene Körperschaftsteuer setzt sich wie folgt zusammen:

	2007	2006
Ergebnis der gewöhnlichen Geschäftstätigkeit	26,8	30,9
Auflösung der Bewertungsreserve	12,9	8,0
Außerordentliches Ergebnis	–21,1	–38,7
Betriebsprüfung für Vorjahre	11,5	
Gesamt	30,1	0,2

Vorschlag für die Verwendung des Bilanzgewinnes 2007

(Der Vorschlag des Vorstandes für die Verwendung des Bilanzgewinnes ist nicht Bestandteil des Anhangs gem § 236 UGB. Er ist bei AGs allerdings gem § 277 UGB nach der Behandlung des Jahresabschlusses in der Hauptversammlung mit dem Jahresabschluss, dem Lagebericht und dem Bericht des Aufsichtsrates zum Firmenbuch des Sitzes der AG einzureichen.):

Der Vorstand schlägt vor, den gesamten Bilanzgewinn des Geschäftsjahres 2007 an die Gesellschafter auszuschütten.

Gewinn- und Verlustrechnung nach dem Umsatzkostenverfahren (alternativ zum Gesamtkostenverfahren)

Aufwandsverteilungsbogen (nicht veröffentlicht) 2007

Text			Aufwand lt Gesamtkostenverfahren	Kostenstellen: Material und Fertigung	Kostenstellen: Verwaltung	Kostenstellen: Vertrieb
5.	Aufwendungen für Material und sonstige bezogene					
	Herstellungsleistungen					
	a)	Materialaufwand	–121,0	–112,0	–3,0	–6,0
	b)	Aufwendungen für bezogene Leistungen	–555,8	–555,8		
			–676,8	–667,8	-3,0	–6,0
6.	Personalaufwand					
	a)	Löhne	–26,2	–21,0	–2,0	–3,2
	b)	Gehälter	–217,8	–50,0	–90,0	–77,8
	c)	Aufwendungen für Abfertigungen und Leistungen an				
		betriebliche Mitarbeitervorsorgekassen	–7,7	–2,3	–2,9	–2,5
	d)	Aufwendungen für Altersversorgung	–42,6	–12,5	–16,0	–14,1
	e)	Aufwendungen für gesetzlich vorgeschriebene Sozialabgaben				
		sowie vom Entgelt abhängige Abgaben und Pflichtbeiträge	–62,0	–18,1	–23,3	–20,5
	f)	Sonstige Sozialaufwendungen	–5,8	–1,7	–2,2	–1,9
			–362,1	–105,6	–136,3	–120,1
7.	Abschreibungen					
	a)	auf immaterielle Gegenstände des Anlagevermögens				
		und Sachanlagen	–242,2	–195,0	–19,5	–27,7
	b)	auf Gegenstände des Umlaufvermögens, soweit diese				
		die im Unternehmen üblichen Abschreibungen überschreiten				
			–242,2	–195,0	–19,5	–27,7
8.	Sonstige betriebliche Aufwendungen					
	a)	Steuern, soweit sie nicht unter Z 21 fallen	–5,3		–5,3	
	b)	übrige	–276,4	–93,4	–129,0	–54,0
			–281,7	–93,4	–134,3	–54,0
		Betriebliche Aufwendungen	**–1.562,8**	–1.061,8	**–293,2**	**–207,8**
		abzüglich Bestandsveränderungen		59,1		
		abzüglich aktivierte Eigenleistungen		29,6		
		Herstellungskosten der zur Erzielung der Umsatzerlöse				
		erbrachten Leistungen		**–973,1**		

Gewinn- und Verlustrechnung für die Zeit vom 1. Jänner 2007 bis zum 31. Dezember 2007

1.	Umsatzerlöse		1.540,0
2.	Herstellungskosten der zur Erzielung der Umsatzerlöse		
	erbrachten Leistungen		–973,1
3.	Bruttoergebnis vom Umsatz		566,9
4.	Sonstige betriebliche Erträge		
	a)	Erträge aus dem Abgang vom und der Zuschreibung zum	
		Anlagevermögen mit Ausnahme der Finanzanlagen	7,5
	b)	Erträge aus der Auflösung von Rückstellungen	6,1
	c)	Übrige	73,4
5.	Vertriebskosten		–207,8
6.	Verwaltungskosten		–293,2
7.	**Zwischensumme aus Z 1 – 6**		**152,9**
8.	Erträge aus Beteiligungen		53,4
9.	Erträge aus anderen Wertpapieren und Ausleihungen des		
	Finanzanlagevermögens		8,2
10.	Sonstige Zinsen und ähnliche Erträge		1,4
11.	Erträge aus dem Abgang von und der		
	Zuschreibung zu Finanzanlagen		0,2
12.	Aufwendungen aus Finanzanlagen		–4,8
	a)	*davon Abschreibungen*	*0,0*
	b)	*davon Aufwendungen aus verbundenen Unternehmen*	*–1,8*
13.	Zinsen und ähnliche Aufwendungen		–104,3
	(davon betreffend verbundene Unternehmen: –6,33		
	2006 –10,68)		
14.	**Zwischensumme Z 10 – 15**		**–45,9**
15.	**Ergebnis der gewöhnlichen Geschäftstätigkeit**		**107**
16.	Außerordentliche Erträge		0,0
17.	Außerordentliche Aufwendungen		–84,3
18.	**Außerordentliches Ergebnis**		**–84,3**
19.	Steuern vom Einkommen und vom Ertrag		–30,1
20.	**Jahresfehlbetrag**		**–7,4**
21.	Auflösung unversteuerter Rücklagen		51,8
22.	Auflösung von Gewinnrücklagen		2,2
23.	Gewinnvortrag/Verlustvortrag aus dem Vorjahr		0,0
24.	**Bilanzgewinn**		**46,6**

Anlage 2

Derzeit gültige Fachgutachten und Stellungnahmen AFRAC, KWT, IWP

Gebrauchte Abkürzungen

AFRAC	Austrian Financial Reporting and Auditing Committee
BA	Banken
BW	Betriebswirtschaft
DV	Datenverarbeitung
IF	Investmentfonds
IWP	Institut Österreichischer Wirtschaftsprüfer
KFS	Fachsenat der Kammer
KWT	Kammer der Wirtschaftstreuhänder
PE	Prüfung Einzelfragen
PG	Prüfung Grundsatzfragen Gebrauchte Abkürzungen
RL	Rechnungslegung
VU	Versicherungsunternehmen

Austrian Financial reporting and auditing Committe (AFRAC)

Bilanzierung von CO_2 – Emissionszertifikaten gemäß österreichischem HGB	Februar 2006
Aufbau einer Enforcement-Einrichtung in Österreich	Mai 2006
Zeitpunkt der Ertragsrealisierung gemäß UGB und IFRS aus der Vermittlung von Lebensversicherungsverträgen gemäß § 176 Abs 5 und 6 VersVG	Dezember 2006
Lageberichterstattung gemäß §§ 243 und 267 UGB	Dezember 2006
Die Behandlung anteilsbasierter Vergütungen in UGB-Abschlüssen	September 2007
Fragen der IFRS-Bilanzierung und -Berichterstattung im Zusammenhang mit der Einführung der Gruppenbesteuerung	Dezember 2007
Grundsätze der unternehmensrechtlichen phasenkongruenten Dividendenaktivierung	Dezember 2007
Erklärung der gesetzlichen Vertreter gemäß § 82 Abs 4 und § 87 Abs 1 BörseG (Bilanzeid)	Juni 2008

Institut für Betriebstreuhänder, Steuerrecht und Organisation der Kammer der Wirtschaftstreuhänder (KWT)

Fachsenat Unternehmensrecht und Revision

KFS-RL2	„Zu den Grundsätzen ordnungsgemäßer Bilanzierung von Abfertigungsverpflichtungen nach den Vorschriften des Rechnungslegungsgesetzes“	Jänner 1992
KFS-RL3	„Zu den Grundsätzen ordnungsgemäßer Bilanzierung von Pensionsverpflichtungen nach den Vorschriften des Rechnungslegungsgesetzes“	April 1992
KFS-RL2/3	„Änderungen und Ergänzungen der Fachgutachten KFS/RL2 und 3“	Mai 2004
KFS-RL2/3a	„Interpretation von Zweifelsfragen bei Anwendung der Änderung und Ergänzung der Fachgutachten über die Bilanzierung der Pensions- und Abfertigungsverpflichtungen nach den Vorschriften des Rechnungslegungsgesetzes“	Oktober 2005
KFS-RL8	„Zur Behandlung von Optionen, Optionsentgelten und Risiken aus Optionen in den Jahresabschlüssen“	Oktober 1993
KFS-RL10	„Zur einheitlichen Bewertung im Konzernabschluss“	Juli 1994
KFS-RL11	„Zur Behandlung offener Rücklagen im Jahresabschluss“	Juli 2001
KFS-RL12	„Zur Steuerabgrenzung im Konzernabschluss“	Juni 1995
KFS-RL13	„Zur Bilanzierung von Genussrechten“	Juli 1997

KFS-RL15	„Zur Steuerabgrenzung im Einzelabschluss und im Konzernabschluss“	Dezember 1999
KFS-RL16	„Zur Verwirklichung der Erträge aus thesaurierenden Anteilscheinen von Kapitalanlagefondes (Investmentfonds) und zur Behandlung dieser Anteilscheine im Jahresabschluss“	März 2001
KFS-RL17	„Zur Behandlung von Abfertigungs- und Jubiläumsgeldverpflichtungen, die im Sinne des Erlasses des Bundesministeriums für Finanzen vom 3.August 2001 an ein Versicherungsunternehmen ausgelagert werden, im Jahresabschluss des Arbeitgebers“	Jänner 2002
KFS-RL18	„Zur Behandlung der Zwischenkörperschaftsteuer gemäß § 22 Abs.3 KStG im Jahresabschluss von Privatstiftungen“	Dezember 2003
KFS-RL19	„Zu verschiedenen Fragen zur Rechnungslegung der Vereine“	Dezember 2003
KFS-RL20	„Zur Rechnungslegung bei Abspaltungen“	Juni 2006
KFS-RL21	„Stellungnahme zur Behandlung von nicht-rückzahlbaren Investitonszuschüssen bei der Ermittlung der Eigenmittelquote gemäß § 23 URG und der fiktiven Schuldentilgungsdauer gemäß § 24 URG“	März 2008
KFS-RL22	„Fachgutachten zur Bilanzierung und Berichterstattung im unternehmensrechtlichen Jahresabschluss im Zusammenhang mit der Gruppenbesteuerung“	März 2008
KFS-PG1	„Fachgutachten über die Durchführung von Abschlussprüfungen“	Stand: 30.1.07
KFS-PG2	Grundsätze ordnungsgemäßer Berichterstattung bei Abschlussprüfungen nach den Vorschriften des Rechnungslegungsgesetzes	Oktober 1991
KFS-PG2a	Abänderung des Fachgutachtens KFS-PG2	Juli 2001
KFS-PG6	„Zur Offenlegung der gesetzlichen Vorschriften, nach denen der Jahresabschluss erstellt und der Grundsätze, nach denen die Prüfung des Jahresabschlusses durchgeführt wurde“	Mai 2000
KFS-PE4	„Zur Verpflichtung des Abschlussprüfers auf Vorlage des Prüfungsberichtes gemäß § 273 Abs.3 HGB“	Mai 1983, überarbetet Mai 1992
KFS-PE5	„Zur Einholung von Vollständigkeitserklärungen“	Dezember 2007
KFS-PE5a	„Vollständigkeitserklärung für Abschlussprüfungen von Jahresabschlüssen von Kreditinstituten“	Jänner 2008
KFS-PE5b	„Muster Vollständigkeitserklärung (bei Prüfungen von Zweigniederlassungen von Kreditinstituten aus Mitgliedstaaten zu verwenden)“	Jänner 2008
KFS-PE6	„Zur Verpflichtung des Abschlussprüfers auf Vorlage des Prüfungsberichts gemäß § 273 Abs.3 HGB bei Personengesellschaften des Handelsrechts im Sinn von § 221 Abs.5 HGB“	April 1997
KFS-PE7	„Zur Vorgangsweise bei Erstprüfungen“	Juli 1997
KFS-PE8	„Zur Verpflichtung des Abschlussprüfers auf Vorlage des Prüfungsberichts bei Gesellschaften mit beschränkter Haftung und zur Ausübung der Redepflicht gemäß § 273 Abs.2 HGB bei Gesellschaften mit beschränkter Haftung und bei Personengesellschaften des Handelsrechts im Sinne des § 221 Abs.5 HGB“	Oktober 1997
KFS-PE13	„Zur Haftung für Fehler des Prüfers bei Prüfungen, die keine Pflichtprüfungen gem. § 268 HGB sind und bei Aufträgen zur Durchführung einer prüferischen Durchsicht“	Juni 2006
KFS-PE16	„Empfehlung des Fachsenats für Unternehmensrecht und Revision zum Umfang einer prüferischen Durchsicht sowie zur Formulierung eines Berichts über die prüferische Durchsicht von Halbjahresfinanzberichten gemäß § 87 BörseG“	Jänner2008
KFS-PE18	„Stellungnahme zur Redepflicht des Abschlussprüfers bei Vorliegen der Vermutung eines Reorganisationsbedarfs“	März 2008
KFS-BA4	„Zur Bewertung von Forderungen an Schuldner in Ländern mit schlechter Wirtschaftslage (Risikoländern) in den Jahresabschlüssen von Banken“	Jänner 1991
KFS-BA7	„Zur Behandlung offener Rücklagen im Jahresabschluss von Kreditinstituten“	Juli 2001
KFS-BA9	„Fachgutachten zur Berichterstattung über die Beachtung von für Kreditinstitute wesentlichen Rechtsvorschriften, insbesondere des Bankwesengesetzes und des Wertpapieraufsichtsgesetzes, gemäß § 63 Abs. 5 BWG in einer Anlage zum Prüfungsbericht“	Jänner 2008
KFS-VU1	„Zur Behandlung offener Rücklagen im Jahresabschluss von Versicherungsunternehmen“	Juli 2001

Fachsenat Betriebswirtschaft und Organisation

KFS-BW1	„Unternehmensbewertung"	Februar 2006
KFS-BW2	„Die Geldflussrechnung als Ergänzung des Jahresabschlusses und Bestandteil des Konzernabschlusses"	Juni 2008
KFS-BW3	„Empfehlung zur Ausgestaltung finanzieller Leistungsindikatoren im Lagebericht bzw. Konzernlagebericht"	November 2007

Fachsenat Datenverarbeitung

KFS-DV1	„Die Ordnungsmäßigkeit von EDV-Buchführungen"	Juni 1998
KFS-DV2	„Über Abschlussprüfung bei Einsatz von Informationstechnik"	Oktober 2004

Institut Österreichischer Wirtschaftsprüfer (IWP)

IWP-RL1	„Zum Grundsatz der Bewertungstätigkeit (§ 201 Abs. 1 Z. 1 HGB) und zur Berichterstattung bei der Änderung der Bilanzierungs- und Bewertungsmethoden (§ 236 HGB)"	Februar 1991
IWP-RL4	„Zur Darstellung des Eigenkapitals der GmbH & Co KG nach dem Rechnungslegungsgesetz"	September 1990
IWP-RL5	„Zum Vermerk der Mitzugehörigkeit gem. § 225 Abs. 2 HGB und § 223 Abs.5 HGB beim Ausweis von Ausleihungen, Forderungen und Verbindlichkeiten gegenüber verbundenen Unternehmen und gegenüber Unternehmen, mit denen ein Beteiligungsverhältnis besteht"	Mai 1992
IWP-RL6	„Zur Auslegung des § 223 Abs. 6 Z. 2 HGB"	Mai 1992
IWP-RL7	„Zur Zulässigkeit des Ausweises der in den Zuweisungen zu Pensionsrückstellungen bzw. Abfertigungsrückstellungen enthaltenen Zinsenkomponente als Zinsenaufwand innerhalb des Finanzerfolges"	September 1992
IWP-RL9	„Zur erstmaligen Aufstellung von Konzernabschlüssen nach den Vorschriften des RLG – ausgewählte Fragen"	Jänner 1994
IWP-PG5	„Über Grundsätze der Bestimmung des Umfanges von Prüfungshandlungen"	Juni 1991
IWP-PG7	„Zur Sicherung der Qualität von Prüfungsbetrieben"	September 2003
IWP-PG9	„Grundsätze für Erteilung von Bestätigungsvermerken bei Abschlussprüfungen nach den Vorschriften des HGB (idF ReLÄG 2004)"	Juni 2006
IWP-PE1	„Zu den Arbeitspapieren des Abschlussprüfers"	März 1990
IWP-PE2	„Zur Anwesenheit des Abschlussprüfers bei der körperlichen Bestandsaufnahme von Vorräten"	September 1990
IWP-PE3	„Zur Einholung von Saldenbestätigungen für Forderungen"	Februar 1991
IWP-PE9	„Zur Formulierung des Bestätigungsvermerkes zu einem befreienden Konzernabschluss im Sinne des § 245 a HGB (KonzaG)"	September 1999
IWP-PE10	„Stellungnahme zu den materiellen Voraussetzungen eines befreienden Konzernabschlusses im Sinne des § 245 a HGB (KonzaG)"	April 2002
IWP-PE11	„Die Durchführung von Arbeiten im Zusammenhang mit der Ausfertigung eines Comfort Letters"	September 2003; überarbeitet 2007
IWP-PE12	„Zur Einholung von Bankbestätigungen"	Februar 2004
IWP-PE14	„Richtlinie des Instituts Österreichischer Wirtschaftsprüfer zur Prüfung ausgelagerter Funktionen"	Juni 2007
IWP-PE15	„Formulierung des Bestätigungsvermerks gem § 274 HGB idF des Rechnungslegungsänderungsgesetzes 2004 (ReLÄG 2004) des Bankprüfers einer Kapitalanlagegesellschaft zum Rechenschaftsbericht über einen Investmentfonds"	Juni 2005
IWP-PE17	„Stellungnahme des Instituts Österreichischer Wirtschaftsprüfer zu Einzelfragen im Zusammenhang mit Prospekten im Sinne der Richtlinie 2003/71/EG, soweit sie den Abschlussprüfer betreffen"	November 2007
IWP-BA1	„Zur Durchführung der Abschlussprüfung bei Kreditinstituten (Bankprüfungsrichtlinie – BPR 2007)"	Februar 2008
IWP-BA2	„Über Grundsätze ordnungsgemäßer Durchführung der Prüfung der Einhaltung der Bestimmungen des Bundesgesetzes über die Verwahrung und Anschaffung von Wertpapieren (Depotgesetz) und der Berichterstattung darüber"	Februar 1991

IWP-BA3	„Zu den Aufgaben der Bankprüfer im Zusammenhang mit der Reservenmeldungsverordnung"	Februar 1991
IWP-BA5	„Zum Ausweis und zur Bewertung der Wertpapiere im Jahresabschluss von Kreditinstituten"	August 1996
IWP-BA6	„Zur Prüfung der Einhaltung der im Wertpapieraufsichtsgesetz enthaltenen Vorschriften für Kreditinstitute und Wertpapierdienstleistungsunternehmen"	September 1999
IWP-BA8	„Toleranzgrenzen zu der Fehlerberichtigung durch die Depotbank (§ 23 InvFG) bei der Errechnung des Anteilswertes eines Investmentfonds (§ 7 InvFG) oder durch Verletzung von Anlagegrenzen (§ 20 ff InvFG)"	September 2007
	Rechnungslegung und Prüfung von Vereinen	Mai 2001
	Verpflichtung zur Fortbildung für Abschlussprüfer	April 2003
	Grundsätze ordnungsgemäßer Berichterstattung im Rahmen der Prüfung von Rechenschaftsberichten von Investmentfonds	Mai 2008

Anlage 3

Formblatt-Verordnung

BUNDESGESETZBLATT

FÜR DIE REPUBLIK ÖSTERREICH

Jahrgang 2001 **Ausgegeben am 29. Mai 2001** **Teil II**

197.Verordnung: Verwendung von Formblättern für die offenzulegende Bilanz und den offenzulegenden Anhang von kleinen Gesellschaften mit beschränkter Haftung (3. Formblatt-V)

197. Verordnung des Bundesministers für Justiz über die Verwendung von Formblättern für die offenzulegende Bilanz und den offenzulegenden Anhang von kleinen Gesellschaften mit beschränkter Haftung (3. Formblatt-V)

Auf Grund des § 278 Abs. 2 HGB wird verordnet:

§ 1. Sofern nicht die gesamte Bilanz und der gesamte Anhang einer kleinen Gesellschaft mit beschränkter Haftung offengelegt wird, ist für die Offenlegung der Bilanz und des Anhangs einer kleinen Gesellschaft mit beschränkter Haftung die Verwendung der Formblätter **Anlage 1** und **2** ausreichend. Es ist auch ausreichend, wenn die Bilanz und der Anhang hinsichtlich ihrer Gliederung der Schnittstellenbeschreibung entsprechen, die der Bundesminister für Justiz nach § 5 Abs. 2 der Verordnung über den Elektronischen Rechtsverkehr, BGBl. Nr. 559/1995, in der jeweils geltenden Fassung, für Einreichungen gemäß §§ 277 bis 281 HGB im elektronischen Rechtsverkehr genehmigt hat..

§ 2. § 1 gilt sinngemäß für die in § 221 Abs. 5 HGB bezeichneten Personengesellschaften des Handelsrechts.

§ 3. Die Offenlegung der Bilanz und des Anhangs einer kleinen Gesellschaft darf auch ohne Verwendung der Formblätter gemäß den Anlagen 1 und 2 vorgenommen werden, sofern sichergestellt ist, dass derselbe Text in derselben Gliederung oder in der Gliederung im Sinn des § 1 zweiter Satz enthalten und entweder gedruckt, maschinschriftlich oder sonst maschinell hergestellt ist.

§ 4. Diese Verordnung tritt mit 15. Mai 2001 in Kraft. Mit dem In-Kraft-Treten dieser Verordnung tritt die Verordnung des Bundesministers für Justiz über die Verwendung von Formblättern für die Angaben über die Größenmerkmale gemäß § 221 Abs. 1 bis 3 HGB und die offenzulegende Bilanz und den offenzulegenden Anhang von kleinen Gesellschaften mit beschränkter Haftung, BGBl. II Nr. 207/1999, außer Kraft. Die nach dieser Verordnung ausgegebenen Formblätter HGB-Form 1 bis 3 dürfen jedoch weiter verwendet werden, wobei das Formblatt HGB-Form 1 weggelassen werden kann.

Böhmdorfer

Anlage 1

Offenzulegender Auszug aus der Bilanz

Firmenbuchnummer	Firmenbuchgericht	Beginn und Ende des Geschäftsjahres

Firma:

Aktiva			Passiva		
	Geschäftsjahr	vorangegangenes Geschäftsjahr [2])		Geschäftsjahr	vorangegangenes Geschäftsjahr [2])
A. Anlagevermögen	....	....	**A. Eigenkapital** [3])	....	....
I. Immaterielle Vermögensgegenstände	....	....	I. Nennkapital (Stammkapital) [4])	....	....
II. Sachanlagen	....	....	II. Kapitalrücklagen	....	....
III. Finanzanlagen	....	....	III. Gewinnrücklagen	....	....
B. Umlaufvermögen			IV. Bilanzgewinn (Bilanzverlust), davon Gewinnvortrag/Verlustvortrag	....	....
I. Vorräte	....	....	**B. Unversteuerte Rücklagen**	....	....
II. Forderungen und sonstige Vermögensgegenstände	....	....	**C. Rückstellungen**	....	....
III. Wertpapiere und Anteile	....	....			
IV. Kassenbestand, Schecks, Guthaben bei Kreditinstituten	....	....	**D. Verbindlichkeiten**	....	....
C. Rechnungsabgrenzungsposten	....	....	**E. Rechnungsabgrenzungsposten**	....	....
	....	....		....	....

Die Richtigkeit dieses Auszuges wird bestätigt: Unterschrift des Geschäftsführers/der Geschäftsführer in vertretungsbefugter Anzahl [5])	..................................., am ....

[1]) **Achtung:** Besteht nach § 268 HGB Prüfungspflicht, so ist auch der Bestätigungsvermerk oder der Vermerk über dessen Versagung oder Einschränkung offenzulegen.
[2]) Angabe in vollen 1 000 Euro ausreichend (§ 223 Abs 2 HGB).
[3]) Bei Personengesellschaften nach § 221 Abs. 5 HGB genügt die Angabe des Eigenkapitals in **einem** Betrag, gegebenenfalls unter Berücksichtigung bedungener Einlagen.
[4]) Gegebenenfalls nach Abzug der nicht eingeforderten ausstehenden Einlagen, vgl. Punkt 23 des Anhangs (Anlage 2).
[5]) Basierend auf der Rechtsmeinung, dass die Erteilung dieser Bestätigung durch die gesetzlichen Vertreter in vertretungsbefugter Anzahl ausreicht.

Anlage 2

Offenzulegender Anhang [1], [2])

Firmenbuchnummer	Firmenbuchgericht	Beginn und Ende des Geschäftsjahres
Firma:		

1. Angabe, wenn die einmal gewählte Form der Darstellung, insbesondere der Gliederung der Bilanz, nicht beibehalten wurde (§ 223 Abs. 1 HGB):

– Begründung dafür:

2. Angabe und Erläuterung, wenn Vorjahresbeträge nicht vergleichbar sind oder der Vorjahresbetrag angepasst wurde (§ 223 Abs. 2 HGB):

3. Abweichung auf Grund der für einen Geschäftszweig vorgeschriebenen Gliederung (§ 223 Abs. 3 HGB):

– Begründung dafür:

4. Zugehörigkeit eines Postens der Bilanz auch zu (einem) anderen Posten, falls dies zur Aufstellung eines klaren und übersichtlichen Jahresabschlusses erforderlich ist (§ 223 Abs. 5 HGB):

5. Bei Ausweis eines „negativen Eigenkapitals“: Erläuterung, ob eine Überschuldung im Sinne des Insolvenzrechts vorliegt (§ 225 Abs. 1 HGB):

6. Abweichungen von Bilanzierungs- und Bewertungsmethoden (§ 236 Z 1):

– Begründung dafür:

– Gesonderte Darstellung des Einflusses auf die Vermögens-, Finanz- und Ertragslage:

7. Aktivierte Zinsen für Fremdkapital im Sinne des § 203 Abs. 4 HGB (§ 236 Z 2 HGB):

8. Aktivierte Verwaltungs- und Vertriebskosten im Sinne des § 206 Abs. 3 HGB (§ 236 Z 4 HGB)

– im Geschäftsjahr:

– insgesamt über die Herstellungskosten hinaus:

9. Jeweils zusammengefasst für alle Posten der Verbindlichkeiten (§ 237 Z 1 in Verbindung mit § 242 Abs. 2 HGB)

– Gesamtbetrag der Verbindlichkeiten mit einer Restlaufzeit von mehr als fünf Jahren:

– Gesamtbetrag der Verbindlichkeiten mit einer Restlaufzeit von mehr als einem Jahr:

– Gesamtbetrag der Verbindlichkeiten, für die dingliche Sicherheiten bestellt sind:

– Art und Form dieser Sicherheiten:

10. Grundlagen für die Umrechnung von Posten, die auf fremde Währung lauten (lauteten), in Schilling oder in Euro (§ 237 Z 2 HGB):

11. Aufgliederung und Erläuterung der gemäß § 199 HGB ausgewiesenen Haftungsverhältnisse (§ 237 Z 3 HGB); Betrag insgesamt:

- davon Haftungen gegenüber verbundenen Unternehmen:
- davon Pfandrechte:
- davon sonstige dingliche Sicherheiten:

12. In der Bilanz nicht gesondert ausgewiesener Betrag der Einlagen von stillen Gesellschaftern (§ 237 Z 10 HGB):

13. Name und Sitz des Mutterunternehmens der Gesellschaft, das den Konzernabschluss für den größten Kreis von Unternehmen aufstellt, und ihres Mutterunternehmens, das den Konzernabschluss für den kleinsten Kreis von Unternehmen aufstellt, sowie im Fall der Offenlegung der von diesen Mutterunternehmen aufgestellten Konzernabschlüssen der Ort, wo diese erhältlich sind (§ 237 Z 12 HGB):

14. Name und Sitz anderer Unternehmen, von denen das Unternehmen oder für dessen Rechnung eine andere Person mindestens den fünften Teil der Anteile besitzt, sowie

- Höhe des Anteils am Kapital,
- das Eigenkapital
- und Ergebnis des letzten Geschäftsjahres dieser Unternehmen, für das ein Jahresabschluss vorliegt (§ 238 Z 2 HGB):

15. Name, Sitz und Rechtsform von Unternehmen, deren unbeschränkt haftender Gesellschafter die Gesellschaft ist (§ 238 Z 2 HGB):

16. Durchschnittliche Zahl der Arbeitnehmer während des Geschäftsjahres (§ 239 Abs. 1 Z 1 HGB):

insgesamt:

davon Arbeiter:

davon Angestellte:

17. Vorschüsse, Kredite und eingegangene Haftungsverhältnisse (§ 239 Abs. 1 Z 2 HGB) an bzw. für

a) Geschäftsführer

- Betrag der Vorschüsse/Kredite:
- Zinsen dafür:
- wesentliche Bedingungen:
- im Geschäftsjahr zurückgezahlte Beträge:
- zugunsten der Geschäftsführer eingegangene Haftungsverhältnisse:

b) Aufsichtsratsmitglieder

– Betrag der Vorschüsse/Kredite:

– Zinsen dafür:

– wesentliche Bedingungen:

– im Geschäftsjahr zurückgezahlte Beträge:

– zugunsten der Aufsichtsratsmitglieder eingegangene Haftungsverhältnisse:

18. Mitglieder (Familienname und Vorname, § 239 Abs. 2 HGB) der Geschäftsführung und des Aufsichtsrats:

– Geschäftsführer:

– Aufsichtsrat:

19. Darstellung und Entwicklung der Posten des Anlagevermögens und des Postens „Aufwendungen für das Ingangsetzen und Erweitern eines Betriebes" (Anlagenspiegel, § 226 Abs. 1 HGB): (gegebenenfalls anheften)

20. Zuweisung zu und Auflösung von Bewertungsreserven, entsprechend den Posten des Anlagevermögens (Bewertungsreservenspiegel, § 230 Abs. 2 HGB):
(gegebenenfalls anheften)

21. Zusätzlich erforderliche Angaben zur Vermittlung eines möglichst getreuen Bildes der Vermögens-, Finanz- und Ertragslage des Unternehmens (§§ 222 Abs. 2 und 236 erster Satz HGB):

22. Wurden Angaben gemäß § 238 Z 2 HGB unterlassen, weil sie geeignet sind, dem Unternehmen oder dem anderen Unternehmen einen erheblichen Nachteil zuzufügen (§ 241 Abs. 2 letzter Satz HGB)?

23. Betrag der nicht eingeforderten ausstehenden Stammeinlagen (§ 229 Abs. 1 HGB):

Unterschrift des Geschäftsführers/der Geschäftsführer in vertretungsbefugter Anzahl[3])	
....	....................................., am ....

---

[1]) Achtung: a) Besteht nach § 268 HGB Prüfungspflicht, so ist auch der Bestätigungsvermerk oder der Vermerk über dessen Versagung oder Einschränkung offenzulegen.
b) Reicht der Platz für die Angaben nicht aus, so ist erforderlichenfalls ein Beiblatt anzuheften.

[2]) Das Nichtanführen eines Punktes dieses Anhangs gilt als Erklärung, dass die entsprechenden Angaben für die Gesellschaft nicht zutreffen.

[3]) Basierend auf der Rechtsmeinung, dass die Vorlage durch die gesetzlichen Vertreter in vertretungsbefugter Anzahl ausreicht (siehe etwa Jabornegg, Kommentar zum HGB, RZ 4 zu § 277 mwN).

Literaturhinweise

A) Bücher

ADLER/DÜRING/SCHMALTZ (ADS): Rechnungslegung und Prüfung der Unternehmen, Kommentar zum HGB, AktG, GmbHG, PublG nach den Vorschriften des Bilanzrichtlinien-Gesetzes, Loseblatt, 6. Auflage, Stuttgart 1998

ALTENBURGER, O.: Kommentar zum Rechnungslegungsgesetz, Wien 1993

BAETGE, J/KIRSCH, H. J./THIELE, St..: Bilanzen, 9. Auflage, Düsseldorf 2007

BAETGE, J.: Bilanzanalyse, 2. Auflage, Düsseldorf 2004

BERTL, R.; KOFLER, H.; MANDL D.: Praxis der neuen Rechnungslegung, 4. Auflage, Wien 1997

BERTL, R.; MANDL, D. (Hrsg): Handbuch zum Rechnungslegungsgesetz, Loseblatt, Wien 1991, Lieferung 1–8, 1999

BERTL, R.; MANDL, D.; MANDL, G.; RUPPE, H.G. (Hrsg): Praxisfragen der Bilanzierung, Wien 1991

BERTL, R.; MANDL, D.; MANDL, G.; RUPPE, H.G. (Hrsg): Die neuen Rechnungslegungsvorschriften für Klein- und Mittelbetriebe, Wien 1992

BECK'SCHER BILANZ-KOMMENTAR, Der Jahresabschluß nach Handels- und Steuerrecht, 6. Auflage, München 2006

BIENER, H.; BERNEKE, W.: Bilanzrichtliniengesetz, Düsseldorf 1986

COENENBERG, G.: Jahresabschluß und Jahresabschlußanalyse, betriebswirtschaftliche, handels- und steuerrechtliche Grundlagen, 20. Auflage, Stuttgart 2005

DEHN, W.; KREJCI, H. (Hrsg.): Das neue UGB, 2. Auflage, Wien 2007

DEUTSCH/ROHATSCHEK (Hrsg.): Bilanzierung – Der Jahresabschluß in Einzeldarstellungen unter Berücksichtigung bilanzsteuerrechtlicher Besonderheiten, Wien 1999

DORALT, P.; NOWOTNY, CH.; KALSS, S.: Kommentar zum Aktiengesetz, Wien 2003

EGGER/SAMER/BERTL: Der Jahresabschluß nach dem HGB – Der Konzernabschluß, 5. Auflage, Wien 2004

ELLER, R. (Hrsg.): Handbuch Derivativer Instrumente, 2. Auflage, Stuttgart 1999

HAMERLE, V.; ZÖCHLING, H.; FRABERGER, F. (Hrsg): Aktuelles Bilanzierungshandbuch für die betriebliche Praxis, Loseblatt, Wien 1991, Aktualisierung Juli 2007

HEINHOLD, M.: Der Jahresabschluß, 4. Auflage, Oldenbourg 2007

HOFBAUER, M.; GREWE, W.; ALBRECHT, W.; KUPSCH, P.; SCHERRER, G. (Hrsg): Bonner Handbuch Rechnungslegung, Loseblatt, Bonn 1986, Stand 2005

INTERNATIONAL STANDARDS ON AUDITING (ISAs) – Internationale Prüfungsgrundsätze, autorisierte Übersetzung der Verlautbarungen der IFAC, Stand 2008

KOFLER, H.; NADVORNIK, W.; PERNSTEINER, H.; VODRAZKA, K. (Hrsg): Handbuch Bilanz- und Abschlußprüfung, 4. Auflage, Wien 2001, Stand 2004

KÜTING, K.; WEBER, C.-P. (Hrsg): Handbuch der Rechnungslegung, Kommentar zur Bilanzierung und Prüfung, Loseblatt, Stuttgart 2006

KÜTING, K.; WEBER, C.-P.: Die Bilanzanalyse, 8. Auflage, Stuttgart 2007

LECHNER, K.; EGGER, A.; SCHAUER, R.: Einführung in die Allgemeine Betriebswirtschaftslehre, 24. Auflage, Wien 2008

LUKAS, W.; ZETTER, P.: RLG – Rechnungslegungsgesetz, 3. Auflage, Wien 2001

JABORNEGG, R; STRASSER, R.: Kommentar zum Aktiengesetz, 4. Auflage, Wien 2005

SCHLEGELBERGER – GESSLER –HEFERMEHL – HILDEBRAND – SCHRÖDER: Kommentar zum (deutschen) Handelsgesetzbuch, 5. Auflage

STRAUBE, M. (Hrsg): Kommentar zum Handelsgesetzbuch, 2. Band, Rechnungslegung, 2. Auflage, Wien 2000

WAGENHOFER, A.: Bilanzierung und Bilanzanalyse, 7. Auflage, Wien 2002

B) Fachgutachten

sind jeweils im Text angeführt

C) Zeitschriftenaufsätze

sind jeweils im Text angeführt

Abkürzungsverzeichnis

aF .... alte Fassung
AFRAC.................. Austrian Financial Reporting and Auditing Committee
AICPA .... American Institute of Certified Public Accountants
AktG .... Aktiengesetz
AÖFV .... Amtsblatt der österreichischen Finanzverwaltung
APB .... Accounting Principles Board
BAO .... Bundesabgabenordnung
BGBl .... Bundesgesetzblatt
BWG .... Bankwesengesetz
dHGB .... Deutsches Handelsgesetzbuch
EB .... Erläuternde Bemerkungen
EFZG .... Entgeltfortzahlungsgesetz
EG .... Europäische Gemeinschaft
EGG .... Erwerbsgesellschaftengesetz
EStG .... Einkommensteuergesetz
EStR .... Einkommensteuerrichtlinien
EU .... Europäische Union
EU-GesRÄG .... EU-Gesellschaftsrechtsänderungsgesetz
EWR .... Europäischer Wirtschaftsraum
FAS .... Financial Accounting Standards
FASB .... Financial Accounting Standards Board
FEE .... Federation des Experts Comptables Europeens
GoB .... Grundsätze ordnungsmäßiger Buchführung / Bilanzierung
HBA .... Handbuch Bilanz und Abschlußprüfung
HFA .... Hauptfachausschuß des IdW
HGB .... Handelsgesetzbuch
IAG .... International Auditing Guidelines
IAS .... International Accounting Standards
IASB...................... International Accounting Standards Board
IASC .... International Accounting Standards Commitee
IDW .... Institut der Wirtschaftsprüfer in Deutschland e.V.
IFAC .... International Federation of Accountants
IFRS...................... International Financial Reporting Standards
IFRIC.................... International Financial Reporting Interpretations Committe
IRÄG .... Insolvenzrechtsänderungsgesetz 1997
ISA .... International Standards on Auditing
IWP...................... Institut Österreichischer Wirtschaftsprüfer
KWT..................... Kammer der Wirtschaftstreuhänder
nF .... neue Fassung
RLG .... Rechnungslegungsgesetz
RV .... Regierungsvorlage
Rz .... Richtzahl
SABI .... Sonderausschuß Bilanzrichtliniengesetz des Instituts der Wirtschaftsprüfer
SAC...................... Standards Advisory Council
SEC...................... Securities and Exchange Commission
SFAS .... Statement of Financial Accounting Standards
UGB...................... Unternehmensgesetzbuch
URG .... Unternehmensreorganisationsgsetz 1997
VAG .... Versicherungsaufsichtsgesetz
WP-Handbuch ...... Wirtschaftsprüfer-Handbuch
WpG .... Die Wirtschaftsprüfung
WTBO .... Wirtschaftstreuhänderberufsordnung

Stichwortverzeichnis

Abfertigungsrückstellung 296
–, Beispiel 303
–, System alt 296
–, System neu 304
Abschlussprüfer 499ff
–, Abberufung 499
–, Ausschlussgründe 501
–, Bestellung 499
–, Haftungsgrenzen 505
–, Prüfungsbericht 512
–, Bestätigungsvermerk 514
–, Verantwortlichkeit 504
Abschlussprüfung 495ff
–, Audit Risks Standards 519
–, Bestätigungsvermerk 514
–, EU-Abschlussprüfungsrichtlinie 5, 495f, 510f
–, Fachgutachten 507
–, ISAs 517, 54
–, Prüfungsbericht 512
–, Prüfungspflicht 497
–, Qualitätssicherung 511
–, risikoorientierter Prüfungsansatz 518
–, Standards für besondere Risikobereiche 538
–, Standards zum Verhältnis Prüfer und Unternehmen 539
–, Standards zur Berichterstattung 538
–, Standards zur Organisation des Prüfungsbetriebes 539
Abschlussprüfungsrichtlinie 5, 495f, 510f
Abschreibungen 86ff
–, arithmetisch degressive 88
–, auf Basis von Festwerten 91
–, außerplanmäßige 93
–, degressive 88
–, digitale 89
–, geometrisch degressive 89
–, geringwertige Vermögensgegenstände 91
–, gewinnungsbedingte 91
–, leistungsbedingte 90
–, lineare 87
–, planmäßige 86
–, zeitlich bedingte 87
–,Wertpapiere des Anlage- und Umlaufvermögens 378
Absetzung für Abnutzung 92
Abspaltung, Reinvermögensveränderung 387
AFRAC 9
Aktienoptionsgesetz 261

Aktienrückerwerbsgesetz 237
Aktive Rechnungsabgrenzung 242ff
–, Begriff 43
Aktive Steuerabgrenzung 246ff
Aktivierte Eigenleistung 364
Aktivierungsverbote 36
Aktivierungswahlrechte 38
Änderungsrichtlinie 5
Anhang 410
–, Abschlussprüfungsrichtlinie 434
–, Änderungsrichtlinie 435
–, Angaben zum Eigenkapital 424
–, Angaben zur Aktivseite 422
–, Angaben zur Passivseite 424
–, Aufbau 416
–, außerbilanzielle Geschäfte 438
–, Checkliste 410
–, Eigenkapitalinstrumente 427
–, Erläuterung der Bilanzierungs- und Bewertungsmethoden 417
–, Erläuterung zur Bilanz und G&V 419
–, Finanzielle Vermögenswerte 426
–, Finanzinstrumente 426
–, Funktion 410
–, Gewinn- und Verlustrechnung 430
–, Gruppenbesteuerung 432
–, Haftungsverhältnisse 425
–, Kleine GmbH 440
–, Sonstige Angaben: bei AG 434
–, Sonstige Angaben: nicht rechtsformspezifisch 431
Anlagen in Bau 172
Anlagenspiegel196ff
Anlagenspiegel (Praxis) 205
Anlagevermögen
–, Begriff 43
–, Gliederung horizontal 196ff
–, Gliederung, vertikal 165
Anleihen 332
Anleihen konvertible 333
Anschaffungskosten
– ,steuerrechtlich 73
–, unternehmensrechtlich 72
Anteile
–, an verbundenen Unternehmen 180
–, im Umlaufvermögen 239
Anzahlungen geleistete 219
Anzahlungen für Bestellungen 335
–, Verrechnung mit Vorräten 220
Aufwands-/Ertragszuschüsse nicht rückzahlbar 347

Aufwandsrückstellungen 126, 292, 326
–, steuerlich 126
–, Arten 293
Aufwendungen
–, aus Finanzanlagen und Wertpapieren des Umlaufvermögens 377
–, aus Beteiligungen 377
–, außerordentliche 379f
–, für das Ingangsetzen und Erweitern 162ff
–, für Material und sonstige bezogene Herstellungsleistungen 367ff
–, für Sozialeinrichtungen 79, 371
–, neutrale 76
–, pagatorische 77
Außerordentliches Ergebnis 379f
Außerplanmäßige Abschreibung
–, Fehlinvestition 93
–, Nachfrageverschiebung 93
–, Sinken der Wiederbeschaffungskosten 93
–, wirtschaftlich bedingte Wertminderung 93
Ausleihungen186
Ausleihungen an verbundene Unternehmen 180, 183
Ausschüttungssperre 270, 276
Ausstehende Einlagen 258
Bestandsveränderungen 364
Beteiligungen 184ff
–, Aufwendungen aus 377
–, Ausleihungen 185
–, Bewertung 96, 184
–, Erträge aus 375
Beteiligungserträge bei Kapitalgesellschaften, Realisierung 67
Betriebsabrechnungsbogen 75f
Betriebs- und Geschäftsausstattung 172
Bewertung
–, Anlagevermögen 83
–, Aufwendungen für Sozialeinrichtungen 79
–, Ausleihungen 97
–, Beteiligungen 96
–, Einlagen und Zuwendungen 82
–, Erhaltene Anzahlungen auf Bestellungen 119
–, fertige Erzeugnisse 99
–, Finanzanlagevermögen 95
–, Finanzumlaufvermögen 112
–, Forderungen im Steuerrecht 113
–, Fremdwährungskredite 119
–, Geringwertige Vermögensgegenstände des Anlagevermögens 203
–, Geschäfts- oder Firmenwert 83
–, Herstellungskosten 77ff
–, immaterielles Anlagevermögen 83
–, langfristige Aufträge 101
–, negativer Firmenwert 85

–, noch nicht abrechenbare Leistungen 101
–, offensichtliche Unterbeschäftigung 80
–, Passiva 115
–, Rentenverpflichtungen 119
–, Roh-, Hilfs- und Betriebsstoffe 99
–, Rückdeckungsversicherungen 97
–, Rückstellungen im Einkommensteuerrecht 121
–, Rückstellungen im Unternehmensrecht 120
–, Sachanlagevermögen 86
–, Sachumlaufvermögen 99
–, Über- bzw Unterverzinung 117
–, Umlaufvermögen 98
–, Unfertige Erzeugnisse 99
–, Verbindlichkeiten 116
–, Waren 102
–, Wertpapiere des Anlagevermögens 97
–, Wertsicherungsvereinbarungen 117
–, Zero Bonds 118
Bewertung im Steuerrecht
–, Abschreibung gem § 207 UGB 135
–, Disagio 136
–, Einlagen 137
–, Finanzanlagen 112
–, Firmenwert 136
–, Geldbeschaffungskosten 136
–, Herstellungskosten 82, 100
–, langfristige Aufträge 135
–, lineare Abschreibung 135
–, nicht entgeltlich erworbene immaterielle Vermögensgegenstände 135
–, Pauschalwertberichtigung 135
–, Pauschalrückstellungen 135
–, PKW 137
–, PKW-Leasing 137
–, Rückstellungen 135
–, Rückstellung für Fahrzeugrücknahme 138
–, Sozialrückstellungen 136
–, Unterschiedsbetrag gem § 6 Z 16 EStG 138
–, Unterschiedsbetrag bei Umgründungen 137
–, Veräußerungsverluste von Beteiligungen 138
–, Wertaufholungsgebot gem § 6 Z 13 EStG 135
Bewertungseinheit 130
–, geschlossene Positionen 65
Bewertungsgrundsätze 56
–, Einzelbewertung 64
–, erkennbare Risiken 70
–, Periodisierung 71
–, Realistationsprinzip 66
–, Stichtagsbezogenheit 63
–, Vorsicht 66

–, Wertaufhellung 71
–, Wertminderungen 71
Bewertungsmethode 57
Bewertungsreserve 208, 285
Bewertungsstetigkeit 32, 58
–, Abweichungen 59
–, Beibehaltungspflicht 59
–, Materielle Bilanzkontinuität 32
Bewertungsverfahren
–, Durchschnittspreisverfahren 105
–, Festwertverfahren 110
–, FIFO 107
–, HIFO 110
–, Identitätspreisverfahren 104
–, Kunstbewertungsverfahren 106
–, LIFO 108
–, Verrechnungspreisverfahren 111
Bewertungsvorschriften 56
–, besondere 72
–, Vergleich steuerrechtliche und unternehmensrechtliche 133
Bewertungswahlrechte; echte; unechte 58
Bilanzgewinn 277
Bilanzgliederung 42
–, Aktivseite 43
–, der Kapitalgesellschaft 153
–, der Passivseite 44
Bilanzidentität 32, 72
Bilanzierungsfristen 147
Bilanzierungsgrundsätze 29ff
–, Bilanzidentität 32
–, Bilanzklarheit 34
–, Bilanzkontinuität 32
–, Bilanzverknüpfung 31
–, Bilanzvollständigkeit 35
–, Bilanzvorsicht 33
–, Bilanzwahrheit 34
Bilanzkontinuität 32
Bilanzrechtsmodernisierungsgesetz 13
Bilanzverlust 277
BilMoG 13
Bruttoergebnis vom Umsatz 672
Bürgschaften 349
CO_2-Emissionszertifikate 230
–, Bilanzielle Behandlung 231
Corporate-Governance-Bericht 6, 491ff
Deckungsbeitrag 672
Disagio 245
Dividendenrendite 686
Durchschnittspreisverfahren 105

EBILAT 669
EBIT 667
EBITA 667
EBITDA 667
EBT 667
Eigenkapitalersatzgesetz 344
Eigene Aktien
–, Anhangangaben 241
–, Nennkapitalausweis 259
Eigene Anteile 186
–, im Umlaufvermögen 235
–, Verpflichtung aus anteilsbasierten Vergütungen 240
–, gem § 65 AktG 236
Eigenkapital 44
–, Einzelunternehmer 44
–, GmbH & Co KG 280
–, Kapitalgesellschaft 256
–, Kapitalgesellschaft, Untergliederung 256
–, Kommanditgesellschaft 45
–, Kosten der Beschaffung 36
–, negatives 278
–, Offene Gesellschaft 45
–, Personengesellschaft 45
–, Stille Gesellschaft 52
Eigenkapitalersatzgesetz 344
Einbringung
–, Aufwertung und latente Steuern 196
–, Buchwertfortführung 192
–, Einlagen und Zuwendungen 191
Einheitskontenrahmen 556
–, Gesamtkostenverfahren 557
–, Umsatzkostenverfahren 557
Einlagen stiller Gesellschafter 340
–, Ausweis in der Bilanz 341
Einlagenrückgewähr, Evidenzkonto 269
Einzelkosten 74
erfolgswirtschaftliche Kennzahlen 660
erhaltene Anzahlung 335f
–, auf Bestellungen 335f
Erhaltungsfunktion 15
Erlösschmälerungen 363
Erträge
–, aus der Auflösung von Rückstellungen 365
–, aus Wertpapieren 375
–, außerordentliche 379
Ertragsteuern 381
–, Angaben im Anhang 383
–, latente
–, Dotierung von Rückstellungen 381

Fachgutachten, Stellungnahmen 719
Fair Value Richtlinie 3, 115
–, Anwendung in Österreich 115
Fehlbetrag auf die gebotene Pensionsrückstellung 354
Fertige Erzeugnisse 218
FIFO 107
Financial Accounting Standards Boards (FASB) 9
Finanzanlagevermögen
–, Erläuterungsvorschriften im Anhang 188
–, Untergliederung 180
Finanzielle Leistungsindikatoren 457
Finanzielle Schwierigkeiten, Indikatoren 695
Finanzielle Vermögenswerte 426
Finanzielle Verbindlichkeiten 426
Finanzielle Verpflichtungen, sonstige 352
Finanzinstrumente 426
–, derivative 428
–, Zeitwertangabe im Anhang 429
Finanzumlaufvermögen, Bewertung 112
Firmenwert 83ff, 167, 205
–, negativer 85
Forderungen
–, aus Lieferungen und Leistungen 224
–, gegenüber Unternehmen mit Beteiligungsverhältnis 226
–, gegenüber verbundenen Unternehmen 225
–, Gruppenbesteuerung 227
–, mehrfache Zugehörigkeit 228
–, sonstige 229
Forderungen und sonstige Vermögensgegenstände 223
–, Untergliederung 223
Forderungsbewertung
–, Einbringlichkeit 113
–, Einzelwertberichtigung 113
–, Pauschalwertberichtigung 113
–, steuerrechtlich 113f
Fortführungsprognose 278
Freie Rücklage, Bildung und Auflösung 392
Fristen zur Aufstellung, Feststellung und Veröffentlichung
–, AG 147
–, GmbH 148
–, Jahresfinanzbericht für börsenotierte Unternehmen 149
–, Personengesellschaft gem § 221 UGB 148
–, Zwischenberichte für börsenotierte Unternehmen 150
Frühwarnindikatoren 695
Funktionen des Jahresabschlusses 15
Garantien 349
Gearing 615
Geldflussrechnung 628ff
Gelegenheitsgesellschaften 184

Geleistete Anzahlungen und Anlagen in Bau 172
Geleistete Anzahlungen 219
Gemeinkosten 75
Generalnorm 29,34
–, für Einzelkaufleute und Personengesellschaften 34
–, für Kapitalgesellschaften 35, 142
–, und Einzelvorschriften 143
Genussrechtskapital 281
–, mit Fremdkapitalcharakter 345
Geringwertige Vermögensgegenstände 203
Gesamtkostenverfahren 358, 662
–, Darstellung des Abschlusses 361
Geschäfts-(Firmen-)wert 167, 205
Gesellschafterforderungen 234
Gesellschafterverbindlichkeiten 234
Gesetzliche Rücklage 272
Gewinn- und Verlustrechnung 356
–, Abschreibungen 371
–, andere Rücklagen, Bildung und Auflösung 392
–, außerordentliches Ergebnis 379
–, Betriebliche Aufwendungen 366
–, Betriebliche Erträge 362
–, Ergebnis der gewöhnlichen Geschäftstätigkeit 379
–, Ertragsteuern 381
–, Finanzerträge und Finanzaufwendungen 375
–, Gesetzliche Rücklage, Dotierung und Auflösung 391
–, Gewinnrücklagen, Dotierung und Auflösung 388
–, Gewinnüberrechnung, vertragliche 393
–, Gliederung Gesamtkostenverfahren 356
–, Gliederung Umsatzkostenverfahren 357
–, Gruppenbesteuerung 386
–, Jahresfehlbetrag 386
–, Jahresüberschuss 386
–, Lieferantenskontoerträge 368
–, Materialaufwand 367
–, Personalaufwand 369
–, Rücklagenveränderung 388
–, Sonstige betriebliche Aufwendungen 373
–, Sonstige bezogene Leistungen 367
–, unversteuerte Rücklagen 388
Gewinn- und Verlustrechnung, Gliederung im Allgemeinen 54f
Gewinnrücklagen 272
–, andere 273
–, freie 273
–, gesetzliche 272
–, satzungsmäßige 273
Gewinnrealisierung 66ff
–, langfristige Fertigungsaufträge 70

Gewinnrücklagen in der Bilanz 272ff
–, andere 273
–, für eigene Anteile und Anteile an herrschenden Unternehmen 273ff
–, gesetzliche 272
Gewinnüberrechnung, vertragliche 393
Gliederung der Bilanz der Kapitalgesellschaft 153
–, Allgemeine Grundsätze 153
–, Anlagevermögen 165
–, Finanzanlagen 180
–, horizontal 196
–, Sachanlagen 169
–, vertikal 165
GmbH-Anteile an herrschenden Unternehmen 240
Going concern 60
Größenklassen 145
–, Konsequenzen 146
Grundkapital 257
Grundsätze ordnungsmäßiger Buchführung und Bilanzierung 3, 24
–, Bilanzidentität 32
–, Bilanzklarheit 34
–, Bilanzkontinuität 32
–, Bilanzverknüpfung 31
–, Bilanzvollständigkeit 35
–, Bilanzvorsicht 33
–, Bilanzwahrheit 34
Grundstücke 170
Gründungskosten 36
Gruppenbesteuerung 386
–, Bilanzierung latenterSteuern 252
–, Steuerumlage, Forderungen und Verbindlichkeiten 227
Haftungsverhältnisse 40
–, Angaben im Anhang 348
–, Erläuterungen im Anhang 348
–, gesetzliche Vorschriften 348
Halbjahresfinanzbericht 150
Hedge Accounting 129
Herstellkosten in der Kostenrechnung 74, 76
Herstellkosten und Herstellungskosten 76
Herstellungskosten 74
–, Bestandteile 79
–, fakultative Bestandteile 79
–, in der Unternehmensbilanz 77
–, offensichtliche Unterbeschäftigung 80
–, steuerrechtliche 82
Hifo-Verfahren 110
IAS-Verordnung 3
Identitätspreisverfahren 104
Immaterielle Gegenstände des Anlagevermögens166
–, nicht entgeltlich erworben 37

Institut Österreichischer Wirtschaftsprüfer 11
Internationale Regelungen, Einfluss auf Österreich 8
Inventar 26
Inventurverfahren 27
–, körperliche Bestandsaufnahme 27
–, permanente Inventur 28
–, Stichprobeninventur 28
–, Stichtagsinventur 27
Investitionszuschüsse
–, bedingte Rückzahlungsverpflichtung 215
–, Bruttomethode 214
–, Nettomethode 214
–, nicht rückzahlbar 211
Jahresabsabschluss, Funktionen
–, Ausschüttungsbemessungsfunktion 15
–, Erhaltungsfunktion 15
–, Informationsfunktion 16
Jahresabschlussanalyse 564
–, bereinigtes Eigenkapital 586
–, bereinigtes Fremdkapital 580
–, bereinigtes Kapital 580
–, bereinigtes Vermögen 574
–, Bereinigung der Abschlussdaten 566
–, Bruttoergebnis vom Umsatz 672
–, cash flow 624
–, Deckungsbeitrag 672
–, Dividendenrendite 686
–, EBILAT 669
–, EBIT 667
–, EBITA 667
–, EBITDA 667
–, EBT 667
–, Eigenkapitalquote 613
–, Erfolgsspaltung 664
–, erfolgswirtschaftliche Kennzahlen 660
–, externe 564
–, Finanzierungsanalyse 613
–, Finanzierungskennzahlen 618
–, Finanzierungsleasing 578
–, Fremdkapitalquote 613
–, Gearing 615
–, Geldflussrechnung 628ff
–, Investitionsanalyse 596
–, Kapitalflussrechnung 628ff
–, Kapitalstruktur 613
–, KGV 685
–, Leverageeffekt 683
–, Liquiditätsanalyse 624
–, NOPLAT 669

–, Rentabilität 674
–, ROCE 683
–, ROI 689
–, RONA 681
–, Selbsfinanzierungsgrad 618
–, Stufen 565
–, Umschlagskennzahlen 605
–, Verschuldungsgrad 615
–, verzinsliches Fremdkapital 584
–, Wertschöpfungsanalyse 687
Jahresfinanzbericht 149
Kammer der Wirtschaftstreuhänder, Fachsenate 10
Kapitalerhöhung
–, aus Gesellschaftsmitteln 262
–, bedingte 260
–, genehmigte 262
–, ordentliche 259
Kapitalflussrechnung 628ff
Kapitalgesellschaft
–, Bilanzierungsfristen 147
–, Größenklassen 145
–, Offenlegung 147
–, Rechnungslegung 140
Kapitalherabsetzung
–, ordentliche 263
–, vereinfachte 263
Kapitalrücklagen 264ff
–, Ausschüttungssperre 270
–, Begriff 264ff
–, bei Spaltungsvorgängen 387
–, bei Umgründungsvorgängen 270
–, Bildung 392
–, gebundene 265
–, nicht gebundene 269
Kennzahlen
–, Abschreibungsquote 602
–, Anlagendeckungsgrad 620
–, Anlagenintensität 597
–, Aufwandsstruktur 670
–, Bruttoergebnis vom Umsatz 672
–, Bruttogewinnspanne 672
–, Capital Employed 683
–, cash flow 624
–, Deckungsbeitrag 672
–, Dividendenrendite 686
–, EBILAT 663
–, EBIT 664, 667
–, EBITA 667
–, EBITDA 668

–, EBT 669
–, Effektivverschuldung 623
–, Eigenkapital je Aktie 614
–, Eigenkapitalquote 614
–, Eigenkapitalrentabilität 675
–, Eigenmittelquote nach § 23 URG 657
–, erfolgswirtschaftliche Kennzahlen 660
–, Ertragsstruktur 670, 672
–, EVA 670
–, fiktive Schuldentilgungsdauer nach § 24 URG 659
–, Finanzierung des Unternehmens 666
–, Finanzinvestitionen 666
–, finanzwirtschaftliche Kennzahlen 596
–, Fremdkapitalquote 613
–, Fremdkapital verzinslich 584
–, Gearing 615
–, Geldflussrechnung 628
–, Gesamtkapitalrentabilität 675
–, Gross-Margin-Ratio 673
–, Innenfinanzierungsgrad 618
–, Innenfinanzierungsgrad der Investitionen 628, 660
–, Investitionsdeckung 599
–, Kapitalflussrechnung 628
–, Kapitalstruktur 613
–, KGV 685
–, Kreditstruktur 618
–, Kurzfristige Finanzierung 622
–, langfristige Finanzierung 620
–, Leverageeffekt 683
–, Materialintensität 671
–, Mindestumsatz 674
–, Nettoverschuldung 615, 623
–, NOPLAT 669
–, Personalintensität 671
–, Price Earning Ratio (PER) 686
–, Rentabilität 674
–, ROA 675
–, ROCE 683
–, ROI 675, 689
–, RONA 681
–, Sachanlagenintensität 597
–, Sachanlagenabnutzungsgrad 604
–, Schuldentilgungsdauer 627
–, Selbstfinanzierungsgrad 618
–, Umsatzrentabilität 675
–, Umschlagdauer
–, – der Debitoren 610
–, – der Roh-, Hilfs- und Betriebsstoffe 608
–, – des Vermögens 606

–,Umschlagshäufigkeit
–, – der Debitoren 610
–, – der Kreditoren 612
–, – der Vorräte 607
–, – der Roh-,Hilfs- und Betriebsstoffe 608
–, – des Vermögens 606
–, – des Warenlagers 607
–, Vermögensrentabilität 675
–, Vermögenumschlagszahlen 605
–, Verschuldungsgrad 615
–, Vorratsintensität 597
–, WACC 670
–, Wachstumsrate 601
–, Wertschöpfung 687
–, working capital 622
–, working capital ratio 622
Kennzahlensystem 689
– ROI-Kennzahlensystem 689
KGV 685
Kommanditeinlage 50
Kommanditist, Haftung 48
Kontenrahmen 556
Kostenstellen 75
Lagebericht 441
–, Allgemeines 444
–, Arbeitnehmerbelange 483
–, Berichtsgrundsätze 450
–, Besondere Berichtspflichten 470
–, Corporate Governance 6, 491
–, Corporate-Governance-Bericht 491ff
–, Darstellung des Geschäftsverlaufes 456
–, Ertrags-, Finanz- und Vermögenslage 457
–, Fair Value Richtlinie 441
–, Finanzielle Leistungsindikatoren 457, 464
–, Finanzinstrumente 477
–, Forschung und Entwicklung 475
–, Gliederung des Lageberichtes 451
–, Grundsätze 448
–, Inhalt des Lageberichtes 442
–, internes Kontroll- und Risikomanagementsystem 485
–, Nachtragsbericht 471
–, nicht finanzielle Leistungsindikatoren 480ff
–, Prognosebericht 472
–, Risikoberichterstattung 465
–, Stellung in der Rechnungslegung 444
–, Transparenzrichtlinie 444
–, Umweltaspekte 482
langfristige Aufträge 101

latente Steuern 246
–, aktivische 246ff
–, Gruppenbesteuerung 252
–, passivische 246
Leasingfinanzierung 173
–, Zurechnung zum Leasinggeber 177
–, Zurechnung zum Leasingnehmer 178
–, Sale and Lease back 176
Leerkosten 80
Leverageeffekt 683
Lifo-Verfahren 108
Liquide Mittel 242
Maßgeblichkeit der Unternehmensbilanz 133
Mitarbeitervorsorgekassen 305
Modernisierungsrichtlinie 4
Multivariate Diskriminanzanalyse 698
Nachaktivierungen 202
Nachrangige Verbindlichkeiten 345
Nachschüsse in der GmbH 279
Negatives Eigenkapital 278
Nennkapital der GmbH 263
Nennkapital 257
Nicht gebundene Kapitalrücklage 269
Noch nicht abrechenbare Leistungen 218
Nullkuponanleihe 118
NOPLAT 669
Offenlegung 147,542
–, große AG 542
–, große GmbH 544
–, kleine GmbH 546
–, kleine und mittelgroße AG, mittelgroße GmbH 544
–, Zweigniederlassungen ausländischer Kapitalgesellschaften 547
Öffentlich rechtliche Rechtsverhältnisse 353
Optionsrücklage 271
Optionsschuldverschreibungen 334
Ordnungsmäßigkeitsvorschriften, gesetzliche 24
Österreichisches Rechnungslegungskomitee 9
Partizipationskapital 284
Passivische Steuerabgrenzung 246ff
Patronatserklärungen 350
Pensionsrückstellung 307
–, Einkommensteuer 309
–, Gegenwartswertverfahren 308
–, Teilwertverfahren 308
–, Übergangsvorschriften gem Art X 552ff
Periodenfremde Aufwendungen 380
Periodisierung 71
Personalaufwand 369
Prüfung der Kapitalgesellschaft 495ff

Prüfungspflicht, Zwangsstrafen 547
Rechnungsbgrenzung 242ff
–, aktive 242ff
–, aktivische latente Steuern 246ff
–, Disagio 244
–, passive 346
–, perodenübergreifende Leistungsbeziehungen 244
–, Unterschiedsbetrag Abschn XII Pensionskassengesetz 245
–, Unterschiedsbetrag Pensionsrückstellung 245
–, Zuschüsse 347
Rechnungslegung, zukünftige Entwicklung 11
Rechnungslegungspflicht
–, allgemein 18
–, Bundesabgabenordnung 22
–, Genossenschaften 20
–, steuerrechtliche 22
–, Vereine 21
Rechnungslegungsstandards, internationale 3
Rechnungslegungsvorschriften 1
–, Aufbau 6
–, Entwicklung in der EU 2
–, internationale 7
–, unternehmensrechtliche 1
Rentenverpflichtung, Bewertung 119
Reorganisationsbedarf 657
ROCE 683
Roh-, Hilfs- und Betriebsstoffe 216
ROI 689
RONA 681
Rücklagen
–, Bildung undAuflösung 388
–, für eigene Anteile 241, 273
–, unversteuerte 284ff
Rückstellungen
–, Abfertigungen 296ff
–, Absiedlungsbeihilfen 317
–, Altfahrzeuge 317
–, anteilsbasierte Vergütung 321
–, Arbeitnehmerbelange 311
–, Aufbewahrung von Geschäftsunterlagen 319
–, aufgrund behördlicher Auflagen 314
–, Aufwandsrückstellungen 292, 326
–, Auflösung 294
–, Baustellenräumung 318
–, behördliche Auflagen 314
–, betriebswirtschaftliche Grundlagen 289
–, Bilanzgelder 311
–, Bildung und Auflösung 294
–, Boni und Rabatte 316

–, Bürgschaftsverluste 314
–, drohende Verluste aus schwebenden Geschäften 290, 321ff
–, Einkommensteuerrecht 122ff
–, Einsatzverpflichtung für überlassene Vermögensgegenstände 318
–, Erdölbevorratung 318
–, fortbestehende Betreuungsleistungen 318
–, Garantien 313
–, Gewährleistung 313
–, Gewinnbeteiligung 311
–, Großreparaturen 327
–, GSVG-Beiträge
–, Heimfalllasten 312
–, Jahresabschlusskosten 316
–, Jahresabschlussprämien 311
–, Jubiläumsgelder 311
–, Kontoauszugerstellung 319
–, Koppelungsgeschäft 324
–, Kosten der Aufbewahrung von Geschäftsunterlagen 319
–, Kulanzen 326
–, Kursrisiko 317
–, latente Steuern
–, noch nicht abgerechnete Fremdleistungen 316
–, noch nicht konsumierte Urlaube
–, öffentlich rechtliche Verpflichtungen 314
–, Optionsgeschäft 324
–, Patentverletzung 316
–, pauschal
–, Pensionen 307ff
–, Produkthaftung313
–, Prozesskosten 316
–, Rückverrechnung von Provisionen 320
–, Schadenersatzansprüche 318
–, schwebende Geschäfte, Risken 291, 322
–, Skonti 317
–, Steuerrückstellungen 310
–, überhöhter CO_2-Ausstoß 319
–, Überverzinsung 324
–, ungewisse Verbindlichkeiten 290
–, unterlassene Instandhaltung 314, 327
–, Veränderung während der Laufzeit 295
–, Wechselobligo 313
–, Werbeaufwendungen 318
Rückstellungen im Steuerrecht 121ff
Schwebende Geschäfte
–, Arten 325
–, Risikobewertung 325
–, Rückstellungen 321
Schwellenwertrichtlinie 4

Sicherungsgeschäfte (Hedging), Bilanzierung 127
Skontoaufwand 368
Skontoertrag 368
Software, Zuordnung 168
Sonstige betriebliche Aufwendungen 373
Sonstige betriebliche Erträge 365
Sonstige finanzielle Verpüflichtungen
–, Anhangangaben 351
–, Arten 352
–, Begriff 352
–, Bewertungsfragen 354
Stammkapital 257, 263
–, Erhöhung 263
–, Herabsetzung 264
Steuerabgrenzung 247
–, Berechnung 247
–, gesetzliche Vorschriften 247
–, permanente Differenzen 250
–, zeitliche Differenzen 250
–, Zweck 247
Stille Gesellschaft im UGB 340
–, Einlagen, Ausweis in der Bilanz 341
Technische Anlagen und Maschinen 171, 174
Teilgewinnrealisierung 70
Transparenzrichtlinie 149
Übergangsvorschriften 551ff
–, aktivierte Geldbeschaffungskosten 558
–, Gewinnausschüttungsverbot 551
–, latente Steuern 551
–, Pensionsrückstellung 552ff
Überschuldung
–, bilanzmäßige 278
–, dynamische 278
–, insolvenzrechtliche 278f
Übertragungsrücklage gem §§ 12 und 8 EStG 287
Übrige betriebliche Aufwendungen 374
Umgründungsmehrwert 191, 205
Umgründungen, Behandlung der steuerlichen Belastungen 252
Umlaufvermögen, Begriff 43
Umsatzkostenverfahren 359, 393, 662
–, Aufwandverteilungsbogen 361, 407, 409
–, Bruttoergebnis vom Umsatz 395
–, Darstellung des Abschlusses 361
–, Erfolgsgliederung –8 393
–, Erfolgsgliederung 9–28 400
–, Musterbeispiel 399, 407
–, Herstellungskosten der zur Erzielung der Umsatzerlöse
–, erbrachte Leistungen 394
–, sonstige betriebliche Aufwendungen 395

–, sonstige betriebliche Erträge
–, Vertriebskosten 395
–, Verwaltungskosten 395
Unfertige Erzeugnisse 217
Unterbeschäftigung, offenbare 80
Unternehmensbilanz, Maßgeblichkeit für Steuerbilanz 23
Unternehmensfortführung 60
–, Konseqenzen des Abgehens 62
–, Zeithorizont 61
Unternehmensreorganisationsbedarf 657
Unterschiedsbetrag Pensionsrückstellung
–, Pensionsrückstellung 43, 245
–, gem Art XII Pensionskassengesetz 245
–, Unterverzinsung 117
Unversteuerte Rücklagen 284
–, sonstige 287
–, Untergliederung 284
US-GAAP 9
Verbindlichkeiten 328
–, Anleihen 332
–, Annahme gezogener Wechsel 338
–, aus der Begebung von Wechseln 349
–, Beteiligungsverhältnis 339
–, Fälligkeitsangaben 328
–, gegenüber Gesellschaftern 343
–, gegenüber Kreditinstituten 335
–, gegenüber Unternehmen mit einem Beteiligungsverhältnis 339
–, Gruppenbesteuerung 227
–, im Rahmen der sozialen Sicherheit 339
–, Lieferungen und Leistungen 337
–, nachrangig 345
–, sonstige 339
–, Spiegel 328
–, Steuern 339
–, Untergliederung 328
–, verbundene Unternehmen 339
–, Vermerk der Mitzugehörigkeit 331
–, sonstige finanzielle 352
Verbrauchsermittlung
–, direkte 103
–, indirekte 103
Verbrauchssteuern 374
Verluste aus dem Verkauf von Gegenständen im Umsatzkostenverfahren 395
Verlustfreie Bewertung 99f
Verkehrssteuern 374
Verrechnungspreisverfahren 111
Verrechnungsverbot 41
Vertriebssonderkosten 363
Vollständigkeitsgrundsatz, Rückstellungen 39

Vorauszahlungen 244
Vorräte 216
–, Angaben im Anhang 222
–, Untergliederung 216
Wandelanleihen 334
Waren 218
Wechselforderungen 223
Wechselobligo 313
Wechselverbindlichkeiten 338
Wertaufholungsgebot 200
Wertberichtigung zu Forderungen 113
Wertpapiere des Anlagevermögens 185
Wertpapiere und Anteile
–, im Umlaufvermögen 234
–, Untergliederung 234
Wertpapiererträge 375
Wertrechte des Anlagevermögens 185
Wertschöpfungsanalyse 687
Zahlungsanfall 71
Zero Bonds 118
Zinsen
–, Aufwendungen 379
–, kalkulatorische 76f
–, und ähnliche Erträge 376
Zusatzkosten 76f
Zuschreibungen 93, 200
Zwangsstrafen 547ff
–, AktG, GmbHG 549ff
–, UGB 5